형 법 각 론

[제3판]

이형국 · 김혜경

法 文 社

제3판 머리말

이형국, 김혜경 공저의 형법교과서 출간에 관심을 보여주신 독자 제현께 진심으로 감사드린다. 본서의 집필은 고 이형국 대한민국 학술원 회원과 계명대학교 김혜경 교수가 담당하였다. 공저체제를 유지하고 개정을 함에 있어서, 특히 형법각론이 기본교재로서의 자격을 갖출 수 있도록 각 부분의 균형이 잘 유지되도록 함과 아울러 관련 법규 및 최근까지의 이론과 판례의 내용을 반영하도록 배려하였고, 문장의 표현도 간결하고 쉽게 하고자 노력하였다.

제3판의 개정을 함에 있어서는 일상적인 언어 사용규범에 부합하도록 2021년 12월 9일부터 시행되는 개정 형법의 법문을 사용하였고, 개정취지에 맞추어 본문의 내용과 문장표현도 일상 언어에 맞게 수정하고자 하였다. 그럼에도 불구하고 아직 남아있는 어색한 표현들은 다음 개정에서 신중을 기하고자 한다.

본문의 서술과 관련하여서는, 최근의 판례와 그에 따른 학자들의 다양해진 견해들을 분석하고 적절히 반영하는데 주의를 기울이고자 하였다. 기존의 교과서와 비교하여 연혁부분은 참고사항으로 구성하였고, 심화부분을 보완하여 본문의 내용과 관련하여 보다 심도 있는 사항을 다루고자 하였다. 또한 구성요건체계와 복잡한 이론들은 도표와 삽화를 보다 적극적으로 활용하여 이해를 돕고자 노력하였다.

각론에서는 개별 범죄와 관련한 성범죄, 신용카드범죄, 뇌물범죄 등 관련 특별형법들의 내용을 적절히 담아서, 실제 사례에 적용되는 특별법이 형법과 어떠한 연관성을 가지는지에 대한 이해가 쉽도록 노력하였다. 또한 지난 몇 년 동안 성범죄, 주거침입죄, 재산범죄 등에서 배출된 전원합의체 판결들의 내용을 모두 담고 해당 판결들의 함의를 분석하였으며, 형법과 다른 법률과의 통일적 해석이라는 것이 무엇인지 그 의미를 담고자 하였다.

程門立雪.

법의 정신에 관하여 깊은 밤을 지나 빛이 스미는 새벽을 맞이하시던 고 이형국 교수님의 뜻을 기리어, 개정판도 법의 정신이 조금이라도 반영되기를 바란다. 조용한 언덕 위 마지막 가시는 길에 하얀 국화꽃잎을 덮어드리며, 고즈넉하고 평안한 풍경 위로 산책을 즐기시던 교수님의 뒷모습을 마음에 담았다. 영면에 드신 교수님의 뜻을 받들어 본서가 빛을 발할 수 있도록 앞으로도 꾸준히 정진하고자 한다.

그리고 본서가 출간되기까지 아낌없는 지원과 관심을 가져준 모든 분들께 감사의 말을 전한다. 또한 본서의 출판에 적극적으로 힘을 실어주신 법문사 사장님, 노윤정 차장님을 비롯한 편집부 여러분께 진심으로 감사드린다.

2023년 2월

저자

제2판 머리말

　이형국, 김혜경 공저의 형법교과서 출간에 관심을 보여주신 독자 제현께 진심으로 감사드린다. 출간에 신중을 기하다보니 늦어진 점을 또한 죄송하게 생각한다. 그럼에도 불구하고 남게 되는 미흡한 점은 계속 시정해 나아가고자 한다.

　본서의 집필은 이형국 대한민국 학술원 회원과 계명대학교 김혜경 교수가 담당하였다. 본서는 이미 출간된 형법총론 공저에 이은 작업이다. 공저체제를 유지함에 있어서, 특히 형법각론이 기본적 교재로서 각 부분의 균형이 잘 유지되도록 함과 아울러 관련 법규 및 최근까지의 이론과 판례의 내용을 반영하도록 배려하였고, 문장의 표현도 간결하고 쉽게 하고자 노력하였다. 2000년대 이후에는 형법 및 특별법들의 개정이 빈번하고 판례의 내용들도 보다 전문화되어가는 경향이 있다. 또한 그에 따른 학자들의 견해도 다양해졌으므로, 이를 분석하고 적절히 반영하는데 주의를 기울이고자 노력하였다. 기존의 교과서와 달리 심화부분을 새로이 구성하여 본문의 내용과 관련한 보다 깊은 사항을 다루고자 하였으며, 각 범죄의 연혁은 별도로 구성하여 참고할 수 있게 하였다. 특히 복잡하고 까다로운 부분들은 도표나 삽화를 추가하여 이해를 돕도록 노력하였다.

　이로써 법의 정신이 조금이라도 반영되기를 바란다.

　출간에 이르기까지 저자의 생명과 건강을 지켜주신 하나님의 은혜에 먼저 감사드린다. 그리고 본서가 빛을 보도록 아낌없는 지원과 관심을 가져준 제자들 모두에게 감사의 말을 전한다. 또한 본서의 출판에 적극적으로 협조하여 주신 법문사의 사장님, 예상현 과장님을 비롯한 편집부 여러분께 진심으로 감사드린다.

2019년 8월

저 자

머 리 말

본서는 저자가 이미 출간했던 형법각론연구 Ⅰ, Ⅱ를 토대로 하여 이를 수정, 보완하여 펴낸 것이다. 기존의 형법각론연구 Ⅰ이 절판되어 개정판의 출간이 필요한 시점에서 각론의 단권화를 원하는 독자들의 요망과 새롭게 내용을 수정하고 보완해야 할 요인이 많은 점을 감안하여 단권화된 형법각론책을 준비하게 되었다.

본서는 최근까지의 국내 이론서와 논문은 물론 가능한 한 독일, 일본 등의 이론서도 참고하였으며 최근에 개정된 형사특별법, 최근까지의 판례도 비교적 폭넓게 활용하였다. 그러나 원고를 마치고 보니 처음에 생각했던 것보다 부족하고 미흡한 점이 적지 아니함을 느끼며 앞으로 계속 보완해 나아가고자 한다.

본서가 나올 수 있도록 저자의 생명과 건강을 지켜주신 하나님께 먼저 감사드리고 저자의 학문적 성취를 염원하시고 격려해주시다가 먼저 하늘나라로 가신 부모님, 그리고 여러 가지 어려움 속에서도 저자의 일상생활과 학문적 활동을 뒷받침해 온 아내에게도 깊은 감사의 뜻을 표한다.

본서의 출간에 있어서 정성껏 자료의 수집과 교정을 도와준 계명대학교 법경대학의 金惠京 교수와 원고의 워드작업을 도와준 연세대 대학원의 金康柱 조교(현역 공군대위)와 李鶴秀 조교에게 깊이 감사 드린다. 이들의 협조와 노고가 없었더라면 본서의 출간은 상당히 지연될 수 밖에 없었을 것이다. 출판계의 어려운 사정에도 불구하고 흔쾌히 본서의 출판에 협력해주신 裵孝善 사장님과 李在弼 이사님, 魏鎬俊 차장님, 芮尙鉉 과장님을 비롯한 편집부 여러분께 진심으로 감사드린다.

2007년 8월

저 자

차 례

제 3 장　명예와 신용·업무에 대한 죄　　　　　　　　(235~286)

제 1 절　명예에 관한 죄 ·· 236

§1. 서　　설 ··· 236

§2. 유형별 고찰 ·· 239

제 2 편 재산에 대한 죄

제 1 장 절도와 강도의 죄   (321~398)

제 3 장 횡령과 배임의 죄

제 2 부　보편적 법익에 대한 죄

제 1 편　사회적 법익에 대한 죄

제 2 장　공공의 신용에 대한 죄　　　　　　(633~724)

제 1 절　통화에 관한 죄 ·· 634

제 2 편 국가적 법익에 대한 죄

참고문헌

저자	서명	출판사	발행연도	인용약어
강구진	형법강의 각론 I	박영사	1983	강구진 I
권오걸	형법각론	형설출판사	2009	권오걸
김성돈	형법각론 제7판	SKKUP	2021	김성돈
김성천/김형준	형법각론 제6판	소진	2017	김성천/김형준
김일수	한국형법 III, IV	박영사	1994	김일수III, IV
김일수/서보학	형법각론 제7판	박영사	2007	김일수/서보학
김종원	형법각론(상) 제3정판	법문사	1973	김종원(상)
김종원 외 6인 공저	신고 형법각론	사법행정학회	1986	김종원/7인공저
김혜정/박미숙/안경옥/원혜욱/이인영	형법각론	피앤씨미디어	2019	김혜정 외
남흥우	형법강의(각론)	고대출판부	1965	남흥우
박상기/전지연	형법학 제4판	집현재	2018	박상기/전지연
배종대	형법각론 제10전정판	홍문사	2018	배종대
백형구	형법각론 개정판	청림출판	2002	백형구
서일교	형법각론	박영사	1978	서일교
손동권/김재윤	새로운 형법각론	율곡출판사	2013	손동권/김재윤
신동운	형법각론	법문사	2017	신동운
오영근	형법각론 제4판	박영사	2017	오영근
원혜욱	형법각론	fides	2017	원혜욱
유기천	형법학(각론강의 하)	일조각	1978	유기천(하)
이영란	한국형법학 각론강의	숙명여대출판국	2003	이영란
이재상/장영민/강동범	형법각론 제10판 보정판	박영사	2017	이재상 외
이정원	형법각론 제3판	법지사	2003	이정원
임 웅	형법각론 제8판	법문사	2017	임웅
정성근/정준섭	형법강의 각론	박영사	2017	정성근/정준섭
정영석	형법각론 제5전정판	법문사	1983	정영석
정영일	형법강의[각론] 제3판	학림	2017	정영일
정웅석	형법강의	대명출판사	2005	정웅석
진계호	형법각론 제5판	대왕사	2003	진계호
최호진	형법각론	박영사	2022	최호진
황산덕	형법각론 제6정판	방문사	1984	황산덕

그 외 독일, 일본 등 외국문헌은 이형국, 형법각론, 법문사, 2007 참조(본서에서는 생략)

약 어 표

가등기담보 등에 관한 법률	가등기담보법
교통사고처리특례법	교특법
부동산 실권리자 명의등기에 관한 법률	부동산실명법
부패방지 및 국민권익위원회의 설치와 운영에 관한 법률	부패방지법
성폭력범죄의 처벌 등에 관한 법률	성폭법
전기통신금융사기 피해 방지 및 피해금 환급에 관한 특별법	통신사기피해환급법
아동·청소년의 성보호에 관한 법률	아청법
정보통신망이용촉진 및 정보보호 등에 관한 법률	정보통신망법
특정경제범죄 가중처벌 등에 관한 법률	특경법
특정강력범죄의 처벌에 관한 특례법	특강법
특정범죄가중처벌 등에 관한 법률	특가법
폭력행위 등 처벌에 관한 법률	폭처법
형의 집행 및 수용자의 처우에 관한 법률	형집행법
호스피스·완화의료 및 임종과정에 있는 환자의 연명의료결정에 관한 법률	연명의료결정법

제 1 부

개인적 법익에
대한 죄

　개인적 법익에 대한 죄는 개인적 법익을 침해하거나 위태롭게 하는 범죄를 의미한다. 개인적 법익은 인격적 법익(생명, 신체, 자유, 평온, 명예, 신용)과 재산적 법익으로 구분할 수 있는데 형법학은 이들 법익을 침해하는 범죄를 생명과 신체에 대한 죄, 자유에 대한 죄, 명예와 신용에 대한 죄, 사생활의 평온에 대한 죄, 그리고 재산에 대한 죄로 분류한다.

　개인 없는 사회나 국가는 있을 수 없다. 그리고 개인적 법익은 국민 모두에게 가장 직접적으로 관련된다. 이 때문에 개인적 법익에 대한 죄가 형법각론에 있어서 가장 먼저 다루어지는 영역이 되고 있다. 현행 형법은 그 조문의 순서에 있어서 개인적 법익에 대한 죄를 국가적 법익에 대한 죄와 사회적 법익에 대한 죄에 이어 맨 끝에 두고 있다. 1995년 형법개정시 개정안은 개인적 법익에 대한 죄의 중요성을 고려하여 개인적 법익을 해하는 범죄들을 맨 앞에 규정하였으나 반영되지 않았다.

인격적 법익에 대한 죄

제 1 장

생명·신체에 대한 죄

제1절 살인의 죄

§1. 서   설

I. 의의 및 보호법익

살인의 죄는 자연인인 타인을 살해함으로써 성립하는 범죄이다. 살인의 죄의 모든 유형에 공통되는 법익은 사람의 생명이다. 사람의 생명은 인간실존의 핵심이다. 모든 다른 가치도 생명을 전제로 하여 그 의미를 발휘한다. 그러므로 생명은 사람에 있어서 최고의 법익이며 철저히 보호되어야 한다.

생명은 이처럼 소중한 것이기 때문에 형법은 개인의 생존능력, 사회적 지위, 건강상태, 생존이익, 연령 등에 관계없이 절대적으로 보호한다. 이를 절대적 생명보호의 원칙이라고 부른다. 절대적 생명보호의 원칙은 사형제도가 없는 법제도 하에서만 논의될 수 있다는 관점에서 우리 형법상의 생명보호 원칙을 상대적 생명보호의 원칙,[1] 최대한 생명보호의 원칙,[2] 최대한 평등보호의 원칙[3] 등으로 표현하는 견해도 있다.

그러나 헌법재판소는 헌법상 절대적 기본권이 명문으로 인정되지 않을 뿐만 아니라, 헌법 제37조 제2항의 일반적 법률유보는 생명권에도 예외가 아니어서, 비록 생명이 이념적으로 절대적 가치를 지닌 것이라 하더라도 "생명권의 제한이 정당화될 수 있는 예외적인 경우에는 생명권의 박탈이 초래된다 하더라도 곧바로 기본권의 본질적인 내용을 침해하는 것이라 볼 수는 없다"[4]고 보아 생명보호원칙도 상대적이라고 본다.

> **참고** **연혁**
>
> 살인죄는 가장 오랜 역사를 지닌 범죄로서 이미 바빌로니아의 함무라비법전, 헤브라

---

1) 배종대, 25면.
2) 임웅, 10면.
3) 정성근/정준섭, 3면.
4) 헌재결 2010. 2. 25. 2008헌가23.

이법전, 중국고대의 법전, 고조선의 팔조의 금법 등에도 그 규정이 있었다. 그 이후의 제 법전에 있어서도 비록 그 유형상의 차이는 있었지만 살인죄는 상존하였다. 로마법의 영향을 받았던 중세이탈리아 교회법(das Italienischkanonische Recht)은 살인을 숙고(熟考)의 유무에 따라 구분하였고 이러한 방법은 14세기 독일의 법제에 뚜렷한 영향을 미쳤다. 그 후 카롤리나형법전(제137조)은 숙고하여 방자하게 살인한 자를 모살자(Mörder), 성급한 행위와 분노 때문에 살인한 자를 단순고살자(Totschläger)로 구분하였다.

1794년 프로이센일반국법(ALR)은 단순살인, 즉 고살(故殺, Totschlag)은 단지 예견된 사망의 결과를 귀속시킬 수 있는 살인으로, 중살인, 즉 모살(謀殺, Mord)은 사전에 숙고한 고의로써 범한 살인으로 각각 구분한 한편 모살에 독약의 사용, 이익추구를 위한 살인 등의 범행태양을 추가하였다. 1810년의 프랑스형법전은 단순한 고의적 살인을 고살로 (Art. 295), 숙고 또는 매복하여 살해하는 경우를 모살로 규정하였다(Art. 296~298). 이러한 구분은 바로 독일형법에도 영향을 미쳤다. 주로 심리적 숙고 여부를 모살과 고살을 구분하는 척도로 인정했던 독일형법은 1941년의 개정 이후 살해욕, 성욕만족, 탐욕 등 윤리적 동기를 구분의 척도로 도입하게 되었다.

조선왕조에서 의용하였던 대명률(大明律, 1397)은 살인죄를 모살인(謀殺人), 투구급고살인 (鬪毆及故殺人), 희살(戲殺), 오살(誤殺), 과실살상인(過失殺傷人) 등으로 구분하였다.[1] 여기에서 모살인이란 두 사람 이상이 모의하여 사람을 살해하는 경우로서 발의(發意)한 자나 주도한 자는 참형(斬刑)에 처하고 단지 하수(下手)로 가담한 자는 교형(絞刑)에 처하였다. 투구급고살인(鬪毆及故殺人)은 싸우다가 사람을 살해하는 경우나 모살이 아닌 살인을 의미하며 교형에 처하였다.

1905년(광무9년)의 형법대전(刑法大全)에도 모살(제473조 이하)과 고살(제477조 이하)의 구별이 있었으나 구형법(의용형법)은 이러한 구분을 두지 아니하였고 현행 형법도 이러한 태도를 유지하고 있다.

II. 구성요건체계

기본적 구성요건: 보통살인죄 (제250조 제1항)	수정적 구성요건	불법	가중적	없음
			감경적	촉탁·승낙에 의한 살인죄(제252조 제1항)
		책임	가중적	존속살해죄(제250조 제2항)
			감경적	영아살해죄(제251조)
	독립적 구성요건	자살교사·방조죄(제252조 제2항) 위계등에 의한 촉탁·승낙 살인죄(제253조)		

---

1) 大明律直解, 刑律, 券第十九, 人命. 여기에서 희살(戲殺)이란 희롱하다가 사람을 살해한 경우이고, 오살(誤殺)이란 잘못하여 옆의 사람을 살해한 경우를 말하며, 과실살상인은 사람을 해할 의사가 없으면서 우연히 사상을 초래한 것을 의미한다.

본 장은 보통살인죄를 기본적 구성요건으로 하고 불법 또는 책임이 가중 또는 감경되는 범죄들과 독립적 구성요건들로 구성되어 있다. 모든 살인의 죄는 미수범(제254조)을 처벌하고, 살인죄, 존속살해죄 및 위계ㆍ위력에 의한 살인죄는 예비ㆍ음모죄(제255조) 처벌규정을 두고 있으며, 영아살해죄를 제외한 범죄로 인하여 유기징역에 처할 때에는 자격정지형을 병과할 수 있다(제256조).

우리 형법은 살인의 죄 이외의 영역에서도 내란목적의 살인죄(제88조), 강간살인죄(제301조의2), 강도살인죄(제338조), 해상강도살인죄(제340조 제3항)처럼 살인에 관련된 중대범죄와의 결합범 규정을 두고 있다.

심화 **구성요건의 체계의 해석방법과 죄수관계**

1. 구성요건 체계의 구성방법

형법 각칙은 보호법익과 구성요건이 동종인 범죄군들을 각 장으로 분류하여 편재하고 있다. 각 장은 기본적 구성요건을 가장 먼저 배치하고, 나머지는 수정적 또는 독립적 구성요건으로 이루어진다.

우선 수정적 구성요건이라 함은 기본적 구성요건의 행위를 공통으로 하되 주체, 객체, 행위방법 등에 있어서 변경적인 요건을 요구하는 경우이다. 이 중 행위방법이나 수단의 수정이 이루어지는 때에는 불법성의 경중이 발생하므로 그 형량을 기본적 구성요건의 법정형과 비교하여 불법가중적 또는 불법감경적 구성요건이 된다. 예컨대, 위의 촉탁ㆍ승낙에 의한 살인죄는 피해자의 의사에 반하지 않는 행위방법을 사용하였고 그 법정형이 보통살인죄보다 경하므로 불법감경적 구성요건이 된다. 또한 주체나 객체의 수정이 이루어지는 때에는 책임의 경중이 발생하여 책임가중적 또는 책임감경적 구성요건이 된다. 예컨대, 존속살해죄는 객체가 행위자의 직계존속이라는 점에서 행위자의 책임이 중해지므로 책임가중적 구성요건이, 영아살해죄는 객체가 영아이고 분만직후의 흥분상태였다는 점에서 책임이 경해지므로 책임감경적 구성요건이 된다.

독립적 구성요건이라 함은 기본적 구성요건이 요구하는 행위 이외의 행위를 구성요건으로 하는 경우이다. 예컨대, 자살ㆍ교사방조죄는 기본적 구성요건인 '살해행위'가 존재하지 않으므로 독립적 구성요건이다.

한편, 위계 등에 의한 촉탁살인죄는 '실행행위'를 요구하므로 기본적 구성요건과 동일하면서 위계 등에 의한 촉탁ㆍ승낙을 받았다는 행위태양의 변형이 있지만, 법정형의 가중 또는 감경이 존재하지 않으므로 수정적 또는 독립적 구성요건인가 여부에 관하여 견해가 일치하지는 않는다.

2. 법적 효과

원칙적으로 동일한 구성요건체계 내에서는 독립적 구성요건을 제외하고는 하나의 행위로 인한 상상적 경합이 발생할 수 없다. 기본적 구성요건과 수정적 구성요건간에는 법조경합이 일어나므로 법조간의 우열에 의하여 하나의 범죄만 성립하기 때문이다. 다만 독립적 구성요건은 보호법익이나 행위태양을 달리하므로 상상적 경합이 가능한 경우가 있다. 예컨대, 제34장의 신용훼손죄(제313조)와 업무방해죄(제314조)는 동일한 장에 편재되어 있으나 법익과 행위태양을 달리하므로 상상적 경합이 가능하다.

§2. 유형별 고찰

Ⅰ. 보통살인죄

*사람을 살해한 자는 사형·무기 또는 5년 이상의 징역에 처한다(제250조 제1항).
*본죄의 미수범은 처벌한다(제254조).

1. 의   의

본죄는 사람을 살해함으로써 성립하며 살인의 죄의 기본적 유형에 해당한다. 본죄는 결과범이고 침해범이다.

2. 구성요건

(1) 객관적 구성요건
1) 주 체

자연인만이 본죄의 주체로 될 수 있으며 법인이나 법인격 없는 단체는 주체가 될 수 없다. 자살은 본죄에서 제외되므로 자살행위의 주체는 본죄의 주체가 아니다.

2) 객 체

① 사 람

본죄의 객체는 사람이다. 여기에서 사람은 행위자 이외의 자연인인 타인을 의미한다. 행위시에 생명이 있는 한 그 생존능력을 불문하고, 불구, 불치, 기형여부도 문제되지 않으며 사형판결이 확정된 자, 실종선고를 받은 자, 자살을 결의하여 실행 중인 자 등도 본죄의 객체가 된다.[1] 연명의료결정법상의 연명의료중단 결정을 받은 환자 역시 살인죄의 객체에 해당한다.

② 사람의 시기

사람은 출생시부터 사망시까지 생명을 보유한다. 그리고 생명을 보유하는 한 형법상의 사람으로 인정된다. 그러므로 사람의 형법적 한계를 분명히 하려면 먼저 그 시기와 종기를 분명히 해야 한다.

형법은 태아의 생명도 보호하나(형법 제269조와 제270조) 사람의 생명과는 달리 취급한다. 형법은 또한 사체, 유골 또는 유발의 오욕(형법 제159조)과 영득(형법 제161조), 사자의 명예훼손(형법 제308조) 등을 벌하지만 생존자의 경우와는 달리 취급하고 있다.

(가) 학설의 대립　사람의 시기에 관한 학설로는 출생의 시간적 경과에 따라 분만개시설(진통설), 일부노출설, 전부노출설, 독립호흡설이 있다.

ⓐ 분만개시설(진통설): 　이 학설은 분만의 개시가 있을 때를 사람의 시기로 본다.[2] 그러나 구체적으로 어느 시점에 분만의 개시가 있느냐에 관하여서는 진통과 관련하여 다음의 두 가지로 나누어진다.

ⅰ) 전통적인 견해는 이른바 압박진통이 있을 때를 출생의 시점으로 본다. 이 견해는 출생의 시점을 앞당겨 생명·신체보호의 폭을 넓혀준다는 장점이 있으나 분만개시 없이 가능한 인공진통 또는 진통의 중단을 설명하기 어렵다는 단점이 있다.

ⅱ) 최근의 의학적 지식에 입각하여 태반분리를 자극하는 계속적 과정의 시작으로서의 진통이 있을 때에 분만이 개시된 것으로 보는 견해가 있는데 이 견해가 가장 타당한 것으로 생각되며 우리 형법 제251조(영아살해)의 '분만 중'이라는 용어도 이러한 의미로 해석할 수 있다.

---

1) 대판 1948. 5. 14, 4281형상38.
2) 이 학설은 진통설로 불리며 통설이다. 판례도 이 설을 취하고 있다(대판 1982. 10. 12, 81도2621).

ⓑ **일부노출설:**　이 학설은 출생하는 생명체의 일부분이 모체로부터 노출했을 때를 사람의 시기로 보며, 이른바 두부노출설도 이 학설에 포함된다.[1]

ⓒ **전부노출설:**　분만이 완성되어 태아의 신체가 모체로부터 완전히 노출하였을 때를 사람의 시기로 보는 견해로 민법에서는 통설로 되어 있으나 형법에서는 이 설을 따르는 학자는 찾아볼 수 없다. 물론 민법에서도 전부 노출의 상태에 이르지 않은 때에도 태아를 출생한 것으로 보는 경우가 있다.[2]

ⓓ **독립호흡설:**　태아가 태반에 의한 호흡 대신에 폐에 의한 호흡을 할 수 있게 된 때를 사람의 시기로 보는 견해이다.

(나) 제왕절개수술의 경우　의학적 필요에 의하여 자연적인 분만이 아닌 제왕절개수술을 행할 경우 사람의 시기에 관하여는, 분만에 대치되는 수술에 착수하여 자궁을 절개함으로써 사람이 된다는 자궁절개시설[3] 제왕절개를 하기 위한 순서상 가장 먼저 행하는 복부피하지방층절개시설[4], 일부노출설[5] 등이 대립한다.

생각건대, 사람의 시기를 태아가 태반으로부터 분리되기 시작하는 시점인 분만개시 진통설로 이해하는 한, 제왕절개수술 역시 그에 해당하는 분만개시를 위한 자궁절개시점으로 봄이 타당하다. 다만 분만개시진통 이후 제왕절개수술을 행한 경우에는 분만개시진통시점이라고 보아야 한다. 이러한 점을 고려하여 자연적 분만과 인위적 수술에 의한 사람의 시기를 통합하여 분만개시설[6]이라고 칭하기도 하며, 타당한 견해이다.

---

1) Binding, Lehrbuch dse Gemeinen Strafrechts, BT. Bd. I, 2. Aufl., 1902, S. 37f. Binding은 민법이 완전노출설을, 의학계는 독립호흡설을 취하고 있음을 지적하고 형법에서는 이와 달리 현실적인 관찰방법에 의해야 할 필요성이 있다고 강조하면서 생명체가 외부에서 상해 또는 살해될 수 있을 정도로 노출되었을 때 출생한 사람으로 볼 수 있다고 주장하였다. 그리하여 그는 일부가 노출된 생명체에 대한 살해행위를 이미 출생된 자의 살해행위와 같다고 보았다.
2) 민법 제762조, 제988조 등.
3) 김성돈, 56면; 김성천/김형준, 9면; 김일수/서보학, 21면; 김혜정 외, 7면; 박상기/전지연, 395면; 원혜욱, 3면; 이재상 외, 14면; 임웅, 15면; 정성근/정준섭, 5면; 최호진, 4면.
4) 오영근, 16면.
5) 이정원, 35면.
6) 김성돈, 56면; 임웅, 15면. 한편, 신동운, 505면은 이를 규범적 분만개시설이라고 한다.

판 례 ////////////////////////

사람의 생명과 신체의 안전을 보호법익으로 하고 있는 형법의 해석으로는 규칙적인 진통을 동반하면서 분만이 개시된 때(소위 진통설 또는 분만개시설)가 사람의 시기라고 봄이 타당하다.[1]

그러나 '의학적으로 제왕절개 수술이 가능하였고 규범적으로 수술이 필요하였던 시기'는 판단하는 사람 및 상황에 따라 다를 수 있어, 분만개시 시점 즉, 사람의 시기도 불명확하게 된다는 점에서 채용하기 어렵다.[2] 따라서 분만의 개시라고 할 수 있는 규칙적인 진통이 시작된 바 없으면 사람이 되었다고 볼 수 없다.

③ 사람의 종기

(가) 시점에 따른 학설의 대립　　사람의 종기는 사망시이며 따라서 사체는 사람이 아니다. 그러나 사망의 시점에 관해서는 학설상의 대립이 있다.

ⓐ **호흡종지설 내지 맥박종지설:**　　사람의 종기에 관한 전통적인 학설로는 호흡이 종지한 시점을 사람의 종기로 보는 호흡종지설, 심장의 고동, 즉 맥박이 완전히 종지한 시점을 사람의 종기로 보는 맥박종지설,[3] 그리고 이 양자를 종합적으로 관찰하는 호흡 및 맥박종지설(심폐사설)을 들 수 있다.[4]

ⓑ **학설의 검토:**　　종합설인 호흡 및 맥박종지설 또는 삼징후설 등은 사망판정에 신중을 기한다는 장점이 있다. 그러나 현대의학 기술상 호흡과 혈액순환능력의 정지 후에도 경우에 따라서는 이를 인공적으로 소생시킬 수 있다. 또한 인공호흡기의 발전은 상당기간 숨을 쉬도록 하는 것이 가능한 단계에까지 와 있다. 따라서 호흡과 맥박에 기초를 둔 여러 학설들은 이러한 소생가능성을 예측할 수 없었던 시절에는 타당성을 가질 수 있었지만 오늘날은 더 이상 설득력을 갖기 어렵게 되었다.

더욱이 호흡 내지 맥박종지설에 의하면 호흡 또는 맥박의 종지가 있으면 이미 사망한 것으로 취급되므로 그 이후에는 소생가능성에도 불구하고 의사가 소

---

1) 대판 1998. 10. 9, 98도949; 대판 1982. 10. 12, 81도2621.
2) 대판 2007. 6. 29, 2005도3832.
3) 김일수/서보학, 21면; 안동준, 29면; 오영근, 17면; 정영일, 6면.
4) 한센(Hansen)에 의하여 대표되는 이 종합적 견해는 사망의 시점을 "모든 기관의 세포와 조직의 죽음에 뒤따르는 중앙신경조직의 활동정지에 관련된 혈액순환과 호흡의 되돌릴 수 없는 정지상태"에서 찾는다.

생조치를 취하느냐의 여부는 그의 의무가 아니고 단지 그의 재량문제로 될 뿐이다. 반면에 뇌사 후 호흡과 혈액순환을 오로지 심폐기에 의존할 뿐 소생가능성이 전무한 이른바 식물인간에 대한 치료가 중단되거나 가볍게 취급되면 의사에게 살인 내지 업무상 과실치사의 무거운 형사책임이 발생한다는 문제점이 있다.

(나) 뇌사의 인정 여부   1968년 8월 9일의 세계의학회의 시드니선언을 계기로 확산되기 시작한 뇌사설은 뇌사를 사람의 종기로 보는 학설로서[1] 뇌사의 의미에 관하여는 "모든 뇌기능의 완전한 소멸"로 보는 것이 일반적이다.

뇌사설의 장점은 호흡종지설이나 맥박종지설의 경우와는 달리 모든 뇌기능의 종지가 확정되는 한 인명의 소생은 결국 불가능하다는 점에 있다. 반면 뇌사판단에 쓰이는 뇌파계는 대뇌 주변의 기능을 측정하는 데는 적합하나 뇌의 심부의 상태를 정확히 측정하지 못한다는 단점이 있다.

(다) 결 론

ⓐ 사람의 시기에 관하여는 이미 언급했듯이 태반분리를 자극하는 계속적 과정의 시작으로서의 진통이 있을 때에 출생한 것으로 봄이 타당하다. 그러나 이러한 결론은 과학, 특히 의학의 발전과 관련하여 전술한 견해가 수정될 수 있다는 가능성을 배제하지 않는다.

따라서 출생시점에 관한 기존학설의 수정이 불가피해질 것은 물론[2] 실험관아기 출생과 관련되는 여러 가지 법률관계 및 학설의 변동이 뒤따를 것이라는 사실은 상식적으로도 예견할 수 있을 것이다. 이 문제는 아직까지 장래의 가능성에 속하는 것이므로 과학발전에 따른 규범적 구성요건의 해석의 변화 문제로 남겨두어야 할 것이다.

ⓑ 사망의 시점을 정확히 지적한다는 것은 아직도 중요한 난제의 하나로 되어 있다. 생물학적 관점에 의하면 사망은 시점적(時點的) 사건이 아니고 상당시간에 걸쳐 진행되는 연쇄적 사건이다. 그럼에도 불구하고 형법은 독자적 입장에서 어느 한 시점을 사망의 시점으로 보아야 할 필요가 있다.

이러한 "형법적 의미의 사망의 시점"이라는 견지에서 전뇌사설이 타당할 것

---

1) 김동림, 사람의 종기와 뇌사설, 형사법연구, 제5호, 1993; 김성천/김형준, 13면; 김혜정 외, 9면; 박상기/전지연, 395면; 이재상 외, 17면; 임웅, 17면; 정성근/정준섭, 6면.
2) 예컨대 실험관에서 직접 아기가 탄생된다면 "진통"이라는 용어는 보편적으로 사용될 여지가 없어질 것이다.

이다. 그러나 뇌사설의 적용에 있어서는 특별히 뇌사판정과 관련하여 신중하여야 한다. 뇌사판정에 있어 신중성과 확실성이 보장되는 경우에만 뇌사설이 적용될 수 있으며 이것이 결여되는 한, 뇌를 포함한 신체의 다른 기능과의 유기적인 연관 속에서 확실하게 사망의 진단이 내려짐이 바람직하다. 이상에서 언급한 뇌사설의 우위는 상대적인 것에 불과하므로 생물학이나 의학의 발달에 따라 언제든지 비판되고 수정될 수 있다. 요컨대 사람의 시기와 종기에 대한 형법적 의미는 과학발전과 그 사회적 의미에 밀접하게 관련한 규범적 구성요건의 해석의 문제로서 부단히 모색되어야 할 것이다.

3) 행 위

① 살해의 의미

살해는 고의로 자연적인 죽음에 앞서서 사람의 생명을 단절시키는 행위를 말한다. 형법은 과실로 인하여 사람의 생명을 침해하는 것을 치사라고 표현하여 살해와 구별하고 있다.

② 살해의 수단·방법

살해의 수단·방법에는 제한이 없다.

타살, 교살, 독살 등 유형적인 방법은 물론 강한 정신적 충격을 주어 사망하게 하는 무형적 방법도 가능하지만,[1] 인과관계 및 객관적 귀속의 문제로 해결하여야 할 것이다. 피살자를 절벽 기타 위험스러운 곳으로 몰아 붙여 추락사, 익사 등을 초래한 경우도 살해로 될 수 있다. AIDS 감염도 행위방법이 될 수 있다고 보는 견해[2]도 있으나 이는 중상해로 봄이 타당하다.

살해는 작위뿐만 아니라 부작위에 의해서도 가능하다. 부작위의 경우, 행위자에게 보증인적 지위와 작위의무 및 행위정형의 동가치성이 있어야 함은 물론이며, 작위범과 달리 진정신분범에 해당한다. 예컨대 타인을 감금한 자가 살해의 의사로써 피감금자를 방치하여 사망하게 한 경우는 부작위에 의한 살인죄에 해당한다.[3]

살해는 고의적인 방법은 물론 간접적인 방법으로도 가능하다. 예컨대 의사가

---

1) 김성돈, 43면; 김혜정 외, 10면; 배종대, 32면; 신동운, 507면; 오영근, 18면; 이재상 외, 18면; 임웅, 19면; 정성근/정준섭, 7면; 정영일, 6면. 반면 박상기/전지연, 396면은 행위불법적 정형을 구비하지 못하므로 살해행위에 해당하지 않는다고 본다.
2) 김성천/김형준, 12면.
3) 대판 1992. 2. 11, 91도2951; 대판 1982. 11. 23, 82도2024.

살해의 고의로써 간호사의 과실을 이용하여 환자를 사망하게 한 경우, 정신병자를 이용하여 사람을 살해한 경우, 독약이 든 식품을 우송하여 사람을 살해한 경우 등이 이에 해당한다. 한편 강제나 기망에 의하여 자살하게 한 경우도 간접정범의 성격을 갖지만 우리 형법상 위계・위력에 의한 살인죄(제253조)가 성립한다.

위증을 하여 사형이 선고되고 집행된 경우에 위증자가 살인의 간접정범에 해당하는가에 관하여서는 허위의 진술을 통하여 이를 모르는 법원의 심리과정에 대한 의사지배가 가능하다고 보는 긍정설[1]과 부정설[2]의 대립이 있다. 그러나 개인이 국가의 사법권을 좌우할 수는 없고, 법원은 실체판단의 의무를 지므로 만일 그와 같은 경우가 발생한다면 오판의 결과라는 관점에서 부정설이 타당하다.

한편 미신적인 방법으로 사람을 죽이려는 행위는 살인죄의 구성요건조차 없는 행위로서 본죄의 '살해'에 해당하지 않는다.[3]

판례

선장이나 승무원은 조난된 사람에 대한 구조조치의무를 부담하고, 선박의 해상여객운송사업자와 승객 사이의 여객운송계약에 따라 승객의 안전에 대하여 계약상 보호의무를 부담하므로, 모든 승무원은 선박 위험 시 서로 협력하여 조난된 승객이나 다른 승무원을 적극적으로 구조할 의무가 있다. 따라서 선박침몰 등과 같은 조난사고로 승객이나 다른 승무원들이 스스로 생명에 대한 위협에 대처할 수 없는 급박한 상황이 발생한 경우에는 선박의 운항을 지배하고 있는 선장이나 갑판 또는 선내에서 구체적인 구조행위를 지배하고 있는 선원들은 적극적인 구호활동을 통해 보호능력이 없는 승객이나 다른 승무원의 사망 결과를 방지하여야 할 작위의무가 있으므로, 법익침해의 태양과 정도 등에 따라 요구되는 개별적・구체적인 구호의무를 이행함으로써 사망의 결과를 쉽게 방지할 수 있음에도 그에 이르는 사태의 핵심적 경과를 그대로 방관하여 사망의 결과를 초래하였다면, 부작위는 작위에 의한 살인행위와 동등한 형법적 가치를 가지고, 작위의무를 이행하였다면 결과가 발생하지 않았을 것이라는 관계가 인정될 경우에는 작위를 하지 않은 부작위와 사망의 결과 사이에 인과관계가 있다.

---

1) 김성돈, 60면; 이정원, 41면; 임웅, 20면 등.
2) 김봉태/7인공저, 62면; 김혜정 외, 10면; 박상기/전지연, 397면; 배종대, 32면; 신동운, 508면; 이재상 외, 18면; 정성근/정준섭, 7면; 정영일, 6면.
3) 김봉태/7인공저, 62면; 김혜정 외, 10면; 오영근, 18면; 이재상 외, 18면; 임웅, 19면; 정영일, 6면. 반면 인과관계의 결여로 보는 견해로는 김성돈, 61면; 배종대, 32면.

또한 부진정 부작위범의 고의는 반드시 구성요건적 결과발생에 대한 목적이나 계획적인 범행 의도가 있어야 하는 것은 아니고 법익침해의 결과발생을 방지할 법적 작위의무를 가지고 있는 사람이 의무를 이행함으로써 결과발생을 쉽게 방지할 수 있었음을 예견하고도 결과발생을 용인하고 이를 방관한 채 의무를 이행하지 아니한다는 인식을 하면 족하며, 이러한 작위의무자의 예견 또는 인식 등은 확정적인 경우는 물론 불확정적인 경우이더라도 미필적 고의로 인정될 수 있다.[1]

③ 실행의 착수시기

실행의 착수가 인정되기 위해서는 객관적으로 보아서 살인죄 실현에 실질적으로 기여할 수 있는 외적 행위, 살해의 구체적인 범행계획의 발현으로써 생명에 위협이 되는 행위 또는 그와 밀접불가분에 있는 행위의 직접적 개시가 이루어져야 한다. 예컨대, 피해자의 팔, 다리를 묶어 저수지 안으로 던지는 순간,[2] 피해자를 살해할 것을 마음먹고 밖으로 나가 낫을 들고 피해자에게 다가서려고 하는 경우[3] 등이 이에 해당한다.

④ 기수시기

본죄는 사망의 결과가 발생한 때에 기수로 되며 동시에 범행이 종료된다. 행위와 결과 사이에는 인과관계가 있어야 한다. 인과관계가 결여되면 미수가 성립될 수 있을 뿐이다. 더 나아가 사망의 결과가 행위자에게 객관적으로 귀속되어야 한다. 인과관계와 객관적 귀속이 인정되는 범위 내에는 행위와 결과발생 사이에 시간적 간격이 있어도 본죄의 기수가 된다.[4] 그러나 청부살해를 위하여 사람을 고용하면서 그에게 대가의 지급을 약속한 것만으로는 실행의 착수라고 볼 수 없고 살인예비죄에 해당한다.[5]

(2) 주관적 구성요건

본죄의 고의는 타인을 살해한다는 인식, 인용을 의미하며 미필적 고의로 족하다.[6] 고의가 없으면 살해가 아닌 치사(과실치사, 상해치사)의 문제가 될 뿐이다.

---

1) 대판 2015. 11. 12, 2015도6809 전원합의체 판결(세월호 사건).
2) 대판 1986. 1. 21, 85도2371, 85감도347.
3) 대판 1986. 2. 25, 85도2773.
4) 김성돈, 45면.
5) 대판 2009. 10. 29, 2009도7150.
6) 대판 2004. 6. 24, 2002도995; 대판 2003. 4. 25, 2003도949; 대판 2001. 9. 28, 2001도3997 등.

판례에 의하면 동가치의 구성요건내의 착오(구체적 사실의 착오)의 경우에는 객체의 착오는 물론 방법의 착오도 고의를 조각하지 않는다.

판 례

살인죄의 고의는 반드시 살해의 목적이나 계획적인 살해의 의도가 있어야 하는 것은 아니고 자기의 행위로 인하여 타인의 사망의 결과를 발생시킬 만한 위험이 있음을 예견·용인하면 족하며 그 주관적 예견 등은 확정적인 것은 물론 불확정적인 것이더라도 미필적 고의로서 살인의 범의는 인정될 수 있다고 봄이 판례의 태도이다.[1] 예컨대, 피해자가 맞아 죽어도 무방하다고 생각하여 총을 쏜 경우,[2] 칼로 목을 찌른 경우,[3] 각목으로 머리를 강타한 경우,[4] 사람의 목을 조른 경우,[5] 순경이 검문 중 도주하는 자에 대하여 총을 쏘아 살해한 경우[6] 등에 모두 살인의 고의를 인정한다. 한편 판례는 질주하는 차에서 사람을 폭행하여 추락시킨 경우 살의를 속단할 수 없다고 보았다.[7]

3. 위 법 성

(1) 위법성조각사유

살인죄의 구성요건에 해당하더라도 위법성이 조각될 수 있는 경우로는 정당행위와 정당방위를 들 수 있다. 전시에 전투행위로 적을 살해한 경우라든가 법에 따라 사형을 집행한 경우는 정당행위로서 위법성이 조각된다. 전시라 하더라도 전투와 관계없는 자(예를 들면 포로)를 살해하는 것은 위법하다.[8]

자기의 생명에 대한 현재의 부당한 침해를 막기 위하여 침해자를 살해하는 경우처럼 정당방위의 요건을 구비한 경우에는 위법성이 조각된다. 긴급피난은 이익형량의 원칙(우월적 이익의 원칙)을 인정하는 한, 생명 대 생명은 그 어느 쪽을 우월하다고 판단할 수 없으므로 위법성조각을 인정할 수 없다. 생명과 생명

---

1) 대판 2011. 12. 22, 2011도12927; 대판 2004. 6. 24, 2002도995.
2) 대판 1975. 3. 11, 75도217.
3) 대판 1966. 3. 15, 65도69.
4) 대판 1998. 6. 28, 83도996; 대판 1978. 1. 17, 77도3636.
5) 대판 1994. 12. 22, 94도2511; 대판 1984. 4. 10, 84도331.
6) 대판 1954. 9. 4, 4286형상177.
7) 대판 1957. 5. 24, 4290형상56.
8) 이재상 외, 22면.

이 충돌하는 긴급피난은 우리 형법상 기대불가능성에 기한 초법규적 책임조각
사유로 보아야 할 것이다.

청구권 보전을 위한 살해행위는 허용될 수 없으므로 살해행위가 자구행위로
될 수 없고, 생명은 처분 가능한 법익이 아니며 촉탁·승낙에 의한 살인죄의 규
정도 있으므로 살해행위가 피해자의 승낙에 의하여 정당화될 수도 없다.

(2) 안락사와 관련문제

1) 안락사의 의의

안락사란 회복할 수 없거나 임종 중에 있는 중환자의 고통을 덜어주기 위하
여 치료를 중단하거나 기타의 방법으로 생명의 마지막단계를 인위적인 조치에
의하여 앞당기는 행위를 의미한다. 인간의 생명을 다루는 의사는 치료의무가 있
고, 치료의무의 불이행 또는 치료장치의 제거행위가 살인죄에 해당하는지 여부
가 문제될 수 있다.

특히 환자의 동의가 있는 경우에는 피해자의 의사에 합치한다는 점에서 위법
성조각사유에 해당하는가 문제된다. 국가에게 국민의 생명보호의무가 있다고 하
더라도, 존엄한 생의 마감을 원하는 환자의 생명에 대한 자기결정권보다 언제나
국가의 생명보호의무가 우선한다고 단정할 수는 없기 때문이다.

2) 안락사의 유형

안락사는 간접적 안락사와 직접적 안락사로 구분되고, 직접적 안락사는 다시
소극적 안락사와 적극적 안락사로 세분된다.[1]

① 간접적 안락사

간접적 안락사란 환자의 고통을 제거하기 위한 의술행위가 부수적인 효과로
서 간접적으로 생명단축의 효과를 수반하는 경우이다. 예컨대, 고통제거를 위한
몰핀의 사용은 간접적으로 생명의 종기를 앞당기는 효과를 가진다. 간접적 안락
사는 직접적인 사망원인이 아니므로 구성요건해당성을 인정할 필요가 없다.

② 적극적 안락사

적극적 안락사란 치료행위로 직접 환자의 사망시점을 앞당기는 작위행위를
하는 경우이다. 예컨대, 생명에 치명적인 약물을 투여하여 사망시점을 앞당기는

---

1) 이는 환자가 사망에 이르는 방법에 불과하고, 행위로서 작위와 부작위의 구분이 쉽지 않다는 점에
서 소극적, 적극적 안락사의 구분을 부정하는 견해로는 원혜욱, 7면.

경우이다.

적극적 안락사에 대하여는 환자의 요청에 의한 경우이므로 촉탁 · 승낙에 의한 살인죄가 성립한다는 견해[1]와 제20조 기타 사회상규에 해당하지 않는 정당행위로서 위법성이 조각된다는 견해[2]가 있다. 생각건대, 안락사라는 영역 자체가 환자가 회복불가능한 상태에 있을 것을 요한다는 점, 치료라는 행위 자체가 단순히 일회성으로 끝나는 것이 아니어서 이를 소극적 또는 적극적이라고 쉽게 구분하기 어렵다는 점, 환자에게 본인의 의사에 반하는 고통스러운 치료행위를 강제하는 것이 오히려 인간의 존엄과 가치를 해할 수 있다는 점 등에서 제20조 기타 사회상규에 위배되지 않는 행위로서 위법성이 조각된다고 봄이 타당하다.

③ 소극적 안락사

소극적 안락사는 의사가 환자의 생명유지 또는 연장에 요구되는 의료행위를 행하지 않아서 환자를 사망에 이르게 하는, 소위 '존엄사'를 의미한다. 소극적 안락사는 촉탁 · 승낙에 의한 살인죄의 구성요건에 해당하지만, 위법성을 조각시켜야 한다고 봄이 통설이다. 다만, 이를 피해자의 승낙에 의한 위법성 조각으로 보거나 업무로 인한 행위 또는 기타 사회상규에 해당하는 행위로 보는 등 그 근거에 있어서는 차이가 있다.

이에 대하여 판례는 의학적으로 환자가 의식의 회복가능성이 없고 생명과 관련된 중요한 생체기능의 상실을 회복할 수 없으며 환자의 신체상태에 비추어 짧은 시간 내에 사망에 이를 수 있음이 명백한 경우에 이루어지는 연명치료는, 원인이 되는 질병의 호전을 목적으로 하는 것이 아니라 질병의 호전을 사실상 포기한 상태에서 오로지 현 상태를 유지하기 위하여 이루어지는 치료에 불과하므로, 그에 이르지 아니한 경우와는 다른 기준으로 진료중단 허용 가능성을 판단하여야 한다고 본다. 이 때에는 죽음을 맞이하려는 환자의 의사결정을 존중하여 환자의 인간으로서의 존엄과 가치 및 행복추구권을 보호하는 것이 사회상규에 부합되므로 환자의 자기결정권을 존중하여 연명치료 중단이 허용될 수 있고 헌법정신에도 어긋나지 않는다. 그러므로 회복불가능한 사망의 단계에 이르렀을 때 환자가 인간으로서의 존엄과 가치 및 행복추구권에 기초하여 자기결정권을

---

1) 권오걸, 15면; 김일수/서보학, 18면; 배종대, 36면; 손동권/김재윤, 14면; 신동운, 514면.; 이재상 외, 22면; 이정원, 34면; 정성근/정준섭, 9면.
2) 김성돈, 49면, 임웅, 25면; 정영일, 12면.

행사하는 것으로 인정되는 경우에는 특별한 사정이 없는 한 연명치료의 중단이 허용될 수 있다.[1] 이는 사전에 명확히 환자의 의사가 있는 때는 물론 그렇지 않을 때에도 가능하다. 판례는 사전의사가 있는 때에는 피해자의 승낙으로, 없는 때에는 추정적 승낙으로 보고 있다.[2]

그러나 피해자의 승낙이 있다고 하더라도, 법률에 특별한 규정이 있으므로 이를 예외적으로 허용할 수는 없다. 따라서 제20조 기타 사회상규에 위배되지 않는 행위로 봄이 타당하다.

3) 연명의료 중단

존엄사 및 개인의 자기결정권에 대한 사회공동체의 가치관의 변화는 2016년 2월에 제정된 연명의료결정법으로 이어졌고, 동법이 정하는 일정한 경우 의사가 연명의료를 중단함을 법으로 허용하고 있다. 여기에서 '연명의료중단 등 결정'이란 임종과정에 있는 환자에 대한 연명의료를 시행하지 아니하거나 중단하기로 하는 결정을 의미한다(동법 제2조 제5호).

따라서 동법이 정하는 일정한 절차를 준수한 연명의료의 중단에 의한 사망은 형법 제20조의 법령에 의한 행위로서 정당행위에 해당되어 위법성이 조각된다.

연명의료중단 결정은 회생의 가능성이 없고, 치료에도 불구하고 회복되지 않으며, 급속도로 증상이 악화되어 사망에 임박한 상태에 있는 임종과정에 있는 환자를 대상으로 하기 때문에 안락사 중에서는 소극적 안락사, 즉 존엄사를 대상으로 한다. 물론 연명의료중단결정은 회생불가능성을 조건으로 한다는 점에서 소극적 안락사의 대상보다는 협소하므로 연명의료중단결정 대상자는 모두 소극적 안락사의 대상이 되지만, 반대로 소극적 안락사에는 연명의료중단결정 뿐만 아니라 호스피스・완화의료의 대상자도 포함된다. 따라서 본 법 시행 이후에도

---

1) 대판 2009. 5. 21, 2009다17417 전원합의체 판결. 다만 동 판결은 민사재판이므로 연명치료 중단이 허용됨이 위법성조각사유 중 구체적으로 어느 사유에 해당하는지는 판시하고 있지 않다.
2) 대판 2009. 5. 21, 2009다17417 전원합의체 판결은 환자의 사전의료지시가 없는 상태에서 회복불가능한 사망의 단계에 진입한 경우에는 환자에게 의식의 회복가능성이 없으므로 더 이상 환자 자신이 자기결정권을 행사하여 진료행위의 내용 변경이나 중단을 요구하는 의사를 표시할 것을 기대할 수 없지만, 환자의 평소 가치관이나 신념 등에 비추어 연명치료를 중단하는 것이 객관적으로 환자의 최선의 이익에 부합한다고 인정되어 환자에게 자기결정권을 행사할 수 있는 기회가 주어지더라도 연명치료의 중단을 선택하였을 것이라고 볼 수 있는 경우에는, 그 연명치료 중단에 관한 환자의 의사를 추정할 수 있다고 인정하는 것이 합리적이고 사회상규에 부합된다고 판시하고 있다.

적극적 안락사가 위법성이 조각될 것인가는 여전히 논란이 있지만, 역시 위법성 조각사유에 해당한다는 점은 앞서 살펴본 바와 같다.

심 화

안락사와 관련하여 생존가치가 없는 생명의 말살이라는 것과 조기안락사라는 개념이 있다.

① 생존가치가 없는 생명의 말살이란 생존능력은 있지만 치유할 수 없는 심한 정신병자처럼 생존할 가치가 없다고 판단되는 자의 생명을 안락사의 방법으로 말살하는 경우를 의미한다.[1] 단지 생존할 가치가 없다는 이유로 이러한 행위를 하는 것은 생명권의 침해이고 절대적 생명보호의 원칙에 반하는 것으로서 살인죄를 구성하며 어떠한 정황 하에서도 위법성이 조각되지 않는다. 나치독일시대에 히틀러의 비밀지령으로 이러한 안락사가 시행된 일이 있는데 이 일에 동원되어 명령에 따라 안락사를 시행한 의사들의 행위를 어떻게 볼 것인가의 문제가 제기되었다. 이와 관련하여 의사들의 행위가 위법하다는 점에는 이의가 없지만 의사가 그 행위를 직무로서 강요당했을 때에는 경우에 따라 의무충돌의 법리에 의하여 책임이 조각된다는 견해가 유력하며 학자에 따라서는 인적 처벌조각사유로서 처벌받지 않는다고 본다.

② 조기안락사란 심한 기형의 신생아를 사망에 이르도록 방치하는 경우를 의미한다. 기형의 신생아라 할지라도 그 생명의 존엄성은 부정할 수 없으므로 사망하도록 방치하거나 이를 교사 또는 방조하는 행위, 치료를 중단하여 사망에 이르게 하는 행위는 모두 위법하다. 기형의 신생아를 그 직계 존속이 양육할 수 없음을 예상하고 분만중 또는 분만직후 작위 또는 부작위의 방법으로 살해한 경우에는 영아살해죄(형법 제251조)가 성립되지만 신분이 없는 다른 가담자에게는 경우에 따라 보통살인죄나 교사 · 방조죄가 성립된다.

---

4. 죄 수

1개의 행위로 수인을 살해한 경우에는 수개의 살인죄의 상상적 경합이 된다. 동일인에게 살해의 의사로 예비행위를 하고 살해행위도 하였으나 미수에 그쳤다가 결국 그 목적을 달성한 경우에는 1개의 살인기수죄가 성립한다.[2] 한편 동

---

1) 이에 관한 상세한 내용은 박정일, 앞의 논문, 77면 이하 참조.
2) 대판 1965. 9. 28, 65도695. 이 경우는 법조경합 중 보충관계로 이해된다.

일한 장소에서 동일한 방법에 의하여 밀착된 시간 내에 수인을 살해한 경우에도 수개의 살인죄의 실체적 경합범이 된다.[1] 살인행위에 수반하는 의복의 손괴는 불가벌적 수반행위로서 법조경합 중 흡수관계에 해당한다.

살해 후 죄적을 인멸할 목적으로 사체를 다른 곳에 유기한 경우에는 살인과 사체유기의 실체적 경합이 성립한다.[2]

5. 보복 등 목적에 의한 살인

① 자기 또는 타인의 형사사건의 수사 또는 재판과 관련하여 고소·고발 등 수사단서의 제공·증언 또는 자료를 제출한 데 대한 보복의 목적, ② 고소·고발 등 수사단서의 제공, 진술·증언 등 또는 자료제출을 하지 못하게 할 목적, ③ 고소·고발을 취소하게 하거나 허위의 진술·증언·자료제출을 하게 할 목적으로 보통살인죄(제250조 제1항)를 범한 자는 특정범죄가중처벌 등에 관한 법률 제5조의9의 제1항에 의하여 사형·무기 또는 10년 이상의 징역에 처한다.

Ⅱ. 존속살해죄

*자기 또는 배우자의 직계존속을 살해한 자는 사형·무기 또는 7년 이상의 징역에 처한다(제250조 제2항).
*본죄의 미수범은 처벌한다(제254조).

1. 의   의

존속살해죄를 가중처벌하는 입법례는 점차 삭제 내지 완화되는 경향을 보이고 있다.[3] 본죄는 행위자가 행위객체의 직계비속이라는 신분으로 인하여 형이 가중되는 부진정 신분범이며, 직계존속에 대한 직계비속의 패륜이라는 반윤리성 때문에 책임이 가중되는 책임가중적 구성요건이다.[4]

---

1) 대판 1969. 12. 30. 69도2062.
2) 대판 1997. 7. 25. 97도1142.
3) 독일은 1941년에, 일본은 1995년에 각각 존속살해규정(제215조)을 삭제하였다.
4) 김혜정 외, 15면; 오영근, 28면; 이재상 외, 24면; 정성근/정준섭, 9면; 정영일, 7면; 최호진, 20면. 반면 김성돈, 68면; 김일수, 한국형법Ⅲ, 74면; 이정원, 46면은 인륜관계로서의 효도는 가정과 사회의 기본질서를 이루는 핵으로서 객관화된 사회질서의 관점에서 본죄의 가중은 불법가중으로

2. 합헌성 여부

(1) 위헌설

위헌설은 보통살인죄보다 법정형이 더 무거운 존속살해죄의 규정이 법 앞의 평등원칙을 규정한 헌법 제11조 제1항에 위배된다는 견해이다.[1]

위헌설은 존속살해의 가중처벌은 봉건적 가족제도의 유산이고 친자관계도 평등관계로 보는 근대적 자연법사상에는 합치되지 않으며, 비속이라는 신분의 취득이 자유롭게 이루어지는 것이 아님에도 불구하고 이러한 신분으로 인하여 차별대우를 받는 것이 불합리하고,[2] 가부장적이며,[3] 존속측의 가혹 등 반윤리적인 태도로 인하여 비속측이 동정받아야 할 경우도 있으며,[4] 친자관계의 인륜이 중요하다 할지라도 이를 이유로 형을 가중하는 것은 법과 도덕을 동일시하는 문제점이 있고 특히 형벌을 지나치게 무겁게 하는 것은 타당하지 않다[5]는 등을 그 논거로 삼고 있다.[6]

(2) 합헌설

본죄가 헌법에 합치된다고 보는 견해이다.[7] 이 설은 법 앞의 평등원칙이 절대적인 것이 아니라 정당하고 합리적인 근거가 있는 차별은 허용한다고 보아야 하고 자녀의 부모에 대한 도덕적 의무에 기초한 친자관계를 지배하는 도덕은 인륜의 대본이며 이에 반하는 자의 패륜행위를 특히 무겁게 처벌하는 것은 위헌이 아니라고 주장한다.[8]

인한 것이라고 본다.
1) 박상기/전지연, 400면; 배종대, 43면;이정원, 52면; 임웅, 34면.
2) 유기천(상), 35면, 주 97-a.
3) 박상기/전지연, 400면.
4) 임웅, 34면.
5) 배종대, 43면.
6) 우리나라에는 아직 본죄의 위헌성을 인정한 판례가 없다. 그러나 일본에서는 종래 합헌이라는 판례(日最判 1950(昭 25). 12. 25, 形集 4-2126)가 있기도 하였으나 이 후 1973년에 이르러 법정형이 지나치게 무거운 것을 이유로 하는 위헌판결(日最判 1973.4.4, 形集 27券 3-265) 되었다. 이에 관한 더 상세한 내용으로는 金築誠志/大塚 仁 등 編, 大コンメンタール刑法, 1991, 89면 이하 참조.
7) 김봉태/7인공저, 67면; 김일수/서보학, 32면; 김종원(상), 38면; 이수성, 「형법적 도덕성의 한계에 관하여」, 서울대 법학, 1977. 106면; 이재상 외, 26면.
8) 헌재결 2013. 7. 25, 2011헌바267.

(3) 폐지설의 타당성

합헌설을 따르더라도 보통살인죄만 존치시켜도 법정형이 중한 존속살해죄를 그에 맞게 처벌할 수 있고, 존속살해죄의 법정형이 지나치게 무겁다는 등 입법론적 관점에서 본죄를 폐지할 것을 주장하는 경향이 있다.[1]

존속에 대한 존중은 우리 사회윤리의 본질적 구성부분을 이루는 사회공동체의 사회윤리적 행위가치로 이어져 왔다는 점에서 존속살해죄가 반드시 위헌이라고 할 수는 없다. 그러나 서로 부양하고 협조하여야 할 존비속관계를 고려할 때 반드시 존속만이 보다 형법으로 보호하여야 할 이익이 크다고 볼 수 없고, 궁극적으로 생명의 가치는 모두 동등하다는 점, 보통살인죄(제250조 제1항)의 법정형이 사형, 무기 또는 5년 이상의 징역이라는 무거운 형벌로 되어 있음을 고려할 때 이보다 더 중한 법정형을 지닌 존속살해죄를 별도로 둘 필요는 없다.

3. 구성요건

(1) 객관적 구성요건

1) 주 체

행위객체와의 관계에서 직계비속 또는 그 비속의 배우자가 본죄의 주체이다.

2) 객 체

본죄의 객체는 행위자 또는 그의 배우자의 직계존속이다.

① 직계존속

(가) 법률상의 직계존속   직계존속이란 혈통이 상하로 직통하는 친족관계에 있어서 특정인을 기준으로 할 때 그 부모 이상의 항렬에 속하는 친족(예를 들면 부모, 조부모, 증조부모 등)을 의미한다. 직계존속은 사실상의 개념이 아니고 법률상의 개념으로, 민법상의 친족관계규정에 따르는 것을 의미한다.

따라서 혼인외 출생자가 그 생부를 살해한 경우에는 본죄가 성립되지 않지만 혼인외 출생자가 그 생모를 살해한 경우에는 본죄가 성립한다.[2]

혼인외 출생자와 부의 관계는 법적인 인지절차를 완료하지 않은 상태에서는 직계존속에 해당하지 않는다. 그러나 인지절차를 밟으면 그 효력은 출생시점으

---

1) 김성돈, 52면; 정성근/정준섭, 31면.
2) 대판 1980. 9. 9, 80도1731은 출생자와 생모 사이에는 그 생모의 인지나 출생신고를 기다리지 아니하고 자의 출생으로 당연히 법률상의 친족관계가 생긴다고 판시하였다.

로 소급한다. 따라서 행위시점에 혼인외 출생자였던 자가 살인미수 후에 인지되면 소급하여 존속살해미수가 성립한다. 반대로 법률상 부자관계라 하더라도 친생부인의 소를 제기하여 인정되면 출생시로 소급하여 부자관계가 소멸된다. 따라서 부의 살해미수 후에 친생부인의 소가 인정되면 소급하여 존비속관계가 부정되므로 보통살인미수가 된다.

(나) 입양의 경우   사실상의 관계가 없는 타인이라도 합법적인 절차를 통하여 입양관계가 성립되면 입양 이후에는 법률상 존비속관계가 인정된다. 그러나 버려진 영아를 주워다 기르고 친생자인 것처럼 출생신고를 하여 호적에 올렸다 할지라도 입양요건을 갖추지 못하면 친자관계가 성립되지 않는다.[1]

다만 타인의 양자로 입양된 자가 실부모를 살해한 경우에 본죄가 성립하는가에 관하여 긍정설[2]과 부정설[3]의 대립이 있다. 절충설은 원칙적으로 입양을 한 이후에도 친생부모의 살해는 존속살해죄에 해당하지만, 2008년 도입된 민법상 친양자제도에 의한 입양의 경우에는 보통살인죄가 된다고 본다.[4]

생각건대, 일반 입양이든 친양자제도의 의한 입양이든 친생부모와의 친자관계는 그대로 존속된다는 관점에서 긍정설이 타당하다.[5] 친생부모와의 자연적 혈육관계는 입양에 의하여 단절될 수 없고, 존속살해죄가 폐지되지 않는 한 동 규정의 입법목적에 비추어 보면 친생부모에 대한 전통적 효사상을 존중하여야 할 것이다. 물론 행위자에게 불리한 해석이므로 죄형법정주의에 반할 우려가 있다는 비판[6]이 있으나, 죄형법정주의가 규범의 해석범위를 넘어서 행위자에게 유리한 해석을 허용하는 것은 아니다.

계모자 및 적모서자관계는 전통적으로 직계존비속관계로 인정되어 왔으나, 친족법의 개정을 통하여 직계존비속관계에서 제외되었다(1990. 1. 13 이후).

---

1) 대판 1981. 10. 13, 81도2466.
2) 김성천/김형준, 25면; 김일수/서보학, 29면; 배종대, 44면; 오영근, 29면; 임웅, 35면; 정영일, 8면 등.
3) 김성돈, 70면; 김혜정 외, 17면.
4) 박상기/전지연, 400면; 신동운, 522면; 이재상 외, 27면; 정성근/정준섭, 12면; 최호진, 22면.
5) 대판 1967. 1. 14, 66도1483.
6) 신동운, 522면.

판례

///////////////////////////////

　　피고인을 입양할 의사를 가지고 친생자로 출생신고를 하고 피고인을 양육하여 왔다면, 피고인을 친생자로 한 출생신고는 피해자와 피고인 사이에서도 입양신고로서 효력이 있으므로 피고인은 피해자의 양자라고 할 것이고, 피고인이 피해자를 살해한 경우 존속살해죄가 성립한다.[1]

② 배우자의 직계존속

본죄에서 배우자는 법률상의 배우자, 즉 민법상 적법한 혼인절차를 거친 자를 의미하고 사실혼관계에 있는 자는 포함하지 않는다. 부부의 일방이 사망하거나 이혼, 혼인의 무효나 취소에 의하여 배우자 관계는 소멸된다. 그러므로 사망한 배우자의 직계존속이나 배우자였던 자의 직계존속은 여기에서 말하는 배우자의 직계존속이 아니다.[2] 한편 부부가 별거중이라도 법률상 이혼이 성립하기까지는 배우자관계가 존속한다.

배우자라는 신분관계는 살해행위에 착수하는 시점에 존재하면 족하다. 따라서 동일한 기회에 배우자를 먼저 살해하고 계속하여 그 직계존속을 살해한 경우에도 본죄가 성립한다.[3]

3) 행　위

본죄의 행위는 살해이며 그 의미는 보통살인죄의 경우와 같다.

(2) 주관적 구성요건

미필적 고의로도 족하나, 존속임을 인식하지 못하고 존속을 사망케 한 경우에는 보통살인죄가 성립할 뿐이다. 형법 제15조 제1항에 의하여 중한 죄에 정한 사실을 인식하지 못한 경우이므로 중한 죄로 벌할 수 없기 때문이다.[4]

반대로 존속살해의 고의로 행위하였으나 착오로 일반인을 살해한 경우에 관

---

1) 대판 2007. 11. 29, 2007도8333, 2007감도22.
2) 반면 신동운, 522면은 생존 배우자의 재혼이 있을 때까지는 배우자의 직계존속으로 본다.
3) 김성돈, 70면; 김일수/서보학, 22면; 김혜정 외, 16면; 박상기/전지연, 401면; 배종대, 44면; 오영근, 29면; 이재상 외, 27면; 정성근/정준섭, 12면.
4) 판례도 제 분에 이기지 못하여 식도를 휘두르는 피고인을 말리거나 그 식도를 뺏으려고 한 그 밖의 피해자들을 닥치는 대로 찌르는 무차별 횡포를 부리던 중에 그의 아버지까지 찌르게 된 결과가 발생하였더라도 존속살해죄를 인정할 수 없다고 본다. 대판 1977. 1. 11, 76도3871.

하여서는 보통살인죄의 기수가 된다는 견해,[1] 존속살해의 불능미수와 과실치사의 상상적 경합이 된다는 견해[2] 및 존속살해의 불능미수와 보통살인의 상상적 경합으로 된다는 견해[3]가 대립하고 있다.

이 경우에 있어서 행위자가 비록 행위객체를 오인했다 할지라도 존속살해의 고의로써 행위한 것은 분명하다. 다만 존속살해의 결과발생은 불가능하다. 또한 비록 동기의 착오는 있지만 행위자가 존속으로 오인한 객체도 사람인 한 행위자에게는 현실적으로 그 사람을 대상자로 보고(안중에 두고) 그를 살해한다는 인식과 인용도 있었다고 보아야 하므로 보통 살인의 고의는 당연히 인정된다고 보아야 한다. 그리고 살해의 결과가 발생하였다.

그런데 만일 존속살해죄의 불능미수와 보통살인죄의 상상적 경합을 인정하게 되면 고의를 이중평가하게 되므로 타당하지 않다. 또한 동일한 기본행위의 구성요건체계 내에서 하나의 행위로 상상적 경합이 발생하지 않는다는 본서의 기본원리에 따르더라도 상상적 경합을 인정할 수 없다. 기본적 구성요건과 수정적 구성요건 간에는 법조경합에 의한 배척관계가 성립하기 때문이다. 따라서 원칙적으로는 가중적 구성요건이 성립되어야 하나, 이 경우에는 가중적 구성요건인 존속살해죄가 (불능)미수에 불과하므로 보통살인죄의 기수범만이 성립한다고 봄이 타당할 것이다.

4. 공 범

본죄는 신분관계로 인하여 형이 가중되는 부진정 신분범이므로 신분 없는 자가 본죄에 가담한 경우에는 형법 제33조 단서가 적용된다.

예를 들어 갑이 을과 공동으로 갑의 아버지를 살해한 경우, 판례의 태도에 의하면 갑은 존속살해죄의 공동정범이 되고 을 역시 존속살해죄의 공동정범이 성립하지만 형법 제33조 단서에 의하여 보통살인죄의 형으로 처벌된다. 반면 학설에 의하면 을은 제33조 단서의 적용만을 받아 보통살인죄의 공동정범이 성립하고 보통살인죄로 처벌된다.

---

1) 신동운, 522면; 이재상 외, 28면; 정성근/정준섭, 13면.
2) 김일수, 한국형법Ⅲ, 80면. 오영근, 29면은 구체적 부합설이나 구성요건적 부합설에 따르면 동 견해에 해당하지만 죄질부합설에 따르면 전자의 견해와 동일하게 보통살인죄만 성립한다고 본다.
3) 김성돈, 71면; 김성천/김형준, 26면; 박상기/전지연, 401면; 이정원, 50면; 임웅, 36면.

Ⅲ. 영아살해죄

*직계존속이 치욕을 은폐하기 위하거나 양육할 수 없음을 예상하거나 특히 참작할 만한 동기로 인하여 분만중 또는 분만직후의 영아를 살해한 때에는 10년 이하의 징역에 처한다(제251조).
*본죄의 미수범은 처벌한다(제254조).

1. 의   의

본죄는 살인죄의 책임감경적 구성요건[1]이며 부진정신분범에 해당한다. 본죄는 여타의 살인죄에 비하여 가장 경하게 처벌되는데 그 이유에 관하여서는 직계존속의 명예구제 때문이라는 설.[2] 출산으로 인하여 심신의 균형이 상실된 비정상적인 정신상태 때문에 책임이 경감된다는 설[3] 등이 있다.

본죄의 입법취지는 영아의 생명을 경시하거나 직계존속의 명예를 더 두텁게 보호하려는 것이 아니므로 직계존속의 명예구제를 그 근거로 내세우는 견해는 타당하지 않다. 또한 우리 형법은 생모만을 본죄의 주체로 하고 있지 않으므로 출산으로 인하여 심신의 균형이 상실된 비정상적인 정신상태를 근거로 내세우는 견해도 적절하다고 보기 어렵다. 궁극적으로 본죄는 특히 참작할 만한 정황 내지 행위동기 때문에 행위자에 대한 책임비난이 감소되기 때문에 경하게 처벌된다고 볼 수 있다.[4] 입법론적으로는 생명가치에는 우열이 없다는 점에서 헌법상 평등의 원칙에 위배되고, 생모 이외의 직계존속 모두에게 책임을 감경할 이유가 없다는 점에서 존속살해죄와 함께 폐지함이 타당할 것이다.

---

1) 반면 김성돈, 72면은 불법감경적 구성요건으로 본다.
2) 염정철, 261면.
3) 김성천/김형준, 27면: 김일수/서보학, 23면: 배종대, 46면: 신동운, 524면: 이재상 외, 29면: 이정원, 51면 등.
4) 김일수, 한국형법Ⅲ, 85면은 범죄주체의 심정가치가 보통 살인죄의 행위주체의 심정반가치에 대한 비난가능성의 정도를 감경시킨다고 본다.

　　로마법에 있어서는 영아살해를 근친살(Parricidium)로 평가하였으나 중세 독일법에 있어서는 그 평가가 일정하지 아니하여 부분적으로 이를 일상적 모살(gewöhnlicher Mord)로 취급하는가 하면 지역에 따라 특히 북부지역에 있어서는 말뚝형(Pfählen: 말뚝으로 찔러 죽이는 형)을 통하여 형을 가중하는 중대한 범죄로 취급하였다. 그 후 독일 보통법시대에 이르러서는 로마법과 같은 입장을 취하였다. 18세기에 이르러 자연법사상의 지배적 영향 하에서 미혼모의 특성, 이에 관련된 행위주체의 중압감 등 영아살해죄의 고유한 문제를 해결하려는 노력이 비로소 입법에 반영되기 시작하였다. 1813년의 바이에른 형법(제157조)은 영아살해를 단지 고살(Totschlag)과 마찬가지로 처벌하였고 1851년의 프로이센 형법(제1808조)은 영아살해죄에 대하여 5년 이하의 징역이라는 더욱 경한 형벌을 규정하기에 이르렀다. 우리나라의 전통적 형법에 있어서는 영아살해를 독립적 구성요건으로 설정하여 처벌한 흔적은 보이지 아니하며 구형법(의용된 일본형법)에도 그러한 규정이 없었으나 1953년의 형법이 비로소 영아살해죄의 규정을 두게 되었다.[1]

　　그러나 앞선 이유로 독일의 경우 산모만을 주체로 인정하고 있었던 영아살해죄를 1998년 제6차 형법개정을 통해 전면 폐지하였다.

2. 구성요건

(1) 객관적 구성요건

1) 주　체

　　본죄의 직계존속은 법률상의 직계존속만 해당한다고 보는 견해[2]도 있으나, 사실상의 직계존속도 포함하는 것으로 이해된다.[3] 본죄는 감경적 구성요건이므로, 행위주체의 범위를 확장할수록 행위자에게 유리한 해석이 되기 때문이다.

　　직계존속의 의미를 본죄의 근본정신이 출산으로 인한 산모의 흥분상태 때문에 책임이 경감된다는 데 있다고 보아 산모로 제한하려는 소수설[4]이 있으나 법률상의 용어로서 아무런 제한을 가하지 아니하고 표현된 직계존속의 의미를 이처럼 축소하여 해석할 수 있는지는 의문이며 참작할 만한 동기 등 본죄 특유의 책임표지와 직계존속의 관계를 고려할 경우에도 그 주체를 반드시 산모로 제한

---

1) 우리 형법 제251조는 일본형법가안 제337조의 영향을 받은 것으로 보인다. 일본형법가안 제337조와 본문은 동일하고 법정형의 형기만 다르게 규정되어 있다(유기천, 23면 참조).
2) 김성천/김형준, 28면; 신동운, 525면; 정영일, 9면.
3) 김성돈, 72면; 박상기/전지연, 402면; 임웅, 37면; 정성근/정준섭, 14면; 최호진, 27면.
4) 배종대, 85면; 이재상 외, 28면; 이정원, 56면.

해야 할 논리필연적인 이유는 없다.[1] 따라서 소수설의 입장은 제251조의 해석론으로서는 적합하지 않다. 그렇지만 소수설의 주장은 생명보호의 강화라는 관점에서 입법론적으로는 타당하다고 본다.[2]

본죄는 타인을 도구로 이용하여, 간접정범의 형식으로 범할 수 있으므로 자수범(自手犯)은 아니다.[3]

판 례

남녀가 사실상 동거한 관계가 있고 그 사이에 영아가 분만되었다 하여도 그 남자와 영아와의 사이에 법률상 직계존속, 비속의 관계가 있다 할 수 없으므로 보통살인죄가 성립한다.[4]

---

2) 객 체

본죄의 객체는 분만중 또는 분만직후의 영아이다.

「분만중」이란 분만이 개시되는 진통이 있는 때부터 분만이 완료된 때(완전노출시)까지의 출산과정을 의미한다.[5] 「분만직후」란 시간적으로 정확하게 측정될 성질이 아니고 분만으로 인한 흥분상태가 계속되는 동안을 의미한다. 어느 정도의 시간이 이에 해당하는가는 모든 규정을 고려하여 법관이 판단할 문제이지만 극히 제한적으로 인정될 수밖에 없을 것이다.

분만 중 또는 분만 직후라는 시점은 행위시를 기준으로 판단하여야 한다. 따라서 분만직후에 살해행위를 하였거나 며칠 후 사망의 결과가 발생하였다고 할지라도 살해행위와 사망 사이에 인과관계가 인정되는 한 본죄가 성립한다.

본죄의 객체인 영아는 반드시 사생아일 필요가 없으며 생존능력 여부도 불문한다.

---

1) 산모로 제한하지 않는 견해로는 김성돈, 72면; 김성천/김형준, 28면; 김혜정 외, 19면; 박상기/전지연, 402면; 신동운, 524면; 오영근, 33면; 정성근/정준섭, 14면; 최호진, 27면.
2) 1992년의 형법개정안(제115조)은 영아살해죄의 주체를 생모로 제한하였으나 형법개정에 반영되지 못하였다.
3) 김일수, 한국형법Ⅲ, 85면; 김종원, 42면; 이재상 외, 29면.
4) 대판 1970. 3. 10, 69도2285.
5) 김봉태/7인공저, 70면; 이재상 외, 30면, 정성근/정준섭, 14면 등.

3) 행 위

본죄의 행위는 살해이며 그 의미는 보통살인죄의 경우와 다를 것이 없다. 수단·방법을 불문하며 작위는 물론 부작위에 의해서도 가능하다. 다만 행위는 분만 중 또는 분만 직후라는 시점에서 행하여질 것을 요한다.

분만 이전에 태아의 생명을 해하는 것은 비록 분만이 임박하였거나 행위 후에 사산하였다고 할지라도 낙태죄가 성립할 뿐이다. 그러나 임부가 분만 중 또는 분만 직후에 사망할 조치를 미리 분만 전에 해두었다가 그 의도했던 대로 결과가 발생한 경우에는 본죄의 성립을 인정할 수 있을 것이다.

(2) 주관적 구성요건

본죄의 성립에는 고의가 있어야 한다. 본죄의 고의는 자기의 직계비속인 분만 중 또는 분만직후의 영아를 살해한다는 인식·인용을 의미한다. 정서적 충동이나 흥분은 고의의 성립에 지장이 없다.[1]

3. 위 법 성

직계존속이 분만 중 또는 분만 직후의 영아를 살해하는 행위가 정당행위, 정당방위, 자구행위, 피해자의 승낙에 의한 행위로 될 수 없음은 물론이다.

다만, 긴급피난이 가능한가에 대하여는, 예컨대 아버지가 제251조 소정의 행위동기와 동시에 난산으로 인하여 생명이 위험하게 된 산모를 구하기 위하여 부득이 분만중의 직계비속인 영아를 살해하거나 산모 자신이 이러한 정황 하에서 영아를 살해한 경우가 검토의 대상이 될 수 있다.[2] 그러나 이 경우에도 충돌하는 법익이 생명 대 생명이므로 이익형량(우월적 이익)의 원칙을 따르는 한 위법성 조각사유로서의 긴급피난은 성립될 수 없다.[3]

4. 책 임

본죄는 특별히 책임구성요건으로서 「치욕을 은폐하기 위하거나 양육할 수 없음을 예상하거나 특히 참작할 만한 동기로 인하여」라는 규정을 두고 있

---

1) 김일수, 한국형법Ⅲ, 89면.
2) 제251조 소정의 행위동기와 행위주체가 결여되면 보통살인죄의 문제로 될 뿐 영아살해죄에 관련하여 논할 여지가 없다.
3) 기대불가능성에 기한 초법규적 책임조각사유로 될 수 있는가는 별개의 문제이다.

다.[1] 그러므로 이러한 요건을 갖추지 않으면 비록 직계존속이 분만 중 또는 분만직후의 영아를 살해한 경우라 할지라도 보통살인죄에 해당할 뿐 감경적 구성요건인 영아살해죄에는 해당되지 않는다.

(1) 특별한 동기

1) 치욕을 은폐하기 위한 경우

이는 출산이 개인이나 가문에 치욕이 되는 사실을 감추기 위한 경우를 의미한다.[2] 예컨대 강간으로 인한 임신, 근친상간으로 인한 임신이 있었던 경우, 과부나 미혼모가 사생아를 출산하는 경우 등이 이에 해당한다.

2) 양육할 수 없음을 예상한 경우

이에 관하여는 가정의 궁핍으로 인하여 영아를 양육할 경제적 능력이 없는 경우만이 해당된다고 보는 견해와[3] 경제적 궁핍뿐만 아니라 기타 사회적 사유를 포함시키는 견해가 있다.[4]

생각건대, 「양육할 수 없음을 예상하거나」라는 표지는 「특히 참작할 만한 동기」의 중요한 한 가지 경우를 구체적으로 예시한 규정이라 볼 수 있다. 그러므로 사회적 사유라든가 병환, 불구, 기형 등으로 인하여 생육의 가능성이 없다고 판단한 경우는 해석론상 양육할 수 없음을 예상한 경우로 보는 것이 적절하다.

3) 특히 참작할 만한 동기

사회생활의 복잡성과 다양성으로 인하여 책임감경을 인정할 수 있는 특별한 사유는 발생될 수 있기 때문에 이를 위하여 형법이 포괄적인 일반조항을 설정한 것이다. 그리고 이 조항은 본죄의 성립범위를 넓혀주는 일반조항으로써[5] 그 해석의 폭은 넓지만 보충적으로 적용되어야 한다.

---

1) 반면 김성돈, 73면; 김혜정 외, 21면; 배종대, 47면; 오영근, 33면은 이를 초과주관적 구성요건으로서 고의 이외의 특별한 주관적 구성요건요소로 본다.

2) 형법 제 정당시의 정부 초안 제268조에는 「직계존속이 가문의 치욕을 은폐하기 위하거나」로 표현되어 있었으나 국회심의 과정(제16회 17차 회의)에서 「가문의」라는 용어를 사용하면 봉건사회에서 말하는 가문의 느낌이 있으므로 이를 삭제하자는 수정안이 나와 이의 없이 통과되었다(한국형사정책연구원, 형사법령제정자료집(Ⅰ), 형법, 1990, 445면 참조).

3) 김성돈, 73면; 김일수, 한국형법Ⅲ, 90면; 박상기/전지연, 403면; 배종대, 48면; 신동운, 525면; 이재상 외, 30면; 임웅, 39면; 정성근/정준섭, 14면; 정영일, 10면; 최호진, 28면 등.

4) 김혜정 외, 21면; 오영근, 34면.

5) 김종원(상), 45면; 이재상 외, 30면.

(2) 착오의 경우

행위자가 본죄 특유의 책임표지에 대하여 착오를 일으킨 경우에는 행위자의 표상에 따라 문제를 해결하면 된다. 예컨대 양육가능성이 있음에도 불구하고 없는 것으로 오인하고 영아를 살해한 때에는 본죄가 성립되지만 그 반대의 경우에는 보통살인죄가 성립될 뿐이라고 보아야 한다.

(3) 작량감경규정과의 관계

본죄의 처벌에 있어서 본죄의 성립에 필요한 주관적 동기가 형법 제53조에 의한 작량감경사유로 다시 평가될 수 있는가에 관하여서는 긍정설[1]과 부정설[2]의 대립이 있다. 생각건대 다수의 참작할 만한 사유가 있는 때에는 제53조에 의한 감경은 가능하다. 그러나 본죄의 책임구성요건에 합치되는 것으로 평가된 하나의 사유를 또다시 작량감경의 사유로 삼아 제53조에 의한 작량감경을 하여 처단형을 정하는 것은 양형의 이중평가금지의 원칙에 반한다.[3]

5. 공   범

본죄는 책임이 감경되는 부진정신분범이므로 신분없는 공범에 대하여서는 형법 제33조 단서가 적용된다.

예컨대 조산원 갑과 산모 을이 공동하여 영아를 살해한 경우에는 학설에 따르면, 갑은 보통살인죄의 공동정범, 을은 영아살해죄의 공동정범으로 되고 갑이 을을 교사 · 방조하여 영아를 살해한 경우에는 갑은 보통살인 교사 · 방조죄의 책임을 지게 되나 을은 영아살해죄의 정범으로 된다.

직계존속은 간접정범의 형식으로 본죄를 범할 수 있으나 직계존속이 아닌 자가 직계존속을 도구로 이용하여 범행을 한 경우에는 보통살인죄의 간접정범이 된다.[4]

---

1) 강구진Ⅰ, 38면; 김봉태/7인공저, 71면; 김성돈, 73면; 김성천/김형준, 30면; 김혜정 외, 22면; 배종대, 48면; 백형구, 30면; 이재상 외, 30면; 이정원, 60면; 임웅, 39면; 정성근/정준섭, 15면 등.
2) 김일수/서보학, 34면; 박상기/전지연, 403면; 신동운, 526면; 오영근, 34면.
3) 예컨대 행위자에게 치욕을 은폐하기 위한 동기가 있는 것을 인정하여 영아살해죄의 성립을 인정하고 또다시 이러한 동기를 이유로 작량감경을 하여 처단형을 정하는 것은 같은 사실을 이중으로 평가하는 결과로 되어 적절하지 아니하다.
4) 김일수, 한국형법Ⅲ, 92면; 이재상 외, 31면.

Ⅳ. 촉탁·승낙에 의한 살인죄

*사람의 촉탁 또는 승낙을 받아 그를 살해한 자는 1년 이상 10년 이하의 징역에 처한다
(제252조 제1항).
*본죄의 미수범은 처벌한다(제254조).

1. 의 의

본죄는 동의살인죄라고도 하며, 기본적으로 보통살인죄에 해당하는 것이나 피해자의 촉탁·승낙을 받았다는 관점에서 형이 감경된 별개의 유형으로 설정된 것이다. 또한 본죄는 형법 제24조(피해자의 승낙)와 관련하여 법률에 의하여 위법성조각이 배제되는 한 예이다.

본죄가 보통살인죄에 비해 경하게 처벌되는 이유에 관하여서는 견해가 대립되어 있다. 책임감경설은 촉탁에 의한 살인과 관련하여 죽기로 결심한 피해자의 촉탁이 행위자를 동정내지 도와주고 있는 갈등적 위치(긴급사태와 비슷한 갈등적 위치)에 처하게 하므로 그 책임이 감경된다고 본다.[1] 불법감경설은 피해자의 승낙(촉탁도 강도 높은 승낙을 포함한 개념으로 이해됨) 때문에 불법이 감경된 구성요건을 규정한 것으로 이해한다.[2] 불법 및 책임감경설은 본죄를 피해자의 승낙에 근거하여 불법이 감경되고 피해자에 대한 동정 내지 협조라는 갈등적 정황 때문에 책임이 감경되는 구성요건으로 본다.[3]

생각건대 피해자의 촉탁이나 승낙이 비록 위법성을 조각시키지는 못하지만 그 행위불법을 감소시킨다고 봄이 타당하다. 동시에 피해자에 대한 동정 내지 협조라는 갈등적 정황이 행위자에게 책임감경적으로 작용한다는 점을 간과할 수 없다. 그러므로 불법 및 책임감경설이 타당하다.

---

1) 배종대 49면. 이처럼 갈등적 정황을 내세워 책임감경만을 내세우는 견해는 절대적 생명보호의 원칙상 생명은 자유롭게 처분할 수 있는 법익이 아니므로 촉탁 또는 승낙이 있어도 그 불법은 감경될 수 없고 정황에 비추어 책임감경만 가능하다는 입장을 취하고 있는 것으로 보인다.
2) 강구진Ⅰ, 39면; 김성돈, 58면; 김성천/김형준, 31면; 김일수/서보학, 34면; 오영근, 35면; 이재상 외, 31면; 이정원, 62면; 임웅, 41면; 정성근/정준섭, 15면 등.
3) 김혜정 외, 23면; 박상기/전지연, 403면 등.

참고 연혁

　일찍이 로마시대에는 「승낙된 일은 불법으로 되지 아니한다[1]」는 원칙에 따라 모든 법익, 따라서 생명까지도 승낙에 의하여 침해하면 불법으로 되지 아니하였다. 독일에 있어서는 계몽시대에 이르러 촉탁에 의한 살해가 자살방조에 유사한 성격을 갖는다는 것이 형의 감경사유로 이해되었으며 프로이센 일반국법(ALR Ⅱ, 20, §834)은 촉탁에 의한 살인을 자살방조와 같이 취급하여 보통살인죄보다 형을 매우 경하게 하였다. 독일 구형법 제216조는 1838년의 작센형법을 본받아 촉탁에 의한 살인의 규정을 설정하고 피해자의 명시적이고 진지한 촉탁에 의하여 그를 살해한 자는 3년 이상의 징역에 처하도록 하였다. 독일 구형법 제216조가 촉탁에 의한 살인만을 감경유형으로 규정하고 승낙에 의한 살인을 이에서 배제한 사실에 대하여 비판이 있었으나 현행 독일형법 제216조도 구형법 제216조와 똑같은 구성요건을 설정하고 단지 그 형을 구형법의 그것보다 완화하고 있다.

　그러나 구형법 제202조는 자살관여라는 표제 아래 「사람을 교사 혹은 방조하여 자살하게 하거나 또는 피살자의 촉탁을 받거나 혹은 승낙을 얻어서 이를 살해한 자는 6월 이상 7년 이하의 징역 또는 금고에 처한다」고 규정하여 촉탁·승낙 살인죄와 자살교사·방조죄를 하나의 규정에 두었었다.

2. 구성요건

(1) 객관적 구성요건

1) 객　체

　본죄의 객체는 촉탁 또는 승낙을 한 자연인인 타인이다. 피해자가 자기 또는 배우자의 직계존속인가 여부는 불문한다. 그러나 피해자는 죽음의 의미를 이해하고 자유롭게 의사를 결정할 능력이 있는 자라야 한다. 여기에서 말하는 능력은 반드시 형법상의 책임능력과 동일한 것은 아니고[2] 자연적 통찰능력에 따라 의사를 결정하고 행위할 수 있는 능력이며, 이러한 능력이 없는 연소자나 심신장애자(정신병자, 명정상태에 있는 자 등)는 본죄의 객체가 될 수 없다.

2) 행　위

　본죄의 행위는 사람의 촉탁 또는 승낙을 받아 그를 살해하는 것이다.

---

[1] 라틴어로 volenti non fit injuria로 표현되며 직역하면 「승낙된 일에 대하여서는 불법이 합당하지 아니하다」는 의미이다.

[2] 배종대, 49면.

① 촉탁 또는 승낙

(가) 촉 탁   이미 죽음을 결의한 자가 타인에게 자기를 살해해 달라고 요청하는 것이다. 촉탁을 받아 살해한다는 것은 행위자가 피해자로부터 이러한 요청을 받은 후 살해의사를 일으켜 그를 살해하는 것을 의미한다. 촉탁은 단순한 승낙 이상의 의미를 갖는 것으로서 피해자 자신에 의해 명시적이고 진지하게 행해져야 한다.[1] 명시적이란 분명하고 오해의 여지가 없는 것을 의미하므로 애매모호하거나 추정된 촉탁은 촉탁이 아니다. 진지하다는 것은 촉탁이 자유롭고 책임 있게 행동하는 촉탁자의 진의에 합치함을 뜻한다. 그러므로 강제, 기망, 착오, 일시적 흥분에 의한 촉탁이나 농담으로 행한 행위는 촉탁이 될 수 없다.

촉탁에 의한 살인과 자살방조의 구분에 관하여는, 누가 죽음에 이른 사건을 실제로 지배했는가 그리고 전체적 계획의 테두리 안에서 사망자가 어떻게 자기의 운명을 처리했는가 하는 것이 중요하다(행위지배설의 입장). 그리하여 만일 사망자가 타자의 살해를 수인하고 그러한 행동을 받아들이고자 하여 자신을 타인의 손에 맡겼으면 촉탁에 의한 살인이 되나 사망자가 마지막까지 자신의 운명에 대해 자유로운 결단을 했으면 비록 타인의 도움이 있었어도 자살이 되고 도와준 타인의 행위는 자살방조가 된다.

(나) 승 낙   행위자가 피해자로부터 살해에 대한 동의를 받는 것을 말한다.

승낙은 자연적 통찰능력과 판단능력에 따라 죽음의 의미를 이해하고 의사결정을 할 수 있는 피살자 자신에 의한 것이어야 하고 그 승낙은 또한 자유롭고 진지하게 이루어져야 한다. 그러므로 위계, 위력, 강제, 기망, 착오, 일시적인 흥분에 의한 승낙이나 농담으로 한 승낙은 본죄에 있어서의 승낙이 될 수 없다. 승낙도 촉탁과 마찬가지로 직접적이고 명시적이어야 한다는 견해가 있으나,[2] 반드시 명시적일 필요는 없더라도 최소한 외부에 인식되도록 표시되어야 한다.

(다) 촉탁과 승낙의 시기   살해행위가 개시되기 이전(늦어도 살해행위가 개시되는 순간)에 있어야 한다. 촉탁과 승낙은 언제든지 자유롭게 철회할 수 있으며 철회 이후의 행위는 촉탁 또는 승낙이 없는 행위가 된다.

---

1) 김혜정 외, 23면; 김성돈, 58면; 김성천/김형준, 32면; 박상기/전지연, 404면; 배종대, 49면; 임웅, 41면; 이재상 외, 32면; 정성근/정준섭, 16면 등.

2) 오영근, 35면; 임웅, 41면; 최호진, 29면. 반면 묵시적 양해로도 족하다는 견해로는 정성근/정준섭, 16면. 촉탁이나 승낙 모두 예외적인 경우에는 묵시적으로도 가능하다는 견해로는 정영일, 11면 참조.

② 살 해

촉탁 또는 승낙을 받은 자가 이를 행한 자의 생명을 단절하는 고의적인 행위를 의미하며[1] 그 수단과 방법을 불문한다.

실행의 착수는 촉탁 또는 승낙을 얻은 시점이 아니라 이에 근거하여 현실적으로 살해행위에 착수한 때에 인정된다.[2]

(2) 주관적 구성요건

촉탁 또는 승낙이 없음에도 불구하고 있는 것으로 오인하고 살해한 경우는 형법 제15조(사실의 착오) 제1항에 따라 중한 죄(보통살인죄 또는 존속살해죄)로 처벌할 수 없고 본죄를 적용하게 된다.

반면에 촉탁 또는 승낙이 있었음에도 불구하고 없는 것으로 오인한 경우에 관하여서는 견해의 대립이 있다. 이 경우에도 촉탁·승낙살인죄가 성립한다는 견해[3]에 의하면, 보통살인의 고의이지만 보통살인죄는 불능미수가 문제되고, 불능범이 될 경우에는 대는 소를 포함한다는 원칙에 따라 본죄가 성립한다고 본다. 또 다른 견해에 의하면, 본죄가 촉탁 또는 승낙이 있음을 인식한 때에만 성립된다는 관점에서 위의 경우는 보통살인죄(경우에 따라서는 존속살해죄)가 성립한다고 본다.[4] 한편, 행위자가 촉탁·승낙의 사실을 모르고 살해의 의사로써 사람을 살해하는 행위를 하는 것은 보통살인죄의 살해행위를 하는 것으로 볼 수 있고 살해의 결과는 촉탁·승낙을 했던 사람을 살해한 결과로 나타나므로, 이 경우 행위자의 죄책은 보통살인죄의 불능미수와 촉탁·승낙에 의한 살인기수의 상상적 경합이 된다고 보는 견해가 있다.[5]

생각건대, 촉탁이나 승낙이 있었던 것을 모르고 살해의 의사로써 사람을 살해한 경우는 구성요건적 착오의 문제가 아니라 객관적으로는 존재하는 촉탁, 승낙을 주관적으로는 알지 못한 것이 불법과 관련하여 어떻게 평가될 수 있느냐의 문제이다. 이 경우 결과불법의 면에서는 사람을 살해하였다는 점에서는 동일하

---

1) 촉탁 또는 승낙을 받은 후 고의적인 행위가 아니라 과실(예컨대 경솔한 과잉투약)로 사망의 결과를 초래하였다면 과실치사죄가 성립될 뿐이다.
2) 김혜정 외, 24면; 김성돈, 59면; 원혜욱, 15면; 정성근/정준섭, 16면; 정영일, 11면 등.
3) 오영근, 36면.
4) 김성천/김형준, 33면; 박상기/전지연, 404면; 이재상 외, 33면; 임웅, 38면; 정성근/정준섭, 37면; 정영일, 11면.
5) 김성돈, 59면; 김일수/서보학, 38면; 이정원, 65면; 임웅, 42면.

며, 행위불법의 면에서 불법을 감경하는 요소인 촉탁·승낙을 인식하지 않았으므로 불법이 감경되지 않으므로 불법성은 보통살인죄와 동일하게 평가된다고 봄이 타당할 것이다.

3. 공   범

미수범을 처벌할 경우 촉탁살인에 있어서는 촉탁한 피해자는 비록 필요적 공범이지만 불가벌이다.

V. 자살교사·방조죄

> *사람을 교사 또는 방조하여 자살하게 한 자도 전항의 형과 같다(제252조 제2항).
> *본죄의 미수범은 처벌한다(제254조).

1. 의   의

본죄는 자살관여죄[1]라고도 불린다.

일반적으로 피교사·방조자(정범)의 행위가 구성요건에 해당하고 위법할 때 그 교사·방조죄도 성립한다(통설). 그러나 본죄에 있어서는 피교사·방조자의 행위인 자살은 범죄가 아니고 따라서 처벌되지 않지만 그 교사·방조행위만 처벌된다는 점, 즉 자살의 불가벌성과 자살교사·방조의 가벌성에서 그 특징을 찾아볼 수 있다.

자살은 구성요건 해당성조차 없어서 처벌되지 않음에도, 그 교사·방조만 처벌하는 이유는 어디서 찾아야 하는가?

공범종속성설의 입장에서는 통설인 제한종속형식뿐만 아니라 어떠한 종속형식을 취한다고 하여도 구성요건 해당성이 없는 자살에 대한 교사·방조를 처벌한다는 것은 원칙에 합치되지 않는다. 독일, 프랑스 등이 자살교사·방조를 범죄로 규정하지 않은 것도 이러한 관점에서 이해할 수 있다. 그럼에도 불구하고 우리 형법이 자살교사·방조죄를 둔 것은 예외적으로 특별한 독립적 구성요건을 설정한 것으로 볼 수 있다. 한편 교사 또는 방조행위 그 자체가 반사회성을

---

1) 구형법(일본형법) 제202조는 「자살관여(自殺關與)」라는 표제어를 사용하였다.

드러내는 행위이므로 정범의 실행행위가 없어도 독자적으로 범죄를 구성한다고 보는 공범독립성설은 자살교사 · 방조의 가벌성을 당연히 인정하며 제252조 제2항의 규정을 공범의 독립성에 기초한 것으로 본다.

　문제는 공범종속성설을 취하면서도 예외를 인정하는 이유가 무엇인가이다. 생명은 최고의 인격적 법익으로서 절대적으로 보호된다. 다만 형법은 누구보다도 가장 본능적으로 애착심을 갖는 생명의 주체 자신이 자기의 생명을 스스로 침해하는 행위를 처벌하지 않는다. 그런데 자살교사나 방조는 자신의 생명을 겨냥한 것이 아니라 타인의 생명을 침해하는 일에 관여하는 것이다. 이러한 점에서 자살행위 그 자체와 자살교사 · 방조는 그 성격을 달리한다. 이처럼 타인의 생명에 대한 침해를 고의적으로 유발 · 촉진하였다는 점에서 자살교사 · 방조의 가벌성을 찾을 수 있다. 그러나 자살교사 · 방조의 불법은 불가벌적 자손행위에 관여한다는 점에서 살인에 관여하는 살인교사 · 방조의 그것보다 훨씬 가벼운 것이며 이 때문에 그 법정형도 살인교사 · 방조에 비하여 훨씬 가볍다.

참고 **연혁**

　고대 그리스나 고대 로마에 있어서는 자살을 긍정적으로 이해하는 경향이 있었으나 자살을 범죄로 보는 사상도 오래 전부터 존재하였다. 로마에서는 국가에 대한 의무위반이라는 견지에서 병사와 노예의 자살미수가 예외적으로 처벌되었고[1] 중세에서는 기독교의 영향으로 자살은 죄로 취급되어 그 사체에 대하여서도 불명예스러운 매장이 이루어졌다.[2] 19세기 이후 자살은 형벌의 대상에서 제외되었으며 비교적 최근에 이르기까지 자살을 처벌하던 영국도 1961년의 자살법 제정으로 자살미수를 범죄에서 제외하였다.[3] 우리나라의 전통적 형법에서도 자살을 처벌한 예를 찾아보기 어렵고 현행 형법도 자살을 처벌하지 않는다.

---

1) 김봉태/7인공저, 75면 참조.
2) 김종원(상), 48면.
3) 김일수, 한국형법Ⅲ, 100면; 김종원(상), 48면 등 참조.

2. 구성요건

(1) 객관적 구성요건

1) 주 체

자살자 이외의 자는 누구든지 본죄의 주체가 될 수 있다. 자신을 살해해 달라고 타인에게 부탁하는 자는 촉탁·승낙에 의한 살인죄의 촉탁자가 될 뿐이다.

2) 객 체

본죄의 객체는 자연인인 타인을 의미한다. 이에는 자기 또는 배우자의 직계존속도 포함한다. 다만 자살은 자살의 의미를 이해하는 자가 자유로운 의사결정에 의하여 자신의 생명을 단절할 때 비로소 인정되는 것이므로 자살의 의미를 이해할 능력이 없는 유아, 정신병자 기타 정신능력결함자 등은 본죄의 객체로 될 수 없다.

자살의 의미를 이해할 능력이 없는 유아나 심신상실자를 교사·방조하여 자살하게 한 경우에는 살인죄의 직접정범이 성립한다는 견해[1]와 살인죄의 간접정범이 성립한다는 견해[2]의 대립이 있다. 생각건대 사망의 결과는 피해자(자살자 즉 어느 행위로 인하여 처벌되지 않는 자)의 자손행위에 의하여 이루어진다는 관점에서 교사·방조자를 살인죄의 간접정범으로 보아야 할 것이다.

또한 구체적인 정황에 따라 살인죄의 간접정범 또는 위계, 위력에 의한 살인죄가 성립할 수도 있다.

판 례 ////////////////////

다만 판례는 이 경우 살인죄의 직접정범을 인정한다. 즉, 피고인이 7세, 3세 남짓된 어린자식들에 대하여 함께 죽자고 권유하여 물속에 따라 들어오게 하여 결국 익사하게 하였다면 비록 피해자들을 물속에 직접 밀어서 빠뜨리지는 않았다고 하더라도 자살의 의미를 이해할 능력이 없고 피고인의 말이라면 무엇이나 복종하는 어린자식들을 권유하여 익사하게 한 이상 살인죄가 성립한다고 본다.[3]

---

1) 김성돈, 76면; 신동운, 529면; 오영근, 38면; 정성근/정준섭, 17면.
2) 김혜정 외, 26면; 박상기/전지연, 406면; 임웅, 45면; 정영일, 13면; 최호진, 31면.
3) 대판 1987. 1. 20. 86도2395.

3) 행 위

본죄의 행위는 교사 또는 방조하여 자살하게 하는 것이다. 제252조 제2항은 자살교사·방조를 독립된 구성요건으로 설정하였기 때문에 총론상의 공범규정이 적용되지 않는다. 그렇지만 교사 또는 방조의 의미는 총론상의 그것과 같다.[1]

① 자살의 교사

자살의 의사가 없는 자에게 자살을 결의하게 하는 것을 의미한다. 교사의 수단과 방법은 불문한다. 권유, 애원, 명령, 이익의 제공 등 어떠한 방법이라도 무방하나 위계, 위력에 의한 경우에는 제253조(위계 등에 의한 살인죄)가 성립한다.[2] 명시적 방법이든 묵시적 방법이든 불문하나 부작위에 의한 교사는 부정된다고 보아야 한다.

② 자살의 방조

이는 이미 자살을 결의하고 있는 자를 도와주어 자살을 가능하게 하거나 용이하게 해줌으로써 자살을 촉진하는 일체의 행위를 의미한다. 그 수단과 방법에는 제한이 없다.

자살방조와 촉탁에 의한 살인이 어떻게 구분되는가에 관하여서는 행위수행(자살)의 주도적 역할을 기준으로 삼는 학설[3]과 행위지배[4]를 기준으로 삼는 학설의 대립이 있다. 전자는 만일 피해자가 행위수행(자살)의 주도적 역할을 담당하였다면 이에 관여한 행위는 자살교사나 자살방조로 되지만 비록 피해자에게 죽고 싶은 생각이 있어도 자살을 실행할 의사가 없고 촉탁이나 승낙을 받은 타인이 행위수행의 주도적 역할을 담당한 경우에는 촉탁·승낙에 의한 살인죄가 성립된다고 본다. 한편 후자는 촉탁·승낙에 의한 살인과 자살교사·방조의 관계를 정범과 공범의 관계로 보아 행위지배의 유무에 따라 이를 구분한다.

이 두 학설은 그 결론에 있어서 사실상 차이가 없다고 보나 논거상으로는 후설이 타당하다. 촉탁·승낙에 의한 살인죄는 비록 감경적 구성요건이기는 하나

---

1) 한편 유기천(상), 42면은 「교사 또는 방조라 함은 반드시 형법총론상의 교사 또는 방조를 의미하는 것이 아니라 널리 타인의 자살행위에 관여하는 행위 일체를 포함한다」고 본다.
2) 김성돈, 77면; 김일수/서보학, 43면; 김혜정 외, 26면; 배종대, 51면; 신동운, 529면; 이재상 외, 35면; 임웅, 45면; 정영일, 13면 등.
3) 김성돈, 78면; 김일수/서보학, 40면; 박상기/전지연, 407면; 정성근/정준섭, 18면; 정영일, 12면.
4) 권오걸, 28면; 김성천/김형준, 37면; 배종대, 52면; 오영근, 39면; 이재상 외, 36면; 이정원, 64면; 임웅, 46면; 최호진, 34면 등.

살인죄의 정범으로서의 성격을 갖는다. 비록 예외적으로 처벌된다 할지라도 자살교사·방조는 본질적으로 공범적 성격을 가지고 있다. 즉 정범적 행위의 불벌에도 불구하고 공범적 행위만 처벌한다는 것이 예외이고 그래서 독자적으로 범죄로 볼 수 있다는 것이지 결코 이 때문에 교사·방조행위가 정범적 실행행위로 전환한다고 보기는 어렵다. 그러므로 양자의 구별문제도 결국 정범과 공범의 구별문제에 귀착된다고 보아야 할 것이다.

판례

　피해자가 피고인과 말다툼을 하다가 '죽고 싶다' 또는 '같이 죽자'고 하며 피고인에게 기름을 사오라고 하자 피고인이 휘발유 1병을 사다주었는데 피해자가 몸에 휘발유를 뿌리고 불을 붙여 자살한 사안에서, 자살방조죄를 인정하였다.[1]

　판례에 의하면 자살을 결심한 자에게 유서를 대필해준 행위는 자살방조에 해당한다.[2] 그러나 동 판례는 재심[3]에 이르러 무죄가 되었는 바, 유서대필행위가 자살방조행위가 아니기 때문이 아니라, 유서대필행위 자체의 존부가 증거에 의하여 증명될 수 없었기 때문이었다.

　반면 판례는 금품편취의 목적으로 인터넷사이트 자살관련 카페게시판에 자살용 유독물판매광고를 한 것은 자살방조에 해당하지 않는다고 본다.[4]

---

1) 대판 2010. 4. 29, 2010도2328.
2) 대판 1992. 7. 24, 92도1148.
3) 동 판결의 재심판결은 서울고등법원 2014. 2. 13, 2008재노20. 그리고 재심판결에 대한 상고심으로는 대판 2015. 5. 14, 2014도2946 참조. 소위 '강기훈 유서대필사건'이라고 불리우는 동 사건에 대하여 2004. 11. 18 경찰청은 과거사위원회를 발족시켜 해방 후 발생한 10대 의혹사건의 일부로 지정하여 내부조사 후 국립과학수사연구소 필적감정이 공정하지 못하였다는 결론을 내렸다. 그후 진실·화해위원회는 피고인의 진실규명신청을 받고 사전조사를 거쳐 2006. 4. 25. 조사개시를 의결하였고 합리적 의심이 없을 정도로 증명을 요구하는 증거재판주의의 원칙에 위반한 것으로 판단하였다. 피고인은 2008. 5. 1. 진실화해조사위원회의 결과 등을 기초로 재심청구를 하였고 원심법원인 서울고등법원은 2009. 9. 15. 재심개시결정을 하였다. 이에 검사는 재항고(즉시항고)를 하였지만, 대법원은 2012. 10. 19. 위 재심개시결정에 형사소송법 제420조 제5호에서 정하는 증거의 명백성에 관한 법리를 오해하였거나 필요한 심리를 다하지 아니한 잘못이 있기는 하나, 형사소송법 제420조 제2호 소정의 재심사유가 인정된다고 판단한 것은 정당하다는 이유로 검사의 재항고를 기각(2009모1181)하였고, 위 재심개시결정은 확정되었다.
4) 대판 2005. 6. 10, 2005도1373.

③ 기수와 미수(특히 실행착수시기)

본죄는 피교사 · 방조자가 자살하면 기수로 되며 교사 · 방조와 자살 사이에는 인과관계가 있어야 한다.

본죄의 미수범도 처벌하기 때문에 어느 단계에서 미수범이 성립하는가, 즉 실행착수가 문제로 된다. 이에는 다음의 두 가지 학설의 대립이 있다.

(가) 자살을 교사 · 방조한 시점 　 동 견해[1]는 본죄가 자살의 공범이 아니라 자살교사 · 방조라는 독립된 범죄이므로 자살을 교사 · 방조하는 행위는 총칙상의 그것이 아니라 본죄의 실행행위로 보아야 한다는 관점에서 자살의 교사 또는 방조를 받아 자살을 기도하였으나 미수에 그친 경우는 물론 교사 · 방조의 상대방이 자살행위를 하지 않은 경우에도 본죄의 미수범이 성립된다고 본다. 자살교사나 방조를 상대방이 거절한 경우에도 마찬가지다.

(나) 자살행위자 기준설 　 자살행위에 착수한 때에 본죄의 실행의 착수가 있다고 보는 견해[2]는 본죄와 유사한 촉탁 · 승낙에 의한 살인죄의 착수시점을 피살자에 대한 살해의 착수시점으로 보는 것과 통일을 기해야 한다는 점,[3] 살인에의 기도된 방조는 불가벌인데 자살의 기도된 방조가 자살방조미수죄로 처벌되면 형의 균형이 맞지 않는다는 점[4] 등을 근거로 한다.

(다) 소 결 　 생각건대 자살행위에 착수한 때가 실행의 착수시점이라고 봄이 타당할 것이다. 본죄에 총칙상의 공범규정이 적용되지 않고, 따라서 본죄가 독립된 범죄라고 하는 것은 어디까지나 자살행위가 형법상의 불법이 아님에도 불구하고 형법이 그 교사 · 방조만을 처벌하는 예외규정을 설정했기 때문에 자살에 관해서는 총칙상의 공범규정을 적용할 수 없고 따라서 본죄가 독자적인 범죄라고 이해하는 것일 뿐, 교사 · 방조행위로서의 본질이 달라지는 것을 의미하지는 않는다. 그리고 본죄가 독자적인 범죄라는 관점에서 본죄의 실행행위를 자살의 교사 · 방조라고 표현할지라도 이는 어디까지나 자살이라는 피교사 · 방조

---

1) 김성돈, 78면; 김일수/서보학, 40면; 김혜정 외, 27면; 박상기/전지연, 408면; 배종대, 51면; 오영근, 40면; 원혜욱, 17면; 이재상 외, 37면; 임웅, 46면; 정성근/정준섭, 18면; 정영일, 13면; 진계호, 57면 등 다수설.

2) 김성천/김형준, 38면; 신동운, 530면; 이정원, 68면.

3) 촉탁 · 승낙에 의한 살인죄에 있어서는 행위자가 피해자의 촉탁이나 승낙을 얻었다는 것만으로 실행의 착수가 있다고 볼 수 없고 살해행위에 그 실행의 착수를 인정해야 하는 것과 통일적인 해석을 해야 한다는 점이 강조된다(김봉태/7인공저, 78면).

4) 유사한 논거로 신동운, 530면.

자의 행위를 전제로 하여 이에 대한 교사·방조라는 성격을 갖는다.[1] 그럼에도 불구하고 피교사·방조자가 자살행위를 개시하지 않은 경우에도 그 교사·방조만 있으면 실행의 착수로 인정하여 본죄의 미수범이 성립된다고 보면 형의 부당한 불균형이 나타나게 된다.

더욱이 중대한 범죄인 살인에의 기도된 방조는 불가벌인 반면에 형법상 범죄도 아닌 자살에 대하여 기도된 방조는 자살방조미수죄로 처벌된다는 부당한 결론에 이르게 된다. 따라서 자살을 교사 또는 방조하였다고 할지라도 피교사·방조자가 자살행위에 착수하지 않는 한 불가벌이라고 보아야 할 것이다.

(2) 주관적 구성요건

자살교사에 있어서는 피교사자에게 자살을 결의하게 하여 실행하게 한다는 고의와 피교사자에게 자살의 결과가 발생토록 한다는 사실에 대한 고의가 있어야 한다. 자살의 실행 내지 자살의 결과발생은 그 내용이 아니라는 견해[2]가 있으나 이에 의할 경우 살인죄의 교사는 이중적 고의를 요하지만 자살교사의 경우에는 단지 자살결의에 대한 인식, 인용만으로 족하다고 보게 되어 교사의 대상인 행위가 살인이었던 경우보다 자살이었던 경우를 더 불리하게 만드는 문제점이 있다.

자살방조에 있어서는 자살을 방조한다는 사실에 대한 고의와 아울러 피방조자에게 자살의 결과가 발생한다는 사실에 대한 고의가 있어야 한다. 행위자의 동기는 양형의 참작사유로 될 수 있을 뿐 고의의 성립에는 영향을 미치지 않는다.

3. 합의동사와 생존자의 책임

합의동사란 합의에 의하여 공동으로 자살하는 것을 의미한다. 합의동사에서 살아남은 자가 있을 경우에 그 생존자를 사망자와의 관계에서 어떻게 처벌할 수 있느냐의 문제가 생긴다. 이에 관하여서는 ① 합의동사는 자살의 공동정범에 불과하여 단독의 자살실패가 처벌되지 않는 것 같이 공동자살에 실패한 생존자도 처벌할 수 없다는 견해[3]와 ② 생존자의 행위가 사망자에 대하여 자살의 교사

---

1) 이러한 관점에서 형법 제252조 제2항의 「사람을 교사 또는 방조하여 자살하게 한 자」라는 규정이 의미있는 표현이라고 본다.
2) 정성근/정준섭, 19면.
3) 김성돈, 79면은 두 사람 모두 진심으로 자살하기를 원했으나, 우연히 한 사람만 생존한 경우 또는

또는 방조에 해당하는 행위를 한 사실이 인정되는 한 본죄가 성립한다는 견해[1]로 나누어지는데 후설이 통설이며 타당하다. 합의동사에 있어서도 생존자가 사망자에게 교사·방조한 사실이 없으면 본죄가 성립되지 않으며 만일 위계에 의하여 다른 사람을 자살하게 하였다면 비록 합의동사의 형식을 가장하였다고 할지라도 위계에 의한 살인죄가 성립한다.[2]

4. 죄   수

자살을 교사한 자가 방조도 한 경우에는 포괄해서 자살교사죄만 성립한다.[3]
자살을 교사한 자가 피교사자의 촉탁을 받아 그를 살해한 경우에는 자살교사미수와 촉탁살인의 실체적 경합으로 된다는 견해[4]도 있으나 촉탁살인죄만 성립된다고 보는 입장[5]이 타당하다.

Ⅵ. 위계·위력에 의한 살인죄

*전조(제252조)의 경우에 위계 또는 위력으로서 촉탁 또는 승낙하게 하거나 자살을 결의하게 한 때에는 제250조의 예에 의한다(제253조).
*본죄의 미수범은 처벌한다(제254조).

1. 의   의

본죄는 위계, 위력을 수단으로 하고 있다는 점[6]에서 자유롭게 진지한 의사결정을 전제로 하는 촉탁·승낙에 의한 살인이나 자살관여죄와 다르고 오히려 살인죄에 유사한 성격을 가지고 있다.[7]

둘다 생존한 경우 모두 불가벌이라고 본다. 이와 유사한 견해로 오영근. 40면 참조.
1) 강구진Ⅰ. 50면; 김봉태/7인공저. 78면; 김일수/서보학. 44면; 박상기/전지연. 408면; 배종대. 52면; 이재상 외. 38면; 정성근/정준섭. 19면. 구체적으로는 개별사안별로 나누어 판단하는 견해가 다수이다.
2) 최호진. 35면.
3) 김일수/서보학 44면; 진계호. 57면 등.
4) 김일수. 한국형법Ⅲ. 109면.
5) 배종대. 52면; 이재상 외. 37면; 정성근/정준섭. 18면.
6) 본죄는 구형법에는 규정되지 않았던 것으로 일본형법가안의 영향을 받은 것이지만 구법시대의 판례가 이미 이러한 경우를 인정해 왔다고 한다(유기천(상). 42면). 위계·위력에 의한 살인죄는 외국의 입법례나 우리의 전통적 형법에서도 찾아보기 어렵다.

2. 구성요건

(1) 객관적 구성요건

1) 주 체

모든 자연인은 본죄의 주체로 될 수 있다.

2) 객 체

본죄의 객체인 사람은 자연인인 타인으로서 생존능력, 성별, 연령, 건강상태 등을 불문한다. 본죄의 보호법익은 사람의 생명이다.

3) 행 위

본죄의 행위는 위계 또는 위력으로 사람의 촉탁 또는 승낙을 받아 그를 살해하거나 자살을 결의시켜 자살하게 하는 것이다. 위계란 행위자의 진의를 상대방에 알리지 아니하고 그의 부지나 착오를 이용하여 상대방을 자살하게 한 경우 등을 의미한다. 위력이란 사람의 의사를 제압할 수 있는 일체의 힘을 말하는데 폭행, 협박을 사용하는 경우는 물론이고 사회적 지위나 권세 등을 이용하여 의사를 제압하는 것도 이에 해당한다.

(2) 주관적 구성요건

본죄의 고의는 위계 또는 위력을 수단으로 하여 상대방의 승낙을 얻어 그를 살해하거나 자살하게 한다는 사실에 대한 행위자의 인식, 인용을 말한다.

3. 처 벌

본죄의 "제250조의 예에 의한다"는 성립의 문제가 아닌 처벌에 있어서 법정형 차용을 의미한다. 따라서 피해자가 일반인이면 보통살인죄, 존속인 경우에는 존속살해죄의 법정형으로 처벌한다.

Ⅶ. 살인예비 · 음모죄

*제250조(살인, 예비음모)와 제253조(위계 등에 의한 살인죄)의 죄를 범할 목적으로 예비 또는 음모한 자는 10년 이하의 징역에 처한다(제255조).

---

7) 정성근/정준섭, 19면.

1. 의   의

본죄는 보통살인죄, 존속살해죄 및 위계 · 위력에 의한 살인죄를 범할 목적으로 예비, 음모함으로써 성립한다.

여기에서 「목적」이라는 조문상의 표현 때문에 본죄를 목적범의 성격을 갖는 범죄로서 살인죄의 수정된 구성요건이 아니라 살인죄의 실행착수 이전 단계에서 논의되는 제한된 독립적 범죄구성요건으로 보는 입장도 있다.[1] 그러나 본죄의 목적은 기본범죄를 범할 강도 높은 고의, 즉 직접적 고의로서 의도적 고의를 의미한다고 볼 수 있으며, 기본범죄에의 강한 고의가 있어야 한다는 요구를 통하여 기본범죄의 발현형태, 즉 기본범죄의 수정형식으로서의 성격이 분명하게 나타나 있는 것으로 볼 수 있다.[2]

2. 성립요건

(1) 주관적으로는 기본범죄, 즉 살인죄, 존속살해죄 또는 위계, 위력에 의한 살인죄를 범할 고의가 있어야 한다. 단지 예비 또는 음모 그 자체만을 실현하려는 의사만으로는 부족하다. 그리고 기본범죄를 범할 고의는 목적에 해당하는 강한 의도적 고의일 것을 요한다. 따라서 미필적 고의만으로는 족하지 않다.[3] 살해의 대상자가 확정되지 않은 경우에는 비록 살해의 용도로 무기를 준비하였다고 할지라도 본죄가 성립하지 않는다.[4] 그러나 대상자가 특정되어 있으면 살해의 의사가 조건부인 경우에도 고의는 성립된다.[5]

(2) 객관적으로는 살인을 위한 예비 또는 음모라는 준비행위가 있어야 한다. 예비는 예컨대 살인용 흉기나 독약의 구입, 범행장소의 사전답사 등과 같은 비심리적 준비행위를 말한다. 음모는 2인 이상의 자들 사이에 이루어지는 범행의 모의를 말하는데 범죄실현에 관한 의사의 교환과 합의라는 요소가 그 중점을 이루는 심리적 준비행위를 의미한다.

---

1) 형법총론상 권오걸, 492면; 김성돈, 467면; 김성천/김형준, 364면; 김일수/서보학, 408면; 김혜정 외, 295면; 손동권/김재윤, 480면; 오영근, 355면; 이재상 외, 427면; 임웅, 381면; 정영일, 249 면; 최호진, 412면 등.
2) 자세한 내용은 형법총론 제6판, 320~321면 참조.
3) 배종대, 53면; 정성근/정준섭, 21면.
4) 대판 1959. 12. 8, 4292형상387; 대판 1959. 12. 8, 4292형상677.
5) 이재상 외, 40면.

살인예비·음모는 그 행위가 아직 실행의 착수의 단계에 이르지 않은 범위 내에서만 인정된다.

3. 기타 관련문제

살인예비죄의 공동정범은 성립될 수 있으나, 살인예비의 방조는 타인예비에 해당하고 그 무정형성으로 인하여 실행행위성을 인정할 수 없으므로 부정된다.[1] 다만, 타인의 살인예비를 도와준 후 그 타인이 실행에 착수로 나아가면 살인죄의 방조범이 성립될 수 있다.

살인예비-미수-기수는 모두 범죄의 발전단계에 따라서 전자는 후자에 대하여 법조경합 중 묵시적 보충관계에 해당한다. (그 외 예비죄의 중지, 중지미수규정의 적용문제 등에 관하여는 총론의 해당 부분 참조)

판 례

형법 제255조, 제250조의 살인예비죄가 성립하기 위하여는 형법 제255조에서 명문으로 요구하는 살인죄를 범할 목적 외에도 살인의 준비에 관한 고의가 있어야 하며, 나아가 실행의 착수까지는 이르지 않는 살인죄의 실현을 위한 준비행위가 있어야 한다. 여기서의 준비행위는 물적인 것에 한정되지 아니하며 특별한 정형이 있는 것도 아니지만, 단순히 범행의 의사 또는 계획만으로는 그것이 있다고 할 수 없고 객관적으로 보아서 살인죄의 실현에 실질적으로 기여할 수 있는 외적 행위를 필요로 한다.

따라서 갑이 을을 살해하기 위하여 병, 정 등을 고용하면서 그들에게 대가의 지급을 약속한 경우, 갑에게는 살인죄를 범할 목적 및 살인의 준비에 관한 고의뿐만 아니라 살인죄의 실현을 위한 준비행위를 하였음을 인정할 수 있으므로 살인예비죄가 성립한다.[2]

---

1) 대판 1976. 5. 25, 75도1549.
2) 대판 2009. 10. 29, 2009도7150.

제 2 절   상해와 폭행의 죄

§1. 서   설

Ⅰ. 의의 및 보호법익

상해와 폭행은 모두 신체의 완전성 내지 신체의 불가침성을 해한다는 점에서 공통되지만 좀 더 구체적으로 살펴보면 상해는 신체의 건강(생리적 기능)을, 폭행은 신체의 건재를 각각 침해한다고 볼 수 있다.

> **참고** **연혁**
>
> 상해죄는 이미 고대법에도 나타나 있으나 민·형사의 구분이 명확하지 아니하였다. 로마법에 있어서는 상해죄의 독립적 구성요건이 없었고 고의적으로 행하는 신체적·정신적 학대는 폭넓은 타인의 인격침해범죄[injuria]에 속하는 것으로 취급되었는데 injuria는 민법적 성격도 강한 것이었다. 독일의 카롤리나 형법전도 상해를 독자적인 범죄로서가 아니라 살인, 낙태 등 다른 영역의 주변에 속하는 것으로 보았다. 1813년의 바이에른 형법전에 이르러 상해죄를 신체적 학대(Körperliche Mißhandlung)와 건강손상(Gesundheitsbeschädigung)으로 구분하는데 대체로 독일 19세기의 입법은 이를 따른 것이다.
>
> 한서지리지 연조에 의하면 우리나라의 고조선시대에도 이미 팔조의 금법 속에 상해한 자는 곡물로 갚게 한다(相傷以穀償)는 규정이 있었고 조선시대에 의용된 대명률에도 투구의 규정이 있었다. 투구는 상해와 폭행을 모두 포함하는 넓은 개념으로 서로 다투거나 때리는 것(相爭爲鬪 相打爲毆)을 의미하지만 처벌은 가해자측에 과하여졌다. 상해나 폭행의 수단과 정도 그리고 손상된 신체의 부위까지 상세히 규정하고 이에 따른 처벌도 각각 달랐으며[1] 행위자와 피해자의 신분에 따른 차별도 있었다.[2]

우리 형법은 제25장에 상해와 폭행의 죄를 함께 규정하고 있지만 양자를 명백하게 구분하여 폭행치상을 상해와 별개의 조문에 규정하고 있으며 폭행죄는

---

1) 대명률직해, 형률 권 제20 투구(鬪毆)조 참조.
2) 가내의 비천한 자(卑屬 또는 奴婢)가 존속이나 존장을 구타했을 때에는 형이 가중되지만 그 반대의 경우에는 형이 면제되거나 감경되었다.

상해의 경우와 달리 반의사불벌죄로 규정하고 있다. 한편 폭행치사상을 상해 내지 상해치사의 예에 따라 처벌하도록 함으로써(제262조) 그 취급상의 공통점을 드러내고 있기도 하다.

　구성요건의 성격상 상해죄는 침해범이자 결과범이지만, 폭행죄는 거동범이면서 추상적 위험범이다. 따라서 상해죄는 미수범을 처벌하지만, 폭행죄는 미수범이 없다.

Ⅱ. 상해죄와 폭행죄의 구별

　신체의 완전성을 해한다는 공통점에도 불구하고 형법도 양자를 명백히 구분하고 있다. 이를 살펴보면 다음과 같다.

　① 상해죄의 법익은 건강이지만 폭행죄의 법익은 신체의 건재이다.[1]

　② 상해죄의 고의는 타인의 건강을 훼손한다는 인식, 인용을 의미하나 폭행의 고의는 신체의 건재를 해한다는 사실에 대한 인식, 인용이다. 이처럼 양자의 고의가 다르므로 폭행의 고의로 상해의 결과가 발생한 때에는 상해죄가 아닌 폭행치상죄가 성립한다.

　③ 상해죄는 침해범이지만 폭행죄는 사람에 대한 유형력의 행사만 있으면 성립된다는 관점에서 거동범으로 이해되고 있다.[2]

　④ 양죄의 행사수단이 반드시 일치하는 것은 아니다. 상해는 유형력뿐만 아니라 협박 기타 무형적 방법으로도 가능하다.[3]

　⑤ 상해죄는 미수범을 처벌하지만 폭행죄는 미수범을 처벌하지 않는다. 또한 폭행죄는 상해죄와 달리 반의사불벌죄이다.

　그러나 형법은 양죄의 동질적인 면을 고려하여 폭행치사상의 처벌은 상해죄 내지 상해치사죄의 예에 의하도록 규정하고 있다(제262조).

---

1) 김성천/김형준, 55면; 김일수/서보학, 58~59면; 오영근, 43면; 이재상 외, 42면; 임웅, 52면; 정성근/정준섭, 21면 등. 반면 배종대, 55면은 양자가 구분되지 않고 중첩되는 개념이라고 본다.
2) 김성돈, 84면; 김성천/김형준, 55면; 이재상 외, 41면; 정성근/정준섭, 21면.
3) 이재상 외, 42면; 정성근/정준섭, 22면.

Ⅲ. 구성요건 체계

기본적 구성요건: 상해죄 (제257조 제1항)	수정적 구성요건	불법	가중적	특수상해죄(제258조의2)
			결과적 가중범	중상해죄(제258조) 상해치사죄(제259조)
		책임	가중적	존속상해죄 (제257조 제2항, 제258조 제2항, 제259조 제2항) 상습상해죄(제264조)
			감경적	없음
	처벌특례규정		동시범 특례(제263조)	
기본적 구성요건: 폭행죄 (제260조 제1항)	수정적 구성요건	불법	가중적	특수폭행죄(제261조)
			결과적 가중범	폭행치사상죄(제262조)
		책임	가중적	존속폭행죄(제260조 제2항) 상습폭행죄(제264조)
			감경적	없음

　상해와 폭행의 죄는 각각의 범죄를 기본적 구성요건으로 하는 체계를 분리하여 갖추고 있다. 공통적으로는 단체 또는 다중의 위력을 보이거나 위험한 물건을 휴대하여 행위한 경우를 불법가중적 구성요건으로 하고, 과실로 중한 결과를 발생케하여 치사 또는 치사상에 이르는 경우를 진정결과적 가중범으로 두고 있다. 책임이 가중되는 요건으로 존속에 대한 가중처벌규정을 두고 있고, 상습범에 대하여 정한 형의 2분의 1을 가중한다. 반면 불법이나 책임에 관한 감경적 구성요건은 없다.

　그 외에 상해죄는 불법가중적 구성요건으로 중상해죄를 두고 있는 바, 중한 결과에 대한 고의범도 포함하는 부진정결과적 가중범이다. 그 밖에 동시범에 대한 특례규정으로서 상해죄의 동시범은 공동정범의 예에 의하는 결과 정범과 동일한 법정형이 적용된다.

　특히 특별법상 상해 및 폭행의 죄의 가중처벌규정들이 다수 존재하는 바, 보복범죄인 때에는 특가법에 의하여 1년 이상 유기징역으로 처벌된다(제5조의9 제

2항). 폭처법상으로는 2인 이상이 공동하여 행하는 상해 및 폭행에 대하여 형의 2분의 1까지 가중한다(제2조 제2항).

§2. 유형별 고찰

I. 상 해 죄

> *사람의 신체를 상해한 자는 7년 이하의 징역, 10년 이하의 자격정지 또는 1,000만원 이하의 벌금에 처한다(제257조 제1항).
> *본죄의 미수범은 처벌한다(제257조 제3항).

1. 의   의

본죄는 고의적으로 사람의 신체를 상해함으로써 성립한다. 본죄는 상해의 죄 중 기본적 유형에 해당하며 침해범이고 결과범이다.

2. 구성요건

(1) 객관적 구성요건

1) 주 체

피해자 자신 이외의 모든 자연인은 본죄의 주체가 될 수 있다.

2) 행위객체와 법익

① 행위객체

본죄의 행위객체는 사람의 신체다. 여기에서 사람이란 자연인인 타인을 의미한다.

태아도 낙태죄의 객체로 될 뿐 본죄의 객체가 아니다. 문제가 되는 것은 태아에게 행하여진 행위가 출산후 신체상해의 결과로서 나타난 경우, 예컨대 약물, 방사선 등의 작용으로 불구아 또는 기형아로 출생한 경우에 상해죄의 성립을 인정할 수 있는가 하는 점이다. 긍정설은 비록 그 행위가 태아에게 가해졌다 하더라도 그 상해의 결과가 사람에게 관련되기 때문이라는 것을 논거로 한다.[1] 반면

---

1) 우리나라에서는 거의 찾아볼 수 없으며, 독일의 경우 Vgl. *Schönke/Schröder/Eser*, §223, Rn. 1a.

부정설[1]은 행위객체의 자격을 침해적 작용이 이루어지는 시점을 기준으로 보아야 한다고 주장한다. 또한 태아를 살해하면 낙태죄로 되고 과실로 태아를 죽인 때에는 처벌받지 않으나 태아에게 상해를 가한 때에는 상해죄로 되어 태아를 살해한 경우보다 무겁게 벌하고 과실로 태아를 상해한 때에는 결국 과실치상죄로 처벌받게 되어 태아를 과실로 치사한 경우의 불벌과 균형이 맞지 않는다.[2] 이밖에도 임부의 부주의로 인하여 태아가 상해를 입고 조산한 경우에 태아가 모체 안에서 사산한 경우에는 과실낙태로서 불가벌이지만 출생후 바로 사망하면 과실치사죄에 해당된다는 문제점도 있다.[3] 행위의 객체인 사람의 신체는 행위 당시를 기준으로 판단하여야 하므로 태아에게 입힌 손상이 출산시에 불구, 기형 등 신체상해의 결과가 되더라도 상해죄로 볼 수는 없고, 그 결과 불가벌이다.

판 례

　　현행 형법이 사람에 대한 상해 및 과실치사상의 죄에 관한 규정과는 별도로 태아를 독립된 행위객체로 하는 낙태죄 등에 관한 규정을 두어 포태한 부녀의 자기낙태행위 및 제3자의 부동의 낙태행위, 낙태로 인하여 위 부녀에게 상해 또는 사망에 이르게 한 행위 등에 대하여 처벌하도록 한 점, 과실낙태행위 및 낙태미수행위에 대하여 따로 처벌규정을 두지 아니한 점 등에 비추어보면, 우리 형법은 태아를 임산부 신체의 일부로 보거나, 낙태행위가 임산부의 태아양육, 출산 기능의 침해라는 측면에서 낙태죄와는 별개로 임산부에 대한 상해죄를 구성하는 것으로 보지는 않는다고 해석되고, 따라서 태아를 사망에 이르게 하는 행위가 임산부 신체의 일부를 훼손하는 것이라거나 태아의 사망으로 인하여 그 태아를 양육, 출산하는 임산부의 생리적 기능이 침해되어 임산부에 대한 상해가 된다고 볼 수는 없다. 따라서 의사의 과실로 인하여 태아가 사망에 이르렀다고 하더라도, 그러한 사정만으로는 산모인 피해자에 대한 상해가 된다고 할 수 없다.[4]

　본죄의 객체인 사람은 타인을 의미하므로 행위자 자신의 신체는 이에 해당하

---

1) 김성돈, 86면; 김일수/서보학, 61면; 김혜정 외, 36면; 박상기/전지연, 412면; 배종대, 55면; 신동운, 536면; 오영근, 45면; 원혜욱, 23면; 이재상 외, 44면; 이정원, 76면; 임웅, 59면; 정성근/정준섭, 22면; 정영일, 15면; 최호진, 40면 등.
2) 이재상 외, 44면.
3) 신동운, 536면; 정성근/정준섭, 22면.
4) 대판 2009. 7. 9, 2009도1025; 대판 2007. 6. 29, 2005도3832.

지 않고 따라서 자상행위는 본죄의 구성요건해당성이 없다. 단 특별법(병역법 제86조, 군형법 제41조 제1항 등)에 의해 처벌될 수 있다. 자상행위가 강요에 의해 이루어진 경우, 그 강요자는 본죄의 간접정범이 될 수 있다.[1]

② 법 익

본죄의 보호법익에 관하여, 신체의 완전성으로 보는 입장[2]과 생리적 기능[건강]으로 보는 입장[3]이 대립된다. 이밖에도 본죄가 신체의 완전성을 보호한다는 입장을 취하면서도 이를 다소 제한적으로 이해하여 생리적 기능을 훼손하는 경우와 비록 생리적 기능을 훼손하는 것이 아니라 할지라도 적어도 신체의 외관에 중대한 변화를 가져오는 정도의 신체적 완전성의 침해는 상해로 된다는 절충설 또는 결합설이 있다.[4]

신체의 완전성을 법익으로 보는 입장은 독일과 같이 폭행과 상해를 모두 포괄하여 상해죄로 취급하는 태도에는 부합되며, 그 폭넓은 개념 속에 신체의 건재와 건강이 모두 포함될 수 있다. 그러나 이러한 입장은 상해와 폭행을 구별하는 우리 형법에는 적합하지 않다. 이른바 절충설(결합설)도 같은 맥락에서 타당하지 않다. 우리 형법에는 생리적 기능(신체의 건강)이 가장 적합하다.

③ 행 위

본죄의 행위는 상해이다. 상해의 의미는 무엇을 본죄의 법익으로 보느냐에 따라 달라지겠으나 생리적 기능(건강)을 법익으로 보는 한 상해는 신체의 건강을 해하는 것이라고 보아야 한다. 상해의 개념을 넓게 파악하는 독일형법에 있어서는 상해의 양태로서 신체적 학대[5]와 건강의 손상으로 구분하고 있으나 폭행과 상해를 구분하는 우리형법 하에서는 상해를 다시 위와 같이 구분하는 것은

---

1) 대판 1970. 9. 22. 70도1638. 피고인이 피해자를 협박하여 그로 하여금 자상케 한 경우에 피고인에게 상해의 결과에 대한 인식이 있고 또 그 협박의 정도가 피해자의 의사결정의 자유를 상실케 함에 족한 것인 이상 피고인에게 대하여 상해죄를 구성한다.

2) 유기천(상), 47면은 상해죄와 폭행죄의 보호법익은 신체의 완전성이라는 점에서 동일하지만 침해의 정도와 고의가 다르기 때문에 양자는 구분된다고 한다.

3) 김성천/김형준, 56면; 김일수/서보학, 63면; 김혜정 외, 33면; 박상기/전지연, 413면; 백형구, 44면; 신동운, 536면; 오영근, 44면; 이재상 외, 46면; 임웅, 58면; 정성근/정준섭, 49면; 정영일, 15면 등.

4) 강구진 Ⅰ, 61면; 권문택/공저, 주석(상), 480면; 배종대, 55면. 판례는 본죄의 상해를 신체의 완전성을 훼손하거나 생리적 기능에 장애를 초래하는 것이라고 본다(대판 2000. 2. 25, 99도4305).

5) 이 설에 대해서도 상해의 개념을 지나치게 축소하고 상해를 오로지 병리학적 관점에서만 고찰하기 때문에 상해의 결과에 부여되는 사회적 의미가 반영되지 못한다는 비판이 있다(신동운, 상해죄, 고시연구, 1991. 10, 154면).

타당하지 않다.

상해의 수단 · 방법은 불문한다. 그러므로 피해자의 신체에 직접적으로 물리력을 행사하거나 기타의 유형적 방법은 물론 무형적 방법에 의해서도 가능하다. 따라서 병균을 감염시키거나 정신적 충격을 주어 건강을 손상하는 것도 상해에 해당한다.[1] 그러나 단순히 정신적 건재를 해칠 정도로는 상해로 보기 어렵다.

판 례

상해는 피해자의 신체의 완전성을 훼손하거나 생리적 기능에 장애를 초래하는 것, 즉 피해자의 건강상태가 불량하게 변경되고 생활기능에 장애가 초래되는 것을 말하는 것으로, 여기서의 생리적 기능에는 육체적 기능뿐만 아니라 정신적 기능도 포함된다.[2] 따라서 수면제와 같은 약물을 투약하여 피해자를 일시적으로 수면 또는 의식불명 상태에 이르게 한 경우에도 약물로 인하여 피해자의 건강상태가 불량하게 변경되고 생활기능에 장애가 초래되었다면 자연적으로 의식을 회복하거나 외부적으로 드러난 상처가 없더라도 이는 강간치상죄나 강제추행치상죄에서 말하는 상해에 해당한다.[3]

최근에는 에이즈(AIDS)감염의 문제가 새로운 관심사로 등장하고 있다. 고의적인 AIDS감염이 상해에 해당될 수 있음은 물론 그 병의 특성에 비추어 볼 때 중상해까지도 문제될 수 있을 것이다. 다만 고의나 인과관계의 입증이 어렵고 오랜 잠복기와 발병상의 특성 등으로 인해 실행착수시점 및 결과발생시점을 정확히 파악하기 어렵다는 문제가 수반된다.

상해는 작위에 의해서는 물론 부작위에 의해서도 가능하다. 작위의무(특히 보호의무)가 있는 자가 건강의 악화를 인식, 인용하면서도 건강의 유지나 회복을 위한 조치를 취하지 않는 경우, 예를 들어 보증의무 있는 자가 의사를 부르지 않아서 환자의 건강을 악화시킨 경우라든가 사고를 야기한 자가 고의로 피해자를 돌보지 않아서 건강을 더욱 악화시킨 경우 등은 부작위에 의한 상해에 해당한다. 건강의 침해가 일시적인가 지속적인가도 불문한다.

---

1) 성병감염, 정신병의 야기, 의식상실에 이를 정도의 약정의 초래, 충격적 사고를 초래할 심야의 방해전화 등이 모두 건강침해에 해당한다.
2) 대판 2000. 2. 25, 99도4305; 대판 1999. 1. 26, 98도3732.
3) 대판 2017. 6. 29, 2017도3196.

단순한 모발의 절단은 신체의 건재를 해치는 것이기는 하나 생리적 기능을 해하는 것은 아니므로 원칙적으로 폭행은 될지언정 상해로 될 수 없다고 보아야 한다. 반면에 모근까지 뽑아버리는 행위는 상해로 될 수 있다. 모발만 절단하는 경우에도 만일 이를 통하여 충격을 주어 정신질환을 일으킬 의사로 행한 경우라면 상해가 될 수 있을 것이다.

판 례

보행불능, 수면장애, 식욕감퇴 등의 증세를 일으켰다면 외관상 상처가 없더라도 상해에 해당하며,[1] 극도의 공포감에 기절하였다가 구급차 안에서 정신을 차리게 된 경우,[2] 강간을 당한뒤 외상후 스트레스 장애로 2일간 치료약 복용후 6개월간 정신과 치료를 받은 경우,[3] 상처로 인하여 10일[4] 또는 2주간의 치료를 요하게 된 경우,[5] 21일간의 치료를 요하는 경추부염좌상을 입은 경우,[6] 목 부위에 봉침시술을 한 뒤 온몸이 붓고 가려우며 호흡을 제대로 할 수 없는 등의 아나필락시 쇼크반응이 초래된 경우[7] 등에는 상해죄에 해당된다.

그러나 폭행에 수반된 상처가 극히 경미하여 폭행이 없어도 일상생활 중 통상 발생할 수 있는 상처나 불편 정도이고, 굳이 치료할 필요 없이 자연적으로 치유되며 일상생활을 하는 데 지장이 없는 경우에는 상해죄의 상해에 해당된다고 할 수 없다. 그리고 피해자의 신체의 완전성을 훼손하거나 생리적 기능에 장애를 초래하였는지는 객관적, 일률적으로 판단할 것이 아니라 피해자의 연령, 성별, 체격 등 신체, 정신상의 구체적 상태 등을 기준으로 판단하여야 한다.[8] 유사하게 판례는 멍이 생기거나[9] 자연치유될 정도의 상처[10]에 대하여는 상해로 인정하지 않는다. 그 외에도 부녀의 음모를 1회용 면도기로 일부 깎은 경우[11]와 같이 신체의 모발 등의 절단은 상해로 보지 않는다.

---

1) 대판 1969. 3. 11, 69도161.
2) 대판 1996. 12. 10, 96도2529.
3) 대판 1999. 1. 26, 98도3732.
4) 대판 2000. 2. 11, 99도4794.
5) 대판 2008. 4. 24, 2007도10058; 대판 2003. 5. 30, 2003도1256; 대판 2003. 1. 10, 2002도4380; 대판 2002. 1. 11, 2001도5925 등.
6) 대판 2010. 10. 14, 2010도8227.
7) 대판 2011. 4. 14, 2010도10104.
8) 대판 2016. 11. 25, 2016도15018; 대판 2005. 5. 26, 2005도1039; 대판 2000. 2. 25, 99도4305 등.
9) 대판 2003. 7. 11, 2003도2313; 대판 1996. 12. 23, 96도2673.
10) 대판 1994. 11. 4, 94도1311; 대판 1987. 10. 26, 87도1880.
11) 대판 2000. 3. 23, 99도3099.

(2) 주관적 구성요건

본죄는 미필적 고의로 족하다. 단지 신체의 건재를 해한다는 고의가 있는 때에는 폭행이 성립할 수 있을 뿐이고 폭행의 고의로 상해가 발생한 경우에는 폭행치상죄가 성립될 뿐이다. 상해죄는 결과범이므로 상해의 원인이 된 폭행의 인식이 있으면 족하고 상해의 고의는 필요없다는 판례[1]가 있으나 현행형법의 해석에 부합하지 않는다.[2]

3. 위 법 성

(1) 정당행위

상해행위가 정당행위에 해당하면 위법성을 조각한다. 상해행위가 법령에 의한 행위로 되는 것은 원칙적으로 인정하기 어렵다. 예외적으로 감염병의 예방 및 관리에 관한 법률상 감염병에 관한 강제처분(제42조)의 일환으로 채혈등의 행위가 요구된다면, 법령에 의한 행위로서 위법성이 조각될 수 있다. 상해가 업무로 인한 행위에 관련되는 경우로서는 흔히 스포츠를 통한 상해와 치료행위가 거론된다. 그러나 전자는 대체로 허용된 위험의 법리에 따라 구성요건이 조각되고[3] 후자는 그 상당부분이 이미 상해의 개념에 해당되기 어려워 구성요건조각의 사유로 되거나 피해자의 승낙에 의한 행위가 된다.

치료행위는 의료행위의 일종이다. 넓은 의미의 의료행위에는 치료행위와 치료행위이외의 의료행위(예컨대 안구이식, 성형수술)가 모두 포함된다. 치료행위는 모두 구성요건을 조각한다는 입장[4]도 있으나 일률적으로 그렇게 보기는 어렵다. 고통과 부작용이 크거나 위험성이 높은 수술처럼 일상적이고 자연스러운 치료행위의 범위를 벗어나 환자에게 부담을 주는 치료행위는 구성요건조각사유라기보다는 환자의 승낙이나 추정적 승낙에 의해 위법성이 조각되는 것으로 보아야 한다. 피해자의 승낙으로 이해할 때에는 환자의 권리보호에도 부합하며, 이를 통해 치료시 의사의 설명의무도 정당화된다.

---

1) 대판 2000. 7. 4, 99도4341; 대판 1983. 3. 22, 83도231 등.
2) 이재상 외, 47면.
3) 이에 관한 더 상세한 내용은 이형국, 스포츠에 있어서의 범죄와 그 형사책임, 한독법학, 제7호, 1988, 61면 이하 참조.
4) 김일수/서보학, 65면.

상해가 징계행위로서 위법성을 조각하는 경우는 생각할 여지가 없다.[1] 징계행위가 상해에 이르렀다면 이미 그 적정한 한계를 벗어났기 때문이다.

(2) 정당방위, 긴급피난, 자구행위

상해행위가 정당방위, 긴급피난, 자구행위의 요건에 합치될 때에는 이들 법리에 따라 위법성이 조각된다.

(3) 피해자의 승낙

피해자의 승낙에 의한 상해는 일정한 요건, 즉 피해자에게 승낙능력이 있고 진지하게 이루어진 승낙을 인식하고 행한 행위가 법률에 특별한 규정이 없고 더 나아가 법질서 전체의 정신이나 사회윤리에 비추어 용인될 수 있는 때에는 위법성을 조각한다.[2] 따라서 채무이행을 확실히 하기 위해 그 불이행시 상해하기로 승낙을 얻은 경우, 피해자의 건강을 악화시킬 의도로 승낙을 얻은 경우, 기타 용납할 수 없는 반윤리적인 동기로 승낙을 얻은 경우에는 위법성이 조각되지 않는다.

피해자의 승낙에 의하여 위법성이 조각되는 전형적인 예로서는 승낙에 의한 채혈이라든가 각종의 의료행위를 들 수 있다. 이미 언급했듯이 치료행위는 대부분 구성요건을 조각하지만 큰 수술과 같은 치료행위는 피해자의 승낙에 의하여 위법성이 조각되는 행위로 보아야 한다. 또한 미용수술, 안구이식 등과 같은 치료행위가 아닌 의료행위도 마찬가지이다.

의료적 침해가 동시에 환자의 신체에 중대한 손상을 수반하는 경우에 있어서는 피해자의 승낙에 의하여 위법성이 조각되려면 의사의 설명의무가 충실히 행하여질 것을 요한다. 승낙자나 촉탁자는 당해 의료행위에 따르는 문제점을 사전 정보나 설명 없이는 제대로 파악할 수 있는 능력을 가졌다고 보기에는 어렵고 의료행위는 고도의 전문적인 성격을 가지는 행위이므로 충분한 설명이 없었던 경우에는 비록 승낙이나 촉탁이 있었다고 할지라도 이를 유효한 승낙이나 촉탁으로 보기 어렵기 때문이다.

---

1) 김성돈, 89면; 김성천/김형준, 62면; 김혜정 외, 38면; 박상기/전지연, 415면; 배종대, 58면; 백형구, 47면; 이재상 외, 50면; 임웅, 65면 등.
2) 우리 형법에는 독일형법 제226조의 경우처럼 명시적으로 선량한 풍속 내지 사회윤리에 반해서는 아니된다는 규정을 두고 있지는 않으나 우리 형법 제24조의 해석상 이러한 요건이 필요하다고 본다.

4. 처벌과 동시범의 특례

(1) 처 벌

자격정지는 흔히 병과형으로 규정되고 있으나 본조에 있어서는 선택형으로 되어 있다.

협박과 상해가 같은 시간, 같은 장소에서 동일한 피해자에게 가해진 경우에는 협박은 상해의 고의 하에 이루어진 폭언에 불과한 것으로 보아 상해죄에 포함된다고 볼 수 있다.[1] 본죄의 보호법익은 일신전속적이므로 두 사람에게 각기 칼을 휘둘러 한 사람을 사망에 이르게 하고 다른 사람에게는 상해를 입게 한 경우에는 상해치사죄와 상해죄의 두 죄가 성립된다고 보아야 한다.[2]

(2) 동시범의 특례

1) 의 의

형법 제19조(독립행위의 경합)는 「동시 또는 이시(異時)의 독립행위가 경합한 경우에 그 결과발생의 원인된 행위가 판명되지 아니한 때에는 각 행위를 미수범으로 처벌한다」고 하여 "의심 있는 때에는 피고인의 이익으로(in dubio pro reo)" 원칙에 부합하는 해석을 법문으로 명확히 규정하고 있다. 그러나 형법 제263조(상해의 동시범)는 이에 대한 예외를 설정하여 「독립행위가 경합하여 상해의 결과를 발생하게 한 경우에 있어서 원인된 행위가 판명되지 아니한 때에는 공동정범의 예에 의한다」고 규정한다.

이처럼 형법이 제19조에 대한 중대한 예외를 인정한 것은 상해죄가 일상생활에서 빈번하게 발생하고 특히 2인 이상이 가담한 경우 누구의 행위에 의하여 상해의 결과가 발생했는가를 입증하기 어렵기 때문에 이를 구제하기 위한 정책적 예외규정을 설정한 것이라고 볼 수 있다.[3]

2) 법적 성격

① 법률상 추정설

이 설은 각 행위자의 행위가 결과발생의 원인인 것으로 추정하고 따라서 각

---

1) 대판 1976. 12. 14, 76도3375.
2) 대판 1981. 5. 26, 81도811.
3) 김성돈, 96면; 김성천/김형준, 74면; 박상기/전지연, 422면; 임웅, 73면; 정성근/정준섭, 34면; 진계호, 78면 등.

자가 법률상으로 공동정범의 책임을 지는 것으로 추정한다고 본다.[1)]

이 설에 대해서는 법률상의 추정은 요증사실 그 자체를 처음부터 증명하지 않고 이를 인정하는 것을 의미하므로 본조의 경우처럼 증거조사의 결과 증명이 불가능한 경우에는 합당하지 않고 형사소송법의 기본원칙인 실체적 진실발견주의와 자유심증주의에도 합치되지 않는다는 비판이 있다.[2)]

② 법률상 의제설

이 설은 상해의 증명이 불가능한 경우를 해결하기 위하여 공동정범이 아닌 것(복수의 단독범)을 공동정범으로 의제한 규정으로 이해한다.[3)] 이는 공동가담의 의사를 법률상 의제하고 있으므로, 원인행위가 판명되지 못하면 공동정범으로 의제하여 개별행위별로 인과관계를 판단함이 없이 공동정범의 기수가 된다고 본다. 그러나 공동정범의 예에 의한다고 하므로, 처벌의 원용만을 규정할 뿐 가담자 모두에게 공동정범의 성립을 인정한다고 해석할 수는 없다.

③ 거증책임전환설

이 설은 입증의 곤란을 구제하기 위하여 거증책임을 피고인에게 전환한 규정으로 본다.[4)] 다만 소송법적 측면에서는 잘 설명하고 있으나 실체법적 측면, 즉 행위자 사이에 의사연락이 없음에도 불구하고 공동정범과 같이 취급하는 이유를 설명하지 못한다는 비판이 있다.[5)]

④ 이원설

이 설은 제263조를 절차법상으로는 거증책임의 전환규정인 동시에 실체법상으로는 공동정범의 범위를 확장시키는 일종의 의제규정으로 본다.[6)]

인과관계의 존부는 사실판단의 문제이므로 이를 입증 없이 추정할 수 없다는 점에서 법률상 책임추정설은 타당하지 않다. 법률상 간주란 입증에 의하여 번복될 수 없으므로 간주규정설도 타당하다고 볼 수 없기 때문에 이원설 역시 타당하지 않다. 따라서 거증책임전환설로 봄이 타당하다. 더욱이 폐지되어야 할 규정의 적용범위를 최대한 축소하기 위해서도 형법상의 효력을 인정하기 보다는 소

---

1) 강구진 I, 70면: 이건호, 273면.
2) 이재상 외, 58면: 정성근/정준섭, 34면.
3) 김성돈, 96면.
4) 김성천/ 김형준, 75면: 김일수/서보학, 66면: 김혜정 외, 54면: 박상기/전지연, 423면: 이재상 외, 58면: 오영근, 62면: 임웅, 75면: 정영일, 24면: 진계호, 78면 등.
5) 정성근/정준섭, 35면.
6) 권문택/공저, 주석(상), 492면: 김종원(상), 64면: 정성근/정준섭, 35면.

송법적 효과로 국한하여 해석함이 타당할 것이다.

3) 적용요건

① 독립행위의 경합

둘 이상의 행위가 행위자의 의사연락 없이 동일한 객체에 대하여 행해져야 한다. 다만 제19조 동시범 규정이 '동시 또는 이시'의 독립행위 경합을 요구하는 것과는 달리 명문의 규정이 없음에도 동시 또는 이시 여부를 불문한다는 견해[1]가 있다. 이는 제19조와 제263조를 일반법과 특별법의 관계로 보아 특별법은 일반법의 모든 요건을 갖추어야 한다는 이론적 근거 하에서는 주장 가능하나, 행위자에게 불리한 특별규정의 확대는 죄형법정주의 기본이념에 맞지 않는다는 점, 제263조에 없는 내용을 이와 유사한 제19조에서 차용함은 유추해석금지의 원칙에 반한다는 점에서 타당하지 않으므로, 동시의 경합행위에만 적용된다고 보아야 한다.[2]

② 상해의 결과 발생

상해의 결과가 발생하여야 하므로, 상해결과가 발생하지 않았거나 그 외의 결과가 발생하면 제19조의 독립행위 경합 규정을 적용하여 미수범 또는 원인관계의 판명에 따라서 해결하여야 한다.

③ 원인된 행위가 판명되지 않을 것

원인된 행위가 판명되면 동 조항을 적용할 수 없으므로, 원인관계가 있는 자만이 상해죄가 되고 그렇지 않은 자는 동 조항의 적용이 배제된다. 자기의 행위가 상해결과의 원인이 아니라는 점에 대한 거증책임은 검사가 아닌 피고인에게 전환된다(거증책임전환규정).

4) 적용범위

제263조가 상해치사죄와 폭행치사상죄에 대하여 적용되는가에 관해서는 긍정설[3]과 부정설[4]의 대립이 있다. 판례는 이를 긍정한다.[5]

제263조가 형법 및 형사소송법의 원리에 합치되지 않고 행위자에게 불리한

---

1) 김성천/김형준, 75면; 김일수/서보학, 73면; 김혜정 외, 55면; 오영근, 62면; 이재상 외, 58면; 대판 2000. 7. 28, 2000도2466; 대판 1981. 3. 10, 80도3321 등 판례의 태도이기도 하다.
2) 김성돈, 98면; 박상기/전지연, 424면; 정성근/정준섭, 36면.
3) 김성천/김형준, 76면; 정성근/정준섭, 35면; 황산덕, 178면 등.
4) 강구진Ⅰ, 71면; 김성돈, 81면; 김일수/서보학, 75면; 김혜정 외, 57면; 박상기/전지연, 424면; 배종대, 68면; 오영근, 63면; 이재상 외, 59면; 이정원, 91면; 임웅, 76면; 정영일, 25면 등.
5) 대판 2000. 7. 28, 2000도2466.

예외적 규정이라는 관점에서 그 적용범위를 상해의 결과가 발생한 경우로 엄격하게 제한하는 부정설이 타당하다. 이와 같은 해석이 유추해석금지의 원칙에도 부합한다.

다만, 기본범죄인 상해죄를 공동정범으로 행하는 경우 그 중한 결과로서 상해치사에 이를 경우에는 결과적 가중범의 공동정범의 원리에 따라서 예견가능성을 기준으로 상해치사죄의 공동정범을 인정할 수 있을 것이다.[1]

또한 강간치상죄나 강도치상죄는 기본범죄가 상해가 아니고 그 보호법익도 달리하므로 동시범 특례규정을 적용할 수 없다. 판례도 이와 같다.[2]

판 례

시간적 차이가 있는 독립된 상해행위나 폭행행위가 경합하여 사망의 결과가 일어나고 그 사망의 원인된 행위가 판명되지 않은 경우에는 공동정범의 예에 의하여 처벌할 것이므로, 2시간 남짓한 시간적 간격을 두고 피고인이 두 번째의 가해행위인 이 사건 범행을 한 후, 피해자가 사망하였고 그 사망의 원인을 알 수 없는 경우 폭행치사죄의 동시범이 된다.[3]

Ⅱ. 존속상해죄

*자기 또는 배우자의 직계존속에 대하여 제1항의 죄(상해죄)를 범한 때에는 10년 이하의 징역 또는 1천 500만원 이하의 벌금에 처한다(제257조 제2항).
*본죄의 미수범은 처벌한다(제257조 제3항).

본죄는 행위자가 행위객체의 직계비속이라는 신분관계로 인하여 형이 가중되는 신분적 가중유형으로서 부진정신분범에 해당한다.

구성요건상으로는 주체 및 객체에 해당하는 자기 또는 배우자의 직계존속의 의미는 존속살해죄의 그것과 같고, 상해행위는 상해죄와 같다.

---

1) 김성돈, 99면; 이재상 외, 59면.
2) 대판 1984. 4. 24, 84도2118.
3) 대판 2000. 7. 28, 2000도2466.

Ⅲ. 중상해·존속중상해죄

> *사람의 신체를 상해하여 생명에 대한 위험을 발생하게 한 자는 1년 이상 10년 이하의 징역에 처한다(제258조 제1항).
> *신체의 상해로 인하여 불구 또는 불치나 난치의 질병에 이르게 한 자도 전항의 형(1년 이상 10년 이하의 징역)과 같다(제258조 제2항).
> *자기 또는 배우자의 직계존속에 대하여 전2항의 죄를 범한 때에는 2년 이상 15년 이하의 징역에 처한다(제258조 제3항).

1. 의   의

중상해죄는 중한 상해의 결과로 인하여 피해자가 장기적으로 고통을 받게 됨으로써 불법이 가중되는 가중적 구성요건이다. 존속중상해죄는 중상해죄의 신분적 가중유형으로 책임가중적 구성요건이다.

2. 성   격

본죄가 상해죄의 가중적 구성요건이라는 점에는 이의가 없지만, 본죄의 성격에 관하여는 견해의 대립이 있다. ① 진정결과적 가중범설[1]은 본죄가 단순상해의 진정결과적 가중범의 성격도 함께 지니고 있다고 본다. ② 본죄를 결과적 가중범이 아니라 단순한 고의범으로 보는 단순고의범설[2]은 본죄가 상해의 결과로 인하여 형을 가중하는 경우이지만 중한 결과도 상해의 개념 속에 들어가므로 결과적 가중범이 아니라 고의범이라고 이해한다. ③ 비독자적 변형설[3]은 본죄는 비독자적 변형 구성요건으로서 상해의 고의만 있으면 성립하고 중한 결과의 발생은 특별한 양형고려사유라고 본다. ④ 부진정결과적 가중범설[4]은 중한 결과

---

1) 강구진Ⅰ, 66면; 권문택/공저, 주석(상), 484면; 김봉태/7인공저, 90면; 신동운, 548면. 중상해죄의 미수범처벌규정이 없다는 점, 본죄를 단순한 상해의 고의범으로 본다면 결과 책임을 인정하게 되어 책임원칙에 반한다는 점 등을 근거로 한다.
2) 백형구, 49면; 황산덕, 177면. 상해와 중상해의 한계가 분명하지 아니하고, 형법에 상해치사죄의 규정은 있으나 중상해치사죄의 규정은 없기 때문에 중상해로 인하여 치사해도 결국 상해치사죄의 규정을 적용할 수밖에 없다는 점 등을 근거로 한다.
3) 이정원, 84면.
4) 김성돈, 90면; 김혜정 외, 43면; 박상기/전지연, 417면; 배종대, 60면; 손동권/김재윤, 43면; 오

에 대한 과실범 뿐만 아니라 고의가 있는 경우도 포함하는 규정이라고 본다. 중상해죄의 결과를 과실범으로 한정한다면 고의적인 중상해행위를 처벌할 수 없다는 구성요건의 공백이 발생하기 때문이다.

생각건대, 진정결과적 가중범설은 중한 결과에 대하여 고의가 있었던 경우를 중상해죄에서 제외하여 단순상해죄에 포함되는 것으로 해석하면 명백한 형의 불균형이 발생하는 불합리한 결과를 초래한다. 순수고의범설이나 비독자적 변형설은 중상해죄에 미수범 처벌규정이 없는 이유를 설명할 수 없고, 본죄를 별도로 설정한 의미를 설명할 수 없을 뿐만 아니라 중상해죄를 단지 결과책임사상의 잔재가 있는 문제의 규정으로 밖에 볼 수 없다.[1] 따라서 중한 결과에 대하여 고의가 있는 경우도 포함하는 부진정결과적 가중범으로 해석함이 타당하다. 입법론적인 관점에서는 중한 결과에 고의가 있는 중상해죄의 미수범 처벌규정을 둠이 타당하다.

3. 구성요건

(1) 객관적 구성요건

행위주체, 행위객체와 법익, 행위 등은 제257조 소정의 상해죄(존속중상해죄에 있어서는 존속상해죄)와 같다. 그 외의 요건은 다음과 같다.

1) 생명에 대한 위험의 발생

이는 생명에 대한 구체적 위험이 발생하는 것을 의미하며,[2] 사망의 결과가 발생하면 본죄가 아닌 상해치사죄로 된다. 생명에 대한 구체적 위험이 있었는가는 모든 정황을 종합적으로 고려하고 전문가의 의견도 참고하여 판단해야 할 것이다.

2) 불 구

본죄의 「불구」는 신체조직의 외형에 있어서 중요한 부분이 절단되거나 손상을 입어 그 기능을 상실하는 경우를 의미한다. 그 기능을 상실한 경우에는 인공적인 보조장치로 대체할 수 있어도 당연히 본죄에 해당한다. 다만 간, 심장과 같

영근, 52면; 이재상 외, 52면; 임웅, 67면; 정성근/정준섭, 27면; 정영일, 18면.
1) 김성돈, 90면.
2) 이정원, 87면은 본죄는 침해범이므로 생명에 대한 위험의 발생 역시 치명적인 중대한 상해결과를 의미한다고 해석한다.

은 신체내부의 장기의 기능상실은 불구라기보다는 불치 또는 난치의 질병이라
는 개념에 포함시킬 수 있을 것이다.[1]

신체의 어느 부분이 중요한 부분인가의 판단기준에 관하여서는 모든 신체조
직에 있어서 그 부분이 갖는 일반적 의미(객관적 기능)에 따라 결정되어야 한다
는 견해[2]와 피해자의 특별한 개인적 관계, 예컨대 피해자의 구체적인 생활관계
특히 피해자의 직업 등을 고려하여 평가해야 한다는 견해[3]가 대립된다.

생각건대 피해자 개개인의 특별한 관계 내지 사정 때문에 중상해의 척도가
그때그때 달라져 상대화되는 것은 바람직하지 않다. 그러므로 신체의 중요부분
인가에 관한 척도는 신체조직 전체에 있어서 그 부분이 갖는 일반적 의미에 따
라 판단하는 것이 원칙이라고 보아야 할 것이다. 따라서 피아니스트의 새끼손가
락 절단도 일반인과 동일하게 평가하여야 한다.

불구에 이르게 한 예로서는 사지의 절단, 실명하게 한 경우,[4] 청력을 상실하
게 한 경우, 혀를 절단하여 발음이 불가능하거나 현저히 어렵게 한 경우, 남자의
성기를 절단하는 경우, 코를 절단하는 경우 등을 들 수 있다.[5] 문치가 치근까지
탈락하는 상해를 입힌 경우[6] 라든가 하구치 2개의 탈락[7]은 중상해에 해당한다
고 볼 수 있다.

불구는 반드시 신체의 중요부분을 절단하는 경우로 국한되지 않고 당해부분

---

1) 김일수/서보학, 69면; 박상기/전지연, 56면; 배종대, 104면; 이정원, 87면; 임웅, 61면; 최호진, 48면 등은 신체내부에 있는 장기의 기능상실도 불구에 포함시킨다.
2) 김성돈, 91면; 김성천/김형준, 67면; 김혜정 외, 44면; 박상기/전지연, 417면; 배종대, 61면; 오영근, 53면; 이재상 외, 53면; 임웅, 68면; 정성근/정준섭, 27면; 정영일, 19면 등.
3) 김일수/서보학, 69면. 그 예로서는 새끼손가락의 절단이 보통사람에게는 불구가 아니지만 피아니스트에게는 불구가 될 수 있고 집게손가락의 절단이 보통사람에게는 불구가 아니지만 직업속기사, 타자수, 사격선수에게는 불구가 될 수 있으며 미모가 망가질 정도의 현저한 흉터가 생기게 하는 것도 인기연예인에게는 불구가 될 수 있다는 점을 지적한다.
4) 대판 1960. 4. 6, 4292형상395.
5) 그러나 손가락의 절단이 이에 해당하는가에 관해서는 견해가 대립된다. 독일에 있어서는 엄지손가락(RGSt. 64, 210.)이나 집게손가락은 중요부분으로 보는 한편 여타의 손가락은 중요한 부분으로 인정하지 아니하는 경향이 있다(Vgl. *Dreher/Tröndle*, §224, Rn. 4; *Lackner/Kühl*, §224, 2.). 우리나라에 있어서는 새끼손가락과 관련하여 이를 절단하는 것이 불구를 초래하는 것으로 인정되지 아니한다는 견해(다수설)이지만, 특히 피아니스트의 새끼손가락 절단은 이에 해당한다고 예외를 인정하는 입장도 있다(김일수/서보학, 69면). 생각건대 수개의 손가락의 절단, 수개의 손가락에 대한 부분적 절단은 물론 어느 한 손가락이라 할지라도 이를 완전히 절단하여 없애버리는 행위는 불구를 초래하는 것으로서 중상해에 해당한다고 보는 것이 타당할 것이다.
6) 대판 1957. 7. 5, 4290형상166.
7) 대판 1960. 2. 29, 4292형상413.

의 신체적 기능이 상실된 경우에도 인정된다.[1] 그러나 의수나 의족 같은 인공적 장치를 통하여 기능을 대체시킬 방법이 있다고 할지라도 이것이 불구 여부의 판단에 영향을 미치지 않는다.[2]

3) 불치 또는 난치의 질병

불치 또는 난치의 질병이란 치료의 가능성이 없거나 현저히 곤란한 질병을 말하며[3] 그 질병에 전염성이 있는가는 불문한다. 불치 또는 난치의 여부는 종합적 판단에 의한다.

예컨대 치료불가능이나 만성적인 전신 또는 신체일부의 마비, 만성적인 정신병 유발, 내부장기의 현저한 손상, 에이즈의 감염 등이 불치 또는 난치의 질병에 해당한다고 볼 수 있다. 상처의 흔적(예컨대 흉터)은 질병이 아니며 따라서 그것이 오래 남는다고 할지라도 이에 해당한다고 볼 수 없다.[4]

판 례

　피해자와 주차 문제로 시비가 되어 다투던 중 주먹으로 피해자의 좌측 턱을 1회 때려 그 충격으로 피해자가 뒤로 넘어지면서 머리를 부딪치게 함으로써 피해자에게 16주간의 치료를 요하는 두개골 골절 등의 상해를 가한 경우[5]에는 중상해에 해당하나, 1~2개월간 입원할 정도로 다리가 부러진 상해 또는 3주간의 치료를 요하는 우측흉부자상은 중상해에 해당하지 않는다.[6]

---

(2) 주관적 구성요건

기본범죄의 고의는 미필적 고의로 족하고, 중한 결과에 대하여 과실 또는 고의인 경우가 모두 포함된다.

4. 위 법 성

중상해의 구성요건에 해당하는 행위라고 할지라도 정당방위, 긴급피난으로

---

1) 이재상 외, 53면.
2) 김일수, 한국형법Ⅲ, 172면.
3) 김일수/서보학, 68면; 이재상 외, 53면; 임웅, 68면; 정성근/정준섭, 27면; 정영일, 20면 등.
4) 이재상 외, 53면; 정성근/정준섭, 27면.
5) 대판 2012. 9. 13, 2011도6911.
6) 대판 2005. 12. 9, 2005도7527.

되거나 피해자의 승낙에 의한 행위인 때에는 위법성이 조각된다. 특히 피해자의 승낙을 얻어 안구나 장기를 이식하는 경우, 의사가 환자의 승낙을 얻어 신체의 중요부분을 절단, 제거하는 수술을 행하는 경우 등은 피해자의 승낙에 의하여 위법성이 조각된다고 볼 수 있다.

5. 처   벌

중한 결과에 대하여 고의가 있는 경우에는 이론상 미수범 처벌이 가능하다. 그렇지만 본죄의 미수범 처벌규정이 없으므로 처음부터 중한 결과에 대하여 고의가 있었던 경우에도 단순상해죄의 미수규정을 적용할 수밖에 없다.[1] 이미 언급했듯이 입법론상으로 재검토를 요한다.

6. 폭행으로 중상해의 결과를 초래한 경우

폭행을 통하여 중상해의 결과를 초래한 경우에도 본죄가 성립하는가에 관하여서는 긍정설과 부정설이 대립하고 있다. 긍정설[2]은 제262조가 제259조의 경우에도 해당되고 명문으로 제258조도 포함시키고 있는 이상 상해의 의사를 가지고 중한 결과를 발생시킨 경우뿐만 아니라 폭행의 의사를 가지고 중상해의 결과를 발생시킨 경우에도 동일한 원리가 적용된다고 본다. 한편 부정설[3]은 중상해의 성립에는 결과가 발생한 경우에는 본죄가 아닌 폭행치상죄로 논할 수밖에 없으나 그 처벌에 있어서는 제262조가 폭행치사상죄를 제257(상해죄)내지 제259조(상해치사죄)의 예에 의한다고 규정한 것에 근거하여 본죄에 의하여 처벌하게 된다고 본다. 본죄의 성질과 제262조와의 구조를 고려하면 부정설이 타당하다.

---

1) 김성돈, 92면; 김성천/김형준, 69면; 오영근, 54면; 임웅, 69면 등.
2) 유기천(상), 52면.
3) 김성천/김형준, 66면; 김일수/서보학, 69면; 김종원(상), 62면; 박상기/전지연, 418면; 배종대, 61면; 오영근, 54면; 이재상 외, 53면; 정성근/정준섭, 28면 등 다수설.

Ⅳ. 특수상해죄

> *단체 또는 다중의 위력을 보이거나 위험한 물건을 휴대하여 제257조 제1항 또는 제2항의 죄를 범한 때에는 1년 이상 10년 이하의 징역에 처한다(제258조의2 제1항).
> *단체 또는 다중의 위력을 보이거나 위험한 물건을 휴대하여 제258조의 죄를 범한 때에는 2년 이상 20년 이하의 징역에 처한다(제258조의2 제2항).
> *제1항의 미수범은 처벌한다(제258조의2 제3항).

1. 의   의

특수상해죄는 2016년 개정되기 전 구 폭력행위 등 처벌에 관한 법률(이하 '폭처법') 제3조 제1항에 규정되었었다. 그러나 헌법재판소가 특수폭행과 특수상해가 함께 규정되어 있는 동 조항에 대하여 일부위헌 및 일부합헌 결정[1]을 하면서 2016년 폭처법의 당해 규정을 삭제(2016. 1. 6. 법률 제13718호)하기에 이르렀고, 제3조 제1항의 특수폭행죄를 삭제하면서 함께 편재되어 있던 특수상해죄도 형법으로 편입하였다.

본죄는 행위방법의 위험성으로 인하여 불법이 가중되는 불법가중적 구성요건에 해당하고, 결과범이자 침해범이다.

---

1) 헌재결 2015. 9. 24. 2015헌가17. 헌법재판소는 개정전 폭처법상의 특수폭행죄는 '흉기 기타 위험한 물건을 휴대'한 폭행을 포함하고 있으므로, 폭처법상 특수폭행죄와 형법상 특수폭행죄 중 어느 규정을 적용할 것인가 여부가 검사의 자의에 의하여 좌우될 여지가 있으므로, 죄형법정주의의 원칙상 명확성의 원칙에 반하여 위헌이라고 판시하였다. 반면, 특수상해죄는 개정 전 형법에 규정이 없으므로 형법상 상해죄보다 결과불법이 가중된 형태이므로 합헌으로 보았다. 즉, 특수상해죄의 부분에 대하여는 '폭처법상 상해죄 조항의 법정형은 결과불법이 동일한 형법 제257조 제1항의 상해죄보다 상당히 높고, 결과불법이 더 중한 형법 제258조 제1항의 중상해죄보다 무거우며, 형법 제259조 제1항의 상해치사죄와 동일하게 규정되어 있으나, 이러한 사실만으로 곧 폭처법상 상해죄의 행위자를 형벌체계상 균형을 잃었다고 할 정도로 더 무겁게 처벌하는 것이라고 단정할 수 없다고 판단한 바 있다. 상해치사나 폭처법상 상해죄 조항의 상해 모두 살인의 고의가 없다는 점은 동일하고, 흉기 기타 위험한 물건을 휴대하지 아니하고 범한 상해행위에 비하여 흉기 기타 위험한 물건을 휴대하여 범한 상해행위가 행위태양의 위험성은 더 크므로, 상해치사죄와 위험한 물건 휴대 상해죄 간의 불법성의 경중은 일반적으로 우열을 가리기 곤란하다. 따라서 폭처법상 상해죄 조항이 법정형의 하한을 상해치사죄와 동일하게 정하고 있다고 하더라도, 그것이 위헌으로 선언될 만큼 형벌체계상의 균형을 잃은 자의적인 입법이라거나 평등원칙에 반하는 것이라고 볼 수 없다'고 판시하였다.

2. 구성요건

(1) 객관적 구성요건

본죄의 주체는 모두 자연인이고 객체는 자연인인 타인이다. 직계존속도 본죄의 객체로 됨은 물론이다. 기본범죄인 상해죄와 행위는 같다. 그 외의 특별한 표지는 다음과 같다.

1) 단체 또는 다중의 위력

① 단 체

단체란 일정한 공동의 목적을 가진 특정 다수인이고 계속적이고 조직적인 결합체를 의미한다. 여기에서 공동의 목적은 반드시 불법할 것을 요하지 않는다. 따라서 범죄단체뿐만 아니라 법인, 정당, 노조 기타 사회단체도 포함된다. 이 점에서 본죄의 단체는 범죄단체조직죄(제114조)나 폭처법 제4조 소정의 범죄단체[1]보다 폭 넓은 개념이라고 할 수 있다.

단체는 그 운영에 필요한 최소한의 통솔체계를 갖추는 등 조직적 결합체의 성격을 지녀야 하고 어느 정도 계속적이라야 한다. 그러므로 조직이 없는 집합체나 일시적인 집회는 단체가 아닌 다중에 해당한다.[2] 단체의 구성원은 최소한도 단체로서의 위력을 가질 정도의 다수라야 하나 이들이 반드시 같은 장소에 집합할 필요는 없고 소집 또는 연락에 의하여 집합할 가능성이 있으면 족하다.[3]

② 다 중

다중이란 단체를 이루지 못한 다수인의 단순한 집합, 즉 조직을 갖추지 아니한 일시적 집합을 의미한다. 공동목적의 유무와 그 적법성 여부를 불문하며 동일한 장소에 현실적으로 집결되어 있을 것을 요한다. 다중의 수는 한 지방의 평온을 해할 정도의 다수임을 요하지는 않지만 집단적 위력을 보일 정도에 이르러야 한다.[4] 어느 정도의 수가 이에 해당하는가는 집합자와 피해자의 정황, 행위

---

1) 대판 1989. 4. 25. 89도212; 대판 1987. 3. 24. 87도157 등은 폭력행위등처벌에관한법률에 규정된 범죄단체를 소정의(일정한) 범행을 한다는 공동의 목적하에 특정다수인에 의하여 이루어진 계속적 결합체로서 최소한의 통솔체계를 갖춘 조직된 결합체로 보고 있다.
2) 강구진 I, 80면; 김봉태/7인공저, 96면; 김성돈, 106면; 박상기/전지연, 429면; 이재상 외, 65면; 정성근/정준섭, 29면; 정영일, 44면; 진계호, 86면 등.
3) 강구진 I, 80면; 김성돈, 106면; 김일수/서보학, 86면; 배종대, 74면; 오영근, 55면; 임웅, 86면; 정성근/정준섭, 29면; 진계호, 87면 등.
4) 김성돈, 106면; 배종대, 74면; 이영란, 72면; 이재상 외, 65면; 임웅, 86면; 정성근/정준섭, 29면; 진계호, 86면 등.

의 상황 등 구체적 사정을 종합하여 판단하여야 한다.[1]

③ 위 력

위력이란 사람의 의사를 제압함에 족한 세력을 의미하며[2] 유형력이든 무형력이든 불문한다.[3]

「위력을 보인다」는 것은 사람의 의사를 제압할 만한 세력을 상대방에게 인식시키는 것을 말하며 그 방법에는 제한이 없다. 그러므로 시각, 청각, 촉각 등 어떠한 작용에 의하여 인식시켜도 무방하다.[4] 상대방에게 위력을 인식시킴으로서 족하고 이를 통하여 반드시 상대방의 의사가 제압될 것을 요하지는 않는다. 위력을 인식시키는 행위를 하지 않고 단지 타인에 의하여 의사가 제압된 상태를 이용하여 폭행하는 제3자에게는 단순폭행죄가 성립할 뿐이다.[5]

위력을 보이는 현장에 단체 또는 다중이 있어야 하는가에 관하여는 견해의 대립이 있다. 적극설은 합동범과 동일한 해석을 해야 한다는 이유로 단체 또는 다중이 현장에 있을 것을 요한다고 본다.[6] 한편 통설인 소극설은 본죄의 행위수단이 단체 또는 다중의 위력을 보이는 것이지 단체 또는 다중 그 자체를 보이는 것이 아니고 단체 또는 다중이 반드시 합동하여 폭행하는 것이 아니므로 합동범과 본죄는 구별되며 특히 단체는 그 구성원이 동일한 장소에 집합할 것을 요하지 않는다는 점을 들어 단체 또는 다중이 폭행의 현장에 있어야 할 필요는 없다고 주장한다.[7] 소극설의 입장이 타당하다.

단체 또는 다중이 폭행의 현장에 있어야 할 필요는 없으나 실제로 존재해야 하며, 단지 단체나 다중을 가장하는 경우 본조에 해당하지 않는다.

---

1) 배종대, 74면: 정성근/정준섭, 29면 등. 대판 1961. 1. 18, 4293형상896은 종합인원이 몇 명 이상이라야 다중에 해당하고 그렇지 않은 경우에는 해당하지 않는다고 단정할 수는 없고 각 구체적인 경우에 있어서 그 종합된 다수인이 집단성을 띤 것인가 아닌가를 결정해야 하므로 그 종합인원이 불과 수명인 경우라도 그것이 어떤 집단의 힘을 발판으로 한다든가 배경으로 하는 것이면 다중에 해당한다고 판시하였다.
2) 대판 1961. 1. 18, 4293형상896.
3) 김성돈, 106면: 김성천/김형준, 89면: 김일수/서보학, 86면: 김혜정 외, 46면: 박상기/전지연, 430면: 배종대, 74면:오영근, 55면: 이재상 외, 65면: 임웅, 86면: 정성근/정준섭, 29면: 진계호, 86면: 정영일, 21면 등.
4) 배종대, 74면: 정성근/정준섭, 29면 등.
5) 정성근/정준섭, 29면.
6) 유기천(상), 60면.
7) 김성돈, 106면: 김성천/김형준, 89면: 김일수/서보학, 86면: 배종대, 74면: 이영란, 73면: 이재상 외, 65면: 임웅, 86면: 조준현, 77면: 진계호, 87면 등.

2) 위험한 물건의 휴대

① 위험한 물건

위험한 물건이란 그 물건의 객관적 성질과 사용방법에 따라서는 사람의 생명을 침해하거나 신체에 현저한 상해를 입힐 수 있는 물건을 의미한다.[1] 사회통념상 사람의 생명·신체에 해를 가하는 데 사용될 수 있는 물건,[2] 사회통념상으로 보아서 사람으로 하여금 곧 위험을 느끼게 하는 물건[3] 등의 표현이 있으나 그 근본취지에 있어서는 동일하다.

위험한 물건이라는 개념을 좀더 구체적으로 이해하기 위하여서는 이를 다음과 같은 몇 가지 논점으로 나누어 살펴 볼 필요가 있다.

(가) 용도에 따른 범위　　위험한 물건은 총, 검 등의 무기처럼 본래 그 성질이 살상용으로 제조된 것에 국한되지 않는다. 본래 살상용으로 만든 물건이 아니라 할지라도 그 사용방법 여하에 따라서는 일반인이 생명이나 신체를 해할 위험이 있다고 느낄 수 있는 물건은 폭넓게 본죄의 「위험한 물건」에 해당될 수 있다. 판례는 파리약 유리병,[4] 면도칼,[5] 드라이버,[6] 마요네즈병,[7] 깨진 유리조각,[8] 양복점에서 재단용으로 사용하는 가위,[9] 길이 약 35센티미터 너비 약 90센티미터의 각목,[10] 쌀가마 등을 운반하는데 사용되는 갈고리,[11] 야구방망이[12] 부러뜨린 걸레자루[13] 야전삽,[14] 자동차,[15] 맥주병[16] 등을 모두 위험한 물건으로 보고 있다.

---

1) 임웅, 87면; 정성근/정준섭, 29면 등.
2) 김봉태/7인공저, 97면; 김종원(상), 71면.
3) 서일교, 38면.
4) 대판 1961. 1. 18, 4293형상896.
5) 대판 1978. 10. 10, 78도2027.
6) 대판 1984. 2. 14, 83도3165.
7) 대판 1984. 6. 12, 84도647.
8) 대판 1985. 9. 24, 85도1591; 대판 1982. 2. 3, 81도3074.
9) 대판 1985. 3. 26, 85도157.
10) 대판 1985. 10. 8, 85도1717.
11) 대판 1986. 8. 19, 86도960.
12) 대판 2014. 2. 13, 2013도12804.
13) 대판 1990. 6. 12, 90도859.
14) 대판 2001. 11. 30, 2001도5268.
15) 대판 2010. 11. 11, 2010도10256; 대판 2003. 1. 14, 2002도5783. 반면 대판 2009. 3. 26, 2007도3520은 소형자동차를 이용하여 중형 자동차를 충격한 사안에서 충격 당시 차량의 크기, 속도, 손괴 정도 등 제반사정에 비추어 소형자동차가 위험한 물건에 해당하지 않는다고 판시하였다.
16) 대판 2016. 3. 24, 2016도1131. 이와 유사하게 2013. 4. 11, 2013도1435는 소주병을 위험한 물건으로 판시하였다.

(나) 흉기와의 관계   본조의 「위험한 물건」과 제331조와 제334조에서 규정하고 있는 「흉기」가 서로 어떠한 관계인지에 관하여는 견해의 대립이 있다.

① 흉기는 제331조, 제334조 등에서 보는 것과 같이 「흉기를 휴대하거나 2인 이상이 합동하여」 행하는 범죄에 있어서 그 형을 가중하는 것으로 되어 있지만 본조의 「위험한 물건」은 단체 또는 다중의 위력을 보이는 경우와 서로 병행하는 데 2인 이상보다는 단체 또는 다중의 위력이 더 큰 것이므로 균형상 흉기보다 위험한 물건을 더 무거운 경우로 보아야 한다는 견해,[1] ② 흉기는 사람의 살상이나 재물의 손괴를 목적으로 제작되는 것이지만 위험한 물건은 그 제조의 목적을 불문한다는 점에서 차이가 있고 본래 위험한 물건은 흉기를 포함하는 상위개념이지만 형법의 해석에 있어서 위험한 물건과 흉기는 동의어에 불과하다는 견해,[2] ③ 흉기는 특수화된 개념으로서 위험한 물건이라는 일반개념에 포함된다는 견해[3] 등이 있다.

생각건대 단체 또는 다중의 위력을 보이는 경우와 위험한 물건이 병행한다고 하여 2인 이상의 합동과 병행하는 흉기보다 더 중하다고 해석하는 것은 적절하지 않다.[4] 또한 위험한 물건을 흉기의 상위개념으로 보면서도 양자를 동의어로 인정하는 것은 논리적으로 타당하지 않으며[5] 흉기는 특수개념으로 위험한 물건이라는 일반개념(상위개념)에 포함된다는 견해가 타당하다.[6]

판 례

형법은 흉기와 위험한 물건을 분명하게 구분하여 규정하고 있는바, 형벌법규는 문언에 따라 엄격하게 해석·적용하여야 하고 피고인에게 불리한 방향으로 지나치게 확장해석하거나 유추해석해서는 아니 된다. 그리고 형법 제331조 제2항에서 '흉기를 휴대하여 타인의 재물을 절취한' 행위를 특수절도죄로 가중하여 처벌하는 것은 흉기의 휴대로 인하여 피해자 등에 대한 위해의 위험이 커진다는 점 등을 고려

---

1) 유기천(상), 58면.
2) 이재상 외, 67면; 이정원, 100면. 진계호, 88면도 흉기와 위험한 물건은 엄격히 구별할 수 없다고 본다.
3) 김성돈, 107면; 김일수/서보학, 86면; 배종대, 75면; 정성근/정준섭, 29면; 정영일, 21면.
4) 김종원(상), 71면.
5) 동의어 상호간에는 어떤 동의어가 다른 동의어의 상위개념으로 될 수 없다.
6) 대판 2017. 3. 16, 2013도16192; 대판 2012. 9. 13, 2012도6612는 과도를 위험한 물건으로 보았으며, 대판 2014. 12. 24, 2014도13797 역시 부엌칼을 위험한 물건으로 본다.

한 것으로 볼 수 있다. 이에 비추어 위 형법 조항에서 규정한 흉기는 본래 살상용·파괴용으로 만들어진 것이거나 이에 준할 정도의 위험성을 가진 것으로 봄이 상당하고, 그러한 위험성을 가진 물건에 해당하는지 여부는 그 물건의 본래의 용도, 크기와 모양, 개조 여부, 구체적 범행 과정에서 그 물건을 사용한 방법 등 제반 사정에 비추어 사회통념에 따라 객관적으로 판단할 것이다.[1]

(다) 위험한 물건인가 여부의 판단기준 위험한 물건인가 여부는 당해 물건의 성질, 사용방법, 기타 구체적인 정황을 종합하여 사회통념에 비추어 볼 때 일반인이 위험을 느낄 수 있는가 여부에 따라 판단하여야 한다.[2] 그러므로 같은 물건이라 할지라도 정황이나 대상에 따라 위험한 물건인지 여부가 달라진다. 예컨대 타인의 머리카락을 잘라 주려고 가위를 가지고 가는 경우에는 그 가위가 위험한 물건이라고 볼 수 없다.[3] 잘못 처방된 해로운 약을 복용시킴에 있어서 어른에게는 위험한 물건이라고 볼 수 없는 경우에도 그 대상이 어린이인 경우에는 그 약이 위험한 물건으로 될 수 있다.

판례 ///////////////////////

판례는 사회통념상 상대방이나 제3자가 생명 또는 신체에 위험을 느낄 수 있는가 여부로 위험한 물건 여부를 판단한다.[4] 예컨대, 피고인이 부러진 나뭇가지로 피해자들을 때린 행위로 인하여 사회통념상 피해자들이 생명 또는 신체에 위험을 느꼈을 것이라고는 보기 어려우므로 이 사건 나뭇가지는 '위험한 물건'에 해당되지 않는다[5]고 본 반면, 피고인이 길이 140cm, 지름 4cm인 대나무를 휴대하여 피해자 갑, 을에게 상해를 입혔다는 내용으로 기소된 사안에서, 피고인이 위 대나무로 갑

---

1) 대판 2012. 6. 14, 2012도4175.
2) 김봉태/7인공저, 97면; 김일수/서보학, 87면; 이재상 외, 67면; 임웅, 78면; 정성근/정준섭, 70면 등. 대판 1989. 12. 22, 89도1570; 대판 1981. 7. 28, 80도1046은 폭력행위등처벌에관한법률 제3조 제1항 소정의 위험한 물건과 관련하여 "위험한 물건인지의 여부는 구체적 사안에 따라서 사회통념에 비추어 볼 때 그 물건을 사용하면 상대방이나 제3자가 곧 위험을 느낄 수 있는가의 여부에 따라 판단해야 한다"고 판시하였다.
3) 유기천(상), 59면; 이재상 외, 67면.
4) 대판 2010. 4. 29, 2010도930; 대판 2009. 3. 26, 2007도3520; 대판 2008. 1. 17, 2007도9624; 대판 2004. 5. 14, 2004도176; 대판 1981. 7. 28, 81도1046 등.
5) 대판 2014. 9. 4, 2014도7088.

의 머리를 여러 차례 때려 대나무가 부러졌고, 갑은 두피에 표재성 손상을 입어 사건 당일 병원에서 봉합술을 받은 점 등에 비추어 피고인이 사용한 대나무는 '위험한 물건'에 해당[1]한다고 판시하였다.

(라) 움직일 수 없는 물건(불가동물) 포함 여부   위험한 물건이 몸에 소지하여, 즉 움직일 수 있는 물건에 국한되는가 아니면 바위, 돌담, 가시철망 등과 같이 움직일 수 없는 물건도 포함하는가의 문제이다.

이에 관하여 우리나라에 있어서는 위험한 물건을 「휴대하여」라는 법문의 취지와 폭행에 적당한 물건이라야 한다는 관점에서 동산(가동물)에 국한한다는 견해[2]가 있을 뿐이다.[3]

독일형법과 달리 「위험한 물건을 휴대하여」라는 표현을 사용하고 있는 우리 형법의 경우에는 「휴대」가 「소지」보다도 더 좁은 개념임을 생각할 때 움직일 수 없는 물건까지 위험한 물건에 포함시키는 것은 무리한 해석이다.[4] 위험한 물건을 범죄현장에서 휴대하여 피해자를 향하여 이를 이용하는 것과 범죄현장에서 움직일 수 없는 물건이 있는 것을 발견하고 피해자를 이에 접근시키는 방법으로 이용하는 것(예컨대, 담벼락이나 세워진 말뚝에 피해자의 머리나 신체의 일부를 부딪치게 하는 경우)은 그 행위반가치에 있어서 전적으로 동일하다고 단정하기 어려운 면이 있다. 따라서 휴대의 대상물은 이동이 가능한 물건에 한정된다.

---

1) 대판 2017. 12. 28, 2015도5854.
2) 김일수/서보학, 87면: 박상기/전지연, 68면: 이영란, 73면: 이재상 외, 66면: 임웅, 87면: 정성근/정준섭, 30면 등.
3) 이 점은 「기타 위험한 수단으로 하여(mittels sines anderen gefährlichen Werkzeuges)」라는 법문의 해석과 관련하여 위험한 도구는 가동물에 국한한다는 견해와 불가동물도 포함시켜야 한다는 견해가 첨예하게 대립되어 있는 독일의 경우와 대조적이다. 종래 독일에 있어서는 RGSt. 24, 374: BGHSt. 22, 235: *Lackner/kühl*, §224, 4 등은 움직이지 아니하는 대상(unbewegbarer Gegenstand)은 위험한 도구에 포함되지 아니한다고 본다. *Schönke/Schroeder/Stree*, §224, Rn. 8: *Welzel*, Das Deutsche Strafrecht, 11. Aufl., 1969, S. 292 등은 움직일 수 없는 물건도 위험한 도구에 포함된다고 보았다.
독일의 판례와 일부 학자들은 「수단으로」의 의미를 범행장소로 그러한 물건을 가져가 이용한다는 뜻으로 이해하여 위험한 도구는 가동물에 국한된다고 해석한다. 그러나 일부 학자들은 돌로 머리를 치는 것이나 피해자의 머리를 바위에 부딪치는 것이나 본질적으로 다를 것이 없다는 관점에서 위험한 도구에는 불가동물도 포함될 수 있다고 주장한다.
4) 대판 2017. 9. 21, 2017도7687은 "위험한 물건의 '휴대'란 범죄현장에서 사용할 의도 아래 위험한 물건을 몸 또는 몸 가까이에 소지하는 것"이라고 판시하고 있다.

(마) 기계적(역학적) 작용을 하는 물건에 국한되는가 여부   총이나 칼과 같이 기계적(역학적 또는 물리적)으로 작용하는 물건이 위험한 물건에 포함되는 것은 당연한 일이다. 그 밖에 화학적 작용이나 동물을 사주하는 등의 방법도 위험한 물건에 포함될 수 있는가의 문제이다.[1]

생각건대 위험한 물건인가의 여부는 그 물건이 생명·신체를 해할 수 있는가에 따라 판단하면 족하고 굳이 어떠한 작용에 의하여 그렇게 되는가를 구별하여 다르게 취급해야 할 이유는 없을 것이다. 그러므로 화학적 작용을 하는 물건도 위험한 물건에 포함되고[2] 복합적으로 작용하는 물건, 사주된 동물도 모두 위험한 물건에 해당될 수 있다.

(바) 신체와 부착물   사람의 주먹이나 발은 신체의 일부일 뿐이며 위험한 물건에 해당하지 않는다.[3] 그러나 신체에 부착한 물건은 경우에 따라 위험한 물건이 될 수 있다. 예컨대 팔에 석고로 깁스를 한 경우, 위험한 쇠붙이가 달린 장화를 신고 있는 경우 등은 상황에 따라 위험한 물건에 해당될 수 있을 것이다.

② 휴 대

(가) 의 의   어의상으로 휴대란 어떤 물건을 몸에 지니는 것을 의미한다. 휴대는 반드시 범행 이전부터 몸에 지니고 다니는 것만을 의미하지 않고 범행현장에서 범행에 사용할 의도 아래 소지하거나 몸에 지닌 경우를 포함한다.[4] 반드시 범행 이전부터 지닐 필요는 없고 범행현장에 현존하는 위험한 물건을 사용할 의사로 집어 드는 것도 이에 해당한다.[5] 그렇지만 그 범행과 전혀 무관하게 우연히 소지하게 된 경우는 휴대로 볼 수 없다.[6]

본조의 해석상 휴대는 손으로 들거나 주머니에 넣어 두는 것만을 의미하는 것은 아니므로 맹견을 휘파람으로 불러 사주하는 행위나 자동차로 피해자를 난

---

1) 독일의 판례를 보면 처음에는 위험한 도구란 기계적 작용을 통하여 상해를 입히는 대상으로 이해하였으나 후일 화학적 작용을 하는 대상을 포함시켰고(BGHSt. 1, 1.), 가스총을 위험한 도구로 보았으며(BGHSt. 4, 125.), 개를 시켜 추격하게 하는 것도 위험한 도구를 수단으로 하는 경우에 해당한다고 보게 되었다(BGHSt. 14, 152.).
2) 김일수/서보학, 87면; 이재상 외, 66면; 임웅, 87면; 정성근/정준섭, 30면 등. 화학적 수단의 예로서는 가스총, 폭발물, 최루가스, 염산, 마취제 에테르(Äther) 등이 거론되고 있다.
3) 김성돈, 89면; 김일수/서보학, 87면; 김혜정 외, 50면; 배종대, 75면; 이재상 외, 66면; 임웅, 87면; 진계호, 88면.
4) 대판 1985. 9. 24, 85도1891; 대판 1982. 2. 23, 31도3074 등.
5) 대판 2004. 6. 11, 2004도2018.
6) 대판 1990. 4. 24, 90도401.

폭하게 몰아붙이는 경우도 휴대에 해당한다고 보아야 한다.[1]

(나) 인식의 필요성   위험한 물건을 휴대하고 있다는 것을 상대방에게 인식 시켜야 하는가에 관하여서는 견해의 대립이 있다.

ⓐ 인식시킬 필요가 없다는 견해: 상대방에게 위험한 물건의 휴대를 인 식시킬 필요가 없다고 보는 견해[2]는 그 논거로서 휴대라는 어의에 중점을 두어 본죄는 위험한 물건을 휴대하고 폭행을 하면 족하므로 상대방에게 그러한 물건 의 존재를 인식시킬 필요가 없다거나[3] 위험한 물건을 몸에 지님으로서 행위의 위법성을 가중시키는 요소가 발생했기 때문에 피해자가 그 물건의 휴대를 현실 적으로 인식할 필요는 없다는 것[4]을 든다. 판례도 이와 같다.[5]

ⓑ 인식시켜야 한다는 견해: 이 설은 단체 또는 다중의 위력을 보이는 것과 위험한 물건의 휴대가 균형을 이루려면 그러한 물건의 휴대를 피해자에게 인식케 함을 요한다든가, 위험한 물건을 휴대하는 것만으로 형을 가중한다는 것 은 불합리하기 때문[6]이라는 점을 그 논거로 하고 있다.

ⓒ 인식시킬 필요는 없으나 인식할 수 있는 상태에 있어야 한다는 견해: 이 설은 휴대의 경우에는 위험한 물건을 몸에 지니는 것이 행위의 위법성을 가 중시키는 요소이기 때문에 반드시 상대방에게 현실적으로 휴대사실을 인식시킬 필요는 없지만 적어도 인식할 수 있는 상태로 몸에 지니고 있어야 한다고 주장 한다.[7]

ⓓ 결 론: 본죄의 불법성은 위험한 물건의 휴대 자체가 '사용'으로 이 어질 위험성 및 그로 인한 생명 또는 신체에의 위험성의 증대에 있다는 점에 있 을 뿐, 이를 상대방에게 인식시켜서 위하력을 행사하려는데 있는 것은 아니라는 점에서는 상대방에게 이를 인식시킬 필요가 없다는 견해가 보다 설득력이 있다. 다만 위험한 물건을 휴대하여 상해를 한다는 법문의 근본취지는 휴대 그 자체보 다는 범행에 그 물건을 이용한다는데 있다고 보아야 할 것이다. 아무리 위험한

1) 대판 2001. 2. 23, 2001도271; 대판 1997. 5. 30, 97도597.
2) 김성천/김형준, 91면; 김일수/서보학, 88면; 김혜정 외, 50면; 배종대, 77면; 오영근, 56면; 이영 란, 76면; 이재상 외, 68면; 임웅, 89면; 진계호, 89면 등.
3) 이재상 외, 68면.
4) 김일수/서보학, 88면.
5) 대판 1984. 4. 10, 84도353.
6) 권문택/공저, 주석(상), 490면.
7) 김성돈, 91면.

물건을 가지고 있다고 할지라도 행위자가 범행현장에서 사용할 필요가 없다고 판단하여 주머니 속에 그 물건을 그대로 넣어 두었기 때문에 그 사실을 알 수 없었던 경우에도 휴대했다는 사실만으로 형을 가중하는 것은 지나친 일이다. 최소한도 휴대한 물건을 이용하려는 행위자의 태도가 객관화 될 것이 요청된다. 이러한 관점에서 피해자가 현실적으로 휴대사실을 반드시 인식해야 할 필요는 없을지라도 휴대사실을 객관적으로 인식할 수 있는 상태에 있어야 한다고 본다.

입법론적으로는 「휴대하여」를 「보여」로 고쳐서 표현하는 것이 타당할 것이다.[1]

판 례

'휴대하여 그 죄를 범한 자'란 범행현장에서 '사용하려는 의도' 아래 흉기 기타 위험한 물건을 소지하거나 몸에 지니는 경우를 가리키는 것이고[2], 그 범행과는 전혀 무관하게 우연히 이를 소지하게 된 경우까지를 포함하는 것은 아니라 할 것이나, 범행 현장에서 범행에 사용하려는 의도 아래 흉기 등 위험한 물건을 소지하거나 몸에 지닌 이상 그 사실을 피해자가 인식하거나 실제로 범행에 사용하였을 것까지 요구되는 것은 아니다.[3]

---

(2) 주관적 구성요건

본죄의 고의는 미필적 고의로써 족하다. 비록 위험한 물건을 휴대하고 있어도 행위자가 그 사실을 인식하지 못한 때에는 본죄가 성립되지 않는다.[4]

3. 처   벌

특수상해죄는 원래 구 폭처법에 규정되었던 조문이 삭제되고 형법에 신설됨으로써, 처벌에 있어서 행위시법주의를 적용하는가의 문제가 제기된다. 그런데

---

1) 백형구, 64면; 임웅, 89면; 최호진, 55면은 인식여부와 관련하여 '사용하여'라는 표현이 입법론적으로 타당하다고 본다.
2) 대판 1990. 4. 24, 90도401.
3) 대판 2007. 3. 30, 2007도914; 대판 2002. 6. 14, 2002도1341; 대판 1990. 4. 24, 90도401; 대판 1984. 4. 10, 84도353 등.
4) 김성돈, 109면; 김일수/서보학, 89면; 김혜정 외, 50면; 오영근, 56면; 이재상 외, 68면; 진계호, 90면 등.

형법 제257조 제1항의 가중적 구성요건을 규정하고 있던 구 폭처법 제3조 제1 항을 삭제하는 대신 같은 구성요건을 형법 본조에 신설하면서 구 폭처법상 3년 이상의 유기징역에서 이보다 낮은 1년 이상 10년 이하로 규정한 것은, 가중적 구성요건의 표지가 가지는 일반적인 위험성을 고려하더라도 개별 범죄의 범행 경위, 구체적인 행위태양과 법익침해의 정도 등이 매우 다양함에도 불구하고 매 우 가중되어 있었던 종전의 형벌규정이 과중하다는 데에서 나온 반성적 조치라 고 보아야 한다.[1]

따라서 형법 제1조 제2항의 '범죄 후 법률의 변경에 의하여 형이 구법보다 경한 때'에 해당한다. 즉, 규정된 법이 폭처법인지 형법인지와 관계없이 구 폭처 법과 신설된 형법상 특수상해죄는 일반상해죄(제257조 제1항)의 불법가중적 구 성요건이라는 점은 성질상 동일하므로, 행위자에게 유리한 신법을 적용함이 타 당하다. 따라서 구 폭처법 폐지 이전에 행한 특수상해행위는 형법 제258조의2에 의하여 처벌된다.

V. 상해치사죄 · 존속상해치사죄

> *사람의 신체를 상해하여 사망에 이르게 한 자는 3년 이상의 유기징역에 처한다(제259 조 제1항).
> *자기 또는 배우자의 직계존속에 대하여 전항의 죄(상해치사죄)를 범한 때에는 무기 또 는 5년 이상의 징역에 처한다(제259조 제2항).

1. 의   의

본죄는 진정 결과적 가중범이므로 사망의 결과에 대하여 고의가 있는 때에는 본죄가 성립하지 않고 바로 살인죄가 성립한다.

2. 구성요건

(1) 기본범죄로서의 상해

본죄의 기본범행은 고의적으로 사람의 건강을 해하는 상해죄이며 이에는 단

---

1) 대판 2017. 3. 16, 2013도16192; 대판 2016. 1. 28, 2015도17907; 대판 2016. 1. 28, 2015도18280.

순상해는 물론 중상해도 포함된다.

(2) 사망의 결과

상해라는 기본적 범행에 의하여 중한 결과, 즉 사망이 초래되어야 하므로 양자 사이에는 인과관계가 있어야 하고 또한 사망의 결과가 행위자에게 객관적으로 귀속될 수 있어야 한다.

더 나아가 사망의 결과에 대한 예견가능성이 있어야 하며 그럼에도 불구하고 사망을 초래한 과실이 있어야 한다.

(3) 인과관계

1) 인과관계의 판단

본죄의 성립에서 상해행위가 반드시 사망의 결과에 대한 유일한 원인일 것을 요하지는 않는다. 즉, 상해행위가 피해자를 사망하게 한 직접적 원인은 아니더라도 이로부터 발생된 다른 간접적 원인이 결합되어 사망의 결과가 발행한 경우라도 상해행위와 사망간에는 인과관계가 인정된다. 예컨대 피해자에게 지병이 있는 경우,[1] 부상후 1개월이 지난 후에 패혈증 등으로 사망한 경우[2] 등도 본죄가 성립한다.

2) 개괄적 과실 인정여부

개괄적 과실이란 제1행위의 미수의 시점에서는 제2행위의 결과에 대한 고의가 없었고, 제2행위의 과실에 의하여 결과가 발생한 경우이다. 예컨대, 행위자가 제1의 가격행위를 할 당시에는 살인의 고의 없이 오로지 상해의 고의를 가지고 있었지만 피해자가 사망한 것으로 오인하여, 이러한 범죄사실을 은폐하기 위하여 추락사시켜 비로소 사망한 경우가 여기에 해당한다.[3] 이를 법리적으로만 본다면 제1행위는 상해의 고의가 있었고 상해의 결과가 발생하였으므로 상해죄(제257조)의 고의기수범이 성립한다. 다음으로 제2행위 당시 생존자를 사망한 것으로 오인하고 범죄사실을 은폐하고자 추락시켰다는 점에서는 과실치사죄가 성립하게 된다. 그러나 불법성의 적정한 평가문제가 제기될 수 있다. 이에 대하여 판례는 인과관계를 개괄적으로 인정하여 마치 개괄적 고의와 마찬가지로 상

---

1) 대판 1970. 10. 10, 79도2040.
2) 대판 1982. 12. 28, 82도2525.
3) 대판 1994. 11. 4, 94도2361.

해치사죄가 성립된다고 본다.

그러나 개괄적 고의가 인과과정의 착오를 원용하여, 제1행위와 제2행위 사이의 고의와 행위 동시존재의 원칙의 예외를 인정하는 것은 어디까지나 예외일 뿐이다. 따라서 제1행위에 중한 결과에 대한 고의가 없는 위의 사례까지도 개괄적 과실이라고 하여 결과적 가중범인 상해치사죄로 가중처벌하고자 함은 법감정을 내세워 범죄성립의 기본원리에 대한 예외를 지나치게 확장시킴으로써, 죄형법정주의에 반할 우려가 있다. 따라서 개괄적 고의를 인정하는 입장이라 할지라도 섣불리 개괄적 과실까지도 인정해서는 안 될 것이다. 따라서 인과관계를 부정하고 상해죄와 과실치사죄의 실체적 경합으로 봄이 타당하다.

(4) 공동정범

상해치사죄의 공동정범을 인정할 것인가의 문제는 과실범의 공동정범을 인정할 것인가의 문제와 관련된다. 과실범의 공동정범을 인정하는 입장에서는 각자가 사망 결과를 예견할 수 있었으면 본죄의 공동정범이 성립한다고 보게 된다.[1] 판례는 "결과적 가중범인 상해치사죄의 공동정범은 죽일 의사는 없이 폭행 기타의 신체 상해행위를 공동으로 할 의사가 있으면 성립되고 결과를 공동으로 할 의사는 필요 없다"는 관점에서 본죄의 공동정범을 인정하고 있다.[2] 한편 판례는 상해의 공동정범 중 1인이 살인의 고의로 사람을 살해한 때에는 나머지 공동자는 상해치사죄의 죄책을 면할 수 없다 할지라도 살인죄의 책임을 물을 수는 없다고 판시하였다.[3]

생각건대 과실범의 공동정범을 부정하는 입장에서 상해치사죄의 공동정범을 부정하며 행위자별로 과실이 있는지 여부를 판단하여 인정되는 경우에만 상해치사죄가 된다고 봄이 타당하다.[4] 그 밖의 과실의 공동현상은 단지 과실의 동시범이 될 뿐이다.

---

1) 본죄의 공동정범을 인정하려는 입장으로는 김성돈, 95면; 김혜정 외, 52면; 이재상 외, 56면; 정성근/정준섭, 33면 등.
2) 대판 1993. 8. 24, 93도1674; 대판 1978. 1. 16, 77도2193 등.
3) 대판 1984. 10. 5, 84도1544.
4) 김성천/김형준, 71면; 김일수/서보학, 71면; 박상기/전지연, 421면; 배종대, 64면; 임웅, 72면; 진계호, 75면; 최호진, 58면 등.

Ⅵ. 상습상해죄

*상습으로 제257조(상해·존속상해), 제258조(중상해·존속중상해), 제258조의2(특수상해)의 죄를 범한 때에는 그 죄에 정한 형의 2분의 1까지 가중한다(제264조).

1. 의　　의

본죄는 상습적으로 상해·존속상해, 중상해·존속중상해죄를 범함으로써 성립되며 상습성이라는 신분 때문에 형이 무거워지는 책임가중적 구성요건이며 부진정신분범이다.[1]

2. 상 습 성

(1) 의　　의

상습성이란 반복하여 같은 종류의 행위를 하는 행위자의 습벽을 의미하는데 본죄에 있어서는 상해행위를 반복하는 행위자의 습벽이라고 볼 수 있다. 이처럼 상습성은 행위의 본질을 이루는 특성이 아니라 행위자의 특성을 이루는 성질을 지니고 있다.[2] 본죄에 있어서 상습성은 책임구성요건의 표지에 해당하며 책임가중적 원인으로 작용한다.[3] 따라서 상습성은 본죄의 고의성립에 있어서 인식대상이 아니다.

(2) 판단기준

상습성은 행위자가 일정한 습벽을 취득한 때에 비로소 인정된다. 그러므로 행위의 반복이 있다고 할지라도 습벽이 있다고 인정할 수 없는 한 상습성은 인정되지 않는 반면에 단 한 번의 행위라 할지라도 행위자의 습벽에 의한 것으로 판단되는 한 상습성은 인정될 수 있다. 궁극적으로 상습성은 법관이 형사정책적 관점에서 모든 구체적 정황을 종합적으로 고려하여 판단할 문제이겠으나 특히 범행의 회수 내지 반복적 행위는 객관성을 갖는 중요한 판단자료의 하나가 될

---

1) 오영근, 59면.
2) 대판 1972. 6. 27, 72도594.
3) 김일수, 한국형법Ⅲ, 187면.

수 있을 것이다.[1]

(3) 책임주의와의 합치문제

상습성은 행위자의 특성과 환경 그리고 반복적인 행위 등을 통하여 형성된 행위자의 습벽을 기초로 한다. 그러므로 상습성을 잘못 형성된 행위자의 생활습관과 타고난 성질에도 큰 관련을 맺으며 따라서는 운명적이라는 측면도 내포하고 있다. 따라서 상습범에 대한 형의 가중은 책임주의와 합치된다고 보기는 어렵다.[2]

3. 기타 관련문제

(1) 죄 수

상습범은 집합범에 해당하기 때문에 수차에 걸쳐 상해행위를 한 경우에도 포괄일죄로 취급된다. 판례[3]의 입장이다. 반면 상습성을 이유로 수죄를 일죄로 할수 없기 때문에 경합범으로 보아야 한다는 반론이 있다.[4]

판례

　　폭행죄의 상습성은 폭행 범행을 반복하여 저지르는 습벽을 말하는 것으로서, 동종 전과의 유무와 그 사건 범행의 횟수, 기간, 동기 및 수단과 방법 등을 종합적으로 고려하여 상습성 유무를 결정하여야 하고, 단순폭행, 존속폭행의 범행이 동일한 폭행 습벽의 발현에 의한 것으로 인정되는 경우, 그중 법정형이 더 중한 상습존속폭행죄에 나머지 행위를 포괄하여 하나의 죄만이 성립한다고 봄이 타당하다.[5] 따라서 검사가 단순일죄라고 하여 선행 사건의 존속상해 범행을 먼저 기소하고 다시 포괄일죄인 후행 사건의 폭처법 위반(상습존속상해) 범행을 추가로 기소하였는데 이를 병합하여 심리하는 과정에서 전후에 기소된 각각의 범행이 상습성이 인정되면 포괄하여 하나의 폭처법 위반(상습존속상해)죄를 구성한다.[6]

---

1) 김일수/서보학, 76면: 정성근/정준섭, 62면 등은 상습성의 개념이 범죄학적 사회적 개념이고 법관의 자유심증에 의하여 판단된다고 보면서, 상해의 회수나 반복적 행위는 상습성 인정의 한 자료가 된다고 보고 있다.
2) 이재상 외, 71면.
3) 대판 1990. 2. 13. 89도2377: 대판 1981. 4. 14. 81도69.
4) 박상기/전지연, 425면: 이재상 외, 70면.
5) 대판 2018. 4. 24. 2017도10956.
6) 대판 2012. 1. 26. 2011도15356.

(2) 공범관계

상습성은 책임가중에만 관련되는 신분이므로 상습범의 범행에 가공한 자가 있는 경우에는 형법 제33조 단서가 적용된다. 따라서 상습자가 비상습자에게 상해를 교사, 방조한 경우에는 상습자만 상습상해죄의 교사범, 종범이 되고 비상습자는 단순상해죄의 정범이 되는 반면, 비상습자가 상습자를 교사, 방조한 경우에는 비상습자는 단순상해죄의 교사범, 종범이 되고 상습자는 상습상해죄의 정범이 된다.

Ⅶ. 폭 행 죄

*사람의 신체에 대하여 폭행을 가한 자는 2년 이하의 징역, 500만원 이하의 벌금, 구류 또는 징역에 처한다(제260조 제1항).
*피해자의 명시한 의사에 반하여 공소를 제기할 수 없다(제260조 제3항).

1. 의   의

본죄는 사람의 신체에 대하여 폭행을 가함으로써 성립하며 신체의 완전성 중에서도 신체의 건재를 침해하는 범죄이다.

폭행은 타범죄의 수단으로 되기도 하나 본죄에 있어서는 폭행만을 범죄의 내용으로 삼고 있다(단일범). 상해죄가 결과범이자 침해범인 것과 달리 본죄는 거동범이므로, 행위와 동시에 기수에 이르고 미수범 처벌규정이 없다.

2. 구성요건

(1) 객관적 구성요건

1) 주체와 객체

모든 자연인은 본죄의 주체가 될 수 있다.

본죄의 행위객체는 사람의 신체인데 여기에서 사람은 자연인인 타인을 의미한다. 행위객체가 외국의 원수인 경우에는 외국원수에 대한 폭행죄(제107조 제1항), 외국사절인 경우에는 외교사절에 대한 폭행죄(제108조 제1항)가 성립하며 사용자의 근로자에 대한 폭행에는 근로기준법(제107조, 제7조)이 적용된다.

2) 행 위

본죄의 행위는 사람의 신체에 대하여 폭행을 가하는 것이다.

① 폭행의 의미

폭행이란 유형력의 행사를 의미하는 것으로 형법에서는 여러 가지 범죄와 관련하여 다의적으로 사용되고 있다.

통설에 의하면 형법에 있어서 폭행의 개념은 다음과 같은 네 가지 종류로 나누어진다.[1]

종류	대상	정도	강도	범죄군
최광의	사람, 물건 제한없음	한지방의 평온을 해하는 정도	일체의 유형력의 행사	내란죄(제87조), 소요죄(제115조), 다중불해산죄(제116조)
광의	사람	물건에 대한 유형력의 행사가 간접적으로 사람에 대하여 작용하는 경우 포함	직접 또는 간접적 유형력의 행사	공무집행방해죄(제136조), 특수도주죄(제146조), 강요죄(제324조)
협의	사람의 신체	사람을 향한다는 의미의 직접성	물리력의 행사	폭행죄(제260조), 가혹행위죄(제125조)
최협의	사람	상대방의 반항을 불가능하게 하거나 현저히 곤란하게 할 정도	의사결정의 자유를 침해할 정도	강간죄(제297조), 강도죄(제333조), 준강도죄(제335조)

다만, 이러한 폭행의 분류는 더 이상 의미가 없어 보인다.[2] 형법상 폭행이 다른 범죄의 수단으로 사용될 경우 폭행 그 자체가 중요한 것이 아니라, 그러한 수단으로 인하여 보호되는 법익에 어떠한 영향을 미쳤는가가 보다 중요하기 때문이다. 또한 사회의 가치관이 변함에 따라 폭행의 개념도 신체에 대한 물리력의 행사의 측면보다는, 그로 인한 심리적인 폭력이 행위자에게 영향을 미쳤는가 여부가 중요해지고 있다. 또한 그 수단이나 방법의 면에서도 매우 신축적이고 가변적인 개념이기 때문에 궁극적으로는 개별 구성요건의 특성에 따라 해석함

---

1) 김성돈, 101면: 김일수/서보학, 79면: 김혜정 외, 58면: 배종대, 70면: 이재상 외, 61면: 임웅, 79면: 정성근/정준섭, 39면: 정영석, 223면: 진계호, 81면 등.
2) 같은 견해로는 김성천/김형준, 79면: 박상기/전지연, 427면: 오영근, 66면.

이 타당할 것이다.

② 본죄에 있어서의 폭행

폭행죄에 있어서의 폭행은 사람의 신체에 대한 유형력의 행사를 의미한다. 유형력은 일반적으로 광의의 물리력을 말한다.[1] 사람의 신체에 대한 것이라야 하므로 타인의 집 마당에 인분을 던지는 행위[2]라든가 홧김에 방문을 발로 차는 행위[3]는 본죄의 폭행에 해당하지 않는다. 사람의 신체에 대한 유형력의 행사인 한 반드시 신체에 직접 접촉해야 할 필요는 없다. 그러므로 사람의 신체를 향하여 던진 돌이 명중하지 않은 경우에도 본죄가 성립한다.[4]

유형력의 행사는 뺨을 친다든가 발로 차는 것과 같은 구타행위, 밀거나 잡아당기는 행위, 돌을 던지거나 얼굴에 침을 뱉는 행위, 모발이나 수염을 절단하는 행위 등과 같이 사람의 신체를 불법하게 공격하는[5] 역학적 작용으로 나타나지만 이밖에도 지속적으로 내는 심한 소음, 심한 악취, 계속적으로 전화벨을 울려 괴롭히는 행위, 빛, 열, 전기에 의한 에너지 작용으로 고통을 주는 행위, 고함을 질러 놀라게 하는 행위 등 청각기관을 직접적으로 자극하는 음향[6]도 유형력의 행사에 포함된다.[7] 그러나 단순히 언어의 의미에 의하여 공포심을 갖게 하는 것은 폭행이 아니라 협박에 해당한다. 유형력은 사람의 신체에 대하여 행사되어야 하나 신체에 접촉할 필요는 없으며 그 행사 방법에는 제한이 없다. 직접적이든 간접적이든 불문하며 작위의무가 있는 경우에는 부작위에 의해서도 가능하다.

---

1) 정성근/정준섭, 65면.
2) 대판 1977. 2. 8, 75도2673.
3) 대판 1984. 2. 14, 83도3186.
4) 배종대, 71면; 정성근/정준섭, 39면.
5) 대판 1968. 2. 6, 67도1520은 폭행을 "사람의 신체에 대한 불법한 일체의 공격방법"이라고 판시하였다.
6) 판례는 피해자의 신체에 공간적으로 접근하여 고성으로 폭언이나 욕설을 하거나 동시에 손발이나 물건을 휘두르거나 던지는 행위는 직접 피해자의 신체에 접촉하지 아니하였다 하더라도 피해자에 대한 불법한 유형력의 행사로서 폭행에 해당될 수 있는 것이지만, 거리상 멀리 떨어져 있는 사람에게 전화기를 이용하여 전화하면서 고성을 내거나 그 전화 대화를 녹음 후 듣게 하는 경우에는 특수한 방법으로 수화자의 청각기관을 자극하여 그 수화자로 하여금 고통스럽게 느끼게 할 정도의 음향을 이용하였다는 등의 특별한 사정이 없는 한 신체에 대한 유형력의 행사를 한 것으로 보기 어렵다고 본다(대판 2003. 1. 10, 2000도5716).
7) 반면 임웅, 81면은 이것이 정신적 고통을 주는 학대나 협박과 구분하기 모호하다는 점에서 폭행죄의 폭행은 물리적 유형력의 행사만으로 제한하여야 한다고 본다.

③ 기 수

본죄는 거동범이므로 신체의 건재를 해칠 만한 유형력의 행사가 있으면 구성요건이 충족되어 기수가 된다.[1] 본죄는 미수범 처벌규정이 없다.

(2) 주관적 구성요건

만일 폭행의 고의로 건강을 침해하는 결과를 초래하면 폭행치상죄가 성립하고 상해의 고의로 행위하였으나 폭행의 정도에 그쳤을 경우에는 상해미수죄로 될 뿐이다.

3. 위 법 성

폭행은 경우에 따라 폭넓게 위법성 조각사유에 의해 위법성이 조각될 수 있다.

징계권자의 징계행위, 타인의 자녀에 대한 적절한 징계행위 기타 폭행이 사회상규에 위배되지 아니하는 때에는 정당행위로서 위법하지 않다. 피해자의 승낙에 의한 폭행도 위법성을 조각한다. 이밖에도 폭행이 정당방위, 긴급피난, 자구행위로 되는 때에는 위법성이 조각된다.

4. 죄수 및 타죄와의 관계

하나의 폭행으로 수인의 신체적 건재를 해한 경우(예컨대 고함을 질러 수인을 놀라게 한 경우)에는 상상적 경합이 된다. 폭행이 상해나 살해의 수단으로 행하여진 경우에는 상해죄 또는 살인죄에 흡수된다.

폭행할 것을 상대방에게 알린 후 실제로 폭행을 한 경우에는 협박행위는 폭행죄에 흡수되지만 협박의 내용이 폭행과 다른 경우에는 경합범이 된다.[2]

5. 반의사불벌죄

본죄는 반의사불벌죄이다. 따라서 처벌을 희망하는 의사표시가 없더라도 공소제기가 가능하나 처벌을 원하지 아니하는 의사표시가 있다든가 처벌을 희망했던 의사표시를 철회하면 공소제기를 할 수 없고 이미 공소제기가 된 때에는 법원이 공소기각을 하여야 한다.

---

1) 김성돈, 104면; 김일수/서보학, 83면; 김혜정 외, 60면; 정성근/정준섭, 40면.
2) 김성돈, 87면. 한편 김봉태/7인공저, 95면은 협박의 내용이 폭행보다 무거운 법익을 침해하는 경우에는 협박죄와 본죄가 상상적 경합이 된다고 본다.

Ⅷ. 존속폭행죄

*자기 또는 배우자의 직계존속에 대하여 제1항의 죄(폭행죄)를 범한 때에는 5년 이하의 징역 또는 700만원 이하의 벌금에 처한다(제260조 제2항).
*피해자의 명시한 의사에 반하여 공소를 제기할 수 없다(제260조 제3항).

본죄는 단순폭행죄에 대한 신분적 가중유형으로서 부진정신분범에 해당한다.

본죄의 주체와 객체는 존속살해죄나 존속상해죄의 그것과 동일하고, 행위는 폭행죄의 폭행개념과 동일하다.

Ⅸ. 특수폭행죄

*단체 또는 다중의 위력을 보이거나 위험한 물건을 휴대하여 제260조 제1항 또는 제2항의 죄를 범한 때에는 5년 이하의 징역 또는 1,000만원 이하의 벌금에 처한다(제261조).

본죄는 폭행죄와 비교하여 볼 때 그 행위방법에 있어서 생명 내지 신체에 대한 위험성이 크기 때문에, 행위수단과 방법으로 인하여 행위불법이 가중되는 불법가중적 구성요건이다.[1]

본죄의 객관적 구성요건에서 주체, 객체 및 행위는 폭행죄와 동일하며, 불법가중적 요소에 해당하는 단체 또는 다중의 위력을 보이거나 위험한 물건을 휴대하는 행위는 앞선 특수상해죄와 같다.

---

1) 우리 형법 제261조는 독일의 구형법 제223조의 a(현행 독일형법 제224조)에서 영향을 받은 것으로 보이는 구 폭력행위등처벌에관한법률에 연유한 규정으로서 1949년의 정부초안 제279조가 그대로 수용된 것이다.

X. 폭행치사상죄

*전조(폭행, 존속폭행, 특수폭행)의 죄를 지어 사람을 사망이나 상해에 이르게 한 경우에는 제257조부터 제259조의 예에 의한다(제262조).

1. 의   의

본죄는 단순폭행, 존속폭행 또는 특수폭행의 죄를 범하여 사람을 사상에 이르게 함으로써 성립하는 결과적 가중범이다. 중한 결과에 대하여 고의가 있다면 상해죄 또는 살인죄가 성립하므로 진정결과적 가중범이다.

2. 구성요건

본죄의 기본범죄는 단순폭행, 존속폭행 그리고 특수폭행이다. 고의범인 이들 기본범죄의 내용은 앞서 살펴본 바와 같다.

중한 결과인 상해, 사망과 기본적 행위 사이에는 인과관계가 있어야 하는데[1] 합법칙적 조건설에 따름이 타당하다. 그리고 더 나아가 중한 결과가 행위자에게 객관적으로 귀속되어야 한다. 인과관계와 객관적 귀속이 인정되는 것 이외에도 치사상의 결과에 대한 예견가능성이 있음에도 불구하고 그러한 결과를 초래한 사실, 즉 행위자의 과실이 있어야 한다.

3. 처   벌

본죄는 제257조부터 제259조의 예에 의하여 처벌되므로 치상의 경우에는 제257조(상해, 존속상해), 중상해를 초래한 경우에는 제258조(중상해, 존속중상해), 치사의 경우에는 제259조(치사죄)가 각각 적용된다. 본죄는 결과적 가중범이므로 미수범 처벌규정(제257조 제3항)은 적용되지 않는다.

---

1) 판례는 뺨을 구타하여 사망케 한 경우(대판 1957. 9. 20, 4290형상249), 폭행으로 인하여 피해자가 뒤로 넘어지면서 찬장에 머리를 부딪쳐 뇌일혈로 사망한 경우(대판 1970. 9. 22, 70도1387), 어린애를 업은 사람을 밀어 넘어뜨려 어린애가 사망한 경우(대판 1972. 11. 28, 72도2201), 병약한 상태의 피해자가 폭행으로 사망한 경우(대판 1979. 10. 10, 79도2040) 등에 있어서는 폭행과 사망사이에 인과관계가 있다고 보았으며 행위자가 알지 못했던 피해자의 비정상적 질환 때문에 사망의 결과가 발생한 경우에는 인과관계를 부정하고 있다(대판 1978. 11. 28, 78도1961).

형법은 본죄를 규정함으로써 상해죄가 폭행의 결과적 가중범이 아니라는 것을 분명히 하였다. 그러나 그 처벌에 있어서 그 동질성을 고려하여 동일하게 하고 있다. 이에 관하여서는 입법론적으로 재검토가 필요하다는 의견이 제시되고 있다.[1] 또한 단순폭행에 의하여 결과를 야기한 경우나 가중적 방법(특수폭행)으로 결과를 야기한 경우를 동일하게 취급하는 것도 문제점이라는 지적도 있다.[2] 그러나 이러한 지적은 특수상해죄가 신설되면서 해결되는 듯 보이지만, 실제로는 또 다른 해석상의 문제를 야기한다.

즉, 특수폭행치상죄의 경우 상해죄(제257조) 또는 신설된 특수상해죄(제258조의2) 중 어느 것의 예에 의할 것인가의 문제이다. 생각건대 특수상해죄가 신설되기 이전에 단순상해죄의 법정형이 적용되던 특수폭행치상행위가 동 규정의 신설로 인하여, 불법성이 다른 사유 없이 중해졌다고 보기는 어렵다. 또한 죄형법정주의의 원칙상 행위자에게 불리하게 해석할 필요는 없다고 판단된다. 따라서 특수폭행치상의 경우에도 특수상해죄가 아닌 상해죄의 법정형을 적용함이 타당할 것이다.[3] 판례 또한 이와 같다.

판 례

　폭행치사상죄는 형법 제정 당시부터 현재에 이르기까지 지금과 같은 문언과 체계를 유지하고 있는데, 결과적가중범인 폭행치상죄와 특수폭행치상죄를 고의범인 상해죄, 중상해죄의 예에 준하여 처벌하고, 폭행치상죄와 특수폭행치상죄 사이의 행위불법의 차이를 고려하지 않고 동일한 법정형에 의하여 처벌하는 것으로 해석하여 왔다. 또한 2016. 1. 6. 형법 개정 과정에서 특수폭행치상죄의 법정형을 상향시켜야할 만한 사회적 상황의 변경이 있었다고 보기 힘들다. 이러한 상황에서, 형법 제258조의2 특수상해죄의 신설로 형법 제262조, 제261조의 특수폭행치상죄에 대하여 그 문언상 특수상해죄의 예에 의하여 처벌하는 것이 가능하게 되었다는 이유만으로 형법 제258조의2 제1항의 예에 따라 처벌할 수 있다고 한다면, 그 법정형의 차이로 인하여 종래에 벌금형을 선택할 수 있었던 경미한 사안에 대하여도 일률적으로 징역형을 선고해야 하므로 형벌체계상의 정당성과 균형을 갖추기 위함이라는 위 법 개정의 취지와 목적에 맞지 않는다. 또한 형의 경중과 행위자의 책임, 즉

---

1) 김성돈, 93면도 독자적인 법정형을 정하여야 한다고 본다.
2) 유기천(상), 61면.
3) 김성돈, 111면.

형벌 사이에 비례성을 갖추어야 한다는 형사법상의 책임원칙에 반할 우려도 있으며, 법원이 해석으로 특수폭행치상에 대한 가중규정을 신설한 것과 같은 결과가 되어 죄형법정주의원칙에도 반하는 결과가 된다.[1]

XI. 상습폭행죄

*상습으로 제260조, 제261조의 죄를 범한 때에는 그 죄에 정한 형의 2분의 1까지 가중한다(제264조).

본죄는 상습적으로 폭행죄, 존속폭행죄 또는 특수폭행죄를 범함으로써 성립한다. 상습성이라는 신분 때문에 책임이 가중되는 책임가중적 유형이다.

제 3 절 과실치사상의 죄

§1. 서 설

형법은 고의범처벌을 원칙으로 하고 과실범은 예외적으로 처벌한다. 과실치사상은 중요한 개인적 법익인 생명과 신체의 건강을 침해하는 범죄로서 형법상 처벌의 대상이 되고 있어서 예외적으로 과실범을 처벌하는 것이다. 형법은 제26장에 과실치사상의 죄를 규정하고 이를 과실치상죄(제266조), 과실치사죄(제267조) 및 업무상 과실, 중과실치사상죄(제268조)로 유형화하고 있다. 과실치사상의 죄는 생명·신체에의 위험성을 수반하는 수많은 문명의 이기(교통기관, 각종기계 등)의 발달과 그 사용의 확산으로 인하여 중요성이 더욱 증대되고 있다.

과실치사상죄는 범죄의 특수형태인 과실범의 전형적인 예이다. 따라서 기본적인 구조나 처벌의 원리 및 예외 등에 관하여는 형법총론에서 과실범 부분을 그대로 차용하여야 하므로, 상당부분을 총론의 설명으로 대체하고, 여기에서는 그 밖에 각론상 주요한 내용만을 다루기로 한다.

---

1) 대판 2018. 7. 24. 2018도3443.

참고 연혁

　　과실치사상죄의 연혁을 간추려 보자면 유럽에 있어서는 대체로 중세 이후에 독자적 범죄로서 처벌되기 시작하였다고 하며[1] 1532년의 카롤리나형법전 제134조에는 의사가 약을 오용(誤用)하여 치사한 경우를 처벌하는 규정을 두었고 19세기 이후의 각국 입법은 과실치사뿐만 아니라 과실치상까지도 처벌하는 규정을 두기에 이르렀다. 동양에 있어서는 이미 당률(唐律)에 과실살상인(過失殺傷人)의 규정을 두었고(唐律疏議, 第二十三卷, 過失殺傷人條(唐令硏究會編, 官版 唐律疏議, 1979, 262면) 조선시대 의용했던 대명률(大明律)도 과실살상인죄(過失殺傷人罪)를 두었다. 1905년의 형법대전(刑法大全)에서는 과실살인죄와 과실상인죄를 별개의 조문으로 규정하였다(刑法大全 第五編 律例下 第九章第六節過失殺人條 및 第十八節過失傷人條 참조).

　　우리나라의 현행형법은 구형법(의용된 일본형법)과 일본형법가안 제352조 내지 제354조를 참고하면서 특히 제268조에 업무상 과실뿐만 아니라 중과실치사상을 포함시킨 것으로 보이며 법정형을 보다 무겁게 하고 과실치상죄는 반의사불벌죄로 규정하였다.

§2. 유형별 고찰

기본적 구성요건: 과실치상죄(제266조 제1항) 과실치사죄(제267조)	수정적 구성요건	불법 및 책임	가중적	중과실치사상죄 (제268조)
				업무상과실치사상죄 (제268조)

Ⅰ. 과실치상죄

*과실로 인하여 사람의 신체를 상해에 이르게 한 자는 500만원 이하의 벌금, 구류 또는 과료에 처한다(제266조 제1항).
*제1항의 죄는 피해자의 명시한 의사에 반하여 공소를 제기할 수 없다(제266조 제2항).

1. 의 의

본죄의 보호법익은 신체의 건강이다. 본죄는 결과범이자 침해범이다.

---

1) 김일수, 한국형법Ⅲ, 214면.

2. 구성요건

(1) 주체와 객체

피해자 이외의 모든 자연인은 본죄의 주체로 될 수 있다. 본죄의 객체는 사람의 신체로서, 타인의 신체를 의미한다.

(2) 행 위

본죄의 행위는 과실로 인하여 사람의 신체를 상해하는 것이다. 과실범 불법 구성요건의 표지로서의 과실은 객관적 주의의무위반을 의미한다. 주관적 주의의무위반, 즉 행위자가 자신의 능력에 비추어 구성요건의 실현을 예견하고 회피할 수 있었음에도 불구하고 부주의로 이를 행하지 못한 경우는 단지 과실범의 책임의 표지의 하나일 뿐이다.[1] 객관적 주의의무의 내용과 척도, 객관적 주의의무의 근거 등은 총론 과실범 부분 참조.

(3) 결과의 발생, 인과관계와 객관적 귀속

과실범이므로 결과가 발생하여야 하며, 건강침해의 결과와 과실행위 사이에 인과관계가 있어야 한다. 이 경우 인과관계의 유무는 합법칙적 조건설에 의하는 것이 타당할 것이다. 더 나아가 건강침해의 결과가 행위자에게 객관적으로 귀속되어야 한다. 결과 내지 구성요건실현에 대한 객관적 예측가능성이 없었을 때에는 결과의 귀속을 인정할 수 없다. 허용된 위험의 경우에도 결과의 객관적 귀속을 부정한다.

비록 객관적 주의의무의 침해가 있다고 할지라도 결과가 발생하지 않으면 본죄의 구성요건해당성은 인정되지 않는다.

II. 과실치사죄

*과실로 인하여 사람을 사망에 이르게 한 자는 2년 이하의 금고(禁錮) 또는 700만원 이하의 벌금에 처한다(제267조).

---

1) 주관적 주의의무의 위반을 주관적 구성요건요소로 인정하는 견해도 있다(김일수, 한국형법 III, 224면).

본죄는 사망의 결과에 대한 고의가 없다는 점에서 살인죄와 구분되며 사망의 원인인 행위가 과실행위라는 점에서 기본적 범죄가 고의범인 상해치사죄(제259조)나 폭행치사죄(제262조)와 구분된다.

위법성조각사유로는 정당방위에 해당하는 경우만을 들 수 있다. 이 경우에도 고의에 의한 행위가 위법성이 조각될 수 있는 경우에만 과실행위도 위법성이 조각될 수 있다. 예컨대 부당하게 자기를 살해하려는 자에게(고의의) 경고사격을 하려했던 것이 실수하여 상대방을 치사한 경우에는 정당방위로 볼 수 있다.

Ⅲ. 업무상과실·중과실치사상죄

> *업무상 과실 또는 중대한 과실로 인하여 사람을 사상에 이르게 한 자는 5년 이하의 금고 또는 2,000만원 이하의 벌금에 처한다(제268조).

1. 의   의

본죄는 업무상 과실 또는 중대한 과실로 인하여 사람을 사상에 이르게 함으로써 성립한다.

업무상과실치사상죄는 업무자라는 행위자의 신분관계로 인하여 형이 가중되는 가중적 구성요건이고 중과실치사상죄는 보통의 과실보다 큰 과실로 인하여 불법과 책임이 증대된 가중적 구성요건이다.

업무상과실치사상죄의 형을 가중하는 근거가 무엇인가에 관하여서는 ① 업무자에게는 사회적으로 특히 고도의 주의의무가 요구되기 때문에 형을 가중한다는 견해,[1] ② 주의의무는 동일하지만 업무자는 일반인보다 풍부한 지식, 경험을 가지고 있어 결과발생에 대한 예측가능성이 크다고 보아 무겁게 처벌한다는 견해,[2] ③ 보통의 과실에 비하여 불법과 책임이 가중되기 때문에 무겁게 처벌한다는 견해[3] 등이 대립되어 있다.

---

1) 김성천/김형준, 103면; 김일수/서보학, 98면; 배종대, 83면; 임웅, 98면; 황산덕, 190면 등.
2) 김성돈, 98면; 김혜정 외, 72면; 유기천(상), 68면; 이재상 외, 76면; 정성근/정준섭, 46면. 이 견해는 책임가중을 그 근거로 내세우는 입장이라고 볼 수 있다.
3) 주의의무 및 예견가능성 모두 가중된다고 보는 견해가 이에 해당한다. 이를 지지하는 견해로는 박상기/전지연, 437면; 정영일, 32면.

생명과 신체를 상해할 우려가 있는 업무행위에 대하여서는 사회적으로 보다 강도 높은 객관적 주의의무가 요구되기 때문에 이에 대한 침해는 불법을 가중시킨다고 볼 수 있다. 또한 이러한 업무를 행하는 자에게는 일반인에 비하여 지식, 기술, 경험 등에 바탕을 둔 고도의 주의능력이 있기 때문에 주의의무불이행에 대한 비난가능성도 상대적으로 더 크다고 볼 수 있다. 따라서 그 불이행에 대한 책임도 가중된다. 따라서 불법과 책임이 모두 가중되는 것으로 본다.

2. 구성요건

(1) 주 체

업무상과실치사상죄의 주체는 사람의 생명·신체에 위해를 가할 우려가 있는 업무에 종사하는 자이다. 이러한 업무종사자가 중과실로 치사상의 결과를 유발하여도 본죄가 성립한다. 중과실치사상죄의 주체에는 제한이 없다.

(2) 업무상 과실

1) 업무의 개념

본죄에 있어서의 업무는 모든 업무에 공통되는 개념인 「사람이 사회생활상의 지위에 기하여 계속, 반복하여 행하는 사무」[1]라는 요소와 그 사무가 생명·신체에 대하여 위험성을 초래할 우려가 있는 것이어야 한다는 요소를 모두 포함한다.

> **참고** **업무의 개념 구분**
>
> 형법각칙상으로 업무라는 개념은 각 구성요건의 기능과 관련하여 다양하게 사용되고 있다. 업무상 비밀누설죄(제317조), 허위진단서작성죄(제233조), 업무상 과실장물죄(제364조)에 있어서는 업무는 진정신분범의 요소이고 업무상 횡령죄와 업무상 배임죄(제356조), 업무상 실화죄(제171조), 업무상 과실교통방해죄(제189조) 및 본죄에 있어서의 업무는 부진정신분범의 요소로 볼 수 있다. 한편 업무방해죄(제314조)에 있어서의 업무는 행위객체(학자에 따라서는 보호법익)로서의 업무이고 아동혹사죄(제274조)에 있어서의 업무는 행위태양에 관련된 업무로 볼 수 있다.

이들을 나누어 설명하면 다음과 같다.

---

1) 대판 1961. 3. 22. 4294형상5.

① 사회생활상의 지위

본죄의 업무는 사회생활상의 지위에 기한 것이어야 한다. 여기에는 생활수단으로서 행하는 사회활동으로서의 직업뿐만 아니라 사회생활을 유지하면서 행하는 사무인 한 폭넓게 포함된다. 그러나 식사, 수면, 육아 등과 같은 개인적·자연적 생활현상은 사회생활상의 지위와는 무관하므로 본죄의 업무에 해당하지 않는다. 반면 운전 등 도로교통과 관련한 행위는 업무에 해당한다.

② 계속성

업무는 계속·반복하여 행하여지거나 계속·반복하여 행할 의사로써 행한 것이어야 한다. 그러므로 호기심으로 단 한번 행한 경우[1]라든가 평소에 행하지 않던 일을 한번 해본 경우는 제외된다. 그렇지만 단 1회의 행위라 할지라도 계속·반복할 의사로써 행한 경우는 업무상의 행위로 볼 수 있다. 예컨대 버스 운전자로 취직하여 첫 운행에서 또는 승용차를 구입한 첫 나들이에서 행인을 치사하거나 개업 첫날에 의사가 진료사고를 낸 경우 등이 이에 해당한다.[2]

판례

////////////////////////

업무상과실치상죄의 '업무'란 사람의 사회생활면에서 하나의 지위로서 계속적으로 종사하는 사무를 말한다. 여기에는 수행하는 직무 자체가 위험성을 갖기 때문에 안전배려를 의무의 내용으로 하는 경우는 물론 사람의 생명·신체의 위험을 방지하는 것을 의무의 내용으로 하는 업무도 포함된다. 그러나 건물 소유자가 안전배려나 안전관리 사무에 계속적으로 종사하거나 그러한 계속적 사무를 담당하는 지위를 가지지 않은 채 단지 건물을 비정기적으로 수리하거나 건물의 일부분을 임대하였다는 사정만으로는 건물 소유자의 위와 같은 행위가 업무상과실치상죄의 '업무'에 해당한다고 보기 어렵다.[3]

---

1) 대판 1966. 5. 31, 66도536은 호기심으로 단 1회 운전한 것만으로는 업무라고 할 수 없다고 판시하였다.
2) 김성돈, 99면; 이영란, 86면; 정성근/정준섭, 47면 등.
3) 대판 2017. 12. 5, 2016도16738. 3층 건물의 소유자로서 건물 각 층을 임대한 피고인이, 건물 2층으로 올라가는 계단참의 전면 벽이 아크릴 소재의 창문 형태로 되어 있고 별도의 고정장치가 없는데도 안전바를 설치하는 등 낙하사고 방지를 위한 관리의무를 소홀히 함으로써, 건물 2층에서 나오던 갑이 신발을 신으려고 아크릴 벽면에 기대는 과정에서 벽면이 떨어지고 개방된 결과 약 4m 아래 1층으로 추락하여 상해를 입었다고 하여 업무상과실치상으로 기소된 사안에서, 피고인이 건물에 대한 수선 등의 관리를 비정기적으로 하였으나 그 이상의 안전배려나 안전관리 사무에 계속적으로 종사하였다고 인정하기 어렵다고 보아 업무상과실치상의 공소사실을 이유에서 무죄

③ 사 무

업무는 사회생활에 있어서 계속적으로 행하는 사무이다. 그 사무가 공무인가 사무인가, 본무인가 부수적인 사무인가, 영리를 위한 것인가 아닌가, 적법한가 불법한가를 묻지 않는다.

업무상과실치사상죄에 있어서의 업무도 이상에서 살펴본 요건을 갖추어야 하지만 그 사무가 사람의 생명과 신체에 위험을 초래할 수 있는 일에 국한된다.[1] 어떠한 사무가 이에 해당하는가는 사회생활관계 속에서 당해 업무의 특성을 고려하여 객관적으로 판단해야 할 것이다. 사람의 생명·신체의 위험을 방지할 것을 내용으로 하는 업무도 이에 포함된다고 보아야 한다.[2] 예컨대 위험을 수반하는 업무로는 자동차, 기차, 전동차, 선박, 항공기, 원동기장치자전거 등의 운전자와 차장[3]의 업무, 중기, 경운기, 기타 위험한 기계나 공구를 취급하는 자의 업무, 토건의 시공업자, 의료업자,[4] 의약품, 식품의 판매, 제조, 보관업자, 화약, 폭발물, 인화물 취급업자, 냉동기관리자, 조종사, 총포류 취급업자, 광산안전관리자,[5] 골재채취업자[6] 등의 업무, 유아원, 보육원, 유치원 등의 감호자, 건널목의 간수, 제방이나 교량, 철교 등의 안전관리자, 극장, 백화점 등의 화기단속책임자 기타 안전사고의 위험이 예견되는 업무 등을 들 수 있다.

행위자는 생명·신체를 침해할 위험이 있는 업무에 직접적이고 구체적으로 관련되어 있어야 한다.[7] 그러므로 회사의 구체적인 일에 직접 관여하지 아니한 회사의 대표[8]나 간부,[9] 공장을 직접 운영하지 않고 임대하여 경영하는 자[10] 등

로 판단하고 축소사실인 과실치상 부분을 유죄로 인정한 원심판결이 정당하다고 한 사례.
1) 김성돈, 100면; 김일수/서보학, 101면; 김혜정 외, 74면; 박상기/전지연, 438면; 배종대, 88면; 신동운, 868면; 오영근, 75면; 이영란, 85면; 이재상 외, 78면; 임웅, 100면; 정성근/정준섭, 48면; 정영일, 32면 등.
2) 대판 2015. 11. 27, 2015도11610.
3) 대판 1983. 9. 27, 82도267은 만원열차의 차장은 마땅히 객차의 승강구 출입문이 열려 있지나 아니한가를 확인 점검하여 출입문이 열려 있으면 그것을 닫고 열차를 운행토록 하는 조치를 강구하여 열려진 승강구에서의 추락사고를 방지할 업무상의 주의의무가 있다고 판시하였다.
4) 대판 1982. 10. 12, 81도2621에 의하면 조산원이 분만중인 태아를 질식사에 이르게 한 경우에도 업무상 과실치사죄가 성립한다.
5) 대판 1979. 9. 11, 79도1250.
6) 대판 1985. 6. 11, 84도2527은 골재채취허가여부에 관계없이 골재채취업무는 업무상 과실치사죄에 있어서의 업무에 해당한다고 보았다.
7) 배종대, 84면.
8) 대판 1983. 10. 11, 83도2108은 회사대표자에게는 공장전체의 안전관리 책임자인 공장장이나 보일러실, 유류저장 탱크의 운영, 보관에 대한 책임자인 보일러실 기관장을 임명하고 지휘 감독함에

은 본죄의 주체가 아니다. 반면에 공사의 발주자에 의하여 현장감독에 임명된 것도 아니고 건설업법상 요구되는 현장건설기술자의 자격도 없다고 할지라도 사업당시에 공사현장의 감독인인 이상 본죄의 주체로 된다.[1]

2) 업무상 과실의 내용

업무상의 과실이란 업무를 행함에 있어서 요구되는 주의의무를 태만히 하는 것을 의미한다.

업무를 행함에 있어서 요구되는 주의의무의 근거와 범위는 당해 업무에 관련되는 법령에 규정되는 경우도 있고 판례에 의하여 형성되는 경우도 있다. 또한 형법 제268조의 규정 그 자체로부터 모든 수범자에게 각자의 업무수행에 있어서 본죄의 보호법익인 생명과 신체의 건강을 침해하지 않도록 주의해야 할 객관적 주의의무가 부여되어 있다고 보아야 한다. 그러므로 본죄에 요구되는 주의의무의 근거와 범위는 반드시 어떤 형식적 기준에 의하여서만 결정된다고 보기는 어렵고 업무의 성질과 구체적 사정을 고려하여 결정해야 할 것이다.[2]

① 제268조에 내재된 주의의무

본죄의 주체로 될 수 있는 모든 업무는 수행자가 당해 업무를 행함에 있어서 사람의 생명·신체가 침해되지 않도록 해야 할 객관적 주의의무를 지닌다. 이들은 사전에 각자 자기가 행하는 업무의 성질과 구체적 사정에 따라 주의력을 집중하여 타인의 생명·신체에 대한 위험을 인식하고 정확하게 판단해야 할 의무를 진다.[3] 생명·신체를 침해할 위험성을 인식했을 때에는 이치적으로 타당성이 있는 외적행위, 즉 법익침해가 발생하지 않도록 위험한 행위를 그만 두거나 충분한 안전장치를 갖춘 후에 신중하게 행하여야할 의무가 있다.

필요한 일반적 주의의무가 있을 뿐 유류저장탱크의 불순물 청산작업이라든가 구체적 작업방법 및 작업상 요청되는 안전대책을 강구할 구체적이고도 지속적인 주의의무는 없다고 보았으며 대판 1986. 7. 22. 85도108은 회사업무에 관여하지 아니한 회장의 업무상 과실을 부정하였다.

9) 대판 1983. 4. 29. 82도1047은 회사의 관리과장으로서 시공업자의 선정, 공사계약의 체결, 공사의 지정, 공사금의 지급 등만을 담당한 경우에는 작업 중 사고방지에 필요한 안전조치를 취할 의무가 있다고 보기 어렵다고 판시하였다.

10) 대판 1984. 11. 27. 84도2025.

1) 대판 1983. 6. 14. 82도2713.

2) 김혜정 외, 75면; 이재상 외, 79면; 임웅, 100면.

3) 이러한 의무는 행위자가 인식했던 위험, 예상되었던 행위경과 기타 부수적 사정 등 행위가 행하여진 제반조건의 고려 하에 인정될 수 있다.

② 당해 업무에 관련된 특별법에 주의의무가 규정되어 있는 경우

이에 해당하는 예로는 도로교통법 제48조(안전운전의 의무), 동법 제49조(운전자의 준수사항), 약사법 제44조의4(안전상비의약품 판매자의 주의의무), 식품위생법 제31조(자가품질검사의 의무) 등을 들 수 있다.

이처럼 특별법에 주의의무가 규정되어 있는 경우는 그 의무위반 자체만으로도 당해 특별법상의 벌칙에 해당하여 처벌을 받게 되지만 이로 인하여 사람을 사상에 이르게 한 때에는 업무상과실치사상죄가 성립한다. 업무상과실치사상죄가 가장 빈번하게 관련되는 것이 교통사고이다. 도로교통법은 차량운전자의 주의의무와 관련하여 술에 취한 상태에서의 운전금지(제44조), 과로한 때의 운전금지(제45조), 공동위험행위의 금지(제46조), 난폭운전 금지(제46조의3), 어린이통학버스 운전자 및 운영자의 안전한 운전을 위한 사항(제53조) 등을 구체적으로 규정하고 있다.

이러한 도로교통법상의 규정에 위반하여 사람을 사상에 이르게 한 경우에는 업무상 과실치사상죄가 성립한다.

③ 주의의무에 관련된 판례

업무상 주의의무에 관한 판례에는 차량운전자의 안전운전의무, 의사의 주의의무, 공작물의 설치자의 주의의무 등에 관한 것이 있으나 이들 중 압도적으로 많은 것은 차량운전자의 안전운전의무에 관한 판례이다.

(가) 차량운전자의 주의의무에 관한 판례　　자동차운전자는 전방과 좌우를 주시하면서 운행하여 사고발생을 미연에 방지해야 할 업무상의 주의의무가 있고[1] 자동차 제동기를 완전정비하여 사고발생을 미연에 방지해야할 주의의무도 진다. 자동차를 야간에 운전하는 자는 전조등의 범위내는 물론 그 범위 밖에서 통행인 기타 장애물이 갑자기 도로에 나타날 경우에 경적을 울려 피하게 하거나 즉시 정차하여 사고를 미연에 방지할 주의의무가 있다.[2] 긴급자동차의 운전자는 긴급하고 부득이한 사유로 정지하지 않는 경우에도 도로교통법 제29조 제3항에 따라 교통안전에 특히 주의하면서 통행하여야 하고, 만약 진행 방향에 사람이 보행하고 있거나 자동차가 교차 진행하는 경우에는 당연히 정지하여야 한다.[3] 경운기

---

1) 대판 1966. 5. 31. 66도548.
2) 대판 1957. 2. 9. 4289형상676.
3) 대판 2017. 12. 22. 2017도12194; 대판 1985. 11. 12. 85도1992.

운전자에게는 소음이 크고 후사경이 없더라도 어린이들이 뒤에 매달리는 것을 쉽게 예상할 수 있으므로 사고를 미연에 방지해야 할 주의의무가 있다.[1] 운전자가 사람이나 가축의 측면을 통과할 때에는 경적을 울린다거나 기타의 방법으로 차량의 접근을 경고하는 등의 주의의무가 있고[2] 자동차의 진행전방 우측로변에 어린이가 같은 방향으로 걸어가고 있는 것을 목격한 경우에는 그 어린아이가 진행하는 버스 앞으로 느닷없이 뛰어 나올 수 있음을 예견하고 속도를 줄이거나 어린이의 동태를 주시하는 등의 주의의무가 있다.[3] 자동차가 후진할 때에는 후사경으로 후방의 동태를 주시하면서 진행시켜야 할 주의의무가 있고[4] 운행의 종료 후에는 차가 미끄러지거나 타인이 운전할 수 없도록 안전조치를 취해야 할 주의의무가 있다.[5] 야간에 고속도로에서 차량을 운전하는 자는 주간에 정상적인 날씨 아래에서 고속도로를 운행하는 것과는 달리 노면상태 및 가시거리상태 등에 따라 제한최고속도 이하의 속도로 감속·서행할 의무가 있다.[6] 골프 카트 운전자는 승객이 안전 손잡이를 잡은 것을 확인하고 출발하여야 하고, 골프 카트의 좌우가 개방되어 있으므로 승객이 떨어져 나가지 않도록 서행하면서 좌우 회전을 하여야 할 업무상 주의의무가 있다.[7]

한편 주의의무를 부정한 대부분의 판례는 대체로 신뢰의 원칙을 그 근거로 하고 있는데 이에 관하여서는 별도로 살펴보기로 한다.

(나) 의사의 주의의무에 관한 판례　　의사에게 진단상 과실이 있는지를 판단할 때는 의사가 비록 완전무결하게 임상진단을 할 수는 없을지라도 적어도 임상의학 분야에서 실천되고 있는 진단 수준의 범위에서 전문직업인으로서 요구되는 의료상의 윤리, 의학지식과 경험에 기초하여 신중히 환자를 진찰하고 정확히 진단함으로써 위험한 결과 발생을 예견하고 이를 회피하는 데에 필요한 최선의 주의의무를 다하였는지를 따져 보아야 한다.[8] 나아가 의사는 환자에게 적절한 치료를 하거나 그러한 조치를 하기 어려운 사정이 있다면 신속히 전문적인 치료

---

1) 대판 1970. 11. 3. 70도1910.
2) 대판 1967. 9. 19. 67도1025.
3) 대판 1970. 8. 18. 70도1336.
4) 대판 1977. 9. 28. 77도1875.
5) 대판 1970. 10. 30. 70도1711.
6) 대판 1999. 1. 15. 98도2605.
7) 대판 2010. 7. 22. 2010도1911.
8) 대판 2018. 5. 11. 2018도2844.

를 할 수 있는 다른 병원으로 옮기는 등의 조치를 하여야 한다.[1]

구체적으로 의사는 수술 전에 환자를 정밀검사하여 환자가 수술을 감당할 수 있는지 확인해야 하고[2] 항생제를 주사할 때마다 부작용을 예상하여 사전, 사후의 적절한 조치를 취해야 한다.[3] 마취제의 정맥주사에 있어서도 의사 스스로 주사를 놓든가 부득이 간호사를 시킬 경우에는 상세한 지시를 하고 입회하여 잘못 없이 끝나도록 조치해야 하며[4] 마취회복담당의사는 환자가 의식을 완전히 회복할 때까지 주위에서 관찰하거나 환자를 떠날 경우 담당간호사를 특정하여 환자의 상태를 주시하도록 해야 할 주의의무가 있다.[5] 의사가 수혈을 맡긴 간호사의 착각으로 다른 환자에게 수혈하여 그 환자가 사망한 경우에도 의사의 과실이 인정된다.[6]

의사가 오진하고 시술한 경우에는 원칙적으로 의사의 업무상 과실이 인정되며[7] 특별한 지시 없이 조수에게 주사토록하여 상해의 결과가 발생한 경우에도 업무상 과실치사상의 책임이 인정된다.[8]

(다) 공사책임자, 시설물 관리자의 주의의무에 관한 판례　　도로확장공사의 현장소장은 근로자의 안전을 위하여 붕괴, 낙하의 위험이 있는 토석을 제거하거나 옹벽 등을 설치할 의무가 있다.[9] 공중에 애드벌룬을 띄우는 광고업자는 그곳에 강풍이 불고 고압전선이 설치되어 있으면 안전조치를 강구할 업무상의 주의의무가 있다.[10] 도급계약의 경우 원칙적으로 도급인에게는 수급인의 업무와 관련하여 사고방지에 필요한 안전조치를 취할 주의의무가 없으나, 법령에 의하여 도급인에게 수급인의 업무에 관하여 구체적인 관리·감독의무 등이 부여되어 있거나 도급인이 공사의 시공이나 개별 작업에 관하여 구체적으로 지시·감독하

---

1) 대판 2017. 10. 26. 2014도4570; 대판 2006. 12. 21. 2005도9213.
2) 대판 1986. 10. 14. 85도1789.
3) 대판 1976. 12. 28. 74도816.
4) 대판 1990. 5. 22. 90도579.
5) 대판 1994. 4. 26. 92도3283.
6) 대판 1998. 2. 27. 97도2812.
7) 대판 1996. 9. 24. 95도245; 대판 1971. 8. 31. 71도1254 등.
8) 대판 1961. 4. 26. 4203형상99.
9) 대판 1991. 12. 10. 91도2642.
10) 대판 1990. 11. 13. 90도1987. 광고업자가 건물옥상에서 애드벌룬을 공중에 띄움에 있어서 강풍이 불고 있고 22,900볼트의 고압전선이 설치되어 있었다면 그 안전여부를 확인하면서 주민에게 위험을 알려 주의를 환기시키고 애드벌룬이 고압전선에 감겼을 때에도 안전하게 이를 제거할 방법을 강구할 업무상의 주의의무가 있다고 판시하였다.

였다는 등의 특별한 사정이 있는 경우에는 도급인에게도 수급인의 업무와 관련하여 사고방지에 필요한 안전조치를 취할 주의의무가 있다.[1]

(라) 경영자나 관리자의 주의의무에 관한 판례   찜질방관리자에게 손님이 몰래 후문으로 나가 술을 더 마시고 들어올 경우까지 예상하여 직원을 추가로 배치하거나 후문으로 출입하는 모든 자를 통제, 관리하여야 할 업무상 주의의무가 있다고 볼 수 없다.[2] 작업을 하면서 갑이 운영하는 회사가 보유한 장비를 사용하였다고 하더라도, 그러한 사정만으로 갑에게 업무상 주의의무를 인정할 수 없다.[3]

3) 신뢰의 원칙

신뢰의 원칙은 도로교통과 관련하여 판례에 의하여 형성된 원칙으로서 전통적으로 스스로 규칙을 준수하면서 도로교통에 참여하는 자는 특별한 사정이 없는 한 다른 교통참여자가 교통규칙을 준수하면서 행동할 것을 신뢰해도 좋다는 원칙으로 이해되어 오고 있다. 최근에는 도로교통뿐만 아니라 의료행위, 공장의 작업과정 등과 같이 분업적 공동작업이 필요한 모든 경우에 적용된다.

신뢰의 원칙은 허용된 위험에 포함되는 한 경우로서 객관적 주의의무를 제한하여 주는 한 원칙이라고 볼 수 있다.[4] 업무상의 주의의무를 부정한 상당수의 판례도 신뢰의 원칙에 근거하고 있는데 이들 중 주요 판례들은 다음과 같다.

고속도로에서 운전하는 자에게는 도로상에 장애물이 나타날 것을 예견하여 제한속도 이하로 감속 서행할 주의의무가 없으며[5] 횡단이 금지되어 있는 육교 밑에서 보행자가 뛰어 들어 올 것까지 예상하여 주의해야할 의무도 없고[6] 고속도로를 무단으로 횡단하는 보행자가 있을 것을 예견하여 운전할 주의의무 역시 없으며[7] 상대편의 자동차가 중앙선을 넘어 들어 올 것까지 예상하여 주의하여야할 의무도 없다.[8] 교통정리가 행하여지고 있지 않는 교차로에 있어서 통행우

---

1) 대판 2016. 3. 24. 2015도8621; 대판 1996. 1. 26. 95도2263.
2) 대판 2010. 2. 11. 2009도9807.
3) 대판 2015. 10. 29. 2015도5545.
4) 이 점에 관하여서는 이형국, 형법총론연구Ⅱ, 1986, 677~678면 참조.
5) 대판 1981. 12. 8. 81도1808.
6) 대판 1989. 2. 28. 88도1689.
7) 대판 2000. 9. 5. 2000도2671.
8) 대판 1987. 6. 9. 87도995; 대판 1984. 2. 14. 83도3086; 대판 1982. 2. 13. 81도2720; 대판 1976. 1. 13. 76도2314 등.

선순위를 가진 차량의 운전자는 상대편 차량의 운전자가 교통법규에 따른 적절한 행동을 취할 것을 신뢰해도 좋으며[1] 같은 방향으로 달려오는 후방차량들은 교통법규를 준수하여 진행할 것이라고 신뢰해도 되고[2] 무모하게 앞지르기를 하려는 차를 위하여 서행해야 할 의무도 없다.[3] 일방통행방법에 위반하여 과속으로 주행하던 오토바이를 충격한 버스 운전자에게는 주의의무 위반이 있다고 볼 수 없으며[4] 야간에 등화 없는 자전거를 타고 차도를 무단횡단하는 경우까지 예상하여 서행해야할 주의의무도 없다.[5] 교차로를 거의 통과할 무렵 직진신호가 주의신호로 바뀐 경우 계속 진행하여 신속히 교차로를 빠져나가면 되고 다른 차가 좌회전하여 올 것을 예상하고 대비조치를 취할 주의의무는 없다.[6]

다른 의사와 협동진료를 함에 있어서 다른 의사의 진료결과를 신뢰하고 자기가 맡은 부분의 진료를 하다가 발생한 결과에 대해서는 원칙적으로 과실이 인정되지 않는다.[7] 경험이 전혀 없는 부하직원이 전기기술자인 상사의 지시에 의하여 기계적으로 스위치를 조작하다가 사고가 발생한 경우에는 그 부하직원에게는 업무상 과실이 인정되지 않는다.[8]

(3) 중과실

중과실이란 조금만 주의했더라면 결과의 발생을 회피할 수 있었음에도 불구하고 현저한 주의의무위반으로 인하여 결과가 발생한 경우를 말한다. 중과실은 특별한 경솔, 무모함, 특별한 무관심으로 인하여 결과발생에 근접한 위험에 대비한 주의를 태만히 한 경우로 표현되기도 한다. 중과실 여부는 구체적 상황을 고려하여 사회통념에 비추어 판단해야 할 것이다.

(4) 치사상의 결과

업무상의 과실에 의하여 치사상의 결과가 발생되어야 한다는 것은 본죄의 구성요건에 속한다.

---

1) 대판 1983. 8. 23. 83도1288; 대판 1977. 3. 8. 77도409; 대판 1974. 7. 26. 74도1074 등.
2) 대판 1970. 2. 24. 70도176.
3) 대판 1984. 5. 29. 84도483.
4) 대판 1986. 7. 8. 86도593.
5) 대판 1984. 9. 25. 84도1695.
6) 대판 1986. 8. 19. 86도589.
7) 대판 2003. 1. 10. 2001도3292.
8) 대판 1960. 5. 18. 4292형상986.

본죄는 결과범이다. 예컨대 업무상의 운전행위와 치사상의 결과 사이에 인과관계가 있어야 한다. 만일 인과관계가 부정된다면 업무상 과실치사상죄는 성립하지 않으며,[1] 구성요건해당성조차 인정되지 않는다. 또한 치사상의 결과가 행위자에게 객관적으로 귀속되어야 한다. 사상의 결과발생을 행위시에 객관적으로 예견할 수 없었던 경우라든가[2] 다른 차에 의한 충격 때문에 앞차를 받아 사고가 발생한 경우[3]에도 본죄의 구성요건해당성은 부정된다.

업무상 과실치상에 있어서 신체에 대한 손상은 건강을 침해하는 정도에 이르러야 하며 단지 신체의 건재를 해하는 정도로는 본죄가 성립하지 않는다.

3. 위 법 성

업무상의 고의에 의한 행위도 위법성이 조각될 수 있는 정황 하에서 과실행위에 의한 치사상의 결과도 위법성이 조각된다. 본죄와 관련하여 거론되는 위법성조각사유로는 긴급피난, 피해자의 승낙 등이 있다.

(1) 긴급피난

자동차 운전자가 생명의 위험에 직면한 위급한 환자를 병원에 수송하기 위하여 도로교통에 요구되는 주의의무에 반하는 방법으로 과속운행을 하다가 행인을 치상한 경우가 이에 해당한다.

그렇지만 만일 행인을 치사한 경우에는 위법성이 조각될 수 없다.

(2) 피해자의 승낙

행위자가 업무상으로 요구되는 주의의무에 위반하는 행위를 하려는 것을 피해자가 인식하면서도 그러한 행위를 통하여 자기가 위태롭게 되는 것을 승낙한

---

1) 인과관계가 없다는 이유로 본죄의 성립을 부정한 판례로서는 대판 1974. 7. 23. 74도778; 대판 1973. 1. 16. 72도2665; 대판 1971. 9. 28. 71도1082; 대판 1971. 4. 30. 71도488; 대판 1970. 9. 22. 70도1526 등을 들 수 있다.
2) 대판 1960. 7. 13. 4293형상336은 업무상 과실범이 성립하려면 먼저 그 결과발생에 대한 예측가능성이 있어야 한다고 하였고 대판 1971. 5. 1. 71도623은 자동차전용의 고속도로의 주행선상에 아무런 위험표시 없이 도로보수를 위한 모래무더기가 있으리라는 것은 일반적으로 예견할 수 있는 사정이 아니라고 하여 본죄의 성립을 부정하였다. 또한 대판 1983. 6. 14. 82도1925는 피해자의 하차요청에 따라 운전중인 차를 정차하려는 순간 피해자가 갑자기 뛰어 내리다가 발생된 결과에 대하여 운전자에게 그러한 결과발생까지 예상하여 동정을 주의깊게 살펴야할 의무가 없다고 보았다.
3) 대판 1983. 8. 23. 82도3222.

경우가 이에 해당한다. 운전자가 음주한 것을 인식하면서 동승했는데 이로 인하여 사고가 나서 동승자가 상해를 입은 경우, 1인승 오토바이에 3인이 동승하겠다고 요청하여 함께 타고 달리다가 동승자가 상해를 입은 경우 등이 그 예이다.

추정적 승낙에 의한 행위에 해당하는 예로서는 의사가 불충분한 의료 수단밖에 갖추고 있지 않음에도 자신이 급히 서둘러 수술을 하는 방법만이 의식 없는 환자의 생명을 구하기 위한 유일한 수단으로 시술한 경우를 들 수 있다.

4. 책 임

업무상으로 요구되는 객관적 주의의무를 행위자가 인식할 수 있고 이행할 능력이 있어야 본죄의 책임을 물을 수 있다. 이러한 가능성의 유무를 판단하는데 있어서는 행위자의 능력, 경험, 체력, 인식 등 주관적 척도가 그 표준이 된다. 그밖에 행위의 외적 정황이 행위자에게 객관적 주의의무의 이행을 기대할 수 없는 것으로 평가될 경우에는 책임비난을 할 수 없다.

5. 죄 수

사람의 생명과 신체는 일신전속적 법익이므로, 1개의 행위로 수인을 사상에 이르게 한다면 수인에 대한 동죄의 상상적 경합이 성립한다. 또한 도로교통과 관련하여[1] 음주운전자가 운전 중 치사상에 이르게 할 경우 도로교통법상 음주운전죄와 업무상 과실치사상죄는 그 입법취지와 보호법익 및 적용영역을 달리하므로 실체적 경합이 된다.[2] 무면허운전중에 치사상에 이르게 한 경우에도 무면허운전죄와 동죄는 실체적 경합이 된다.[3]

6. 특별법상의 처벌

(1) 교통사고처리특례법

차의 운전자가 교통사고로 인하여 업무상 과실치상죄 · 중과실치상죄를 범한

---

1) 이와 관련하여 고의범과 과실범은 별개의 범죄이므로 차의 운전자가 업무상과실 또는 중과실에 의하여 재물을 손괴하고 사고발생시의 필요한 조치의무(도로교통법 제54조 제1항)를 취하지 아니한 경우에는 과실손괴죄(제151조) 이외에 고의범인 교통사고시 미조치죄(제148조)가 성립하고 이는 실체적 경합범이 된다(대판 2017. 9. 7, 2017도9689).
2) 대판 2008. 11. 13, 2008도7143.
3) 대판 1972. 10. 31, 72도2001.

경우에는 동법에 의하여 5년 이하의 금고 또는 2천만원 이하의 벌금으로 가중처벌된다. 또한 운전자가 도로교통법 제54조 제1항의 규정에 따른 조치를 하지 않고 도주하거나 피해자를 사고장소로부터 옮겨 유기하고 도주한 경우와 같은 죄를 범하고 도로교통법상 음주측정 요구에 따르지 않은 경우 및 교통사고처리특례법 제3조 제2항 제1~12호에 해당하는 행위로 인하여 범죄한 경우를 제외하고 피해자의 의사에 반하여 공소를 제기할 수 없도록 하고 있다(반의사불벌죄).

또한 보험 등에 가입된 경우에는 공소를 제기할 수 없도록 예외규정을 두고 있다(제4조).

(2) 특가법상 도주차량운전자의 가중처벌

특가법 제5조의3은 업무상과실·중과실치사상죄를 범한 해당 차량의 운전자가 피해자를 구호하는 등(도로교통법 제54조 제1항)의 조치를 하지 않고 도주한 경우 가중처벌한다. 본죄는 업무상과실·중과실치사상죄와 사고후미조치죄의 결합범에 해당한다. 동법의 입법취지는 자동차와 교통사고의 급증에 상응하는 건전하고 합리적인 교통질서가 확립되지 못한 현실에서 교통사고를 야기한 운전자가 그 사고로 사상을 당한 피해자를 구호하는 등의 조치를 취하지 않고 도주하는 행위에 강한 윤리적 비난가능성이 있음을 감안하여 이를 가중처벌함으로써 교통의 안전이라는 공공의 이익을 보호하기 위함이며, 보호법익은 교통사고로 사상을 당한 피해자의 생명과 신체의 안전이라는 개인적 법익이다.[1] 이 경우 사고 운전자가 피해자를 구호하는 등 도로교통법 제54조 제1항에 정한 의무를 이행하기 전에 도주의 범의로써 사고현장을 이탈한 것인지 여부를 판정함에 있어서는 그 사고의 경위와 내용, 피해자의 상해 부위와 정도, 사고 운전자의 과실 정도, 사고 운전자와 피해자의 나이와 성별, 사고 후의 정황 등을 종합적으로 고려하여 합리적으로 판단하여야 한다.[2]

판 례 ///////////////////////

피고인이 자동차를 후진하여 운전하다가 갑을 역과하여 사망에 이르게 하고도 구호조치 등을 하지 않고 도주하였다고 기소된 사안에서, 피고인이 사고 직후 직접

---

1) 대판 2015. 5. 28, 2012도9697.
2) 대판 2012. 8. 30, 2012도3177; 대판 2009. 6. 11, 2008도8627.

119 신고를 하였을 뿐만 아니라, 119 구급차가 갑을 후송한 후 출동한 경찰관들에게 현장 설명을 하고 인적사항과 연락처를 알려 준 다음 사고현장을 떠난 점 등 제반 사정을 종합할 때, 피고인이 사고현장이나 경찰 조사과정에서 목격자 행세를 하고 갑의 발견 경위에 관하여 사실과 다르게 진술하였다는 사정만으로는 도주의 범의로써 사고현장을 이탈한 것으로 볼 수 없다.[1] 그러나 피해자를 병원에 후송하는 등 구호조치를 취하더라도 자신의 신원을 밝히지 않은 채 병원을 이탈하거나,[2] 피해자를 병원에 후송하였으나 사고사실을 부인하면서 자신을 목격자라고 하여 참고인조사를 받고 귀가한 경우,[3] 신원확인자료는 주었으나 구호의무를 이행하기 전에 사고현장을 이탈한 경우[4] 등은 본죄에 해당한다.

(3) 특가법상 위험운전치사상죄

특가법 제5조의11은 음주 또는 약물의 영향으로 정상적인 운전이 곤란한 상태에서 운전하여 사람을 상해 또는 사망에 이르게 한 사람에 대하여 가중처벌한다. 음주 또는 약물 등으로 인한 심신미약상태가 인정된다고 하더라도 이 경우에는 형법 제10조 제3항의 원인이 자유로운 행위에 해당하므로 형법상 감경사유에 해당할 수 없을 뿐만 아니라, 이와 같은 행위들이 사회적으로 문제가 됨으로써 국민의 법감정상 가중처벌의 대상이 된다.

형법상 업무상 과실치사상죄와의 관계에 있어서는, 본죄가 가중처벌을 위한 특례규정이므로 법조경합(특별관계)에 의하여 본죄만 성립한다.[5] 또한 위험운전치사상죄와 동시에 다른 사람의 재물을 손괴한 때에는 위험운전치사상죄와 도로교통법상 업무상과실손괴죄는 상상적 경합에 해당한다.[6]

다만, 판례는 음주로 인한 위험운전치사상죄와 도로교통법상 음주운전죄는 입법 취지와 보호법익 및 적용영역을 달리하는 별개의 범죄이므로, 양 죄가 모두 성립하는 경우 두 죄는 실체적 경합관계에 있다고 본다.[7] 그러나 이 때에는 위험운전치사상죄는 음주운전을 기본적 요건으로 하므로 법조경합(특별관계)에

---

1) 대판 2013. 12. 26, 2013도9124.
2) 대판 2006. 1. 26, 2005도8264.
3) 대판 2003. 3. 25, 2002도5748.
4) 대판 2011. 3. 10, 2010도16027.
5) 대판 2008. 12. 11, 2008도9182.
6) 대판 2010. 1. 14, 2009도10845.
7) 대판 2008. 11. 13, 2008도7143.

의하여 위험운전치사상죄만 성립한다고 봄이 타당하다.[1]

제 4 절   낙태의 죄

§1. 서   설

I. 의   의

낙태의 의미가 무엇인가에 관하여서는 학설의 대립이 있다.

다수설에 의하면 낙태는 태아를 자연적인 분만기에 이르기 전에 인위적으로 모체 밖으로 배출하거나 모체 내에서 살해하는 것을 의미한다.[2] 한편 소수설은 태아를 모체 밖으로 배출하는 것으로는 부족하고 이로 인하여 태아를 살해할 것을 요한다고 본다.[3] 따라서 낙태죄가 성립되려면 태아를 살해하려는 고의로 모체 밖으로 배출시킴으로써 사망하게 하거나 모체 내에서 사망하게 해야 한다고 본다. 그러나 미수범 처벌규정도 없고 법정형도 현저히 경한 우리 형법규정의 해석에 있어서는 타당하지 않다.

따라서 우리 형법상의 낙태는 태아를 모체 내에서 살해하거나 살해의 고의로 태아를 자연적 분만기에 앞서서 모체 밖으로 배출시키는 행위라고 보아야 할 것이다. 판례도 이와 같다.[4]

II. 낙태에 대한 기간해결방식과 적응해결방식

낙태를 처벌하고 있는 대부분의 국가가 일정한 조건하에 낙태를 처벌하지 않는 규정도 함께 두고 있다. 이를 유형별로 살펴보면 대체로 다음과 같다.

---

1) 이재상 외, 88면.
2) 김성돈, 122면; 김일수/서보학, 50면; 김종원(상), 79면; 김혜정 외, 84면; 박상기/전지연, 443면; 배종대, 103면; 신동운, 578면; 오영근, 79면; 유기천(상), 81면; 임웅, 110면; 정성근/정준섭, 51면; 정영일, 35면; 정웅석, 721면 등.
3) 이재상 외, 89면.
4) 대판 2005. 4. 15, 2003도2780.

① 임신 이후 일정한 기간 내에는 낙태의 자유를 허용하는 입법례를 기간(또는 기한)해결방식이라고 부른다. 위헌판결을 받았던 1974년의 독일형법 제218조의 a,[1] 1973년에 있었던 미국연방대법원의 로·웨이드(Roe V. Wade)판결[2] 등이 이에 해당한다.

② 일정한 적용요건이 갖추어진 경우에만 예외적으로 낙태를 허용하는 입법례를 적응해결방식이라고 부른다. 우리나라의 모자보건법 제14조, 일본의 모체보건법 제4조 등이 이에 속한다.

적응사유로서는 의학적, 우생학적 이유, 윤리적 이유, 사회경제적 이유 등이 근간을 이루며 그 허용기준의 폭을 어느 정도로 할 것인가는 형사입법정책에 따라 달라질 수 있는 문제이다.

③ 적응해결방식과 기간해결방식을 결합한 방법을 결합방식 또는 혼합방식이라고 부른다. 독일형법 제218조의 a 및 제219조, 오스트리아형법 제97조 제1항 제1호 등이 이에 해당한다. 독일형법은 결합방식을 취하면서 여기에 상담방식을 추가하고 있다.[3] 상담방식은 긴급 또는 갈등상황에 처한 임부가 전문가와의 상담을 통하여 상황을 바로 파악하고 신중하게 임신중절문제를 해결하게 하려는 제도로 볼 수 있다.

Ⅲ. 낙태죄 규정의 위헌성

낙태죄의 위헌성에 관하여는 많은 논란이 있어 왔다.[4] 그러나 헌법재판소는 2019년 4월 11일 자기낙태죄(제269조 제1항) 및 업무상동의낙태죄(제270조 제1

---

1) 이 규정에 의하면 임부의 동의를 얻어 의사에 의하여 행하여지는 낙태는 임신 후 12주가 초과되지 않은 경우는 불가벌이었다.
2) 미국의 로·웨이드 판결은 임신기간의 첫 3분의 1 기간에는 의사와 임부가 상의하여 자유롭게 낙태를 결정할 수 있다고 판시하였다(Roe V. Wade 판결에 관한 상세한 내용으로는 김형남, 미국헌법상 낙태 및 태아의 생명권에 대한 논의와 판례분석, 미국헌법연구, 2005, 208면 이하; 도회근, 낙태규제에 관한 미국판례와 학설의 전개, 울산대학교 사회과학논집 제8권 제2호, 1998, 105면 이하 등 참조).
3) 독일형법은 임부가 처한 긴급상황 및 갈등상황에 관하여 의사와 상담하는 제도를 두고(제219조) 낙태가 이러한 상담 후에 이루어지고 착상 후 12주 이상 경과되지 아니한 경우에는 처벌하지 아니한다(제218조의 a 제4항).
4) 선례인 헌재결 2012. 8. 23, 2010헌마402에서는 합헌 4: 위헌 4의 의견으로, 자기낙태죄 조항이 임신한 여성의 자기결정권을 침해하지 않는다는 이유로 합헌 결정을 하였다.

항)에 대하여 헌법불합치결정을 함으로써 낙태죄의 위헌성을 확인하였다.[1]

동 위헌결정의 주요내용을 살펴보면 다음과 같다.

우선 자기낙태죄 조항으로 인해 임신한 여성은 임신 유지로 인한 신체적·심리적 부담, 출산과정에 수반되는 신체적 고통·위험을 감내하도록 강제당할 뿐 아니라 이에 더하여 다양하고 광범위한 사회적·경제적 고통까지도 겪을 것을 강제당하는 결과에 이르게 된다. 또한 자기낙태죄 조항은 모자보건법에서 정한 사유에 해당하지 않는다면 결정가능기간 중에 다양하고 광범위한 사회적·경제적 사유를 이유로 낙태갈등 상황을 겪고 있는 경우까지도 예외 없이 전면적·일률적으로 임신의 유지 및 출산을 강제하고, 이를 위반한 경우 형사처벌하고 있다. 따라서, 자기낙태죄 조항은 입법목적을 달성하기 위하여 필요한 최소한의 정도를 넘어 임신한 여성의 자기결정권을 제한하고 있어 침해의 최소성을 갖추지 못하였고, 태아의 생명 보호라는 공익에 대하여만 일방적이고 절대적인 우위를 부여함으로써 법익균형성의 원칙도 위반하였다고 할 것이므로, 과잉금지원칙을 위반하여 임신한 여성의 자기결정권을 침해하는 위헌적인 규정이다.

업무상 동의낙태죄의 경우, 자기낙태죄 조항이 위헌이므로, 동일한 목표를 실현하기 위하여 임신한 여성의 촉탁 또는 승낙을 받아 낙태하게 한 의사를 처벌하는 의사낙태죄 조항도 같은 이유에서 위헌이라고 보아야 한다.

다만, 자기낙태죄가 위헌이라고 하여서 기간적응방식이나 적응해결방식을 고려하여 제한을 둘 것인지 아니면 전면 허용할 것인지는 입법권자의 입법형성권에 의하여 결정하여야 하므로, 단순위헌 대신 헌법불합치 결정을 하였으므로 향후 법개정에 의하여 해결하여야 할 것이다.[2] 다만 2020년 12월까지 해당 법개정이 이루어지지 않음으로 인하여, 2021년 1월 1일부터 낙태죄 관련 규정은 적용할 수 없고 그 효력을 상실하였다.

---

1) 헌재결 2019. 4. 11. 2017헌바127.
2) 동 결정에서는 9인의 재판관 중 헌법불합치 4, 단순위헌 3, 합헌 2의 의견으로 나뉘었다. 이에 따라서 헌법재판소는 2020년 12월 31일까지를 시한으로 입법자가 개정할 때까지 계속 적용된다는 취지에서 헌법불합치결정을 하였다.

Ⅳ. 보호법익 및 보호의 정도

자기낙태죄와 업무상동의낙태죄가 위헌확인이 되었다 하더라도, 부동의낙태 죄 및 낙태치사상죄는 여전히 범죄에 해당하므로 이에 대한 보호법익과 보호정 도에 관하여 살펴본다.

1. 보호법익

낙태죄의 보호법익에 대하여는 태아의 생명만이 독자적 법익이며 임부의 신 체는 반사적으로 보호될 뿐이라는 견해,[1] 태아의 생명이 주된 법익(제1차적 법 익)이고 부차적(제2차적)으로는 임부의 건강도 보호법익이라고 보는 견해,[2] 개별 적으로 고찰하여 자기낙태죄, 단순동의낙태죄, 업무상 동의낙태죄에 있어서는 태아의 생명만이 보호법익이고, 부동의낙태죄에 있어서는 태아의 생명이 주된 법익, 임부의 의사결정의 자유가 부차적 법익, 낙태치사상에 있어서는 태아의 생 명이 주된 법익, 임부의 생명·신체의 완전성은 부차적 법익이라고 보는 견해[3] 등이 있다.

일반적으로는 태아의 생명권을 주된 보호법익으로 하면서도 임부의 건강을 부차적 보호법익으로 보되, 낙태치사상죄는 임부의 건강과 생명도 보호법익에 포함된다고 볼 것이다. 그러나 엄밀한 의미에서 태아는 형법상 보호법익의 귀속 자(주체)가 될 수 없고 따라서 생명존중이라는 공익적 가치(사회적 법익)와 임부 의 건강(개인적 법익)이 동등하게 보호법익으로 이해되어야 할 것이다. 헌법재판 소 역시 낙태죄의 입법목적을 "태아의 생명보호라는 공익"의 문제로 이해한다.

2. 보호의 정도

이에는 위험범설과 침해범설의 대립이 있다.

침해범설은 태아의 생명을 현실적으로 침해한 경우에만 낙태기수죄가 성립

---

1) 김성천/김형준, 42면; 이정원, 111면.
2) 김혜정 외, 85면; 배종대, 103면; 백형구, 78면; 오영근, 79면; 유기천(상), 78면; 이영란, 99면; 이재상 외, 90면; 임웅, 111면; 정영일, 35면; 정웅석, 723면; 진계호, 110면.
3) 김일수/서보학, 46~47면. 이와 유사하게 김성돈, 105면; 정성근/정준섭, 53면.

된다고 본다.[1] 이 설에 의하면 낙태의 의사로써 태아를 모체 밖으로 배출시킨 경우에도 사망하지 않으면 낙태미수만 성립된다고 보게 되며 낙태미수처벌 규정이 없으므로 불가벌이라고 이해한다.

위험범설은 다시 추상적 위험범설[2]과 구체적 위험범설[3]의 두 가지 입장으로 나누어진다. 전자는 태아를 모체 밖으로 인위적으로 배출하면 특별한 의학적 조치가 없는 한 사망의 위험이 있으므로 모체 밖으로 태아를 배출시키는 행위만 있으면 낙태죄는 성립된다고 본다. 한편 후자는 본죄의 성립에 태아의 생명 · 신체에 대한 구체적 위험이 발생할 것을 요한다고 본다.

생각건대, 앞선 낙태의 정의에 의하면 추상적 위험범설이 타당하다.

V. 구성요건 체계

2020년 말까지 개정되기 전인 체계로는 다음과 같다.

기본적 구성요건: 자기낙태죄 (제269조 제1항) 동의낙태죄 (제269조 제2항)	수정적 구성요건	불법	가중적	부동의낙태죄 (제270조 제2항)
			결과적 가중범	낙태치사상죄 (제269조 제3항 및 제270조 제3항)
		책임	가중적	업무상 동의낙태죄 (제270조 제1항)

그러나 자기낙태죄가 개정되면 동의낙태죄 역시 개정이 불가피하고, 책임가중적 구성요건인 업무상동의낙태죄 또한 개정되어야 한다. 따라서 적응사유방식으로 자기낙태죄의 개정이 이루어지지 않는 한, 부동의낙태죄 및 이에 따른 결과적 가중범으로서 부동의낙태치사상죄가 주된 범죄가 될 것이다. 이하에서는 헌법재판소의 헌법불합치결정과 관계없이 낙태죄 규정을 간략히 설명하고자 한다.

---

1) 이재상 외, 90면.
2) 김성돈, 123면; 김일수/서보학, 47면; 김혜정 외, 85면; 박상기/전지연, 444면; 백형구, 79면; 임웅, 112면; 정성근/정준섭, 52면; 정영일, 35면; 진계호, 110면; 최호진, 85면 등. 김성천/김형준, 64면은 이를 자연적 출산시기에 앞서 모체로부터 분리시키는 행위와 모태 내에서 태아의 생명을 침해하는 행위라고 보아 이원설을 취한다고 하나 결과적으로는 추상적 위험범설과 다르지 않다.
3) 배종대, 102면.

§2. 유형별 고찰

Ⅰ. 자기낙태죄(헌법재판소 불합치결정으로 2021. 1. 1.부터 무효)

*부녀가 약물 기타 방법으로 낙태한 때에는 1년 이하의 징역 또는 200만원 이하의 벌금에 처한다(제269조 제1항).

1. 의   의

본죄는 임부 아닌 타인이 낙태하게 하는 범죄와의 관계에서 기본적 구성요건의 성격을 지니고 있다.

2. 구성요건

(1) 객관적 구성요건

1) 주   체

본죄의 주체는 임신한 부녀(임부)이다. 따라서 본죄는 진정신분범에 해당한다. 부녀가 타인과 공동으로 낙태하는 경우에도 부녀는 본죄에 해당하고 타인은 경우에 따라 동의낙태죄(제269조 제2항) 또는 업무상 동의낙태죄(제270조 제1항)의 죄책을 진다.

2) 객   체

낙태죄의 객체는 모체 내에 생존해 있는 태아이다. 수태의 원인, 태아의 발육상태나 생존능력, 임신기간의 장단 등은 불문한다. 사태(死胎)는 본죄의 객체가 아니다. 태아와 사람의 한계는 진통설에 의하여 결정함이 통설이며 타당하다.

태아의 시기는 수정란이 자궁에 착상된 때라고 보아야 한다. 대체로 수정 후 14일이 경과했거나 마지막(바로 전) 월경이 있은 후 5주 초에 이른 때에 수정란의 자궁착상을 추정할 수 있게 된다.

수정 후 착상까지의 사이를 배아라고 부르기도 한다. 배아에 손상을 가하는 것은 낙태가 아니다. 생명존중의 관점과 생식에 대한 의학기술의 발달에 따라 태아뿐만 아니라 배아를 보호해야 할 필요성도 더욱 증대하고 있다. 그러나 형법상 태아 또는 배아라는 용어가 의학적 또는 생물학적 용어와는 그 개념이 달리 사용되고 있어 통일적인 해석이 필요할 것이다.[1]

3) 행 위

① 약물 기타의 방법

약물은 예시에 불과하며 낙태의 방법에는 제한이 없다. 수술, 기구의 사용, 높은 곳에서 뛰어 내리는 방법, 심적 충격 등 유형, 무형의 방법을 불문하며 부녀가 스스로 행하건 타인에게 의뢰하여 행하건 상관없다. 또한 본죄는 간접정범의 방법으로 범할 수 있다.[2] 임부가 자살을 기도하였다가 낙태시킨 경우에 본죄가 성립하는가에 관하여서는 긍정설[3]과 부정설[4]의 대립이 있으나 자살의 의사 속에 낙태의 미필적 고의가 포함된다고 볼 수 있고 태아의 생명은 임부에게 종속되지 않는 독자적 법익이라는 관점에서 긍정설이 타당하다.

② 낙 태

태아를 모체 내에서 살해하거나 살해의 고의로 태아를 자연적 분만기에 앞서서 모체 밖으로 배출시키는 행위이다. 여기에서 자연적 분만기란 분만개시 진통이 시작되는 시점을 의미한다. 본죄는 태아가 모체 내에서 사망하거나 모체 밖으로 배출된 때에 기수로 된다. 생존한 태아가 모체 밖으로 배출되는 경우 이를 살해하면 낙태죄와 살인죄의 경합범이 된다.[5] 판례의 태도이다.

(2) 주관적 구성요건

본죄는 미필적 고의로써 족하다. 본죄의 고의는 태아를 모체 내에서 살해하

---

1) 예컨대 생명윤리 및 안전에 관한 법률은 '배아'란 수정란 및 수정된 때부터 발생학적으로 모든 기관이 형성되는 시기까지의 분열된 세포군이라고 정의하고 있다(제2조 제3호). 동법은 배아를 이용한 불법행위를 처벌하고 있다(제31조 이하 참조).
2) 예컨대 임부가 정을 모르는 타인으로 하여금 자기에게 낙태주사를 놓게 하여 낙태한 경우라든가 임부가 스스로 낙태를 시도하다가 생명의 위험에 직면하자 의사의 낙태수술을 받은 경우가 이에 해당한다.
3) 김일수/서보학, 51면: 오영근, 80면: 이재상 외, 99면: 정성근/정준섭, 53면 등.
4) 유기천(상), 82면: 진계호, 115면.
5) 김일수/서보학, 51면: 정성근/정준섭, 53면: 정영일, 37면 등.
    한편 이 경우에 낙태미수와 살인죄의 상상적 경합이지만 낙태미수처벌규정이 없으므로 살인죄만 성립한다는 견해(이재상 외, 99면)와 낙태죄만 성립한다는 견해(백형구, 82면)도 있다. 판례는 낙태죄는 태아를 자연분만기에 앞서서 인위적으로 모체 밖으로 배출하거나 모체 안에서 살해함으로써 성립하고, 그 결과 태아가 사망하였는지 여부는 낙태죄의 성립에 영향이 없으므로, 살아서 태어난 태아에게 염화칼륨을 주입하여 사망케 하였다면 별도로 살인죄가 성립한다고 본다(대판 2005. 4. 15, 2003도2780).

거나 살해하려고 태아를 모체 밖으로 배출한다는 인식·인용을 그 내용으로 한다. 생명의 위험에 처한 태아를 살리기 위하여 부득이 모체 밖으로 배출시키는 경우는 낙태로 볼 수 없다. 수태하지 않은 것으로 인식한 경우는 구성요건적 착오(사실의 착오)로서 고의를 조각한다. 반면에 낙태가 가족계획의 국가정책에 순응하는 행위라고 믿었다거나[1] 기타 이유로 낙태가 허용된다고 잘못 안 경우는 금지착오(법률의 착오)에 해당한다.

3. 위 법 성

위법성조각사유로서는 긴급피난과 이를 포함하여 보다 폭 넓은 적응해결방식을 도입한 모자보건법상의 위법성조각사유를 들 수 있다.

(1) 긴급피난

임부가 자기의 생명 또는 신체에 대한 현재의 위난을 피하기 위하여 스스로 또는 타인에게 의뢰하여 낙태한 경우는 긴급피난(제22조)에 해당한다. 다만 의뢰한 타인이 의사인 경우에는 임부의 행위가 긴급피난 뿐만 아니라 모자보건법상의 위법성조각사유에도 해당한다.

(2) 모자보건법상의 위법성조각사유

모자보건법은 일정한 적응유형에 따라 인공임신중절수술이 가능한 경우를 규정하고 있는바, 법령에 의한 행위이므로 형법 제20조 정당행위에 해당한다. 다만, 형법상 낙태죄 등이 개정되면 모자보건법 역시 그에 부합하도록 개정되어야 할 것이다.

현행법상 적응유형으로는 ① 의학적 적응사유로서, 임신의 지속이 보건의학적 이유로 모체의 건강을 심히 해하고 있거나[2] 해할 우려가 있는 경우(제14조 제1항 5호), ② 우생학적 적응사유[3]로서, 본인 또는 배우자가 대통령령이 정하는

---

1) 대판 1965. 11. 23. 65도876.
2) 모체의 건강을 심히 해한다는 것은 모체의 생명에 대한 위험을 초래하는 경우뿐만 아니라 모체의 육체적·정신적 건강상태를 현저하게 해하는 경우를 포함한다. 김일수/서보학, 52면; 이재상 외, 92면.
3) 이 유형은 유전적 소질, 임신 중의 중독이나 충격, 약물의 복용이나 남용, X선 기타 방사능의 영향 등으로 장차 태아가 저능아, 기형아 기타 정상적으로 생육할 수 없는 사람으로 출생할 것이 확실한 경우에 낙태를 허용할 필요가 있다는 점에 근거하고 있다.

우생학적 또는 유전학적 정신장애나 신체질환이 있는 경우(제14조 제1항 1호)와 본인 또는 배우자가 대통령령이 정하는 전염성질환이 있는 경우(제14조 제1항 2호), ③ 윤리적 적응사유로서, 강간 또는 준강간에 의하여 임신된 경우(제14조 제1항 3호)와 법률상 혼인할 수 없는 혈족 또는 인척간에 임신된 경우(제14조 제1항 4호)를 두고 있다. 반드시 의사의 시술이어야 하고(제14조 제1항), 본인과 배우자[1]의 동의가 있어야 하며, 임신한 날로부터 28주 이내에만 가능하다(모자보건법시행령 제3조).

4. 공범관계

자기낙태죄 자체는 필요적 공범이 아니지만, 자기낙태죄와 후술할 동의낙태죄는 필요적 공범이다. 따라서 임부는 제3자에게 자신을 낙태하게 할 것을 교사 또는 방조하더라도 자기낙태죄의 정범이므로 자기낙태죄나 동의낙태죄의 교사 또는 방조범이 성립될 수 없고, 가담한 제3자는 동의낙태죄의 정범이 된다.

수태사실을 모르는 임부를 이용하여 스스로 낙태하게 한 경우 제3자는 자기낙태죄의 간접정범이 아닌 부동의낙태죄만 성립할 뿐이다.

제3자가 임부와 의사 및 임부의 모에게 낙태를 교사한 경우에는 자기낙태죄의 교사범, 업무상 동의낙태죄의 교사범 및 동의낙태죄의 교사범이 성립할 듯 보이지만, 제3자는 일반인이므로 제33조 단서에 의하여 부진정신분범의 중한 죄로 벌하지 아니하므로 업무상 동의낙태죄의 교사범이 될 수 없고, 동의낙태죄의 교사범의 포괄일죄만 성립한다.

Ⅱ. 동의낙태죄

*부녀의 촉탁 또는 승낙을 받아 낙태하게 한 자도 제1항(제269조 제1항)의 형(1년 이하의 징역 또는 200만원 이하의 벌금)과 같다(제269조 제2항).

1. 의   의

본죄는 임신한 부녀의 촉탁이나 승낙을 받아 낙태하게 함으로써 성립하며 부

---

1) 배우자란 법률상의 배우자뿐만 아니라 사실상 혼인관계에 있는 자도 포함된다.

동의낙태죄와의 관계에서 기본적 구성요건으로서의 성격을 지니고 있다. 낙태죄와 그 불법구조가 동일하므로, 낙태죄와 함께 개정되어야 할 법조문이다.

2. 구성요건

(1) 객관적 구성요건

1) 주체 및 객체

본죄의 주체는 업무상동의낙태죄(제270조 제1항)의 주체로서 열거되어 있는 자(의사, 한의사, 조산사, 약제사 또는 약종상) 이외의 자이다. 본죄의 객체는 태아이다.

2) 행 위

본죄의 행위는 부녀의 촉탁 또는 승낙을 받아 낙태하는 것이다. 촉탁 또는 승낙은 촉탁·승낙에 의한 살인죄와 그 의미가 같다. 촉탁 또는 승낙에 하자가 있는 경우에는 부동의낙태죄가 될 뿐이다.[1]

낙태하게 한다는 것은 촉탁이나 승낙을 받은 자가 스스로 낙태행위를 하는 것을 의미한다.[2] 그러므로 단지 임부에게 낙태하도록 교사하거나 방조하는 경우는 자기낙태죄의 교사범 또는 종범이 될 뿐이다. 임부의 촉탁·승낙을 받아 낙태를 하다가 임부의 생명의 위험을 초래하자 의사에게 부탁하여 낙태시킨 경우는 의사의 긴급피난을 이용한 본죄의 간접정범에 해당한다.[3] 본죄의 행위자는 동의한 부녀와 필요적 공범관계이다.

(2) 주관적 구성요건

행위자에게는 낙태의 고의와 동시에 촉탁 또는 승낙이 있다는 사실에 대한 인식, 인용이 있어야 한다. 촉탁이나 승낙이 없었음에도 불구하고 있는 것으로 오인한 경우에는 구성요건적 착오(사실의 착오)로서 부동의낙태의 고의는 조각되고 본죄만 성립된다. 반면에 촉탁·승낙이 있음에도 불구하고 이를 알지 못하고 낙태한 경우는 부동의낙태죄가 성립된다.[4]

---

1) 김성돈, 111면.
2) 김성돈, 111면; 김일수/서보학, 54면; 배종대, 114면; 이재상 외, 100면; 정성근/정준섭, 55면 등.
3) 이재상 외, 100면; 정성근/정준섭, 55면 등.
4) 김일수/서보학, 54면.

Ⅲ. 업무상 동의낙태죄(헌법재판소 불합치결정으로 2021. 1. 1.부터 무효)

*의사, 한의사, 조산사, 약제사 또는 약종상이 부녀의 촉탁 또는 승낙을 받아 낙태하게
한 때에는 2년 이하의 징역에 처한다(제270조 제1항).

1. 의   의

본죄는 동의낙태죄에 대한 책임가중적 구성요건이자 부진정신분범이다. 본죄
역시 헌법불합치 결정으로 인하여 개정이 불가피하다.

2. 구성요건

(1) 객관적 구성요건

본죄의 주체는 의사, 한의사, 조산사, 약제사, 약종상에 국한된다. 이들 신분
은 면허취득에 의하여 합법적으로 인정된 신분을 의미하므로 사실상 의사 등의
업무를 행하고 있어도 무면허자는 본죄의 주체가 될 수 없다.[1] 또한 간호사도
본죄의 주체가 아니다. 의사는 전문의일 필요는 없으며 반드시 산부인과 의사일
필요도 없다. 그렇지만 치과의사나 수의사는 제외된다.[2]

그 밖에 객체 및 행위는 동의낙태죄와 동일하다.

(2) 주관적 구성요건

행위자에게는 낙태에 대한 고의 이외에도 자신이 업무상의 신분자라는 사실
과 임부의 촉탁 또는 승낙이 있다는 사실에 대한 인식이 있어야 한다.

3. 위 법 성

행위주체가 의사인 경우에는 그 행위가 긴급피난에 해당하거나[3] 모자보건법
제14조에 해당하는 때에는 위법성이 조각된다.

---

1) 김일수/서보학, 55면.
2) 김성돈, 130면; 김일수/서보학, 55면; 김혜정 외, 92면; 박상기/전지연, 447면; 이재상 외, 100
면; 정성근/정준섭, 56면 등.
3) 모자보건법상 인공임신중절수술이 허용되는 기간이 지난 경우에도 긴급피난에 해당하면 위법성이
조각된다(대판 1976. 7. 3, 75도1205).

4. 공범관계

본죄의 주체가 될 수 있는 자들이 공동하여 본죄를 범한 경우에는 모두 본죄의 공동정범이 된다. 그러나 본죄의 주체가 될 수 있는 자와 없는 자, 예컨대 의사와 간호사가 공동하여 본죄를 범한 경우에는 의사는 본죄의 공동정범, 간호사는 동의낙태죄의 공동정범으로 된다.[1] 본죄의 주체가 되는 신분자에게 본죄를 범하도록 교사하거나 방조한 자는 동의낙태죄의 교사범 또는 종범이 된다.

IV. 부동의낙태죄

> *부녀의 촉탁 또는 승낙 없이 낙태하게 한 자는 3년 이하의 징역에 처한다(제270조 제2항).

1. 의   의

본죄는 임부의 촉탁이나 승낙 없이 낙태하게 함으로써 성립한다. 본죄는 불법가중적 구성요건으로, 행위자 자신이 임부도 아니고 임부의 동의를 얻은 경우도 아니기 때문에 불법성이 가중된다.

2. 구성요건

(1) 객관적 구성요건
1) 주체 및 객체
임부 이외의 타인은 누구든지 본죄의 주체가 될 수 있다. 의사, 한의사 등 업무상 동의낙태죄의 주체인 신분자도 본죄의 주체가 될 수 있다. 객체는 태아이다.
2) 행   위
본죄의 행위는 임신한 부녀의 촉탁이나 승낙 없이 낙태하게 하는 것이다. 촉탁이나 승낙이 있었다고 할지라도 유효한 촉탁, 승낙이 아닌 경우에는 본죄가 성립한다. 임부의 촉탁이나 승낙이 없으면 족하고 반드시 본인의 의사에 반할 것을 요하지 않으므로 임부가 모르게 낙태한 경우도 본죄에 해당한다. 「낙태하

---

1) 이 경우에 간호사는 단지 본죄의 방조범이 될 뿐이라는 견해도 있다(김일수, 한국형법Ⅲ, 144면).

게 한다는 것」은 행위자가 스스로 낙태행위를 실현하는 것을 의미한다.

(2) 주관적 구성요건

행위자에게는 낙태의 고의가 있어야 하며 촉탁이나 승낙이 있다는 인식은 없어야 한다. 따라서 촉탁·승낙이 있어도 행위자가 이를 인식하지 않은 경우에는 본죄가 성립하는 반면 촉탁·승낙이 없어도 있다고 인식한 경우에는 본죄가 성립하지 않고 동의낙태죄나 경우에 따라 업무상 동의낙태죄가 성립한다.

3. 죄 수

낙태시키기 위하여 임부를 살해하거나 임부임을 알면서 그 부녀를 살해한 경우는 본죄와 살인죄의 상상적 경합이 되고 부녀에게 낙태를 강요한 경우는 본죄와 강요죄의 상상적 경합이 된다.[1] 본죄를 범함에 있어서 단지 낙태에 필수적으로 수반될 정도의 상해를 초래한 것은 불가벌적 수반행위로 볼 수 있으나 이 범위를 초과하는 상해가 발생한 경우에는 고의의 유무에 따라 본죄와 상해죄의 상상적 경합 또는 낙태치상죄가 성립한다.[2]

V. 낙태치사상죄

> *제2항(제269조 제2항, 동의낙태)의 죄를 범하여 부녀를 상해에 이르게 한 때에는 3년 이하의 징역에 처한다. 사망에 이르게 한 때에는 7년 이항의 징역에 처한다(제269조 제3항).
> *제1항 또는 제2항(제270조 제1항 업무상동의낙태, 제270조 제2항 부동의낙태)의 죄를 범하여 부녀를 상해에 이르게 한 때에는 5년 이하의 징역에 처한다. 사망에 이르게 한 때에는 10년 이하의 징역에 처한다(제270조 제3항).

1. 의 의

본죄는 동의낙태죄, 업무상 동의낙태죄 및 부동의낙태죄를 범하여 치사상의 결과를 초래한 결과적 가중범이다. 법정형상 진정결과적 가중범이다.

---

1) 김성돈, 131면; 김일수/서보학, 56면; 이재상 외, 101면; 정성근/정준섭, 57면 등.
2) 김일수/서보학, 56면; 배종대, 1155면; 이재상 외, 101면.

2. 구성요건

(1) 기본범죄로서의 낙태

본죄가 성립하기 위하여서는 고의범으로서의 기본적 범행인 동의낙태죄, 업무상동의낙태죄 또는 부동의낙태죄가 행하여져야 한다. 이들 기본적 범행이 반드시 기수에 이르러야 하는가는 견해의 대립이 있다. 낙태가 반드시 기수에 이른 때에만 본죄가 성립한다는 견해[1]는 낙태죄는 미수범을 처벌하지 않는다는 것, 형법이 제269조 제2항, 제270조 제1항 및 제2항의 죄를 「범하여」라고 규정한 점 등을 그 근거로 한다. 반면 미수를 포함하는 견해[2]에 의하면 기본적 범행이 직접적인 원인이 되어 중한 결과가 발생하면 기본적 범행이 미수이든 기수이든 전체적으로 결과적 가중범의 성립을 인정하는 것이 타당하다고 본다.

생각건대, 현행법이 낙태미수를 처벌하지 않는다고 할지라도 낙태의 시도로 인한 중한 결과발생의 위험을 단순한 과실치사상죄와 동등하게 평가하기는 어렵다고 보여진다. 다만 그와 같은 해석이 행위자에게 불리한 유추해석의 우려가 있으므로 신중히 고려하여야 할 것이다. 더욱이 기본범죄인 동의낙태죄 및 가중유형인 업무상 동의낙태죄가 비범죄화되어 가는 추세이므로, 낙태치사상죄는 부동의낙태죄에만 적용하는 입법적 개선방안도 고려해 볼 필요가 있다.

(2) 치사상의 결과발생

낙태에 필수적으로 수반하는 정도의 건강침해는 낙태죄의 부차적 법익의 침해에 해당하는 것으로서 자기낙태죄에 있어서는 자상행위로 볼 수 있고 동의낙태죄, 업무상동의낙태죄에 있어서는 동의된 내용 속에 포함된 것으로 부동의낙태죄에 있어서는 불법가중의 근거로 이미 반영되었기 때문에 불가벌적 수반행위로 인정될 뿐이다. 그러므로 본죄에서 말하는 치상은 이를 초과하는 상해에 이른 것을 의미한다고 보아야 한다. 어느 정도가 이에 해당하는가는 구체적인 경우에 모든 정황을 고려하여 사회통념에 따라 판단해야 할 것이다.

기본적인 범행인 낙태와 치사상의 중한 결과 사이에는 합법칙적 조건설에 따

---

1) 김성돈, 131면; 김성천/김형준, 52면; 김혜정 외, 95면; 박상기/전지연, 447면; 오영근, 83면; 유기천, 81면; 이재상 외, 102면; 이정원, 122면; 임웅, 122면; 정성근/정준섭, 57면; 정영일, 39면; 조준현, 84면 등.
2) 권오걸, 90면; 김일수/서보학, 57면; 배종대, 115면; 최호진, 95면.

른 인과관계가 있어야 하고 그 결과가 행위자에게 객관적으로 귀속되어야 한다. 또한 중한 결과를 예견하지 못한 데 대한 과실이 있어야 한다.

제 5 절 유기와 학대의 죄

§1. 서   설

Ⅰ. 의의 및 보호법익

유기죄는 나이가 많거나 어림, 질병 기타 사정으로 인하여 도움이 필요한 사람을 보호할 의무가 있는 자가 유기하는 것을 내용으로 하는 범죄이고, 학대죄는 자기의 보호나 감독을 받는 사람을 학대함으로써 성립하는 범죄로서 넓은 의미에서 유기의 죄에 속한다고 볼 수 있다. 형법은 제28장에서 유기의 죄라는 표제 아래 유기의 죄와 학대의 죄를 함께 규정하고 있다.

유기죄가 생명·신체의 안전을 보호법익으로 하는 위험범이라는 점에 이견이 없다. 다만 법익의 보호의 정도와 관련하여 구체적 위험범으로 보는 견해[1]가 있지만, 추상적 위험범으로 봄이 타당하다. 본죄는 부조자의 의무위반에 불법의 핵심이 있으므로, 도움이 필요한 자(이하 '요부조자')의 생명·신체를 위험하게 할 상태에 둠으로써 족하며 구체적 위험이나 결과발생을 요하지 않는다. 다만, 구성요건상 중유기죄는 구체적 위험범에 해당한다.

참고 연혁

유기죄는 연혁적으로 보면 어린이유기(Kindesaussetzung)와 관계가 깊다. 로마법에는 아직 이에 관한 규정이 없었다고 하며, 게르만법에도 유기죄의 규정은 없었으나 단지 고대 독일법에 있어서는 드물게 언급되었다고 한다. 중세 교회법에는 모가 자를 버려 사망

---

1) 유기천(상), 86면. 이에 따르면 행위자가 요부조자를 유기한 후에 그 옆에 숨어서 누가 구조해가는 것까지 확인한 다음에 집으로 돌아오는 행위는 구체적 위험성이 없어 유기죄를 구성하지 않는다고 해석함이 타당하고 본다.

하면 모를 생명·신체를 침해한 죄로 처벌하지만 자가 사망하지 아니한 경우에도 처벌하는 제도가 있었고, 교회법의 영향을 받아 독일의 입법에 유기죄가 규정되기 시작하였다. 카롤리나형법 제132조는 생모에 의한 아기의 유기를 처벌하였는데 그 범행이 생명에 대한 것인가 모의 보호의무에 대한 것인가에 관하여서는 논란이 있었다. 독일 보통법시대 초기의 유기죄는 고의적이고 위법하지만 살해의 고의는 없이 요부조자를 버리거나 떠나가게 하는 행위라고 정의되었다. 프로이센일반국법(ALR) 제969조 내지 제971조는 유기죄를 생명에 대한 범죄로 설정하는 한편 가족부양의 사상과 이에 기한 어린이의 혈연이라는 사상을 결합시키면서 모친만이 범죄의 주체로 된다고 규정하였다. 그 후 바이에른 형법 제174조는 누구라도 유기죄의 주체가 될 수 있고 그 객체는 모든 요부조자로 규정하였으며, 1851년의 프로이센형법 제183조를 토대로 하여 독일 형법 제221조가 형성되었다.

우리나라에 있어서는 일제치하에서는 독일형법의 영향을 받았던 일본형법(제217조~제219조)이 적용되었고 해방 이후에도 현행 형법이 제정되어 발효되기까지는 일본형법이 계속 의용되었다. 유기의 죄와 더불어 학대의 죄를 별개의 유형으로 하여 같은 장(제28장)에 규정하고 있는 현행형법상의 규정(제271조 내지 제275조)은 일본개정형법가안 제364조 내지 제370조의 영향을 많이 받은 것으로 보인다.

II. 구성요건 체계와 특성

기본적 구성요건: 유기죄 (제271조 제1항)	수정적 구성요건	불법	결과적 가중범	중유기죄(제271조 제3, 4항) 유기치사상죄(제275조)
		책임	가중적	존속유기죄(제271조 제2항)
			감경적	영아유기죄(제272조)
기본적 구성요건: 학대죄 (제273조 제1항)	수정적 구성요건	불법	결과적 가중범	학대치사상죄(제275조)
		책임	가중적	존속학대죄(제273조 제2항)
			감경적	없음
	독립적 구성요건	아동혹사죄(제274조)[1]		

유기 및 학대의 죄의 특징은 다음과 같다.

첫째, 보호의무 있는 자의 유기만을 처벌한다. 따라서 보호의무 없는 자는 쉽게 생명의 위험에 빠진 자를 구조할 수 있음에도 불구하고 이를 방치하여도 처

---

1) 오영근, 87면은 아동혹사죄를 불법가중적 구성요건으로 본다.

벌의 대상이 되지 않는다.[1] 이 때문에 형법은 극단의 개인주의적 입장에서 유기죄를 규정하고 있다는 지적을 받기도 한다.[2]

둘째, 형법은 넓은 의미에서 사람의 생명·신체에 대한 유기의 일종이 될 수 있는 학대를 유기죄와는 별개의 구성요건으로서 유기의 죄의 장(제28장)에 포함시키고 유기죄보다 그 처벌을 경하게 하도록 하였다.

셋째, 형법은 자기의 보호 또는 감독을 받는 16세 미만의 자를 그 생명 또는 신체에 위험한 업무에 사용할 영업자 또는 그 종업원에게 인도하거나 그 인도를 받은 자를 처벌할 것을 내용으로 하는 아동혹사죄(제274조)를 유기의 죄의 장에 포함시켜 규정하고 있다. 아동혹사죄의 보호법익을 아동의 생명·신체의 안전이라고 보는 견해[3]도 있으나, 장차 그 아동이 종사할 것으로 예견되는 업무가 생명·신체에 위험한 업무라는 점에서 보호법익을 아동의 복지권이라고 보아야 하며[4] 따라서 타 유형과는 독립된 별개의 구성요건이다.

§2. 유기의 죄

I. 단순유기죄

*노유, 질병 기타 사정으로 인하여 부조를 요하는 자를 보호할 법률상 또는 계약상 의무 있는 자가 유기한 때에는 3년 이하의 징역 또는 500만원 이하의 벌금에 처한다(제271조 제1항).

---

1) 1949년의 정부초안 제293조는 「노유·질병 기타 사정으로 인하여 생명의 위험상태에 있는 자를 용이하게 구조할 수 있는 자가 그를 유기하여 사상에 이르게 한 때에는 3년 이하의 징역 또는 5만원 이하의 벌금에 처한다」라고 규정하여 일정한 요건 하에 보호의무 없는 자의 유기를 처벌하도록 하였으나 국회심의과정에서 범죄구성이 막연하고, 도의적으로 좋은 일이라고 하여 그 위반을 법률상의 범죄로 만드는 것도 곤란한 일이라는 지적을 받았으며(한국형사정책연구원, 형사법령제정자료집(Ⅰ), 형법, 1990, 475면 참조) 결국 삭제되기에 이르렀다.

2) 박상기/전지연, 449면; 유기천(상), 85면; 이재상 외, 103면; 임웅, 124면.

3) 김혜정 외, 111면; 백형구, 111면; 정영일, 46면. 오영근, 94면은 그밖에 아동의 인격권도 보호법익으로 본다.

4) 김봉태/7인공저, 129면; 배종대, 122면; 이영란, 119면; 이재상 외, 113면; 이정원, 142면; 임웅, 134면; 정성근/정준섭, 66면; 진계호, 139면. 한편 양자 모두를 보호법익으로 보는 견해로는 김성돈, 133면.

1. 의   의

본죄는 추상적 위험범이며 유기의 죄의 기본적 유형이기도 하다. 진정신분범이므로 모든 주체가 부진정부작위범으로서의 보증인적 지위자에 해당한다.

2. 구성요건

(1) 객관적 구성요건

1) 주   체

본죄의 주체는 요부조자를 보호할 법률상 또는 계약상 의무가 있는 자(보호의무자)이다. 따라서 본죄는 진정신분범의 성격을 지니고 있다.

① 법률상의 의무와 계약상의 의무

법률상의 보호의무란 법령에 보호의무의 근거를 두는 경우로서 그 법령은 공법이든 사법이든 불문한다. 예컨대 경찰관직무집행법 제4조에 의한 경찰관의 보호의무는 공법상 보호의무이고 자녀에 대한 친권자의 감호의무(민법 제913조)라든가 친족관계에 의한 부양의무(민법 제974조) 등은 사법상의 보호의무이다. 그렇지만 경범죄처벌법 제3조 제1항 제6호에 근거하여 자기가 관리하고 있는 곳에 도움을 받아야 할 노인, 어린이, 장애인, 다친 사람 또는 병든 사람이 있는 것을 알면서 이를 관계공무원에게 신고할 의무가 인정되는데 이러한 신고의무만으로 법률상 보호의무가 발생한다고 볼 수는 없다.[1]

유기죄에서 요부조자를 보호할 의무는 생명·신체에 대한 위험으로부터 보호해야 할 의무를 의미하므로 단지 경제적 곤궁을 이유로 하는 민법상의 부양의무(민법 제975조)와는 동일하지 않으며, 민법상의 부양의무이행순서가 본죄의 보호의무를 정하는 기준이 되는 것도 아니다.[2]

계약상의 보호의무에 있어서 계약은 반드시 유기자와 피유기자 사이에 체결될 것을 요하지 않으며 명시적 계약이건 묵시적 계약이건 불문한다. 간호사, 보모 등과 같이 그 사무의 성질상 당연히 보호의무를 포함하는 경우는 물론 고용계약에 근거하여 동거하는 피용자가 질병에 걸린 경우에도 묵시적 계약에 의하

---

1) 강구진 I, 119면; 이재상 외, 106면.
2) 강구진, 유기의 죄, 판례일보, 1983. 9, 13∼14면; 김일수/서보학, 109면; 김종원(상), 90면; 이재상 외, 102면 등.

여 사용자는 보호의무를 지게 된다.[1)]

　사용자가 이 의무를 면할 목적으로 피용자를 해고하여 곧 떠나게 하여도 보호의무를 면하지 못한다. 즉 일단 적법하고 정당한 계약에 의하여 보호의무가 발생하면, 후에 계약이 종료된다 하더라도 여전히 계약자의 생활범위 내에 있다면 보호의무는 지속되는 것으로 보아야 할 것이다. 예컨대, 사용자가 숙소를 제공하는 근로자에 대하여 근로계약관계가 종료되어도 사용자의 숙소에 여전히 근로자가 머물러 있는 한은 계약상의 보호의무가 존속하고 있는 것으로 보아야 할 것이다.

판 례

　유기죄를 범하여 사람을 사망에 이르게 하는 유기치사죄가 성립하기 위해서는 먼저 유기죄가 성립하여야 하는바, 형법 제271조 제1항에서 말하는 법률상 보호의무에는 민법 제826조 제1항에 근거한 부부간의 부양의무도 포함된다.[2)] 이 경우 부부간의 부양의무는 법률상 부부 뿐만 아니라 사실혼 관계에 있는 경우도 포함되지만, 단순한 동거 또는 내연관계는 사실혼관계가 아니다.[3)]

---

　② 사무관리, 관습, 조리상의 보호의무 인정여부

　보호의무의 근거를 법률상 또는 계약상 의무로 국한시킬 것인가, 아니면 이러한 의무를 예시적인 것으로 보아 사무관리, 관습, 조리 등에 근거한 보호의무도 인정할 것인가에 관하여는 학설상의 대립이 있다.

　(가) 긍정설[4)]은 법률상 또는 계약상의 의무를 보호의무의 예시로 보아 그 이외에도 사무관리, 조리 등에 근거한 보호의무를 인정한다. 예컨대 병자를 인수하여 자택에 동거하게 한 경우에 그 인수자는 민법상 사무관리의 법리에 의하여, 법률상의 입양절차를 마치지 않고 양자로서 유아를 받아들인 경우라든가, 동거자나 동행자(단, 이들의 경우는 구체적 사정을 고려하여)의 경우에는 관습에 의하여, 과실로 통행인에게 상해를 입힌 경우에는 조리(또는 선행행위)에 의하여 각

---

1) 김성돈, 117면: 이재상 외, 106면.

2) 대판 2018. 5. 11, 2018도4018.

3) 대판 2008. 2. 14, 2007도3952.

4) 김봉태/7인공저, 119면: 김종원(상), 90면: 서일교, 54면: 유기천(상), 86면: 임웅, 128면: 정웅석, 736면: 황산덕, 194면.

각 보호의무가 발생한다고 본다.

(나) 부정설[1]은 유기죄의 보호의무를 법률상의 의무와 계약상의 의무로 국한한다. 법문의 범위를 넘어 사무관리, 관습 또는 조리에 의한 보호의무까지 인정하는 것은 죄형법정주의의 원칙상 허용될 수 없다고 본다. 또한 민법상의 사무관리를 보호의무의 근거로 삼는 것은 형법해석의 사법이론에 대한 지나친 구속으로서 형법해석의 독자성을 무시하는 것이며 앞에서 관습이나 조리에 의한 보호의무의 예로서 거론된 경우도 대부분 묵시적 계약이나 법률상 보호의무에 속한다고 본다.

생각건대 명문의 규정에도 불구하고 행위자에게 불이익하게 확대해석함은 죄형법정주의의 원칙에 반하므로 허용될 수 없다. 또한 연대성의 원리에 근거한 선한 사마리아인의 법(good Samaritan Law)에 의하여 일반인에게 위험에 처한 자를 구조할 법적 의무를 부과할 것인가는 형사정책적인 문제이며, 현행법은 이를 인정하고 있지 않다는 점에서 부정설이 타당하며 이는 입법론적으로 해결해야 할 문제이다. 다만, 후술할 판례의 해석상 대법원은 실질적으로 사무관리, 관습, 조리에 의한 의무발생을 인정한 것으로 보아야 할 것이다.

판 례

피해자가 피고인의 지배 아래 있는 주점에서 3일 동안 과도하게 술을 마시고 추운 날씨에 난방이 제대로 되지 아니한 주점 내 소파에서 잠을 자면서 정신을 잃은 상태에 있었다면, 피고인은 주점의 운영자로서 피해자의 생명 또는 신체에 대한 위해가 발생하지 아니하도록 피해자를 주점 내실로 옮기거나 인근에 있는 여관에 데려다 주어 쉬게 하거나 피해자의 지인 또는 경찰에 연락하는 등 필요한 조치를 강구하여야 할 계약상의 부조의무를 부담하므로 유기치사죄가 성립한다.[2]

판례는 이에 대하여, 계약상 의무 위반의 효과로서 주로 손해배상책임이 문제되는 민사영역에서와는 달리 유기죄의 경우에는 당사자의 인적 책임에 대한 형사적 제재가 문제된다는 점 등을 고려하여 보면, 단지 부수의무로서의 민사적 부조의무 또는 보호의무가 인정된다고 해서 유기죄에서의 '계약상 의무'가 당연히 긍정된다

---

1) 김성돈, 136면; 김성천/김형준, 117면; 김일수/서보학, 109면; 김혜정 외, 100면; 박상기/전지연, 451면; 배종대, 118면; 백형구, 98면; 신동운, 597면; 오영근, 89면; 이영란, 110면; 이재상 외, 107면; 정성근/정준섭, 60면; 정영일, 41면 등.
2) 대판 2011. 11. 24, 2011도12302.

고는 할 수 없고, 당해 계약관계의 성질과 내용, 계약당사자 기타 관련자들 사이의
관계 및 그 전개양상, 그들의 경제적·사회적 지위, 부조가 필요하기에 이른 전후
의 경위, 필요로 하는 부조의 대체가능성을 포함하여 그 부조의 종류와 내용, 달리
부조를 제공할 사람 또는 설비가 있는지 여부 기타 제반 사정을 고려하여 위 '계약
상의 부조의무'의 유무를 신중하게 판단하여야 한다고 본다.

동 판결에 대하여는 사무관리, 관습, 조리 등과 같이 사실상 보호의무를 확장하
고 있다고 보는 견해[1]와 조리상의 보호의무를 인정한 판례라고 보는 견해[2], 묵시
적 또는 부수적 계약내용으로 이해하는 견해[3] 등이 있다. 판례는 '계약상의 부조의
무'라고 판시하고 있지만, 실질적으로는 계약당사자간의 계약내용이라기 보다는 계
약당사자라는 특별한 관계로부터 도출되는 조리상의 의무라고 보아도 무리가 없다.
술판매라는 계약상의 부수적 의무를 통해서 술매수자의 생명·신체의 보호의무를
도출하기는 어렵고, 다만 3일동안 숙식을 함께 하였다는 생활관계로부터 유래하는
조리상의 의무라고 이해함이 보다 설득력이 있다고 보여진다.

2) 객 체

본죄의 객체는 노유·질병 기타 사정으로 인하여 부조를 요하는 자이다. 여
기에 도움이 필요한 자, 즉 요부조자란 타인의 도움 없이는 자기의 생명·신체
에 대한 위험으로부터 벗어날 수 없는 자를 의미한다. 나이가 많거나 어림, 질병
은 그 예이다. 부조를 요하게 된 책임이 요부조자에게 있는가, 부조를 요하는 사
유가 지속적인가 일시적인가는 불문하며[4] 요부조자인가 여부의 판단은 정신
적·육체적 능력이나 상태 기타 구체적인 사정을 고려하여 종합적으로 판단하
여야 한다.

나이가 많거나 어림은 객체로서 노인과 유아를 의미하는데 연령에 따라 획일
적으로 판단할 수는 없고 구체적 사정에 따라 결정할 수밖에 없다.

질병이란 정신적·육체적 질환을 의미하며 그 원인, 치유가능성, 치료기간의
장단 등은 불문한다. 병적 정신장애로 볼 수 있는 정신질환(정신분열증, 조울증,
간질 등), 알콜 중독이나 마약 중독 등도 이에 속한다고 볼 수 있다.

기타 사정이란 나이가 많거나 어림, 질병은 아니지만 타인의 도움 없이 자기

---

1) 김성돈, 118면.
2) 임웅, 128면.
3) 김혜정 외, 99면.
4) 신동운, 597면: 이재상 외, 108면 등.

의 생명·신체의 위험으로부터 벗어날 수 없는 사정을 폭 넓게 포함하는 개념이다. 예컨대 신체장애자, 백치, 최면에 걸린 자, 분만 중인 부녀, 술에 심하게 취한 자,[1] 수족을 결박당한 자 등이 이에 속한다. 반면 단순히 임신 중인 부녀자라든가 숙면중인 자는 본죄의 객체로 될 수 없다.

3) 행   위

유기는 요부조자를 보호 없는 상태에 둠으로써 그 생명, 신체를 위태롭게 하는 행위를 의미한다. 유기의 수단, 방법은 불문한다. 유기에는 요부조자를 장소적 변경을 통하여 안전한 상태에서 보호 없는 상태로 옮기는 적극적 유기에 해당하는 이치(移置)와 요부조자를 종래의 상태에 그대로 두고 보호의무자가 떠나가 버리는 치거(置去)가 모두 포함된다. 보호의무자가 요부조자에게서 떠나가지 않고 필요한 보호조치를 하지 않는 경우도 후자에 포함시킬 수 있다.

유기를 장소적 격리의 방법으로 할 경우에는, 장소변경이 요부조자의 상황을 악화시켜야 한다. 예컨대 산중에서 길을 잃은 아이를 마을로 데려오는 경우는 위험이 보다 적은 장소로의 이전이므로 유기가 아니다.[2] 장소적 이전의 방법을 사용할 경우 반드시 폭력적 수단일 필요는 없고 기망이나 협박을 사용할 수도 있다. 요부조자의 장소변경 없이 보호의무자가 떠나는 방법으로 행하는 유기도 가능하다.

유기행위에 있어서 특색은 주체가 보호의무자로 한정된다는 점에서 모든 주체는 부작위에 의하여 유기행위가 가능하다는 점이다. 즉, 모든 주체는 부진정부작위범에 있어서 보증인의무를 지는 보증인지위자에 해당하므로, 유기죄의 주체는 모두 부진정부작위범이 성립할 수 있다. 따라서 유기죄의 주체는 작위 또는 부작위에 의하여 행위를 할 수 있다.

유기죄는 추상적 위험범이므로 유기로 인하여 요부조자의 생명, 신체에 대한 추상적 위험만 발생하면 기수가 된다.

---

1) 대판 1972. 6. 27, 72도863. 국민의 생명과 신체의 안전을 보호하기 위한 응급의 조치를 강구하여야 할 직무를 가진 경찰관인 피고인으로서는 술에 만취된 피해자가 향토예비군 4명에게 떼메어 운반되어 지서 나무의자 위에 눕혀 놓았을 때 숨이 가쁘게 쿨쿨 내뿜고 자신의 수족과 의사도 자제할 수 없는 상태에 있음에도 불구하고 근 3시간 동안이나 아무런 구호조치를 취하지 아니한 것은 유기죄에 대한 범의를 인정할 수 있다.
2) 김성돈, 137면; 정성근/정준섭, 62면.

(2) 주관적 구성요건

본죄는 미필적 고의로써 족하다.

보호의무를 발생케 하는 정황에 대한 착오는 구성요건적 착오로서 고의를 조각하나 보호의무의 내용이나 범위에 관한 착오는 금지착오로서 그 오인에 정당한 이유가 있는 때에 한하여 책임이 조각된다.

3. 죄 수

본죄는 상해죄·살인죄에 대하여 보충관계에 있기 때문에 피해자가 상해 또는 사망할 것을 인식, 인용하면서 유기한 경우에는 상해죄와 살인죄가 성립될 뿐이다.[1] 강간치상을 범한 자가 그 범행으로 인하여 실신상태에 있는 피해자를 구호하지 않고 유기 또는 방치하였다고 하더라도 유기죄는 성립하지 않고, 포괄적으로 단일의 강간치상죄만 성립한다.[2]

심 화　역사적 해석에 따른 유기죄의 행위주체 확대

공공의 복지를 지향하는 현대국가의 법이념 등에 비추어 볼 때 보호의무 있는 자의 유기만을 처벌하면서 그 보호의무의 근거를 다시 일정한 조건하에 좁게 제한하는 것은 매우 개인주의적인 태도로서 적절한 일은 아닐 것이다. 사무관리, 관습 조리 등에 의한 보호의무 확대에 관한 부정설은, 이를 인정하면 죄형법정주의에 반한다고 비판한다. 만일 긍정설의 입장이 자구표현에 구속된 문리해석보다는 법조문에 내재된 본질에 따른 것이라고 본다면 또 다른 해석의 여지가 있다.

물론 사회통념, 조리 등을 넓게 이해하여 보호의무의 범위를 확대하는 것도 바람직하지 않지만 동시에 「법률상 또는 계약상」이라는 자구에 국한하여 보호의무의 범위를 제한하는 것도 적절하다고 보기 어렵다. 이에 관한 입법과정을 살펴보면 다음과 같다. 일찍이 정부초안 제289조는 현행 형법 제271조와 동일한 내용을 규정하는 한편 초안 제293조에는 보호의무 없는 자의 유기를 처벌하는 규정까지 두고 있었다. 그러나 국회심의 과정에서 초안 제293조는 범죄구성이 막연하다는 지적이 있었고 결국 삭제되기에 이르렀지만 이 규정의 삭제로 인하여 발생할 문제점을 어떻

---

1) 김성돈, 138면; 김성천/김형준, 117면; 김혜정 외, 102면; 배종대, 120면; 이재상 외, 110면; 정성근/정준섭, 62면; 최호진, 104면.
2) 대판 1980. 6. 24, 80도726.
3) 국회 제16회·17차 회의록(한국형사정책연구원, 형사법령제정자료집(Ⅰ), 형법, 1990, 475면 참조).

게 할 것인가가 논의의 대상이 되었다. 국회 제16회 · 제17차 회의에서 당시 국회법
사위원장이던 윤길중 의원은 제289조(현행 형법 제271조)와 관련하여 법률상, 계약
상이라는 법문상의 표현 이외에도 「사회관습상으로 당연한 의무」라는 표현을 사용
하면서 초안 제293조의 삭제로 발생할 문제점은 조리로서도 제289조에 의하여 처
벌할 수 있기 때문에 극복될 수 있다는 것을 강조하였다. 즉, 입법과정에서 거론된
사실로는 보호의무의 범위를 「법률상 또는 계약상」이라는 법문에 한정하려는 입장
은 아니었던 것으로 판단된다.[3]

　　사회통념, 신의성실, 관습 등의 개념을 넓게 해석하여 보호의무의 범위를 확대하
는 것이 바람직하지 못한 측면이 있는 점은 부정할 수 없다. 그러나 그 범위를 법률상
또는 계약상이라는 법문에 한정시키는 것은 많은 범죄 중 유기죄의 경우에만 부진
정부작위범의 성립 범위를 제한하여 심지어 선행행위로 인한 보호의무까지도 구체
적 해당규정이나 계약이 없는 한 부정하게 되어 불합리한 점을 드러낸다는 점은 고
려해 볼 필요가 있을 것이다. 특히 앞서 살펴본 대법원의 2011도12302판결은 공동
체로서의 상호부조의무와 유사하게 접근하는 듯 한 경향을 보이고 있다.

Ⅱ. 존속유기죄

*자기 또는 배우자의 직계존속에 대하여 제1항(제271조 제1항 단순유기)의 죄를 범한
때에는 10년 이하의 징역 또는 1,500만원 이하의 벌금에 처한다(제271조 제2항).

　　본죄는 신분관계로 인하여 책임이 가중되는 구성요건으로 부진정신분범이자
이중적 신분범이다.

　　본죄의 주체 및 객체와 관련한 직계존속, 배우자의 의미는 존속살해죄의 그
것과 같고, 행위는 유기죄의 설명과 같다. 만일 행위자에게 직계존속이라는 사실
에 대한 인식이 없는 때에는 구성요건 착오로서 형법 제15조 제1항에 의하여 단
순유기죄만 성립한다.

Ⅲ. 중유기죄·존속중유기죄

*제1항(단순유기)의 죄를 범하여 사람의 생명에 대한 위험을 발생하게 한 때에는 7년 이하의 징역에 처한다(제271조 제3항).
*제2항(존속유기)의 죄를 범하여 사람의 생명에 대하여 위험을 발생한 때에는 2년 이상의 유기징역에 처한다(제271조 제4항).

1. 의   의

본죄는 단순유기죄 또는 존속유기죄를 범하여 사람의 생명에 대한 위험을 발생하게 함으로써 성립하는 결과적 가중범이며 여기에서 위험이란 구체적 위험을 말한다. 이러한 위험은 고의에 의해서도 발생할 수 있으므로 본죄는 부진정결과적 가중범에 해당한다.[1]

2. 구성요건

기본적 범행인 단순유기, 존속유기와 중한 결과인 생명의 구체적 위험 사이에는 인과관계가 있어야 하고 결과가 행위자에게 객관적으로 귀속되어야 한다. 중한 결과에 대한 행위자의 과실이나 고의가 있어야 한다.

Ⅳ. 영아유기죄

*직계존속이 치욕을 은폐하기 위하거나 양육할 수 없음을 예상하거나 특히 참작할 만한 동기로 인하여 영아를 유기한 때에는 2년 이하의 징역 또는 300만원 이하의 벌금에 처한다(제272조).

1. 의   의

단순유기죄와 관련하여 볼 때 본죄는 일정한 책임의 표지와 직계존속이라는 주체의 신분 때문에 형이 경해지는 감경적 구성요건으로서 부진정신분범이다.

---

1) 이재상 외, 107면; 임웅, 117면.

2. 구성요건

본죄의 주체는 직계존속이다. 직계존속의 의미는 영아살해죄의 그것과 동일하다. 다만 영아살해죄의 주체를 산모로 국한시키는 입장[1]에서도 본죄의 주체는 영아살해죄의 경우와 달리 산모에 한하지 않는다고 본다.

따라서 본죄의 객체인 영아는 영아살해죄와 달리 일반적 의미의 영아, 즉 분만직후의 영아뿐만 아니라 아직 젖먹이에 해당하는 아이를 의미한다. 특별한 책임표지는 영아살해죄와 같다.

§3. 학대의 죄

Ⅰ. 학대죄 · 존속학대죄

> *자기의 보호 또는 감독을 받는 사람을 학대한 자는 2년 이하의 징역 또는 500만원 이하의 벌금에 처한다(제273조 제1항).
> *자기 또는 배우자의 직계존속에 대하여 전항(학대)의 죄를 범한 때에는 5년 이하의 징역 또는 700만원 이하의 벌금에 처한다(제273조 제2항).

1. 학 대 죄

(1) 의 의

본죄는 사람의 생명, 신체의 안전, 그리고 인격권까지도 보호법익으로 한다.[2] 본죄는 진정신분범이자 거동범이며 추상적 위험범이다.[3]

(2) 구성요건

1) 주 체

본죄의 주체는 사람을 보호 또는 감독하는 자이다. 보호·감독의 근거에 관하여서는 법령 또는 계약에 의한 경우로 제한해야 한다는 견해[4]도 있으나 이밖에도

---

1) 강구진 Ⅰ, 125면; 이재상 외, 111면.
2) 김성돈, 133면; 김혜정 외, 107면; 이재상 외, 112면; 최호진, 106면.
3) 본죄를 경향범으로 보는 견해로는 김성돈, 139면; 정성근/정준섭, 65면.
4) 강구진 Ⅰ, 126면.

사무관리, 관습, 조리에 의한 경우도 포함한다고 보는 통설[1]이 타당하다.

2) 객 체

본죄의 객체는 자기의 보호 또는 감독을 받는 자이다. 보호·감독을 받는 자인 한 그 대상에 제한이 없으나, 다만 18세 미만의 아동일 때에는 아동복지법이 적용된다.

3) 행 위

본죄의 행위는 학대인데 학대의 개념에 관하여서는 견해의 대립이 있다. 다수설은 학대를 육체적으로나 정신적으로 고통을 가하는 가혹한 대우를 하는 행위로 본다.[2] 한편 소수설은 학대를 생명·신체의 완전성을 위태롭게 하는 육체적 고통을 주는 처우이고 폭행, 협박, 음란한 행위나 단지 정신적 고통을 주는 행위는 포함하지 않는다고 본다.[3]

본죄의 학대는 제125조(폭행, 가혹행위죄)와 제277조(중체포·중감금, 존속중체포·존속중감금)의 가혹한 행위보다 경미한 개념으로 보아야 하기 때문에 다수설의 주장처럼 정신적으로 고통을 가하는 가혹한 대우도 학대에 포함시키는 것이 타당하다. 그러나 폭행, 협박, 음란한 행위 등은 가혹행위에는 포함되나 학대에서는 제외된다.[4] 학대의 예로서는 음식물의 공급을 불량하게 하는 일, 수면을 방해하거나 휴식을 시키지 않는 일 등을 들 수 있다.

판례

////////////////////////////

형법 제273조 제1항에서 말하는 '학대'라 함은 육체적으로 고통을 주거나 정신적으로 차별대우를 하는 행위를 가리키고,[5] 이러한 학대행위는 형법의 규정체제상

---

1) 김성돈, 140면; 김성천/김형준, 122면; 김일수/서보학, 114면; 김종원(상), 94면; 박상기/전지연, 455면; 배종대, 122면; 신동운, 601면; 원혜욱, 69면; 이재상 외, 112면; 임웅, 132면; 정성근/정준섭, 65면; 정영일, 45면; 정웅석, 870면; 진계호, 136면; 최호진, 107면 등.

2) 김성돈, 140면; 김성천/김형준, 123면; 김일수/서보학, 115면; 김혜정 외, 108면; 박상기/전지연, 456면; 배종대, 122면; 백형구, 107면; 오영근, 93면; 이정원, 141면; 임웅, 133면; 정성근/정준섭, 66면; 정영일, 45면; 진계호, 136면; 황산덕, 200면 등. 판례도 이러한 입장을 취한다.

3) 김봉태/7인공저, 127면; 김종원(상), 94면; 이재상 외, 112면.

4) 김일수/서보학, 115면; 배종대, 122면; 정성근/정준섭, 66면; 진계호, 136면 등.

5) 대판 1986. 7. 8, 84도2922. 학대죄는 자기의 보호 또는 감독을 받는 사람에게 육체적으로 고통을 주거나 정신적으로 차별대우를 하는 행위가 있음과 동시에 범죄가 완성되는 상태범 또는 즉시범이라 할 것이고 비록 수십회에 걸쳐서 계속되는 일련의 폭행행위가 있었다 하더라도 그중 친권자로서의 징계권의 범위에 속하여 위 위법성이 조각되는 부분이 있다면 그 부분을 따로 떼어 무죄

학대와 유기의 죄가 같은 장에 위치하고 있는 점 등에 비추어 단순히 상대방의 인격에 대한 반인륜적 침해만으로는 부족하고 적어도 유기에 준할 정도에 이르러야 한다고 풀이함이 상당한바, 피고인이 피해자와 성관계를 가진 행위를 학대행위에 해당한다고 보기는 어렵다.[1]

2. 존속학대죄

본죄는 자기 또는 배우자의 직계존속을 학대함으로써 성립하는 부진정신분범이자 이중적 신분범이며, 책임가중적 구성요건이다.

Ⅱ. 아동혹사죄

*자기의 보호 또는 감독을 받는 16세 미만의 자를 그 생명 또는 신체에 위험한 업무에 사용할 영업자 또는 그 종업자에게 인도한 자는 5년 이하의 징역에 처한다. 그 인도를 받은 자도 같다(제274조).

1. 의   의

본죄는 아동의 복지권을 보호법익으로 하는 거동범이며 추상적 위험범이다. 또한 인도자는 진정신분범에 해당한다.

본죄는 필요적 공범이므로, 인도자와 인수자 사이에는 총칙상의 임의적 공범규정인 공동정범, 교사범 및 방조범이 성립되지 않는다. 예컨대, 인도자가 인수자에게 인수할 것을 교사한다고 하더라도 인도자는 아동혹사죄의 정범이 될 뿐, 인수자에 대한 교사범이 성립하지는 않는다.

2. 구성요건

(1) 객관적 구성요건

1) 주   체

본죄의 주체는 아동 인도의 경우에 있어서는 16세 미만의 자를 보호 또는 감

의 판결을 할 수 있다.

[1] 대판 2000. 4. 25, 2000도223.

독하는 자이며 인수의 경우에 있어서는 그 아동을 생명·신체에 위험한 업무에 사용할 영업자 또는 종업자이다.

2) 객 체

본죄의 객체는 16세 미만의 자이며 성별, 혼인여부, 신체적·정신적 발육상태, 지능 등을 불문한다.

3) 행 위

본죄의 행위는 생명 또는 신체에 위험한 업무에 사용할 영업자 또는 그 종업자에게 보호 또는 감독하는 16세 미만의 아동을 인도하거나 인수하는 것이다. 인도자와 인수자는 필요적 공범관계로서 대향범이다.

인도계약만으로는 부족하고 현실적인 인도가 있어야 하며, 인도·인수된 아동이 실제로 위험한 업무에 종사하였는가는 불문한다.

본죄의 업무를 여자와 18세 미만자에게 도덕상 또는 보호상 유해, 위험한 사업에 사용할 것을 금지하고 있는 근로기준법 제65조의 금지직종과의 관계에 관하여, 본죄의 객체가 16세 미만의 자이므로 본죄의 업무의 범위가 근로기준법의 금지직종보다 확대되어야 한다는 견해가 있으나 근로기준법위반의 경우보다 본죄의 법정형이 더 무겁고 또한 본죄의 업무에는 「생명·신체에 위험한 업무」라는 표현이 있는 점에 비추어 본죄의 업무의 범위를 근로기준법의 업무의 범위보다 제한적으로 해석해야 할 것이다.[1]

(2) 주관적 표지

본죄의 성립에 고의 이외에도 초관주관적 불법요소인 행위경향이 필요하다고 주장하면서[2] 본죄를 경향범으로 보는 입장이 있으나 본죄를 이러한 주관적 불법요소를 통하여 제한해야 할 이유는 없다.

---

[1] 김성돈, 142면; 김성천/김형준, 124면; 김일수/서보학, 117면; 박상기/전지연, 456면; 배종대, 123면; 서일교, 58면; 이영란, 119면; 이재상 외, 113면; 임웅, 135면; 정성근/정준섭, 67면; 정웅석, 744면 등.

[2] 김성돈, 141면. 김일수/서보학, 117면은 본죄는 자기의 보호, 감독을 받는 16세 미만자를 생명 또는 신체에 위험한 업무에 사용하려는 점에서 위험한 행위경향을 띤 경향범이라고 보며 황산덕, 201면은 아동혹사에서 「혹(酷)」은 특수한 심정요소로서 주관적 불법요소의 하나가 된다고 본다.

Ⅲ. 유기치사상죄

> *제271조 내지 제273조의 죄를 범하여 사람을 상해에 이르게 한 때에는 7년 이하의 징역에 처한다. 사망에 이르게 한 때에는 3년 이상의 유기징역에 처한다(제275조 제1항).
> *자기 또는 배우자의 직계존속에 대하여 제271조 또는 제273조의 죄를 범하여 상해에 이르게 한 때에는 3년 이상의 유기징역에 처한다. 사망에 이르게 한 때에는 무기 또는 5년 이상의 징역에 처한다(제275조 제2항).

1. 의   의

본죄중 유기 · 영아유기치상죄, 학대치상죄는 진정결과적 가중범이며, 존속유기 · 학대치상죄 부진정결과적 가중범이다. 치사에 이르게 한 때에는 모두 진정결과적 가중범에 해당한다.

2. 구성요건

기본범죄와 사상의 결과 사이에는 인과관계가 있어야 하지만, 제3자의 행위가 일부 기여하였어도 인과관계를 인정할 수 있다. 보호의무를 모두 이행하였음에도 결과가 발생하였을 경우라면 인과관계는 부정된다.[1]

또한 결과가 행위자에게 객관적으로 귀속되어야 하며 중한 결과에 대한 과실이 있어야 한다.

심화 세월호사건과 유기치사상죄

형법 제275조 제1항의 유기치사 · 치상죄는 결과적 가중범이므로, 위 죄가 성립하려면 유기행위와 사상의 결과 사이에 상당인과관계가 있어야 하며 행위 시에 결과의 발생을 예견할 수 있어야 한다. 다만 유기행위가 피해자의 사상이라는 결과를 발생하게 한 유일하거나 직접적인 원인이 된 경우뿐만 아니라, 그 행위와 결과 사이에 제3자의 행위가 일부 기여하였다고 할지라도 유기행위로 초래된 위험이 그대로 또는 그 일부가 사상이라는 결과로 현실화된 경우라면 상당인과관계를 인정할

---

[1] 대판 1967. 10. 31, 67도1151.

수 있다.[1]

세월호 사건은 부진정부작위범으로서 선장이나 승무원들은 수난구호법 제18조 제1항 단서에 의하여 조난된 사람에 대한 법률상 구호조치의무 및 여객운송계약에 따른 계약상 보호의무가 있다. 그러나 일부 선원들에 대하여는, 선장을 보좌하여 승객 등을 구조하여야 할 지위에 있음에도 별다른 구조조치를 취하지 아니한 채 사태를 방관하여 결과적으로 선내 대기 중이던 승객 등이 탈출에 실패하여 사망에 이르게 한 잘못은 있으나, 그러한 부작위를 작위에 의한 살인의 실행행위와 동일하게 평가하기 어렵고, 또한 살인의 미필적 고의로 선장의 부작위에 의한 살인행위에 공모 가담하였다고 단정하기도 어려우므로, 고의를 부정하여 선원들에 대하여는 부작위에 의한 살인죄를 인정하지 않았다.

그러나 사고지점의 수온과 조류의 세기, 구조세력의 대기 상태, 선내 이동의 용이성 등 제반 사정에 비추어 사망 피해자들이 적절하게 대피했더라면 모두 생존할 수 있었고, 생존 피해자들의 정신적·신체적 상해 역시 피고인들의 유기행위로 인해 피해자들이 스스로 탈출하는 과정에서 발생하였다고 판단하여, 위 피고인들의 유기행위와 피해자 445명의 사망 또는 상해 결과 사이의 인과관계를 인정하여 유기치사상죄를 적용하였다.[2]

---

1) 대판 2014. 7. 24, 2014도6206; 대판 2009. 4. 23, 2008도11921.
2) 대판 2015. 11. 12, 2015도6809.

제 2 장

자유에 대한 죄

·•서 언•·

인간의 자유는 생명·신체의 완전성에 이어 매우 중요한 인격적 법익에 속한다. 자유롭게 자기의 의사를 결정하고 행동하는 것이 보장되지 않으면 인간의 존엄성과 행복도 보장될 수 없을 것이다. 물론 사회적 존재인 인간이 자기만의 절대적 자유를 누릴 수는 없다. 그러나 사회의 존속과 타인과의 공존에 조화를 이룰 수 있는 범위 내에서는 최대한으로 인간의 자유가 보장되어야 한다.

헌법은 자유를 기본권의 하나로서 보장한다. 형법도 자유를 침해하는 일정한 범죄를 처벌하고 있다. 형법에 규정하고 있는 자유에 대한 죄에는 의사결정과 의사활동을 보호하기 위한 협박과 강요의 죄, 신체적 활동 내지 장소선택의 자유를 보호하기 위한 체포와 감금의 죄, 구체적 활동을 포함하여 생활 내지 보호관계를 보호하기 위한 약취, 유인 및 인신매매의 죄, 성적 자기결정의 자유를 보호하기 위한 강간과 추행의 죄 등을 규정하고 있다.

강도죄, 강간죄, 공갈죄, 공무집행방해죄 등의 경우처럼 다른 법익을 침해하기 위한 수단으로 개인의 법익을 침해하는 범죄도 있으나 형법은 이들을 자유에 대한 죄에 포함시키지 않고 별도로 규정하고 있다.

제 1 절 협박과 강요의 죄

제 1 관 협박의 죄

§1. 서   설

Ⅰ. 의의 및 보호법익

협박의 죄는 해악을 고지함으로써 개인의 의사결정의 자유를 침해하는 범죄로서 자유에 대한 죄 중에서 가장 기본적인 성격을 갖는다.

협박의 죄의 보호법익은 개인의 의사의 자유 내지 의사결정의 자유이다.[1] 법익보호의 정도에 대하여서는 해악의 통고만으로 본죄가 성립한다고 보아 본죄를 위험범으로 인정하는 견해[2]와 상대방이 공포심을 일으켜야 기수가 되는 침해범으로 보는 견해[3]가 있다. 판례는 추상적 위험범으로 본다.[4]

만일 후자와 같이 상대방의 공포심이 실제로 유발되었는가를 기준으로 하게 된다면, 범죄성립 여부가 행위자의 행위가 내포하는 고유의 불법이 아닌 피해자의 상태 또는 성향(피해자가 그와 같은 협박에 의하여 쉽게 공포심이 유발되는 성향이

---

1) 김성돈, 145면; 김일수/서보학, 120면; 김혜정 외, 114면; 김종원(상), 97면; 박상기/전지연, 458
   면; 배종대, 125면; 신동운, 626면; 유기천(상), 100면; 이재상 외, 114면; 이정원, 144면; 임웅,
   137면; 정성근/정준섭, 68면 등.
2) 김성돈, 146면; 김성천/김형준, 144면; 김혜정 외, 116면.
3) 강구진Ⅰ, 134면; 권문택/7인공저, 149면; 김일수/서보학, 121면; 박상기/전지연, 466면; 배종대,
   128면; 백형구, 386면:오영근, 105면; 유기천(상), 100면; 이재상 외, 115면; 이정원, 145면; 임
   웅, 145면; 정성근/정준섭, 69면; 황산덕, 267면.
4) 대판 2007. 9. 28, 2007도606 전원합의체 판결. 협박죄가 성립하려면 고지된 해악의 내용이 행위
   자와 상대방의 성향, 고지 당시의 주변 상황, 행위자와 상대방 사이의 친숙의 정도 및 지위 등의
   상호관계, 제3자에 의한 해악을 고지한 경우에는 그에 포함되거나 암시된 제3자와 행위자 사이의
   관계 등 행위 전후의 여러 사정을 종합하여 볼 때에 일반적으로 사람으로 하여금 공포심을 일으
   키게 하기에 충분한 것이어야 하지만, 상대방이 그에 의하여 현실적으로 공포심을 일으킬 것까지
   요구하는 것은 아니며, 그와 같은 정도의 해악을 고지함으로써 상대방이 그 의미를 인식한 이상,
   상대방이 현실적으로 공포심을 일으켰는지 여부와 관계없이 그로써 구성요건은 충족되어 협박죄
   의 기수에 이르는 것으로 해석하여야 한다. 따라서 협박죄는 사람의 의사결정의 자유를 보호법익
   으로 하는 위험범이다.

있는가 여부)에 좌우되는 결과가 초래된다는 점에서 침해범설은 타당하지 않은 면이 있다. 또한 공포심이 유발되었는가 여부를 객관적으로 판단하기 어렵다는 점에서도 이를 기준으로 기수와 미수를 구분하기는 쉽지 않다.

그러나 본죄가 일신전속적인 개인적 법익이라는 점에서는 국가형벌권의 개입을 최후의 수단으로 하여야 하며, 비록 객관적인 판단이 쉽지 않다고 하여서 법익이 침해되기도 전에 국가형벌권의 개입을 쉽게 허용하여서도 안 된다. 만일 이를 위험범으로 판단한다면, 법익침해 이전에 협박행위만 존재해도 범죄성립을 인정함으로써 기수의 영역을 지나치게 확장하는 결과를 초래한다. 또한 협박행위의 고유의 불법성은 그와 같은 행위가 타인에게 공포심을 유발할만한 것임이 평균인에 의하여 객관적으로 인정될 것을 최소한의 전제로 하여야 하기 때문에, 반드시 피해자의 성향에만 의존한다고 볼 수도 없다. 따라서 침해범으로 봄이 타당하다.

참고 **연혁**

역사적으로 보면 오랫동안 협박은 주로 다른 범죄의 수단으로서 의미를 가질 뿐이었고 1794년의 프로이센 일반국법 이후에도 자유보호의 근간은 강요죄였으며 협박은 폭행과 더불어 강요죄의 핵심적 요소로 인정되었다. 협박죄가 독립된 범죄로서 인정된 것은 19세기 이후의 일이다. 1871년의 독일제국형법 제241조는 협박죄(Bedrohung)를 타인에게 중죄에 해당하는 범행을 하겠다고 협박한 자를 처벌하는 규정을 두었다. 동양에 있어서도 당률, 대명률 등에 있어서는 협박죄가 독자적 범죄로서 규정되지 아니하였고 대한제국의 형법대전(1905)에도 그 규정을 두지 아니하였다. 구형법(의용된 日本刑法)은 제222조에 협박죄의 규정이 있었다.

Ⅱ. 구성요건체계

기본적 구성요건: 협박죄 (제283조 제1항)	수정적 구성요건	불법	가중적	특수협박죄(제284조)
			감경적	없음
		책임	가중적	존속협박죄(제283조 제2항) 상습협박죄(제285조)
			감경적	없음

독일형법이나 일본형법이 협박죄와 강요죄를 함께 같은 장에 규정하고 있는 것과 달리 현행형법은 양자를 분리하고 강요죄는 권리행사를 방해하는 죄의 일종으로 규정하고 있다.

§2. 유형별 고찰

Ⅰ. 협 박 죄

> *사람을 협박한 자는 3년 이하의 징역, 500만원 이하의 벌금, 구류 또는 과료에 처한다 (제283조 제1항).
> *피해자의 명시한 의사에 반하여 공소를 제기할 수 없다(제283조 제3항).
> *본죄의 미수범은 처벌한다(제286조).

1. 의   의

본죄는 협박의 죄의 기본적 구성요건이다. 침해범이자 결과범이다.

2. 구성요건

(1) 객관적 구성요건
1) 주 체
모든 자연인은 본죄의 주체로 될 수 있다.
2) 객 체
본죄의 객체인 「사람」은 자연인인 타인을 의미하며 법인은 객체가 될 수 없다. 본죄는 해악의 고지에 의하여 의사결정의 자유를 침해할 것을 내용으로 하므로, 본죄의 객체인 사람은 의사능력자라야 하며 따라서 의사결정능력이 없는 영아, 명정자(술에 만취한 자), 정신병자 등은 본죄의 객체가 될 수 없다.[1]
협박의 객체가 대한민국에 체재하는 외국의 원수인 경우에는 외국원수에 대

---

1) 김성돈, 147면; 김성천/김형준, 146면; 김일수/서보학, 121면; 박상기/전지연, 460면; 배종대, 126면; 백형구, 388면; 오영근, 106면; 이수성, 주석형법 각칙(하), 57면; 이영란, 132면; 이재상 외, 116면; 임웅, 146면; 정성근/정준섭, 69면; 정영일, 54면; 진계호, 143면; 최호진, 126면; 황산덕, 208면 등.

한 폭행죄(제107조 제1항)가 성립되고 대한민국에 파견된 외교사절인 경우에는 외교사절에 대한 폭행죄(제108조 제1항)가 성립된다.

3) 행 위

① 형법상 협박의 개념

형법상 협박의 개념은 개개의 구성요건해석에 따라 다음과 같이 구분된다.

(가) 광의의 협박은 일반적으로 사람에게 공포심을 일으키게 할 만한 해악을 고지하는 것으로서 고지된 해악의 내용·특성·고지의 방법·상대방이 현실적으로 공포심을 느꼈는가 여부는 불문한다. 내란죄·소요죄·공무집행방해죄·특수도주죄 등에 있어서의 협박이 이에 해당된다.

(나) 협의의 협박은 해악의 고지를 통하여 상대방에게 현실적으로 공포심을 일으키게 할 정도의 협박이지만 상대방의 반항을 억압할 정도에는 이르지 않은 경우를 말한다. 협박죄와 강요죄에 있어서의 협박은 최소한도 이 정도에 이르러야 한다. 공갈죄에 있어서 공갈의 수단인 협박도 협의의 협박에 해당한다.

(다) 최협의의 협박은 해악의 고지가 상대방의 반항을 억압하거나 현저히 곤란하게 할 정도의 공포심을 일으키는 것이다. 강도죄, 강간죄 등에서의 협박이 이에 해당한다.

이를 정리하면 다음과 같다.

종류	의미	정도	범죄군	폭행죄와 비교	폭행죄의 범죄군
최광의	없음	없음	없음	사람, 물건 불문한 일체의 유형력 행사	내란죄(제87조), 소요죄(제115조), 다중불해산죄(제116조)
광의	일반적으로 공포심을 일으키게 할 만한 해악고지	현실적인 공포심을 느꼈을 필요 없음	내란죄(제87조), 소요죄(제115조), 다중불해산죄(제116조), 공무집행방해죄(제136조), 특수도주죄(제146조)	사람 또는 물건에 직·간접적 유형력의 행사가 사람에게 작용	공무집행방해죄(제136조), 특수도주죄(제146조), 강요죄(제324조)
협의	현실적으로 공포심을 일으키게 할 만한 해악고지	반항을 억압할 정도에 이르지 않음	협박죄(제283조), 강요죄(제324조), 공갈죄(350조)	사람을 향한 직접적 물리력 행사	폭행죄(제260조), 가혹행위죄(제125조)

| 최협의 | 현실적으로 공포심을 일으킬 해악 고지 | 반항을 억압하거나 현저히 곤란하게 할 정도 | 강간죄(제297조), 강도죄(제333조), 준강도죄(제335조) | 반항을 억악하거나 현저히 곤란하게 할 정도 | 강간죄(제297조), 강도죄(제333조), 준강도죄(제335조) |

판 례

　형법상 내란죄의 구성요건인 폭동의 내용으로서의 폭행 또는 협박은 일체의 유형력의 행사나 외포심을 생기게 하는 해악의 고지를 의미하는 최광의의 폭행·협박을 말하는 것으로서, 이를 준비하거나 보조하는 행위를 전체적으로 파악한 개념이며, 그 정도가 한 지방의 평온을 해할 정도의 위력이 있음을 요한다.[1]

② 본죄에 있어서의 협박

　본죄에서는 협의의 협박을 의미한다. 즉 상대방에게 해악을 고지하여 공포심을 일으키는 것이다.

(가) 해악의 고지

　i) 해악을 고지해야 하므로 해악의 고지가 없는 단순한 폭언은 협박이 아니다.[2] 또한 고함을 질러 상대방을 그 소리에 놀라게 하는 경우도 협박은 될 수 없고 경우에 따라 폭행이 된다.

　ii) 해악의 발생이 실제로 또는 외견상 행위자에 의하여 좌우될 수 있는 것이어야 한다. 그러므로 협박은 행위자의 의사에 의존되지 않고 발생될 해악을 시사하는 경고와 구분된다. 단지 자연발생적인 재앙이나 천재지변에 의하여 해를 입을 것을 알리는 것은 경고일 뿐 협박이 아니다.[3]

　iii) 해악은 반드시 행위자가 직접 가할 것으로 고지될 필요는 없고, 제3자(허

1) 대판 2015. 1. 22, 2014도10978.
2) 대판 1974. 10. 8, 74도1892는 "피고인이 자기 아닌 타인을 이장으로 선출한 데 불만을 품고 피해자에게 "두고 보자"라고 한 폭언은 협박에 해당된다고 볼 수 없다"고 판시하였다. 대판 1986. 7. 22, 86도1140도 "피해자의 언쟁 중 "입을 찢어 버릴라"라고 한 말은 당시의 주위사정 등에 비추어 단순한 감정적인 욕설에 불과하고 피해자에게 해악을 가할 것을 고지한 행위로 볼 수 없어 협박에 해당하지 아니한다"고 판시하였다.
3) 임웅, 149면; 정성근/정준섭, 70면 등은 천재지변이나 길흉화복을 고지한 경우에도 그 도래를 자신이 좌우할 수 있는 것으로 고지하여 상대방이 공포심을 일으킬 정도에 이르면 협박에 처한다고 본다.

무인이라도 무방)에 의하여 해악이 가해질 것을 고지해도 협박이 된다.[1] 단 이 경우에는 행위자가 제3자의 행위를 사실상 지배하거나 제3자에게 영향을 미칠 수 있는 지위에 있는 것으로 믿게 하는 언동을 하거나 제3자의 행위가 행위자의 의사에 의하여 좌우될 수 있는 것으로 상대방이 인식할 것을 요한다.[2] 이 경우 행위자가 실제로 그러한 위치에 있을 필요는 없다.

(나) 해악의 내용

i) 고지되는 해악의 내용에 관하여 형법은 제한을 두고 있지 않다.[3] 따라서 업무·신용·비밀 등도 해악의 내용이 될 수 있고,[4] 본인, 그 친족은 물론 본인과 밀접한 관계에 있는 제3자에 대한 해악이라도 무방하다.[5] 이처럼 협박의 상대방인 피해자와 해악의 내용에 해당하는 자가 일치할 필요는 없고, 피해자와 제3자가 밀접한 관계이기 때문에 그로 인하여 피해자가 공포심을 일으킬 정도면 족하다. 여기에서 해악 내용의 당사자인 제3자에는 자연인 및 법인이 모두 포함된다.

판례

1. 제3자에 대한 해악의 고지여부

협박죄에서 해악은 본인이 아니라 그 친족 그 밖의 제3자의 법익을 침해하는 것을 내용으로 하더라도 피해자 본인과 제3자가 밀접한 관계에 있어서 그 해악의 내용이 피해자 본인에게 공포심을 일으킬 만한 것이라면 협박죄가 성립할 수 있다. 피고인이 공중전화를 이용하여 경찰서에 여러 차례 전화를 걸어 전화를 받은 각 경찰관에게 경찰서 관할구역 내에 있는 갑 정당의 당사를 폭파하겠다는 말을 한 사안에서, 피고인은 갑 정당에 관한 해악을 고지한 것이므로 각 경찰관 개인에 관한 해

---

1) 김혜정 외, 120면; 배종대, 131면; 백형구, 388면; 이재상 외, 117면; 임웅, 149면; 정영일, 55면 등.
2) 대판 2006. 12. 8, 2006도6155.
3) 구형법(日本刑法) 제222조는 본인 또는 친족의 생명·신체·자유·명예 또는 재산에 대한 해악으로 내용을 제한하였고, 해악의 내용에 따라 형의 경중을 달리하는 입법례도 있다. 오스트리아형법 제107조는 타인으로 하여금 공포와 불안에 빠지게 할 목적으로 협박한 자는 1년 이하의 자유형에 처하나 사망, 심한 불구, 방화, 핵에너지, 폭발물 등에 의한 위태와 경제적 존재나 사회적 지위의 말살을 해악의 내용으로 하는 협박을 한 자는 3년 이하의 자유형에 처하고 있다.
4) 김성돈, 130면; 권문택/7인공저, 150면; 박상기/전지연, 461면; 서일교, 66면; 이재상 외, 117면; 정성근/정준섭, 70면 등.
5) 김성돈, 131면; 권문택/7인공저, 150면; 박상기/전지연, 462면; 이재상 외, 117면.

악을 고지하였다고 할 수 없고, 다른 특별한 사정이 없는 한 일반적으로 갑 정당에 대한 해악의 고지가 각 경찰관 개인에게 공포심을 일으킬 만큼 서로 밀접한 관계에 있다고 보기 어려우므로 협박죄가 성립하지 않는다.[1]

2. 법인에 대한 협박

협박죄는 자연인만을 그 대상으로 예정하고 있을 뿐 법인은 협박죄의 객체가 될 수 없다. 그러나 피해자 본인이나 그 친족뿐만 아니라 그 밖의 '제3자'에 대한 법익 침해를 내용으로 하는 해악을 고지하는 것이라고 하더라도 피해자 본인과 제3자가 밀접한 관계에 있어 그 해악의 내용이 피해자 본인에게 공포심을 일으킬 만한 정도의 것이라면 협박죄가 성립할 수 있는데, 이때 '제3자'에는 자연인뿐만 아니라 법인도 포함된다. 채권추심 회사의 지사장이 회사로부터 자신의 횡령행위에 대한 민·형사상 책임을 추궁당할 지경에 이르자 이를 모면하기 위하여 회사 본사에 '회사의 내부비리 등을 금융감독원 등 관계 기관에 고발하겠다'는 취지의 서면을 보내는 한편, 위 회사 경영지원본부장이자 상무이사에게 전화를 걸어 자신의 횡령행위를 문제삼지 말라고 요구하면서 위 서면의 내용과 같은 취지로 발언한 사안에서, 판례는 상무이사에 대한 협박죄를 인정하였다.[2]

고지되는 해악의 내용에는 부작위의 고지도 포함될 수 있다. 예컨대 특정인이 위해를 가해도 이제는 더 이상 돌보아 주지 않겠다고 고지하는 경우가 이에 해당한다. 해악에는 현재의 해악뿐만 아니라 장래의 해악까지도 포함되며[3] 가해가 조건부인 협박도 가능하다.[4]

ii) 해악의 내용은 본죄의 성질에 비추어 상대방에게 공포심을 줄 수 있을 정도의 것이라야 한다. 그렇다면 고지된 해악의 실현 그 자체가 범죄를 구성하는 성질을 가져야 하는가에 관하여는 견해의 대립이 있다.[5] 부정설은 현행 형법상 협박의 내용이 불법이어야 한다. 제한이 없으므로 상대방에게 공포심을 줄 수 있는 정도의 것인 한 어떠한 내용도 협박으로 될 수 있다는 점을 근거로 한다.

---

1) 대판 2012. 8. 17. 2011도10451.
2) 대판 2010. 7. 15. 2010도1017.
3) 김성돈, 150면.
4) 김성돈, 149면.
5) 독일의 경우처럼 「타인 또는 그와 친근한 자에 대한 중죄의 실행」을 가해의 내용으로 하는 때에만 협박죄의 성립을 인정하여(독일형법 제241조) 이 문제를 입법적으로 해결한 입법례도 있지만 우리나라나 일본의 형법에서는 이러한 규정이 없으므로 이 문제는 이론에 맡겨져 있다.

그리하여 예컨대 해고의 통고, 형사고소를 한다거나 신문에 사실을 공개한다고 고지하는 것도 해악의 내용이 될 수 있다고 본다.[1] 그렇지만 고지된 내용을 그대로 실행해도 형법상 불법하지 아니한 것을 단지 상대방에게 표시한 데 지나지 않는 단계에서 범죄가 된다고 보아야 할지는 의문이다. 특히 협박죄를 형법이 원칙적으로 문제 삼지 않는 범의의 표시를 예외적으로 처벌하는 경우라고 이해할 때, 협박이 다른 범죄의 수단으로도 작용하는 경우(예컨대 갈취수단으로서의 협박)와 그 성격을 달리하는 면이 있다는 점도 고려해야 할 것이다. 따라서 협박 그 자체를 독자적인 불법구성요건으로 삼는 협박죄에 있어서의 협박은 고지되는 해악의 실행 그 자체가 최소한도 형법상의 불법을 구성하는 것임을 요한다고 보아야 할 것이다.

(다) 해악의 고지방법   해악의 고지방법에는 제한이 없다. 언어에 의하든 문서에 의하든 불문한다. 문서로 하는 경우에 허무인명의를 사용하거나 익명으로 고지하여도 상관없고 발견이 용이한 장소에 게시해도 무방하다. 직접적 또는 간접적인 방법으로 고지하든, 명시적이든 묵시적이든 불문한다. 그렇지만 해악의 내용이 지나치게 부정확하고 추상적으로 표현되면 고지라고 볼 수 없다. 해악의 고지는 거동이나 태도에 의해서도 가능하다.[2] 예컨대 행위자가 처음에는 고의 없이 해악의 고지를 한 후 이를 이용하는 행위가 이에 해당된다.

판 례

돌을 들고 피해자를 협박하였다거나[3] 갑이 을과 술을 마시던 중 화가 나 횟집 주방에 있던 회칼 2자루를 들고 나와 죽어버리겠다며 자해하려고 하면서 갑이 요구에 응하지 않으면 을에게 어떠한 해악을 가할 듯한 위세를 보인 행위[4]는 거동으로 해악을 고지한 것이다.

(라) 기수와 미수   본죄를 위험범으로 이해하는 견해는 상대방이 공포심을 일으켰는가에 관계없이 해악의 고지가 있고 그것이 상대방이 그 의미를 인식한

1) 이재상 외. 117면; 정성근/정준섭. 71면.
2) 대판 1975. 10. 7. 74도2727. 해악의 고지가 경우에 따라서는 한마디 말도 없이 거동에 의해서도 가능하다고 판시하였다.
3) 대판 2011. 6. 30. 2010도15765.
4) 대판 2011. 1. 27. 2010도14316.

이상 기수에 이른다고 본다.[1] 이에 따르면 협박죄의 미수란 해악의 고지가 현실적으로 상대방에게 도달하지 아니한 경우나, 도달은 하였으나 상대방이 이를 지각하지 못하였거나 고지된 해악의 의미를 인식하지 못한 경우 등에 적용될 뿐이다.[2]

한편 본죄를 의사의 자유가 현실적으로 침해되어야 기수로 되는 침해범으로 이해하는 견해는 해악의 고지로 피협박자에게 공포심이 일어났을 때에 본죄는 기수로 되고 해악의 고지가 있었지만 상대방에 도달하지 않았거나, 도달하였더라도 공포심을 느끼지 아니한 때에는 본죄의 미수범이 성립될 뿐이라고 한다.[3] 침해범설을 취하는 이상 후자가 타당하다.

(2) 주관적 구성요건

행위자는 그가 고지하는 해악의 의미와 해악의 고지가 상대방에게 도달되어 진지하게 받아들여진다는 사실을 인식해야 하며 행위자에게 자신의 고지행위와 상대방이 공포심을 갖게 된다는 점에 관한 인식·인용도 있어야 한다. 그렇지만 실제로 고지된 해악을 실현할 의사나 해악발생의 가능성을 인식할 필요는 없다.[4]

3. 위 법 성

해악의 고지가 합법적인 권리의 행사로서 사회상규에 위배되지 않으면 정당행위(제20조)가 된다. 근로자의 정당한 권리행사로서의 노동쟁의에 의한 파업 등은 이로 인하여 상대방에 공포심을 일으켜도 법령에 의한 정당행위로서 위법하지 않다.

외견상 권리의 행사로 보일지라도 이에 수반되는 해악의 고지가 권리의 남용으로서 사회상규에 위반되고 불법인 경우에는 본죄가 성립된다. 예컨대 채무의 변제를 독촉하면서 이에 응하지 않으면 생명·신체에 위해를 가하겠다고 고지하여 공포심을 일으키면 본죄에 해당한다고 보아야 한다.

---

1) 김성돈, 150면; 김혜정 외, 121면.
2) 대판 2007. 9. 28, 2007도606 전원합의체 판결.
3) 강구진Ⅰ, 134면; 권문택/7인공저, 151면; 김일수/서보학, 123면; 김종원(상), 100면; 박상기/전지연, 466면; 유기천(상), 100면; 이재상 외, 118면; 임웅, 150면; 황산덕, 204면 등.
4) 대판 2006. 8. 25, 2006도546. 또한 동 판례는 행위자의 말이 감정적인 욕설 내지 일시적인 분노 표시에 불과하다면 해악을 고지한다는 인식이 없는 것으로 본다.

고소할 의사가 없음에도 불구하고 단지 상대방에게 공포심을 일으킬 목적으로 고소하겠다고 한 경우에 본죄가 성립된다는 견해가 있으나[1] 고소 그 자체가 불법이 아닌 한 본죄의 성립을 부정함이 타당하다.

판 례

　신문기자인 피고인이 고소인에게 2회에 걸쳐 증여세 포탈에 대한 취재를 요구하면서 이에 응하지 않으면 자신이 취재한 내용대로 보도하겠다고 말한 행위가 설령 협박죄에서 말하는 해악의 고지에 해당하더라도 특별한 사정이 없는 한 기사 작성을 위한 자료를 수집하고 보도하기 위한 것으로서 신문기자의 일상적 업무 범위에 속하여 사회상규에 반하지 않는 행위이다.[2]
　반면 채권자가 채권추심을 위하여 독촉 등 권리행사에 필요한 행위(제20조 정당행위)를 할 수 있기는 하지만, 법률상 허용되는 정당한 절차에 의한 것이어야 하며, 또한 채무자의 자발적 이행을 촉구하기 위해 필요한 범위 안에서 상당한 방법으로 그 권리가 행사되어야 한다. 따라서 사채업자인 갑이 을에게, 채무를 변제하지 않으면 피해자가 숨기고 싶어하는 과거의 행적과 사채를 쓴 사실 등을 남편과 시댁에 알리겠다는 등의 문자메시지를 발송한 행위는 정당행위에 해당하지 않는다.[3]

---

4. 기타 관련문제

(1) 반의사불벌죄

본죄는 피해자의 명시한 의사에 반하여 공소를 제기할 수 없다(제283조 제3항). 본죄를 반의사불벌죄로 규정하는 것은 의사의 자유를 보호법익으로 하는 본죄를 피해자의 의사에 반해서까지 처벌할 필요가 없기 때문이다.[4]

(2) 죄　수

본죄의 보호법익은 일신전속적이므로 동시에 수명에게 협박을 한 경우에는 본죄의 상상적 경합이 되고, 협박을 행하는 동시에 고지된 해악의 내용인 폭행

---

1) 강구진 I, 137면; 김종원(상), 101면; 정영석, 263면.
2) 대판 2011. 7. 14, 2011도639.
3) 대판 2011. 5. 26, 2011도2412.
4) 강구진 I, 137면; 서일교, 68면; 이재상 외, 120면; 정성근/정준섭, 73면 등. 참고로 의용형법에서는 본죄가 친고죄로 되어 있었다. 이에 대하여 박상기/전지연, 465면은 본죄를 반의사불벌죄로 규정함은 입법론적으로 타당하지 않다고 비판한다.

까지 행할 경우에는 협박죄는 폭행죄에 흡수되어 폭행죄만 성립된다. 그렇지만 폭행을 가한 후에 살해하겠다는 협박을 한 경우에는 실체적 경합이 된다.

Ⅱ. 존속협박죄

*자기 또는 배우자의 직계존속에 대하여 제1항(제283조 제1항 협박)의 죄를 범한 때에는 5년 이하의 징역 또는 700만원 이하의 벌금에 처한다(제283조 제2항).
*피해자의 명시한 의사에 반하여 공소를 제기할 수 없다(제283조 제3항).
*미수범은 처벌한다(제286조).

본죄는 책임가중적 구성요건으로, 부진정신분범이다. 본죄의 주체와 객체는 존속살해죄의 그것과 같고, 협박의 개념은 협박죄와 동일하다.

Ⅲ. 특수협박죄

*단체 또는 다중의 위력을 보이거나 위험한 물건을 휴대하여 전조(제283조) 제1항(협박), 제2항(존속폭행)의 죄를 범한 때에는 7년 이하의 징역 또는 1,000만원 이하의 벌금에 처한다(제284조).
*미수범은 처벌한다(제286조).

본죄는 협박죄에 비하여 행위반가치가 무거운 불법가중적 구성요건이다.[1) 「단체 또는 다중의 위력을 보이거나 위험한 물건을 휴대한다」는 의미는 특수상해죄와 같다.

Ⅳ. 상습협박죄

*상습으로 제283조 제1항(협박), 제2항(존속협박) 또는 전조(제284조 특수협박)의 죄를 범한 때에는 그 죄에 정한 형의 2분의 1까지 가중한다(제285조).
*미수범은 처벌한다(제286조).

---

1) 김일수/서보학, 125면: 이재상 외, 121면.

본죄는 상습으로 협박죄, 존속협박죄, 특수협박죄를 범함으로써 성립된다. 상습성이라는 신분으로 인하여 형이 무거워지는 신분적 가중유형이다.

형법상의 법정형은 각 유형(단순협박, 존속협박, 특수협박)에 따라 그 죄에 정한 형의 2분의 1까지 가중하도록 되어있으며 서로 다른 유형을 범한 때에는 가장 무거운 죄의 상습범이 된다.

제 2 관 강요의 죄

§1. 서   설

Ⅰ. 의의 및 보호법익

강요의 죄는 폭행 또는 협박으로 사람의 권리행사를 방해하는 범죄이다. 형법은 본죄를 권리행사를 방해하는 죄의 장(제37장)에서 규정하고 있다.[1] 본죄의 보호법익은 의사결정의 자유와 의사활동의 자유이다.[2]

보호정도는 중강요죄를 제외한 모든 범죄가 결과발생으로 요구하는 침해범이며, 중강요죄는 구체적 위험범에 해당한다.

참고 연혁

강요죄는 일찍이 프로이센일반국법(ALR, 1794) 제1077조를 비롯하여 1851년의 프로이센형법 제212조, 1871년의 독일제국형법 제240조 등에 규정되어 현행 독일형법에도 이어지고 있다. 1871년의 독일제국형법 제240조는 강요죄를 「위법하게 폭력 또는 중죄나 경죄에 해당하는 협박으로써 타인에게 작위, 수인 또는 부작위를 강요한 자를 처벌」하는 규정을 두었다.

---

1) 본죄의 본질에 비추어 폭력에 의한 권리행사방해죄라는 용어보다는 강요죄로 표현하는 것이 타당하다는 의견(강구진Ⅰ, 140면; 김종원(상), 104면; 유기천(상), 102면 등)이 형법개정시 반영되어 그 죄명이 강요죄로 바뀌었다.

2) 김성돈, 153면; 김성천/김형준, 211면; 김일수/서보학, 126면; 김종원, 104면; 박상기/전지연, 467면; 배종대, 134면; 오영근, 125면; 유기천(상), 103면; 이영란, 139면; 이재상 외, 148면; 이정원, 154면; 임웅, 155면; 정성근/정준섭, 74면; 정영일, 93면; 정웅석, 751면; 최호진, 212면 등.

우리나라의 전통적인 형법에서는 강요죄를 찾아보기 어렵다. 일제시대에는 일본형법 (제223조 강요)이 의용되었고, 1953년의 형법은 강요죄를 「폭력에 의한 권리행사방해죄」 라는 표제 하에 권리행사 방해의 죄(제37장)의 하나로 규정하였다가 1995년 개정으로 현재와 같이 편재되었다.

II. 현행법상의 체계

기본적 구성요건: 강요죄 (제324조 제1항)	수정적 구성요건	불법	가중적	특수강요죄(제324조 제2항)
			결합범	인질강요죄(제324조의2) 인질상해죄(제324조의3) 인질살인죄(제324조의4)
			결과적 가중범	중강요죄(제326조) 인질치상죄(제324조의3) 인질치사죄(제324조의4)
	형의 감경	해방감경규정(제324조의6)		

형법은 강요죄(제324조)를 기본적 유형으로 하고 가중적 구성요건만을 두고 있다. 여기에는 불법가중적 구성요건으로서 특수강요죄, 결합범으로서 인질강요죄, 인질상해죄 및 인질살해죄가 있다. 그리고 부진정결과적 가중범으로서 중강요죄와 진정결과적 가중범으로서 인질치상죄 및 인질치사죄가 있다. 특히 법률상 임의적 감경사유로서 해방감경규정(제324조의6)이 있는바, 형사정책적으로 인질의 신변을 보호하기 위한 양형사유이다.

§2. 유형별 고찰

I. 강 요 죄

*폭행 또는 협박으로 사람의 권리행사를 방해하거나 의무 없는 일을 하게 하는 자는 5년 이하의 징역에 처한다(제324조 제1항).
*본죄의 미수범은 처벌한다(제324조의 5).

1. 의   의

본죄는 강요의 죄의 기본적 범죄유형이며 침해범이다.

2. 구성요건

(1) 객관적 구성요건

1) 객   체

본죄의 객체는 자연인인 타인으로서 의사의 자유를 가질 수 있는 자, 즉 의사능력자일 것을 요한다. 폭행·협박의 상대방과 권리행사를 방해당한 자(피강요자)가 동일인이 아닌 경우에도 긴밀한 인간관계(예컨대 부자관계) 때문에 전자에 대한 폭행·협박이 후자의 의사결정과 의사활동의 자유를 침해할 정도이면 본죄가 성립된다.[1]

2) 행   위

본죄의 행위는 폭행 또는 협박으로 사람의 권리행사를 방해하거나 의무 없는 일을 하게 하는 것이다.

① 강요의 수단인 폭행·협박

(개 폭 행   본죄에서 폭행은 광의, 협박은 협의의 개념에 해당한다. 폭행(또는 폭력)이란 사람의 의사결정이나 의사활동을 강제하는 일체의 유형력의 행사를 의미한다. 상대방에게 공포심을 갖게 하여 그의 의사결정 내지 의사활동에 영향을 미칠 정도인 한 그 유형력이 직접 사람에게 행하여졌든지 간접적으로 물건에 가하여졌든지 불문한다. 판례 역시 폭행은 사람에 대한 직접적 또는 간접적 유형력의 행사를 포함하므로, 반드시 사람의 신체에 대한 것으로 한정하지 않는다. 다만 간접적 유형력의 행사인지를 평가하기 위해서는 유형력을 행사한 의도와 방법, 피고인의 행위와 피해자의 근접성, 유형력이 행사된 객체와 피해자의 관계 등을 종합적으로 고려하여야 한다.[2] 그러므로 장애자가 타고 가는 휠체어를 손괴한 경우, 임차인으로부터 가옥명도를 받기 위하여 수도·전기·가스의 공급을 끊거나 문을 폐쇄하는 경우, 달리는 차에 총을 쏘아 펑크가 나게 하

---

1) 강구진 I, 141면; 김일수/서보학, 127면; 배종대, 135면; 정성근/정준섭, 75면 등. 김성돈 136면은 이를 삼각강요라고 명칭한다.
2) 대판 2021. 11. 25, 2018도1346.

여 차의 운행을 방해한 경우 등도 강요죄의 폭행에 해당한다.[1] 교통을 방해하기 위하여 도로나 궤도를 점거하는 행위도 본죄에 해당될 수 있다.[2] 반면 상대방의 주택 대문 바로 앞에 차량을 주차하여 상대방이 차량을 주차장에 출입할 수 없도록 하였더라도 차량을 용법에 따라 정상적으로 사용할 수 있었다면 본죄의 폭행이 아니다.[3]

폭력에는 예컨대 팔목을 잡아 꼼짝 못하게 하여 의사결정이나 의사활동을 불가능하도록 물리적으로 강제하는 절대적 폭력과 피강요자의 의지에 강압적 작용을 하는 강제적(심리적) 폭력이 모두 포함된다.[4]

폭행(또는 폭력)은 작위에 의하여 이루어지는 것이 일반적이나 부작위에 의해서도 가능하다. 예컨대 부당하게 봉쇄조치를 해제하지 않는 경우가 이에 해당한다. 부작위에 의한 폭력이 인정되려면 행위자에게 피해자의 강제상태를 정지해야 할 보증의무 내지 보증인적 지위가 요구된다.

(나) 협 박   협박은 상대방에게 해악을 고지하여 공포심을 갖게 하는 것으로서[5] 고지되는 해악의 내용에는 제한이 없다. 협박의 정도는 의사결정과 의사활동에 영향을 미칠 수 있는 정도면 족하고 상대방의 반항을 불가능하게 하거나 곤란하게 할 정도일 것을 요하지 않는다.[6] 해악의 고지는 명시적인 방법이 아니더라도 말이나 행동을 통해서 상대방으로 하여금 어떠한 해악에 이르게 할 것이라는 인식을 갖게 하면 족하다.[7] '해악의 고지'는 반드시 명시적인 방법이 아니더라도 말이나 행동을 통해서 상대방에게 어떠한 해악을 끼칠 것이라는 인식을

---

1) 김성돈, 155면; 백형구, 273면; 이재상 외, 151면; 최호진, 213면.
2) BGHSt. 23, 46(Sitzstreik-Fall)은 전차통행을 막기 위하여 궤도를 점거한 행위는 전차 승객에 대한 물리적 작용으로서 강요죄에 해당한다고 보았다.
3) 대판 2021. 11. 25, 2018도1346.
4) 김성돈, 155면; 박상기/전지연, 468면; 배종대, 136면; 이영란, 141면; 이재상 외, 151면.
5) 강요죄의 수단인 협박은 일반적으로 사람으로 하여금 공포심을 일으키게 하는 정도의 해악을 고지하는 것으로서, 그 행위가 있었는지는 행위의 외형뿐 아니라 그 행위에 이르게 된 경위, 피해자와의 관계 등 주위상황을 종합적으로 고려하여 판단하여야 하며, 또한 강요죄에서 협박당하는 사람으로 하여금 공포심을 일으키게 하는 정도의 해악의 고지가 있었는지는 그 행위 당사자 쌍방의 직무, 사회적 지위, 강요된 권리, 의무에 관련된 상호관계 등 관련 사정을 고려하여 판단하여야 한다. 대판 2013. 1. 31, 2012도2409; 대판 2010. 4. 29, 2007도7064; 대판 2003. 9. 26, 2003도763.
6) 김일수/서보학, 127면; 김종원/공저, 주각 169면; 배종대, 136면; 백형구, 273면; 이재상 외, 151면; 정성근/정준섭, 76면; 정영석, 313면; 정웅석, 752면; 진계호, 164면 등. 김성천/김형준, 213면은 이를 강한 심리적 압박을 받는 정도로 이해한다.
7) 대판 2017. 10. 26, 2015도16696.

갖도록 하면 충분하고, 제3자를 통해서 간접적으로 할 수도 있다. 행위자가 그의 직업, 지위 등에 기초한 위세를 이용하여 불법적으로 재물의 교부나 재산상 이익을 요구하고 상대방이 불응하면 부당한 불이익을 입을 위험이 있다는 위구심을 일으키게 하는 경우에도 해악의 고지가 된다. 그러나 영향을 줄 수 있는 직업이나 지위가 있는 자가 이를 기초로 어떠한 요구를 하였다고 바로 해악의 고지가 되는 것은 아니다.[1] 협박받는 사람이 공포심 또는 위구심을 일으킬 정도의 해악을 고지하였는지는 행위 당사자 쌍방의 직무, 사회적 지위, 강요된 권리·의무에 관련된 상호관계 등 관련 사정을 고려하여 판단해야 한다. 특히 묵시적 해악의 고지가 있었는지 판단할 때 그 기준은 특정한 정치적, 사회적인 환경 속에서 살아가는 평균적인 사회인의 관점에서 형성된 경험법칙이 되어야 한다.[2] 또한 협박의 상대방이 피강요자에게 영향을 줄 수 있는 밀접한 관계에 있는 자인 한 협박의 상대방과 피강요자가 일치될 필요도 없다.

ⓒ 권리행사의 방해와 의무 없는 일의 강요

행사할 수 있는 권리란 법적으로 그 행사가 허용됨을 의미하고 반드시 법령에 명문으로 규정된 권리일 것을 요하지 않는다. 또한 재산적 권리뿐만 아니라 비재산적 권리로 볼 수 있는 개인의 계약체결에 대한 자유권도 포함된다. 의무 없는 일을 행하게 한다는 것은 상대방에 대한 의무가 없음에도 불구하고 일정한 작위, 부작위 또는 인용(수인)을 강요하는 것을 의미하며, 법률행위이든 사실행위이든 불문한다. 예컨대 타인을 협박하여 법률상 의무 없는 진술서를 작성하게 하거나[3] 협박을 통하여 피해자가 고소하지 못하게 하는 행위는 강요죄에 해당한다. 그러나 권리행사로 볼 수 없는 행위를 폭행·협박을 통하여 방해한 경우

---

1) 대판 2019. 8. 29. 2018도13792 전원합의체 판결.
2) 대판 2020. 1. 30. 2018도2236 전원합의체 판결. 따라서 대판 2020. 2. 13. 2019도5186은 "행위자가 직업이나 지위에 기초하여 상대방에게 어떠한 이익 등의 제공을 요구하였을 때 그 요구 행위가 강요죄의 수단으로서 해악의 고지에 해당하는지 여부는 행위자의 지위뿐만 아니라 그 언동의 내용과 경위, 요구 당시의 상황, 행위자와 상대방의 성행·경력·상호관계 등에 비추어 볼 때 상대방으로 하여금 그 요구에 불응하면 어떠한 해악에 이를 것이라는 인식을 갖게 하였다고 볼 수 있는지, 행위자와 상대방이 행위자의 지위에서 상대방에게 줄 수 있는 해악을 인식하거나 합리적으로 예상할 수 있었는지 등을 종합하여 판단해야 한다. 공무원인 행위자가 상대방에게 어떠한 이익 등의 제공을 요구한 경우 위와 같은 해악의 고지로 인정될 수 없다면 직권남용이나 뇌물 요구 등이 될 수는 있어도 협박을 요건으로 하는 강요죄가 성립하기는 어렵다"고 판시하였다.
3) 대판 1974. 5. 14. 73도2578.

에는 본죄가 아닌 폭행죄나 협박죄가 성립될 수 있을 뿐이다.[1] 또한 만일 상대
방도 어떠한 이익을 기대하며 그에 대한 대가로서 요구에 응하였다면 의무 없는
일을 강요한 것으로 보기 어렵다.[2]

폭행·협박과 권리행사방해 사이에는 인과관계가 있어야 한다. 인과관계가
없는 경우 또는 폭행이나 협박은 있었으나 현실적으로 권리행사가 방해되지 못
한 경우는 본죄의 미수가 된다.

판 례

　'의무 없는 일'이란 법령, 계약 등에 기하여 발생하는 법률상 의무 없는 일을 말
하므로, 법률상 의무 있는 일을 하게 한 경우에는 강요죄가 성립할 여지가 없다. 상
관이 직무수행을 태만히 하거나 지시사항을 불이행하고 허위보고 등을 한 부하에
게 감독상 직무수행의 내역을 일지 형식으로 기재하여 보고하도록 명령하는 행위
는 법률상 의무이므로 강요죄가 성립하지 않는다.[3]

---

(2) 주관적 구성요건

본죄의 고의는 폭행 또는 협박뿐만 아니라 권리행사를 방해한다는 사실에 대
한 인식·인용까지도 필요로 하며 미필적 고의로써 족하다.

3. 위 법 성

폭행이나 협박을 통하여 권리행사를 방해하는 행위라 할지라도 이것이 정당방
위, 긴급피난, 자구행위, 피해자의 승낙 등에 해당하면 위법성이 조각된다. 또한
행위의 동기, 목적, 수단 등 행위적 측면과 법익침해라든가 법익의 위태화 등 결과
적 측면을 종합적으로 고려할 때 법질서 전체의 정신이나 그 배후를 이루는 사
회윤리에 비추어 용인할 수 있는 경우는 정당행위로서 위법성을 조각한다.

---

1) 대판 1961. 11. 9. 4294형상357은 타인이 조성한 묘판을 파헤치는 그 논의 점유자에 대하여 폭행
　을 가한 경우에는 본죄가 성립되지 않는다고 판시하였다.
2) 대판 2020. 2. 6. 2018도9809.
3) 대판 2012. 11. 29. 2010도1233.

> **판 례** //////////////////////
>
> 　민주노총 전국건설노조 건설기계지부 소속 노조원인 피고인들이 피해자들에게 공사현장에서 장비를 뺄 것을 요구하면서 그렇지 않을 경우 발주처에 민원을 넣어 공사를 못하겠다고 말하고, 부실공사가 아님에도 공사 발주처에 부실공사를 조사해 달라는 진정을 하였다면 이는 사회통념상 허용되는 정도나 범위를 넘는 것으로서 (공동)강요죄에 해당한다.[1]
>
> 　소비자불매운동은 소비자보호운동의 일환으로 헌법 제124조를 통하여 제도로서 보장된다. 그러나 피고인이, 갑회사가 특정 신문들에 광고를 편중했다는 이유로 기자회견을 열어 갑회사에 대하여 불매운동을 하겠다고 하면서 특정 신문들에 대한 광고를 중단할 것과 다른 신문들에 대해서도 특정 신문들과 동등하게 광고를 집행할 것을 요구하고 갑 회사 인터넷 홈페이지에 '갑 회사는 앞으로 특정 언론사에 편중하지 않고 동등한 광고 집행을 하겠다'는 내용의 팝업창을 띄우게 한 경우에는 의사결정 및 의사실행의 자유를 침해한 것으로 강요죄(나 공갈죄)의 수단으로서의 협박에 해당한다.[2]

4. 죄　　수

　본죄는 개인의 자유를 침해하는 범죄 중 일반적 성격을 갖는 범죄이기 때문에 체포·감금의 죄, 약취·유인의 죄, 강간죄, 강제추행죄 등이 성립하는 때에는 법조경합 관계에 따라 이들 범죄만 성립되고 본죄는 성립되지 않는다. 한편 본죄가 성립하는 때에는 본죄와 보충관계에 있는 협박죄는 별도로 성립되지 않는다. 또한 본죄의 보호법익은 일신전속적 법익이므로 1개의 행위로 수인을 강요하면, 수개의 강요죄의 상상적 경합이 된다.

Ⅱ. 특수강요죄

> *단체 또는 다중의 위력을 보이거나 위험한 물건을 휴대하여 제1항의 죄를 범한 자는 10년 이하의 징역 또는 5천만원 이하의 벌금에 처한다(제324조 제2항).
> *본죄의 미수범은 처벌한다(제324조의5).

---

1) 대판 2017. 10. 26, 2015도16696.
2) 대판 2013. 4. 11, 2010도13774.

특수강요죄는 그 행위방법으로 인하여 불법이 가중되는 구성요건이다. 단체 또는 다중의 위력이나 위험한 물건의 휴대는 특수상해죄와 같다.

Ⅲ. 중강요죄(중권리행사방해죄)

> *제324조(강요)의 죄를 범하여 사람의 생명에 대한 위험을 발생하게 한 자는 10년 이하의 징역에 처한다(제326조).

본죄는 부진정 결과적 가중범이며,[1] 구체적 위험범이다.

강요행위와 중한 결과인 생명에 대한 위험 사이에는 인과관계가 있어야 하고 그 결과가 행위자에게 객관적으로 귀속되어야 한다. 생명의 위험발생이라는 중한 결과에 대한 행위자의 고의나 과실이 있어야 한다. 여기에서 생명에 대한 위험이란 생명에 대한 구체적 위험을 의미한다.[2]

Ⅳ. 인질강요죄

> *사람을 체포·감금·약취 또는 유인하여 이를 인질로 삼아 제3자에 대하여 권리행사를 방해하거나 의무 없는 일을 하게 한 자는 3년 이상의 유기징역에 처한다(제324조의2 제1항).
> *본죄의 미수범은 처벌한다(제324조의2 제1항).
> *제324조의2의 죄(인질강요죄)를 범한 자 및 그 죄의 미수범이 인질을 안전한 장소에 풀어 준 때에는 그 형을 감경할 수 있다(제324조의6).

---

1) 김성돈, 159면; 김일수/서보학, 129면; 김혜정 외, 131면; 이정원, 164면; 임웅, 160면; 정성근/정준섭, 78면 등. 반면 박상기/전지연, 471면은 이를 진정결과적 가중범이라고 본다. 한편 백형구, 276면; 정영일, 63면 등은 본죄가 결과적 가중범이 아닌 고의범이라고 한다.
2) 중강요죄의 법정형이 10년 이하의 징역인 점에 대하여서는 강요죄가 폭행죄보다 더 중한 범죄임에도 불구하고 폭행죄를 범하여 사람의 생명에 대한 위험을 발생케 한 경우(제262조, 제258조)보다 중강요죄의 형이 더 가벼워 균형이 맞지 아니한다는 비판이 제기되고 있다. 김일수/서보학, 129면; 배종대, 141면; 백형구, 276면; 서일교, 126면; 이영란, 144면; 이재상 외, 154면; 정성근/정준섭, 78면 등.

1. 의   의

본죄는 체포·감금죄나 약취·유인죄와 강요죄로 이루어진 결합범이다. 본죄는 인질의 개인적 자유와 신체적 완전성을 그 보호법익으로 하고 있다. 본죄는 단순강요죄보다 행위불법이 크기 때문에 형벌이 무거워지는 불법가중적 구성요건이다.

2. 구성요건

(1) 객관적 구성요건

1) 주체 및 객체

자연인은 누구든지 본죄의 주체로 될 수 있으며 본죄의 객체는 자연인인 사람이다. 인질로 삼는 객체인 사람은 누구든지 상관없으나 강요의 대상인 제3자는 인질 이외의 사람을 말하며, 사인인가 단체인가는 불문한다.[1]

2) 행   위

본죄의 행위는 사람을 체포·감금·약취·유인하여 인질을 삼는 수단으로 강요하는 것이다. 체포·감금·약취·유인의 의미는 체포·감금죄, 약취·유인죄에서 각각 설명한 것과 동일하다.

인질로 삼는다는 것은 체포·감금·약취·유인된 자의 생명·신체 등의 안전에 관한 제3자의 우려를 이용하여 인질의 석방이나 그 생명·신체에 대한 안전보장을 대가로 내세워 제3자를 강요할 목적으로 체포·감금·약취 또는 유인된 자의 자유를 구속하는 행위를 의미한다.[2]

본죄에 있어서 강요의 의미는 강요죄의 그것과 같다. 다만 본죄의 경우에는 체포·감금·약취·유인을 통하여 인질로 삼는 것을 그 수단으로 한다. 처음에는 강요의 의사 없이 단지 체포·감금된 자나 약취·유인된 자를 인질로 삼아 강요한 경우에도 본죄가 성립된다.[3]

3) 실행의 착수와 기수

본죄의 실행의 착수시기에 관하여는 강요의 의사로 체포·감금 또는 약취·

---

1) 김일수/서보학, 130면; 배종대, 139면; 이재상 외, 156면; 정영일, 62면 등.
2) 법무부, 형법개정법률안 제안이유서, 153면.
3) 김일수/서보학, 131면.

유인행위를 개시한 시점으로 보는 견해,[1] 인질강요의 의사가 처음부터 있었던 경우에는 체포감금 또는 약취유인행위를 개시한 때이지만 체포감금 또는 약취유인을 한 이후에 비로소 인질강요의 의사가 생긴 경우에는 강요행위를 개시한 때라고 보는 견해,[2] 및 본죄는 그 행위의 중점이 강요에 있기 때문에 강요행위를 개시한 때가 실행의 착수라고 보는 견해[3]가 있다.

생각건대 원칙적으로 결합범의 경우 실행의 착수는 최초의 구성요건행위가 시작되는 시점이지만, 이 경우에는 인질강도죄와 인질강요죄를 구분할 수 없게 된다. 양자는 결합범으로서 공통적으로 체포·감금 또는 약취·유인행위를 수단으로 하기 때문이다. 따라서 강요행위가 개시된 때가 실행의 착수라고 봄이 타당하다.

본죄는 침해범이므로 그와 같은 강요행위로 인하여 권리행사가 방해되거나 의무없는 일을 행하여 법익에 대한 침해가 발생할 때에 기수가 된다.

(2) 주관적 구성요건
본죄는 미필적 고의로써 족하다.

3. 죄   수

본죄는 체포·감금죄, 약취·유인죄와 법조경합으로서 보충관계에 있다. 하나의 강요행위로 수인의 권리행사를 방해한 경우에는 일신전속적 속성상 수죄의 상상적 경합이 되고 1인에게 같은 인질로 수회 계속하여 강요한 경우에는 본죄 하나만 성립하지만 수개의 강요로 수인의 권리행사를 방해한 경우에는 실체적 경합범으로 된다.

4. 해방감경규정

형법은 본죄를 범한 자 및 그 죄의 미수범이 인질을 안전한 장소로 풀어 준 경우를 특별한 형의 임의적 감경사유를 설정하였다. 본 규정은 인질의 안전을 보호하기 위하여 형사정책적 관점에서 도입한 것이다.[4]

---

1) 김성천/김형준, 220면; 김일수/서보학, 131면; 박상기/전지연, 473면; 임웅, 142면.
2) 김혜정 외, 133면; 오영근, 132면; 정성근/정준섭, 80면.
3) 김성돈, 161면; 배종대, 140면; 백형구, 278면; 이재상 외, 156면; 이정원, 165면; 최호진, 219면.
4) 법무부, 형법개정법률안 제안이유서, 155면.

인질의 안전을 목적으로 하는 규정이므로 중지미수와 같이 자의성을 요하지 않으며, 기수가 된 이후에 석방을 하여도 적용되며, 인질을 안전한 장소에 풀어 주기만 하면 임의적 감경을 할 수 있다.

V. 인질상해 · 치상죄

> *제324조의2의 죄(인질강요죄)를 범한 자가 인질을 상해하거나 상해에 이르게 한 때에는 무기 또는 5년 이상의 징역에 처한다(제324조의3).
> *본죄의 미수범은 처벌한다(제324조의5).
> *본죄를 범한 자 및 그 죄의 미수범이 인질을 안전한 장소로 풀어 준 때에는 그 형을 감경할 수 있다(제324조의6).

1. 의 의

본죄에 있어서 인질상해죄는 인질강요죄와 상해죄의 결합범이고 인질치상죄는 인질강요죄의 진정결과적 가중범이다.

2. 구성요건

인질강요의 의미는 인질강요죄에서 설명한 것과 같으며 상해와 치상의 의미는 상해죄, 과실치상죄에서 설명한 것과 같다.

인질상해죄의 성립에는 인질강요의 고의와 상해의 고의가 모두 있어야 한다. 인질치상의 경우에는 인질강요의 고의와 상해발생에 대한 예견가능성(과실) 및 결과의 객관적 귀속이 인정될 수 있어야 한다.

인질상해죄는 고의범이므로 미수가 성립될 수 있고 처벌된다. 그러나 진정결과적 가중범인 인질치상에 관하여서는 견해의 대립이 있다. 미수처벌을 긍정하는 입장[1]에서는 전에는 결과적 가중범의 미수에 대한 처벌규정이 없었으나 본조에는 인질치상까지 포함한 미수처벌규정이 도입되었고 책임원칙에 비추어 볼 때에도 의미가 있다고 본다. 그리하여 인질치상죄의 미수는 강요행위가 미수인 때에 인정된다고 본다. 그러나 우리나라에 있어서는 전통적으로 진정결과적 가

---

1) 박상기/전지연, 474면; 배종대, 141면; 임웅, 163면; 정영일, 63면.

중범의 미수를 인정하지 않고 있으며 1995년의 형법개정에 있어서도 결과적 가
중범의 경우에는 미수처벌이 없다는 규정을 두지 않은 이유가 결과적 가중범의
미수를 처벌할 수 없다는 것은 이론상 당연하기 때문에 별도의 규정이 불필요하
다는 데 있었다.[1] 그러므로 입법취지에 비추어 인질상해의 경우에만 미수처벌
이 가능하고, 인질치상죄의 미수범은 성립할 수 없고 처벌도 불가능하다고 보아
야 할 것이다.[2]

　　본죄에 있어서도 범인이 인질을 안전한 장소로 풀어준 때에는 그 형을 감경
할 수 있다.

Ⅵ. 인질살해 · 치사죄

> *제324조의 죄(인질강요죄)를 범한 자가 인질을 살해한 때에는 사형 또는 무기징역에 처
> 한다. 사망에 이르게 한 때에는 무기 또는 10년 이상의 징역에 처한다(제324조의4).
> *본죄의 미수범은 처벌한다(제324조의5).

　　본죄는 인질살해죄와 인질치사죄가 합쳐진 구성요건이나 그 처벌에는 차등
을 두고 있다. 인질살해죄는 인질강요죄와 살인죄의 결합범이고, 인질치사죄는
인질강요죄의 진정결과적 가중범이다. 이 경우에도 미수범 처벌규정은 인질살해
죄에만 적용되고, 인질치사죄의 미수범은 성립할 수 없다고 보아야 한다.

　　본죄에 대하여는 해방감경규정의 적용이 없다. 살해 또는 치상의 결과를 예
견하였기 때문이지만, 인질살해미수의 경우에는 해방감경규정을 적용함이 입법
취지에 부합할 것이다.[3]

---

1) 법무부, 형법개정법률안 제안이유서, 149면, 154면, 159면.
2) 김성돈, 162면; 김성천/김형준, 222면; 김혜정 외, 134면.
3) 김성돈, 163면은 해방감경규정이 적용된다고 보지만, 배종대, 147면은 부정한다.

제 2 절 체포와 감금의 죄

§1. 서   설

Ⅰ. 의의 및 보호법익

치포와 감금의 죄는 사람을 체포 또는 감금함으로써 사람의 신체적 활동의 자유(행동의 자유)를 침해하는 범죄이다.

체포·감금의 죄의 보호법익에 관하여는 피해자의 의사에 중점을 두는 견해는 체포·감금죄의 보호법익을 「머물고 있는 장소로부터 떠날 결의를 실현할 자유」[1] 혹은 「머물고 있는 장소를 변경하려는 피해자의 자연적 의사」[2]라고 보는 견해가 있다. 그러나 행위객체의 범위를 너무 좁게 만들 위험이 있으므로 타당하지 않다. 따라서 본죄의 보호법익은 사람의 잠재적 신체활동(행동)의 자유라고 보아야 할 것이다.[3] 이에 따르면 피해자가 계속 활동하고자 했는지가 중요한 것이 아니라 그에게서 이러한 가능성이 제거되었느냐가 본질이다.

참고 연혁

이 범죄가 형법상 독립된 범죄로 다루어지게 된 것은 대체로 18세기 이후의 일이다. 일찍이 로마인들에게는 자유가 폭력적 공격의 대상으로 인식되었다. 그리하여 신체적 자유에 대한 침해는 그것이 상해로 되는 경우에만 처벌하였고 독일의 보통법시대에도 감금이 폭력범의 한 경우로 이해되었다고 한다. 1787년의 죠세핀(Josefin)형법(Allgemeine Gesetze über Verbrechen)에 이어 1794년의 프로이센보통국법(ARL)도 제1073조 이하에 신체적 활동의 자유에 대한 범죄를 규정하였다. 1871년의 독일 구형법은 자유박탈죄(Freiheitsberaubung)를

---

1) *Maurach-Schroeder*, Strafrecht, BT, Teilband 1, 6. Aufl., 1977, S. 134.
2) *Arzt/Weber*, Strafrecht, BT, Delikte gegen die Person, LH 1, 2. Aufl., 1981, Rn. 534, S. 197.
3) 김성천/김형준, 128면; 김일수/서보학, 132면; 김혜정 외, 135면; 박상기/전지연, 475면; 배종대, 142면; 신동운, 608면; 오영근, 98면; 이영란, 122면; 이재상 외, 122; 임웅, 137면; 정성근/정준섭, 83면; 정영일, 49면 등.

규정하였고, 현행독일형법 제239조는 같은 표제 하에 체포·감금 기타 방법으로 신체적 활동의 자유를 침해하는 범죄를 규정하고 있다.

고려시대에 의용했던 당률(唐律)이나 조선시대에 의용했던 대명률(大明律), 대한제국의 형법대전(刑法大全) 등에서는 독립된 범죄로서의 체포·감금죄를 찾아보기 어렵다. 일제시대와 현행형법제정 이전에는 우리나라에 일본형법이 의용되었다. 현행형법상의 체포·감금의 죄의 규정은 상당부분 일본개정형법가안(제372~375조)의 영향을 받은 것으로 보인다.[1]

Ⅱ. 현행법상의 체계

기본적 구성요건: 체포·감금죄 (제276조 제1항)	수정적 구성요건	불법	가중적	중체포·감금죄(제277조) 특수체포·감금죄(제278조)
			결과적 가중범	체포·감금치사상죄(제81조)
		책임	가중적	존속체포·감금죄(제276조 제2항) 상습범(제279조)
			감경적	없음

형법은 제29장의 체포와 감금의 죄 이외에도, 직권을 남용하여 체포·감금한 경우에는 불법체포·감금죄(제124조)로 처벌하며, 폭처법에 2인 이상의 공동체포·감금죄를 가중처벌하고 있다(제2조 제2항). 또한 보복목적으로 체포·감금한 때에는 특가법에 의하여 가중처벌된다(제5조의9 제2항).

§2. 유형별 고찰

Ⅰ. 체포·감금죄

*사람을 체포 또는 감금한 자는 5년 이하의 징역 또는 700만원 이하의 벌금에 처한다 (제276조 제1항).
*미수범은 처벌한다(제280조).

---

1) 유기천(상), 94면.

1. 의   의

본죄는 체포·감금의 죄의 기본적 구성요건이다. 체포죄와 감금죄는 별개의 범죄이지만 체포한 자가 감금을 한 때에는 감금죄만 성립한다.

2. 구성요건

(1) 객관적 구성요건

1) 주 체

자연인은 누구든지 본죄의 주체로 될 수 있다.

2) 객 체

신체적 활동의 자유를 갖는 자연인인 타인이 본죄의 객체로 될 수 있는데 그 범위를 어디까지로 볼 것인가에 관하여는 견해의 대립이 있다.

① 최광의설에 의하면 신체적 활동의 자유는 현실적으로 존재할 필요가 없으므로 만취자, 수면자, 정신병자, 출산 직후의 영아 등 모든 자연인이 본죄의 객체로 된다고 한다.[1]

② 광의설은 신체적 활동의 자유를 갖는 자인 한 만취자, 수면자 등과 같이 일시적으로 활동의 자유를 상실한 경우에도 활동의 가능성이 있으면 본죄의 객체로 되지만 신체적 활동의 자유가 없는 유아는 객체로 될 수 없다고 본다.[2] 이 견해는 대체로 보호법익을 잠재적 신체활동의 자유로 보는 입장과 합치된다.

③ 협의설은 신체적 활동의 자유가 활동할 의사를 전제로 한다고 보고 이러한 의사가 없는 자는 본죄의 객체로 될 수 없다고 주장한다.[3] 그리하여 자연적 의미에서 장소이동의 의사를 가질 수 있는 모든 자연인은 신체장애자이든 정신병자이든 어린아이든 술취한 자이든 모두 본죄의 객체로 되지만 행위 당시에 이러한 의사를 가질 수 없는 무의식상태인 자, 영아 등은 객체로 될 수 없다고 본다. 이 설은 본죄의 보호법익을 잠재적 행동의 자유가 아니라 장소를 이동하려는 피해자의 자연적 의사로 보는 입장과 합치된다.

---

1) 김성천/김형준, 131면; 오영근, 99면.
2) 김성돈, 165면; 김일수/서보학, 136면; 김혜정 외, 137면; 박상기/전지연, 476면; 배종대, 143면; 백형구, 291면; 서일교, 60면; 신동운, 610면; 이재상 외, 123면; 임웅, 139면; 정성근/정준섭, 84면; 정영일, 49면; 진계호, 144면; 황산덕, 204면 등.
3) 정창운, 67면.

최광의설은 본죄의 보호법익이 신체적 활동의 자유임을 망각하고 있다는 비판을 받고 있으며[1] 협의설에 대하여서는 체포·감금죄의 구성요건에 해당하는 행위와 체포·감금죄의 완성을 혼동하기 때문에 나온 결론이라는 비판이 있다.[2]

이는 본죄의 보호법익을 고려하여 판단하여야 하며, 본죄의 보호법익이 현실적이 아닌 잠재적 신체활동의 자유라는 관점에서 광의설이 타당하다.

3) 행위(체포 또는 감금)

① 체 포

체포란 사람의 신체에 대하여 직접적이고 현실적인 구속을 가하여 신체적 활동의 자유를 침해함을 의미한다. 그러므로 신체에 대하여 현실적인 구속이 있다고 볼 수 없는 경우, 예컨대 타인에게 협박을 가하여 일정한 장소에 부득이 출석하게 하는 경우는 강요죄(제324조)에 해당되고 체포라고 볼 수 없다.[3]

체포의 수단과 방법에는 제한이 없다. 손발을 묶거나 몸을 손으로 잡는 것과 같은 방법은 물론 경찰관을 사칭하여 연행하거나 협박하여 또는 착오에 빠지게 하여 스스로 속박당하게 하는 무형적인 방법도 가능하다. 작위에 의하든 부작위에 의하든 불문한다. 예컨대 타인의 행위에 의하여 체포된 자를 풀어주어야 할 법률상의 의무가 있는 자가 그러한 조치가 가능함에도 불구하고 방치한 경우는 부작위에 의한 체포로 볼 수 있다. 체포는 또한 간접정범의 방법으로도 가능하다. 수사기관을 기망하여 특정인을 체포당하게 하는 경우,[4] 증언거부권에도 불구하고 진술하여 의도적으로 특정인을 체포당하게 하는 경우 등이 그 예이다.

체포에 의한 자유의 박탈은 전면적일 필요가 없다. 그러므로 신체의 일부를 속박할 경우 예컨대 손을 등 위로 묶어서 방치한 경우[5]라든가 긴 밧줄로 사람을 묶은 후 줄의 한쪽 끈을 잡고 있는 경우[6]에도 체포이다.

② 감 금

감금이란 일정한 장소 밖으로 이동하는 것을 불가능하게 하거나 현저히 곤란하게 하여 사람의 신체적 활동의 자유를 장소적으로 제한함을 의미한다. 장소적

---

1) 이재상 외, 123면.
2) 배종대, 143면.
3) 김성돈, 166면; 김성천/김형준, 132면; 배종대, 144면; 이재상 외, 124면; 정성근/정준섭, 85면 등.
4) 배종대, 144면; 신동운, 612면.
5) 권문택/7인공저, 137면 참조.
6) 유기천(상) 98면; 이재상 외, 124면 등.

제한이 있다는 점에서 감금은 체포와 구별되지만[1] 경우에 따라서는 양자를 구분하기 어려운 때도 있다. 예컨대 총기로 위협하여 신체적 활동의 자유를 빼앗는 경우, 총기로 위협하여 그 장소로부터 이동하지 못하게 한 경우는 감금이 되고 다른 장소로 연행한 경우는 체포라고 볼 수 있다.[2] 그러나 체포와 감금은 동일한 법조문에 규정된 같은 성질의 범죄로서 양자를 구별하는 실익은 거의 없다.[3]

　감금은 수단과 방법은 불문한다. 사람을 방에 가두고 자물쇠를 채우거나 감시인 또는 맹견을 출입구에 두어 밖으로 나아갈 수 없게 하는 경우, 출구가 있어도 이를 은폐하여 찾기 어려운 경우,[4] 출구에 전류가 흐르게 하여 사용할 수 없는 경우, 달리는 자동차나 선박 안에 있어 탈출에 생명·신체의 위험이 따르는 경우,[5] 높은 지붕 위에 올라간 자에게서 사다리를 제거하는 경우, 신체장애자로부터 보조기구를 탈취하여 장소 이동을 불가능하게 한 경우, 목욕 중인 부녀의 옷을 가져가 밖으로 나오지 못하게 하는 경우 등과 같은 유형적인 방법은 물론 협박이나 위계에 의한 무형적인 방법,[6] 예컨대 총기로 위협하여 일정한 장소에서 이동할 수 없게 하거나 주위에 지뢰가 매설되어 있다고 속여 그 장소를 벗어나지 못하게 하는 경우도 감금에 해당한다. 또한 생명·신체에 심한 해를 당할지 모른다는 공포감에 도피를 단념하고 있는 자를 호텔로 데려가 함께 유숙한 후 함께 항공기로 국외에 나간 경우도 판례는 감금으로 보고 있다.[7] 감금은 부작위에 의해서도 가능하다. 예컨대 담당 교도관이 자유형의 형기가 만료된 사실을 알면서도 며칠 동안 석방하지 않는 경우,[8] 사람이 없는 줄 알고 자물쇠를 채운 자가 그 방에 사람이 있는 것을 알게 된 후에도 고의적으로 방문을 열지 않는 경우[9] 등은 이에 해당한다. 감금은 간접정범에 의해서도 가능하다.[10]

1) 김성돈, 166면; 이재상 외, 121면; 임웅, 140면 등.
2) 권문택/7인공저, 139면 참조.
3) 김종원(상), 109면; 배종대, 144면.
4) 이재상 외, 124면.
5) 대판 2000. 5. 26, 2000도440; 대판 1983. 4. 26, 83도323 등.
6) 대판 1985. 6. 25, 84도2083.
7) 대판 1991. 8. 27, 91도1604.
8) 권문택/7인공저, 139면 참조.
9) 김성돈, 166면; 이재상 외, 125면.
10) 예컨대 정신병원에 정신질환자로 허위의 사실을 신고하여 강제입원하게 하는 경우는 이에 해당된다.

감금에 있어서 신체적 자유의 박탈은 반드시 전면적일 필요가 없기 때문에 감금된 특정 구역 내에서 일정한 생활의 자유가 허용되어 있었던 경우에도 감금죄가 성립된다.[1] 또한 이미 감금상태에 있는 자(예컨대 포로)에게 더욱 장소이동의 자유를 제한하는 경우도 감금에 해당한다고 보아야 할 것이다.

③ 기수 및 종료시점

(가) 계속범　　감금죄에서의 시간적 계속성은 이중의 의미를 가진다. 체포·감금죄가 기수가 되기 위해서도 순간에 불과한 자유의 박탈로는 부족하고[2] 그 행위에 제반정황에 비추어 사회통념상 인정될 수 있는 시간적 계속성이 있어야 한다. 판례 역시 체포죄가 성립하기 위해서는 체포행위에 확실히 사람의 신체의 자유를 구속한다고 인정할 수 있을 정도의 시간적 계속을 요구한다.[3]

체포·감금행위에 있어서 계속성의 의미에 관하여서는 시간적 계속설, 기수계속설, 침해상태계속설이 거론되는데[4] 이미 언급했듯이 본죄의 성립에는 자유박탈이 어느 정도 시간적으로 계속되어야 한다는 관점에서 통설인 시간적 계속설이 타당하다.

또한 기수 이후에도 계속범으로서 종료시점까지 감금행위는 계속된다. 그리고 상대방의 정당방위 성립, 공범성립 및 공소시효는 범행 종료시를 기준으로 한다.

(나) 상대방의 인식여부　　체포 또는 감금당했다는 피해자의 인식을 필요로 하는가에 관하여는 긍정설[5]과 부정설[6]의 대립이 있다. 본죄의 보호법익이 잠재적 신체활동의 자유, 즉 행동의 가능성이라는 관점에서 부정설이 타당하다.

(2) 주관적 구성요건

본죄의 고의는 미필적 고의로써 족하다.

---

1) 대판 1984. 5. 15. 84도655 참조.
2) 이러한 경우에 미수범으로 된다는 견해(권문택/7인공저, 139면; 김일수/서보학, 138면; 김종원(상), 110면 등)와 폭행죄가 성립한다는 견해(염정철, 307면; 황산덕, 200면 등)의 대립이 있다.
3) 대판 2018. 2. 28. 2017도21249.
4) 이에 관하여서는 권문택/7인공저, 136~140면 참조.
5) 강구진Ⅰ, 151면; 권문택/7인공저, 141면; 김종원(상), 108면; 배종대, 145면; 백형구, 293면; 유기천(상), 94면; 이정원, 175면; 임웅, 139면; 진계호, 146면 등.
6) 김성돈, 149면; 김성천/김형준, 134면; 김혜정 외, 137면; 박상기/전지연, 477면; 서일교, 61면; 오영근, 100면; 이재상 외, 126면; 정성근/정준섭, 84면; 정영일, 51면 등.

3. 위 법 성

(1) 피해자의 동의에 대하여 위법성조각사유로 보는 견해[1]도 있지만, 구성요건을 조각하는 양해로 보아야 한다.[2] 체포·감금의 개념은 피해자의 의사에 반하거나 피해자의 의사가 없을 것을 요구하기 때문이다. 그러나 위계에 의하여 동의를 얻은 경우에는 위법하다.

(2) 검사 또는 사법경찰관의 구속영장에 의한 구속(형소법 제201조 제1항), 현행범인의 체포(형소법 제212조), 친권자의 징계행위(민법 제915조), 경찰관의 주취자 보호조치 또는 치료를 위한 정신착란자의 보호조치(경찰관직무집행법 제4조 제1항 제1호) 등은 법령에 의한 행위로서 형법 제20조에 의하여 위법성이 조각된다. 이밖에도 체포 또는 감금이 정당한 업무로 인한 행위,[3] 정당방위,[4] 자구행위,[5] 기타 사회상규에 위배되지 아니하는 경우[6] 등에 해당할 때에는 위법성이 조각된다.

판 례　////////////////////////

　　정신의료기관의 장이 자의로 입원 등을 한 환자로부터 퇴원 요구가 있는데도 구 정신보건법에 정해진 절차를 밟지 않은 채 방치한 경우, 위법한 감금행위에 해당한다.[7]

　　반면, 보호의무자의 동의를 제대로 얻지 못한 상태에서 정신의료기관의 장의 결정에 의하여 정신질환자에 대한 입원이 이루어졌다 하더라도, 정신건강의학과 전문의가 사실과 다르게 입원 진단을 하였다거나 또는 정신의료기관의 장 등과 공동하거나 공모하여 정신질환자를 강제입원시켰다는 등의 특별한 사정이 없는 이상, 정신의료기관의 장의 입원 결정과 구별되는 정신건강의학과 전문의의 입원 진단 내

---

1) 배종대, 146면; 백형구, 296면; 임웅, 141면.
2) 김성돈, 168면; 김성천/김형준, 135면; 김혜정 외, 141면; 이재상 외, 127면; 정성근/정준섭, 86면; 정영일, 51면; 정웅석, 121면.
3) 권문택/7인공저, 143면은 정신질환 있는 자를 치료하기 위하여 병실에 감금하는 경우를 그 예로 들고 있다.
4) 예컨대 절도범인이 침입한 방의 문을 잠그는 경우.
5) 예컨대 만기가 지난 채무를 변제하지 아니하고 예고 없이 이민가려는 자를 공항 출구에서 체포한 경우.
6) 예컨대 위해의 방지를 위하여 부득이 광폭한 명정자를 사인이 잠시 포박한 경우(권문택/7인공저, 143면).
7) 대판 2017. 8. 18, 2017도7134.

지 입원권고서 작성행위만을 가지고 부적법한 입원행위라고 보아 감금죄로 처벌할 수 없다.[1]

이른바 형제복지원사건에 대한 비상상고에서 대법원은 원판결이 피고인이 부랑자들이 탈출하지 못하도록 야간 취침시킨 중에 출입문을 안에서 잠근 특수감금행위가 위법성이 조각된다고 판시한 점에 관하여, 원심의 적용법령은 정당행위에 관한 형법 제20조이고, 훈령의 존재는 형법 제20조를 적용하기 위한 전제에 불과할 뿐이므로 적법한 해석이라고 본다.[2] 그러나 위법여부는 "전체 법질서"를 전제로 판단하여야 하며, 근거법령인 "훈령"은 기본권침해사항을 규정할 수 없다는 점에서 위헌이므로 위헌인 훈령은 형법 제20조의 "법령"에 해당할 수 없다고 봄이 타당하다.

4. 죄   수

체포 · 감금의 수단으로 폭행 또는 협박을 가한 때에는 본죄만 성립하며[3] 감금 중에 행하여진 폭행 · 협박이 감금상태를 유지하기 위한 것이 아닌 때에는 별개의 죄를 구성하여 본죄와 실체적 경합관계에 있게 된다.[4] 경찰관을 사칭하여 사람을 연행한 경우는 본죄와 공무원자격사칭죄의 상상적 경합이 된다. 반면 감금행위가 강도의 수단으로 되면 양죄는 상상적 경합이지만, 이에 그치지 않고 강도행위가 끝난 이후에도 계속되면 본죄와 강도죄는 실체적 경합이 된다.[5]

판 례

강간죄의 성립에 언제나 직접적으로 또 필요한 수단으로서 감금행위를 수반하는 것은 아니다. 피고인이 피해자가 자동차에서 내릴 수 없는 상태에 있음을 이용하여 강간하려고 결의하고, 주행중인 자동차에서 탈출불가능하게 하여 외포케 하고 50킬로미터를 운행하여 여관 앞까지 강제연행한 후 강간하려다 미수에 그친 경우 위 협박은 감금죄의 실행의 착수임과 동시에 강간미수죄의 실행의 착수이므로 양죄는 상상적 경합관계에 있다.[6]

---

1) 대판 2017. 4. 28. 2013도13569.
2) 대판 2021. 3. 11. 2018오2.
3) 대판 1982. 6. 22. 82도705 참조.
4) 권문택/7인공저, 144면; 이재상 외, 127면.
5) 대판 2003. 1. 10. 2002도4308.
6) 대판 1983. 4. 26. 83도323. 이와 유사하게 2003. 5. 30. 2003도1256은 강간치상과 야간감금죄(폭처법)의 상상적 경합을 인정하였다.

반면 피고인이 피해자를 자동차에 강제로 태워 내릴 수 없게 하고 탈출할 수 없는 상태로 자동차를 운행하게 하여 판시 장소로 연행한 후에 강간미수에 이르렀다면 위 감금행위는 독립된 별개의 죄가 된다.[1]

이 경우 경합여부는 감금죄가 기수에 이르기 전에 강간죄의 고의를 가지고 실행에 착수하였는가의 문제가 된다. 즉, 전자는 감금행위 당시 강간의 고의가 있으므로 행위의 중첩성이 인정되어 상상적 경합이 되지만, 후자는 감금죄 기수 이후 감금행위 종료 전에 새로운 범의로 강간의 실행에 착수하였으므로 양자의 행위는 별개로서 실체적 경합이 된다.

Ⅱ. 존속체포 · 감금죄

*자기 또는 배우자의 직계존속에 대하여 제1항(체포 · 감금)의 죄를 범한 때에는 10년 이하의 징역 도는 1,500만원 이하의 벌금에 처한다(제276조 제2항).
*본죄의 미수범은 처벌한다(제280조).

본죄는 부진정 신분범이다. 주제 및 객체는 존속살해죄와 같다.

Ⅲ. 중체포 · 감금죄, 존속중체포 · 감금죄

*사람을 체포 또는 감금하여 가혹한 행위를 가한 자는 7년 이하의 징역에 처한다(제277조 제1항).
*자기 또는 배우자의 직계존속에 대하여 전항(제277조 제1항)의 죄를 범한 때에는 2년 이상의 유기징역에 처한다(제277조 제2항).
*미수범은 처벌한다(제280조).

1. 의   의

본죄는 체포 · 감금 외에도 가혹행위를 추가하여 형이 중한 유형으로 설정한 것이 그 특징이다. 존속중체포 · 감금죄는 객체가 존속이기 때문에 형이 무거워지는 중체포 · 감금죄에 대한 책임가중적 구성요건인 부진정신분범이다.

---

1) 대판 1984. 8. 21. 84도1550.

2. 구성요건

(1) 객관적 구성요건

본죄 특유의 객관적 표지는 「가혹한 행위」이다. 가혹한 행위란 사람에게 정신적·육체적 고통을 주는 일체의 행위를 의미한다.[1] 학대죄에 있어서의 학대보다는 넓은 의미로 쓰인다. 가혹한 행위의 예로서는 폭행·협박, 의식주의 차단이나 불량한 제공, 성적 수치감을 유발하는 음란한 행위, 적절한 휴식이나 수면을 할 수 없게 하는 행위 등을 들 수 있다.

단지 체포·감금의 수단으로서 행하여진 폭행·협박은 가혹행위에 포함된다고 볼 수 없다.[2]

(2) 주관적 구성요건

본죄의 고의에는 체포·감금의 고의 외에도 가혹행위에 대한 고의가 포함되어야 한다. 체포·감금 시점부터 고의가 있는 경우는 물론 체포·감금 후에 비로소 가혹한 행위를 할 의사가 생긴 경우도 포함된다.

(3) 미수범

본죄의 미수에는 체포·감금하여 가혹한 행위를 하려 했으나 체포·감금을 하지 못한 경우, 체포·감금은 했으나 행위에 착수하여 그 행위가 미수에 그친 경우가 모두 포함된다.[3]

Ⅳ. 특수체포·감금죄

*단체 또는 다중의 위력을 보이거나 위험한 물건을 휴대하여 전2조(제276조 체포·감금, 존속체포·감금, 제277조 중체포·감금, 존속중체포·감금)의 죄를 범한 때에는 그 죄에 정한 형의 2분의 1까지 가중한다(제278조).
*미수범은 처벌한다(제280조).

---

1) 김성돈, 170면; 김일수/서보학, 141면; 김혜정 외, 144면; 배종대, 147면; 이재상 외, 128면; 임웅, 142면; 정성근/정준섭, 88면 등.
2) 김일수/서보학, 141면; 백형구, 297면; 정성근/정준섭, 88면 등.
3) 강구진Ⅰ, 152면; 김종원(상), 112면; 오영근, 128면; 이재상 외, 128면; 정성근/정준섭, 123면 등.

본죄는 행위반가치가 기본범죄보다 큰 불법가중적 구성요건이다. 구성요건에 대하여는 특수상해죄 및 체포·감금죄의 설명과 같다.

V. 상습체포·감금죄

> *상습으로 제276조(체포·감금) 또는 277조(중체포·감금, 존속중체포·감금)의 죄를 범한 때에는 전조(제278조 특수체포·감금)의 예에 의한다(제279조).
> *미수범은 처벌한다(제280조).

본죄는 상습으로 체포·감금죄, 존속체포·감금죄 또는 중체포·감금죄, 존속중체포·감금죄를 범함으로써 성립한다. 상습성으로 인하여 책임이 가중되는 부진정신분범이다.

VI. 체포·감금치사상죄

> *제276조 내지 제280조의 죄를 범하여 사람을 상해에 이르게 한 때에는 1년 이상의 유기징역에 처한다. 사망에 이르게 한 때에는 3년 이상의 유기징역에 처한다(제281조 제1항).
> *자기 또는 직계존속의 배우자에 대하여 제276조 내지 제280조의 죄를 범하여 상해에 이르게 한 때에는 2년 이상의 유기징역에 처한다. 사망에 이르게 한 때에는 무기 또는 5년 이상의 징역에 처한다(제281조 제2항).

1. 의   의

체포와 감금의 죄를 범하여 사람을 사상에 이르게 함으로써 성립하는, 결과불법이 가중되는 유형이다. 체포·감금치상죄는 부진정결과적 가중범이고, 체포·감금치사죄는 진정결과적 가중범이다.

2. 구성요건

기본범죄와 중한 결과인 사상의 사이에는 인과관계가 있어야 하고 결과의 객관적 귀속도 인정되어야 한다. 기본범죄는 기·미수를 불문하므로 체포·감금의 죄가 미수라 할지라도 이로 인하여 사상의 결과가 발생한 때에는 본죄가 성립한다.

중체포·감금죄와 관련하여 가혹한 행위에 의하여 사상의 결과가 발생한 경우에 본죄가 성립하는가에 관하여서는 견해의 대립이 있다. 경합범설은 체포·감금과 가혹행위에 의한 치사상은 별개의 것으로 보아야 한다는 이유로 위의 경우 중체포·감금죄와 상해치사상의 경합범이 된다고 본다.[1] 반면 본죄에는 중체포·감금치사상도 포함되므로 본죄만 성립한다고 보는 견해가 있다.[2] 현행법의 체계에 비추어 본죄만 성립된다고 봄이 타당하다. 판례도 이와 같다.

판례

///////////////////////////

갑이 아파트 안방에서 안방문에 못질을 하여 동거하던 을이 술집에 나갈 수 없게 감금하고, 피해자를 때리고 옷을 벗기는 등 가혹한 행위를 하여 을이 이를 피하기 위하여 창문을 통해 밖으로 뛰어 내리려 하자 갑이 이를 제지한 후, 갑이 거실로 나오는 사이에 갑자기 안방 창문을 통하여 알몸으로 아파트 아래 잔디밭에 뛰어 내리다가 다발성 실질장기파열상 등을 입고 사망한 경우, 갑의 중감금행위와 을의 사망 사이에는 인과관계가 있으므로 중감금치사죄의 죄책을 진다.[3]

동 사안에서는 피해자 을의 사망이 갑의 중감금행위가 아닌 을이 직접 뛰어내린 행위로 인하여 발생하였으므로 객관적 귀속(직접성의 원칙)이 문제된다. 제3자 또는 피해자의 행위가 개입하여 결과가 발생하면 객관적 귀속이 부정되기 때문이다. 그러나 직접성의 원칙에 의하더라도 행위자의 기본범죄행위를 피하기 위한 피해자의 행위로 인하여 결과가 발생하면 객관적 귀속은 인정된다.

---

3. 죄 수

체포와 감금을 살해의 수단으로 사용한 경우에는 체포·감금행위가 언제나 살인죄에 수반되는 것은 아니므로 체포·감금죄와 살인죄는 상상적 경합이 된다고 보는 견해가 있으나[4] 체포·감금이 살인의 수단에 불과하므로 유기를 수

---

1) 황산덕, 206면.
2) 김성돈, 153면; 김일수/서보학, 143면; 김혜정 외, 145면; 배종대, 148면; 신동운, 624면; 이재상 외, 129면; 정성근/정준섭, 90면; 진계호, 153면 등.
3) 대판 1991. 10. 25. 91도2085.
4) 김성돈, 172면; 김종원(상), 114면; 정성근/정준섭, 90면 등.

단으로 살인행위를 하는 경우와 마찬가지로 살인죄만 성립된다고 보아야 할 것이다.[1] 그러나 감금행위 도중에 살의가 생겨 피감금자를 살해한 경우에는 감금죄와 살인죄의 실체적 경합이 된다.[2] 만일 감금행위 도중 살인의 범의로 피감금자를 방치하여 사망에 이르게 하였다면 부작위에 의한 살인죄와의 실체적 경합이 된다.[3]

심 화 **결과적 가중범의 성립원리**

1. 법정형을 통한 불법성의 정당한 평가

결과적 가중범은 고의범과 과실범의 결합형태이다. 형법 제281조의 체포·감금치상죄라는 결과적 가중범 규정이 없다면, 체포·감금행위로 인하여 사람을 치상에 이르게 한 자는 제276조 체포·감금죄와 제266조 과실치상죄의 상상적 경합에 해당하는 결과, 상상적 경합원리에 따라 중한 죄에 정한 형인 제276조 체포·감금죄의 법정형이 처단형이 된다. 그 결과 기본범죄인 체포·감금죄를 범한 자와 이를 통해 중한 결과를 야기한 자 사이에 적용되는 형량은 차이가 없게 된다. 이처럼 기본범죄 이외에 보다 중한 결과의 불법성에 대한 정당한 평가가 이루어졌다고 볼 수 없는 경우, 오로지 중한 결과를 가중처벌하기 위하여 결과적 가중범으로 규정하게 된다. 즉, 행위반가치는 기본범죄와 동일하되 중한 결과에 대한 결과반가치 측면의 가중평가를 목적으로 하게 된다.

그런데 결과적 가중범으로 규정한다고 하더라도 다시, 중한 결과에 대하여 고의가 있는 자와 과실이 있는 자 사이에서 불법성에 대한 정당한 평가가 이루어졌다고 볼 수 없는 경우가 발생한다. 예컨대 형법 제281조의 체포·감금치상죄와 체포·감금치사죄를 살펴보면 다음과 같다.

2. 부진정결과적 가중범의 성립

체포·감금치상죄에서 치상의 결과가 과실로 발생하였다면 제281조를 적용함으

---

1) 배종대, 149면. 이 경우 법조경합 중 흡수관계에 해당한다.
2) 김성돈, 172면: 이재상 외, 130면: 정성근/정준섭, 90면: 황산덕, 206면 등.
3) 대판 1982. 11. 23, 82도2024. 피고인이 미성년자를 유인하여 포박 감금한 후 단지 그 상태를 유지하였을 뿐인데도 피감금자가 사망에 이르게 된 것이라면 피고인의 죄책은 감금치사죄에 해당한다 하겠으나, 나아가서 그 감금상태가 계속된 어느 시점에서 피고인에게 살해의 범의가 생겨 피감금자에 대한 위험발생을 방지함이 없이 포박감금상태에 있던 피감금자를 그대로 방치함으로써 사망케 하였다면 피고인의 부작위는 살인죄의 구성요건적 행위를 충족하는 것이라고 평가하기에 충분하므로 부작위에 의한 살인죄를 구성한다.

로써 법정형은 1년 이상의 유기징역이다. 만일 중한 결과가 고의로 발생하였다면 기본범죄인 제276조 체포·감금죄와 중한 결과인 제257조 상해죄는 체포·감금행위 단일의 행위로 성립되므로 상상적 경합에 해당하는 결과, 중한 죄에 정한 형인 7년 이하의 유기징역에 해당한다.[1] 그 결과 감금상해라는 중한 결과에 대한 고의범이 결과적 가중범인 체포·치상죄보다 경하게 처벌되므로 고의범과 과실범 간의 법정형의 불균형이 초래된다. 이 경우에는 결과적 가중범에 중한 결과에 대한 고의범을 포함시킴으로써 부진정 결과적 가중범이 되고, 이로써 불균형을 시정하는 것이다.

3. 진정결과적 가중범의 성립

반면 체포·감금치사죄에서 치사의 결과가 과실로 발생하였다면 제281조 후단을 적용함으로써 법정형은 3년 이상의 유기징역이다. 만일 치사의 결과가 고의로 발생하였다면 기본범죄인 제276조 체포·감금죄와 중한 결과인 제250조 살인죄는 역시 상상적 경합에 해당하므로, 중한 죄에 정한 형인 사형, 무기징역 또는 5년 이상의 징역에 해당한다. 그 결과 체포·감금살인이라는 중한 결과에 대한 고의범이 결과적 가중범인 체포·감금치사죄보다 중하게 처벌되므로 고의범과 과실범 간의 법정형의 불균형은 발생하지 않는다. 이 경우에는 결과적 가중범의 중한 결과에는 과실범만을 포함시킴으로써 체포·감금치사죄는 진정 결과적 가중범이 된다.

4. 양자의 법정형이 동일한 경우

그러나 양자의 법정형이 동일할 때에는 원칙에 따라 고의의 기본범죄와 고의의 중한 결과의 상상적 경합을 인정하여야 한다. 예컨대, 제164조 제2항에서 일반인에 대한 고의의 현주건조물방화치사죄와 존속에 대한 고의의 현주건조물방화치사를 비교하면 다음과 같다. 우선 전자의 경우 현주건조물에 방화하여 거주하는 일반인을 살해한 경우에는 제164조 제1항 현주건조물방화죄와 제250조 제1항의 보통살인죄의 상상적 경합이 되어, 사형, 무기, 5년 이상의 징역에 해당한다. 그러나 이는 현주건조물방화에 방화하여 과실로 치사에 이른 자에 대한 현주건조물방화치사죄의 법정형인 사형, 무기, 7년 이상보다 경하게 되므로, 현주건조물방화치사죄는 중한 결과에 대하여 고의가 있는 경우도 포함하여야 하므로 부진정 결과적 가중범이 된다. 반면 그 대상이 존속인 경우에는 제164조 제1항 현주건조물방화죄와 제250조 제2항의 존속살해죄의 상상적 경합이 되어, 사형, 무기, 7년 이상의 징역에 해당한다. 이는 현주건조물방화치사죄의 법정형과 동일하다. 이처럼 최소한 중한 결과에

---

1) 제257조 상해죄는 7년 이하의 징역, 10년 이하의 자격정지 또는 1천만원 이하의 벌금을 법정형으로 두고 있지만, 여기에서는 편의를 위하여 징역형만을 비교하였다.

대한 과실범과 고의범의 법정형이 동일해 진다면 중한 결과에 대한 고의범을 결과적 가중범에 포함시킬 수 없으므로 진정 결과적 가중범이 된다. 그 결과 존속에 대하여 고의로 현주건조물방화를 하여 살해하면, 현주건조물방화치사죄가 아니라 제164조 제1항의 현주건조물방화죄와 제250조 제2항의 존속살해죄의 상상적 경합이 성립한다고 보아야 한다.

제 3 절 약취와 유인의 죄

§1. 서   설

Ⅰ. 의의 및 보호법익

약취와 유인의 죄는 사람을 약취 또는 유인하여 자기나 제3자의 실력적 지배하에 둠으로써 개인의 자유를 침해하는 범죄이다. 신체적 활동의 자유를 침해한다는 점에서 체포·감금의 죄와 공통되지만 약취와 유인의 죄는 자유의 범위가 체포·감금죄와 달리 장소적 제한을 받지 않는다는 점에서는 구분된다.

약취·유인의 죄의 보호법익은 개인의 자유, 특히 거처의 자유라고 볼 수 있다. 본죄 중 특히 미성년자 약취·유인죄의 경우에는 피인취자의 자유권이 주된 법익이지만 보호감독자의 감호권도 부차적인 보호법익이 된다.[1] 판례도 미성년자의 동의가 있어도 보호자의 동의가 없으면 본죄가 성립된다고 본다.[2]

참고 **연혁**

일찍이 로마법에서는 유아나 노예를 약취하는 행위를 유아에 대한 부모의 지배권이나 노예에 대한 소유주의 지배권을 침해하는 지배권약탈범죄로 취급하였고 게르만법에 있

---

1) 김성돈, 154면; 김성천/김형준, 156면; 김일수/서보학, 143면; 김혜정 외, 150면; 박상기/전지연, 482면; 배종대, 150면; 백형구, 302면; 서일교, 70면; 신동운, 639면; 오영근, 111면; 이영란, 149면; 이재상 외, 133면; 임웅, 165면; 정성근/정준섭, 91면; 정영일, 64면; 황산덕, 211~212면 등.
2) 대판 2003. 2. 11, 2002도7115; 대판 1982. 4. 27, 82도186 등.

어서는 약취를 살인과 같이 중하게 처벌하였으며 1794년의 프로이센일반국법에 이르러 약취·유인의 죄는 자유에 대한 죄의 성격을 갖게 되었다. 고려시대에 사용했던 당률에도 약인약매인(略人略賣人), 약화유노비(略和誘奴婢), 약매기친비유(略賣期親卑幼) 등의 약취·유인의 죄에 해당하는 범죄를 규정하였고 1905년의 형법대전은 제8절(제604조 이하)에 약인율이라는 규정을 두어 사람을 약취·유인하여 매매하거나 처첩자손(妻妾子孫)을 삼거나 고공, 창기(雇工, 娼妓)를 삼는 행위 등을 폭넓게 중형으로 처벌하였는데 미성년자의 약취·유인만을 별도의 기본적 구성요건으로는 설정하지 아니하였다. 다만 미아나 기아(棄兒)를 취하여 매매한 자는 그 처벌에 있어서 일등급을 감하고 도망친 타인의 자녀를 취하여 매매한 자는 이등급을 멸한다는 규정을 두었다. 구형법(의용형법) 제224조는 미성년자의 약취·유인죄를 기본적 구성요건으로 하여 여러 가지 유형의 약취·유인의 죄를 규정하였고, 현행형법도 제287조 이하에서 약취·유인의 죄를 규정하고 있는데 그 내용으로 보아 일본개정형법가안(제375조)의 영향을 받은 것으로 보인다.[1)]

II. 현행법상의 체계

기본적 구성요건: 미성년자 약취·유인죄 (제287조) 인신매매죄 (제289조 제1항)	수정적 구성요건	불법	가중적	추행·간음·결혼·영리 목적 약취·유인죄 (제288조 제1항) 노동력착취·성매매·성적착취·장기적출 목적 약취·유인죄(제288조 제2항) 국외이송목적 약취·유인죄(제288조 제3항) 추행·간음·결혼·영리 목적 인신매매죄 (제289조 제2항) 노동력착취·성매매·성적착취·장기적출 목적 인신매매죄(제289조 제3항) 국외이송목적 인신매매죄(제289조 제4항)
			결합범	약취·유인등 상해죄(제290조 제1항) 약취·유인등 살인죄(제291조 제1항)
			결과적 가중범	약취·유인등 치상죄(제290조 제2항) 약취·유인등 치사죄(제291조 제2항)
	독립적 구성요건	약취 등 피이송자 수수·은닉죄(제292조)		
	형의 감경	해방감경규정(제295조의2)		
	형의 적용 범위	세계주의(제296조의2)		

---

1) 유기천(상), 111면.

본 장은 2013. 4. 5. 비교적 많은 개정이 이루어지면서, 표제도 약취와 유인의 죄에서 약취·유인 및 인신매매의 죄로 변경되었다. 이는 2000년 12월 13일 우리나라가 서명한 「인신매매방지의정서」의 국내적 이행을 위한 입법으로서, 의정서상의 입법의무 사항을 반영하여 각종 착취 목적의 인신매매죄를 신설하여 인신매매의 처벌범위를 확대하고 이를 목적으로 하는 국제범죄를 효율적으로 방지·척결하는 동시에 국제협력을 강화하려는 취지이다. 특히 사람의 신체의 자유는 인류 공통의 가치인 점을 반영하여 세계주의(제296조의2)를 선언하였다. 또한 인질강요죄와 동일하게 피약취자 등을 안전한 장소에 풀어준 때에는 임의적 감경을 하는 해방감경규정을 두어, 형사정책적으로 피약취자 등의 신변을 보호하고자 한다.

수정적 구성요건으로는 책임가중사유는 없고, 불법가중사유만 있다. 불법가중적 구성요건은 목적범의 형태로 구성되어 있고, 상해 또는 살인이라는 중한 결과에 고의가 있는 경우에는 기본범죄와 상해죄 또는 살인죄와의 결합범이 되며, 과실로 중한 결과가 발생한 경우에는 진정결과적 가중범의 형태로 규정되어 있다. 또한 피약취자 등을 수수·은닉한 경우와 약취 등의 목적으로 사람을 모집, 운송, 전달한 자를 독립적 구성요건으로 두고 있다. 예비·음모행위 역시 처벌의 대상이 된다.

이 밖에도 특가법에는 13세 미만자에 대한 약취·유인죄 및 피인취된 미성년자를 은닉하거나 기타 방법으로 귀가하지 못하게 방조하는 자를 가중처벌하는 특별규정(제5조의2)을 두고 있고, 특강법에도 처벌상의 특례규정(제2조 제1항 제2호)을, 아청법에도 19세 미만의 아동·청소년 매매죄와 국내외 이송죄에 대한 가중처벌규정(제3조)을 두고 있다.

§2. 유형별 고찰

Ⅰ. 미성년자약취·유인죄

*미성년자를 약취 또는 유인한 사람은 10년 이하의 징역에 처한다(제287조).
*미수범은 처벌한다(제294조).

*제287조를 범한 사람이 피약취자를 안전한 장소에 풀어준 때에는 그 형을 감경할 수 있다(제295조의2).

*제287조를 범할 목적으로 예비 또는 음모한 사람은 3년 이하의 징역에 처한다(제296조).

1. 의   의

본죄는 약취·유인죄의 기본적 구성요건이다. 본죄는 특히 정신적·신체적 발육이 미숙한 미성년자의 자유와 안전을 보호하기 위한 것이며 친권자(보호자)의 보호감독권은 부차적인 보호법익이다.

본죄는 침해범이고 계속범이다.

2. 구성요건

(1) 객관적 구성요건

1) 주   체

자연인이면 누구든지 본죄의 주체가 될 수 있다. 미성년자를 보호감독하는 자라 할지라도 다른 보호감독자의 보호를 침해하거나 자신의 보호감독권을 남용한 때에는 본죄의 주체로 될 수 있다.[1] 그렇지만 미성년자 본인은 본죄의 정범이나 공범이 될 수 없다.[2]

판 례

부모가 이혼하였거나 별거하는 상황에서 미성년의 자녀를 부모의 일방이 평온하게 보호·양육하고 있는데, 상대방 부모가 폭행, 협박 또는 불법적인 사실상의 힘을 행사하여 그 보호·양육 상태를 깨뜨리고 자녀를 탈취하여 자기 또는 제3자의 사실상 지배하에 옮긴 경우는 본죄에 해당한다. 그러나 미성년의 자녀를 부모가 함께 동거하면서 보호·양육하여 오던 중 부모의 일방이 상대방 부모나 그 자녀에게 어떠한 폭행, 협박이나 불법적인 사실상의 힘을 행사함이 없이 그 자녀를 데리고 종전의 거소를 벗어나 다른 곳으로 옮겨 자녀에 대한 보호·양육을 계속하였다면, 그 행위가 보호·양육권의 남용에 해당한다는 등 특별한 사정이 없는 한 설령

---

1) 대판 2008. 1. 31, 2007도8011.
2) 이영란, 150면; 이재상 외, 134면; 정성근/정준섭, 92면; 황산덕, 212면 등.

이에 관하여 법원의 결정이나 상대방 부모의 동의를 얻지 아니하였다고 하더라도 본죄가 성립하지 않는다. 베트남 국적 여성인 피고인이 남편 갑의 의사에 반하여 생후 약 13개월 된 아들 을을 주거지에서 데리고 나와 약취하고 이어서 베트남에 함께 입국함으로써 을을 국외에 이송하였다고 하여 국외이송약취 및 피약취자국외 이송으로 기소된 사안에서, 피고인이 을을 데리고 베트남으로 떠난 행위는 어떠한 실력을 행사하여 을을 평온하던 종전의 보호·양육 상태로부터 이탈시킨 것이라기 보다 친권자인 모로서 출생 이후 줄곧 맡아왔던 을에 대한 보호·양육을 계속 유지 한 행위에 해당하므로 본죄가 성립하지 않는다.[1]

반대로, 갑의 배우자였던 을이 미국에서 법원에 의하여 자녀에 대한 임시보호결 정을 받고 있던 중, 갑이 자신에게 주어진 면접교섭시간(parenting time)을 이용하 여 자녀들을 인계받은 후 을의 동의 없이 대한민국으로 입국하였다면 자녀들을 자 유로운 생활관계 또는 을의 보호관계로부터 이탈시켜 갑의 사실상 지배하에 옮기 는 행위이므로 본죄가 성립한다.[2]

2) 객 체

본죄의 객체인 미성년자란 민법상의 미성년자인 19세 미만의 자(민법 제4조) 를 의미한다. 미성년자인 한 그 성별, 의사, 능력, 형법상의 책임능력의 유무 등 을 불문한다. 본죄의 행위수단에 비추어 의사능력이나 판단능력이 없는 미성년자 (예컨대 영아)에 대하여서는 약취죄만 가능할 뿐 유인죄는 성립될 여지가 없다.[3]

미성년자가 혼인하여 민법상 성년자로 의제되면 본죄의 객체로 될 수 있는가 에 관하여서는 부정설[4]과 긍정설[5]의 대립이 있다. 부정설은 ① 형법에 고유한 미성년자 개념이 없는 이상 민법상의 성년자를 본죄의 미성년자로 보는 것은 죄 형법정주의에 반한다는 점,[6] ② 규범의 통일성이라는 관점에서 본죄의 미성년 자라는 규범적 표지는 민법상의 의제조항까지 포함한 미성년 개념과 일치되도 록 해석하는 것이 합목적적이라는 점 등을 그 논거로 들고 있다. 한편 긍정설은

---

1) 대판 2013. 6. 20, 2010도14328 전원합의체 판결.
2) 대판 2017. 12. 13, 2015도10032.
3) 강구진 I, 157면: 신동운, 645면: 정성근/정준섭, 93면.
4) 이재상 외, 135면: 이정원, 186면 등.
5) 김성돈, 177면: 김성천/김형준, 161면: 김일수/서보학, 146면: 김종원(상), 115면: 박상기/전지 연, 483면: 배종대, 151면: 백형구, 303면: 오영근, 114면: 유기천(상), 116면: 이영란, 151면: 임웅, 168면: 정성근/정준섭, 93면: 정영일, 65면: 정웅석, 771면 등.
6) 이재상 외, 135면.

① 민법상의 성년의제는 부부의 혼인생활독립의 요청에서 인정된 것이므로 그 입법취지상 민법 이외의 다른 법률에서 이를 적용할 수 없다는 점,[1] ② 성년의제 규정은 부부의 혼인생활 독립의 요청에 의한 것이므로 형법상 미성년자보호를 위한 취지와 다르며 민법상 성년의제자를 형법상 본죄의 미성년자로 해석해도 죄형법정주의에 반하지 않는다는 점,[2] ③ 형법의 가벌성의 기준은 민법에 종속되지 않으며 형법이 미성년자를 독자적으로 규정하더라도 상관이 없다는 점[3] 등을 그 논거로 한다.

형법은 성년자와 달리 미성년자의 신체나 정신의 발육이 미숙한 점을 고려하여 특별히 보호하려는 취지에서 본죄를 설정한 것이고 민법상 성년의제제도는 단지 부부의 혼인생활독립의 요청에 의한 예외적 제도일 뿐 이를 통하여 신체나 정신까지 성년자 수준으로 변화되는 것은 아니며 따라서 형법상의 미성년자보호의 취지와 기준을 변화시킬 요인이 될 수 없다. 따라서 긍정설이 타당하다.

3) 행 위

본죄의 행위는 약취 또는 유인이다.

① 약취와 유인의 의미

(가) 약 취　　약취란 폭행 또는 협박으로써 사람을 보호받고 있는 생활상태 내지 자유로운 생활관계로부터 그의 의사에 반하여 자기 또는 제3자의 사실적 지배하에 옮기는 것을 의미한다. 여기에서 사실적 지배란 사람에 대한 물리적·실력적 지배관계를 의미한다.[4] 약취의 수단인 폭행·협박은 상대방을 실력적 지배하에 둘 수 있을 정도면 충분하고 반드시 상대방의 반항을 억압할 정도임을 요하지 않는다.[5] 수면제나 마취제를 사용하거나 상대방이 심신상실이나 항거불능상태에 있는 것을 이용하여 사람을 자기 또는 제3자의 실력적 지배하에 옮기는 행위도 약취에 해당하며 유아를 몰래 데려가는 것도 약취로 볼 수 있다.[6]

(나) 유 인　　유인은 기망 또는 유혹을 수단으로 하여 사람을 그의 하자있

---

1) 강구진 I, 157면.

2) 김성돈, 158면; 정성근/정준섭, 93면.

3) 배종대, 152면.

4) 대판 2004. 10. 28, 2004도4437.

5) 대판 1991. 6. 13, 91도1184; 대판 1990. 2. 13, 89도2558 등.

6) 김성돈, 177면; 김혜정 외, 152면; 배종대, 152면; 이재상 외, 135면; 정성근/정준섭, 94면; 정영일, 65면 등.

는 의사에 기하여 보호받고 있는 생활상태 내지 자유로운 생활관계로부터 자기 또는 제3자의 실력적 지배하에 옮기는 것을 의미한다.[1] 기망은 허위의 사실로서 상대방을 착오에 빠지게 하는 행위이고 유혹이란 감언이설로 상대방을 현혹시켜 판단을 그르치게 하는 행위를 말한다.

유인은 상대방의 하자있는 의사를 이용하는 것이므로 의사능력이 없는 자는 약취의 대상이 될 수는 있으나 유인의 대상이 될 수 없다.

② 약취·유인의 상대방

약취·유인의 수단인 폭행·협박·기망·유혹은 반드시 피인취자 본인에게 행하여질 필요가 없고 그 보호자에게 행하여지는 경우에도 본죄가 성립한다.[2]

③ 실력적 지배와 장소의 이전

약취 또는 유인이 성립하려면 단지 그 수단인 폭행·협박·기망·유혹을 행한 것만으로는 부족하고 더 나아가 이러한 수단에 의하여 피인취자를 본래의 보호상태나 생활관계에서 이탈시켜 자기 또는 제3자의 실력적 지배하에 두어야 한다. 그러므로 예컨대 미성년자를 단지 도망가게 한 사실만으로는 본죄가 성립하지 않는다.[3]

본죄가 성립하려면 피인취자를 장소적으로 이전시켜야 하는가에 관하여서는 본죄의 본질이 장소적 이전에 의하여 피인취자의 귀환을 불가능 또는 곤란하게 하여 보호자의 감독권행사를 방해한다는데 있고 본죄가 체포·감금죄와 구분되는 것도 장소적 이전에 있다는 것을 이유로 이를 긍정하는 견해[4]가 있으나 보호자 없는 미성년자도 본죄의 객체로 될 수 있고 감독권의 보호는 부차적인 것이며 보호자의 실력적 지배를 제거함으로써 장소적 이전 없이도 피인취자를 자기 또는 제3자의 실력적 지배하에 둘 수 있으므로 장소적 이전을 요건으로 하지 않는다는 견해[5]가 타당하다. 판례의 태도이기도 하다.

---

1) 대판 1982. 4. 27, 82도186은 15세의 미성년자인 피해자가 스스로 가출하였다고 할지라도 그것이 피고인의 독자적인 교리설교에 의하여 하자 있는 의사로서 이루어진 것이고 그 피해자를 보호감독자의 보호관계로부터 이탈시켜 피고인의 지배하에 옮긴 이상 미성년자 유인죄가 성립한다고 판시하였다.

2) 김성돈, 177면; 김일수/서보학, 146면; 박상기/전지연, 484면; 이재상 외, 135면; 정성근/정준섭, 94면; 황산덕, 212면 등.

3) 김성돈, 178면; 배종대, 152면; 이재상 외, 136면; 정성근/정준섭, 94면.

4) 권문택/7인공저, 70면; 남흥우, 81면; 서일교, 71면; 황산덕, 213면 등.

5) 김성돈, 178면; 김성천/김형준, 162면; 김일수/서보학, 147면; 박상기/전지연, 484면; 배종대, 153면; 백형구, 304면; 오영근, 114면; 유기천(상), 109면; 이영란, 152면; 이재상 외, 136면; 임

> **판 례**
>
> 　미성년자약취죄의 경우, 미성년자를 장소적으로 이전시키는 경우뿐만 아니라 장소적 이전 없이 기존의 자유로운 생활관계 또는 부모와의 보호관계로부터 이탈시켜 범인이나 제3자의 사실상 지배하에 두는 경우도 포함된다고 보아야 한다. 다만, 미성년자 혼자 머무는 주거에 침입하여 강도 범행을 하는 과정에서 미성년자와 그 부모에게 폭행·협박을 가하여 일시적으로 부모와의 보호관계가 사실상 침해·배제되더라도, 미성년자가 기존의 생활관계로부터 완전히 이탈되었거나 새로운 생활관계가 형성되었다고 볼 수 없으므로 형법 제287조가 성립하지 않는다.[1]

　④ 기수 및 종료시기

　본죄는 침해범이고 또한 계속범[2]이므로 피인취자를 자기 또는 제3자의 실력적 지배하에 두어 어느 정도 시간이 계속된 때에 기수로 되고, 기수 이후에도 행위가 계속되며, 피약취자가 자유를 회복하였을 때 종료된다(이중적 의미의 계속). 기수가 되기 위하여 어느 정도의 시간이 필요한가는 모든 정황을 종합적으로 고려하여 구체적으로 판단해야 할 것이다.

(2) 주관적 구성요건

　본죄의 고의는 미필적 고의로서 충분하다. 행위의 목적이나 동기 여하를 불문하며 피해자의 의사에 반한다는 인식을 필요로 하지도 않는다. 다만 추행 등 특별한 목적이 있는 경우에는 별개의 범죄(제288조)를 구성한다(법조경합 중 특별관계).

3. 위 법 성

　본죄의 행위가 정당행위, 정당방위, 긴급피난으로 될 경우에는 위법성이 조각된다.

　피해자의 승낙은 다음의 두 가지 경우를 나누어 살펴보아야 한다. 피인취자

　웅, 169면: 정성근/정준섭, 94면: 진계호, 178면 등.
1) 대판 2008. 1. 17, 2007도8485.
2) 김일수/서보학, 147면: 김혜정 외, 153면: 배종대, 154면: 백형구, 304면: 서일교, 72면: 유기천 (상), 117면: 이재상 외, 137면: 임웅, 170면: 정성근/정준섭, 95면 등. 이러한 이중의 의미의 계속성을 부정하는 견해로는 김성돈, 160면. 한편 상태범으로 보는 입장으로는 김성천/김형준, 163면: 김종원(상), 116면 참조.

에게 동의능력이 없는 경우에는 그의 승낙과 보호감독자의 승낙까지 얻은 때라 할지라도 위법성이 조각되지 않는다. 피인취자에게 동의능력이 있는 경우에도 보호감독자가 있는 경우에는 어느 한쪽만의 동의로는 위법성이 조각되지 않는다. 그러나 양쪽의 동의가 모두 있으면 구성요건조각사유로서 양해에 해당한다.[1]

4. 죄   수

약취와 유인의 두 가지 수단이 함께 사용된 경우에도 본죄의 일죄가 된다.

약취·유인한 자가 피인취자를 계속하여 감금한 경우에는 본죄와 감금죄의 경합범이 되나 약취·유인 후 피인취자를 유기한 때에는 본죄와 유기죄의 경합범이 된다. 약취·유인을 인질강요 또는 인질강도의 수단으로 하였을 때에는 인질강요죄 또는 인질강도죄만 성립한다(법조경합 중 특별관계).

Ⅱ. 추행 등 특정목적 약취·유인죄

*추행, 간음, 결혼 또는 영리의 목적으로 사람을 약취 또는 유인한 사람은 1년 이상 10년 이하의 유기징역에 처한다(제288조 제1항).

*노동력 착취, 성매매와 성적 착취, 장기적출을 목적으로 사람을 약취 또는 유인한 사람은 2년 이상 15년 이하의 유기징역에 처한다(제288조 제2항).

*국외에 이송할 목적으로 사람을 약취 또는 유인하거나 …… 사람도 제2항과 동일한 형으로 처벌한다(제288조 제3항).

*미수범은 처벌한다(제294조).

*제288조를 범한 사람이 약취, 유인된 사람을 안전한 장소로 풀어준 때에는 그 형을 감경할 수 있다(제295조의2).

*제288조를 범할 목적으로 예비 또는 음모한 사람은 3년 이하의 징역에 처한다(제296조).

---

[1] 김일수/서보학, 148면: 김혜정 외, 154면: 백형구, 304면: 이재상 외, 138면: 정성근/정준섭, 95면: 진계호, 179면 등. 한편 김성돈, 160면: 배종대, 154면: 임웅, 171면 등은 이 경우를 위법성조각사유로 본다.

1. 의   의

본죄는 추행 등의 목적으로 사람을 약취 또는 유인함으로써 성립하는 목적범이다. 약취 또는 유인행위는 동일하나, 제1항에 비해 제2항 및 제3항의 형이 가중됨은 그와 같은 목적이 행위불법을 가중하기 때문이다.

2. 구성요건

(1) 객관적 구성요건

1) 주   체

자연인은 누구든지 본죄의 주체로 될 수 있다.

2) 객   체

본죄의 객체인 사람은 자연인인 타인을 의미한다. 성별, 연령, 능력, 혼인여부 등을 불문한다. 추행·간음 또는 영리의 목적으로 미성년자를 약취 또는 유인한 경우에는 미성년자 약취·유인죄가 아닌 불법가중적 구성요건인 본죄가 성립한다.

3) 행   위

본죄의 행위는 약취 또는 유인이며 그 의미는 미성년자 약취·유인죄에서 설명한 바와 같다.

(2) 주관적 구성요건

고의 이외에 초과주관적 구성요건으로서 목적을 요한다.

1) 추행, 간음, 결혼 또는 영리의 목적

추행이란 일반인에게 성적 수치심과 혐오감을 일으키게 하는 일체의 행위를 의미하며 추행의 목적은 피인취자를 추행의 주체나 객체로 삼으려는 목적을 말한다. 약취·유인자가 추행의 당사자가 될 필요는 없다.

간음목적이란, 피인취자로 하여금 결혼 이외의 성교를 하게 할 목적을 말하며 반드시 약취·유인자 자신이 간음의 당사자가 되어야 하는 것은 아니다.

결혼목적이란 간음이 아닌 강제결혼을 목적으로 하는 경우를 의미한다.[1] 여

---

[1] 2013년 개정전 형법은 제291조에 결혼목적 약취·유인죄를 불법감경적 구성요건으로 두고 있었으나, 최근 해외에서 결혼목적으로 이주여성을 약취 또는 유인하는 행위가 국제적으로 비난의 대상이 됨으로써 오히려 불법가중적 구성요건으로 변경하였다.

기에서 결혼이란 사실혼[1]인지 또는 법률혼[2]인지에 관하여 견해의 대립이 있다. 그러나 법률혼을 의미할 때에는 혼인이라는 용어를 사용한다는 점에서 본 구성요건과 차이가 있고, 본죄는 사람의 자유를 보호하기 위한 것이지 혼인상태를 보호하기 위한 것이 아니라는 점, 또한 약취·유인을 결혼수단으로 삼은 사람에게 사실혼과 법률혼의 명확한 구별을 요구하는 것은 무리이고, 법률혼만을 의미한다면 본죄의 적용범위는 현저하게 좁아질 것이기 때문에 법률혼과 사실혼을 구분할 필요가 없다.[3]

영리목적이란 자기나 제3자에게 재산상의 이익을 얻게 할 목적을 의미하는데 그 이익이 계속적·반복적일 필요가 없고 반드시 불법한 이익일 것을 요하지도 않는다. 예컨대 피인취자를 일정한 업무에 종사하도록 하여 그 수입으로 채무를 면제하게 하는 경우도 본죄를 구성한다.[4]

재산상의 이익은 반드시 피인취자의 부담 내지 손해로 인한 것에 국한하지 않고 인취행위에 대한 보수로서 제3자로부터 얻는 재산적 이익도 포함한다.[5] 석방의 대가로 재물을 취득하려는 목적을 가지고 사람을 약취·유인한 경우에는 인질강도죄와 본죄의 상상적 경합이 된다는 견해[6]와 인질강도죄만 성립한다는 견해[7], 영리목적 약취·유인죄만 성립한다는 견해[8]의 대립이 있다.

생각건대, 약취행위가 인질강도죄를 구성할 때에는 본죄와 약취강도는 법조

---

1) 개정전 제291조의 결혼목적 약취유인죄에서의 결혼이 사실혼만을 의미한다고 본 견해로는 강구진 Ⅰ, 168면; 유기천(상), 121면이 있었다. 그 논거로서 ① 형법 제288조의 간음의 목적은 결혼이 아닌 성교의 목적을 말하므로 본죄를 사실혼이라고 해석하여도 문제될 것이 없고, ② 형법이 법률혼을 의미할 때에는 혼인이라는 용어를 사용하고 있으며, ③ 형사소송법 제230조 제2항은 본죄에 의하여 약취·유인된 자가 혼인한 경우를 규정한 것일 뿐 본죄의 결혼을 법률혼으로 보아야 할 근거가 될 수 없고, ④ 행위자는 법률혼을 하지 않는 경우가 대부분일 것이므로 본죄의 결혼을 법률혼이라고 해석하면 실질적으로 본조의 존재의미가 희박해진다는 점을 들었다.
2) 개정전 제291조의 결혼목적 약취유인죄에서의 결혼이 법률혼만을 의미한다고 본 견해로는 서일교, 77면; 염정철, 321면; 정영석, 270면; 황산덕, 217면. 그 논거로서 ① 형법이 구형법과 달리 간음목적 약취·유인죄 이외에 별도로 본죄를 규정하고 있다는 점을 들었다. 그 외에 형사소송법 제230조 제2항의 요건을 근거로 하였으나, 동 조항은 2013년 형법개정과 동시에 삭제되었다.
3) 김성돈, 181면; 김성천/김형준, 166면; 김혜정 외, 156면; 배종대, 155면; 이재상 외, 139면; 임웅, 172면; 정성근/정준섭, 98면.
4) 김성돈, 182면; 김일수/서보학, 150면; 유기천(상), 118면; 이재상 외, 140면; 정성근/정준섭, 98면 등.
5) 김성돈, 182면; 김일수/서보학, 151면; 이재상 외, 140면; 정성근/정준섭, 98면 등.
6) 배종대, 156면.
7) 강구진Ⅰ, 162면; 김종원(상), 118면; 백형구, 305면; 오영근, 118면; 임웅, 173면.
8) 김성돈, 184면; 김성천/김형준, 166면; 이재상 외, 140면.

경합의 관계로 되어 인질강도죄만 성립한다. 이 경우에 그 객체가 13세 미만의 미성년자인 때에는 특가법 제5조의2 제2항이 적용된다. 그러나 앞서 살펴본 인질강요죄와 동일하게 인질강도죄의 실행의 착수는 재물이나 재산상의 이익을 요구하는 시점이므로, 만일 그와 같은 목적으로 사람을 약취·유인만 하고 그 이후의 행위를 하지 않았다면 인질강도죄의 실행의 착수가 없으므로 본죄만 성립한다.

2) 노동력착취, 성매매, 성적 착취, 장기적출의 목적

노동력착취란 대가에 현저히 미달하는 노동의 제공 또는 부당하게 균형에 맞지 않는 조건에서의 노동의 제공을 하게 하여, 반인륜적이고 반도덕적으로 노동가치에 맞지 않는 대가지불이나 처우를 하는 것을 의미한다. 강제성을 띠는 노동의 강요로 경제적인 이득을 착취하는 경우로서, 금전적 이득을 포함한 넓은 의미로 이해된다.

성매매란 불특정 다수인을 상대로 금품이나 재산상의 이익을 수수하기로 하고 성을 팔고 사는 행위를 의미한다.[1] 성매매의 목적이 있다면, 그 상대방이 제3자이든 행위자 자신이든 불문한다. 성적 착취란 성매매를 비롯하여 성을 이용한 경제적 이득의 착취를 의미한다. 성매매와 성적 착취는 반드시 구분되는 것은 아니고 후자가 전자를 포함한 보다 넓은 의미이다.

장기적출이란 사람의 장기를 신체로부터 분리시키는 것을 의미한다. 장기란 사람의 내장 그 밖에 손상되거나 정지된 기능을 회복하기 위하여는 이식이 필요한 조직으로서 신장, 간장, 췌장, 심장, 폐, 골수, 안구 등을 의미한다(장기등 이식에 관한 법률 제4조 제1호 참조). 그러나 정자나 난자, 혈액 등은 이에 해당하지 않는다. 장기를 적출하려는 사람과 약취·유인을 하는 사람이 동일인이어야 하는가에 대하여는 이를 긍정하는 견해[2]가 있지만, 반드시 제한할 필요는 없다. 앞선 성매매나 성적 착취 등도 약취·유인자가 반드시 성매매나 성적 착취를 하여야 하는 것은 아니다.

---

1) 성매매처벌법 제2조 제1항 제1호에 의하면 "성매매"란 불특정인을 상대로 금품이나 그 밖의 재산상의 이익을 수수하거나 수수하기로 약속하고 성교행위 또는 유사성교행위를 하거나 그 상대방이 되는 것을 말한다.
2) 김성돈, 182면.

3) 국외이송의 목적

국외로 이송할 목적이 있어야 한다. 이러한 목적을 갖게 된 동기가 무엇인가는 불문한다. 국외의 의미에 관하여서는 이를 피해자의 거주국외로 보는 입장[1]도 있으나 대한민국영토 외로 보는 입장[2]이 타당하다. 따라서 국외에서 우리나라로, 또는 국외에서 국외로 이송할 목적이라면 본죄의 목적범에 해당하지 않는다.

국외에 이송할 목적으로 사람을 약취·유인함으로써 기수가 되고, 목적달성 여부는 범죄성립에 영향이 없다.

(3) 기수시기

본죄 소정의 목적을 가지고 사람을 약취·유인하면 기수로 되고 그 목적달성 여부는 불문한다. 본죄는 계속범이기 때문에 실력적 지배가 어느 정도 계속되어야 기수로 된다. 또한 기수 이후에도 해방될 때에 비로소 종료된다.

3. 죄수 및 공범관계

본죄의 약취·유인을 한 자가 그와 같은 목적으로 인신매매까지도 한다면 본죄와 제289조의 인신매매죄는 실체적 경합이 된다. 인질강도죄와 관련하여서는 앞서 언급한 바와 같다. 즉, 인질강도죄가 비록 결합범이라도 약취·유인행위시가 아니라 이후 재물 등의 요구가 있는 때가 실행의 착수시점이므로, 만일 약취·유인행위만 존재하고 그 이후의 행위가 없다면 본죄(제288조)만 성립한다. 그러나 나아가 재물 등의 요구까지 하였다면 인질강도죄의 실행의 착수가 존재하므로 본죄는 별도로 성립하지 않고 인질강도죄만 성립한다(법조경합 중 특별관계).

본죄는 목적으로 인하여 형이 가중되는 불법가중적 구성요건이므로, 그와 같은 목적이 없는 자가 목적 있는 자와 미성년자를 약취·유인함에 있어서 공동정범 관계인 때에는 목적 없는 자는 제287조의 미성년자 약취·유인죄의 공동정범, 목적 있

---

1) 김성천/김형준, 167면. 이에 따르면 러시아에서 러시아 여성들을 우리나라고 끌고 오기 위한 경우도 국외이송목적에 해당한다고 한다.

2) 김성돈, 164면; 김일수/서보학, 153면; 김혜정 외, 158면; 박상기/전지연, 141면; 배종대, 234면; 유기천(상), 121면; 이재상 외, 140면; 임웅, 156면; 정성근/정준섭, 159면; 정영석, 269면; 황산덕, 211면 등 다수설.

는 자는 본죄의 공동정범이 성립한다. 한편 목적 있는 자가 목적 없는 자를 교사하여 미성년자를 약취·유인하게 한 경우에는 목적을 신분으로 보는 판례의 입장[1]에 따르면 추행 등 목적 약취·유인죄로 처단되겠지만, 목적은 신분이 아니므로 제287조의 미성년자 약취·유인죄의 교사범만 성립한다.

Ⅲ. 약취·유인된 자의 국외이송죄

> *약취 또는 유인된 사람을 국외에 이송한 사람도 제2항과 동일한 형으로 처벌한다(제288조 제3항).
> *미수범은 처벌한다(제294조).
> *제288조를 범한 사람이 약취, 유인된 사람을 안전한 장소로 풀어준 때에는 그 형을 감경할 수 있다(제295조의2).
> *제288조를 범할 목적으로 예비 또는 음모한 사람은 3년 이하의 징역에 처한다(제296조).

1. 의   의

본죄에서 국외란 앞선 국외이송목적 약취·유인죄와 같다. 본죄는 계속범이 아닌 상태범이며, 보호의 정도는 침해범이다.

2. 구성요건

(1) 객관적 구성요건

1) 주체 및 객체

주체는 제한이 없다. 앞선 특정한 목적으로 약취·유인한 자가 국외이송까지 하면 양자는 실체적 경합이 된다.

객체는 약취 또는 유인된 자이다. 성별, 연령, 능력, 혼인 여부 등을 불문한다. 약취 또는 유인된 목적이나 동기를 불문한다. 약취 또는 유인될 당시에 국외에 이송할 목적이 있었는지 여부도 관련이 없다.

2) 행   위

행위는 국외에 이송하는 것이다. 여기에서 국외란 우리나라 영토 밖으로 이

---

1) 대판 1994. 12. 23. 93도1002.

송함을 의미한다. 따라서 국외에서 우리나라로, 또는 국외에서 국외로 이송하는 행위는 여기에 해당되지 않는다. 우리나라 영토 밖으로 떠나면 기수가 되고, 반드시 외국의 영토로 진입할 것을 요하지 않는다.

(2) 주관적 구성요건

본죄는 목적범이 아니다. 따라서 고의 이외에 초과주관적 구성요건을 요구하지 않는다.

3. 죄　　수

국외에 이송할 목적으로 사람을 약취·유인(또는 매매)한 자가 국외에 이송까지 한 경우에 어떠한 죄책을 지는가에 관하여서는 ① 국외이송죄와 국외이송목적·약취·유인(매매)죄는 목적과 수단의 관계이므로 따로 거론할 필요 없이 포괄일죄가 된다고 보는 견해,[1] ② 실체법상으로는 별죄를 구성하지만 처벌상의 일죄가 되는 상상적 경합관계로 된다는 견해,[2] ③ 양죄가 모두 성립하여 실체적 경합으로 된다는 견해,[3] ④ 국외이송목적 약취·유인(매매)죄만 성립하고 이송행위는 불가벌적 사후행위라는 견해 등이 대립되어 있다.

목적범에서 목적의 달성이 별개의 죄를 구성하는 경우에는 양자는 실체적 경합이 된다고 보아야 한다. 따라서 국외에 이송할 목적으로 사람을 약취 또는 유인한 자가 국외이송까지 하게 되면, 양자는 실체적 경합이 된다. 이송될 자를 약취 또는 유인함이 반드시 국외이송목적일 필요가 없으므로, 기타의 목적으로 약취 또는 유인한 자가 국외로 이송하더라도 양자는 실체적 경합이 된다. 약취 또는 유인에 가담하지 않은 자가 국외이송만을 하였다면 본죄만이 성립한다.

Ⅳ. 인신매매죄

> *사람을 매매한 사람은 7년 이하의 징역에 처한다(제289조 제1항).
> *미수범은 처벌한다(제294조).

---

1) 강구진, 166면; 오영근, 120면; 임웅, 176면.
2) 배종대, 157면; 이재상 외, 143면.
3) 김성돈, 183면; 박상기/전지연, 491면; 백형구, 312면; 정성근/정준섭, 102면.

> *제289조를 범한 사람이 약취, 유인된 사람을 안전한 장소로 풀어준 때에는 그 형을 감경할 수 있다(제295조의2).
> *제289조를 범할 목적으로 예비 또는 음모한 사람은 3년 이하의 징역에 처한다(제296조).

1. 의   의

사람을 사고파는 행위를 처벌하는 규정으로 제1항이 기본적 구성요건이고, 제2항부터 제4항까지는 목적범으로서 불법가중적 구성요건에 해당한다. 본죄의 보호법익은 사람의 신체의 자유이며, 인격권도 포함된다고 보는 견해도 있다.[1] 매매한 자를 처벌하므로 매도자 및 매수자는 모두 처벌의 대상이며, 필요적 공범 중 대향범이다. 매매란 피매매자의 의사에 반하는 거래를 의미하므로 매매와 동시에 보호법익이 침해되는 침해범이며, 약취·유인죄와 달리 계속범이 아닌 상태범이다.

2. 구성요건

(1) 객관적 구성요건

1) 주   체

본죄의 주체에는 제한이 없다. 보호자나 배우자라고 할지라도 본죄의 주체가 될 수 있다. 매도인과 매수인은 필요적 공범관계에 있으며 모두 본죄에 의하여 처벌받는다.

2) 객   체

본죄의 객체는 사람이며 성년·미성년·기혼·미혼을 불문한다. 인격 내지 정신적 지각이 있고 법질서에 호소할 능력이 있는가 여부도 불문한다.[2] 또한 약취·유인된 자에 한정되지 않는다.

3) 행   위

본죄의 행위인 매매는 사실상의 지배하에 있는 사람을 물건처럼 대가를 받고

---

1) 김성돈, 183면.
2) 과거의 판례는 인격 내지 정신적 지각이 있고 법질서에 호소할 능력이 있는 부녀를 매매하는 것은 불가능하다고 보아 본죄의 객체를 제한하였으나(대판 1971. 3. 9, 71도27; 대판 1959. 3. 13, 4292형상7), 최근의 판례는 이러한 제한을 없애버림으로써 능력에 관계없이 본죄의 객체로 된다는 입장을 취하게 되었다(대판 1992. 1. 21, 91도1402).

상대방에게 교부하여 상대방이 그 사람에 대한 사실상의 지배를 얻게 하는 행위를 말한다. 본죄의 매매는 민법상의 매매와 반드시 같은 의미를 갖는 것은 아니다. 교환도 본죄의 매매에 해당한다. 매매계약은 체결하였으나 인도하지 않은 때라든가 신변의 인도에 실패한 경우는 본죄의 미수로 된다. 목적의 달성 여부, 대금의 지급여부는 본죄의 완성에 영향을 미치지 않으므로 매매대금을 받았다고 하더라도 인신의 교부 내지 인도가 없는 한 본죄의 미수가 될 뿐이다.[1]

(2) 주관적 구성요건

사람을 매매한다는 고의가 있으면 족하다. 인신매매죄의 기본적 구성요건으로 고의 이외의 초과주관적 구성요건을 요하지 않는다.

3. 죄   수

제287조 및 제288조의 약취·유인된 자를 매매한 때에는 약취·유인죄와 본죄는 실체적 경합이 된다.

V. 추행 등 목적 인신매매죄

*추행, 간음, 결혼 또는 영리의 목적으로 사람을 매매한 사람은 1년 이상 10년 이하의 징역에 처한다(제289조 제2항).
*노동력 착취, 성매매와 성적 착취, 장기적출을 목적으로 사람을 매매한 사람은 2년 이상 15년 이하의 징역에 처한다(제289조 제3항).
*국외에 이송할 목적으로 사람을 매매하거나 매매된 사람을 국외로 이송한 사람도 제3항과 동일한 형으로 처벌한다(제288조 제4항).
*미수범은 처벌한다(제294조).
*제289조를 범한 사람이 약취, 유인된 사람을 안전한 장소로 풀어준 때에는 그 형을 감경할 수 있다(제295조의2).
*제289조를 범할 목적으로 예비 또는 음모한 사람은 3년 이하의 징역에 처한다(제296조).

---

1) 김성돈, 185면; 이재상 외, 138면; 정성근/정준섭, 158면 등.

1. 의 의

본죄는 추행 등 특정한 목적으로 사람을 매매함으로써 성립하는 목적범이다.

2. 구성요건

(1) 객관적 구성요건

본죄의 주체는 제한이 없다. 보호자의 지위에 있는 자도 본죄의 주체로 될 수 있다. 매매에 있어서 매도인과 매수인은 필요적 공범관계에 있게 된다.

본죄의 객체인 사람은 자연인인 타인이다. 성년·미성년, 기혼·미혼, 성별·행위자와의 신분관계 등을 불문한다. 본죄의 행위는 매매이며, 인신매매죄와 같다.

(2) 주관적 구성요건

고의 외에 초과주관적 구성요건으로써 추행 등 특정한 목적이 있어야 한다. 그와 같은 특정한 목적으로 사람을 매매하면 족하고, 목적을 반드시 달성할 필요는 없다. 목적의 내용은 추행 등 목적 약취·유인죄와 같다.

다만 앞서 설명한 바와 같이 국외이송죄는 목적범이 아니다.

3. 죄 수

약취·유인한 자를 본죄의 목적으로 매매한 경우에는 약취·유인죄와 본죄는 실체적 경합이다. 약취 또는 유인한 자가 매매를 하고 국외이송까지도 하였다면 모든 범죄는 실체적 경합관계에 있게 된다.

Ⅵ. 약취·유인 등 상해·치상죄

*제287조부터 제289조까지의 죄를 범하여 약취, 유인, 매매 또는 이송된 사람을 상해한 때에는 3년 이상 25년 이하의 징역에 처한다(제290조 제1항).
*제287조부터 제289조까지의 죄를 범하여 약취, 유인, 매매 또는 이송된 사람을 상해에 이르게 한 때에는 2년 이상 20년 이하의 징역에 처한다(제290조 제2항).
*미수범은 처벌한다(제294조).

*제290조를 범한 사람이 약취, 유인된 사람을 안전한 장소로 풀어준 때에는 그 형을 감경할 수 있다(제295조의2).
*제290조 제1항을 범할 목적으로 예비 또는 음모한 사람은 3년 이하의 징역에 처한다 (제296조).

1. 의   의

2013. 4. 5. 개정전에는 본죄가 없어서, 약취·유인 등이 된 자를 상해하거나 상해에 이르게 한 때에는 약취·유인죄와 상해죄 또는 과실범의 상상적 경합에 불과하였다. 그러나 약취·유인행위가 사람의 신체에 직접 해를 가할 위험성이 있음을 고려하여 가중적 구성요건으로 신설하였다. 제1항은 약취·유인죄와 상해죄의 결합범이고, 제2항은 진정결과적 가중범이다.

2. 구성요건

(1) 객관적 구성요건

1) 주체 및 객체

본죄의 주체는 제287조부터 제289조의 죄를 범한 자이며, 그 이외의 자가 상해 또는 치상에 가담하였다면 상해죄 또는 과실치상죄만 성립할 것이다. 객체는 약취·유인 등이 된 자이다.

2) 행   위

(가) 상 해   상해의 고의가 있어야 한다. 고의의 시점은 약취·유인 등의 행위 당시부터 상해의 고의가 있는 경우뿐만 아니라, 약취·유인 등 죄의 기수 이후 계속범 상태에서 새로운 범의로 상해의 고의가 생긴 경우도 포함된다.

(나) 치 상   고의 없이 치상의 결과가 발생한 경우이다. 진정결과적 가중범으로서, 기본범죄인 제287조부터 289조의 범죄는 기수뿐만 아니라 미수도 포함되며, 행위와 치상의 결과 사이에 인과관계와 객관적 귀속이 요구됨은 물론이다. 또한 객관적 예견가능성이 있어야 한다.

(2) 기수와 미수

제1항은 제287조부터 제289조와 상해죄의 결합범이자 고의범이다. 따라서 제287조부터 제289조의 범죄가 미수가 되더라도 상해행위가 존재하면 본죄는

기수가 되고, 상해행위가 미수가 되면 본죄의 미수가 성립한다.[1]

Ⅶ. 약취·유인 등 살인·치사죄

*제287조부터 제289조까지의 죄를 범하여 약취, 유인, 매매 또는 이송된 사람을 살해한
때에는 사형, 무기 또는 7년 이상의 징역에 처한다(제291조 제1항).
*제287조부터 제289조까지의 죄를 범하여 약취, 유인, 매매 또는 이송된 사람을 사망에
이르게 한 때에는 무기 또는 5년 이상의 징역에 처한다(제291조 제2항).
*미수범은 처벌한다(제294조).
*제291조 제1항을 범할 목적으로 예비 또는 음모한 사람은 3년 이하의 징역에 처한다
(제296조).

약취·유인 등의 범죄를 범하는 과정에서 피약취·유인 등의 자를 살해하거
나 사망에 이르게 함으로써 성립되는 범죄이다. 앞서 설명한 피약취자 등 상
해·치사죄와 함께 신설된 규정이며, 구체적인 내용은 그와 같다.

Ⅷ. 피약취·유인·매매·이송자 수수·은닉죄

*제287조부터 제289조까지의 죄로 약취, 유인, 매매 또는 이송된 사람을 수수 또는 은
닉한 사람은 7년 이하의 징역에 처한다(제292조 제1항).
*제287조부터 제289조까지의 죄를 범할 목적으로 사람을 모집, 운송, 전달한 사람도 제
1항과 동일한 형으로 처벌한다(제292조 제2항).
*제292조 제1항의 미수범은 처벌한다(제294조).
*제292조를 범한 사람이 약취, 유인된 사람을 안전한 장소로 풀어준 때에는 그 형을 감
경할 수 있다(제295조의2).
*제292조 제1항을 범할 목적으로 예비 또는 음모한 사람은 3년 이하의 징역에 처한다
(제296조).

---

1) 반면 김성돈, 170면은 약취 등의 범죄가 미수에 그친 경우에는 약취·유인등 미수죄와 상해죄의
   상상적 경합이 된다고 본다.

1. 의   의

본죄는 약취・유인죄와 인신매매죄를 범하여 약취・유인・매매 또는 이송된 자를 수수 또는 은닉하거나, 그와 같은 범죄를 범할 목적으로 사람을 모집, 운송, 전달한 자를 처벌하는 규정이다. 제1항은 2013. 4. 5. 개정 전에도 존치하던 규정으로, 보호법익은 제287조부터 제289조의 그것과 같다. 본범에 해당하는 제287조부터 제289조의 죄를 범한 자의 사후종범에 해당하는 자를 독립된 범죄로 처벌하는 규정이다. 또한 제2항은 신설된 규정으로 목적범으로 구성되어 있고, 약취・유인・인신매매를 위하여 사람을 모집, 운송, 전달하는 예비행위 또는 방조행위를 독립된 범죄로 처벌한다.

2. 구성요건

1) 주체 및 객체

본죄의 주체에는 제한이 없다. 다만, 제2항은 목적범이므로 초과주관적 구성요건으로서 목적을 요구한다. 제1항의 객체는 제287조부터 제289조의 객체로 된 자이며, 제2항의 객체는 제한이 없다.

2) 행 위

(가) 수수 또는 은닉   본죄의 행위는 수수 또는 은닉이다. 수수란 약취・유인・매매・이송된 자를 교부받아 자기의 실력적 지배하에 두는 것으로 유상・무상을 불문한다. 교부는 직접 또는 간접적으로도 가능하다. 은닉이란 약취・유인・매매・이송된 자의 발견을 곤란하게 하는 일체의 행위를 말한다.

(나) 모집, 운송, 전달   모집이란 약취・유인죄 또는 인신매매죄를 목적으로 사람을 모으는 일체의 행위를 의미한다. 운송이란 모집된 자들을 장소적으로 이전시키는 행위이고 전달이란 제3자에게 신변을 넘겨주는 행위를 의미한다.

3. 죄수 및 공범

본죄는 총칙상 방조범에 해당하는 범죄를 독립적 구성요건으로 규정한 것이므로, 본죄에 해당하는 경우에는 총칙상 공범규정을 적용하지 않는다. 제287조부터 289조의 범죄에 대한 예비행위를 독립된 규정으로 두고 있으며, 모집행위를 한 자가 그 목적한 범죄에까지 가담하면 본죄는 별도로 성립하지 않고 약취·유인죄 또는 인신매매죄에 흡수된다.

Ⅸ. 약취유인등 예비·음모죄

> *제287조부터 제289조까지, 제290조제1항, 제291조제1항과 제292조제1항의 죄를 범할 목적으로 예비 또는 음모한 사람은 3년 이하의 징역에 처한다.

본죄는 미성년자 약취유인, 인신매매 등의 행위에 대한 예비·음모행위를 함으로써 성립한다. 과거에는 개인적 법익에 관한 죄에 관하여 살인죄와 강도죄에만 예비·음모죄가 있었으나, 2013년 국제협약의 국내적 이행을 위하여 본 장에 전면적으로 개정되면서 예비·음모에 대한 처벌규정이 신설되었다. 예비·음모행위의 성립요건에 관한 구체적 내용은 살인죄의 그것과 같다.

제 4 절 강간과 추행의 죄

§1. 서   설

Ⅰ. 의의 및 보호법익

형법 제32장에 규정된 강간과 추행의 죄는 개인의 자유 중 성적 자유 즉 성적 자기결정의 자유를 침해하는 범죄로서 폭행·협박·위계, 위력 기타 이에 준하는 방법으로 간음 또는 추행을 하는 것을 그 내용으로 한다. 강간과 추행의 죄의 규정이 성적 자유를 보호한다는 것은 성행위에 대한 자유를 적극적으로 보호한다는 의미가 아니라 원하지 않는 성행위를 하지 않을 수 있는 자유, 즉 성행위로부터의 소극적 자유를 보호한다는 의미이다.[1] 따라서 본 장의 보호법익

---

1) 판례도 또한 같다. 대판 2020. 10. 29, 2018도16466. "성적 자기결정권은 … 자신이 하고자 하는 성행위를 결정할 권리라는 적극적 측면과 함께 원치 않는 성행위를 거부할 권리라는 소극적 측면이 함께 존재하는데, 강간과 추행의 죄는 소극적 성적 자기결정권을 침해하는 것을 내용으로 한다."

은 자유권으로서 개인의 성적 자기결정권이다. 강간죄, 강제추행죄의 경우처럼 본죄 중 폭행 또는 협박을 수단으로 하는 범죄에 있어서는 신체의 건재 내지 의사결정의 자유도 부차적인 보호법익이 된다.[1] 보호정도는 침해범이지만, 모든 미수범을 처벌하는 것은 아니다.

참고 **연혁**

　　성범죄 중에서 특히 강간죄는 동서양을 막론하고 고대부터 처벌의 대상이었다. 로마법에서는 강간죄를 폭행죄에 종속하는 한 경우로서 처벌하였다. 그러나 독일에 있어서는 강간죄가 성적 명예에 대한 침해를 내용으로 하는 독자적 범죄로서 발전되어 왔고 성적 명예를 보호할만한 부녀를 강간한 경우에만 가벌성을 인정하였다. 카롤리나 형법전 제119조는 단정한 부녀에게서 폭력으로 성적 명예를 강탈한 행위자는 강도범과 똑같이 취급한다고 규정하였고 1794년의 프로이센일반국법(ALR. Ⅱ 20 §§1048ff.)은 강간(Nothzucht)의 개념 아래 성욕남용 목적의 간계(奸計), 기망적 유혹에 의한 접촉, 폭력이나 협박을 수단으로 하는 강요로 부녀를 의사 없는(저항할 수 없는) 상태에 두는 것을 포괄하여 파악하였으며 12세 이하의 소년을 간음하면 처벌하는 규정도 함께 두었다. 1813년의 바이에른 형법전은 강간을 현대적 형태로 규정하여 후일 독일형법전에 영향을 미쳤고, 프랑스형법전(Code Pènal) 제332조를 모범으로 한 1851년의 프로이센 형법전은 114조에서 강간과 저항불능자의 성적 악용을 음란한 행위의 기도에 포함시켰다. 바이에른형법, 프랑스형법 그리고 프로이센형법의 영향을 받은 1871년의 독일제국 형법전은 풍속에 대한 중죄와 경죄(Verbrechen und Vergehen wider die Sitttlichkeit)라는 명칭의 장(제13장)을 설정하고 근친상간(제173조), 보호관계를 남용한 간음(제174조), 남성간의 성행위 및 동물과의 성행위(제175조), 강간(제177조) 등의 규정을 두었다. 독일 형법은 1973년 11월 23일의 제4차 형법개정법에 따라「풍속에 대한 중죄·경죄」를「성적 자기결정에 대한 범죄행위」로 바꾸고 내용도 개정하여 오늘에 이르고 있다.

　　조선시대에서 의용했던 대명률에는 성범죄를「범간(犯奸)」이라고 칭하고 합의에 의한 간음인 화간(和奸), 여자를 유혹하여 간음하는 조간(刁奸), 폭력을 써서 강제로 간통하는 강간(强奸)을 모두 포함시키고 강간한 자는 교형(絞刑), 그 미수범은 장일백유삼천리(杖一白流三千里)에 처하였다. 화간이나 조간의 경우와 달리 강간의 경우에는 피해자인 부녀는 처벌하지 아니하였으며 부녀가 12세 이하인 경우에는 비록 동의가 있었다고 할지라도 강간으로 논죄하였다. 1905년의 형법대전은 율례하 제10장 간음소간률·제1등간부인부녀률(律例下 第十章 姦淫所干律·第一等姦人婦女律 제534조 이하)에 화간·조간, 강간

---

[1] 다만, 후술하는 바와 같이 피구금자간음죄는 구금된 자를 부당하게 대우하지 않는다는 점 및 감호자의 청렴성에 대한 일반인의 신뢰를 부차적 보호법익으로 하고, 미성년자간음죄는 13세 미만자에 대한 건전한 성적 발육을 보호법익으로 한다.

등의 규정을 두고 폭행으로 핍박하여 부녀를 강간한 자는 교형에 처하되 피해자인 부녀
는 처벌하지 아니하고 강간미수범은 일등을 감한다고 규정하였고(제535조), 절도나 강도
를 행할 때 부녀를 겁간한 자는 기수·미수를 불문하고 교형에 처하며(제536조), 12세 미
만인 유녀를 간음한 자는 화간·조간이라도 강간으로 논한다는 규정(제537조)도 두었다.
일제치하와 해방 후 형법이 제정될 때까지는 일본형법이 의용되었고 현행형법상의 규정
은 부분적으로 이 법을 계수하고 또한 부분적으로는 일본개정형법가안의 영향을 받은 것
으로 보인다.[1]

II. 현행법상의 체계

기본적 구성요건: 강제추행죄 (제298조)	수정적 구성요건	불법	가중적	강간죄(제297조) 유사강간죄(제297조의2)
			결합범	강간등 상해죄(제301조) 강간등 살인죄(제301조의2)
			결과적 가중범	강간등 치상죄(제301조) 강간등 치사죄(제301조의2)
		책임	가중적	상습강간죄(제305조의2)
	독립적 구성요건			준강간등 죄(제299조) 미성년자위계등 간음죄(제302조) 업무상위계등간음죄(제303조 제1항) 피부금자간음죄(제303조 제2항) 미성년자의제강간죄(제305조)

　　본 장은 강제추행죄를 기본적 구성요건으로 한다. 판례는 본 장의 기본적 구
성요건을 강간죄나 강제추행 죄로 본다.[2] 그리고 성적 자기결정권을 침해하는
행위태양은 각각 달라서 대부분의 범죄는 독립적 구성요건에 해당한다. 그러나
독립적 구성요건에 해당하는 범죄라도 상대방의 저항을 불가능하게 하거나 현저
히 곤란하게 할 정도의 폭행 또는 협박을 수반하는 때에는 강간죄가 성립한다.
　　그리고 가중적 형태로서 상해 또는 살인의 결과에 고의가 있는 경우에는 결
합범의 형태로, 고의 없이 치상 또는 치사의 중한 결과가 발생한 때에는 진정결

---

1) 유기천(상), 125~126면.
2) 대판 2019. 6. 13, 2019도3341.

과적 가중범으로 구성하고 있다. 상습범에 관한 규정은 2012년 개정에 신설됨과 동시에 친고죄 규정이 삭제되었다. 따라서 형법상 모든 성범죄는 비친고죄이다. 또한 2020년 개정으로 예비·음모죄가 신설되었다.

그 밖에 성폭력특별법과 아청법은 형법상 성범죄에 대한 특별규정으로서 행위태양을 신설하거나 가중처벌하고 있다(이에 대하여는 후술한다).

§2. 유형별 고찰

Ⅰ. 강 간 죄

> *폭행 또는 협박으로 사람을 강간한 자는 3년 이상의 유기징역에 처한다(제297조).
> *미수범은 처벌한다(제300조).

1. 의   의

본죄는 폭행 또는 협박으로 사람을 강간함으로써 성립한다. 본죄를 강제추행죄, 유사강간죄와 함께 기본적 구성요건으로 보는 견해[1]도 있다. 그러나 강간죄에서의 폭행 또는 협박의 정도가 강제추행보다 중하다는 점에서는 불법이 가중된 것으로 볼 수 있다는 점, 신설된 유사강간죄의 행위태양은 추행행위가 보다 가중된 형태라는 점 및 과거에는 강제추행죄의 객체는 사람으로, 강간죄의 객체는 부녀로 한정한 것에서 강간죄의 객체도 사람으로 강제추행죄와 동일해 진 점 등을 고려하면 불법가중적 구성요건으로 봄이 타당하다. 강간죄는 폭행·협박, 간음행위로 이루어진 결합범[2]으로 보는 견해가 있으나, 간음행위는 단일범이 아니므로 결합범은 아니다. 보호정도는 침해범이다.

---

1) 김성돈, 193면. 반면 김성천/김형준, 174면; 김혜정 외, 164면; 오영근, 134면; 이재상 외, 159면은 본 장의 기본적 구성요건을 강제추행죄(제298조)로 보고, 강간죄와 유사강간죄는 행위방법으로 인하여 불법이 가중되는 불법가중적 구성요건으로 본다.
2) 김성돈, 195면; 정성근/정준섭, 105면.

2. 구성요건

(1) 객관적 구성요건

1) 주 체

본죄는 진정신분범도 아니고 자수범도 아니다. 따라서 모든 사람이 본죄의 주체가 될 수 있다. 다만 여자는 본죄의 단독의 직접정범이 될 수 없고 폭행 또는 협박을 분담하는 공동정범이나 정신병자 등을 이용한 간접정범의 형태로는 본죄의 주체가 될 수 있다고 제한하는 견해가 있다.[1] 판례는 여성이 피해자를 도망가지 못하도록 하고 폭행하면서 남성과 성교할 것을 강요함이 성폭력특별법상 합동강간죄가 성립한다고 보았다.[2] 그러나 본죄의 객체를 사람으로 개정하였을 뿐만 아니라, 행위과정은 매우 다양하므로 여자도 단독으로 본죄의 주체가 될 수 있다고 봄이 타당하다.[3]

2) 객 체

본죄의 객체는 사람이다. 기혼·미혼·성년·미성년을 불문하며, 매춘부, 성교능력이 없는 연소자나 노약자도 객체로 될 수 있다. 13세 미만의 부녀에 대하여도 폭행·협박으로 간음하면 본죄가 성립하며, 성폭력특별법상 가중처벌된다(제7조 제1항). 아청법의 적용을 받는 아동·청소년을 강간한 때에도 가중처벌된다(제7조 제1항).

성범죄는 사회의 법감정에 매우 민감한 범죄이다. 최근 우리 사회에서 성범죄와 관련하여서는 많은 가치관의 변화와 법적 의식의 고취가 이루어졌다. 따라서 이제는 부부간[4]에도 당연히 강간죄가 성립한다고 보아야 한다.

또한 행위객체가 사람으로 개정되었으므로 성전환자가 본죄의 객체가 됨은 더 이상 이론의 여지가 없다. 다만, 행위를 강간과 유사강간 중 어떻게 판단하여야 하는가에 대하여는 논란이 있을 수 있으나, 성의 개념이 생물학적 의미와 더

---

1) 김성돈, 195면; 김성천/김형준, 176면; 김일수/서보학, 160면; 이영란, 166면; 임웅, 195면;정웅석, 785면; 진계호, 197면.
2) 대판 1998. 2. 27. 97도1757.
3) 김혜정 외, 165면; 박상기/전지연, 496면; 배종대, 160면; 이재상 외, 161면; 정성근/정준섭, 105면; 정영일, 81면.
4) 처에 대한 강간죄의 성립에 대하여 과거(형법 개정전)에는 강구진 Ⅰ, 176면; 김일수/서보학, 160면; 김종원(상), 128면; 배종대, 241면; 이재상 외, 158면; 정성근/박광민, 169면 등이 부부간의 성적 성실의무를 이론적 근거로 부정하였으나, 이제는 배우자에 대한 강간죄를 부정하는 견해를 찾아보기 어렵다.

불어 사회적 역할까지도 고려하여 판단되어야 한다는 점에서 강간죄의 객체가 된다고 봄이 타당하다.

판 례

1. 배우자에 대한 강간죄

판례는 배우자에 대한 강간죄의 성부에 관하여는 이를 부정[1]하였다가, 실질적으로 부부관계로 인정될 수 없는 경우로 한정하여 인정[2]하다가, 2013년 전원합의체 판결로서 전면 긍정[3]하게 되었다. 이에 따르면 "형법은 법률상 처를 강간죄의 객체에서 제외하는 명문의 규정을 두고 있지 않으므로, 문언 해석상으로도 법률상 처가 강간죄의 객체에 포함된다고 새기는 것에 아무런 제한이 없다. 따라서 강간죄의 객체인 '부녀'에는 법률상 처가 포함되고, 혼인관계가 파탄된 경우뿐만 아니라 혼인관계가 실질적으로 유지되고 있는 경우에도 남편이 반항을 불가능하게 하거나 현저히 곤란하게 할 정도의 폭행이나 협박을 가하여 아내를 간음한 경우에는 강간죄가 성립한다고 보아야 한다."

2. 성전환자에 대한 강간죄

성전환자에 대하여는 여성으로서의 생식능력이 없는 점, 사회일반인의 평가등을 고려하여 사회통념상 여자로 볼 수 없다고 판시[4]하였다가 성의 결정에 있어 생물학적 요소와 정신적·사회적 요소를 종합적으로 고려하여야 한다고 보아, 성장기부터 여성으로서의 성귀속감을 가지고, 성전환 수술 이후 30년간 개인적·사회적으로 여성으로서의 생활을 영위하였다면 개정전 형법상 강간죄의 객체인 부녀에 해당한다고 보았다.[5]

---

3) 행 위

본죄의 행위는 폭행 또는 협박으로 사람을 강간하는 것이다.

① 폭행·협박

폭행 또는 협박은 강간의 수단이다. 폭행은 사람에 대한 유형력의 행사를 의미하며 그 대상은 피해자에 한정되며, 제3자에 대한 폭행은 피해자에 대한 협박

---

1) 대판 1970. 3. 10, 70도29.
2) 대판 2009. 2. 12, 2008도8601.
3) 대판 2013. 5. 16, 2012도14788 전원합의체 판결.
4) 대판 1996. 6. 11, 96도791.
5) 대판 2009. 9. 10, 2009도3580.

이 될 수 있다. 협박은 해악을 고지하는 것으로 제3자를 대상으로 하는 경우도 포함한다. 본죄의 폭행·협박의 정도에 관하여서는 상대방의 반항을 억압할 정도라야 한다는 견해[1]와 협의의 폭행·협박으로 충분하다는 견해[2]도 있으나 상대방의 반항을 억압할 정도에 한정하지 않고 상대방의 반항을 현저하게 곤란하게 할 정도면 충분하다고 보아야 한다.[3] 판례[4]의 입장이기도 하다.

본죄의 폭행에는 절대적 폭력에 의하여 상대방의 반항을 물리적으로 불가능하게 하는 경우뿐만 아니라 강제적(심리적) 폭행에 의하여 그 반항을 포기하게 한 경우도 포함된다.[5] 항거하지 못하도록 의식장애를 일으키거나 최면상태에 빠지게 하거나 마취제, 수면제 등의 약물을 사용하는 것도 폭행에 해당한다.[6]

폭행·협박은 행위자에 의하여 이루어져야 하며 타인이 행한 폭행·협박을 이용하여 부녀를 간음하면 준강간죄로 될 수 있을 뿐 강간죄는 성립하지 않는다.

폭행 또는 협박이 피해자의 항거를 불가능하게 하거나 현저히 곤란하게 할 정도였는지 여부는 당해 폭행 및 협박의 내용과 정도, 유형력을 행사하게 된 경위, 피해자와의 관계, 당시의 정황 등 제반사정을 종합하여 판단해야 한다.[7] 강간죄가 성립하기 위한 가해자의 폭행·협박이 있었는지 여부는 그 폭행·협박의 내용과 정도는 물론 유형력을 행사하게 된 경위, 피해자와의 관계, 성교 당시와 그 후의 정황 등 모든 사정을 종합하여 피해자가 성교 당시 처하였던 구체적인 상황을 기준으로 판단하여야 하며, 사후적으로 보아 피해자가 성교 이전에 범행 현장을 벗어날 수 있었다거나 피해자가 사력을 다하여 반항하지 않았다는 사정만으로 가해자의 폭행·협박이 피해자의 항거를 현저히 곤란하게 할 정도에 이르지 않았다고 단정하여서는 안 된다.[8]

---

1) 유기천(상), 128면.
2) 박상기/전지연, 497면.
3) 김성돈, 197면; 김성천/김형준, 178면; 김일수/서보학, 161면; 김혜정 외, 168면; 배종대, 163면; 백형구, 319면; 신동운, 666면; 임웅, 198면; 정성근/정준섭, 107면; 정영일, 73면; 진계호, 199면 등.
4) 대판 2001. 10. 30, 2001도4462; 대판 1999. 9. 21, 99도2608; 대판 1991. 5. 28, 91도546; 대판 1988. 11. 8, 88도1628; 대판 1979. 2. 13, 78도1792 등.
5) 강구진Ⅰ, 176면; 김일수/서보학, 161면; 이재상 외, 164면 등.
6) 강구진Ⅰ, 176면; 김일수/서보학, 161면; 김종원(상), 면; 이재상 외, 159면; 정성근/정준섭, 172면 등.
7) 대판 2007. 1. 25, 2006도5979; 대판 2004. 6. 25, 2004도2611; 대판 1992. 4. 14, 92도259 등.
8) 대판 2018. 10. 25, 2018도7709; 대판 2018. 2. 28, 2017도21249.

판 례

　갑과 을은 같은 동호회 회원으로, 갑이 회식후 을에게 대리기사를 불러주겠다고 하며 함께 뒷좌석에 탄 경위, 피고인과 피해자의 체격차이, 좁은 차안이라 쉽게 저항하며 몸을 움직일 수 없던 정황, 피해시간을 고려하면 피해자의 반항을 억압하거나 현저히 곤란하게 할 정도에 이른 것으로 보아야 한다.[1] 또한 유부녀인 피해자에 대해 혼인외 성관계 사실을 폭로하겠다는 등의 내용으로 협박한 경우,[2] 다른 친구들 몰래 피해자를 불러내어 옆방으로 끌고가 "옆방에 친구들이 많다. 소리지르면 다 들을 것이므로 조용히 하는게 좋을 거다. 여러 명하고 할 것이냐" 등의 말을 하였다면 강간죄의 협박에 해당한다.[3]

　② 강 간

　강간이란 폭행·협박으로 상대방의 반항이 현저히 어려운 상태를 조성하고 그 의사에 반하여 간음하는 것을 의미한다. 강간죄에서의 폭행, 협박이 반드시 간음행위에 선행되어야 하는 것은 아니고,[4] 종료 전에만 있으면 충분하되, 폭행·협박과 간음 사이에는 인과관계가 있어야 한다. 부녀의 반항의사는 간음시에도 있어야 한다. 본죄가 기수에 이른 후에는 부녀가 성적 흥분을 느껴 반항하지 않은 경우에도 본죄는 성립한다.[5]

　③ 실행착수와 기수시기

　간음의 의사로서 상대방에게 폭행 또는 협박을 개시한 때에 실행의 착수가 있다.[6] 판례 역시 폭행 또는 협박에 의하여 피해자의 항거가 불가능하게 되거나 현저히 곤란하게 되어야만 실행의 착수가 있는 것으로 판단하지 않는다.[7] 따라서 폭행·협박 없이 간음을 기도한 것으로는 실행의 착수가 있다고 볼 수 없다.[8] 본죄는 삽입이 이루어지는 순간에 기수로 되고 남자의 성기의 전부 삽입이

---

1) 대판 2012. 7. 12, 2012도4031. 대판 2018. 2. 28, 2017도21249 역시 이와 유사하게 폭행·협박의 정도를 판단할 때 피고인과 피해자의 체격차이, 도망쳐 나오거나 구조를 요청하기 쉽지 않은 사정 등을 고려하여 강간죄를 인정하였다.
2) 대판 2007. 1. 25, 2006도5979.
3) 대판 2000. 8. 18, 2000도1914.
4) 대판 2017. 10. 12, 2016도16948, 2016전도156.
5) 이재상 외, 159면; 정성근/정준섭, 172면 등.
6) 대판 2021. 8. 12, 2020도17796.
7) 대판 2000. 6. 9, 2000도1253.
8) 대판 1990. 5. 25, 90도607은 강간할 목적으로 방에 침입하여 자고 있는 피해자의 엉덩이를 만지

나 사정, 또는 성욕의 만족에 이를 것을 요하지 않는다.

(2) 주관적 구성요건

본죄는 미필적 고의로써 족하다. 피해자의 동의가 없음에도 불구하고 있는 것으로 오인한 경우에는 고의가 조각된다.

(3) 구성요건의 조각

피해자의 동의에 의한 간음은 성적 자기결정의 자유를 침해한다고 볼 수 없다. 따라서 본죄의 구성요건해당성이 조각된다.

3. 죄수 및 타죄와의 관계

강간죄의 죄수는 행위표준설에 의하여 하나의 행위마다 범죄가 성립한다. 따라서 동일인을 1시간 후에 장소를 옮겨서 강간하였다면 두 개의 강간죄의 실체적 경합이 된다.[1] 또한 성적 자기결정권은 일신전속적 법익이므로 피해자의 수만큼 범죄가 성립한다.

본죄의 수단인 폭행·협박은 강간죄에 포함된다.[2] 동일한 폭행·협박을 이용하여 수회 간음한 경우에도 단순일죄만 성립한다.[3] 강간죄가 성립하는 경우에 강제추행은 이에 흡수된다.

주거에 침입하여 강간하면 형법상으로는 실체적 경합이 되지만 특별법인 성폭법상의 주거침입강간죄가 성립한다(제3조). 이 경우 주거침입죄를 범한 후에 사람을 강간하는 행위를 하여야 하는 일종의 신분범이고, 선후가 바뀌어 강간죄 등을 범한 자가 그 피해자의 주거에 침입한 경우에는 이에 해당하지 않고 강간죄 등과 주거침입죄 등의 실체적 경합범이 된다. 따라서 주거침입강간죄의 실행의 착수시기는 주거침입 행위 후 강간죄 등의 실행행위에 나아간 때이다.[4] 부녀를 감금하던 중에 강간의 의사가 생겨 강간한 경우에는, 본죄와 감금죄의 실체

면서 간음을 기도하였다는 것만으로는 강간죄의 수단인 폭행·협박에 착수하였다고 볼 수 없다고 판시하였다. 그러나 판례는 여자 혼자 있는 방문을 두드리고 여자가 위험을 느끼고 가까이 오면 뛰어내리겠다고 함에도 불구하고 창문으로 침입하려 한 경우에는 본죄의 실행에 착수한 것으로 본다(대판 1991. 4. 9. 91도288).
  1) 대판 1987. 5. 12. 87도694.
  2) 따라서 폭행죄 또는 협박죄는 강간죄와 법조경합의 관계에 있다(대판 2002. 5. 16. 2002도51).
  3) 대판 1970. 9. 29. 70도1516.
  4) 대판 2021. 8. 12. 2020도17796.

적 경합범이 된다. 그러나 강간을 위하여 부녀를 감금하고 본죄를 범한 경우에는 감금죄와 본죄의 실체적 경합범으로 보는 견해[1]가 있으나, 상상적 경합범[2]으로 봄이 타당하다. 감금행위가 기수가 되기 이전에 이미 강간의 고의가 있으므로 행위의 중첩을 인정할 수 있기 때문이다. 본죄와 강요죄는 법조경합관계에 있으며 본죄가 성립하면 강요죄는 적용되지 않는다.

Ⅱ. 유사강간죄

> *폭행 또는 협박으로 사람에 대하여 구강, 항문 등 신체(성기는 제외한다)의 내부에 성기를 넣거나 성기, 항문에 손가락 등 신체(성기는 제외한다)의 일부 또는 도구를 넣는 행위를 한 사람은 2년 이상의 유기징역에 처한다(제297조의2).
> *미수범은 처벌한다(제300조).

1. 의   의

본죄는 폭행 또는 협박으로 사람에게 유사성교행위를 행함으로써 성립하는 범죄이다. 2012년 신설된 규정으로 간음에 준하는 방법으로 성적 자기결정권을 침해함에도 불구하고 성교가 아니기 때문에 강제추행죄로만 처벌가능하였던 입법상의 불비를 개정을 통해 해결하였다. 동 죄는 2000년 청소년의 성보호에 관한 법률(아청법의 전신)이 제정되면서 청소년에 대한 유사성교행위를 처벌하였던 것이 최초였다. 기본적 구성요건인 강제추행죄보다 행위불법 및 결과불법이 중한 불법가중적 구성요건에 해당하며, 침해범이다.

2. 구성요건

(1) 객관적 구성요건
1) 주   체
본죄의 주체에는 제한이 없다. 동죄는 이성간뿐만 아니라 동성간에 의해서도 성립한다.

---

1) 김성천/김형준, 185면; 김일수/서보학, 163면; 백형구, 321면; 이재상 외, 166면 등.
2) 김혜정 외, 171면; 박상기/전지연, 499면; 배종대, 167면; 정성근/정준섭, 110면; 대판 1983. 4. 26, 83도323 등.

2) 객 체

성별과 관계없이 사람이며, 연령, 기혼, 미혼을 불문한다. 다만 강간죄와 동일하게 13세 미만자가 객체가 된 경우에는 성폭력특별법(제7조 제3항)으로, 13세 이상 19세 미만자가 객체가 된 경우에는 아청법(제7조 제3항)으로 가중처벌된다. 성전환자나 배우자가 객체가 됨은 물론이다.

3) 행 위

폭행·협박에 의한 유사강간행위로, 폭행·협박은 강간죄의 그것과 같다.

유사강간행위란 강제성교에 준하는 행위불법성을 가진 행위로서, 구강·항문 등 신체 내부로의 삽입행위 내지 적어도 성교와 유사한 것으로 볼 수 있는 정도의 성적 만족을 얻기 위한 신체삽입행위를 의미한다.[1] 그러나 성적 흥분을 일으키게 하기 위한 행위[2]로 한정할 필요는 없다. 성매매알선등처벌법이나 아청법상의 유사성교행위가 본죄보다 넓은 의미로 이해된다.[3] 즉, 유사성교행위는 성적 흥분을 일으키기 위한 신체접촉행위라면 유사강간행위는 신체에의 직접적 삽입을 요한다. 다만 경우에 따라서는 강제추행죄와의 구별이 모호할 수 있으므로 제한적으로 해석하여야 한다.

(2) 주관적 구성요건

고의 이외에 초과주관적 구성요건을 요구하지 않는다. 본죄는 경향범이 아니므로 성적 만족을 추구하는 내적 경향 등은 범죄성립의 요건이 아니다.

3. 죄 수

기본적 구성요건인 강제추행죄와의 관계에서는 본죄가 가중적 구성요건에 해당하므로 강제추행행위와 유사강간행위가 함께 이루어지면 본죄만이 성립한다(법조경합 중 특별관계). 한편 강간죄와의 관계에서는 양자가 경합범이라고 보는 견해[4]도 있으나, 강간죄가 유사강간죄에 대하여는 가중적 구성요건에 해당한다고 봄이 타당하다.[5] 따라서 강간죄만 성립한다.

---

[1] 대판 2006. 10. 26, 2005도8130. 동 판결은 성매매알선등 행위의 처벌에 관한 법률 제2조 제1항의 유사성교행위에 관하여 정의를 내리고 있다.
[2] 대판 2009. 1. 30, 2008도9207. 판례는 유사성교행위를 성적 흥분을 일으키게 하는 행위로 본다.
[3] 김혜정 외, 172면.
[4] 김성돈, 203면.
[5] 임웅, 206면.

Ⅲ. 강제추행죄

*폭행 또는 협박으로 사람에 대하여 추행한 자는 10년 이하의 징역 또는 1,500만원 이하의 벌금에 처한다(제289조).
*미수범은 처벌한다(제300조).

1. 의   의

본죄는 본 장의 기본적 구성요건이며, 이성간은 물론 동성간에도 성립한다. 보호정도는 침해범이다.

2. 구성요건

(1) 객관적 구성요건

1) 주   체

본죄의 주체에는 제한이 없다. 본죄는 자수범도 아니고[1] 경향범도 아니다. 여자도 남자와 똑같이 본죄의 단독정범, 공동정범 그리고 간접정범이 될 수 있다.

2) 객   체

본죄의 객체인 사람은 자연인인 타인을 의미하며, 성별, 연령, 기혼, 미혼을 불문한다. 13세 미만자, 13세이상 19세 미만자에 대한 특별법의 적용은 강간죄와 같다. 본죄는 이성뿐만 아니라 동성간에도 당연히 성립한다.

3) 행   위

본죄 행위는 폭행 또는 협박으로 추행하는 것이다.

① 폭행·협박

추행의 수단인 폭행과 협박의 개념은 강간죄의 그것과 동일하다. 폭행·협박의 정도에 관하여서는 견해의 대립이 있다. i) 본죄의 폭행·협박은 강간죄의 경우처럼 상대방의 반항을 불가능하게 하거나 현저히 곤란하게 할 정도라야 한

---

[1] 대판 2018. 2. 8, 2016도17733. 강제추행죄는 정범 자신이 직접 범죄를 실행하여야 성립하는 자수범이라고 볼 수 없으므로, 처벌되지 아니하는 타인을 도구로 삼아 피해자를 강제로 추행하는 간접정범의 형태로도 범할 수 있다.

다고 보는 견해[1]는 그 논거로서 본죄가 강간죄와 준강간·준강제추행죄의 사이에 위치하여 본죄와 강간죄는 동일죄질의 범죄로 이해되므로 양죄의 폭행·협박을 구별해야 할 적극적인 이유가 없고 준강간·준강제추행죄(제299조)의 요건인 「심신상실 또는 항거불능」의 상태와의 균형을 고려하여야 한다고 본다.

한편 본죄의 폭행·협박의 정도를 강간죄의 경우보다 완화하여 일반인으로 하여금 항거에 곤란을 느끼게 할 정도[2] 내지 상대방의 의사에 반하는 정도[3]면 충분하다는 견해는 그 논거로서 본죄의 법정형에 벌금형이 규정되어 있다는 점과 본죄의 폭행에 폭행행위 그 자체가 추행행위라고 인정되는 경우도 포함된다는 점을 들고 있다. 판례[4]도 상대방의 의사에 반하는 유형력의 행사가 있는 이상 그 힘의 대소강약을 불문한다는 입장을 취하고 있다.

폭행·협박의 정도를 완화하면 피해자보호가 강화되지만 범죄성립범위가 확대될 우려가 있다. 그러나 강간죄와 달리 본죄는 성적 수치심이나 혐오감을 유발하는 정도를 요구하고 있고, 성적 수치심은 부끄럽고 창피한 감정만으로 나타나는 것이 아니라 다양한 형태로 나타날 수 있다.[5] 따라서 판례의 태도가 타당하다.

폭행·협박은 반드시 추행 이전에 행하여질 필요는 없고 폭행과 동시에 이루어지거나 폭행 자체가 추행에 해당하여도 무방하며,[6] 판례는 이를 기습추행이라고 한다.[7] 추행행위와 동시에 이루어지는 폭행이 반드시 상대방의 의사를 억압할 정도일 필요도 없다.[8] 폭행·협박과 추행 사이에는 인과관계가 있어야

---

1) 김일수/서보학, 166면; 김혜정 외, 173면; 배종대, 169면; 백형구, 340면; 오영근, 143면; 이재상 외, 167면; 이정원, 205면; 정성근/정준섭, 112면; 정영일, 75면; 정웅석, 786면; 황산덕, 221면.
2) 서일교, 82면; 이건호, 173면.
3) 김성돈, 185면; 김성천/김형준, 188면; 박상기/전지연, 501면; 임웅, 208면.
4) 대판 2007. 1. 25, 2006도5979; 대판 2002. 4. 26, 2001도2417; 대판 1994. 8. 23, 94도630; 대판 1992. 2. 28, 91도3182; 대판 1983. 6. 28, 83도399 등.
5) 대판 2020. 12. 24, 2019도16258.
6) 김일수/서보학, 167면; 박상기/전지연, 501면; 배종대, 169면; 백형구, 341면; 이재상 외, 168면; 정성근/정준섭, 113면; 정영일, 76면 등. 판례의 입장도 이와 같다(대판 2002. 4. 26, 2001도2417; 대판 1994. 8. 23, 94도630; 대판 1992. 2. 28, 91도3182 등).
7) 대판 2015. 9. 10, 2015도6980. 피고인이 밤에 술을 마시고 배회하던 중 버스에서 내려 혼자 걸어가는 피해자 갑을 발견하고 마스크를 착용한 채 뒤따라가다가 인적이 없고 외진 곳에서 가까이 접근하여 껴안으려 하였으나, 갑이 뒤돌아보면서 소리치자 그 상태로 몇 초 동안 쳐다보다 다시 오던 길로 되돌아간 경우를 기습추행으로 보아 강제추행미수죄를 인정하였다.
8) 대판 2020. 7. 23, 2019도15421.

한다.

② 추 행

추행의 의미에 관하여서는 성욕의 흥분·자극 또는 만족을 목적으로 하는 행위로서 건전한 상식 있는 일반인의 수치·혐오의 감정을 느끼게 하는 일체의 행위라고 정의하는 입장[1]이 있으나 이렇게 볼 경우 본죄는 목적범 내지 경향범으로 이해되고 따라서 성적흥분·만족 등의 목적 없이 복수심·호기심 등과 같은 다른 동기에서 나온 음란행위는 본죄에서 제외되고 개인의 성적 자유의 보호가 행위자의 목적이나 주관적 경향에 의하여 좌우되는 불합리한 결과가 초래된다.[2] 그러므로 추행은 객관적으로 일반인에게 성적 수치심과 혐오의 감정을 일으키게 하는 일체의 음란행위로 정의하는 입장[3]이 타당하다.

추행이라 함은 객관적으로 일반인에게 성적 수치심이나 혐오감을 일으키게 하고 선량한 성적 도덕관념에 반하는 행위로서 피해자의 성적 자유를 침해하는 것으로, 이에 해당하는지 여부는 피해자의 의사, 성별, 연령, 행위자와 피해자의 이전부터의 관계, 그 행위에 이르게 된 경위, 구체적 행위태양, 주위의 객관적 상황과 그 시대의 성적 도덕관념 등을 종합적으로 고려하여 신중히 결정되어야 한다.[4]

최근 판례는 사회의 성인지감수성을 고려하여 강제추행을 넓게 인정하는 경향이 있다. 예컨대 신체접촉에 대한 동의는 언제든지 번복할 수 있을 뿐만 아니라 동의한 범위를 넘어서는 신체접촉에 대하여는 거부할 자유가 있으므로, 기습추행이 있기 전까지 어느 정도 신체접촉이 있었다고 하더라도 입맞춤 등의 행위에 대해서까지 동의가 있다고 보기 어렵다거나[5] 피해자 몰래 뒤로 다가가 머리카락 및 옷 위에 소변을 본 행위도 객관적으로 일반인에게 성적 수치심이나 혐오감을 일으키게 하는 행위로 본다.[6]

신체부위에 따라서 추행여부가 달라진다고 보는 견해에 의하면 무릎이나 허

---

1) 김종원(상), 133면; 정영석, 275면.
2) 이재상 외, 168면; 정성근/정준섭, 113면.
3) 김성돈, 186면; 김성천/김형준, 188면; 김혜정 외, 174면; 배종대, 169면; 백형구, 341면; 신동운, 671면; 오영근, 163면; 이재상 외, 168면; 이정원, 206면; 정성근/정준섭, 113면; 정영일, 76면; 정웅석, 791면 등.
4) 대판 2013. 9. 26, 2013도5856.
5) 대판 2019. 7. 11, 2018도2614.
6) 대판 2021. 10. 28, 2021도7538.

벅지 등은 만지는 행위는 추행이 아니라고 본다.[1] 그러나 접촉한 특정한 신체부위만을 기준으로 추행 여부가 구별되는 것은 아니며 제반 사정을 고려하여 일반인의 입장에서 객관적으로 성적 수치심을 유발할 만한 행위인지를 판단하여야 한다. 따라서 성적 동기가 내포되었다면 접촉부위인 손목을 잡아끌어당긴 경우라도 추행에 해당된다.[2]

나아가 상대방의 추행사실 인식여부에 관하여 판례는 대상자가 성적 수치심이나 혐오감을 반드시 실제로 느껴야 하는 것은 아니므로[3] 추행행위 당시 피해자가 행위사실의 존재를 인식하지 못하였더라도 추행은 성립한다[4]고 본다.

강제추행은 피해자를 도구로 삼아 피해자의 신체를 이용하여 추행행위를 하게 한 경우도 간접정범의 형태로 성립할 수 있다.[5]

판 례

강제추행죄는 상대방에 대하여 폭행 또는 협박을 가하여 항거를 곤란하게 한 뒤에 추행행위를 하는 경우뿐만 아니라 폭행행위 자체가 추행행위라고 인정되는 경우도 포함되며, 이 경우의 폭행은 반드시 상대방의 의사를 억압할 정도의 것임을 요하지 않고 상대방의 의사에 반하는 유형력의 행사가 있는 이상 그 힘의 대소강약을 불문한다.[6]

예컨대, 피고인이 엘리베이터 안에서 피해자를 칼로 위협하는 등의 방법으로 꼼짝하지 못하도록 하여 자신의 실력적인 지배하에 둔 다음 자위행위 모습을 보여준 행위(대판 2010. 2. 25, 2009도13716), 갑이 알고 지내던 여성인 을이 자신의 머리채를 잡아 폭행을 가하자 보복의 의미에서 을의 입술, 귀 등을 입으로 깨무는 행위를 한 경우(대판 2013. 9. 26, 2013도5856), 골프장 여종업원에게 함께 술을 마시지 않을 경우 신분상의 불이익을 가할 것처럼 협박하여 러브샷의 방법으로 술을 마시게 한 행위(대판 2008. 3. 13, 2007도10050), 초등학교 교사가 건강검진을 받으러 온 학생의 옷 속으로 손을 넣어 배와 가슴 등의 신체 부위를 만진 행위(대판 2009. 9. 24, 2009도2576), 직장 상사가 등 뒤에서 피해자의 의사에 명백히 반하여 어깨를 주무른 행위(대판 2004. 4. 16, 2004도52), 음식점의 개방된 홀에서 피해자의 목과 머리를 감싸

---

1) 김일수/서보학, 161면.
2) 대판 2020. 7. 23, 2019도15421.
3) 대판 2020. 6. 25, 2015도7102.
4) 대판 2021. 10. 28, 2021도7538.
5) 대판 2018. 2. 8, 2016도17733.
6) 대판 2012. 6. 14, 2012도3893.

안고(헤드락) 피고인의 가슴 쪽으로 끌어당겨 피해자의 머리가 피고인의 가슴에 닿게 하는 등의 행위(대판 2020. 12. 24, 2020도7981), 하지 말라고 하였음에도 계속하여 허벅지를 쓰다듬은 행위(대판 2020. 3. 26, 2019도15994) 등은 추행에 해당한다고 보았다.

반면, 피고인이 피해자에게 사람 및 차량의 왕래가 빈번한 도로에서 욕설을 하면서 자신의 바지를 벗어 성기를 보여주는 행위만으로는 추행으로 볼 수 없다(대판 2012. 7. 26, 2011도8805)고 판시하였다.

(2) 주관적 구성요건

본죄의 고의는 미필적 고의로 족하다. 본죄의 성립에 고의 이외의 특별한 주관적 불법요소인 성적 추행의 행위경향이 필요하다는 견해[1]도 있으나 본죄는 경향범이 아니다.[2]

3. 죄   수

공연하게 본죄를 범한 경우에는 본죄와 공연음란죄(제245조)의 상상적 경합이 된다. 그리고 앞서 언급한 바와 같이 기습추행은 폭행 그 자체가 동시에 추행으로 되지만, 폭행죄는 본죄에 흡수되어 본죄만 성립한다.[3]

Ⅳ. 준강간죄 · 준강제추행죄

*사람의 심신상실 또는 항거불능의 상태를 이용하여 간음 또는 추행을 한 자는 제297조, 제297조의2 및 제298조의 예에 의한다(제299조).
*미수범은 처벌한다(제300조).

1. 의   의

형법은 비록 폭행 · 협박의 방법을 사용하지 않았을지라도 이미 조성되어 있는 심신상실이나 항거불능의 상태를 악용하여 간음 또는 추행을 함으로써 개인

---

1) 김일수/서보학, 163면.
2) 대판 2013. 9. 26, 2013도5856. 강제추행죄의 성립에 필요한 주관적 구성요건으로 성욕을 자극 · 흥분 · 만족시키려는 주관적 동기나 목적이 있어야 하는 것은 아니다.
3) 백형구, 342면; 정성근/정준섭, 177면 등.

의 성적 자유를 침해한 경우, 그 불법성이 강간죄나 강제추행죄에 준하는 것으로
보아 이들 범죄와 동일하게 처벌하는 범죄유형으로서 본죄를 설정하고 있다.[1]

성적 자기결정의 자유는 현실적인 자유만을 의미하는 것이 아니고 잠재적 자
유까지도 포함한 진정한 자유의 가능성을 의미한다는 관점에서 비록 현실적 제
한이 따른다 하더라도 본죄의 보호법익은 성적 자기결정의 자유로 보아야 할 것
이다.[2]

2. 구성요건

(1) 객관적 구성요건

1) 주 체

본죄를 자수범으로 보는 견해[3]가 있으나, 자수범이 아니며 저항할 수 없는
폭력을 행사하여 항거불능상태의 피해자를 간음하도록 시키는 행위 등을 통해
간접정범의 형태로 범할 수 있다.[4]

2) 객 체

본죄의 객체는 심신상실 또는 항거불능의 상태에 있는 사람이며 그 연령, 결
혼여부는 불문한다.

① 심신상실의 상태

본죄의 심신상실이란 정신기능의 장애로 인하여 정상적인 판단능력을 잃어
버린 상태를 의미하나 형법 제10조 제1항의 심신상실과 반드시 같은 의미로 볼
수는 없다. 형법 제10조 제1항의 심신상실은 생물학적 요인인 심신장애로 인하
여 사물을 변별할 능력이 없거나 의사결정을 할 능력이 없는 경우지만, 본죄의
심신상실은 심신장애로 인한 경우로 국한되지 않고 수면 중인 경우[5]나 일시적
탈진상태 또는 술·약물 등에 의해 일시적으로 의식을 잃은 상태 또는 완전히

---

1) 김일수/서보학, 168면: 배종대, 172면: 정성근/정준섭, 178면 등.
2) 배종대, 172면: 이재상 외, 170면: 정성근/정준섭, 114면 등은 본죄의 객체가 대체로 성적 자기결
   정의 자유를 갖지 못하는 것이 현실이기 때문에 취지가 성적 자유를 가지지 못한 사람이 성욕의
   객체나 도구가 되지 않도록 보호하는 데 있다는 점을 강조하지만, 이와 같은 이유에서 여전히 보
   호법익은 성적 자기결정권이라고 보아야 할 것이다.
3) 이재상 외, 170면.
4) 김성돈, 188면: 김성천/김형준, 192면: 박상기/전지연, 503면: 배종대, 172면: 오영근, 145면: 진
   계호, 185면.
5) 대판 1976. 12. 14. 76도3673.

잃지는 않았더라도 정상적 판단능력이나 조절능력을 행사할 수 없는 상태[1]도 포함한다. 이러한 의미에서 본죄의 심신상실은 형법 제10조 제1항의 심신상실보다 넓은 의미라고 볼 수 있다. 본죄의 심신상실에 심신미약이 포함되는가에 관하여서는 긍정설[2]과 부정설[3]의 대립이 있으나 부정설이 타당하다.

② 항거불능의 상태

본죄에서 항거불능의 상태란 심신상실 이외의 원인으로 심리적 또는 물리적으로 반항이 불가능하거나 현저히 곤란한 상태를 말한다.[4] 예컨대 생명·신체에 대한 심한 공포심에 빠져 있거나 수족이 묶여 신체를 움직일 수 없는 상태 등이 이에 해당한다.

의사가 자기를 신뢰한 환자에 대하여 치료를 가장하여 간음이나 추행을 한 경우에는 본죄에 해당하지 않는다는 견해[5]가 있다. 의사를 신뢰한 환자는 항거 여부에 대한 판단사정을 처음부터 인식하지 않은 경우이므로 항거불능에 해당하지 않기 때문이라고 한다.[6] 그러나 심리적으로 반항이 불가능한 경우에 해당

---

1) 대판 2021. 2. 4, 2018도9781. 동 판결은 음주로 인한 블랙아웃상태에서의 준강간·강제추행죄 성립의 판단기준에 관한 것이다. 이에 따르면, "의학적 개념으로서의 '알코올 블랙아웃(black out)'은 중증도 이상의 알코올 혈중농도, 특히 단기간 폭음으로 알코올 혈중농도가 급격히 올라간 경우 그 알코올 성분이 외부 자극에 대하여 기록하고 해석하는 인코딩 과정(기억형성에 관여하는 뇌의 특정 기능)에 영향을 미침으로써 행위자가 일정한 시점에 진행되었던 사실에 대한 기억을 상실하는 것을 말한다. 알코올 블랙아웃은 인코딩 손상의 정도에 따라 단편적인 블랙아웃과 전면적인 블랙아웃이 모두 포함한다. 그러나 알코올의 심각한 독성화와 전형적으로 결부된 형태로서의 의식상실의 상태, 즉 알코올의 최면진정작용으로 인하여 수면에 빠지는 의식상실(passing out)과 구별되는 개념이다.

  따라서 음주 후 준강간 또는 준강제추행을 당하였음을 호소한 피해자의 경우, 범행 당시 알코올이 위의 기억형성의 실패만을 야기한 알코올 블랙아웃 상태였다면 피해자는 기억장애 외에 인지기능이나 의식 상태의 장애에 이르렀다고 인정하기 어렵지만, 이에 비하여 피해자가 술에 취해 수면상태에 빠지는 등 의식을 상실한 패싱아웃 상태였다면 심신상실의 상태에 있었음을 인정할 수 있다. 또한 '준강간죄 또는 준강제추행죄에서의 심신상실·항거불능'의 개념에 비추어, 피해자가 의식상실 상태에 빠져 있지는 않지만 알코올의 영향으로 의사를 형성할 능력이나 성적 자기결정권 침해행위에 맞서려는 저항력이 현저하게 저하된 상태였다면 '항거불능'에 해당하여, 이러한 피해자에 대한 성적 행위 역시 준강간죄 또는 준강제추행죄를 구성할 수 있다."

2) 유기천(상), 131면; 이재상 외, 171면 등.

3) 김성돈, 208면; 김일수/서보학, 169면; 김혜정 외, 177면; 박상기/전지연, 503면; 배종대, 173면; 백형구, 324면; 신동운, 675면; 오영근, 146면; 이정원, 210면; 임웅, 213면; 정성근/정준섭, 114면; 정영일, 78면 등.

4) 대판 2009. 4. 23, 2009도2001; 대판 2000. 5. 26, 98도3257.

5) 김성돈, 210면; 김일수/서보학, 170면; 임웅, 214면.

6) 김성돈, 210면.

되어 본죄가 성립한다.[1] 의사가 자기를 신뢰하는 환자를 치료하는 것처럼 가장하는 것이 위계이기는 하지만, 이러한 분위기를 조성하고 무방비 상태의 부녀를 간음 또는 추행하는 정황은 피해자에게는 심리적인 항거불능의 상태라고 보아야 할 것이다. 예컨대 종교적인 믿음으로 인한 경우도 심리적 항거불능사유에 해당한다.

본죄의 객체가 심신상실 또는 항거불능의 상태에 이르게 된 원인은 불문하나 행위자가 간음 또는 추행할 의사로 이러한 상태를 야기한 경우에는 강간죄 또는 강제추행죄가 성립한다.

판 례

물리적 항거불능상태로는 피해자가 술에 취한 경우,[2] 피해자가 잠을 자는 사이[3] 등이 해당한다.

심리적 항거불능상태에 관하여는, 피해자가 피고인에 대하여 갖고 있던 믿음과 경외감, 추행 당시의 피고인 및 피해자의 행위 내용과 태도, 그 당시 피해자를 둘러싼 제반 환경과 피해자의 심리상태, 연령, 지적능력 등에 비추어 보면, 피고인에 대한 종교적 믿음이 무너지는 정신적 충격을 받으면서 피고인의 행위가 종교적으로 필요한 행위로서 이를 용인해야 하는지에 관해 판단과 결정을 하지 못한 채 곤혹과 당황, 경악 등 정신적 혼란을 겪어 피고인의 행위를 거부하지 못하였다면 반항이 현저하게 곤란한 상태에 있었다.[4] 그러나 피해자들이 본인이나 가족의 병을 낫게 하려는 마음에서 목사인 피고인의 요구에 응하였고, 당시 피고인과 대화를 주고받기도 한 사실 및 그 대화 내용에 비추어 보면 항거가 현저히 곤란한 상태가 아니라고 보았다.[5]

---

1) 배종대, 173면: 신동운, 676면: 유기천(상), 132면: 이재상 외, 171면: 정성근/정준섭, 115면: 정영일, 79면 등.
2) 대판 2012. 6. 28, 2012도2631.
3) 대판 2000. 1. 14, 99도5187. 동 판결은 "피고인은 잠을 자고 있는 피해자의 옷을 벗기고 자신의 바지를 내린 상태에서 피해자의 음부 등을 만지는 행위를 한 시점에서 피해자의 항거불능의 상태를 이용하여 간음을 할 의도를 가지고 간음의 수단이라고 할 수 있는 행동을 시작한 것으로서 준강간죄의 실행에 착수하였다고 보아야 할 것이고, 그 후 피고인이 위와 같은 행위를 하는 바람에 피해자가 잠에서 깨어나 피고인이 성기를 삽입하려고 할 때에는 객관적으로 항거불능의 상태에 있지 아니하였다고 하더라도 준강간미수죄가 성립한다"고 판시하였다.
4) 대판 2009. 4. 23, 2009도2001.
5) 대판 2000. 5. 26, 98도3257.

3) 행 위

본죄의 행위는 심신상실 또는 항거불능의 상태를 이용하여 간음 또는 추행하는 것이다. 심신상실 또는 항거불능의 상태를 이용한다는 것은 그러한 상태를 인식하고 이에 편승하는 것을 의미한다.[1] 간음 또는 추행의 개념은 강간죄와 강제추행죄의 그것과 같다.

4) 기수와 미수

간음행위 또는 강제추행행위의 기수시점과 동일하다.

다만 피해자의 상태와 관련하여 불능미수의 성립여부가 문제된다. 피해자가 반항이 불가능할 정도의 만취상태인 것으로 오인하고 간음하였으나, 실제로는 피해자가 그 정도로 술에 취해있지 않은 상태인 경우 판례[2]는 대상의 착오로 인한 준강간죄의 불능미수를 인정하였다.

(2) 주관적 구성요건

본죄의 고의는 미필적 고의로써 족하다. 준강제추행죄에 있어서는 고의 이외에도 특별한 주관적 불법요소로서 성적추행의 특별한 행위경향이 있어야 한다는 주장[3]이 있으나 본죄는 경향범이 아니다.

3. 죄 수

같은 피해자에게 간음과 추행을 동시에 행한 경우에는 준강간죄만 성립한다. 강간의 고의로 접근하였으나 수면 중이므로 그 상태를 이용하여 간음하려다 그 부인이 잠을 깨자 폭력으로 간음한 경우에는 준강간죄 미수범과 강간죄의 상상적 경합범이 된다는 견해가 있다.[4] 그러나 준강간죄와 강간죄는 불법성의 정도가 같고, 다만 객체의 성격상의 차이만 있을 뿐인 점, 원칙적으로 단일의 구성요건체계에서 하나의 행위로 상상적 경합을 인정하기는 예외적이라는 점 등을 고려하면 강간죄만이 성립한다고 보아야 할 것이다(이는 그 인정 여부와 관계없이 법

---

1) 대판 2022. 11. 10, 2020도13672.
2) 대판 2019. 3. 28, 2018도16002. 행위자가 범행 당시 인식한 사정을 놓고 일반인이 객관적으로 판단하였을 때 준강간의 결과가 발생할 위험성이 있는 것으로 본 것이다. 그러나 준강간죄의 객체는 사람이므로 이를 대상의 착오로 볼 수 없으므로, 객체를 '심신상실 또는 항거불능의 상태에 있는 사람'이라고 해석함은 형벌조항의 문언의 범위를 벗어난 해석이라는 반대의견이 있다.
3) 김일수/서보학, 170면.
4) 김혜정 외, 178면; 정영일, 79면.

조경합 중 택일관계에 해당할 것이다).

V. 강간 등 상해·치상죄

> *제297조 내지 제300조의 죄를 범한 자가 사람을 상해하거나 상해에 이르게 한 때에는 무기 또는 5년 이상의 징역에 처한다(제301조).

1. 의   의

본죄는 강간, 유사강간, 강제추행, 미성년자의제강간 등을 한 자가 사람을 상해함으로써 성립한다. 강간 등 상해죄는 강간 등의 죄와 상해죄의 결합범이고 강간 등 치상죄는 강간 등의 죄의 진정결과적 가중범이다.[1]

2. 구성요건

(1) 객관적 구성요건

1) 주 체

본죄의 주체는 강간죄·유사강간죄·강제추행죄·준강간죄·준강제추행죄·미성년자의제강간죄·강제추행죄를 범한 자이며 그 미수범도 포함한다.[2]

2) 행 위

(가) 상해 또는 치상의 결과   강간 등 상해 또는 치상죄의 행위는 사람을 상해하거나 상해에 이르게 하는 것이다. 상해에 이르게 한다는 것은 과실에 의하여 상해의 결과를 발생하게 하는 것을 의미한다. 상해의 결과는 강간 등의 수단인 폭행·협박에 의하여 발생하든 강간행위에 수반되어 발생하든 이를 불문한다. 그러므로 폭행이 지나쳐 상해의 결과가 발생하는 경우는 물론 처녀막이 파열된 경우,[3] 폭행으로 보행불능, 식욕감퇴, 수면장애 등 기능장애를 일으킨 경우,[4] 성병을 감염시킨 경우 등이 모두 이에 포함된다. 그러나 경미한 상처를 입

---

1) 반면 김성천/김형준, 203면은 본죄와 강간 등 살인·치사죄를 모두 부진정결과적 가중범으로 본다.
2) 대판 1988. 8. 23, 88도1212; 대판 1986. 6. 19, 86도887; 대판 1984. 7. 24, 84도1209; 대판 1972. 7. 25, 72도1294 등.
3) 대판 1957. 5. 3, 4290형상10.
4) 대판 1969. 3. 11, 69도191.

은 정도로는 본죄가 성립하지 않는다는 것이 판례의 입장이다.[1] 따라서 강간행위에 수반하여 생긴 상해가 극히 경미한 것으로서 굳이 치료할 필요가 없어서 자연적으로 치유되며 일상생활을 하는 데 아무런 지장이 없는 경우에는 본죄의 상해에 해당되지 않는다. 이러한 판단은 피해자의 반항을 억압할 만한 폭행 또는 협박이 없어도 일상생활 중 발생할 수 있는 것이거나 합의에 따른 성교행위에서도 통상 발생할 수 있는 상해와 같은 정도임을 전제로 하는 것이므로 그러한 정도를 넘는 상해가 그 폭행 또는 협박에 의하여 생긴 경우라면 본죄의 상해에 해당된다.[2]

또한 상해의 결과가 강간 등의 기회에 이루어졌으면 족하고 직접 강간 등의 수단인 폭행·협박이나 간음행위에 의한 것이 아니라 할지라도 강간 등 치상죄가 성립한다. 따라서 강간을 피하려다 상해를 입어도 본죄에 해당한다.[3] 강간 등 치상죄에 있어서는 강간 등 기본범행과 상해의 결과 사이에 인과관계가 있어야 하고 상해의 결과가 행위자에게 객관적으로 귀속될 수 있어야 한다.

(나) 상해의 정도   본죄의 법정형이 상해죄에 비하여 중하기 때문에 본죄의 확대적용을 제한하기 위해서는 상해죄보다 중한 정도의 상해가 있을 것을 요구하는 견해[4]가 있다. 반면 자의적인 법해석의 위험성이 있으므로 상해의 개념을 통일적으로 해석하여야 하고 따라서 상해죄의 상해와 동일한 정도를 요한다고 보는 견해[5]가 있다.

생각건대, 본죄의 법정형이 상해죄에 비하여 지나치게 높은 점을 고려한다면 제한해석함이 타당할 것이나, 이는 입법적으로 해결하여야 할 것이고 해석론상으로는 법조문이 상해와 중상해 두 가지로만 구분하고 있기 때문에, 그 외에 상해의 개념을 범죄별로 구분하기는 어렵다고 보여진다. 따라서 후자의 견해가 해석상 타당하다.

---

1) 대판 1989. 1. 31, 88도831; 대판 1987. 10. 26, 87도1880. 강간이 미수에 그치고 경미한 상처만 발생한 것은 강간치상죄의 상해가 아니라고 판시하였다. 이밖에도 대판 2002. 1. 11, 2001도4389; 대판 1989. 1. 31, 88도831; 대판 1991. 11. 8, 91도2188; 대판 1986. 7. 8, 85도2042.
2) 판례는 피해자의 건강상태가 나쁘게 변경되고 생활기능에 장애가 초래된 것인지는 객관적, 일률적으로 판단될 것이 아니라 피해자의 연령, 성별, 체격 등 신체, 정신상의 구체적 상태를 기준으로 판단되어야 한다고 본다(대판 2005. 5. 26, 2005도1039; 대판 2003. 9. 26, 2003도4606).
3) 대판 1978. 7. 11, 78도1331; 대판 1968. 5. 21, 68도419 등.
4) 김성돈, 211면; 오영근, 147면; 이재상 외, 174면.
5) 김성천/김형준, 201면; 임웅, 216면.

(2) 주관적 구성요건

상해의 고의는 미필적 고의로도 족하다. 결과적 가중범인 강간 등 치상죄에 있어서는 강간 등의 기본범죄에 대한 고의가 있어야 하고 중한 결과인 상해에 대하여서는 과실이 있어야 한다.

(3) 기수와 미수

강간의 기회에 상해가 발생하면 강간죄가 미수여도 강간상해죄는 기수가 된다. 다만 결합범인 강간상해죄에는 미수범처벌규정이 적용되지 않는다. 따라서 강간을 행하는 자가 상해의 고의가 있었으나 상해에 이르지 못한 때에는 강간등의 기·미수죄과 상해미수죄의 상상적 경합 또는 실체적 경합이 된다.

강간치상죄는 당연히 미수범이 성립하지 않는다.

3. 공동정범

고의범의 결합범인 강간 등 상해죄의 공동정범이 성립될 수 있음은 물론이다. 결과적 가중범인 강간 등 치사상의 경우에도 강간죄의 공동정범 중 1인의 행위에 의하여 치상의 결과가 발생한 경우에는 예견가능성이 있는 다른 공범자도 본죄의 공동정범이 될 수 있다는 것이 판례의 입장이다.[1]

Ⅵ. 강간 등 살인·치사죄

*제297조 내지 제300조의 죄를 범한 자가 사람을 살해한 때에는 사형 또는 무기징역에 처한다. 사망에 이르게 한 때에는 무기 또는 10년 이상의 징역에 처한다(제301조의2).

1. 의   의

강간 등 살인죄는 강간 등의 죄와 살인죄의 결합범이고 강간 등 치사죄는 강간 등의 죄의 진정결과적 가중범이다.

---

1) 대판 1984. 2. 14, 83도3120; 대판 1967. 7. 25, 67도827 등.

2. 구성요건

(1) 객관적 구성요건

1) 주 체

본죄의 주체는 강간죄·유사강간죄·강제추행죄·준강간등 죄·미성년자의 제강간죄를 범한 자이며 그 미수범도 포함한다.[1]

2) 행 위

강간 등 살인치사죄의 행위는 사람을 살해하거나 사망에 이르게 하는 것이다. 살해와 사망의 의미는 살인의 죄에서 설명한 것과 동일하다.

사망의 결과는 강간 등의 수단인 폭행·협박에 의하여 발생하든 간음·추행 등에 의하여 발생하든 불문하며 강간을 피하려다가 사망에 이른 경우도 포함한다. 그러나 간음당한 피해자가 수치심이나 임신된 것을 비관하여 자살한 경우라든가 임신하여 낙태수술을 받고 사망한 경우는 간음행위에 수반된 행위에 의하여 야기된 것이 아니고 따라서 인과관계가 없으므로 본죄에 해당하지 않는다.[2] 결과적 가중범인 강간 등 치사죄에 있어서는 강간 등의 기본범행과 사망의 결과 사이에 인과관계가 있어야 하고 그 사망의 결과가 행위자에게 객관적으로 귀속될 수 있어야 한다.

3. 죄 수

강간치상 후 치사의 결과까지 발생한 경우에는 강간치사죄만 성립하고, 강간치상 후 범행의 발각이 두려워 피해자를 살해한 경우에는 강간치상죄와 살인죄의 경합범이 된다.

VII. 미성년자위계등 간음·추행죄

*미성년자 또는 심신미약자에 대하여 위계 또는 위력으로써 간음 또는 추행을 한 자는 5년 이하의 징역에 처한다(제302조).

---

1) 대판 1988. 8. 23, 88도1212; 대판 1986. 6. 19, 86도887; 대판 1984. 7. 24, 84도1209; 대판 1972. 7. 25, 72도1294 등.
2) 이재상 외, 176면; 정성근/정준섭, 118면 등. 경우에 따라서는 인과관계는 인정되나 객관적 귀속의 척도로서 직접성의 원칙이 부정될 수 있다.

1. 의 의

본죄는 폭행 또는 협박을 수단으로 하지 않는다는 점에서 독립적 구성요건이다. 간음 또는 추행행위로 한정함으로써 유사성교행위에 대한 처벌규정을 두지 않음이 입법적 불비라고 비판하는 견해[1]가 있으나, 유사강간은 폭행 또는 협박을 수단으로 하여야 한다는 점, 본죄는 간음과 추행의 법정형을 구분하지 않고 동일하게 처벌한다는 점에서는 유사성교행위와 추행을 달리 구별할 법적 실익이 없다.

2. 구성요건

(1) 객관적 구성요건

1) 주 체

본죄의 주체에는 제한이 없다. 성별·연령·능력 등을 불문한다. 대체로 성년자의 범행을 예정한 것이지만 미성년자라 할지라도 위계 또는 위력을 사용하여 상대방인 미성년자나 심신장애자를 간음 또는 추행하면 본죄에 해당하게 된다.

2) 객 체

미성년자란 19세 미만의 자를 말하며 혼인 여부를 불문한다. 제305조와의 관계에 비추어 13세 미만의 자는 제외된다.

심신미약자란 정신기능의 장애 때문에 정상적인 판단능력이 부족한 자를 말하며 그 연령을 불문한다. 형법 제10조 제2항의 심신미약과 대체로 유사한 것이지만 반드시 같은 것으로 볼 필요는 없다.

3) 행 위

본죄의 행위는 위계 또는 위력으로 간음 또는 추행을 하는 것이다.

위계란 기망이나 유혹의 방법으로 상대방을 착오에 빠지게 하거나 상대방의 부지를 이용하여 상대방이 정상적인 판단을 하지 못하게 하는 행위를 말한다.

위계와 간음행위 사이에는 인과관계가 있어야 하는데, 간음의 고의로 오인, 착각, 부지를 일으켜서 그와 같은 피해자의 심적 태도를 이용하여 간음을 달성한 경우에 인정된다.

최근 판례는 피해자가 오인, 착각, 부지에 빠지게 되는 대상은 간음행위 자체

---

1) 김성돈, 216면.

일 수도 있고, 간음행위에 이르게 된 동기이거나 간음행위와 결부된 금전적·비금전적 대가와 같은 요소일 수도 있다고 보아,[1] 간음행위와 직접 관련이 없는 조건이나 동기 등도 위계에 해당한다고 본다. 이는 위계를 간음행위 그 자체에 대한 착오나 부지로 한정하고, 간음행위와 불가분적 관련성이 인정되지 않는 여타의 금전대가 등 다른 조건에 대한 착오 또는 부지는 본죄에 해당하지 않는다고 하였던 종래의 태도[2]와 완전히 반대의 해석이다. 그러나 이러한 대법원의 태도는 미성년인 피해자의 보호를 강화하는 형사정책적 효과를 기대할 수 있겠지만, 법의 해석에 있어서는 엄격한 문언해석에 기초하여야 한다. 만일 그렇지 않을 경우에는 객관적으로 이를 판단할 수 없는, 간음행위에 이르게 된 모든 피해자의 주관적이고 심적인 동기에 불과한 사정에 범죄성립 여부가 좌우되는 그릇된 결과를 초래한다. 따라서 위계와 간음행위의 인과성은 객관적이고 직접적인 간음행위 자체에 대한 위계로 한정함이 타당하다.

위력이란 사람의 의사를 제압할 수 있는 힘을 말하며[3] 폭행·협박 기타 행위자의 사회적·경제적·정치적 지위나 권세를 이용하여 상대방의 의사를 제압

---

1) 대판 2020. 8. 27, 2015도9436 전원합의체 판결. 피고인이 스마트폰 채팅 애플리케이션을 통하여 알게 된 14세의 피해자에게 자신을 '고등학교 2학년인 갑'이라고 거짓으로 소개하고 채팅을 통해 교제하던 중 자신을 스토킹하는 여성 때문에 힘들다며 그 여성을 떼어내려면 자신의 선배와 성관계를 하여야 한다는 취지로 피해자에게 이야기하고, 피고인과 헤어지는 것이 두려워 피고인의 제안을 승낙한 피해자를 마치 자신이 갑의 선배인 것처럼 행세하여 간음한 사안에서, 14세에 불과한 아동·청소년인 피해자는 36세 피고인에게 속아 자신이 갑의 선배와 성관계를 하는 것만이 갑을 스토킹하는 여성을 떼어내고 갑과 연인관계를 지속할 수 있는 방법이라고 오인하여 갑의 선배로 가장한 피고인과 성관계를 하였고, 피해자가 위와 같은 오인에 빠지지 않았다면 피고인과의 성행위에 응하지 않았을 것인데, 피해자가 오인한 상황은 피해자가 피고인과의 성행위를 결심하게 된 중요한 동기가 된 것으로 보이고, 이를 자발적이고 진지한 성적 자기결정권의 행사에 따른 것이라고 보기 어렵다는 이유로, 피고인은 간음의 목적으로 피해자에게 오인, 착각, 부지를 일으키고 피해자의 그러한 심적 상태를 이용하여 피해자를 간음한 것이므로 이러한 피고인의 간음행위는 위계에 의한 것이라고 판단하였다.

2) 대판 2001. 12. 24, 2001도5074(미성년자에게 성교의 대가로 돈을 주겠다고 속여서 성교행위를 한 경우), 대판 2002. 7. 12, 2002도2029(여관으로 유인하기 위해 남자를 소개시켜주겠다고 거짓말을 하고 이에 속아 여관으로 오게 된 피해자와 성관계를 한 경우)

3) 대판 2007. 8. 23, 2007도4818. '위력'이란 피해자의 자유의사를 제압하기에 충분한 세력을 말하고 유형적이든 무형적이든 묻지 않으므로, 폭행·협박뿐 아니라 행위자의 사회적·경제적·정치적인 지위나 권세를 이용하는 것도 가능하며, '위력'으로써 간음하였는지 여부는 행사한 유형력의 내용과 정도 내지 이용한 행위자의 지위나 권세의 종류, 피해자의 연령, 행위자와 피해자의 이전부터의 관계, 그 행위에 이르게 된 경위, 구체적인 행위 태양, 범행 당시의 정황 등 제반 사정을 종합적으로 고려하여 판단하여야 한다.

하는 일체의 행위가 이에 포함된다. 다만 폭행·협박을 사용하는 경우에는 그 정도가 강간죄·강제추행죄의 폭행·협박에 이르지는 않아야 한다.[1] 강간죄의 폭행·협박의 정도에 이르면 강간죄가 성립한다.[2] 최근에는 미성년자 또는 심신미약자라는 사회적 약자의 지위를 배려하여, 피해자의 연령이나 행위자와의 관계, 피해자에게 주는 위압감 등도 위력을 판단하는데 고려하는 등 매우 완화된 판단을 하고 있다.

(2) 주관적 구성요건

고의 이외에 초과주관적 구성요건은 필요없으며, 미필적 고의로도 족하다.

Ⅷ. 업무상 위계·위력 간음죄

*업무, 고용 기타 관계로 인하여 자기의 보호 또는 감독을 받는 사람에 대하여 위계 또는 위력으로써 간음한 자는 7년 이하의 징역 또는 3,000만원 이하의 벌금에 처한다(제303조 제1항).

1. 의   의

본죄는 보호·감독의 지위에 있는 자로부터 그 보호·감독을 받는 사람의 성적 자유가 부당하게 침해당하지 않도록 방지하려는 데 그 입법취지가 있다. 본죄를 자수범으로 보는 견해[3]가 있으나, 진정신분범에는 해당하나 자수범은 아니다. 자수범이라면 간접정범 및 공동정범이 성립할 수 없어야 하나, 신분 없는 자도 감독자와 공동하여 본죄를 범할 수 있기 때문이다.

위계·위력에 의한 간음행위는 형법 본조에 의하여 처벌되고, 추행행위는 성폭력특별법 제10조 제1항에 의하여 처벌된다. 위계·위력에 의한 유사성교행위의 처벌은 없지만, 추행행위에 해당된다고 보아야 할 것이다.

---

1) 김성천/김형준, 207면; 김일수/서보학, 179면; 김종원(상), 137면; 김혜정 외, 184면; 오영근, 190면; 유기천(상), 137면; 이재상 외, 178면; 임웅, 222면; 정성근/정준섭, 120면 등.
2) 대판 1969. 12. 23, 69도1973.
3) 김성돈, 219면; 박상기/전지연, 509면.

2. 구성요건

본죄의 주체는 업무 · 고용 기타 관계[1]로 인하여 사람을 보호 · 감독하는 자이다. 따라서 본죄는 진정신분범에 해당한다.

본죄의 객체는 업무 · 고용 기타 관계로 인하여 자기의 보호 · 감독을 받는 사람이다. 보호 · 감독을 받게 된 원인은 불문하며, 사실상 그러한 지위에 있으면 족하다. 업무 · 고용은 그 예시이다. 사무와 공적 업무가 모두 포함된다.[2]

본죄의 행위는 위계 또는 위력으로써 간음하는 것이다. 위계 · 위력은 미성년자 · 심신미약자간음죄, 간음은 강간죄와 같다.

3. 죄   수

객체가 13세 미만의 자인 때에는 법조경합(특별관계)으로서 미성년자의제강간죄(제305조)만 성립하고, 객체가 13세 이상의 미성년자 또는 심신미약자인 때에는 역시 법조경합관계로서 미성년자 · 심신미약자간음죄만 성립한다.

고용관계로 인하여 자기의 보호 또는 감독을 받는 미성년자를 위계 또는 위력으로 간음한 경우, 제302조 미성년자위계등 간음죄와 본죄와의 관계가 문제된다. 미성년자위계등 간음죄만 성립한다는 견해[3]는 법조경합을 근거로 한다. 반면 상상적 경합을 인정하는 견해[4]는 양자의 보호법익이 다르다는 점을 이유로 든다. 생각건대, 양자의 보호법익은 성적 자기결정권으로서 본질상 동일하므로 한 구성요건체계 내에서 상상적 경합은 인정하기 어렵다. 또한 법조경합 중 특별관계에 있어서 형의 경중은 비록 선택형이 있더라도 가장 중한 죄를 기준으로 비교하여야 하므로 미성년자위계간음죄 보다 무거운 업무상 위계 · 위력에 의한 간음죄만이 성립한다고 보아야 한다.

---

1) 대판 1976. 2. 10, 74도1519는 처가 경영하는 미장원에 고용된 부녀의 경우가 이에 해당한다고 보고 있다.
2) 김성돈, 219면; 이재상 외, 175면; 정성근/정준섭, 187면 등.
3) 김성돈, 220면; 오영근, 153면.
4) 김성천/김형준, 209면; 박상기/전지연, 509면; 임웅, 225면.

IX. 피구금자간음죄

*법률에 의하여 구금된 사람을 감호하는 자가 그 사람을 간음한 때에는 10년 이하의 징역에 처한다(제303조 제2항).

1. 의 의

본죄는 피구금상태 하의 심리적 열악감 때문에 폭력, 협박, 위계, 위력 등 특별한 수단을 사용하지 않더라도 간음을 거부하기 어려운 약점을 악용하여 피구금된 사람의 성적 자기결정의 자유를 침해하는 것을 방지하려는데 그 입법취지가 있다고 볼 수 있다.[1] 동시에 본죄는 감호자의 공정성 및 청렴성에 대한 일반인의 신뢰도 부차적 보호법익으로 하고 있다.[2] 진정신분범이며 자수범이다.

2. 구성요건

(1) 객관적 구성요건

1) 주 체

본죄의 주체는 법률에 의하여 구금된 사람을 감호하는 자이므로, 진정신분범이다. 그리고 다른 성범죄와 달리 본죄는 자수범이다.[3] 본죄의 경우 감호자의 청렴성에 대한 일반인의 신뢰도 부차적 보호법익이므로 비신분자가 감호자와 공동하여 본죄를 범할 수 없고, 행위자의 신체를 도구로 사용하여야 하므로 간접정범도 성립할 수 없기 때문이다.

2) 객 체

본죄의 객체는 법률에 의하여 구금된 사람이다. 형사소송법에 의하여 구금된 사람을 의미하며 강제처분에 의하여 체포·구속된 자, 확정판결에 의하여 형의 집행을 받고 있는 자, 노역장에 유치된 자, 구속된 형사피고인이나 피의자 등을

---

1) 정성근/정준섭, 188면.
2) 김일수/서보학, 180면; 배종대, 262면; 이재상 외, 175면; 임웅, 186면; 정성근/정준섭, 188면; 진계호, 213면 등.
3) 자수범을 부정하는 견해로는 김일수/서보학, 180면; 오영근, 154면. 자수범을 긍정하는 견해로는 김성돈, 220면; 김혜정 외, 187면; 배종대, 179면; 이재상 외, 179면.

모두 포함한다. 반드시 적법할 것을 요하지 않고 위법하게 구금된 자도 당연히 포함된다. 또한 소년원수용자나 치료감호자도 포함된다. 그러나 구금을 수반하지 않는 선고유예, 집행유예중인 자나 가석방인 자, 보호관찰중인 자는 여기에 해당하지 않는다.

3) 행　위

본죄의 행위는 간음이며 이를 위한 특별한 수단은 필요하지 않다. 폭행·협박을 수단으로 한 경우에는 강간죄가 성립할 수 있으나 위계·위력을 수단으로 한 경우에는 역시 본죄가 성립한다. 피해자의 승낙이 있어도 본죄는 성립한다.

(2) 주관적 구성요건

본죄는 미필적 고의로써 족하며, 초과주관적 구성요건은 필요하지 않다.

3. 죄　　수

13세 이상 19세 미만의 구금된 미성년자를 위계 또는 위력으로 간음한 경우에는 본죄만이 성립한다. 본죄는 성적 자기결정권이외의 부차적 보호법익을 요하며, 그 법정형도 미성년자위계 등 간음죄보다 높기 때문이다.

Ⅹ. 미성년자의제강간 · 강제추행죄

*13세 미만의 사람에 대하여 간음 또는 추행을 한 자는 제297조, 제297조의2, 제298조, 제301조 또는 제301조의2의 예에 의한다(제305조 제1항)
*13세 이상 16세 미만의 사람에 대하여 간음 또는 추행을 한 19세 이상의 자는 제297조, 제297조의2, 제298조, 제301조 또는 제301조의2의 예에 의한다(제305조 제2항).

1. 의　　의

본죄는 신체적·정신적으로 미성숙한 사람이 성욕의 대상이나 도구로 이용당하지 않도록, 동의 여하를 불문하고 간음·추행행위의 대상이 되도록 한 자를 처벌함으로써 미성년자의 건전한 성적 발육을 보호하고자 한다. 따라서 보호법익은 해당 연령의 사람이 외부로부터 부적절한 성적 자극이나 물리력의 행사가 없는 상태에서 심리적 장애 없이 성적 정체성 및 가치관을 형성할 권리라고 할

수 있다.[1]

이는 2020년 형법 개정 이전에 그 보호대상을 13세 미만의 사람으로 하였으나, 최근 아동 대상 성착취 사건등 성범죄로 인한 피해가 급격히 증가함으로써 미성년자 의제강간 연령기준을 16세로 높임으로써 미성년자 보호를 강화하고자 하는 입법의사가 반영된 것이다.

다만, 13세 미만자를 대상으로 하면 동의여하를 불문하고 모든 행위자는 범죄가 성립하나 13세 이상 16세 미만자를 대상으로 할 때에는 19세 이상의 행위자만이 동의를 받아도 범죄가 된다. 즉, 13세 이상 16세 미만자를 대상으로 할 때에는 행위자의 연령에 따라 구분을 하여, 행위자가 19세 미만자인 때에는 상대방의 동의가 있으면 범죄가 성립하지 않으나 행위자가 19세 이상자인 때에는 상대방의 동의가 있어도 범죄가 성립된다. 따라서 제2항에서 동의는 상대적 효력을 가지게 된다.[2]

2. 구성요건

(1) 객관적 구성요건

본죄의 주체는 제1항은 제한이 없으나 제2항은 19세 이상자이다. 객체 역시 제1항은 13세 미만의 사람이며 제2항은 13세 이상 16세 미만의 사람이며, 해당 연령의 자가 동의하였더라도 본죄의 성립에 영향이 없다.

행위는 간음, 유사성교행위 또는 추행이며, 폭행·협박·위계·위력 등은 사용할 필요가 없다. 다만 폭행·협박을 수단으로 간음 등을 한 때에는 제297조 내지 298조의 죄가 성립한다.[3] 그러나 위계·위력을 사용하였다고 하더라도 미성년자위계등 간음추행죄(제302조)가 아닌 본죄가 성립한다.

(2) 주관적 구성요건

본죄는 미필적 고의로써 족하다. 제1항의 경우 피해자가 13세 이상의 사람으로 알았으나 사실은 그 미만인 경우에는 구성요건 착오로서 고의를 조각한다. 그러나 반대의 경우에는 13세 미만으로 인식하였으나 실제로는 13세 이상인 때

---

1) 대판 2006. 1. 13. 2005도6791.
2) 이에 대한 비판으로는 최호진, 206면.
3) 물론 이 경우에는 특별법우선의 원칙에 따라서 성폭법 제7조나 아청법 제7조의 아동·청소년에 대한 간강등 죄가 성립한다.

에는 반전된 구성요건적 착오로서 대상의 착오로 인한 결과발생 불가능이 문제
되므로 불능미수가 된다.

3. 처   벌

본죄는 미수범처벌에 관한 규정(제300조)을 준용한다는 규정이 없다. 그러나
본죄가 제297조(강간죄) 내지 제298조(강제추행죄)의 예에 의한다고 규정하고
이들 범죄는 미수범을 처벌하므로 본죄의 미수범도 처벌된다고 보아야 한다. 판
례 또한 같은 입장이다.[1]

XI. 상습강간 등 죄

*상습으로 제297조, 제297조의2, 제298조부터 제300조까지, 제302조, 제303조 또는
제305조의 죄를 범한 자는 그 죄에 정한 형의 2분의1까지 가중한다.

본죄는 상습적으로 강간 등의 죄를 범함으로써 성립되며, 상습성이라는 신분
때문에 형이 무거워지는 책임가중적 구성요건이며 부진정신분범이다.

XII 강간예비·음모죄

*제297조, 제297조의2, 제299조(준강간죄에 한정한다), 제301조(강간 등 상해죄에 한
정한다) 및 제305조의 죄를 범할 목적으로 예비 또는 음모한 사람은 3년 이하의 징역
에 처한다.

개인적 법익을 보호하는 죄에서는 살인죄, 약취유인등 죄 및 강도죄에만 예
비·음모를 처벌하는 규정이 있었으나, 최근 성범죄에 대한 엄벌주의에도 불구
하고 지속적으로 취약한 피해자를 대상으로 하는 성범죄가 이어짐에 따라 형사
정책적으로 2020년 형법개정을 통해 예비·음모죄를 신설하였다. 다만 그 법정
형에 있어서는 강간죄와 법정형이 동일한 강도죄보다는 낮고 약취유인등 죄와

---

1) 대판 2007. 3. 15. 2006도9453.

동일하다. 이는 강도죄가 해당 범죄군에서 가장 법정형이 낮은 것에 비하여 강간죄는 해당 범죄군에서 법정형이 가장 높고 행위유형과 법정형이 다양한 점을 고려한 것으로 이해된다. 예비·음모의 성립요건 등은 살인죄의 그것과 같다.

심화 형법과 특별법상 성범죄의 분포

성범죄의 사회적 민감도와 처벌의 요구는 형법 및 특별법상의 많은 성범죄를 양산해 왔으며, 그 처벌에 있어서도 중형주의화뿐만 아니라 다양한 보안처분의 도입을 허용하였다(보안처분에 관하여는 형법총론 참조). 형법 및 성폭력특별법과 아청법상의 성범죄 및 법정형을 비교하면 다음과 같다.

범죄명	형법	성폭법	아청법 (19세 미만자)	기타 법률
강간	제297조 (3↑)		제7조/1항 (무기, 5↑)	
유사강간	제297조의2 (2↑)		제7조/2항 (5↑)	
강제추행	제298조(10↓, 1.5천↓벌)		제7조/3항(2↑, 1-3천 벌)	
준강간	제299조 (각조의 예)		제7조/4항 (1-3항의 예)	
강간상해,치상	제301조 (무기, 5↑)		제9조(무기, 7↑)	
강간살인	제301조의2 본문(사형, 무기)	제9조/1항 (사형, 무기)	제10조/1항 (사형, 무기)	
강간치사	제301조의2 단서(무기, 10↑)	제9조/2항 (제4, 5조 및 미수범의 치사)(무기, 10↑) 제9조/3항 (제6조 및 미수범의 치사)(사형, 무기, 10↑)	제10조/2항 (사형, 무기, 10↑)	

위계·위력 미성년자 간음·추행	제302조(5↓)		제7조/5항 (1-3항의 예)	
업무상 위계위력 간음	제303조/1항 (7↓, 3천↓벌)			
업무상 위계위력 추행		제10조/1항 (3↓, 1.5천 ↓벌)		
피구금자 간음	제303조/2항 (10↓)			
피구금자 추행		제10조/2항 (5↓, 2천↓벌)		
13세 미만자 강간	의제간음 (제305조/1항) (3↑)	제7조/1항 (무기, 10↑)		
13세 미만자 유사강간	의제유사성교 (제305조/1항) (2↑)	제7조/2항 (7↑)		
13세 미만자 강제추행	의제추행 (제305/1항) (10↓)	제7조/3항 (5↑)		
13세 미만자 준강간		제7조/4항 (1-3항의 예)		
13세미만자 위계·위력 간음		제7조/5항 (1-3항의 예)		
19세이상의 13-16세 간음	제305조/2항 (각조의 예)			
19세 이상의 13세 이상 장애인인 청소년 간음· 타인을 간음케 한 경우			제8조/1항 (3↑)	
19세 이상의 위의 자 추행·타인을 추행케한 경우			제8조/2항 (10↓, 5천↓벌)	
19세이상의 13-16세 궁 박상태 이용 간음·타인 을 간음케 한 경우			제8조의2/1항 (3↑)	
19세이상의 13-16세 궁 박상태 이용 추행·타인 을 추행케 한 경우			제8조의2/2항 (10↓, 5천↓벌)	

상습범	제305조의 2(1/2 가중)			아동학대처벌법 제6조(바. 상습 형법상 강간과 추행의 죄)(1/2 가중)
흉기·위험한 물건 휴대 또는 합동 강간(특수강간)		제4조/1항 (무기, 7↑)		
흉기·위험한 물건 휴대 또는 합동 강제추행(특수강제추행)		제4조/2항 (5↑)		
흉기·위험한 물건 휴대 또는 합동 준강간(특수준강간)		제4조/3항 (1, 2항의 예)		
강간상해, 강간살인, 흉기·위험한 물건 휴대/합동 강간범의 3년 이내 누범				특강법 제3조 (장기, 단기 2배 가중)
강도강간	제339조 (무기, 10↑)			
제339조 강도강간 및 미수범의 3년 내 누범				특가법 제5조의5(사형, 무기, 10↑)
주거침입, 야주절, 특수절도의 강간		제3조/1항 (무기, 7↑)		
특수강도의 강간		제3조/2항 (무기, 10↑)		
단체 또는 다중의 위력을 과시·유지하여 강도강간				폭처법 제4조/2항 1. 라(장기, 단기1/2가중=무기, 15↑)
해상강도강간	제340조 (사형, 무기)			
친족강간		제5조/1항 (7↑)		
친족강제추행		제5조/2항 (5↑)		
친족준강간		제5조/3항 (1, 2항의 예)		

장애인 강간		제6조/1항 (무기, 7↑)		장애인에 대한 성폭력: 장애인 복지법 제59조 의 9/1호 및 제86조(10↓, 1억↓벌)
장애인 유사강간		제6조/2항 (5↑)		
장애인 강제추행		제6조/3항 (3↑, 3-5천 벌)		
장애인 준강간		제6조/4항 (1-3항의 예)		
장애인 위계·위력 간음		제6조/5항 (5↑)		
장애인 위계·위력 추행		제6조/6항 (1↑, 1-3천 벌)		
장애인보호자 등의 범죄		제6조/7항 (1/2가중)		장애인복지법 제88조의2/2항 (신고의무자의 장애인학대관 련 범죄) (1/2 가중)
공중밀집장소 추행		제11조(3↓, 3천↓벌)		
성적 욕망 만족 다중이 용장소 침입		제12조(1↓, 1천↓벌)		
통신매체이용음란		제13조(2↓, 2천↓벌)		
카메라이용촬영		제14조/1항 (7↓, 5천↓벌)		위계·위력으 로 성교행위등 음란표현영상 물 등 촬영(성 매매처벌법 제 18조/1항 4호) (10↓, 1억↓ 벌)
카메라이용촬영목적 카 메라 등 기계장치 설치				공중위생관리 법 제5조(처벌 규정 없음. 행 정처분 대상)

촬영물, 복제물 반포·판매·임대·제공·전시 등		제14조/2항 (7↓, 5천↓벌)	
촬영물 등 영리목적 정보통신망이용 반포 등		제14조/3항 (3↑)	
1, 2항 촬영물, 복제물 소지·구입·저장·시청		제14조/4항 (3↓, 3천↓벌)	
제1-3항의 상습범		제14조/5항 (1/2 가중)	
반포목적 허위영상물 편집·합성·가공		제14조의2/1항 (5↓, 5천↓벌)	
허위영상편집물 등 반포등		제14조의2/2항 (5↓, 5천↓벌)	
영리목적 정보통신망이용 허위영상편집물 등 반포등		제14조의2/3항 (7↓)	
제1-3항 상습범		제14조의2/4항 (1/2 가중)	
미수범 및 예비·음모	제300조 및 제305조의3	제15조 및 제15조의2	
성착취물제작·수입·수출			제11조/1항 (무기, 5↑)
영리 목적 성착취물 판매·대여·배포·제공·판매목적 소지 등·공연히 전시·상영			제11조/2항 (5↑)
성착취물 배포등, 배포목적 광고 등, 전시·상영			제11조/3항 (3↑)
아동을 성착취물 제작자에게 알선			제11조/4항 (3↑)
성착취물 구입·소지·시청			제11조/5항 (1↑)
제1항의 미수범			제11조/6항
제1항의 상습범			제11조/7항 (1/2 가중)
정보통신망이용 성적 욕망 등 유발할 수 있는 대화·대화에 참여시키는 행위			제15조의2 (3↓, 3천↓벌)

제3장

명예와 신용·업무에 대한 죄

◦•서 언•◦

명예·신용·업무는 사람의 생존과 사회생활에 있어서 생명, 신체의 완전성, 자유 다음으로 중요한 요소이다. 형법은 제33장에 명예에 관한 죄를, 제34장에는 신용·업무와 경매에 관한 죄를 각각 규정하고 있다. 전자는 사람의 사회적 평가 중에서 인격일반에 대한 평가를 보호하는 규정이고 후자는 주로 경제적 생활에 있어서의 사회적 신뢰내지 경제적 활동을 보호하는 규정으로 볼 수 있다.

업무방해죄와 관련하여 1995년 12월 형법개정시 컴퓨터 관련 업무방해죄의 규정을 신설하였다.

제1절 명예에 관한 죄

§1. 서   설

I. 의의 및 보호법익

1. 의   의

사회적 존재로서의 사람은 사회의 다른 구성원으로부터 인격체로서 그에 상응한 가치, 즉 명예를 인정받을 때에 비로소 적절한 사회생활을 영위해 나갈 수 있다. 그러므로 형법은 제33장에 명예에 관한 죄를 규정하여 공연히 사실을 적시하여 사람의 명예를 훼손하는 행위와 사람을 모욕하는 행위, 더 나아가 사자의 명예훼손까지도 처벌하고 있다. 이러한 형법의 규정을 총칭하여「명예에 관한 죄」라고 부른다.

2. 보호법익

명예훼손죄의 보호법익이 명예라는 점은 일치하지만, 명예의 개념에 대하여는 내적 명예, 외적 명예, 명예감정이라는 세 유형이 있다. 내적 명예란 타인의 평가와 무관하게 인간으로서 독자적으로 가지는 고유한 내부적 가치로서 천부인권과 유사한 개념이다. 이러한 가치는 사회적 평가와 관계없는 인간으로서의 절대적 가치에 해당하므로 훼손될 성질의 것이 아니므로, 형법이 보호할 수 있는 가치도 아니다.

명예감정이란 개인이 자신의 인격적 가치에 대하여 주관적으로 가지는 가치평가 또는 감정으로서 주관적 명예라고도 한다. 주관적 가치인 명예감정이 명예훼손죄의 법익인가에 관하여서는 독일의 경우[1]와 달리 이를 배제하는 것이

---

1) 독일에 있어서는 주관적 명예감정을 보호법익으로 한다는 입장을 실제적 명예개념(faktischer Ehrenbegriff)이라고 부른다. 학자에 따라서는 외적 명예인 평판(Leumund)과 주관적 명예감정을 모두 포함시켜 이를 실제적 명예개념으로 칭하는 경우도 있다(*Maurach-Schroeder*, a.a.O., S. 199). 독일의 판례(BGHSt. 1, 288; 11, 67 등)는 이원주의적 입장, 즉 규범적·실제적 명예개념(normativ-faktischer Ehrbegriff)을 취하여 윤리적이고 사회적인 인격가치에 합치되는 존중요

우리 형법학의 입장이지만 모욕죄에 있어서는 명예감정이 보호법익이라고 주장하는 소수설이 있다.[1] 그러나 주관적인 가치평가는 개인마다 서로 달라서 그것의 침해여부 및 보호여부를 객관적으로 판단할 수 없다는 점에서 타당하지 않다.

따라서 보호법익인 명예는 사람의 인격적 가치에 대한 사회일반의 평판을 의미하는 외적 명예를 의미한다. 판례도 이와 같다.[2] 외적 명예는 윤리적 가치에 국한되지 않고 학문적 · 사교적 · 정치적 · 예술적 능력, 정신적 · 신체적 자질, 직업, 신분, 성격, 외모, 지식 등에 대한 평판도 모두 포함된다.

보호정도에 관하여는 구체적 위험범이라고 보는 견해[3]도 있으나, 추상적 위험범설이 통설이다. 구성요건상 구체적 위험발생을 요하지 않고, 미수범처벌 규정이 없다는 점에서 추상적 위험범으로 봄이 타당하다.

참고   연혁

(1) 서양에 있어서 명예훼손죄는 로마시대의 "injuria"라는 개념에까지 거슬러 올라간다. 12표법(동판법)에 의하면 injuria는 단지 명백한 신체적 침해를 의미하였고 후기 로마법에 이르러서야 그 개념이 모든 인격에 대한 의도적 침해로 확대되었다. 그리하여 이에는 명예뿐만 아니라 다른 객관화된 인격권의 침해, 예컨대 상해, 주거침입 등이 포함되었다. 이처럼 injuria는 동일한 행위객체를 지니는 통일적 개념이 아니었고 타인에 대한 경멸이나 침해라는 객관적 관점에서 처벌근거를 찾았던 일반적 성격의 집성개념(Sammelbegriff)이었다.

독일에 있어서는 명예훼손 내지 모욕을 주관적으로 파악하여 자기감정(Selbstgefühl)을 해함으로써 사람을 비하(卑下)하는 것으로 보았다. 1532년의 카롤리나형법전에는 단지 비방문서(Schmähschrift)에 관한 규정(제110조)만 두었으나 1974년의 프로이센의 일반국법(ALR)은 명예훼손을 제538조 내지 제666조에 걸쳐 상세히 규정하였고 1813년의

구를 핵심으로 하는 내적 명예와 타자와의 관계에서 드러나는 인간으로서의 좋은 평판을 의미하는 외적 명예를 모두 명예의 개념에 포함시키고 있다. 일부 학자(*Blei*, a.a.O., S. 91; *Dreher/ Tröndle*, §185, Rn. 2 등)도 이러한 입장을 취하고 있다. 한편 *Herdegen*, LK, 8ff., Vor §185; *Schmidhäuser*, a.a.O., S. 60; *Welzel*, a.a.O., S. 303 등은 규범적 명예개념을 취한다.

1) 유기천(상), 144면. 이 설은 모욕죄의 경우에는 사실의 적시가 없고 따라서 외부적 가치에 대한 침해는 이론상 불가능하며 개인의 형식적 · 감정적 요소에 침해를 가하는 범죄로 볼 수 있다는 것을 그 논거로 하고 있다.

2) 대판 1970. 5. 26, 70도704.

3) 배종대, 195면은 최소한 명예가 훼손될 구체적 위험이 있어야 기수가 된다고 본다.

바이에른형법 제284조 이하는 이를 비방(Verleumdung)으로 제한한 반면에 1839년의 뷔르템베르크형법 제283조 이하는 명예손상(Ehrenkränkung)과 비방(Verleumdung)을 나란히 규정하였다. 1851년 프로이센형법 제152조 이하도 두 측면을 모두 규정하였으며 1871년의 독일제국형법 제185조 이하도 프로이센형법을 근거로 삼았다. 제국 형법전은 제185조에 단순모욕죄(einfache Beleidigung), 제186조의 중상죄(üble Nachrede), 제187조에 비방죄(Verleumdung), 제189조에 사자에 대한 명예훼손죄(Verunglimpfung des Andenkens Verstorbener)를 각각 구별하여 규정하였고 제193조에 특별한 위법성조각사유로서 정당한 이익의 옹호(Wahrnehmung berechtigter Interessen)의 규정을 두었다. 이러한 독일구형법의 규정은 대체로 현행독일형법에 계승되고 있다.

　(2) 우리나라 조선시대에 의용되었던 대명률의 형률에는 명예훼손이 매리(罵詈: 꾸짖고 욕하는 것)라는 이름으로 상세히 규정되어 있었다. 무릇 타인을 매리하거나 서로 매리한 자는 모두 笞一十(가벼운 태형)에 처하였고[1] 부하가 상관을, 민간인이 목사, 현령 등을 매리한 경우에는 형벌이 가중되었으며[2] 특히 노비가 가장을 매하거나 시부모, 부모를 매한 경우에는 형벌(교수형)에 처하되 고소가 있어야 처벌하였다.[3] 반면에 존장이나 상관이 비속이나 부하를 매하는 경우에는 형을 감경하였다.

　1905년에 제정 시행된 대한제국의 형법대전(刑法大全)은 제14장 잡법률의 제1절에 매리율(제652조 이하)을 두었다. 이에 의하면 타인을 매하거나 서로 매한 자는 모두 태형에 처하고(제652조) 평민이 관인을(제653조), 관등이 낮은 자가 높은 자를(제654조), 친속이 존장을 매한 경우(제656조) 등에는 형이 가중되었으며, 자기 또는 남편의 직계존속을 매한 경우에는 종신징역에 처하였다(제656조 제4호). 일제하에서는 일본형법 제230조(명예훼손), 제231조(모욕)가 적용되는데, 이들은 모두 친고죄(제23조)였고 대륙법(특히 독일법)의 영향을 받은 규정이었다. 현행법상의 명예에 관한 죄의 규정(제307조 이하)은 1949년의 정부초안 제330조~제335조를 입법화한 것으로서[4] 부분적으로 일본개정형법가안(제409조 등)의 영향을 받은 것으로 보인다.

---

1)　大明律　卷第二十一，刑律，罵詈，罵人條.
2)　大明律　卷第二十一，刑律，罵詈，罵制使及本管長官條　및　左職統屬長管條.
3)　大明律　卷第二十一，刑律，罵詈，奴婢罵官長條　및　罵祖父母・父母條.
4)　정부초안 제330조 이하의 내용에 관하여서는 한국형사정책연구원, 형사법령제정자료집(Ⅰ), 형법 1990, 680면 이하 참조.

Ⅱ. 현행법상의 체계

기본적 구성요건: 명예훼손죄 (제307조 제1항)	수정적 구성요건	불법	가중적	허위사실적시 명예훼손죄(제307조 제2항) 출판물에 의한 명예훼손죄(제309조)
			감경적	모욕죄(제311조)[1]
	독립적 구성요건	사자명예훼손죄(제308조)		

우리 형법은 사실의 적시 여부로 명예훼손과 모욕을 구분하고 있다. 그리고 제308조에는 독립된 구성요건으로서 사자에 대한 명예훼손죄를 두고 있다. 그밖의 가중사유로는 외국원수(제107조 제2항) 및 외국사절(제108조 제2항)에 대한 명예훼손과 모욕죄가 있다. 뿐만 아니라 후술할 신용훼손죄는 명예의 특수한 형태이다. 이 외에도 특별법상 공직선거법에 후보자비방죄(제251조)가 있으며, 정보통신망법상 명예훼손죄(제70조)를 두고 있다.

그리고 제310조에 명예훼손죄의 특별한 위법성조각사유를 두고 있는데, 헌법상 표현의 자유와 타인의 명예권과의 조화를 위한 규정이다.

명예훼손죄는 모든 범죄에 처벌조건이 있는데, 사자의 명예훼손죄와 모욕죄는 친고죄이고, 명예훼손죄와 출판물 등에 의한 명예훼손죄는 반의사불벌죄이다.

§2. 유형별 고찰

Ⅰ. 명예훼손죄

*공연히 사실을 적시하여 사람의 명예를 훼손한 자는 2년 이하의 징역이나 금고 또는 500만원 이하의 벌금에 처한다(제307조 제1항).

---

[1] 모욕죄의 경우 독립적 구성요건으로 보는 견해(김성돈, 227면; 김혜정 외, 193면)와 감경적 구성요건으로 보는 견해(김성천/김형준, 240면)가 있다.

> *공연히 허위의 사실을 적시하여 사람의 명예를 훼손한 자는 5년 이하의 징역, 10년 이
> 하의 자격정지 또는 1,000만원 이하의 벌금에 처한다(제307조 제2항).
> *제307조 제1항의 행위(공연히 사실을 적시하여 사람의 명예를 훼손한 행위)가 진실한
> 사실로서 오로지 공공의 이익에 관한 때에는 벌하지 아니한다(제310조).
> *본죄는 피해자의 명시한 의사에 반하여 공소를 제기할 수 없다(제312조 제2항).

1. 의   의

본죄는 공연히 사실을 적시하거나 허위의 사실을 적시하여 사람의 명예를 훼
손함으로써 성립하는데 허위의 사실을 적시한 경우가 사실을 적시하는 경우에
비하여 행위불법이 크기 때문에 형이 무거운 불법가중유형에 해당한다.

2. 구성요건

(1) 객관적 구성요건

1) 주   체

본죄의 주체는 자연인인 사람에 국한하는 것이 일반적 견해이며 타당하다.

2) 객   체

① 명   예

본죄의 법익이 명예라는 점에는 일치하나, 본죄의 행위객체도 사람의 명예라
는 견해가 있다.[1] 이 견해는 「사람의 명예를 훼손한 자」라는 제307조의 문언상
「사람의 명예」가 훼손이라는 행위의 객체로 되어 있다는 해석에 근거하는 것으
로 보인다. 그렇지만 명예는 관념적 형상으로서 명예훼손죄의 법익일 뿐 외계에
서 직접적으로 감지할 수 있는 행위객체로 보기 어렵다. 제307조는 법익을 문언
에 포함시키지 않는 구성요건의 일반적 경향과는 달리 법익인 명예를 목적어의
형식으로 법문에 포함시키고 있다. 그러나 이러한 규정형식 때문에 법익인 명예
를 행위객체로 보거나 법익이자 동시에 행위객체라고 보는 것은 적절하지 않다.

궁극적으로 명예훼손죄는 일정한 사람을 공격의 대상으로 하여 그의 명예를
훼손할 만한 행위를 함으로써 성립된다고 할 수 있고 이를 형법은 「사람의 명예
를 훼손한 자」라고 표현했다고 해석하는 것이 타당할 것이다. 따라서 명예훼손

---

1) 김일수/서보학, 189면; 정성근/정준섭, 125면 등.

죄의 행위객체는 사회적 존재로서의 「사람」이며 여기에서 말하는 사람은 행위자 이외의 명예의 주체로 될 수 있는 모든 사람을 의미한다고 보아야 한다.

② 명예의 주체

명예의 주체는 사람이며 이에는 자연인은 물론 법인, 법인격 없는 단체도 포함될 수 있다.

(가) 자연인   자연인은 모두 명예의 주체가 된다. 성별, 연령, 사회적 지위, 법적 상태, 정신적 능력 등을 불문한다. 따라서 유아, 정신병자, 백치, 범죄자, 실종선고를 받은 자라 할지라도 명예의 주체가 된다.

(나) 법 인   법인도 사회적 활동과 관련하여 명예를 향유할 수 있으며 명예의 주체가 된다. 법인은 법인격을 갖는 동안 명예를 향유하므로 해산 이후에도 청산이 종료되어 법인격을 상실할 때까지는 명예의 주체가 된다.[1]

(다) 법인격 없는 단체   법인격 없는 단체도 법적으로 인정된 사회적 기능을 행하고 통일된 의사를 형성할 수 있는 한 명예의 주체가 된다.[2] 여기에서 단체는 공법상의 것이든 사법상의 것이든 불문한다. 그러나 위와 같은 기능을 행하지 못하는 단체, 예컨대 취미활동을 위하여 결합된 낚시클럽이나 등산클럽은 명예의 주체로 될 수 없다.[3]

(라) 국가나 지방자치단체   국민의 기본권을 보호해야 할 책임과 의무의 주체인 국가, 지방자치단체는 명예의 주체가 될 수 없다.[4] 명예는 개인적 법익으로 개인이 향유하는 법익이다. 공권력의 행사인 국가나 지방자치단체는 기본권의 주체가 아니며, 국가의 정책결정이나 업무수행은 국민에 의한 비판과 감시의 대상이 되어야 하고 그와 같은 비판과 감시는 표현의 자유로서 국민들의 권리로 보장되어야 하기 때문이다.

다만, 공직자가 명예의 주체가 될 수 있는가에 대하여는 부정하는 견해[5]와 긍정하는 견해[6]이 있다. 생각건대, 공직자가 국정수행의 의무자라는 점에서는

---

1) 김성돈, 229면; 김일수/서보학, 190면; 정성근/정준섭, 126면 등.
2) 김성돈, 229면; 김성천/김형준, 242면; 김일수/서보학, 190면; 김혜정 외, 194면; 이재상 외, 185면; 정성근/정준섭, 126면 등.
3) 이재상 외, 182면; 정성근/정준섭, 196면 등.
4) 대판 2021. 3. 25, 2016도14995.
5) 김성돈, 229면.
6) 신동운, 698면.

국가나 지방자치단체와 유사하지만 이는 국정수행에 한정하여서는 명예의 주체가 될 수 없다고 보아야 하고,[1] 개인의 사적 생활영역에서는 명예의 주체가 될 수 있다.

> **판례**
>
> 형법이 명예훼손죄 또는 모욕죄를 처벌함으로써 보호하고자 하는 사람의 가치에 대한 평가인 외부적 명예는 개인적 법익으로서, 국민의 기본권을 보호 내지 실현해야 할 책임과 의무를 지고 있는 공권력의 행사인 국가나 지방자치단체는 기본권의 수범자일 뿐 기본권의 주체가 아니고, 정책결정이나 업무수행과 관련된 사항은 항상 국민의 광범위한 감시와 비판의 대상이 되어야 하며 이러한 감시와 비판은 그에 대한 표현의 자유가 충분히 보장될 때에 비로소 정상적으로 수행될 수 있으므로, 국가나 지방자치단체는 국민에 대한 관계에서 형벌의 수단을 통해 보호되는 외부적 명예의 주체가 될 수는 없고, 따라서 명예훼손죄나 모욕죄의 피해자가 될 수 없다.[2] 피고인이 고흥군청 인터넷 홈페이지에 고흥군을 비방할 목적으로 허위 내용의 글을 게시하거나 고흥군에 대한 경멸적인 표현의 글을 게재한 사건에서 고흥군은 지방자치단체로서 명예훼손죄가 성립할 수 없다고 보았다.

---

1) 대판 2011. 9. 2. 2010도17237. "정부 또는 국가기관은 형법상 명예훼손죄의 피해자가 될 수 없으므로, 정부 또는 국가기관의 정책결정 또는 업무수행과 관련된 사항을 주된 내용으로 하는 언론보도로 인하여 그 정책결정이나 업무수행에 관여한 공직자에 대한 사회적 평가가 다소 저하될 수 있더라도, 그 보도의 내용이 공직자 개인에 대한 악의적이거나 심히 경솔한 공격으로서 현저히 상당성을 잃은 것으로 평가되지 않는 한, 그 보도로 인하여 곧바로 공직자 개인에 대한 명예훼손이 된다고 할 수 없다."
   본 사안은 방송국 프로듀서 등 피고인들이 특정 프로그램 방송보도를 통하여 '미국산 쇠고기 수입을 위한 제2차 한미 전문가 기술협의'(이른바 '한미 쇠고기 수입 협상')의 협상단 대표와 주무부처 장관이 협상을 졸속으로 체결하여 국민을 인간광우병(vCJD) 위험에 빠뜨리게 하였다는 취지로 표현하는 등 그 자질 및 공직수행 자세를 비하하여 이들의 명예를 훼손하였다는 내용으로 기소된 사안에서, 보도내용 중 일부가 객관적 사실과 다른 허위사실 적시에 해당한다고 하면서도, 위 방송보도가 국민의 먹을거리와 이에 대한 정부 정책에 관한 여론형성이나 공개토론에 이바지할 수 있는 공공성 및 사회성을 지닌 사안을 대상으로 하고 있는 점, 허위사실의 적시로 인정되는 방송보도 내용은 미국산 쇠고기의 광우병 위험성에 관한 것으로 공직자인 피해자들의 명예와 직접적인 연관을 갖는 것이 아닐 뿐만 아니라 피해자들에 대한 악의적이거나 현저히 상당성을 잃은 공격으로 볼 수 없는 점 등의 사정에 비추어, 피고인들에게 명예훼손의 고의를 인정하기 어렵다고 판시하였다.
2) 대판 2016. 12. 27. 2014도15290.

(마) 집합명칭   가족(가정)은 명예의 주체가 아니다.[1] 왜냐하면 가족은 통일된 의사를 가지고 대외적으로 활동하는 단체로 볼 수 없기 때문이다. 그러므로 미성년인 자녀의 명예를 훼손하거나 모욕하였다고 하더라도 이 때문에 부모의 명예가 함께 침해되는 것으로 볼 수 없다. 그러나 가족구성원이 전체적으로 집합명칭을 통하여 그 명예를 훼손당할 수는 있다. 예컨대 가족 전원이 매독에 걸렸다고 지적하는 경우가 이에 해당한다.

명예의 주체로 될 수 없는 집단의 구성원도 경우에 따라 집합명칭에 의하여 그 명예를 훼손당할 수 있다. 이에는 다음의 두 가지 경우가 있다.

ⓐ 집단의 모든 구성원의 명예가 침해되는 경우: 당해 집단의 구성원이 누구인가를 일반적으로 알 수 있도록 해당자의 범위가 명백히 드러나고 그 집단 구성원 전체가 지적된 경우, 예컨대 A학교의 교직원, B경찰서 소속의 경찰관들이라고 칭하는 경우가 이에 해당한다. 한편 일반적으로 해당자의 범위가 식별할 수 있을 정도로 드러나지 않는 막연한 표현, 예컨대 단순히 교육자, 종교인, 기업인 등의 명칭만 사용하는 경우에는 명예훼손이 될 수 없으며 서울시민, 경기도민이라는 막연한 표시도 이에 해당하지 않는다.[2]

ⓑ 집단의 1인 또는 수인의 명예가 침해되는 경우: 명칭에 의한 명예훼손이 집단구성원의 1인 또는 수인을 대상으로 한 경우에는 그 대상자의 수와 규모, 당해 집단의 크기 등을 고려할 때 그 대상자가 특정될 수 있는 한 명예훼손이 성립될 수 있다.[3] 예컨대 건설위원회 소속 S당 국회의원 2명이 건설업자로부터 뇌물을 받았다고 지적한 경우, 해당 소속당 국회의원 모두가 혐의를 받으므로 집합명칭에 의하여 모두에 대한 명예훼손이 된다.

(바) 사 자   사자는 역사적 존재자로서 그 인격가치가 보호되어야 한다. 사자의 명예훼손죄의 보호법익은 유족 및 일반인이 가지는 추모감정과 역사적 사실에 대한 왜곡방지라고 보아야 한다. 이러한 해석이, 동 죄가 허위사실적시만 처벌대상으로 하는 취지에도 부합한다.

---

1) 김일수/서보학, 423면: 이재상 외, 185면.
2) 김성돈, 229면: 김성천/김형준, 243면: 김혜정 외, 194면: 박상기/전지연, 520면: 배종대, 185면: 신동운, 698면: 오영근, 158면: 이재상 외, 186면: 정성근/정준섭, 126면.
3) 이재상 외, 186.

3) 행 위

본죄의 행위는 공연히 사실 또는 허위의 사실을 적시하여 명예를 훼손하는 것이다.

① 공연성

명예훼손행위는 공연히 행하여질 것을 요한다. 공연성은 불특정 또는 다수인이 인식할 수 있는 상태를 의미한다. 이것이 통설[1]·판례[2]의 입장이기도 하다.

(가) 불특정·다수인   불특정인의 경우에는 그 수의 다소를 불문하고, 다수인인 경우에는 특정 여부를 불문한다.

불특정인이란 어떤 특수한 관계로 인하여 특정되어 있는 자 이외의 사람을 의미한다. 다수인은 어떤 구체적인 숫자(예컨대 5명, 10명 등)가 그 기준으로 되는 것이 아니고 모든 구체적 정황에 비추어 그 정도의 대상자에게 알려지면 사회적으로 명예가 훼손된다고 판단할 수 있는 상당한 숫자의 인원을 의미한다. 따라서 비록 그 수가 다수라 하더라도 고도로 비밀유지가 보장될 수 있는 모임에서 사실을 적시한 경우는 공연성이 부정될 수도 있다.[3]

(나) 인식할 수 있는 상태   불특정 또는 다수인이 적시된 사실을 인식할 수 있는 상태로서 족하고(추상적 위험범) 현실적으로 그 내용을 인식할 것을 요하지는 않는다.

인식할 수 있는 상태란 불특정 또는 다수인이 직접 인식할 수 있는 상태를 의미한다고 보는 직접인식가능성설[4]과 비록 개별적인 한 사람에게 유포하였더라도 순차적인 방법 등으로 불특정 또는 다수인에게 전파될 가능성만 있으면 족하다고 보는 전파성이론[5]이 대립된다. 판례는 「개별적으로 한 사람에 대하여 사실을 유포하였다고 하여도 이로부터 불특정 또는 다수인에게 전파될 가능성

---

1) 김성돈, 231면; 김성천/김형준, 244면; 김일수/서보학, 190면; 김종원(상), 154면; 김혜정 외, 185면; 박상기/전지연, 522면; 배종대, 188면; 백형구, 354면; 서일교, 102면; 오영근, 159면; 유기천(상), 143면; 이재상 외, 187면; 이정원, 231면; 임웅, 231면; 정성근/정준섭, 17면; 정영일, 88면; 황산덕, 229면 등.
2) 대판 2006. 9. 22. 2006도4407; 대판 1996. 7. 12. 96도1007; 대판 1985. 11. 26. 85도2073; 대판 1981. 8. 25. 81도149; 대판 1976. 4. 25. 75도273 등.
3) 백형구, 355면; 유기천(상), 144면; 정성근/정준섭, 198면; 황산덕, 292면 등.
4) 김성돈, 232면; 김일수/서보학, 193면; 김혜정 외, 196면; 배종대, 190면; 백형구, 355면; 오영근, 160면; 이재상 외, 188면; 이정원, 234면; 임웅, 232면; 정성근/정준섭, 129면 등.
5) 김성천/김형준, 248면; 박상기/전지연, 524면; 황산덕, 229면.

이 있으면 공연성의 요건을 충족한다」고 보면서[1] 1인에게 편지를 발송한 경우에도 수신인이 그 내용을 타인에게 전파할 가능성이 있으면 공연성을 인정함으로써[2] 후자의 입장을 취하고 있다. 전파성이론은 공연성의 의미를 지나치게 확대하고 본죄의 성립 여부가 상대방의 전파의사에 의존되며 사적인 대화나 정보교환까지도 본죄로 될 수 있다고 보게 되어 불합리하다. 따라서 직접인식가능성설이 타당하다.

판례

1. 전파가능성이 없다고 본 경우

빌라를 관리하고 있는 피고인들이 빌라 아랫집에 거주하는 갑으로부터 누수 문제로 공사 요청을 받게 되자, 갑과 전화통화를 하면서 빌라를 임차하여 거주하고 있는 피해자들에 대하여 누수 공사 협조의 대가로 과도하고 부당한 요구를 하거나 막말과 욕설을 하였다는 취지로 발언하고, '무식한 것들', '이중인격자' 등이라고 말한 경우(대판 2022. 7. 28, 2020도8336: 전파가능성에 대한 인식과 인용이 없음), 을이 납품업체들로부터 입점비를 받아 개인적으로 착복하였다는 소문을 듣고 갑을 불러 소문의 진위를 확인하면서 갑도 입점비를 을에게 주었는지 등을 질문하면서, 아무도 없는 사무실로 갑을 불러 단둘이 이야기를 하였고 갑에게 그와 같은 사실을 을에게 말하지 말고 혼자만 알고 있으라고 당부하였으며 그 후 갑이 을에게는 이야기하였으나 을 외의 다른 사람에게 이야기 한 정황은 없는 경우(대판 2018. 6. 16, 2018도4200), 평소 을이 자신의 일에 간섭하는 것이 기분이 나쁘다는 이유로 갑으로부터 취득한 을의 범죄경력기록을 같은 아파트에 거주하는 병에게 보여주면서 "전과자이고 나쁜 년"이라고 사실을 적시한 경우(대판 2010. 11. 11, 2010도8265), 어느 사람에게 귀엣말 등 그 사람만 들을 수 있는 방법으로 그 사람 본인의 사회적 가치 내지 평가를 떨어뜨릴 만한 사실을 이야기한 경우(대판 2005. 12. 9, 2004도2880).

2. 전파가능성이 있다고 본 경우

개인 블로그의 비공개 대화방에서 상대방으로부터 비밀을 지키겠다는 말을 듣고 일대일로 대화를 한 경우(대판 2008. 2. 14, 2007도8155), 피고인이 갑의 집 뒷길에서 피고인의 남편 을 및 갑의 친척인 병이 듣는 가운데 갑에게 '저것이 징역 살다

---

[1] 대판 2018. 6. 15, 2018도4200; 대판 2011. 9. 8, 2010도7497; 대판 2005. 5. 27, 2004도8914; 대판 1996. 7. 12, 96도1007; 대판 1994. 9. 30, 94도1880; 대판 1990. 7. 24, 90도1167; 대판 1986. 9. 23, 86도156; 대판 1968. 12. 24, 68도1569 등.
[2] 대판 1979. 8. 14, 79도1517.

온 전과자다' 등으로 큰 소리로 말함으로써 공연히 사실을 적시하여 갑의 명예를 훼손하였다는 내용으로 기소된 사안에서, 병이 갑과 친척관계에 있다는 이유만으로 전파가능성이 부정된다고 볼 수 없고, 오히려 피고인은 갑과의 싸움 과정에서 단지 갑을 모욕 내지 비방하기 위하여 공개된 장소에서 큰 소리로 말하여 다른 마을 사람들이 들을 수 있을 정도였던 것으로 전파가능성이 있다(대판 2020. 11. 19, 2020도 5813 전원합의체 판결).

② 사실의 적시

(가) 사 실   적시의 대상인 사실은 사람의 인격에 대한 사회적 가치를 저하시킬 만한 일체의 사실을 의미한다. 나쁜 일, 추한 일은 물론이고 성격, 경력, 건강 등 그 대상에는 제한이 없다. 단 경제적 가치를 저하시키는 사실의 적시는 별도로 신용훼손죄를 구성한다. 진실한 사실인가 허위의 사실인가는 제307조 제1항이 적용되느냐 제2항이 적용되느냐에 관계될 뿐 명예훼손죄의 성립에는 아무런 영향이 없다.

행위자가 직접 경험한 사실이든 추측한 사실이든 소문에 속한 사실이든 불문한다. 또한 적시되는 사실은 현재 또는 과거에 속하는 사실이어야 한다.[1] 장차 일어날 일을 예언적으로 지적하는 것은 본죄에 해당하지 않는다. 장래의 사실일지라도 현재의 사실에 대한 주장을 포함하는 때에는 사실에 해당할 수 있다.[2] 그러나 이 경우에도 현재의 사실을 적시하고 있는 부분 내지 그러한 의미가 문제될 뿐이고 장래의 사실이 문제된다고 보아서는 안 될 것이다. 공지의 사실을 적시하여도 명예훼손이 될 수 있다.[3]

---

1) 대판 2006. 9. 28, 2004도6371; 대판 1988. 3. 24, 87도2956(사실은 그 표현내용이 증거에 의한 입증이 가능한 것을 말하고 진술이 사실인지 의견인지 구별함에 있어서는 언어의 통상적 의미와 용법, 입증가능성, 문제된 말이 사용된 문맥, 그 표현이 행해진 사회적 상황 등 전체적 정황을 고려하여 판단하여야 한다).
2) 대판 2003. 5. 13, 2002도7420. 장래의 일을 적시하더라도 그것이 과거 또는 현재의 사실을 기초로 하거나 이에 대한 주장을 포함하는 경우에는 명예훼손죄가 성립한다고 할 것이고, 피고인이 경찰관을 상대로 진정한 사건이 혐의인정되지 않아 내사종결 처리되었음에도 불구하고 공연히 "사건을 조사한 경찰관이 내일부로 검찰청에서 구속영장이 떨어진다."고 말한 것은 현재의 사실을 기초로 하거나 이에 대한 주장을 포함하여 장래의 일을 적시한 것으로 볼 수 있어 명예훼손죄에 있어서의 사실의 적시에 해당한다.
3) 박상기/전지연, 183면; 배종대, 277면; 백형구, 356면; 이재상 외, 187면; 임웅, 197면; 정성근/정준섭, 200면; 정영일, 150면; 대판 1994. 4. 12, 93도3535 등.

적시된 사실은 특정인의 사회적 가치나 평가가 침해될 가능성이 있을 정도로 구체성을 띠어야 한다. 사실의 적시란 가치판단이나 평가를 내용으로 하는 의견표현에 대치되는 개념으로서 시간과 공간적으로 구체적인 과거 또는 현재의 사실관계에 관한 보고나 진술을 뜻하며, 표현내용이 증거에 의한 증명이 가능한 것을 말한다. 판단할 진술이 사실인지 아니면 의견인지를 구별할 때에는 언어의 통상적 의미와 용법, 증명가능성, 문제 된 말이 사용된 문맥, 표현이 이루어진 사회적 상황 등 전체적 정황을 고려하여 판단해야 한다.[1] 마찬가지로 다른 사람의 말이나 글을 비평하면서 사용한 표현이 겉보기에 입증가능한 사실관계를 서술하는 형태를 취하였더라도, 집필의도, 서술체계 및 전개방식, 전체적인 내용 등을 종합하여 판단하여야 한다.[2]

적시된 사실이 허위의 사실인지 여부를 판단함에 있어서는 적시된 사실의 내용 전체의 취지를 살펴볼 때 중요한 부분이 객관적 사실과 합치되는 경우에는 세부에 있어서 진실과 약간 차이가 나거나 다소 과장된 표현이 있다 하더라도 이를 허위의 사실이라고 볼 수는 없다.[3]

(나) 적 시   적시는 불특정 또는 다수인인 타인에게 특정인의 명예를 훼손할 만한 사실을 드러내는 일체의 행위를 말한다. 적시는 특정인의 명예가 훼손될 수 있을 정도로 구체성을 지니면 족하고 그 세부적인 사항까지 상세하게 들

---

[1] 대판 2022. 5. 13. 2020도15642. 동장인 피고인이 동 주민자치위원에게 전화를 걸어 '어제 열린 당산제(마을제사) 행사에 남편과 이혼한 갑도 참석을 하여, 이에 대해 행사에 참여한 사람들 사이에 안 좋게 평가하는 말이 많았다.'는 취지로 말하고, 동 주민들과 함께한 저녁식사 모임에서 '갑은 이혼했다는 사람이 왜 당산제에 왔는지 모르겠다.'는 취지로 말하여 갑의 명예를 훼손하였다는 내용으로 기소된 사안에서, 피고인이 위 발언을 통해 갑에 관하여 적시하고 있는 사실은 '갑이 이혼하였다.'는 사실과 '갑이 당산제에 참여하였다.'는 것으로, 이혼에 대한 부정적인 인식과 평가가 점차 사라지고 있음을 감안하면 피고인이 갑의 이혼 경위나 사유, 혼인관계 파탄의 책임 유무를 언급하지 않고 이혼 사실 자체만을 언급한 것은 갑의 사회적 가치나 평가를 떨어뜨린다고 볼 수 없고, 또한 '갑이 당산제에 참여하였다.'는 것도 그 자체로는 가치중립적인 사실로서 갑의 사회적 가치나 평가를 침해한다고 보기 어려운 점, 피고인은 주민 사이에 '이혼한 사람이 당산제에 참여하면 부정을 탄다.'는 인식이 있음을 전제로 하여 발언을 한 것으로서, 발언 배경과 내용 등에 비추어 이는 갑에 관한 과거의 구체적인 사실을 진술하기 위한 것이 아니라 당산제 참석과 관련하여 갑이 이혼한 사람이기 때문에 '부정적 영향'을 미칠 수 있음을 언급한 것으로서 갑의 당산제 참석에 대한 부정적인 가치판단이나 평가를 표현하고 있을 뿐이라고 보아야 하는 점을 종합하면, 피고인의 위 발언은 갑의 사회적 가치나 평가를 침해하는 구체적인 사실의 적시에 해당하지 않고 갑의 당산제 참여에 관한 의견표현에 지나지 않는다.
[2] 대판 2017. 5. 11. 2016도19255.
[3] 대판 2000. 2. 25. 99도4757.

추어 낼 것을 필요로 하지 않는다.

적시의 방법은 언어, 문서, 도화, 신문, 잡지, 라디오, 텔레비전, 출판물 등 제한이 없다. 다만 신문, 잡지, 라디오 기타 출판물에 의한 경우에는 비방의 목적이 있으면 출판물에 의한 명예훼손죄(제309조)로 된다. 반드시 단정적인 표현을 사용할 필요는 없고 우회적인 방법에 의하여 사실을 암시하거나,[1] 추측, 의혹, 추리하는 방법의 적시도 가능하다. 그렇지만 질문에 대한 단순한 확인대답 정도로는 적시로 볼 수 없다.[2] 적시에 있어서 행위자가 직접 경험한 사실을 주장하든 들은 사실을 전파하든 불문한다.

적시에 있어서는 피해자가 특정되어야 하나 반드시 성명을 명시할 필요는 없고 표현의 내용과 당시의 상황을 종합적으로 판단하여 그 대상이 누구인지 특정할 수 있으면 된다.[3]

판 례

1. 사실의 적시에 해당하지 않는 경우

목사가 예배중 특정인을 가리켜 "이단 중에 이단이다"라고 설교한 부분(대판 2008. 10. 9, 2007도1220), 단순히 그 사람을 사칭하여 마치 그 사람이 직접 작성한 글인 것처럼 가장하여 게시글을 올리는 행위(대판 2018. 5. 30, 2017도607; 대판 2016. 3. 24, 2015도10112: 이는 그 사람에 대한 사실을 드러내는 행위가 아님), 정당 홈페이지 게시판에 국회의원 선거 후보자가 되고자 하는 자들에 대하여 행한 '피해자는 빨갱이잖아요', '친일파 후손', '피해자도 얼마 후엔 백수되네' 등의 표현(대판 2005. 4. 14, 2004도8073), 법원의 판결도 자유로운 비판의 대상이 되어야 한다는 점에서, 다른 특별한 사정이 없는 한, 그 진실이 무엇인지 확인할 수 없는 과거의 역사적 사실관계 등에 대하여 민사판결을 통하여 어떠한 사실인정이 있었다는 이유만으로는, 이후 그와 반대되는 사실의 주장이나 견해의 개진이 허위사실 적시라고 볼 수 없음(대판 2017. 12. 5, 2017도15628).

2. 사실의 적시에 해당하는 경우

사실의 적시란 반드시 사실을 직접적으로 표현한 경우에 한정할 것은 아니고, 간접적이고 우회적인 표현에 의하더라도 그 표현의 전 취지에 비추어 그와 같은 사

---

1) 대판 1991. 5. 14, 91도420.
2) 대판 1983. 8. 23, 83도1017.
3) 대판 1989. 11. 14, 89도1744; 대판 1982. 11. 9, 82도1397 등.

실의 존재를 암시하고, 또 이로써 특정인의 사회적 가치 내지 평가가 침해될 가능성이 있을 정도의 구체성이 있으면 족하며(대판 1991. 5. 14. 91도420), 인터넷 포탈사이트의 피해자에 대한 기사란에 그녀가 재벌과 사이에 아이를 낳거나 아이를 낳아준 대가로 수십억 원을 받은 사실이 없음에도 불구하고, 그러한 사실이 있는 것처럼 댓글이 붙어 있던 상황에서, 추가로 "지고지순이 뜻이 뭔지나 아니? 모 재벌님하고의 관계는 끝났나?"라는 내용의 댓글을 게시하였는데, 위와 같은 댓글은 간접적이고 우회적인 표현을 통하여 허위 사실의 존재를 구체적으로 암시하는 방법으로 사실을 적시한 경우(대판 2008. 7. 10. 2008도2422)에 해당함.

③ 명예훼손

본죄에 있어서 명예를 훼손한다는 것은 명예를 훼손할 만한 사실 또는 허위의 사실을 적시한 것이 불특정 또는 다수인이 직접 인식할 수 있는 상태에 이르는 것을 의미한다. 이러한 상태에 이르면 본죄는 기수가 되고(추상적 위험범) 현실적으로 그 사실을 인지하거나 명예훼손의 결과가 발생될 것을 요하지 않는다. 따라서 서적, 신문 등에 명예훼손적 내용을 글을 게시하는 경우에는 게시행위와 동시에 기수가 되고 종료하며, 이를 회수하지 않는 동안 범행이 계속되는 계속범이 아니다.[1]

(2) 주관적 구성요건

본죄는 미필적 고의로 족하지만, 전파가능성에 대한 인식과 그 위험을 용인하는 내심의 의사가 있어야 한다.[2] 이러한 고의가 있는 한 다른 행위동기가 있었는가는 문제되지 않는다. 행위자가 다소 흥분하고 있었다 할지라도 고의의 성립에는 영향이 없다.[3] 판례는 허위사실의 적시로 인정되는 방송보도 내용은 미국산 쇠고기의 광우병 위험성에 관한 것으로 공직자인 피해자들의 명예와 직접적인 연관을 갖는 것이 아닐 뿐만 아니라 피해자들에 대한 악의적인 것이 아니므로 고의가 없다고 판단하였다.[4] 또한 회의자리에서 상급자로부터 책임추궁을 당하며 질문을 받게 되자 대답하는 과정에서 타인의 명예를 훼손하는 사실을 발

---

1) 대판 2021. 9. 9. 2017도19025; 대판 2007. 10. 25. 2006도346.
2) 대판 2022. 7. 28. 2020도8336.
3) 대판 1959. 4. 22. 4287형상36.
4) 대판 2011. 9. 2. 2010도17237.

설하게 된 것일 경우에도 고의를 인정하기 어렵다고 보았다.[1]

구성요건의 착오문제에 있어서는, 허위의 사실을 진실한 사실로 오인하여 적시한 경우에는 제15조 제1항에 의하여 제307조 제1항이 적용될 뿐이다.[2] 반대로 진실한 사실을 허위의 사실로 오인하고 적시한 경우에도 제307조 제1항이 적용된다.[3]

3. 위 법 성

형법총칙상의 일반적 위법성조각사유가 본조에 적용될 수 있음은 당연하다. 이밖에도 제310조에 위법성조각규정을 두고 있다.

(1) 정당행위

사실의 적시가 법령에 의한 행위에 해당하는 경우, 예컨대 형사재판에서 검사가 기소취지의 진술을 통하여 피고인의 범죄사실을 적시하는 경우, 증인이 증언을 통하여 타인의 명예를 훼손할 만한 사실을 적시한 경우 등은 위법하지 않다.

제310조의 요건을 갖춘 행위도 관점에 따라 법령에 의한 행위로 볼 수 있지만 후술한다. 신문, 라디오, 텔레비전 등 매스컴에 의한 보도, 학술 또는 예술작품에 대한 논평 등은 일정한 한계 내에서 업무로 인한 행위로 볼 수도 있으

---

1) 대판 2022. 4. 14, 2021도17744. 작업장의 책임자인 피고인이 갑으로부터 작업장에서 발생한 성추행 사건에 대해 보고받은 사실이 있음에도, 직원 5명이 있는 회의 자리에서 상급자로부터 경과보고를 요구받으면서 과태료 처분에 관한 책임을 추궁받자 이에 대답하는 과정에서 '갑은 성추행 사건에 대해 애초에 보고한 사실이 없다. 그런데도 이를 수사기관 등에 신고하지 않았다고 과태료 처분을 받는 것은 억울하다.'는 취지로 발언함으로써 허위사실을 적시하여 갑의 명예를 훼손하였다는 내용으로 기소된 사안에서 대법원은 고의가 없다고 보았다.
2) 대판 2017. 4. 26, 2016도18024. "특히 적시된 사실이 허위의 사실이라고 하더라도 행위자에게 허위성에 대한 인식이 없는 경우에는 제307조 제2항의 명예훼손죄가 아니라 제307조 제1항의 명예훼손죄가 성립될 수 있다. 제307조 제1항의 법정형이 2년 이하의 징역 등으로 되어 있는 반면 제307조 제2항의 법정형은 5년 이하의 징역 등으로 되어 있는 것은 적시된 사실이 객관적으로 허위일 뿐 아니라 행위자가 그 사실의 허위성에 대한 주관적 인식을 하면서 명예훼손행위를 하였다는 점에서 가벌성이 높다고 본 것이다."
3) 그 논거에 관하여서는 고의는 제2항의 고의이지만 결과는 제1항의 결과이고 큰 고의는 작은 고의를 포함하기 때문이라는 견해(유기천, 145면; 이재상 외, 190면)와 행위자에게 경한 기본적 범죄의 고의의 기수와 중한 범죄의 미수를 각각 인정하여 상상적 경합으로 해결하되 중한 죄인 제2항의 미수처벌규정이 없기 때문에 행위자는 제1항의 죄책을 지는 것으로 보아야 한다는 견해(김성돈, 237면; 김일수/서보학, 198면)가 대립되고 있다. 기본적으로 하나의 행위로 단일의 구성요건 체계 내에서 상상적 경합이 인정될 수는 없다는 점에서 후자의 견해를 취하기는 어렵다.

나[1] 이들이 제310조의 요건을 갖추었을 때 제310조에 의하여 위법성이 조각된다고 보는 것이 명예보호에 더 적합한 해석이다.

(2) 정당방위

현재 부당하게 모욕 또는 명예훼손을 당하는 자가 자신의 명예를 방위하기 위하여 침해자의 명예를 훼손할 만한 사실을 적시하는 경우가 이에 해당한다. 이를 명예방위라고도 부른다.

(3) 피해자의 승낙

명예의 주체로부터 승낙을 얻어 그 사람의 명예를 훼손할 만한 사실을 적시한 경우에는 구성요건이 조각된다는 견해[2]와 위법성이 조각된다는 견해[3]가 대립된다. 비록 승낙은 얻었다 할지라도 타인의 명예를 훼손하는 행위가 자연스러운 사회생활이라고 할 수 없고, 반드시 피해자의 의사에 반하는 명예침해만이 구성요건에 해당한다고 보기 어렵기 때문에 위법성조각사유설이 타당하다.

(4) 제310조의 위법성조각사유

제310조는 위법성조각이라는 표제 하에 「제307조 제1항에 의한 행위가 진실한 사실로서 오로지 공공의 이익에 관한 때에는 벌하지 아니한다」라고 규정한다.

1) 의 의

사람의 명예를 보호함으로써 그 인격적 가치를 존중한다는 것은 행복추구권을 보장하려는 헌법의 정신에 합치된다. 그러나 진실한 사실까지도 무조건 금지한다면 이는 또 하나의 헌법적 요청인 언론의 자유 및 표현의 자유를 부정하는 결과가 된다. 이에 양자의 적절한 조화점을 찾을 필요가 있는데, 그 형법적 표현이 바로 제310조이다.

2) 요 건

적시된 사실이 진실한 것과 오로지 공공의 이익에 관한 것임을 요한다.

---

1) 김일수/서보학, 197면; 이재상 외, 190면; 정성근/정준섭, 131면 등은 매스컴의 보도가 진지한 정보의 이익이 있고 국민의 알 권리를 충족시키는 범위내에서 업무로 인한 행위로 된다고 본다.
2) 김일수, 한국형법Ⅲ, 434면은 피해자의 승낙에 의한 행위는 명예가 개인이 처분할 수 있는 법익이므로 결과반가치가 결여되고 또한 그것을 인식한 행위자에게 행위반가치마저 결여된다는 것을 이유로 구성요건조각을 내세운다. 오영근, 163면 또한 같다.
3) 김성돈, 238면; 김혜정 외, 198면; 배종대, 196면; 백형구, 362면; 유기천(상), 146면; 이재상 외, 194면; 이정원, 237면; 임웅, 244면; 정성근/정준섭, 131면; 황산덕, 227면 등.

① 진실성의 의미와 착오

적시된 사실의 중요부분이 진실에 합치되는 한 세부에 있어서 다소 차이가 있어도 진실한 것으로 볼 수 있다. 따라서 다소 과장된 표현이 있어도 전체적으로 보아 진실과 합치되면 족하다.[1]

진실성에 대한 착오, 즉 객관적으로 진실성이 없음에도 있다고 오인한 행위자의 착오의 효과에 대하여는, ① 진실성은 위법성조각의 객관적 정황에 해당하므로, 위법성조각사유의 전제사실에 대한 착오의 문제로 해결하는 견해,[2] ② 성실한 검토의무를 제310조의 성립에 필요한 특별한 주관적 정당화요소로 파악하여 허용된 위험의 법리로 해결하고자 하는 견해,[3] ③ 행위자가 자신의 행위가 허용되는 것으로 오인한 행위가 상당한 이유가 있는 때에는 벌하지 않는다고 함으로써 형법 제16조의 법률의 착오로 해결하는 견해[4] 등이 있다.

형법 제310조는 '진실의 사실로서'라고 하여 위법성이 조각되기 위해서는 객관적으로 진실의 사실이어야 한다고 보기 때문에, 이는 위법성조각의 객관적 정황으로 이해하여야 할 것이다. 따라서 허위의 사실을 적시하는 경우에는 위법성을 조각할 객관적 정황이 존재하지 않으므로, 위법성이 조각되지 않는다.

그리고 허위의 사실을 진실한 사실로 오인하고 또한 공익성이 있는 것으로 판단하여 적시한 경우는 위법성 조각사유의 객관적 전제조건에 관한 착오에 해당한다. 고의설, 소극적 구성요건표지론, 엄격책임설, 제한적 책임설 등 제 학설 중 어떤 설을 취하느냐에 따라 그 취급을 달리할 것이나 제한적 책임설, 특히 법효과 제약적 책임설의 입장에서 고의책임이 탈락되고 과실범처벌규정이 없으므로 과실범처벌도 문제되지 아니하여 결과적으로 행위자의 책임이 배제될 뿐이다.

② 공익성

사실의 적시는 오로지 공공의 이익에 관한 것이라야 하는데 여기에서 공공의

---

1) 대판 2001. 10. 26. 2001도4546; 대판 1958. 9. 26. 4291형상323 등.
2) 김혜정 외, 200면; 이재상 외, 197면; 임웅, 241면; 정성근/정준섭, 133면. 박상기/전지연, 529면은 공익성의 착오를 위법성조각사유의 전제사실에 대한 착오로 해결한다.
3) 김일수/서보학, 198면. 임웅, 241면은 기본적으로 위법성조각사유의 전제조건에 관한 착오의 문제로 해결하지만, 이 경우 보도기관이 쉽사리 신뢰한 경우에는 처벌의 공백을 메우기 위하여 허용된 위험법리를 원용하여야 한다고 본다.
4) 김성돈, 242면.

이익이란 국가, 사회 기타 다수 일반인의 이익을 말하며, 특정한 사회집단이나 그 구성원 전체의 관심과 이익에 관한 것도 이에 포함될 수 있다.[1] 공공의 이익에 관한 것인 한 공적 생활에 관한 것이든 사적 생활에 관한 것이든 불문한다. 공익을 위한 것이 행위의 주된 동기이면 족하고 유일한 행위동기일 것을 요하지는 않는다.[2] 그렇지만 사람을 비방할 목적이 있는 경우에는 제309조 제1항에 해당되고 제310조는 적용되지 않는다.[3]

공익에만 관련되면 그 행위의 수단이나 방법 또는 피해자의 이익 등을 불문하고 공익성을 인정하여 위법성을 조각한다고 볼 수 있는가에 관하여, 형법은 구체적인 규정을 두고 있지 않다. 그러나 형법 제310조의 적용에 있어서는 공익이 피해자의 명예에 관한 이익보다 우월해야 하고 그 행위수단이 모든 정황에 비추어 적합해야 한다는 원칙이 필요하다고 보며 이를 통하여 공익을 빙자한 명예 침해의 남용을 견제할 수 있어야 한다.

판례도 적시되는 사실의 구체적 내용, 상대방의 범위, 명예의 침해정도, 표현방법 등 제반사정을 고려하여 공익성 여부를 판단해야 한다고 판시하고 있다.[4]

판 례

1. 공익성을 인정한 경우

탈취, 사기꾼 등의 표현을 사용하여 범죄전력을 적시하였더라도 위와 같은 범죄전력이 있는 피해자가 종친회 회장으로 선출되는 것은 부당하다는 판단하에 의사를 적극적으로 표명한 경우(대판 2022. 2. 11, 2021도10827: 범죄전력이 개인사정이라도 공익목적 인정), 재단법인 이사장 갑이 전임 이사장 을에 대하여 재임 기간 중 재단법인의 재산을 횡령하였다고 고소하였다가 무고죄로 유죄판결을 받자, 피고인들이 갑의 퇴진을 요구하는 시위를 하면서 갑이 유죄판결을 받은 사실 등을 적시한 경우(대판 2017. 6. 15, 2016도8557: 오로지 공공의 이익 목적 인정), 특정 상가건물관리회의 회장이 위 관리회의 결산보고를 하면서 전 관리회장이 체납관리비 등을 둘러싼 분쟁으로 자신을 폭행하여 유죄판결을 받은 사실을 알린 경우(대판 2008. 11. 13, 2008

---

1) 대판 2021. 8. 26, 2021도6416; 대판 2006. 5. 25, 2005도2049; 대판 2004. 10. 15, 2004도3912 등.
2) 강구진 Ⅰ, 219면; 김성천/김형준, 258면; 김일수/서보학, 198면; 김종원(상), 158면; 박상기/전지연, 528면; 배종대, 197면; 유기천(상), 147면; 이재상 외, 195면; 정성근/정준섭, 132면; 황산덕, 233면 등.
3) 이재상 외, 195면; 정성근/정준섭, 133면; 대판 2020. 12. 10, 2020도11471 등.
4) 대판 1995. 11. 10, 94도1942.

도6342: 건물관리회원 전체의 관심과 이익 목적 인정), 국립대학교 교수가 자신의 연구실 내에서 제자인 여학생을 성추행하였다는 내용의 글을 지역 여성단체가 자신의 인터넷 홈페이지 또는 소식지에 게재한 경우(대판 2005. 4. 29, 2003도2137: 학내 성폭력 사전의 철저한 진상조사, 처벌, 성폭력 근절대책마련을 촉구하기 위한 목적을 인정), 신학대학교 교수가 출판물 등을 통하여 종교단체인 구원파를 이단으로 비판하는 과정에서 특정인을 그 실질적 지도자로 지목한 경우(대판 1996. 4. 12, 94도3309: 구원파를 경계할 공익목적 인정)

2. 공익성을 부정한 경우

학교운영의 공공성, 투명성 보장을 요구하여 학교가 합리적이고 정상적으로 운영되게 할 목적이라도, 피해자들의 거주지 앞에서 피해자의 주소까지 명시한 경우(대판 2008. 3. 14, 2006도6049), 회사의 대표이사에게 압력을 가하여 단체협상에서 양보를 얻어내기 위한 방법의 하나로 현수막과 피켓을 들고 확성기를 사용하여 반복해서 불특정다수의 행인을 상대로 소리치면서 거리행진을 한 경우(대판 2004. 10. 15, 2004도3912)

3) 소송법적 효과

이에 관하여서는 검사에게 거증책임이 있다는 견해[1]와 피고인측에 거증책임이 있다는 견해[2](거증책임전환설)의 대립이 있다. 전자는 형사소송에 있어서 거증책임은 원칙적으로 검사에게 있고, 특히 위법성조각사유는 범죄성립요건에 관한 것이므로 그 부존재는 검사가 부담한다는 것과 피고인은 무죄로 추정한다는 법리와 "의심이 있는 때에는 피고인의 이익으로"라는 원칙에 비추어 거증책임이 검사에게 있다고 주장하는 반면, 후자는 비록 제310조에 독일이나 일본의 형법처럼 「증명이 있으면」이라는 표현이 없지만 해석상 그렇게 이해할 수 있다고 본다. 후자가 판례의 태도이다.[3]

형사재판에 있어서 거증책임은 원칙적으로 검사가 부담한다. 그러므로 예외적으로 피고에게 거증책임을 지우려면 이에 관한 법적 근거가 필요하다. 이것이 결여된 현행법의 해석에 있어서 피고인에게 거증책임을 전환시킨다는 것은 타

---

1) 강구진 I, 221면: 김일수/서보학, 199면: 김종원(상), 159면: 박상기/전지연, 529면: 배종대, 199면: 백형구, 361면: 오영근, 165면: 이재상 외, 198면: 이정원, 243면: 임웅, 240면: 정성근/정준섭, 133면: 진계호, 227면 등.
2) 서일교, 108면: 유기천(상), 147면: 정영석, 278면: 황산덕, 234면 등.
3) 대판 1996. 10. 25, 95도1473.

당하지 않으며, 여전히 검사에게 거증책임이 있다고 보아야 한다.

4) 국회의원의 직무상의 발언과 명예훼손

국회의원이 직무상의 발언을 통하여 타인의 명예를 훼손하더라도 처벌받지 않는다. 이에 관한 법적 성격에 대하여는 구성요건조각사유설, 위법성조각사유설, 인적 처벌조각사유설 등의 대립이 있다. 국회의원이 직무상의 발언을 통하여 타인의 명예를 훼손한 경우에도 이것이 정당방위, 피해자의 승낙 또는 제310조의 요건을 갖추고 있으면 위법성이 조각됨은 당연한 일이다. 다만 모든 범죄성립요건을 갖추었음에도 불구하고 국회의원이라는 신분 때문에 처벌받지 않는 것은 인적처벌조각사유라는 관점에서 이해해야 할 것이다.

4. 죄수 및 타죄와의 관계

명예는 일신전속적 법익이므로 죄수는 피해자의 수를 기준으로 하며, 하나의 문서나 발언으로써 2인 이상의 명예를 훼손한 경우는 상상적 경합이 된다. 수개의 신문에 같은 내용의 광고를 게재하여 동일인의 명예를 훼손한 경우라든가, 같은 신문에 동일인의 명예를 훼손하는 사실을 수차 연재하는 경우에는 포괄일죄가 된다.

모욕적인 언사를 사용하면서 사실을 적시하여 타인의 명예를 훼손한 경우에는 법조경합의 특별관계로서 명예훼손죄만 성립된다. 허위의 사실을 적시하여 타인의 명예나 신용을 동시에 훼손하면 양죄는 법조경합관계로서 신용훼손죄만 성립하지만 진실한 사실을 적시하여 그렇게 한 경우에는 신용훼손죄는 성립될 수 없고 제307조 제1항의 명예훼손죄로 될 수 있을 뿐이다.

본죄와 공직선거법상 후보자비방죄(제251조)는 보호법익과 구성요건을 달리하므로 상상적 경합이 된다.[1]

심 화 진실성과 위법성조각사유의 객관적 전제사실의 착오

제307조의 착오와 관련하여 진실의 사실을 허위로 오인한 때에는 제307조 제1항이 적용되지만, 허위라고 인식하였으므로 주관적 정당화요소가 결여되므로 제

---

1) 대판 1998. 3. 24, 97도2956.

310조를 적용할 수 없다.

반대로 허위의 사실을 진실로 오인한 때에는 제15조 제1항에 의하여 제307조 제1항이 적용되고, 따라서 제310조의 적용 여부가 문제된다. 이 경우 사실의 진실성이 위법성조각을 위한 객관적 정황에 해당하므로, 위법성조각사유의 객관적 전제 사실의 착오에 해당하는 것이다. 이에 관하여 ① 고의설은 위법성조각사유에 대한 착오가 있으면 위법성인식이 없다고 이해하여 고의의 성립을 부정하고 과실범 책임만을 묻지만, 명예훼손죄는 과실범처벌규정이 없으므로 무죄가 된다. ② 소극적 구성요건표지론에 따르면, 구성요건착오는 적극적 표지로서 객관적 구성요건의 착오와 소극적 표지로서 주관적 정당화요소와 관련한 착오를 모두 포함한다. 따라서 구성요건 착오의 문제로서, 고의범이 성립할 수 없고, 과실범이 문제되나 역시 처벌규정이 없으므로 무죄이다. ③ 엄격책임설은 위법성과 관련된 모든 착오를 예외 없이 금지착오로 파악하므로, 위법성인식은 물론 위법성조각사유의 모든 경우가 금지착오가 된다. 따라서 허위사실을 진실로 오인함에 상당한 이유가 있는 때에는 제16조에 의하여 책임이 조각된다. ④ 제한적 책임설 중 구성요건유추적용설에 의하면 위법성조각사유의 전제조건에 대한 착오가 바로 구성요건적 착오는 아니지만 이와 구조적으로 유사하기 때문에 구성요건적 착오처럼 취급된다. 따라서 고의가 조각되어 구성요건해당성이 인정되지 않으며, 과실범규정도 없어서 무죄가 된다. ⑤ 제한적 책임설 중 법효과제약적 책임설에 의하면, 고의의 이중적 지위를 인정하는 전제하에서 구성요건적 고의는 성립하되 책임요소로서의 고의가 부정된다고 보아, 책임고의의 법적 효과를 제약함으로써 범죄가 성립하지 않는다고 본다. 따라서 책임이 조각되고, 역시 과실범 규정이 없으므로 무죄가 된다. 법효과제약적 책임설이 타당하다.

그러나 최근 제307조 제1항의 사실적시 명예훼손죄의 폐지론이 대두되고 있다. 동 조항이 표현의 자유에 대한 과도한 제한이며, 공공의 이익을 위하여만 진실을 적시하라는 요구는 국가에 의한 과도한 의무의 부과가 된다. 따라서 만일 제307조 제1항이 삭제된다면, 제310조도 '공공의 이익'을 삭제하고 허위사실을 진실로 오인한 때에는 벌하지 않는다고 할 때에만 의미를 가질 수 있을 것이다. 그러나 만일 제310조가 없더라도 행위자에게 고의가 없으므로 법리적으로 무죄가 됨은 당연하다.

Ⅱ. 사자의 명예훼손죄

> *공연히 허위의 사실을 적시하여 사자의 명예를 훼손한 자는 2년 이하의 징역이나 금고 또는 500만원 이하의 벌금에 처한다(제308조).
> *본죄는 고소가 있어야 공소를 제기할 수 있다(제312조 제1항).

1. 의   의

사자는 기본권의 향유자가 아니므로 명예의 주체가 될 수 없고, 따라서 본죄의 보호법익은 사자의 명예가 아니라 일반인의 사자에 대한 추모감정과 역사적 사실의 왜곡방지라고 봄이 타당하다. 본죄는 독립적 구성요건이며 허위의 사실을 적시한 경우에만 성립한다는 점이 명예훼손죄와 다르다.

2. 구성요건

(1) 객관적 구성요건

본죄는 역사적 존재로서의 사자에 대하여 허위의 사실을 적시하는 것이다. 따라서 본죄의 객체는 역사적 존재로서의 사자라고 할 수 있다. 사자는 비록 현존하지 않으나 결코 관념적 형상은 아니며 역사적 사실 속에서 그 실체를 감지할 수 있는 존재이다. 사자, 즉 사망한 자라는 용어는 자연인의 경우에만 사용하는 것이므로 해산된 법인이나 소멸된 법인격 없는 단체 등은 이에 해당하지 않는다. 사자는 역사적 존재이고 진실한 역사적 사실은 보호받을 가치가 있다. 그러므로 형법은 허위사실의 적시만을 명예훼손의 수단으로서 인정하고 있다.

(2) 주관적 구성요건

본죄의 고의에 있어서, 사자로 오인하고 허위의 사실을 적시하였으나 상대방이 생존자인 경우에는 구성요건적 착오로서 제307조 제2항의 고의는 조각되고 본죄만 성립한다. 제15조 제1항에 의할 경우에도 그 결과는 동일하다. 사자로 오인하고 사실을 적시한 경우에는 범죄가 성립하지 않는다. 한편 생존자로 오인하고 사실을 적시하였으나 사자였던 경우에는 제307조 제1항의 불능미수범의 문제로 되지만 미수처벌규정이 없으므로 결과적으로 범죄가 성립하지 않는다.[1]

이를 정리하면 다음과 같다.

인식사실	발생결과	사실여부	적용법조
사자	생존자	진실의 사실	인식사실은 무죄, 발생결과는 제307조 제1항. 고의가 없고 과실범 처벌규정도 없으므로 무죄
사자	생존자	허위의 사실	인식사실은 제308조, 발생결과는 제307조 제2항 제15조 제1항에 의하여 제308조 사자명예훼손죄만 성립
생존자	사자	진실의 사실	인식사실은 제307조 제1항, 발생결과는 무죄. 제307조 제1항의 불능미수이나 미수범처벌규정이 없으므로 무죄
생존자	사자	허위의 사실	인식사실은 제307조 제2항, 발생결과는 제308조 고의의 포섭의 문제(큰 고의는 작은 고의를 포함) 이므로 제308조 사자명예훼손죄만 성립

Ⅲ. 출판물에 의한 명예훼손죄

*사람을 비방할 목적으로 신문·잡지 또는 라디오 기타 출판물에 의하여 제307조 제1 항의 죄를 범한 자는 3년 이하의 징역이나 금고 또는 700만원 이하의 벌금에 처한다 (제309조 제1항).
*제1항의 방법으로 제307조 제2항의 죄를 범한 자는 7년 이하의 징역, 10년 이하의 자 격정지 또는 1,500만원 이하의 벌금에 처한다(제309조 제2항).
*본죄는 피고인의 명시한 의사에 반하여 공소를 제기할 수 없다(제312조 제2항).

1. 의   의

본죄는 비방할 목적을 요하는 목적범이다. 본죄는 비방할 목적과 대중매체로 서 본질적으로 전파성이 높은 수단인 신문·잡지·라디오 등 매스컴을 활용한 다는 사실 때문에 행위불법이 가중되어 형이 무거워지는 불법가중적 구성요건 이다. 본죄는 반의사불벌죄이다.

---

1) 김일수/서보학, 203면.

2. 구성요건

(1) 객관적 구성요건

1) 객 체

행위객체는 사람이고 피해자인 사람의 개념은 명예훼손죄의 그것과 동일하며 특정되어 있을 것을 요한다. 라디오·출판 등의 내용과 주위 사정을 종합해 볼 때 누가 그 피해자인가를 알 수 있는 경우에는 특정되어 있다고 본다.[1]

2) 행 위

높은 전파가능성을 속성으로 하는 대중매체는 많은 독자나 시청자와 연결되어 명예훼손의 높은 위험성을 갖고 있다. 따라서 본죄는 공연성을 별도의 요건으로 하지 않는다.[2]

신문·잡지·라디오는 그 의미가 분명하므로 별도의 설명을 요하지 않는다. 그러나 본죄에 규정되어 있지 않은 텔레비전·비디오·녹음테이프 등은 어떻게 보아야 할 것인지가 문제이다. 본죄의 출판물이란 예시적 규정이므로 포함된다고 보는 견해[3]와 피고인에게 불리한 유추해석이므로 본죄에 해당되지 않는다는 견해[4]가 대립한다. 목적론적 해석상 이는 유추해석이 아닌 확장해석으로 봄이 타당하므로, 본죄의 수단에 포함된다고 보아야 할 것이다. 다만 인터넷을 이용하여 사이버 공간에서 타인의 명예를 훼손하는 경우에는 특별법인 정보통신망법 제61조가 우선 적용된다. 비디오·녹음테이프 등은 그 전파성이 이에 미치지 못하므로 본죄의 수단으로 보기 어렵다. 기타 출판물이란 신문·잡지 이외의 출판물을 말하며 신문·잡지는 출판물의 예시이다. 출판물이란 출판을 위하여 인쇄한 물건을 말한다. 손으로 쓴 필기물이나 유인물은 이에 해당하지 않는다.[5]

사실 또는 허위사실을 적시하여 명예를 훼손한다는 개념은 명예훼손죄에서 설명한 것과 같다. 판례는 간접정범의 방법으로도 범할 수 있다고 보는데, 타인

---

1) 대판 1989. 11. 14, 89도1774.
2) 김일수/서보학, 204면; 이재상 외, 200면; 정성근/정준섭, 135면 등.
3) 권오걸, 257면; 김성천/김형준, 264면; 김일수/서보학, 201면; 박상기/전지연, 533면.
4) 김성돈, 249면; 임웅, 248면; 정성근/정준섭, 136면.
5) 판례는 본죄의 출판물은 등록·인쇄된 제본인쇄물이나 제작물과 같은 정도의 효용과 기능을 가진 인쇄물이어야 한다고 본다. 따라서 모조지 위에 싸인펜으로 기재한 삽입광고문(대판 1986. 3. 25, 85도1143), 제호 없이 낱장의 종이에 자기주장을 광고하는 문안이 인쇄된 인쇄물(대판 1998. 10. 9, 97도158), 컴퓨터 워드프로세서로 작성되어 프린트 된 A4용지 7장 분량의 인쇄물(대판 2000. 2. 11, 99도3048) 등은 출판물로 보지 않는다.

을 비방할 목적으로 기자에게 허위의 정보를 주어 보도 또는 방송하게 한 경우가 이에 해당한다고 보았다.[1]

> **판례**
>
> 타인을 비방할 목적으로 허위사실인 기사의 재료를 신문기자에게 제공한 경우에 그 기사를 신문지상에 게재하느냐의 여부는 오로지 당해 신문의 편집인의 권한에 속한다고 할 것이나, 그 기사를 편집인이 신문지상에 게재한 이상 그 기사의 게재는 기사재료를 제공한 자의 행위에 기인한 것이므로, 그 기사재료를 제공한 자는 형법 제309조 제2항 소정의 출판물에 의한 명예훼손죄의 죄책을 면할 수 없다. 따라서 갑이 신문사 기자인 을에게 연예인 A의 실명을 거론하면서 허위사실을 적시함으로써 A를 비방할 목적으로 기사의 자료를 제공하자, 이를 진실한 것으로 오신한 을이 기사를 작성하여 공표한 사안에서, 갑에게 출판물에 의한 명예훼손죄가 성립한다고 보았다.[2]

3) 기수시기

본죄는 라디오·출판물 등을 통하여 적시한 사실 또는 허위의 사실을 불특정 또는 다수인이 인식할 수 있는 상태에 이르면 기수로 되며 현실적으로 인식하였는가, 비방의 목적이 달성되었는가는 불문한다(추상적 위험범).

(2) 주관적 구성요건

본죄의 성립에는 고의뿐만 아니라 특수한 주관적 불법요소로서 「비방의 목적」을 필요로 한다. 비방의 목적이란 사람의 명예를 훼손시키기 위하여 인격적 평가를 저하시키려는 의도를 의미한다.[3] 비방의 목적이 없으면 타인의 비위사실을 신문지상에 게재하여도 본죄는 성립하지 않으며[4] 명예훼손죄(제307조)의 문제로 된다. 비방의 목적이 있으면 진실한 사실을 적시한 경우라고 할지라도 제310조(위법성조각)의 규정이 적용될 여지가 없다.[5] 비방할 목적은 공공의 이익을 위한 것과는 행위자의 주관적 의도라는 방향에서 상반되므로, 드러낸 사실

---

1) 대판 2007. 12. 27, 2007도4850; 대판 1994. 4. 12, 93도3535.
2) 대판 2009. 11. 12, 2009도8949.
3) 김성돈, 226면; 김일수/서보학, 205면; 정성근/정준섭, 136면 등.
4) 대판 1960. 3. 23, 4292형상1020.
5) 대판 2003. 12. 26, 2003도6036; 대판 1970. 3. 31, 70도43 등.

이 공공의 이익에 관한 것인 경우에는 특별한 사정이 없는 한 비방할 목적은 부정되기 때문이다.[1] 즉, 비방목적과 공공의 이익은 양립할 수 없다.

Ⅳ. 모 욕 죄

> *공연히 사람을 모욕한 자는 1년 이하의 징역이나 금고 또는 200만원 이하의 벌금에 처한다(제311조).
> *본죄는 고소가 있어야 공소를 제기할 수 있다(제312조 제1항).

1. 의 의

본죄는 사실의 적시가 없다는 점에서 명예훼손죄와 구분되며 보호법익은 역시 외부적 명예이다. 본죄는 친고죄이다.

2. 구성요건

(1) 객관적 구성요건

1) 객 체

본죄의 객체는 사람이다. 이에는 명예훼손죄의 경우와 마찬가지로 자연인인 타인은 물론 법인·법인격 없는 단체가 포함되며 자연인이면 유아, 정신병자 등도 본죄의 객체로 된다. 그러나 사자는 본죄의 객체가 아니다. 객체인 피해자는 특정되어 있어야 한다.

2) 행 위

본죄의 행위는 공연히 모욕하는 것이다.

모욕은 구체적인 사실을 적시하지 않고 사람에 대하여 경멸의 의사를 표시하는 것이다. 예컨대 도둑놈, 죽일놈 등과 같은 욕설[2]이 이에 해당한다. 사실을 적시하는 경우에도 그것이 구체적 사실이 아니면 모욕죄에 해당한다.[3] 외부적 명예를 훼손할 정도의 것인 한 표시의 내용이 무엇에 관한 것인가를 불문하며 그 진위 여부도 문제되지 않는다. 외부적 명예를 훼손할 정도인가 여부는 표시된

---

1) 대판 2020. 12. 10, 2020도11471.
2) 대판 1961. 2. 24, 4293형상864.
3) 대판 1989. 3. 14, 88도1387.

내용의 객관적 의미, 행위자와 피해자와의 관계, 행위 당시의 정황을 종합적으로 고려하여 판단해야 할 것이다. 또한 무례, 불친절이나 농담은 모욕으로 볼 수 없다.[1] 모욕의 수단·방법은 불문한다. 언어, 문자, 거동 등 어떠한 방법이라도 상관없다. 부작위에 의해서도 모욕은 가능하다. 예컨대 상급자에게 경례를 하지 않는 행위가 경우에 따라 많은 사람 앞에서 상관을 경멸하는 행위로서 모욕에 해당될 수 있다.

판 례

어떠한 표현이 상대방의 인격적 가치에 대한 사회적 평가를 저하시킬 만한 것이 아니라면 설령 그 표현이 다소 무례한 방법으로 표시되었다 하더라도 이를 두고 모욕죄의 구성요건에 해당한다고 볼 수 없다. 갑 주식회사 해고자 신분으로 노동조합 사무장직을 맡아 노조활동을 하는 피고인이 노사관계자 140여명이 있는 가운데 연장자인 갑회사 부사장인 을을 향해 "야 ○○아, ○○이 여기 있네, 니 이름이 ○○이잖아, ○○아 나오니까 좋지?" 등으로 여러 차례 을의 이름을 부른 것이, 상대방을 불쾌하게 할 수 있는 무례하고 예의에 어긋나는 표현이기는 하지만 모욕에 해당하지 않는다.[2] 그 밖에도 '부모가 그런 식이니 자식도 그런 것이다'는 표현은 너무 막연하여 모욕에 해당하지 않고,[3] 피고인이 택시 기사와 요금 문제로 시비가 벌어져 112 신고를 한 후, 신고를 받고 출동한 경찰관 갑에게 늦게 도착한 데 대하여 항의하는 과정에서 "아이 씨발!"이라고 한 경우.[4] 아파트 입주자대표회의 감사인 피고인이 관리소장 갑의 업무처리에 항의하기 위해 관리소장실을 방문한 자리에서 갑과 언쟁을 하다가 행한 "야, 이따위로 일할래.", "나이 처먹은 게 무슨 자랑이냐."라는 피고인의 발언은 상대방을 불쾌하게 할 수 있는 무례하고 저속한 표현이기는 하지만[5] 모욕에 해당하지 않는다.

3) 기수시기

피해자의 외부적 명예를 저하시킬 만한 추상적 판단이나 경멸적 감정을 공연히 표시함으로써 성립(추상적 위험범)하므로 현실적으로 침해되거나 구체적·현

---

1) 대판 1966. 7. 26, 66도469.
2) 대판 2018. 11. 29, 2017도2661.
3) 대판 2007. 2. 22, 2006도8915.
4) 대판 2015. 12. 24, 2015도6622.
5) 대판 2015. 9. 10, 2015도2229.

실적으로 침해될 위험이 발생할 필요가 없다.[1]

(2) 주관적 구성요건

본죄는 미필적 고의로 족하다.

3. 위 법 성

모욕이 정당행위, 정당방위, 긴급피난, 자구행위로 되면 위법성이 조각된다. 피해자의 동의가 있는 경우에는 구성요건해당성조차 없는 행위이다.

예컨대, 모욕적 표현을 담고 있는 경우에도 그 글이 객관적으로 타당성이 있는 사실을 전제로 하여 그 사실관계나 이를 둘러싼 문제에 관한 자신의 판단과 피해자의 태도 등이 합당한가 하는 데 대한 자신의 의견을 밝히고, 자신의 판단과 의견이 타당함을 강조하는 과정에서 부분적으로 모욕적인 표현이 사용된 것에 불과하다면 사회상규에 위배되지 않는 행위로서 형법 제20조에 의하여 위법성이 조각될 수 있다.[2]

제310조(위법성조각)의 규정이 본죄에 적용될 수 있는가에 관하여서는 현행법의 해석상 적용할 수 없다는 견해[3]와 정치·학문 또는 예술분야의 비판 내지 논평에 있어서 어느 정도의 경멸적 판단이 포함되는 것이 일반적이고 그것이 공익성을 가질 때에는 제310조의 규정을 적용할 수 있다는 견해[4]가 대립하고 있다.

제310조는 문리해석을 할 경우 사실을 적시한 명예훼손죄(제307조 제1항)에 관한 특별한 위법성조각규정이므로 모욕죄에 이를 적용한다는 것은 무리이다. 한편 양죄는 동질적인 범죄이고 모욕죄는 사실의 적시가 없어 그 행위불법은 명예훼손죄보다 오히려 더 경하다는 관점에서 보면 명예훼손은 공익성과 진실성을 갖춘 경우 제310조에 의하여 위법성이 조각되는데 이보다 경한 모욕은 같은 요

---

[1] 대판 2017. 4. 13, 2016도15624; 대판 2016. 10. 13, 2016도9674.
[2] 대판 2021. 3. 25, 2017도17643. 판례는 자동차 정보 관련 인터넷 신문사 소속 기자 갑이 작성한 기사가 인터넷 포털 사이트의 자동차 뉴스 '핫이슈' 난에 게재되자, 피고인이 "이런걸 기레기라고 하죠?"라는 댓글을 게시한 경우 모욕의 구성요건에는 해당하나 제20조에 의하여 사회상규에 반하지 않는 행위라고 본다.
[3] 김성돈, 253면; 김종원(상), 128면; 박상기/전지연, 539면; 배종대, 204면; 백형구, 360면; 오영근, 173면; 임웅, 253면; 정성근/정준섭, 139면; 진계호, 233면; 대판 1959. 12. 23, 4291형상539 등.
[4] 이재상 외, 203면.

건을 갖추고도 제310조가 적용되지 않아 위법해진다면 이는 균형이 맞지 않는
다. 그러나 실제로 공익성과 진실성을 갖춘 모욕은 사회상규에 위배하지 않는
행위로써 정당행위(제20조)로 보아야 하므로 제310조의 적용할 실익은 없다.

4. 죄 수

하나의 행위로 모욕과 명예훼손을 함께 범한 경우에는 법조경합의 특별관계
로서 명예훼손죄만 성립한다. 폭행의 방법으로 경멸의 의사를 표시한 경우(예컨
대 상대방의 얼굴에 침을 뱉은 경우)에는 양자의 죄질이 다르므로 법조경합으로 볼
수 없고 상상적 경합관계에 있다고 보아야 한다.

제 2 절 신용·업무와 경매에 관한 죄

§1. 서   설

I. 의의 및 보호법익

신용·업무와 경매에 관한 죄는 사람의 신용을 훼손하거나 업무를 방해하거
나 경매·입찰의 공정성을 침해하는 것을 내용으로 하는 범죄로서 그 행위내용
에 따라 신용훼손죄(제313조), 업무방해죄(제314조) 및 경매·입찰방해죄(제315
조)의 세 가지 범죄유형으로 구성되어 있다.

신용훼손죄의 보호법익은 신용이다. 신용은 사람의 경제적 지위에 대한 사회
적 평가로서 개인의 경제적 활동영역에 있어서 지불능력과 지불의사에 대한 사
회적 신뢰를 의미한다.[1]

업무방해죄의 보호법익은 업무라는 견해가 있다.[2] 그러나 업무는 명예나 신
용과는 달리 구성요건의 배후의 이념적 영역에 존재하는 관념적 형상이 아니라
즉물적 대상으로서 직접적인 공격의 객체가 된다는 관점에서 본죄의 행위객체

---

1) 대판 2006. 5. 25, 2004도1313; 대판 1969. 1. 21, 68도1660 등.
2) 배종대, 207면; 서일교, 111면; 오영근, 177면; 유기천(상), 180면; 이재상 외, 208면; 이정원,
   254면; 임웅, 255면 등.

이고 보호법익이 되기는 어렵다고 보아야 할 것이다.[1] 본죄의 보호법익은 업무수행활동의 자유와 안전이라고 보는 것이 타당하다. 판례의 입장이기도 하다.[2]

경매·입찰방해죄의 보호법익은 경매 또는 입찰의 공정이다.[3] 신용·업무 및 경매에 관한 죄는 모두 추상적 위험범이다.

참고 **연혁**

독일형법은 신용훼손죄(Kreditgefährdung)를 1871년의 구형법 제187조의 전통을 그대로 이어받아 「신용훼손에 알맞은 거짓사실을 양식에 반하여 주장하거나 유포한 자」라는 표현으로 명예훼손(비방죄)에 포함시키고 있으며 업무방해죄와 경매·입찰방해죄에 관한 규정은 형법에 두고 있지 아니하다. 업무방해와 유사한 업무비방죄(Geschäftliche Verleumdung)의 규정은 특별법인 부정경쟁방지법(Gesetz gegen den unlauteren Wettbewerb, 약칭 UWG) 제15조에서 찾아볼 수 있다. 일본형법은 신용 및 업무에 대한 죄의 장(제35장)에서 신용훼손과 업무방해를 같은 조문(제233조)에 포함시켜 「허위의 풍설(風說)을 유포하거나 위계를 써서 사람의 신용을 훼손하거나 혹은 그 업무를 방해한 자」라고 규정하는 한편 「위력을 써서 사람의 업무를 방해한 자도 또한 전조의 예와 같다」라는 내용의 위력업무방해죄의 규정(제234조)을 별도로 두고 있다. 경매에 관한 규정은 소화 16년(1941년)에 이르러 그 객체를 공적 경매·입찰로 제한하여 공무의 집행을 방해하는 죄의 장(제5장)에 제96조의3으로 신설하였는데 그 내용은 다음과 같다. ① 위계 혹은 위력을 써서 공적 경매 또는 입찰의 공정을 해할 행위를 한 자는 2년 이하의 징역 또는 5천엔 이하의 벌금에 처한다. ② 공정한 가격을 해하거나 또는 부정한 이익을 얻을 목적으로 담합한 자도 또한 같다.

우리나라의 전통적인 형법에는 본죄에 관한 규정이 없었고 구법시대에는 일본형법이 의용되었다. 현행 형법 제34장은 일본개정형법가안 제39장의 영향을 받은 것으로 보인다.[4]

---

1) 김성돈, 254면; 김일수/서보학, 213면; 신동운, 730면. 한편 정성근/정준섭, 142면은 업무를 행위객체인 동시에 보호객체로 본다.
2) 대판 2009. 11. 19, 2009도4166. "형법상 업무방해죄의 보호법익은 업무를 통한 사람의 사회적·경제적 활동을 보호."
3) 김혜정 외, 217면; 명형식/7인공저, 224면; 배종대, 218면; 이재상 외, 219면; 정성근/정준섭, 151면 등.
4) 유기천(상), 179면.

Ⅱ. 본   질

신용훼손죄를 순수한 재산죄의 일종으로 파악하는 것은 무리이며, 신용의 재산관련성에 의해 재산죄로 접근함은 의미 있는 표현이지만 본죄는 넓은 의미의 명예에 포함되는 신용을 법익으로 하는 독립된 구성요건으로 궁극적으로 명예에 관한 죄의 성격을 가진 한 유형으로 보아야 할 것이다.

업무방해죄의 본질에 관하여, 경제활동에 있어서의 업무를 비롯한 사회적 활동의 자유를 보호한다고 이해하는 입장[1]은 본죄의 업무가 반드시 경제적 업무에 한하는 것이 아니므로 본죄를 오로지 재산죄로 보거나[2] 순수하게 자유에 대한 죄로 이해[3]하는 것은 편협하며 적절하지 않다고 본다.

경매·입찰의 공정은 재산적 이해와 밀접한 관계를 가지고 있으므로 경매·입찰방해죄는 재산죄적 성격을 갖는다. 동시에 공정한 자유경쟁하에서 이루어져야 할 경매와 입찰에 위계·위력으로써 부당한 영향을 미친다는 점에서 개인의 자유에 대한 죄의 성격도 지닌다.

Ⅲ. 구성요건의 체계

본 장의 죄는 각각 기본적 구성요건이자 독립된 구성요건에 해당한다. 즉, 서로 행위태양과 보호법익을 달리하므로 수정적 구성요건이라고 볼 수 없다.

---

1) 명형식/7인공저, 218면; 배종대, 205면; 이재상 외, 2054; 정성근/정준섭, 139면; 진계호, 238면; 황산덕, 240면 등.
2) 유기천(상), 179면은 재산보호의 수단으로서의 기업의 활동인 업무를 보호하는 것으로 본다.
3) 김일수/서보학, 213면은 개인의 정당한 사회적 평가를 보호한다고 본다.

§2. 유형별 고찰

I. 신용훼손죄

*허위의 사실을 유포하거나 기타 위계로써 사람의 신용을 훼손한 자는 5년 이하의 징역 또는 1,500만원 이하의 벌금에 처한다(제313조).

1. 의   의

본죄는 추상적 위험범이자 거동범이다. 본죄는 명예훼손죄와의 관계에서 법조경합 중 특별관계에 해당한다.

2. 구성요건

(1) 객관적 구성요건

1) 객   체

본죄의 객체는 사람이다. 사람의 신용을 객체로 보는 입장[1]이 있으나 신용은 관념적 표상으로서 본죄의 보호법익일 뿐 객체로 보기는 어렵다. 본죄는 특정한 사람을 표적으로 하여 경제적 측면에서 허위사실유포, 위계 등의 방법으로 그 사람을 폄하함으로써 그의 신용을 해하는 것이다. 여기에서 사람은 신용의 주체로서의 사람을 의미한다. 따라서 자연인인 타인은 물론 법인, 법인격없는 단체도 포함한다.[2]

2) 행   위

본죄의 행위는 허위사실의 유포, 기타 위계로써 신용을 훼손하는 것이다.

① 허위사실의 유포

(가) 허위사실   객관적 진실에 합치되지 않는 사실을 의미하며 그 사실의 전부 또는 일부가 허위인지는 관계없다. 허위사실을 스스로 날조했는가, 전해서 들은 것인가, 전해서 들은 것이면 그 출처나 근거가 신빙성이 있는가도 불문한

---

1) 정성근/정준섭, 140면은 신용을 행위객체인 동시에 보호객체로 본다.
2) 김성돈, 233면은 자연인 중 신용의 주체라고 할 수 없는 어린아이는 제외된다고 본다.

다. 허위의 사실 속에 반드시 악사·추행의 내용이 포함되어 있을 필요도 없다.[1] 허위의 사실인 한 현재의 사실이나 과거의 사실뿐만 아니라 입증 가능한 미래의 사실도 포함된다. 그러나 단순한 의견진술이나 가치판단은 이에 해당하지 않는다.

판례

　　형법상 신용훼손죄는 허위사실의 유포 기타 위계로써 사람의 신용을 훼손할 것을 요하고, 여기서 허위사실의 유포라 함은 객관적으로 진실과 부합하지 않는 과거 또는 현재의 사실을 유포하는 것으로서 (미래의 사실도 증거에 의한 입증이 가능할 때에는 여기의 사실에 포함된다고 할 것이다.) 피고인의 단순한 의견이나 가치판단을 표시하는 것은 이에 해당하지 않는다. 갑은 8년전부터 남편 없이 3자녀를 데리고 생계를 꾸려왔을 뿐 아니라 피고인에 대한 다액의 채무를 담보하기 위해 갑의 아파트와 가재도구까지를 피고인에게 제공한 사실이 인정되니 위 갑이 집도 남편도 없는 과부라고 말한 것이 허위사실이 될 수 없고, 갑이 계주로서 계불입금을 모아서 도망가더라도 책임지고 도와줄 사람이 없다는 취지의 피고인의 말은 피고인의 갑에 대한 개인적 의견이나 평가를 진술한 것에 불과하여 허위사실의 유포라고 볼 수 없다.[2]

　　(나) 유　포　　불특정 또는 다수인에게 전파시키는 것을 말하며 그 방법은 불문한다. 언어에 의하건 문서에 의하건 관계가 없으며 행위자가 직접 공연히 유포하는 경우는 물론 순차로 불특정 또는 다수인에게 전파될 것을 인식하면서 특정인에게 허위사실을 고지한 경우도 포함한다.[3] 허위사실의 유포는 위계의 한 예시로 볼 수 있다.[4]

　　② 기타 위계

　　기타 위계란 허위사실의 유포 이외의 위계를 말하는데 위계란 상대방의 착오 또는 부지를 이용하거나 기망, 유포의 방법으로 판단을 그르치게 하는 일체의

---

1) 정성근/정준섭, 141면.
2) 대판 1983. 2. 8, 82도2486.
3) 김성돈, 256면; 김일수/서보학, 210면; 김혜정 외, 212면; 배종대, 206면; 백형구, 371면; 신동운, 727면; 이재상 외, 207면; 정성근/정준섭, 141면 등.
4) 대판 1961. 3. 22, 4293형상889.

행위를 의미한다. 위계는 비밀로 행하든 공공연하게 행하든 불문하며 위계의 상대방과 신용을 훼손당하는 자가 동일인일 필요도 없다.[1]

③ 신용의 훼손

신용이란 경제적 신용, 사람의 지급능력 또는 지급의사에 대한 사회적 신뢰[2]를 의미하고, 신용의 훼손이란 사람의 지급능력 또는 지급의사에 대한 사회적 신뢰를 저하시킬 우려가 있는 상태를 발생하게 하는 것을 의미하며, 이로써 기수가 된다. 신용훼손의 결과가 현실적으로 발생하였을 것을 요하지 않는다(추상적 위험범).[3]

(2) 주관적 구성요건

본죄는 미필적 고의로써 족하다.[4] 허위사실을 진실한 사실로 오인한 경우에는 구성요건적 착오로서 고의가 조각되고 과실범의 문제만 남게 되나 본죄에서는 과실범 처벌규정이 없으므로 무죄이다. 반대로 진실의 사실을 허위로 오인하고 본죄를 범하고자 하였다면 본죄의 불능미수가 되나, 미수범 처벌규정이 없으므로 역시 무죄이다.

3. 죄수 및 타죄와의 관계

허위사실을 유포하고 또 다른 위계도 사용하여 타인의 신용을 훼손한 경우에는 포괄일죄가 된다. 공연히 허위의 사실을 적시하여 명예와 신용을 훼손한 경우에는 명예훼손죄와 신용훼손죄의 상상적 경합이 된다는 견해[5]가 있으나 신용훼손죄를 명예에 관한 죄의 일종을 보는 한 법조경합의 특별관계로서 신용훼손죄만 성립한다고 보아야 할 것이다.[6] 진실의 사실로서 명예와 신용을 훼손하면 신용훼손죄는 성립하지 않으므로 당연히 명예훼손죄만 성립한다. 하나의 행위로 신용을

---

1) 김성돈, 256면; 김일수/서보학, 211면; 김혜정 외, 212면; 명형식/7인공저, 216면; 배종대, 206면; 정성근/정준섭, 141면 등.
2) 대판 2011. 5. 13, 2009도5549; 대판 2006. 5. 25, 2004도1313.
3) 대판 2011. 9. 8, 2011도7262. "신용훼손죄의 성립에 있어서는 신용훼손의 결과가 실제로 발생함을 요하는 것이 아니고, 신용훼손의 결과를 초래할 위험이 발생하는 것이면 족하다."
4) 대판 2006. 12. 7, 2006도3400; 대판 2006. 5. 25, 2004도1313; 대판 2004. 4. 9, 2004도340 등.
5) 명형식/7인공저, 217면; 박상기/전지연, 545면; 백형구, 372면; 정성근/정준섭, 142면; 황산덕, 240면 등.
6) 김성돈, 257면; 김성천/김형준, 275면; 김일수/서보학, 212면; 김혜정 외, 213면; 배종대, 207면; 오영근, 177면; 이재상 외, 207면; 임웅, 257면 등.

훼손하고 업무도 방해한 경우에는 양죄의 상상적 경합이 된다.[1]

Ⅱ. 업무방해죄

*제313조(신용훼손)의 방법(허위사실의 유포 기타 위계) 또는 위력으로써 사람의 업무를 방해한 자는 5년 이하의 징역 또는 1,500만원 이하의 벌금에 처한다(제314조 제1항).
*컴퓨터 등 정보처리장치 또는 전자기록 등 특수매체기록을 손괴하거나 기타 방법으로 허위의 정보 또는 부정한 명령을 입력하거나 기타 방법으로 정보처리에 장애를 발생하게 하여 사람의 업무를 방해한 자도 제1항의 형과 같다(제314조 제2항).

1. 업무방해죄

(1) 의 의

본죄는 경제적 활동으로서의 업무뿐만 아니라 사회적 활동으로서의 모든 업무가 자유롭고 안전하게 이루어질 수 있도록 하기 위한 것이다.

추상적 위험범이자 거동범이다.

(2) 구성요건

1) 객관적 구성요건

① 객 체

본죄의 객체는 사람의 업무이다.[2] 업무는 명예나 신용과는 달리 단순한 관념적 형상이 아니고 일정한 실체를 지닌 행위의 대상이다.

(가) 사 람   본죄의 객체인 업무의 주체는 사람이다. 업무의 주체인 사람에는 자연인인 타인은 물론 법인, 법인격 없는 단체도 모두 포함된다.[3]

(나) 업 무

ⓐ 업무의 의의: 업무란 사람이 그 사회생활상의 지위에 따라 계속적으로 종사하는 사무 또는 사업을 의미한다. 반드시 경제적인 사무에 국한되지 않고 보수의 유무, 영리의 목적 유무를 불문하며 계속적으로 종사하는 것인 한 주

---

1) 김성돈, 257면; 김일수/서보학, 212면; 김혜정 외, 213면; 박상기/전지연, 545면; 배종대, 207면; 오영근, 177면; 정성근/정준섭, 142면; 황산덕, 240면 등.
2) 김성돈, 235면; 김일수/서보학, 213면; 김혜정 외, 214면; 박상기/전지연, 547면 등.
3) 대판 2018. 5. 15, 2017도19499; 대판 2007. 12. 27, 2005도6404.

된 업무이든 부수적인 업무이든 상관없다.[1] 상사의 명령에 의하여 그 직장의 업무를 수행하는 경우에는 일시적인 것이라도 업무에 해당한다고 보아야 할 것이다.[2] 그렇지만 계속하여 행하는 사무가 아닌 공장의 이전과 같은 일시적인 사무, 오락을 위한 일시적인 수렵 등은 업무에 해당하지 않는다. 직업이나 사회생활의 지위에 기한 것이라고 보기 어려운 단순한 개인적인 일생생활의 일환으로 행하여지는 사무는 업무방해죄의 보호대상인 업무에 해당하지 않는다.[3]

본죄의 업무는 형법상 보호할 가치가 있는 업무(정당한 업무)여야 한다. 형법상 보호할 가치가 있는지 여부는 그 사무가 사실상 평온하게 이루어지는 사회적 활동으로 볼 수 있는가에 따라 결정되며[4] 그 업무가 반드시 적법하거나 유효할 것을 필요로 하는 것은 아니다. 따라서 업무의 개시나 수행과정에 실체상 또는 절차상의 하자가 있더라도 그 정도가 사회생활상 도저히 용인할 수 없는 정도로 반사회성을 띠거나 그와 동등한 평가를 받는 정도에 이르지 않는 한 본죄의 업무에 해당한다.[5] 판례도 타인의 위법한 행위에 의한 침해로부터 보호할 가치가 있는 것인 한 그 업무의 기초가 된 계약 또는 행정행위 등이 반드시 적법해야 하는 것은 아니라는 입장을 취하고 있으며 무효인 계약에 근거하여 토지를 경작하는 경우도 본죄의 업무에 해당하는 것으로 보고 있다.[6] 또한 단순히 행정적 훈시규정에 위배하는 영업도 본죄의 업무에 해당한다. 반면에 정당한 권한 없이 점포를 철거하는 행위[7]와 같이 정당한 업무수행이 아닌 경우에는 본죄의 업무에 해당하지 않으므로 이를 방해하여도 본죄가 성립하지 않는다. 성매매업[8]이나 공인중개사 아닌 자의 중개업[9] 등과 같은 불법영업이 본죄의 업무에 해당하지 않음은 물론이다.

---

1) 대판 1985. 4. 9, 84도300; 대판 1961. 4. 12, 4292형상769 등.
2) 대판 1971. 5. 24, 71도399.
3) 대판 2017. 11. 9, 2014도3270.
4) 대판 1986. 12. 23, 86도1327.
5) 대판 2015. 4. 23, 2013도9828; 대판 2013. 11. 28, 2013도4430; 대판 1996. 11. 12, 96도2214.
6) 대판 2006. 3. 9, 2006도382; 대판 1981. 6. 28, 81도944; 대판 1980. 11. 25, 79도1956; 대판 1960. 8. 3, 4293형상397 등.
7) 대판 1967. 10. 31, 67도1086.
8) 대판 2011. 10. 13, 2011도7081.
9) 대판 2007. 1. 12, 2006도6599.

판 례 ///////////////////////

1. 업무를 부정한 경우

학생들이 학교에 등교하여 교실에서 수업을 듣는 것(대판 2013. 6. 14, 2013도3829), 개인적인 용무로 고속버스를 타기 위해 인근 건물주차장에 차를 주차한 행위(대판 2017. 11. 9, 2014도3270), 건물임대인이 구청장의 조경공사 촉구지시에 따라 행한 1회적 조경공사(대판 1993. 2. 9, 92도2929), 법원의 직무집행정지 가처분결정에 의하여 그 직무집행이 정지된 자가 법원의 결정에 반하여 직무를 수행한 경우(대판 2002. 8. 23, 2001도5592), 공인중개사가 아닌 사람이 중개업을 영위하는 경우(대판 2007. 1. 12, 2006도6599), 성매매(알선) 업소의 운영(대판 2011. 10. 13, 2011도7081), 의료인이나 의료법인이 아닌 자가 의료기관을 개설하여 운영하는 행위(대판 2001. 11. 30, 2001도2015). 타인이 점유하여 경작하는 토지의 소유자가 적법한 절차에 의하여 점유이전을 받지 못한 상태에서 그 토지를 임의로 경작하는 행위(대판 1975. 12. 23, 74도3255)

2. 업무로 인정한 경우

입주자들의 신분확인절차에 하자가 있는 아파트 관리규약에 따른 아파트 주민투표(대판 2015. 4. 23, 2013도9828), 관리인선임에 무효사유가 있는, 아파트관리단 총회에서 재임명된 경리의 경리수행업무(대판 2006. 3. 9, 2006도382), 전국철도노동조합이 한국철도공사와의 단체교섭 결렬을 이유로 파업을 예고한 상태에서 파업 예정일 하루 전에 사용자 측 교섭위원인 갑이 직원들을 상대로 설명회를 개최하는 경우[1](대판 2013. 1. 10, 2011도15497), 종중 정기총회를 주재하는 종중 회장의 의사진행업무는 그 자체가 1회성이 있어도 업무에 해당(대판 1995. 10. 12, 95도1589), 피고인의 명의로 등록되어 있는 피해자가 운영하는 학원을 임의로 폐원신고한 경우(대판 2005. 3. 25, 2003도5004)

ⓑ **업무상 과실치사상죄의 업무와의 차이점:** i) 업무상 과실치사상죄(제268조)의 업무는 생명·신체에 대한 위험을 방지하는 업무이지만 본죄의 업무에는 이러한 제한이 없고, ii) 오락을 위한 일시적인 자동차운전이나 수렵 등이 업무상과실치사상죄의 업무에는 해당하나 업무방해죄의 업무에는 해당한다고 볼 수 없고, iii) 업무방해죄의 업무는 형법상 보호할 가치가 있는 업무에 국한되나

---

1) 이 경우 파업을 앞둔 상태에서 사용자가 직원을 상대로 한 설명회의 개최가 근로자가 노동조합을 운영하는 것을 지배하거나 개입하는 행위에 해당한다면 노사관계법위반이므로 보호가치 있는 업무에 해당하지 않지만, 판례는 설명회의 개최는 지배개입행위가 아니라고 보았다.

업무상 과실치사상죄의 업무에는 아무런 제한이 없다는 점에서 업무방해죄의 업무는 업무상 과실치사상죄의 업무와 구분된다.[1]

ⓒ **공무의 포함 여부:** 본죄의 업무에 공무가 포함되는가에 관해서는 견해의 대립이 있다.

ⅰ) 본죄의 업무에 공무가 포함된다는 견해(공무포함설)는 본죄의 본질이 사람의 사회적 활동의 자유를 보호하는데 있으므로 공무, 사무를 구별할 필요가 없다고 보면서 공무를 업무에 당연히 포함시켜야 하지만 공무집행방해죄가 성립하는 경우에 한하여 법조경합에 의하여 공무집행방해죄만 성립한다고 주장한다.[2] 적극설이라고도 불리는 이 견해는 공무를 본죄의 업무에서 제외하면 위력에 의한 공무방해를 처벌할 수 없게 되어 불합리하다는 것도 논거로 한다.

ⅱ) 공무를 본죄의 업무에서 제외해야 한다는 견해(공무제외설), 즉 소극설은 본죄가 개인의 경제활동의 자유를 보호하는 범죄라는 관점에서 본죄의 업무를 개인의 재산적 질서나 사적 경제생활에 관한 것으로 한정시킬 것을 주장한다.[3]

ⅲ) 절충설은 비공무원의 공무수행(예컨대 관공서의 사환이나 고용인의 심부름), 비권력적 공무수행 그리고 공무 중 폭행·협박·위계 이외의 수단으로 방해한 것은 본죄의 업무에 포함된다고 본다.[4]

생각건대, 행위수단의 측면에서 업무방해죄가 공무집행방해죄보다 성립범위가 상대적으로 넓다. 그러나 이는 형법이 공무원에 대하여 일정한 정도의 수인의무를 부과한 것으로 보아야 한다. 국가기능으로서의 공무란 일반인의 업무만큼 강하게 보호받아야 할 대상이 아니며, 오히려 공무원은 국민에 대한 종사자로서 공무에 대한 국민의 항의나 저항을 수인해야 할 지위에 있는 자이다. 따라서 본죄의 업무에는 공무가 포함되지 않는다고 봄이 타당하다. 판례 역시 본죄

1) 이재상 외, 210면.
2) 김성천/김형준, 235면: 김일수/서보학, 215면: 서일교, 112면: 이정원, 256면: 임웅, 262면: 정영일, 107면 등.
3) 김성돈, 261면: 김혜정 외, 216면: 배종대, 209면: 백형구, 374면: 오영근, 180면: 유기천(상), 188면: 이재상 외, 211면 등.
4) 권문택, 업무방해죄의 문제점, 고시계, 1979. 5, 47면: 정성근/정준섭, 144면: 황산덕, 241면 등. 그러나 이재상 외, 211면 등에 의하면, 이 견해에 대해서는 관공서의 고용인, 우편집배원 등도 공무집행죄에 있어서의 공무원이라고 해석해야 하고 공무원인 이상 그 공무가 권력적 작용인가 아닌가는 공무집행방해죄의 해석에 영향을 미치지 아니하므로 이러한 구분은 의미가 없다는 비판이 제기된다.

에는 공무가 포함되지 않는다고 판시하였다.[1]

② 행 위

허위의 사실을 유포하거나 위계 기타 위력으로써 업무를 방해하는 것이다.

(가) 허위사실의 유포   허위사실의 유포는 객관적 진실에 반하는 사실을 불특정 또는 다수인에게 전파하는 행위로서 위계의 한 예시이다. 허위의 사실을 유포한다고 함은 반드시 기본적 사실이 허위여야 하는 것은 아니고, 비록 기본적 사실이 진실이더라도 이에 허위사실을 상당 정도 부가시킴으로써 타인의 업무를 방해할 위험이 있는 경우도 포함되지만, 그 내용 전체의 취지를 살펴볼 때 중요한 부분이 객관적 사실과 합치되고 단지 세부에 있어 약간의 차이가 있거나 다소 과장된 표현이 있는 정도에 불과하여 타인의 업무를 방해할 위험이 없는 경우는 이에 해당하지 않는다.[2] 상세한 내용은 신용훼손죄에서 설명한 것과 같다.

(나) 기타 위계   위계란 상대방의 착오 또는 부지를 이용하거나 기망·유혹의 방법으로 상대방을 착오에 빠지게 하거나 판단을 그르치게 하는 일체의 행위를 의미한다.[3]

이에 해당하는 예로서 동종 또는 유사한 상호나 상표를 사용하여 고객을 빼앗는 경우, 타인의 어장의 해저에 장애물을 넣어 어업을 못하게 한 경우, 종업원을 유혹하여 도망치게 함으로써 유흥영업을 못하게 한 경우, 전용시설권 없는 의장권을 경락받은 자가 자기에게만 실시권이 있는 것처럼 주장하면서 물품판

---

1) 대판 2009. 11. 19, 2009도4166 전원합의체 판결. "업무방해죄와 공무집행방해죄는 그 보호법익과 보호대상이 상이할 뿐만 아니라 업무방해죄의 행위유형에 비하여 공무집행방해죄의 행위유형은 보다 제한되어 있다. 즉 공무집행방해죄는 폭행, 협박에 이른 경우를 구성요건으로 삼고 있을 뿐 이에 이르지 아니하는 위력 등에 의한 경우는 그 구성요건의 대상으로 삼고 있지 않다. 또한, 형법은 공무집행방해죄 외에도 여러 가지 유형의 공무방해행위를 처벌하는 규정을 개별적·구체적으로 마련하여 두고 있으므로, 이러한 처벌조항 이외에 공무의 집행을 업무방해죄에 의하여 보호받도록 하여야 할 현실적 필요가 적다는 측면도 있다. 그러므로 형법이 업무방해죄와는 별도로 공무집행방해죄를 규정하고 있는 것은 사적 업무와 공무를 구별하여 공무에 관해서는 공무원에 대한 폭행, 협박 또는 위계의 방법으로 그 집행을 방해하는 경우에 한하여 처벌하겠다는 취지라고 보아야 한다. 따라서 공무원이 직무상 수행하는 공무를 방해하는 행위에 대해서는 업무방해죄로 의율할 수는 없다."

2) 대판 2006. 9. 8, 2006도1580.

3) 대판 1992. 6. 9, 91도2221은 "위계라 함은 행위자의 행위목적을 달성하기 위하여 상대방에게 오인, 착각 또는 부지를 일으키게 하여 이를 이용하는 것을 말하며 상대방이 이에 따라 그릇된 행위나 처분을 하였다면 위계에 의한 업무방해죄가 성립된다"고 판시하였다.

매의 중지와 불응하면 제재하겠다는 통지문을 발송한 경우,[1] 노조의 집행부가 회사와 협의 없이 일방적으로 휴무를 결정하고 유인물을 배포하여 유급휴일로 오인한 근로자들의 결근으로 인하여 공장가동이 불가능하게 된 경우,[2] 시험문제의 유출로 입시감독업무를 방해한 경우[3] 등을 들 수 있다.

그러나 위계를 사용하였더라도 이로 인하여 업무와 관련하여 오인, 착각 또는 부지를 일으킨 상대방이 없었다면 위계행위 자체가 존재하지 않는다고 보아야 한다.

판 례

위계의 상대방이 존재하지 않아서 위계행위가 성립하지 않는다고 본 경우

피고인이 전화금융사기 편취금을 혼자 한꺼번에 자동화기기를 통해 무매체 입금하는 것임에도 마치 여러 명이 각각 피해자 은행들의 '1인 1일 100만원' 한도를 준수하면서 입금하는 것처럼 가장하여 전화금융사기 조직원으로부터 제공받은 제3자의 이름과 주민등록번호를 자동화기기에 입력한 후 100만원 이하의 금액으로 나누어 불상의 계좌로 무매체 입금한 경우(대판 2022. 5. 12. 2022도3265: 무매체 입금거래가 완결되는 과정에서 은행 직원 등 다른 사람의 업무가 관여되었다고 볼 수 없음: 대판 2022. 2. 11. 2021도15246: 전화금융사기를 은행의 자동화기기 무통장·무카드 입금거래를 통해 행한 경우에도 은행직원등 다른 사람의 업무가 관여되었다고 볼 수 없음), 신규직원 채용권한을 가지고 있는 지방공사 사장이 시험업무 담당자들에게 지시하여 상호 공모 내지 양해 하에 시험성적조작 등의 부정한 행위를 한 경우(대판 2007. 12. 27. 2005도6404: 공사인 법인의 업무는 타인의 업무에 해당하나, 시험업무담당자들과 부정행위를 공모하였으므로 위계의 상대방이 없음)

(다) 위 력   위력이란 사람의 의사의 자유를 제압, 혼란케 할 만한 일체의 세력을 의미하여 폭행·협박은 물론 사회적·경제적·정치적 지위나 권세에 의한 압박을 이용하는 것도 위력에 속한다. 현실적으로 피해자의 자유의사가 제압

---

1) 대판 1997. 4. 26. 76도2446.
2) 대판 1992. 6. 9. 91도2221.
3) 대판 1991. 11. 12. 91도2211은 "피고인이 갑이 출제교수들로부터 대학원 신입생전형 시험문제를 제출받아 피고인 을·병에게 그 시험문제를 알려주자 그들이 답안 쪽지를 작성한 다음 이를 답안지에 그대로 베껴 써서 그 정을 모르는 시험감독에게 제출한 경우, 위계로써 입시감독업무를 방해한 것이므로 업무방해죄에 해당한다"고 보았다.

될 것을 요하는 것은 아니지만, 범인의 위세, 사람 수, 주위의 상황 등에 비추어 피해자의 자유의사를 제압하기 족한 세력을 의미하는 것으로서, 위력에 해당하는지는 범행의 일시·장소, 범행의 동기, 목적, 인원수, 세력의 태양, 업무의 종류, 피해자의 지위 등 제반 사정을 고려하여 객관적으로 판단하여야 하고, 피해자 등의 의사에 의해 결정되는 것은 아니다.[1] 또한, 업무방해죄의 위력은 반드시 업무에 종사 중인 사람에게 직접 가해지는 세력만을 의미하는 것은 아니고, 사람의 자유의사를 제압하기에 족한 일정한 물적 상태를 만들어 사람으로 하여금 자유로운 행동을 불가능하게 하거나 현저히 곤란하게 하는 행위도 이에 포함될 수 있다.[2] 그러나 단순한 욕설은 위력으로 볼 수 없다.[3]

(라) 파업의 경우   쟁의행위로서 집단적인 노무제공의 거부인 파업이 업무방해죄에서의 위력에 해당하는가의 문제이다. 근로자는 원칙적으로 헌법상 보장된 기본권으로서 근로조건 향상을 위한 자주적인 단결권·단체교섭권 및 단체행동권을 가지므로, 쟁의행위로서 파업이 언제나 업무방해죄에 해당하는 것은 아니다. 즉, 전후 사정과 경위 등에 비추어 사용자가 예측할 수 없는 시기에 전격적으로 이루어져 사용자의 사업운영에 심대한 혼란 내지 막대한 손해를 초래하는 등으로 사용자의 사업계속에 관한 자유의사가 제압·혼란될 수 있다고 평가할 수 있는 정도에 이르러야 비로소 집단적 노무제공의 거부가 위력에 해당하여 업무방해죄가 성립한다고 보는 것이 타당하다.[4]

과거에는 다수의 근로자들이 상호 의사연락 하에 집단적으로 작업장을 이탈하거나 결근하는 등 근로의 제공을 거부함으로써 사용자의 생산, 판매 등 업무의 정상적인 운영을 저해하여 손해를 발생하게 하였다면, 그와 같은 행위가 노동관계법령에 따른 정당한 쟁의행위로서 위법성이 조각되는 경우가 아닌 한, 본죄가 성립한다고 보았다. 즉, 위법성이 조각되지 않으면 모두 업무방해죄가 된다

---

1) 대판 2022. 9. 7, 2021도9055(마트산업노동조합 간부와 조합원인 피고인들이 공모하여, 대형마트 지점 2층 매장 안에서 '부당해고'라고 쓰인 피켓을 들고 지점장 갑과 대표이사 등 임직원들을 따라다니며 "강제전배 멈추어라, 통합운영 하지마라, 직원들이 아파한다, 부당해고 그만하라."라고 고성을 지르는 방법으로 약 30분간 갑의 현장점검 업무를 방해한 것이 업무방해죄의 위력이 아니라고 본 사례)
2) 대판 2009. 9. 10, 2009도5732; 대판 2009. 1. 30, 2008도7124; 대판 2007. 6. 14, 2007도2178; 대판 1987. 4. 28, 87도453 등.
3) 대판 1983. 10. 11, 82도2584.
4) 대판 2011. 3. 17, 2007도481 전원합의체 판결.

고 보았으나, 판례의 변경으로 업무방해죄의 성립을 상당한 정도로 제한하게 된 것이다.

예컨대, 철도노동조합과 산하 지방본부 간부인 피고인들이 '구내식당 외주화 반대' 등 한국철도공사의 경영권에 속하는 사항을 주장하면서 업무 관련 규정을 지나치게 철저히 준수하는 등의 방법으로 안전운행투쟁을 전개하여 열차가 지연 운행되도록 한 경우, 열차지연 운행 횟수나 정도 등에 비추어 안전운행투쟁으로 말미암아 한국철도공사의 사업운영에 심대한 혼란 내지 막대한 손해가 초래될 위험이 있었다고 하기 어렵고, 그 결과 한국철도공사의 사업계속에 관한 자유의사가 제압·혼란될 수 있다고 평가할 수 없다면 업무방해죄가 성립하지 않는다.[1]

판 례

1. 위력의 행사를 인정한 경우

음식점이나 다방에서 고함을 지르고 난동을 하는 경우(대판 1961. 2. 24, 4293형상864), 영업을 하지 못하도록 단전한 경우(대판 1983. 11. 8, 83도1798), 마이크를 빼앗고 피해자를 비방하면서 걸려있는 현수막을 제거하고 회의장에 들어가려는 대의원들을 회의에 참석하지 못하게 하여 유림총회의 회의개최를 방해한 경우(대판 1991. 2. 13, 90도2501), 피해자가 경작 중이던 농작물을 트랙터를 이용하여 갈아엎은 다음 그곳에 이랑을 만들고 새로운 농작물을 심어 피해자의 자유로운 논밭 경작 행위를 불가능하게 하거나 현저히 곤란하게 한 경우(대판 2009. 9. 10, 2009도5732), 옥외집회시 고성능 확성기를 사용하여 사무실내 전화통화 및 대화를 어렵게 한 경우(대판 2004. 10. 15, 2004도4467), 피해자의 사업장 출입을 금지하기 위하여 출입문에 설치된 자물쇠의 비밀번호를 변경한 경우(대판 2009. 4. 23, 2007도9924)

2. 위력의 행사를 부정한 경우

갑과 토지 지상에 창고를 신축하는데 필요한 형틀공사 계약을 체결한 후 그 공사를 완료하였는데, 갑이 공사대금을 주지 않는다는 이유로 위 토지에 쌓아둔 건축자재를 치우지 않고 공사현장을 막은 행위(공사완료 후 비록 공사대금 수령목적으로 건축자재를 치우지 않았더라도 그와 같은 부작위가 적극적인 위력에 의한 방해행위와 동등한 형법적 가치를 가진다고 볼 수 없음, 대판 2017. 12. 22, 2017도13211), 갑 회사가 을에게 사우나를 인계하는 과정에서 자신을 부당하게 해고하였다는 이유로 화가 나 그곳

---

1) 대판 2014. 8. 20, 2011도468.

전기배전반의 위치와 각 스위치의 작동방법 등을 알려주지 않은 경우(대판 2017. 11. 9, 2017도12541), '공사를 당장 중지하라'고 하면서 피해자 및 인부들에게 나가라고 고함을 질러 약 30여 분간 창문교체 공사가 이뤄지지 못하게 한 정도(대판 2016. 10. 27, 2016도10956), 피고인이 골프장의 경기보조원들에게 출장을 거부하게 한 정도의 행위(대판 2013. 5. 23, 2011도12440)

③ 업무의 방해

업무를 방해한다는 것은 업무의 집행 그 자체를 방해하는 경우뿐만 아니라 사업의 경영을 저해하는 경우도 포함하며, 업무의 적정성 내지 공정성이 방해된 경우도 해당한다.[1] 업무방해는 부작위로도 가능하나, 부작위에 의하여 업무방해를 하려면 부작위를 실행행위로서의 작위와 동일시 할 수 있어야 한다. 본죄는 추상적 위험범이다. 따라서 업무방해의 결과를 초래할 위험이 발생하면 족하고 현실적으로 방해의 결과가 발생할 것을 요하지 않는다.[2]

2) 주관적 구성요건

행위수단과 업무방해에 대한 인식·인용이 모두 있어야 하므로 폭행이나 협박에 대한 인식만 있었던 경우에는 비록 업무방해의 위험이나 결과가 발생되었다고 할지라도 본죄는 성립하지 않고 단지 폭행죄나 협박죄가 성립할 수 있을 뿐이다.

3) 구성요건해당성인정에 신중해야 할 필요성

본죄는 업무와 행위수단(위계·위력 등)의 폭이 모두 넓을 뿐만 아니라 추상적 위험범이므로 업무방해 결과가 실제로 발생할 필요조차 없다. 그러므로 경미한 사항까지도 형식논리적 사고에 따라 본죄에 해당한다고 볼 우려가 있다. 이러한 오류를 피하기 위해서는 비록 외형상 구성요건을 갖추더라도 행위 당시의 모든 정황을 고려할 때 업무방해죄로서 당연히 형사처벌을 해야 할 정도의 행위반가치와 결과반가치를 인정할 수 있는가를 신중하게 판단해야 할 것이다.

이러한 관점에서 공장을 양도한 후 계약을 위배하여 외상채무자로부터 외상대금을 수령한 경우[3]와 어장의 대표자가 후임자에게 어장에 대한 허위의 채권

---

1) 대판 2008. 1. 17, 2006도1721.
2) 대판 1992. 4. 10, 91도3044; 대판 1992. 3. 31, 92도58; 대판 1991. 6. 28, 91도944; 대판 1960. 8. 3, 4293형상397 등.
3) 대판 1984. 5. 9, 83도2270.

을 주장하면서 어장의 인도를 거절한 것1)만으로는 위계에 의한 업무방해로 되지 않는다든가 부녀자인 피고인이 논둑에 서서 벼를 베고 있는 피해자 2인에게 벼를 베기만 하면 좋지 못하다고 말한 것으로는 사회통념상 벼를 베는 업무를 방해할 정도의 위력이라고 할 수 없다는 판례2)의 입장을 이해할 수 있다. 그러나 단순히 타인 명의의 허위 학력자 경력을 기재한 이력서를 제출하여 위장취업을 한 사실을 업무방해로 본 판례3)에 대하여서는 비판이 제기되고 있다.4)

판 례 //////////////////////

　　임용심사업무 담당자로서는 피고인에게 학력 관련 서류의 제출을 요구하여 이력서와 대조 심사하였더라면 문제를 충분히 인지할 수 있었음에도 불구하고, 업무담당자의 불충분한 심사로 인하여 허위 학력이 기재된 이력서를 믿은 것이므로 피고인의 위계행위에 의하여 업무방해의 위험성이 발생하였다고 할 수 없다.5) 이처럼 상대방으로부터 신청을 받아 상대방이 일정한 자격요건 등을 갖춘 경우에 한하여 그에 대한 수용 여부를 결정하는 업무에 있어서는 신청서에 기재된 사유가 사실과 부합하지 않을 수 있음을 전제로 그 자격요건 등을 심사·판단하는 것이므로, 그 업무담당자가 사실을 충분히 확인하지 아니한 채 신청인이 제출한 허위의 신청사유나 허위의 소명자료를 가볍게 믿고 이를 수용하였다면 이는 업무담당자의 불충분한 심사에 기인한 것으로서 신청인의 위계가 업무방해의 위험성을 발생시켰다고 할 수 없어 위계에 의한 업무방해죄를 구성하지 않는다고 할 것이지만, 신청인이 업무담당자에게 허위의 주장을 하면서 이에 부합하는 허위의 소명자료를 첨부하여 제출한 경우 그 수리 여부를 결정하는 업무담당자가 관계 규정이 정한 바에 따라 그 요건의 존부에 관하여 나름대로 충분히 심사를 하였으나 신청사유 및 소명자료가 허위임을 발견하지 못하여 그 신청을 수리하게 될 정도에 이르렀다면 이는 업무담당자의 불충분한 심사가 아니라 신청인의 위계행위에 의하여 업무방해의 위험성이 발생된 것이어서 이에 대하여 위계에 의한 업무방해죄가 성립된다.6)

---

1) 대판 1984. 7. 10, 84도638.
2) 대판 1967. 1. 30, 66도1686.
3) 대판 1992. 6. 9, 91도2221.
4) 배종대, 212면은 학력·경력의 사칭 자체가 업무방해행위로 될 수 없다고 본다.
5) 대판 2009. 1. 30, 2008도6950.
6) 대판 2020. 9. 24, 2017도19283(갑, 을이 공모하여, 갑은 병 고등학교의 학생 정이 약 10개월 동안 총 84시간의 봉사활동을 한 것처럼 허위로 기재된 봉사활동확인서를 발급받아 을에게 교부하고, 을은 이를 정의 담임교사를 통하여 병 학교에 제출하여 정으로 하여금 2010년도 학교장 명의의

(3) 위법성

업무를 방해하는 행위가 정당행위, 정당방위, 긴급피난, 자구행위[1]로 되거나 피해자의 승낙[2]에 의하여 행하여진 경우에는 위법성이 조각된다.

이들 중 특히 정당행위는 노동쟁의행위와 관련하여 자주 거론되고 있다. 노동쟁의행위가 법령의 테두리 내에서 이루어진 경우에는 법령에 의한 행위로서 정당행위로 됨은 물론이다. 근로자의 쟁의행위가 형법상 정당행위에 해당하려면, ① 주체가 단체교섭의 주체로 될 수 있는 자이어야 하고, ② 목적이 근로조건의 향상을 위한 노사 간의 자치적 교섭을 조성하는 데에 있어야 하며, ③ 사용자가 근로자의 근로조건 개선에 관한 구체적인 요구에 대하여 단체교섭을 거부하였을 때 개시하되 특별한 사정이 없는 한 조합원의 찬성결정 등 법령이 규정한 절차를 거쳐야 하고, ④ 수단과 방법이 사용자의 재산권과 조화를 이루어야 함은 물론 폭력의 행사에 해당되지 아니하여야 한다는 조건을 모두 구비하여야 한다. 이러한 기준은 쟁의행위의 목적을 알리는 등 적법한 쟁의행위에 통상 수반되는 부수적 행위가 형법상 정당행위에 해당하는지 여부를 판단할 때에도 동일하게 적용된다.[3] 또한 앞서 본 바와 같이 비록 파업 등의 쟁의행위가 법령에 위반된다고 하여도 곧바로 업무방해죄가 성립하는 것은 아니다(파업 부분 참조).

(4) 죄 수

위계를 수회 반복하거나 위계와 위력을 함께 사용한 경우에도 본죄 하나만 성립한다. 하나의 행위로써 업무방해와 아울러 신용을 훼손한 때에는 본죄와 신용훼손죄(제313조)의 상상적 경합이 된다. 업무를 방해한 행위가 동시에 배임죄(제355조)나 강요죄(제324조)에 해당하는 경우에도 양죄의 상상적 경합이 된다.

2. 컴퓨터 등 업무방해죄

(1) 의 의

본죄는 컴퓨터 등 정보처리장치 또는 전자기록 등 특수매체기록을 손괴하거

봉사상을 수상하도록 하는 방법으로 위계로써 학교장의 봉사상 심사 및 선정 업무를 방해하여 업무방해죄가 성립한다고 본 사례); 대판 2010. 3. 25, 2008도4228; 대판 2007. 12. 27, 2007도5030.

1) 대판 1982. 6. 8, 82도805는 점유권을 보전하려는 행위가 사회통념상 인정되는 범위를 이탈하지 아니하는 한 위법성이 조각된다고 본다.
2) 대판 1983. 2. 8, 82도2486.
3) 대판 2022. 10. 27, 2019도10516.

나 정보처리장치에 허위의 정보 또는 부정한 명령을 입력하거나 기타 방법으로 정보처리에 장애를 발생하게 하여 사람의 업무를 방해함으로써 성립한다.

컴퓨터 등 정보처리장치와 전자기록 등의 이용이 보편화되고 그 중요성이 증대됨에 따라 형법은 이를 이용한 업무방해의 유형을 별도로 설정하여 조문화하였다.

본죄의 보호법익도 경제적 · 사회적 활동으로서의 업무의 자유와 안전이다. 본죄도 추상적 위험범에 해당한다.

(2) 구성요건

본죄의 행위는 컴퓨터 등 정보처리장치 또는 전자기록 등 특수매체기록을 손괴하거나 정보처리장치에 허위의 정보 또는 부정한 명령을 입력하거나 기타의 방법으로 정보처리에 장애를 발생하게 하여 사람의 업무를 방해하는 것이다.

① 컴퓨터 등 정보처리장치

정보처리장치란 스스로 독립적 · 자동적으로 계산이나 정보를 수집 · 처리 · 저장할 수 있는 전자장치를 의미하며, 컴퓨터는 그 예이다. 따라서 스스로 독립적인 정보처리능력을 갖추고 있지 못한 자동판매기, 자동개찰기, 휴대용 계산기 등은 본죄의 객체에 해당하지 않는다. 하드웨어가 여기에 해당함은 물론이나, 소프트웨어도 정보처리장치에 해당한다고 보는 견해[1]가 있지만 독자적 처리능력을 갖추지 못하였으므로 전자기록 등 특수매체기록에 해당한다고 봄이 타당하다.[2] 반면 판례는 정보처리장치에 해당한다고 본다.[3]

② 전자기록 등 특수매체기록

일정한 저장매체에 전자방식이나 자기방식 또는 광기술 등 이에 준하는 방식에 의하여 저장된 기록을 의미한다.[4] 따라서 광기술이나 광디스크를 이용한 기

---

1) 권오걸, 299면; 김일수/서보학, 216면; 배종대, 217면.
2) 김성돈, 267면; 오영근, 185면; 임웅, 265면.
3) 대판 2012. 5. 24, 2011도7943.
4) 특히 전자기록은, 그 자체로는 물적 실체를 가진 것이 아니어서 별도의 표시 · 출력장치를 통하지 아니하고는 보거나 읽을 수 없고, 그 생성 과정에 여러 사람의 의사나 행위가 개재됨은 물론 추가 입력한 정보가 프로그램에 의하여 자동으로 기존의 정보와 결합하여 새로운 전자기록을 작출하는 경우도 적지 않으며, 그 이용 과정을 보아도 그 자체로서 객관적 · 고정적 의미를 가지면서 독립적으로 쓰이는 것이 아니라 개인 또는 법인이 전자적 방식에 의한 정보의 생성 · 처리 · 저장 · 출력을 목적으로 구축하여 설치 · 운영하는 시스템에서 쓰임으로써 예정된 증명적 기능을 수행한다(형법 제227조의2에 규정된 공전자기록등위작죄에 관한 대판 2005. 6. 9, 2004도6132 판결: 형법

록 등이 이에 해당한다. 또한 그 자체로서 객관적·고정적 의미를 가지면서 독립적으로 쓰이는 것이 아니라 개인 또는 법인이 전자적 방식에 의한 정보의 생성·처리·저장·출력을 목적으로 구축하여 설치·운영하는 시스템에서 쓰임으로써 예정된 증명적 기능을 수행하는 것은 전자기록에 포함된다.[1] 따라서 인터넷 계정의 아이디 및 비밀번호 등은 전자방식에 의하여 컴퓨터에 저장된 기록으로서 여기에 해당한다.[2] 특수매체기록은 정보를 수록하고 있는 매체와 그 매체에 수록된 정보를 모두 포함한다.

③ 손괴행위

정보처리장치나 전자기록 등 특수매체기록을 손괴한다는 것은 물리적인 파손은 물론 그 효용을 해치는 일체의 행위를 의미한다. 이러한 손괴행위가 업무를 방해하면 업무방해죄로 되나 그렇지 아니한 경우에는 재물손괴죄로 될 뿐이다.

④ 허위정보 또는 부정한 명령의 입력행위

객관적으로 진실에 반하는 내용의 정보를 입력하거나 정보처리장치를 운영하는 본래의 목적과 상이한 명령을 입력하는 것을 의미한다.[3] 비록 정보처리장치를 손괴하지 않더라도 부정한 명령을 입력하거나 기타의 방법, 예컨대 컴퓨터 바이러스를 침투시키거나 해킹의 방법으로 정보처리에 장애를 초래하고 이것이 업무를 방해하면 본죄가 성립한다. 또한 정보처리장치를 관리·운영할 권한이 없는 자가 그 정보처리장치에 입력되어 있던 관리자의 아이디와 비밀번호를 무단으로 변경한 경우에도 본죄가 성립한다.[4] 여기에서 부정한 명령을 입력시킨다는 것은 정보처리에 장애를 초래하는 행위의 한 예시라고 볼 수 있다.

⑤ 기타 방법

위에서 언급한 ③, ④의 방법은 장애발생의 예시이고 이밖에도 정보처리에 장애를 초래하는 기타의 방법이 모두 본죄의 행위수단에 해당한다. 여기에서 '기타 방법'이란 컴퓨터의 정보처리에 장애를 초래하는 가해수단으로서 컴퓨터의 작동에 직접·간접으로 영향을 미치는 일체의 행위를 말하지만, 본죄가 성립하

제232조의2에 규정된 사전자기록등위작죄에 관한 대판 2020. 8. 27, 2019도11294 전원합의체 판결 등 참조).

1) 형법 제232조의2에 규정된 사전자기록등위작죄에서의 전자기록에 관한 대판 2008. 6. 12, 2008도938 참조.
2) 대판 2022. 3. 31, 2021도8900.
3) 대판 2022. 5. 12, 2021도1533.
4) 대판 2006. 3. 10, 2005도382.

기 위해서는 위와 같은 가해행위의 결과 정보처리장치가 그 사용목적에 부합하는 기능을 하지 못하거나 사용목적과 다른 기능을 하는 등 정보처리의 장애가 현실적으로 발생하였을 것을 요한다.[1] 예컨대, 입출력장치 등 부속설비의 손괴, 온도 및 습도의 조절을 통한 작동방해, 통신회선의 절단 등이 이에 해당한다.

본죄의 업무를 방해한다는 의미는 제314조 제1항의 경우와 동일하다. 그러나 컴퓨터 등을 이용한다고 하여도 위와 같은 행위 없이, 컴퓨터 등 정보처리장치에 정보를 입력하는 등의 행위가 그 입력된 정보 등을 바탕으로 업무를 담당하는 사람의 오인, 착각 또는 부지를 일으킬 목적으로 행해진 경우에는 그 행위가 업무를 담당하는 사람을 직접적인 대상으로 이루어진 것이 아니라고 하여도 위계에 해당되므로 컴퓨터업무방해죄가 아닌 형법 제314조 제1항의 업무방해죄가 성립한다.[2]

판 례

메인 컴퓨터의 비밀번호는 시스템관리자가 시스템에 접근하기 위하여 사용하는 보안 수단에 불과하므로, 단순히 메인 컴퓨터의 비밀번호를 알려주지 아니한 것만으로는 컴퓨터등 업무방해죄가 성립하지 않는다.[3] 그러나 정보처리장치를 관리 운영할 권한이 없는 자가 그 정보처리장치에 입력되어 있던 관리자의 아이디와 비밀번호를 무단으로 변경하는 행위는 본죄에 해당한다.[4]

---

(3) 처벌 및 죄수

본죄의 처벌은 제314조 제1항의 경우와 같다. 추상적 위험범이므로 업무방해의 결과가 실제로 발생할 필요는 없다.[5] 본죄는 업무방해죄의 특별유형이므로

---

1) 대판 2010. 9. 30, 2009도12238. "피고인들이 불특정 다수의 인터넷 이용자들에게 배포한 '업링크 솔루션'이라는 프로그램은, 갑 회사의 네이버 포털사이트 서버가 이용자의 컴퓨터에 정보를 전송하는 데에는 아무런 영향을 주지 않고, 다만 이용자의 동의에 따라 위 프로그램이 설치된 컴퓨터 화면에서만 네이버 화면이 전송받은 원래 모습과는 달리 피고인들의 광고가 대체 혹은 삽입된 형태로 나타나도록 하는 것에 불과하므로, 이것만으로는 정보처리장치의 작동에 직접·간접으로 영향을 주어 그 사용목적에 부합하는 기능을 하지 못하게 하거나 사용목적과 다른 기능을 하게 하였다고 볼 수 없어 컴퓨터 등 장애 업무방해가 성립하지 않는다."
2) 대판 2013. 11. 28, 2013도5814.
3) 대판 2004. 7. 9, 2002도631.
4) 대판 2007. 3. 16, 2006도6663; 대판 2006. 3. 10, 2005도382.
5) 대판 2009. 4. 9, 2008도11978. "포털사이트 운영회사의 통계집계시스템 서버에 허위의 클릭정보

본죄가 성립하면 별도로 제314조 제1항의 업무방해죄는 성립하지 않는다. 업무방해죄에 공무가 포함되는가에 대한 논의와 관계없이, 위계에 의한 공무집행방해죄에는 컴퓨터 등을 수단으로 하지 않으므로, 본죄의 객체에는 공무도 포함된다.[1)]

손괴의 방법으로 본죄를 행하는 경우 손괴죄와 상상적 경합이 된다는 견해[2)]가 있으나, 손괴는 본죄의 수단에 불과하므로 법조경합에 의하여 본죄만이 성립한다고 봄이 타당하다.[3)]

III. 경매·입찰방해죄

*위계 또는 위력 기타 방법으로 경매 또는 입찰의 공정을 해한 자는 2년 이하의 징역 또는 700만원 이하의 벌금에 처한다(제315조).

1. 의   의

본죄는 위계 또는 위력 기타 방법으로 경매 또는 입찰의 공정을 해함으로써 성립하며 경매·입찰의 공정은 본죄의 보호법익이다. 본죄는 재산죄적 성격과 개인의 자유에 대한 죄의 성격을 함께 가지고 있다. 보호정도는 추상적 위험범이다.

2. 구성요건

(1) 객관적 구성요건

1) 객   체

본죄의 행위객체는 경매와 입찰이다.

경매란 매도인이 매수하려는 다수인에게 구두로 청약하도록 하고 그 중에서 최고가격의 청약자에게 매도를 승낙하여 매매를 성립시키는 것을 말하고 이러한 매매의 성립을 경락이라고 한다. 경쟁자들 사이에 서로 의사표시의 내용을

를 전송하여 검색순위 결정 과정에서 위와 같이 전송된 허위의 클릭정보가 실제로 통계에 반영됨으로써 정보처리에 장애가 현실적으로 발생하였다면, 그로 인하여 실제로 검색순위의 변동을 초래하지는 않았다 하더라도 '컴퓨터 등 장애 업무방해죄'가 성립한다.”

1) 박상기/전지연, 558면은 본죄와 위계에 의한 공무집행방해죄의 상상적 경합이 된다고 본다.
2) 김성천/김형준, 238면; 이재상 외, 219면.
3) 김성돈, 247면; 김일수/서보학, 219면; 김혜정 외, 222면; 박상기/전지연, 558면; 오영근, 187면; 임웅, 266면.

알 수 있다는 것이 경매의 한 특징이기도 하다.

입찰이란 경쟁계약에 있어서 경쟁에 참가한 다수인에게 문서로 계약내용을 표시하도록 하고 가장 유리한 청약자를 상대방으로 하여 계약을 체결하는 것을 말하며 이러한 계약체결을 낙찰이라고 부른다. 국가나 공공단체가 행하는 경매·입찰은 물론 사인이 행하는 경매·입찰도 본죄의 객체에 포함되며 경매 또는 입찰의 종류는 불문한다.

2) 행 위

위계 또는 위력 기타 방법으로 경매 또는 입찰의 공정을 해하는 것이다.

① 위 계

위계의 의미는 신용훼손죄에서, 위력의 의미는 업무방해죄에서 각각 설명한 것과 같다. 판례에 의하면 입찰방해죄에 있어서의 위력에는 폭행·협박은 물론 사회적·경제적·정치적 지위와 권세에 의한 압력 등도 포함된다.[1] 위계나 위력은 공정성을 해하는 수단의 예시이며 기타 방법은 위계·위력 이외에도 공정성을 해할 수 있는 수단을 모두 포괄하는 개념이다.

② 경매·입찰의 공정

경매·입찰의 공정을 해한다는 것은 경매·입찰에 있어서 위계·위력 등의 수단으로 적정한 가격을 형성하는 공정한 자유경쟁이 방해될 우려가 있는 상태를 발생시키는 것을 말한다.[2] 이에는 경매나 입찰의 적정한 가격결정을 해하는 행위뿐만 아니라 적법하고 공정한 경쟁방법을 해하는 행위[3]도 포함된다.

적정한(공정한) 가격의 기준이 무엇인가에 관하여서는 평균적인 시장가격을 내세우는 시장가격설[4]과 경매·입찰의 구체적 진행과정에서 얻어지는 경쟁가격설[5]의 대립이 있으나 경매·입찰의 특성에 비추어 경쟁가격설이 타당하다.

③ 담합행위

담합행위가 본죄를 구성하느냐의 문제가 있는데 담합의 목적이나 내용이 무엇인가에 따라 그 결과가 달라질 수 있다. 담합이란 경매·입찰에 참가하는 자

---

1) 대판 2000. 7. 6, 99도4079.
2) 이재상 외, 220면; 임웅, 267면; 정성근/정준섭, 151면 등.
3) 대판 2011. 1. 27, 2010도1191; 대판 2003. 9. 26, 2002도3924; 대판 1994. 11. 8, 94도2142; 대판 1991. 10. 22, 91도1961 등.
4) 강구진Ⅰ, 238면; 김일수/서보학, 225면; 백형구, 380면 등.
5) 김성돈, 272면; 박상기/전지연, 559면; 배종대, 219면; 이재상 외, 220면; 임웅, 267면; 정성근/정준섭, 151면; 최호진, 301면 등. 판례도 이러한 입장을 취한다(대판 1971. 4. 30, 71도519).

가 서로 통모하여 특정한 자가 경락 또는 입찰받도록 하기 위하여 기타의 자는 일정한 가격 이상 또는 그 이하로 호가 또는 입찰하지 아니할 것을 협정하는 행위를 말한다. 담합의 목적이 주문자의 가격의 범위 내에서 적정한 가격을 유지하면서 무모한 출혈경쟁을 방지하기 위하여 공정한 가격을 협정한 경우는 입찰·경매의 공정을 해한 것으로 볼 수 없으므로 본죄가 성립하지 않는다.[1] 그러나 적정한 가격형성을 해하거나[2] 부당한 이익을 얻을 목적으로 행하는 담합행위는 위계에 의한 경매·입찰 방해죄를 구성한다고 본다.[3] 그러나 각자가 일부씩 입찰에 참여하되 1인을 대표자로 하여 단독으로 입찰하게 하는 경우인 신탁입찰은 본죄에 해당하지 않는다.[4]

④ 경매·입찰의 공정을 해할 우려 있는 상태가 발생하면 기수가 된다.[5]

(2) 주관적 구성요건

고의외에 초과주관적 구성요건은 필요 없으며, 미필적 고의로써 족하다.

판 례

실제로는 수의계약을 체결하면서 입찰절차를 거쳤다는 증빙을 남기기 위하여 입찰을 전혀 시행하지 아니한 채 형식적인 입찰서류만을 작성하여 입찰이 있었던 것처럼 조작한 행위는 위 규정에서 말하는 입찰방해죄가 아니다.[6] 그러나 지명경쟁입찰의 시행자인 법인의 대표자가 특정인과 공모하여 그 특정인이 낙찰자로 선정될 수 있도록 예정가격을 알려 주고 그 특정인은 나머지 입찰참가인들과 담합하여 입찰에 응하였다면 입찰의 실시 없이 서류상으로만 입찰의 근거를 조작한 경우와는 달리 현실로 실시된 입찰의 공정을 해하는 것이므로 본죄가 성립한다.[7]

---

1) 대판 1983. 1. 18, 81도824; 대판 1982. 11. 9, 81도537; 대판 1971. 4. 20, 70도224; 대판 1959. 7. 24, 4291형상234 등.
2) 판례는 가장경쟁자를 조작하여 단독입찰을 경쟁입찰인 것처럼 가장한 경우에는 본죄가 성립한다고 본다(대판 1988. 3. 8, 87도2646; 대판 1976. 7. 13, 74도717 등).
3) 이재상 외, 221면.
4) 이재상 외, 221; 정성근/정준섭, 152면 등.
5) 대판 2003. 9. 26, 2002도3924; 대판 1994. 5. 24, 94도600 등.
6) 대판 2001. 2. 9, 2000도4700.
7) 대판 2007. 5. 31, 2006도8070.

제4장

사생활의 평온에 대한 죄

─·서 언·─

사생활의 평온이 부당하게 침해된다면 인간의 존엄성과 행복은 보장될 수 없다. 그러므로 사생활의 평온은 인간의 생존과 사회생활에 이어서 생명, 신체의 완전성, 자유 다음으로 중요한 인격적 법익으로 볼 수 있다.

사생활의 평온과 관련하여 헌법은 제17조에서 「모든 국민은 사생활의 비밀과 자유를 침해받지 아니한다」라고 규정하여 사생활의 비밀과 자유를 보장하고 제18조에는 「모든 국민은 통신의 비밀을 침해받지 아니한다」라는 규정을 통하여 특히 통신의 비밀을 보장한다. 또한 제16조에서는 「모든 국민은 주거의 자유를 침해받지 아니한다. 주거에 대한 압수나 수색을 할 때에는 검사의 신청에 의하여 법관이 발부한 영장을 제시하여야 한다」라고 규정하여 주거의 보장 규정을 두고 있다.

형법은 이러한 헌법규정에 부응하여 이를 형법적 측면에서 구체화하기 위한 규정으로서 비밀침해의 죄(제35장)와 주거침입의 죄(제36장)를 두고 있다.

제1절 비밀침해의 죄

§1. 서 설

Ⅰ. 의의 및 보호법익

비밀침해의 죄는 개인의 사생활에 있어서의 비밀을 침해하는 것을 내용으로 하는 범죄이다. 사람은 누구든지 일신, 가정 또는 사회생활을 영위함에 있어서 어떠한 비밀을 갖게 마련이며 개인의 비밀이 유지되는 것은 사생활의 평온을 위하여 매우 중요하다. 개인의 사생활의 내용이 부당하게 폭로된다면 개인생활의 평온은 깨어질 수밖에 없을 것이기 때문이다. 이러한 이유로 사생활의 비밀에 대한 보호는 이미 언급했듯이 헌법을 통하여 선언되고 있으며(제17조, 제18조) 형법은 제35장에서 비밀침해의 죄를 규정하고 있다.

비밀침해죄의 보호법익은 개인의 비밀이다. 여기에서 개인의 비밀이란 서신 등에 담겨진 사실로서의 실질적 비밀이라기보다는 봉함 기타 비밀장치를 했다는 사실을 통하여 드러나는 바와 같이 피해자가 비밀로 하려는 영역에 그 중점이 있다.

업무상 비밀누설죄의 보호법익도 개인의 비밀이며 그 중점은 의사 등 본죄의 주체에게 알려진 사실로서의 실질적 비밀이라기보다는 피해자가 비밀로 하려는 영역 내지 객관적으로 그렇게 볼 수 있는 영역의 보호에 있다. 그리고 더 나아가 일정한 직업에 종사하는 자는 그 직무 내지 업무와 관련하여 지득한 타인의 비밀을 지켜준다는 일반인의 신뢰도 부차적인 법익이 된다.[1]

보호정도는 모두 추상적 위험범이다.

---

1) 김성돈, 252면; 김성천/김준형, 283면; 김일수/서보학, 230면; 박상기/전지연, 567면; 이재상 외, 223면; 이정원, 270면; 임웅, 278면; 정성근/정준섭, 153면; 진계호, 259면 등. 반면 오영근, 196면은 일반인의 신뢰는 보호법익이 아니라고 본다.

참고 **연혁**

　일찍이 로마법에서는 타인의 유언장을 권한 없이 뜯어 보거나 그 내용을 누설하면 기망죄(Falsum)로 처벌하였고 독일보통법에서는 이를 사기죄에 종속하는 한 유형임과 동시에 인격침해(injuria)로 보았다. 1751년의 바이에른 형법은 권한 없이 타인의 문서를 개봉하는 행위는 사기죄로 보았고 1813년의 바이에른형법은 이러한 행위를 이익추구의 목적으로 행한 경우에 사기예비죄로 처벌하였으나 1794년의 프로이센일반국법(ALR)은 타인의 편지를 개봉하는 행위를 가벌적 사리추구행위(Eigennutz)를 수단으로 하는 재산위태죄(Vermögensgefähdung)로서 취급하고(제1370조), 타인의 비밀을 누설하는 행위는 준공무원범죄로서 취급하였다(제505조). 이러한 구분은 1851년 프로이센형법에서도 유지되었으며 독일제국형법전은 가벌적 사리추구행위의 죄의 장(제25장)에 이 두 개의 구성요건을 함께 규정하였다. 이론적으로도 사생활의 비밀을 독자적 법익으로 취급한 것은 포이엘바하의 후기 교과서에 의한 것이라고 한다.

　당률, 명률, 형법대전 등 전통적 형법에는 사생활의 비밀에 대한 죄는 규정되어 있지 않았다.

Ⅱ. 현행법상 체계

　제35장의 비밀침해의 죄는 각각의 범죄가 모두 행위태양을 달리하는 독립적 구성요건이며, 모두 친고죄이다.

　그 밖에 특별법상으로는, 녹음, 도청 등을 통한 대화비밀침해행위에는 통신비밀보호법(제3조, 제16조), 전보·전화의 경우는 전기통신사업법(제83조), 영업비밀누설행위에 대하여서는 부정경쟁방지법(제18조) 등이 각각 적용된다.

§2. 유형별 고찰

Ⅰ. 비밀침해죄

*봉함 기타 비밀장치를 한 사람의 편지, 문서 또는 도화를 개봉한 자는 3년 이하의 징역이나 금고 또는 500만원 이하의 벌금에 처한다(제316조 제1항).
*봉함 기타 비밀장치를 한 사람의 편지, 문서, 도화 또는 전자기록 등 특수매체기록을 기술적 수단을 이용하여 그 내용을 알아낸 자도 제1항의 형과 같다(제316조 제2항).

*본죄는 고소가 있어야 공소를 제기할 수 있다(제318조).

1. 의   의

본죄는 친고죄이고 추상적 위험범이다. 본죄가 보호하는 개인의 비밀에는 그 내용은 문제되지 않으므로 개인이 간직하고 있는 한 국가 또는 공공단체의 비밀도 포함된다.[1] 다만 공무원이 그 직무에 관하여 비밀로 한 봉함 기타 문서나 도화를 개봉하거나 전자기록 등 특수매체기록, 편지, 문서 또는 도화를 기술적 수단을 이용하여 그 내용을 알아낸 경우에는 공무상비밀표시무효죄(제140조 제2항, 제3항)가 적용된다.

2. 구성요건

(1) 객관적 구성요건

1) 객   체

본죄의 객체는 봉함 기타 비밀장치한 사람의 편지, 문서, 도화 또는 전자기록 등 특수매체기록이다.

① 편지, 문서, 도화 또는 전자기록 등 특수매체기록의 의미

편지는 어떤 특정인이 다른 특정인에게 자기의 의사를 전달하는 문서를 말한다. 문서는 편지 이외의 것으로서 문자 기타 발음기호로써 특정인의 의사를 표시한 것을 말한다. 예컨대 원고가 이에 해당한다. 도화는 그림을 통해 특정인의 의사가 표시된 것을 말하는데 예컨대 도표, 안내도, 설계도, 사진 등이 이에 해당한다. 그러나 의사표시가 없는 도표나 사진은 제외된다.

편지, 문서, 도화는 우편물로 제한되지 않고 그 내용이 공적이든 사적이든 불문하고 또 반드시 비밀사항일 필요도 없다. 편지, 문서에 있어서는 발신인의 서명 유무를 불문한다. 편지, 문서, 도화는 권한 있는 자의 인격에 관련이 있어야 하며 이러한 요소가 결여된 책, 신문, 광고지 등은 대상에서 제외된다. 전자기록은 전기 또는 자기에 의한 기록을 의미하며 특수매체기록의 한 예시이다. 녹음

---

1) 김성돈, 277면; 김성천/김형준, 278면; 김일수/서보학, 230면; 이재상 외, 226면; 이정원, 264면 등. 반면 배종대, 223면; 오영근, 193면; 진계호, 254면; 황산덕, 248면 등은 본죄가 친고죄이고 개인적 법익인 신용·업무에 대한 죄와 주거침입죄 사이에 위치하고 있는 점에 비추어 사생활의 비밀 이외에 국가·공공단체의 비밀은 제외된다고 본다.

테이프, 비디오테이프, 컴퓨터디스켓 등이 이에 해당한다.

② 「사람」의 의미

편지, 문서, 도화, 전자기록 등 특수매체기록은 사람의 것이어야 한다. 여기에서 「사람」은 행위자 이외의 사람, 즉 타인을 말하는데 타인은 자연인, 법인, 법인격 없는 단체이든 불문한다.

③ 봉함 기타 비밀장치

봉함이란 예컨대 편지를 봉지에 넣고 풀로 붙이듯이, 편지, 문서, 도화에 겉포장을 하여 봉함으로써 제3자가 자의적으로 그 내용을 인식할 수 없게 해 두거나 최소한도 어렵게 해 두는 것을 의미한다. 봉함의 정도에 관하여 외포를 파괴하지 않고는 그 내용을 알 수 없게 해둔 것이라고 봄이 일반적이나 개봉이 오로지 훼손에 의해서만 가능할 만큼 현저할 필요는 없다. 예컨대 수증기나 핀을 사용하여 봉지의 손상 없이 개봉하는 경우도 예상할 수 있기 때문이다. 그러므로 개봉에 대한 뚜렷한 장애를 설정해 놓았다고 인정되는 한 봉함한다고 보는 것이 타당하다. 봉함은 비밀장치의 한 예시로 볼 수 있다.

기타 비밀장치란 봉함 이외에도 쉽게 그 내용을 알 수 없도록 한 일체의 장치를 의미한다.[1] 예컨대, 카드판독기나 지문감식기와 같은 전자장치를 해 두는 것, 편지 등을 책상서랍에 넣고 자물쇠로 채워두는 것이 이에 해당한다. 봉함이나 기타 비밀장치가 없는 우편엽서는 본죄의 객체가 아니다.

2) 행 위

① 개 봉

본죄의 행위는 개봉인데 이는 봉함 기타 비밀장치를 제거하여 그 내용을 알수 있는 상태에 두는 것을 의미한다. 개봉하지 않은 채 예컨대 불빛에 투시하여 그 내용을 아는 것은 본죄에 해당하지 않는다.[2] 일단 개봉한 이상 다시 비밀장치를 원상회복시켜도 본죄가 성립한다. 개봉하면 본죄는 기수가 되며, 행위자가

---

1) 대판 2008. 11. 27, 2008도9071. "형법 제316조 제1항의 비밀침해죄는 봉함 기타 비밀장치한 사람의 편지, 문서 또는 도화를 개봉하는 행위를 처벌하는 죄이고, 이때 '봉함 기타 비밀장치가 되어 있는 문서'란 '기타 비밀장치'라는 일반 조항을 사용하여 널리 비밀을 보호하고자 하는 위 규정의 취지에 비추어 볼 때, 반드시 문서 자체에 비밀장치가 되어 있는 것만을 의미하는 것은 아니고, 봉함 이외의 방법으로 외부 포장을 만들어서 그 안의 내용을 알 수 없게 만드는 일체의 장치를 가리키는 것으로, 잠금장치 있는 용기나 서랍 등도 포함한다."
2) 김성돈, 279면; 김종원(상), 147면; 유기천(상), 153면; 이재상 외, 228면; 황산덕, 248면 등.

그 내용을 인식할 것을 요하지 않는다(추상적 위험범).[1]

② 기술적 수단을 이용하는 경우

개봉하지 않고 그 내용파악에 적합한 기술적 수단을 이용하는 것을 의미한다. 전산망에 침입하여 해킹의 방법을 사용하는 경우, 투시용 판독기를 이용하는 경우, 판독용 시약을 사용하는 경우 등이 이에 해당한다.

제1항이 개봉함과 동시에 기수가 되고, 그 내용을 알아낼 것을 요구하지 않는 반면, 제2항은 「기술적 수단을 이용하여 그 내용을 알아낸 자」라고 규정되어 있다. 이를 침해범으로 보는 견해[2]에 따르면, 기술적 수단을 이용하여 개봉과 같은 형태로 만들었어도 그 내용을 알아내지 못하면 미수가 되고, 미수범처벌규정이 없으므로 무죄가 된다고 본다. 그러나 제2항도 제1항과 보호법익이 같고, 입법목적이 동일하므로 그 내용까지 알아내야 한다고 해석할 필요는 없다. 다만, 기술적 수단을 이용하면 당연히 그 내용을 알 수 있는 상태가 될 뿐이다. 따라서 제2항도 여전히 추상적 위험범[3]이라고 보아야 제1항과의 형평성에도 부합하므로, 기술적 수단을 이용하여 그 내용을 알 수 있는 상태로 두면 바로 기수가 된다.

(2) 주관적 구성요건

미필적 고의로써 족하며 내용의 지득은 고의에 해당하지 않는다.

행위자가 타인의 편지 등을 자기의 것으로 잘못 알고 개봉한 경우는 구성요건적 착오(사실의 착오)에 해당하며 따라서 고의가 조각된다. 비록 그 착오에 과실이 있었다고 할지라도 본죄의 과실범 처벌규정이 없으므로 무죄이다. 행위자가 만일 타인의 것이라도 자기에게 배달되었거나 위탁된 것은 개봉함이 허용된다고 오인하고 개봉하였을 경우에는 금지착오(법률착오)가 성립되며 그 착오에 정당한 이유가 있는 경우에 한하여 책임이 조각된다(제16조).

3. 위 법 성

피해자의 동의가 있는 경우에는 구성요건배제사유인 양해에 해당한다.[4]

---

1) 반면 구체적 위험범으로 보는 견해로는 배종대, 225면.
2) 김성돈, 279면; 김성천/김형준, 280면; 김혜정 외, 229면; 배종대, 227면; 이재상 외, 228면; 임웅, 271면; 정성근/정준섭, 156면.
3) 박상기/전지연, 565면; 오영근, 195면; 이정원, 267면.
4) 김성돈, 279면; 김성천/김형준, 281면; 김일수/서보학, 233면; 김혜정 외, 229면; 오영근, 195면; 이재상 외, 228면; 임웅, 273면; 정성근/정준섭, 156면 등.

법령에 의하여 개봉이 허용되는 경우[1])에는 정당행위(제20조)로서 위법성이 조각된다. 추정적 승낙에 의한 행위인 경우, 예컨대 출장 중인 남편에게 온 편지를 아내가 개봉하는 경우에도 위법성이 조각된다. 친권자가 훈육상의 견지에서 자녀에게 온 편지를 개봉하는 것이 위법성을 조각하는가에 관하여서는 긍정설[2]과 부정설[3]의 대립이 있다. 이 문제는 일률적으로 결정할 성질의 것이 아니고 구체적인 정황을 고려하여 그 행위가 형법 제20조의 「기타 사회상규에 위배되지 아니하는 행위」로서 위법성을 조각하는가 여부를 결정해야 한다. 부부간의 경우에는 추정적 승낙에 해당할 때에만 위법성이 조각된다.[4]

4. 죄   수

편지 등을 절취 또는 횡령하여 개봉한 경우에는 본죄가 재산범죄에 대한 불가벌적 사후행위가 된다는 견해[5]가 있으나, 절도죄 또는 횡령죄와 본죄의 실체적 경합이 된다.[6] 개봉의 수단으로 봉투를 찢는 등의 행위를 하는 경우에는 손괴죄는 불가벌적 수반행위(법조경합 중 흡수관계)가 되나, 개봉 후 편지 등을 찢는 행위는 비밀침해죄 기수 이후에 새로운 범의를 가지고 행한 행위이므로 손괴죄가 성립하고 양자는 실체적 경합이 된다.[7]

5. 처벌조건

본죄는 친고죄(제318조)이므로, 편지 등의 발신인이 피해자임은 물론이다.[8] 그러나 수신인에 대하여서는 ① 도달 후에는 피해자로 된다는 견해,[9] ② 발송 후에는 피해자로 된다는 견해,[10] ③ 발송과 도달의 전후를 불문하고 피해자로 된

---

1) 예컨대 형사소송법 제107조, 제120조, 형집행법 제43조, 우편법 제28조, 제35조, 통신비밀보호법 제3조 등.
2) 김성돈, 279면; 유기천(상), 143면.
3) 김일수/서보학, 234면; 김종원(상), 148면; 배종대, 226면 등.
4) 배종대, 226면; 이재상 외, 229면 등.
5) 박상기/전지연, 567면.
6) 김성돈, 280면; 김혜정 외, 230면.
7) 김성천/김형준, 282면; 김혜정 외, 230면; 임웅, 274면. 반면, 오영근, 196면은 양 죄의 법정형 비교를 통해 전자는 비밀침해죄가 손괴죄에 흡수되어 손괴죄만 성립하고, 후자는 양자의 상상적 경합이 된다고 본다.
8) 그러나 소수설은 도달 이전에는 발신인이 피해자이지만 도달 후에는 수신인이 피해자라고 본다.
9) 염정철, 352면; 이건호, 517면; 이정원, 271면 등.
10) 서일교, 89면; 황산덕, 248~249면 등.

다는 견해[1]가 있다. 편지 등의 비밀은 발송과 도달의 전후를 불문하고 발송인과 수신인에게 공통되는 이익이라는 관점에서 ③설이 타당하다.

Ⅱ. 업무상 비밀누설죄

*의사, 한의사, 치과의사, 약제사, 약종상, 조산사, 변호사, 변리사, 공인회계사, 공증인, 대서업자나 그 직무상 보조자 또는 차등의 직에 있던 자가 그 업무처리 중 지득한 타인의 비밀을 누설한 때에는 3년 이하의 징역이나 금고, 10년 이하의 자격정지 또는 700만원 이하의 벌금에 처한다(제317조 제1항).
*종교의 직에 있는 자 또는 있던 자가 그 직무상 지득한 사람의 비밀을 누설한 때에도 전항의 형과 같다(제317조 제2항).
*본죄는 고소가 있어야 공소를 제기할 수 있다(제318조).

1. 의   의

본죄는 특정한 직에 종사하는 신분을 가진 자는 그 업무 내지 직무의 성질상 타인의 비밀을 지득할 기회가 많기 때문에, 특히 이들로부터 개인의 비밀이 누설되는 것을 방지하기 위한 것이다. 주된 법익은 개인의 비밀이고 부차적 법익은 특정직에 종사하는 자에 대한 일반인의 신뢰이다. 본죄는 진정신분범이고 친고죄이다. 행위의 특성상 대향범으로서 필요적 공범이지만 일방만 처벌된다.

2. 구성요건

(1) 객관적 구성요건

1) 주   체

본죄의 주체는 의사, 한의사, 치과의사, 약제사, 약종상, 조산사, 변호사, 변리사, 공인회계사, 공증인, 대서업자 또는 그 보조자와 종교의 직에 있는 자 또는 있었던 자에 한한다. 이 이외의 자가 업무상으로 지득한 비밀을 누설하는 때에는 경우에 따라 명예훼손죄를 구성할 수 있다.[2]

---

1) 김성돈, 256면; 김일수/서보학, 235면; 김성천/김형준, 282면; 김종원(상), 148면; 박상기/전지연, 566면; 배종대, 227면; 백형구, 399면; 오영근, 196면; 이영란, 237면; 이재상 외, 229면; 정성근/정준섭, 156면 등.
2) 김일수/서보학, 236면.

본죄가 자수범인지에 대하여 부정하는 견해[1]는 간접정범이 성립될 수 있다는 점을 근거로 한다. 그러나 본죄는 자수범이다.[2] 특정한 직에 종사하는 자가 업무상 지득한 내용이 타인의 비밀인가 및 이를 발설할 것인가에 대하여 주관적인 판단을 하고 이를 외부로 표출한다는 점에서 개인의 인격적인 태도를 표현하는 것 자체가 행위불법의 내용이 되기 때문이다.

본죄의 주체에서 의사는 전문의 여부, 진료과목이 무엇인가를 불문하나 수의사는 포함되지 않는다. 한의사, 치과의사, 약제사, 약종상, 조산사, 변호사, 변리사, 공인회계사, 공증인, 대서업자는 관련 법규에 의하여 당해 자격이나 면허를 얻은 자일 것을 요한다. 대서업자는 법무사와 행정사가 모두 포함된다. 여기에서 그 보조자란 이들의 업무나 직무수행을 보필해 주는 자로서 예컨대 의사의 조수, 변호사, 변리사의 사무장 등이다. 종교의 직에 있는 자란, 신부, 목사, 전도사, 승려 기타 종교단체에서 사제의 직무를 맡은 자를 의미한다.

2) 객 체

본죄의 객체는 사무처리상 지득한 타인의 비밀이다.

① 비밀의 의미

「비밀」이란 일반적으로 알려져 있지 않은 사실로서 타인에게 이를 알리지 않는 것이 본인에게는 일정한 이익이 되는 것을 말한다. 이러한 이익은 반드시 경제적 이익에 국한되지 않는다. 또한 본인이 아직 모르고 있는 사실이라 할지라도 이를 타인에게 알리지 않는 것이 객관적으로 볼 때 본인에게 이익이 될 수 있는 것이면 비밀에 해당한다. 이러한 비밀은 공적인 것이든 사적인 것이든 불문하며 이미 소수인에게 알려진 사실이라 할지라도 공지의 정도에 이르지 아니했을 때에는 아직 이를 알지 못한 사람에게는 비밀이 된다.

「비밀성의 기준」을 무엇으로 볼 것인가에 관하여는 i) 본인이 비밀로 할 것을 원하는 사실로 보는 주관설, ii) 일반인이 비밀로 할 것을 원하는 사실로 보는 객관설, iii) 객관적으로 일반인이 비밀로 하려는 사실과 주관적으로 본인이 특히 비밀로 할 것을 원하는 사실을 포함한다는 절충설이 있다. 본인이 비밀로 할 것을 원치 않는 경우에는 보호의 실익이 없고, 객관적으로 보호할 가치가 없는 것에 법이 개입할 필요가 없다는 점에서 양자를 모두 고려하는 절충설이 타

1) 김성돈, 280면; 김성천/김형준, 284면; 김일수/서보학, 232면; 오영근, 197면.; 정영일, 123면.
2) 박상기/전지연, 567면; 배종대, 228면; 백형구, 408면; 이재상 외, 228면; 임웅, 278면.

당하다.

② 비밀의 주체로서의 타인

자연인·법인·법인격 없는 단체를 불문한다. 국가 또는 공공단체가 이에 포함되는가에 관하여서는 긍정설[1]과 부정설[2]의 대립이 있다. 본죄의 보호법익이 개인의 비밀이고 친고죄인 점을 고려할 때 부정설이 타당하다. 타인의 비밀인한 그 내용이 사적 생활의 비밀인가 공적 생활에 관한 비밀인가는 불문한다.

③ 업무처리상 또는 직무상 지득한 타인의 비밀

본죄의 객체로서의 비밀은 업무처리상 또는 직무상 지득한 타인의 비밀이기때문에 비록 신분 있는 자가 지득한 비밀이라 할지라도 이러한 과정에서 얻은 비밀이 아닐 경우에는 그 대상에서 제외된다. 그러나 사무처리 또는 직무에 관련하여 지득하는 한 그 방법은 불문한다.

3) 행 위

본죄의 행위로서의 「비밀의 누설」은 아직 비밀을 알지 못하는 자에게 이를 고지함을 말한다. 고지의 방법은 구술에 의하든 서면에 의하든 불문하며 공연히 알릴 필요도 없고 1인에 대한 고지도 누설이 된다. 타인에게 발설을 금하여도 본죄의 성립에는 영향이 없다.[3]

본죄는 추상적 위험범이다. 그런데 본죄의 기수시점에 대하여는 비밀을 누설하기만 하면 기수가 되고 상대방에게 도달될 것을 요구하지 않는다고 보는 견해[4]와 비밀이 상대방에게 도달하여 인식한 단계에 이르러서야 비로소 기수가된다고 보는 견해[5]가 있다. 그러나 누설행위는 비밀의 고지가 상대방에게 도달됨으로써 완성되며 상대방이 그 내용을 알게 될 것을 요하지 않는다고 봄이 타당할 것이다.[6]

---

1) 유기천(상), 154면; 오영근, 198면 등.
2) 김성돈, 282면; 김성천/김형준, 285면; 김일수/서보학, 238면; 김종원(상), 149면; 김혜정 외, 231; 박상기/전지연, 568면; 배종대, 229면; 백형구, 401면; 신동운, 762면; 이재상 외, 231면; 정성근/정준섭, 158면; 황산덕, 244면 등.
3) 김종원(상), 150면.
4) 김성돈, 282면.
5) 오영근, 198면.
6) 강구진 I, 203면; 김일수/서보학, 239면; 김혜정 외, 232면; 신동운, 763면; 손동권/김재윤, 247면; 이재상 외, 232면; 정성근/정준섭, 158면 등.

(2) 주관적 구성요건

고의의 내용에 상대방의 비밀지득까지 요구하지 않음은 물론이다. 신분이나 비밀여부에 대하여 착오가 있는 경우는 구성요건적 착오이며, 행위자가 비밀을 누설하는 것이 허용된다고 잘못 안 경우는 금지착오의 문제가 된다.

3. 위 법 성

비밀의 고지가 정당행위인 경우, 예컨대 의사가 후천성면역결핍증 예방법 제5조에 의하여 환자를 신고하는 경우, 변호사가 소송수행상 그 직책을 다하기 위하여 타인의 비밀을 누설하는 경우 등은 형법 제20조(정당행위)에 의하여 각각 위법성이 조각된다. 정당방위도 가능하며, 자기 또는 타인의 법익에 대한 현재의 위난을 피하기 위하여 부득이 특정인의 비밀을 누설하는 경우, 예컨대 환자의 AIDS감염을 확인한 의사가 전염방지를 위하여 그 약혼녀에게 그 사실을 알려 준 경우[1]는 상당한 이유가 있는 한 긴급피난에 해당한다. 다만, 본인(피해자)의 동의가 있는 경우에는 위법성을 논하기에 앞서 구성요건해당성조차 없는 양해로 보아야 한다.

본죄의 주체가 소송법상 증언거부권(형소법 제149조, 민소법 제268조)을 가짐에도 불구하고 그 권리를 행사하지 않고 타인의 비밀에 관한 증언을 한 경우 위법성이 조각되는지 여부가 문제된다. 증언거부권을 포기하면 증언의무가 생기고 이 경우 국가가 개인에게 모순되는 두 개 이상의 의무(증언의무와 비밀유지의무)를 부과할 수 없다는 점에서, 법령에 의한 행위가 되어 위법성이 조각된다는 견해[2]와 증언거부권이 있음에도 자의로 이를 포기하고 증언하면 권리 위에 잠자는 자는 보호받을 수 없다는 점에서 본죄가 성립한다는 견해[3]가 있다.

생각건대 증언거부권을 포기하였다는 점에 중점을 둘 것이 아니라, 증언거부권을 포기하고 증언을 하는 경우의 공익상의 필요성과 개인의 이익보호를 비교형량하여 전자가 보다 중할 경우에만 법령에 의한 행위로서 위법성이 조각된다고 보아야 할 것이다.[4]

---

1) 김일수/서보학, 239면.
2) 김성돈, 283면; 김종원(상), 151면; 배종대, 231면; 백형구, 404면; 손동권/김재윤, 248면; 신동운, 765면; 유기천(상), 156면; 이재상 외, 233면; 정성근/정준섭, 159면; 황산덕, 245면 등.
3) 강구진 I, 204면; 김일수/서보학, 240면.
4) 김성천/김형준, 288면; 박상기/전지연, 570면; 오영근, 200면; 임웅, 281면.

4. 죄　　수

비밀누설행위가 공연히 행하여지고 그 내용이 그 사람의 명예를 훼손하는 경우에는 본죄와 명예훼손죄의 상상적 경합이 된다.[1]

제 2 절　주거침입의 죄

§1. 서　　설

Ⅰ. 의의 및 보호법익

1. 의　　의

주거침입의 죄는 사람의 주거, 관리하는 건조물 등 개인의 생활이나 업무의 근거가 되는 일정한 구획된 장소에 침입하여 그 평온을 해하는 것을 내용으로 하는 범죄이다. 헌법은 제16조에서 「모든 국민은 주거의 자유를 침해받지 아니한다. 주거에 대한 압수나 수색을 할 때에는 검사의 신청에 의하여 법관이 발부한 영장을 제시하여야 한다」라고 규정하여 주거의 자유와 평온을 국민의 기본권의 하나로서 보장하고 있다. 이러한 헌법의 규정을 그 바탕으로 하여 형법은 제36장(제319조 이하)에 주거침입의 죄를 규정하고 있다.

2. 보호법익

(1) 견해의 대립

더 이상 지지되지 않는 구주거권설을 제외하고 주거권설과 사실상 평온설의 대립은 외견상 보호법익을 자유권으로 이해하는가 여부에 좌우되는 것으로 이해된다. 주거권설은 주거에의 출입이나 체재를 결정할 권리 있는 자가 가지는 그 출입이나 체재에 관한 의사의 자유로운 결정권으로서 자유권으로 본다. 주거권설은 취하는 견해는 빈집에의 무단출입이 현실적으로는 사생활의 평온의 침

---

1) 김성돈, 260면; 김혜정 외, 233면; 박상기/전지연, 570면; 임웅, 281면 등.

해라고 할 수 없음에도 불구하고 범죄가 성립되는 근거를 배타적인 자유권의 침해로 보기 때문이라고 한다.[1] 그러나 형법적 보호가치가 적법한 권리에서 나오는 것이 아니라 그 실질적인 정당성에서 나오는 것이라는 점을 올바로 파악할 수 없게 된다는 비판이 있다.[2]

사실상 평온설은 주거를 지배하고 있는 공동생활자 모두의 사실상의 평온으로 본다.[3] 이는 법적인 권리가 아니라 주거공간에서 공동생활자들이 그 평온이 외부로부터 침해되는 것으로부터의 보호받을 이익이라고 한다. 따라서 사실상의 공동주거자 일부의 승낙을 얻어 주거에 들어가는 것은 사실상의 평온을 해하는 것이 아니므로 주거침입죄가 성립하지 않는다고 봄이 일반적이다. 반면 주거권설에 의하면 타방의 자유권을 침해한 것으로 되어 주거침입죄가 성립한다고 본다.

(2) 사실상 평온의 의미: 객관적 · 주관적 · 규범적 관점의 해석

주거침입죄의 보호법익을 주거권으로 보든 사실상의 평온으로 보든, 일신전속적 법익의 귀속자가 가지는 법익에 대한 처분권을 침해함으로써 평온을 해하는데 이른다는 점에서는 본질이 크게 다르지 않다. 즉, 사실상 평온이 권리 개념을 형식적을 취하고 있지는 않더라도, 주거자가 가지는 사실상의 평온이라는 이익으로 본다면 그것이 권리인지 이익인지는 본질적으로 다르다고 보기 어렵다. 또한 주거침입죄라는 형법상 범죄를 통하여 추구하고자 하는 헌법상의 기본권도 '주거의 자유를 침해받지 않을' 기본권으로 명시되어 있으므로, 주거침입죄의 보호법익은 사실상의 평온을 향유할 이익 또는 권리라고 해도 과도한 해석이 아니다.

본질은 사실상의 평온상태가 현실적인 평온상태를 의미하는 것이 아니라는 점이다. 법익의 해석은 법익이라는 규범적 요소가 가지는 특성을 고려하여야 하며, 따라서 '현실적' 평온이 아니라 법익의 귀속자의 법익에 대한 처분의사에 좌우되는 규범적으로 보호되어야 할 이익으로서의 평온상태로 이해하여야 한다.

---

1) 김재현, "주거침입죄의 보호법익 및 보호의 정도, 그리고 기·미수의 구별기준", 형사법연구 제25권 제2호, 한국형사법학회, 2013, 127면: 류부곤, "공동주거에 대한 주거침입죄의 성립여부", 형사법연구 제33권 제3호, 한국형사법학회, 2021/가을, 100면: 이재상 외, 236면.
2) 김성돈, 285면.
3) 김성돈, 260면: 김일수/서보학, 201면: 배종대, 248면: 손동권/김재윤, 250면.

그 결과 일신전속적 법익의 귀속자의 법익에 대한 지배의사, 법익에 대한 현실적인 지배, 법익향유 여부에 관한 사회적·규범적 요소로서 평온의 의미라는 세 가지 관점, 즉 주관적 관점, 객관적 관점, 규범적 관점을 모두 고려하여 법익으로서 사실상의 평온을 해석하여야 할 것이다.[1]

주관적 관점이란 잠재적인 평온상태로서, 법익귀속자가 자신의 의사에 따라 주거를 지배하려는 의사를 의미한다. 이러한 주관적 의사는 주거를 지배하는 자로서 법익에 대한 처분 여부, 즉 출입자에 대한 출입의 허용여부에 대한 포괄적이고 추상적인 의사이다. 따라서 현실적인 평온이 반드시 법익귀속자의 주거 내의 현실적인 거주를 요구하는 것이 아니므로, 수면 중이거나 어린아이만 현존하는 주거에 타인이 무단으로 침입하는 경우에도 사실상의 평온은 해하는 것으로 보아야 한다. 또한 지배의사는 반드시 명확하고 적극적일 필요도 없으며 잠재적 지배의사로도 충분하므로, 의식상실자도 지배의사가 있다고 보아야 한다. 다만 법인의 지배의사는 인정될 수 없으므로, 자연적 의미의 지배의사가 없는 법인은 주거의 사실상 평온이라는 보호법익의 처분권자가 될 수 없으며 해당 건물 또는 주거의 실질적 관리자 또는 대표가 처분권자가 된다.

객관적 관점으로서, 객관적 물리적 요인으로서 주거에 대한 사실상의 지배가 있는 경우이다. 사실상의 지배란 현실적인 의미의 주거장악을 의미하며, 판례가 지칭하는 '사실적 지배·관리가 평온하게 유지되는 상태'[2]이다. 사실상의 지배는 현실적인 평온상태이므로, 주거를 점유할 법적 권한과는 별개의 의미이다. 따라서 계약기간이 만료된 건조물은 세입자가 현실적인 지배자이므로 만일 기한 만료된 건물에서 나갈 것을 독촉하기 위하여 임대인이 무단으로 출입하면 임대인은 주거침입죄가 성립한다.

사회적·규범적 관점으로 일상적 경험칙 또는 사회통념에 따라서 판단해야 한다. 일단 평온하게 개시된 거주 또는 객체의 점유가 있다면 시간적·장소적으로 일시적인 정지나 분리가 있더라도 사회규범적 요소에 의하여 사실상의 평온한 주거의 지배는 확대된다고 볼 수 있는데, 이는 정신적·사회규범적으로 인정된다고 볼 수 있다. 예컨대 거주자가 여행 중인 경우이거나 일시 외출한 경우가

---

1) 김혜경, "일신전속적 법익의 귀속과 처분-주거침입죄 법익의 해석과 범죄성립을 중심으로, 원광법학 제38권 제4호, 2022, 57면 이하.
2) 대판 2021. 9. 9. 2020도12630 전원합의체 판결.

이에 해당한다. 이 경우 사실상의 평온이란 사회통념상 거주자가 부재중이라 하더라도 거주자의 지배 또는 장악을 인정할 수 있는 것으로, 빈집에의 무단출입은 주거침입죄가 성립하게 된다.

(3) 보호의 정도

보호의 정도에 관하여는 추상적 위험범설[1]과 침해범설[2]이 있고, 대체로 주거권설은 전자로 사실상 평온설은 후자로 본다. 그러나 사실상 평온설에 의하더라도 실제로 법익의 사실상 평온상태를 침해하였는가 여부를 기준으로 보호정도를 판단하는 것은 아니다. 즉, 주거침입죄는 주거에의 「침입」 자체가 거주자의 의사에 반함을 의미하므로 그 자체로 사실상의 평온은 깨어지는 것이다. 또한 사실상의 평온을 객관적·주관적·규범적 관점에서 이해하면 주거자의 존재여부, 현실적 의사 여부 등에 좌우되어 개별적으로 기·미수를 구분하는 것도 아니다. 따라서 보호법익을 사실상 평온설로 이해하고 보호정도를 침해설로 보더라도 기수시점은 타인의 주거에 침입하는 행위를 완성하는 시점이라고 봄이 타당하며, 그와 같은 의미에서는 침해범설이 타당하다.

참고 연혁

로마법이나 게르만법에 있어서는 전통적으로 주거침입은 독립된 범죄로 취급되지 아니하였다. 다만 로마법에 있어서는 폭력적 주거침입을 인격침해(injuria)로 처벌하였고 이것이 독일의 실무에도 영향을 미친 것으로 보인다. 독일에서는 프로이센일반국법(ALR, 1794)이 최초로 주거권(Hausrecht) 침해 그 자체를 상세히 규정하였고(§§525-532) 이것은 그후의 형법전에 영향을 미쳤다. 1851년 프로이센형법 제346조 제1호는 단순 주거침입죄와 중주거침입죄를 경범죄로서 규정하였는데 이것이 1871년 독일제국형법(독일 구형법)의 제123조와 제124조로 이어졌다. 독일의 구형법 및 현행형법 제123조와 제124조가 공적질서에 대한 범죄의 장(제7장)에 위치하고 있는 점에 대하여서는 체계적으로 적절하지 아니하다는 비판이 제기되고 있다.

우리나라의 고려왕조에서 의용했던 당률에는 야간주거침입에 관한 규정이 있었다. 이에 의하면 야간에 이유 없이(무단히) 인가에 침입한 자는 태 40에 처하고 현장에서 침입자를 살해한 가주는 벌하지 아니하였다(唐律疏議, 卷 第18, 夜無故入人家條). 이러한 규정

---

1) 김성돈, 287면; 김성천/김형준, 290면; 이재상 외, 236면; 정영일, 126면.
2) 오영근, 203면; 정성근/정준섭, 160면.

은 조선왕조에서 의용했던 대명률에도 이어지고 있다. 대명률에 의하면 야간에 무단히 타인의 집에 침입한 자는 장 80에 처하고 주인이 범인을 침해현장에서 살해한 경우에는 처벌하지 아니하나 이미 체포되어 속박된 범인을 살해하거나 상해한 자는 투구살상죄(鬪毆殺傷罪)로 처벌하되 2등을 감경하였다(大明律, 卷 第18, 夜無故入人家條). 그러나 1905년의 형법대전에는 주거침입에 관한 규정이 없었으며 일제치하의 현행형법이 발효되기 이전에는 일본형법이 의용되었다.

Ⅱ. 현행법상의 체계

기본적 구성요건: 주거침입죄 (제319조 제1항) 퇴거불응죄 (제319조 제2항)	수정적 구성요건	불법	가중적	특수주거침입등 죄(제320조)
	독립적 구성요건	주거등 수색죄(제321조)		

　　주거침입죄와 퇴거불응죄는 각각 기본적 구성요건이면서 택일관계에 있게 된다. 따라서 주거침입죄가 성립하면 퇴거불응죄는 성립할 수 없고, 반대의 경우도 또한 같다. 제321조의 주거수색죄는 독립의 구성요건으로서 주거수색 뿐만 아니라 신체수색까지 그 내용에 포함시키고 있다.

§2. 유형별 고찰

Ⅰ. 주거침입죄

*사람의 주거, 관리하는 건조물, 선박이나 항공기 또는 점유하는 방실에 침입한 자는 3년 이하의 징역 또는 500만원 이하의 벌금에 처한다(제319조 제1항).
*본죄의 미수범은 처벌한다(제322조).

1. 의   의

(1) 객관적 구성요건

1) 객   체

본죄의 객체는 사람의 주거, 관리하는 건조물, 선박이나 항공기 또는 점유하는 방실이다.

① 사람의 주거

일상생활을 영위하기 위하여 거주하는 장소라고 넓게 해석하는 견해[1]가 있으나, 형법이 점유하는 방실을 별도의 객체로 규정하고 있는 점에 비추어 사람의 기와침식에 사용되고 있는 장소라고 좁게 해석하는 견해[2]가 타당하다.

주거는 다소 계속적인 것이라야 한다.[3] 그러므로 일시 투숙하는 여관, 사무실, 연구실 등은 주거가 아니라 「점유하는 방실」에 해당한다. 주거는 그 설비·구조 여하를 불문하므로 건물내의 1구획, 판잣집, 천막, 토굴이라도 주거에 해당하며, 부동산뿐만 아니라 동산, 예컨대 주거차도 주거로 될 수 있다. 그러나 단순한 교통수단으로서의 자동차는 주거가 아니다. 또한 아무런 설비가 없는 노천의 장소도 주거로 볼 수 없다.

주거에는 반드시 주거자가 현존해 있을 필요가 없다. 따라서 여행, 외출 등으로 일시적으로 비어 있는 집이나 일정기간에만 사용하는 별장도 주거에 해당한다. 반드시 적법하게 점거된 것이 아니라 할지라도 일단 사람의 사실상의 주거로 되었으면 족하다. 점유할 권리 없는 자의 점유라 하더라도 일단 평온하게 점유한 이상 보호대상이 되므로, 권리자가 권리실행을 함에 있어서 법에 정해진 절차에 의하지 않고 그 건조물 등에 침입하면 본죄가 성립된다.[4] 그러므로 예컨대 가옥임대차계약이 해제된 이후에도 아직 임차인이 퇴거하지 않고 거주중인 경우에 임대인이 무단으로 들어가면 본죄가 성립된다.[5]

본죄의 주거는 자기가 그 공동생활의 일원이 아닌 타인의 주거를 말한다. 그러므로 어떤 주거에서 공동생활을 했던 자라도, 그곳으로부터 이탈한 후 옛 주

---

1) 김성천/김형준, 291면; 배종대, 234면; 이재상 외, 236면; 이정원, 280면 등.
2) 김성돈, 287면; 김일수/서보학, 244면; 김혜정 외, 236면; 박상기/전지연, 573면; 백형구, 395면; 오영근, 203면; 이영란, 244면; 유기천(상), 241면; 임웅, 285면; 정영일, 126면; 진계호, 266면 등.
3) 김성돈, 287면; 서일교, 92면; 이수성/공저, 주각(하), 154면; 황산덕, 252면 등.
4) 대판 2008. 5. 8, 2007도11322; 대판 2007. 7. 27, 2006도3137.
5) 대판 1987. 11. 10, 87도1760.

거에 침입하면 본죄가 성립된다.[1] 친족이라도 동거자가 아닌 한 침입하면 본죄를 구성한다. 또한 공유자의 1인이 단독으로 경영하는 영업장소에 타공유자가 침입하면 본죄가 성립된다.[2]

주거의 개념에는 주거 그 자체를 위한 건조물 이외에도 이에 부속하는 위요지도 포함되므로 여기에 침입하는 것도 주거침입죄로 된다.[3] 여기에서 위요지라고 함은 보통의 보행으로서는 출입할 수 없는 설비(예컨대 담장)로 둘러싸여 있는 일정한 부속지대를 말한다. 즉, 건조물에 인접한 그 주변 토지로서 관리자가 외부와의 경계에 문과 담 등을 설치하여 그 토지가 건조물의 이용을 위하여 제공되었다는 것이 명확히 드러나야 한다.[4] 공동주택의 경우 내부에 있는 엘리베이터, 공용계단과 복도 역시 위요지에 해당한다.

판례

현대사회는 아파트, 빌라 등 공동주택의 주거형태가 다수를 차지하고 있다. 이에 대하여 판례는 갑이 을의 집 앞 복도에서 소란을 피운 행위도 주거침입죄에 해당한다[5]고 본다. 또한 다가구용 단독주택이나 다세대주택·연립주택·아파트 등 공동주택 안에서 공용으로 사용하는 엘리베이터, 계단과 복도는 주거로 사용하는 각 가구 또는 세대의 전용 부분에 필수적으로 부속하는 부분으로서 그 거주자들에 의하여 일상생활에서 감시·관리가 예정되어 있고 사실상의 주거의 평온을 보호할 필요성이 있는 부분이므로, 다가구용 단독주택이나 다세대주택·연립주택·아파트 등 공동주택의 내부에 있는 엘리베이터, 공용 계단과 복도도 '사람의 주거'에 해당한다.[6] 따라서 아파트 등 공동주택의 공동현관에 출입하는 경우에도, 그것이 주거로 사용하는 각 세대의 전용 부분에 필수적으로 부속하는 부분으로 거주자와 관리자에게만 부여된 비밀번호를 출입문에 입력하여야만 출입할 수 있거나, 외부인의 출입을 통제·관리하기 위한 취지의 표시나 경비원이 존재하는 등 외형적으로 외부인의 무단출입을 통제·관리하고 있는 사정이 존재하고, 외부인이 이를 인식하고

---

1) 김일수/서보학, 244면: 김종원(상), 142면: 이수성/공저, 주각(하), 155면: 정성근/정준섭, 161면 등.
2) 강구진Ⅰ, 191면: 이수성/공저, 주각(하), 155면: 대판 1961. 2. 24, 4293형상864 등.
3) 대판 2005. 10. 7, 2005도5351: 대판 1967. 12. 26, 67도1439 등.
4) 대판 2010. 3. 11, 2009도12609.
5) 대판 2016. 12. 27, 2016도16676.
6) 대판 2009. 9. 10, 2009도4335. 따라서 피고인이 강간할 목적으로 피해자를 따라 피해자가 거주하는 아파트 내부의 엘리베이터에 탄 다음 그 안에서 폭행을 가하여 반항을 억압한 후 계단으로 끌고 가 피해자를 강간하고 상해를 입힌 경우 성폭력특별법상 주거침입강간상해죄가 성립한다.

서도 그 출입에 관한 거주자나 관리자의 승낙이 없음은 물론, 거주자와의 관계 기타 출입의 필요 등에 비추어 보더라도 정당한 이유 없이 비밀번호를 임의로 입력하거나 조작하는 등의 방법으로 거주자나 관리자 모르게 공동현관에 출입하였다면 침입에 해당한다.[1]

② 관리하는 건조물이나 선박, 항공기 또는 점유하는 방실

「관리」는 사실상의 관리 · 지배를 의미하는 것으로서 타인이 함부로 들어오지 못하도록 인적 · 물적 설비를 갖추는 것을 말한다. 예컨대 경비원을 두거나 자물쇠로 문을 잠궈 놓는 것이 이에 해당한다. 단순히 외부인출입금지의 표시만 해두는 것은 관리가 아니다.[2] 관리는 반드시 계속적일 필요가 없고 그 대상물과 장소적으로 밀접할 필요도 없다.

「건조물」은 주거를 제외한 일체의 건물 및 그 위요지로서 사람이 출입할 수 있는 정도의 것을 말한다.[3] 예컨대 공장, 창고, 극장, 관공서의 청사 등이 이에 해당한다. 사람이 출입할 수 없는 개집, 토지에 고정된 타워크레인,[4] 토지에 정착되지 않은 천막은 건조물이 아니다.[5] 「항공기」는 공중을 나는 교통수단으로서 비행기는 물론 헬리콥터, 비행선 등을 포함하는 개념이다. 그 대소를 불문하나 주거에 사용할 수 있는 정도의 규모일 것을 요한다. 「선박」은 수상교통수단으로서 그 대소를 불문하나 사람이 주거에 사용할 수 있는 정도의 규모일 것을 요한다. 「점유하는 방실」이란 사실상 지배 · 관리하고 있는 건조물 내의 일구획 예컨대 호텔의 객실, 건물 안의 사무실 또는 연구실이 이에 해당한다.

---

1) 대판 2022. 8. 25, 2022도3801.
2) 김성돈, 288면; 김일수/서보학, 245면; 배종대, 235면; 이재상 외, 237면; 정성근/정준섭, 161면; 정영일, 127면 등.
3) 대판 1989. 2. 28, 88도2430에 의하면 건조물이라고 하려면 그것이 사람이 그 내부에 출입할 수 있을 정도로 지붕, 담벽 또는 기둥에 의해 받쳐져 있고 토지에 정착되어 있어야 한다.
4) 대판 2005. 10. 7, 2005도5351.
5) 김성돈, 288면; 김일수/서보학, 245면; 배종대, 235면; 이재상 외, 237면; 정성근/정준섭, 161면; 황산덕, 234면 등.

판례

　건조물의 이용에 기여하는 인접의 부속 토지라고 하더라도 인적 또는 물적 설비 등에 의한 구획 내지 통제가 없어 통상의 보행으로 그 경계를 쉽사리 넘을 수 있는 정도라고 한다면 일반적으로 외부인의 출입이 제한된다는 사정이 객관적으로 명확하게 드러났다고 보기 어려우므로, 건조물에 해당되지 않는다. 따라서 차량 통행이 빈번한 도로에 바로 접하여 있고, 도로에서 주거용 건물, 축사 4동 및 비닐하우스 2동으로 이루어진 시설로 들어가는 입구 등에 그 출입을 통제하는 문이나 담 기타 인적·물적 설비가 전혀 없고 노폭 5m 정도의 통로를 통하여 누구나 축사 앞 공터에 이르기까지 자유롭게 드나들 수 있다면, 차를 몰고 위 통로로 진입하여 축사 앞 공터까지 들어간 행위는 주거침입죄가 아니다.[1]

2) 행　위
① 침　입

본죄의 행위는 「침입」이다. 이는 주거자(또는 관리자, 점유자)의 의사에 반하여 본죄의 객체에 신체(그 전부 또는 최소한도 그 일부)를 들여 놓는 것을 의미한다. 판례는 침입은 보호법익과의 관계에서 해석하여야 하므로, 거주자가 주거에서 누리는 사실상의 평온을 해치는 행위태양으로 주거에 들어가는 것을 의미하며, 이에 해당하는지 여부는 출입 당시 객관적·외형적으로 드러난 행위태양을 기준으로 판단함을 원칙으로 한다.[2] 판례는 본죄의 실행의 착수시점을 구성요건의 일부를 실현하는 행위까지 요구하는 것은 아니고 범죄구성요건의 실현에 이르는 현실적 위험성을 포함하는 행위를 개시하는 것으로 족하다고 본다.[3] 따라서 주거권자(관리자, 점유자 포함)의 동의를 얻어서 들어가는 것은 「침입」이 아니다. 이러한 동의는 구성요건을 조각하는 양해의 성격을 갖는다. 주거자의 동의(양해)는 자유로운 의사로써 진지하게 이루어져야 하므로 강제, 기망, 착오 등 의사흠결의 상태에서 이루어졌을 때에는 그 효력이 없다.

침입은 담을 넘든지, 열린 문으로 평온·공연하게 들어가든지 그 방법을 불문한다. 본죄는 행위자의 신체가 들어감으로써 기수로 되고 그 후 퇴거시 또는

---

1) 대판 2010. 4. 29, 2009도14643.
2) 대판 2021. 9. 9, 2020도12630 전원합의체 판결.
3) 대판 2006. 9. 14, 2006도2824; 대판 2003. 10. 24, 2003도4417(본 판례는 출입문이 열려 있으면 안으로 들어가겠다는 의사 아래 출입문을 당겨보는 행위를 실행의 착수로 본다).

체류의 승낙이 있을 때까지 위법상태가 계속된다.

② 신체의 일부만 들어가는 경우

신체의 전부가 들어가는 경우가 일반적이겠지만, 신체의 일부만 들어가도 본죄를 인정하는 견해[1]가 있다. 판례의 태도[2]이기도 하다. 이와 같은 견해는 얼굴을 창문 안으로 들이미는 등 일부만 들어가도 주거의 사실상 평온이 깨질 수 있다는 점을 근거로 한다. 그러나 미수범 처벌규정이 있는 점 및 본죄가 계속범이라는 면에서는 신체의 전부가 들어가야 기수가 된다고 봄이 타당할 것이다.[3]

③ 공중의 출입이 자유로운 장소(공공장소)의 경우

음식점, 이발소, 공중에 개방된 관공청사 등 공중의 출입이 자유로운 건조물 등은 주거권자가 당해 주거 등의 출입에 관하여 보편적인 승낙을 할 수 있다. 이러한 승낙을 함에 있어서 주거권자는 특정한 전제조건(개별적 금지)을 붙일 수 있으나 그 제한은 명시적 또는 추정할 수 있도록 표현되어 있어야만 한다. 보편적 승낙의 한계 내에서 일정한 주거 등에 출입하는 것은 침입이 아니며 따라서 구성요건해당성이 없다. 그러나 특별히 개인적으로 내려진 출입금지에 위반하여 들어간 경우,[4] 출입이 금지된 시간(예컨대 개점시간 이전 및 폐점시간 이후)에 들어간 경우,[5] 출입문을 통한 정상적인 출입이 아닌 경우[6] 등은 본죄가 성립한다.

④ 공공장소에 범죄목적으로 들어간 경우

일반인의 출입이 허용된 상가 등 영업장소에 영업주의 승낙을 받아 통상적인 출입방법으로 들어갔다면 특별한 사정이 없는 한 침입에 해당하지 않는다. 행위자가 범죄 등을 목적으로 영업장소에 출입하였거나 영업주가 행위자의 실제 출입 목적을 알았더라면 출입을 승낙하지 않았을 것이라는 사정이 인정되더라도, 그러한 사정만으로는 사실상의 평온상태를 해치는 방법으로 영업장소에 들어갔다고 평가할 수 없으므로 침입행위에 해당하지 않는다.

따라서 추행목적으로 야간에 피해자를 뒤따라 들어가 상가 건물 1층에 출입

---

1) 김일수/서보학, 247면; 신동운, 774면; 임웅, 290면.
2) 대판 1995. 9. 15, 94도2561.
3) 김성돈, 292면; 배종대, 236면; 오영근, 211면; 정성근/정준섭, 164면. 오영근, 211면은 독일 형법 상 침범(eindringen)은 일부가 들어가도 범죄성립을 인정할 수 있으나, 우리 형법은 침범이 아닌 침입이라고 하고 있으므로 신체의 전부가 들어가는 것으로 해석하여야 한다고 본다.
4) 대판 2003. 5. 13, 2003도604.
5) 대판 1990. 3. 13, 90도173.
6) 대판 1995. 9. 15, 94도3336.

하였다거나,[1] 영업주 몰래 카메라를 설치하기 위하여 음식점에 출입한 경우[2], 대형마트 지점에 방문한 대표이사 등에게 해고와 전보인사발령에 항의하기 위하여 지점장의 의사에 반하여 마트 지점의 정문을 통해 2층 매장으로 들어간 경우[3]와 같이 범죄목적이 있더라도 공공장소에서의 출입이라는 객관적·외형적으로 드러난 행위가 통상적이라면 주거침입죄는 성립하지 않는다.[4]

그러나 객관적·외형적으로 드러난 형상이 통상적으로 허용된 출입과 달라서 양해인지 여부가 문제될 여지가 없는 경우, 예컨대 총기를 손에 든 강도가 상점에 들어가는 경우는 당연히 주거침입죄가 성립한다고 보아야 한다.

⑤ 기망으로 착오에 의한 승낙을 받은 경우

기망에 의하여 승낙을 받은 경우, 동의권자의 실질적인 의사에 반하므로 본죄가 성립한다고 보는 견해[5]가 있으나, 승낙의 동기는 승낙의 효력에 영향을 미

---

1) 대판 2022. 8. 25, 2022도3801.
2) 대판 2022. 3. 24, 2017도18272 전원합의체 판결. 피고인들이 공모하여, 갑, 을이 운영하는 각 음식점에서 인터넷 언론사 기자 병을 만나 식사를 대접하면서 병이 부적절한 요구를 하는 장면 등을 확보할 목적으로 녹음·녹화장치를 설치하거나 장치의 작동 여부 확인 및 이를 제거하기 위하여 각 음식점의 방실에 들어감으로써 갑, 을의 주거에 침입하였다는 내용으로 기소된 사안에서, 피고인들은 병을 만나 식사하기에 앞서 병과의 대화 내용과 장면을 녹음·녹화하기 위한 장치를 설치하기 위해 각 음식점 영업주로부터 승낙을 받아 각 음식점의 방실에 미리 들어간 다음 녹음·녹화장치를 설치하고 그 작동 여부를 확인하거나 병과의 식사를 마친 후 이를 제거하였는데, 피고인들이 각 음식점 영업주로부터 승낙을 받아 통상적인 출입방법에 따라 각 음식점의 방실에 들어간 이상 사실상의 평온상태를 해치는 행위태양으로 음식점의 방실에 들어갔다고 볼 수 없어 주거침입죄에서 규정하는 침입행위에 해당하지 아니하고, 설령 다른 손님인 병과의 대화 내용과 장면을 녹음·녹화하기 위한 장치를 설치하거나 장치의 작동 여부 확인 및 이를 제거할 목적으로 각 음식점의 방실에 들어간 것이어서 음식점 영업주가 이러한 사정을 알았다면 피고인들의 출입을 승낙하지 않았을 것이라는 사정이 인정되더라도, 그러한 사정만으로는 사실상의 평온상태를 해치는 행위태양으로 각 음식점의 방실에 출입하였다고 평가할 수 없어 피고인들에게 주거침입죄가 성립하지 않는다.
3) 대판 2022. 9. 7, 2021도9055. 피고인들이 들어간 지점 2층 매장은 영업시간 중에는 출입자격 등의 제한 없이 일반적으로 개방되어 있는 장소인 점, 피고인들은 영업시간에 손님들이 이용하는 정문과 매장 입구를 차례로 통과하여 2층 매장에 들어가면서 보안요원 등에게 제지를 받거나 보안요원이 자리를 비운 때를 노려 몰래 들어가는 등 특별한 조치를 취하지도 아니한 점에 비추어 보면, 일반적으로 출입이 허용되어 개방된 지점 매장에 관리자의 출입 제한이나 제지가 없는 상태에서 통상적인 방법으로 들어간 이상 사실상의 평온상태를 해치는 행위 태양으로 들어갔다고 볼 수 없어 침입행위에 해당하지 않는다.
4) 위 2017도18272 전원합의체 판결에 의하여 과거 일반인의 출입이 허용된 음식점이라도 도청용 송신기를 설치할 목적으로 들어간 것은 영업주의 명시적 또는 추정적 의사에 반한다고 보아 주거침입죄를 인정한 판례(대판 1997. 3. 28, 95도2674) 등은 폐지되었다.
5) 김성돈, 290면.

치지 않는다고 보아야 한다.[1] 공공장소에서의 출입이 범죄의 목적이라 하더라도 객관적·외형적으로 드러난 형상을 통해 판단하여야 하며, 특히 묵시적 기망이 있는 경우나 승낙자의 동기의 착오에 불과한 경우와 적극적인 기망을 명확히 구분하기 어렵고, 따라서 착오에 의한 승낙이라도 승낙자의 의사에 반하는 '침입'이라고 하기 어렵다. 본죄에서 사실상 평온이란 실제 주거환경의 평온이라기보다는 동의권자의 의사 또는 심적 평온을 의미하며, 비록 기망이 있었다고 하더라도 승낙 당시 동의권자의 의사에 반하지 않는다면 심적 평온을 해하였다고 할 수도 없다.

한편 판례는 대리응시자들의 시험장 입장[2]이나 강간의도를 숨기고 피해자가 사용중인 공중화장실에 문을 노크하여 피해자가 문을 열어준 경우[3] 주거침입죄는 인정한다. 그러나 이는 기망에 의한 승낙이라고 보지 않더라도, 대리응시는 출입이 허용되지 아니한 자의 출입이므로 침입에 해당하고, 공중화장실은 점유하는 방실에 해당하므로 통상적인 이용방법이 아닌 경우로서 주거침입죄가 성립한다고 해석할 수 있다.

⑥ 공동주거자 중 일부의 동의를 받은 경우

주거 내에 다수의 거주자가 공동생활을 하는 경우, 그 중 일부의 동의만 얻은 경우에 동의를 얻지 않은 다른 거주자들에 대하여 주거침입죄가 성립하는가의 문제이다. 판례는 과거[4] 주거침입죄를 인정하였으나 최근 견해를 변경하였다. 즉, 공동거주자 중 주거 내에 현재하는 거주자의 현실적인 승낙을 받아 통상적인 출입방법에 따라 들어갔다면, 설령 그것이 부재중인 다른 거주자의 의사에 반하는 것으로 추정된다고 하더라도 사실상 평온이 깨진 것이 아니므로 주거침입죄가 성립하지 않는다고 본다.[5]

---

1) 김일수/서보학, 244면: 박상기/전지연, 575면: 이재상 외, 242면: 임웅, 287면. 한편 김성돈, 290면은 원칙적으로 본죄의 성립을 부정하나, 범죄의 목적으로 기망한 경우에는 본죄가 성립한다고 보아 제한적 긍정설의 입장이다.
2) 대판 1967. 12. 19, 67도1281.
3) 대판 2003. 5. 30, 2003도1256.
4) 대판 1984. 6. 26, 83도685. 복수의 주거권자가 있는 경우 한 사람의 승낙이 다른 거주자의 의사에 직·간접으로 반하는 경우에는 주거침입죄가 성립한다. 남편이 일시 부재중 간통의 목적하에 그 처의 승낙을 얻어 주거에 들어간 경우, 남편의 (추정적) 의사에 반하므로 처의 승낙이 있어도 주거침입죄가 성립한다고 본 사례.
5) 대판 2021. 9. 9, 2020도12630 전원합의체 판결.

그러나 사실상 평온이라는 일신전속적 법익은 거주자마다 전속적으로 존재하므로 현존하지 않는 다른 거주자의 법익의 침해여부에 대한 법적 평가는 전혀 이루어지지 않는다는 점과 사실상 평온은 현실적 평온이 아니라 객관적·주관적·규범적 관점에서 판단하여야 한다는 측면에서는 타당하지 않다. 따라서 타방의 의사를 인식하거나 할 수 있었다면 주거침입죄(의 포괄일죄)가 성립하나, 다른 주거자의 존재나 의사를 인식할 수 없었다면 침입의 고의 자체가 부정되므로 범죄가 성립하지 않는다.

심화 / 일신전속적 법익의 중첩과 범죄성립

일신전속적 법익은 승계나 양도, 상속의 대상이 아닐 뿐만 아니라, 그 전속성으로 인하여 타인과 공유할 수 있는 성질의 것이 아니다. 따라서 공유하는 공간에 다수인이 거주하더라도 주거에 대한 권한은 공유 또는 공동할 수 없고, 단지 개개인인 전속적 법익귀속자들의 법익이 같은 공간에 중첩하여 존재할 뿐이다. 따라서 그와 같이 공유하는 거주공간에 대한 주거침입은 다수인의 중첩되는 모든 법익을 동시에 침해할 수도 있지만, 일부에 대한 침해도 가능하다. 일신전속적 법익이 공유되지 않는 한 해당 법익은 분할할 수 없으므로 분할되지 않는 법익의 일부의 침해가 성립한다고 할 수 없지만, 다수의 중첩되는 일신전속적 법익들 중의 일부에 대한 침해는 외부정황에 따라서 성립가능하다. 그러나 공동의 생활공간에서의 사생활의 평온은 법익의 내용이 완전히 일치하므로 우열을 정할 수가 없는 문제가 발생한다. 그렇다면 어느 일방의 법익이 타방의 법익보다 우선할 수는 없고, 권리의 충돌지점에서 규범적인 법해석을 한다고 할지라도 권리 간의 우열을 가릴 수는 없다. 즉, 권리의 중첩이 발생하는 영역에서 당사자 간에는 권리 간의 우열을 정할 수 없기 때문에 반사적으로 서로 간에 발생할지도 모를 법익침해상태를 용인할 수 밖에 없게 된다. 그렇지만 이는 내부적 사정에 불과하므로, 행위자의 단일행위인 출입이 범죄가 성립하는가라는 불법성 판단을 내부자 간의 주관적 사정에 전적으로 의존할 수는 없다. 이는 행위자의 인식범위, 즉 고의의 범주를 넘어서는 외부환경의 주관적 존재인 법익귀속자가 일인인가 다수인인가에 좌우되어 불법 여부를 평가하는 결과를 초래하기 때문이다. 주관적 구성요건인 고의에서의 인식범위는 범죄성립요건인 객관적 구성요건과 완전히 일치하여야 함에도 불구하고, 이를 넘어서는 법익귀속자의 수가 불법성을 좌우할 수는 없다.

요약컨대, 일신전속적 법익이 다수인에게 개별적으로 귀속됨으로써 중첩하여 존재할 경우, 단일의 행위로 인한 다수 법익 전부의 침해는 포괄일죄로서 단일의 범죄가 성립한다. 만일 일신전속적 법익귀속자의 일부는 동의하고 일부는 이를 명시적으로 거부하였음을 행위자가 인식하고 있다면 행위자에게는 거부한 귀속자들에 대한 주거침입죄의 고의가 존재하므로 해당 거부자들의 법익을 침해하게 된다. 따라서 동의한 자들에 대하여는 양해가 되어 구성요건해당성이 조각되므로 범죄가 성립하지 않지만, 거부자들에 대하여는 범죄가 성립하는 결과 포괄일죄의 일부의 범죄성립은 포괄일죄의 성립에 하등의 영향을 미치지 않는다. 즉, 주거침입죄가 성립한다. 반면 공간을 공유하는 일신전속적 법익귀속자들의 내부 사정을 모르는 행위자가 일부의 동의를 받고 출입하였다면, 다른 법익귀속자들의 부동의를 인식하지 못하였으므로 해당 법익에 대하여는 고의가 성립할 수 없고 그 결과 동의를 받은 자에 대하여는 양해가 되고 부동의한 자에 대하여는 주거침입죄의 고의가 없으므로 범죄가 성립하지 않는다고 보아야 할 것이다.

⑦ 공동거주자 중 일부가 다른 공동거주자의 출입을 금지한 경우

공동거주자는 다른 공동거주자의 출입·이용을 용인할 수인의무가 있으므로, 공동거주자 상호간에는 사실상 평온이라는 법익은 일정 부분 제약될 수 밖에 없고, 그와 같은 상호 용인하에 공동주거관계가 형성된다. 따라서 공동거주자 상호간에는 특별한 사정이 없는 한 다른 공동거주자의 공동생활장소에의 자유로운 출입을 금지할 수 없다. 만일 갑과 을이 공동생활을 하는 중에 갑이 법률적인 근거(예컨대 가정폭력처벌법 제29조에 의한 접근금지명령) 등 정당한 이유 없이 을의 공동거주지에의 출입을 금지하고, 갑의 의사에 반하여 을이 공동거주지에 들어가는 과정에서 을의 출입을 금지한 갑의 사실상 평온상태를 해쳤더라도 침입이 아니다. 판례는 가정불화로 처와 일시 별거 중인 남편이 그의 부모와 함께 주거지에 들어가려고 하는데 처로부터 집을 돌보아 달라는 부탁을 받은 처제가 출입을 못하게 하는 것에 반하여 주거지에 출입하더라도 주거침입죄가 성립하지 않는다고 본다.[1]

---

1) 대판 2021. 9. 9. 2020도6085. 동 사안에서 타방 공동거주자인 남편은 부모와 함께 이를 반대하는 처제에 대항하여 출입문에 설치된 잠금장치를 손괴하고 주거지에 출입하여 폭처법상 공동주거침입죄로 기소되었다. 처제는 일방 주거권자인 처의 위임을 받은 자로서 동의권자에 해당한다. 그러나 남편도 타방의 주거권자이므로 범죄가 성립하지 않고, 부모는 주거권자의 동의를 받았으므로 양해에 해당하여 구성요건해당성이 배제된다. 한편 출입문의 잠금장치 손괴라는 물리력의 행사는 재산범죄의 문제로서 공동소유는 타인소유에 해당하므로 손괴죄가 성립할 뿐이다.

⑧ 부작위에 의한 침입 여부

부작위에 의한 주거침입죄 성립을 부정하는 견해[1]가 있으나 행위자가 보증인으로서 감독해야할 자가 침입을 막지 않은 경우에는 본죄가 성립할 수 있다.[2] 그러나 그와 같은 부작위가 단독정범이 될 수는 없고, 공동정범의 형태로만 가능하다고 제한해석하여야 할 것이다. 한편, 착오로 타인의 주거에 들어간 자가 자기 집이 아닌 것을 인식하고 난 후에도 그대로 머무르는 경우에도 부작위에 의한 주거침입죄라고 보는 견해[3]가 있다. 그러나 본죄의 침입행위 시에 있어야 하고 사후고의는 인정될 수 없다. 따라서 주거권자의 퇴거요구가 있을 때에 퇴거불응죄만이 성립할 수 있다.

⑨ 미수와 기수

판례[4]는 신체의 일부만 들어가도 기수를 인정하나 타당하지 않다. 신체의 전부가 들어가서 어느 정도 법익의 현실적 침해위험이 있어야 비로소 기수가 되고 이후의 행위는 계속범에 해당한다(이중의 계속성). 또한 외부로부터의 침입을 의미하므로 이미 주거 내에 있는 자가 사후에 범죄의사가 생겼다고 하더라도 침입이라고 할 수 없다.[5]

판례

피고인이 이 사건 다세대주택 2층의 불이 꺼져있는 것을 보고 물건을 절취하기 위하여 가스배관을 타고 올라가다가, 발은 1층 방범창을 딛고 두 손은 1층과 2층 사이에 있는 가스배관을 잡고 있던 상태에서 순찰 중이던 경찰관에게 발각되자 그대로 뛰어내렸다면, 이러한 행위만으로는 주거의 사실상의 평온을 침해할 현실적 위험성이 있는 행위를 개시한 때에 해당한다고 볼 수 없으므로 야간주거침입절도죄는 무죄이다.[6] 또한 아파트의 초인종을 누르다가 사람이 없으면 만능키 등을 이용하여 문을 열고 안으로 들어가 물건을 훔치기로 모의한 피고인들이 함께 다니다가 피고인 A는 C의 집 초인종을 누르면서 "자장면 시키지 않았느냐"라고 말하였으나 집 안에 있던 C가 "시킨 적 없다"고 대답하자 계단을 이용하여 아래층으로

---

1) 박상기/전지연, 574면; 백형구, 397면; 이정원, 287면.
2) 김성돈, 289면; 김일수/서보학, 247면; 배종대, 239면; 이재상 외, 243면; 정성근/정준섭, 164면.
3) 김성천/김형준, 303면; 김종원(상), 143면; 김혜정 외, 241면.
4) 대판 1995. 9. 15, 94도2561.
5) 대판 1984. 2. 14, 83도2897.
6) 대판 2008. 3. 27, 2008도917.

이동한 이 사건 사안에 대하여, 피고인들이 주거침입의 실행의 착수에 해당하는 행위를 하였다고 볼 수 없다.[1]

(2) 주관적 구성요건

주거권자의 의사에 반하지 아니한 것으로 잘못 알고 들어가는 경우는 구성요건적 착오의 문제가 되며, 주거에 들어가는 것이 주거자의 의사에 반하지만 자기에게는 허용된다고 잘못 안 경우는 금지착오에 해당된다. 또한 주거에 들어갈 권리가 있는 자로 오인한 경우에는 고의가 없는 것으로 보아야 한다.

2. 위 법 성

법령에 의한 행위, 예컨대 형사소송법 제109조 등에 의하여 압수·수색·검증을 행하는 것은 그 행위가 비록 주거자의 의사에 반하는 경우라 할지라도 위법성을 조각한다.

부가 친권행사를 위하여 자녀의 집에 들어간 경우, 채권자가 채무이행을 기피하는 채무자의 주거에 채권추심을 위해 들어가는 경우 등에 있어서는 이들이 사회상규에 위배되지 아니한다고 판단되는 한 위법성을 조각한다. 그러나 목적이 불법하지 않다는 사실만으로는 침입이 정당화되지 않는다. 예컨대 사인이 장물을 적발하기 위하여 공장에 침입하는 경우, 간통현장을 직접 목격하고 그 사진을 촬영하기 위하여 상간자의 집에 침입하는 경우[2] 등에는 주거침입죄가 성립한다. 또한 현행범을 추적하여 타인의 주거에 들어가는 것도 주거침입이라는 것이 판례의 태도이다.[3]

현재의 위난을 피하기 위하여 타인의 주거 등에 들어간 경우에는 일정한 요건에 합치되는 한 긴급피난으로서 위법성이 조각된다. 타인의 주거 등에 들어가는 행위가 추정적 승낙에 의한 행위인 경우, 예컨대 여름휴가로 일시 비워있는 이웃집의 수돗물을 잠궈 주기 위하여 들어가는 행위는 위법성이 조각된다.[4]

---

1) 대판 2008. 4. 10, 2008도1464.
2) 대판 2003. 9. 26, 2003도3000.
3) 대판 1965. 12. 21, 65도899는 현행범인을 추적하여 그 범인의 부의 집에 들어가서 동인과 시비 끝에 상해를 입힌 경우에 주거침입죄가 성립된다고 판시하였다.
4) 추정적 승낙은 전술한 바 음식점, 백화점 등에서 찾아볼 수 있는 보편적 승낙과 그 성격이 다르다. 현존하는 승낙이 있는 경우에는 그것이 개별적이든 보편적이든 구성요건 자체가 조각되나 추정적

3. 죄　수

　　주거침입이 타 범죄의 수단으로 행하여지는 경우에, 그것이 결합범의 형태로 되어 있는 경우(예컨대 제330조의 야간주거침입절도죄, 제334조의 특수강도죄 등)를 제외하고는 경합범으로 된다고 봄이 타당할 것이다. 따라서 타인의 주거에 침입하여 절도, 살인을 한 경우에는 주거침입죄와 절도죄 또는 살인죄의 실체적 경합이 된다.[1]

　　그러나 법정형을 고려하여 외형상 주거침입죄에 해당하더라도 다른 범죄에 흡수되는 경우가 있다. 예컨대, 강도상해죄(제337조)의 주체에는 특수강도죄(제334조 제1항)도 포함되므로, 강도상해죄가 성립하면 주거침입죄가 별도로 성립하지 않는다.[2]

판 례

　　특가법 제5조의4 제6항에 규정된 상습절도 등 죄를 범한 범인이 그 범행의 수단으로 주거침입을 한 경우, 주거침입은 상습절도 등 죄에 흡수되어 상습절도 등 죄의 1죄만이 성립하고 별개로 주거침입죄를 구성하지 않으며, 또 위 상습절도 등 죄를 범한 범인이 그 범행 외에 상습적인 절도의 목적으로 주거침입을 하였다가 절도에 이르지 아니하고 주거침입에 그친 경우에도 그것이 절도상습성의 발현이라고 보이는 이상 주거침입행위는 다른 상습절도 등 죄에 흡수되어 상습절도 등 죄의 1죄만을 구성하고 상습절도 등 죄와 별개로 주거침입죄를 구성하지 않는다.[3] 즉, 특가법상 상습절도 속에는 주거침입절도도 포함되므로 주거침입죄는 별개의 범죄로 나뉘어지지 않는다.

　　그러나 "형법 제330조에 규정된 야간주거침입절도죄 및 형법 제331조 제1항에 규정된 특수절도(야간손괴침입절도)죄를 제외하고 일반적으로 주거침입은 절도죄의 구성요건이 아니므로 절도범인이 범행수단으로 주거침입을 한 경우에 주거침입행위는 절도죄에 흡수되지 아니하고 별개로 주거침입죄를 구성하여 절도죄와는 실체적 경합의 관계에 서는 것이 원칙이다. 또 형법 제332조는 상습으로 단순절도, 야간주거침입절도와 특수절도 및 자동차 등 불법사용의 죄를 범한 자는 그 죄에 정한 각 형의 2분의 1을 가중하여 처벌하도록 규정하고 있으므로, 위 규정은 주거침입을

승낙에 의한 행위일 경우에는 위법성이 조각된다고 봄이 타당할 것이다.

1) 박상기/전지연, 238면; 정영석, 333면; 정영일, 200면 등.
2) 대판 2012. 12. 27, 2012도12777.
3) 대판 2017. 7. 11, 2017도4044.

구성요건으로 하지 않는 상습단순절도와 주거침입을 구성요건으로 하고 있는 상습
야간주거침입절도 또는 상습특수절도(야간손괴침입절도)에 대한 취급을 달리하여,
주거침입을 구성요건으로 하고 있는 상습야간주거침입절도 또는 상습특수절도(야
간손괴침입절도)를 더 무거운 법정형을 기준으로 가중처벌하고 있다. 따라서 상습으
로 단순절도를 범한 범인이 상습적인 절도범행의 수단으로 주간(낮)에 주거침입을
한 경우에 주간 주거침입행위의 위법성에 대한 평가가 형법 제332조, 제329조의
구성요건적 평가에 포함되어 있다고 볼 수 없다. 그러므로 형법상 상습절도죄를 범
한 범인이 범행의 수단으로 주간에 주거침입을 한 경우 주간 주거침입행위는 상습
절도죄와 별개로 주거침입죄를 구성한다. 또 형법상 상습절도죄를 범한 범인이 그
범행 외에 상습적인 절도의 목적으로 주간에 주거침입을 하였다가 절도에 이르지
아니하고 주거침입에 그친 경우에도 주간 주거침입행위는 상습절도죄와 별개로 주
거침입죄를 구성"한다.[1]

Ⅱ. 퇴거불응죄

*전항의 장소(사람의 주거, 관리하는 건조물, 선박이나 항공기 또는 점유하는 방실)에서
 퇴거요구를 받고 응하지 아니한 자도 전항의 형(3년 이하의 징역 또는 500만원 이하의
 벌금)과 같다(제319조 제2항).
*미수범은 처벌한다(제322조).

1. 의   의

본죄는 타인의 주거, 관리하는 건조물, 선박이나 항공기 또는 점유하는 방실
에 적법하게 들어간 자가 주거자, 관리자 또는 점유자의 퇴거요구를 받고 이에
응하지 아니함으로써 성립하는 진정부작위범이다. 또한 본죄는 거동범이다.

2. 구성요건

(1) 주 체

본죄의 주체는 주거권자의 퇴거요구에 응해야 할 작위의무(퇴거의무)가 있는
자이다. 그러나 그와 같은 작위의무는 퇴거요구를 받는 객관적 행위정황에서 비

---

1) 대판 2015. 10. 15, 2015도8169.

롯되므로 보증인 지위라거나 신분범이 아니다. 공사법상 체류할 권한이 있는 경우에는 그 범위 내에서는 퇴거의무를 지지 않는다. 일단 적법하게 체류권이 존재하면, 사후 소멸되더라도 퇴거의무가 반드시 바로 발생하는 것은 아니다. 예컨대 임대차계약이 종료되어 임대인으로부터 명도청구를 받고 있으나 아직 명도의무를 이행하지 아니한 채 체류하고 있는 임차인은 퇴거불응죄의 책임을 지지 않으며, 해고된 노무자도 자기의 물건을 정리하고 있는 중에는 퇴거불응에 해당한다고 볼 수 없다.

(2) 행 위

적법하게 들어간 자가 퇴거의 요구를 받고 이에 불응하는 것이다.

본죄는 퇴거요구에 불응하는 것 그 자체로서 성립되므로 진정부작위범이며 기수에 달한 후 퇴거할 때까지 그 행위가 계속되는 계속범이다.

퇴거 요구자는 주거자, 관리자, 점유자 및 그 위임을 받은 자이다. 퇴거의 요구는 반드시 명시적일 필요는 없다. 다만 상대방이 인식할 수 있는 방법이어야 한다. 상대방이 인식하고 있는 한 퇴거요구를 반복할 필요는 없다.

(3) 기수와 미수

본죄는 거동범으로, 퇴거에 불응하면 곧바로 기수가 된다. 그러나 본죄에는 미수범처벌규정이 있으므로, 미수 성립 여부가 문제된다. 이에 대하여 본죄는 진정부작위범이면서 침해범이므로 퇴거불응이 주거의 사실상 평온을 침해하였다고 할 만한 단계에 이르기 전에 축출당하는 경우 미수가 된다고 보는 견해[1] 및 현실적으로 미수성립이 어렵지만 불능미수의 형태는 가능하다고 보는 견해[2] 등이 있으나, 진정부작위범은 거동범이므로 미수가 성립할 수 없다고 보아야 한다. 따라서 미수범처벌규정은 본죄가 주거침입죄와 같은 조문에 위치하면서 발생한 입법상의 오류이다.

---

1) 김종원(상), 145면; 임웅, 295면.
2) 김성천/김형준, 307면.

Ⅲ. 특수주거침입죄

> *단체 또는 다중의 위력을 보이거나 위험한 물건을 휴대하여 전조의 죄(주거침입·퇴거
> 불응죄)를 범한 때에는 5년 이하의 징역에 처한다(제320조).
> *미수범은 처벌한다(제322조).

본죄는 주거침입죄와 퇴거불응죄에 대한 불법가중적 구성요건이다.

행위수단에 있어서 단체 또는 다중의 위력을 보이는 경우에는 전원이 침입할 필요가 없고 그 중 1인만 침입해도 본죄가 성립하며 위험한 물건을 「휴대하여」라는 것은 처음부터 위험한 물건을 소지하고 들어간 경우뿐만 아니라 빈손으로 침입한 후 그 집에서 위험한 물건을 집어 든 경우까지도 포함한다. 단체, 다중의 위력을 보인다는 것, 위험한 물건의 휴대 등의 의미는 특수상해죄에서 설명한 것과 같다.

Ⅳ. 신체·주거수색죄

> *사람의 신체, 주거, 관리하는 건조물, 자동차, 선박이나 항공기 또는 점유하는 방실을
> 수색한 자는 3년 이하의 징역에 처한다(제321조).
> *미수범은 처벌한다(제322조).

1. 의   의

본죄는 독립적 구성요건으로서, 그 객체에 주거등 이외 사람의 신체도 포함되는 것이 특징이다.

2. 구성요건

사람의 주거·관리하는 건조물, 자동차, 선박, 항공기, 점유하는 방실의 개념은 주거침입죄와 같다.

신체는 육체뿐만 아니라 몸에 걸친 의복도 포함하는 개념이다.

본죄의 행위는 「수색」으로, 사람 또는 물건을 발견하기 위한 행위를 의미한다.

3. 위 법 성

법령에 의한 행위, 예컨대 형사소송법 제109조, 제137조 등에 의한 수색은 위법성을 조각한다. 피해자의 동의가 있는 때에는 위법성이 조각된다[1]고 하기보다는, 구성요건해당성 자체가 조각되는 양해에 해당한다고 본다.[2]

4. 죄 수

처음에 적법하게 또는 과실로 주거에 들어간 자가 전술한 객체를 수색한 경우에는 본죄만 성립된다. 그러나 처음부터 위법하게 침입하여 본죄를 범한 경우 주거수색죄만 성립한다고 보는 견해[3]도 있으나, 본죄와 주거침입죄의 실체적 경합범이 된다.[4] 절도의 목적으로 금품을 수색한 경우의 수색은 절도죄에 흡수된다.

---

1) 배종대, 243면; 임웅, 296면.
2) 김성돈, 298면; 오영근, 215면; 이재상 외, 247면; 정성근/정준섭, 167면.
3) 오영근, 215면은 법정형이 본죄가 더 무겁기 때문이라고 본다.
4) 강구진Ⅰ, 196면; 김성돈, 274면; 김혜정 외, 246면; 배종대, 243면; 신동운, 780면; 이수성/공저, 주각(하), 160면; 이재상 외, 247면 등.

재산에 대한 죄

  헌법은 재산권보장을 국민의 기본권으로 보장하고 있고, 형법은 이를 구체적으로 보호하기 위하여 타인의 재산권을 침해하는 범죄들을 여러 유형으로 규정하고 있다.

  재산적 법익을 침해하는 범죄(재산죄)는 인격적 법익을 침해하는 범죄와 더불어 개인적 법익에 대한 죄를 구성하는 중요한 한 부분을 이루고 있다. 그런데 형법은 재산에 대한 죄를 행위객체의 면이나 보호법익의 형태로 구분하지 않고, 행위태양을 중심으로 하여 각 장을 편재하고 있다. 이에 따라 형법은 재산에 대한 죄를 절도와 강도의 죄(제38장), 사기와 공갈의 죄(제39장), 횡령과 배임의 죄(제40장), 장물에 관한 죄(제41장), 손괴의 죄(제42장), 권리행사방해의 죄(제37장)로 나누어 규정하고 있다.

  강도의 죄와 손괴의 죄를 제외한 재산죄에 있어서는 일정한 친족간의 범행을 행위자에게 유리하도록 특례취급을 하는데 이를 친족상도의 예라고도 부른다. 그 상세한 내용은 개개의 범죄와 관련하여 다루기로 한다.

제 **1** 장

절도와 강도의 죄

제 1 절   재산죄 일반론

§1. 서   설

I. 재산범죄의 분류

재산죄는 여러가지 척도에 따라 다양하게 분류된다.

1. 행위객체의 성질

행위객체가 무엇인가에 따라 재산죄는 재물죄와 이득죄로 나누어지는데, 절도죄, 횡령죄, 장물죄, 손괴죄는 순수한 재물죄이고 배임죄는 순수하게 재산상의 이익을 객체로 하는 이득죄이다. 한편 강도죄, 사기죄, 공갈죄는 재물죄인 동시에 이득죄에 해당한다.

2. 영득의사의 요부

영득의사가 있어야 하는가의 여하에 따라 영득죄와 손괴죄로 나누어진다. 절도죄, 강도죄, 사기죄, 공갈죄, 횡령죄는 전자에 속하고 손괴죄는 후자에 속한다. 장물죄도 영득죄에 속하는가에 관하여서는 이를 긍정하는 견해[1]와 부정하는 견해[2]의 대립이 있다. 전자는 장물죄도 간접적인 영득행위라는 점을 강조하나 후자는 장물죄의 본질이 위법상태의 지속 내지 추구권행사의 곤란이라는 점을 그 논거로 하고 있다. 부정설이 타당하다.

3. 점유침해의 수반여부

영득죄는 점유침해의 유무에 따라 점유침해를 수반하는 범죄(절도죄, 강도죄, 사기죄, 공갈죄, 장물죄)와 점유침해가 없는 범죄(횡령죄)로 구분된다. 다시 점유침해를 수반하는 범죄는 그 점유를 타인의 의사에 의하지 않고 취득하는가 타인의

---

1) 김일수/서보학, 264면; 배종대, 430면; 서일교, 255면; 정성근/정준섭, 172면; 황산덕, 332면 등.
2) 강구진 I, 255면; 박상기/전지연, 582면; 신동운, 826면; 이재상 외, 248면; 임웅, 301면 등.

하자있는 의사에 의하여 취득하는가에 따라 탈취죄와 편취죄로 구분되는데 절도죄, 강도죄, 장물죄는 전자에 속하고 사기죄와 공갈죄는 후자에 속한다.

Ⅱ. 재산범죄의 객체

1. 재   물

(1) 서   언

절도죄·횡령죄·장물죄·손괴죄의 객체는 재물이고 배임죄의 객체는 재산상의 이익이며, 강도죄, 사기죄, 공갈죄의 객체에는 재물과 재산상의 이익이 모두 포함된다.

재물의 개념은 반드시 모든 재산죄에 있어서 동일한 의미를 갖는 것은 아니다. 예컨대 부동산은 사기죄, 공갈죄, 횡령죄의 객체인 재물이라는 점에 이론이 없으나 절도죄와 강도죄에서는 논란이 있다.

형법상의 재물은 흔히 민법상의 물건과 같은 의미로 이해되는데 민법 제98조는 물건을 「본법에서 물건이라 함은 유체물 및 전기 기타 자연력을 말한다」고 규정하나 형법에는 재물에 대한 정의 규정이 없다. 다만 형법 제346조에 「본장(제38장 절도와 강도의 죄)의 죄에 있어서 관리할 수 있는 동력은 재물로 간주한다」는 규정이 있을 뿐이다. 그리고 이 규정은 사기와 공갈의 죄, 횡령과 배임의 죄, 손괴의 죄에 각각 준용된다(형법 제354조, 제361조, 제372조). 형법 제346조를 고려하여 형법상의 재물을 정의하자면 대체로 「유체물 기타 관리할 수 있는 동력」이라고 표현할 수 있겠으나 그 의미를 좀 더 명확히 하기 위해서는 다음의 몇 가지 문제를 검토해 볼 필요가 있다.

(2) 관리가능한 동력의 포함여부

이에 관해서는 유체성설과 관리가능성설의 대립이 있다. 유체성설[1]은 외계에 형체를 드러내어 일정한 공간을 차지하는 물체만이 재물이라고 본다. 이 설에 의하면 재물은 유체물인 것을 전제로 하고, 그 예외로서 관리할 수 있는 동력을 재물로 인정하는 제346조는 예외규정(특별규정)으로 보게 된다.

---

1) 김성돈, 302면; 김일수/서보학, 274면; 박상기/전지연, 706면; 배종대, 248면.

한편 관리가능성설[1]은 관리가 가능한 것이면 유체물은 물론 전기 기타 에너지 등과 같은 무체물도 재물로 본다. 이 설은 형법 제346조의 규정이 없더라도 당연히 그렇게 해석해야 할 내용을 단지 주의적으로 규정한 것이라고 이해한다.

재산범죄 중 권리행사방해죄와 장물죄에는 동력간주규정이 없다. 그러나 이러한 규정이 없다고 가정하여 볼 때 유체성설에 의해서는 전기 기타 에너지와 같은 무체물이 그 경제적 가치에도 불구하고 형법적 보호를 받을 수 없다는 문제점이 있게 된다. 또한 형법의 재산범죄가 보호하고자 하는 바는 민법상의 권리인데, 민법은 제98조에 물건을 유체물 및 전기 기타 관리할 수 있는 자연력이라고 하고 있으므로, 법질서통일성의 원칙에 따라 민법상 규정한 물건에 대한 권리를 형법이 보호하여야 할 것이다. 따라서 이론상 유체성설보다는 관리가능성설이 타당하다.

형법 제346조의 「관리할 수 있는 동력」에서 관리할 수 있다는 의미는 물리적 관리에 한하고 사무적 관리를 포함하지 않는다.[2] 동력은 전기 기타 에너지, 예컨대 수력, 인공냉온기 등을 의미한다. 동력에 관하여서는 이를 자연적 에너지로 국한하는 견해[3]와 인력이나 우마의 견인력까지 포함시키는 견해[4]의 대립이 있으나 관리가능한 동력의 의미를 물질성을 갖춘 것으로 제한하는 것이 바람직하므로 전자의 견해가 타당하다고 본다. 라디오나 TV의 전파·전화나 FAX의 송수신기능 등은 관리가능한 동력으로 볼 수 없으므로 재물에 해당하지 않는다.[5]

정보·사상·권리 등은 재물이 아니므로 도청·컴퓨터 입력자료를 탐지하고 디스켓이나 문서를 복사하여 복사본만 취하는 행위는 절도죄가 아니다.[6]

(3) 재산적 가치의 필요성

일반적으로 재물은 재산적 가치, 특히 금전적 교환가치를 갖는 것이지만 주

---

1) 김혜정 외, 252면; 오영근, 403면; 이재상 외, 253면; 임웅, 312면.
2) 김성돈, 303면; 김일수/서보학, 275면; 김혜정 외, 252면; 서일교, 131면 이하; 유기천(상), 184면; 이재상 외, 254면; 정성근/정준섭, 174면 등.
3) 김성돈, 303면; 배종대, 250면; 임웅, 303면 등.
4) 강구진Ⅰ, 244면; 김성천/김형준, 316면; 유기천(상), 184면; 이재상 외, 255면 등.
5) 김성돈, 303면; 김성천/김형준, 315면; 김혜정 외, 253면. 한편 신동운, 832면은 전화의 사용은 전기통시사업자에 의하여 가능하게 된, 전화기의 음향송수신기능이라는 역무를 부당하게 이용하는 행위로서, 역무란 무형적 이익이므로 재물이 아니라고 본다.
6) 대판 2002. 7. 12. 2002도745.

관적 가치가 있으면 객관적 교환가치의 유무는 본질적이 아니라는 것이 통설과 판례[1]의 입장이다. 그러므로 예컨대 부모나 애인의 사진처럼 단지 주관적 가치가 있는 것에 불과한 물건도 재물이 된다. 그러나 객관적 교환가치가 극소하고 동시에 일반인이 주관적 가치조차 느낄 수 없는 물건은 구성요건 해석상 재물로 볼 수 없다.[2]

(4) 금제품의 재물성

법률에 의하여 그 소유나 소지가 금지되는 금제품이 재물성을 갖는가의 문제이다. 이에 대하여는 금제품은 소유권의 목적이 될 수 없으므로 본죄를 비롯한 재물죄의 객체로 될 수 없다는 견해,[3] 절차에 따라 몰수되기까지는 그 점유를 보호해야 한다는 관점에서 객체로 된다는 견해[4]가 있다. 그러나 예컨대 위조된 통화처럼 소유와 소지가 모두 금지된 경우(절대적 금제품)에는 객체로 될 수 없으나 불법하게 소지한 무기의 경우처럼 소지만 금지된 경우(상대적 금제품)는 객체로 될 수 있다는 견해[5]가 타당하다. 따라서 소유와 소지가 모두 금지된 금제품은 타인의 재물이 아니다.

(5) 인체의 일부나 시체

인격의 주체인 사람은 소유권의 대상이 아니므로 재물의 대상이 될 수 없고, 인체의 일부도 이와 마찬가지이다. 인체에 인위적으로 부착시킨 의치·의족 등도 인체에 고착되어 있는 한 인체의 일부이며 재물이 될 수 없다. 그렇지만 인체의 일부라 하더라도 생체로부터 분리된 것(예컨대 신체에서 분리된 모발이나 채혈된 혈액)은 재물성을 갖는다. 수정전의 정자, 난자, 배아 등도 특별법상의 제한 여부와 관계없이 재물성은 인정된다.

시체·유골 등은 원칙적으로 재물이 될 수 없다. 그러나 유해로서의 성질을

---

1) 절도죄의 객체인 재물은 반드시 객관적인 금전적 교환가치를 가질 필요는 없고 소유자, 점유자가 주관적인 가치를 가지고 있음으로써 족하다고 할 것이고, 이 경우 주관적, 경제적 가치의 유무를 판별함에 있어서는 그것이 타인에 의하여 이용되지 않는다고 하는 소극적 관계에 있어서 그 가치가 성립하더라도 관계없다(대판 2004. 10. 28, 2004도5183; 대판 1996. 5. 10, 95도3057 등).
2) 강구진Ⅰ, 246면; 배종대, 250면; 황산덕, 267면 등.
3) 서일교, 133~134면.
4) 강구진Ⅰ, 248면; 김성돈, 306면; 김일수/서보학, 279면; 박상기/전지연, 586면; 오영근, 240면; 유기천(상), 187면; 임웅, 319면; 정성근/정준섭, 176면; 정영일, 139면 등.
5) 김종원(상), 177면; 김혜정 외, 254면; 배종대, 251면; 백형구, 121면; 이영란, 272면; 이재상 외, 253면; 이정원, 303면; 정영석, 310면; 황산덕, 272면 등.

상실한 경우, 예컨대 의학실험용이 된 시체나 학술표본으로 된 유골 등은 재물이 될 수 있다.

(6) 불법원인급여물과 장물의 재물성

불법원인급여물에 대해서도 그 소유와 점유가 금지되어 있지 않으므로 재물성이 인정된다고 볼 수 있으며, 장물의 재물성도 부정되지 않는다. 판례도 장물에 대한 절도죄의 성립을 인정하고 있다.[1]

(7) 부동산

부동산이 유체물로서 재물성을 지님은 물론이다. 그리고 부동산이 사기죄, 공갈죄, 횡령죄의 객체가 된다는 점에서는 다툼의 여지가 없다. 그러나 부동산이 절도죄나 강도죄의 객체인 재물이 될 수 있는가에 관하여서는 논란이 있다.

1) 부동산절도를 인정하는 견해[2]는 그 논거로서 우리 형법에는 절도죄의 객체를 동산에 한정하는 규정(예컨대 독일형법 제242조)이 없고 따라서 재물을 절도죄(또는 강도죄)에 있어서만 동산으로 한정해야 할 이유가 없으며 절취는 재물에 대한 지배를 요하나 반드시 그 장소적 이전을 요하는 것은 아니라는 점을 들고 있다.

2) 한편 부정설[3]은 전통적으로 절도죄의 객체는 동산에 한정되어 왔고 이른바 부동산절도란 사실상 부동산에 대한 권리를 절취하거나 경계를 침범하거나 부동산에 침입하여 점거하는 것을 의미하는 것인데 권리는 재물이 될 수 없고 경계침범에 대해서는 경계침범죄(제370조)가 별도로 규정되어 있고 부동산에의 침입은 경우에 따라 주거침입죄가 성립될 수 있을 뿐이라고 주장한다.

생각건대, 부정설이 타당하다. 이러한 관점에서 토지와 그 정착물은 부동산으로서 절도죄의 객체가 될 수 없다. 그러나 정착물이 토지로부터 분리되었거나 건물에서 분리된 물건은 절도죄의 객체가 된다.

---

1) 대판 1966. 12. 2. 66도1487.
2) 김성돈, 304면; 이건호, 320면; 임웅, 316면; 정성근/정준섭, 176면; 정영일, 144면.
3) 강구진Ⅰ, 247면; 김성돈, 281면; 김혜정 외, 254면; 박상기/전지연, 584면; 배종대, 252면; 백형구, 120면; 서일교, 133면; 손동권/김재윤, 276면; 신동운, 836면; 유기천(상), 187면; 이영란, 272면; 이재상 외, 257면; 이정원, 301면 등.

2. 재산상의 이익

재산상의 이익이란 재물 이외의 재산적 이익을 말하며 그 내용과 종류 여하를 불문한다. 재산상의 이익은 재산의 증가처럼 적극적인 이익뿐만 아니라 채무의 면제나 채무이행의 연기 등과 같은 소극적 이익도 포함하며, 반드시 계수적으로 산출할 수 있는 이익일 필요도 없고, 피해자의 처분행위가 반드시 사법상 유효할 필요도 없다.[1] 재산이 무엇인가에 관해서는 법률적 재산설, 경제적 재산설, 법률적 · 경제적 재산설 등이 있다.

(1) 법률적 재산설

이 설은 법적 주체의 재산은 그의 모든 재산적 권리와 의무의 총체로써 구성된다고 주장한다.[2] 이 설은 법적 주체의 재산적 권리와 의무에 속하는 한 경제적 가치가 없는 법적 지위까지도 재산에 포함시키게 되는 반면 경제적 가치가 있는 재산도 주관적 권리 · 의무에 합치되지 않으면 재산에서 제외하여 불합리하다는 비판을 받는다.[3]

(2) 경제적 재산설

이 설은 법적 성격을 고려함이 없이 가치를 산정할 수 있는 모든 것이 재산이라고 본다.[4] 판례의 태도이기도 하다. 이에 의하면 소유권, 저당권, 점유권, 기대권뿐만 아니라 위법한 점유도 경제적 가치가 인정되는 한 재산에 포함된다. 이 설에 대하여서는 사실적 관계만을 고려하는 사실주의에 빠져 그때그때의 법적 측면을 무시하므로, 법질서 통일의 원칙에 반한다는 비판이 있다.

(3) 법률적 · 경제적 재산설

이 설은 법질서에 의하여 인정되는 경제적으로 가치 있는 모든 재화가 재산이라고 본다.[5] 이에 대하여서는 위법한 경제적 가치라고 하여 형법적으로 보호

---

1) 대판 1994. 2. 22, 93도428.
2) 이 설은 가장 오래된 학설로서 독일에서는 빈딩(Binding), 메르켈(A. Merkel), 겔란트(Gerland) 등이 주장하였으나 현재는 독일이나 우리나라에 주장자를 찾기 어렵다.
3) 이재상 외, 299면.
4) 김성돈, 342면; 오영근, 222면; 원혜욱, 214면; 이재상 외, 300면; 임웅, 367면; 정성근/정준섭, 178면; 정영일, 161면 등.
5) 김성천/김형준, 362면; 김일수/서보학, 319면; 김혜정 외, 285면; 박상기/전지연, 587면; 배종대, 293면; 이정원, 356면 등.

할 필요가 없다고 볼 수 없고[1] 형법의 보호대상을 판단함에 있어서 형법의 독
자성이 인정되어야 하며[2] 법질서의 통일이 반드시 절대적으로 요구되는 것은
아니라는 비판이 있다. 그러나 형법의 보충적·단편적·최후수단적 성격에 비
추어 다른 법질서에서조차 보호할 가치가 없는 것을 형법이 보호할 필요가 없다
는 점에서는 가장 타당해 보인다.[3]

(4) 결론(사회적 · 경제적 재산설)

원칙적으로 법해석의 통일성의 원칙을 고수한다면 법률적·경제적 재산개념
이 가장 타당하겠지만, 모든 거래질서를 합법에 국한하여 판단한다면 현실적인
경제생활과의 괴리가 발생함이 불가피하다. 따라서 형법의 현실적응력을 고려한
다면 모든 법률상의 개념을 엄격하게 해석해서는 안 되고, 우리 사회가 용납할
수 없는 반사회적 행위가 아닌 한 거래계의 재산상태를 존중하여 사안에 따라
개별적으로 판단하여야 할 것이다. 즉, 형법의 최후수단성을 고려할 때, 최상의
또는 최적의 합법적 법률상태만을 형법이 보호해야 한다고 할 수는 없다.

따라서 비록 합법적 또는 법률에서 용인되는 경제질서가 아니라 할지라도 우
리 사회에서 용인되거나 일상화된 생활질서에 부합하는 재산개념을 형법의 보
호가치로 삼아야 할 것이다. 예컨대, 사업장의 권리금의 경우 실생활에서는 보편
적으로 거래됨에도 불구하고 민법질서에는 존재하지 않는 법률상태이기 때문에
권리금에 대한 기망에 의한 사취를 형법의 보호대상에서 배제하는 것은 현실적
인 사회생활과 부합하지 않는 결과를 초래하게 된다. 의사의 불법적인 낙태행위
나 가벼운 정도의 도박 역시 이러한 측면에서는 비록 불법적인 영역이지만 경제
적으로 보호할 가치 있는 영역이 될 수 있다. 반면 명백히 반사회적 행위인 마
약거래, 위조통화 유통 등은 재산범죄로 보호될 가치가 없는 영역에 해당한다.
예컨대 낙태시술의 대가를 고의로 지급하지 않은 자에게 기망에 의한 사기죄를
인정할 수 있어도, 위조통화의 대가를 지급하지 않는 자에게 사기죄를 성립시킬
수는 없다. 양자 모두 불법의 영역이지만, 현실적인 생활질서를 고려한다면 완전
한 경제적 재산개념보다는 좁고 법률적·경제적 재산개념보다는 넓은 영역을

---

1) 정성근/정준섭, 177면.
2) 이재상 외, 301면.
3) 김일수/서보학, 319면; 김혜정 외, 285면; 배종대, 293면 등.

인정할 필요가 있는 것이다. 이러한 의미에서 사회적·경제적 재산개념이라고 명칭하고자 한다.

판 례

　재산상의 이익이란 재물 이외의 재산상의 이익을 말하는 것으로서, 그 재산상의 이익은 반드시 사법상 유효한 재산상의 이득만을 의미하는 것이 아니고 외견상 재산상의 이득을 얻을 것이라고 인정할 수 있는 사실관계만 있으면 여기에 해당된다.

　피고인들이 폭행·협박으로 피해자로 하여금 매출전표에 서명을 하게 한 다음 이를 교부받아 소지함으로써 이미 외관상 각 매출전표를 제출하여 신용카드회사들로부터 그 금액을 지급받을 수 있는 상태가 되었다면, 피해자가 허위서명한 탓에 카드회사들이 그 금액의 지급을 거절할 가능성이 있더라도, 그로 인하여 피고인들이 각 매출전표 상의 금액을 지급받을 가능성이 완전히 없어져 버린 것이 아니고 외견상 여전히 그 금액을 지급받을 가능성이 있는 상태이므로, '재산상 이익'을 취득하였다고 볼 수 있다.[1] 그밖에 협박을 통해서 지불각서를 받은 경우,[2] 성매매는 법률행위로서는 무효이나, 부녀가 금품을 받을 것을 전제로 성행위를 하는 경우 성행위 대가[3] 등은 사법상 무효라도 형법상 보호가치가 있다고 본다.

III. 점유의 개념

1. 점유의 유형

형법상으로 논의되는 점유에는 다음의 세 가지가 있다. ① 보호객체로서의 점유는 권리행사방해죄(제323조)에서 찾아볼 수 있다. ② 행위주체를 특징지우는 점유는 신분요소로서의 점유라고 불리는데 횡령죄에 있어서의 점유가 해당한다. 횡령죄의 점유는 위탁관계에 기한 것이며 타인의 재물의 보관, 즉 점유하는 자가 행위의 주체로 되므로 신분요소로서 작용하게 된다. ③ 절도죄를 비롯한 각종 탈취죄에서 거론되는 점유는 침해대상으로서의 점유이다.

---

1) 대판 1997. 2. 25, 96도3411.
2) 대판 1994. 2. 22, 93도428.
3) 대판 2001. 10. 23, 2001도2991.

2. 요 건

(1) 주관적·정신적 요소(지배의사)

주관적·정신적 요소로서 지배의사가 있어야 하는데[1] 이는 자기의 의사에 따라 재물을 처분, 지배하려는 의사를 말한다. 소유의 의사나 영득의 의사일 것을 요하지 않으며 반드시 자기를 위한 의사일 필요도 없고, 개개의 재물에 대한 특정적·구체적인 의사일 필요도 없다. 지배의사는 순수하게 사실상의 처분 또는 지배의사이므로 법적 처분권이나 행위능력을 전제로 하지 않는다. 따라서 유아나 정신병자도 지배의사를 가질 수 있다.[2]

지배의사는 개괄적(일반적 또는 포괄적) 지배의사로써 족하다. 즉 자기가 지배하는 장소 안에 있는 재물일반에 대하여 포괄적, 추상적인 관리·지배의 의사가 있으면 된다. 그러므로 자기 집에서 잃어버린 물건, 부재중 편지함에 배달된 우편물, 아파트 문 앞에 배달해 둔 상품 등에도 지배의사가 미친다.

지배의사는 반드시 명확하고 적극적일 필요가 없으며 잠재적 지배의사로 족하다. 그러므로 수면 중인 자, 의식을 상실한 자도 지배의사를 갖는다. 그러나 사자는 잠재적 지배의사조차도 가질 수 없으므로 사자의 점유는 인정되지 않는다. 그러므로 사자의 재물을 취거하여 영득하는 행위라든가 사람을 살해한 후에 영득의 의사가 생겨 그 사자로부터 재물을 취거하는 행위는 절도죄가 아닌 점유이탈물횡령죄가 성립한다고 보아야 한다.

다만 재물을 탈취할 의사로써 사람을 살해한 후 재물을 취거하는 행위는 강도살인죄를 구성한다. 이 경우에 사자의 점유가 있는가에 관해서는 피해자의 사후에도 점유가 계속된다는 견해[3]와 강도살인범의 재물취거행위는 피해자가 생전에 가지고 있던 점유를 침해하는 것이라는 견해[4]가 대립되어 있는데 후자의 견해가 타당하다.

법인의 지배의사에 대하여는 이를 긍정하는 견해[5]가 있으나 법인의 점유는

---

1) 대판 2008. 7. 10, 2008도3252; 대판 1999. 11. 12, 99도3801; 대판 1981. 8. 25, 80도509 등.
2) 김성돈, 307면; 김성천/김형준, 326면; 김일수/서보학, 281면; 배종대, 255면; 서일교, 130면; 오영근, 228면; 유기천(상), 192면; 이재상 외, 261면; 임웅, 321면; 정성근/정준섭, 185면; 정영일, 141면; 진계호, 304면; 황산덕, 277면 등.
3) 대판 1993. 9. 28, 93도2143; 대판 1968. 6. 25, 68도590 등.
4) 김성천/김형준, 327면; 김일수/서보학, 281면; 김종원(상), 206면; 김혜정 외, 258면; 서일교, 158면; 임웅, 323면 등.
5) 김일수/서보학, 281면; 임웅, 321면.

인정되지 않는다.[1] 법인은 자연적 의미의 지배의사를 스스로 가질 수 없기 때문이다.

(2) 객관적·물리적 요소(재물에 대한 사실상의 지배)

점유가 인정되려면 재물에 대한 사실상의 지배가 있어야 한다. 사실상의 지배는 재물에 대한 현실적 지배의사의 실현이 방해받지 않는 한 인정되는 것이며 반드시 수중에 쥐고 있을 필요가 없고 또한 그 지배가 적법할 것을 요하지도 않는다. 그러므로 절도범에게도 절취한 장물에 대한 점유가 있다.[2]

(3) 사회적·규범적 요소

지배의사와 사실상의 지배관계가 일상적 경험칙 또는 사회통념에 따라 긍정될 수 있으면 점유는 인정된다. 예컨대 논밭에 두고 온 쟁기, 길거리에 세워 놓은 자동차[3]나 강간피해자가 현장에 두고 간 손가방,[4] 자전거, 개처럼 집에 돌아오는 습성을 갖고 있는 가축 등은 주인의 점유에 속한다. 또한 매입할 물건을 고객이 손에 쥐고 있는 경우에는 아직 대금을 지불하지 않은 한 그 물건은 상점 주인의 점유에 속하고 음식점에서 손님에게 제공된 식기는 음식점 주인의 점유에 속한다.

그러나 그 장소가 타인의 배타적 지배범위 안에 있는 경우에는 그 관리자의 새로운 점유가 개시된다고 보아야 한다. 예컨대, 기차 안에 놓아 둔 물건은 차장의 점유, 숙박자가 여관의 시설 안에서 유실한 재물이라든가 PC방[5]에 두고 온 물건은 각각 여관집 주인, PC방 관리자의 점유에 속한다.

다만 그러한 새로운 배타적 지배범위의 관리자가 그와 같은 유실물의 존재를 인식하지 못한 경우에는 절도죄가 된다는 견해[6]와 점유이탈물횡령죄가 된다는 견해[7]가 대립된다. 판례는 버스운전사가 현실적으로 유실물을 발견하지 않는 한 이에 대한 점유를 개시하였다고 볼 수 없다고 하여 점유이탈물횡령죄의 성립

---

1) 권오걸, 359면; 김성돈, 307면; 김성천/김형준, 326면; 박상기/전지연, 592면; 배종대, 255면; 이재상 외, 261면; 정성근/정준섭, 185면.
2) 대판 1966. 12. 20, 66도1437.
3) 대판 1962. 11. 15, 62도149.
4) 대판 1984. 2. 28, 84도38.
5) 대판 2007. 3. 15, 2006도9338. 당구장도 또한 같다(대판 1988. 4. 25, 88도409).
6) 김성돈, 309면; 김일수/서보학, 280면; 김혜정 외, 258면; 이재상, 263면; 이정원, 312면.
7) 배종대, 256면; 임웅, 322면; 정성근/정준섭, 186면.

을 인정한다.[1] 생각건대 점유를 인정하기 위하여는 위의 세 가지 점유요소를 모두 갖추어야 하는바, 이 경우에는 물건의 존재 자체에 대한 인식이 전혀 없는 상태에서는 사회통념상 지배하였다고 인정하기 어려우므로 점유이탈물횡령죄가 성립한다고 보아야 할 것이다.

판 례

////////////////////

절취란 타인이 점유하고 있는 재물을 점유자의 의사에 반하여 그 점유를 배제하고 자기 또는 제3자의 점유로 옮기는 것을 말하고, 어떤 물건이 타인의 점유 하에 있다고 할 것인지의 여부는, 객관적인 요소로서의 관리범위 내지 사실적 관리가능성 외에 주관적 요소로서의 지배의사를 참작하여 결정하되 궁극적으로는 당해 물건의 형상과 그 밖의 구체적인 사정에 따라 사회통념에 비추어 규범적 관점에서 판단하여야 한다. 피고인이 경매에 의하여 인도명령의 집행이 이루어지기까지 건물을 점유하고 건물에 들어오는 전기를 점유·관리하였다면, 비록 피고인이 그 건물에 설치된 전기코드에 선을 연결하여 컨테이너로 전기를 공급받아 사용하였더라도 이는 당초부터 피고인이 점유·관리하던 전기를 사용한 것에 불과하므로 (전력)절도죄가 아니다.[2] 또한 임차인이 임대계약 종료 후 식당건물에서 퇴거하면서 종전부터 사용하던 냉장고의 전원을 켜 둔 채 그대로 두었다가 약 1개월 후 철거해 가는 바람에 그 기간 동안 전기가 소비된 사안에서, 임차인이 퇴거 후에도 냉장고에 관한 점유·관리를 그대로 보유하고 있었다고 보아야 하므로, 냉장고를 통하여 전기를 계속 사용하였다고 하더라도 이는 당초부터 자기의 점유·관리 하에 있던 전기를 사용한 것일 뿐 타인의 점유·관리 하에 있던 전기가 아니어서 절도죄가 성립하지 않는다.[3]

---

3. 점유의 특수형태

(1) 공동점유

2인 이상이 재물에 대하여 사실상의 지배를 갖는 경우를 공동점유라 하는데 이는 흔히 대등관계의 공동점유와 상하관계의 공동점유로 구분된다.

---

1) 대판 1993. 3. 16, 92도3170.
2) 대판 2016. 12. 15, 2016도15492.
3) 대판 2008. 7. 10, 2008도3252.

1) 대등관계인 경우

수인이 대등한 관계에서 공동으로 재물을 점유하는 경우에 공동점유자 중 1인이 다른 점유자의 동의를 얻지 않고 임의로 그 재물을 단독점유로 옮긴 경우에는 절도가 된다. 즉 공동소유(점유)는 타인소유(점유)와 실질적으로 같다. 그러나 공유물이라도 공동소유자 중 1인이 보관하고 있는 경우에 그 보관자가 임의로 영득하면 횡령죄로 될 뿐이다.[1]

2) 상하관계인 경우

상하관계에 의한 공동점유란 예컨대, 상점주인과 종업원 사이의 관계처럼 종업원이 사실상 점유, 지배하여도 그 점유가 인정될 수 없는 관계를 의미한다. 이 경우 종업원이 주된 의사를 갖지 못하고 주인의 의사에 따르는 기계적인 관계 또는 수족과 같은 관계라면 상하관계의 공동점유를 인정할 수 없다. 따라서 하위의 점유자는 단지 점유보조자에 불과하므로 상점 종업원이 상점 안의 물건을 영득하는 행위는 절도가 된다.[2]

다만, 상하관계라 하더라도 예외적으로 주인의 특별한 위임이 있다고 할 만한 사정이 인정되면, 하위의 자는 타인(주인)의 재물을 보관하는 보관자의 지위에서 점유하게 되므로 이를 영득하는 행위는 횡령죄가 된다.[3]

(2) 위탁물

재물의 운반을 위탁한 경우에는 위탁자와 수탁자와의 관계에 있어서 위탁자의 현실적인 감독과 통제가 가능한가 여하에 따라 판단해야 한다.[4] 그것이 가능한 경우, 예컨대 회사의 사원이 심부름 중 재물을 영득한 경우라든가 철도공무원이 운반중인 화물을 영득한 때에는 절도죄가 성립한다. 그러나 화물자동차의

---

1) 김성돈, 310면; 김성천/김형준, 329면; 김일수/서보학, 284면; 임웅, 325면; 정성근/정준섭, 188면; 진계호, 305면 등.
2) 대판 1966. 1. 31, 65도1178.
3) 대판 1982. 3. 9, 82도3396. "민법상 점유보조자(점원)라고 할지라도 그 물건에 대하여 사실상 지배력을 행사하는 경우에는 형법상 보관의 주체로 볼 수 있으므로 이를 영득한 경우에는 절도죄가 아니라 횡령죄에 해당한다. 피고인은 점원으로서는 평소는 점포 주인인 위 피해자의 점유를 보조하는 자에 지나지 않으나 위 범행 당시는 위 피해자의 위탁을 받아 금고 안의 현금과 오토바이를 사실상 지배하에 두고 보관한 것이라고 보겠으니, 피고인의 위 범행은 자기의 보관하에 있는 타인의 재물을 영득한 것으로서 횡령죄에 해당한다고 보아야 할 것이다."
4) 김일수/서보학, 285면; 박상기/전지연, 594면; 이재상 외, 266면 등.

운전자가 운반중인 화물을 영득한 경우[1]라든가 우편집배원이 배달중인 소포를 영득하면 횡령죄가 성립한다.

(3) 봉함 또는 시정된 포장물

봉함된 포장물 또는 시정된 용기 속의 물건을 위탁받은 경우의 점유에 관해서는 견해의 대립이 있다. ① 위탁물 전체에 대해서는 수탁자에게, 그 내용물에 대해서는 위탁자에게 점유가 있다는 견해,[2] ② 내용물을 포함한 전체에 대해 위탁자에게 점유가 있다는 견해,[3] ③ 내용물을 포함한 전체에 대하여 수탁자에게 점유가 있다는 견해,[4] ④ 위탁자와 수탁자의 공동점유를 인정하는 견해,[5] ⑤ 포장물인가 재중물인가에 따라 형식적으로 구분하지 않고 구체적인 위탁관계를 고려하여 단지 형식적 위탁관계라면 위탁자에게, 실질적인 위탁관계일 경우에는 수탁자에게 점유가 있다는 설[6] 등이 그것이다. 생각건대, 위탁의 취지와 구체적인 형식을 고려하는 ⑤의 견해가 타당하다.

Ⅳ. 불법영득의 의사

1. 의   의

불법(또는 위법) 영득의 의사란 절도죄를 비롯한 영득죄에 있어서 타인의 재물을 권리자를 배제하고 위법하게 영득하려는 행위자의 목표지향적 의사를 말한다. 불법영득의 의사는 고의와는 구별되는 초과주관적 구성요건요소이다.[7] 고의는 일반적·주관적 불법요소로, 불법영득의 의사는 특별한 주관적 불법요소로 이해된다.

---

1) 대판 1957. 9. 20, 4290형상281.
2) 이근상, 248면; 대판 1959. 1. 27, 4288형상375. 이 설에 의하면 전체를 영득하면 횡령죄, 내용물을 발취하면 절도죄로 된다.
3) 황산덕, 275면. 따라서 수탁자가 위탁맡은 물건을 영득하면 절도죄가 성립한다.
4) 김종원(상), 183면. 수탁자의 영득행위는 횡령죄를 구성한다고 본다.
5) 김성천/김형준, 332면. 단, 위탁물의 자물쇠 등을 위탁자만 가지고 있는 경우는 예외적으로 위탁자만이 보관자라고 한다.
6) 김성돈, 313면; 김일수/서보학, 287면; 김혜정 외, 259면; 남흥우, 170면; 배종대, 261면; 서일교, 183면; 이건호, 324면; 정성근/정준섭, 189면 등.
7) 배종대, 265면; 유기천(상), 198면 등은 불법영득의 의사를 고의의 내용으로 파악하고 있다.

2. 불법영득의사의 필요성

(1) 필요설

필요설[1]은 그 논거로서 i) 절도죄의 보호법익을 소유권으로 보아야 하므로 소유권 침해를 인정하기 위하여서는 소유권침해의사로서의 불법영득의 의사가 있어야 하고, ii) 불법영득의사의 요부는 절도죄와 손괴죄를 구별하는 하나의 척도가 되고 특히 절도죄가 재물의 멸실로 그 회복이 전혀 불가능한 손괴죄보다 무겁게 처벌되는 것은 불법영득의사라는 절도죄의 행위반가치적 요소 때문이며, iii) 불법영득의 의사의 유무는 절도죄와 사용절도를 구분하는 기준이 되고 동시에 절도죄와 손괴죄를 구분하는 기준이라는 점을 들고 있다.

판례도 일관하여 절도죄의 성립에는 그 재물에 대한 영득의 의사가 있어야 한다는 입장을 취하고 있다.[2]

(2) 불요설

이 설[3]은 그 논거로 i) 우리 형법은 독일형법과 달리 불법영득의 의사를 절도죄의 요건으로 규정하고 있지 않으며, ii) 절도죄의 보호법익은 점유이므로 점유침해의 의사 이외에 불법영득의 의사가 별도로 필요하지 않고, iii) 불법영득의사를 기준으로 절도와 사용절도를 구분하고 후자를 불가벌로 하는 것은 피해자보호에 충실하지 못하며, iv) 단순히 손괴, 은닉의 의사로 타인의 재물을 취거한 경우 그 수단인 절취행위가 고려되지 않으면 불합리하다는 점을 들고 있다.

(3) 결 론

만일 불법영득의 의사가 필요없다면 절도와 사용절도의 구분이 없어지고 절도죄의 범위가 넓어지며 절도죄가 손괴죄보다 무겁게 처벌되는 이유를 설명하기 어려울 것이다. 따라서 고의 외에 불법영득의사가 필요하다.[4]

---

1) 강구진 Ⅰ, 271면; 김성돈, 316면; 김성천/김형준, 336면; 김일수/서보학, 294면; 김종원(상), 185면; 김혜정 외, 263면; 유기천(상) 198면; 이영란, 283면; 이재상 외, 271면; 이정원, 324면; 임웅, 335면; 진계호, 310면; 황산덕, 270면 등.
2) 대판 1982. 2. 23, 81도2371; 대판 1981. 10. 13, 81도2394; 대판 1973. 2. 26, 73도51 등.
3) 이건호, 318면; 정창운, 313면.
4) 판례는 "이 사건 특별수선충당금을 임의로 처분한 피고인의 행위에 정당한 사유가 있다고 할 수 없으므로 횡령행위에 해당하고, 피고인의 범의 및 불법영득의사 역시 인정된다고 봄이 타당하다."고 하여 고의와 불법영득의사를 모두 요구한다(대판 2017. 11. 29, 2015도18253).

3. 불법영득의사의 내용

불법영득의사의 내용은 다음의 두 가지 측면을 포함한다.

(1) 소극적 요소(배제의사)

행위자에게 소유자를 종래의 지위에서 계속적으로 배제하려는 의사가 있어야 하는데 이를 불법영득의사의 소극적 요소라고 부른다. 이는 절도와 사용절도를 구분하는 기준이기도 하다. 타인의 재물을 점유자의 승낙 없이 무단 사용하는 경우에 있어서 그 사용으로 인하여 물건 자체가 가지는 경제적 가치가 상당한 정도로 소모되거나 또는 사용 후 그 재물을 본래 있었던 장소가 아닌 다른 장소에 버리거나 곧 반환하지 않고 장시간 점유하고 있는 것과 같은 때에는 그 소유권 또는 본권을 침해할 의사가 있다고 보아 불법영득의 의사를 인정할 수 있다.[1] 타인의 물건을 일시적으로 사용했다 하더라도 그 물건의 소유자가 쉽게 찾을 수 없는 곳에 방치하는 경우에도 배제하려는 의사가 있었던 것으로 볼 수 있다.[2] 또한 물건을 일시 사용하였더라도 그 경제적 용법상 동일한 물건으로 볼 수 없게 되면 소유자를 계속적으로 배제하는 것으로 볼 수 있다.

(2) 적극적 요소(지배의사)

불법영득의 의사가 인정되려면 행위자에게 타인의 재물을 소유자와 유사한 지배력을 행사하여 이용·처분하려는 의사가 있어야 하는데 그 동기는 불문한다. 그러므로 직접 사용하려 하거나 매각하기 위한 것이거나 선물하기 위한 것이든 무방하다. 그렇지만 소유자처럼 지배하려는 의사가 없는 경우에는 절도죄가 성립하지 않는다.[3]

---

1) 대판 2006. 3. 24, 2005도8081; 대판 2006. 3. 9, 2005도7819.
2) 예컨대, 해변에 계류해 놓은 전마선을 소유자의 승낙 없이 사용한 후 다른 장소에 방치한 경우(대판 1961. 6. 28, 4293형상179), 길가에 시동을 걸어 놓은 채 세워 둔 타인의 자동차를 함부로 운전하고 약 200미터 가량 간 경우(대판 1992. 9. 22, 92도1949)에는 불법영득의사가 있는 것으로 본다.
3) 대판 1977. 6. 7, 77도1038은 국가에 반납하기 위하여 타인이 점유하는 총기를 탈취한 경우에는 절도죄가 성립하지 아니한다고 판시하였다.

판 례

1. 소극적 요소(배제의사)를 인정하지 않은 사례

타인의 신용카드를 임의로 가지고 가 현금자동지급기에서 현금을 인출한 후 곧바로 반환한 경우(대판 1999. 7. 9, 99도857; 대판 1998. 11. 10, 98도2642), 피해자의 승낙 없이 혼인신고서를 작성하기 위하여 피해자의 도장을 몰래 꺼내어 사용한 후 곧바로 제자리에 갖다 놓은 경우(대판 2000. 3. 28, 2000도493), 타인 소유의 버스요금함 서랍 견본 1개를 그에 대한 최초 고안자로서의 권리를 확보하겠다는 생각으로 가지고 나가 변리사에게 의장출원을 의뢰하고 그 도면을 작성한 뒤 당일 이를 원래 있던 곳에 가져다 둔 경우(대판 1991. 6. 11, 91도878), 내연관계에 있던 자의 물건을 가져 와 보관한 후 그가 이를 찾으러 오면 이를 반환하면서 타일러 다시 내연관계를 지속시킬 생각으로 이를 가져 온 경우(대판 1992. 5. 12, 92도280) 등이 이에 해당한다.

2. 적극적 요소(지배의사)를 인정하지 않은 사례

피고인이 살해된 피해자의 주머니에서 꺼낸 지갑을 살해도구로 이용한 골프채와 옷 등 다른 증거품들과 함께 자신의 차량에 싣고 가다가 쓰레기 소각장에서 태워버린 경우(대판 2000. 10. 13, 2000도3655), 상대방의 전화번호를 알아두기 위해 상대방이 떨어뜨린 전화요금 영수증을 습득한 후 돌려주지 않는 경우(대판 1989. 11. 28, 89도1679), 식칼로 찔러죽이겠다고 협박한 사실을 증명할 목적으로 시비가 있던 주변에서 식칼을 가져온 경우(대판 1986. 7. 8, 86도354) 등이 이에 해당한다.

판 례

판례는 배제의사와 지배의사 이외에도 경제적 용법에 따른 이용의사를 요구한다. 예컨대, 불법영득의 의사란 타인의 물건을 그 권리자를 배제하고 자기의 소유물과 같이 그 경제적 용법에 따라 이용·처분하고자 하는 의사를 말하는 것으로서, 단순히 타인의 점유만을 침해하였다고 하여 그로써 곧 절도죄가 성립하는 것은 아니나, 재물의 소유권 또는 이에 준하는 본권을 침해하는 의사가 있으면 되고 반드시 영구적으로 보유할 의사가 필요한 것은 아니며, 그것이 물건 그 자체를 영득할 의사인지 물건의 가치만을 영득할 의사인지를 불문한다.[1] 따라서 어떠한 물건을 점유자의 의사에 반하여 취거하는 행위가 결과적으로 소유자의 이익으로 된다는 사정 또는 소유자의 추정적 승낙이 있다고 볼 만한 사정이 있다고 하더라도, 다른

---

1) 대판 2012. 4. 26, 2010도11771.

특별한 사정이 없는 한 그러한 사유만으로 불법영득의 의사가 없다고 할 수는 없다.[1] 피고인이 갑의 영업점 내에 있는 갑 소유의 휴대전화를 허락 없이 가지고 나와 사용한 다음 약 1~2시간 후 위 영업점 정문 옆 화분에 놓아두고 갔다면, 피고인이 갑의 휴대전화를 자신의 소유물과 같이 경제적 용법에 따라 이용하다가 본래의 장소와 다른 곳에 유기한 것이므로 불법영득의사가 있다.[2]

4. 불법영득의 대상

이에 관해서는 다음의 세 가지 견해가 대립하고 있다.

(1) 물체설

물체설은 영득의 대상을 물건 그 자체로 본다. 그러므로 물체 자체는 영득하지 않고 그 가치만 취한다든가 물체를 일시 사용하고 다시 반환하려 한 때에는 불법영득의 의사는 부정된다. 이 설에 의하면 절취한 통장으로 예금을 인출하고 통장을 반환한 경우에는 사기죄의 성립은 별론으로 하고 절도죄는 성립하지 않는다. 이 설은 재물에 대한 형식적 지배관계에 치우쳐 소유권의 실질적 가치내용을 간과하고 있다는 비판을 받는다.

(2) 가치설

가치설은 영득의 대상을 물체 그 자체가 아니라 그 물체가 지닌 재물로서의 가치(특히 재산적 가치)라고 한다. 이 설에 의하면 예금통장을 절취하여 예금을 인출하고 그 통장을 반환한 경우에도 그 통장의 가치를 취득한 것이므로 절도죄가 성립한다.

이 설에 대해서는 절도죄의 객체는 구성요건상 타인의 재물로 되어 있는데 물체 그 자체를 배제하고 가치만을 내세우는 것은 타당하지 않으며, 예금을 인출하고 난 후에도 남게 되는 통장의 재물성을 설명하기 어려우며 오직 재물 그 자체로부터 직접 취득할 수 있는 이익이 문제될 때에만 영득행위를 인정할 수 있게 되어 부당하다는 비판이 있다.

---

1) 대판 2014. 2. 21, 2013도14139; 대판 2003. 1. 24, 2001도991.
2) 대판 2012. 7. 12, 2012도1132.

(3) 절충설

절충설[1] 또는 합일설은 물체 그 자체뿐만 아니라 그 물체의 가치도 대상이 된다고 본다. 판례[2]의 태도이며 위의 양 학설의 일면성을 해결한다는 점에서 가장 타당하다.

절충설도 가치의 개념을 "재물의 그때그때의 사용가치, 즉 단순한 사용가치로서가 아니라 오로지 그것의 특수한 가치, 말하자면 종류와 기능에 따라 그 재물에 결부된 가치"[3]로서 이해해야 한다. 그러므로 절취한 통장으로 예금을 인출하고 통장을 반환한 경우에는 통장의 특수한 기능가치 또는 사용가치를 해하였으므로 불법영득의 의사가 인정되지만[4] 타인의 인감도장을 그의 책상 서랍에서 몰래 꺼내어 차용증서 연대보증란에 찍고 곧 제자리에 놓아 둔 경우에는 도장에 대한 불법영득의 의사는 부정된다.[5]

5. 불법영득의사에 있어서의 불법

불법영득의사에서 불법의 판단기준에 대하여는 영득의 결과 그 자체가 타인의 재산권을 침해하였다고 평가할 수 있어야 한다는 영득의 불법설[6]과 행위측면을 고려하여 행위수단 그 자체가 불법하면 된다는 절취의 불법설[7]이 있다.

예컨대, 갑이 집 앞에 세워둔 자전거를 을이 몰래 훔쳐서 마치 자신의 자전거인 양 병에게 매도를 하였을 경우, 그 자전거를 갑이 우연히 발견하고 병의 의사와 상관없이 무단으로 가져온 사례를 가정할 때, 영득의 불법설에 의하면 분실 또는 도난된 물건의 소유권은 여전히 원 소유자에게 있으므로 갑은 자신의 소유권에 기하여 가져왔으므로 절도죄가 성립하지 않는다. 반면 절취의 불법설에 의하면, 현재 자신의 점유 하에 있지 않은 물건을 무단으로 가져왔다는 행위

---

1) 김성돈, 294면; 김성천/김형준, 340면; 김일수/서보학, 299면; 김종원(상), 271면; 김혜정 외, 266면; 배종대, 272면; 백형구, 138면; 유기천(상), 201면; 이재상 외, 276면; 임웅, 339면; 정성근/정준섭, 193면; 정영일, 150면; 진계호, 289면; 황산덕, 271면 등.
2) 대판 1995. 7. 28, 95도997; 대판 1981. 10. 13, 81도2394; 대판 1965. 2. 24, 64도795 등.
3) 김성돈, 295면; 김혜정 외, 267면; 박상기/전지연, 589면; 배종대, 272면; 이재상 외, 276면.
4) 이재상 외, 271면.
5) 대판 1992. 9. 8, 91도3194; 대판 1973. 2. 26, 73도51; 대판 1961. 6. 28, 4294형상179 등.
6) 김일수/서보학, 861면; 김혜정 외, 268면; 박상기/전지연, 590면; 배종대, 269면; 신동운, 848면; 이재상 외, 280면; 임웅, 341면.
7) 김성돈, 296면; 김태명, 265면.

그 자체의 불법성을 중시하므로 절도죄에 해당한다. 즉, 영득의 불법설에 따르면 행위자에게 물권에 기한 반환청구권 등 특정한 권리가 있어서 실질적인 거래계의 소유권질서에 부합하면 영득의 불법성이 인정되지 않으므로 범죄가 성립하지 않는다. 그런데 이에 대하여는 그와 같은 법질서 전체의 관점에서 내려지는 불법판단은 위법성의 문제이고, 이것을 그 이전에 내려야 할 주관적 구성요건의 확정단계와 혼동해서는 안 된다고 본다.[1] 절취의 불법설이 판례의 태도이기도 하다.[2]

그러나 여기에서 불법은 그 영득이 객관적으로 위법함을 뜻하므로, 영득의 불법설이 타당하다. 즉, 그 실질적인 내용은 물건에 대하여 청구권이 없음을 의미한다. 그러므로 영득한 재물에 대하여 행위자에게 항변의 여지없는 청구권이 있을 때에는 절도죄가 성립하지 않는다. 만일 그와 같은 소유권질서를 위법성단계에서 비로소 고려한다면, 객관적 구성요건요소로서의 주체에 물건의 소유권자도 포함시키게 됨으로써 민법상의 소유권질서와는 관계없는 독자적인 형법상의 소유권개념을 인정하는 결과를 초래하게 된다.

> **판례**
>
> 판례는 절취의 불법설을 취한다. 즉, 비록 약정에 기한 인도 등의 청구권이 인정된다고 하더라도, 취거 당시에 점유 이전에 관한 점유자의 명시적·묵시적인 동의가 있었던 것으로 인정되지 않는 한, 점유자의 의사에 반하여 점유를 배제하는 행위를 함으로써 절도죄는 성립하는 것이고, 그러한 경우에 특별한 사정이 없는 한 불법영득의 의사가 없었다고 할 수는 없는 것이다. 굴삭기 매수인이 약정된 기일에 대금채무를 이행하지 않으면 굴삭기를 회수하여 가도 좋다는 약정을 하고 각서와 매매계약서 및 양도증명서 등을 작성하여 판매회사 담당자에게 교부한 후 그 채무를 불이행하자 그 담당자가 굴삭기를 취거하여 매도한 경우, 그 굴삭기 취거행위는 절도죄에 해당한다.[3]

---

1) 김성돈, 320면.
2) 대판 1973. 2. 28, 72도2538. "피고인이 위 점유자의 승낙을 받지 않고 그 물건을 가져갔다면 그 물건의 반환청구권이 피고인에게 있다고 하여도 절도행위가 되는 것이다."
3) 대판 2001. 10. 26, 2001도4546.

6. 불법영득의 의사와 사용절도

사용절도란 타인의 재물을 소유자나 점유자의 승낙 없이 임의로 취거하여 일시적으로 사용한 후 반환함을 의미한다. 행위자에게는 반환의사가 있어야 하며 이 의사는 행위자가 재물을 일시 사용한 후 다시 이를 권리자가 확실히 취득할 수 있도록 함으로써 인정된다. 반환의사를 본질로 하는 사용절도는 소유자를 지속적으로 배제하는 것이 아니므로 소극적 요소인 배제의사가 결여되므로 불법영득의사가 없는 것으로 보아야 한다. 또한 사용절도는 타인의 재물을 일시적으로 사용하여 그 가치의 감소를 거의 초래하지 않는다는 특징을 갖는다. 그러므로 행위자가 타인의 재물을 반환할 의사 없이 오래도록 점유하고 있거나 본래의 장소와 다른 곳에 유기하는 경우에는 이를 일시 사용하고 반환하는 경우라고 볼 수 없어 불법영득의 의사가 인정되고 절도죄가 성립한다.[1] 재물의 사용으로 인한 가치의 소모가 무시할 수 있을 정도로 경미하고 또 사용 후 곧 반환하였다면 불법영득의 의사가 부정되지만[2] 재물의 사용이 그 재물의 가치를 소멸시키거나 현저히 감소시키는 정도에 이르렀으면 절도로 되고 사용절도가 아니다.

사용절도를 처벌할지 여부 및 어떠한 범위 내에서 처벌하는가는 형사입법정책의 문제이다. 형법은 제331조의2에 사용절도에 해당하는 규정인 자동차 등 불법사용죄를 두고 있다.

---

1) 대판 1988. 9. 13, 88도917.
2) 대판 1992. 4. 24, 92도118; 대판 1987. 12. 8, 87도1959; 대판 1984. 4. 24, 84도311. 그러나 길가에 세워둔 타인의 오토바이를 승낙 없이 타고 가서 용무를 마친 약 1시간 30분 후 본래 있던 곳에서 약 7~8미터 되는 장소에 방치한 경우에도 불법영득의 의사를 인정했으나(대판 2002. 9. 6, 2002도3465; 대판 1981. 10. 13, 81도2394) 과연 타당한 것인지는 의문이다.

§2. 특수한 요건

Ⅰ. 친족상도례

1. 의   의

형법은 친족간의 재산범죄(단, 강도죄와 손괴죄는 제외)에 있어서 행위자에게
형을 면제하거나 고소가 있어야 공소를 제기할 수 있는 특례를 인정하고 있는데
이를 친족상도례라고 한다.[1)]

이러한 친족상도례를 인정하는 이유는 친족간의 정의를 고려하고 되도록 법
이 가정 일에 개입하지 않는다는 데 있다. 친족상도례는 그 적용을 명시적으로
배제한다는 규정이 없는 한 특별법에도 적용된다.[2)]

2. 법적 성질

친족상도례에 있어서 형의 면제의 법적 성질이 무엇인가에 관하여서는 견해
의 대립이 있다. 위법성조각설은 친족 간의 애정관계, 친족관계에서 오는 일종의
소비공동체를 이유로 내세워 친족 간의 상도행위는 형벌을 과해야 할 정도의 위
법성이 없다고 본다. 책임조각사유설은 친족 간의 상도행위에 있어서는 행위동
기에 대한 반대동기가 약하여 기대가능성이 없으므로 책임이 조각된다고 주장
한다. 인적처벌조각사유설[3)]은 친족 간의 상도행위도 범죄로 되지만 친족의 특
수성을 고려하여 되도록 국가가 형벌에 의한 간섭을 하지 않는다는 관점에서 형
벌만을 과하지 아니하는 것으로 이해하는데, 본 제도의 취지에 비추어 가장 타
당하다.

---

1) 친족상도의 예는 로마법 이래 각국에서 공통적으로 인정되어 왔다고 하며 조선조에서 의용했던
   대명률에도 관련규정이 있었다. 현재도 독일, 일본, 프랑스, 오스트리아 등 여러 나라 형법이 친족
   상도례를 규정하고 있다.
2) 대판 2000. 10. 13. 99모1.
3) 김성돈, 336면; 김성천/김형준, 343면; 김일수/서보학, 260면; 김종원(상), 189면; 남흥우, 163
   면; 박상기/전지연, 280면; 배종대, 374면; 손동권, 309면; 오영근, 403면; 유기천(상), 243면;
   이재상 외, 288면; 임웅, 296면; 정성근/정준섭, 272면; 정영석, 313면; 진계호, 292면; 황산덕,
   261면 등. 단 장물죄의 경우에는 본범과 장물범 및 피해자의 관계를 구분하여 살펴보아야 한다.
   이에 관하여는 후술한다.

3. 적용범위

형법 제328조는 '친족간의 범행과 고소'라는 표제하에 직계혈족, 배우자, 동거친족, 동거가족 또는 그 배우자간의 권리행사방해죄에 대하여는 친족상도례가 적용된다고 규정한다. 그리고 이 규정을 절도죄, 사기죄, 공갈죄, 횡령죄, 배임죄 및 장물죄에 준용한다. 따라서 강도죄와 손괴죄를 제외한 형법 및 특별법상의 모든 미수 및 기수의 재산범죄에 적용된다.[1] 강도의 죄에 친족상도례가 적용되지 않는 이유는 단순히 재산권을 침해하는 데 그치지 않고 신체와 자유까지 침해하기 때문이다. 그리고 손괴의 죄는 재물의 멸실 또는 효용가치의 상실까지 초래한다는 점이 친족상도례가 적용되지 않는 이유이다.

(1) 친족의 범위

친족, 가족 등의 정의와 범위는 민법에 따른다(제767조 이하).

직계혈족은 자기의 직계존속과 직계비속을 말한다(민법 제768조). 직계혈족에는 자연혈족은 물론 법정혈족(양자)도 포함된다. 직계혈족간의 범행인 한 동거유무에 관계없이 친족상도례가 적용되고 그 형이 면제된다. 배우자는 동거유무를 불문하고 혼인으로 결합한 남녀의 일방으로, 사실혼 관계 또는 내연의 처도 포함된다고 보는 견해[2]도 있으나 민법상 법률혼만을 의미한다고 보아야 할 것이다. 배우자는 혈족, 인척과 더불어 친족에 포함된다.

친족이란 배우자, 혈족, 인척을 말한다(민법 제767조). 여기에 혈족은 앞에서 지적한 직계혈족은 물론 자기의 형제자매와 형제의 직계비속, 직계존속의 형제자매, 그 형제자매의 직계비속에 해당하는 방계혈족을 포함한다(민법 제768조). 따라서 생질, 이질, 또는 고종사촌뿐만 아니라 이종사촌 사이에도 친족상도의 예가 적용된다. 타가에 입양된 사실이 있어도 생가를 중심으로 한 종전의 친족관계는 소멸되지 않는다.[3] 인척이란 혈족의 배우자 · 배우자의 혈족, 배우자의 혈족의 배우자를 말한다(민법 제769조).

민법은 친족관계로 인한 법률상의 효력을 민법이나 다른 법률에 특별한 규정이 없는 한 8촌 이내의 혈족, 4촌 이내의 인척, 배우자로 제한하고 있다(민법 제

---

1) 부당이득죄, 점유이탈물횡령죄, 장물에 관한 죄는 미수범 처벌규정이 없으므로 미수범은 제외된다.
2) 김성천/김형준, 345면; 김일수/서보학, 267면; 오영근, 261면; 임웅, 346면; 황산덕, 275면.
3) 대판 1967. 1. 31, 66도1483.

777조). 형법 제328조 제1항 소정의 동거친족이란 직계혈족과 배우자를 제외하고 행위자와 사실상 동거하고 있는 민법 제777조(친족의 범위)에 규정된 친족을 의미한다. 동거는 같은 주거에서 일상생활을 공동으로 하는 것을 의미하며 일시적으로 숙박했거나 가출한 친족은 동거친족에 속하지 않는다. 동일한 주거라 할지라도 단지 방을 하나 얻어서 별도의 생활을 하고 있는 경우는 동거에 해당되지 않는다.[1] 가족은 배우자, 직계혈족 및 형제자매, 생계를 같이 하는 직계혈족의 배우자, 배우자의 직계혈족 및 배우자의 형제자매를 말한다(민법 제779조).

(2) 친족관계의 존재시기

친족관계는 행위시에 존재해야 한다. 행위시에 친족관계가 있었으면 그 후 이러한 관계가 없어졌더라도 친족상도례는 적용된다. 반면 행위시에 친족관계가 없었으면 후일 신분관계의 변동으로 인하여 친족관계가 형성되었다 할지라도 친족상도례는 적용되지 않는다. 다만 행위시의 신분관계가 당시로는 친족관계가 아니었으나 법률의 변경에 의해 재판시에는 친족관계로 된 경우에는 형법 제1조 제2항에 의해 친족상도례가 적용된다.

4. 친족관계의 대상

친족관계가 행위자와 누구 사이에 있어야 하는가에 관해서는 견해가 일치하지 않는다. ① 행위자와 소유자 사이에 친족관계가 있으면 된다는 견해(소유자관계설)는 재산죄의 피해자는 소유자 기타의 본권자이고 소지자(점유자)가 아니라는 점, 재산범죄는 소유권과 결합된 점유만을 보호한다는 점을 그 이유로 한다.[2] ② 행위자와 점유자 사이에 친족관계가 있으면 된다는 견해(점유자관계설)는 절도죄가 사실상 재물이 보존되고 있는 점유 그 자체를 침해하는 것임을 중시한다. ③ 소유자·점유자 쌍방과 행위자 사이에 친족관계가 있어야 한다는 견해(소유자·점유자관계설)[3]는 재산죄에 있어서 소유권·점유권이 모두 보호되어야 한다는 점과 법이 가정에 되도록 침입하지 않는다는 본 제도에 비추어 소유

---

1) 김일수/서보학, 267면; 진계호, 293면 등.
2) 김성천/김형준, 344면; 김일수/서보학, 268면; 김혜정 외, 280면; 배종대, 290면; 이재상 외, 295면; 이정원, 317면; 정영일, 159면.
3) 김성돈, 337면; 박상기/전지연, 615면; 백형구, 125면; 손동권/김재윤, 319면; 서일교, 136면; 신동운, 862면; 오영근, 262면; 유기천(상), 243면; 임웅, 347면; 정성근/정준섭, 180면; 진계호, 294면; 황산덕, 275면.

자 및 점유자 모두와의 관계가 필요하다고 본다. 이 설이 판례[1]의 태도이며 타당하다.

5. 친족관계에 대한 인식과 착오

친족관계가 객관적으로 존재하면 친족상도례는 적용되고 행위자가 친족관계를 인식할 것을 필요로 하지 않는다. 예컨대, 아버지의 물건인 것을 모르고 훔친 경우에도 친족상도례는 적용된다.

친족관계가 없음에도 불구하고 있는 것으로 착오한 경우는 고의나 범죄의 성립에 영향을 미치지 않는다. 예컨대, 제3자의 소유물을 아버지의 것으로 오인하고 훔친 경우에는 절도죄가 성립하고 처벌된다.

6. 친족상도례 적용의 효과

직계혈족 또는 배우자 간의 범행은 동거여부에 관계없이, 그 이외의 친족 간의 범행은 동거의 경우에 한하여 그 형을 면제한다. 장물에 관한 죄에 있어서는 행위자와 본범 사이에 그런 관계가 있는 때에는 그 형을 감경 또는 면제한다.

형법 제328조 제1항의 경우에 형사소송법상 유죄는 인정되나 형의 면제라는 실체판결을 하게 될 것이나 제2항에 해당하는 친족간의 범행에 대해서는 친고죄가 되므로 고소가 없는 경우 공소기각의 판결이라는 형식재판을 하게 되어 불균형의 문제가 생긴다. 이 때문에 형법 제328조 제1항의 경우에도 형소법 제328조 제1항 제4호를 준용하여 공소기각의 결정을 해야 한다고 보기도 한다. 입법적 보완이 필요하다.

형법 제328조 제1항 이외의 친족간의 범행은 친고죄(상대적 친고죄)로 되어 고소가 있어야 한다. 이 규정은 장물에 관한 죄에 있어서는 행위자와 피해자 사이의 친족관계에서만 적용되고 행위자와 본범의 관계에 있어서는 적용되지 않는다(제365조 참조). 친족상도의 예는 신분 있는 자가 정범인 경우뿐만 아니라 공범인 경우에도 적용된다. 정범과 공범, 수인의 공범, 공동정범의 관계에 있어 친족상도례는 친족의 신분이 있는 자에게만 적용된다.

---

1) 대판 1980. 11. 11. 80도131. "친족상도례에 관한 규정은 범인과 피해물건의 소유자 및 점유자 모두 사이에 친족관계가 있는 경우에만 적용되는 것이고, 절도범인이 피해물건의 소유자나 점유자의 어느 일방과 사이에서만 친족관계가 있는 경우에는 그 적용이 없다."

Ⅱ. 불가벌적 사후행위

1. 의   의

절도범을 비롯하여 상태범의 성격을 갖는 영득죄에 있어서는 범죄가 종료된 후에도 위법한 상태가 계속된다는 것이 처음부터 예상되고 또한 영득한 재물에 대하여 사후적으로 이용, 처분하는 행위까지도 이미 범죄규정에 포괄적으로 평가되어 반영된 것이라는 관점에서 비록 그 사후행위가 형식적으로는 다른 범죄의 구성요건에 해당할지라도 별도의 범죄가 성립되거나 처벌하지 않는다. 이러한 경우의 범죄 후의 행위를 불가벌적 사후행위라고 부른다. 예컨대 절도범인이 절취한 재물을 손괴하거나, 처분하는 행위가 이에 해당한다.

불가벌적 사후행위는 법조경합 중 흡수관계로서, 본 범죄행위와 포괄적으로 평가되어 별개의 범죄가 되지 않는다는 점에서 범죄 자체의 성립은 인정하면서 신분이라는 특별한 인적 표지에 따라 처벌만 조각시키는 인적처벌조각사유와 구분되며 사후행위는 본 범죄행위와 별개의 행위라는 점에서 동일한 행위에 의하여 둘 이상의 구성요건을 실현하는 상상적 경합과도 구분된다.

2. 판단기준

어떠한 범위 내에서 사후적으로 이용·처분·손괴한 행위를 불가벌적 사후행위로 볼 것인가에 관하여서는 다음의 요건을 갖추어야 한다.

① 후행행위는 구성요건에 해당하여야 한다. ② 후행행위에 의하여 침해되는 법익은 선행행위에 의하여 침해되는 법익과 동일하거나 그 범위를 초과하지 않아야 한다. ③ 후행행위에 의하여 침해되는 법익의 귀속자는 선행행위와 동일하여야 하며, 그외 제3자의 법익을 침해해서는 안 된다. 만일 후행행위가 제3자의 법익을 침해한다면 별도의 범죄가 성립하여야 한다. ④ 선행행위가 실체법상의 요건을 갖추면 족할 뿐, 소송법상의 요건까지 완전히 갖추어야 할 필요는 없다.

판 례

　　전기통신금융사기의 범인이 피해자를 기망하여 피해자의 돈을 사기이용계좌로 송금·이체받았다면 이로써 편취행위는 기수가 되므로[1] 그 후에 범인이 사기이용계좌에서 현금을 인출하였다고 하더라도 횡령죄가 성립하지 않고 불가벌적 사후행위가 된다.[2] 또한 절도범인으로부터 장물보관의뢰를 받은 자가 장물보관죄가 성립하면, 그 이후에 임의처분해도 별도의 횡령죄가 성립하지 않는다고 본다.[3] 사기죄의 성립 이후에 당해 금전을 임의로 소비하거나 반환을 거부한 경우,[4] 열차승차권을 절취한 자가 그 승차권을 자기의 것인 양 속여 환불받은 경우,[5] 장물인 자기앞수표를 취득한 후 이를 현금대신 교부한 경우[6] 등은 불가벌적 사후행위이다.

3. 관련문제

　　사전행위가 소송시효의 완성, 위법성조각사유, 책임배제사유, 인적처벌조각사유 등으로 인하여 불가벌일 때에는 선행행위와 포괄적 관계에 있는 사후행위만 별도로 처벌할 수 없다.

　　사후행위에 가공한 제3자의 행위는 선행행위에 포괄되어 평가된 행위가 아니므로 공범으로 될 수 있다. 예컨대, 갑이 재물을 절취한 후에 이를 운반하는 과정에서 을이 운반에만 관여하였다면 갑에게는 장물운반행위가 불가벌적 사후행위가 되지만, 을에게는 선행행위가 존재하지 않기 때문에 독립하여 장물운반죄가 성립한다.

---

1) 대판 2010. 12. 9, 2010도6256; 대판 2003. 7. 25, 2003도2252.
2) 대판 2017. 5. 31, 2017도3045; 대판 2017. 5. 31, 2017도3894.
3) 대판 1978. 11. 26, 78도2175.
4) 대판 2015. 9. 10, 2015도8592. 횡령죄는 사기죄의 소유권침해 이외에 추가적인 법익침해가 없다.
5) 대판 1975. 8. 29, 75도1996. 열차승차권은 무기명증권이므로 이를 소지·제시하는 자에게 권리가 있다.
6) 대판 1993. 11. 23, 93도213. 자기앞수표는 현금과 동일한 가치재이다.

제 2 절 절도의 죄

§1. 서   설

Ⅰ. 의의 및 보호법익

1. 의   의

절도의 죄는 타인의 재물을 절취함으로써 성립되는 재물죄이다. 상대방의 의사에 반하여 취거하는 탈취죄이면서 불법영득의사를 요하는 영득죄이다.

2. 보호법익

절도의 죄의 보호법익이 무엇인가에 관하여서는 이를 소유권으로 보는 설,[1] 점유라는 설,[2] 소유권과 더불어 점유도 부차적으로 보호된다는 설[3]의 대립이 있다. 오늘날 소유권이 본죄의 보호법익이 된다는 점에 대하여서는 이의가 없다. 문제는 보호법익이 소유권으로 한정되느냐 소유권 이외에도 점유가 포함되는가에 있다. 소유권으로 한정하는 견해는 그 논거로서 절도죄는 점유를 침해하는 절취를 수단으로 하며 소유권을 침해하는 범죄일 뿐 점유가 별도의 보호법익이 아니고[4] 형법은 제323조에 권리행사방해죄를 따로 규정하여 소유권 이외의 물권을 보호하고 있고[5] 절도죄에 있어서 점유는 순수한 사실상의 개념이고 보호할 가치 있는 점유임을 요하지 않으며 절도죄의 성립에는 소유권을 영득하는 의사인 불법영득의 의사를 필요로 한다는 점을 들고 있다. 한편 점유도 함께 보호된다는 견해는 소유권 기타의 본권을 충분히 보호하기 위해서는 우선 본권에 기

---

1) 김성천/김형준, 312면; 김일수/서보학, 271면; 김혜정 외, 250면; 남흥우, 159면; 박상기/전지연, 590면; 배종대, 246면; 유기천(상), 189면; 이영란, 270면; 이재상 외, 249면; 이정원, 292면; 정영일, 137면; 황산덕, 272면 등.
2) 정창운, 132면.
3) 강구진Ⅰ, 260면; 김성돈, 300면; 김종원(상), 178면; 서일교, 138면; 이건호, 319면; 임웅, 309면; 정성근/정준섭, 183면; 정영석, 331면 등.
4) 이재상 외, 249면.
5) 김혜정 외, 250면.

인한 점유 자체를 직접 보호대상으로 해야 하고 이를 위해서는 일단 모든 점유를 보호대상으로 해야 할 필요가 있다는 점을 그 논거로 들고 있다.[1]

절도죄의 주된 보호법익인 소유권의 침해에는 반드시 점유의 침해가 수반되므로 점유를 보호하는 것은 소유권의 보호를 위하여 필요하다. 또한 보호법익을 소유권으로 국한시킬 경우 소유자 아닌 점유자는 그 점유가 침해되어 실질적인 손해를 입어도 절도죄의 피해자로 되지 않는 불합리한 결과가 초래될 수 있다.[2] 예컨대 전당포주인이 돈을 빌려주고 그 담보물로 보관하고 있던 물건을 절취당한 경우는 절도죄에 의하여 보호받지 못하며 권리행사방해죄에 의해서도 보호받지 못한다. 또한 리스회사로부터 기계를 빌려서 사용하던 자는 그 기계를 절취당한 경우 그 기계의 값에 상당하는 실질적 손해를 입었음에도 불구하고 절도죄의 피해자로 되지 않는 문제점이 있다. 그러므로 절도죄의 보호법익을 소유권으로 국한하는 것보다는 소유권을 절도죄의 주된 보호법익으로 보면서 동시에 점유를 부차적인 보호법익으로 봄이 타당하다.

보호법익이 보호받는 정도에 관해서는 민법상 개념인 소유권은 재물을 절취당하였다고 하여 상실되는 것이 아니므로 절도죄는 위험범이라고 주장하는 견해[3]가 있으나 점유침탈에 의하여 소유권의 실질적 침해가 있다고 보아 침해범으로 보는 것이 타당하다.[4]

참고 연혁

본죄는 다른 재산죄에 비하여 소박하고 빈번하게 발생하는 것으로서 오랜 역사를 지니고 있다. 함무라비 법전이나 헤브라이 법전(모세 법전)에도 절도에 관한 규정이 있었다. 로마법에는 furtum이라는 개념이 있었는데 이는 로마의 법학자 Paulus가 Digesta (47. 2. 1 §3)에서 언급했듯이 위법하게 타인의 재물을 자기의 이익을 위하여 사용하는 것이라는 매우 폭넓은 의미로 해석되었다. 이에는 재물의 탈취(furtum rei), 점유침해(furtum

---

1) 임웅, 309면; 정성근/정준섭, 183면.
2) 이와 같은 의미에서 오영근, 237면은 보호법익을 사실상의 소유상태라고 본다.
3) 김성천/김형준, 312면; 유기천(상), 189면; 이재상 외, 250면 등. 한편 임웅, 310면은 소유권 측면에서는 위험범이고, 점유의 측면에서는 침해범이라고 구분하여 설명한다.
4) 김성돈, 300면; 김일수/서보학, 272면; 김혜정 외, 250면; 박상기/전지연, 591면; 배종대, 246면; 백형구, 126면; 손동권/김재윤, 271면; 신동운, 867면; 오영근, 238면; 이정원, 294면; 정성근/정준섭, 183면; 정영일, 138면 등.

possessionis) 및 사용침탈(furtum usus)이 모두 포함된다. 그리하여 furtum은 오늘날의 절도뿐만 아니라 강도·횡령·사용절도 등을 포함하는 개념으로 이해되고 있다. 독일에 있어서는 절도가 수치스러운 범죄로서 중한 경우에는 교수형의 대상이 되었으며 1532년의 카롤리나형법전에 이르러서는 절도가 157조에서 175조에 걸쳐 상세히 규정되었다. 17, 18세기를 거치면서 절도죄에 대한 사형은 점차 줄어들게 되었고 1794년의 프로이센 일반국법(Ⅱ 20 §§1108∼1253)에서는 절도와 강도를 열거적 방법으로 규정하였으며 19세기에 이르러 오늘날과 같은 규정이 이루어졌다.

우리나라에는 이미 고조선시대의 팔조의 금법에 절도죄의 규정을 두어 도둑질을 한 자는 노비로 삼되 스스로 속죄하고자 하면 오십만의 속전(贖錢)을 내도록 했다고 하며, 우리나라의 고려조에서 의용했던 당률에는 제19권과 제20권에 도적(盜賊)이라는 표제 하에 절도, 강도, 공갈, 약취·유인 등의 죄를 포괄적으로 규정하면서 행위객체에 따라 절도의 처벌을 달리하는 규정들을 두었다.[1] 조선시대에 의용했던 대명률에는 형률 권 18에 도적이라는 표제 아래 절도, 강도, 공갈, 약취·유인뿐만 아니라 모반, 모반대역이라는 국사범, 야간주거침입(야무 고입인가)까지도 포함시키는 한편 친족상도의 예도 규정하였다. 1905년의 형법대전은 율례하 제12장 도적소간률(제585조 이하)에 왕실용 물건의 절도(제1절), 관사(官司)의 인장, 문서 등 절도(제2절), 일반 절도(제5절), 준절도(제6절) 등 폭넓은 규정을 두었다. 현행 형법상의 절도의 죄의 규정은 일본개정형법가안의 영향을 받아 일본형법이 의용되던 구법시대에 절도죄가 1개 조문에 규정되었던 것을 행위의 태양에 따라 구분하면서 일본개정형법가안의 해당규정보다는 법정형을 경하게 하였으며 일본개정형법가안의 사용절도규정은 채택하지 아니하였고 특수절도(제331조), 상습절도(제332조)의 규정은 특별법인 절도방지법에 규정되었던 것을 형법전 속으로 도입한 것이라고 한다.[2]

Ⅱ. 현행법상의 체계

기본적 구성요건: 절도죄(제329조)	수정적 구성요건	불법	가중적	야간주거침입절도죄(제330조) 특수절도죄(제331조)
		책임	가중적	상습절도죄(제332조)
	독립적 구성요건	자동차등 불법사용죄(제331조의2)		

---

1) 律令研究會編, 唐律疏議, 1979, 219∼237면.
2) 유기천(상), 200∼201면.

단순절도죄를 기본적 구성요건으로 하고, 1995년 개정시 신설된 자동차등 불법사용죄를 독립적 구성요건으로 한다. 본죄에는 동력간주규정과 친족상도례가 적용된다. 특가법상 가중처벌규정과 성폭력특별법상 야간주거침입절도, 특수절도를 범한 자의 성범죄를 가중처벌하는 규정이 있다.

§2. 유형별 고찰

I. 단순절도죄

> *타인의 재물을 절취한 자는 6년 이하의 징역 또는 1,000만원 이하의 벌금에 처한다 (제329조).
> *본죄의 미수범은 처벌한다(제342조).
> *친족상도례(제344조) 및 동력간주규정(제346조) 적용.

1. 의   의

본죄는 타인이 점유하는 타인소유의 재물을 의사에 반하여 절취함으로써 성립되는 절도의 죄의 기본적 유형이다. 본죄는 타인이 점유하는 타인의 재물을 객체로 한다는 점에서 자기가 점유하는 타인의 재물을 영득하는 횡령죄나 비록 타인이 점유하고 있지만 자기의 재물을 객체로 하는 권리행사방해죄와 각각 구분된다. 또한 본죄는 순수한 재물죄이고 폭행이나 협박을 재물탈취의 수단으로 하지 않는다는 점에서 강도죄와 구분된다.

2. 구성요건

(1) 객관적 구성요건
1) 행위객체
본죄의 행위객체는 타인이 점유하는 타인의 재물이다.
① 타   인
본죄의 객체는 타인의 재물이므로 객체인 재물의 소유권이 행위자 이외의 타인에게 속해야 한다. 공유물도 타인의 재물로 인정된다.[1]

---

1) 대판 1979. 10. 30, 79도1995.

타인이란 행위자 이외의 자연인, 법인 기타 소유의 주체가 될 수 있는 자를 의미하며[1] 자연인은 의사능력이나 책임능력의 유무를 불문한다. 따라서 유아나 정신병자도 소유의 주체로서의 타인에 해당될 수 있다. 타인성이 결여된 재물로는 행위자 자신의 재물, 무주물 및 절대적 금제품을 들 수 있다.

(가) 행위자소유의 재물   행위자가 단독으로 소유하는 재물만을 의미하며 공유물은 제외된다. 문제되는 재물이 행위자의 소유에 속하는가 여부는 민법에 의한다.[2] 민법상으로 결정되어지기 때문에, 타인의 토지에 권원없이 식재한 감나무는 타인 토지의 부속물로서 타인에게 소유권이 귀속되기 때문에 그 감을 수확한 행위는 절도죄가 된다. 반면 타인의 토지에 권원없이 일년생 농작물을 심은 경우 이는 타인 토지의 부속물이 아니라서 식재한 자의 소유권이 인정되므로 그 농작물을 수확한 행위는 절도죄가 되지 않는다.

(나) 무주물   어느 누구의 소유에도 속하지 아니하는 재물로서 공기, 하수 등과 같이 유통될 수 없고 누구의 소유로 될 수 없는 것, 야생의 들짐승처럼 그 성질상 누구의 소유로 될 수 없는 물건, 소유자가 소유를 포기하는 물건이 이에 해당된다. 그러나 타인이 사육 중인 동물이나 양어장에 넣어둔 물고기는 타인의 재물에 해당한다.[3]

(다) 금제품   위조된 통화처럼 소유와 소지가 모두 금지된 경우에는 객체로될 수 없으나 불법하게 소지한 무기의 경우처럼 소지만 금지된 경우는 객체로될 수 있다. 따라서 소유와 소지가 모두 금지된 금제품은 본죄의 객체인「타인의 재물」이 아니다.

② 점 유

본죄의 객체인 재물은 타인 소유의 재물이어야 하고 동시에 타인의 점유하는 재물이어야 한다. 그러나 소유자가 반드시 점유자일 필요는 없다. 이처럼 본죄의 객체가 타인이 소유하는 재물이므로 본죄에는 반드시 점유침해가 따르게된다.

절도죄에 있어서의 점유, 즉 침해대상으로서의 점유는 재물에 대한 사실상의 지배라는 점에서 민법상의 점유와 공통되지만 재물에 대한 현실적(물리적)작용

---

1) 김일수/서보학, 274면.
2) 이재상 외, 264면.
3) 이재상 외, 258면.

에 의하여 인정되는 순수한 사실상의 지배관계라는 점에서 점유소권의 귀속을
중심으로 하는 민법상의 점유와 구분된다.

그 결과, 민법상 점유를 가지지 않는 점유보조자의 점유는 인정되고, 반대로
민법상의 간접점유, 상속에 의한 점유의 이전,[1] 법인에 의한 점유 등은 인정되
지 않는다.

절도죄에 있어서의 점유는 지배의사로 행해지는 사람과 사물 사이의 사실상
의 지배관계를 의미하며 그 존부는 일상적 생활경험 내지 사회통념에 따라 판
단하게 된다. 점유의 침탈이란 지금까지의 점유자의 재물에 대한 사실상의 지
배를 점유자의 의사에 반하여 배제함을 의미한다. 점유침탈의 수단방법은 불문
한다.

2) 행 위

본죄의 행위인 절취는 타인이 점유하고 있는 재물을 그 의사에 반하여 폭행
이나 협박이 아닌 수단을 통하여 침탈하고 이를 자기 또는 제3자의 점유로 옮김
으로써 새로운 점유를 시작하는 것을 말한다. 따라서 절취는 점유의 침탈과 새
로운 점유의 취득으로 나누어 살필 수 있다.

① 점유의 침탈

(가) 의 의   점유의 침탈이란 점유자의 의사에 반하여 그 점유자가 재물에
대하여 사실상의 지배를 할 수 없도록 하는 행위를 말한다. 점유자의 동의가 있
는 경우에는 점유의 침탈이 있다고 볼 수 없으며, 따라서 본죄의 구성요건해당
성이 배제된다. 점유의 침탈은 점유자의 의사에 반하여 이루어진다는 점에서 상
대방의 하자있는 의사에 의하여 재물의 교부가 이루어지는 사기나 공갈과 구별
된다.

(나) 방 법   점유침탈의 수단이나 방법은 불문한다. 다만 폭행이나 협박의
수단에 의한 경우에는 강도죄가 성립하므로 폭행·협박은 이에서 제외된다. 행
위자가 직접 점유를 침탈하는 경우는 물론 선의의 제3자를 이용하는 간접정범
의 방법, 동물을 수단으로 이용하는 방법 등도 모두 가능하다. 비밀리에 행하든
공공연히 행하든 상관없다.

(다) 책략절도   기망적인 방법을 사용하는 경우에도 이것이 직접적으로 재

---

1) 대판 2012. 4. 26. 2010도6334.

물을 교부받기 위한 수단이 아니라 재물탈취의 수단으로 행하여졌으면 절도죄가 성립한다. 이를 책략절도라고 한다. 즉, 사기죄가 성립하기 위해서는 기망행위와 상대방의 착오 및 재물의 교부가 모두 인과관계가 인정되어야 한다. 그러나 책략절도란 기망의 방법이 사용되었더라도 재물의 교부가 없고, 행위자의 탈취행위를 통해 직접적으로 재물을 취득한 경우이다.

그러므로 기성복상점에서 옷이 맞는지 입어보는 척하다가 몰래 입은 채로 도망친 경우, 금은방에서 귀금속을 건네받고 화장실을 가는 척 하면서 도주한 경우,[1] 세관원으로 속여 밀수품을 압수하는 형식으로 탈취한 경우, 이삿짐을 운반해 주는 척하다가 영득하는 경우, 타인이 전달해 달라고 부탁한 선물에 자기의 명함을 꽂아 자기가 선물하는 것으로 속인 경우, 저기 큰 불났다고 거짓말을 하여 한눈팔게 하고 핸드백을 날치기 한 경우, 결혼예식장에서 신부측 축의금 접수인인 것처럼 가장 행세하여 축의금을 내어 놓자 이를 교부받아 가로챈 경우[2]에는 모두 절도죄가 성립한다.

(라) 실행의 착수시점　　절도죄의 실행착수시기는 점유침탈을 개시하는 시점이며, 구체적으로는 주관적 객관설(절충설)에 따라 판단하는 것이 타당하다.

판례에 의하면 절도의 의사로 주거에 침입한 자가 절취한 재물에 접근하거나[3] 물색한 때,[4] 야간에 도로에 주차된 차량의 문을 열고 현금 등을 훔치기로 마음먹고, 차량의 문이 잠겨 있는지 확인하기 위해 양손으로 운전석 문의 손잡이를 잡고 열려고 하던 중 경찰관에게 발각된 경우,[5] 금품을 절취하기 위하여 고속버스선반에 놓인 손가방의 한쪽 걸쇠를 연 때,[6] 소매치기가 금품을 절취하려고 피해자의 상의 주머니에 손을 뻗쳐 그 곁을 더듬은 때,[7] 라디오를 절취하려고 라디오의 줄을 건드린 경우,[8] 담을 넘어 들어가 절취한 물건을 찾으려고 담에 붙어 걸어간 경우[9]에 각각 실행의 착수를 인정하고 있다.

---

1) 대판 1994. 8. 12. 94도1487.
2) 대판 1996. 10. 15. 96도2227.
3) 대판 1965. 6. 22. 65도427.
4) 대판 2003. 6. 24. 2003도1985; 대판 1987. 1. 20. 86도2199; 대판 1984. 3. 13. 84도71; 대판 1966. 9. 22. 66도1108.
5) 대판 2009. 9. 24. 2009도5595.
6) 대판 1983. 10. 25. 83도2432.
7) 대판 1984. 12. 11. 84도2524.
8) 대판 1966. 11. 29. 66도875.
9) 대판 1989. 9. 12. 89도1153.

② 새로운 점유의 취득

(가) 의 의   새로운 점유의 취득이란 절취행위의 두 번째 부분으로서 행위자가 탈취한 재물에 대한 점유를 취득하거나 이를 제3자의 점유로 옮기는 것을 의미한다. 새로운 점유의 설정은 일반적으로 점유의 침탈과 동시에 이루어지는 것이나 반드시 시간적으로 일치할 것을 요하지는 않는다. 달리는 자동차에서 재물을 떨어뜨린 후 이를 찾아가는 경우가 그 예에 해당한다.[1] 새로운 점유가 이루어졌는가 여부는 무엇보다도 행위자가 이전의 점유자의 방해를 받지 않고 재물에 대한 사실상의 지배를 할 수 있게 되었는가에 따라 판단할 수 있다.

행위자나 제3자가 새로운 점유를 취득해야 비로소 본죄는 기수로 된다.

(나) 기수시기   절도의 기수시기에 관하여서는 i) 재물에 손을 접촉한 때로 보는 접촉설, ii) 재물에 대하여 자신이나 제3자가 점유를 취득한 때로 보는 취득설, iii) 재물을 장소적으로 이전한 때로 보는 이전설, iv) 재물을 안전한 곳에 은닉한 때로 보는 은닉설이 거론되고 있으나 새로운 점유를 취득해야 절취행위가 성취된다는 점에 비추어 통설,[2] 판례[3]의 입장인 취득설이 타당하다고 보아야 할 것이다.

취득설을 취한다 할지라도 재물의 취득시점이 일률적으로 설명될 수 있는 것은 아니다. 크기나 무게에 비추어 쉽게 운반할 수 있는 재물, 예컨대 돈, 반지, 손목시계 등은 손으로 잡으면 이미 기수로 되지만 크거나 무거워서 운반하기 어려운 재물, 예컨대 피아노, 가구 등은 피해자의 지배범위를 벗어났을 때에 비로소 그 재물을 취득했다고 볼 수 있다.[4]

(2) 주관적 구성요건

1) 고 의

본죄는 미필적 고의로 족하다. 재물의 타인성이라든가 점유침탈과 취득에 대한 인식의 정도는 일반인의 소박한 평가의 수준이면 충분하다.

타인의 재물을 자기의 재물로 오인하여 가져간 경우, 타인의 재물을 무주물

---

1) 이재상 외, 269면.
2) 강구진 I, 268; 김성돈, 291면; 김성천/김형준, 335면; 김일수/서보학, 291면; 김종원(상), 185면; 김혜정 외, 262면; 박상기/전지연, 598면; 배종대, 263면; 백형구, 136; 유기천(상), 196면; 오영근, 246면; 이영란, 282면; 이재상 외, 269면; 정성근/정준섭, 191면; 정영석, 333면 등.
3) 대판 1964. 4. 22. 64도112.
4) 김성돈, 315면; 김일수/서보학, 291면; 이재상 외, 270면; 정성근/정준섭, 191면 등.

이나 소유를 포기한 재물로 오인하여 취득한 경우, 피해자의 동의가 있는 것으로 오인하여 그 재물을 취득한 경우는 모두 구성요건적 착오로서 고의를 조각한다. 한편 자기의 재물을 타인의 것으로 오인하고 절도의 고의로 취한 경우는 절도의 불능미수가 된다.

2) 불법영득의사

초과주관적 구성요건요소로 불법영득의사가 필요함은 앞서 언급한 바와 같다. 불법영득의사가 없을 경우에는 사용절도가 문제될 뿐이다.

(3) 구성요건해당성의 배제

객관적 가치뿐만 아니라 주관적 가치조차 없는 물건은 본죄의 객체로서의 재물성이 부정되어 구성요건해당성이 배제되며, 피해자의 동의가 있는 경우에도 구성요건해당성이 배제된다.

3. 위 법 성

행위가 비록 절도죄의 구성요건에 해당되어도 위법성조각사유의 요건을 갖춘 때에는 위법하지 않다. 긴급피난이나 추정적 승낙의 경우를 들 수 있다. 건물붕괴사고현장에서 급히 지하실로 피했던 방문객이 출입구가 막혀 나가지 못하고 외부와의 연락도 불가능하게 되자 지하실에 있는 타인의 물건을 탈출구로 만드는 일에 소진시켜 버린 경우라든가 생명을 유지하기 위하여 부득이 그 곳에 있는 타인의 식료품을 먹은 경우는 정황에 따라 긴급피난이나 추정적 승낙에 의한 행위로 볼 수 있다. 가정부가 그 집주인이 해외여행으로 부재중에 헌옷을 구걸하는 걸인에게 평소 주인이 입지 않고 방치해 둔 헌옷을 준 경우는 추정적 승낙에 의한 행위로 볼 수 있다. 그러나 물품대금 채권을 다른 채권자들보다 우선적으로 확보할 목적으로 피해자의 가구점의 시정장치를 쇠톱으로 절단하고 그 곳에 침입하여 가구들을 화물차에 싣고 가 다른 장소에 옮겨 놓은 것은 추정적 승낙이나 자구행위가 될 수 없다.[1]

---

1) 대판 2006. 3. 24. 2005도8081.

4. 죄수 및 타죄와의 관계

(1) 죄 수

절도죄의 보호법익은 일신전속적 법익이 아니므로 죄수가 법익주체의 수에 따라 결정되지 않고 절취행위의 수, 즉 점유침해의 수에 따라 결정된다.[1] 그러므로 1개의 행위로 수인소유의 수개의 재물을 절취하여도 단순일죄로 된다. 수개의 행위로 수개의 재물을 절취하면 수개의 절도죄가 성립하여 경합관계로 되지만 이들 행위가 시간적·장소적으로 극히 근접한 정황 속에서 이루어진 경우에는 접속범으로서 포괄일죄로 된다. 또한 쌀 창고에서 수일에 걸쳐 매일 밤 쌀한 가마니씩을 절취한 경우처럼 한 사람이 연속하여 행한 수개의 행위가 절도죄에 해당하는 경우에는 포괄일죄가 된다. 절도죄의 가중적 구성요건인 야간주거침입절도죄(제330조), 특수절도죄(제331조), 절도죄와 타죄의 결합범인 강도의죄(제333조 이하) 등은 단순절도죄에 대한 특별규정이므로 이들 범죄가 성립될 때에는 단순절도죄는 적용되지 않는다.

(2) 타죄와의 관계

주간에 주거에 침입하여 본죄를 범한 경우는 주거침입죄(제319조)와 절도죄의 실체적 경합범이 된다.[2] 그러나 야간에 주거에 침입하여 절취한 경우에는 야간주거침입절도죄(제330조)만 성립한다. 절도가 봉인 등 압류표시를 손상하고 재물을 절취하면 본죄와 공무상 비밀표시무효죄(제140조)와의 실체적 경합이 된다.[3] 증거물로 압수된 물건을 그 정을 알면서 절취한 경우에는 절도죄와 증거인멸죄(제155조)의 상상적 경합이 된다. 절도교사자가 절취한 장물을 편취한 때에는 절도교사죄와 사기죄의 실체적 경합범으로 되고 장물을 취득했다면 절도교사죄와 장물취득죄의 실체적 경합범으로 될 것이다. 살인의 목적으로 총검을 절취한 때에는 절도죄와 살인예비죄의 상상적 경합범이 된다.

---

1) 김일수/서보학, 303면; 김혜정 외, 268면; 배종대, 274면; 오영근, 248면; 이재상 외, 280면; 정성근/정준섭, 193면 등.
2) 김성돈, 323면; 김일수/서보학, 303면; 김혜정 외, 268면; 김종원(상), 190면; 정성근/정준섭, 303면 등.
3) 김일수/서보학, 303면.

Ⅱ. 야간주거침입절도죄

*야간에 사람의 주거, 관리하는 건조물, 선박, 항공기 또는 점유하는 방실에 침입하여 타인의 재물을 절취한 자는 10년 이하의 징역에 처한다(제330조).
*본죄의 미수범은 처벌한다(제342조).
*친족상도례(제344조) 및 동력간주규정(제346조) 적용.

1. 의   의

본죄는 야간에 주거 등에 침입하여 타인의 재물을 절취함으로써 성립한다. 본죄의 성격에 관하여서는 ① 야간과 주거침입이라는 행위상황으로 인하여 위법이 가중된 범죄라는 설,[1] ② 야간이라는 시간적 제약을 받는 주거침입과 절도의 결합범이라는 설,[2] ③ 단순절도의 가중구성요건이 아니라 독자적 범죄라는 설[3]의 대립이 있으나 결합범설이 타당하다고 본다.

2. 구성요건

(1) 객관적 구성요건

본죄의 주체, 객체, 절취의 개념은 단순절도죄의 경우와 동일하며 주거침입의 개념은 주거침입죄(제319조 제1항)와 동일하다.

1) 야 간

야간의 의미에 관하여서는 일반인이 심리적으로 야간이라고 볼 수 있는 상태를 야간으로 보는 견해[4](심리학적 해석설), 범죄지에서의 일몰 후부터 일출 전까지를 야간으로 보는 견해[5](천문학적 해석설), 황혼이 지난 후 여명이 있기 전까지를 야간으로 보는 견해(황혼여명설) 등이 있는데 이들 중 천문학적 해석설

1) 유기천(상), 213면.
2) 김성돈, 324면; 박상기/전지연, 605면; 배종대, 276면; 신동운, 893면; 이재상 외, 282면; 이정원, 337면; 이회창, 주각(하), 213면; 임웅, 350면; 정성근/정준섭, 194면; 황산덕, 281면 등.
3) 김일수/서보학, 306면; 정영일, 151면.
4) 유기천(상), 232면.
5) 강구진 Ⅰ, 279면; 김종원(상), 191면; 남흥우, 174면; 박상기/전지연, 267면; 배종대, 380면; 손동권, 298면; 서일교, 146면; 이건호, 531면; 이영란, 289면; 임웅, 299면; 정성근/정준섭, 305면; 정영석, 305면; 황산덕, 285면 등.

이 통설·판례[1]의 입장인 바, 상대적으로 그 해석기준이 명확하다는 점에서 타당하다.

2) 행 위

본죄의 행위는 주거 등에의 침입과 절취이다. 이들 중 ① 절취행위가 야간에 이루어져야 된다는 견해,[2] ② 주거침입이 야간에 이루어져야 한다는 견해,[3] ③ 주거침입과 절취행위가 모두 야간에 이루어져야만 본죄가 성립한다는 견해,[4] ④ 이들 중 어느 한 가지만 야간에 이루어져도 본죄가 성립한다는 견해[5]가 대립된다.

①설에 의하면 가중적 구성요건이라는 본죄의 본질적 성격에 부합하는 해석이 되기 위해서는 절취를 기준으로 하여야 한다고 본다. ②설에 의하면 주거침입이 야간에 이루어지면 주간주거침입보다 위험성이 더 높아지기 때문에 가중처벌하는 것이라고 해석한다. ③설에 의하면 본죄는 야간에 이루어지는 주거침입행위의 위험성에 주목하여 그에 수반한 절도를 처벌하는 것이라고 본다.[6] 판례[7]의 태도이다. ④설에 의하면 절취가 야간에 있으면 주간에 침입해도 주거침입이 계속범이므로 주거침입행위도 야간까지 종료하지 않고 계속되는 것이기 때문이라고 본다.[8]

생각건대, 본죄의 본질은 야간이라는 시간적 정황이 가지는 보다 높은 위험

---

1) 대판 2015. 8. 27, 2015도4381; 대판 2011. 10. 27, 2011도11793; 대판 1972. 7. 25, 72도1273 등.
2) 박상기/전지연, 606면; 유기천(상), 232면.
3) 김성천/김형준, 350면; 이재상 외, 282면.
4) 김일수/서보학, 307면; 배종대, 276면; 정영일, 151면.
5) 김성돈, 325면; 김종원(상), 191면; 김태명, 290면; 백형구, 142면; 오영근, 251면; 이회창, 주각(하), 213면; 임웅, 351면; 정성근/정준섭, 195면; 진계호, 313면; 황산덕, 285면 등.
6) 배종대, 276면.
7) 대판 2011. 4. 14, 2011도300, 2011감도5. "형법은 제329조에서 절도죄를 규정하고 곧바로 제330조에서 야간주거침입절도죄를 규정하고 있을 뿐, 야간절도죄에 관하여는 처벌규정을 별도로 두고 있지 아니하다. 이러한 형법 제330조의 규정형식과 그 구성요건의 문언에 비추어 보면, 형법은 야간에 이루어지는 주거침입행위의 위험성에 주목하여 그러한 행위를 수반한 절도를 야간주거침입절도죄로 중하게 처벌하고 있는 것으로 보아야 하고, 따라서 주거침입이 주간에 이루어진 경우에는 야간주거침입절도죄가 성립하지 않는다고 해석하는 것이 타당하다." 판례는 "만일 주간에 방실에 침입하여 야간에 타인의 재물을 절취한 경우에도 야간방실침입절도죄가 성립한다고 한다면, 주간에 방실에 침입하여 잠복하고 있다가 발각된 경우, 행위자가 야간절도를 계획했다고 진술하면 야간방실침입절도미수죄가 성립하고, 주간절도를 계획했다고 진술하면 절도죄는 실행의 착수가 없어 무죄가 되는바, 범죄의 성립이 행위자의 주장에 따라 달라지는 불합리한 결과가 초래되는 점"을 근거로 든다.
8) 김성돈, 301면; 임웅, 351면; 정성근/정준섭, 195면.

성이 불법의 본질이라는 점에서 어느 하나의 행위만이라도 야간에 이루어지면 족하다고 봄이 타당할 것이다. 앞서 언급한 바와 같이 주거침입죄는 계속범이므로 결과적으로 이와 같은 견해를 취할 때 야간주거침입절도죄가 성립할 수 없는 것은 주간에 침입하여 주간에 절도하는 경우뿐이며, 이 때에는 양자의 실체적 경합이 된다.

실행의 착수시기는 절도의 의사로 주거 등에 침입하는 시점(주거침입의 실행의 착수시기)이므로,[1] 비록 물색행위가 없었더라도 주거에 침입한 이상 본죄의 미수가 된다. 기수시기는 절도죄와 같다. 따라서 취득시점이고, 절취행위가 종료되었다면 주거침입의 기·미수여부는 불문한다.[2]

(2) 주관적 구성요건

본죄의 성립에는 고의 이외에도 불법영득의 의사가 필요하다.

판 례

본죄는 야간에 타인의 재물을 절취할 목적으로 주거에 침입한 단계에서 이미 실행에 착수한 것이라고 보아야 한다. 따라서 출입문이 열려 있으면 안으로 들어가겠다는 의사 아래 출입문을 당겨보는 행위[3]나 야간에 아파트에 침입하여 물건을 훔칠 의도하에 아파트의 베란다 철제난간까지 올라가 유리창문을 열려고 시도한 행위[4]는 본죄의 실행의 착수에 해당하지만, 야간에 다세대주택에 침입하여 물건을 절취하기 위해 가스배관을 타고 오르다 순찰 중이던 경찰관에게 발각되어 그냥 뛰어내렸다면 본죄의 실행의 착수에 해당하지 않는다.[5]

또한 피고인이 피해자 경영의 까페에서 야간에 아무도 없는 그 곳 내실에 침입하여 장식장 안에 들어 있던 정기적금통장 등을 꺼내 들고 까페로 나오던 중 발각되어 돌려 준 경우 야간주거침입절도의 기수이다.[6]

---

1) 통설, 판례의 입장이다. 대판 2006. 9. 14, 2006도2824; 대판 1984. 12. 26, 84도433; 대판 1983. 3. 8, 83도145; 대판 1972. 6. 27, 72도1028; 대판 1970. 4. 28, 70도507 등.
2) 김성돈, 326면; 이재상 외, 283면; 정성근/정준섭, 195면.
3) 대판 2006. 9. 14, 2006도2824.
4) 대판 2003. 10. 24, 2003도4417.
5) 대판 2008. 3. 27, 2008도917.
6) 대판 1991. 4. 23, 91도476.

Ⅲ. 특수절도죄

*야간에 문이나 담 그 밖의 건조물의 일부를 손괴하고 전조의 장소에 침입하여 타인의 재물을 절취한 자는 1년 이상 10년 이하의 징역에 처한다(제331조 제1항).
*흉기를 휴대하거나 2명 이상이 합동하여 타인의 재물을 절취한 자도 전항의 형과 같다(제331조 제2항).
*본죄의 미수범은 처벌한다(제342조).
*친족상도례(제344조) 및 동력간주규정(제346조) 적용.

1. 의   의

본죄는 ① 야간에 문호, 장벽 기타 건조물의 일부를 손괴하고 주거 등에 침입하여 타인의 재물을 절취하거나(제311조 제1항), ② 흉기를 휴대하거나 2인 이상이 합동하여 타인의 재물을 절취함으로써(제331조 제2항) 성립한다.

①의 경우는 야간주거침입절도죄(제330조)에 손괴라는 행위수단으로 인하여, ②의 경우는 흉기의 휴대 또는 2인 이상의 합동이라는 방법상의 위험성 및 집단성으로 인하여 절도죄에 비하여 무겁게 처벌되는 불법가중적 구성요건이다.

2. 구성요건

(1) 손괴후야간주거침입절도죄(제331조 제1항)

1) 야   간

야간이란 일몰후 일출전이다. 본죄는 야간주거침입절도죄에 손괴죄가 결합된 형태이고 손괴란 주거침입을 용이하게 하기 위한 수단에 해당하므로 주간에 주거침입이 이루어지는 경우에는 불가피하게 손괴 역시 주간에 이루어지게 된다. 그러나 손괴죄는 계속범이 아니므로 야간주거침입죄와 동일하게 해석할 수는 없다. 즉, 야간주거침입절도죄는 주간에 침입해도 주거침입죄가 계속범이므로 야간에 절취행위를 할 당시에도 주거침입행위는 여전히 행해지고 있지만, 손괴행위는 이 경우 주간에만 행해지게 되기 때문이다. 따라서 본죄는 손괴행위, 주거침입행위 및 절취행위가 모두 야간에 이루어져야 한다고 해석하는 수밖에 없다. 그 결과 주간에 손괴행위 후 주거에 침입하여 잠복하다 야간에 절취행위를 하면 손괴죄와 야간주거침입절도죄의 실체적 경합이 되고, 주간에 손괴행위 후 주거에 침입하여 절취행위를 하면 손괴죄 및 주거침입죄, 그리고 절도죄의 실체적 경합이 된다.

2) 문이나 담 그 밖의 건조물의 일부

문이나 담이란 주거 등에 대한 외부인의 침입을 방지하기 위한 시설로서 문이나 담 주거 등에 드나드는 문 및 담과 벽을 의미한다. 그 밖의 건조물의 일부란 문이나 담 이외에도 주거 등에 출입하는 것을 통제하기 위한 시설이나 직접 주거 등의 일부를 이루고 있는 부분을 총칭하는 말이다. 판례는 문이나 담 주거 등에 대한 침입을 방지하기 위하여 설치된 일체의 위장시설을 의미한다고 본다.[1] 그러므로 시정된 문의 자물쇠나 방문고리를 뜯고 침입하면 본죄에 해당한다.[2] 그 밖의 건조물의 일부란 인공적 시설물을 의미하는 것이므로 자연적 장애물은 이에 해당하지 않는다.[3] 또한 이들 시설물을 손괴하는 행위는 야간에 이루어져야 하므로 주간에 문 등을 손괴하고 침입하는 경우에는 본죄가 성립하지 않는다.[4]

3) 손 괴

문 등의 일부를 물리적으로 훼손하여 그 효용을 상실시키는 행위로서 손괴의 범위가 일부인가 전부인가를 불문한다.[5] 그러나 문을 열쇠로 열고 침입하거나 비밀번호를 입력한 때에는 손괴가 없으므로 본죄가 성립하지 않는다.[6] ③ 실행의 착수시기는 야간에 침입할 목적으로 건물 등의 일부를 손괴하기 시작한 때이고[7] 기수시기는 절취가 이루어진 때이다.

---

1) 대판 2004. 10. 15, 2004도4505; 대판 2003. 2. 28, 2003도120 등.
2) 대판 1979. 9. 11, 79도1736.
3) 이재상 외, 284면.
4) 대판 1971. 2. 23, 70도2699.
5) 정성근/정준섭, 197면.
6) 김일수/서보학, 309면; 백형구, 144면; 유기천(상), 233면; 이재상 278면; 정성근/정준섭, 307면; 진계호, 315면 등.
7) 대판 1986. 9. 9, 86도1273; 대판 1977. 7. 26, 77도1802; 대판 1967. 6. 20, 67도728 등.

판 례

창문과 방충망을 창틀에서 분리한 사실만을 인정할 수 있을 뿐 달리 창문과 방충망을 물리적으로 훼손하여 그 효용을 상실하게 하였음을 인정할 만한 증거가 없다면 손괴가 없으므로 본죄가 성립하지 않는다.[1] 그러나 야간에 출입문을 발로 걸어차서 잠금고리의 아래쪽 부착부분이 떨어지면서 출입문과의 사이가 뜨게 되면서 출입문이 열린 경우,[2] 기구를 가지고 출입문의 자물쇠를 떼어내거나, 출입문의 환기창문을 열려고 하였다면 본죄의 실행의 착수에 해당한다.[3]

한편 2인 이상이 주간에 아파트 출입문 시정장치를 손괴하다가 발각되어 도주하였다면, 절도죄와 별개로 주거침입죄가 성립하고 절도죄와는 실체적 경합관계에 있게 되나 아직 절취할 물건의 물색행위를 시작 전이라면 절도는 실행의 착수에도 이르지 못하였으므로 특수절도(합동절도)는 무죄이다.[4]

(2) 흉기휴대절도(제331조 제2항 전단)

1) 흉 기

흉기란 사람을 살상하는데 쓰이는 도구를 말하는데 이에는 본래의 용법이 살상용이 아니라 할지라도 사용하기에 따라 생명, 신체에 위해를 가할 수 있는 물건, 예컨대 도끼, 철봉, 망치, 곤봉 등이 포함된다. 또한 청산가리, 염산, 마취제 등과 같이 액체, 기체 또는 분말로 되어 있는 물질이라 하더라도 생명·신체를 해할 위험이 있는 한 흉기에 포함된다고 보아야 할 것이다.[5] 그러나 객관적 성질에 비추어 살상의 위험성이 없는 물건, 예컨대 장난감 권총은 흉기로 볼 수 없다. 위험성이 있더라도 사회통념상 일반인이 흉기로서의 위험을 느낄 수 있는 정도가 아닌 물건, 예컨대 면도칼, 수건, 짧은 지휘봉이나 막대기, 작은 병은 비록 위험한 물건이라고 할 수 있으나 흉기에 해당한다고 볼 수 없다. 따라서 흉기는 특수상해죄 등에 규정된 위험한 물건보다 좁은 개념이라고 보아야 한다.[6]

---

1) 대판 2015. 10. 29, 2015도7559.
2) 대판 2004. 10. 15, 2004도4505.
3) 대판 1986. 7. 8, 86도843.
4) 대판 2009. 12. 24, 2009도9667.
5) 김성돈, 328면; 박상기/전지연, 608면; 이영란, 291면; 이재상 외, 285면; 정영일, 154면; 진계호, 315면 등. 한편 강구진Ⅰ, 281면; 김일수/서보학, 310면; 배종대, 279면 등은 청산가리, 염산 등 독극물은 제외된다고 본다.
6) 대판 2012. 6. 14, 2012도4175.

2) 휴 대

휴대란 몸이나 몸 가까이 소지하는 것을 의미한다. 반드시 흉기를 손에 쥐고 있을 필요는 없으며, 주머니나 가방에 넣어 들고 있거나 흉기를 쉽게 잡을 수 있는 상태로 준비하고 있어도 휴대에 해당한다. 또한 흉기를 미리 준비하지 않고 범행현장에서 습득한 경우도 휴대에 포함된다. 흉기는 행위시에 휴대해야 한다. 흉기의 휴대를 반드시 상대방에게 인식시킬 필요는 없고, 상대방이 이를 알 필요도 없다.

(3) 합동절도(제331조 제2항 후단)

1) 의 의

2인 이상이 합동하여 절취하는 필요적 공범으로, 합동범의 본질에 관하여 i) 공모공동정범설은 합동범의 개념 속에 공동정범과 공모공동정범이 함께 포함되어 있다고 보면서 우리 형법상 공모공동정범이 의미를 갖는 것은 합동범의 경우뿐이라고 주장한다.[1] ii) 가중적 공동정범설은 합동범은 그 본질에 있어 공동정범의 일종이지만 집단범죄에 대한 정책적 고려 때문에 형을 특히 가중하는 경우라고 본다.[2] iii) 현장설[3]은 합동범에 있어서의 합동을 시간적·공간적 협동으로 이해하는데, 판례[4]의 태도이며 타당하다.[5]

2) 총칙상 공범규정의 적용문제

합동범은 공동정범의 한 특별한 형태로서 시간적·장소적으로 협동한 자만이 정범으로 되므로, 내부자 사이에는 총칙상 임의적 공범규정은 적용할 수 없다. 즉, 합동범의 내부자들은 각자가 합동절도의 정범이다. 한편 합동범의 공동정범을 인정할 것인가에 관하여는 견해의 대립이 있다. 부정설[6]은 합동범의 가

---

1) 김종수, 「공모공동정범」, 법조 1965년 2월호, 20면 이하.
2) 정성근/정준섭, 총론, 253면.
3) 권오걸, 총론, 562면; 김성돈, 329면; 김성천/김형준, 총론, 395면; 박상기/전지연, 609면; 배종대, 총론, 431면; 손동권/김재윤, 총론, 557면; 오영근, 총론, 451면; 임웅, 총론, 470면; 정영일, 총론, 274면.
4) 판례는 처음에는 합동범을 인정함에 있어서 반드시 범인이 같은 장소에서 공동으로 범죄를 수행할 것을 요하지 아니한다고 하여 현장성을 합동범의 요건으로 하지 않았으나(대판 1960. 2. 29, 4292형상951; 대판 1956. 5. 1, 4289형상35), 1969년 이후에는 계속하여 현장설을 취하고 있다.
5) 자세한 내용은 총론, 공범론 참조.
6) 권오걸, 414면; 김일수/서보학, 311면; 김혜정 외, 274면; 박상기/전지연, 609면; 신동운, 900면; 오영근, 256면; 이재상 외, 289면; 임웅, 356면; 정성근/정준섭, 199면.

중된 불법성이 현장성에 있다면 현장에 존재하지 않는 자는 합동범의 공동정범이 될 수 없고, 단순절도죄의 공동정범이 된다고 본다. 반면 긍정설[1]은 기능적 행위지배가 있는 자라면 해석상 합동절도의 공동정범이 성립할 수 있다고 본다. 판례는 합동범에 있어서 장소적으로 합동하지 아니한 자에 대하여 합동범의 공동정범을 인정한다.[2]

생각건대, 합동범의 내부자가 가중처벌 받는 이유는 현장성이라는 범죄의 특수한 형태 때문이고, 현장에 없는 자가 기능적 행위분담을 한 것은 현장성에 대한 기능적 행위분담이 아니라 '절취'에 대한 기능적 행위분담일 뿐이다. 따라서 가중처벌의 대상이 될 수는 없다. 그러므로 기본범죄(단순절도죄, 야간주거침입절도죄 등)의 공동정범이 된다고 봄이 타당하다. 합동범에 대한 교사와 방조는 가능하므로, 합동절도의 외부자에게 총칙상의 공범규정인 교사범(제31조)과 종범(제32조)은 언제나 적용된다. 오히려 반대로 합동절도의 내부자는 교사범이나 종범이 될 수 없다.

3. 죄   수

본 조의 손괴후야간주거침입절도죄, 흉대휴대절도죄 및 합동절도죄는 각각 독립된 범죄지만, 만일 손괴후 야간주거침입절도를 흉기를 휴대하거나 2인 이상이 합동하여 행한 경우 이를 포괄일죄로 보는 견해[3]와 상상적 경합으로 보는 견해가 있다.[4] 후자에 따르면 제1항과 제2항은 상상적 경합이고, 제2항의 각 범

---

1) 김성돈, 329면.
2) 대판 1998. 5. 21, 98도321 전원합의체 판결. "3인 이상의 범인이 합동절도의 범행을 공모한 후 적어도 2인 이상의 범인이 범행 현장에서 시간적, 장소적으로 협동관계를 이루어 절도의 실행행위를 분담하여 절도 범행을 한 경우에는 공동정범의 일반 이론에 비추어 그 공모에는 참여하였으나 현장에서 절도의 실행행위를 직접 분담하지 아니한 다른 범인에 대하여도 그가 현장에서 절도 범행을 실행한 위 2인 이상의 범인의 행위를 자기 의사의 수단으로 하여 합동절도의 범행을 하였다고 평가할 수 있는 정범성의 표지를 갖추고 있다고 보여지는 한 그 다른 범인에 대하여 합동절도의 공동정범의 성립을 부정할 이유가 없다고 할 것이다. 형법 제331조 제2항 후단의 규정이 위와 같이 3인 이상이 공모하고 적어도 2인 이상이 합동절도의 범행을 실행한 경우에 대하여 공동정범의 성립을 부정하는 취지라고 해석할 이유가 없을 뿐만 아니라, 만일 공동정범의 성립가능성을 제한한다면 직접 실행행위에 참여하지 아니하면서 배후에서 합동절도의 범행을 조종하는 수괴는 그 행위의 기여도가 강력함에도 불구하고 공동정범으로 처벌받지 아니하는 불합리한 현상이 나타날 수 있다."
3) 김혜정 외, 275면; 정성근/정준섭, 199면.
4) 김성돈, 330면; 임웅, 357면.

죄는 포괄일죄라고 본다.

이 문제를 해결하기 위해서는 야간주거침입절도죄와 특수절도죄의 관계를 우선 살펴보아야 할 것이다. 손괴후 야간주거침입절도는 야간주거침입절도죄의 가중적 구성요건에 해당하는데, 만일 2인 이상이 합동하여 야간주거침입절도를 범한 경우에는 야간주거침입절도죄와 특수절도죄의 상상적 경합을 인정하면서 2인 이상이 손괴후 야간주거침입절도죄를 범한 때에는 특수절도죄 포괄일죄만 성립한다고 본다면 불법성에 대한 정당한 평가라고 할 수 없다. 한편 2인 이상이 주간에 주거에 침입하여 절도를 한 경우, 주거침입죄와 특수절도죄의 실체적 경합을 인정하면서 2인 이상이 야간에 주거에 침입하여 절도한 경우에는 특수절도죄 포괄일죄만 성립[1]한다고 보는 것도 양자의 불법성에 대한 정당한 평가가 될 수 없다. 야간이라는 위험성이 불법성을 가중평가하는 작용을 하여야 함에도 불구하고 주간에 2인 이상이 침입한 경우 실체적 경합으로 가중처벌되기 때문이다. 그러나 판례는 일관되게 형법 제331조 제2항의 특수절도를 함에 있어서 주거침입은 그 구성요건이 아니므로 주간에 절도의 목적으로 주거에 침입하면 주거침입죄는 제331조 제2항의 특수절도와 별개로 성립하고 실체적 경합이 된다고 본다.[2]

그렇다면 이 모든 경우들에 있어서 불법성 평가에 불합리함을 최소화하고자 한다면, 제331조 제1항의 특수절도죄는 제330조 야간주거침입절도죄의 불법가중적 구성요건으로 보고, 제331조 제1항과 제331조 제2항은 상상적 경합관계로 보는 수밖에 없다. 그 결과 2인 이상이 야간주거침입절도죄를 범한 때에는 제330조와 제331조 제2항과의 상상적 경합이 되고, 2인 이상이 야간에 문호를 손괴하고 주거침입절도를 범한 때에는 제331조 제1항과 제331조 제2항의 상상적 경합이 된다고 보아야 할 것이다. 그렇게 할 때 2인 이상이 주간에 주거침입절도를 하는 경우 제319조의 주거침입죄와 제331조 제2항의 특수절도죄의 실체적 경합이 된다고 해도 불법성 평가의 불합리함이 최소화된다.

---

1) 박상기/전지연, 610면.
2) 대판 2009. 12. 24, 2009도9667; 대판 2008. 11. 27, 2008도7820.

심 화 **주거침입죄**(제319조)**와 특수절도죄**(제331조 제2항)**의 관계**

주간에 2인 이상이 합동하거나 흉기를 휴대하여 절취한 경우에, 판례의 태도를 반영하여 해석한다면 본문과 같이 이해할 수밖에 없다. 그러나 판례의 태도를 무시 또는 존중하지 않고 법리적으로 가장 적절한 방법을 제시한다면 다음과 같다.

첫째, 제331조 제1항의 손괴후 야간주거침입절도죄와 제331조 제2항의 흉기휴대절도죄 및 합동절도죄가 하나의 행위로 발생하게 되는 경우, 예컨대 야간에 2인 이상이 합동하여 문호를 손괴후 주거침입절도를 한 경우에 제331조 특수절도죄 포괄일죄를 인정한다. 즉 제331조 제1항과 제2항은 포괄일죄의 관계에 있다.

둘째, 손괴후 야간주거침입절도죄(제331조 제1항)는 야간주거침입절도죄(제330조)에 대한 불법가중적 구성요건에 해당하므로 야간주거침입절도를 행하는 자가 2인 이상이거나 흉기를 휴대하고 있었다면 법조경합 중 특별관계 및 제331조 포괄일죄에 의하여 특수절도죄(제331조 제2항)만이 성립한다.

셋째, 야간주거침입절도죄는 주간에 주거에 침입하여 절도하는 행위에 대한 불법가중적인 결합범에 해당한다면, 2인 이상이 합동하여 야간에 주거침입절도죄를 범한 자를 합동절도의 특수절도죄(제331조 제2항)로 처단하는 이상, 주간에 2인 이상이 합동하여 주거에 침입하여 절도하는 행위 역시 손괴후야간주거침입절도죄와의 불법가중관계를 고려하여 특수절도죄(제331조 제2항)만 성립하고 별도의 주거침입죄는 성립하지 않는다고 보는 것이다. 주거침입죄가 제331조 제1항의 손괴후야간주거침입절도죄와 일반법과 특별법의 관계임을 고려하여, 제331조 제2항과는 법조경합 중 흡수관계에 해당한다고 봄이 각각의 불법성에 대한 가장 적절한 평가라고 할 수 있을 것이다.[1]

Ⅳ. 자동차 등 불법사용죄

*권리자의 동의 없이 타인의 자동차, 선박, 항공기 또는 원동기장치자전거를 일시 사용한 자는 3년 이하의 징역 또는 500만원 이하의 벌금, 구류 또는 과료에 처한다(제331조의2).

---

1) 대판 2017. 7. 11, 2017도4044 등이 특가법상 상습절도범이 행한 주간의 주거침입 절도에 대하여 주거침입죄를 별도로 성립하지 않는다고 보는 이유도, 상습특수절도에 손괴후야간주거침입절도가 포함되기 때문이다.

*본죄의 미수범은 처벌한다(제342조).
*친족상도례(제344조)의 적용.

1. 의 의

본죄는 권리자의 동의 없이 타인의 자동차, 선박, 항공기 또는 원동기장치자전거를 일시 사용함으로써 성립한다.[1] 본죄는 타인이 점유하는 재물을 그 의사에 반하여 탈취한다는 점에서 절도죄와 공통되는 점이 있으나 점유의 침해가 일시적이고 불법영득의 의사가 없다는 점에서 사용절도에 해당하므로, 절도죄와는 구분되는 독립적 구성요건이다.

본죄의 보호법익이 무엇인가에 관하여서는 ① 타인의 소유권을 침해하는 범죄가 아니고 단지 사용권을 침해하는 범죄라는 견해[2]와 ② 타인의 소유권을 침해하는 범죄라는 견해[3]의 대립이 있다. 사용권침해설은 본죄는 그 중점이 자동차 등의 사용권에 있으므로 절도죄와 다른 별개의 범죄라는 것을 그 논거로 한다. 소유권침해설은 자동차 등을 사용할 자격도 소유권에서 파생되는 것이고 만일 사용권침해설에 의할 경우 소유자도 사용권자에 대하여 본죄를 범할 수 있게 되어 부당함을 지적한다. 본죄가 절도죄와 다른 점에 비추어 사용권 침해설이 타당하겠지만, 소유권은 사용·수익·처분권을 내용으로 한다는 점에서 양자의 대립은 별로 의미가 없다. 사용권은 소유권의 기능 또는 내용의 일부이기 때문이다. 그리고 본죄의 객체가 타인의 자동차 등인 것을 고려할 때 자동차의 소유자가 그 자동차의 사용권자의 동의 없이 그 차를 일시 사용한 경우에는 본죄가 아니라, 경우에 따라 권리행사방해죄가 성립된다.

---

1) 사용절도는 불법영득의 의사(소극적 요소로서 배제의사)가 결여되기 때문에 원칙적으로 처벌대상이 아니나, 1995년의 형법개정으로 신설되었다. 법무부, 형법개정법률안 제안이유서, 형사법개정자료 ⅩⅣ, 1992. 10, 174~175면의 입법이유 참조.
2) 김성돈, 331면; 김성천/김형준, 356면; 김일수/서보학, 313면; 백형구, 148면; 오영근, 258면; 임웅, 358면; 정성근/정준섭, 200면 등.
3) 박상기/전지연, 612면; 배종대, 284면; 이재상 외, 292면; 이정원, 346면 등.

2. 구성요건

(1) 객관적 구성요건

1) 객 체

본죄의 행위객체는 자동차, 선박, 항공기 또는 원동기장치자전거이다. 자동차란 철길 또는 가설된 선에 의하지 아니하고 원동기를 사용하여 운전되는 차이다. 수상교통기관인 선박과 공중교통기관인 항공기는 그 종류와 대소를 불문한다. 원동기장치자전거란 자동차관리법 제3조의 규정에 의한 이륜자동차 중 배기량 125cc 이하의 이륜자동차와 50cc 미만의 원동기를 단 차를 말하는 것이나(도로교통법 제2조 제19호) 이들을 3륜 기타 다른 모양으로 변형시킨 것도 포함한다고 보아야 할 것이다.

2) 행 위

본죄의 행위는 권리자의 동의 없이 자동차 등을 일시 사용하는 것이다.

① 권리자

권리자란 행위 당시에 사용할 권리를 가진 자를 의미하며 반드시 소유자에 국한되지 않고 자동차 등을 임차하여 사용하고 있는 자도 포함한다. 권리자를 소유자로 국한하는 견해[1]도 있으나 소유자 아닌 사용권자의 동의를 얻어 자동차 등을 일시 운행한 경우도 본죄에 해당한다고 보게 되어 타당하지 않다.

② 권리자의 동의

권리자의 동의 없이 사용한 경우여야 한다. 동의는 구성요건해당성을 배제하는 양해에 해당하며, 동의는 행위전이나 행위가 개시될 때에 있어야 한다.

③ 일시 사용

사용이란 자동차 등을 그 용법에 따라 운행하는 것을 의미한다. 따라서 자동차 안에 들어가 낮잠을 자거나 라디오를 듣거나 물건을 숨겨 놓는 경우는 사용으로 볼 수 없고[2] 운행할 의사로 시동을 걸었으나 이에 그친 경우는 미수범이 된다.

사용은 일시적인 것이라야 한다. 일시적이란 단지 권리자의 사용권을 방해했다고 평가할 수 있는 정도의 시간적 간격을 의미하며[3] 구체적 정황을 종합적으

---

1) 이재상 외, 293면.
2) 김성돈, 332면; 김일수/서보학, 314면; 김혜정 외, 276면; 배종대, 284면; 백형구, 149면; 신동운, 902면; 이재상 외, 293면; 임웅, 359면; 정성근/정준섭, 201면; 진계호, 318면 등.
3) 김일수/서보학, 314면.

로 고려하여 사회통념에 따라 판단해야 할 것이다. 판례는 일시사용의 목적으로 타인의 점유를 침탈한 경우에도 이를 반환할 의사 없이 상당한 장시간 점유하고 있거나 본래의 장소와 다른 곳에 유기하는 경우에는 이를 일시 사용하는 경우로 보지 않는다.[1)]

권리자의 동의 없이 일시사용 하여야 하므로, 사용개시의 시점에서 동의가 있거나 정당한 사용권한이 있었다면, 그 이후 권한 범위를 넘어서 계속 사용하였더라도 본죄에 해당하지 않는다. 예컨대, 동의를 얻어 사용하다가 사용기간을 도과한 경우, 렌트카의 사용기한을 넘겨서 반환한 경우 등은 본죄가 성립하지 않는다.

④ 실행착수시기와 기수시기

본죄의 실행착수시기는 사용할 의사로 자동차 등에 승차, 승선, 탑승하는 시점이다. 본죄는 계속범[2)]이므로 기수가 되기 위해서도 어느 정도 시간적 계속이 요구된다. 따라서 기수시기는 자동차 등의 사용이 권리자의 사용을 방해할 정도에 이르렀을 때이며[3)] 그 이후 자동차 등을 반환할 때까지 본죄는 계속된다.

(2) 주관적 구성요건

본죄는 미필적 고의로서도 족하다. 다만, 불법영득의 의사는 없어야 한다.

3. 위 법 성

위급한 환자의 생명을 구하기 위하여 부득이 타인의 자동차를 권리자의 동의 없이 일시 사용한 경우는 긴급피난으로서 위법성을 조각한다.

4. 죄   수

타인의 자동차 등을 일시 사용할 의사로 운행을 시작한 자가 이를 영득하는 경우에는 절도죄만 성립한다. 일시 사용 중 차량을 과실로 손괴한 후 반환한 경우는 본죄만 성립하지만 고의적으로 손괴한 경우는 본죄와 손괴죄의 경합범이

---

1) 대판 2002. 9. 6, 2002도3465.
2) 백형구, 149면; 이영란, 294면; 이재상 외, 293면; 임웅, 359면 등. 반면 김성천/김형준, 357면은 본죄가 계속범이 아니라고 본다.
3) 반면 본죄를 계속범으로 보면서도 시동을 걸 때 기수가 된다고 보는 견해로는 김성돈, 333면; 정성근/정준섭, 201면.

된다.

V. 상습절도죄

> *상습으로 제329조 내지 제331조의2의 죄를 범한 자는 그 죄에 정한 형의 2분의 1까지 가중한다(제332조).
> *본죄의 미수범은 처벌한다(제342조).
> *친족상도례(제344조) 및 동력간주규정(제346조) 적용.

1. 의   의

본죄는 상습으로 절도죄(제329조), 야간주거침입절도죄(제330조), 특수절도죄(제331조), 자동차등불법사용죄(제331조의2)를 범함으로써 성립된다. 본죄는 상습성이라는 신분 때문에 형이 가중되는 책임가중적 구성요건이다.

2. 구성요건

본죄의 특수한 요건은 상습성이다. 상습성이란 같은 종류의 행위를 반복하여 행하는 행위자의 습벽을 말한다. 습벽이 없는 한 비록 여러 차례 같은 행위를 반복했다고 할지라도 상습성이 인정될 수 없다. 반면에 습벽이 있는 한 1회의 범행이라 할지라도 상습성이 인정된다. 그러나 대체로 범죄의 경력이 상습성을 판단하는 기초가 된다.[1]

3. 죄   수

형법 제332조에 규정된 상습절도죄를 범한 범인이 범행의 수단으로 주간에 주거침입을 한 경우 주간 주거침입행위는 상습절도죄와 별개로 주거침입죄를 구성한다. 또 형법 제332조에 규정된 상습절도죄를 범한 범인이 그 범행 외에 상습적인 절도의 목적으로 주간에 주거침입을 하였다가 절도에 이르지 아니하고 주거침입에 그친 경우에도 주간 주거침입행위는 상습절도죄와 별개로 주거침입죄를 구성한다.[2] 반면 특가법 제5조의4 제6항의 상습절도 등 죄를 범한 자

---

[1] 대판 1982. 10. 12, 82도2010; 대판 1966. 2. 22, 66도3 등.
[2] 대판 2015. 10. 15, 2015도8169; 대판 2015. 10. 15, 2015도9049; 대판 2008. 11. 27, 2008도7820.

가 그 범행의 수단으로 주거침입을 한 경우에 주거침입행위는 상습절도 등 죄에 흡수되어 상습절도 1죄만이 성립하고 별개로 주거침입죄를 구성하지 않으며, 위의 상습절도범이 그 범행 외에 상습절도의 목적으로 주거침입을 하였다가 주거침입에만 그친 경우에도 그것이 절도상습성의 발현이라고 보이는 이상 주거침입행위는 다른 상습절도 등 죄에 흡수되어 위 조문에 규정된 상습절도 등 죄의 1죄만을 구성하고 주거침입죄가 성립하지 않는다.[1)

판례가 이와 같이 특가법상 상습절도죄 및 형법상 상습절도죄와 주거침입죄의 관계를 달리 해석함은 타당하지 않다. 오히려 특가법이든 형법이든 형법 제330조 및 제331조의 상습절도에 해당하면 별도로 주거침입죄가 성립하지 않지만 단순절도죄의 상습절도의 경우에는 주거침입죄가 별도로 성립하고 실체적 경합관계가 된다고 봄이 타당할 것이다.

제 3 절 강도의 죄

§1. 서   설

Ⅰ. 의의 및 보호법익

1. 의   의

강도죄는 상대방의 의사를 억압할 만한 폭행 또는 협박을 수단으로 하여 재물을 강취하거나 기타 재산상의 이익을 취득하거나 제3자로 하여금 취득하게 함으로써 성립하는 범죄이다. 재물죄이자 이득죄이고 영득죄·탈취죄에 해당하며 재산죄적 성격뿐만 아니라 인격에도 침해를 가하는 범죄로서의 특성도 지닌다.

본죄는 타인이 점유하는 재물을 그 의사에 반하여 탈취함으로써 그 소유권을 침해한다는 점에서 절도의 죄와 공통점을 가지나, 재물 이외에도 재산상의 이익을 그 객체로 하고 폭행 또는 협박을 행위수단으로 하며 친족상도례의 적용이

---

1) 대판 2017. 7. 11, 2017도4044; 대판 2012. 9. 27, 2012도9386; 대판 1984. 12. 26, 84도1573 전원합의체 판결.

없다는 점에서 구분된다. 또한 본죄는 재물과 재산상의 이익을 객체로 하고 폭행 또는 협박을 행위수단으로 한다는 점에서 공갈죄와 공통되나 본죄의 폭행·협박이 상대방의 의사를 억압할 수 있는 정도라야 하지만 갈취수단인 폭행·협박은 상대방이 공포심을 갖게 할 정도면 충분하고 갈취에 있어서는 강취의 경우와 달리 상대방의 하자있는 의사에 기하여 재물의 교부 또는 재산상의 이익을 처분하는 행위가 이루어진다는 점, 그리고 공갈죄에는 친족상도례가 적용되나 강도의 죄에는 적용되지 않는다는 점에서 양자는 구분된다.

2. 보호법익

강도죄의 객체는 재물 및 재산상의 이익이므로, 보호법익은 재산권이다. 또한 그 수단으로서 협박 또는 폭행을 수반하므로 의사결정의 자유권 및 신체활동의 자유, 그리고 생명 또는 신체의 완전성 등 인격적 법익도 부차적 보호법익으로 한다. 보호의 정도는 침해범이다.

II. 현행법상의 체계

기본적 구성요건: 강도죄(제333조)	수정적 구성요건	불법	가중적	특수강도죄(제334조) 해상강도죄(제340조)[1]
			결합범	강도강간죄(제339조) 강도상해죄(제337조 전단) 강도살인죄(제338조 전단)
			결과적 가중범	강도치상죄(제337조 후단) 강도치사죄(제338조 후단)
		책임	가중적	상습강도죄(제341조)
	독립적 구성요건	준강도죄(제335조) 인질강도죄(제336조)[2]		

---

1) 해상강도죄(제340조)는 불법가중적 구성요건이고, 해상강도상해죄(동조 제2항) 및 해상강도살인죄(동조 제3항) 및 해상강도강간죄(동조 제3항)는 그에 대한 결합범이며, 해상강도치상죄(동조 제2항) 및 해상강도치사죄(동조 제3항)은 그에 대한 진정결과적 가중범이다.

2) 김성돈, 341면; 김성천/김형준, 360면; 김혜정 외, 282면; 임웅, 364면. 반면 이재상 외, 315면은 체포·감금·약취·유인죄와 공갈죄의 결합범으로 본다.

강도죄(제333조)를 기본적 구성요건으로 하면서, 불법가중적 구성요건 및 결합범과 결과적 가중범을 각각 두고 있다. 특히 준강도죄는 절도범의 폭행·협박을 강도죄와 동일한 형으로 처벌한다는 점에서, 인질강도죄는 폭행·협박 없이 재물 또는 재산상의 이익을 취득한다는 점에서 독립적 구성요건이다.

§2. 유형별 고찰

Ⅰ. 강 도 죄

> *폭행 또는 협박으로 재산을 강취하거나 기타 재산상의 이익을 취득하거나 제3자로 하여금 이를 취득하게 한 자는 3년 이상의 징역에 처한다(제333조).
> *본죄의 미수범은 처벌한다(제342조).
> *동력간주규정(제346조)만 적용.

1. 의   의

본죄는 강도의 죄의 기본유형이다. 절도와 폭행·협박의 결합범이며 침해범이자 상태범이다.

2. 구성요건

(1) 객관적 구성요건

1) 객 체

타인의 재물 또는 재산상의 이익이다. 재물과 재산상 이익의 개념은 앞서 설명한 것과 동일하다. 따라서 자기의 소유물은 타인이 점유하는 경우에도 점유강취죄의 객체가 되고, 공무소의 명령에 의하여 타인이 관리하는 자기의 물건은 공무상 보관물무효죄(제142조)가 된다. 부동산도 본죄의 객체로 되지만 재물로서가 아니라 재산상의 이익이라는 관점에서 이해하여야 할 것이다.[1]

---

1) 김성돈, 342면; 김일수/서보학, 318면; 김혜정 외, 284면; 배종대, 292면; 백형구, 151면, 이정원, 355면 등. 반면 박상기/전지연, 617면은 부동산은 재물로도 재산상의 이익으로도 강도죄의 객체가 될 수 없다고 본다.

2) 행 위

본죄의 행위는 폭행·협박으로 타인의 재물을 강취하거나 재산상의 이익을 취득하거나 제3자로 하여금 취득하게 하는 것이다.

① 폭행·협박

폭행이란 타인에 대한 일체의 유형력의 행사를 말하는데 살상행위처럼 폭력을 사용하는 경우는 물론 마취제나 수면제를 복용시키는 경우처럼 폭력에 의하지 않더라도 폭행이 될 수 있다(이른바 혼취강도의 경우).[1] 폭력적 방법에 있어서는 절대적 폭력이든 심리적(강제적) 폭력이든 상관없다. 폭행은 사람에 대하여 행사되어야 하고 최소한도 피해자의 신체에 대하여 간접적으로 작용해야 한다. 그러므로 사람에게 직접적으로 유형력을 행사한 경우는 물론 피해자가 타고 가는 자동차를 전복시키는 경우처럼 직접적으로 물건에 대하여 유형력을 행사하였을지라도 간접적으로 사람에 대한 유형력행사라고 볼 수 있는 한 본죄의 폭행에 해당한다.[2] 그러나 유형력의 행사가 단지 절취의 수단에 불과했던 경우, 예컨대 사람과 일부러 충돌하거나 사람을 밀어서 재물을 탈취하는 행위는 강도죄가 아닌 절도와 폭행의 경합범이 된다고 보아야 할 것이다.

협박이란 해악을 고지하여 상대방에게 공포심을 갖게 하는 것으로서 해악의 내용에는 제한이 없으며 행위자에게 현실적으로 해악을 가할 의사가 있는가, 해악이 실현될 가능성이 있는가 여부는 불문한다.

② 폭행·협박의 정도

본죄에 있어서 폭행·협박은 상대방의 반항을 억압할 정도에 이르러야 한다(최협의의 폭행·협박). 공갈죄에 있어서의 갈취도 폭행·협박을 그 수단으로 한다. 그러나 그 정도는 하자있는 의사에 의하여 재물을 교부하거나 재산상의 이익을 제공할 정도면 족하고 상대방의 반항을 억압할 정도가 아니어야 한다는 점에서 강도죄와 구별된다. 상대방의 반항이 불가능할 정도에 이르렀으면 재물을 교부하거나 재산상의 이익을 제공하는 외형을 갖추었어도 강도죄가 성립한다. 반항의 억압이란 상대방의 현실적 또는 예상되는 반항을 불가능하게 할 정도의 신체적·정신적 강제라고 할 수 있다. 그러므로 이러한 상태에 이르게 한 때에

---

1) 대판 1979. 9. 25, 79도1735. 신경안정제 40알을 복용케 하여 졸음에 빠진 경우도 본죄의 폭행에 해당한다.
2) 김성돈, 343면; 배종대, 294면; 이재상 외, 301면; 정성근/정준섭, 206면.

는 수면 중에 있는 사람이나 의식이 없는 사람 또는 술에 취해 있는 사람도 피해자로 될 수 있다.[1]

폭행 또는 협박이 피해자의 반항을 억압할 정도에 이르렀는가를 판단하는 기준에 관하여서는 i) 피해자(또는 행위자)의 주관에 따라 결정해야 한다는 주관설과 ii) 피해자의 입장, 행위정황 등 구체적 사정을 종합적으로 검토하여 객관적으로 판단해야 한다는 객관설[2]이 거론되고 있는데 객관설이 타당하다. 판례도 이와 같다.[3]

폭행·협박의 상대방은 반드시 재물 또는 재산상의 이익의 피해자일 필요는 없고 재물의 강취나 재산상의 이익취득이라는 목적수행에 장애가 되는 제3자라도 무방하다. 그리고 상대방이 반드시 재물 또는 재산상의 이익에 대한 정당한 권리자이거나 이를 보호할 입장에 있는 자일 필요도 없다.

③ 재물의 강취

재물의 강취란 폭행·협박에 의하여 피해자의 의사에 반하여 재물을 자기 또는 제3자의 지배하에 옮기는 것을 의미한다. 강취는 탈취에 국한되지 않고 반항이 억압된 피해자가 교부하는 재물을 수령하는 경우에도 인정된다. 또한 피해자의 반항이 억압되어 있는 사이에 피해자 몰래 재물을 취득하거나 반항이 억압된 피해자가 도망친 후 따로 그 곳에 남겨둔 물건을 취거하는 것도 해당한다.

폭행·협박이 재물취득의 수단으로 사용되었을 때 즉 양자가 수단과 목적의 관계에 있을 때 강취가 인정되며 폭행·협박은 취거행위의 기수 전에 행하여져야 한다. 재물의 취거가 기수에 이른 후에 폭행·협박을 하면 준강도죄가 성립될 수 있을 뿐이다. 또한 폭행·협박과 재물의 취거 사이에 인과관계가 있어야 한다. 강도의 고의로 상대방의 반항을 억압할 정도의 폭행·협박을 하였으나 상대방이 공포심을 느끼지 않고 재물을 교부하는 경우는 강도미수로 이해된다.

공포심은 느꼈으나 반항이 억압되지 아니한 상태에서 재물을 교부한 경우에는 강도미수로 된다는 견해[4]와 강도미수와 공갈의 상상적 경합죄로 된다는 견

---

1) 김성돈, 343면; 김일수/서보학, 322면; 이재상 외, 297면; 정성근/정준섭, 323면 등.
2) 김일수/서보학, 322면; 김종원(상), 197면; 배종대, 295면; 백형구, 155면; 이재상 외, 303면; 이정원, 360면; 임웅, 365면; 정성근/정준섭, 207면; 정영일, 162면; 진계호, 326면 등.
3) 대판 2001. 3. 23. 2001도359; 대판 1993. 3. 9. 92도2884; 대판 1976. 8. 24. 76도1932; 대판 1956. 5. 8. 4289형상99 등.
4) 강구진 I, 297면; 김성천/김형준, 365면; 김일수/서보학, 325면; 배종대, 296면; 오영근, 268면;

해[1])의 대립이 있으나 강도미수에 공갈이 포함된다는 관점에서 강도미수로 된다고 보는 다수설이 타당하다.[2]) 비록 강도의 고의가 있었다고 할지라도 폭행·협박의 정도가 객관적으로 볼 때 공갈의 정도에 불과하면 공갈죄만 성립된다.[3])

④ **재산상 이익의 취득**

이는 반항이 억압될 수 있는 정도의 폭행·협박에 의하여 재산상의 이익을 취득하거나 제3자로 하여금 이를 취득하게 함을 말한다.

폭행·협박과 재산상 이익의 취득은 수단과 목적의 관계에 있어야 한다. 재산상의 이익을 취득함에 있어서 피해자의 의사표시가 있어야 하는가에 관해서는 적극설과 소극설의 대립이 있다. 적극설은 재물의 강취가 점유의 이전에 의하여 이루어지는 것처럼 재산상의 이익취득도 그 이전을 드러내는 외부적 사정이 있어야 한다고 보지만 강도죄에 있어서는 폭행·협박이 상대방의 반항을 억압할 정도라야 하고 피해자의 의사에 반하는 처분행위가 있다고 하더라도 이를 법률상의 처분행위로 인정할 수 없으므로 소극설이 타당하며,[4]) 판례[5])의 입장이다. 또한 폭행·협박과 이익취득 사이에도 인과관계가 있어야 한다.

⑤ **실행의 착수시기와 기수시기**

강도의 의사로 상대방의 반항을 억압할 정도의 폭행·협박을 개시하는 시점에 실행의 착수가 있다.

폭행·협박의 종료만으로는 기수가 될 수 없고 기수시기는 재물 또는 재산상의 이익을 취득한 때이다. 기수로 된 후 장물을 처분하는 행위는 불가벌적 사후행위이다.

이재상 외, 305면; 정성근/정준섭, 208면; 진계호, 327면 등.
1) 백형구, 156면; 유기천(상), 222면; 이정원, 362면 등.
2) 이재상 외, 305면.
3) 김성돈, 345면; 김일수/서보학, 325면; 백형구, 156면; 이재상 외, 305면; 임웅, 366면; 정성근/정준섭, 208면 등. 판례의 입장도 이와 같다(대판 2001. 3. 23, 2001도359; 대판 1960. 2. 29, 4292형상997).
4) 강구진Ⅰ, 301면; 김성돈, 346면; 김성천/김형준, 367면; 김일수/서보학, 326면; 김혜정 외, 288면; 배종대, 297면; 백형구, 156면; 서일교, 152면; 오영근, 268면; 이재상 외, 306면; 이정원, 360면; 임웅, 367면; 정성근/정준섭, 208면; 정영일, 163면 등.
5) 대판 1964. 9. 8, 64도310. "형법 제333조 소정의 재산상의 이득행위는 같은 규정의 재물강취와 마찬가지로 반드시 상대방의 의사에 의한 처분행위를 필요로 하지 않는다."

(2) 주관적 구성요건

본죄는 미필적 고의로 족하다. 고의 이외에도 재물의 강취에는 불법영득의
의사가 있어야 하고 재산상의 이익취득에는 불법이득의 의사가 있어야 한다. 권
리자가 권리실현을 위해서 강취한 경우 예컨대, 잠시 빌려간 물건을 돌려주지
않자 폭행 또는 협박으로 빼앗은 경우에는 절도죄와 마찬가지로 영득의 불법설
과 강취행위의 불법설이 대립될 수 있다. 앞서 살펴본 바와 같이 영득의 불법설
을 취하게 되면 빼앗은 행위는 범죄가 될 수 없으나, 그 수단이 된 폭행죄 또는
협박죄에 해당하게 된다.[1]

3. 공   범

범죄현장에서 행위를 공동으로 하는 자는 합동범으로서 특수강도죄의 정범
이 된다. 이밖에 기능적 행위지배를 했다고 볼 수 있는 자는 모두 본죄의 공동
정범이 된다. 절도를 결의하고 있는 자에게 강도를 교사하면 강도교사죄가 성립
한다는 견해[2]가 있으나, 이미 탈취의 범의가 있는 자이므로 절도방조와 폭행·
협박교사의 상상적 경합이 된다.

4. 죄   수

강도죄는 절도·폭행·협박 등과 법조경합관계에 있으므로 강도죄에 흡수된
다(특별관계). 하나의 행위로 수인을 폭행·협박하여 재물을 강취하면 상상적
경합이 되지만 수인의 피해자에게 각각 폭행·협박하여 수인으로부터 각각 재
물을 강취한 경우에는 피해자의 수에 따른 수개의 강도죄의 실체적 경합이 된
다.[3] 그러나 하나의 행위로 동일인이 관리하고 있는 수인의 재물을 강취한 경우
에는 단순일죄가 된다. 그러나 동일한 장소에서 동일한 방법으로 시간적으로 접
착된 상황에서 수인에게 폭행 또는 협박을 하여 수인의 재물을 강취하였다면 강
취행위가 법률상 1개로 평가되므로 상상적 경합이 된다.[4] 동일한 기회에 재물
강취와 동시에 재산상의 이익까지 취득한 때에는 포괄하여 하나의 강도죄만 성

---

1) 다만, 김성돈, 349면과 같이 강취의 불법설을 취한다면 강도죄가 성립할 것이다.
2) 김일수/서보학, 328면; 백형구, 157면; 이재상 외, 308면; 진계호, 329면 등.
3) 대판 1991. 6. 25, 91도643.
4) 대판 1979. 10. 10, 79도2093.

립하며 동일인에게서 동일한 기회에 재물을 절취한 후 계속하여 강취한 경우에도 하나의 강도죄만 성립한다.

II. 특수강도죄

> *야간에 사람의 주거, 관리하는 건조물, 선박이나 항공기 또는 점유하는 방실에 침입하여 제333조의 죄(강도죄)를 범한 자는 무기 또는 5년 이상의 징역에 처한다(제334조 제1항).
> *흉기를 휴대하거나 2인 이상이 합동하여 전조의 죄를 범한 자도 전항의 형과 같다(제334조 제2항).
> *본죄의 미수범은 처벌한다(제342조).
> *동력간주규정(제346조)만 적용.

1. 의   의

본죄는 야간주거침입강도죄와 흉기휴대강도, 합동강도를 포함한다. 단순강도죄에 대하여 그 행위수단으로 인한 불법가중적 구성요건이다.

2. 구성요건

제1항의 특수강도는 단순강도죄와 주거침입죄의 결합범으로 야간의 의미는 야간주거침입절도죄와 동일하다. 다만 실행의 착수시기에 관하여는 주거침입시설[1]이 있으나, 강도죄의 본질에 비추어 폭행 또는 협박을 개시한 때로 보아야 한다.[2]

제2항의 특수강도는 흉기휴대강도와 합동강도를 포함하며, 그 의미는 특수절도와 동일하다. 다만 합동강도의 경우 폭행·협박의 실행에 착수에 이르기 전에 이탈한 자는 합동강도가 아니다.

---

1) 김성천/김형준, 371면; 신동운, 921면; 이정원, 376면; 정영일, 165면; 대판 1992. 7. 28, 92도917.
2) 김성돈, 351면; 김일수/서보학, 330면; 김혜정, 293면; 박상기/전지연, 621면; 배종대, 300면; 백형구, 157면; 이재상 외, 316면; 임웅, 372면; 정성근/정준섭, 211면; 대판 1991. 11. 22, 91도2296 등.

Ⅲ. 준강도죄

> *절도가 재물의 탈환에 항거하거나 체포를 면탈하거나 범죄의 흔적을 인멸할 목적으로 폭행 또는 협박을 가한 때에는 제333조(강도죄) 및 제334조(특수강도죄)의 예에 의한다(제335조).
> *본죄의 미수범은 처벌한다(제342조).
> *동력간주규정(제346조)만 적용.

1. 의   의

준강도죄는 사후강도죄라고도 부른다. 본죄는 절도와 폭행·협박이 결합되어 있고 그 불법성도 강도죄와 유사하지만, 강도죄에 있어서는 재물강취를 위한 폭행·협박이 재물탈환에 선행하나 준강도죄에 있어서는 절취행위가 있은 후에 일정한 목적을 위한 폭행·협박이 행해진다는 점에서 양자는 구분된다. 본죄를 절도죄의 가중유형으로 보는 견해,[1] 강도죄의 특수형태로 보는 견해[2] 등이 있으나, 준강도죄는 독립적인 범죄로 이해해야 할 것이다.[3]

본죄의 주체가 절도임을 이유로 신분범으로 보는 견해[4]가 있다. 그러나 본죄는 실질적으로는 절도와 폭행 또는 협박의 결합범의 형태이기 때문에 절도는 행위관련적 요소라고 보아야 한다. 또한 절도범이 사회생활상의 지위도 아니므로, 신분범이라고 할 수 없다.[5]

---

1) 강구진Ⅰ, 303면.
2) 김종원(상), 201면.
3) 권오걸, 459면; 김성돈, 352면; 김일수/서보학, 330면; 김종원(상), 201면; 배종대, 309면; 이영란, 308면; 이재상 외, 310면; 정성근/정준섭, 212면; 진계호, 340면 등.
4) 김성천/김형준, 372면; 김일수/서보학, 330면; 박상기/전지연, 622면.
5) 권오걸, 461면; 김성돈, 352면; 백형구, 159면; 오영근, 273면; 임웅, 373면; 정성근/정준섭, 213면; 정영일, 166면.

2. 구성요건

(1) 객관적 구성요건

1) 행위주체

① 절도의 기수·미수 포함 여부

본죄의 주체는 절도범이다. 절도에는 단순절도, 야간주거침입절도, 특수절도가 모두 포함된다. 주체가 절도의 기수범인지, 기수·미수를 불문하는지는 견해의 대립이 있다. 판례[1]는 절도에 기수는 물론 미수도 포함된다고 본다. 본죄는 재물의 탈환을 항거하기 위한 경우뿐만 아니라 체포를 면탈하거나 죄적을 인멸할 목적으로 폭행 또는 협박을 가한 경우까지 준강도로 규정하고 있으므로 본죄의 주체를 절도의 기수범으로 한정하는 것은 타당하지 않다. 따라서 재물탈환의 항거를 위한 경우는 성격상 절도의 기수범으로 국한되지만 그 외에는 절도의 기수·미수를 불문한다. 다만, 예비의 단계인 경우 절도죄는 예비죄를 처벌하지 않으므로 본죄의 주체가 될 수 없다.

또한 주간에 절도의 의사로 주거에 침입했다가 발각되어 주인에게 폭행을 한 경우에는 아직 절도죄의 실행에 착수했다고 볼 수 없기 때문에 주거침입죄와 폭행죄의 실체적 경합범으로 되지만 야간일 경우에는 침입시에 이미 야간주거침입절도죄의 실행의 착수가 인정되므로 본죄가 성립된다.[2]

> **판례**
>
> 준강도의 주체는 절도 즉 절도범인으로, 절도의 실행에 착수한 이상 미수이거나 기수이거나 불문하고, 야간에 타인의 재물을 절취할 목적으로 사람의 주거에 침입한 경우에는 주거에 침입한 단계에서 이미 형법 제330조에서 규정한 야간주거침입절도죄라는 범죄행위의 실행에 착수한 것이라고 보아야 한다.[3]

② 공범 포함 여부

공동정범이나 합동범은 당연히 본죄의 주체가 되나, 간접정범은 포함되지 않

---

1) 대판 1990. 3. 24, 81도409; 대판 1968. 9. 6, 68도1014; 대판 1964. 11. 20, 64도504; 대판 1964. 9. 30, 64도352 등.
2) 백형구, 160면; 이재상 외, 305면; 정성근/정준섭, 332면 등.
3) 대판 2003. 10. 24, 2003도4417.

는다. 또한 절도의 정범이 아닌 교사범이나 종범은 본죄의 주체가 될 수 없다. 따라서 종범이 체포를 면탈할 목적 등으로 폭행·협박을 하게 되면, 그 역시 절도범의 도주(실행)를 도와주는 행위로서 절도죄의 사후종범이 되거나 경우에 따라서는 폭행·협박시점부터 준강도죄의 공동정범이 되어 절도죄의 종범이 이에 흡수될 수 있다.

③ 강도 포함 여부

본죄의 주체에 강도가 포함되는지 여부도 문제된다. 긍정설[1]은 강도는 절도의 구성요건을 강도 그 자체에 포함하고 있기 때문이라고 본다. 예컨대, 단순강도가 체포를 면탈할 목적으로 피해자의 부엌에 있는 칼을 집어 들고 협박을 한 경우에는 준강도로서 특수강도죄의 예에 따라 처벌된다고 본다. 반면 부정설[2]은 강도에게 준강도를 인정하면 강도죄와 준강도죄의 실체적 경합이 되어 과잉처벌이 된다고 본다. 따라서 강도가 제335조의 목적으로 폭행·협박을 한 경우에는 강도죄와 폭행죄 또는 협박죄의 실체적 경합이 된다고 본다. 생각건대 폭행 또는 협박으로 탈취를 하는 자가 강도의 기회에 제335조의 목적으로 폭행·협박을 지속하였다면 준강도가 아닌 강도로 봄이 타당할 것이다. 만일 시간적으로 강도가 기수에 이른 후에 제335조의 목적으로 폭행·협박을 한 경우, 이미 강도 기수 이후라는 점에서 준강도를 인정하게 된다면 강도의 준강도가 되어 강도와 동일하게 평가되므로 기수 이후의 폭행·협박에 대한 법적 평가가 없는 결과를 초래하게 되고, 반대로 강도죄와는 별도의 준강도를 인정하게 되면 강도죄와 준강도죄의 실체적 경합이 되므로 강도라는 행위가 강도죄와 준강도죄 성립에 있어서 이중평가되는 결과를 초래한다. 따라서 강도죄를 본죄의 주체로 할 이유나 실익이 없다.

판 례 //////////////////////

절도범인이 체포를 면탈할 목적으로 경찰관에게 폭행 협박을 가한 때에는 준강도죄와 공무집행방해죄를 구성하고 양죄는 상상적 경합관계에 있으나, 강도범인이

---

1) 권오걸, 464면; 김성천/김형준, 373면; 배종대, 309면; 이재상, 310면; 이정원, 367면; 조준현, 253면.
2) 김성돈, 353면; 김일수/서보학, 330면; 박상기/전지연, 623면; 임웅, 374면; 정성근/정준섭, 213면; 정웅석, 1107면; 정영일, 167면; 진계호, 341면.

체포를 면탈할 목적으로 경찰관에게 폭행을 가한 때에는 강도죄와 공무집행방해죄는 실체적 경합관계에 있다.[1] 즉, 강도가 폭행·협박을 한 행위를 준강도가 아닌, 강도기수 이후의 별도의 공무집행방해죄의 수단으로 보고 이를 실체적 경합이라고 하였다는 점에서 판례는 준강도죄의 주체에 강도를 포함하지 않는 것으로 해석하여야 할 것이다. 또한 피고인이 술집 운영자 갑으로부터 술값의 지급을 요구받자 갑을 유인·폭행하고 도주함으로써 술값의 지급을 면하여 재산상 이익을 취득하고 상해를 가하였다고 하여 강도상해로 기소되었는데, 원심이 위 공소사실을 '피고인이 갑에게 지급해야 할 술값의 지급을 면하여 재산상 이익을 취득하고 갑을 폭행하였다'는 범죄사실로 인정하여 준강도죄를 적용한 사안에서, 원심이 인정한 범죄사실에는 그 자체로 절도의 실행에 착수하였다는 내용이 포함되어 있지 않음에도 준강도죄를 적용하였으므로 준강도죄 주체에 관한 법리가 잘못되었다고 판시하였다.[2] 이는 사실관계로 보아 채무면제라는 재산상 이익을 목적으로 한 폭행이므로 준강도의 주체인 절도에 해당하지 않는다고 함으로써, 준강도죄의 주체를 절도로 한정한 것으로 이해할 수 있다.

2) 행 위

본죄의 행위는 폭행 또는 협박을 가하는 것이다.

① 폭행·협박의 정도

강도죄의 경우와 마찬가지로 상대방의 반항을 억압할 정도에 이르러야 한다. 폭행·협박이 이러한 정도에 이르렀는가는 제반 정황을 종합적으로 고려하여 객관적으로 판단해야 한다. 객관적으로 상대방의 반항을 억압할 정도라고 판단되면 족하고 반드시 현실적으로 반항을 억압하였을 것을 요하지 않는다는 것이 판례의 태도이다.[3] 절도범이 행한 폭행·협박이 객관적으로 보아 반항을 억압할 만한 정도에 이르지 않는 경우에는 본죄의 미수가 되는 것이 아니라 절도죄(경우에 따라 절도미수죄)와 폭행죄 또는 협박죄의 경합범이 된다. 절도가 체포를 면하려고 단지 잡은 손을 뿌리치는 정도는 본죄의 폭행에 해당한다고 볼 수 없다.[4]

---

1) 대판 1992. 7. 28, 92도917.
2) 대판 2014. 5. 16, 2014도2521.
3) 대판 1981. 3. 24, 81도409.
4) 대판 1985. 5. 14, 85도619.

② 행위정황

폭행·협박은 절도의 기회에 행해질 것을 요한다. 절도의 기회에 대하여는
이를 실행의 착수 후 기수직후까지로 보는 견해,[1] 종료전까지라고 보는 견해,[2]
종료직후 또는 완료하기까지라고 보는 견해[3]가 있다. 판례는 절도행위의 기회
계속중이라고 볼 수 있는 그 실행중 또는 실행직후에 체포를 면탈할 목적으로
폭행을 가한 때에는 준강도죄가 성립된다[4]고 보아 종료직후라고 본다.

형법 제335조에는 비록 구체적 규정은 없지만 해석상 절도의 실행행위 개시
후 종료직후까지라고 보아야 할 것이다. 상대방의 입장에서 종료직후까지 정당
방위가 성립할 수 있을 뿐만 아니라, 증거인멸의 목적은 종료직후에도 가능할
수 있다. 장소적으로는 절도의 현장 또는 직접 그 인근이라는 장소적 근접성[5]이
요구된다.

③ 상대방

폭행·협박의 대상은 재물의 소유자나 점유자에 국한하지 않고 목적달성에
장애가 되는 한 누구든지 그 대상으로 될 수 있다.

판 례

1. 폭행의 정도에 있어서 준강도를 인정하지 않은 경우

날치기 수법에 의한 절도범이 점유탈취의 과정에서 우연히 피해자를 넘어지게
하거나 부상케 하는 경우(대판 2003. 7. 25, 2003도2316. 반면 날치기 수법으로 피해자가
들고 있던 가방을 탈취하면서 가방을 놓지 않고 버티는 피해자를 5m 가량 끌고 감으로써 피
해자의 무릎 등에 상해를 입힌 경우(2007. 12. 13, 2007도7601)에는 판례는 강도로 보아 강
도치상죄를 인정), 피해자가 체포에 필요한 정도를 넘어서서 발로 차며 중상을 입힐
정도로 심한 폭력을 가해오자 피고인이 이를 피하기 위하여 엉겁결에 솥뚜껑을

---

1) 이재상 외, 312면; 진계호, 342면.
2) 김일수/서보학, 332면; 정영일, 168면.
3) 김성돈, 355면; 박상기/전지연, 624면; 배종대, 310면; 신동운, 925면; 오영근, 275면; 임웅, 376
   면; 정성근/정준섭, 215면.
4) 대판 1987. 10. 26, 87도1662.
5) 판례는 절도현장에서 발각되어 직접 추적을 받는 경우에는 거리가 떨어진 때에도 장소적 근접성
   을 인정한다(대판 1982. 7. 13, 82도1352; 대판 1964. 5. 12, 64도95). 또는 절도의 기회라고 함은
   절도범인과 피해자측이 절도의 현장에 있는 경우와 절도에 잇달아 또는 절도의 시간·장소에 접
   착하여 피해자측이 범인을 체포할 수 있는 상황, 범인이 죄적인멸에 나올 가능성이 높은 상황에
   있는 경우라고 보기도 한다(대판 2001. 10. 23, 2001도4142).

들어 위 폭력을 막아 내려다가 그 솥뚜껑에 스치어 피해자가 상처를 입게 된 경우 (대판 1990. 4. 24, 90도193), 옷을 잡히자 체포를 면하려고 충동적으로 잡은 손을 뿌리친 정도(대판 1985. 5. 14, 85도619)

2. 폭행의 정도에 있어서 준강도를 인정한 경우

피고인이 체포를 면탈하기 위해 추격하여 온 피해자에 손전지로 피해자의 오른손을 구타한 경우(대판 1961. 9. 20, 66도1108), 피해자를 힘껏 떠밀어 콘크리트바닥에 넘어뜨려 상처를 입게 함으로써 추적을 할 수 없게 한 경우(대판 1991. 11. 26, 91도2267)

3. 시간적·장소적으로 준강도를 인정하지 않는 경우

피해자의 집에서 절도범행을 마친지 10분 가량 지나 피해자의 집에서 200m 가량 떨어진 버스정류장이 있는 곳에서 피고인을 절도범인이라고 의심하고 뒤쫓아 온 피해자에게 붙잡혀 피해자의 집으로 돌아왔을 때 비로소 피해자를 폭행한 경우 (대판 1999. 2. 26, 98도3321)

4. 시간적·장소적으로 준강도를 인정한 경우

폭행한 장소가 범행현장에서 200미터 떨어진 곳이라도 발각되어 계속 추격당한 경우(대판 1984. 10. 11, 84도1398), 범행현장에서 2킬로미터 떨어진 곳이어도 계속 추격당한 경우(대판 1982. 7. 13, 82도1352), 절도범인이 일단 체포되었으나 아직 신병확보가 확실하지 않은 단계에서 체포 상태를 면하기 위해 폭행하여 상해를 가한 경우(대판 2001. 10. 23, 2001도4142. 준강도의 강도상해죄 인정)

3) 기수시기와 미수

본죄의 기수와 미수를 어떤 기준으로 판단할 것인가에 관하여서는 절취행위기준설[1]과 폭행·협박기준설,[2] 및 양자 모두 기수일 때에만 기수가 된다는 보는 종합설[3]의 대립이 있다. 절취행위기준설은 강도의 죄는 재산죄라는 점에 그 본질이 있고 폭행·협박을 기준으로 할 경우 재물을 탈취하지 못한 자도 본죄의 기수범으로서 강도죄의 기수범과 동일하게 처벌하는 결과가 되어 부당하다는 것을 그 논거로 내세운다. 한편 폭행·협박기준설은 준강도죄는 강도죄와는 다

---

1) 김성돈, 356면; 김성천/김형준, 377면; 김일수/서보학, 334면; 김종원(상), 202면; 김혜정 외, 296면; 신동운, 935면; 이재상 외, 313면; 정성근/정준섭, 216면; 정영석, 341면; 황산덕, 290면.
2) 강구진Ⅰ, 308면; 배종대, 312면; 유기천(상), 228면.
3) 박상기/전지연, 627면; 손동권/김재윤, 342면; 오영근, 276면; 이영란, 312면; 이정원, 346면; 임웅, 378면; 정영일, 170면.

른 별개의 범죄이고 준강도죄의 구성요건 행위는 폭행 또는 협박이라는 점을 근거로 한다. 종합설은 강도죄가 폭행·협박이 있고 그와 인과관계가 있는 취거행위가 모두 완성되어야 기수에 이르는 것과 비교할 때, 준강도죄는 강도에 준하는 범죄이므로 강도와 동일한 요건을 적용해야 한다고 본다.

생각건대 절도는 본죄에 있어서 행위주체로 될 수 있는 지위이고 그 지위에 있어서 절취행위가 기수였는가 미수인가는 불문한다(통설). 그리고 비록 일정한 목적이 전제이기는 하나 본죄의 행위는 폭행 또는 협박이다. 기수여부는 그 행위가 어떠한 상황에 이르렀는가에 따라 결정한다. 따라서 폭행·협박기준설이 절취행위기준설보다 더 논리적이다. 다만 형법이 준강도죄를 강도죄와 동일하게 취급하는 점을 고려할 때 재물을 취득하지 못하는 자가 준강도의 기수범으로서 강도기수범과 동일하게 처벌되는 것은 균형이 맞지 않다는 문제점이 있다. 그러므로 절도기수인 행위주체의 경우에는 폭행·협박을 기준으로 기수·미수를 결정하되 절도미수인 행위주체의 경우에는 폭행·협박이 미수인 경우는 물론 폭행 또는 협박이 기수에 이르렀다 할지라도 본죄의 미수범으로 취급하는 것이 균형에 맞다는 점에서 결합설이 타당하다.

판례는 본죄에서 절도가 재물의 탈환을 항거하거나 체포를 면탈하거나 죄적을 인멸할 목적으로 폭행 또는 협박을 가한 때에 준강도로서 강도죄의 예에 따라 처벌하는 취지는, 강도죄와 준강도죄의 구성요건인 재물탈취와 폭행·협박 사이에 시간적 순서상 전후의 차이가 있을 뿐 실질적으로 위법성이 같다고 보기 때문인 바, 이와 같은 준강도죄의 입법 취지, 강도죄와의 균형 등을 종합적으로 고려해 보면, 준강도죄의 기수 여부는 절도행위의 기수 여부를 기준으로 하여 판단하여야 한다고 본다.[1]

(2) 주관적 구성요건

본죄가 성립하려면 절도죄의 고의와 불법영득의 의사, 폭행 또는 협박의 고의 이외에도 재물의 탈환을 항거하거나 체포를 면탈하거나 죄적을 인멸할 목적이 있어야 한다. 증인될 사람을 살해하는 것도 죄적인멸에 해당한다고 보는 견해가 있다.[2] 이 때에는 준강도에 의한 살인이므로 강도살인죄에 해당한다. 그리

---

[1] 대판 2004. 11. 18, 2004도5074 전원합의체 판결.
[2] 김성돈, 357면; 정성근/정준섭, 216면.

고 목적의 달성여부는 본죄의 성립에 영향을 미치지 않는다.

3. 공   범

(1) 공동정범의 성립

공동으로 절취를 하던 자 중 1인이 본죄를 범한 경우 타공범자에게도 본죄가 성립하는가에 관하여 판례는 타공범자의 예견가능성을 기준으로, 예견하지 못한 때에는 본죄의 성립을 부정하나[1] 예견할 수 있었을 때에는 본죄가 성립한다고 본다.[2] 그러나 공동실행의 의사의 범위를 벗어나는 부분까지 공동정범을 인정하는 것은 타당하지 않다.[3] 결과적 가중범의 공동정범에 관하여 기본범죄의 공동정범자에게 예견가능성을 전제로 인정하는 견해도 있으나, 준강도죄는 결과적 가중범이 아니므로 예견가능성을 기준으로 할 수도 없고, 예견가능성을 전제로 한 결과적 가중범의 공동정범 역시 인정할 수 없다.[4] 그 결과 예컨대 갑과 을이 합동절도를 하다가 을이 일방적으로 자신을 추격 중이던 피해자를 체포면탈의 목적으로 폭행하여 상해에 이르게 하였다면 갑은 합동절도, 을은 준강도가 상해를 하였으므로 강도상해죄가 된다고 보아야 할 것이다. 만일 이 경우 갑에게도 강도치상죄를 인정하게 된다면, 준강도죄의 초과주관적 구성요건인 목적이 갑에게는 존재하지 않음에도 불구하고 준강도를 인정한 후에 예견가능성 여부에 따라 강도치상죄를 적용하는 결과가 되므로, 주관적 구성요건이 결여됨에도 범죄 성립을 인정하는 결과를 초래하게 된다.

(2) 공범의 성립

협의의 공범이 절도를 교사 또는 방조하였음에도 불구하고, 정범이 준강도로 나아간 경우, 이는 양적 착오에 해당하므로 절도죄의 교사 또는 방조범이 성립한다.

---

1) 대판 1959. 7. 1, 4294형상175.
2) 대판 1984. 12. 26, 84도2552; 대판 1972. 1. 31, 71도2073; 대판 1970. 1. 27, 69도1180; 대판 1967. 3. 7, 67도178 등.
3) 이재상 외, 308면.
4) 자세한 내용은 형법총론 중 결과적 가중범의 공동정범 부분 참조. 참고로 결과적 가중범의 공동정범은 예견가능성을 기준으로 한다고 하더라도 인정할 수 없다. 과실범의 공동정범을 인정하지 않는 이상, 기본범죄를 공동으로 하였더라도 중한 결과를 과실로 초래한 자만이 결과적 가중범이 되고, 타방은 기본범죄의 공동정범이 성립할 뿐이다. 만일 가담자 모두에게 과실이 있다고 하더라도, 각자를 결과적 가중범으로 처벌하면 족할 뿐, 공동정범을 인정할 실익도 필요도 없다.

4. 처 벌

준강도죄는 강도죄 및 특수강도죄의 예에 의하여 처벌한다. 양자의 적용기준에 관하여 절취행위기준설[1]은 절도행위를 하는 시점을 기준으로 단순절도는 제333조 강도죄, 야간주거침입절도이거나 특수절도이면 제334조 특수강도죄의 예에 의한다고 본다. 반면 폭행·협박기준설[2]은 준강도의 행위태양은 폭행·협박이므로 폭행·협박을 하는 시점에서 흉기를 휴대하는 등의 사정이 있었다면 단순절도라도 특수강도의 준강도가 된다고 본다. 종합설은 절취행위와 폭행·협박행위 중 어느 하나라도 흉기휴대 등의 사정이 있으면 특수강도의 준강도가 된다고 본다.[3] 생각건대, 준강도의 불법성은 폭행·협박에 있으므로, 특수의 요건도 폭행·협박시점을 기준으로 유무를 판단함이 타당할 것이다. 판례[4] 역시 이와 같다.

5. 죄 수

절도죄와 본죄는 법조경합관계이므로 본죄가 성립하면 절도죄는 별죄를 구성하지 않는다. 강도가 본죄를 범한 때에는 강도죄만 성립하고 특수강도가 본죄를 범한 때에도 특수강도죄만 성립한다. 절도가 체포를 면탈할 목적으로 추격하는 경찰관을 폭행한 경우에는 준강도죄와 공무집행방해죄의 상상적 경합이 되나, 강도가 동일한 행위를 한 때에는 강도죄와 공무집행방해죄는 실체적 경합이 된다. 또한 절도가 본죄의 목적으로 폭행 또는 협박을 한 결과 상해에 이르게 되면 강도상해 또는 강도치상죄에 해당한다.

절도범이 체포면탈 등의 목적으로 따라오는 여러 명의 피해자에게 같은 기회에 폭행을 가하여 그중 1인에게만 상해를 가한 경우 판례는 포괄일죄로서 하나의 강도상해죄만 성립한다고 본다.[5] 그러나 강도죄나 준강도죄는 폭행·협박을 수단으로 하는 일신전속적 법익을 침해하는 범죄에 해당하므로 피해자의 수에

---

1) 임웅, 380면.
2) 김성돈, 334면; 김일수/서보학, 334면; 원혜욱, 223면; 이재상 외, 314면.
3) 이정원, 374면.
4) 대판 1973. 11. 13, 73도1553 전원합의체 판결. "절도범인이 처음에는 흉기를 휴대하지 아니하였으나, 체포를 면탈할 목적으로 폭행 또는 협박을 가할 때에 비로소 흉기를 휴대 사용하게된 경우에는 형법 제334조의 예에 의한 준강도 (특수강도의 준강도)가 된다."
5) 대판 2001. 8. 21, 2001도3447.

따라 각각 독립된 범죄가 성립하고 상상적 경합이 된다고 보아야 한다. 따라서 판례와 같이 여러 명의 피해자에게 같은 기회에 폭행을 한 경우 상해가 발생한 자에 대하여는 강도상해죄가, 다른 피해자들에 대하여는 준강도죄가 성립하고 전체는 상상적 경합이 된다.

Ⅳ. 인질강도죄

*사람을 체포·감금·약취 또는 유인하여 이를 인질로 삼아 재물 또는 재산상의 이익을 취득하거나 제3자로 하여금 이를 취득하게 한 자는 3년 이상의 유기징역에 처한다(제336조).
*본죄의 미수범은 처벌한다(제342조).
*동력간주규정(제346조)만 적용.

1. 의 의

본죄는 체포·감금죄 또는 약취·유인죄와 공갈죄의 결합범의 형식을 취하고 있다.[1] 본죄의 주된 보호법익은 재산권이지만 부차적으로는 인질의 자유와 제3자의 의사결정의 자유이다. 본죄는 침해범에 해당한다.

2. 구성요건

(1) 객관적 구성요건

1) 객 체

본죄의 행위객체는 재물 또는 재산상의 이익이다. 그 의미는 절도죄 및 강도죄에서 설명한 것과 같다.

행위수단인 체포·감금·약취 또는 유인의 객체는 사람이며 성년, 미성년, 남녀, 기혼, 미혼을 불문한다. 단 그 대상이 미성년자인 때에는 특가법 제5조의2 제2항 제1호에 의하여 가중처벌된다. 인질강요죄는 인질과 권리행사방해 또는 의무 없는 일을 하는 자가 다르지만, 인질강도죄는 인질과 재산상의 피해자가 다를 수도 있고 동일인이어도 무방하다.

---

1) 김성돈, 360면: 김일수/서보학, 339면: 배종대, 317면: 이재상 외, 315면: 임웅, 380면: 정성근/정준섭, 218면: 최호진, 417면 등.

2) 행 위

본죄의 행위는 체포·감금·약취 또는 유인한 사람을 인질로 삼아 재물 또는 재산상의 이익을 취득하거나 제3자로 하여금 취득하게 하는 것이다. 인질로 삼는다는 것은 체포·감금·약취 또는 유인된 자의 생명·신체 등의 안전에 관한 제3자의 우려를 이용하여 그 석방 내지 안전보장에 대한 대가로 재물 또는 재산상의 이익을 얻으려고 하는 행위를 의미한다.[1] 그 대가가 재물 또는 재산상의 이익이 아닌 경우에는 인질강요죄(제324조의2)가 성립될 뿐이다.

3) 실행의 착수와 기수

본죄의 실행의 착수시기는 인질강요죄에서의 실행의 착수시기와 같다. 인질강요죄의 실행의 착수시기를 권리행사의 방해 또는 의무 없는 일을 행하게 하는 시점으로 본 이유가 바로 인질강도죄와의 구별을 위해서이기 때문이다. 따라서 석방이나 안정의 대가로 재물 또는 재산상의 이익을 요구한 때가 실행의 착수시기이다. 기수시기는 재물 또는 재산상의 이익을 취득한 때이다.

(2) 주관적 구성요건

고의 이외에도 본죄의 성립에는 불법영득의 의사가 있어야 한다.

3. 죄   수

본죄는 미성년자약취유인죄(제287조) 및 영리 등을 위한 약취·유인·매매 등 죄(제288조)와 법조경합 중 특별관계에 있으므로 본죄가 성립하면 이들 범죄는 별도로 성립하지 않는다. 사람을 체포·감금한 자가 사후에 탐욕이 생겨 체포·감금된 자의 석방을 대가로 재물을 취득한 경우에도 본죄만 성립한다. 본죄의 범인이 인질을 상해하거나 살해한 때에는 강도상해죄 또는 강도살인죄로 된다.

V. 강도상해·치상죄

*강도가 사람을 상해하거나 상해에 이르게 한 때에는 무기 또는 7년 이상의 징역에 처한다(제337조).
*본죄의 미수범은 처벌한다(제342조).
*동력간주규정(제346조)만 적용.

---

1) 법무부, 형법개정법률안 제안이유서, 1992, 153면.

1. 의   의

본죄는 강도상해죄와 강도치상죄가 하나의 구성요건 속에 포함된 형식으로서 강도상해죄는 강도죄와 상해죄의 결합범이고 강도치상죄는 진정결과적 가중범이다.

2. 구성요건

(1) 객관적 구성요건

1) 주 체

본죄의 주체는 강도범이며 단순강도, 특수강도, 준강도 및 인질강도의 범인을 모두 포함하나 체계상 강도강간은 제외된다. 강도의 기수, 미수는 불문한다.[1]

2) 행 위

본죄의 행위는 사람을 상해 또는 치상하는 것이다. 상해는 고의적으로 사람의 건강을 해하는 것이고 치상은 과실에 의하여 상해의 결과를 초래하는 것이다. 상해와 치상은 강도의 수단인 폭행·협박에서 야기된 것이라야 하는가에 관하여서는 상해와 치상이 반드시 폭행·협박에서 야기될 필요는 없고 강도의 기회에 발생하면 충분하다고 보는 통설[2]·판례[3]의 견해와 상해는 강도의 기회에 발생하면 족하나 치상의 경우는 결과적 가중범이므로 강도의 수단인 폭행·협박에서 야기되어야 한다는 견해[4]가 있다. 강도의 기회에 상해나 치상이 발생하기 쉬운 점에 비추어 이처럼 양자를 구별할 이유가 없으므로 통설의 입장이 타당하다. 다만 강도의 기회란 강취행위와 성질상 밀접한 관련성을 갖는 범위 내에 속할 때를 의미한다고 보아야 하나 반드시 강취행위시에 상해나 치상이 이루어져야 하는 것은 아니다.[5]

강도상해죄의 미수는 상해가 미수인 때이며 상해가 기수로 되면 강도의 기

---

1) 대판 1988. 2. 9, 87도2492; 대판 1985. 10. 22, 85도2001; 대판 1982. 5. 25, 82도494; 대판 1971. 1. 26, 70도2518; 대판 1969. 9. 23, 69도1333; 대판 1969. 3. 18, 69도154; 대판 1963. 9. 26, 63도214 등.
2) 김성돈, 362면; 김성천/김형준, 381면; 김종원(상), 205면; 김혜정 외, 301면; 배종대, 302면; 백형구, 168면; 서일교, 156면; 오영근, 280면; 유기천(상) 238면; 이재상 외, 317면; 정성근/정준섭, 221면; 정영일, 173면 등.
3) 대판 1986. 9. 23, 86도1526; 대판 1985. 1. 15, 84도2397; 대판 1984. 6. 26, 84도970 등.
4) 김일수/서보학, 340면; 황산덕, 295면 등.
5) 대판 1986. 4. 8, 86도264.

수·미수에 관계없이 본죄는 기수가 된다. 강도치상죄의 경우에는 미수가 성립할 수 없고[1] 상해의 결과가 발생하면 강도의 기수·미수에 관계없이 기수가 된다.

(2) 주관적 구성요건

강도상해죄에 있어서는 강도에 대한 고의와 불법영득의 의사 그리고 상해에 대한 고의가 있어야 한다. 강도치상죄에 있어서는 강도에 대한 고의와 불법영득의 의사가 있어야 하고 치상이라는 결과에 대한 예견가능성이 있어야 한다.

3. 공   범

판례는 강도의 공범은 다른 공범자가 강도의 기회에 행한 상해행위에 대하여서도 공동정범으로서의 책임을 진다고 본다.[2] 그러나 공동실행의 의사의 범위를 초월한 부분에까지 공동정범의 책임을 묻는 것은 타당하지 않다. 반면 이에 관하여 강도상해죄를 범한 자 이외의 공범자는 예견가능성이 있을 경우에 강도치상죄가 성립한다고 보는 견해[3]도 있다. 강도치상의 경우에도 과실범의 공동정범을 인정하지 않는 입장에서는 각각 과실여부 및 인과관계를 판단하여 각자를 강도치상죄의 단독정범으로 봄이 타당하다.[4]

판 례

　　강도합동범 중 1인이 피고인과 공모한대로 과도를 들고 강도를 하기 위하여 피해자의 거소를 들어가 피해자를 향하여 칼을 휘두른 이상 이미 강도의 실행행위에 착수한 것임이 명백하고, 그가 피해자들을 과도로 찔러 상해를 가하였다면 대문 밖에서 망을 본 공범인 피고인이 구체적으로 상해를 가할 것까지 공모하지 않았다 하더라도 피고인은 상해의 결과에 대하여도 공범으로서의 책임을 면할 수 없다.[5]

---

1) 반면, 권오걸, 총론, 409면; 김혜정 외, 총론, 141면; 박상기/전지연, 631면; 손동권/김재윤, 총론, 383면; 임웅, 384면; 정영일, 총론, 130면은 진정결과적 가중범인 강도치상죄의 미수를 인정하면서, 강도가 미수가 된 때라고 본다.
2) 대판 1998. 4. 14, 98도356; 대판 1990. 12. 26, 90도2362; 대판 1989. 3. 28, 88도2291 등.
3) 김성천/김형준, 384면; 김태명, 325면; 김혜정 외, 302면; 이재상 외, 319면.
4) 오영근, 282면. 반면, 김성돈, 364면; 김성천/김형준, 384면; 이재상 외, 319면; 이정원, 377면은 예견가능성을 전제로 강도치상죄의 공동정범을 인정한다.
5) 대판 1998. 4. 14, 98도356; 대판 1988. 12. 13, 88도1844.

다른 3명의 공모자들과 강도 모의를 하면서 삽을 들고 사람을 때리는 시늉을 하는 등 그 모의를 주도한 갑이 함께 범행 대상을 물색하다가 다른 공모자들이 강도의 대상을 지목하고 뒤쫓아 가자 단지 "어?"라고만 하고 비대한 체격 때문에 뒤따라가지 못한 채 범행현장에서 200m 정도 떨어진 곳에 앉아 있었으나 위 공모자들이 피해자를 쫓아가 강도상해의 범행을 한 경우에는 당연히 갑은 강도상해죄의 공동정범이다.[1]

VI. 강도살인·치사죄

*강도가 사람을 살해한 때에는 사형 또는 무기징역에 처한다. 사망에 이르게 한 때에는 무기 또는 10년 이상의 징역에 처한다(제338조).
*강도살인죄의 미수범은 처벌한다(제342조).
*동력간주규정(제346조)만 적용.

1. 의 의

강도살인은 강도죄와 살인죄의 결합범이고 강도치사죄는 강도죄의 진정결과적 가중범이다.

2. 구성요건

(1) 객관적 구성요건

1) 주 체

본죄의 주체는 강도행위에 착수한 강도범이며 강도의 기수·미수는 불문한다. 단순강도죄(제333조), 특수강도죄(제334조), 준강도죄(제335조), 인질강도죄(제336조)의 주체가 모두 포함되나 강도강간죄(제339조)는 제외된다.

2) 행 위

사람을 살해하거나 치사하는 것이다. 살해와 치사는 강도의 기회에 이루어질 것을 요하지만 반드시 강취행위 시에 행하여질 필요는 없다.

강도살인죄의 기수와 미수는 살인의 기수·미수에 따라 결정되며 강도의 기

---

1) 대판 2008. 4. 10, 2008도1274.

수·미수는 불문한다. 강도의 고의로 사람을 살해한 후 탈취한 경우에 본죄가 성립함은 물론이나 이 경우에 누구의 점유를 침해했는가에 관해서는 상속인의 점유를 침해한다는 견해, 사자에게 계속되는 점유를 침해한다는 견해, 피해자가 생전에 가지고 있던 점유를 침해했다고 보는 견해 등이 있는데 앞서 언급한 바와 같이 마지막 견해가 타당하다. 채무를 면제할 목적으로 채권자를 살해한 경우에 살인죄에 해당한다는 견해와 강도살인죄가 성립한다는 견해의 대립이 있으나 강도살인죄가 성립한다고 보는 것이 타당하다.

사람을 살해한 후에 비로소 탐욕을 느껴 피살자의 재물을 영득한 경우에는 살인죄와 점유이탈물횡령죄가 성립한다.[1]

(2) 주관적 구성요건

강도살인죄에 있어서는 강도의 고의와 불법영득(또는 이득)의 의사 및 살인의 고의가 있어야 한다. 강도치사에 있어서는 강도의 고의, 불법영득(이득)의 의사가 있어야 하고 사망의 결과를 예견하지 못한데 대한 과실이 있어야 한다.

3. 기타 문제

미수 및 공범과 관련한 내용은 강도상해·치상죄와 동일하다. 판례는 강도치상과 동일하게 공범자의 강도살인죄에 대한 예견가능성을 전제로 타공범자들 모두 강도치사죄가 성립한다고 본다.[2]

Ⅶ. 강도강간죄

*강도가 사람을 강간한 때에는 무기 또는 10년 이상의 징역에 처한다(제339조).
*본죄의 미수범은 처벌한다(제342조).
*동력간주규정(제346조)만 적용.

1. 의   의

본죄는 강도죄와 강간죄의 결합범이며 그 보호법익은 재산권, 의사결정과 의

---

1) 이재상 외, 315면.
2) 대판 1990. 11. 27. 90도2262.

사활동의 자유와 성적 자기결정의 자유이다.

2. 구성요건

(1) 객관적 구성요건

1) 주   체

본죄의 주체는 강도이며 강도의 실행에 착수한 이상 그 기수, 미수를 불문한다. 여기에서 말하는 강도에는 단순강도, 준강도, 인질강도가 모두 포함된다. 해상강도가 강간하는 경우에는 형법 제340조 제3항 소정의 해상강도강간죄가 성립한다.

다만 강간범이라 하더라도 강간행위가 종료되기 이전에 강도를 하였다면, 강간죄 기수이전에 강도의 신분을 갖추었으므로 본죄가 성립할 수 있다.[1] 그러나 강간 후 비로소 강도를 한 경우에는 강간죄와 강도죄의 실체적 경합이 된다.[2]

2) 객   체

객체는 사람이지만, 준강간의 객체인 심신상실 또는 항거불능의 자도 포함된다. 강도의 폭행 또는 협박으로 인하여 그러한 상태에 이르든, 객체가 이미 그와 같은 상태에 있든 관계 없다.

3) 행   위

강간은 강도의 기회에 행해지면 족하고 재물탈취의 전후를 불문한다.[3] 강간 시의 폭행·협박이 동시에 재물강취의 수단으로 되어 있는 경우에는 강도죄에 해당한다는 견해[4]가 있으나 본죄가 성립한다.[5] 강도의 피해자와 강간의 피해자가 반드시 일치할 필요는 없다.[6]

---

1) 대판 1988. 9. 9, 88도1240. "강간범이 강간행위 종료전 즉 그 실행행위의 계속중에 강도의 행위를 할 경우에는 이때에 바로 강도의 신분을 취득하는 것이므로 이후에 그 자리에서 강간행위를 계속하는 때에는 강도가 부녀를 강간한 때에 해당하여 형법 제339조 소정의 강도강간죄를 구성한다."
2) 대판 2002. 2. 8, 2001도6425. "강간범이 강간행위 후에 강도의 범의를 일으켜 그 부녀의 재물을 강취하는 경우에는 형법상 강도강간죄가 아니라 강간죄와 강도죄의 경합범이 성립될 수 있을 뿐인바, …"
3) 대판 1984. 10. 10, 84도1880.
4) 유기천(상), 226면.
5) 서일교, 158면; 이회창, 주각(하), 277면; 정영석, 329면; 황산덕, 298면 등.
6) 대판 1991. 11. 12, 91도2241. "피고인이 강도하기로 모의를 한 후 피해자 갑남으로부터 금품을 빼앗고 이어서 피해자 을녀를 강간하였다면 강도강간죄를 구성한다."

(2) 주관적 구성요건

강도의 고의와 불법영득(또는 이득)의 의사 및 강간의 고의가 모두 있어야 한다.

3. 죄   수

강도가 강간을 통하여 치사상의 결과를 야기했으면 본죄와 강간치사상의 상상적 경합이 되고 그 사상의 결과가 강도로 인한 경우에는 본죄와 강도치사상죄의 상상적 경합이 된다. 강도강간범이 부녀를 상해하거나 살인한 경우는 본죄와 강도상해죄 또는 강도살인죄의 상상적 경합이 된다.

강도의 목적으로 주거에 침입한 자가 본죄를 범한 경우에는 본죄만 성립된다고 보아야 한다. 본죄의 강도에는 특수강도도 포함되므로 야간주거침입에 의한 강도(제334조 1항)가 강간을 하여도 단지 강도강간죄만 성립한다고 보아야 하기 때문이다.

Ⅷ. 해상강도죄·해상강도상해·치상·살인·치사·강간죄

> *다중의 위력으로 해상에서 선박을 강취하거나 선박내에 침입하여 타인의 재물을 강취한 자는 무기 또는 7년 이하의 징역에 처한다(제340조 제1항).
> *제1항의 죄를 범한 자가 사람을 상해하거나 상해에 이르게 한 때에는 무기 또는 10년 이상의 징역에 처한다(제340조 제2항).
> *제1항의 죄를 범한 자가 사람을 살해 또는 사망에 이르게 하거나 강간한 때에는 사형 또는 무기징역에 처한다(제340조 제3항).
> *본죄의 미수범은 처벌한다(제342조).
> *동력간주규정(제346조)만 적용.

1. 의   의

해상강도죄는 성격상 특수강도죄에 해당하는 이른바 해적죄의 규정으로 그 위험성이 크기 때문에 무겁게 처벌된다.[1] 해상강도상해 및 살인죄는 결합범이고, 해상강도치상·치사죄는 진정결과적 가중범이다. 또한 해상강도강간죄는 강

---

1) 김일수/서보학, 349면; 유기천(상), 236면; 정성근/정준섭, 348면 등.

도강간죄와 같다.

2. 구성요건

본죄의 주체에 관하여 동조 제2항과 3항은 해상강도의 죄를 범한 자라고 규정되어 있으므로 해상강도 기수범만을 의미한다는 견해[1]가 있으나, 본죄는 미수범처벌규정이 적용되므로 미수범 역시 해상강도의 죄를 범한 자에 해당한다. 따라서 기수 또는 미수 모두 주체가 된다.

해상은 영해 및 공해를 모두 포함하나, 육지에서 쉽게 지배할 수 있는 하천, 호수, 연못, 항만 등은 제외된다. 선박은 그 대소와 종류를 불문하지만 해상을 항해할 수 있는 것이라야 한다.[2] 행위는 다중의 위력으로 강취하는 것인데 다중이란 다수인의 집합으로서 위력을 보일 수 있는 정도에 이르러야 하고 위력이란 사람의 의사를 제압할 수 있는 세력을 말하고 유형·무형을 불문한다.

IX. 상습강도죄

*상습으로 제333조(강도), 제334조(특수강도), 제336조(인질강도) 또는 전조 제1항(해상강도)의 죄를 범한 자는 무기 또는 10년 이상의 징역에 처한다(제341조).
*본죄의 미수범은 처벌한다(제342조).
*동력간주규정(제346조)만 적용.

본죄는 상습으로 강도, 특수강도, 인질강도, 해상강도를 범함으로써 성립된다. 상습성 때문에 책임이 가중되는 가중적 구성요건이다. 상습성의 의미는 상습상해죄(제264조) 및 상습절도죄(제332조)에서 설명한 것과 같다.

X. 강도예비·음모죄

*강도할 목적으로 예비 또는 음모한 자는 7년 이하의 징역에 처한다(제343조).

---

1) 김성돈, 346면.
2) 이재상 외, 317면: 정성근/정준섭, 349면 등.

1. 의   의

본죄는 강도의 결의를 가지고 행하는 준비행위로서 실행착수 이전에 속하는 것을 말한다. 강도죄의 흉포성과 법익침해의 중대성에 비추어 예비, 음모단계부터 이를 규제하기 위하여 설정한 유형이다.

2. 구성요건

예비는 범행에 필요한 도구의 준비, 범행 장소의 답사 등 강도를 행하기 위한 비심리적 준비행위이고 음모는 2인 이상의 자 사이에서 이루어지는 강도의 모의를 말하는 것으로서 그 범행의 실현에 관한 의사의 교환과 합의가 중심을 이룬다.

본죄에는 준강도죄는 포함되지 않는다. 판례의 태도이기도 하다.[1] 다만, 판례는 미필적 고의로서 족하다고 하지만, 예비·음모는 의도적 고의(목적)를 요한다.

---

1) 강도예비·음모죄가 성립하기 위해서는 예비·음모 행위자에게 미필적으로라도 '강도'를 할 목적이 있음이 인정되어야 하고 그에 이르지 않고 단순히 '준강도'할 목적이 있음에 그치는 경우에는 강도예비·음모죄로 처벌할 수 없다(대판 2006. 9. 14, 2004도6432).

제 2 장

사기와 공갈의 죄

제1절 사기의 죄

§1. 서 설

Ⅰ. 의의 및 보호법익

사기의 죄는 사람을 기망하여 재물의 교부를 받거나 재산상의 이익을 취득하거나 제3자로 하여금 이를 얻게 하는 범죄로서, 재물죄인 동시에 이득죄이다.

본죄의 보호법익에 관하여서는 침해되는 개개의 재산으로 보는 개별재산설,[1] 전체로서의 재산설(소유권 기타의 본권 및 재산상의 이익)[2] 및 전체 재산 및 부차적 법익으로서 거래의 진실성 또는 신의성실이라고 보는 견해(신의성실설)[3]가 있다. 개별재산설은 피기망자의 처분행위로 개별적인 재산이 침해되는 것일 뿐, 대가의 지급에 의한 전체재산의 손해 여부를 따지지 않는다고 본다. 그러나 재산상의 손익여부는 궁극적으로는 전체재산의 증감여부를 가지고 판단하는 수밖에 없다. 또한 사기죄의 처벌이 재산상의 거래의 안전이나 신의성실의 유지에 기여하는 것은 사실이지만 이것은 사기죄의 처벌에 따른 반사적 이익이라고 할 수 있고, 거래의 진실성이나 신의성실은 그 위반이 사기죄의 행위불법의 내용으로는 될 수 있으나 그 자체가 형법상 독립된 보호법익은 아니기 때문에 본죄의 보호법익은 단지 전체로서의 재산이라고 보아야 할 것이다. 판례도 전체 재산권이 보호법익이라고 본다.[4]

---

1) 오영근, 294면; 정웅석, 1123면.
2) 김성돈, 372면; 김성천/김형준, 392면; 김일수/서보학, 416면; 김혜정 외, 312면; 박상기/전지연, 637면; 백형구, 175면; 손동권/김재윤, 361면; 신동운, 957면; 이재상 외, 326면; 이정원, 382면; 정성근/정준섭, 229면 등.
3) 김종원(상), 212면; 서일교, 161면; 유기천(상), 253면; 임웅, 341면; 정영일, 176면; 황산덕, 300면 등. 한편, 배종대 319면은 부차적 법익의 존부의 논쟁은 실익이 없다고 본다.
4) 대판 2018. 1. 25, 2016도6757. "사기죄의 보호법익은 재산권이라고 할 것이므로 사기죄에 있어서는 재산상의 권리를 가지는 자가 아니면 피해자가 될 수 없다. 그러므로 법원을 기망하여 제3자로부터 재물을 편취한 경우에 피기망자인 법원은 피해자가 될 수 없고 재물을 편취당한 제3자가 피해자라고 할 것이므로…"

참고 연혁

　　로마법에서는 처음에는 오늘날의 사기죄에 해당하는 범죄가 주로 절도죄가 중심이었던 furtum 속에 포함된 위조범으로 취급되었고 하드리안(Hadrian) 황제시대 이후에는 윤곽이 불확실한 파렴치한 범행(Schufterei)으로 이해되었다. 중세 독일법에 있어서는 오늘날의 사기에 해당하는 범죄, 문서위조 등과 때로는 절도까지 포함하는 위조(허위)범(velscherey)이라는 개념이 지배적이었고 사기(Betrug)라는 표현은 법률문헌에 거의 사용되지 아니하였으나 오늘날의 사기에 해당하는 개념은 판매, 차용사기, 사기동냥, 사기도박 등과 관련하여 실질적인 역할을 하였다고 한다. 카롤리나형법전에는 사기에 관한 규정이 거의 포함되어 있지 아니하였기 때문에 독일 보통법시대의 이론과 실무도 본질적으로 로마법의 영향을 받은 것으로 보인다. 프로이센일반국법(ALR, Ⅱ, 20, §§1256ff.)에 이르러 사기는 금지된 사리사욕죄(Eigennutz)와 더불어 처벌되기에 이르렀고 사기는 착오를 고의적으로 유발하여 타인의 권리의 손상을 입게 하는 것이라고 이해되었다. 1813년의 바이에른 형법(제256조 이하)도 사기를 모든 기망(Täuschung)이라고 하여 폭넓은 개념으로 규정하였다. 그러나 1810년의 프랑스형법(code pénal) 제405조는 사기죄에 재산죄적 성격을 인정하였는데 이 법의 영향을 받은 1851년 프로이센형법(제241조)은 사기죄의 재산적 표지를 인정하기에 이르렀다. 독일형법의 사기죄 규정은 프로이센형법 제241조에서 유래하는 것이다.

　　고려시대에 의용되었던 당률에는 사위(詐僞)에 관한 27개의 조문을 두었는데 이 중에는 관의 문서, 인장위조 등과 아울러 오늘날의 사기죄에 비교적 유사한 사기관사취물죄(詐欺官私取物罪)의 규정도 있었다.[1] 그러나 조선시대에 의용된 대명률에는 형률 권24에 사위의 규정들을 두었지만 이들은 조서위조, 통화(동전)위조, 관직사칭, 인신위조(印信僞造) 등에 관한 것이었고 오늘날의 사기죄에 해당될 만한 규정은 두지 아니하였다. 1905년의 형법대전은 제4장(제346조 이하)에 사위소간률(詐僞所干律)을 두었는데 여기에는 공문서위조, 무고, 기망에 의한 세금포탈 등에 해당하는 규정과 더불어 오늘날의 사기죄에 해당할 만한 규정도 두고 있었다. 예컨대 매매부실률(賣買不實律 제7절) 중에서 매매시 물화(物貨)의 가치를 조작하여 수재(受財)한 경우(제374조 제2호)라든가 물화를 매매하는 것을 보고 그 값을 고·하로 비교하여 사람을 혼란에 빠지게 하고, 이익을 얻는 경우(제374조 제4호) 등이 있다. 일본형법이 의용되던 시대에 이르러 현재와 유사한 사기죄의 규정이 적용되었고 1953년의 형법제정에서, 사기죄 외에 부당이득죄 및 상습사기죄의 규정을 두게 되었으며 1995년의 개정에 의하여 컴퓨터사용사기죄와 편의시설부정이용죄를 추가하게 되었다.

---

1) 唐律疏議 第25卷 참조.

Ⅱ. 현행법상의 체계

기본적 구성요건: 사기죄(제347조)	수정적 구성요건	불법	보충적	컴퓨터등 사용사기죄(제347조의2) 준사기죄(제348조) 편의시설부정이용죄(제348조의2)
		책임	가중적	상습사기죄(제351조)
	독립적 구성요건	부당이득죄(제349조)		

　　형법은 제347조의 사기죄를 기본적 유형으로 하고 이를 보충하는 수정적 유형으로서 준사기죄(제348조), 컴퓨터사용사기죄(제347조의2) 및 편의시설부정이용죄(제348조의2)를 두고 있다. 여기에서 보충적이라 함은 피해자가 기망이 필요 없는 상태(준사기죄)이거나 기망할 수 없는 경우(컴퓨터등 사용사기죄 및 편의시설부정이용죄)이기 때문에 기본범죄행위와 달리 규정될 수 밖에 없다는 의미이다. 또한 형법은 비록 엄격한 의미에서 사기죄와 구별되나 타인의 궁박한 상태를 이용하여 부당한 이익을 취하는 부당이득죄를 넓은 의미의 사기죄의 한 태양으로 본다.

§2. 유형별 고찰

Ⅰ. 사 기 죄

*사람을 기망하여 재물의 교부를 받거나 재산상의 이익을 취득한 자는 10년 이하의 징역 또는 2,000만원 이하의 벌금에 처한다(제347조 제1항).
*전항의 방법으로 제3자로 하여금 재물의 교부를 받게 하거나 재산상의 이익을 취득하게 한 때에도 전항의 형과 같다(제347조 제2항).
*본죄의 미수범은 처벌한다(제352조).
*친족상도례 및 동력간주규정(제354조) 적용.

1. 의   의

본죄는 사기의 죄의 기본적 유형으로서 재물죄임과 동시에 이득죄이다.

본죄는 타인이 점유하는 재물을 취득한다는 점에서 절도죄, 강도죄, 공갈죄와 공통되나 자기가 점유한 타인의 재물을 객체로 하는 횡령죄나 누구의 점유에도 속하지 아니하는 재물을 객체로 하는 점유이탈물횡령죄와 구분된다. 또한 본죄는 재산상의 이익까지 객체로 한다는 점에서 재물만을 객체로 하는 절도죄, 횡령죄와 구분된다. 본죄는 그 객체를 취득하는 형태가 상대방의 하자있는 의사에 의한 교부행위나 처분행위라는 점에서 공갈죄와 공통되나 상대방의 의사에 반하여 그 객체를 취득하는 절도죄, 강도죄와 구분된다. 본죄는 기망을 행위수단으로 하는 점에서 공갈(폭행·협박)을 수단으로 하는 공갈죄와도 구분된다.

2. 구성요건

(1) 객관적 구성요건

1) 객   체

본죄의 객체는 타인의 재물 또는 재산상의 이익이다.

① 재   물

타인이 점유하는 타인의 재물에 한하므로 비록 타인의 점유에 속할지라도 자기의 소유물인 경우에는 그것을 기망의 수단으로 취거하여도 권리행사방해죄(제323조)로 될 수 있을 뿐 본죄는 성립하지 않는다.

재물의 개념은 절도죄에서 설명하는 것과 같으나 본죄의 재물에는 동산·부동산이 모두 포함된다. 금전, 유가증권뿐만 아니라 백지위임장도 본죄의 객체인 재물에 해당한다. 관리할 수 있는 동력도 본죄의 재물이 됨은 물론이다. 부동산에 관해서는 부동산사기가 소유권이전등기를 거쳐야 한다는 관점에서 재물이 아니라 재산상의 이익으로 보아야 한다는 견해가 있다.[1] 장물과 불법원인급여물도 본죄의 객체이다(자세한 내용은 후술).

② 재산상의 이익

재산상의 이익은 적극적 이익이든 소극적 이익이든, 일시적 이익이든 영구적 이익이든 불문한다. 그러므로 소유권이나 채권취득은 물론 채무의 면제, 채무이

---

1) 김일수, 한국형법 Ⅳ, 228면.

행의 연기, 채무인수의 승낙, 노무의 제공 등이 모두 이에 포함된다. 또한 이익의 취득이 사법상 유효할 것도 요하지 않는다. 외관상 재산적 이익을 취득했다고 볼 수 있는 사실관계만 있으면 충분하다.[1]

기망행위에 의하여 취득한 이익이 재산적 이익이 아닌 경우, 예컨대 공무원을 기망하여 여권을 발급받은 경우라든가, 기망적 수단으로 부재자의 재산관리인으로 선임된 경우에는 본죄가 성립하지 않는다.[2]

2) 행 위

본죄의 행위는 사람을 기망하여 재물의 교부를 받거나 재산상의 이익을 취득하거나 제3자로 하여금 교부 또는 취득하게 하는 것이다. 따라서 기망행위와 상대방의 착오 및 착오로 인한 재물 또는 재산상의 이익의 교부행위, 교부로 인한 취득과 재산상의 손해라는 모든 일련의 행위들은 모두 인과관계가 요구된다.

① 기망행위

(가) 의 의 기망이란 사람을 착오에 빠지게 하는 일체의 행위로서 이미 착오에 빠져 있는 상태를 이용하는 경우도 포함한다. 판례는 기망을 "널리 거래관계에서 지켜야 할 신의칙에 반하는 행위로서 사람으로 하여금 착오를 일으키게 하는 것"이라고 본다.[3]

(나) 기망행위의 대상

ⓐ 사실과 가치판단: 기망행위의 대상이 사실에 국한되는가, 의견진술이나 가치판단도 포함되는가에 관하여는 적극설[4]과 소극설[5]이 있다. 적극설은 그 논거로서 독일형법(제263조 제1항)이 「허위의 사실로 기망하거나 진실한 사실을 왜곡 또는 은폐하여 착오를 일으키게 하거나」라고 규정한 것과는 달리, 우리 형법 제347조는 단지 「사람을 기망하여」라고 규정하므로 기망행위의 대상에 사실과 가치판단이 모두 포함된 것으로 볼 수 있다는 점을 든다. 그러나 순수한 가치판단까지 그 대상으로 할 경우 기망행위의 범위가 지나치게 넓어질 우려가

---

1) 대판 1975. 5. 27, 75도760.
2) 대판 1973. 9. 25, 73도1080.
3) 대판 2002. 2. 5, 2001도5789; 대판 1998. 12. 8, 98도3262; 대판 1984. 2. 14, 83도2995; 대판 1983. 6. 28, 83도1013; 대판 1961. 3. 31, 4294형상4.
4) 강구진 I, 319면; 김종원(상), 213면; 서일교, 165면; 백형구, 178면; 오영근, 298면; 유기천(상), 260면; 진계호, 353면; 황산덕, 301면 등.
5) 김성돈, 378면; 김성천/김형준, 395면; 김일수/서보학, 421면; 김혜정 외, 315면; 배종대, 324면; 이재상 외, 332면; 임웅, 401면; 정성근/정준섭, 232면; 정영일, 180면 등.

있다. 따라서 원칙적으로 가치판단은 기망행위의 대상이 아니다.

그러나 사실과 가치판단이 결합되어 있으면 기망행위의 대상이 된다. 예컨대 골동품전문가의 물건에 대한 감정과 같이 사실에 근거한 가치판단이라든가 프로파일러의 사실증거에 기초한 의견의 제시는 사실에 근거한 가치판단이거나 사실과 가치판단을 분리할 수 없다는 점에서 기망행위의 대상이 될 수 있다.

ⓑ **장래의 사실 포함 여부:**　기망행위의 대상인 사실은 현재 또는 과거의 상태를 말하고 장래의 사실만으로는 포함되지 않지만,[1] 장래의 사실이라 할지라도 현재 또는 과거의 사실에 관련되는 경우에는 그 대상에 포함될 수 있다.[2] 사실에는 외적사실(예컨대 지불능력)과 내적사실(예컨대 지불의사)이 모두 포함된다.

ⓒ **법률행위의 효과:**　기망행위는 상대방을 착오에 빠뜨려 행위자가 원하는 재산적 처분행위를 하도록 함에 있어 그 판단의 기초로 되는 사실에 관한 것이면 족하고, 반드시 법률행위의 요소에 관한 것일 필요는 없다. 기망에 의한 의사표시가 민법상 무효 또는 취소되는 경우도 본죄의 성립에 영향을 미치지 않는다.

(다) 기망행위의 수단, 방법

ⓐ **명시적 작위행위:**　기망의 수단방법에는 제한이 없다. 일반인에게 착오를 일으키게 할 정도의 기망행위인 한 명시적인가 묵시적인가, 작위에 의한 것인가 부작위에 의한 것인가를 불문한다. 가장 전형적인 방법은 문서나 언어를 통하여 허위의 주장을 내세움으로써 타인을 착오에 빠지게 하거나 착오에 빠진 자를 기망하는 명시적이고 작위에 의한 방법이다. 한편 기망행위의 한계가 문제되는 특별한 경우가 묵시적 방법에 의한 기망행위와 부작위에 의한 기망행위이다.

ⓑ **묵시적 기망행위:**　비록 작위적 방법에 속하기는 하지만 언어나 문서에 의한 적극적인 행위가 아니라, 의사표시의 내용을 담고 있는 설명가치 있는 행동이나 기망적 표현을 드러내는 경우를 말한다. 예컨대 의도적으로 행하는 무전취식이나 무전투숙은 대금의 지불의사와 능력이 있다는 것을 묵시적으로 표

---

1) 반면 오영근, 298면은 장래의 사실도 사실에 포함시킨다.
2) 김성돈, 378면; 김일수/서보학, 421면; 김혜정 외, 315면; 박상기/전지연, 638면; 배종대, 323면; 백형구, 178면; 정성근/정준섭, 232면; 황산덕, 301면 등.

현한 기망행위이다. 그러나 식사 중이거나 투숙 중에 비로소 지불능력이 없는 상태인 것을 발견하고 도망치는 것은 묵시적 기망행위로 볼 수 없다. 사기죄의 고의는 실행의 착수시점에 존재하여야 하나, 투숙 중에 비로소 지불능력 없음을 인식하였다면 고의가 있는 것으로 볼 수 없기 때문이다. 또한 절취한 예금통장으로 예금을 청구하는 행위는 절도범이 자기가 진정한 예금자임을 묵시적으로 드러내는 기망행위이다.[1] 따라서 불가벌적 사후행위가 아닌 사기죄를 구성한다. 절도범이 절취한 장물을 담보로 제공하고 돈을 빌린 경우[2]도 묵시적 기망행위에 의한 사기죄이다.

ⓒ **부작위에 의한 기망행위:** 기망행위는 부작위에 의해서도 가능하다. 부작위에 의한 기망행위가 사기죄로 되려면 행위자가 상대방의 착오를 일깨워 주어야 할 작위의무(고지의무)와 보증인적 지위가 있어야 하고[3] 부작위에 의한 기망이 작위에 의한 기망에 상응해야 한다. 그러나 법률관계에 아무런 영향도 미칠 수 없어 상대방의 권리 실현 또는 계약 목적 달성에 장애가 되지 않는 사유까지 고지할 의무가 있다고는 볼 수 없다.[4] 다만 부작위에 의한 기망행위로 거론되는 예들이 작위적 방법인 묵시적 기망행위로도 이해되거나 고지의무 기타 다른 요건의 결여로 부적절하다는 비판을 받기도 한다. 이 때문에 묵시적(또는 추단되는) 기망행위와 부작위에 의한 기망행위가 반드시 명확한 것은 아니라는 비판도 있으며 그 구별의 기준으로서 상대방의 착오에 빠진 원인이 행위자 쪽에 있으면 작위, 피해자 쪽에 있으면 부작위라는 견해[5]가 제시되기도 한다. 부작위에 의한 기망행위는 대체로 묵시적 기망행위의 성격을 함께 갖는 경우도 적지 않을 것이다. 그리고 이때에는 작위와 부작위 중 어느 것에 의한 범행으로 볼 것인가 문제로 되는데 이는 구체적인 경우에 따라 어느 쪽에 중점이 있는가를 기준으로 하여 판단하여야 할 것이다. 그러나 어느 쪽을 취하더라도 사기죄의

---

1) 이재상 외, 329면.
2) 대판 1980. 11. 25, 80도2310.
3) 소극적 행위로서의 부작위에 의한 기망은 법률상 고지의무 있는 자가 일정한 사실에 관하여 상대방이 착오에 빠져 있음을 알면서도 그 사실을 고지하지 아니함을 말하는 것으로서, 일반거래의 경험칙상 상대방이 그 사실을 알았더라면 당해 법률행위를 하지 않았을 것이 명백한 경우에는 신의칙에 비추어 그 사실을 고지할 법률상 의무가 인정된다(대판 2006. 2. 23, 2005도8645; 대판 2003. 5. 30, 2002도3455; 대판 1984. 2. 14, 83도2995 등).
4) 대판 2014. 2. 27, 2011도48; 대판 2011. 1. 27, 2010도5124; 대판 1991. 12. 24, 91도2698 등.
5) 정성근/정준섭, 234면.

성립에는 차이가 없으므로 그 구별이 실질적 의미를 갖는다고 보기는 어렵다.

ⓓ **거스름돈 사기:** 과분한 거스름돈을 받은 것을 알면서도 상대방에게 알리지 않고 영득하는 행위를 부작위에 의한 기망행위로 보아 사기죄를 인정하는 견해[1]가 있다. 판례[2]가 긍정설을 취한다고 보는 견해[3]도 있으나, 동 판례는 부동산매매 당사자 사이의 특별한 신뢰의무를 근거로 하기 때문에 일반 거래에 있어서 거스름돈 사기와는 다르다. 거스름돈 사기는 작위에 상응하는 부작위인지 여부 및 거스름돈을 받은 자에게 거스름돈 액수를 확인하여 고지해야 할 의무가 있는지 여부와 관련된다. 그러나 편의점이나 음식점과 같은 일반 거래에서 그와 같은 의무가 있다고 보기 어렵고[4] 거스름돈을 받은 자의 부작위와 거스름돈의 교부행위 사이의 인과관계도 없기 때문에[5] 경우에 따라 점유이탈물횡령죄로 될 수 있으나 사기죄는 성립하지 않는다고 보아야 할 것이다.

판례

1. 부작위에 의한 기망을 인정한 경우

매도담보로 제공된 동산을 그 취지를 묵비하고 제3자에게 다시 매도담보로 제공한 경우(대판 1960. 10. 26, 4293형상82), 제3자에게 경락허가결정이 된 부동산을 그러한 사실을 알리지 않고 전세를 놓은 경우(대판 1974. 3. 12, 74도164), 하자있는 물건을 정을 모르는 자에게 담보로 제공하고 금원을 차용한 경우(대판 1962. 2. 28, 4294형상403), 부도가 예상되는 어음임에도 이를 고지하지 않은 채 어음할인을 받은 경우(대판 1998. 12. 9, 98도3282), 근저당권자로부터 경매신청이 있을 것을 통고 받았으나 이를 고지하지 않고 임대차 계약을 맺은 경우(대판 2004. 10. 27, 2004도4974), 특정시술을 받으면 아들을 낳을 수 있을 것이라는 착오에 빠져 있는 피해자들에게 그 시술의 효과와 원리에 관하여 사실대로 고지하지 않은 채 아들을 낳을 수 있는 시술인 것처럼 가장하여 일련의 시술과 처방을 행한 경우(대판 2000. 1. 28, 99도2884), 빌딩을 경락받은 피고인들이 비정상적인 이면약정을 체결하고 점포를 분양하였음에도, 금융기관에 그러한 이면약정의 내용을 감춘 채 중도금 대출 명목으로 금원을 지급받은 경우(대판 2006. 2. 23, 2005도8645), 보험계약자가 보험자와 보험계약을 체결하면서 상법상 고지의무를 위반한

---

1) 김윤행/공저, 주각(하), 316면; 정창운, 156면 등.
2) 대판 2004. 5. 27, 2003도4531.
3) 김성돈, 382면.
4) 김일수/서보학, 427면.
5) 정성근/정준섭, 364면.

경우(대판 2017. 4. 26. 2017도1405), 신용카드 가맹점주가 신용카드회사에게 용역의 제공을 가장한 허위의 매출전표를 제출하여 대금을 청구한 행위(대판 1999. 2. 12. 98도3549), 변제의사나 능력이 없음에도 이를 숨긴채 금원 대여를 요청하여 피해자의 배서가 된 약속어음으로 금융기관에서 할인을 받은 경우 배서인에 대한 사기죄 성립(대판 2007. 4. 12. 2007도1033), 보험가입자들이 진정으로 보험료를 납부할 의사와 능력이 없음에도 피고인이 1회 보험료를 대납하는 방식으로 보험계약을 체결한 경우 피고인은 보험계약체결 실적에 따라 수수료를 지급받으므로 사기죄 성립(대판 2014. 1. 16. 2013도9644) 등.

2. 부작위에 의한 기망을 부정한 경우

줄기세포 논문을 조작한 피고인이 이를 고지하지 않고 연구비 편취를 한 경우(대판 2014. 2. 27. 2011도48: 논문조작사실에 대한 고지의무가 있는지 여부), 매수인이 매도인에게 매매잔금을 지급함에 착오에 빠져 지급해야 할 금액을 초과하여 교부한 돈을 수령한 행위는 부작위에 의한 기망행위이지만, 매수인이 잔금을 주고받는 행위를 끝낸 후에야 비로소 착오가 있었던 사실을 알게 된 경우(대판 2004. 5. 27. 2003도4531: 거래 후에는 법률상 고지의무가 있는 것은 아니므로 점유이탈물횡령죄의 문제), 할부금이 남아 있는 차량을 중고로 매수한 다음 그 차량이 할부금이 없는 차량인 양 제3자에게 매도한 경우(대판 1998. 4. 14. 98도231: 할부금채무가 매수인에게 당연히 승계되는 것이 아님), 예금주인 피고인이 제3자에게 편취당한 송금의뢰인으로부터 자신의 은행계좌에 송금된 돈을 출금한 경우(대판 2010. 5. 27. 2010도3498: 송금인이 가지는 부당이득반환청구권은 별론으로 하고 은행은 부당이득반환권이 없으며 예금주는 은행에 대하여 예금반환청구권을 가짐. 다만, 대판 2018. 7. 19. 2017도17494 전원합의체 판결은 횡령죄 성립을 인정), 부동산중개업자가 아파트 입주권을 매도하면서 그 입주권을 2억 5,000만원에 확보하여 2억 9,500만원에 전매한다는 사실을 매수인에게 고지하지 않은 경우(대판 2011. 1. 27. 2010도5124: 매수인의 권리실현에 장애되지 않는 사유이므로 고지의무 없음), 화가 갑에게 돈을 주고 자신의 기존 콜라주 작품을 회화로 그려오게 하거나, 자신이 추상적인 아이디어만 제공하고 이를 갑이 임의대로 회화로 표현하게 하거나, 기존 자신의 그림을 그대로 그려달라고 하는 등의 작업을 지시한 다음 갑으로부터 완성된 그림을 건네받아 배경색을 일부 덧칠하는 등의 경미한 작업만 추가하고 자신의 서명을 하였음에도, 위와 같은 방법으로 그림을 완성한다는 사실을 그림매수자들에게 고지하지 아니한 경우(대판 2020. 6. 25. 2018도13696: 미술작품의 거래에서 창작과정이나 조수 등의 관여를 알려주는 것이 관행이 아닌 한, 미술작품의 가치평가 등은 전문가의 의견을 존중하는 사법자제의 원칙을 지켜야 함) 등.

(라) 기망행위의 정도   일반인을 착오에 빠지게 할 수 있는 정도면 족하다. 이러한 정도에 이르렀는가는 행위 시의 제반정황, 예컨대 상대방의 지식이나 경험, 거래상의 관행과 신의칙 등을 종합적으로 고려하여 객관적으로 판단해야 할 것이다. 누구나 쉽게 진위를 판별할 수 있는 거짓말은 기망에 해당하지 않는다.[1)

허위광고나 과장광고의 경우, 어느 정도 상관행상 시인되고 있는 범위 내에 해당하는 추상적인 허위 또는 과장의 정도는 기망에 해당하지 않는다. 즉, 일반적으로 상품의 선전, 광고에 있어 다소의 과장, 허위가 수반되는 것은 그것이 일반 상거래의 관행과 신의칙에 비추어 시인될 수 있는 한 기망성이 결여되지만, 거래에 있어서 중요한 사항에 관하여 구체적 사실을 거래상의 신의성실의 의무에 비추어 비난받을 정도의 방법으로 허위로 고지한 경우에는 과장, 허위광고의 한계를 넘어 사기죄의 기망행위에 해당한다.[2) 예컨대 건강에 좋다는 추상적 표현을 넘어 특정 성분의 함량을 허위로 표시하거나 효과 없는 식료품을 암 특효약이라고 거짓선전하여 환자에게 판매하는 행위, 농산물의 산지를 속여 고가로 판매하는 행위, 재고생식품의 가공일자를 고쳐서 판매하는 행위,[3) 종전에 출하한 일이 없던 신상품을 첫 출하시부터 종전가격 및 할인가격을 비교표시하여 막바로 세일에 들어가는 백화점의 변칙바겐세일행위[4) 등은 사술의 정도가 사회적으로 용인될 수 있는 상술의 정도를 넘는 기망행위이다.

이중매매 또는 이중저당의 경우도 문제된다. 이중매매란 매도인이 제1매수인에게 매도하고 아직 등기를 경료하지 않은 상태에서 제2매수인에게 다시 매매계약을 체결하고 등기를 경료하는 경우이다. 이중저당도 이와 같다. 이 경우 부동산의 물권변동에 관하여 형식주의를 취하는 민법상으로는 등기경료를 통해서만 소유권을 취득할 수 있으므로, 제2매수인에게 제1매수인과의 매매계약을 속

---

1) 정성근/정준섭, 359면.
2) 대판 2010. 9. 9, 2010도7298; 대판 2007. 1. 25, 2004도45; 대판 2004. 1. 15, 2003도5728; 대판 2002. 2. 5, 2001도5789 등.
3) 백화점의 식품매장에서 당일 판매되지 못하고 남은 생식품에 대하여 그 다음날 아침 포장지를 교체하면서 가공일자가 재포장일자로 기재된 바코드라벨을 부착하여 재판매하는 행위 내지 판매기법은 제품의 신선도에 대한 소비자들의 신뢰를 배신하고 그들의 생식품 구매동기에 있어서 중요한 요소인 가공일자에 관한 착오를 이용하여 재고상품을 종전가격에 판매하고자 하는 것으로서 그 사술의 정도가 사회적으로 용인될 수 있는 상술의 정도를 넘는 기망행위가 될 수 있다(대판 1995. 7. 28, 95도1157).
4) 대판 1992. 9. 14, 91도2994.

였다 하더라도 제2매수인이 소유권을 취득하는 데 아무런 법적 장애가 발생하지 않는다. 따라서 매도인은 제2매수인에게 거래계의 신의칙에 반하는 기망행위를 한 것으로 볼 수 없고, 제2매수인에게 사기죄가 성립하지 않는다. 다만, 제1매수인에 대한 배임죄는 별도로 판단하여야 한다(후술). 이중저당이나 명의신탁 부동산의 경우도 이와 같다.

판 례

신생 수입브랜드의 시계를 마치 오랜 전통을 지닌 브랜드의 제품인 것처럼 허위광고 함으로써 그 품질과 명성을 오인한 구매자들에게 고가로 판매한 행위,[1] 농업협동조합의 조합원이나 검품위원이 아닌 자가 TV홈쇼핑업체 납품 삼이 인공적으로 재배한 삼이라는 것을 알면서도 자신이 검품위원으로서 자연방임상태에서 성장시킨 것이라고 광고한 경우,[2] 음식점에서 한우만을 취급하는 것처럼 표기하고 수입 쇠갈비를 판매한 경우,[3] 부동산 관련 업체가 지방자치단체의 특정 용역보고서만을 근거로 확정되지도 않은 개발계획이 마치 확정된 것처럼 허위 또는 과장된 정보를 제공하여 매수인들과 매매계약을 체결한 경우[4] 등은 기망에 해당하지만, 피고인들이 매수인들에게 토지의 매수를 권유하면서 언급한 내용이 객관적 사실에 부합하거나 비록 확정된 것은 아닐지라도 연구용역 보고서와 신문스크랩 등에 기초한 선전의 경우[5]에는 기망에 해당하지 않는다.

(마) 기망행위의 상대방(삼각사기)   피기망자와 피해자가 반드시 일치될 필요는 없다. 이른바 삼각사기의 경우에는 처분권자와 피해자가 다르며, 기망행위의 상대방은 처분권자이다. 예를 들어 소송사기에 있어서는 피기망자가 법원이고 피해자는 재판의 상대방이다. 소송사기란 소송에 있어서 법원에 대하여 허위의 사실을 주장하거나 허위의 증거를 제출하여 법원을 기망함으로써 유리한 판결을 얻어내고 이에 기초하여 재물 또는 재산상의 이익을 취득하는 경우를 말한다.[6] 피기망자가 반드시 재물의 소유자나 점유자일 필요는 없으나 적어도 재물

---

1) 대판 2008. 7. 10, 2008도1664.
2) 대판 2002. 2. 5, 2001도5789.
3) 대판 1997. 9. 9, 97도1561.
4) 대판 2008. 10. 23, 2008도6549.
5) 대판 2007. 1. 25, 2004도45.
6) 소송사기의 실행착수시기에 관하여는 소장 제출시라는 입장(이재상 외, 341면)과 소장 제출 후

또는 재산상의 이익에 대해 처분행위를 할 수 있는 권한 또는 사실상의 지위가 있어야 한다(사실상 지위설).[1] 판례의 태도이기도 하다.[2] 예컨대 등기공무원을 기망하였다고 할지라도 그 공무원이 문제되는 부동산에 대한 처분권을 가졌다고 볼 수 없는 한 사기죄는 성립하지 않는다.

유아나 심신상실자는 기망의 상대방이 될 수 없다. 지려천박한 미성년자, 심신장애자(재산상의 거래무능력자)는 준사기죄(제348조)의 행위인 이용의 대상자이지만 이들에 대하여도 기망수단을 통하여 재물의 교부나 재산상의 이익을 취득하면 본죄가 성립한다. 기망행위의 상대방은 반드시 특정인일 필요도 없다. 불특정인을 대상으로 하는 기망행위도 가능하다(예컨대 광고사기의 경우).

② 기망행위에 의한 착오

행위자는 기망행위를 통하여 상대방을 착오에 빠지게 해야 하는데 여기에서 착오란 사실에 대한 표상(인식)과 현실의 불일치를 의미한다. 착오는 반드시 법률행위의 중요부분에 관한 것임을 요하지 않고 처분행위를 하기 위한 판단의 기초로 되는 사실에 관한 것이면 족하다. 그렇지만 단순한 동기의 착오만으로는 착오가 있다고 보기 어렵다.[3] 또한 진실한 사실에 관한 표상이 단순히 결여되어 있는 경우에도 착오가 성립되었다고 볼 수 없다. 그러나 피해자의 과실로 착오가 발생하여 기망을 당한 경우에도 사기죄는 성립될 수 있다. 기망행위와 상대방의 착오 사이에는 (합법칙적 조건설에 따른) 인과관계가 있어야 한다.

③ 재산적 처분행위

(가) 의 의   사기죄가 성립하려면 기망행위에 의하여 피기망자가 착오에 빠진 결과로 피기망자가 재산의 처분행위를 해야 한다. 그러므로 재산적 처분행

허위의 주장을 하거나 허위의 증거를 제출하는 때라는 입장(김일수, 한국형법Ⅳ, 236면)이 대립하고 있다. 기수시기는 승소판결이 확정된 때라는 것이 판례의 입장이다(대판 1978. 4. 11. 77도 3707).

1) 통설의 태도이다. 반면 배종대, 341면은 계약관계설을 취하여 처분권자가 계약에 근거하여 임의대리인, 재산관리인 등의 지위를 취득하여야 한다고 본다.

2) 대판 1994. 10. 11. 94도1575. "피기망자와 재산상의 피해자가 같은 사람이 아닌 경우에는 피기망자가 피해자를 위하여 그 재산을 처분할 수 있는 권능을 갖거나 그 지위에 있어야 하지만, 여기에서 피해자를 위하여 재산을 처분할 수 있는 권능이나 지위라 함은 반드시 사법상의 위임이나 대리권의 범위와 일치하여야 하는 것은 아니고 피해자의 의사에 기하여 재산을 처분할 수 있는 서류 등이 교부된 경우에는 피기망자의 처분행위가 설사 피해자의 진정한 의도와 어긋나는 경우라고 할지라도 위와 같은 권능을 갖거나 그 지위에 있는 것으로 보아야 한다."

3) 대판 1984. 1. 17. 83도2818.

위는 사기죄에 있어서 불문적 구성요건표지이다. 여기에서 재산적 처분행위란 피기망자의 하자있는 의사에 기초하여 행하여지는, 직접적으로 재산상의 손해를 초래하는 작위, 수인 또는 부작위를 의미한다. 그러므로 적극적으로 재물의 점유를 이전하는 교부행위는 물론 행위자가 재물을 가져가도록 용인하는 행위, 채무면제의 의사표시,[1] 청구권을 행사하지 않는 부작위[2]도 모두 포함된다. 또한 재물의 교부는 반드시 현실적 인도를 요하지 않고 재물이 행위자의 사실상의 지배 아래 들어가 그에게 자유로운 처분이 가능한 상태에 놓인 경우에도 인정된다.[3]

처분행위는 민법상의 법률행위일 것을 요하지 않고 순수한 사실행위를 포함하며 법률행위인 경우에는 그 유효, 무효, 취소할 수 있는지 여부 등을 묻지 않는다.

행위자는 피기망자의 재산적 처분행위를 통하여 재물의 교부를 받거나 재산상의 이익을 취득하거나 제3자로 하여금 교부 또는 취득하게 한다.

(나) 서명사취   비록 피기망자가 처분행위의 의미나 내용을 인식하지 못하였더라도, 피기망자의 작위 또는 부작위가 직접 재산상 손해를 초래하는 재산적 처분행위로 평가되고, 이러한 작위 또는 부작위를 피기망자가 인식하고 한 것이라면 처분행위에 상응하는 처분의사는 인정되고, 피기망자가 자신의 작위 또는 부작위에 따른 결과까지 인식하여야 하는 것은 아니다. 이와 관련하여 '서명사취'는 기망행위에 의해 유발된 착오로 인하여 피기망자가 내심의 의사와 다른 처분문서에 서명 또는 날인함으로써 재산상의 손해를 초래한 경우이다. 이때 피기망자가 행위자의 기망행위로 인하여 착오에 빠진 결과 내심의 의사와 다른 효

---

1) 대판 2009. 2. 12. 2008도10971. "단순한 채무변제 유예의 정도를 넘어서 채무의 면제라고 하는 재산상 이익에 관한 사기죄가 성립하기 위해서는 채무자의 기망행위로 인하여 그 채무를 확정적으로 소멸 내지 면제시키는 채권자의 처분행위가 있어야만 하는 것이므로, 단지 채무의 이행을 위하여 채권 기타 재산적 권리의 양도가 있었다는 사정만으로 그러한 처분행위가 있었다고 단정하여서는 안될 것이고, 그것이 기존 채무의 확정적인 소멸 내지 면제를 전제로 이루어진 것인지 여부를 적극적으로 살핀 다음, 채무면제를 목적으로 하는 사기죄의 성립 여부를 판단하여야 할 것이다."

2) 대판 2017. 4. 28. 2017도1544; 대판 2014. 2. 13. 2013도14242 등. "사기죄는 타인을 기망하여 착오에 빠지게 하고 처분행위를 유발하여 재물 또는 재산상의 이익을 얻는 범죄이므로, 피고인이 피기망자에게 작위 또는 부작위로 직접 재산상 손해를 초래하는 재산적 처분행위를 하도록 기망한 경우에 한하여 사기죄가 성립한다." 또한 대판 2007. 7. 12. 2005도9221은 출고현황표를 조작하여 실제 판매부수를 속여서 작가에게 인세의 일부만을 지급하였던바, 작가가 나머지 인세에 대한 청구권의 존재 자체를 알지 못하는 착오에 빠져 청구권을 행사하지 않았다면 부작위에 의한 처분행위라고 본다.

3) 대판 2003. 5. 16. 2001도1825.

과를 발생시키는 내용의 처분문서에 서명 또는 날인함으로써 처분문서의 내용에 따른 재산상 손해가 초래되었다면 서명 또는 날인을 한 피기망자의 행위는 처분행위에 해당한다. 이 경우에도 피기망자가 처분결과, 즉 문서의 구체적 내용과 법적 효과를 미처 인식하지 못하였더라도, 어떤 문서에 스스로 서명 또는 날인함으로써 처분문서에 서명 또는 날인하는 행위에 관한 인식이 있었던 이상 피기망자의 처분의사 역시 인정된다.[1]

(다) 착오와 처분행위의 인과성   기망행위에 의해 초래된 착오와 재산적 처분행위 사이에는 인과관계가 있어야 한다. 사람을 기망하여 주의를 딴 곳에 돌린 틈에 재물을 탈취하는 행위는 착오에 기인한 처분행위가 없기 때문에 사기죄로 되지 않고 절도죄로 될 뿐이다. 한편 사람을 기망하여 그의 재물을 포기시킨 후 이를 습득하는 행위는 착오에 기인한 처분행위(포기)가 있다고 보아 사기죄가 된다고 이해할 수 있다.

(라) 책략절도   재산적 처분행위의 직접적인 효과로서 재산적 손해가 발생해야 한다(처분행위의 직접성). 만일 처분행위 이외의 제3의 행위가 개입한 경우에는 사기죄가 성립하지 않는다. 이와 관련하여 책략절도가 문제된다. 책략절도란 기망행위를 수단으로 한 절취행위를 의미한다. 예컨대, 갑이 보석가게에서 마치 살 것처럼 점원 을에게 반지를 보여달라고 하여 끼워보는 척 하다가 그대로 도주한 경우 갑이 반지를 취득하게 된 원인행위는 기망에 의한 점원 을의 교부행위가 아니라 자신의 도주행위이다. 따라서 사기죄가 아닌 절도죄가 성립한다. 결혼예식장에서 축의금 접수인인 것처럼 행세하면서 하객들이 축의금을 내어놓자 이를 교부받아 가로챈 경우에도 판례[2]는 절도죄가 성립한다고 본다. 반면 물건가치가 없다고 상인을 기망하여 상품을 포기하게 한 후 이를 습득하는 경우에는 사기죄가 성립한다.

④ 재산상의 손해

(가) 재산상 손해의 필요여부   사기죄의 성립에 재산상의 손해발생이 필요한가에 관해서는 손해의 발생을 필요로 하지 않는다는 부정설,[3] 재물편취에 있어서는 전체재산의 감소가 없어도 사기죄가 성립하지만, 불법이익에 있어서는 전

---

1) 대판 2017. 2. 16, 2016도13362 전원합의체 판결.
2) 대판 1996. 10. 15, 96도2227.
3) 백형구, 184면; 서일교, 161면; 신동운, 964면; 오영근, 305면; 정웅석, 1153면 등.

체재산의 감소가 있어야 한다는 이분설,[1] 재물편취와 불법이익의 어느 경우에
도 전체재산의 감소가 있어야 한다는 긍정설[2]의 대립이 있다. 부정설은 형법 제
347조에 손해의 발생을 요건으로 규정하지 않았고 사기죄의 본질에 비추어 사
실상의 편취나 불법이득이 있으면 족하고, 별도의 재산적 손해가 발생할 것을
요하지 않는다는 것을 논거로 한다. 이분설은 불법이득의 경우 범인의 이득이
반드시 상대방의 손해를 수반하는 것은 아니므로 전체재산의 감소가 필요하지
만 재물편취의 경우에는 재물의 교부 그 차제가 재산상의 손해이므로 전체재산
의 감소가 없어도 사기죄가 성립한다고 본다. 한편 긍정설은 사기죄가 침해범이
고, 따라서 재산상의 손해발생은 본죄의 구성요건적 결과이며 손해발생을 논함
에 있어서 재물편취와 불법이득을 구분해야 할 이유가 없다고 본다. 사기죄의
보호법익이 재산인 이상 긍정설이 타당하며 손해의 발생여부는 처분행위의
전·후의 재산의 전체적 가치를 비교하여 객관적으로 판단하되 개별적·구체적
인 정황을 함께 고려해야 할 것이다.[3]

　　(나) 손해액의 산정　　재산상의 손해란 재산적 처분행위로 인하여 그 이전보
다 이후의 재산적 가치가 감소한 것을 의미한다(총체적 재산상태). 즉 적극재산
의 감소뿐만 아니라 소극재산(채무)의 증가도 손해에 해당한다. 따라서 피해자
가 처분행위로 인하여 받은 이익과 교부로 인한 손해가 동시에 있었던 경우에는
양자를 상계하여 감소한 경우에 재산상의 손해를 인정할 수 있고, 그 차액이 손
해액이라고 보아야 한다. 반면 판례는 "재물편취를 내용으로 하는 사기죄에 있
어서는 기망으로 인한 재물교부가 있으면 그 자체로써 피해자의 재산침해가 되
어 이로써 곧 사기죄가 성립하는 것이고, 상당한 대가가 지급되었다거나 피해자
의 전체 재산상에 손해가 없다 하여도 사기죄의 성립에는 그 영향이 없으므로
사기죄에 있어서 그 대가가 일부 지급된 경우에도 그 편취액은 피해자로부터 교
부된 재물의 가치로부터 그 대가를 공제한 차액이 아니라 교부받은 재물 전부"
라고 본다.[4]

---

1) 김윤행/공저, 주각(하), 360면: 황산덕, 307면 등.
2) 권오걸, 553면: 김성돈, 389면: 김일수/서보학, 436면: 김혜정 외, 326면: 박상기/전지연, 638면:
　　배종대, 342면: 손동권/김재윤, 385면: 이재상 외, 347면: 임웅, 416면: 정성근/정준섭, 240면: 최호진,
　　460면 등.
3) 김일수/서보학, 463면: 이재상 외, 341면: 정성근/정준섭, 371면 등.
4) 대판 1995. 3. 24. 95도203.

　　재산의 감소에는 계산이 가능한 현실적 손실뿐만 아니라 재산감소에의 구체적 위험도 포함될 수 있다.[1] 또한 선행이나 자선이라는 사회적 목적을 공허하게 하는 방법으로 타인을 기망하여 재물이나 재산상의 이익을 취득하는 경우 즉, 피해자가 행한 의무이행이 본래의 경제적·사회적 목적이 없어진 때에도 손해에 해당한다. 예컨대 구걸사기, 의연금사기, 헌혈사기 등도 자발적 교부이지만 그 경제적·사회적 목적을 상실하였으므로 재산적 손해가 발생한 것으로 보아야 한다.[2]

　　행위자의 이익과 피해자의 손해 사이에는 재료(또는 자료, 소재) 동일성이 있어야 한다. 즉, 행위자의 이익은 피해자의 손해로부터 직접 발생하여야 한다.

심화　착오의 상대방과 처분권자의 관계

　　삼각사기가 성립하기 위해서는 최소한 착오의 상대방인 피기망자에게 피해자의 재산에 관한 처분할 수 있는 권리나 사실상의 지위가 있어야 한다. 예컨대, 다음의 사례를 살펴보자.

　　갑은 맹견을 아파트 안에서 키우는 윗층 병의 집에서 시도때도 없이 들려오는 개짖는 소리에 신경이 예민해져서 불면증에 시달렸다. 이에 수의사인 을에게 만일 그 맹견을 처리해 준다면 사례금 500만원을 주겠다고 하였다. 수의사 을은 마침 맹견을 데리고 정기검진을 온 병에게 맹견이 심각한 광견병 초기증상이 있다고 기망하면서, 안락사할 수 있는 약을 처방하였다. 이를 받은 병은 자신의 손으로 맹견이 먹을 사료에 독약을 타서 죽게 만들었다.

　　이 경우 을은 기망으로 병의 맹견에 대한 소유권을 침해하였고, 이로 인한 이익은 갑으로부터 얻었다. 즉, 500만원이라는 재물의 처분은 갑으로부터 받았지만 갑은 병의 재산에 대한 처분권자도 아니고, 병의 재산처분으로부터 직접 을이 이익을 취득한 것도 아니다. 즉 이 때에는 재료동일성을 인정할 수 없다.

　　따라서 위 사례에서는 비록 기망행위가 있다고 하더라도 을은 사기죄가 성립하지 않는다. 그 결과 갑은 손괴죄의 교사범이 되고, 을은 어느 행위로 인하여 처벌되지 않는 소유권자인 병을 이용한 손괴죄의 간접정범이 성립될 뿐이다.

1) 이재상 외, 342면.
2) 김일수/서보학, 440면.

3) 실행의 착수와 기수

재산편취 또는 불법이득의 의사로서 기망행위를 개시한 때 실행의 착수가 있다. 기망행위의 개시로 족하고 이에 의해 상대방이 착오에 빠졌는가는 불문한다.

본죄는 기망행위-상대방의 착오-착오에 의한 재산의 교부-교부에 의한 취득-취득에 의한 재산상 손해발생이라는 5단계에 모두 인과관계가 요구되며, 만일 어느 하나라도 결여되면 미수가 된다. 모든 인과성이 인정될 경우, 재산상의 손해가 발생한 때에 기수에 이르게 된다.

(2) 주관적 구성요건

본죄의 고의는 위의 5단계, 기망행위를 한다는 사실, 피기망자가 착오에 빠져 재산적 처분행위를 하고 이로 인해 재산적 손해가 발생한다는 사실에 대한 인식, 인용을 말하며 미필적 고의도 족하다. 초과주관적 구성요건으로서 불법영득(이득)의사도 필요하다.

3. 위 법 성

재물의 교부나 재산상의 이익을 취득할 정당한 권리를 가진 자가 권리행사의 방법으로 기망적 수단을 사용한 경우에 있어서는 그 행위가 사회통념상 용인될 수 있는 정도일 때에는 처음부터 기망행위가 있다고 볼 수 없다.[1] 그 행위가 사회통념상 용인할 수 없는 경우에도 기망행위자에게 영득의 의사가 없으므로 주관적 요건이 결여되어 구성요건해당성이 없다고 보는 견해(영득의 불법설),[2] 행위의 불법성이 인정되므로 권리남용이 되어 위법성이 조각되지 않고 사기죄가 성립한다고 보는 견해(행위의 불법설),[3] 기망으로 취득한 재물 중 권리범위 내의 것을 제외하고 초과부분이 있을 경우 그것이 가분인 경우 초과부분에 대해서만 사기죄가 성립하고, 불가분의 객체라면 전부에 사기죄가 성립한다고 보는 견해[4] 등이 있다.

그 취득한 재물이나 재산상의 이익이 정당한 권리의 범위 내에 있는 한 그

---

1) 반면 김성돈, 393면은 이 경우 위법성이 조각된다고 본다.
2) 김일수/서보학, 445면: 배종대, 359면: 임웅, 421면.
3) 김혜정 외, 331면: 백형구, 186면: 오영근, 308면: 정성근/정준섭, 243면: 정웅석, 1159면.
4) 김종원(상), 217면: 이재상 외, 351면.

수단은 위법하지만 불법영득 또는 불법이득의 의사가 있다고 보기 어려우므로 본죄의 구성요건해당성이 없다고 봄이 타당하다. 그러나 기망적 수단으로 자기의 정당한 권리의 범위를 벗어나 초과의 재물의 교부나 재산상의 이익을 취득한 때에는 본죄의 구성요건에 해당하고 위법하다고 보아야 한다.

4. 관련문제

(1) 죄 수

1) 죄수결정의 기준

1개의 기망행위로 수인으로부터 재물을 편취한 경우에는 상상적 경합이 되고 1개의 행위로 동일인으로부터 수회에 걸쳐 재물을 편취하거나 동일인으로부터 수개의 기망행위로 재물을 편취한 경우는 포괄일죄가 된다. 1개의 기망행위로 동일인으로부터 재물도 편취하고 재산상의 이익도 취득한 경우에는 포괄하여 1개의 사기죄만 성립한다. 동일한 기회에 수개의 기망행위로 수인을 기망하였더라도, 본죄의 보호법익은 일신전속적 법익이 아니므로 포괄일죄가 성립한다.

단일한 범의로 상대방을 기망하고 그 결과 착오에 빠져 있는 동일인으로부터 일정 기간 동안 동일한 방법에 의하여 금원을 편취한 경우에는 포괄일죄가 되나, 범의의 단일성과 계속성이 인정되지 않거나 범행방법이 동일하지 않은 경우에는 각 범행은 실체적 경합범에 해당한다.[1]

2) 불가벌적 사후행위

사기죄도 재산범죄이므로, 이미 사기죄로 인하여 피해자의 재산권이 침해된 이상 그 이후의 행위는 불가벌적 사후행위가 되어 별도의 범죄를 구성하지 않는다. 예컨대, 판례는 계좌명의인이 개설한 예금계좌가 전기통신금융사기 범행에 이용되어 그 계좌에 피해자가 사기피해금을 송금·이체한 경우에, 계좌명의인이 사기의 공범이라면 자신이 가담한 범행의 결과 피해금을 보관하게 된 것일 뿐이어서 피해자와 사이에 위탁관계가 없고, 그가 송금·이체된 돈을 인출하더라도 이는 자신이 저지른 사기범행의 실행행위에 지나지 아니하여 새로운 법익을 침해한다고 볼 수 없으므로 사기죄 외에 별도로 횡령죄를 구성하지 않는다고 본다.[2] 또한 갑종친회장인 을이 위조한 규약 등을 공탁관에게 제출하여 공탁된 수

---

1) 대판 2004. 6. 25. 2004도1751.
2) 대판 2018. 7. 19. 2017도17494.

용보상금을 출급받아 편취하여 사기죄가 성립한 후에, 갑종친회에 공탁금반환을 거부한 행위는 새로운 법익 침해를 수반하지 않는 불가벌적 사후행위에 해당할 뿐, 별도의 횡령죄가 성립하지 않는다.[1]

반면 제3자의 새로운 법익을 침해할 때에는 별죄를 구성한다. 예컨대, 피해자를 속이고 설정해줄 의사 없이 근저당권설정을 약정하여 금원을 편취한 경우라 할지라도, 이러한 약정은 사기 등을 이유로 취소되지 않는 한 여전히 유효하여 피해자 명의의 근저당권설정등기를 하여 줄 임무가 발생하는 것이고, 그럼에도 불구하고 임무에 위배하여 그 부동산에 관하여 제3자 명의로 근저당권설정등기를 마친 경우, 이러한 배임행위는 금원을 편취한 사기죄와는 전혀 다른 새로운 보호법익을 침해하는 행위로서 불가벌적 사후행위가 아닌 별죄를 구성한다.

3) 타죄와의 관계

자기가 점유하는 타인의 재물을 기망행위에 의하여 영득한 때에는 횡령죄만 성립한다. 한편 타인의 사무를 처리하는 자가 본인을 기망하여 재물을 교부받거나 재산상의 이익을 취득한 때에는 사기죄와 배임죄의 상상적 경합이 된다.[2]

재물을 절취한 자가 다시 도품으로 타인을 기망하여 재물을 교부받거나 재산상의 이익을 취득하면 이는 불가벌적 사후행위를 넘어서는 것으로 절도죄와 사기죄의 실체적 경합이 된다. 예를 들어 예금통장을 절취한 자가 은행원을 기망하여 현금을 인출하는 경우는 절도죄와 사기죄의 경합이 된다.[3] 공무원이 직무와 관련하여 타인을 기망함으로써 재물의 교부를 받은 경우에는 수뢰죄와 사기죄의 상상적 경합이다.[4] 위조통화를 행사하여 타인의 재물을 편취하면 위조통화행사죄와 사기죄는 상상적 경합이 된다.[5] 사기도박의 경우에는 기망행위는 있으나 승패의 우연이 있다고 볼 수 없기 때문에 사기죄만 성립한다.[6]

기망행위에 의하여 국가적 또는 공공적 법익을 침해한 경우라도 그와 동시에 형법상 사기죄의 보호법익인 재산권을 침해하는 것과 동일하게 평가할 수 있는

---

1) 대판 2015. 9. 10, 2015도8592.
2) 반면 오영근, 310면은 배임죄는 사기죄에 흡수되어 사기죄만 성립한다고 본다.
3) 대판 1974. 11. 26, 74도2217.
4) 대판 1977. 6. 7, 77도1069.
5) 김성돈, 395면; 김일수/서보학, 446면; 이재상 외, 354면. 그러나 대판 1979. 7. 10, 78도840은 양 죄의 실체적 경합을 인정하고 있다.
6) 대판 1960. 11. 16, 4293형상743.

때에는 당해 행정법규에서 사기죄의 특별관계에 해당하는 처벌 규정을 별도로 두고 있지 않는 한 형법상 사기죄가 성립할 수 있다.[1] 반대로 해당 행정법규(특별법)에 기망에 의한 이익취득 처벌규정이 있으면 형법상 사기죄는 성립할 수 없다.

심화 **예금통장과 신용카드의 사기죄 성립여부**

반환의 의사로 타인의 예금통장과 신용카드를 훔쳐서 일정 금액을 인출한 이후 이를 반환한 경우 성립되는 범죄는 차이가 있다.

예금통장은 그 자체에 예금액 상당의 경제가치가 화체된 유가증권은 아니지만, 통장의 소지가 예금채권의 행사자격을 증명하는 자격증권으로서 이러한 증명기능은 예금통장 자체가 가지는 경제적 가치가 된다. 따라서 예금을 인출하면 인출액만큼 증명기능이 상실되고 그 상실된 기능에 상응하는 경제적 가치도 감소된다. 따라서 비록 반환의 의사로 예금통장을 훔쳐서 사용하고 반환해도 절도죄가 성립한다. 그리고 통장으로 은행에서 예금액을 인출할 경우 인출표에 타인의 서명을 함으로써 사문서위조죄가 성립하고 은행직원에게 이를 제출하여 기망함으로써 현금을 수령하였으므로 위조사문서행사죄와 사기죄(학설은 상상적 경합, 판례는 실체적 경합)가 성립한다. 그리고 절도죄, 사문서위조죄, 위조사문서행사죄 및 사기죄는 실체적 경합(판례)이 된다.

신용카드는 특수한 신용대부의 한 형태로서 증표의 일부일 뿐 이를 사용하더라도 경제적 가치의 감소가 발생하지 않는다. 따라서 반환의 의사로 신용카드를 훔쳐서 사용후 반환하면 사용절도에 해당하여 절도죄가 성립하지 않는다. 그리고 신용카드로 ATM기에서 마치 정당한 권리자인 양 현금을 인출할 경우 기계에 대한 기망은 불가능하므로 사기죄가 성립할 수 없고, 현금은 재물로서 재산상의 이익이 아니므로 컴퓨터등 사용사기죄(제347조의2) 역시 성립할 수 없다. 따라서 ATM기 관리자에 대한 절도죄(대판 2003. 5. 13, 2003도1178)만 성립한다.

---

(2) 불법원인급여물

1) 의의 및 사기죄 성립여부

불법원인급여물(민법 제746조)이란 민법상 반사회질서적 법률행위에 의하여 제공된 급여물이다. 민법은 원인된 행위가 반사회질서적이라는 점에서 원소유권

---

1) 대판 2021. 11. 11, 2021도7831.

자의 반환청구권을 부정하기 때문에, 반사적 이익으로서 수급자가 소유권을 보유하게 된다. 이에 대하여 반환청구권이 없음을 근거로 본죄의 객체가 될 수 없다고 보는 견해[1]가 있지만, 사회적·경제적 재산개념에 따를 경우 민법상 권리여부와 관계없이 사기죄가 성립할 수 있고, 기망의 대상이 됨에는 아무런 법적하자가 없다는 점에서 긍정설[2]이 타당하다. 판례도 불법원인급여에 해당하여급여자가 수익자에 대한 반환청구권을 행사할 수 없다고 하더라도, 수익자가 기망을 통하여 급여자로 하여금 불법원인급여에 해당하는 재물을 제공하도록 하였을 경우 사기죄가 성립한다고 본다.[3]

2) 성매매와 불법원인급여

부녀가 상대방으로부터 금품이나 재산상 이익을 받을 것을 약속하고 성행위를 하는 약속 자체는 법률행위로서 사법상 무효이나, 사회적·경제적 재산개념에 따라 사법상 보호되지 않는 이익도 사기죄의 객체에 포함되므로, 부녀가 금품 등을 받을 것을 전제로 성행위를 하는 경우 그 행위의 대가는 사기죄의 객체인 재산상 이익에 해당한다. 따라서 부녀를 기망하여 성행위 대가의 지급을 면하는 경우 사기죄가 성립한다.[4]

반대로 성매매 의사 없이 성행위의 대가를 미리 받고 성행위를 하지 않은 경우에 관하여, 긍정설[5]은 사람을 기망하여 반환청구권이 없는 불법원인급여물을 교부하게 한 경우에도 경제적 재산개념에 따라 사기죄가 성립한다고 본다. 원인제공설[6]은 민법 제746조 단서에 근거하여 불법원인이 수익자에게만 있는 경우에만 사기죄가 성립한다고 보기 때문에, 이 경우 수익자인 성매매 여성에게만불법이 있다고 보아 사기죄의 성립을 인정한다. 반면 부정설[7]은 법률적·경제적 재산개념에 따라 피해자의 재산처분행위는 불법목적이므로 반환청구권이 없어 법이 보호할 필요가 없으므로 재산상의 손해도 없다고 보아 사기죄를 부정한

---

1) 김일수/서보학, 425면; 안경옥, 「불법원인급여와 사기죄의 성립」, 형사법연구, 제17호(2002), 121면; 이정원, 413면.
2) 강구진Ⅰ, 333면; 김성돈, 375면; 김종원(상), 217면; 김혜정 외, 338면; 백형구, 183면; 서일교, 162면; 유기천(상), 261면; 이재상 외, 353면; 정성근/정준섭, 245면; 황산덕, 289면 등.
3) 대판 1995. 9. 15, 95도707.
4) 대판 2001. 10. 23, 2001도2991.
5) 배종대, 345면; 신동운, 972면; 이재상 외, 353면; 정성근/정준섭, 245면.
6) 손동권/김재윤, 392면.
7) 김혜정 외, 339면; 김일수/서보학, 352면.

다. 판례는 도박자금으로 사용하기 위해 금원을 편취한 경우 사기죄 성립을 인정한다.[1] 생각건대, 이 경우에도 형법상의 고유한 가치질서를 인정한다면 사기죄가 성립한다고 보아야 할 것이지만, 그 판단 여부에 있어서 원인행위가 현실적으로 용납할 수 없는 반사회질서적 행위인가를 고려하여야 할 것이다.

(3) 소송사기

1) 의 의

소송사기란 법원을 기망하여 유리한 판결을 받아내고 이에 근거하여 재물 또는 재산상의 이익을 취득하는 범행을 말한다.[2] 소송사기에 있어서 범죄의 주체는 당사자이며 원고나 피고가 모두 주체로 될 수 있다.[3] 피기망자는 법원이며 피해자는 소송의 상대방이다.

2) 요 건

소송사기가 사기죄로 되기 위해서는 ① 법원에 허위사실을 주장하거나 허위의 증거를 제출하는 등 법원을 적극적으로 기망해야 하며 단순한 부인이나 묵비 정도로는 부족하다.[4] 따라서 상대방에게 유리한 증거를 제출하지 않거나 상대방에게 유리한 사실을 진술하지 않는 행위만으로는 기망이 된다고 할 수 없다.[5] ② 법원의 판결은 피해자의 처분행위와 같은 효력을 발생할 수 있어야 한다.[6] 그러므로 소유권 없는 자에 대한 승소,[7] 사자에 대한 소송[8] 등의 경우에는 사

---

1) 대판 2006. 11. 23, 2006도6795.
2) 대판 2002. 6. 28, 2001도1610.
3) 대판 1998. 2. 27, 97도2786.
4) 정성근/정준섭, 377면.
5) 대판 2002. 6. 28, 2001도1610.
6) 대판 2013. 11. 28, 2013도459; 대판 1985. 10. 8, 84도2642. "자기의 비용과 노력으로 건물을 신축하여 그 소유권을 원시취득한 미등기건물의 소유자가 있고 그에 대한 채권담보 등을 위하여 건축허가명의만을 가진 자가 따로 있는 상황에서, 건축허가명의자에 대한 채권자가 위 명의자와 공모하여 명의자를 상대로 위 건물에 관한 강제경매를 신청하여 법원의 경매개시결정이 내려지고, 그에 따라 위 명의자 앞으로 촉탁에 의한 소유권보존등기가 되고 나아가 그 경매절차에서 건물이 매각되었다고 하더라도, 위와 같은 경매신청행위 등이 진정한 소유자에 대한 관계에서 사기죄가 된다고 볼 수는 없다. 왜냐하면 위 경매절차에서 한 법원의 재판이나 법원의 촉탁에 의한 소유권보존등기의 효력은 그 재판의 당사자도 아닌 위 진정한 소유자에게는 미치지 아니하는 것이어서, 피기망자인 법원의 재판이 피해자의 처분행위에 갈음하는 내용과 효력이 있는 것이라고 보기는 어렵기 때문이다."
7) 대판 1985. 10. 8, 84도2642.
8) 대판 1987. 12. 22, 87도852.

기죄가 성립하지 않는다. ③ 행위자에게 기망행위와 재물 또는 재산상의 이익취득에 대한 인식, 인용이 있어야 한다. 소송사기가 성립하기 위하여는 제소 당시에 그 주장과 같은 채권이 존재하지 않는다는 것만으로는 부족하고 그 주장의 채권이 존재하지 않는다는 사실을 잘 알면서도 허위의 주장과 증명으로써 법원을 기망한다는 인식을 하고 있어야만 한다. 따라서 단순히 사실을 잘못 인식하였다거나 법률적 평가를 잘못하여 존재하지 않는 권리를 존재한다고 믿고 제소한 행위는 사기죄를 구성하지 않는다.[1] ④ 소송사기를 처벌하는 것은 필연적으로 누구든지 자기에게 유리한 주장을 하고 소송을 통하여 권리구제를 받을 수 있다는 민사재판제도의 위축을 가져올 수밖에 없으므로, 피고인이 그 범행을 인정한 경우 외에는 그 소송상의 주장이 사실과 다름이 객관적으로 명백하거나 피고인이 그 소송상의 주장이 명백히 허위인 것을 인식하였거나 증거를 조작하려고 한 흔적이 있는 등의 경우 외에는 이를 섭사리 유죄로 인정하여서는 안 된다.

3) 실행의 착수시기와 기수

일반적으로 원고의 소송사기의 실행의 착수는 소 제기시점이고, 피고의 경우 원고의 주장을 반박하기 위하여 허위의 답변서나 준비서면 또는 허위의 증거를 법원에 제출하는 시점이다. 그러나 가압류신청을 한 것만으로는 실행의 착수를 인정할 수 없다.[2] 반면, 강제집행절차를 통한 소송사기는 집행절차의 개시신청을 한 때 또는 진행 중인 집행절차에 배당신청을 한 때가 실행의 착수시점이다.[3]

기수시점은 승소판결이 확정된 때이며,[4] 별도의 집행절차를 거치거나 등기이전으로 소유권을 취득한 때가 아니다. 만일 소송사기로 받은 승소판결에 기하여 소유권이전등기를 경료하였다면 사기죄와 공정증서원본부실기재죄는 실체적 경합이 된다.[5]

---

1) 대판 2022. 5. 26, 2022도1227; 대판 2018. 12. 28, 2018도13305.
2) 대판 1982. 10. 26, 82도1529.
3) 대판 2015. 2. 12, 2014도10086.
4) 대판 2006. 11. 10, 2006도5811; 대판 1993. 9. 14, 93도915(따라서 소장의 유효한 송달을 요하지 아니한다고 할 것인바, 이러한 법리는 제소자가 상대방의 주소를 허위로 기재함으로써 그 허위주소로 소송서류가 송달되어 그로 인하여 상대방 아닌 다른 사람이 그 서류를 받아 소송이 진행된 경우에도 마찬가지로 적용된다).
5) 대판 1983. 4. 26, 83도188.

> **판례**
>
> 　소송사기에 있어서 피기망자인 법원의 재판은 피해자의 처분행위에 갈음하는 내용과 효력이 있어야 하므로, 피고인들이 타인과 공모하여 그 공모자를 상대로 제소한 경우나 피고인들이 법원을 기망하여 얻으려고 한 판결의 내용이 소송 상대방의 의사에 부합하는 것일 때에는 착오에 의한 재물의 교부행위가 있다고 할 수 없어 소송사기죄가 아니다.[1)]

5. 신용카드범죄

(1) 신용카드의 의의

　신용카드는 여신전문금융법에 의하여 신용카드업의 허가를 받은 자가 발급한 카드로서, 이를 제시하면 반복적으로 신용카드 가맹점에서 물품의 구입 또는 용역의 제공을 받을 수 있는 증표이다(여신전문금융업 제2조 제3호). 신용카드에는 재산권이 화체되어 있지 않으므로 유가증권으로 볼 수는 없다.[2)]

　신용카드는 삼당사자카드로서, 신용카드발급회사와 가맹점 및 신용카드소지자 사이의 권리·의무관계를 표상하는 증표이며, 신용의 부여로 인하여 카드회사가 먼저 대금을 지급하고 일정기간 후에 회원으로부터 이를 회수한다. 따라서 가맹점이 따로 없이 판매자가 직접 카드를 발급하는 백화점카드와 같은 일방당사자카드(양당사자카드)와는 다르다. 또한 미리 대금을 받고 이에 해당하는 금액을 전자적 또는 자기적 방법으로 기록하여 발행한 증표로서 신용카드가맹점에 제시하여 그 카도에 기록된 금액의 범위에서 결제할 수 있게 한 선불카드와도 구분된다. 그러나 회원과 신용카드가맹점 간에 전자적·자기적 방식으로 금융거래계좌에 이체하는 등의 방법으로 결제가 이루어질 수 있도록 신용카드업자가 발행한 증표인 직불카드(debit card) 및 선불카드는 신용카드에 준하여 여신전문금융업법상 법적 규제를 받는다.

　신용카드는 그 자체가 사실증명에 관한 사문서에 해당하고 소지자에게 재산적 가치가 있으므로, 문서에 관한 죄에 있어서 사문서위조·변조뿐만 아니라 재산범죄에서의 절취, 강취, 편취 등의 대상이 될 수 있다. 또한 여신전문금융업법

---

1) 대판 2017. 10. 26, 2013도6896; 대판 1996. 8. 23, 96도1265.
2) 대판 1999. 7. 9, 99도857. 반면 유가증권으로 보는 견해로는 백형구, 510면.

상 분실·도난된 카드를 사용하거나 부정하게 카드를 발급받거나 기타 행위가 문제로 될 수도 있다. 사기죄와 관련하여서는 신용카드를 부정하게 발급받는 행위와 부정하게 사용하는 행위가 특히 논의의 대상이 된다.

(2) 신용카드의 부정발급

1) 자기명의 신용카드

카드 신청자가 신청서에 허위내용을 기재하고 카드대금을 지급할 의사와 능력이 있는 것처럼 가장하여 자기명의의 신용카드를 발급받은 경우에 신청서 작성행위는 사문서의 무형위조이기 때문에 문제될 여지가 없으나 사기죄가 성립하는가에 관하여서는 사실상 재산상의 손해가 없다는 이유로 이를 부정하는 견해[1]와 신용카드 자체도 재물이고 카드발급을 통하여 장차 카드를 이용할 재산상의 위험이 발생했다고 보아 사기죄를 긍정하는 견해[2]의 대립이 있다. 손해발생이란 현실적 손해만을 의미하는 것은 아니기 때문에 긍정설이 타당하다.

2) 타인명의 모용 신용카드

임의로 타인명의의 신용카드를 발급받을 경우에 신청서 작성행위는 사문서위조·동행사죄를 구성한다. 이밖에 사기죄가 성립하는가에 관하여서는 ①의 경우와 같이 신용카드 자체의 재산적 가치가 경미하고 재산상의 손해를 인정할 수 없다는 점을 근거로 하는 부정설[3]이 있으나, 긍정설이 타당하다. 이때에도 지불의사와 지불능력 없이 신용카드 회사를 기망하여 재산상 손해발생의 구체적 위험이 현출되었다고 볼 수 있다. 타인명의의 신용카드를 발급받아 이를 통해 현금지급기에서 현금을 인출한 경우에는 절도죄가 성립한다.

판례

> 피고인이 타인의 명의를 모용하여 신용카드를 발급받은 경우, 비록 카드회사가 피고인으로부터 기망을 당한 나머지 피고인에게 피모용자 명의로 발급된 신용카드를 교부하고, 사실상 피고인이 지정한 비밀번호를 입력하여 현금자동지급기에 의한 현금대출(현금서비스)을 받을 수 있도록 하였다 할지라도, 카드회사의 내심의 의사

---

1) 배종대, 348면.
2) 김성돈, 401면; 이재상 외, 369면; 오영근, 318면; 임웅, 435면 등. 한편 김일수/서보학, 448면은 타인명의의 신용카드 부정발급의 경우에만 사기죄를 인정한다.
3) 김일수/서보학, 448면; 배종대, 348면.

는 물론 표시된 의사도 어디까지나 카드명의인인 피모용자에게 이를 허용하는 데 있을 뿐, 피고인에게 이를 허용한 것은 아니라는 점에서 피고인이 타인의 명의를 모용하여 발급받은 신용카드를 사용하여 현금자동지급기에서 현금대출을 받는 행위는 카드회사에 의하여 미리 포괄적으로 허용된 행위가 아니라, 현금자동지급기의 관리자의 의사에 반하여 그의 지배를 배제한 채 그 현금을 자기의 지배하에 옮겨놓는 행위로서 절도죄에 해당한다.[1]

동 판결에서 판례는 타인명의를 모용한 신용카드 발급이 범죄가 되는지는 밝히고 있지 않다. 다만 이를 사용한 인출행위만 절도죄 성립을 인정하였을 뿐이다. 이에 대하여 동 판결이 타인명의 부정발급을 사기죄로 인정하였다고 해석하는 견해[2]와 사기죄 성립을 부정한 것으로 보는 견해[3]가 대립한다. 생각건대 기망을 당하여 신용카드를 발급하였다고 명시한 점 및 자기명의 부정발급을 사용행위가 포괄해서 사기죄 일죄로 보는 판례의 태도에 비추어 사기죄를 인정한 것으로 보아도 무방할 것이다.

(3) 신용카드의 부정사용

1) 자기명의 신용카드의 부정사용

① 자기명의 부정발급 신용카드의 사용

카드대금을 결제할 의사와 능력이 없이 자기명의의 신용카드로 물품을 구입한 경우에 사기죄가 성립하는가에 관하여서는 부정설[4]과 긍정설[5]의 대립이 있다. 부정설은 자신의 신용카드사용이 가맹점에 대한 기망행위가 될 수 없다는 점을 근거로 한다. 그러나 지불의사와 지불능력 없이 카드를 사용하는 행위 자체가 묵시적 기망행위에 해당할 수 있다는 점에서 처음부터 지불하지 않겠다는 의사로 사용하면 사기죄가 성립한다고 보아야 할 것이다. 판례는 부정발급과 사용행위를 포괄하여 사기죄 포괄일죄의 성립을 인정한다.

---

1) 대판 2002. 7. 12, 2002도2134.
2) 김성돈, 401면.
3) 이재상 외, 349면.
4) 김일수/서보학, 453면; 안경옥, "신용카드부정취득, 사용행위에 대한 형사법적 고찰", 형사법연구 제11권, 1999. 262면 이하.
5) 강구진Ⅰ, 324면; 신동운, 1012면; 오영근, 318면; 임웅, 435면; 정성근/정준섭, 249면 등. 판례 또한 같다(대판 2006. 3. 24, 2006도282).

판 례

////////////

　피고인이 카드사용으로 인한 대금결제의 의사와 능력이 없으면서도 있는 것 같이 가장하여 카드회사를 기망하고, 카드회사는 이에 착오를 일으켜 일정 한도 내에서 카드사용을 허용해 줌으로써 피고인은 기망당한 카드회사의 신용공여라는 하자 있는 의사표시에 편승하여 자동지급기를 통한 현금대출도 받고, 가맹점을 통한 물품구입대금 대출도 받아 카드발급회사로 하여금 같은 액수 상당의 피해를 입게 함으로써, 카드사용으로 인한 일련의 편취행위가 포괄적으로 이루어지는 것이다. 따라서 카드사용으로 인한 카드회사의 손해는 그것이 자동지급기에 의한 인출행위이든 가맹점을 통한 물품구입행위이든 불문하고 모두가 피해자인 카드회사의 기망당한 의사표시에 따른 카드발급에 터잡아 이루어지는 사기의 포괄일죄이다.[1]

② 자기명의 정상발급 신용카드의 부정사용

　자기명의로 정상적으로 발급받은 신용카드를 지불의사와 지불능력이 없음에도 불구하고 사용한 경우이다. 이 때에도 부정발급과 유사하게 보아 사기죄의 성립을 긍정하는 견해[2]가 있다. 그러나 단순히 채무불이행에 불과한 경우와 그렇지 않은 경우를 나누어야 할 것이다. 즉, 일반적으로는 자기명의 정상발급된 신용카드를 사용할 당시 지불능력이 없었다 하더라도 여신의 의미상 행위 후에 성실히 대금을 변제하고자 하였다면 단순한 채무불이행으로 봄이 타당하다. 그러나 이를 넘어서서 이미 과다한 부채의 누적등으로 대출금채무의 변제능력이나 의사가 없는 상황에 처해 있음에도 불구하고 신용카드를 사용하였다면 사기죄가 될 것이다. 판례도 이를 구분하여 후자의 경우에만 사기죄를 인정한다.

판 례

////////////

　신용카드사용으로 인한 신용카드업자의 금전채권을 발생케 하는 행위는 카드회원이 신용카드업자에 대하여 대금을 성실히 변제할 것을 전제로 하는 것이므로, 카드회원이 일시적인 자금궁색 등의 이유로 그 채무를 일시적으로 이행하지 못하게 되는 상황이 아니라 이미 과다한 부채의 누적 등으로 신용카드 사용으로 인한 대출금채무를 변제할 의사나 능력이 없는 상황에 처하였음에도 불구하고 신용카드를

---

1) 대판 1996. 4. 9, 95도2466.
2) 김성돈, 402면: 김혜정 외, 340면.

사용하였다면, 사기죄에 해당한다.[1]

2) 타인명의의 신용카드 부정사용

① 타인명의로 부정발급 받은 신용카드의 사용

(가) 현금(서비스) 인출   타인명의로 부정발급 받은 신용카드로 현금서비스를 받은 경우, 신용카드발급자를 기망하여 발급받은 후 현금서비스를 받도록 신용공여행위를 한 것이므로 사기죄가 성립한다고 보는 견해와[2] 권한 없이 정보를 입력한 행위이므로 컴퓨터등 사용사기죄라고 보는 견해[3]가 있다. 그러나 현금인출기에 대한 기망이란 있을 수 없으므로 사기죄는 성립할 수 없고, 재산상의 이익이 아닌 재물을 취득하였으므로 컴퓨터등 사용사기죄도 성립할 수 없다는 점에서 현금인출기 관리자에 대한 절도죄[4]만 성립하며, 발급행위로 인한 사기죄와는 피해자와 행위가 다르므로 실체적 경합이 된다. 판례도 절도죄를 인정한다.[5]

(나) 인터넷 신용대출   타인 명의를 모용하여 부정발급받은 신용카드로 ARS서비스나 인터넷 신용대출을 받은 행위는, 마치 자신이 정당한 사용권자인 양 권한 없이 정당한 명령을 입력하여 정보를 처리하게 함으로써 재산상의 이익을 취득한 것이므로 컴퓨터등 사용사기죄(제347조의2)가 성립한다. 판례도 이와 같다.[6]

(다) 물품의 구입   타인 명의를 모용하여 부정발급 받은 신용카드로 가맹점에서 물품을 구입한 경우에는 피기망자가 가맹점이므로 부정발급 받는 행위와 달리 삼각사기의 형태를 띠게 된다. 따라서 신용카드회사를 기망하여 타인명의 신용카드를 발급받는 것과는 그 행위 및 피기망자를 달리하므로 이를 사기죄 포괄일죄로 보기는 어려울 것이다. 따라서 별도의 사기죄가 성립함이 타당할 것이다.

---

1) 대판 2006. 3. 24, 2006도282; 대판 2005. 8. 19, 2004도6859.
2) 김성돈, 403면. 한편 오영근, 317면; 정영일, 186면은 이미 타인명의로 부정발급을 받을 당시 사기죄가 성립하므로 그 이후의 행위들은 모두 포괄하여 사기죄 포괄일죄가 성립한다고 본다.
3) 김일수/서보학, 451면; 배종대, 356면; 이재상 외, 374면.
4) 박상기/전지연, 656면.
5) 대판 2006. 7. 27, 2006도3126. 정성근/정준섭, 250면도 절도죄의 성립을 인정한다.
6) 대판 2006. 7. 27, 2006도3126.

② 분실·도난된 타인의 신용카드의 사용

(가) 현금(서비스) 인출 　위의 처벌대상이 되는 타인의 신용카드를 취득한 자가 현금인출기에서 현금을 인출한 경우 컴퓨터등 사용사기죄가 성립한다고 보는 견해[1]는 권한 없이 정당한 정보를 입력하는 경우에 해당하고, 재물은 전체 재산의 일부라는 점을 논거로 한다. 반면 절도죄설[2]은 행위자가 취득한 재물은 재산상의 이익과는 분리되는 개념이고, 현금인출기 설치자는 정당한 권리자에게 만 지급하겠다는 조건부 동의를 한 것이므로 절도죄에 해당한다고 본다. 재물과 재산상의 이익을 엄격히 분리하여 객체로 삼는 현행 형법상 컴퓨터등 사용사기 죄를 적용하면 유추해석금지의 원칙에 반하게 되고, 타인의 신용카드를 정당한 권원에 기하여 사용한 것이 아니므로 무단인출은 절도죄에 해당한다고 봄이 타 당하다. 판례도 절도죄를 인정한다.[3]

> **판 례**
>
> 　판례는 절취한 타인의 신용카드로 현금자동지급기에서 현금을 인출한 행위는 재물이 아니므로 컴퓨터등 사용사기죄가 성립할 수 없다고 보면서도,[4] 예금주인 현금카드 소유자로부터 일정액의 현금을 인출해오라는 부탁과 함께 현금카드를 건 네받아 그 위임받은 금액을 초과한 현금인출을 한 경우 그 초과부분에 상당하는 재 산상의 이익을 취득한 것이므로 권한없이 정보를 입력한 것으로 보아 컴퓨터등 사 용사기죄에 해당한다고 보았다.[5] 그러나 후자의 경우 현금인출행위를 위임받았으 므로 위임권한을 넘어서는 행위를 한 것은 아니고, 초과부분의 인출은 현금인출기 관리자의 의사에 반하는 절도죄도 아니고 재물을 취득하였으므로 컴퓨터등 사용사 기죄도 될 수 없다. 이는 소유자의 포괄적 위임 범위 내에서 권한을 남용한 것이기 때문에 월권대리와는 구분되므로 타인의 사무처리자의 임무위배행위라고 할 수 없 다.[6] 다만 과다인출한 금액에 대하여는 타인의 재물에 대한 보관자의 지위에 있으 므로 횡령죄가 성립한다고 봄이 타당할 것이다.

---

1) 김일수/서보학, 454면; 배종대, 357면; 오영근, 316면; 이재상 외, 374면; 임웅, 439면.
2) 김성돈, 381면; 김혜정 외, 341면; 정성근/정준섭, 250면.
3) 대판 2003. 5. 13, 2003도1178.
4) 대판 2003. 5. 13, 2003도1178.
5) 대판 2006. 3. 24, 2005도3516.
6) 김성돈, 406면; 김혜정 외, 342면은 초과된 차액부분을 재산상의 이익으로 보아 컴퓨터등 사용사 기죄를 인정한다.

(나) 물품의 구입　　타인의 신용카드를 자기의 것처럼 사용하여 물품, 용역 등을 제공받으면 사기죄가 성립된다고 보아야 한다.[1] 이 경우 물품을 구입하기 위하여는 매출영수증에 타인의 서명을 하여야 하므로 사문서위조죄 및 동 행사죄 역시 성립한다. 이 경우 사기죄와의 관계에 관하여 판례는 행위태양과 보호법익을 달리하므로 실체적 경합[2]이 된다고 보지만, 행위의 중첩성이 인정되므로 상상적 경합이 된다. 다만 후술하는 바와 같이 여신전문금융업법 위반죄가 성립하면 이에 흡수되어 사문서위조죄와 동행사죄는 성립하지 않는다.

(다) 여신전문금융업법 위반　　분실하거나 도단당하거나, 강취, 횡령, 기망 또는 공갈로 취득한 타인의 신용카드나 직불카드를 사용한 자는 여신전문금융업법에 의하여 신용카드부정사용죄가 성립한다(제70조 제1항 제3, 4호).

(라) 죄수관계　　분실된 신용카드를 습득하는 행위가 점유이탈물횡령죄가 되거나 타인의 신용카드를 절취 또는 강취하는 행위가 절도죄 또는 강도죄가 됨은 물론이며, 사용행위와는 실체적 경합이 된다. 타인의 신용카드로 무단으로 현금인출행위를 하고 물품을 구입하였다면 각 행위마다 별개의 범죄가 성립하고 모든 범죄들은 실체적 경합이 된다. 타인의 신용카드 사용이 여신금융업법상 신용카드부정사용죄가 성립하면 물품구매시의 사문서위조죄와 동 행사죄는 불가벌적 수반행위가 되어 별도로 성립하지 않는다(법조경합 중 흡수관계). 또한 신용카드부정사용죄와 형법상 현금인출행위의 절도죄 및 물품구입의 사기죄는 행위태양과 보호법익을 달리하므로 실체적 경합이 된다.[3] 이 경우 현금인출이나 물품구매가 다수에 걸쳐 이루어졌다고 하더라도 일단 신용카드부정사용죄가 성립하여 여신전문금융업법상의 거래의 안전과 이에 대한 일반인의 신뢰라는 보호법익이 침해되는 이상 그 이후의 행위는 포괄일죄가 되어 신용카드부정사용죄는 1개만 성립한다.[4]

그 결과, 예컨대 타인의 신용카드를 절취하여 현금을 인출하고 3회에 걸쳐 물품을 구매하였다면, 신용카드에 대한 절도죄, 현금에 대한 절도죄, 물품에 대

---

[1] 대판 1997. 1. 21, 96도2715.
[2] 대판 1991. 9. 10, 91도1722. 피고인이 예금통장을 강취하고 예금자 명의의 예금청구서를 위조한 다음 이를 은행원에게 제출행사하여 예금인출금 명복의 금원을 교부받았다면, 강도, 사문서위조, 동행사, 사기죄는 각각 실체적 경합관계에 있다.
[3] 김성돈, 408면은 상상적 경합을 인정한다.
[4] 대판 1996. 7. 12, 96도1181.

한 사기죄 3개, 신용카드부정사용죄 1개는 모두 실체적 경합이 된다.

③ 편취 또는 갈취된 신용카드의 사용

타인의 신용카드를 편취 또는 갈취하는 행위는 형법상 사기죄 또는 공갈죄가 성립함은 물론이다. 다만, 이후 신용카드의 사용은 명의자의 의사에 반하는 사용이 아니라는 점에서 비록 하자있는 의사표시이기는 하나 승낙을 받은 행위라고 볼 수 있다. 따라서 이후 현금인출기에서 현금을 인출하거나 물품을 구매하는 행위는 별도의 절도죄나 사기죄가 성립하지 않고, 신용카드의 편취 또는 갈취행위와 포괄하여 사기죄 또는 공갈죄의 포괄일죄만 성립한다.

다만 그와 같은 편취 또는 갈취된 타인의 신용카드의 사용 역시 여신전문금융업법상 신용카드부정사용죄(제70조 제1항 제4호)에 해당하며, 앞선 카드자체의 편취·갈취에 의한 사기죄 또는 공갈죄와는 별개의 행위이므로 실체적 경합이 된다.

판 례

　　예금주인 현금카드 소유자로부터 그 카드를 편취하여, 비록 하자 있는 의사표시이기는 하지만 현금카드 소유자의 승낙에 의하여 사용권한을 부여받은 이상, 그 소유자가 승낙의 의사표시를 취소하기까지는 현금카드를 적법, 유효하게 사용할 수 있으며, 은행 등 금융기관은 현금카드 소유자의 지급정지 신청이 없는 한 카드 소유자의 의사에 따라 그의 계산으로 적법하게 예금을 지급할 수밖에 없는 것이므로, 피고인이 현금카드의 소유자로부터 현금카드를 사용한 예금인출의 승낙을 받고 현금카드를 교부받은 행위와 이를 사용하여 현금자동지급기에서 예금을 여러 번 인출한 행위들은 모두 현금카드 소유자의 예금을 편취하고자 하는 피고인의 단일하고 계속된 범의 아래에서 이루어진 일련의 행위로서 포괄하여 하나의 사기죄를 구성한다고 볼 것이지, 현금자동지급기에서 카드 소유자의 예금을 인출, 취득한 행위를 현금자동지급기 관리자의 의사에 반하여 그가 점유하고 있는 현금을 절취한 것이라 하여 이를 현금카드 편취행위와 분리하여 따로 절도죄로 처단할 수는 없다.[1)]
반면, 강취한 현금카드를 사용하여 현금자동지급기에서 예금을 인출한 행위는 피해자의 승낙에 기한 것이라고 할 수 없으므로, 현금자동지급기 관리자의 의사에 반하여 그의 지배를 배제하고 그 현금을 자기의 지배하에 옮겨 놓는 것이 되어서 강도

---

1) 대판 2005. 9. 30. 2005도5869. 공갈죄로 취득한 신용카드 사용에 관한 판례로는 대판 2007. 5. 10. 2007도1375.

죄와는 별도로 절도죄를 구성한다.[1]

(4) 가맹점의 허위매출전표 작성행위

신용카드 가맹점이 신용카드회사에게 매출전표상 용역의 제공을 가장하여 허위로 작성하여 이를 제출하여 대금을 청구하고, 이에 따라 신용카드회사가 매출전표에 기재된 바와 같이 가맹점에 매출 또는 용역의 제공이 있는 것으로 오인하여 그 대금 상당액을 교부하는 경우이다. 이 경우 허위의 매출전표를 작성하여 신용카드 회사를 오인케하는 행위는 사기죄의 기망행위에 해당하고 그로 인한 착오 및 대금교부행위가 있으므로 사기죄에 해당한다.[2] 이 경우 가맹점이 타인 명의를 이용하여 이와 같은 행위를 하였다면, 이는 여신전문금융업법위반죄(제70조 제3항 제2호)에 해당하므로 사문서위조죄와 동행사죄는 마찬가지로 불가벌적 수반행위로서 별도로 성립하지 않는다(법조경합 중 흡수관계). 또한 사기죄와 여신전문금융업법위반죄는 실체적 경합이 되고, 그와 같은 허위매출전표에 의한 사기죄가 수회 반복되더라도 수개의 사기죄의 실체적 경합 이외에 여신전문금융업법 위반죄는 포괄일죄가 된다.

심 화 신용카드 관련 범죄의 행위태양

신용카드 관련 범죄를 행위유형별로 요약하면 다음과 같다.

명의	카드상태	행위유형	판례	본서
자기	부정발급			사기죄
	부정발급 부정사용	현금인출	사기죄 포괄일죄	무죄
		물품구입		사기죄
	정상발급	현금인출		무죄
		물품구입	(부채누적상태) 사기죄	제한적 사기죄
타인	부정발급			사기죄
	부정발급후	현금인출	포괄하여 절도죄	절도죄

[1] 대판 2007. 5. 10, 2007도1375.
[2] 대판 2013. 7. 26, 2012도4438; 대판 1999. 2. 12, 98도3549.

카드사용	인터넷 신용대출	컴퓨터등 사용사기죄	컴퓨터등 사용사기죄
	물품구입	사기죄 포괄일죄	별도의 사기죄
분실·도난	현금인출	절도죄와 신용카드부정 사용죄 실·경	절도죄와 신용카드부정사용 죄 실·경
	인터넷 신용대출	컴퓨터등 사용사기죄와 신용카드부정사용죄의 실·경	컴퓨터등 사용사기죄와 신 용카드부정사용죄의 실·경
	물품구입	사기죄와 신용카드부정 사용죄의 실·경	사기죄와 신용카드부정사용 죄의 실·경
편취·갈취	모든 행위	편취·갈취와 포괄하여 사기죄·공갈죄 포괄일죄	카드편취·갈취의 사기죄· 공갈죄 단순일죄 및 신용카 드부정사용죄 실·경
현금인출 위임	과다인출후 취득	컴퓨터등 사용사기죄	과다인출 부분에 대한 횡령죄
가맹점	허위매출 전표작성	사기죄	사기죄와 여신전문금융업법 위반죄 실·경

6. 보이스피싱 범죄(전기통신금융사기)

(1) 의 의

전기통신금융사기란 「전기통신기본법」 제2조 제1호에 따른 전기통신을 이용 하여 타인을 기망·공갈함으로써 재산상의 이익을 취하거나 제3자에게 재산상 의 이익을 취하게 하는 자금을 송금·이체하도록 하는 행위 및 개인정보를 알아 내어 자금을 송금·이체하는 행위를 의미한다(통신사기피해환급법 제2조 제2목). 이를 통칭하여 보이스피싱 범죄라고도 한다. 피싱이란 금융기관 등을 사칭하거 나 위장 메일을 이용하여 개인정보를 불법적으로 탐지해내는 사이버범죄를 의 미하고 보이스피싱이란 전기통신수단을 이용하여 피해자를 기망함으로써 재산 상의 손해를 가하는 사기범죄의 일종을 의미한다. 형법상 사기죄 이외에도 전자 금융거래법이나 통신사기피해환급법 등이 적용된다.

(2) 행위유형별 범죄성립

1) 계좌 송금 및 이체받는 행위

전기통신금융사기를 목적으로 하는 정보 또는 명령의 입력이란 '타인에 대한 전기통신금융사기 행위에 의하여 자금을 사기이용계좌(소위 '대포통장')로 송금·이체하는 것을 목적으로 하는 정보 또는 명령의 입력'을 의미하며, 이러한 기망행위로 송금·이체받으면 사기죄는 기수에 이른다.[1] 또한 형법상 사기죄 이외에도 전기통신금융사기를 목적으로 타인으로 하여금 컴퓨터등 정보처리장치에 정보 또는 명령을 입력하게 하는 행위 및 취득한 타인의 정보를 이용하여 컴퓨터 등 정보처리장치에 정보 또는 명령을 입력하는 행위는 통신사기피해환급법 제15조의2의 범죄가 성립한다. 여기에서 타인이란 기망의 상대방으로서 전기통신금융사기의 대상이 된 사람을 의미하고, 사기이용계좌 명의인까지 포함된다고 볼 수는 없다.[2]

2) 사기범의 현금인출행위

피해자의 자금이 사기이용계좌로 송금·이체된 후 현금인출을 위해 사기이용계좌 명의인의 정보를 입력하는 행위가 별도의 통신사기피해환급법 위반죄가 성립하는 것은 아니다. 또한 사기이용계좌로 송금·이체함으로써 사기죄는 기수에 이르고, 이후 사기이용계좌에서 현금을 인출하거나 다시 송금하는 행위는 공범자들 내부에서 그들이 관리하는 계좌를 이용하여 이루어지는 행위이므로 별도의 사기범죄라고 할 수 없다.[3] 즉, 범인이 피해자의 자금을 점유하고 있다고 하여 피해자와의 어떠한 위탁관계나 신임관계가 존재한다고 볼 수 없을 뿐만 아니라, 그 후 범인이 사기이용계좌에서 현금을 인출하였더라도 이는 이미 성립한 사기범행이 예정하고 있던 행위에 지나지 않고 새로운 법익침해가 있다고 볼 수 없으며, 따라서 인출행위는 사기의 피해자에 대하여 별도의 횡령죄가 성립하지 않는다.[4]

그리고 사기범행에 이용되리라는 사정을 알고서도 자신 명의 계좌를 양도함으로써 사기범행을 방조[5]한 종범, 즉 대포통장의 명의인이 전기통신사기범죄의

---

1) 대판 2017. 5. 31, 2017도3894.
2) 대판 2016. 2. 19, 2015도15101 전원합의체 판결.
3) 대판 2016. 2. 19, 2015도15101 전원합의체 판결.
4) 대판 2017. 5. 31, 2017도3894.
5) 대판 2022. 4. 14, 2022도649. 판례는 보이스피싱 조직원의 제안에 따라 전달책 역할을 하는 것

정범 또는 공범인 경우에 자신의 명의인 사기이용계좌로 송금된 피해자의 돈을 임의로 인출한 경우에도 마찬가지로 횡령죄가 성립하지 않는다.[1]

3) 접근매체(대포통장) 양도행위

사람을 속이거나 공갈하여 사기이용계좌 등 접근매체를 획득하거나 획득한 접근매체를 판매알선·판매·수출 또는 수입·양도·양수하는 행위 등은 모두 전자금융거래법 제49조 위반죄가 성립한다. 따라서 전기통신사기에 이용될 것을 모르고 접근매체를 양도·양수하더라도 동조 제4항위반죄가 성립한다.

4) 명의대여자의 현금인출행위

전기통신사기범죄의 정범이나 공범이 사기이용계좌에 입금된 금액을 현금으로 인출해도 이는 불가벌적 사후행위가 된다. 따라서 여기에서 명의대여자라 함은 전기통신사기범죄에 가담하지 않고 단지 명의만 대여한 사기이용계좌 명의인을 의미한다. 이러한 명의대여자의 현금인출행위는 송금의뢰자와 전기통신사기범죄자에 대하여 각각 분리하여 범죄성립여부를 판단하여야 한다.

① 송금의뢰자에 대한 횡령죄

송금의뢰자와의 관계에서는 횡령죄가 성립한다.[2] 양자 사이에는 이른바 착오송금과 동일한 법적관계가 성립하므로,[3] 계좌명의인 명의대여자의 입장에서는 송금·이체의 원인이 되는 법률관계가 존재하지 않음에도 계좌이체에 의하여 취득한 예금채권 상당의 돈을 송금의뢰인에게 반환하여야 한다. 따라서 그와 같은 반환의무로 인하여 송금·이체된 돈에 대하여 송금의뢰인을 위하여 보관하는 지위에 있게 된다. 따라서 계좌명의인이 그와 같이 송금·이체된 돈을 그대로 보관하지 않고 영득할 의사로 인출하면 횡령죄가 성립한다. 이러한 법리는 계좌명의인이 개설한 예금계좌가 전기통신금융사기 범행에 이용되어 그 계

뿐만 아니라, 그 이전에 보이스피싱 사기범행에 사용된다는 점을 알면서도 접근매체를 개설, 전달, 유통하는 행위는 모두 방조범이 된다고 본다.

1) 대판 2017. 5. 31, 2017도3045.
2) 대판 2018. 7. 19, 2017도17494 전원합의체 판결.
3) 송금의뢰인이 다른 사람의 예금계좌에 자금을 송금·이체한 경우 특별한 사정이 없는 한 송금의뢰인과 계좌명의인 사이에 그 원인이 되는 법률관계가 존재하는지 여부에 관계없이 계좌명의인(수취인)과 수취은행 사이에는 그 자금에 대하여 예금계약이 성립하고, 계좌명의인은 수취은행에 대하여 그 금액 상당의 예금채권을 취득한다. 이때 송금의뢰인과 계좌명의인 사이에 송금·이체의 원인이 된 법률관계가 존재하지 않음에도 송금·이체에 의하여 계좌명의인이 그 금액 상당의 예금채권을 취득한 경우 계좌명의인은 송금의뢰인에게 그 금액 상당의 돈을 반환하여야 한다.

좌에 피해자가 사기피해금을 송금·이체한 경우에도 마찬가지로 적용된다.

반면, 계좌명의인이 사기의 공범이라면 자신이 가담한 범행의 결과 피해금을 보관하게 된 것일 뿐이어서 피해자와 사이에 위탁관계가 없고, 그가 송금·이체된 돈을 인출하더라도 이는 자신이 저지른 사기범행의 실행행위에 지나지 아니하여 새로운 법익을 침해한다고 볼 수 없으므로 사기죄 외에 별도로 횡령죄를 구성하지 않음은 앞서 살펴본 바와 같다.

② 전기통신금융사기범죄자에 대한 무죄

계좌명의인의 인출행위는 전기통신금융사기의 범인에 대한 관계에서는 횡령죄가 성립하지 않고 아무런 범죄가 성립하지 않는다. 일단 계좌명의인의 계좌로 송금·이체를 받음과 동시에 사기죄는 기수에 이른다. 사기죄에서 재산상의 이익취득은 현실상의 취득이 아닌, 사기범이 접근매체를 이용하여 그 돈을 인출할 수 있는 상태에 이르렀다는 의미일 뿐이다. 그리고 송금의뢰인과는 보관자의 지위에 있다고 하더라도, 전기통신사기범과의 관계에서는 형법상 보호할 가치있는 위탁관계가 아니므로 횡령죄의 주체가 되지 않는다.[1]

Ⅱ. 컴퓨터등 사용사기죄

*컴퓨터 등 정보처리장치에 허위의 정보 또는 부정한 명령을 입력하거나 권한 없이 정보를 입력·변경하여 정보처리를 하게 함으로써 재산상의 이익을 취득하거나 제3자로 하여금 취득하게 한 자는 10년 이하의 징역 또는 2,000만원 이하의 벌금에 처한다(제347조의2).
*본죄의 미수범은 처벌한다(제352조).
*친족상도례의 적용(제354조).

1. 의   의

본죄는 컴퓨터 조작으로 불법한 이득을 얻는 행위가 타인에 대한 기망으로 되지 않음으로써 사기죄로 처벌될 수 없는 결함을 보완하는 보충규정의 의미가 있다.[2] 순수한 이득죄의 성격을 지닌 본죄는 직접적으로 인간의 의사결정과정

---

1) 대판 2018. 7. 19. 2017도17494 전원합의체 판결.
2) 김일수/서보학, 453면: 이재상 외, 349면 등.

에 대한 기망을 그 수단으로 하는 것이 아니라 재산적으로 중요한 정보처리과정에 대한 침해를 그 수단으로 한다는 점에서 사기죄와 구분된다.

2. 구성요건

(1) 객관적 구성요건

1) 객 체

본죄의 객체는 재산상의 이익이다. 형법이 재물과 재산상의 이익을 엄격히 구분하고 있는 이상 재물은 본죄의 객체가 아니다. 입법론상으로는 재물을 포함함이 타당하나 현행법상으로는 재물을 포함시킬 수 없고, 따라서 현금자동인출기에서의 현금인출행위는 본죄가 성립할 수 없다.

2) 행 위

본죄의 행위는 컴퓨터 등 정보처리장치에 허위의 정보 또는 부정한 명령을 입력하거나 권한 없이 정보를 입력·변경하여 정보처리를 하게 하는 것이다.

① 컴퓨터 등 정보처리장치

정보처리장치란 자동적으로 계산이나 자료의 분석·취합정리 등 정보처리를 행하는 전자장치를 의미하며 컴퓨터는 그 예시로서 대표적인 정보처리장치에 해당한다. 정보처리장치에는 은행의 온라인 전산망에 연결된 주된 컴퓨터는 물론 현금자동지급기도 포함된다.[1] 그러나 유료자동설비는 편의시설부정이용죄의 객체가 될 뿐이다.

② 허위의 정보 또는 부정한 명령의 입력

허위의 정보를 입력한다는 것은 진실한 사실에 합치되지 않는 거짓자료를 입력하는 것으로 예컨대 은행컴퓨터에 허위의 입금 또는 출금데이터를 입력하여 예금원장서류철의 예금잔고를 증액 또는 감소시키는 행위가 이에 해당한다.[2] 부정한 명령의 입력이란 당해 사무체계상 그 목적에 비추어 지시해서는 안 될 명령을 입력하는 것을 말하는데 예를 들면 프로그램을 구성하는 개개의 명령을 부정하게 변경·삭제·추가하거나 프로그램 전체를 변경하는 등 프로그램을 조

---

1) 김성돈, 384면; 김일수/서보학, 455면; 김혜정 외, 344면; 이재상 외, 356면; 정성근/정준섭, 252면 등.
2) 김성돈, 384면; 김성천/김형준, 429면; 김일수/서보학, 455면; 박상기/전지연, 652면; 이재상 외, 357면; 정성근/정준섭, 252면 등.

작하는 경우가 이에 해당한다. 예컨대 프로그램을 조작하여 예금을 인출해도 잔고는 감소되지 않도록 하는 경우,[1] 은행원이 자기가 근무하는 은행의 신용카드로 물품을 구입하고 은행의 컴퓨터 프로그램을 조작하여 자기계좌의 -표시를 +표시로 고쳐 물품 구입대금에 해당하는 금액을 예금한 것으로 고치는 행위, 금융기관 직원이 전산단말기를 이용하여 특정계좌에 돈이 입금된 것처럼 허위의 정보를 입력하는 방법으로 위 계좌로 입금되도록 하는 행위,[2] 프로그램 자체의 오류를 적극적으로 이용하여 사무처리 목적에 비추어 정당하지 않은 사무처리를 하게 하는 행위[3] 등이 있다.

③ 권한없이 정보를 입력·변경하는 행위

진정한 정보를 권한 없이 정보처리장치에 입력하거나 권한 없이 정보처리장치에 저장되어 있거나 전송 중인 기록, 데이터 등의 내용을 변경하는 행위를 말한다. 예컨대 권한 없이 인터넷뱅킹을 이용하여 타인의 비밀번호를 입력한 후에 타인의 예금계좌로부터 자기의 예금계좌로 예금을 이체한 경우[4] 등이 이에 해당한다. 판례[5]는 예금주인 현금카드 소유자로부터 일정한 금액의 현금을 인출해 오라는 부탁을 받으면서 이와 함께 현금카드를 건네받은 것을 기화로 그 위임을 받은 금액을 초과하여 현금을 인출한 경우, 초과부분에 대한 재산상 이익을 취득한 것으로, 권한 없는 정보의 입력으로 본다. 그러나 앞서 살펴본 바와 같이 일단 위임을 받은 이상 권한 없는 정보의 입력이라고 볼 수 없고, 다만 초과된 금액의 현금을 인출하여 취득한 점에 대하여는 횡령죄가 성립한다고 봄이 타당할 것이다.

④ 정보처리를 하게 함

정보처리를 하게 한다는 것은 입력된 허위정보나 부정한 명령에 의하여 계산이나 데이터의 처리가 이루어지도록 하는 것을 의미한다. 이것은 사기죄에 있어서 피기망자의 재산상의 처분행위에 비유될 수 있는 것으로 이러한 정보처리를 통하여 행위자나 제3자의 재산상의 이익취득도 가능해진다.

---

1) 이재상 외, 350면: 정성근/정준섭, 388면 등.
2) 대판 2006. 9. 14, 2006도4127.
3) 대판 2013. 11. 14, 2011도4440; 대판 2012. 11. 15, 2012도9289.
4) 대판 2004. 4. 16, 2004도353.
5) 대판 2006. 3. 24, 2005도3516.

3) 실행착수 및 기수시기

본죄의 실행착수시기는 컴퓨터 등 정보처리장치에 허위정보나 부정한 명령을 입력하기 시작하는 때이고, 피해자의 재산상의 손해가 발생한 때에 본죄는 기수가 된다. 사기죄와 마찬가지로 입력행위와 정보의 처리 및 이로 인한 재산상의 이득과 재료동일성이 인정되는 재산상의 손해가 모두 인과관계가 인정되어야 비로소 기수가 되고 어느 한 부분이라도 결여되면 미수로 보아야 할 것이다.

(2) 주관적 구성요건

본죄의 고의는 컴퓨터 등 정보처리장치에 허위의 정보나 부정한 명령을 입력하거나 권한 없이 정보를 입력·변경하여 정보처리를 하게 한다는 사실 및 이로써 재산상의 손해가 발생한다는 사실에 대한 인식, 인용과 이들 각 행위 사이의 인과관계에 대한 인식을 의미하며 미필적 고의로써 족하다.

본죄의 성립에는 고의 이외에도 불법이득의 의사가 있어야 한다.

3. 기타 문제

(1) 죄 수

수차에 걸쳐 허위의 정보를 입력하여 동일인에게 재산상의 손해를 입힌 경우에는 본죄의 포괄일죄로 된다.

본죄는 사기죄에 대하여 법조경합의 관계(보충관계)에 있기 때문에 사기죄가 성립하면 본죄는 성립하지 않는다.[1] 허위의 입금 데이터를 입력하여 예금의 잔고를 늘린 후 예금통장을 사용하여 그 예금을 인출한 경우에는 본죄만 성립하고 돈을 인출하는 행위는 불가벌적 사후행위로 된다.[2] 허위의 정보 또는 부정한 명령을 입력하여 본죄를 범하고 타인의 업무를 방해한 경우 업무방해죄가 본죄에 흡수된다는 견해[3]와 양자의 상상적 경합을 인정하는 견해[4]가 있다. 생각건대 업무방해죄의 보호법익을 광의의 재산죄[5]라고 보지 않는 한 경제활동을 비롯한 사회적 활동의 자유를 보호법익으로 하므로, 양자의 보호법익이 다르다는 점에

---

1) 김혜정 외, 346면; 이재상 외, 359면. 반면 김성천/김형준, 431면은 이를 부정하고, 사기죄와는 별개의 독자적 변형 구성요건이라고 본다.
2) 대판 2004. 4. 16, 2004도353.
3) 배종대, 363면; 오영근, 324면.
4) 김성돈, 388면.
5) 유기천(상), 179면.

서 상상적 경합이 된다. 전자기록 위작·변작죄 역시 본죄에 흡수되어 별도로
성립하지 않는다는 견해[1]가 있지만 본죄가 항상 전자기록의 위작·변작을 수반
하지도 않고, 전자기록위작·변작죄는 사회적 법익이라는 점에서 역시 상상적
경합에 해당한다.

(2) 친족상도례

본죄 역시 친족상도례가 적용된다. 문제는 행위자와 친족관계가 인정되는
피해자를 확정하는 것이다. 판례는 계좌이체를 통한 재산상의 이익취득에서 피
해자는 금융기관이라고 본다.[2] 따라서 친족상도례를 실질적으로 적용하기는 어
렵다.

Ⅲ. 준사기죄

*미성년자의 사리분별력 부족 또는 사람의 심신장애를 이용하여 재물의 교부를 받거나
재산상의 이익을 취득한 자는 10년 이하의 징역 또는 2천만원 이하의 벌금에 처한다
(제348조 제1항).
*전항의 방법으로 제3자로 하여금 재물의 교부를 받게 하거나 재산상의 이익을 취득하
게 한 경우에도 전항의 형과 같다(제348조 제2항).
*본죄의 미수범은 처벌한다(제352조).
*친족상도례 및 동력간주규정 적용(제354조).

1. 의   의

본죄는 이미 상대방이 하자있는 의사상태여서, 기망행위를 하지 않아도 착오
에 빠지기 쉬운 속성을 이용한다는 점에서 사기죄와 유사한 불법성을 가진다고
보아 사기죄에 준하여 취급하려는데 그 제도적 취지가 있다. 그러나 상대방이
본죄의 객체라도 적극적으로 기망적 수단을 사용한 경우에는 본죄가 아니라 사
기죄가 성립한다고 보아야 하므로 본죄는 사기죄에 대한 보충적 규정이라고 할

---

1) 배종대, 363면: 오영근, 324면.
2) 대판 2007. 3. 15, 2006도2704. 본 판례는 손자가 조부의 계좌로부터 자신의 계좌로 이체를 한 행
   위에 대하여 피해자가 조부가 거래하는 금융기관이므로 친족상도례를 적용할 수 없다고 보았다.

수 있다.[1] 보호정도에 관하여는 위험범[2]이라는 견해가 있으나, 사기죄와 동일하게 침해범[3]이라고 봄이 타당하다.

2. 구성요건

미성년자의 사리분별력 부족을 이용하여야 한다. 미성년자란 19세 미만의 자를 말한다(민법 제4조). 미성년자가 혼인한 때에는 성년자로 보는 예외규정(민법 제826조의2)은 민법상의 특별한 목적에 기인하는 것으로 미성년자보호의 형법적 이상까지 규제한다고 보기는 어렵다. 따라서 본죄의 미성년자에는 혼인한 자라도 19세 미만이면 포함된다고 본다. 본죄의 미성년자는 모든 미성년자를 의미하는 것이 아니라 미성년자 중에서도 사리분별력이 부족한 자만을 의미하는데, 지식과 사려가 부족하여 정상적인 사리판단을 할 수 없는 것을 말하며 기망적 수단에 의하지 아니하더라도 재산적 손해를 초래하는 처분행위를 할 수 있는 정도일 것을 요한다.

또한 사람의 심신장애를 이용하여야 한다. 여기에서 사람은 자연인인 타인을 말하며 성년·미성년, 남녀, 혼인여부 등을 불문한다. 본죄에서 심신장애는 재산상의 거래에 있어서 정상적인 판단능력이 없는 것을 의미하므로 형법총칙상 심신장애(제10조 제1, 2항)와 반드시 일치하는 것은 아니다. 의사능력까지 완전히 상실된 자로부터 재물을 영득하는 행위는 본죄가 아닌 절도죄에 해당한다.

이용행위란 상대방의 의사에 하자가 있는 상태를 이용하여 재물의 교부 또는 재산상의 이익을 취득하거나 제3자로 하여금 재물의 교부나 재산상의 이익을 얻게 하는 행위를 말한다. 이용행위가 적극적인 기망행위에 이르면 본죄가 아닌 사기죄가 성립한다.

본죄는 침해범이므로 재산상의 손해가 발생한 때에 기수가 된다.

---

1) 강구진Ⅰ, 334면; 김성돈, 413면; 김일수/서보학, 460면; 김종원(상), 219면; 배종대, 363면; 서일교, 171면; 신동운, 1035면; 이재상 외, 360면; 정성근/정준섭, 254면; 정영석, 341면; 황산덕, 302면 등.

2) 유기천(상), 252면; 이재상 외, 360면.

3) 김성돈, 414면; 김성천/김형준, 433면; 김혜정 외, 347면; 박상기/전지연, 657면; 배종대, 363면; 오영근, 325면; 정성근/정준섭, 254면.

IV. 편의시설부정이용죄

*부정한 방법으로 대가를 지급하지 아니하고 자동판매기, 공중전화 기타 유료자동설비
를 이용하여 재물 기타 재산상의 이익을 취득한 자는 3년 이하의 징역, 500만원 이하
의 벌금, 구류 또는 과료에 처한다(제348조의2).
*본죄의 미수범은 처벌한다(제352조).
*친족상도례 및 동력간주규정의 적용(제354조).

1. 의 의

본죄는 자동판매기를 비롯한 개인적·공적 유료자동설비의 보급이 확대됨에
따라 그 부정이용을 방지함으로써 이들 설비의 사회적 기능을 보호하기 위하여
1995년의 형법개정을 통하여 도입한 범죄이며[1] 보호법익은 재산권이다.

자동판매기 등을 부정한 방법으로 이용하여 재물을 취득한 경우는 절도죄로
볼 수 있으나 대체로 경미한 경우에 해당하고, 공중전화 등을 부정한 방법으로
이용하여 재산상의 이익을 얻은 경우는 그 객체가 재물이 아니므로 절도죄가 성
립할 수 없고, 사람에 대한 기망행위가 없으므로 사기죄로도 처벌할 수 없었던
것을 형법은 편의시설부정이용죄라는 하나의 구성요건으로 묶어 사기죄나 절도
죄보다 훨씬 경한 법정형으로 처벌하는 규정을 신설한 것이다.[2]

2. 구성요건

(1) 객관적 구성요건

1) 객 체

본죄의 행위객체는 재물 또는 재산상의 이익이다. 따라서 본죄는 재물죄임과
동시에 이득죄로서의 성격을 갖는다.

2) 행 위

부정한 방법으로 대가를 지급하지 않고 자동판매기, 공중전화 기타 유료자동

---

1) 법무부, 형법개정법률안 제안이유서, 183면.
2) 김성천/김형준, 434면; 김일수/서보학, 462면; 임웅, 448면; 오영근, 326면; 이재상 외, 361면;
   정성근/정준섭, 255면 등.

설비를 이용하여 재물이나 재산상의 이익을 취득하는 것이다. 이처럼 자동판매기 등 유료자동설비를 이용하는 것이 행위수단의 특징이다.

① 유료자동설비

유료자동설비란 일정한 방법으로 대가를 지급하면 기계적 또는 전자적 조종장치의 작동에 의하여 물품이나 편익을 제공하도록 고안된 자동설비를 말하며, 이러한 자동설비에는 대가를 지급하면 물건이 제공되는 물품제공자동설비와 설비자체가 가지는 특별한 서비스가 제공되는 용역제공자동설비가 모두 포함된다. 자동판매기는 물품제공자동설비의 예이며, 공중전화는 용역제공자동설비의 한 예이다. 그러므로 이들 이외에도 동전이나 일정한 카드를 넣어야 작동되는 컴퓨터 게임기, 자동놀이기구, 전망대의 망원경, 공연장, 주차장, 유료도로의 출입출구의 자동설비 등도 이에 해당한다. 또한 공중교통기관의 요금징수방법이 자동화된 기계에 의하여 행하여지는 경우에는 이러한 설비도 유료자동설비에 해당한다고 볼 수 있다.[1] 그러나 현금자동인출기는 대가의 지급을 요하지 않으므로 본죄의 객체에 해당하지 않는다.[2]

② 부정이용

부정한 방법으로 이용한다는 것은 대가를 지급하지 않거나 권한 없이 유료자동설비를 그 용법에 따라 작동시키는 일체의 행위를 말하며 그 수단·방법을 불문한다. 공중전화기에 동전과 유사한 쇠붙이를 넣어 통화하는 것은 그 예에 해당한다. 그러나 이용이란 정상적인 방법으로 작동시키는 것을 의미하므로, 용법에 따른 작동에 의하지 않고 고장난 자동설비를 이용하여 재물이나 재산상의 이익을 취득하는 행위는 본죄에 해당하지 않는다.[3] 따라서 개찰구에 입장권을 투입하지 않고 몰래 빠져나가거나 승차하는 경우에는 정상적인 작동방법을 이용하는 것이 아니므로 본죄가 성립할 수 없고, 현행 형법상으로는 범죄에 해당하지 않는다. 반면 유료자동설비를 손괴하고 그 안에 있는 물건이나 돈을 영득하는 행위는 본죄가 아니라 손괴죄와 절도죄의 경합범이 된다. 또한 전화카드, 선불카드 등의 자기 스트라이프에 부정한 명령을 입력하여 액면상의 금액을 초과하여 사용한 경우는 본죄가 아니라 컴퓨터등 사용사기죄가 되고 경우에 따라서

---

1) 배종대, 365면; 이재상 외, 362면; 임웅, 449면 등.
2) 김성돈, 416면; 김혜정 외, 348면; 박상기/전지연, 658면; 임웅, 449면 등.
3) 박상기/전지연, 349면; 이재상 외, 356면 등.

사전자기록변작죄와 경합범이 된다고 보아야 할 것이다.[1)]

본죄는 행위자가 유료자동설비를 통하여 재물이나 재산상의 이익을 취득할 때 기수로 된다.

(2) 주관적 구성요건

미필적 고의로도 족하며, 고의 외에도 불법영득(이득)의 의사가 있어야 한다.

심화 타인의 통신수단의 무단이용과 형법상 범죄성립

1. 타인의 휴대전화나 일반전화를 무단으로 이용하는 경우

편의시설부정이용죄는 유료자동설비의 부정이용을 처벌하는 규정이므로, 타인의 휴대전화나 일반전화의 무단사용은 본죄에 해당하지 않는다. 사기죄 성립과 관련하여서는, 본죄가 기계에 대한 기망행위를 처벌할 수 없다는 입법적 불비로 인하여 신설된 것과 같이 마치 정당한 권리자인 양 기계를 기망할 수 없으므로 사기죄도 성립할 수 없다. 판례도 "타인의 일반전화를 무단으로 이용하여 전화통화를 하는 행위는 전기통신사업자인 한국전기통신공사가 일반전화 가입자인 타인에게 통신을 매개하여 주는 역무를 부당하게 이용하는 것에 불과하여 한국전기통신공사에 대한 기망행위에 해당한다고 볼 수 없을 뿐만 아니라, 이에 따라 제공되는 역무도 일반전화 가입자와 한국전기통신공사 사이에 체결된 서비스이용계약에 따라 제공되는 것으로서 한국전기통신공사가 착오에 빠져 처분행위를 한 것이라고 볼 수 없으므로, 사기죄를 구성하지 않는다."고 본다.[2)] 다만, 이를 관리할 수 있는 동력으로 보아 절도죄의 성립을 인정할 것인가에 관하여 판례는 "타인의 전화기를 무단으로 사용하여 전화통화를 하는 행위는 전기통신사업자가 그가 갖추고 있는 통신선로, 전화교환기 등 전기통신설비를 이용하고 전기의 성질을 과학적으로 응용한 기술을 사용하여 전화가입자에게 음향의 송수신이 가능하도록 하여 줌으로써 상대방과의 통신을 매개하여 주는 역무, 즉 전기통신사업자에 의하여 가능하게 된 전화기의 음향송수신기능을 부당하게 이용하는 것으로, 이러한 내용의 역무는 무형적인 이익에 불과하고 물리적 관리의 대상이 될 수 없어 재물이 아니라고 할 것이므로 절도죄의 객체가 되지 아니한다."고 본다.[3)] 결과적으로 형법상 재산범죄는 성립할 수 없다.

---

1) 반면 김성돈, 417면은 편의시설부정이용죄와 사전자기록변작죄의 실체적 경합이 된다고 본다.
2) 대판 1999. 6. 25, 98도3891.
3) 대판 1998. 6. 23, 98도700.

2. 타인의 선불식 공중전화카드를 몰래 이용하고 반환한 경우

선불식 일반전화카드는 재산권이 화체된 무기명 유가증권[1]이므로, 재산적 가치가 있는 재물에 해당한다. 그런데 무기명 증권이어서 사용자가 정해있지 않으므로 타인의 선불식 공중전화카드를 무단으로 이용한다고 하더라도 대가를 정상적으로 지급하고 공중전화를 이용하는 것이므로 편의시설부정이용죄가 성립할 수 없다. 다만, 이를 몰래 이용하고 반환한 행위가 절도죄가 성립되는지 문제된다. 판례는 타인의 신용카드를 몰래 쓰고 반환한 행위에 대하여 절도죄가 성립하지 않는다고 본다.[2] 그런데 신용카드와 달리 공중전화카드는 경제적 가치가 화체되어 있는 유가증권에 해당하므로 공중전화카드 자체가 가지는 경제적 가치가 사용액만큼 소모되므로 절도죄가 성립한다.

3. 타인의 후불식 공중전화카드를 무단으로 사용한 경우

선불식 전화카드와는 달리 후불식 공중전화카드는 재산권이 화체되어 있지 않으므로 유가증권이 아니다. 그러나 권리자의 정보가 자기띠 부분에 내장되어 있고, 비밀번호를 입력하여 그 일치여부를 확인해야 하므로 신용카드와 유사한 성격을 가진다. 이 경우 타인의 후불식 공중전화카드를 무단으로 사용한 경우 판례는 "타인의 전화카드(한국통신의 후불식 통신카드)를 절취하여 전화통화에 이용한 경우에는 통신카드서비스 이용계약을 한 피해자가 그 통신요금을 납부할 책임을 부담하게 되므로, 이러한 경우에는 피고인이 '대가를 지급하지 아니하고' 공중전화를 이용한

---

1) 대판 1998. 2. 27. 97도2483. "공중전화카드는 그 표면에 전체 통화가능 금액과 발행인이 문자로 기재되어 있고, 자기기록 부분에는 당해 카드의 진정성에 관한 정보와 잔여 통화가능 금액에 관한 정보가 전자적 방법으로 기록되어 있어, 사용자가 카드식 공중전화기의 카드 투입구에 공중전화카드를 투입하면 공중전화기에 내장된 장치에 의하여 그 자기정보가 해독되어 당해 카드가 발행인에 의하여 진정하게 발행된 것임이 확인된 경우 잔여 통화가능 금액이 공중전화기에 표시됨과 아울러 그 금액에 상당하는 통화를 할 수 있도록 공중전화기를 작동하게 하는 것이어서, 공중전화카드는 문자로 기재된 부분과 자기기록 부분이 일체로써 공중전화 서비스를 제공받을 수 있는 재산상의 권리를 화체하고 있고, 이를 카드식 공중전화기의 카드 투입구에 투입함으로써 그 권리를 행사하는 것으로 볼 수 있으므로, 공중전화카드는 형법 제214조의 유가증권에 해당한다."

2) 대판 1999. 7. 9. 99도857. "신용카드업자가 발행한 신용카드는 이를 소지함으로써 신용구매가 가능하고 금융의 편의를 받을 수 있다는 점에서 경제적 가치가 있다 하더라도, 그 자체에 경제적 가치가 화체되어 있거나 특정의 재산권을 표창하는 유가증권이라고 볼 수 없고, 단지 신용카드회원이 그 제시를 통하여 신용카드회원이라는 사실을 증명하거나 현금자동지급기 등에 주입하는 등의 방법으로 신용카드업자로부터 서비스를 받을 수 있는 증표로서의 가치를 갖는 것이어서, 이를 사용하여 현금자동지급기에서 현금을 인출하였다 하더라도 신용카드 자체가 가지는 경제적 가치가 인출된 예금액만큼 소모되었다고 할 수 없으므로, 이를 일시 사용하고 곧 반환한 경우에는 불법영득의 의사가 없다."

경우에 해당한다고 볼 수 없어 편의시설부정이용의 죄를 구성하지 않는"[1]다고 보고, 반면 사문서부정행사죄를 인정[2]한다.

반면 학설은 이용자가 대가를 지급하지 않았으므로 편의시설부정이용죄의 성립을 인정[3]하거나, 카드식 공중전화기는 정보처리장치에 해당하므로 권한 없이 정당한 정보를 입력하여 재산상의 이익을 취득한 것으로 보아 컴퓨터등 사용사기죄를 인정[4]한다. 생각건대, 후불식이라 하더라도 카드를 입력하면 자동으로 정보처리를 하는 것이 아니라, 비밀번호 입력 등을 통해 기계적 방식으로 판독하여 작동하는 것이므로 컴퓨터등 사용사기죄의 정보처리장치에 해당한다고 보기는 어렵다. 따라서 이용권자 아닌 자가 부정한 방법으로 대가를 지급하지 않고 카드식 공중전화라는 유료자동설비를 이용한 것으로 보아 편의시설부정이용죄가 성립한다고 봄이 타당할 것이다.

V. 부당이득죄

*사람의 곤궁하고 절박한 상태를 이용하여 현저하게 부당한 이익을 취득한 자는 3년 이하의 징역 또는 천만원 이하의 벌금에 처한다(제349조 제1항).
*전항의 방법으로 제3자로 하여금 부당한 이익을 취득하게 한 경우에도 전항(제349조 제1항)의 형과 같다(제349조 제2항).
*친족상도례 및 동력간주규정의 적용(제354조).

1. 의   의

본죄는 소위 폭리행위를 처벌하는 것으로, 상대방의 궁박한 상태를 이용하여

---

1) 대판 2001. 9. 25, 2001도3625.
2) 대판 2002. 6. 26, 2002도461. "사용자에 관한 각종 정보가 전자기록되어 있는 자기띠가 카드번호와 카드발행자 등이 문자로 인쇄된 플라스틱 카드에 부착되어 있는 전화카드의 경우 그 자기띠 부분은 카드의 나머지 부분과 불가분적으로 결합되어 전체가 하나의 문서를 구성하므로, 전화카드를 공중전화기에 넣어 사용하는 경우 비록 전화기가 전화카드로부터 판독할 수 있는 부분은 자기띠 부분에 수록된 전자기록에 한정된다고 할지라도, 전화카드 전체가 하나의 문서로서 사용된 것으로 보아야 하고 그 자기띠 부분만 사용된 것으로 볼 수는 없으므로 절취한 전화카드를 공중전화기에 넣어 사용한 것은 권리의무에 관한 타인의 사문서를 부정행사한 경우에 해당한다."
3) 김성돈, 392면: 박상기/전지연, 659면.
4) 김일수/서보학, 449면. 김성돈, 392면은 편의시설부정이용죄와 컴퓨터등 사용사기죄를 모두 인정하면서 법조경합 중 특별관계에 의하여 컴퓨터등 사용사기죄만 성립한다고 본다.

부당하게 재산상의 이익을 취득한다는 점에서 사기죄에 준하는 행태로 보게 된다. 보호정도에 관하여는 미수범 처벌규정이 없으므로 위험범이라고 보는 견해[1]도 있지만, 이익의 취득으로 완성되는 범죄이므로 사기죄와 마찬가지로 침해범[2]이다.

참고 연혁

본죄는 폭리행위(Wucherei)를 처벌하는 독일형법(제302조 a)의 영향을 받은 일본형법가안(제437조)의 영향으로 도입된 것으로 보인다. 독일법에 영향을 미친 것은 로마법상의 폭리처벌규정이 아니라 기독교의 영향을 받은 교회법의 견해였고 13세기 이후에는 교회 이외에도 세속적인 법원에 의하여 폭리행위가 처벌되었다. 프로이센 일반국법(ALR II 20 §1271)은 위장된 폭리만을 처벌하였고 1813년의 바이에른형법(제261조)도 그러한 입장을 취하였으며 1851년의 프로이센 형법(제263조)은 프랑스 형법의 영향을 받아 폭리의 처벌 근거를 영업성 또는 위장이라는 관점에서 보았다. 경제적 자유주의의 영향으로 프로이센 형법의 폭리처벌규정은 1871년의 독일제국 형법에 수용되지 못하였으나, 1880년에 다시 폭리처벌규정을 두게 되었다. 이들 규정(제302조 aff.)은 민족적 궁박상태를 이용한 사회적 폭리행위를 처벌하는 것이 아니라 개인적 궁박상태를 이용한 개인적 폭리행위만을 처벌한다. 이 규정이 일본형법가안에도 영향을 주었던 것으로 보인다.

---

2. 구성요건

(1) 객관적 구성요건

사람의 곤궁하고 절박한 상태를 이용하여 현저하게 부당한 이익을 취득하거나 제3자에게 취득하게 하는 것이다.

1) 곤궁하고 절박한 상태

곤궁하고 절박한 상태는 경제적 곤궁상태에 한하지 않고 생명, 신체, 명예 등에 대한 곤궁상태도 포함하며,[3] 심각한 주택난·자금난과 같은 사회적인 곤궁도 포함한다고 본다.[4] 그와 같은 상태에 이르게 된 원인이 무엇인가는 불문한

---

1) 강구진 I , 336면; 유기천(상), 280면; 이재상 외, 364면; 정영일, 197면.
2) 권오걸, 598면; 김성돈, 418면; 김성천/김형준, 437면; 김일수/서보학, 466면; 김혜정 외, 349면; 박상기/전지연, 659면; 오영근, 326면; 임웅, 453면; 정성근/정준섭, 258면.
3) 강구진 I , 335면; 김성돈, 418면; 김성천/김형준, 437면; 김일수/서보학, 466면; 김종원(상), 220면; 김혜정 외, 349면; 박상기/전지연, 659면; 배종대, 386면; 이영란, 361면; 이재상 외, 364면; 정성근/정준섭, 258면 등.
4) 임웅, 453면.

다. 자신이 초래한 곤궁도 여기에 해당한다.

2) 현저하게 부당한 이익

취득한 이익이 현저하게 부당한 이익이었는가 여부는 행위 당시의 모든 사정을 구체적으로 고려하여 객관적으로 판단하여야 한다. 대체로 거래관행에 비추어 행위자의 급부와 피해자의 반대급부가 심한 불균형을 이루어 피해자의 재산적 손실이 큰 경우를 의미한다고 볼 수 있다.[1] 현저하게 부당한 이익을 취득하는 예로서는 긴급환자가 병원에 급히 가야 하는 것을 기회로 그 곤궁상태를 이용하여 현저하게 싼 값으로 그 재산을 매수한 경우,[2] 학교등록금 납입기간이 절박한 사람에게 돈을 빌려주고 현저하게 높은 이자를 받는 경우 등이 있다. 그러나 판례는 채무액의 2배에 달하는 재산을 대물변제 받은 것만으로는 현저하게 부당한 이익으로 볼 수 없다고 판시하고 있다.[3]

3) 곤궁하고 절박한 상태의 이용

행위자는 타인의 궁박한 상태를 이용하여 현저하게 부당한 이익을 취득해야 한다. 급부와 반대급부 사이에 현저히 부당한 불균형이 존재하는지 여부는 거래당사자의 신분과 상호 간의 관계, 피해자가 처한 상황의 절박성의 정도, 계약의 체결을 둘러싼 협상과정 및 거래를 통한 피해자의 이익, 피해자가 그 거래를 통해 추구하고자 한 목적을 달성하기 위한 다른 적절한 대안의 존재 여부, 피고인에게 피해자와 거래하여야 할 신의칙상 의무가 있는지 여부 등 여러 상황을 종합하여 구체적으로 판단하되, 특히 우리 헌법이 규정하고 있는 자유시장경제질서와 파생원칙인 사적 계약자유의 원칙을 고려하여 그 범죄의 성립을 인정하는 것은 신중히 판단하여야 한다.[4]

4) 실행착수 및 기수시기

본죄는 곤궁하고 절박한 상태를 이용하기 시작한 때에 실행의 착수가 있으며 재산적 이익의 취득, 즉 피해자의 손해가 발생한 때에 기수가 된다.

(2) 주관적 구성요건

본죄 역시 초과주관적 구성요건으로서 불법이득의사가 있어야 한다.

---

1) 박상기/전지연, 659면.
2) 정성근/정준섭, 396면.
3) 대판 1972. 10. 31, 72도1803.
4) 대판 2010. 5. 27, 2010도778; 대판 2005. 4. 15, 2004도1246.

판례

　　아파트 신축사업이 추진되기 수년 전 사업부지 중 일부 토지를 취득하여 거주 또는 영업장소로 사용하던 피고인이 이를 사업자에게 매도하면서 시가 상승 등을 이유로 대금의 증액을 요구하여 종전보다 1.5 내지 3배 가량 높은 대금을 받은 경우[1]에는 부당이득죄를 인정하였다. 반면, 개발사업 등이 추진되는 사업부지 중 일부의 매매와 관련된 이른바 '알박기' 사건에서 부당이득죄의 성립 여부가 문제되는 경우, 그 범죄의 성립을 인정하기 위해서는 피고인이 피해자의 개발사업 등이 추진되는 상황을 미리 알고 그 사업부지 내의 부동산을 매수한 경우이거나 피해자에게 협조할 듯한 태도를 보여 사업을 추진하도록 한 후에 협조를 거부하는 경우 등과 같이, 피해자가 궁박한 상태에 빠지게 된 데에 피고인이 적극적으로 원인을 제공하였거나 상당한 책임을 부담하는 정도에 이르러야 한다. 이러한 정도에 이르지 않은 상태에서 아파트 건축사업이 추진되기 수년 전부터 사업부지 내 일부 부동산을 소유하여 온 피고인이 사업자의 매도 제안을 거부하다가 인근 토지 시가의 40배가 넘는 대금을 받고 매도하였더라도 부당이득죄가 성립하지 않는다.[2]

VI. 상습사기죄

*상습으로 제347조 내지 제349조의 죄를 범한 자는 그 죄에 정한 형의 2분의 1까지 가중한다(제351조).
*본죄의 미수범은 처벌한다(제352조).
*친족상도례 및 동력간주규정의 적용(제354조).

　　본죄는 상습으로 사기죄(제347조), 컴퓨터등 사용사기죄(제347조의2), 준사기죄(제348조), 편의시설부정이용죄(제348조의2), 부당이득죄(제349조)를 범함으로써 성립한다. 행위자의 상습성으로 인한 책임가중적 구성요건이다. 상습으로 여러 개의 죄를 반복하여 저지른 경우에는 포괄하여 상습사기죄 일죄[3]가 된다.

---

1) 대판 2009. 1. 15, 2008도1246.
2) 대판 2009. 1. 15, 2008도8577.
3) 대판 2004. 9. 16, 2001도3206 전원합의체 판결.

제 2 절 공갈의 죄

§1. 서   설

Ⅰ. 의의 및 보호법익

공갈의 죄는 공갈을 수단으로 하여 상대방에게 공포심을 갖게 하고 그의 하자있는 의사에 기하여 재물의 교부나 재산상의 이익을 갈취하는 재산죄의 일종이다.

본죄는 타인의 재산을 침해한다는 점이 그 본질이므로 개인의 재산권을 제1차적 보호법익으로 하고, 그 수단인 공갈은 사람의 의사결정과 행동의 자유도 침해하므로 개인의 자유도 제2차적 보호법익이 된다. 보호정도는 침해범이다.

참고 연혁

로마법의 Concussio(위협 또는 강제)는 관권남용이나 자격 없는 자가 형사고소를 하겠다는 협박을 통하여 부당한 재산상의 이익을 강요하는 행위를 포함하고 있었다고 한다. 중세 독일법은 공갈을 재산죄의 관점에서 이해하지 아니하였다. 그리하여 밤베르겐시스 법전이나 카롤리나형법전(Art. 128 PGO)은 공갈을 공안을 해하는 범죄로 취급하였다. 그러나 19세기에 이르러 자본주의적 사고에 따라 공갈죄는 재산죄의 일종으로서 오늘날과 같은 위치를 갖게 되었는데 1813년의 바이에른형법(제241∼243조)과 1851년의 프로이센 형법(제235조)은 공갈죄를 이윤추구동기의 강요로 보았다. 독일에 있어서 오늘날과 같은 공갈죄는 1943년 5월 29일의 개정을 통하여 이루어졌다고 한다.

고려시대에 의용했던 당률에는 강도죄 이외에도 공갈취인재물죄(恐喝取人財物罪)가 있었고, 조선시대에 의용했던 대명률에는 공혁취재죄(恐嚇取財罪)가 있었는데 이에 의하면 「무릇 공갈협박으로 타인의 재물을 취한 자는 그 장물을 계산하여 절도죄에 준하여 논하되 형을 1등급으로 가중하고 자자형(刺字刑)은 면한다」고 하였다. 그러나 1905년의 형법대전에서는 공갈죄를 준절도죄로 취급하였다(제599조). 일제치하에서는 구형법(의용된 일본형법) 제249조(공갈)가 적용되었고 현행형법 제350조(공갈)는 구형법 제249조, 일본개정형법 준비초안 제356조 및 일본개정형법가안 제439조와 구성요건 및 징역형은 동일하나 벌금형을 선택형으로 규정하여 형벌을 다소 완화한 점이 다르다.

Ⅱ. 현행법상의 체계

기본적 구성요건: 공갈죄(제350조)	수정적 구성요건	불법	가중적	특수공갈죄(제350조의2)
		책임	가중적	상습공갈죄(제351조)

　　형법은 공갈의 죄를 강도죄와 같은 장에 규정한 독일의 경우와 달리 일본 형법의 경우처럼 공갈의 죄를 사기죄와 같은 장(제39장)에 규정하고 있다.

§2. 유형별 고찰

Ⅰ. 공 갈 죄

　*사람을 공갈하여 재물의 교부를 받거나 재산상의 이익을 취득한 자는 10년 이하의 징역 또는 2천만원 이하의 벌금에 처한다(제350조 제1항).
　*전항의 방법으로 제3자로 하여금 재물의 교부를 받게 하거나 재산상의 이익을 취득하게 한 때에도 전항의 형과 같다(제350조 제2항).
　*본죄의 미수범은 처벌한다(제352조).
　*친족상도례 및 동력간주규정의 적용(제354조).

1. 의　　의

　　본죄는 재물죄인 동시에 이익죄라는 점에서 강도죄, 사기죄와 공통성을 갖는다. 그렇지만 강도죄는 상대방의 저항을 억압할 수 있는 정도의 폭행·협박을 그 수단으로 하지만 공갈수단으로서의 폭행·협박은 이러한 정도에 이르지 않는다는 점에서 양자는 구분된다. 한편 공갈죄는 폭행·협박이라는 폭력적 요소를 수단으로 하지만 사기는 기망행위를 수단으로 한다는 점에서 구분된다.

2. 구성요건

(1) 객관적 구성요건

1) 객 체

타인의 재물 또는 재산상의 이익이다. 타인에는 자연인은 물론 법인도 포함된다.[1] 자기의 재물이 객체인 경우에는 권리행사방해죄가 성립될 수 있을 뿐이다. 타인의 재물인지 여부는 민법, 상법, 기타 실체법에 의하여 결정된다. 또한 폭행이나 협박을 통하여 취득한 이익이 재산상의 이익이 아닌 경우에는 본죄가 아닌 강요죄가 성립한다.[2]

재물에는 관리할 수 있는 동력, 부동산, 불법원인급여물, 장물 등도 포함된다. 재물과 재산상의 이익의 개념은 강도죄나 사기죄에 있어서와 같다.

판 례

갑이 을의 돈을 절취하여 다른 금전과 섞거나 교환하지 않고 쇼핑백 등에 넣어 자신의 집에 숨겨두었는데, 피고인이 을의 지시로 갑에게 겁을 주어 쇼핑백 등에 들어 있던 절취된 돈을 교부받아 갈취한 경우, 피고인 등이 갑에게서 되찾은 돈은 절취 대상인 당해 금전이라고 특정되어 객관적으로 갑의 다른 재산과 구분됨이 명백하므로 이를 타인인 갑의 재물이라고 볼 수 없고, 비록 피고인 등이 갑을 공갈하여 돈을 교부받았더라도 타인의 재물을 갈취한 것이 아니다.[3]

2) 행 위

본죄의 행위는 사람에게 폭행 또는 협박(공갈)을 하여 상대방이 재산적 처분행위를 하고, 이로 인해 재물이나 재산상의 이익을 취득하거나 제3자에게 그렇게 하도록 하는 것으로서, 일련의 행위들은 인과관계가 요구된다.

① 공 갈

공갈이란 재물을 교부받거나 재산상의 이득을 취득하기 위하여 폭행 또는 협

---

1) 강구진Ⅰ, 337면; 김성돈, 421면; 김윤행/공저, 주각(하), 394면; 김일수/서보학, 470면; 서일교, 173면; 정성근/정준섭, 261면 등.
2) 김종원(상), 223면; 서일교, 174면; 유기천(상), 223면 등; 대판 1983. 2. 8, 82도271은 창녀나 주점접대부가 아닌 부녀를 공갈하여 정교한 경우에 공갈죄의 성립을 부정하였다.
3) 대판 2012. 8. 30, 2012도6157.

박을 함으로써 상대방에게 공포심을 일으키는 것을 의미한다.

(가) 폭 행   광의의 폭행으로, 사람 또는 물건에 대한 유형력의 행사를 말하는데 절대적 폭력은 제외되고 의사형성에 영향을 주는 강제적(심리적) 폭력만이 해당된다. 절대적 폭력의 경우에는 강도죄에 해당하기 때문이다. 또한 물건에 대한 폭력은 간접적으로 사람의 의사에 영향을 미치는 정도여야 한다.

(나) 협 박   협박은 해악을 고지하여 상대방에게 공포심을 일으키는 것으로서 그 해악의 내용에는 생명·신체는 물론 자유·명예·신용·정조·재산에 대한 해악 등 제한이 없고 그 실현가능성, 행위자의 해악실현의사 등은 불문하며 해악의 내용이 반드시 진실한 사실일 것도 요하지 않는다.[1] 해악의 통고방법에도 제한이 없다. 언어에 의하건 문서에 의하건 명시적이든 묵시적이든 이를 불문하며, 피공갈자 이외의 제3자를 통해서 간접적으로 할 수도 있으며, 행위자가 그의 직업, 지위 등에 기하여 불법한 위세를 이용하여 이익을 요구하고, 그 요구에 응하지 않을 경우 부당한 불이익을 당할 위험이 있다는 위구심을 일으키게 하는 것도 해악의 고지이다.[2]

(다) 폭행·협박의 정도   사람의 의사결정과 행위의 자유를 제한하는 정도로서 충분하고 상대방의 반항을 억압하는 정도에 이르지 않아야 한다.[3] 그 정도의 여부는 제반정황을 고려하여 객관적으로 판단해야 할 것이다.

(라) 삼각공갈   공갈의 상대방은 재산상의 피해자와 동일인임을 요하지 않는다. 다만 피공갈자와 재산상의 피해자가 다른 경우에 있어서는 피공갈자에게 공갈의 객체인 재물에 대한 처분권이 있거나 처분할 수 있는 지위가 있어야 한다.[4]

---

1) 대판 1961. 6. 21, 4294형상385.
2) 대판 2013. 4. 11, 2010도13774.
3) 대판 1961. 5. 12, 4294형상101은 강도죄의 수단인 폭행·협박은 피해자의 반항을 억압함에 족한 정도라야 하나 공갈죄의 수단에 있어서는 피해자의 임의의사를 제한하는 폭행·협박임을 요한다고 판시하였다.
4) 대판 2005. 9. 29, 2005도4738.

판 례

1. 협박을 인정한 경우

피고인이, 갑 주식회사가 특정 신문들에 광고를 편중했다는 이유로 기자회견을 열어 갑 회사에 대하여 불매운동을 하겠다고 하면서 특정 신문들에 대한 광고를 중단할 것과 다른 신문들에 대해서도 특정 신문들과 동등하게 광고를 집행할 것을 요구하고 갑 회사 인터넷 홈페이지에 '갑 회사는 앞으로 특정 언론사에 편중하지 않고 동등한 광고 집행을 하겠다'는 내용의 팝업창을 띄우게 한 경우(대판 2013. 4. 11. 2010도13774), 호텔의 이용 및 비용면제를 위하여 폭력배와 잘 알고 있다는 지위를 이용하여 불법한 위세를 보인 경우(대판 2003. 5. 13. 2003도709), 부실공사 관련 기사에 대한 해당 업체의 반박광고가 있음에도 반복 기사가 나간 상태에서, 그 신문사 사주 및 광고국장이 그 업체 대표이사에게 감정이 격앙되어 있는 기자들의 분위기를 전하는 방식으로 자사 신문에 사과광고를 게재토록 하면서 과다 광고료를 받은 경우(대판 1997. 2. 14. 96도1959), 피해자들이 제작·투자한 영화의 소재로 삼은 폭력조직의 두목 또는 조직원이 피해자들에게 재물의 교부를 요구하고 피해자들로 하여금 그 요구에 응하지 아니할 때에는 부당한 불이익을 초래할 위험이 있을 수 있다는 위구심을 야기하게 한 경우(대판 2005. 7. 15. 2004도1565), 피해자의 정신병원에서의 퇴원 요구를 거절해 온 피해자의 배우자가 피해자에 대하여 재산이전 요구를 한 경우, 그 배우자가 재산이전 요구에 응하지 않으면 퇴원시켜 주지 않겠다고 말한 바 없더라도 이는 암묵적 의사표시로서 인정된다고 본다(대판 2001. 2. 23. 2000도4415).

2. 협박을 부정한 경우

지역신문의 발행인이 시정에 관한 비판기사 및 사설을 보도하고 관련 공무원에게 광고의뢰 및 직보배정을 타신문사와 같은 수준으로 높게 해달라고 요청한 경우(대판 2002. 12. 10. 2001도7095), 조상천도제를 지내지 아니하면 좋지 않은 일이 생긴다는 취지의 해악을 고지한 경우(대판 2002. 2. 28. 2000도3245: 해악의 내용이 행위자에 의하여 직·간접적으로 좌우될 수 없는 것이고, 가해자가 현실적으로 특정되어 있지 않으며, 해악의 발생가능성이 합리적으로 예결될 수 없으므로 해악에 해당하지 않음)

② **재산적 처분행위**

공갈죄가 성립하려면 피공갈자가 재물을 교부하거나 재산상의 이익을 제공하는 처분행위를 해야 한다. 공갈과 재산적 처분행위 사이에는 인과관계가 있어야 한다.

재물의 교부는 직접 건네주는 것뿐만 아니라 피공갈자의 묵인 하에 행위자 스스로 재물을 취거하거나 탈취하는 경우를 포함한다. 공갈자와 재물의 교부를 받는 자는 일치할 필요도 없고 제3자에게 취득하게 해도 된다.

재산적 처분행위는 작위뿐만 아니라 부작위에 의해서도 가능하다. 공갈죄에 있어서의 재산적 처분행위는 타의에 의해 행해진다는 점에서 비록 하자있는 의사이기는 하나 피기망자의 자의에 의하여 행해지는 사기죄에 있어서의 처분행위와 구분된다.

> **판 례** ///////////////////
>
> 공갈죄의 처분행위는 반드시 작위에 한하지 아니하고 부작위로도 족하여서, 피 공갈자가 외포심을 일으켜 묵인하고 있는 동안에 공갈자가 직접 재산상의 이익을 탈취한 경우에도 공갈죄가 성립할 수 있다. 그러나 폭행의 상대방이 위와 같은 의 미에서의 처분행위를 한 바 없고, 단지 행위자가 법적으로 의무 있는 재산상 이익 의 공여를 면하기 위하여 상대방을 폭행하고 현장에서 도주함으로써 상대방이 행 위자로부터 원래라면 얻을 수 있었던 재산상 이익의 실현에 장애가 발생한 것에 불 과하다면, 공갈죄가 아니다. 피고인이 택시요금을 면하기 위하여 피해자를 폭행하 고 달아났을 뿐이므로, 피해자가 폭행을 당하여 외포심을 일으켜 피고인의 택시요 금을 지급하지 않는 것을 묵인하는 등 택시요금 지급을 면하는 처분행위를 수동 적·소극적으로 인정할 수 없다.[1]

③ 재산상의 손해발생

본죄의 성립에 피공갈자의 처분행위에 의하여 그의 또는 타인의 재산적 손해 가 발생할 것이 필요한가에 관하여 부정설은 상당한 대가를 지급하여 본인에게 손해가 없는 때에도 본죄가 성립한다고 본다.[2] 그러나 본죄의 재산죄적 본질에 비추어 볼 때 긍정설[3]이 타당하다. 다만 판례는 재산상의 손해발생을 요하지 않 는다.[4]

---

1) 대판 2012. 1. 27, 2011도16044.
2) 백형구, 199면; 오영근, 336면; 정영일, 201면; 정웅석, 1201면.
3) 김성돈, 426면; 김성천/김형준, 446면; 이재상 외, 382면.
4) 대판 2013. 4. 11, 2010도13774는 반드시 피해자의 전체 재산의 감소가 요구되지 않는다고 본다.

④ 실행의 착수시기와 기수

본죄는 불법영득 또는 불법이득의 의사로써 폭행·협박을 개시할 때 실행의 착수가 있다. 제3자를 통해서 해악의 말을 전한 경우에도 실행의 착수가 인정된다.[1]

위의 모든 인과관계가 인정되고 그로 인하여 재물 또는 재산상의 이익을 취득한 때에 기수가 된다. 만일 어느 하나의 인과관계라도 결여되면 미수이다.

(2) 주관적 구성요건

고의 이외에 불법영득(이득)의사가 있어야 한다. 영득의 불법인가 행위(공갈)의 불법인가의 문제는 앞서 언급한 바와 같이 영득의 불법설이 타당하다.

3. 위 법 성

본죄의 구성요건에 해당하는 행위라 할지라도 자구행위의 요건을 충족하면 위법성은 조각한다. 한편 공갈의 수단으로 권리를 행사한 경우에 관하여서는 폭행·협박죄설,[2] 공갈죄설,[3] 강요죄설[4] 등이 대립되어 있으나 불법영득(또는 이득)의 의사가 없으므로 단지 그 수단에만 관련되는 범죄, 즉 폭행죄나 협박죄만 성립한다고 보아야 할 것이다. 물론 이 경우에도 폭행이나 협박이 사회상규에 반하지 아니할 정도이면 비록 폭행죄나 협박죄의 구성요건에 해당하지만 그 위법성이 조각된다고 볼 수 있다. 판례는 권리실현의 수단으로 해악의 고지를 하더라도, 그것이 권리행사를 빙자한 협박을 수단으로 상대방을 겁을 먹게 하는 등 권리실행의 수단·방법이 사회통념상 허용되는 정도나 범위를 넘으면 공갈죄가 성립한다고 본다.[5]

---

1) 대판 1969. 7. 29, 69도984.
2) 김성천/김형준, 448면; 김일수/서보학, 477면, 김종원(상), 223면; 김혜정 외, 359면; 박상기/전지연, 663면; 임웅, 462면; 정영일, 202면; 진계호, 289면 등.
3) 김성돈, 428면; 백형구, 201면; 손동권, 406면; 오영근, 445면; 유기천(상), 288면; 정성근/정준섭, 266면; 정영석, 331면 등.
4) 장영민, 「권리행사방해죄와 공갈죄의 성부」, 형사판례연구 4, 405면.
5) 대판 2004. 9. 24, 2003도6443; 대판 1993. 9. 14, 93도915 등.

판 례

///////////////////////

갑이 을이 옵셔널캐피탈의 자금 100억원을 횡령하였다는 등으로 수사기관에 고소하거나 인터넷에 수회에 걸쳐 게시하고, 회계장부 열람을 위한 가처분 신청을 하거나 동 회사의 사무실을 수시로 방문하는 등의 행위를 하면서 병에게 이를 중단하는 대가로 금전을 요구하면서 만일 갑의 요구를 들어주지 않으면 앞으로도 계속하여 고소 제기 등과 같은 행위를 함으로써 옵셔널캐피탈의 업무에 지장을 줄 것 같은 태도를 보인 것은 옵셔널캐피탈에 대한 공갈 행위를 구성한다.[1] 또한 피고인이 피해자의 건물건축공사 사무실 창문에 피해자의 신용을 해치는 불온한 내용을 기재하거나 같은 취지의 현수막을 게시할 듯한 태도를 보이면서 금전지급요구를 한 경우, 그와 같은 금전지급요구가 점포임대차계약 해제에 따른 원상회복 및 손해배상청구권의 범위 내에서 이루어 졌다고 하더라도 권리실현의 수단이 사회통념상 허용될 수 있는 범위를 훨씬 넘은 것이어서 공갈죄에 해당한다.[2]

4. 죄수 및 타죄와의 관계

1개의 공갈행위로 수인을 외포하게 하여 각자로부터 재물의 교부를 받는 경우는 상상적 경합으로 된다. 1개의 공갈행위로 동일인으로부터 수회에 걸쳐 재물의 교부를 받거나 재산상의 이익을 취득한 경우는 포괄일죄가 된다. 한편 동일인에 대해 시간과 장소를 달리하여 수개의 공갈행위를 한 경우는 실체적 경합범이 된다.[3]

기망과 공갈이 재산적 처분행위에 우열을 가릴 수 없을 정도로 함께 작용한 때에는 사기죄와 공갈죄의 상상적 경합이 성립된다. 그러나 기망의 수단으로 공갈이 행해지고 피해자가 착오를 일으켜 재산적 처분행위를 한 경우는 사기죄만 성립한다. 한편 기망이 공갈의 효과를 높이기 위해 행해지고 피해자가 공포심을 일으켜 재산적 처분행위를 한 경우, 예를 들어 여관에 투숙한 자가 객실에 놓아둔 소지품을 절취당했다고 속이고 그 대가를 내놓지 않으면 영업을 못하게 하겠다고 여관집 주인을 협박한 경우에 여관집 주인이 공포심을 일으켜 요구받은 금액을 교부한 때에는 공갈죄만 성립한다.

---

1) 대판 2007. 10. 11. 2007도6406.
2) 대판 1995. 3. 10. 94도2422.
3) 대판 1958. 4. 11. 4290형상360.

　직무집행의 의사가 있는 공무원이 자기의 직무와 관련하여 폭행·협박의 수
단으로 재물의 교부를 받은 경우에는 수뢰죄와 공갈죄의 상상적 경합이 성립되
고 직무집행의 의사 없이 단지 이를 빙자했던 경우에는 공갈죄만 성립한다.[1]

　공갈의 수단인 폭행이 치상의 결과를 초래한 때에는 공갈죄와 폭행치상죄의
상상적 경합이 된다.

Ⅱ. 특수공갈죄

*단체 또는 다중의 위력을 보이거나 위험한 물건을 휴대하여 제350조의 죄를 범한 자
는 1년 이상 15년 이하의 징역에 처한다(제351조).
*본죄의 미수범은 처벌한다(제352조).
*친족상도례 및 동력간주규정의 적용(제354조).

　본죄는 행위불법으로 인한 불법가중적 구성요건이다. 단체 또는 다중의 위력
이나 위험한 물건의 휴대는 특수상해죄에서 설명한 바와 같다.

Ⅲ. 상습공갈죄

*상습으로 전조(제350조)의 조를 범한 자는 그 죄에 정한 형의 2분의 1까지 가중한다
　(제351조).
*본죄의 미수범은 처벌한다(제352조).
*친족상도례 및 동력간주규정의 적용(제354조).

　본죄는 상습으로 공갈죄를 범함으로써 성립한다. 상습성이라는 신분으로 인
한 책임가중적 구성요건이다. 상습의 개념은 앞서 설명한 바와 같다.

---

1) 강구진Ⅰ, 341면; 김일수/서보학, 479면; 서일교, 322면; 유기천(상), 292면; 이재상 외, 386면;
　정성근/정준섭, 267면; 정영석, 349면 등. 판례(대판 1994. 12. 22, 94도2528; 대판 1966. 4. 6, 66
　도12)의 입장도 이와 같다.

제 3 장

횡령과 배임의 죄

제1절 횡령의 죄

§1. 서   설

I. 의의 및 보호법익

횡령죄는 타인의 재물을 보관하는 자가 그 재물을 영득하거나 타인으로 하여금 영득하게 하는 것을 내용으로 하는 재산범죄이다. 배임죄가 전체 재산상의 이익을 객체로 하는 반면, 횡령죄는 재물에 한정되므로 양자는 일반법과 특별법의 관계라고 할 수 있다.

횡령죄의 보호법익은 소유권이다. 법익보호의 정도에 관하여서는 위험범설[1]과 침해범설[2]의 대립이 있다. 위험범설의 논거는 소유권을 보호법익으로 하는 절도죄를 위험범으로 보면서 보호법익이 동일한 횡령죄도 마찬가지로 위험범으로 보거나[3] 행위자인 보관자가 목적물에 대한 영득의사를 외부에 표출하는 것만으로도 본죄가 기수에 이른다는 점을 들고 있다.[4] 그러나 소유권이 보호법익이라고 하여 위험범으로 보는 것은 타당하지 않고, 본죄에는 미수범처벌규정도 있다는 점을 고려할 때 본죄는 침해범에 해당한다. 다만, 판례는 위험범(위태범)으로 본다.[5]

---

1) 김성천/김형준, 455면; 김혜정 외, 363면; 박상기/전지연, 664면; 유기천(상), 299면; 이재상 외, 388면; 임웅, 467면; 정영일, 204면 등.
2) 권오걸, 621면; 김성돈, 432면; 김일수/서보학, 351면; 배종대, 377면; 백형구, 204면; 오영근, 342면; 이정원, 437면; 정성근/정준섭, 271면; 진계호, 394면 등.
3) 이재상 외, 388면.
4) 박상기/전지연, 664면.
5) 대판 2013. 2. 21, 2010도10500; 대판 2002. 11. 13, 2002도2219 등. "본권이 침해될 위험성이 있으면 그 침해의 결과가 발생되지 아니하더라도 성립하는 이른바 위태범이므로…".

참고 연혁

　로마법에서는 횡령죄는 절도, 강도 등과 더불어 furtum이라는 개념에 속하였고 중세 독일법에서는 횡령의 죄를 위탁물횡령과 점유이탈물횡령으로 구분하고 위탁물횡령을 절도와 동일하게 취급하였으며, 카롤리나 형법전도 타인이 신뢰하고 위탁한 재화를 임의로 위탁자에게 해롭게 처분하는 자는 절도죄와 동일하게 처벌한다는 규정을 두었다. 1794년의 프로이센일반국법(ALR)은 제20장 제14절에서 횡령을 절도, 강도, 공갈과 함께 규정하였으며 이러한 전통은 그 후 프로이센형법을 거쳐 독일구형법으로 이어져 오늘에 이르고 있다.

　우리나라와 중국의 전통적인 형법에서는 횡령죄에 관한 규정을 찾아보기 어렵다. 일제치하에서는 구형법(의용된 일본형법)의 관련규정인 횡령(제252조), 업무상횡령(제253조), 유실물횡령(제254조)의 규정이 적용되었고 현행형법상의 횡령의 죄의 규정은 일본개정형법가안(제442조 이하)의 영향을 받은 것으로 보인다.[1]

Ⅱ. 본　질

1. 월권행위설

　행위자가 위탁된 타인의 물건에 대하여 권한을 초과하는 행위를 함으로써 위탁관계에 기초한 신임관계를 깨뜨린다는 점에 횡령의 본질이 있다고 본다.[2] 그러므로 이 설에 의하면 신임관계의 침해만 있으면 횡령죄가 성립되고 불법영득의 의사는 필요하지 않으므로 손괴 또는 은닉할 고의로 점유 중인 타인의 재물을 처분하는 경우까지도 횡령죄의 성립을 인정하게 된다. 이 설은 우리 형법에서 영득의 의사를 필요로 한다는 취지가 명문으로 규정되어 있지 않으므로, 횡령의 본질을 위탁자와의 신임관계 침해에서 찾아야 한다는 것을 논거로 한다.

2. 영득행위설

　이 설은 횡령의 본질이 타인이 위탁한 물건을 불법하게 영득하는 것이라고 본다.[3] 따라서 이 설에 의하면 횡령죄의 성립에는 불법영득의 의사가 있어야 하

---

1) 유기천(상), 294~295면.
2) 이건호, 358면; 정영석, 256면.
3) 강구진Ⅰ, 347면; 김성돈, 433면; 김일수/서보학, 351면; 김종원(상), 225면; 남흥우, 204면; 백형구, 205면; 손동권/김재윤, 422면; 신동운, 1124면; 유기천(상), 297면; 이재상 외, 381면; 이

므로 손괴·은닉 또는 위탁자를 위하여 자기가 점유하는 타인의 재물을 처분한 경우에는 횡령죄가 성립하지 않는다고 본다.

3. 결 합 설

횡령죄의 본질에서 신임관계의 위배라는 배신성도 제외된다고 볼 수 없으므로 월권행위설과 영득행위설을 모두 고려하여야 한다고 본다. 영득행위설을 토대로 배신성을 고려하는 견해[1]와 월권행위설을 기본으로 하여 영득행위를 절충하는 견해[2]가 모두 포함된다.

이 중에서는 영득행위설이 타당하다. 비록 법문에 불법영득의 의사가 필요하다는 표현이 없다고 할지라도 횡령죄를 소유권 침해범죄로 보는 한 본죄의 성립에 불법영득의 의사가 있어야 한다고 보는 것이 타당하고, 불법영득의 의사를 횡령죄의 행위불법에 관련시킴으로써 자기가 점유하는 타인의 물건을 처분하는 횡령죄가 자기가 점유하고 있지 않은 타인의 재물을 손괴하는 재물손괴죄보다 무겁게 처벌되는 것을 합리적으로 설명할 수 있다.

III. 현행법상의 체계

기본적 구성요건: 횡령죄(355조 제1항)	수정적 구성요건	책임	가중적	업무상횡령죄(제356조)
	독립적 구성요건	점유이탈물횡령죄(제360조)		

형법은 횡령을 배임과 같은 장(제40장)에 설정하고, 책임가중적 구성요건으로 업무상횡령죄를 두고 있다. 한편 점유이탈물횡령죄는 위탁물횡령과는 그 성질이 다른 독립적 구성요건이다.

정원, 438면: 임웅, 469면: 정성근/정준섭, 270면: 황산덕, 319면. 판례도 영득행위설을 취한다 (대판 1994. 9. 9, 94도619: 대판 1972. 12. 12, 71도2253 등).

1) 권오걸, 623면: 박상기/전지연, 665면: 배종대, 378면.
2) 정영일, 206면. 동등하게 결합설을 취하는 견해로는 김성천/김형준, 454면.

§2. 유형별 고찰

Ⅰ. 횡 령 죄

*타인의 재물을 보관하는 자가 그 재물을 횡령하거나 그 반환을 거부한 때에는 5년 이하의 징역 또는 1,500만원 이하의 벌금에 처한다(제355조 제1항).
*본죄의 미수범은 처벌한다(제359조).
*친족상도례 및 동력간주규정의 적용(제361조).

1. 의   의

자기가 점유하는 타인의 재물을 영득한다는 점에서 본죄는 타인이 점유하는 타인의 재물을 영득하는 절도죄, 강도죄, 사기죄 및 공갈죄와 구분된다. 또한 본죄는 순수한 재물죄라는 점에서 절도죄와 공통점을 가지나 재물죄이자 이득죄인 강도죄, 사기죄, 공갈죄 그리고 순수한 이득죄인 배임죄와 구분된다. 횡령죄와 배임죄는 그 행위객체를 달리하지만 신임관계를 침해한다는 점에서 공통된다. 그리고 양죄는 일반법(배임죄)과 특별법(횡령죄)의 관계에 있다.[1]

2. 구성요건

(1) 객관적 구성요건

1) 주   체

위탁관계에 의하여 타인의 재물을 보관하는 자만이 주체가 되므로, 진정신분범이다. 여기에서 보관이란 점유(또는 소지)와 같은 의미이며 행위자의 신분요소에 해당한다. 이러한 점유는 민법상의 점유와는 구별되며, 사실상의 지배뿐만 아니라 법률상의 지배도 포함된다.

① 사실상의 지배

(가) 사실상의 보관자   민법상 점유를 갖지 못하는 점유보조자도 사실상의 지배자라는 점에서 위탁관계가 인정되는 한 본죄의 보관자로 될 수 있다.[2] 사실

---

[1] 통설·판례(대판 1961. 12. 14, 4294형상371)의 입장이다.
[2] 김성돈, 434면; 김혜정 외, 365면; 박상기/전지연, 666면; 이재상 외, 383면; 정성근/정준섭, 418면 등. 판례의 입장도 이와 같다(대판 1982. 11. 23, 82도2394).

상의 보관자로서는 타인의 위탁을 받아 물건을 관리하는 점유보조자(민법 제195조), 공금을 보관 중인 회사원, 단독으로 화물운송을 위탁받은 화물자동차 운전자 등이 해당한다.

(나) 등록차량의 지입차주   소유권의 취득에 등록이 필요한 타인의 소유의 차량을 인도받아 보관하고 있는 자도 보관자에 해당하므로 지입회사에 대한 관계에서는 운행관리권을 위임받은 지입차주가, 지입차주에게서 차량보관을 위임받은 자가 보관자가 된다.[1]

(다) 공동점유자   대등한 관계의 공동점유자는 절도죄의 주체가 된다. 형법상 공동점유는 타인점유로 보기 때문이다. 반면 상하관계에 해당할 때에는 하위점유자는 본죄의 주체가 될 수 있다.

② **법률상의 지배**

(가) 부동산의 보관자   부동산에 대한 보관자의 지위는 부동산에 대한 사실상의 점유가 아니라 부동산을 제3자에게 유효하게 처분할 수 있는 권능의 유무를 기준으로 한다.[2] 따라서 부동산의 공유자 중 1인이 다른 공유자의 지분을 임의로 처분하거나 임대하여도 그에게는 그 처분권능이 없어 횡령죄가 성립하지 않는다.[3] 일반적으로는 등기상의 명의인이 보관자에 해당하지만 등기가 무효인 때에는 법률상 보관자가 아니다. 따라서 타인 소유의 토지에 관하여 허위의 보증서와 확인서를 발급받아「부동산소유권 이전등기 등에 관한 특별조치법」에 따른 소유권이전등기를 임의로 마친 사람은 토지에 대한 보관자의 지위에 있지 않고, 원인무효의 소유권이전등기를 이용하여 토지소유자에게 지급될 보상금을 수령한 자도 그 보상금에 대하여 보관자의 지위에 있지 않다.[4]

부동산에 대한 사실상의 지배자는 본죄의 주체가 될 수 있으므로 미성년자의 법정대리인이나 후견인 및 법인의 대표이사는 각각 당해 재물에 대한 법률적 지배자의 위치에 있다고 볼 수 있다.[5] 또한 미등기건물에 대하여는 위탁관계에 의하여 현실로 부동산을 관리·지배하는 자가 보관자이다.[6]

---

1) 대판 2015. 6. 25, 2015도1944.
2) 대판 2021. 6. 30, 2018도18010.
3) 대판 2004. 5. 27, 2003도6988.
4) 대판 2021. 6. 30, 2018도18010; 대판 1987. 2. 10, 86도1607.
5) 김일수/서보학, 358면; 이재상 외, 392면; 정성근/정준섭, 283면 등.
6) 대판 1993. 3. 9, 92도2999.

(나) 유가증권 소지자　　창고증권, 화물상환증 등의 유가증권 소지자는 임치물, 화물 등을 처분할 수 있는 지위에 있기 때문에 그 재물에 대한 법률적 지배자이다.[1] 수표도 유가증권에 해당하므로, 회사로부터 수표발행권한을 위임자은 자도 보관자의 지위에 해당한다.[2] 채권자가 그 채권의 지급을 담보하기 위하여 채무자로부터 수표를 발행·교부받아 이를 소지한 경우에는 그 수표상의 권리가 채권자에게 유효하게 귀속되고, 채권자와 채무자 사이의 수표 반환에 관한 약정은 원인관계상의 인적 항변사유에 불과하므로, 채권자는 횡령죄의 주체가 될 수 없다.[3]

(다) 예금통장 명의인　　타인소유의 금전을 위탁받아 자신의 명의 예금통장에 보관 중인 예금통장 명의인도 법률상 보관자에 해당하므로 명의인이 이를 인출하여 소비하거나 반환요구를 거부하면 본죄가 성립한다.[4]

판 례

소유권의 취득에 등록이 필요한 타인 소유의 차량을 인도받아 보관하고 있는 사람이 이를 사실상 처분하면 횡령죄가 성립하며, 보관 위임자나 보관자가 차량의 등록명의자일 필요는 없다. 그리고 이와 같은 법리는 지입회사에 소유권이 있는 차량에 대하여 지입회사에서 운행관리권을 위임받은 지입차주가 지입회사의 승낙 없이 보관 중인 차량을 사실상 처분하거나 지입차주에게서 차량 보관을 위임받은 사람이 지입차주의 승낙 없이 보관 중인 차량을 사실상 처분한 경우에도 횡령죄가 성립한다.[5]

민법상의 소유권질서에 따른 판결이다. 민법은 부동산에 대한 등기주의처럼 차량에 대하여 등록주의를 취하므로, 실질적인 차량의 소유자가 지입차주라 하더라도

---

1) 김성돈, 436면; 배종대, 379면; 이재상 외, 394면 등.
2) 대판 1983. 9. 13, 82도75.
3) 대판 2000. 2. 11, 99도4979; 대판 1988. 1. 19, 87도2078.
4) 대판 2015. 2. 12, 2014도11244; 대판 2000. 8. 18, 2000도1856. 타인의 금전을 위탁받아 보관하는 자가 보관방법으로 금융기관에 자신의 명의로 예치한 경우, 금융실명거래및비밀보장에관한긴급재정경제명령이 시행된 이후 금융기관으로서는 특별한 사정이 없는 한 실명확인을 한 예금명의자만을 예금주로 인정할 수밖에 없으므로 수탁자 명의의 예금에 입금된 금전은 수탁자만이 법률상 지배·처분할 수 있을 뿐이고 위탁자로서는 위 예금의 예금주가 자신이라고 주장할 수는 없으나, 그렇다고 하여 보관을 위탁받은 위 금전이 수탁자 소유로 된다거나 위탁자가 위 금전의 반환을 구할 수 없는 것은 아니므로 수탁자는 횡령죄의 주체가 된다.
5) 대판 2015. 6. 25, 2015도1944.

> 업무상 지입회사 명의로 차량을 등록하는 지입제도에 따르면 지입회사가 법률상
> 유효한 소유권자가 된다.[1] 따라서 지입차주가 이를 처분해도 지입회사에 대한 횡
> 령죄가 성립한다.

2) 객　체
본죄의 행위객체는 자기(행위자)가 보관하는 타인의 재물이다.

① 보관근거로서의 위탁관계
(가) 위탁관계　　본죄에 있어서의 보관은 위탁관계에 기초한 것이라야 한다.
위탁관계 없이 점유를 이탈한 타인의 재물을 영득하면 본죄가 아니라 점유이탈
물횡령죄로 된다. 위탁관계는 사실상의 관계에 있으면 충분하고 반드시 민사상
계약의 당사자일 필요는 없다. 다만, 위탁관계는 형법으로 보호가치가 있어야 하
므로, 재물의 위탁이 범죄의 실행 또는 준비등과 같은 범죄실현의 수단으로 이
루어진 경우에는 본죄에서의 위탁관계에 해당하지 않는다.[2]

(나) 발생원인　　위탁관계의 발생원인으로는 사용대차, 임대차, 위임, 임치,
고용 등과 같은 계약, 사무관리, 후견 등과 같은 법률상의 규정, 이밖에도 관습,
조리, 신의성실의 원칙 등을 들 수 있다.[3]

(다) 불법원인급여　　위탁관계가 불법하기 때문에 위탁자가 수탁자에 대하여 반
환청구를 할 수 없는 경우, 즉 불법원인급여의 경우에 수탁자(보관자)가 그 재물
을 영득한 때에는 횡령죄가 성립하는가에 관하여서는 학설의 대립이 있다.

ⓐ 부정설(소극설):　　불법원인급여에는 횡령죄가 성립하지 않는다는 견
해[4]로, 첫째 위탁자에게 반환청구권이 없기 때문에 수탁자가 위탁자에게 그 재
물을 반환할 법률상의 의무가 없고 따라서 그 재물을 자유롭게 처분할 수 있어
횡령죄는 성립될 여지가 없고, 둘째 민법상으로는 반환을 요하지 않음에도 형법
이 제재를 가하는 것은 법질서의 전체적 통일을 깨뜨리는 결과가 되며, 셋째 불
법원인급여에 있어서는 그 소유권이 수탁자에게 귀속되므로 그 재물을 반환하
지 않아도 소유권 침해가 없고, 넷째 수탁자에게 민법상 반환의무가 없으므로

---

1) 대판 2006. 12. 22. 2004도3276; 대판 1978. 10. 10. 78도1714.
2) 대판 2022. 6. 30. 2017도21286.
3) 대판 1987. 10. 13. 87도1778.
4) 박상기/전지연, 678면; 배종대, 382면; 서일교, 179면; 오영근, 457면; 이재상 외, 346면; 이정원,
　447면; 정성근/정준섭, 276면 등.

이를 영득하여도 위법성이 없다는 점 등을 논거로 한다.

ⓑ **긍정설(적극설):** 횡령죄 성립을 인정하는 견해[1]로서, 첫째, 민법상 반환청구권이 인정되지 않는다고 하여 그 재물에 대한 소유권까지 상실되는 것은 아니고, 둘째 민법상의 보호유무에 관계없이 형법상의 범죄는 독자적으로 판단가능하며, 셋째 불법원인급여에 있어서도 수탁자에게 일종의 자연채무는 존재한다고 보아야 하고, 넷째 위탁관계가 있는 한 위탁자와 수탁자 사이의 신임관계를 인정할 근거가 있다고 보아야 한다는 점 등이다.

ⓒ **절충설(제한적 긍정설):** 이 설은 불법원인급여를 두 가지 경우로 나누어 고찰한다. 그리하여 소유권이전의 의사가 있는 경우, 예컨대 급여자가 뇌물로 전달하기 위하여 위탁한 경우에는 횡령죄가 성립하지 않지만, 소유권이전의 의사가 없는 점유이전의 경우인 불법원인기탁물의 경우, 예컨대 절도범인이 장물을 위탁한 경우에는 횡령죄가 성립한다고 본다.[2]

ⓓ **불능미수설:** 불법원인급여의 경우에는 횡령죄가 성립하지 않지만, 불법원인위탁은 비록 보호가치가 없는 신뢰관계의 배반으로 인해 법익침해나 위태화가 없더라도 법익의 평온상태를 교란한 행위반가치는 인정되므로 불능미수로 처벌하여야 한다고 본다.[3]

ⓔ **소 결:** 불법원인급여는 반사회질서적 행위에 기인한 급부라는 점에서 부정설(소극설)이 타당하다. 원소유자의 반환청구권을 인정하지 않음으로써 반사적 이익으로 수익자에게 소유권이 남게 되는 민법질서에도 부합하며, 사회적·경제적 재산개념에도 합치된다. 판례도 이와 같다.[4]

다만, 민법상 불법원인급여 규정(제746조)은 단서에서 불법원인이 수익자에게만 있는 때에는 반환청구권을 인정한다. 이 때에는 반사회질서성이 수익자에게만 귀속됨에 따라 위탁자가 여전히 소유권자가 되므로, 위탁자에 대한 횡령죄가 성립하게 된다. 판례 역시 포주가 윤락녀와 사이에 윤락녀가 받은 화대를 포주가 보관하였다가 분배하기로 약정하고도 보관 중인 화대를 임의로 소비한 경

---

1) 강구진Ⅰ, 354면; 백형구, 208면; 유기천(상), 301면; 임웅, 495면; 정영석, 371면; 정영일, 210면 등.
2) 강동범, 소위 불법원인급여와 횡령죄의 성부, 형사판례연구Ⅰ, 190면.
3) 김일수/서보학, 353면.
4) 대판 1999. 6. 11, 99도275; 대판 1988. 9. 20, 86도628; 대판 1979. 11. 13, 79도483; 대판 1975. 5. 27, 75도104; 대판 1966. 7. 5, 66도38 등.

우, 제반 사정에 비추어 포주의 불법성이 윤락녀의 불법성보다 현저히 크다는 이유로 횡령죄를 인정한다.[1]

(라) 착오송금   착오송금이란 송금인의 착오로 수취금융회사, 수취계좌번호 등을 잘못 기재하거나 입력하여 수취인에게 자금이 이동된 거래를 의미한다(예금자보호법 제2조 제9호). 송금인이 스스로 착오에 빠져 의도한 자가 아닌 타인에게 송금한 경우로서 수취인의 적극적인 기망행위가 없었으므로 사기죄는 성립하지 않는다. 송금의뢰인이 다른 사람의 예금계좌에 자금을 송금·이체한 경우 특별한 사정이 없는 한 송금의뢰인과 계좌명의인 사이에 그 원인이 되는 법률관계가 존재하는지 여부에 관계없이 계좌명의인(수취인)과 수취은행 사이에는 그 자금에 대하여 예금계약이 성립하고, 계좌명의인은 수취은행에 대하여 그 금액 상당의 예금채권을 취득한다. 이때 송금의뢰인과 계좌명의인 사이에 송금·이체의 원인이 된 법률관계가 존재하지 않음에도 송금·이체에 의하여 계좌명의인이 그 금액 상당의 예금채권을 취득한 경우 계좌명의인은 송금의뢰인에게 그 금액 상당의 돈을 반환하여야 하고(2007다5139), 송금인은 수취인에게 부당이득반환청구권을 가지게 된다. 이와 같은 반환의무에 기하여, 계좌명의인은 송금·이체금에 대하여 송금의뢰인을 위하여 보관하는 지위에 있다고 보아야 한다. 따라서 계좌명의인이 그와 같이 송금·이체된 돈을 그대로 보관하지 않고 영득할 의사로 인출하면 횡령죄가 성립한다.[2]

② 타인의 재물

(가) 타 인   행위자 이외의 자연인, 법인, 법인격 없는 단체, 조합 등이 모두 포함된다. 행위자와 타인이 공유하는 재물도 타인의 재물에 속한다.

(나) 재 물   재물에는 동산뿐만 아니라 부동산도 포함되며 관리할 수 있는 동력은 재물로 간주된다. 권리가 화체되어 있는 문서는 재물이지만 권리는 재물이 아니다. 따라서 보관 중인 타인의 채권증서를 영득하면 횡령죄가 성립하지만 그 증서를 임의로 행사하여 금전을 취득하면 횡령죄가 아닌 배임죄가 문제된다.[3]

(다) 대체물의 타인성   금전, 쌀, 유류 등과 같이 수량, 품질, 액면가 등에 따

---

1) 대판 1999. 9. 17, 98도2036.
2) 대판 2018. 7. 19, 2017도17494; 대판 2010. 12. 9, 2010도891; 대판 2005. 10. 28, 2005도5975 등.
3) 정성근/정준섭, 277면.

라 다른 물건과 대체할 수 있는 물건인 대체물을 위탁받은 경우에는 그것의 특정성 및 용도지정 등의 상태에 따라 달리 평가하여야 한다.

ⓐ **특정물:** 특정물로서 위탁된 대체물에 있어서는 수탁자가 임의로 소비할 수 없도록 되어 있으면 그 소유권이 위탁자에게 있다고 보아야 하므로 수탁자(보관자)가 임의로 소비하면 횡령죄가 성립한다.[1]

ⓑ **불특정물:** 일정한 목적·용도가 지정되지 않은 불특정물의 경우, 예컨대 소비임치에 있어서는 임치물 자체의 소유권은 수치인에게 이전하기 때문에 임치물을 영득해도 횡령죄는 성립하지 않는다. 예컨대, 금전이나 곡물 등을 위탁한 때에는 그 위탁물은 소유권이 수탁자에게 귀속될 뿐만 아니라, 수탁자 소유물과 혼화 또는 화체되어 분리할 수 없게 된다. 따라서 이를 수탁자가 임의로 소비한 때에도 위탁자에 대한 횡령죄가 성립하지 않는다.

ⓒ **용도가 특정된 금전:** 일정한 목적, 용도를 정하여 위탁한 금전을 수탁자가 임의로 사용한 경우에 관하여서는 횡령죄의 성립을 인정하는 견해[2]와 횡령죄의 성립을 부정하고 전체재산에 대한 죄로서 배임죄가 성립될 수 있을 뿐이라는 견해[3]의 대립이 있다. 금전은 고도의 유통성과 대체성을 가지고 있다는 점을 고려하더라도, 그것이 수탁자의 재산과 분리되어 특정될 수 있을 정도의 외관을 가지므로 횡령죄가 성립한다고 보아야 할 것이다.

ⓓ **위탁물품의 판매대금:** 물품판매를 위탁받은 자가 위탁물품 판매대금을 임의로 사용한 경우,[4] 회사나 공공기관 소유의 금전을 그 조직의 사무분담에 따라 관리하는 자가 본래의 용도, 목적에 위배되는 방법으로 유용한 경우[5]에는 그 판매대금 등은 용도가 특정된 금전과 동일한 성질을 가지므로 각각 횡령죄가 성립한다.

ⓔ **채권양도후 양도인의 수령:** 채권자가 채권을 타인에게 양도하는 채권양도는 일반적으로 채권의 동일성을 유지하면서 채권자가 제3자에 대한 채무

---

1) 대판 1990. 1. 23, 89도904; 대판 1982. 3. 9, 81도372; 대판 1980. 9. 30, 78도2100 등.
2) 강구진Ⅰ, 351면; 김성돈, 442면; 김일수/서보학, 363면; 박상기/전지연, 379면; 백형구, 208면; 손동권, 422면; 정성근/정준섭, 429면; 정영석, 372면; 황산덕, 313면 등. 판례의 입장도 이와 같다(대판 2006. 3. 9, 2003도6733; 대판 2002. 8. 23, 2002도366; 대판 1997. 4. 22, 96도8; 대판 1990. 1. 23, 89도904; 대판 1982. 3. 9, 81도572; 대판 1969. 7. 29, 69도904 등).
3) 김종원(상), 228면; 서일교, 181면; 오영근, 464면; 유기천(상), 307면; 이재상 외, 296면 등.
4) 대판 1982. 2. 23, 81도2619.
5) 김일수/서보학, 264면.

의 변제방식으로 자신이 가지고 있는 채권을 양도하는 형태로 이루어진다. 이 경우 양도인(원 채권자)은 채무자에게 채권양도사실 및 새로운 채권자(양수인)를 고지하여야 하고, 채무자가 위 양도를 승낙하는 경우 양도인(원 채권자)의 채권은 양수인에게 완전하게 이전된다. 그런데 원 채권자인 양도인이 채권양도사실을 고지하지 않은 채, 채무자로부터 채권을 변제받은 경우 또는 직접 채무자로부터 채권을 추심한 경우 수령한 금전의 소유권 및 채권자의 수령행위가 범죄가 되는지 여부가 문제된다. 횡령죄설[1]은 채권양도인이 수령하더라도 소유권은 양수인에게 귀속되므로 양도인은 타인(양수인)의 재물을 보관하는 자의 지위에 있게 되고, 반환하지 않은 경우 횡령죄가 성립한다고 본다. 배임죄설[2]은 채권 자체는 용도가 특정된 금전이라고 할 수 없고, 다만 양수인을 위하여 채권을 추심하는 사무를 처리하는 자의 지위라고 본다.

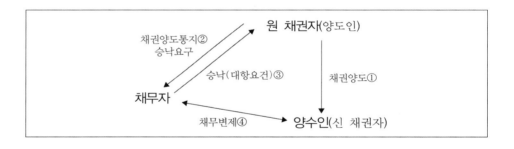

생각건대, 채권양도의 대항요건을 갖춘 경우와 그렇지 않은 경우로 구분할 필요가 있다. 채권양도의 대항요건인 채무자에 대한 양도통지 및 채무자의 양도승낙은 양도인만이 할 수 있으며, 제3자에 대한 대항요건이 갖추어져야 비로소 양수인의 권리가 보호되는 것이므로, 대항요건을 갖춘 경우, 원채권자인 양도인이 채무자로부터 채무변제를 받았다면 그 금액 자체는 용도가 특정된 금전으로 보아야 하고, 이를 임의로 사용한 경우 횡령죄가 성립[3]하는 것과 마찬가지로 횡

---

1) 정성근/정준섭, 279면.
2) 김성돈, 444면; 오영근, 352면; 이재상 외, 406면.
3) 대판 1995. 10. 12, 94도2076; 대판 1994. 9. 9, 94도462 등. 또는 금전수수를 수반하는 사무처리를 위임받은 자가 그 행위에 기하여 위임자를 위하여 제3자로부터 수령한 금전을 소비한 경우도 이와 같다(대판 1998. 4. 10, 97도3507).

령죄가 성립한다.

그러나 채권양도의 대항요건을 갖추지 못한 경우에는 채권양도를 채무자 기타 제3자에게 대항하지 못한다(민법 제450조 제1항). 등기의 대상인 부동산 등과 달리 지명채권은 그 권리를 공시할 방법 자체가 없기 때문에 이중양도 등의 피해를 방지하기 위한 요건으로서, 그와 같은 대항요건이 결여되면 양도인은 채권양수인과의 사이에 아무런 법적 신임관계가 존재한다고 할 수 없다. 따라서 대항요건을 갖추지 못한 경우 양도인이 이를 수령하였더라도 양수인과의 사이에서 보관자의 지위를 인정할 수 없고, 횡령죄도 성립하지 않는다.

판례는 대항요건을 갖추지 못한 때에도 횡령죄를 인정하였던 기존의 태도[1]를 변경하여, 채권양도인이 채무자에게 채권양도 통지를 하는 등으로 채권양도의 대항요건을 갖추어 주지 않은 채 채무자로부터 채권을 추심하여 금전을 수령한 경우, 특별한 사정이 없는 한 금전의 소유권은 채권양수인이 아니라 채권양도인에게 귀속하고 채권양도인이 채권양수인을 위하여 양도 채권의 보전에 관한 사무를 처리하는 신임관계가 존재한다고 볼 수 없다. 따라서 채권양도인이 위와 같이 양도한 채권을 추심하여 수령한 금전에 관하여 채권양수인을 위해 보관하는 자의 지위에 있다고 볼 수 없으므로, 채권양도인이 위 금전을 임의로 처분하더라도 횡령죄는 성립하지 않는다고 본다.[2] 이러한 태도는 채권양도의 대항요건을 갖춘 경우와 그렇지 못한 경우를 구분하여 민법상의 소유권개념과 지명채권의 법적 효력을 반영한 것으로 이해된다.

ⓕ **기타문제**　　　입사보증금은 사용자에게,[3] 계불입금은 계주에게[4] 각각 그 소유권이 귀속되므로 이들이 그 금전을 임의로 처분하면 횡령죄가 아닌 배임죄가 성립할 수 있다. 반면에 위탁매매의 경우에는 위탁품의 소유권이 위탁자에게 있다고 보아야 하므로 그 물건을 위탁판매인이 처분하면 횡령죄가 성립한다고 보아야 한다.[5] 그러나 단순한 가장매매는 위탁자의 소유권을 침해한 것으로 볼 수 없으므로 횡령죄가 아니다. 전질(轉質)에 있어서는 새로 설정된 질권이 종래의 질권의 범위를 벗어난 경우에만 횡령죄가 성립한다. 혼합의 경우에는 그

---

1) 대판 1999. 4. 15. 96도666 전원합의체 판결.
2) 대판 2022. 6. 23. 2017도3829 전원합의체 판결.
3) 대판 1979. 6. 12. 79도656.
4) 대판 1976. 5. 11. 76도730.
5) 대판 1982. 2. 23. 81도2619.

물건의 소유권이 누구에게 귀속되느냐에 따라 횡령의 성립여부를 논할 수 있다.

3) 행 위

본죄의 행위는 횡령하거나 반환을 거부하는 것이다.

① 횡 령

횡령이란 타인의 재물을 보관하는 자가 그 물건에 대한 불법영득의 의사를 실현하는 행위를 의미하며 이러한 행위는 외부에서 객관적으로 인식할 수 있도록 표현되어야 한다.[1]

횡령행위는 소비, 착복, 은닉 등과 같은 사실행위이건 매매, 증여, 입질 등 법률행위로 행하여지건 이를 불문한다. 횡령행위가 법률행위인 경우에는 청약 또는 계약의 체결로써 충분하고 그 유효·무효 또는 취소할 수 있는가 여부는 불문한다.[2] 다만 판례[3]는 처분행위가 당연무효인 경우에는 횡령죄의 성립을 부정한다. 횡령죄는 진정신분범이므로 모든 주체는 보증인지위를 가지게 되어, 부작위에 의해서도 언제나 가능하다. 예컨대 사법경찰관리가 불법영득의 의사로 직무상 보관물에 대한 영치절차를 취하지 않고 검찰청에 송치하지 않는 경우를 들 수 있다.[4]

② 반환의 거부

반환의 거부도 횡령행위의 하나의 양태이지만 형법은 횡령과 더불어 별도로 반환의 거부를 규정하고 있다. 반환의 거부는 소유자에 대하여 소유자의 권리를 배제하는 의사표시를 말하며 일반적으로 반환요구가 있을 때 이에 대한 거부의 표시로 나타나는 것이지만 반환요구를 하지 않은 상태에서 보관자가 먼저 이러한 의사표시를 하는 것도 가능하다. 거부의 방식이 작위이든 부작위이든 불문한다. 단순히 반환을 거부했다는 사실만으로 바로 횡령죄가 성립하지는 않는다. 반환거부의 이유, 주관적 의사 등을 종합하여 고찰할 때 그 행위가 불법영득의사를 드러내는 것으로서 횡령행위와 같다고 볼 수 있을 정도에 이르렀을 때에 본

---

1) 대판 2009. 2. 12. 2008도10971; 대판 2002. 11. 13. 2002도2219. "횡령죄는 다른 사람의 재물에 관한 소유권 등 본권을 그 보호법익으로 하고, 본권이 침해될 위험성이 있으면 그 침해의 결과가 발생되지 아니하더라도 성립하는 이른바 위태범이므로, 다른 사람의 재물을 보관하는 사람이 그 사람의 동의 없이 함부로 이를 담보로 제공하는 행위는 불법영득의 의사를 표현하는 횡령행위로서"
2) 김성돈, 447면: 김일수/서보학, 375면: 배종대, 395면: 오영근, 353면: 이재상 외, 407면 등.
3) 대판 1978. 11. 28. 75도2713; 대판 1978. 3. 14. 77도2869.
4) 강구진Ⅰ, 358면: 배종대, 395면: 유기천(상), 309면: 이재상 외, 408면: 정성근/정준섭, 280면: 황산덕, 315면 등.

죄가 성립한다.[1] 그러므로 불법영득의 의사를 갖지 않고 반환할 수 없는 사정이나 반환을 거부할 수 있는 정당한 이유가 있는 때[2]에는 반환거부는 횡령행위가 아니다.

③ 미수와 기수

불법영득의 의사가 객관적으로 표현만 되면 본죄가 기수에 이른다고 보는 표현설[3]의 입장에서는 형법에 미수처벌규정이 있지만 실제로는 인정하기 어렵다고 본다. 그러나 이러한 입장도 돈 봉투를 뜯었다가 다시 봉하거나 자기의 물건 또는 무주물을 타인의 재물로 오신하고 영득하는 경우처럼 중지미수 또는 불능미수의 성립은 가능하다고 본다.[4] 불법영득의 의사가 행위에 의하여 객관적으로 실현된 때에 본죄가 기수로 된다고 보는 실현설[5]은 그 실현 이전의 단계에서 미수의 성립이 가능하다고 보며 보관물을 집에 둔 채 매물광고를 낸 경우, 보관중인 통장으로 예금지급청구를 하였으나 지급이 정지되어 돈을 인출하지 못한 경우 등이 그 예이다.

본죄의 기수와 미수를 구분하는 것이 이론적으로 가능하고, 본죄의 미수범처벌규정이 있다는 점, 그리고 본죄를 위태범이 아닌 침해범으로 이해하는 입장에서는 실현설에 따라 미수범의 성립을 당연히 인정한다.

(2) 주관적 구성요건

본죄의 본질에 관하여 월권행위설을 취하는 입장은 대체로 본죄의 성립에 고의만 있으면 충분하고 불법영득의 의사는 필요치 않다고 보게 되나 영득행위설에 따를 경우에는 당연히 불법영득의 의사를 요한다. 불법영득의 의사는 보관중인 타인의 재물을 자기의 소유물처럼 처분하려는 의사를 의미하며 사후에 반환, 변상, 전보하려는 의사가 있었는가는 불문한다.[6] 그러나 위탁자를 위하여 보관물

---

1) 김일수/서보학, 376면; 박상기/전지연, 670면; 대판 1993. 6. 8, 93도874; 대판 1992. 11. 27, 92도2079 등.
2) 대판 2006. 2. 10, 2003도7487; 대판 2005. 7. 29, 2005도685; 대판 1990. 3. 13, 89도1952; 대판 1983. 12. 13, 83도2642 등.
3) 김성천/김형준, 486면; 김혜정 외, 383면; 배종대, 396면; 유기천(상), 342면; 이재상 외, 408면; 임웅, 505면 등.
4) 이재상 외, 399면.
5) 김성돈, 448면; 김일수/서보학, 377면; 김종원(상), 232면; 백형구, 208면; 오영근, 360면; 정성근/정준섭, 281면; 진계호, 405면 등.
6) 김일수/서보학, 380면; 이재상 외, 410면; 대판 1983. 9. 13, 82도75 등.

을 처분하는 경우에는 불법영득의 의사가 없는 것으로 보아야 할 것이다.

3. 위 법 성

민법상으로 허용되는 전질(민법 제336조), 유치권행사(민법 제302조) 등이 권리행사의 범위내의 처분인 경우, 사후관리로서 일정한 범위내에서 행하여진 처분행위 등은 모두 정당행위로서 위법성을 조각한다.[1] 한편 피해자(위탁자)의 동의는 양해의 성격을 갖는 것으로서 구성요건조각사유로 된다.

4. 관련문제

(1) 공 범

횡령죄는 진정신분범이자 의무범이므로 비신분자가 타인의 재물을 보관하는 자에 가담하여 공동정범, 교사범, 방조범이 성립될 수 있다. 그러나 신분자가 비신분자를 이용한 횡령죄의 간접정범은 성립할 수 있으나, 비신분자가 신분자를 이용하여 횡령죄를 범할 수는 없다.

(2) 죄 수

횡령행위가 종료된 후 횡령물을 처분하는 행위는 불가벌적 사후행위이다. 그러나 새로운 법익침해가 있는 경우에는 사후행위는 별도의 횡령죄가 성립한다. 판례는 새로운 법익의 침해가 아닌 경우에도 사후행위로 인하여 소유권자의 소유권회복을 더욱 어렵게 하는 행위 역시 별도의 횡령죄가 성립한다고 본다.[2]

본죄의 죄수결정에는 여러 가지 표준을 생각할 수 있으나 본죄의 본질에 비추어 위탁관계의 수를 표준으로 하는 것이 타당하다.[3] 1인으로부터 위탁받은 수인의 재물을 횡령하면 단순일죄가 되고, 1개의 행위로 수인으로부터 위탁받은 재물을 횡령하면 수죄로서 상상적 경합이 된다.[4] 위탁관계가 단일하고 동일한 고의로 근접된 장소와 시간 내에 동일하거나 유사한 횡령행위를 한 경우는 포괄일죄가 된다.[5]

---

1) 대판 1982. 3. 9, 81도3009; 대판 1963. 2. 8, 63도26 등. 판례는 이밖에도 수사비를 수사정보비로 항목을 변경하여 사용한 경우에 횡령의사를 인정하지 아니한다(대판 1973. 12. 26, 73도2524).
2) 대판 2013. 2. 21, 2010도10500.
3) 대판 1979. 8. 28, 79도161.
4) 이재상 외, 413면; 정성근/정준섭, 282면 등.
5) 강구진 I, 361면; 김일수/서보학, 383면; 서일교, 185면; 이재상 외, 413면; 정성근/정준섭, 282

판 례

　　종래 대법원은 타인의 부동산을 보관하는 자가 임의로 근저당권을 설정하여 횡령죄가 성립하면 그 이후 새로운 근저당권을 추가로 설정하거나(96도1755) 매각하여 소유권이전등기를 하여도(2000도310) 새로운 법익침해가 없다고 보아 별도의 횡령죄가 성립하지 않는다고 보았다. 그러나 후행 처분행위가 이를 넘어서서, 선행 처분행위로 예상할 수 없는 새로운 위험을 추가함으로써 법익침해에 대한 위험을 증가시키거나 선행 처분행위와는 무관한 방법으로 법익침해의 결과를 발생시키는 경우라면, 이는 선행 처분행위에 의하여 이미 성립된 횡령죄에 의해 평가된 위험의 범위를 벗어나는 것이므로 특별한 사정이 없는 한 별도로 횡령죄를 구성한다고 보아야 한다. 따라서 타인의 부동산을 보관 중인 자가 불법영득의사를 가지고 그 부동산에 근저당권설정등기를 경료함으로써 일단 횡령행위가 기수에 이르렀다 하더라도 그 후 같은 부동산에 별개의 근저당권을 설정하여 새로운 법익침해의 위험을 추가함으로써 법익침해의 위험을 증가시키거나 해당 부동산을 매각함으로써 기존의 근저당권과 관계없이 법익침해의 결과를 발생시켰다면, 이는 당초의 근저당권 실행을 위한 임의경매에 의한 매각 등 그 근저당권으로 인해 당연히 예상될 수 있는 범위를 넘어 새로운 법익침해의 위험을 추가시키거나 법익침해의 결과를 발생시킨 것이므로 특별한 사정이 없는 한 불가벌적 사후행위로 볼 수 없고, 별도로 횡령죄를 구성한다.[1]

(3) 타죄와의 관계

　　절도의 수단으로 횡령행위가 행하여진 경우, 예컨대 봉인한 용기를 보관하고 있는 자가 내용물을 절취하기 위하여 용기를 손괴하는 경우에는 절도죄만 성립한다.

　　횡령의 수단으로 기망행위를 한 경우에는 횡령죄만 성립하지만 횡령한 재물로 타인을 기망한 경우에는 본죄와 사기죄의 실체적 경합범이 된다. 그러나 횡령죄와 사기죄가 상상적 경합이 되는 경우는 없다.

　　장물의 보관을 위탁받은 자가 이를 영득하는 경우에는 장물보관죄와 횡령죄의 실체적 경합이라고 보는 견해[2]가 있으나, 장물보관죄만 성립하고 횡령행위

면; 대판 1960. 8. 3, 4293형상64 등.
1) 대판 2013. 2. 21, 2010도10500 전원합의체 판결.
2) 임웅, 507면.

는 불가벌적 사후행위가 된다.[1] 횡령죄에 의하여 처분되는 재물을 그 정을 알면서 취득한 경우에는 장물취득죄가 성립된다는 견해[2]와 횡령죄의 공범이 성립한다는 견해[3]가 있다. 실현설의 입장에서, 장물죄의 성립에는 장물죄가 행하여지기 전에 이미 본범이 기수에 달해야 한다는 관점에서 횡령죄의 공범이 성립한다는 견해가 타당하다.

5. 민법상 물권변동과 횡령죄 성립

(1) 담보권 설정과 범죄성립

1) 담보권의 설정과 가등기담보법

실무상 활용되는 담보에는 민법이 규율하는 전형담보와 변칙담보가 있다. 후자는 일반적으로 채권담보의 목적으로 소유권이전의 형태를 취하는 경우인데, 변칙담보의 가장 전형적인 모습이 양도담보이다. 양도담보란 채권담보의 목적으로 물건의 소유권을 채권자에게 이전하고 채무불이행의 경우에는 채권자가 그 목적물로부터 우선변제를 받게 되나, 채무자가 이를 이행하는 경우에는 목적물을 원래의 소유자에게 반환하는 방법에 의한 변칙담보이다. 여기에는 신용의 수수를 소비대차가 아닌 매매의 형식으로 행하고 당사자 사이에 따로 채권·채무관계를 남기지 않는 형태의 매도담보와, 소비대차계약에 의하여 신용의 수수를 하고 그 채무의 담보로서 물건을 양도하여 채권·채무의 형식으로 남겨 청산의무가 인정되는 협의의 양도담보가 있다.

그런데 이와 같은 양도담보는 환가방법에 있어서 경매절차를 반드시 거쳐야 하는 것은 아닐 뿐만 아니라, 담보가치도 높게 평가되어 실거래에서 주로 이용되어 왔다. 그러나 대개 채무자가 차용금에 비하여 현저히 고가의 담보물을 제공하도록 채권자로부터 요구당함으로써, 폭리를 취하는 경우가 많았다. 따라서 이를 규제하기 위하여 채권자에게 청산의무를 무조건 부과하고, 청산의무의 이행이 있기 전에는 그 담보물의 소유권을 채무자에게 유보시킴으로써 채무자를 보호하고자 하는 취지에서 1983년 '가등기담보 등에 관한 법률(이하 가등기담보

---

1) 대판 2004. 4. 9, 2003도8219; 대판 1979. 11. 26, 76도3067.
2) 김일수/서보학, 385면; 김혜정 외, 388면; 배종대, 401면; 백형구, 211면; 정성근/정준섭, 283면; 황산덕, 329면 등.
3) 김성돈, 453면; 김종원(상), 250면; 이재상 외, 414면 등.

법)'이 제정되었다. 이에 따라 민법 제608조 규정에 의하여 효력이 상실되는 대물반환의 예약에 포함되거나 병존하는 채권담보계약은 모두 동법의 적용을 받음으로써 양도담보 역시 이 법에 의하여 규제를 받게 되었다. 가등기담보법은 등기, 등록에 의하여 공시될 수 있는 재산권만을 대상으로 하므로, 기타 재산권에 대한 담보에의 입법적 불비를 보완하기 위하여 2010년 '동산·채권 등의 담보에 관한 법률(이하 동산채권담보법)'이 제정되었다.

2) 양도담보와 범죄성립여부

① 부동산 양도담보

(가) 양도담보권자의 행위   대체로 청산절차를 예정하고 있는 약한 의미의 양도담보를 의미하는데, 채권자는 채무의 변제기가 지나면 부동산의 가액에서 채권원리금을 공제한 나머지 금액을 채무자에게 반환하고 부동산의 소유권을 취득하거나(귀속청산), 부동산을 처분하여 매각대금에서 채권원리금 등의 변제에 충당하고 나머지 금액을 채무자에게 반환할 수도 있다(처분청산).

가등기담보법 시행이전에는 양도담보에 관하여 신탁적 소유권이전설이 다수설이었다. 이에 따르면 양도담보에 의하여 소유권은 채무자로부터 채권자에게로 이전되므로, 대외적으로 채권자는 완전한 소유권을 취득하게 되고, 따라서 채권자로부터 이를 전매하는 자는 양도담보사실에 관한 악의의 자라도 완전한 소유권을 취득한다고 보았다(대판 1988. 2. 9, 87다424). 이 설을 취할 경우, 채권자가 변제기전에 담보물을 처분하더라도 대외적으로 소유권자이므로 횡령죄가 성립하지 않고, 오히려 채무자의 처분행위가 채권자에 대한 횡령죄가 성립한다고 보아야 한다.

반면 담보물권설은 양도담보에 의하여 채권자는 진정한 의미의 소유권을 취득하는 것이 아니라 양도담보권이라고 하는 독특한 제한물권을 취득하는 데 불과하다고 본다. 담보물권설은 가등기담보법의 법적 태도와 그 내용이 같으므로, 가등기담보법 시행 이후의 법률관계 및 범죄성립여부와 일치한다. 이처럼 양도담보를 제한물권의 일종으로 보게 되면 청산절차를 거치지 이전까지는 담보물의 소유권은 여전히 채무자에게 있게 된다. 따라서 채권자(양도담보권자)의 변제기전 처분행위는 채무자(양도담보설정자)에 대한 횡령죄가 성립한다.

변제기 후에는 양도담보권자는 청산절차를 거쳐 청산금을 지급하여야 하는 청산의무를 지게 되는바, 귀속청산이든 처분청산이든 담보권자가 담보권을 실행하여 그 환가대금 또는 평가액으로부터 채권원리금과 담보권실행비용 등의 변제충당을 하고 나머지를 채무자(담보제공자)에게 반환하여야 하는 의무는 자신의 정산의무이므로 이는 자신의 자기의 사무처리일 뿐, 채무자의 사무처리자의 지위에 있는 것이 아니다. 따라서 배임죄가 성립할 여지는 없다. 다만, 청산금을 반환하지 않는 행위에 대하여는 이것이 민법상 부당이득에 해당하므로 부당이득반환청구권의 대상이 될 뿐이라고 보는 견해[1]와 용도가 특정된 금전이므로 채권자는 타인의 재물을 보관하는 자로서 횡령죄[2]가 성립한다고 보는 견해가 있다. 생각건대, 청산의무는 자기의 의무이지만, 청산금은 당해 채무자 소유의 담보권에 대한 청산절차의 결과이므로 채무자 소유로 보아야 하고 따라서 용도가 특정된 금전과 동일하게 횡령죄가 성립한다고 보아야 할 것이다.

(나) 양도담보권설정자(채무자)의 행위 양도담보계약만 체결한 단계에서는 담보설정자는 계약을 해지하고 목적물을 제3자에게 유효하게 처분할 수 있으므로 이 시점에서 임의의 채무자의 처분행위는 무죄이다. 즉, 채무자가 저당권설정 계약에 따라 채권자에 대하여 부담하는 저당권을 설정할 의무는 계약에 따라 부담하게 된 채무자 자신의 의무이다. 따라서 채무자가 제3자에게 먼저 담보물에 관한 저당권을 설정하거나 담보물을 양도하는 등으로 담보가치를 감소 또는 상실시켜 채권자의 채권실현에 위험을 초래하더라도 배임죄가 성립한다고 할 수 없다. 따라서 채무자가 금전채무에 대한 담보로 부동산에 관하여 양도담보설정 계약을 체결하고 이에 따라 채권자에게 소유권이전등기를 해 줄 의무가 있음에도 제3자에게 그 부동산을 처분한 경우에도 계약체결상태에서는 배임죄가 성립하지 않고 무죄가 된다는 것이 변경된 판례의 입장이기도 하다.[3] 그러나 약정된 금원의 교부행위가 있거나 이미 발생된 채무를 피담보채권으로 부동산을 양도담보로 설정하였다면, 채무자가 이를 제3자에게 처분하는 등의 행위는 배임죄가 성립한다. 판례[4]도 또한 같다.

---

1) 김성돈, 442면; 배종대, 384면.
2) 김일수/서보학, 366면; 임웅, 492면.
3) 대판 2020. 6. 18, 2019도14340 전원합의체 판결. 종전의 판례는 채무의 담보로 근저당권설정등기를 하여 줄 임무가 있음에도 불구하고 이를 이행하지 않고 임의로 제3자 명의로 근저당권설정등기를 마치는 행위는 배임죄를 구성한다(대판 2011. 11. 10, 2011도11224; 대판 2008. 3. 27, 2007도9328)고 하였으나, 동 전원합의체 판결을 통해 해당 견해들을 모두 변경하였다.
4) 대판 2010. 9. 9, 2010도5975; 대판 1997. 6. 24, 96도1218(자신의 채권자와 부동산양도담보설정 계약을 체결한 피고인이 그 소유권이전등기 경료 전에 임의로 기존의 근저당권자인 제3자에게 지

즉, 부동산양도담보의 경우에는 계약설정과 등기경료라는 두 가지 시점이 발생하는데 담보계약만 체결한 시점에서는 양자간에 물권변동이 없으므로 여전히 채권관계와 다를바 없는 상태로 보아야 한다. 따라서 채무자는 채권자에게 아무런 신임관계가 발생하지 않고 이를 처분하더라도(이중저당 계약을 하고 제2저당권 계약설정자에게 등기경료를 한 경우) 배임죄가 성립하지 않는다. 그러나 계약설정 뿐만 아니라 저당권 등의 등기경료 후라면 물권적 효력이 발생하므로 이를 처분하면 신임관계를 위배하여 배임죄가 성립한다고 보아야 할 것이다.

② 동산 양도담보

동산 양도담보란 금전채무의 변제를 확보하기 위하여 채무자가 그 소유의 동산을 채권자에게 양도하되 점유개정의 방식으로 채무자가 이를 계속 점유하는 방식을 의미한다. 동산채권담보법은 양도담보 등 명목을 묻지 않고 동법에 따르도록 하였지만, 법인 또는 상호등기를 한 자만이 동산을 담보로 제공하는 경우 담보등기를 할 수 있으므로 제한적으로만 적용된다. 동산채권담보법이 적용되는 범위 내에서는 부동산 양도담보와 범죄 성립 여부는 동일하게 해석하여야 한다.

그 밖의 일반적인 동산 양도담보 역시 제한물권설에 의하여 해결하는 견해가 있을 수 있고, 등기주의를 취하지 않는 현행 법제하에서는 신탁적소유권이전설과 동일하게 해석하는 견해가 있을 수 있다.

그러나 동산양도담보 역시 제한물권의 일종으로 보아야 하므로, 이 경우 약한 의미의 양도담보가 설정된 것이라고 봄이 타당하다. 따라서 동산의 소유권은 신탁적으로 이전됨에 불과하고 대내적 관계에서는 채무자가 소유권자이고, 만일 채무자가 양도담보된 동산을 처분하는 등 담보가치를 감소시키는 행위를 하였다면 배임죄가 성립한다.

반면 점유개정이 이루어지지 않은 상태에서 변제기 도래 전에 채권자가 이를 처분하였다면 타인(채무자)의 재물에 대한 횡령죄가 성립한다. 변제기 도래 후에는 역시 청산사무는 채권자의 사무이므로 채권자는 배임죄가 성립할 여지가 없고, 청산금을 반환하지 않는 경우 청산금에 대한 횡령죄가 성립한다. 다만 변제기 후 청산금에 대하여 보관자의 지위를 인정하지 않는 판례의 태도를 고려하

상권설정등기를 경료하여 준 경우, 그 지상권 설정이 새로운 채무부담행위에 기한 것이 아니라 기존의 저당권자가 가지는 채권을 저당권과 함께 담보하는 의미밖에 없다고 하더라도 이로써 양도담보권자의 채권에 대한 담보능력 감소의 위험이 발생한 이상 배임죄를 구성한다).

면 이 경우에도 무죄라고 보게 될 것이다.

3) 매도담보
① 부동산 매도담보

부동산 매도담보는 양도담보와 달리 신용의 수수를 매매의 형식으로 하는 것을 말하며, 환매특약부매매와 재매매예약부매매를 모두 포함한다. 이전 학설과 판례는 매도담보의 경우 소유권이 채권자에게 이전되므로 채권자의 처분행위에 대하여는 배임죄를, 채무자의 처분행위에 관하여는 횡령죄를 인정하였다. 즉, 판례는 '채권의 담보를 목적으로 부동산의 소유권이전등기를 경료받은 채권자는 채무자가 변제기일까지 그 채무를 변제하면 채무자에게 그 소유 명의를 환원하여 주기 위하여 그 소유권이전등기를 이행할 의무가 있으므로 그 변제기일 이전에 그 임무에 위배하여 이를 제3자에게 처분하였다면 변제기일까지 채무자의 변제가 없었다 하더라도 배임죄는 성립된다'고 보았다.[1] 반면, 채무자의 처분행위는 타인의 소유권침해로 보아 횡령죄가 성립한다고 본다.

그러나 제한물권설에 따르면 양도담보와 동일하게 채권자는 담보물권을 취득함에 불과하고 소유권이 이전된다고 볼 수 없다. 따라서 채권자의 변제기일 전의 처분행위는 횡령죄가 성립하고, 채무자의 처분행위는 채권자의 담보물권실행을 저해하였으므로 배임죄가 성립한다고 보아야 한다.

② 동산 매도담보

동산의 매도담보는 부동산 매도담보와 달리 등기주의를 취하지 않는 이상, 재매매예약이나 환매특약을 하였더라도 대내적으로나 대외적으로 소유권이 채권자에게 이전된다. 판례[2] 역시 "타인에게 매도담보로 제공한 동산을 그대로 계속하여 점유하고 있는 경우에 그 동산을 임의로 처분하였다면 채무자는 횡령죄"가 될 뿐, 타인의 권리의 목적이 된 타인의 물건에 해당하므로 권리행사방해죄가 성립하지는 않는다고 본다. 또한 채무자가 타인에게 매도담보로 제공한 동산을 그 사실을 은폐하고 다시 제3자에게 매도담보로 제공한 경우 제3자에 대한 사기죄가 성립한다.[3]

반면 채권자의 처분행위는 자신의 소유물에 대한 처분이므로 변제기 전에 처

---

1) 대판 1992. 7. 14, 92도753.
2) 대판 1962. 2. 8, 4294형상265.
3) 대판 1960. 10. 26, 4293형상82.

분하더라도 횡령죄가 성립할 수 없고, 동산에 대하여 환매특약이 설정되어 있을 경우 채무자에 대한 배임죄 성립 여부가 문제될 뿐이다. 한편 판례[1]는 동산매도담보의 채무자가 이를 계속 사용하고 있다가 채권자의 승낙을 받고 이를 매각하였다면 그 매각대금은 채무자의 소유이므로 채무자가 임의소비해도 횡령죄가 성립하지 않는다고 본다.

4) 가등기담보

가등기담보법은 실거래에서 이용되는 대물반환의 예약, 환매, 양도담보 등 명칭 여하를 불문하고 담보권 설정에 의한 대금의 차용에 대하여 동법을 적용하도록 규정하고 있다. 따라서 채권담보의 목적으로 행하는 부동산 등기는 모두 가등기가 되고, 여전히 소유권은 채무자에게 귀속된다. 그 결과 변제기전의 채무자의 처분행위는 배임죄가 성립하고 채권자의 처분행위는 횡령죄가 성립한다. 변제기 도래 후의 채권자의 청산의무는 자신의 사무이므로 부당하게 염가로 처분[2]하거나 처분을 지연하더라도 채무자에 대한 배임죄가 성립하지 않는다.[3] 다만, 청산금은 앞서 언급한 바와 같이 용도가 특정된 금전에 해당하므로 이를 채무자에게 반환하지 않는 경우 횡령죄가 성립한다고 보아야 할 것이다.

5) 소유권유보부매매(할부매매)

소유권유보부매매란 매매대금을 완납하기 전에 미리 매매목적물의 점유를 매도인으로부터 매수인에게 이전하는 형식을 취하는 매매계약에 있어서 특약에 의하여 매도인에게 대금완제시까지 매매목적물의 소유권을 유보하는 거래를 의미한다. 이와 같은 소유권유보특약이 있는 할부판매를 소유권유보부매매라고 하며 동산뿐만 아니라 부동산의 경우에도 가능하다. 소유권유보부매매의 경우 매도인은 매매계약과 동시에 목적물을 매수인에게 인도하고 그 점유·사용의 권한을 부여하지만, 매매대금이 완납될 때까지는 매매목적물의 소유권을 자신에게 유보하여 두었다면, 매수인의 대금미지급 등이 발생하면 유보된 소유권에 기하여 매매목적물을 회수하여 처분함으로써 잔여대금을 확보할 수 있게 된다.

이를 비전형담보의 한 형태로 본다면, 매수인이 소유권자이므로 이를 처분하면 매도인의 담보가치를 해한 것이므로 배임죄 성립 여부만이 문제된다. 그러나

---

1) 대판 1977. 11. 8, 77도1715.
2) 대판 1997. 12. 23, 97도2430. 채권자가 부당하게 염가로 처분해도 배임죄가 성립하지 않는다.
3) 대판 1985. 11. 26, 85도1493 전원합의체 판결.

판례는 소유권유보부매매의 특약이 있는 경우 목적물이 매수인에게 인도되었다
하더라도 대내적·대외적으로 매도인이 소유권을 주장할 수 있다고 본다(대판
1999. 9. 7, 99다30534). 이와 같은 판례의 취지에 따르면 매도인이 소유권자이므
로 매수인의 처분행위는 횡령죄가 된다고 보아야 한다. 그러나 대상물이 등기·
등록의 대상인 때에는 등기(등록)주의에 따라 등기(등록)부상 명의자가 소유권
자가 된다. 따라서 판례는 할부매매 덤프트럭에 관하여 할부금융사에 대출원리
금 완제 시까지 소유권이 유보된다는 특약을 하였더라도, 매수인 명의로 등록이
된 이상 대외적으로는 매수인의 소유권을 인정한다. 따라서 대출금을 갚지 못하

담보형태	목적물	시기	처분행위자	판례	본서
양도담보	부동산	계약 설정(등기 전)	채무자	무죄	무죄
			채권자	–	횡령죄
		등기경료 후	채무자	배임죄	배임죄
			채권자	–	횡령죄
		청산 후	채권자	무죄	횡령죄
	동산	전	채무자	무죄	배임죄
			채권자	횡령죄	횡령죄
		후	채권자	무죄	횡령죄
매도담보	부동산	등기 후 변제기 전	채무자	횡령죄	배임죄
			채권자	배임죄	횡령죄
		청산 후	채권자	무죄	횡령죄
	동산	변제기 전	채무자	횡령죄	횡령죄
			채권자	–	배임죄
		후	채권자	무죄	횡령죄
가등기담보	부동산	등기 후 변제기 전	채무자	배임죄	배임죄
			채권자	횡령죄	횡령죄
		후	채권자	무죄	횡령죄
소유권유보부매매	부동산, 등록차량	완납 전	매수인	(소유권자)	배임죄
			매도인	(소유권없음) 매수인점유차량에 대한 절도죄	매수인 점유 차량에 대한 절도죄
	동산	완납 전	매수인	(소유권 없음) 횡령죄	배임죄

였다는 이유로 매도인이 트럭을 회수해가면 절도죄가 성립한다고 본다.[1]

(2) 부동산 명의신탁과 횡령죄 성부

1) 명의신탁의 의의

명의신탁이란 대내적 관계에서는 신탁자가 소유권을 보유하여 이를 관리·수익하면서 등기부상의 소유명의만을 수탁자로 하여 두는 제도이다. 이는 판례에 의하여 발전된 것으로 추심을 위한 신탁적 양도 등과 함께 신탁행위의 한 유형을 이룬다. 명의신탁은 종중재산과 관련하여 형성되었으나, 최근까지 부동산을 매수한 자가 세금의 탈세, 투기, 재산은닉 등의 목적으로 명의신탁을 행하는 경우가 반사회질서적 행위로서 사회적 문제가 되자, 이를 규제하기 위하여 1990년에 부동산등기특별조치법을 통해 조세탈피 등을 목적으로 한 명의신탁을 금지하는 한편, 이를 처벌하는 규정을 두었으나 좀처럼 근절되지 않았다.

이에 1995년 부동산실권리자명의등기에 관한 법률(이하 부동산실명법)을 제정하여 그 처벌을 강화할 뿐만 아니라 원칙적으로 명의신탁등기의 효력을 부정하기에 이르렀다. 동법은 부동산명의신탁이 불법한 목적으로 악용되는 현실을 차단하기 위한 것으로, 동법 제3조는 누구든지 채권변제목적의 양도담보 등, 공유등기, 특별법상 신탁재산을 제외하고는 명의신탁약정에 따른 수탁자명의 등기를 금지하고, 제4조에서는 명의신탁 약정 및 명의신탁 약정에 따른 등기로 인한 물권변동은 모두 무효로 한다.

2) 명의신탁 무효의 법적 효력

부동산실명법은 동법의 예외를 제외한 모든 명의신탁 계약 및 그에 기초한 등기로 인한 물권변동은 모두 무효로 하는데, 무효의 법적 효력에 대하여는 견해의 대립이 있다. 무효의 법적 효력은 소유권귀속과 직결되고, 소유권의 귀속상태는 형법상 횡령죄 및 배임죄 성립에 직접 영향을 미치게 된다.

① 부당이득설

이 설에 의하면 수탁자 명의의 등기가 무효인 이상 명의신탁자는 여전히 소유권을 보유하고, 따라서 신탁자는 수탁자에게 소유권에 기한 방해배제청구권을 행사하여 수탁자 명의의 등기를 말소하거나 진정명의회복을 원인으로 하는 소유권이전등기를 구할 수 있다. 또한 신탁자는 수탁자에게 부당이득반환청구권을

---

[1] 대판 2010. 2. 25, 2009도5064.

행사하여 등기의 말소나 이전을 청구할 수 있다고 본다.[1]

② 불법원인급여설

이 설에 의하면 명의신탁약정은 불법원인급여에 해당하므로 신탁자에게 반환청구권이 없음으로 인하여 반사적 이익으로서 수탁자가 소유권자가 된다고 본다.[2] 즉, 부동산실명법을 위반한 명의신탁은 동법 제1조에 의하여 민법상 반사회질서적 법률행위에 해당하고, 따라서 불법원인급여로서 원소유자의 권리를 보호할 필요가 없다고 보는 것이다.

③ 소　결

부당이득설에 의하면 신탁자가 소유권자로 되지만, 불법원인급여설에 따르면 수탁자가 소유권자가 된다. 생각건대, 동법은 부동산에 관한 물권이 실체적 권리관계에 일치하도록 함을 목적으로 하면서 이를 통해 특히 투기, 탈세, 탈법행위 등 반사회적 행위를 방지하고자 하므로 동법에 위반한 모든 명의신탁이 모두 반사회적 행위가 되는 것은 아니다. 따라서 동법에 위반되는 명의신탁은 원칙적으로 부당이득설에 의하여 신탁자가 여전히 소유권자이므로 부당이득반환을 통해 등기를 회복할 수 있다. 다만 그 중에서 투기, 탈세, 탈법 등 반사회적 목적을 가진 명의신탁만이 불법원인급여에 해당하여 소유권자가 반환청구권이 부정됨으로 인하여 수탁자의 명의로 소유권이 남게 된다고 보아야 할 것이다.[3]

3) 2자간(양자간) 명의신탁

① 학　설

원소유권자인 신탁자가 수탁자와 명의신탁약정을 맺고, 약정에 의하여 신탁자로부터 수탁자로 등기명의를 이전하는 경우이다. 만일 수탁자가 등기부상 명의인임을 기회로 이를 제3자에게 임의로 처분한 경우 수탁자의 범죄성립여부에 관하여 횡령죄설[4]은 앞서 명의신탁의 효력에 관한 부당이득설을 기초로 한다.

---

1) 김준호, "명의신탁의 법리", 이명구박사 화갑기념논문집 Ⅲ, 고시연구사, 1996, 118면; 배형일, "명의신탁등기", 고시계, 1997/2, 64면; 재정경제원, 부동산실명법해설-부동산실권리자명의등기에관한법률, 1995, 108면. 그 논거로서, 첫째, 부동산실명법이 등기를 바꾸도록 이행강제금규정을 둔 것은 실질적 소유권이 신탁자에게 있음을 전제로 한다는 점, 둘째, 제4조 제3항이 제3자에게 대항하지 못한다는 규정을 한 것 역시 수탁자가 소유권자이면 불필요한 규정이라는 점 등을 든다.
2) 김상용, "부동산실명법 규정의 제모순점", 고시계, 1997/2, 83면 이하.
3) 물론 이 경우에도 수탁자가 자발적으로 명의를 반환한다고 해서 신탁자의 소유권이 회복되지 않는 것은 아니다.
4) 김성돈, 456면; 김성천/김형준, 461면; 김혜정 외, 374면; 배종대, 389면; 손동권, "명의신탁부동산의 처분행위에 대한 횡령죄의 성립여부", 고시연구, 1997/12, 45면; 이재상 외, 401면; 임웅,

부당이득설에 따르면 명의신탁약정 및 등기의 무효로 인하여 소유권은 여전히 신탁자가 가지게 되므로, 수탁자는 타인의 재물을 보관하는 지위에 있게 되고 따라서 처분행위는 횡령죄가 성립한다고 본다. 반면 무죄설[1]은 부동산실명법상 무효의 효과를 불법원인급여설의 입장을 취하여, 명의신탁이 불법원인급여에 해당하는 결과 신탁자에게는 부당이득반환청구권이 없으므로 반사적으로 수탁자의 소유권이 인정되어 자기의 재산에 대한 처분행위가 된다고 보는 것이다.

② 소 결

앞서 언급한 바와 같이 부동산실명법에 위반하는 명의신탁은 그 성질에 따라서 구분하여야 한다.

(가) 반사회질서적 명의신탁   투기, 탈세, 탈법 등 반사회질서적 명의신탁은 불법원인급여에 해당하므로 신탁자는 반환청구권이 없고 반사적으로 수탁자에게 소유권이 남는 결과, 부동산의 수탁자에게 타인소유 자기점유에 해당하지 않으므로 횡령죄가 성립하지 않는다.

(나) 허용되는 명의신탁   부동산실명법의 취지상 투기, 탈세 등의 불법적인 명의신탁이 아닌 경우에는 동법에 의하여 명의신탁계약은 무효가 되고, 그 결과 소유권은 다시 신탁자에게 귀속된다. 따라서 수탁자가 자신명의 등기를 기회로 하여 처분하면 신탁자에 대한 횡령죄가 성립한다.

(다) 판례의 태도   판례는 수탁자의 처분행위를 횡령죄로 보았던 종전의 견해[2]를 변경하여, 부동산실명법을 위반한 양자간 명의신탁의 경우 부동산실명법 시행 전후를 불문하고 명의수탁자가 신탁받은 부동산을 임의로 처분하여도 명의신탁자에 대한 관계에서 횡령죄가 성립하지 않는다고 본다.[3] 즉, 부동산실명법에 의하여 명의신탁은 금지되고(제3조), 명의신탁계약 및 계약에 따른 등기이전이라는 물권변동이 모두 무효가 되며(동법 제4조) 이에 위반한 신탁자와 수탁자는 모두 형사처벌 대상(동법 제7조)인 점을 고려하여, 동법상 범죄를 구성하는 불법적 관계는 형법상 보호할 가치가 있는 신임관계가 아니라고 단정한 것이다. 그러나 동법 제8조는 탈세, 탈법목적이 아닌 종중, 배우자명의 등 명의신탁은 제

4조의 무효규정을 적용받지 않는다고 보아, '조세포탈, 강제집행면탈, 법령상 제한 회피' 목적이라는 반사회질서적 명의신탁이 아닌 한 유효라고 보고 있다. 따라서 반사회질서적 명의신탁과 허용되는 명의신탁을 구분함이 타당할 것이다.

4) 3자간(중간생략) 명의신탁

① 법적 효력

명의신탁자가 부동산을 매수하면서 자신의 명의로 등기를 이전하지 않고 명의수탁자와 맺은 명의신탁약정에 따라 매도인에게서 바로 명의수탁자에게 등기이전을 하는 경우를 의미한다. 이는 매도인 명의의 등기이전을 생략하고 바로 명의수탁자에게 등기를 경료함으로써 중간생략등기와 유사한 형태를 띤다. 이 경우, 명의신탁자와 명의수탁자 사이의 명의신탁계약이 무효가 되므로, 명의신탁자가 명의수탁자에게 명의신탁 계약의 해지를 이유로 한 소유권이전등기를 청구할 수 없고, 또한 매도인과 명의수탁자사이의 등기로 인한 물권변동 역시 원인무효가 되므로 소유권은 원소유자인 매도인에게 귀속된다. 그러나 부동산실명법은 명의신탁자와 명의수탁자 사이의 명의신탁약정만을 무효로 하고 있으므로, 매도인과 명의신탁자사이의 매매계약의 효력은 여전히 유효하다. 따라서 신탁자는 매도인을 상대로 매매대금의 반환을 요구할 수는 없고 매도인은 신탁자에게 여전히 소유권이전의무를 진다. 따라서 신탁자는 매도인을 대위하여 명의수탁자를 상대로 무효인 수탁자명의의 등기말소를 구하고 동시에 매도인을 상대로 매매계약에 기한 소유권이전등기청구를 함으로써 목적부동산을 반환받을 수 있다.

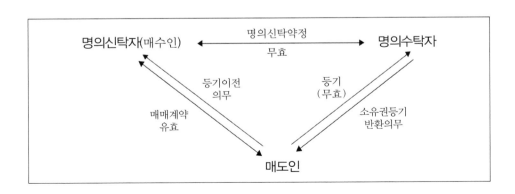

② 범죄성립여부

무효인 등기부상의 명의를 이용하여 수탁자가 임의로 부동산을 처분한 경우 명의신탁자에 대한 배임죄설[1]은 명의신탁자 앞으로 등기가 이전된 사실이 없으므로 명의신탁자가 소유권자는 아니지만, 유효한 매매계약에 기하여 소유권이전 가능성이 있기 때문이라고 보며, 매수인(명의신탁자)에 대한 횡령죄설[2]은 유효한 매매계약을 근거로 신탁자는 매도인을 상대로 매매계약에 기한 소유권이전 등기를 신청할 수 있기 때문이라고 본다. 매도인에 대한 횡령죄설[3]은 수탁자 앞으로의 등기가 무효가 되므로 소유권은 매도인에게 귀속되기 때문이라고 본다. 무죄설[4]은 부동산실명법에 위반되는 관계는 형법상 보호할 가치가 없는 신임관계이므로 범죄성립을 부정한다.

판례는 유효한 매매계약을 근거로 신탁자에 대한 횡령죄를 인정하였다가,[5] 전원합의체판결[6]을 통해 횡령죄의 성립을 부정하였다. 그 근거로써, 명의신탁자와 명의수탁자 사이에 위탁신임관계를 근거 지우는 계약인 명의신탁약정 또는 이에 부수한 위임약정이 무효임에도 불구하고 횡령죄 성립을 위한 사무관리·관습·조리·신의칙에 기초한 위탁신임관계가 있다고 할 수는 없고, 당사자간의 위탁관계는 부동산실명법에 반하여 범죄를 구성하는 불법적인 관계에 지나지 아니할 뿐 이를 형법상 보호할 만한 가치 있는 신임관계라고 할 수 없다고 본다.

생각건대, 부동산실명법상 제4조의 무효의 취지를 부당이득설로 보게 된다면, 동법에 위반되는 모든 명의신탁이 반사회적 행위에 해당하는 것은 아니므로 원천적으로 불법원인급여와 동일하게 판단할 필요는 없을 것으로 보인다. 따라서 여전히 매도인에 대한 횡령죄를 인정한다. 다만 이 경우에는 특별한 신뢰가 매도인과 형성되었다기보다는, 유효한 매매계약에 기하여 신탁자에게 부동산등기를 이전해야 할 매도인의 의무에 수탁자가 협조해야 할 의무가 있기 때문

---

1) 김일수/서보학, 371면.
2) 배종대, 390면; 임웅, 478면; 장영민, "명의신탁된 부동산의 영득행위의 죄책", 고시계, 1997/ 12, 38면.
3) 백재명, "부동산명의신탁과 횡령죄", 형사판례연구 (7), 376면; 이재상 외, 402면.
4) 박상기/전지연, 673면; 신동운, 1109면; 정영일, 214면.
5) 대판 2010. 9. 30, 2010도8556; 대판 2002. 2. 22, 2001도6209.
6) 대판 2016. 5. 19, 2014도6992.

이다. 즉, 명의신탁약정의 당사자로서 수탁자는 신탁자에 관하여는 신탁자가 소
유권을 취득한 바 없으므로 횡령죄가 될 수는 없지만, 매도인이 장래 행해야할
신탁자에게로의 등기이전의무에 기초하여 신뢰관계를 가지고 부동산을 보관해
야 할 지위자로 보고자 한다. 반면 그러한 중간생략명의신탁이 투기, 탈세 등을
목적으로 할 때에만 수탁자의 처분행위가 무죄가 된다고 봄이 타당할 것이다.

5) 계약명의신탁

① 법적 효력

명의신탁자의 위임에 따라 명의수탁자가 매도인과 자신의 이름으로 직접 매
매계약을 체결하고 등기를 경료하는 경우이다. 즉, 명의신탁자와 수탁자 사이에
부동산매수에 관한 위임계약과 명의신탁약정이 함께 존재하는데, 명의신탁약정
이 무효가 되는 경우에는 민법상 일부무효의 법리에 의하여 양자간 위임계약까
지 전체가 무효가 됨이 일반적이고, 그 결과 신탁자와 수탁자 사이에는 계약상
의 권리·의무가 존재하지 않게 될 것이다.[1]

② 매도인이 선의인 경우

계약명의신탁에 관하여 부동산실명법 제4조 제3항은 동법상 무효는 제3자에
게 대항하지 못한다고 규정한다. 따라서 매도인이 선의인 경우 대외적으로 등기
의 이전은 유효하게 되므로 명의수탁자는 등기부상 소유권자이다. 이 경우 명의
수탁자의 임의처분행위에 대하여 무죄설[2]은 대외적으로 명의수탁자가 소유권자
이므로 법적으로 유효한 처분행위임을 근거로 한다. 배임죄설[3]은 이 경우 명의
신탁약정이 무효가 되더라도 양자간의 사실상의 신임관계까지 무효로 만드는
것은 아니라고 본다. 생각건대, 이 때에는 일부무효의 법리에 따라 명의신탁약정
및 매매의 위임계약까지 무효가 되므로 실질적으로 명의신탁자와 명의수탁자사
이에 아무런 법률관계가 민법상 존재하지 않게 된다. 따라서 무죄설이 타당하다.
판례 또한 무죄라고 본다.

---

1) 권오창, "부동산명의신탁의 법률관계에 관한 시론", 인권과 정의, 1996/11, 70면.
2) 김성천/김형준, 463면; 김일수/서보학, 368면; 김혜정 외, 376면; 박상기/전지연, 676면; 배종대, 392면; 정영일, 215면.
3) 김성돈, 433면; 임웅, 479면; 이재상 외, 403면; 정성근/정준섭, 287면.

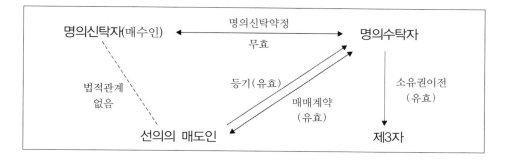

판 례

　　신탁자와 수탁자 간의 명의신탁약정이 무효인 이상, 특별한 사정이 없는 한 신탁자와 수탁자 간에 명의신탁약정과 함께 이루어진 부동산 매입의 위임 약정 역시 무효라고 할 것이므로, 수탁자가 신탁자와의 신임관계에 기하여 신탁자를 위하여 신탁 부동산을 관리한다거나 신탁자의 허락 없이 이를 처분하여서는 아니되는 의무를 부담하는 등으로 타인의 사무를 처리하는 자의 지위에 있다고 볼 수 없다.[1]

③ 매도인이 악의인 경우

　　매도인이 계약명의신탁 약정 사실을 알고 있는 경우로서, 이 경우 부동산실명법에 따라 수탁자 명의의 소유권이전등기는 무효이고, 부동산의 소유권은 매도인이 그대로 보유하게 된다. 이 경우 수탁자가 등기명의를 기회로 임의처분한 경우 매도인에 대한 횡령죄설[2]은 법률관계상 무효의 결과 매도인이 소유권자임을 근거로 한다. 무죄설[3]은 수탁자는 매도인과의 관계에서 어떠한 신뢰관계가 존재하는 것이 아니며 신탁자와의 관계에서는 민법상 부당이득반환청구의무만 있을 뿐이라고 본다. 반면 배임죄설[4]은 명의신탁약정이 무효라 하더라도 신탁자와 수탁자 사이의 사실상의 신임관계는 여전히 존재하므로 신탁자에 대한 배임죄가 성립한다고 본다. 생각건대, 매도인이 악의인 경우에는 명의신탁약정과 그에 기한 등기뿐만 아니라 매매계약 자체가 무효가 되므로 인하여 명의신탁자

1) 대판 2008. 3. 27, 2008도455; 대판 2004. 4. 27, 2003도6994; 대판 2001. 9. 25, 2001도2722.
2) 박상기/전지연, 675면; 임웅, 478면.
3) 김성돈, 459면; 김성천/김형준, 463면; 김혜정 외, 376면; 정영일, 215면.
4) 배종대, 391면; 장영민, 앞의 논문, 39면; 정성근/정준섭, 286면.

와 수탁자 사이에는 아무런 관계도 남아있지 않게 된다. 또한 명의수탁자가 매도인과의 사이에 신임관계가 존재한다고 할 수도 없기 때문에 무죄라고 봄이 타당하다. 판례 또한 무죄라고 본다.

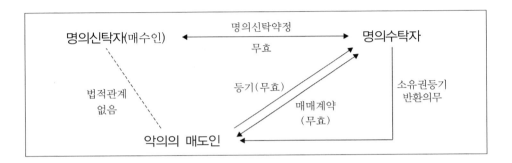

판 례

　계약명의신탁에서 매도인이 악의인 경우, 수탁자 명의의 소유권이전등기는 무효이고 부동산의 소유권은 매도인이 그대로 보유하게 되므로, 명의수탁자는 부동산 취득을 위한 계약의 당사자도 아닌 명의신탁자에 대한 관계에서 횡령죄에서 '타인의 재물을 보관하는 자'의 지위에 있다고 볼 수 없고, 또한 명의수탁자가 명의신탁자에 대하여 매매대금 등을 부당이득으로 반환할 의무를 부담한다고 하더라도 이를 두고 배임죄에서 '타인의 사무를 처리하는 자'의 지위에 있다고 보기도 어렵다. 한편 위 경우 명의수탁자는 매도인에 대하여 소유권이전등기말소의무를 부담하게 되나, 위 소유권이전등기는 처음부터 원인무효여서 명의수탁자는 매도인이 소유권에 기한 방해배제청구로 말소를 구하는 것에 대하여 상대방으로서 응할 처지에 있음에 불과하고, 그가 제3자와 한 처분행위가 부동산실명법 제4조 제3항에 따라 유효하게 될 가능성이 있다고 하더라도 이는 거래 상대방인 제3자를 보호하기 위하여 명의신탁 약정의 무효에 대한 예외를 설정한 취지일 뿐 매도인과 명의수탁자 사이에 위 처분행위를 유효하게 만드는 어떠한 신임관계가 존재함을 전제한 것이라고는 볼 수 없으므로, 말소등기의무의 존재나 명의수탁자에 의한 유효한 처분가능성을 들어 명의수탁자가 매도인에 대한 관계에서 횡령죄에서 '타인의 재물을 보관하는 자' 또는 배임죄에서 '타인의 사무를 처리하는 자'의 지위에 있다고 볼 수도 없다.[1]

---

1) 대판 2012. 11. 29. 2011도7361.

심화 명의신탁과 범죄성립

이와 같이 부동산실명법상 무효의 효과에 대하여는 학설 및 판례의 태도가 매우 다양하다. 판례를 중심으로 이를 정리하면 다음과 같다.

유형		명의신탁약정무효에 따른 민법상 법률관계	수탁자 처분행위의 범죄성립(판례)	본서의 해석
2자간 명의신탁		원칙적 등기무효 (종중·배우자 등 예외)	무죄	• 반사회질서 (투기, 탈세 등): 무죄 • 그 외: 매도인에 대한 횡령죄
중간생략형 명의신탁		등기무효에 따른 매도인의 소유권 귀속. 신탁자는 유효한 매매계약에 따른 수탁자 명의등기 말소 및 매도인 상대로 소유권이전등기청구 가능	무죄	• 반사회질서: 무죄 • 그 외: 매도인에 대한 횡령죄
계약명의 신탁	선의의 매도인	무효를 제3자에게 대항할 수 없으므로 수탁자 명의등기 유효	무죄	무죄
	악의의 매도인	등기가 무효가 되고 매도인에게 소유권 귀속	무죄	무죄

(3) 이중매매와 횡령죄 성부

1) 부동산 이중매매

민법상 일반적으로 부동산매매의 경우 매수인이 계약금만 지급한 단계에서는 매수인이 계약금을 포기하거나 매도인이 계약금의 두배를 반환하면 양당사자의 매매계약은 해지된다. 그러나 중도금을 지급한 이후에는 매도인은 매수인에게 소유권을 이전하여 줄 협력의무가 발생한다. 그러나 등기주의에 따라 부동산등기부의 명의자가 대외적 소유권자가 되는 형식주의에 따르면 여전히 매수인 명의로 소유권이전등기를 하기 전에는 매도인이 소유권자이다. 따라서 매도인이 제1매수인으로부터 중도금을 받은 이후에 제2매수인과 계약을 체결하고 등기이전까지 하였더라도 횡령죄는 성립하지 않는다. 다만, 이 경우 앞서 언급한 바와 같이 매도인에게는 제1매수인에 대한 협력의무가 발생하는 바, 그것이 타인의 사무인지 여부에 따라 배임죄 성립이 문제될 뿐이다(배임죄 참조).

2) 동산 이중매매

동산의 이중매매란 제1매수인에게 계약금 및 중도금을 받고 물건의 점유를 이전하기 전에 제2매수인과 새로운 계약을 체결하고 동산을 매각하는 경우이다. 그런데 동산의 경우는 부동산과 달리 등기주의가 아니므로, 누가 먼저 소유 및 점유를 취득하는가 여부에 따라 소유권 귀속이 결정될 뿐이다. 따라서 제1매수인이 대금을 지급하더라도 동산의 점유를 취득하지 않는 이상, 여전히 매도인의 소유라고 보아야 하고 따라서 제2매수인에게 매각하더라도 횡령죄가 성립하지 않을 뿐만 아니라, 매도인의 동산인도의무는 부동산과 달리 자신의 사무에 불과하므로 제1매수인에 대하여 배임죄도 성립하지 않는다.[1]

II. 업무상 횡령죄

*업무상의 임무에 위배하여 제355조의 죄를 범한 자는 10년 이하의 징역 또는 3,000만원 이하의 벌금에 처한다(제356조).
*본죄의 미수범은 처벌한다(제359조).
*친족상도례의 준용(제361조).

1. 의 의

본죄는 타인의 재물을 보관하는 자가 업무상의 임무에 위배하여 그 재물을

---

1) 대판 2011. 1. 20. 2008도10479. "매매와 같이 당사자 일방이 재산권을 상대방에게 이전할 것을 약정하고 상대방이 그 대금을 지급할 것을 약정함으로써 그 효력이 생기는 계약의 경우(민법 제563조), 쌍방이 그 계약의 내용에 좇은 이행을 하여야 할 채무는 특별한 사정이 없는 한 '자기의 사무'에 해당하는 것이 원칙이다. 매매의 목적물이 동산일 경우, 매도인은 매수인에게 계약에 정한 바에 따라 그 목적물인 동산을 인도함으로써 계약의 이행을 완료하게 되고 그때 매수인은 매매목적물에 대한 권리를 취득하게 되는 것이므로, 매도인에게 자기의 사무인 동산인도채무 외에 별도로 매수인의 재산의 보호 내지 관리 행위에 협력할 의무가 있다고 할 수 없다. 동산매매계약에서의 매도인은 매수인에 대하여 그의 사무를 처리하는 지위에 있지 아니하므로, 매도인이 목적물을 매수인에게 인도하지 아니하고 이를 타에 처분하였다 하더라도 형법상 배임죄가 성립하는 것은 아니다."

횡령하거나 반환을 거부함으로써 성립한다. 위탁관계를 기초로 한다는 점에서 본죄는 횡령죄와 공통되지만 그 위탁관계가 업무로 인한 것이라는 점에서 책임 가중적 구성요건이다. 본죄는 이처럼 그 주체가 보관자라는 구성적 신분(진정신분)과 업무자라는 가감적 신분(부진정신분)을 갖는 이중신분범으로 되어 있다.

2. 구성요건

(1) 객관적 구성요건

1) 주 체

본죄의 주체는 타인의 재물을 업무상으로 보관하는 자이다.

① 업 무

업무는 사회생활상의 지위에 기하여 계속 또는 반복하여 행하는 사무를 말하는데 위탁관계에 기하여 타인의 재물을 보관, 점유함을 그 내용으로 한다. 본죄는 주된 업무이든 부수적인 업무이든, 자기를 위한 것이든 타인을 위한 것이든, 공적이든 사적이든 불문하며 생명, 신체에 위험을 가져올 사무로 제한되지도 않는다. 업무는 법령이나 계약에 근거가 있을 경우뿐만 아니라 관례나 사실상의 것도 포함된다.[1] 또한 업무 자체가 위법하지 않은 한 절차상의 불법이 있어도 본죄의 업무로 될 수 있다. 업무자의 지위에서 사임하거나 면직된 경우에도 사무인계를 마치지 않았거나 사실상 업무로 수행하고 있는 때에는 본죄의 주체인 업무자로 된다.[2]

② 보관자

위탁관계에 의한 타인의 재물을 보관하는 자를 말한다. 여기에서 보관은 재물에 대한 사실상의 지배뿐만 아니라 법률상의 지배도 포함하지만 위탁관계에 의한 점유에 국한된다. 기타 상세한 점은 횡령죄 참조.

2) 객 체

본죄의 행위객체는 업무상 보관하는 타인의 재물이다. 이에는 업무상의 지위에 근거하여 당연히 그 재물을 보관하게 된 경우와 위탁자의 위탁행위에 의하여 보관하게 된 경우가 모두 포함된다. 그러나 비록 업무자라 할지라도 그 업무의

---

1) 대판 2006. 4. 27, 2003도135('업무'란 법령, 계약에 의한 것뿐만 아니라 관례를 쫓거나 사실상의 것이거나를 묻지 않고 같은 행위를 반복할 지위에 따른 사무를 가리키는 것이다).
2) 대판 1982. 1. 12, 80도1970.

수행에 관계없이 점유하게 된 타인의 재물은 본죄의 객체가 되지 않는다.

3) 행 위

횡령하거나 반환을 거부하는 것이며, 횡령죄에서 설명한 것과 같다. 업무상의 보관자가 보관금을 그 본래의 취지에 반하여 유용하는 경우, 예컨대 직무상으로 관리하는 공금을 본래의 용도와 관계없는 소속장의 취임기념식 비용, 선물대금 등으로 사용하거나[1] 법적 근거 없이 출장보조비, 회식비 등으로 지출한 때에는 공무수행을 위하여 필요한 것이 아닌 한 본죄가 성립한다. 회사나 단체가 소유하는 금전을 유용하는 경우도 마찬가지이다. 1인 주주회사의 경우에도 주주가 회사재산을 개인적 용도를 위하여 소비하면 본죄가 성립한다.[2]

(2) 주관적 구성요건

고의 이외에 불법영득의사도 필요하며, 사후에 이를 반환하거나 변상, 보전하는 의사가 있더라도 불법영득의사는 인정된다.[3]

3. 위 법 성

업무상 보관자의 행위가 민법상 허용되는 전질, 사무관리 등에 해당하거나 유치권의 행사(민법 제302조) 등 권리행사에 속하는 처분행위일 경우, 기타 사회상규에 위배되지 않는 경우에는 위법성이 조각된다.

한편 피해자의 동의(양해)가 있는 경우라든가 불법영득의 의사가 없는 경우에는 구성요건이 조각된다고 보아야 할 것이다.

4. 공범관계

본죄는 이중적 신분범이므로, 업무상 보관책임이 없는 자가 업무상 횡령죄에 가공한 때에는 형법 제33조 단서에 따라 단순횡령죄로 처벌된다.[4]

---

1) 대판 1956. 2. 7, 4288형상491.
2) 대판 1982. 4. 13, 80도537.
3) 대판 2016. 7. 14, 2015도20233; 대판 2000. 12. 8, 99도214.
4) 대판 1961. 10. 5, 4294형상396.

판례

1. 업무상 횡령죄를 인정한 경우

법인과는 아무런 관련이 없는 용도에 사용할 목적으로 한 비자금조성행위(대판 2010. 12. 9, 2010도11015), 아파트입주자대표회의 회장이 일반관리비와 별도로 입주자대표회의 명의 계좌로 관리되는 특별수선충당금을 아파트 구조진단견적비 및 시공사인 을 주식회사에 대한 손해배상청구소송의 변호사 선임료로 사용한 경우(대판 2017. 2. 15, 2013도14777), 회사에 대하여 가수금채권이나 개인적 채권을 가진 대표이사가 회사 소유 금원을 개인용도로 임의소비한 경우(대판 2016. 8. 29, 2016도6297), 횡령의 범행을 한 자가 물건의 소유자에 대하여 별도의 금전채권을 가지고 있었더라도 횡령 전에 상계정산하였다는 특별한 사정이 없는 경우(대판 2012. 6. 14, 2010도9871), 초중등교육법에 정한 학교발전기금으로 기부된 금원을 법령상 정해진 용도 이외에 사용한 경우(대판 2014. 3. 13, 2012도6336), 공금을 소속장차관의 취임 및 환영기념식 비용이나 선물대금으로 사용한 경우(대판 1956. 2. 7, 4288형상291) 등.

2. 업무상 횡령죄를 부정한 경우

주금납입취급은행 이외의 제3자로부터 납입금에 해당하는 금액을 차입하여 주금을 납입하고 납입취급은행으로부터 납입금보관증명서를 교부받아 회사의 설립등기절차 또는 증자등기절차를 마친 직후 이를 인출하여 위 차용금채무의 변제에 사용하는 경우[1](대판 2004. 6. 17, 2003도7645 전원합의체 판결), 사찰재산에 대한 관리처분권이 있는 운영책임자가 보수지급 대신 병원치료비 등 생활비로 사용한 경우에는 보관자의 권한범위 내의 유용에 해당(대판 2001. 5. 8, 99도4699), 갑 주식회사의 사실상 경영자인 피고인이, 을에게서 돈을 차용하여 가장납입의 방법으로 갑 회사의 유상증자에 참여한 후 을이 납입한 주금 해당액을 바로 인출하여 자기앞수표로 반환하였는데, 이후 회계감사에 대비하여 위 수표를 을에게서 잠시 돌려받아 갑 회사 계좌에 입금한 뒤 다시 해당 금액을 인출하여 변제한 경우(대판 2011. 9. 8, 2011도7262) 등.

---

[1] 위와 같은 행위는 실질적으로 회사의 자본을 증가시키는 것이 아니고 등기를 위하여 납입을 가장하는 편법에 불과하여 주금의 납입 및 인출의 전과정에서 회사의 자본금에는 실제 아무런 변동이 없다고 보아야 할 것이므로, 그들에게 회사의 돈을 임의로 유용한다는 불법영득의 의사가 있다고 보기 어렵다 할 것이고, 이러한 관점에서 상법상 납입가장죄의 성립을 인정하는 이상 회사 자본이 실질적으로 증가됨을 전제로 한 업무상횡령죄가 성립한다고 할 수는 없다.

Ⅲ. 점유이탈물횡령죄

> *유실물, 표류물 또는 타인의 점유를 이탈한 재물을 횡령한 자는 1년 이하의 징역이나 300만원 이하의 벌금 또는 과료에 처한다(제360조 제1항).
> *매장물을 횡령한 자도 전항의 형과 같다(제360조 제2항).
> *친족상도례 및 동력간주규정의 준용(제361조).

1. 의   의

본죄는 유실물, 표류물 또는 타인의 점유를 이탈한 재물을 횡령함으로써 성립된다.

본죄는 타인의 점유에 속하지 않는 타인의 재물을 영득하는 범죄라는 점에서 횡령죄와 공통점을 지니나 위탁관계에 의해 타인의 재물을 보관할 것을 전제로 하지 않으며, 따라서 신임관계의 배반을 내용으로 하지 않으므로 업무상 횡령죄와 그 성질을 달리하며 이들에 비하여 가볍게 처벌된다.

2. 구성요건

(1) 객관적 구성요건

1) 주   체

본죄의 주체는 제한이 없다. 본죄는 신분범이 아니다.

2) 객   체

① 점유이탈물

점유자의 의사에 의하지 않고 그 점유를 떠난 물건을 의미하며 아직 누구의 점유에도 속하지 않는 재물은 물론 점유자의 착오에 의하여 우연히 행위자의 점유에 속하게 된 재물, 예컨대 잘못 배달된 우편물, 타인이 놓고 간 물건 등이 모두 이에 포함된다. 그렇지만 폭행 현장에 떨어져 있는 피해자의 물건,[1] 일시 노상에 세워둔 자전거 등과 같이 아직 타인의 점유를 벗어났다고 볼 수 없는 재물은 점유이탈물로 볼 수 없다. 점유이탈물은 타인의 소유로 인정될 수 있어야 하

---

1) 대판 1984. 2. 28, 84도38; 대판 1956. 8. 17, 4289형상270.

지만 그 소유권의 귀속이 명백해야 하는 것은 아니다. 무주물은 타인의 소유물이 아니기 때문에 본죄의 객체로 될 수 없다. 타인의 실질적 지배가 미치는 장소에 방치된 재물, 예를 들어 숙박객이 여관의 객실에 두고 온 물건은 여관주인의 점유에 속하며 점유이탈물이 아니다.[1] 무주물이라고 하더라도 최소한의 재산적 가치는 있어야 한다. 예컨대 쓰레기통에 버려진 물건은 무주물이라도 본죄의 객체가 아니다.

② 유실물, 표류물, 매장물을 점유이탈물의 예시로 볼 수 있다.

(가) 유실물은 잃어버린 물건(분실물)으로서 점유자의 의사에 의하지 않고 그 점유를 벗어나 아직 누구의 점유에도 속하지 않는 재물을 의미한다. 유실물법 제12조는 착오로 인하여 점유한 물건, 타인이 놓고 간 물건이나 유실한 가축을 준유실물로 규정하여 유실물법의 적용대상으로 하고 있다.

(나) 수상에서의 수색·구조 등에 관한 법률(이하 수상구조법)에 따르면 표류물이란 점유를 이탈하여 수상에 떠 있거나 떠내려가고 있는 물건(제2조 제12호), 침몰품이란 점유를 이탈하여 수상에 가라앉은 물건(동조 제13조)을 의미하며, 양자 모두 표류물에 해당한다.

(다) 매장물이란 토지, 해저 또는 건조물 등에 포장되어 그 존재를 인식하는 것이 곤란한 상태에 있는 재물, 예를 들어 고분 안에 들어 있는 거울, 칼, 자기 등을 말한다.

판 례

////////////////////////

피고인이 피해자의 주거에 침입할 당시 피해자는 이미 사망한 상태였고 피고인은 그 사망과는 관련이 없으며 정확한 사망시기도 밝혀지지 않아 피고인이 위 주거에 있던 재물을 가지고 나올 때까지 사망 이후 얼마나 시간이 경과되었는지도 분명하지가 않은 경우 절도죄가 아닌 점유이탈물횡령죄가 성립한다.[2]

---

1) 그러나 승객이 놓고 내린 지하철의 전동차 바닥이나 선반 위에 있던 물건을 가지고 간 경우, 지하철의 승무원은 유실물법상 전동차의 관수자로서 승객이 잊고 내린 유실물을 교부받을 권능을 가질 뿐 전동차 안에 있는 승객의 물건을 점유한다고 할 수 없고, 그 유실물을 현실적으로 발견하지 않는 한 이에 대한 점유를 개시하였다고 할 수도 없으므로, 그 사이에 위와 같은 유실물을 발견하고 가져간 행위는 점유이탈물횡령죄에 해당한다(대판 1999. 11. 26, 99도3963).
2) 대판 2013. 7. 11, 2013도5355.

3) 행 위

본죄의 행위는 횡령인데 이는 불법영득의 의사로 점유이탈물을 자기의 사실상의 지배하에 두는 것을 말한다(통설). 작위뿐만 아니라 부작위에 의한 횡령도 가능하다. 예를 들어 불법영득의 의사로 법률에 의한 절차를 상당기간 안에 행하지 않은 경우에도 성립될 수 있다.

유실물, 표류물, 매장물에 있어서는 유실물법, 수상구조법상의 절차를 밟지 않은 것만으로 본죄가 성립되는 것은 아니고, 불법영득의 의사를 표현하는 행위라고 볼 수 있을 때에 본죄의 행위로 된다. 판례도 유실물인 줄 알면서 당국에 신고하거나 피해자의 숙소에 운반하지 않고 자기의 친구 집에 운반했다는 것만으로는 본죄가 성립하지 않는다고 본다.[1]

본죄는 상태범이다. 그러므로 습득한 물건을 손괴하거나 습득한 수표를 현금과 교환하는 행위는 불가벌적 사후행위이다.

(2) 주관적 구성요건

점유이탈물을 무주물로 오인한 경우는 구성요건적 착오로 고의를 조각한다. 고의 이외에도 불법영득의 의사가 필요하다.

제 2 절   배임의 죄

§1. 서   설

Ⅰ. 의의 및 보호법익

배임의 죄는 타인의 사무를 처리하는 자가 그 신임관계에 위배하여 타인의 재산권을 침해하는 것을 내용으로 하는 범죄이며 형법은 본죄를 횡령죄와 같은 장(제40장)에 규정하고 있다.

본죄의 보호법익은 전체로서의 재산이며 이에는 소유권, 소유권 이외의 본권, 기타 재산상의 이익이 모두 포함된다. 배임수증죄의 보호법익은 사무처리의

---

1) 대판 1969. 8. 19, 69도1078.

공정성 내지 청렴성이라고 볼 수 있다. 법익이 보호받는 정도에 관하여서는 위험범설[1]과 침해범설[2]이 있으나 「취득하거나 제3자로 하여금 이를 취득하게 하여 본인에게 손해를 가한 때」라는 조문에 비추어 또한 횡령죄와의 균형도 고려할 때 침해범설이 타당하다.

참고 **연혁**

　로마법이나 고대 독일법에서는 배임죄가 규정되지 않았다. 독일보통법에 있어서는 본질적으로 상이한 세 가지 사실, 즉 배임행위를 한 공무원의 책임(특히 작센주의 헌법), 후견인의 배임행위를 고소가 있으면 범죄로 한 사실(특히 16세기의 제국경찰규정) 및 절도뿐만 아니라 오늘날의 배임과 더불어 횡령까지 포함한 개념인 furtum factivum(특히 카롤리나형법 제170조)의 세 가지에 배임죄는 그 기초를 두고 있었다. 그 이후의 입법은 점진적으로 배임죄를 이와 관련되어 있던 재산범죄로부터 분리시켰다. 그리하여 프로이센일반국법(ALR Ⅱ 20 §§1328ff., §§1354ff.)은 배임을 가중적 사기죄로 취급하고 횡령의 표지로부터 벗어나지 못하였으나 주목할 만한 것은 공무원과 후견인 이외에도 사적 대리인(수임자, Privatbevollmächetigte)의 배임을 최초로 처벌하게 된 점이다. 배임의 처벌근거는 일반적으로 계약 또는 유사계약(Quasikontrakt)의 침해였다. 1810년의 프랑스형법(Code Pénal)은 제408조에 신용남용죄(abus de confiance)를 규정하였으나 배임죄라기보다는 횡령죄구성요건이었으므로 배임죄의 발전에 기여하지 못하였다. 1813년 바이에른형법은 배임죄(Treulosigkeit)의 개념을 첨예화하여 대리인의 배신, 변호사의 쟁송상의 배신(Prävarikation), 계약상 책임져야 할 혼인에 있어서의 신뢰침해를 나란히 규정하였다(제399조 내지 제401조). 작센주형법(1855)과 특히 1851년의 프로이센형법은 중요한 의미를 지니고 있다. 오늘날 독일형법 제266조의 근원적 기초는 프로이센형법 제246조의 배임죄이다. 그러나 프로이센형법(제246조)은 대리인의 배임을 규정하지 아니하여 프로이센일반국법보다 후퇴했다는 비난을 받는다. 1871년의 독일제국형법은 배임죄의 주체의 범위를 확대하여 이러한 결함을 보완하였다. 독일형법은 그 후 1933년의 개정을 거쳐 오늘에 이르고 있으며 1986년에는 노임 등을 부당하게 지급하지 아니하거나 착복하는 행위를 처벌하는 규정(§266a Vorenthalten und Veruntreuen von Arbeitsentgelt)을 신설하였다.

　우리나라의 전통적인 형법에서는 오늘날의 배임죄에 해당하는 규정을 찾아보기 어렵다. 일제시대와 1953년 우리 형법이 발효되기 이전에는 일본형법(제247조)이 의용되었

---

1) 강구진Ⅰ, 379면; 유기천(상), 331면; 이재상 외, 419면; 대판 2000. 4. 11. 99도334; 대판 1995. 11. 21. 94도1375; 대판 1975. 4. 22. 75도123 등. 한편 정영일, 225면은 구체적 위험범으로 본다.
2) 김성돈, 469면; 김성천/김형준, 494면; 김일수/서보학, 481면; 김종원(상), 226면; 남흥우, 203면; 백형구, 223면; 오영근, 370면; 이정원, 460면; 임웅, 518면; 정성근/정준섭, 294면 등.

는데 단순배임죄만 있었고 업무상 배임죄는 인정되지 아니하였다. 현행 형법상 배임의 죄는 일본개정형법가안(제433조 내지 449조)의 영향을 받은 것으로 보인다.[1]

Ⅱ. 본　질

1. 권한남용설

권한남용설은 본죄의 본질이 법적 대리권의 남용을 통하여 타인의 재산을 침해하는데 있다고 본다.[2] 이 설은 법적 대리권이 있는 자만을 본죄의 주체로 보게 되므로 배임행위는 법적 대리권이 있는 자의 법률행위로 제한된다. 법적 대리권이 없는 자의 법률행위와 순수한 사실행위는 제외된다. 따라서 이 설에 의하면 배임죄는 권리에 대한 범죄로서의 성질을 가지며 권한 초월적 사실행위로 재물만을 침해하는 횡령죄와 구분되고 양자는 택일관계에 있다고 보게 된다.[3]

이 설은 배임죄와 횡령죄를 명확하게 구별하고 배임죄에 대한 재산범죄로서의 독자성을 인정한다는 점에 그 특색이 있다. 그러나 사실행위에 의한 배임을 제외하므로 배임죄의 성립범위를 지나치게 제한한다는 비판을 받는다.

2. 배 신 설

배신설은 본죄의 본질이 신의성실의 의무에 위반하여 타인의 재산을 침해하는 데 있다고 본다.[4] 이 설은 배임행위를 법률행위로 제한하지 않고 사실상의 신임관계를 침해하는 사실행위도 배임죄로 될 수 있다고 보며 배임죄가 제3자에 대한 관계뿐만 아니라 재산권자 본인에 대한 내부관계에서도 성립되고 배임

---

1) 유기천(상), 294~295면.
2) 이 설을 처음으로 주장한 Binding은 배임죄를 대리권자나 보호자가 법적으로 인정된 권한행사자의 지위를 남용하여 타인의 재산을 고의적으로 위법하게 침해하는 범죄라고 정의하였다(*Binding*, BT, Erster Band, S. 396). 그 후 이 설은 프랑크(R. Frank), 슈미트(Eb. Schmidt) 등을 거치면서 권한남용은 곧 대리권남용이라는 입장을 취하게 되었다.
3) 정성근/정준섭, 293면.
4) 김성돈, 469면; 김일수/서보학, 482면; 김종원(상), 226면; 김혜정 외, 395면; 남흥우, 203면; 박상기/전지연, 684면; 서일교, 177면; 오도기/7인공저, 399면; 유기천(상), 325면; 이재상 외, 421면; 정성근/정준섭, 293면; 정영일, 226면; 황산덕, 325면 등 다수설. 대판 1976. 5. 11, 75도2245도 배신설을 취하고 있다. 한편 오영근, 371면은 기본적으로 배신설을 취하되 배신과 이득까지 포함하는 용어로 대체함이 타당하다고 본다.

죄와 횡령죄는 일반법과 특별법의 관계에 있다고 본다.

3. 사무처리설

사무처리설은 본죄의 본질이 타인의 재산을 관리할 법률상의 의무를 지는 자가 그 의무에 위반하여 타인의 재산을 침해하는 데 있다고 본다. 이 설에 대하여서는 배임죄에 있어서의 사무처리의 범위를 법률상·계약상의 재산관리의무로 한정해야 할 이유가 없다는 비판이 제기된다.[1]

4. 결   론

권한남용설과 사무처리설은 배임죄의 성립범위를 지나치게 제한한다는 문제점이 있는 반면 배신설에는 이러한 단점이 없고 배임죄의 특성에도 배신설이 가장 잘 합치된다고 본다. 그러나 이 설은 해석하기에 따라 단순한 계약위반 등 모든 채무불이행을 배임으로 확대할 위험성이 있다. 그러므로 그 범위를 합리적으로 제한하여 재산의 보호 및 관리의무의 요건을 엄격하게 해석하고 신임관계도 법률상 중요한 의미가 있는가를 검토해야 할 것이다.[2]

III. 현행법상의 체계

기본적 구성요건: 배임죄(제355조 제2항)	수정적 구성요건	책임	가중적	업무상 배임죄(제356조)
	독립적 구성요건	배임수재죄(제357조 제1항) 배임증재죄(제357조 제2항)		

형법은 단순배임죄(제355조 제2항)를 기본유형으로 하여 횡령죄와 같은 조문에 항만 바꾸어 규정하고 책임가중적 구성요건으로 이중적 신분범인 업무상배임죄(제356조)를 두는 한편, 필요적 공범관계인 배임수재죄(제357조 제1항)와 배임증재죄(제357조 제2항)를 별도로 두고 있다.

---

1) 이재상 외, 421면: 정성근/정준섭, 293면 등.
2) 김성천/김형준, 494면: 이재상 외, 421면: 임웅, 516면 등.

§2. 유형별 고찰

I. 배 임 죄

> *타인의 사무를 처리하는 자가 그 임무에 위배하는 행위로써 재산상의 이익을 취득하거나 제3자로 하여금 이를 취득하게 하여 본인에게 손해를 가한 때에도 전항의 형(5년 이하의 징역 또는 1,000만원 이하의 벌금)과 같다(제355조 제2항).
> *본죄의 미수범은 처벌한다(제359조).
> *친족상도례의 준용(제361조).

1. 의   의

배임죄와 횡령죄는 다 같이 본인에 대한 신임관계를 위배하여 재산상의 손해를 가한다는 점에서 공통되나 횡령죄가 자기가 보관하는 타인의 재물을 영득하는 경우에 성립하는 한편 배임죄는 개개의 특정한 재물 이외의 재산상의 이익을 취득하는 경우에 성립하는 범죄라는 점, 배임죄의 보호법익은 전체로서의 재산이지만 횡령죄의 보호법익은 소유권이라는 점 등에 차이가 있다.

2. 구성요건

(1) 객관적 구성요건

1) 주 체

본죄의 주체는 타인의 사무를 처리하는 자이다. 그러므로 본죄는 진정신분범이다. 타인과의 신임관계에 기하여 타인의 사무를 처리할 의무가 있는 자로서 신분은 행위 시에 있으면 된다. 다만, 앞서 언급한 바와 같이 해석론상 그 주체를 한정하여야 한다.

① 타인의 사무

타인이란 자연인은 물론 법인, 법인격 없는 단체를 모두 포함하고,[1] 타인의

---

1) '타인의 사무'에서의 타인에는 법인이 포함되지만, 타인의 사무를 처리할 의무의 주체가 법인이 되는 경우라도 법인은 사법상 의무의 주체가 될 뿐 범죄능력이 없으므로, 그 법인을 대표하여 사무를 처리하는 자연인인 대표기관이 타인의 사무를 처리하는 자가 된다(대판 1984. 10. 10, 82도2595).

사무를 처리하는 자이므로 자기의 사무를 처리하는 자는 본죄의 주체로 될 수 없다. 타인의 사무란 신임관계의 근거하여 타인을 위하여 처리해야 할 사무로서 타인(피해자인 본인)을 위한 재산의 보호·관리 등의 사무가 신임관계의 전형적이고 본질적인 내용이자 주된 임무로 하는 것임을 요한다.[1] 단순한 부수적 의무 정도로는 부족하다. 그러므로 단순한 채권적 급부의무와 같은 사법상의 일반적인 의무는 본죄의 「타인의 사무」에 해당하지 않는다.[2] 또한 그 사무가 타인의 사무가 아니고 자기의 사무라면, 그 사무의 처리가 타인에게 이익이 되어 타인에 대하여 이를 처리할 의무를 부담하는 경우라도 타인의 사무처리자에 해당하지 않는다.[3] 반면에 타인을 위한 사무가 전형적 본질적 내용을 이루고 있는 한 자기의 사무로서의 성격을 동시에 갖고 있을지라도 타인의 사무로 보아야 한다.[4] 예컨대 부동산의 이중매매나 이중저당에 있어서 매도인이나 저당권설정자가 타인의 사무를 처리하는 자로 인정되는 경우가 이에 해당된다. 그러나 이익대립관계에 있는 통상의 계약관계에서 채무자의 성실한 급부이행에 의해 상대방이 계약상 권리의 만족 내지 채권의 실현이라는 이익을 얻게 되는 관계에 있다거나, 계약을 이행함에 있어 상대방을 보호하거나 배려할 부수적인 의무가 있다는 것만으로는 채무자를 타인의 사무를 처리하는 자라고 할 수 없고, 위임 등과 같이 계약의 전형적·본질적인 급부의 내용이 상대방의 재산상 사무를 일정한 권한을 가지고 맡아 처리하는 경우에 해당하여야 한다.[5] 그러므로 금전채무의 이행은 어디까지나 채무자가 자신의 급부의무의 이행으로서 행하는 것이므로 이를 두고 채권자의 사무를 맡아 처리하는 것으로 볼 수 없다. 따라서 채무자를 채권자에 대한 관계에서 '타인의 사무를 처리하는 자'에 해당한다고 할 수

---

1) 이재상 외, 422면.
2) 판례는 대체로 이와 같은 입장을 취하고 있다(대판 1976. 5. 11, 75도2245; 대판 1971. 7. 20, 71도1116 등). 양도담보권자가 채권변제와 관계없이 목적물을 처분하거나 부당하게 염가로 처분한 경우, 처분한 금액으로 원리금과 비용을 충당하고 나머지가 있음에도 불구하고 정산하지 아니한 경우 등에 있어서는 배임죄가 성립한다는 것이 종래의 판례가 취해 온 입장이었으나(대판 1979. 6. 26, 79도1127; 대판 1977. 5. 24, 76도4180; 대판 1975. 5. 13, 74도3125; 대판 1971. 3. 9, 71도189), 그 후 태도를 바꾸어 이들 사무가 자신의 사무에 해당한다는 이유로 배임죄의 성립을 부정하고 있다(대판 1986. 7. 8, 85도554; 대판 1985. 11. 26, 85도1493).
3) 대판 2014. 2. 27, 2011도3482; 대판 2013. 10. 31, 2011도10025; 대판 2011. 1. 20, 2008도10479 전원합의체 판결.
4) 대판 1982. 5. 25, 81도2618.
5) 대판 2020. 8. 27, 2019도14770 전원합의체 판결.

없다.[1)]

판 례

1. **매매목적물이 부동산일 경우**: 부동산 매매계약에서 중도금이 지급되는 등 계약이 본격적으로 이행되는 단계에 이른 경우, 중도금이 지급된 단계부터는 매도인이 매수인의 재산보전에 협력하는 신임관계가 당사자 관계의 전형적·본질적 내용이 된다.[2)]

2. **매매목적물이 동산일 경우**: 매도인은 매수인에게 계약에 정한 바에 따라 그 목적물인 동산을 인도함으로써 계약의 이행을 완료하게 되고 그때 매수인은 매매목적물에 대한 권리를 취득하게 되는 것이므로, 매도인에게 자기의 사무인 동산인도채무 외에 별도로 매수인의 재산의 보호 내지 관리 행위에 협력할 의무가 없다.[3)]

3. **동산 양도담보의 경우**: 채무자가 금전채무를 담보하기 위하여 채권자에게 동산채권담보법에 따른 동산담보로 제공함으로써 채권자인 동산담보권자에 대하여 담보물의 담보가치를 유지·보전할 의무 또는 담보물을 타에 처분하거나 멸실, 훼손하는 등으로 담보권 실행에 지장을 초래하는 행위를 하지 않을 의무를 부담하게 되었더라도, 이를 들어 채무자가 통상의 계약에서의 이익대립관계를 넘어서 채권자와의 신임관계에 기초하여 채권자의 사무를 맡아 처리하는 것으로 볼 수 없다.[4)]

4. **권리이전에 등기·등록을 요하는 동산(자동차)의 매매계약의 경우**: 동산매매계약과 동일하므로 자동차 등의 매도인이 매수인에 대하여 사무처리자의 지위에 있지 아니하므로, 매도인이 매수인에게 소유권이전등록을 하지 않고 처분하여도 배임죄가 성립하지 않는다.[5)]

5. **대물변제예약에 따라 부동산 소유권등기를 마쳐줄 의무**[6)], **담보권자가 담보권을 실행하기 위하여 담보목적물을 시가에 따라 적절한 처분을 하여야 할 의무**[7)]: 이는 민사상 채무에 불과할 뿐 타인의 사무라고 할 수 없다.

6. **자기의 사무에 해당하여 주체가 될 수 없는 경우**: 주식회사의 신주발행에서 일반주주들에 대한 대표이사[8)], 신축아파트에 대한 부동산관리처분 신탁계약을 체결

---

1) 대판 2020. 10. 22. 2020도6258 전원합의체 판결.
2) 대판 2018. 5. 17. 2017도4027 전원합의체 판결.
3) 대판 2011. 1. 20. 2008도10479 전원합의체 판결.
4) 대판 2020. 8. 27. 2019도14770 전원합의체 판결; 대판 2020. 11. 26. 2020도10862.
5) 대판 2020. 10. 22. 2020도6258 전원합의체 판결.
6) 대판 2014. 8. 21. 2014도3363 전원합의체 판결.
7) 대판 1997. 12. 23. 97도2430.
8) 대판 2010. 10. 14. 2010도387.

하고, 신탁목적물에 대한 보존·관리 및 비용부담 등의 사무를 행하는 위탁자[1]

② 사무의 내용

사무는 공적 사무이든 사적 사무이든 불문한다. 단 그 사무가 재산상의 사무임을 요하는가에 관해서는 i) 재산상의 사무에 한정한다는 설,[2] ii) 재산상의 사무임을 요하지 않는다는 설,[3] iii) 반드시 재산상의 사무임을 요하지 않으나 최소한도 재산적 이해관계는 있는 사무라야 한다는 설[4]이 대립되어 있다. 배임죄는 재산죄이고 횡령죄와의 균형에 비추어 본죄의 사무를 재산상의 사무로 국한하는 견해가 타당하다. 판례도 재산상의 사무로 한정한다.[5] 사무는 계속적이든 일시적이든 사실적 사무이든 법률적 사무이든 불문한다. 본죄의 사무는 단순한 개별적 사무가 아니라 일정한 범위 내에서 어느 정도 사무처리자에게 판단 내지 활동의 자유와 책임이 있다고 볼 수 있는 정도로 포괄적인 내용의 사무일 것을 요하며, 행위자가 단독으로 처리할 수 있는 사무는 물론 사무처리에 있어서 별도의 지휘·감독, 기타 결재권한을 가진 자가 있는 경우라든가 어느 정도의 재량권을 가지고 있는 한 보조자로서 관여하는 사무를 모두 포함한다.[6] 타인의 보조자라 할지라도 지시에 따라 기계적으로 사무에 종사하는 경우에는 본죄의 주체로 될 수 없다.

판 례

1. 타인의 사무를 인정한 경우: 채권의 담보를 목적으로 부동산의 소유권이전등기를 마친 채권자(대판 1995. 5. 12, 95도283), 지입차주가 자신이 실질적으로 소유하거나 처분권한을 가지는 자동차에 관하여 지입회사와 지입계약을 체결함으로써 지

---

1) 대판 2009. 2. 26, 2008도11722.
2) 김성돈, 472면; 김성천/김형준, 496면; 김일수/서보학, 484면; 김종원(상), 238면; 김혜정 외, 398면; 박상기/전지연, 398면; 배종대, 410면; 백형구, 221면; 이재상 외, 422면; 이정원, 465면; 정성근/정준섭, 297면.
3) 염정철, 418면; 이건호, 365면; 임웅, 520면 등. 한편 오영근, 374면은 어느 견해에 의하든지 결과적으로는 차이가 없다고 본다.
4) 서일교, 187면; 오도기/7인공저, 401면; 정영일, 228면; 황산덕, 326면 등.
5) 대판 1987. 4. 28, 86도2490; 대판 1970. 2. 10, 69도2021 등.
6) 대판 1982. 7. 27, 81도203.

입회사에 그 자동차의 소유권등록 명의를 신탁하고 운송사업용 자동차로서 등록 및 그 유지 관련 사무의 대행을 위임한 경우(대판 2021. 6. 24. 2018도14365), 계주는 계금징수 및 순번이 돌아오면 계원에게 계금을 지급해야 할 사무처리자에 해당(대판 1995. 9. 29. 95도1176), 1인 회사의 대표자(대판 1983. 12. 13. 83도2330), 친생자관계는 없으나 호적상 친모로 등재되어 있는 자의 미성년자 상속재산 처분(대판 2002. 6. 14. 2001도3534).

   2. **타인의 사무를 부정한 경우**: 금전채권채무관계에서 채권자에 대한 채무자의 지위 및 동산매매계약에서 매수인에 대한 매도인의 지위(대판 2020. 10. 22. 2020도6258), 채무자가 기존 금전채무를 담보하기 위하여 다른 금전채권을 채권자에게 양도한 경우(대판 2021. 7. 15. 2015도5184. 채무자의 담보목적 채권의 담보가치 유지·보전 의무는 자신의 사무임), 채무자가 금전채무를 담보하기 위한 저당권설정계약에 따라 채권자에게 그 소유의 부동산에 관하여 저당권을 설정할 의무를 부담하게 된 경우(대판 2020. 7. 9. 2015도3820), 주권발행 전 주식에 대한 양도계약에서의 양수인에 대한 양도인의 지위(대판 2020. 6. 4. 2015도6057. 주권발행전 주식의 양도에서 양도인이 양소인으로 하여금 회사 이외의 제3자에게 대항할 수 있도록 확정일자 있는 증서에 의한 양도통지 또는 승낙을 갖추어 주어야 할 채무의 부담은 자기의 사무임), 낙찰계의 계주가 계원들로부터 계불입금을 징수하지 아니한 상태(대판 2009. 8. 20. 2009도3143), 회사직원이 퇴사한 후(대판 2017. 6. 29. 2017도3808. 재직 중에는 해당), 양품점의 임차권 양도계약을 체결한 경우의 점포를 명도하여 줄 양도인(대판 1990. 9. 25. 90도1216) 및 음식점 임대차계약으로 임차인의 지위를 양도한 자(대판 1991. 12. 10. 91도2184)의 의무, 청산회사의 대표청산인의 채무변제. 재산의 환가처분 등의 사무(대판 1990. 5. 25. 90도6). 임의로 보통예금의 예금주의 예금계좌에서 5,000만원을 인출한 금융기관의 임직원(대판 2017. 8. 24. 2017도7489: 대판 2008. 4. 24. 2008도1408).[1]

   ③ **사무처리의 근거**

   타인의 사무를 처리하게 된 근거에는 법령(친권자, 후견인, 파산관리자, 법인의 대표자 등)·계약(위임, 고용, 도급 등) 뿐만 아니라 관습, 기타 사무관리에 의한 경우도 포함된다. 다만 우연히 타인의 재물이 자기의 점유 하에 들어온 경우와

---

1) 이른바 보통예금은 은행 등 법률이 정하는 금융기관을 수치인으로 하는 금전의 소비임치 계약으로서, 그 예금계좌에 입금된 금전의 소유권은 금융기관에 이전되고, 예금주는 그 예금계좌를 통한 예금반환채권을 취득하는 것이므로, 금융기관의 임직원은 예금주로부터 예금계좌를 통한 적법한 예금반환 청구가 있으면 이에 응할 의무가 있을 뿐 예금주와의 사이에서 그의 재산관리에 관한 사무를 처리하는 자의 지위에 있다고 할 수 없다.

같은 단순한 사무관리는 제외된다. 사무의 처리는 본인과 행위자 사이에 직접적·개인적으로 생긴 경우는 물론 객관적으로 인정되는 경우까지 포함한다. 그러므로 예를 들어 부동산매매에 있어서 매수인이 소유권이전등기를 할 수 있도록 등기에 협력해야 할 매도인의 의무, 계주가 징수한 계금을 지정된 계원에게 지급해야 할 의무[1] 등도 사무처리의 근거로서 이에 위배하면 배임죄가 성립된다고 보아야 할 것이다.

사무처리의 근거로 될 계약이 무효인 경우에는 처음부터 사무처리의 근거인 신임관계가 없기 때문에 배임죄의 성립이 부정되나 사무처리의 근거가 된 법령행위가 무효인 때에는 사실상 위임관계가 성립한다고 보아 배임죄의 성립을 인정할 수 있다.[2]

판례

배임죄의 주체로서 타인의 사무를 처리하는 자라 함은 타인과의 대내관계에 있어서 신의성실의 원칙에 비추어 그 사무를 처리할 신임관계가 존재한다고 인정되는 자를 의미하고 반드시 제3자에 대한 대외관계에서 그 사무에 관한 권한이 존재할 것을 요하지 않으며, 또 그 사무가 포괄적 위탁사무일 것을 요하는 것도 아니고, 사무처리의 근거, 즉 신임관계의 발생근거는 법령의 규정, 법률행위, 관습 또는 사무관리에 의하여도 발생할 수 있으므로, 법적인 권한이 소멸된 후에 사무를 처리하거나 그 사무처리자가 그 직에서 해임된 후 사무인계 전에 사무를 처리한 경우도 배임죄에 있어서의 사무를 처리하는 경우에 해당한다. 주택조합 정산위원회 위원장이 해임되고 후임 위원장이 선출되었는데도 업무 인계를 거부하고 있던 중 정산위원회를 상대로 제기된 소송의 소장부본 및 변론기일소환장을 송달받고도 그 제소사실을 정산위원회에 알려주지도 않고 스스로 응소하지도 않아 의제자백에 의한 패소확정판결을 받게 한 경우 업무상 배임죄가 성립한다.[3]

2) 객 체

본죄의 행위객체는 재산상의 이익이다.

---

1) 대판 1987. 2. 24, 86도1744; 대판 1967. 3. 7, 67도118 등.
2) 김일수/서보학, 486면; 이재상 외, 412면 등. 반면 김성천/김형준, 507면; 이정원, 464면 등은 사무처리의 근거가 되는 법률행위가 무효이면 그에 따른 의무도 없으므로 배임죄가 성립할 수 없다고 본다.
3) 대판 1999. 6. 22, 99도1095.

3) 행 위

본죄의 행위는 임무에 위배하는 행위, 즉 배임행위로써 재산상의 이익을 취득하거나 제3자로 하여금 이를 취득하게 하여 본인에게 손해를 가하는 것이다.

① 배임행위

배임행위란 사무의 내용, 성질 등 구체적 상황에 비추어 법률의 규정, 계약의 내용 또는 신의칙상 당연히 할 것으로 기대되는 행위를 하지 않거나 당연히 하지 않아야 할 것으로 기대하는 행위를 함으로써 본인과의 사이에 신임관계를 저버리는 일체의 행위를 말한다.[1] 어떤 행위를 배임행위로 볼 것인가는 당해 사무의 성질, 내용, 행위 시의 정황 등을 고려하여 신의성실의 원칙에 따라 판단해야 한다.

배임행위는 권한의 남용이건 법률상의 의무위반이건 불문한다. 예를 들어 은행간부가 권한을 남용하여 회수가능성이 없는 불량대출을 하는 경우, 공무원이 부당하게 국유재산 불하가격을 낮게 결정하는 경우는 모두 배임행위에 해당한다. 배임행위는 작위는 물론 부작위에 의해서도 가능하다. 예컨대 철도종사원이 고의로 무임승차를 방임하는 경우라든가 채권추심을 위탁받은 자가 추심을 게을리하여 채권의 소멸시효가 완성된 경우 등은 부작위에 의한 배임행위에 해당한다. 배임행위는 법률행위이건 사실행위이건 불문하며 법률행위인 경우에는 그 유효·무효를 불문한다.

② 모험거래

모험거래란 자본축적의 방법으로 투자나 주식거래 등의 행위가 본인에게 주는 손익여부가 불확실한 상태에서 다소 투기적으로 하는 거래를 의미한다. 모험거래가 약관 등에 의하여 금지되어 있는 경우에는 명백히 배임죄가 성립하지만, 그 밖의 경우에는 다소 모험적 행위라 할지라도 통상의 업무집행의 범위 안에서 이루어진 경우에는 배임행위로 볼 수 없다. 예컨대, 고객과 증권회사와의 사이에 매매거래에 관한 위탁계약이 성립되기 이전에는 증권회사는 매매거래 계좌설정 계약시 고객이 입금한 예탁금을 고객의 주문이 있는 경우에 한하여 그 거래의 결제의 용도로만 사용하여야 하고, 고객의 주문이 없이 무단 매매를 행하여 고객의 계좌에 손해를 가하지 아니하여야 할 의무를 부담하는 자이므로, 고객의

---

1) 대판 2012. 9. 13. 2012도3840; 대판 1999. 3. 12. 98도4704; 대판 1998. 2. 10. 96도2287 등.

재산관리에 관하여 임의로 주식을 매입하여 손해를 가하였다면 배임죄가 성립한다.[1]

또한 사무처리에 관하여 본인(피해자)의 동의가 있으면 배임행위가 성립할 여지가 없다.[2] 이 경우의 동의는 구성요건조각적 양해의 성격을 갖는다.

판례

1. 배임행위에 해당하는 경우

부동산 매도인이 매수인 앞으로 소유권이전등기를 마쳐 주기 전에 제3자로부터 금원을 차용하고 그 담보로 근저당권을 설정해 준 경우(대판 2018. 7. 11, 2015도12692), 회사의 대표이사가 회사로 하여금 다른 사업자와 용역계약을 체결하게 하면서 적정한 용역비의 수준을 벗어나 부당하게 과다한 용역비를 정하여 지급하게 한 경우(대판 2018. 2. 13, 2017도17627), 상호지급보증 관계에 있는 회사 간에 보증회사가 채무변제능력이 없는 피보증회사에 대하여 합리적인 채권회수책 없이 새로 금원을 대여하거나 예금담보를 제공한 경우(대판 2004. 7. 9, 2004도810), 회사의 이사 등이 타인에게 회사자금을 대여함에 있어 그 타인이 이미 채무변제능력을 상실하여 그에게 자금을 대여할 경우 회사에 손해가 발생하리라는 정을 충분히 알면서 이에 나아갔거나, 충분한 담보를 제공받는 등 상당하고도 합리적인 채권회수조치를 취하지 아니한 채 만연히 대여해 준 경우(대판 2009. 7. 23, 2007도541), 상호저축은행 임원이 아파트 시공업체인 갑 주식회사의 신용상태 등을 감안한 적정 대출한도를 검토하지 아니하고 별다른 물적 담보도 확보하지 아니한 채, 실질적으로 갑 회사가 아파트 건축사업 시행사들 명의로 받은 신용대출을 승인해 준 경우(대판 2011. 8. 18, 2009도7813; 대판 2010. 4. 29, 2009도13868(금융기관 직원의 경우)), 피고인이 운영하는 회사에 공소외 회사 등 25개 차명차주 명의로 금액을 대출한 경우(대판 2014. 6. 26, 2014도753), 대기업 회장이 별다른 채권보전조치 없이 채무변제능력이 없는 계열회사에게 공사미수금 및 대여금 형식으로 부당하게 자금을 지원한 행위(대판 2006. 11. 10, 2004도5167), 종중의 임원이 종중의 자금을 대여하면서 담보를 제공받는 등 상당하고 합리적인 채권회수조치를 전혀 취하지 아니한 경우(대판 2007. 12. 28, 2007도6554), 대학교 총장으로 대학교 업무 전반을 총괄함과 동시에 학교법인의 이사로서 학교법인 이사회에 상당한 영향력을 행사하고 있는 자가 학교법인의 이사로서 이사회에 참석하여 명예총장에 추대하는 결의에 찬성하고, 이사회의 결의에 따라 대학교의 총장으로서 대학교의 교비로써 명예총장의 활동비 및 전

---

1) 대판 1995. 11. 21, 94도1598.
2) 대판 1983. 11. 8, 83도2309.

용 운전사의 급여를 지급한 경우(대판 2003. 1. 10, 2002도758), 근저당권설정자가 그 근저당권의 목적이 되는 토지에 식재된 수목을 처분하는 등으로 부당히 그 담보가 치를 감소시키는 행위를 한 경우(대판 2007. 1. 11, 2006도4215)

2. 배임행위에 해당하지 않는 경우

저당권이 설정된 자동차를 저당권설정자가 저당권자의 동의 없이 타인에게 매 도한 경우(대판 2008. 8. 21, 2008도3651: 저당권설정자가 자동차를 매도하여 그 소유자가 달라지더라도 저당권에는 영향이 없음), 금융기관이 거래처의 기존 대출금에 대한 연 체이자에 충당하기 위하여 거래처가 신규대출을 받은 것처럼 서류상 정리하였더라 도 금융기관이 실제로 거래처에게 대출금을 새로 교부한 것이 아닌 경우(대판 2002. 6. 28, 2000도3716), 회사의 이사가 시가보다 낮게 발행가액 등을 정함으로써 주주들 로부터 가능한 최대한의 자금을 유치하지 못한 경우(대판 2009. 5. 29, 2007도4949 전 원합의체 판결)

③ 재산상 이익취득과 본인의 재산적 손해

재산적 이익의 취득은 적극적 이익의 취득(예컨대 소유권의 이전)이든 소극적 이익의 취득(예컨대 채무이행의 연기)이든 불문하여 모든 불법한 이익의 취득을 의미한다. 그리고 스스로 이러한 이익을 취득하는 경우뿐만 아니라 제3자로 하 여금 이를 취득하게 하는 경우도 포함하는데 여기에서 제3자는 자기와 본인 이 외의 모든 자연인, 법인・법인격 없는 단체까지도 포함된다. 본인에게 손해를 가하였어도 이익을 취득한 사실이 없으면 본죄는 성립하지 않는다.[1] 본인에게 손해를 가한다는 것은 배임행위로 인하여 수탁자인 본인에게 재산상의 손해를 주는 것을 의미하는데 그 손해는 적극적 손해(예컨대 기본재산의 감소)이든 소극 적 손해(예컨대 장래 취득할 이익의 상실)이든 불문한다. 여기에서 재산상의 손해 는 본인의 총체적인 재산상태에 손실을 가하는 것을 의미하므로[2] 일면의 재산 손실이 타면에 있어 이에 상응하는 이익을 준 경우에는 손해가 있다고 볼 수 없 다. 따라서 배임한 금액을 본인을 위하여 사용하거나[3] 유용한 예산을 다른 경비 에 충당한 경우[4]에는 본죄가 성립하지 않는다. 그러나 피해가 사후에 회복된 경

---

1) 대판 1982. 2. 3, 81도2601; 대판 1975. 5. 14, 73도3208 등.
2) 대판 1972. 5. 23, 71도2334.
3) 대판 1960. 5. 18, 4292형상755.
4) 대판 1955. 6. 14, 4287형상1931.

우에는 손해가 없다고 보아서는 안 된다.[1] 재산적 손해발생에 실해의 발생뿐만 아니라 손해발생의 위험이 있는 경우까지 포함하는가에 관하여서는 대체로 본죄를 침해범으로 보는 입장은 실해발생의 경우로 한정하고[2] 위험범으로 보는 입장은 손해발생의 위험이 있는 경우까지 포함한다고 본다.[3] 판례도 재산상의 손해는 반드시 재산적 손해를 발생하게 하는 확정적인 손해뿐 아니라 재산상의 위험이 발생한 경우까지 포함한다고 보고 있다.[4] 그러나 판례는 재산상 실해 발생의 위험이란 막연한 가능성이나 위험만으로는 부족하고 경계적 관점에서 본인에게 손해가 발생한 것과 같은 정도로 구체적인 위험, 즉 구체적·현실적 위험의 야기라고 본다.[5] 재산상의 손해의 유무는 법률적 견지에서가 아니라 경제적 견지에서 판단해야 한다.[6] 배임행위와 본인에 대한 손해 사이에는 인과관계가 있어야 한다. 다만 본인에게 손해를 가하였다고 할지라도 재산상 이익을 행위자 또는 제3자가 취득한 사실이 없다면 배임죄는 성립하지 않는다.[7]

판 례

1. 재산상 실해발생의 위험을 인정한 경우

전환사채 발행업무 담당자가 실질적으로 전환사채 인수대금이 납입되지 않았음에도 전환사채를 발행한 경우(대판 2015. 12. 10, 2012도235), 차입매수(LBO)방식의 기업인수과정에서, 인수자가 제3자가 주채무자인 대출금 채무에 대하여 아무런 대가 없이 피인수회사의 재산을 담보로 제공한 경우(대판 2008. 2. 28, 2007도1987), 손해액 산정에 있어서는, 업무상 배임행위로 인한 신규 대출금의 일부가 기존 대출금의 이자 또는 신규 대출금의 이자지급에 사용되었더라도, 대출수수료 등과 같이 대

---

1) 대판 1973. 1. 16, 72도2494.
2) 김종원(상), 243면; 백형구, 223면; 임웅, 451면 등.
3) 강구진Ⅰ, 378면; 유기천(상), 332면; 이재상 외, 419면 등.
4) 대판 2006. 11. 10, 2004도5167; 대판 1983. 2. 8, 81도3190; 대판 1973. 11. 13, 72도1355(회사의 이사 등이 타인에게 회사자금을 대여함에 있어 그 타인이 이미 채무변제능력을 상실하여 그에게 자금을 대여할 경우 회사에 손해가 발생하리라는 정을 충분히 알면서, 충분한 담보를 제공받는 등 상당하고도 합리적인 채권회수조치를 취하지 아니한 채 대여해 준 경우) 등.
5) 대판 2022. 10. 14, 2018도13604 판결.
6) 대판 2013. 4. 11, 2012도15890. 재산상 손해의 유무에 대한 판단은 본인의 전 재산 상태와의 관계에서 법률적 판단에 의하지 아니하고 경제적 관점에서 파악하여야 하므로, 법률적 판단에 의하여 당해 배임행위가 무효라 하더라도 배임죄가 성립한다.
7) 대판 2006. 7. 27, 2006도3145.

출과 관련하여 발생하는 필요비도 재산상의 손해에 해당(대판 2007. 1. 12. 2006도 6464)

2. 재산상 실해발생의 위험을 부정한 경우

갑 주식회사는 도시개발사업의 시행자인 을 조합으로부터 기성금 명목으로 체비지를 지급받은 다음 이를 다시 병에게 매도하였는데, 을 조합의 조합장이 환지처분 전 체비지대장에 소유권 취득자로 등재된 갑과 병의 명의를 임의로 말소한 경우 (대판 2022. 10. 14. 2018도13604, 체비지대장에의 등재는 환지처분 전 체비지 양수인이 취득하는 채권적 청구권의 공시방법이라고 볼 수 없고, 병이 취득한 권리행사는 체비지대장의 기재여부와 무관), 갑 새마을금고 임원이 새마을금고의 여유자금 운용에 관한 규정을 위반하여 금융기관으로부터 원금 손실의 위험이 있는 금융상품을 매입한 경우 (대판 2021. 11. 25. 2016도3452, 피고인의 임무위배행위로 갑 금고에 액수 불상의 재산상 손해가 발생하였더라도 금융기관이 취득한 수수료 상당의 이익을 그와 관련성 있는 재산상 이익이라고 인정할 수 없고, 또한 위 수수료 상당의 이익은 배임죄에서의 재산상 이익에 해당한다고 볼 수도 없음), 새마을금고 임·직원이 동일인 대출한도를 초과하여 대출해 준 경우(대판 2008. 6. 19. 2000도4876 전원합의체 판결, 새마을금고 동일인 대출한도 제한 규정은 대출채무자의 신용도를 평가해서 대출채권의 회수가능성을 직접적으로 고려하여 만들어진 것이 아니므로, 초과대출 사실만으로 곧바로 대출채권을 회수하지 못하게 될 위험이 생겼다고 볼 수 없음), 법인의 대표자가 법인 명의로 한 채무부담행위가 법률상 효력이 없는 경우(대판 2011. 7. 14. 2011도3180, 특별한 사정이 없는 한 그로 인하여 법인에 어떠한 손해가 발생하거나 발생할 위험이 있다고 할 수 없음)

④ 실행의 착수와 기수시기

실행의 착수시기는 행위자가 불법영득의 의사로 배임행위를 개시하는 시점이다. 본죄는 배임행위의 결과로 본인에게 재산상의 손해를 발생시킨 때에 기수로 된다. 따라서 본인에게 손해를 가하였다고 할지라도 행위자 또는 제3자가 재산상 이익을 취득한 사실이 없다면 배임죄가 성립할 수 없다.[1]

(2) 주관적 구성요건

고의 이외에 부당하게 자기 또는 제3자로 하여금 재산상의 이익을 취득하게 하려는 의사, 즉 불법이득의 의사가 있어야 한다.

---

1) 대판 2007. 7. 26. 2005도6439.

3. 기타 관련문제

(1) 이중저당과 이중매매

1) 부동산의 이중저당

이중저당이란 부동산소유자 갑이 먼저 을에 대해 저당권을 설정하기로 하였으나 아직 등기하지 않은 사정을 이용하여 병에게 저당권을 설정하고 선순위 저당권설정등기를 해 준 경우를 말한다. 저당권은 중복설정이 가능하나, 물권적 효력으로서 선순위부터 그 가액이 차감된다. 예컨대 병이 1번 저당권, 을이 2번 저당권을 설정받으면 추후 갑의 채무불이행으로 청산절차를 거칠 경우 1번 저당권자에게 완전변제 후에 비로소 2번 저당권자가 채무회수 기회를 가지게 되므로, 순번은 직접적으로 채무회수의 위험을 의미하게 된다. 따라서 갑은 을에 대해 먼저 저당권을 설정했으므로 특별한 사정이 없는 한 을의 저당권설정등기에 협력하여야 할 의무를 부담하게 되나 이런 임무에 위배하여 을에게 재산상의 손해를 가했다는 관점에서 갑에게 배임죄가 성립한다고 봄이 타당하며 통설의 입장이다. 다만 이 경우에도 타인에 대하여 근저당권설정의무를 부담하는 자가 제3자에게 근저당권을 설정하여 주는 배임행위로 인하여 취득하는 재산상 이익 내지 그 타인의 손해를 산정함에 있어서 제3자에 대한 근저당권 설정 이후에도 당해 부동산의 담보가치가 남아 있는 경우에는 그 부분을 재산상 이익 내지 손해에 포함시킬 수 없다.[1]

그러나 판례는 부동산 이중저당을 행한 채무자에게 배임죄를 인정하였던 과거의 견해[2]를 변경하여, 채무자가 금전채권을 담보하기 위한 저당권설정계약에 따라 채권자에게 그 소유의 부동산에 관하여 저당권을 설정할 의무를 부담하게 되었다고 하더라도, 이를 들어 채무자가 통상의 계약에서 이루어지는 이익대립관계를 넘어서 채권자와의 신임관계에 기초하여 채권자의 사무를 맡아 처리하는 것으로 볼 수 없으므로 배임죄가 성립하지 않는다고 본다.[3] 즉, 저당권설정을 어떻게 할 것인가는 채무자 자신의 사무일 뿐이므로 을에게 1순위 저당권설정계약을 한 후에 등기 전, 병에게 1순위 저당권설정을 먼저 경료하더라도 을에 대하여 무죄이다. 이와 같은 판례의 태도는 민법상 사적자치의 원칙을 존중하고

---

1) 대판 2009. 9. 24, 2008도9213.
2) 대판 2008. 3. 27, 2007도9328.
3) 대판 2020. 6. 18, 2019도14340 전원합의체 판결.

형법적 개입을 최대한 자제한다는 측면에서는 의미가 있으나, 법익보호의 측면
에서 직접적이고 현실적인 위험이 존재함에도 이를 인정하지 않는 면에서는 타
당하지 않은 면이 있다.

2) 부동산의 이중매매

부동산의 이중매매란 자기의 부동산을 타인에게 매도했으나 아직 부동산이
전등기를 해주지 않은 상태에서 다시 이를 다른 사람에게 매도하고 소유권이전
등기까지 해준 경우를 말한다. 이 경우의 매도인의 형사책임에 관해 의사주의를
취하고 있던 구민법하에서는 횡령죄의 성립만이 문제로 되었으나 형식주의를
취하고 있는 현행민법하에서는 배임죄의 성립만이 문제로 된다. 매도인이 매매
계약을 체결하고 계약금만 받은 후 다시 다른 사람에게 매도한 경우에는 배임죄
가 성립하지 않는다. 매도인은 이 상태에서는 언제든지 계약금의 배액을 지급하
고 계약을 해지할 수 있으므로 매도인은 채무자로서 자기의 사무를 처리하는 자
일 뿐 타인의 사무를 처리하는 자로 볼 수 없기 때문이다. 한편 매수인이 중도
금 또는 잔금까지 지급하고 매도인이 이를 수령한 경우에는 계약의 이행에 착수
했다고 보아야 하므로 매도인에게는 매수인의 소유권취득에 협력해야할 신의성
실의 원칙에 따른 신임관계가 발생하고 따라서 이에 기한 임무에 위배하면 배임
죄가 성립된다고 보아야 한다.[1] 판례도 또한 같다.[2] 이 경우에 실행착수시기는
후매수인을 위한 등기에 착수한 때이고 기수시기는 소유권이전등기를 마친 때
이다.[3]

선매수인에 대한 매매계약이 무효인 경우에는 등기협력의무가 발생하지 않

---

1) 김성돈, 465면; 강구진 I, 381면; 김일수/서보학, 491면; 김혜정 외, 409면; 이재상 437면; 정성
근/정준섭, 304면 등.
2) 대판 2018. 5. 17, 2017도4027 전원합의체 판결. "부동산 매매계약에서 계약금만 지급된 단계에서
는 어느 당사자나 계약금을 포기하거나 그 배액을 상환함으로써 자유롭게 계약의 구속력에서 벗
어날 수 있다. 그러나 중도금이 지급되는 등 계약이 본격적으로 이행되는 단계에 이른 때에는 계
약이 취소되거나 해제되지 않는 한 매도인은 매수인에게 부동산의 소유권을 이전해 줄 의무에서
벗어날 수 없다. 따라서 이러한 단계에 이른 때에 매도인은 매수인에 대하여 매수인의 재산보전에
협력하여 재산적 이익을 보호·관리할 신임관계에 있게 된다. 그때부터 매도인은 배임죄에서 말
하는 '타인의 사무를 처리하는 자'에 해당한다고 보아야 한다. 그러한 지위에 있는 매도인이 매수
인에게 계약 내용에 따라 부동산의 소유권을 이전해 주기 전에 그 부동산을 제3자에게 처분하고
제3자 앞으로 그 처분에 따른 등기를 마쳐 준 행위는 매수인의 부동산 취득 또는 보전에 지장을
초래하는 행위이다. 이는 매수인과의 신임관계를 저버리는 행위로서 배임죄가 성립한다."
3) 이재상 외, 437면; 정성근/정준섭, 304면 등.

고 따라서 배임죄도 성립하지 않는다.[1]

부동산의 이중매매에 있어서 악의의 후매수인이 어떠한 형사책임을 지는가에 관하여는, 단순히 이중매매의 사실을 알았다는 것만으로는 책임을 물을 수 없고 그 사실을 알면서도 매도인에게 이중매매를 교사하거나 매도인과 공모하여 그 부동산을 매수한 경우에 한하여 배임죄의 교사범 또는 공동정범의 성립이 가능하다고 보아야 할 것이다.[2]

3) 동산의 이중저당(이중양도담보)

예컨대 채무자가 제1의 채권자에게 동산을 담보로 제공하고 금전을 차용하면서 담보물을 점유개정의 형태로 사실상 점유하던 중에 다시 제2의 채권자에게 양도담보로 제공한 후에 역시 점유개정을 하는 것이 제1의 채권자에게 배임죄가 성립하는가의 문제이다. 이에 관하여 판례는 동산에 대하여 점유개정의 방법으로 이중양도담보를 설정한 경우 뒤의 양도담보권자는 처음의 양도담보권자에 대하여 배타적으로 자기의 담보권을 주장할 수 없으므로 이중으로 양도담보제공이 된 것만으로는 담보권 설정자가 처음의 양도담보권자에게 이중으로 양도담보제공을 하지 않기로 특약하였더라도 그에게 담보권의 상실이나 담보가치의 감소 등 손해가 발생한다고 볼 수 없으므로 배임죄를 구성하지 않는다고 본다.[3] 또한 금전채무를 담보하기 위하여 채무자가 그 소유의 동산을 채권자에게 양도하되 점유개정에 의하여 채무자가 이를 계속 점유하기로 한 경우 특별한 사정이 없는 한 동산의 소유권은 신탁적으로 이전됨에 불과하여 채권자와 채무자 사이의 대내적 관계에서 채무자는 소유권을 보유하나 대외적인 관계에 있어서 채무자는 동산의 소유권을 이미 채권자에게 양도한 무권리자가 되는 것이어서 다시 다른 채권자와 사이에 양도담보 설정계약을 체결하고 점유개정의 방법으로 인도를 하더라도 선의취득이 인정되지 않는 한 나중에 설정계약을 체결한 채권자는 양도담보권을 취득할 수 없는데, 현실의 인도가 아닌 점유개정으로는 선의취득이 인정되지 않으므로, 결국 뒤의 채권자는 양도담보권을 취득할 수 없고, 따라서 이와 같이 채무자가 그 소유의 동산에 대하여 점유개정의 방식으로 채권자들에게 이중의 양도담보 설정계약을 체결한 후 양도담보 설정자가 목적물

---

1) 대판 1983. 7. 12, 82도2941.
2) 대판 1975. 6. 10, 74도2455; 대판 1966. 1. 31, 65도1095 등.
3) 대판 1989. 4. 11, 88도1586.

을 임의로 제3자에게 처분하였다면 양도담보권자라 할 수 없는 뒤의 채권자에 대한 관계에서는, 설정자인 채무자가 타인의 사무를 처리하는 자에 해당한다고 할 수 없어 배임죄가 성립하지 않는다고 본다.[1] 동산 양도담보의 경우에도, 채무자가 금전채무를 담보하기 위하여 그 소유의 동산을 채권자에게 동산채권담보법에 따른 동산담보로 제공함으로써 채권자인 동산담보권자에 대하여 담보물의 담보가치를 유지·보전할 의무 또는 담보물을 타에 처분하거나 멸실, 훼손하는 등으로 담보권 실행에 지장을 초래하는 행위를 하지 않을 의무를 부담하게 되었더라도, 통상의 계약에서의 이익대립관계를 넘어서 채권자와의 신임관계에 기초하여 채권자의 사무를 맡아 처리하는 것으로 볼 수 없다. 따라서 채무자는 타인의 사무처리자가 아니며, 담보물을 제3자에게 처분하는 등으로 담보가치를 감소 또는 상실시켜 채권자의 담보권 실행이나 이를 통한 채권실현에 위험을 초래하더라도 배임죄가 성립하지 않는다.[2] 주식에 관한 양도담보설정에 있어서도 같은 법리가 적용되므로 채무자는 무죄이다.[3]

4) 동산의 이중매매

동산의 이중매매란 매도인이 제1의 매수인에게 동산 매매계약을 체결하고 동산을 인도하기 전에 제2의 매수인에게 매매계약을 체결하고 인도까지 완료한 경우이다. 부동산에 관하여 등기주의를 취하는 우리 법제상으로는 등기부상의 명의로 소유권을 주장할 수 있지만, 동산의 경우에는 그와 같은 형식주의를 취하지 않으므로 실제로 동산의 인도가 완료될 때 계약의 이행이 완료되고 비로소 매수인은 동산에 대한 소유권을 취득하게 되므로, 매도인의 동산인도의무는 자기의 사무에 불과하므로, 매도인이 그 목적물을 제2의 매수인에게 매도하여도 배임죄는 성립하지 않는다.[4]

(2) 죄 수

하나의 행위가 동시에 횡령죄와 배임죄에 해당하는 때에는 법조경합으로 특별법인 횡령죄만 적용되고 배임죄는 성립하지 않는다. 배임행위가 본인에 대한

---

1) 대판 2004. 6. 25, 2004도1751.
2) 대판 2020. 8. 27, 2019도14770 전원합의체 판결. 동 판결로 동산 양도담보에 대하여 채무자의 배임죄를 인정하였던 기존의 판결(대판 2011. 11. 25, 2010도11293 등)은 파기되었다.
3) 대판 2020. 2. 20, 2019도9756 전원합의체 판결.
4) 대판 2011. 1. 20, 2008도10479.

기망을 통하여 이루어진 경우, 예컨대 보험회사의 외무사원이 피보험자의 질병을 은폐한 채 회사에 보험계약을 체결하게 하고 회사로부터 수당을 받은 경우에는 사기죄와 배임죄의 상상적 경합이 된다.

　이중으로 매도되는 부동산을 그 정을 알면서 취득하는 경우에는 배임죄의 공범으로 될 수는 있으나 장물취득죄가 성립하지는 않는다.[1]

심화　경영판단의 원칙과 배임죄 성립여부

　경영판단의 원칙(business judgement rule)이란 회사의 이사가 충분한 정보에 근거하여, 이해관계 없이 경영판단이 필요한 상황에서 적절하다고 합리적으로 신뢰할 정도의 정보를 수집하여, 이를 통해 회사에 최선의 이익이 된다는 판단 하에 행한 결정에 대하여는 비록 손해가 발생한다고 하더라도 면책하는 원리이다.[2] 미국법률협회(American Law Institute: ALI)의 회사지배의 원칙 : 분석과 권고(Principles of Corporate Governance: Analysis and Recommendations) §4.01(c)에 따르면, 그 요건으로서 (1) 이사 또는 임원이 경영판단을 한 사항에 대하여 이해관계가 없을 것, (2) 그 이사 또는 임원이 경영판단을 한 사항에 관하여 당시 상황에서 적절하다고 합리적으로 신뢰할 수 있는 정보를 수집하고 인지하였을 것, (3) 그 이사 또는 임원의 경영판단이 회사에 최선의 이익이 된다고 합리적으로 신뢰하였을 것을 요구한다.

　경영판단의 원칙은 본질적으로, 경영판단에 대한 법원의 관여를 배제하려는 원칙으로서 '정직한 실수는 비난하지 않는다'는 원리로 이해된다. 예컨대 자기거래 또는 기타 개인적인 이해관계가 관련되어 있지 않는 이상 회사의 업무수행 과정에서 이루어진 경영상의 결정에 대하여, 그러한 결정이 회사로부터 부여받은 권한 내에서 이루어지고, 성실하고 충실하며 주의 깊게 이루어졌다면, 이사의 신인의무위반으로 해석하지 않고 결과적으로 귀책으로부터 보호된다는 점이 핵심이다.[3]

---

1) 대판 1975. 12. 9, 74도2804.
2) 미국에 있어서 경영판단의 원칙은 19세기 중반 경부터 소유와 경영이 분리되면서, 전문적인 경영인인 이사가 회사에 손해를 가한 때 이에 대한 주주의 손해배상청구소송에서 이사의 책임을 제한하는 법리로서, 그리고 주주가 이사의 행위 취소 또는 유지를 구하는 소송을 할 경우 이를 제한하는 법리로서 보통법에 의하여 발달하였다. 경영판단의 원칙도 두 가지로 나누기도 하는데, 전자에 해당하는 이사의 개인적인 손해배상책임을 면책시키는 원칙을 'business judgement rule'로, 후자의 이사의 경영에 관한 의사결정의 중단이나 무효화를 저지시키는 원칙을 'business judgement doctrine'로 칭한다.
3) Joel Seligman, Corporations: case and materials, Aspen Publishers, 1995/6, 167면.

대법원은 2002년 판결 이후로 상법을 비롯한 민사상의 손해배상책임과 관련하여 동 원칙을 적용하여 왔다.[1] 한편 형법상 배임죄 성부와 관련하여서도 동 원칙이 적용될 수 있는가에 대하여는 논란이 있다.[2]

판례는 "기업의 경영에는 원천적으로 위험이 내재하여 있어서 경영자가 개인적인 이익을 취할 의도 없이 가능한 범위 내에서 수집된 정보를 바탕으로 기업의 이익을 위한다는 생각으로 신중하게 결정을 내렸더라도 예측이 빗나가 기업에 손해가 발생하는 경우가 있으므로, 이러한 경우에까지 고의에 관한 해석기준을 완화하여 업무상배임죄의 형사책임을 물을 수 없다. 여기서 경영상의 판단을 이유로 배임죄의 고의를 인정할 수 있는지는 문제 된 경영상의 판단에 이르게 된 경위와 동기, 판단대상인 사업의 내용, 기업이 처한 경제적 상황, 손실발생의 개연성과 이익획득의 개연성 등 제반 사정에 비추어 자기 또는 제3자가 재산상 이익을 취득한다는 인식과 본인에게 손해를 가한다는 인식하의 의도적 행위임이 인정되는 경우인지에 따라 개별적으로 판단하여야 한다.[3]"고 보아 배임죄의 고의 또는 임무위배행위인지 여부의 판단에 간접적으로 경영판단의 원칙을 고려하고 있다.

배임죄는 형법외적 신임관계를 기초로 하여 그 임무에 위배하여 위임자에게 재산상의 손해를 가하는 행위를 금지함으로써, 기업경영에 있어서 회사 또는 주주에게 손해를 가하거나 가할 직접적 위험성이 있는 불법적인 경영판단행위를 규제하

---

1) 대판 2002. 6. 14, 2001다52407. 금융기관의 임원은 소속 금융기관에 대하여 선량한 관리자의 주의의무를 지므로, 그 의무를 충실히 한 때에야 임원으로서의 임무를 다한 것으로 된다고 할 것이지만, 금융기관이 그 임원을 상대로 대출과 관련된 임무 해태를 내세워 채무불이행으로 인한 손해배상책임을 물음에 있어서는 임원이 한 대출이 결과적으로 회수곤란 또는 회수불능으로 되었다고 하더라도 그것만으로 바로 대출결정을 내린 임원에게 그러한 미회수금 손해 등의 결과가 전혀 발생하지 않도록 하여야 할 책임을 물어 그러한 대출결정을 내린 임원의 판단이 선량한 관리자로서의 주의의무 내지 충실의무를 위반한 것이라고 단정할 수 없고, 대출과 관련된 경영판단을 함에 있어서 통상의 합리적인 금융기관 임원으로서 그 상황에서 합당한 정보를 가지고 적합한 절차에 따라 회사의 최대이익을 위하여 신의성실에 따라 대출심사를 한 것이라면 그 의사결정과정에 현저한 불합리가 없는 한 그 임원의 경영판단은 허용되는 재량의 범위 내의 것으로서 회사에 대한 선량한 관리자의 주의의무 내지 충실의무를 다한 것으로 볼 것이며, 금융기관의 임원이 위와 같은 선량한 관리자의 주의의무에 위반하여 자신의 임무를 해태하였는지의 여부는 그 대출결정에 통상의 대출담임임원으로서 간과해서는 안 될 잘못이 있는지의 여부를 대출의 조건과 내용, 규모, 변제계획, 담보의 유무와 내용, 채무자의 재산 및 경영상황, 성장가능성 등 여러 가지 사항에 비추어 종합적으로 판정해야 한다.
2) 이를 반대하고 배임죄의 형사법적 법리를 적용하여야 한다는 견해로는 김혜경, "경영판단의 원칙과 형법상 배임죄의 해석", 비교형사법연구 제18권 제1호, 한국비교형사법학회, 2016/4, 223면 이하. 반면 이를 적극적으로 도입하자는 견해로는 이상돈, "경영실패와 경영진의 형사책임", 법조 제52권 제5호, 법조협회, 2003/5, 88면 이하 참조.
3) 대판 2017. 11. 9, 2015도12633.

는데 기여를 해 왔다. 그러나 경영판단 원칙의 도입을 통하여 경영상 결정에 보다 많은 면책을 부여함으로써 법정책적 목적을 달성하고자 한다고 하더라도, 기존의 법해석의 한계를 넘어서는 해석을 특정 목적을 위해 허용하는 것은 형평상 타당하지 않다. 특히 판례는 동일한 기업집단에 속한 계열사 사이의 지원행위가 합리적인 경영판단의 재량범위 내에서 행해지면 경영판단의 원칙에 따라 본인에게 손해를 가한다는 인식 하의 행위가 아니라고 보아 고의를 부정한다. 그러나 한국의 자본시장은 기업집단지배구조가 지배적 형태이므로 이는 경영판단의 원칙상 제1요건인 자기거래가 아닐 것이라는 요건에 위반된다. 기업집단과 계열사 간의 거래일 경우에는 개별 주주들에게 손해의 위험성이 있는 결정인가의 문제 이전에, 궁극적으로 사실상 하나의 사업자간의 내부거래에 해당하므로 실질적으로는 자기거래이기 때문이다. 이는 경영판단의 원칙이 발달한 미국의 기업구조가 전혀 예정하지 않는 한국적 기업구조에 대한 옹호적인 사고가, 경영판단의 원칙의 적용요건과 양립할 수 없는 영역까지도 사법배제의 영역으로 확대하도록 해석한 결과가 된다. 따라서 상법상의 원리를 직접 도입하여 배임죄의 해석에 원용하기 보다는, 형법상의 법해석 원리에 따라서 배임죄 성립여부를 판단하여야 할 것이다.

Ⅱ. 업무상 배임죄

*업무상의 임무에 위배하여 제355조의 죄를 범한 자는 10년 이하의 징역 또는 3,000만원 이하의 벌금에 처한다(제356조).
*본죄의 미수범은 처벌한다(제359조).
*친족상도례의 준용(제361조).

본죄는 그 주체가 타인의 사무처리자라는 진정신분과 업무자라는 부진정신분으로 이루어진 이중신분범으로서 책임가중적 구성요건이다.

여기에서 업무란 업무상 횡령죄의 설명과 같다.

Ⅲ. 배임수증죄

> *타인의 사무를 처리하는 자가 그 임무에 관하여 부정한 청탁을 받고 재물 또는 재산상
> 의 이익을 취득한 자는 5년 이하의 징역 또는 1,000만원 이하의 벌금에 처한다(제357
> 조 제1항).
> *제1항의 재물 또는 이익을 공여한 자는 2년 이하의 징역 또는 500만원 이하의 벌금에
> 처한다(제357조 제2항).
> *범인이 취득한 제1항(배임수재)의 재물은 몰수한다. 그 재물을 몰수하기 불능하거나 재
> 산상의 이익을 취득한 때에는 그 가액을 추징한다(제357조 제3항).
> *본죄의 미수범은 처벌한다(제359조).
> *친족상도례의 준용(제361조).

1. 의의 및 보호법익

형법 제357조는 배임수증죄라는 표제 하에 제1항에서는 배임수재죄를, 제2
항에서는 배임증재죄를 각각 규정하고 있다. 본죄는 사적 사무를 처리하는 자에
대한 뇌물죄의 성격을 갖는 것으로서 배임수재죄는 수뢰죄에, 배임증재죄는 뇌
물공여죄에 각각 상응하는 규정이라고 할 수 있다. 다만, 요구·약속·공여의
의사표시만으로는 미수범이 된다는 점에서 차이가 있다. 본죄(특히 배임수재죄)
의 주체가 될 수 있는 자는 배임죄의 주체와 동일한 신분인 「타인의 사무를 처
리하는 자」이지만, 배임죄와의 관계에서는 독립적 구성요건이다.

본죄의 주된 보호법익은 직무(타인의 사무)처리의 공정성 또는 타인의 사무
처리자의 청렴성[1]이지만 부차적으로 타인의 재산권도 이에 포함된다고 보아야
할 것이다. 본죄는 추상적 위험범이다.[2]

---

1) 대판 1997. 10. 24. 97도2042; 대판 1996. 10. 11. 95도2090.
2) 반면, 배종대 426면: 정성근/정준섭. 306면은 침해범으로 본다.

2. 배임수재죄

(1) 구성요건

1) 주체 및 객체

본죄의 행위주체는 배임죄와 동일한 의미의 타인의 사무를 처리하는 자이다 (진정신분범). 금융기관 임직원의 배임수재에 대하여서는 특가법(제5조)이 적용된다. 타인의 사무를 처리하는 자의 지위를 취득하기 전에 부정한 청탁을 받은 경우에는 본죄의 주체가 될 수 없다.[1] 그러나 장래 담당할 임무에 관하여 부정한 청탁을 받고 이익 취득후 그 임무를 현실적으로 담당하게 된 경우에는 본죄의 주체가 된다.[2] 사무의 범위에 관하여는 보호법익을 재산권으로 한정하지 않으므로, 재산상의 사무에 국한시킬 필요가 없다.[3]

본죄의 객체는 재물 또는 재산상의 이익이다.

2) 행 위

본죄의 행위는 임무에 관하여 부정한 청탁을 받고 재물 또는 재산상의 이익을 취득하는 것이다.

① 임 무

위임받은 사무는 물론 이와 밀접한 관련을 가진 사무도 이에 포함된다.[4] 밀접한 관련성이 있는 사무인가는 모든 구체적 정황을 고려하여 제한적으로 판단하는 것이 타당하다. 밀접한 관련성이 있다고 볼 수 없는 경우에는 비록 영향력을 발휘할 가능성이 있더라도 본죄는 성립하지 않는다.[5]

② 부정한 청탁

부정한 청탁이란 타인의 사무처리자에게 그 임무를 행함에 있어서 사회상규 또는 신의성실에 반하는 행위를 해 주도록 의뢰하는 것을 말한다.[6] 그러나 업무

---

1) 대판 2010. 7. 22, 2009도12878.
2) 대판 2010. 4. 15, 2009도4791.
3) 김성돈, 499면; 박상기/전지연, 700면; 배종대, 426면.
4) 김성돈, 500면; 김일수/서보학, 500면; 김종원(상), 245면; 이재상 외, 441면; 정성근/정준섭, 306면; 대판 2010. 9. 9, 2009도7380; 대판 1982. 2. 9, 80도2130 등.
5) 대판 1982. 4. 13, 81도2130은 학교법인의 상무이사가 편입학에 관련하여 부정한 청탁을 받고 재물을 받은 경우에 편입학사무는 법인의 상무이사의 임무가 아니라는 이유로 본죄의 성립을 인정하지 않았다.
6) 대판 1988. 12. 20, 88도167; 대판 1980. 10. 14, 79도190; 대판 1978. 11. 1, 78도2081; 대판 1968. 10. 22, 67도1666 등.

상 배임의 내용이 되는 정도에 이를 필요는 없다.[1] 예컨대 은행간부에게 경영이 부실한 회사가 회수가능성이 없는 불량대출을 청탁하는 경우가 이에 해당한다. 청탁이 정당한 것이면 당연히 이에서 제외된다. 그러나 사회상규나 신의성실에 반하는 청탁인 한 그 의뢰된 내용이 배임에 해당될 정도가 아니라 할지라도 부정한 청탁이 된다.[2] 청탁은 명시적인 방법은 물론 묵시적인 방법으로도 가능하다.[3] 다만 청탁의 내용은 어느 정도 구체적이어야 한다. 따라서 단지 편의를 보아 달라거나 선처를 바란다는 부탁만으로는 부정한 청탁에 해당한다고 보기 어렵다.[4] 중재자에게는 정당한 업무에 속하는 청탁이라도 수재자에게는 부정한 청탁이 될 수 있다.[5]

판례

1. 부정한 청탁에 해당하는 경우

보도의 대상이 되는 자가 언론사 소속 기자에게 유료 기사 게재를 청탁하는 경우(유료 기사의 내용이 객관적 사실과 부합하여도 성립)(대판 2021. 9. 30, 2019도17102), 신문기자가 특정한 기사의 보도를 하지 말아 달라는 청탁을 받은 경우(대판 1970. 9. 17, 70도1355), 방송국 프로듀서가 특정가수의 노래만을 자주 방송해 달라는 부탁을 받은 경우(대판 1991. 11. 26, 91도2418)나 상당한 시세차익이 예상되는 주식의 매수기회를 제공받고 특정 연예인을 피고인이 제작하는 프로그램에 출연시키거나 뮤직비디오를 방영해 달라는 청탁을 받은 경우(대판 2010. 4. 15, 2009도4791), 대학교 교수가 특정 출판사의 교재를 채택하여 달라는 청탁을 받고 교재 판매대금의 일정비율에 해당하는 금원을 받은 경우(대판 1996. 10. 11, 95도2090), 종합

---

[1] 대판 2016. 8. 30, 2013도658.
[2] 대판 1987. 5. 12, 86도1682; 대판 1984. 7. 10, 84도179; 대판 1968. 10. 22, 67도1666 등.
[3] 대판 2013. 11. 14, 2011도11174.
[4] 대판 1985. 10. 22, 85도465; 대판 1983. 12. 27, 83도2472; 대판 1980. 4. 8, 79도3108 등.
[5] 대판 2011. 10. 27, 2010도7624. "갑 주식회사를 사실상 관리하는 을이 갑 회사가 사업용 부지로 매수한 토지에 관하여 처분금지가처분등기를 마쳐두었는데, 위 토지를 매수하려는 병에게서 가처분을 취하해 달라는 취지의 청탁을 받고 돈을 수수하였다는 내용으로 기소된 사안에서, 을이 받은 돈은 부정한 청탁의 대가임이 분명하고 을에게 부정한 청탁에 대한 인식이 없었다고 볼 수 없어 배임수재죄가 성립하나, 반면 병은 사업의 더 큰 손실을 피하기 위하여 가처분 취하의 대가로 을이 지정하는 계좌로 돈을 송금한 점, 병으로서는 위 돈이 궁극적으로 갑 회사에 귀속될 것인지 을에게 귀속될 것인지에 관한 분명한 인식이 있었다고 볼 수 없는 점 등 제반 사정에 비추어, 병이 가처분 취하의 대가로 돈을 교부한 행위는 사회상규에 위배되지 아니하여 배임증재죄를 구성할 정도의 위법성은 없다."

병원의사가 의료품수입업자들로부터 특정약을 본래의 적응증인 순환기질환뿐 아니라 모든 병에 잘 듣는 약이라고 원외처방하여 달라는 부탁을 받고 돈을 받은 경우(대판 1991. 6. 11, 91도413), 대학교 부총장이 의과대학부속병원 부대시설의 운영권을 인수하는데 우선적으로 추천해 달라는 청탁을 받고 사례비를 받은 경우(대판 1991. 12. 10, 91도2543), 은행장이 회수불능이 예상되는 회사로부터 거액의 불량대출을 청탁받은 경우(대판 1983. 3. 8, 82도2873), 건설회사의 대표이사가 자기 회사에서 발주하는 공사에 입찰경쟁업체로 지명하여 주는 대가로 파산 직전의 회사로부터 돈을 받은 경우(대판 1983. 12. 13, 82도735), 지역화물자동차운송사업협회 대표자인 피고인들이 갑으로부터 전국화물자동차운송사업연합회 회장 선거에서 자신을 지지해달라는 취지의 청탁을 받고 돈을 수수한 경우(대판 2011. 8. 25, 2009도5618), 광고대행업무를 수행하는 주식회사의 대표이사에게, 방송사 관계자에게 사례비를 지급하여서라도 특정회사의 이익을 위해 수능과외방송을 하는 내용의 방송협약을 체결해 달라고 부탁한 경우(대판 2002. 4. 9, 99도2165), 주택조합아파트 시공회사 직원이 조합장으로부터 조합의 이중분양에 관한 민원을 묵인하거나 조합의 입장을 배려해 달라는 청탁을 받고 위 아파트 분양권을 취득한 경우(대판 2011. 2. 24, 2010도11784)

2. 부정한 청탁에 해당하지 않는 경우

사회복지법인의 운영권을 양도하고 양수인으로부터 양수인 측을 사회복지법인의 임원으로 선임해 주는 대가로 양도대금을 받기로 한 경우(대판 2013. 12. 26, 2010도16681: 정당한 대가이므로), 규정이 허용되는 범위 내에서 최대한의 선처를 바란다는 청탁을 한 경우(대판 1982. 9. 28, 82도1565), 계약관계를 유지시켜 기존 권리를 확보하기 위하여 행하는 부탁행위(대판 1991. 8. 27, 91도61), 단지 환심을 사두어 후일 범행이 발각되더라도 이를 누설하지 않게끔 하기 위한 것인 경우(대판 1983. 12. 27, 83도2472), 학교법인의 운영권을 양도하고 양수인으로부터 양수인 측을 학교법인의 임원으로 선임해 주는 대가로 양도대금을 받기로 하는 내용의 '청탁'(대판 2014. 1. 23, 2013도11735: 학교법인 운영권의 유상양도를 금지하거나 처벌하는 입법자의 결단이 없으므로)

③ 재물 또는 재산상의 이익의 취득

부정한 청탁과 관련하여 재물 또는 재산상의 이익을 취득하여야 한다. 그 취득은 현실적이라야 하며 단지 요구하거나 약속을 받는 정도로는 미수에 해당할 뿐이다. 부정한 청탁을 받은 본인 외에 제3자가 취득하여도 무방하다.[1] 그러나

---

1) 대판 2017. 12. 7, 2017도12129. "피고인이 입점업체 대표 갑으로부터 부정한 청탁을 받고 그 대

거래상대방이 양수대금 등 거래에 따른 계약상 의무를 이행하고 실행행위자가
이를 받은 것을 부정한 청탁에 대한 대가의 수수로 볼 수는 없다.[1] 타인의 업무
를 처리하는 자에게 공여한 금품에 부정한 청탁의 대가로서의 성질과 그 외의
행위에 대한 사례로서의 성질이 불가분적으로 결합되어 있는 경우, 그 전부가
부정한 청탁의 대가가 된다.[2]

3) 미수, 기수

재물 또는 재산상의 이익을 요구하거나 약속하고 아직 취득하지 않은 단계는
본죄의 미수범이다. 재물이나 재산상의 이익을 취득하면 본죄의 기수로 되며 부
정행위 내지 배임행위까지 행할 것을 요하지 않는다.[3] 또한 실질적인 사용권한
이나 처분권한을 가지는 것만으로도 기수가 된다.[4]

4) 주관적 구성요건

미필적 고의로 족하며, 고의 외에 불법영득 또는 불법이득의 의사가 필요하
다.

(2) 기타 관련문제

1) 타죄와의 관계

본죄는 배임증재죄와 필요적 공범관계에 있지만 자신도 모르게 재물이 공여
된 것을 알게 된 자가 그 재물을 즉시 반납하는 경우에는 배임수재죄는 성립하
지 않지만 배임증재죄는 성립한다.

2) 몰수·추징

범인이 취득한 재물은 몰수하고 몰수할 수 없거나 재산상의 이익을 취득한
때에는 그 가액을 추징한다(제357조 제3항). 몰수와 추징은 필요적이다. 해당금

가로 자신이 받아온 수익금을 딸에게 주도록 갑에게 지시하였다면 이는 피고인 자신이 수익금을
취득한 것과 같다고 평가하여야 하고, 피고인이 입점업체인 을 주식회사 대표이사 병으로부터 부
정한 청탁을 받고 그 대가를 피고인이 아들 명의로 설립하여 자신이 지배하는 정 주식회사 계좌
로 돈을 입금하도록" 하였다면 배임수재죄의 취득한 자에 해당한다.

1) 대판 2016. 10. 13, 2014도17211.
2) 대판 2019. 6. 13, 2018도20655.
3) 대판 2010. 9. 9, 2009도10681.
4) 대판 2017. 12. 5, 2017도11564. "타인의 사무를 처리하는 자가 중재자로부터 돈이 입금된 계좌의
예금통장이나 이를 인출할 수 있는 현금카드나 신용카드를 교부받아 이를 소지하면서 언제든지
위 예금통장 등을 이용하여 예금된 돈을 인출할 수 있어 예금통장의 돈을 자신이 지배하고 입금
된 돈에 대한 실질적인 사용권한과 처분권한을 가지고 있는 것으로 평가될 수 있다면, 예금된 돈
을 취득한 것으로 보아야 한다."

액을 제공자에게 반환한 경우에도 추징한다.[1] 수인이 공모하여 금품을 수수한 때에는 각자가 수수한 금액을 몰수하거나 추징하며 개별적으로 몰수 또는 추징할 수 없는 경우에는 평등하게 몰수 또는 추징한다.[2]

3. 배임증재죄

(1) 구성요건

배임수재죄가 진정신분범인 것과 달리 자연인은 누구든지 본죄의 주체가 될 수 있다. 행위는 재물 또는 재산상의 이익을 공여하는 것이다. 공여는 현실적으로 제공하는 것을 의미하여 공여의 의사표시나 약속만 있는 경우에는 미수이다. 배임수재죄와는 대향범으로서 필요적 공범관계에 있지만, 반드시 같이 처벌되는 것은 아니다. 따라서 수재자에게는 부정한 청탁이 되어도 증재자에게는 부정한 청탁이라고 볼 수 있는 사정이 없으면 증재죄는 성립하지 않는다.[3]

(2) 본죄에는 필요적 몰수·추징규정(제357조 제3항)이 적용되지 않으므로 임의적 몰수·추징규정(제48조 제1, 2항)이 적용될 수 있을 뿐이다. 수재자가 증재자로부터 받은 재물을 그대로 가지고 있다가 증재자에게 반환하였다면 증재자로부터 이를 몰수하거나 그 가액을 추징하여야 한다.[4]

---

1) 대판 1983. 8. 23, 83도406.
2) 대판 1978. 2. 14, 77도3949.
3) 대판 2011. 10. 27, 2010도7624. "갑 주식회사를 사실상 관리하는 을이 갑 회사가 사업용 부지로 매수한 토지에 관하여 처분금지가처분등기를 마쳐두었는데, 토지를 매수하려는 병에게서 가처분을 취하해 달라는 청탁을 받고 돈을 수수하였다는 내용으로 기소된 사안에서, 을에게는 배임수재죄가 성립하나, 병이 돈을 교부한 행위는 사회상규에 위배되지 아니하여 배임증재죄를 구성할 정도의 위법성이 없다."
4) 대판 2017. 4. 7, 2016도18104.

제 4 장

장물, 손괴, 권리행사방해의 죄

제 1 절 장물에 관한 죄

§1. 서   설

I. 의의 및 보호법익

장물죄란 장물을 취득, 보관, 양도, 운반하거나 이러한 행위들을 알선함으로써 성립되는 범죄로서 재물만을 객체로 하는 재물죄이다.

장물죄의 보호법익은 재산권이다.[1) 추구권설의 입장에서 보호법익을 본죄의 피해자가 그 물건에 대하여 가지는 추구권으로 이해하는 입장[2)이 있으나 본범이 권리행사방해죄인 경우처럼 피해자가 장물에 대하여 소유권 기타 물권을 갖지 않는 때에도 장물죄가 성립될 수 있으므로 타당하지 않다.[3)

보호정도에 관하여는 장물에 대한 점유의 이전이 있어도 재산권 그 자체가 침해되는 것은 아니지만 재산권의 실질적 내용을 이루는 사용·수익·처분권이 계속 침해된다는 점을 근거로 한 침해범설,[4) 장물알선죄만 추상적 위험범이고 나머지는 침해범이라고 보는 구별설[5) 및 추상적 위험범설[6)이 있다. 만일 장물죄의 보호법익을 재산권이라고 한다면 이미 본범에 의하여 재산권은 침해되었으므로 침해범이라고 할 수 없고[7), 다만 재산권 회복이 어려운 상태가 유지 또는 증가되는 것이므로 추상적 위험범이라고 봄이 타당하다.

---

1) 김성돈, 477면; 김성천/김형준, 532면; 김일수/서보학, 505면; 김혜정 외, 421면; 박상기/전지연, 704면; 이재상 외, 446면; 정영일, 245면 등. 한편 정성근/정준섭, 313면은 재산권 이외에 재산권의 안전도 보호법익이라고 본다.
2) 강구진 I , 389면; 김종원(상), 248면; 오도기/7인공저, 411면 등.
3) 이재상 외, 446면.
4) 김성돈, 506면; 배종대, 431면; 정성근/정준섭, 313면.
5) 김일수/서보학, 505면; 박상기/전지연, 704면.
6) 김성천/김형준, 532면; 김혜정 외, 422면; 오영근, 399면; 이재상 외, 446면; 임웅, 548면.
7) 오영근, 399면.

참고 **연혁**

　　후기 로마법에 있어서는 강도나 절도를 영업적으로 피신시킨 여관집 주인을 처벌하게
됨으로써 독자적 장물범의 개념이 나타나게 되었으나 중세 이탈리아법에 있어서는 장물
죄를 공범(특히 사후적 종범)으로 이해하려는 경향이 있었다. 1532년의 카롤리나형법전은
범행을 촉진, 조력하는 행위를 처벌하는 규정(제177조)을 두었는데 이 규정은 독일 보통
법시대에 있어서 장물범을 본죄의 공범으로 보는 견해의 척도가 되었다. 특히 게르만법
에 있어서는 장물 내지 범인은닉이 매우 중하게 처벌되었으며, 장물범은 절도범보다 더
나쁜 것으로 취급되었다. 19세기에 이르러 독일의 특별 형법전은 장물의 독자성을 인정
하는 입장을 취하였다. 1851년의 프로이센형법 제237조 이하는 장물범이 자신의 이익을
위하여 행위할 것을 요구하였고, 1871년의 독일제국형법 제259조는 장물범을 자기의 이
익 때문에 행위하였을 때에만 처벌한다고 규정하여 오랫동안 본범(Vortat)의 공범으로
이해되어 온 장물죄를 독자적 범죄로 취급하였다.

　　우리나라에 있어서는 구한말 광무 10년(1905년)에 제정된 형법대전 제620조에 도적
의 정을 알고 장물을 나누고 사들이거나 받아서 보관한 자는 어떠한 형태의 도적에 의한
장물일지라도 처벌한다는 규정을 두었다. 일제치하와 현행형법제정 이전에는 우리나라에
서 일본형법(제256조)이 준용되었고 1953년에 형법이 제정되면서 장물죄의 기본유형(제
362조) 이외에도 상습장물죄와 업무상과실·중과실 장물죄가 도입되어 오늘에 이르고 있다.

Ⅱ. 현행법상의 체계

기본적 구성요건: 장물(취득·양도·운반·보관· 알선)죄 (제362조)	수정적 구성요건	책임	가중적	상습장물죄(제363조)
			감경적	업무상과실장물죄 중과실장물죄(제364조)

　　장물죄는 기본적 구성요건으로 취득, 양도, 운반, 보관, 알선의 행위를 두고,
책임가중적 신분범인 상습장물죄(제363조 제1항)를 두는 한편 단순 과실범처벌
규정은 두지 않고 바로 업무상 과실, 중과실장물죄를 두고 있다(제364조).

　　친족간의 행위에 관한 규정(제365조)이 있으나 다른 친족상도례와 그 적용이
다르고, 동력에 관한 규정의 준용이 없는 것도 특징이다.

Ⅲ. 장물죄의 본질

1. 추구권설

추구권설은 장물죄의 본질을 본죄의 피해자가 점유를 상실한 재물에 대하여 사법상 추구, 회복하는 것을 곤란하게 하는 것이라고 본다.[1] 그리고 여기에서 추구란 소유권 기타 장물에 의한 반환청구권의 행사를 의미한다. 이 설에 의하면 장물죄의 구성요건은 본범에 의하여 행하여진 불법한 점유를 회복하는 일이 장물범에 의하여 방해된다는 관점에서 피해자의 추구, 회복을 곤란하게 하는 행위를 유형화한 것이라고 이해된다.[2]

추구권설에 의하면 사법상의 추구권(반환청구권)이 없으면 장물성이 상실되기 때문에 불법원인급여물(민법 제746조), 피해자가 취소 또는 해지할 수 없는 경우(민법 제109조, 상법 제651조), 물건이 시효에 걸린 경우(민법 제246조) 등에는 장물죄가 성립될 수 없다.

2. 유 지 설

유지설은 본범에 의하여 성립된 위법한 재산상태를 본범 또는 재물의 점유자와의 합의 아래 유지, 존속하는데 장물죄의 본질이 있다고 본다.[3] 이 설은 사법상의 추구권을 전제로 하지 않고 위법한 재산상태의 유지라는 독자적 기준을 중시하므로 추구권설에 비하여 재물죄의 재산적 성격을 강조할 수 있다.[4] 이 설은 장물죄의 성립에 장물범과 본범 또는 점유자와의 합의를 요구하며, 사법상의 추구권이 없는 경우에도 장물성을 인정할 수 있기 때문에 예컨대 불법원인급여물, 시효가 완성된 물건 등도 장물이 될 수 있고 장물과 환금된 금전 기타 대체장물도 장물로 이해될 수도 있다.[5]

---

1) 김종원(상), 248면; 남흥우, 220면; 염정철, 375면; 이건호, 368면; 정영석, 394면; 정창운, 187면; 황산덕, 327면 등. 오영근, 401면은 우리 형법상으로는 추구권설이 타당하나, 궁극적으로는 우리 법제에 맞는 새로운 관점에서 장물죄를 접근하여야 한다고 본다.
2) 이재상 외, 447면; 정성근/정준섭, 311면 등.
3) 심재우, 「장물죄의 범죄성」, 고시계, 1979. 12, 50면.
4) 이재상 외, 447면.
5) 정성근/정준섭, 312면.

3. 공 범 설

공범설은 장물죄의 본질을 본범의 범죄적 이익에 관여하는 간접영득죄, 즉 본범의 불가벌적 사후행위에 관여하는 공범으로 이해한다.[1] 공범설은 본범의 가벌적 이익에 관여한다는 의미에서 이용설 또는 용익설이라고도 불리어진다. 추구권설과 유지설이 보호법익을 중심으로 장물죄의 본질을 이해하는 것과 대조적으로 이익을 추구하는 이욕범적 성격을 강조한다는 점에 그 특색이 있다.[2]

공범설에 의하면 장물죄의 성립에 주관적 구성요건요소로서 불법이득의 의사가 필요하고, 수수한 재물에 피해자와의 견련성이 인정되는 한 대체장물이나 불법원인급여물은 물론 장물을 매각하여 받은 대가, 가공으로 본범이 소유권을 취득한 재물에 대해서까지 장물성을 인정하게 된다.[3] 반면 장물범이 본범으로부터 직접 취득하지 않고 제3자가 개입한 경우에는 장물죄를 인정할 수 없게 된다.

4. 결 합 설

기본적으로는 형법의 독자적 입장에서 장물죄의 본질을 파악하는 유지설이 타당하다는 점에서 유지설을 기본으로 하여, 장물죄의 행위태양 가운데 유지설로는 설명하기 어려운 양도, 정을 모르고 보관 중 이를 인지한 경우 등은 피해자의 반환청구권 행사를 곤란하게 한다는 점에서 추구권설로 보완하고자 하는 견해이다.[4]

장물죄가 재산죄의 성격을 갖는다는 점에서 위법상태유지설이 장점을 지니고 있으나 형법 제362조가 장물의 양도도 하나의 행위양태로 규정하고 있다는 점을 고려할 때 결합설의 입장이 가장 타당하다.

---

1) 우리나라에 있어서는 이수성, 장물죄, 고시연구, 1975/8, 51면이 이 설을 취한다. 단, 이 설이 위법 상태유지설과 추구권설을 배제하는 것이 아니라 병합한다는 관점을 그 출발점으로 삼고 있다.

2) 이재상 외, 448면.

3) 정성근/정준섭, 312면.

4) 김성돈, 479면; 김성천/김형준, 534면; 김일수/서보학, 508면; 김혜정 외, 423면; 박상기/전지연, 706면; 배종대, 432면; 백형구, 237면; 오도기/7인공저, 414면; 유기천(상), 310면; 이영란, 「장물죄에 관한 고찰」, 법조, 1981. 12, 46면; 이재상 외, 4449면; 이진록, 「형법상의 장물」, 고시계, 1984. 11, 57면; 정성근/정준섭, 312면; 정영일, 247면 등.

§2. 유형별 고찰

Ⅰ. 장물취득 · 양도 · 운반 · 보관 · 알선죄

*장물을 취득, 양도, 운반 또는 보관한 자는 7년 이하의 징역 또는 1,500만원 이하의 벌금에 처한다(제362조 제1항).

*전항의 행위를 알선한 자도 전항의 형과 같다(제362조 2항).

*친족간의 범행
① 장물의 죄(제362~364조)를 범한 자와 피해자간에 제328조 제1항(직계혈족, 배우자, 동거친족, 동거가족 또는 그 배우자), 제2항(제1항 이외의 친족)의 신분관계가 있는 때에는 동조(제328조)의 규정을 준용한다.
② 장물의 죄(제362~364조)를 범한 자와 본범간의 제328조 제1항의 신분관계가 있는 때에는 그 형의 감경 또는 면제한다. 단 신분관계가 없는 공범에 대하여서는 예외로 한다(제365조).

1. 의   의

본죄는 장물에 관한 죄의 기본유형이다.

2. 구성요건

(1) 객관적 구성요건

1) 주   체

본범의 정범자(공동정범, 합동범 포함)를 제외한 모든 자는 본죄의 주체가 될 수 있다. 본범의 교사자나 방조자도 본죄의 주체가 될 수 있다.

2) 객   체

장물이란 재산죄인 범죄행위에 의하여 영득된 재물을 의미한다.[1]

① 재물성

장물은 재물에 한정된다. 그러므로 재산상의 이익이나 채권 및 무체재산권

---

1) 추구권설을 취하는 입장에서는 재산죄인 범죄행위에 의하여 영득한 재물이라 할지라도 피해자가 법률상 그 반환을 청구할 수 있는 경우에만 장물이 된다고 본다.

등의 권리는 장물이 될 수 없다.[1] 그렇지만 권리가 화체된 문서는 장물로 될 수 있다. 동산, 부동산을 불문하며 반드시 경제적 가치(교환가치)를 가질 필요도 없다. 다만 부동산은 그 성질상 장물운반죄의 객체로는 될 수 없다.

관리할 수 있는 동력이 본죄의 객체로 될 수 있는가에 관하여서는 장물죄에는 제346조를 준용한다는 규정이 없다는 이유로 부정하는 견해[2]가 있으나 제346조를 주의적 규정으로 보는 한 그 유무에 관계없이 적용함이 타당하다.[3]

② 본범이 재산범죄일 것

장물은 재산범죄에 의하여 영득한 것이라야 한다. 형법이 장물의 개념을 규정하고 있지는 않지만 본죄가 재산죄인 점을 고려할 때 본범은 재산범죄로 한정된다. 재산죄인 한 본범에는 형법상의 재산범죄뿐만 아니라 특가법이나 폭처법 등 특별법상의 재산죄도 포함된다.

장물죄의 본범이 될 수 있는 재산죄로서는 절도, 강도, 사기, 공갈, 횡령 등을 들 수 있다. 손괴죄는 재산죄이지만 재물의 취득을 수반하지 아니하므로 장물죄의 본범이 될 수 없다. 배임죄도 재산죄이지만 그 객체가 재산상의 이익이므로 제외된다.

권리행사방해죄가 본범에 해당되는가는 부정설[4]과 긍정설[5]이 있다. 그러나 권리행사방해죄의 객체는 본범의 소유이므로 타인의 재물을 영득한 것으로 볼 수 없다는 점에서 부정설이 타당할 것이다.

장물죄의 구성요건행위로 수수한 재물은 장물로 될 수 있는데 이 경우의 재물을 연쇄장물이라고 부른다. 장물은 재산범죄에 의하여 영득된 재물이므로 단지 재산죄의 수단으로 사용된 재물은 장물로 볼 수 없다. 따라서 배임행위에 제공된 물건,[6] 이중매매된 부동산[7] 등은 장물이 아니다.

---

1) 대판 1971. 2. 23. 70도2589.
2) 김성돈, 508면; 황산덕, 331면.
3) 김성천/김형준, 538면; 김일수/서보학, 510면; 김혜정 외, 425면; 백형구, 238면; 오영근, 403면; 이재상 외, 450면; 정성근/정준섭, 314면 등.
4) 오영근, 403면; 이정원, 487면.
5) 김성돈, 510면.
6) 대판 1981. 7. 28. 81도618은 "채무자가 채권자에게 양도담보로 제공한 물건을 임의로 타인에게 양도하는 행위는 배임죄에 해당하나 동 물건은 배임행위에 제공한 물건이지 배임행위로 인하여 영득한 물건 자체는 아니므로 장물이라고 볼 수 없고, 따라서 위 타인이 그러한 사정을 알면서 그 물건을 취득하였다고 하여도 장물취득죄로 처벌할 수 없다"고 판시하였다.
7) 대판 1975. 12. 9. 74도2804.

재산죄가 아닌 다른 범죄, 예컨대 수뢰죄에 의하여 수수한 뇌물, 문서위조죄에 의하여 작출한 위조문서, 수렵법이나 수산업법에 위반하여 포획한 조수나 어획물 등은 장물이 아니다.

본범의 행위는 구성요건에 해당하고 위법해야 하며,[1] 유책할 필요는 없다. 또한 기타의 가벌성의 요건, 소추요건 등을 구비할 필요도 없다. 따라서 본범이 책임무능력자이거나 오인에 정당한 이유가 있는 법률의 착오의 경우, 본범이 친고죄에 해당하나 고소가 없는 경우, 공소시효가 완성되어 소추할 수 없는 경우, 외교관이거나 기타 사유로 재판권이 미치지 않는 경우, 본범에게 친족상도의 예가 적용되는 경우에도 각각 장물죄는 성립될 수 있다.

재산범죄를 범한 이후 별도의 재산범죄의 구성요건에 해당하지만 그 행위가 불가벌적 사후행위로 처벌되지 않는다고 하더라도, 그 사후행위로 인하여 취득한 물건은 장물이 될 수 있다.[2]

③ 본범의 기수여부

장물죄의 성립 이전에 본범의 실현정도에 대하여, 장물죄가 행하여지기 전에 본범이 기수에 이르러야 한다는 기수범설[3]은 불법하게 영득된 재물이 먼저 존재하여야만 장물죄가 가능하기 때문이라고 본다. 반면 영득설[4]은 본범이 기수가 되는지 여부와 관계없이 재물을 영득한 사실이 시간적으로 끝났는가 만이 기준이 된다고 본다.

특히 문제가 되는 것은 보관물을 횡령함과 동시에 이를 매각하는 경우에 그 정을 알면서 매입한 자의 죄책인 바, 장물취득죄가 성립된다는 견해,[5] 횡령죄의 종범과 장물취득죄의 성립을 인정하는 견해[6] 및 횡령죄의 공범이 될 뿐이라는

---

1) 강구진 I, 394면; 김성돈, 511면; 김성천/김형준, 536면; 김일수/서보학, 512면; 김종원(상), 249
  면; 박상기/전지연, 708면; 배종대, 436면; 백형구, 239면; 서일교, 194면; 오영근, 404면; 유기
  천(상), 351면; 이재상 외, 453면; 임웅, 554면; 정성근/정준섭, 315면 등.
2) 대판 2004. 4. 16, 2004도353.
3) 강구진 I, 394면; 김성천/김형준, 537면; 김종원(상), 250면; 배종대, 437면; 정성근/정준섭, 315
  면; 정영일, 248면 등. 한편 김성돈, 483면은 원칙적으로 기수범설을 취하되 강도살인이나 강도죄
  는 기수가 되기 이전이라고 재물영득이 앞서는 경우가 생기므로 예외적으로 영득시점에 장물죄가
  성립하는 것으로 보아야 한다고 예외를 인정한다.
4) 오영근, 405면; 이영란, 432면; 이재상 외, 453면; 임웅, 555면 등.
5) 김혜정 외, 428면; 서일교, 194면; 이영란, 앞의 논문, 50면; 정성근/정준섭, 316면; 황산덕, 329
  면 등.
6) 김종원(상), 250면; 진계호, 441면.

견해[1]의 대립이 있다. 생각건대 장물죄는 재산범죄로 인하여 생긴 물건을 대상으로 하므로 본범은 기수에 이르러야 하고, 따라서 기수범설을 취하게 되면 실현설을 따라야 하므로 본범의 재물영득이 현실화되지 않은 상태에서 가담한 자는 횡령죄의 공범만이 성립한다고 봄이 타당할 것이다.

④ 위법한 재산상태일 것

재산범죄에 의하여 영득한 재물이라 할지라도 위법한 재산상태 하에 있을 때에만 장물성이 인정된다. 그러므로 본범의 처분행위를 피해자가 승낙한 경우, 민법 제249조에 의하여 제3자가 선의취득한 재물(단, 도품, 유실물일 때에는 유실한 날로부터 2년간은 장물이 됨), 가공에 의하여 소유권이 가공자에게 귀속되는 경우(민법 제259조), 부합이나 혼화에 의하여 소유권이 새로이 귀속되는 경우에도 소유권이 상실되므로 장물성이 상실된다.

명의신탁을 받은 부동산을 임의로 처분한 경우처럼 본범이 대외관계에서 소유자로서 처분권을 가지고 처분한 재물 등에 있어서는 장물성이 상실된다. 본범 또는 제3자가 장물에 대한 소유권을 취득한 경우라 할지라도 다툼이 있는 소유권의 취득인 경우에는 장물성이 배제되지 않는다. 그러므로 사기 또는 공갈에 의하여 취득한 재물의 경우처럼 피해자가 취소할 수 있는 경우(민법 제110조)에도 장물성이 인정된다. 불법원인급여물도 장물이 되는가에 관하여서는 추구권설의 입장에서 이를 부정하는 견해[2]가 있지만 불법원인급여물에 대한 사기죄와 절도죄의 성립이 인정된다는 점과 결합설의 관점에서 볼 때 장물성을 인정하여야 할 것이다.[3]

⑤ 재물의 동일성

(가) 대체장물   장물은 본범에 의하여 영득된 재물 그 자체, 즉 직접 본범에서 유래하는 재물이라야 한다. 장물과 교환된 물건이나 금전 등과 같은 대체장물은 장물이 아니다. 따라서 장물의 매각대금도 장물이 아니다.[4] 그렇지만 이러한 대체장물의 취득이 사기죄에 해당하면 사기죄인 본범에서 유래하는 장물이 된다.[5] 기타의 재산죄에 의하여 대체장물이 취득된 경우도 같은 의미에서 장

1) 김성돈, 520면; 오영근, 405면; 이재상 외, 440면.
2) 김종원(상), 251면; 황산덕, 330면 등.
3) 이재상 외, 454면; 정성근/정준섭, 317면.
4) 대판 1972. 2. 22, 71도2296.
5) 정성근/정준섭, 317면.

물성을 갖게 된다.

(나) 장물의 대가(통화로 바꾼 경우)　　장물인 통화를 다른 통화로 바꾼 경우에도 장물성이 인정되는가에 관하여서는 견해의 대립이 있다. 긍정설[1]은 통화는 대체성을 갖는 것이고 그 액면금액이 중요하며, 행위자가 취득한 금액을 다른 통화로 환금하여도 가치총액은 동일성을 유지한다는 점을 근거로 한다. 금전이라고 하여 대체장물의 예외로 인정한다면 장물의 범위가 지나치게 확산된다는 점, 장물죄는 이득죄가 아니라 재물죄이므로 물리적 형상이 달라진 경우에는 장물성을 상실한다는 점에서 부정설[2]을 취하는 것이 오히려 바람직할 것으로 본다. 자기앞수표를 현금과 교환한 경우도 마찬가지이다. 그러나 판례는 장물성을 모두 인정한다. 다만 절취한 돈을 그대로 자신의 통장에 예금하였다가 인출한 경우에는 그것으로 장물의 동일성이 없어졌다고 할 수 없고, 다만 보관의 형태가 예금인 것으로 보아 장물성을 인정할 수 있다.[3]

(다) 장물의 복사물　　동일성이 인정되어야 하기 때문에 만일 절취한 문서나 녹음테이프 등을 복사한 경우, 그 내용은 동일하지만 재물 자체의 동일성은 인정되지 않으므로 장물성은 부정된다.

(라) 절취한 예금통장을 이용하여 찾은 돈　　이 경우 장물의 동일성이 인정되

---

1) 강구진 I, 396면; 김성돈, 481면; 김성천/김형준, 540면; 유기천(상), 353면; 정성근/정준섭, 318면; 정영석, 398면; 정영일, 249면; 황산덕, 335면 등(참고로 독일에 있어서도 금전에 한하여 예외를 인정하려는 가격총액설(Wertsummentheorie)이 있다. 이 설에 의하면 액면가 100마르크의 지폐(100DM Schein)를 절취한 자가 이를 액면가 50마르크의 지폐 두 장으로 바꾸어 이 중 한 장을 타인에게 준 경우 그 지폐는 장물이라고 보아야 하며, 만일 이를 부인한다면 형사정책적으로는 물론 하등의 사리타당한 일이 될 수 없다고 한다(*Roxin*, Geld als Objekt von Eigentums- und Vermögensdelikt, in: Festschrift für H. Mayer, 1966, S. 472)).

2) 김일수/서보학, 515면; 김종원(상), 251면; 남흥우, 226면; 배종대, 435면; 백형구, 240면; 오영근, 406면; 이재상 외, 406면; 이정원, 490면; 임웅, 556면 등.

3) 대판 2000. 3. 10, 98도2579. "장물이라 함은 재산범죄로 인하여 취득한 물건 그 자체를 말하고, 그 장물의 처분대가는 장물성을 상실하는 것이지만, 금전은 고도의 대체성을 가지고 있어 다른 종류의 통화와 쉽게 교환할 수 있고, 그 금전 자체는 별다른 의미가 없고 금액에 의하여 표시되는 금전적 가치가 거래상 의미를 가지고 유통되고 있는 점에 비추어 볼 때, 장물인 현금을 금융기관에 예금의 형태로 보관하였다가 이를 반환받기 위하여 동일한 액수의 현금을 인출한 경우에 예금계약의 성질상 인출된 현금은 당초의 현금과 물리적인 동일성은 상실되었지만 액수에 의하여 표시되는 금전적 가치에는 아무런 변동이 없으므로 장물로서의 성질은 그대로 유지된다고 봄이 상당하고, 자기앞수표도 그 액면금을 즉시 지급받을 수 있는 등 현금에 대신하는 기능을 가지고 거래상 현금과 동일하게 취급되고 있는 점에서 금전의 경우와 동일하게 보아야 한다." 판례는 자기앞수표와 현금을 동일하게 보지만, 본서는 양자를 구분한다.

기 때문에 장물이 되는 것이 아니라 마치 정당한 권리자인 양 속여서 사기죄에 의하여 영득한 재물이므로 장물에 해당한다.[1] 즉, 절도죄의 객체는 예금통장이고, 예금통장을 이용하여 ATM기에서 현금을 인출하였다면 ATM기 관리자에 대한 새로운 절도죄의 객체인 현금이 장물이 되고, 은행직원을 기망하여 현금을 교부받으면 사기죄의 객체로서 현금이 장물이 된다.

(마) 재질이 동일한 외관의 변형   재질이 동일한 경우 장물의 동일성이 인정되므로 여전히 장물성이 인정된다. 예컨대, 절취한 자동차 오디오를 다른 자동차에 장착한 경우, 구리선을 절취하여 구리판으로 변형시킨 경우 등이 이에 해당한다.

(바) 재료가 동일하더라도 노력을 가한 경우   절취한 원료에 노력을 가하여 새로운 물건을 만들어 낸 경우에는 장물성이 부정된다. 예컨대 금괴를 훔쳐서 세공을 하여 장신구를 만든 경우나 대리석을 훔쳐서 조각상을 만든 경우(가공), 훔친 벽돌로 담장을 수리한 경우(부합) 등이 이에 해당한다.

(사) 타인의 현금카드로 인출한 현금   그 자체가 절도죄의 객체가 되므로 장물성이 인정된다. 그러나 사기죄의 방조범의 계좌로 입금한 돈을 사기방조범이 인출한 경우 불가벌적 사후행위로서 장물성이 인정되지 않는다. 컴퓨터등 사용 사기죄로 자신의 통장으로 돈을 이체한 후에 인출하였다면 동죄의 객체는 재산상 이익이므로 장물성은 인정되지 않는다.[2]

판례

피해자가 본범의 기망행위에 속아 현금을 피고인 명의의 은행 예금계좌로 송금하였다면, 이는 재물에 해당하는 현금을 교부하는 방법이 예금계좌로 송금하는 형식으로 이루어진 것에 불과하여, 피해자의 은행에 대한 예금채권은 당초 발생하지 않는다. 장물취득죄에서 '취득'이라 함은 장물의 점유를 이전받음으로써 그 장물에 대하여 사실상 처분권을 획득하는 것을 의미하는데, 이 사건의 경우 본범의 사기행위는 피고인이 예금계좌를 개설하여 본범에게 양도한 방조행위가 가공되어 본범에게 편취금이 귀속되는 과정 없이 피고인이 피해자로부터 피고인의 예금계좌로 돈을 송금받아 취득함으로써 종료되는 것이고, 그 후 피고인이 자신의 예금계좌에서 위 돈을 인출하였다 하더라도 이는 예금명의자로서 은행에 예금반환을 청구한 결

---

1) 이재상 외, 455면; 판례도 또한 같다. 대판 1999. 9. 17, 98도2269.
2) 대판 2004. 4. 16, 2004도353.

과일 뿐 본범으로부터 위 돈에 대한 점유를 이전받아 사실상 처분권을 획득한 것은
아니므로, 피고인의 위와 같은 인출행위를 장물취득죄로 벌할 수는 없다.[1]

3) 행 위

행위는 장물을 취득·양도·운반·보관하거나 이들을 알선하는 것이다.

① 취 득

취득이란 점유의 이전과 소유권에 기한 사실상의 처분권의 획득이라는 두 가
지 요소를 충족하여야 한다.

취득은 점유의 이전이 있어야 이루어진다. 단지 약속이나 계약이 성립된 정
도로는 미수의 단계이지만 미수범 처벌규정이 없으므로 범죄가 아니다. 장물이
현실적으로 인도된 이상 대금의 지급이 있었는가 여부는 불문한다. 시정물의 열
쇠를 취득하거나 위탁된 장물을 인출할 수 있는 증서를 인도받은 경우처럼 간접
적 점유를 취득하는 것도 본죄의 취득에 해당한다. 도품을 사들인 후 다시 그
물건을 매도자에게 맡긴 경우에도 취득은 인정된다.[2]

취득은 반드시 자기 자신을 위한 경우에 한하지 않고 타인을 위한 경우도 포
함하며, 직접 본범으로부터 취득할 필요가 없고 취득시 장물이라는 정을 알고
있는 한 제3자를 통하여 취득하여도 본죄의 취득으로 인정된다.[3]

장물을 취득할 때 장물인 정을 알지 못한 때에는 고의가 없으므로 본죄가 성
립되지 않는다.[4] 취득시에만 정을 알고 있으면 족하므로, 계약시나 인도 전에
이를 몰랐다 하더라도 그 후에 정을 알고 인도받으면 장물취득죄가 성립한다.
그러나 취득 시에는 그 정을 몰랐다가 보관 중에 알게 되었다면 장물보관죄만
성립한다.

또한 소유권에 기한 사실상의 처분권을 얻는 것을 의미하며, 유상이든 무상
이든 불문한다. 매매·교환·채무변제·소비대차·매도담보 등에 의한 경우는
유상취득에 해당하고 증여·무이자소비대차 등에 의한 경우는 무상취득에 해당

---

1) 대판 2010. 12. 9, 2010도6256.
2) 이재상 외, 455면.
3) 독일형법 제259조의 행위양태의 하나인 취득(Verschaffen)은 본범과의 양해 하에 본범과는 독립
   된 자신의 사실상의 처분권을 그 물건에 성취하거나 이에 상응하는 제3자의 처분권을 획득하는
   것이라고 이해되고 있다(BGHSt. 27, 45).
4) 대판 1971. 4. 20, 71도468.

한다. 그러나 장물의 보관·임대차이거나 사용대차는 소유권에 기한 처분권을 얻는 것이 아니므로 취득이 아니다(경우에 따라서 보관은 될 수 있다).[1]

② 양 도

양도란 장물을 타인에게 주는 행위를 의미하며, 유상인가 무상인가를 불문한다. 단순한 양도의 의사표시나 계약의 성립만으로는 부족하고 점유의 이전을 필요로 한다.

양도의 상대방(양수인)이 장물임을 알았는가 여부는 문제되지 않는다. 만일 장물인 정을 모르는 양수인에게 유상으로 양도하였다면 양도인은 장물양도죄 이외에 사기죄가 별도로 성립한다.[2] 장물이라는 정을 알고 이를 취득한 후 이를 타인에게 양도한 경우에는 단지 장물취득죄만 성립되고 양도행위는 불가벌적 사후행위로 된다.[3] 그러므로 양도죄는 장물이라는 정을 알지 못하고 취득하였다가 후에 그 사실을 알고 타인에게 그 장물을 양도한 때에만 성립된다.[4]

③ 운 반

운반이란 장물의 소재를 장소적으로 이전하는 것을 의미하며 운반의 방법, 유상·무상을 불문하며 반드시 본범으로부터 직접 운반의뢰를 받았을 필요도 없고 피해자의 권리실행을 곤란케 하는 한 운반거리의 원근도 문제되지 않는다. 따라서 일단 운반행위를 개시하면 본죄는 기수가 되고, 그 목적달성 여부는 문제되지 않는다.[5] 이러한 의미에서는 계속범적인 성격을 갖는다. 정을 모르는 제3자로 하여금 장물을 운반하게 한 자는 본죄의 간접정범으로 된다. 그렇지만 타인이 절취하여 운전하는 승용차의 뒷좌석에 편승한 것은 장물운반의 실행행위로 볼 수 없다.[6]

장물취득자가 그 장물을 운반하는 행위라든가 본범이 스스로 장물을 운반하는 행위는 불가벌적 사후행위로서 별도의 장물운반죄를 구성하지 않는다. 그렇지만 제3자가 본범과 공동하여 장물을 운반하면 제3자에게는 본죄가 성립된다.[7]

---

1) 김성돈, 515면; 정성근/정준섭, 319면 등.
2) 대판 1980. 11. 25, 80도2310.
3) 반면 임웅, 560면은 장물취득죄와 별개로 장물운반죄가 성립한다고 본다.
4) 김종원(상), 253면; 백형구, 245면; 오도기/7인공저, 422면; 이재상 외, 444면; 정성근/정준섭, 494면; 정영석, 399면 등.
5) 배종대, 441면은 운반의 목적이 달성하여야 기수가 된다고 본다.
6) 대판 1983. 8. 13, 83도1146.
7) 이재상 외, 444면; 정성근/정준섭, 495면.

장물인 정을 모르고 장물을 취득한 자가 그 후 장물인 정을 알고 이를 운반한 경우에도 본죄가 성립된다.

④ 보 관

장물의 보관이란 위탁을 받아 장물을 자기의 점유하에 두는 행위로서 유상·무상을 불문하며, 보관의 방법도 불문한다. 질물 기타 보관물로서 보관하는 경우나 임대차·사용대차를 위한 보관 등도 본죄의 보관에 해당한다. 장물인 정을 모르고 보관한 경우에도 그 정을 알고 난 후에 반환이 가능함에도 불구하고 계속하여 보관하면 장물보관죄가 성립된다.[1] 장물의 반환이 불가능하거나 질권 등의 효력이 발생하여 점유할 권리가 발생한 때에는 본죄가 성립되지 않는다. 보관의 위탁자는 반드시 본범에 국한되지 않는다.

장물을 취득한 자가 이를 보관하는 행위는 불가벌적 사후행위로 되나 장물인 정을 모르고 취득한 자가 그 정을 알고 난 후에 보관하는 행위는 장물보관죄를 구성한다. 장물을 보관하던 자가 이를 취득하면 보관은 취득에 보충관계에 있게 되어 장물취득만 성립한다.[2] 장물을 보관하던 자가 이를 횡령하는 행위는 불가벌적 사후행위로 되며, 따라서 이 경우에는 장물보관죄만 성립된다.[3]

⑤ 알 선

알선이란 장물의 취득·양도·운반·보관을 매개하거나 주선하는 것을 의미한다. 유상·무상을 불문하며, 그 방법에 있어서도 알선자 자신의 명의로 행하든 본인의 명의나 대리인의 명의로 행하든 상관없다. 또한 직접 매수인과 교섭하든 타인을 위촉하여 교섭하게 하든 이를 불문한다.

알선죄의 성립시기에 관하여, 알선행위시설[4]은 알선행위만 있으면 기수로 된다고 보는데, 알선이라는 행위는 점유의 이전을 내용으로 하지 않고 알선행위 그 자체가 본범의 행위를 유발시킬 위험성과 반환청구권의 행사를 곤란하게 할 위험성을 지니며, 수수나 계약의 성립을 요구한다면 알선죄의 성립이 조건부로 되어 부당하다는 점을 든다. 계약성립설[5]은 알선행위에 의한 계약의 성립 내지

---

1) 대판 1987. 10. 13, 87도1633; 대판 1986. 1. 21, 85도2472 등.

2) 이재상 외, 445면.

3) 대판 1976. 11. 26, 76도3067.

4) 김성천/김형준, 545면; 김일수/서보학, 521면; 김종원(상), 254면; 남흥우, 227면; 박상기/전지연, 709면; 서일교, 191면; 오도기/7인공저, 425면; 정영일, 251면 등.

5) 유기천(상), 319면; 임웅, 563면; 정영석, 401면 등.

처분행위의 완결이 있어야 기수로 된다고 보는데, 알선행위 그 자체로는 추구권 행사의 위험성 조차도 없으므로 최소한 계약시점이 기수라고 본다. 장물이전 설[1]은 반환청구의 위험은 점유의 이전에 의하여 실현될 뿐만 아니라 다른 행위 와의 균형을 위하여 점유의 이전까지 있어야 기수가 된다고 본다. 타 행위양태 와의 균형 및 알선행위의 본질에 비추어 계약의 성립이나 알선행위의 완결이 있 으면 기수로 된다는 설이 타당하다.

알선을 하기 위하여 장물을 운반하거나 보관한 후에 알선한 경우에는 장물알 선죄만 성립한다.

(2) 주관적 구성요건

장물죄의 구성요건해당성이 인정되기 위해서는 각 양태에 따라 구성요건의 모든 객관적 표지에 대한 인식, 인용이 있어야 한다. 이를 흔히 「장물이라는 정 을 안다」는 말로 표현한다. 이러한 정은 장물이라는 사실에 대한 미필적 인식으 로 족하다.[2] 본범이나 피해자가 누구이며, 본범의 구체적 사실이 어떠한 것인가 를 알고 있을 필요는 없다. 장물죄도 영득죄의 하나라는 관점에서 그 필요성을 긍정하는 견해[3]도 있으나 장물죄의 본질이 위법상태의 유지 내지 추구권행사의 곤란이라는 점에 비추어 이를 부정하는 것이 일반적 견해이다.

3. 기타 관련문제

(1) 타죄와의 관계

장물죄가 불가벌적 사후행위가 되는 경우는 본범이 정범인 경우에 한하므로, 본범이 공동정범이거나 간접정범이 아닌 교사범, 종범인 경우에는 본범의 교사 범 또는 공범 이외에 장물죄가 별도로 성립하고 양자는 실체적 경합이 된다. 본 범으로부터 장물을 매수한 자가 다시 이를 전매한 경우 본범이 장물전매를 주선 하거나 장물을 운반한 경우에는 본범에게도 알선 또는 운반죄가 성립된다.

장물인 정을 알면서 이를 절취, 강취, 갈취 또는 편취한 경우에는 절도, 강도, 공갈 또는 사기죄만 성립되고 장물죄는 별도로 성립되지 않는다. 왜냐하면 이

---

1) 김성돈, 518면; 김혜정 외, 430면; 배종대, 442면; 백형구, 248면; 오영근, 412면; 이재상 외, 458 면; 이정원, 496면; 정성근/정준섭, 321면; 진계호, 449면 등.
2) 대판 1987. 4. 14, 87도107; 대판 1969. 1. 21, 68도1474; 대판 1959. 9. 11, 4292형상126 등.
3) 김일수/서보학, 523면; 배종대, 442면; 이정원, 497면; 진계호, 450면 등.

경우에는 본범과 이들 행위자 사이에 위법한 재산상태의 유지 내지 추구권행사를 곤란하게 한다는 내적 관련이 결여되기 때문이다.

절취한 장물을 자기의 것인 양 담보로 제공하여 금원을 편취한 경우에는 별도의 사기죄가 성립하지만,[1] 장물인 정을 모르고 취득한 후 이를 알고 장물을 양도 또는 알선하면서 매수인에게 장물인 정을 숨긴 경우 장물양도 또는 알선죄 이외에 사기죄가 성립하고 양자는 상상적 경합이 된다.[2]

타인의 형사피고사건에 관한 죄증을 인멸하기 위하여 장물을 수취하여 은닉한 경우에 장물보관죄와 증거인멸죄의 상상적 경합이 된다.

(2) 친족간의 범행의 특례

1) 장물죄를 범한 자와 본범의 피해자 사이에 직계혈족, 배우자, 동거친족, 동거가족 또는 그 배우자의 신분이 있는 때에는 그 형을 면제하고 그 이외의 친족간인 때에는 고소가 있어야 한다(제365조 제1항, 제328조 제1, 2항).

2) 장물죄를 범한 자와 본범 사이에 직계혈족, 배우자, 동거친족, 동거가족 또는 그 배우자의 신분이 있는 때에는 그 형을 감경 또는 면제한다(제365조 제2항, 제328조 제1항).

Ⅱ. 상습장물취득·양도·운반·보관·알선죄

> *상습으로 전조의 죄를 범한 자는 1년 이상 10년 이하의 징역에 처한다(제363조 제1항).
> *친족간의 범행(제365조).

본죄는 상습으로 장물의 취득·양도·운반·보관 및 이들을 알선함으로써 성립되는 부진정신분범이자 책임가중적 구성요건이다.

판례는 본죄를 다른 상습범의 경우와 마찬가지로 포괄일죄로 취급한다.[3]

---

1) 대판 1980. 11. 25, 80도2310.
2) 실체적 경합으로 보는 견해로는 정성근/정준섭, 322면.
3) 대판 1962. 5. 12, 4294형상596.

Ⅲ. 업무상과실·중과실장물죄

*업무상과실 또는 중대한 과실로 인하여 제362조(장물)의 죄를 범한 자는 1년 이하의 금고 또는 500만원 이하의 벌금에 처한다(제364조).
*친족간의 범행(제365조).

1. 의 의

본죄는 업무상 과실 또는 중과실로 인하여 장물을 취득·양도·운반·보관 또는 이들 행위를 알선함으로써 성립한다. 일반과실 내지 경과실에 의한 장물죄의 처벌규정 없이 업무상과실 또는 중과실에 의한 장물죄만을 처벌하는 것이 특징이며 재산죄 가운데 과실범을 처벌하는 유일한 경우이기도 하다.

본죄의 입법취지는 고의의 입증이 곤란한 경우에도 과실범으로서 처벌할 수 있는 길을 열어 단속의 효과를 거두려는 형사정책적 고려[1]와 아울러 고물상, 전당포 등 장물을 취급할 가능성이 큰 업무의 종사자에게 업무처리상의 주의의무를 요구하고 일반인의 경우에는 중과실을 이와 동일하게 취급함에 있다.[2]

2. 구성요건

업무상과실과 중과실의 의미는 업무상과실·중과실치사상죄에서 설명한 것과 같다. 본죄의 업무는 물품의 구입, 판매, 교환, 운송, 저장, 보관, 알선 등 장물도 그 대상물이 될 우려가 있는 사무를 의미한다. 예컨대 고물상, 전당포 등이 이에 해당한다. 본죄의 업무는 주된 업무이든 부수적인 업무이든 불문한다.[3] 그러나 본죄의 업무에 해당하는 사무에 종사하고 있는 자라 할지라도 그 업무에 관계없이 부주의로 장물을 취득한 때에는 본죄에 해당하지 않는다.

본죄의 업무에 해당하는 사무에 종사하는 자에게는 장물을 취득·양도·운반·보관하거나 이들 행위를 알선하지 않도록 주의해야 할 업무상의 주의의무가 본죄의 규정(제364조)에 당연히 내포되어 있다고 보아야 한다.

---

1) 강구진 Ⅰ, 404면: 김종원(상), 256면: 오도기/7인공저, 428면 등.
2) 김혜정 외, 433면: 박상기/전지연, 711면: 이재상 외, 463면: 정성근/정준섭, 323면 등.
3) 대판 1962. 5. 12, 4294형상596.

예컨대 고물상의 점원은 고물매입시 매도인의 신분, 직업, 연령, 거동, 원하는 매도가격, 물품내용, 그 취급방법과 출처, 시가 등에 관하여 신중한 주의를 다해야 하며 이러한 주의 없이 전매이익에 급급하여 매도인이 제시하는 가주소, 가성명만 기입하고 이를 경신하여 도품을 매입하면 본죄가 성립한다.[1] 그러나 고물상 기타 물품상(카메라상, 금방, 우표상 등)이 신분확인을 위하여 주민등록증의 제시를 받고 고물대장과 매매장부에 매도인의 신원, 매입품의 가격과 특징, 매입·매도의 경위 등을 상세히 기재하고 그 가격도 부당하지 않을 때에는 업무상의 주의의무를 다한 것이므로 본죄가 성립하지 않는다.[2] 군수용외래품을 구입하는 상인은 구매 시에 그 출처, 유출경로 등을 밝혀 그 적법성여부를 다짐해야 할 업무상의 주의의무가 있다.[3] 영업용택시 운전자는 승객의 소지품이 장물인가를 따져 보아야 할 업무상의 주의의무를 지지 않는다.[4] 금은방을 운영하는 자가 귀금속류를 매수함에 있어 매도자의 신원확인절차를 거쳤다고 하여도 장물인지의 여부를 의심할 만한 특별한 사정이 있거나, 매수물품의 성질과 종류 및 매도자의 신원 등에 좀 더 세심한 주의를 기울였다면 그 물건이 장물임을 알 수 있었음에도 불구하고 이를 게을리하여 장물인 정을 모르고 매수하여 취득한 경우에는 업무상과실장물취득죄가 성립한다고 할 것이고, 물건이 장물인지의 여부를 의심할 만한 특별한 사정이 있는지 여부나 그 물건이 장물임을 알 수 있었는지 여부는 매도자의 인적사항과 신분, 물건의 성질과 종류 및 가격, 매도자와 그 물건의 객관적 관련성, 매도자의 언동 등 일체의 사정을 참작하여 판단하여야 한다.[5]

1) 대판 1960. 9. 14, 4293형상316.
2) 대판 1991. 11. 26, 91도2332; 대판 1986. 6. 24, 86도396; 대판 1984. 2. 14, 83도2982; 대판 1970. 8. 31, 70도1894; 대판 1966. 5. 31, 66도480; 대판 1960. 8. 10, 4294형상328 등.
3) 대판 1961. 5. 10, 4294형상7.
4) 대판 1983. 6. 28, 83도1132.
5) 대판 2003. 4. 25, 2003도348.

심 화

1. 장물성에 관한 다툼이 있는 경우

위법한 재산상태	본서	판례	해 설
제3자의 선의취득	장물성 X		소유권을 새로이 취득
가공, 혼화, 부합	장물성 X		소유권을 새로이 취득
불법원인급여	장물성 O		추구권설은 부정
장물과 교환된 물건	장물성 X	X	재물의 동일성 부정
장물의 매각대금	장물성 X	X	재물의 동일성 부정
장물인 통화를 다른 통화로 교체	장물성 X	O	가치를 중시하는 경우 인정
자기앞수표를 현금으로 교환	장물성 X	O	가치를 중시하는 경우 인정
절취한 통장으로 찾은 돈	장물성 O		인출행위가 사기죄로서 장물
절취한 돈을 예금하였다가 인출	장물성 O	O	보관의 형식이 예금인 경우
절취한 녹음테이프의 복사물	장물성 X		재물의 동일성 부정
양도담보에 제공된 부동산, 이중매매된 부동산 등	장물성 X	X	배임죄 객체는 재산상 이익
본범이 장물을 증여, 상속받음	장물성 X		본범이 소유권 취득
사기방조범에게 입금된 예금인출	장물성 X	X	본범으로부터의 취득이 아님
타인 현금카드로 인출한 현금	장물성 O		절도죄의 객체에 해당
컴퓨터등 사용사기죄로 자신의 통장으로 이체한 후 인출	장물성 X	X	컴퓨터등 사용사기죄의 객체는 재산상 이익

2. 수개의 장물범죄가 중첩되는 경우

행 위	범죄성립	법적 근거
장물취득 후 보관, 양도, 운반	장물취득죄	흡수관계(불가벌적 사후행위)
정을 모르고 취득 후 지정(知情) 보관, 양도, 운반	장물보관, 양도, 운반죄	취득시 주관적 구성요건의 결여로 범죄불성립
보관 후 취득	장물취득죄	협의의 포괄일죄
운반 후 보관	장물운반죄	흡수관계(불가벌적 사후행위)
운반, 보관 후 알선	장물알선죄	협의의 포괄일죄
보관 중 횡령	장물보관죄	흡수관계(불가벌적 사후행위)

제 2 절 손괴의 죄

§1. 서   설

I. 의의 및 보호법익

손괴의 죄는 타인의 재물, 문서 및 전자기록 등 특수매체기록을 손괴, 은닉하거나 기타 방법으로서 그 효용을 해하는 것을 기본적 내용으로 하는 범죄이며 형법은 공익건조물이나 토지의 경계를 훼손하는 경우도 이에 포함시키고 있다. 본죄는 순수한 재물죄이지만 재물의 영득이 그 본질이 아니고 재물의 훼손 내지 효용가치의 침해를 그 내용으로 하므로 불법영득의 의사를 필요로 하지 않고 영득죄가 아니다.

손괴의 죄에는 친족상도례의 규정이 준용되지 않는다. 본죄에 대하여 친족상도례의 규정의 준용을 배제해야 할 특별한 이유는 없으며, 타재산범죄와의 균형상 친족상도례의 준용규정을 두는 것이 타당할 것이다.[1] 이밖에도 본죄에 대하여 반의사불벌죄로 규정하는 것이 타당하다는 비판도 있다.[2]

손괴의 죄에는 세 가지 독자적인 유형의 범죄가 포함되어 있으므로 보호법익을 통일적으로 파악하기는 어렵고 각 유형별로 살펴보는 것이 바람직하다. 재물 문서 등 손괴죄의 보호법익은 소유권의 이용가치이다. 공익건조물파괴죄의 보호법익은 공익건조물의 이용에 관한 일반인의 이익이라고 볼 수 있으며, 경계침범죄의 보호법익은 토지경계의 명확성이다.

> **참고** **연혁**
>
> 로마법과 중세 독일법에서는 공공물의 손괴행위만을 처벌하였고 독일보통법에서도 타인의 동산 특히 부동산을 고의적으로 손괴하는 행위에 대하여 다양한 배상을 하도록

---

1) 김종원(상), 258면; 이재상 외, 464면 등.
2) 이재상 외, 464면.

하였다. 1794년의 프로이센일반국법(ALR)에 이르러 복수심이나 악의로 또는 무분별하게 사유재산을 손괴하는 행위를 처벌하게 되었고 그 후 1810년의 프랑스형법, 1813년의 바이에른형법에 재물손괴죄의 규정을 두게 되었으며, 1871년의 독일제국 형법전은 제303조 이하에 재물손괴죄를 다양한 형태로 규정하였는데 오늘날의 독일형법도 이러한 전통을 이어가고 있다.

조선시대에 의용했던 대명률에는 공용물에 해당하는 신명정(申明亭)[1]의 건물을 파괴한 자를 처벌하는 규정을 두었으나 사유재물에 대한 손괴를 처벌하는 규정은 두지 아니하였다. 1905년의 형법대전에는 기훼소간률(棄毁所干律, 제6장, 제413조 이하)을 두어 국민이 공경하는 구역, 사직이나 문묘(文廟), 제사용 기물, 창고, 가옥, 장벽, 교량, 기차 등을 파괴 훼손하는 행위를 폭넓게 처벌하였다. 일제하에서는 일본형법이 의용되었고 1953년의 형법제정을 통하여 우리나라는 오늘날과 같은 손괴의 죄를 두게 되었다. 1995년의 개정을 통하여 손괴죄의 객체에 전자기록 등 특수매체기록을 추가하였다.

II. 현행법상의 체계

기본적 구성요건: 손괴죄(제366조) 공익건조물파괴죄 (제367조)[2]	수정적 구성요건	불법	가중적	특수손괴죄(제369조)
			결과적 가중범	중손괴죄(제368조 제1항) 손괴치사상죄(제368조 제2항)
	독립적 구성요건	경계침범죄(제370조)		

중손괴죄와 손괴치사상죄는 법문상으로는 제366조와 제367조의 결과적 가중범이라고 규정되어 있으나, 특수손괴죄(제369조)가 제366조 및 제367조에 대한 행위방법으로 인한 가중요건이라는 점에서 특수손괴죄로 인한 중한 결과에 대하여도 제368조를 적용한다고 보아야 할 것이다. 형법은 과실범 규정이 없지만, 도로교통법은 자동차운전자에 대한 과실범으로서 업무상과실손괴죄를 규정하고 있다(제151조).

---

1) 申明亭은 향리의 이장 등이 공무를 처리하던 집을 말한다.
2) 김성돈, 497면; 김혜정 외, 436면. 반면 김성천/김형준, 553면은 경계침범죄까지 모두 독자적 구성요건이라고 본다.

§2. 유형별 고찰

Ⅰ. 재물·문서 등 손괴죄

> *타인의 재물, 문서 또는 전자기록 등 특수매체기록을 손괴 또는 은닉 기타 방법으로 그 효용을 해한 자는 3년 이하의 징역 또는 700만원 이하의 벌금에 처한다(제366조).
> *본죄의 미수범은 처벌한다(제371조).

1. 의　　의

본죄는 타인의 재물, 문서 또는 전자기록 등 특수매체기록을 손괴 또는 은닉 기타 방법으로 그 효용을 해함으로써 성립한다. 본죄는 손괴의 죄의 기본적 유형이고 재물죄이며 침해범에 해당한다.

2. 구성요건

(1) 객관적 구성요건

1) 행위객체

① 재물, 문서, 전자기록 등 특수매체기록

(가) 재　물　　재물의 의미는 절도죄에서 설명한 것과 같다. 재물의 의미에는 경제적 교환가치를 요하지 않고, 비록 본래의 효용가치가 상실되었어도 다른 용도로서의 이용가치가 있으면 본죄의 객체가 된다.[1] 동산뿐만 아니라 부동산도 포함한다. 부동산에는 공익건조물도 포함되나 이를 파괴한 경우에는 공익건조물파괴죄(제367조)가 성립한다. 공무소에서 사용하는 공용건조물 기타 공용물은 공용서류·물건 등 무효죄(제141조 제1항)의 객체이고 본죄의 객체에 해당하지 않는다.[2] 생물, 무생물을 불문하므로 동물도 본죄의 객체로 된다. 그러나 사

---

1) 대판 1979. 7. 24, 78도2138. "포도주 원액이 부패하여 포도주 원료로서의 효용가치는 상실되었으나, 그 산도가 1.8도 내지 6.2도에 이르고 있어 식초의 제조등 다른 용도에 사용할 수 있는 경우에는 재물손괴죄의 객체가 될 수 있다."

2) 강구진Ⅰ, 411면; 김일수/서보학, 397면; 김종원(상), 260면; 백형구, 253면; 이재상 외, 455면; 정성근/정준섭, 506면 등.

체 등 오욕죄(제159조)의 객체인 사체는 본죄의 객체가 아니다.

(나) 문 서　본죄의 문서는 제141조 제1항(공용서류 등의 무효죄)의 공용서류에 해당하지 않는 모든 문서를 의미하며, 사문서, 공문서를 불문하고 작성명의인이 누구인가, 권리의무에 관한 것인가 사실증명에 관한 것인가도 문제되지 않는다. 편지, 도화, 영수증, 유가증권 등도 포함된다. 또한 문서의 내용이 진실인가 허위인가도 본죄의 성립에 영향을 미치지 않는다.[1]

(다) 전자기록 등 특수매체기록　업무방해죄에서 설명한 것과 같다.

② 재물 등의 타인성

재물 등의 소유자는 타인이라야 한다. 자기의 소유물이나 무주물은 본죄의 객체가 아니다. 행위자와 타인이 공동으로 소유하는 재물 등은 타인의 소유물에 해당한다. 자기의 소유물은 권리행사방해죄(제323조)나 공무상 보관물무효죄(제142조)의 객체로 될 수 있을 뿐이다. 여기에서 타인이란 자연인은 물론 국가, 법인, 법인격 없는 단체를 모두 포함하는 개념이다.

타인의 소유물인 한 그 점유자가 누구인가는 불문한다. 따라서 자기가 점유하고 있는 타인의 재물이나 문서를 손괴하여도 본죄가 성립한다. 문서에 있어서는 비록 자기명의의 문서라 할지라도 타인의 소유에 속하면 본죄의 객체에 해당하므로 이를 찢어버리거나 명의인의 부탁을 받고 타인이 소유하고 있는 문서의 내용을 고치면 본죄가 성립한다.

판 례

문서와 관련하여 판례는 타인에게 교부한 자기명의 전세금수령영수증을 전세금을 반환하겠다고 속여서 다시 교부받아 찢어버린 경우,[2] 타인에게 교부한 자기명의의 영수증을 찢은 경우,[3] 타인에게 교부한 자기명의의 약속어음을 찢어버린 경우,[4] 약속어음의 수취인이 차용금의 지급담보를 위하여 은행에 보관시킨 약속어음을 은행지점장이 발행인의 부탁을 받고 그 지급기일란의 일자를 지움으로써 그 효용을 해한 경우,[5] 자기명의 허위작성된 내용의 확인서를 문서 소유자의 의사에 반

1) 대판 1982. 12. 28, 82도1807.
2) 대판 1984. 12. 26, 84도2290.
3) 대판 1957. 7. 5, 4290형상138.
4) 대판 1977. 2. 22, 76도4396.
5) 대판 1982. 7. 27, 82도223.

하여 삭제한 경우[1]에 각각 본죄가 성립한다고 판시하였다.

이를 간단히 정리하면 다음과 같다.

문서에 관한 죄	자기 명의	타인 명의
자기 소유	범죄불성립	사문서위·변조죄
타인 소유	손괴죄	사문서위·변조죄

2) 행 위

본죄의 행위는 손괴, 은닉 기타 방법으로 재물·문서 등의 효용을 해하는 것이다. 손괴와 은닉은 효용을 해하는 방법의 예시에 해당한다.

① 손 괴

손괴란 재물, 문서, 특수매체기록의 전부나 일부에 대하여 유형력을 행사하여 물리적으로 훼손하거나 그 본래의 효용을 해하는 행위를 의미한다. 재물, 문서, 특수매체기록물을 파손하거나[2] 소각하는 행위, 가축을 살상하는 행위 등이 그 예라고 볼 수 있다.

물체가 소멸되거나 반드시 중요부분이 훼손되어야 하는 것은 아니며, 간단히 수리할 수 있는 정도라도 무방하다. 또한 물체 자체의 멸실이 없더라도 본래의 목적에 이용할 수 없게 한 경우도 손괴로 된다. 그러므로 문서에 첨부된 인지를 떼어내거나, 타인의 금반지로 자기의 의치를 만드는 것, 자동차 타이어의 바람을 빼어버리는 것 등도 손괴에 해당한다.

기계적 조작을 통하여 컴퓨터 등에 수록된 데이터를 삭제·변경하거나, 녹음테이프, 비디오테이프에 수록된 기록의 내용을 삭제·변경하는 행위도 손괴로 볼 수 있다.

② 은 닉

은닉이란 재물, 문서, 전자기록 등 특수매체기록의 소재를 불분명하게 할 뿐 재물 등에 대하여 유형력을 행사하여 효용을 해하는 행위가 아니라는 점에서 손괴와 구분된다. 은닉은 재물 등의 점유가 반드시 행위자에게 이전될 것을 필요로 하지 않는다. 그러므로 피해자의 물건을 피해자의 점유에 속하는 장소에 숨

---

1) 대판 1982. 12. 28. 82도1807.
2) 대판 1987. 4. 14. 87도177; 대판 1982. 12. 28. 82도1807; 대판 1977. 2. 22. 76도4396 등.

겨 찾기 어렵게 하여도 은닉에 해당한다.[1] 또한 행위자가 재물 등을 점유하고 있다는 사실을 피해자가 알고 있는 경우에도 그 구체적인 소재의 발견이 곤란하면 은닉이 된다.[2]

③ 기타 방법

손괴나 은닉 이외의 방법으로 재물·문서·전자기록 등 특수매체기록의 효용을 해하는 일체의 행위를 의미한다. 사실상 또는 감정상 당해 재물·문서 등을 그 본래의 용도에 사용할 수 없게 하는 경우가 이에 해당한다. 예컨대 그림에 낙서한 경우, 식기에 방뇨하는 경우, 타인의 보석반지를 바다에 던진 경우, 건물이나 자동차에 페인트로 낙서한 경우, 새장 문을 열어 새를 날려 보내거나 양어장 문을 열어 물고기를 방류한 경우, 문서의 내용을 삭제하는 경우, 논에서 모를 잡아 빼어 놓은 경우, 컴퓨터 바이러스를 감염시켜 작동을 방해한 경우 등을 들 수 있다.

또한 비록 물질적인 형태의 변경이나 멸실, 감손 등을 초래하지 않더라도 대상물을 원래 자리에서 옮겨 그 본래의 역할을 할 수 없게 하는 경우에도 손괴행위에 해당한다.[3]

④ 효용의 침해

이상의 방법을 통하여 재물·문서 및 전자기록 등 특수매체기록의 효용을 해하여야 한다. 따라서 본죄는 침해범이며 결과범이다. 효용을 해한다는 것은 재물 등의 이용가치가 소멸되거나 감소되는 결과가 발생하는 것을 의미한다. 이러한 결과와 손괴·은닉 기타 방법 사이에는 인과관계가 있어야 한다.

판 례

1. 손괴행위에 해당하는 경우

다른 사람의 광고용 간판을 백색페인트로 도색하여 광고의 문안을 지워버린 경우(대판 1991. 10. 22, 91도2090), 해고노동자들이 복직요구집회에서 래커 스프레이를 이용하여 회사 건물 외벽과 1층 벽면 등에 낙서한 행위(대판 2007. 6. 28, 2007도

---

[1] 강구진 I, 415면; 김일수/서보학, 400면; 배종대, 448면; 오영근, 420면; 이재상 외, 470면; 정성근/정준섭, 328면 등.
[2] 대판 1971. 11. 23, 71도1576은 문서의 반환을 거부하여 일시 그 문서를 용도에 따라 사용할 수 없는 경우도 문서의 효용을 해하는 행위라고 판시하였다.
[3] 대판 2018. 7. 24, 2017도18807.

2590), 공사가 완료되었음에도 잔금을 못받자 약 10일 후에 문의 자동작동이 중지되도록 예약설정하여 자동문을 자동으로 작동하지 않고 수동으로만 개폐가 가능하게 하여 일시적으로 구체적 역할을 할 수 없게 한 경우(대판 2016. 11. 25, 2016도9219), 회사의 경리사무상 필요불가결한 매출계산서, 매출명세서 등의 반환을 거부한 경우(대판 1971. 11. 23, 71도1576), 전축 등을 드라이버로 분해한 경우(대판 1993. 12. 7, 93도2701), 홍보를 위해 광고판을 1층 로비에 설치해 두었는데, 피고인이 을에게 지시하여 을이 위 광고판을 그 장소에서 제거하여 컨테이너로 된 창고로 옮겨놓아 사용할 수 없도록 한 경우(대판 2018. 7. 24, 2017도18807) 등.

2. 손괴행위에 해당하지 않는 경우

다른 사람의 소유물을 본래의 용법에 따라 무단으로 사용·수익하는 행위로서 타인 소유 토지에 권원 없이 건물을 신축한 경우(대판 2022. 11. 30, 2022도1410: 소유자를 배제한 채 물건의 이용가치를 영득하는 것이며, 소유자가 물건의 효용을 누리지 못해도 효용자체가 침해되는 것은 아님), 갑회사 직원들이 유색 페인트와 래커 스프레이로 갑회사 소유 도로바닥에 직접 문구를 기재하거나 도로 위 현수막 천에 문구를 기재하여 페인트가 바닥으로 배어나와 도로에 배게 한 경우(대판 2020. 3. 27, 2017도20455: 도로를 본래 사용목적대로 사용할 수 없게 한 것도 아니고, 아스팔트 접착용 도료로 덧칠하면 원상회복이 됨), 계란 30여개를 건물에 투척하는 행위(대판 2007. 6. 28, 2007도2590: 그 정도만으로는 건물의 효용가치를 해하였다고 할 수 없음), 이미 작성된 장부를 새로운 장부에 이기하는 과정에서 누계 등을 잘못 기재하다가 그 부분을 찢어버리고 계속 이기한 경우(대판 1989. 10. 24, 88도1296), 어느 문서에 대한 종래의 사용상태가 문서 소유자의 의사에 반하여 또는 문서 소유자의 의사와 무관하게 이루어진 경우에 단순히 종래의 사용상태를 제거하거나 변경시키는 경우(대판 2015. 11. 27, 2014도13083: 문서 소유자의 사용에 지장을 초래하지 않으므로 사용가치를 일시적으로 해하였다고도 할 수 없음) 등.

(2) 주관적 구성요건

미필적 고의로도 족하지만, 본죄의 성립에 불법영득의 의사는 필요치 않다.

3. 위 법 성

일반적인 위법성조각사유들이 적용된다. 예컨대, 타인의 사주를 받아 공격해오는 맹견을 사살한 행위,[1] 부당하게 감금당할 위기에 처한 자가 자기를 가두려

---

1) 김일수/서보학, 403면: 정성근/정준섭, 329면 등.

는 방의 문을 손괴하고 뛰쳐나온 경우 등은 정당방위, 침수피해를 막기 위하여 제방을 훼손하는 행위라든가 타인의 물건을 부득이 정당방위에 활용하다가 손괴한 경우 등은 긴급피난, 피해다니던 채무자를 발견했으나 승용차로 다시 도주하려 하므로 타이어에 펑크를 내어 정지시킨 경우[1]라든가 도망가는 채무자를 체포하려다가 옷이 찢어진 경우 등은 자구행위, 화재의 진압을 위하여 주인이 출타중인 빈집의 부엌문 자물쇠를 손괴한 경우는 추정적 승낙에 각각 해당된다. 피해자의 동의는 구성요건해당성을 조각한다고 보아야 할 것이다.

4. 기타 관련문제

(1) 죄 수

하나의 고의로 동일한 피해자의 여러 가지 재물을 손괴한 경우나 하나의 고의로 같은 장소에서 수인의 재물을 손괴한 경우에는 단순 일죄가 된다. 손괴나 은닉 기타 방법을 중복적으로 행한 경우에도 단순 일죄일 뿐이다.

(2) 타죄와의 관계

절도나 횡령의 의사로 타인의 재물을 은닉한 때에는 절도죄나 횡령죄만 성립한다. 타인명의의 문서의 효력과 내용을 변경하면 문서변조죄가 되고 자기명의의 문서의 효용의 전부나 일부를 멸실시키면 문서손괴죄가 된다.[2] 그러나 타인소유의 타인명의의 문서의 효력을 변경한 경우는 문서변조죄와 문서손괴죄의 법조경합으로 되어 문서변조죄만 적용된다.[3] 타인의 사무처리자가 위탁받은 재물을 손괴하면 배임죄와 본죄의 상상적 경합이 되고 타인의 편지를 개봉한 후 이를 은닉하면 비밀침해죄와 본죄의 상상적 경합이 되며, 증거인멸이 동시에 재물손괴에 해당하는 경우는 증거인멸죄와 본죄의 상상적 경합이 된다.[4]

전자기록 등 특수매체기록의 손괴 등을 통하여 업무를 방해한 경우에는 본죄와 컴퓨터 등 업무방해죄(제314조 제2항)의 법조경합으로써 컴퓨터 등 업무방해죄만 성립한다(법조경합 중 흡수관계).

---

1) 김일수/서보학, 403면.
2) 강구진 Ⅰ, 417면; 김일수/서보학, 404면; 서일교, 201면; 정성근/정준섭, 330면 등.
3) 김일수/서보학, 404면.
4) 김일수/서보학, 404면; 정성근/정준섭, 330면; 황산덕, 335면 등.

Ⅱ. 공익건조물파괴죄

*공익에 공하는 건조물을 파괴한 자는 10년 이하의 징역 또는 2,000만원 이하의 벌금
에 처한다(제367조).
*본죄의 미수범은 처벌한다(제371조).

1. 의   의

본죄는 손괴의 죄에 있어서 재물 등 손괴죄와는 독립적인 별개의 기본적 유
형의 하나로서 침해범이자 결과범이다. 공익건조물 이외의 공용의 건조물 등에
대하여는 국가적 법익을 보호하는 공용물파괴죄(제141조 제2항)가 성립한다.

2. 구성요건

(1) 객   체

본죄의 행위객체는 공익에 사용하는 건조물이다. 예컨대 구민회관, 마을회관,
공설실내체육관, 철도역의 대합실 등이 이에 해당한다. 건조물이란 가옥 기타 이
와 유사한 건축물로서 지붕이 있고 담벽이나 기둥에 의하여 지지되고 토지에 정
착되어 그 내부에 사람이 출입할 수 있는 정도의 것을 의미한다. 이러한 정도에
이르렀으면 건조물의 완공 여부는 문제되지 않는다. 그러나 이러한 구조를 갖추
지 않은 건축물 예컨대 제방, 교량, 전주, 기념비 등은 이에 해당되지 않는다.

공익을 위하여 사용하는 건조물인 한 사유인가 국가나 공공단체의 소유인가
를 불문한다. 사람이 현존하고 있는가도 문제되지 않는다. 공익건조물은 그 공익
성과 더불어 일반인이 쉽게 접근하여 이용할 수 있어야 한다. 원칙적으로 누구
나 이용할 수 있는 한 그 출입에 허가를 요하는 경우에도 당해 건조물이 본죄의
객체로 될 수 있다.[1] 공무소에서 사용하는 건조물은 제141조 제2항(공용물파괴
죄)의 객체이며 본죄의 객체에서는 제외된다.

(2) 행   위

파괴는 물질적 훼손의 정도가 손괴보다 더 큰 경우로서 건조물의 중요한 부

---

1) 김일수/서보학, 405면; 이재상 외, 460면; 정성근/정준섭, 512면 등.

분을 훼손하여 그 건조물의 전부 또는 일부를 사용할 수 없게 하는 행위를 말한다. 파괴의 방법은 불문하나 화력에 의한 경우에는 공익건조물방화죄(제165조), 일수에 의한 경우에는 공익건조물일수죄(제178조)가 각각 성립한다. 파괴의 의사로 행위하였으나 단순한 손괴의 정도에 그쳤더라도 재물손괴죄가 아닌 본죄의 미수범이 된다.

Ⅲ. 중손괴죄 · 손괴치사상죄

> *전2조의 죄(재물 등 손괴죄, 공익건조물파괴죄)를 범하여 사람의 생명 또는 신체에 대하여 위험을 발생하게 한 때에는 1년 이상 10년 이하의 징역에 처한다(제368조 제1항).
> *전2조의 죄를 범하여 사람을 상해에 이르게 한 때에는 1년 이상의 유기징역에 처한다. 사망에 이르게 한 때에는 3년 이상의 유기징역에 처한다(제368조 제2항).

1. 의   의

재물 등 손괴죄나 공익건조물파괴죄 등에는 유형력이 행사되는 경우가 많고 따라서 손괴나 파괴행위를 통하여 사람의 생명 · 신체가 위험에 처하거나 침해될 우려도 있기 때문에 이에 대처하려는 것이 본죄의 입법취지이다.

2. 구성요건

중손괴죄에 있어서 생명 · 신체에 대한 위험은 구체적 위험을 의미한다. 또한 중손괴죄는 부진정결과적 가중범이다. 생명 · 신체의 의미는 생명과 신체에 대한 죄에서 살펴본 것과 같다. 손괴치사상죄는 생명 · 신체에 대한 위험의 정도를 넘어 그 침해가 현실화된 경우이며, 치상은 부진정결과적 가중범이고 치사는 진정결과적 가중범이다.

기본범죄인 재물 등 손괴나 공익건조물 파괴에 관하여는 고의가 있어야 하고 중한 결과인 생명 · 신체에 대한 위험, 치사, 치상 등에 관하여서는 (고의 또는) 과실이 있어야 한다. 기본적 범행과 이들 중한 결과 사이에는 인과관계가 있어야 하고 그 결과가 행위자에게 객관적으로 귀속될 수 있어야 한다.

IV. 특수손괴죄

*단체 또는 다중의 위력을 보이거나 위험한 물건을 휴대하여 제366조(재물 등 손괴)의 죄를 범한 때에는 5년 이하의 징역 또는 1,000만원 이하의 벌금에 처한다(제369조 제1항).
*전항(제369조의 제1항)의 방법으로 제367조(공익건조물파괴)의 죄를 범한 때에는 1년 이상의 유기징역 또는 2,000만원 이하의 벌금에 처한다(제369조 제2항).
*본죄의 미수범은 처벌한다(제371조).

단체 또는 다중의 위력을 보이거나 위험한 물건을 휴대하여 재물 등 손괴죄를 범하거나(제369조 제1항 특수재물등손괴죄) 공익건조물파괴죄를 범함으로써(제369조 제2항 특수공익건조물파괴죄) 성립하는 행위방법에서의 불법가중유형이다.

V. 경계침범죄

*경계표를 훼손·이동 또는 제거하거나 기타 방법으로 토지의 경계를 인식불능하게 한 자는 3년 이하의 징역 또는 500만원 이하의 벌금에 처한다(제370조).

1. 의   의

본죄는 경계표를 훼손·이동 또는 제거하거나 기타 방법으로 경계를 인식할수 없게 함으로써 성립한다. 본죄의 입법취지는 토지경계의 명확성을 보호함으로써 토지에 관한 권리관계의 안정을 도모하는 데 있다고 볼 수 있다.[1] 본죄는 침해범이며 동시에 결과범의 성격을 지닌다.

---

1) 대판 1986. 12. 9, 86도1492는 본죄를 규정한 목적이 토지경계에 관한 권리관계의 안정을 확보하여 사권을 보호하고 사회질서를 유지하려는 데 있다고 본다.

2. 구성요건

(1) 객관적 구성요건

1) 객 체

본죄의 행위객체에 관하여서는 이를 경계표로 보는 입장,[1] 토지의 경계라는 입장,[2] 경계표와 토지의 경계라는 입장[3]이 대립되어 있으나 토지의 경계로 보는 설이 타당하다. 경계표를 손괴, 이동 또는 제거하는 행위는 토지의 경계를 인식할 수 없게 하는 행위의 예시일 뿐이며 경계표를 손괴, 이동 또는 제거하는 행위가 있더라도 토지의 경계를 인식 불능하게 하지 않으면 본죄가 성립하지 않으므로 경계표 그 자체를 본죄의 객체로 보기 어렵다.

토지의 경계란 토지에 관한 소유권 등 모든 권리의 장소적 경계선을 의미한다. 여기에서 토지에는 지상의 토지(지표상의 토지)는 물론 하천 · 호수도 포함된다. 토지의 경계가 사법적 권리의 범위를 표시하든 공법적 권리의 범위를 표시하든 불문하며 그 경계가 자연적인가 인위적인가 계약에 의한 것인가 관습에 의한 것인가, 권한 있는 기관에 의하여 확정된 것인가 여부도 관계없다.[4] 또한 경계가 실체법상의 권리와 일치하지 않아도 사실상의 경계로 되어 있는 한 본죄의 경계에 해당하나[5] 주관적 또는 일방적으로 판단하여 주장하는 경계는 이에서 제외된다.[6]

2) 행 위

본죄의 행위는 경계표를 손괴 · 이동 또는 제거하거나 기타 방법으로 토지의 경계를 인식불능하게 하는 것이다.

① 경계표의 손괴 · 이동 · 제거

(가) 경계표   경계표란 소유권 등 권리의 장소적 한계를 나타내는 지표로서[7] 인정되는 표지, 공작물, 입목, 도로, 자연물 기타 물건을 의미한다. 인위적인

---

1) 박상기/전지연, 715면; 서일교, 203면; 정영석, 409면 등.
2) 김성돈, 533면; 김혜정 외, 443면; 배종대, 451면; 유기천(상), 376면; 오영근, 427면; 이재상 외, 474면; 임웅, 578면; 정성근/정준섭, 333면; 정영일, 260면 등.
3) 강구진 I, 422면, 김성천/김형준, 565면; 김일수/서보학, 409면; 오도기/7인공저, 438면 등.
4) 김일수/서보학, 410면; 배종대, 451면; 이재상 외, 474면 등.
5) 대판 1976. 5. 25, 75도2564.
6) 대판 1998. 10. 27, 80도225; 대판 1996. 12. 9, 86도1492 등.
7) 대판 1976. 5. 25, 75도2564.

것이든, 영구적인 것이든 일시적인 것이든 불문하며 누가 설치하였는가, 누구의 소유에 속하는가, 무주물인가, 그 구조와 상태가 어떠한가도 문제되지 않는다.[1) 다만 어느 정도의 내구성은 있어야 한다.

(나) 손괴·이동·제거   경계표를 손괴·이동 또는 제거하는 것은 토지의 경계를 인식불능하게 하는 행위의 예시로 볼 수 있다. 여기에서 손괴란 경계표의 전부 또는 일부를 물질적으로 훼손하는 행위이고 이동은 경계표를 원래의 위치에서 다른 장소로 옮겨 놓는 행위이며 제거는 경계표를 원래 설치되어 있는 장소로부터 취거하는 것을 의미한다. 재판에 의하여 경계가 확정된 경우에는 그 위치로 경계표를 이동하여도 본죄의 이동에 해당하지 않는다.

② 기타 방법

토지의 경계를 인식불능하게 하는 방법 중 경계표를 손괴·이동·제거하는 방법 이외에도 이에 준할 만한 다른 방법이 이에 해당한다. 경계표를 땅에 묻어 버리거나 흐르는 물의 방향을 바꾸는 것, 경계로 되어 있는 도랑을 메우는 것, 인접한 타인의 토지를 침범하여 건축물을 세우는 것,[2) 경계표를 그대로 두고 그와 동일한 경계표를 다른 위치에 설치하는 것[3) 등이 그 예이다.

그러나 건물처마를 타인소유의 가옥지붕위로 나오게 하거나[4) 경계표의 위치가 잘못되었다고 주장하거나 경계를 표시한 도면을 파기하는 것만으로는 기타 방법에 해당한다고 볼 수 없다.[5)

③ 토지경계의 인식불능

경계표를 손괴, 이동, 제거하거나 기타 방법을 사용하더라도 토지경계를 인식불능하게 하지 않으면 본죄는 성립하지 않는다. 인식불능이란 절대적으로 인식이 불가능하다는 의미가 아니다. 비록 지적도를 열람하여 확인하거나 측량에 의하여 경계를 인식할 수 있더라도 종래의 경계표 등 표지에 의한 인식이 불가능하게 되어 상대적으로 토지의 경계를 인식하는 것이 곤란하게 된 상태를 말한다. 인식불능의 범위가 토지의 경계의 전부인가 일부인가는 불문한다.

---

1) 이재상 외, 475면.
2) 대판 1968. 9. 17, 68도967.
3) 정성근/정준섭, 335면.
4) 대판 1984. 2. 28, 83도1533.
5) 강구진Ⅰ, 425면; 김일수/서보학, 412면; 이재상 외, 475면 등.

3. 주관적 구성요건

본죄는 미필적 고의로 족하며, 불법영득의 의사는 필요하지 않다.

4. 죄수 및 타죄와의 관계

(1) 죄 수

본죄의 죄수는 경계의 수를 표준으로 하여 경계가 1개이면 수개의 경계표를 손괴하여도 1죄가 되고 수개이면 하나의 경계표를 손괴 또는 이동하더라도 수개의 경계침범죄로 된다고 보아야 한다.[1]

(2) 타죄와의 관계

경계표를 손괴한 행위가 재물손괴죄에도 해당하는 경우에는 이를 법조경합으로 보아 재물손괴죄가 본죄에 흡수된다고 보는 견해[2]가 있으나 양자의 법익이 다르고 재물손괴죄가 경계침범죄보다 더 무거운 범죄이고 재물손괴죄는 경우에 따라 폭력행위 등 처벌에 관한 법률까지 적용되는 점에 비추어 양자는 상상적 경합관계로 된다고 보는 것이 타당할 것이다.[3]

불법영득의 의사로 타인의 토지를 불법 점거한 경우에는 절도죄가 성립한다는 설,[4] 경계침범죄가 성립한다는 설,[5] 경계침범죄와 절도죄의 상상적 경합으로 된다는 설[6]이 대립되어 있으나 부동산을 절도죄의 객체로 인정하지 않는 입장에서는 경계침범죄가 성립된다고 보는 것이 타당하다.

---

1) 강구진 I, 426면; 김일수/서보학, 413면; 정성근/정준섭, 336면; 진계호, 469면 등.
2) 강구진 I, 426면; 박상기/전지연, 715면; 백형구, 263면; 정성근/정준섭, 336면 등.
3) 김성돈, 536면; 김일수/서보학, 414면.
4) 정영석, 311면; 황산덕, 341면 등.
5) 김성돈, 536면; 김일수/서보학, 414면; 배종대, 453면; 유기천(상), 377면; 이재상 외, 476면 등.
6) 김종원(상), 267면; 이회창/공저, 주각(하), 570면 등.

제3절 권리행사를 방해하는 죄

§1. 서   설

I. 의의 및 보호법익

권리행사를 방해하는 죄는 취거, 은닉, 손괴, 점유강취 등의 방법으로 타인의 점유 또는 권리의 목적으로 되어 있는 자기의 물건 또는 전자기록 등 특수매체기록에 대한 타인의 권리행사를 방해하거나 강제집행을 면할 목적으로 채권자를 해할 것을 내용으로 하는 범죄이다.

본죄의 보호법익은 범죄유형에 따라 차이가 있는데 권리행사방해죄와 강제집행면탈죄에 있어서는 재산권(제한물권 내지 채권), 점유강취·준점유강취죄에 있어서는 자유권과 재산권, 중권리행사방해죄에 있어서는 자유권, 재산권 이외에도 생명에 대한 안전이다.

참고 **연혁**

권리행사방해죄는 우리나라나 중국의 전통적인 형법에서는 찾아보기 어렵다. 본죄는 대체로 독일형법(제289조)의 담보물취거권(Pfandkehr)의 영향을 받은 것이라고 볼 수 있다. 담보물취거죄의 근본사상은 로마법의 점유침탈(furtum possessionis)에 포함되었던 것이다. 독일에 있어서는 담보물취거행위가 절도죄로서 표현되었고(Th Ⅱ Tit. 20 §1110) 1813년의 바이에른 형법도 본죄를 독자적 범죄로서가 아니라 사기죄로 규정하였으며(제211조), 프로이센형법의 영향을 받아 독일 형법 제289조(담보물취거죄)가 형성되었다. 우리 형법상의 규정은 일본개정형법가안(제458조 담보물취거죄)의 영향을 받은 것이며 일본개정형법가안은 궁극적으로 독일 형법의 영향을 받은 것으로 보인다.[1]

---

1) 유기천(상), 380면.

II. 현행법상의 체계

기본적 구성요건: 권리행사방해죄(제323조) 점유강취죄(제325조) 강제집행면탈죄(제327조)	수정적 구성요건	불법	가중적	중권리행사방해죄(제326조)

제37장은 권리행사방해죄(제323조), 점유강취 및 준점유강취죄(제325조), 강제집행면탈죄(제327조)가 각각 독립적인 기본적 구성요건이며, 중권리행사방해죄는 제324조 또는 제325조의 결과적 가중범이다. 친족간의 범행과 고소 규정(제328조)을 두고 있다.[1]

§2. 유형별 고찰

I. 권리행사방해죄

> *타인의 점유 또는 권리의 목적이 된 자기의 물건 또는 전자기록 등 특수매체기록을 취거, 은닉 또는 손괴하여 타인의 권리행사를 방해한 자는 5년 이하의 징역 또는 700만원 이하의 벌금에 처한다(제323조).
> *친족상도례 적용(제328조).

1. 의 의

본죄는 객체가 자기소유라는 점에서 다른 재산범죄와 구별된다. 진정신분범이며, 추상적 위험범이자 거동범이다.

---

1) 입법론적으로 본다면 강요죄와 이에 관련된 중권리행사방해죄의 규정은 자유에 대한 죄 속에, 여타의 죄는 재산에 대한 죄로서 「손괴의 죄」의 장 다음의 장(재산죄의 마지막 장)에 위치시킴이 바람직할 것이다. 강구진 I, 428면; 김종원(상), 267면 참조. 특히 구형법, 일본형법가안, 개정형법준비초안 등과의 비교에 관하여서는 강구진 I, 427~428면 참조.

2. 구성요건

(1) 객관적 구성요건

1) 주 체

자기의 물건에 대하여만 성립할 수 있으므로 본죄의 주체는 소유자에 한하는 진정신분범이다. 따라서 물건의 소유자가 아닌 자는 형법 제33조 본문에 따라 소유자의 범행에 가담한 경우에 한하여 본죄의 공범만이 될 수 있을 뿐이다.[1]

2) 객 체

타인의 점유 또는 권리의 목적이 된 자기의 물건 또는 전자기록 등 특수매체기록이다.

① 타인의 점유

「타인」은 자기 이외의 자이다. 자연인 이외에 법인, 법인격 없는 단체가 포함된다는 견해[2]가 있지만, 자연적 의미의 지배의사를 가질 수 없으므로 법인 등은 점유의 주체가 될 수 없고 본죄의 타인에 해당하지 않는다.[3]

「점유」는 물건에 대한 사실상의 지배를 의미하는 것으로서 본조의 해석상 적법한 권원에 의한 점유라야 한다.[4] 보호가치 있는 점유라면, 반드시 법적 근거가 있을 것을 요하는 것은 아니다. 일단 권원에 의하여 점유를 개시한 이상 그 후에 점유물을 소유자에게 반환하여야 할 사정이 발생하여도 점유자의 점유가 계속되고 있는 동안 본죄의 점유로서 보호되어야 한다.[5] 따라서 권원에 의하여 점유한 이상 그 소유권자가 점유의 원인이 된 계약을 해제하고 그 물건의 반환을 청구한 경우에도 점유자가 이의를 가지고 계속 점유하고 있는 한 본죄의 점유에 해당한다. 정당한 권원에 기한 점유라면 반드시 본권에 기한 점유만을

---

1) 대판 2017. 5. 30, 2017도4578. "그러나 권리행사방해죄의 공범으로 기소된 물건의 소유자에게 고의가 없는 등으로 범죄가 성립하지 않는다면 공동정범이 성립할 여지가 없다."
2) 배종대, 456면; 오영근, 432면; 이재상 외, 479면; 임웅, 585면.
3) 김성돈, 538면; 김혜정 외, 448면; 정성근/정준섭, 339면.
4) 대판 2010. 10. 14, 2008도6578; 대판 2006. 3. 23, 2005도4455. "'타인의 점유'는 반드시 점유할 권원에 기한 점유만을 의미하는 것은 아니고, 일단 적법한 권원에 기하여 점유를 개시하였으나 사후에 점유권원을 상실한 경우의 점유, 점유권원의 존부가 외관상 명백하지 아니하여 법정절차를 통하여 권원의 존부가 밝혀질 때까지의 점유, 권원에 기하여 점유를 개시한 것은 아니나 동시이행 항변권 등으로 대항할 수 있는 점유 등과 같이 법정절차를 통한 분쟁해결시까지 잠정적으로 보호할 가치있는 점유는 모두 포함된다고 볼 것이며, 다만, 절도범인의 점유와 같이 점유할 권리 없는 자의 점유임이 외관상 명백한 경우는 포함되지 아니한다."
5) 대판 1977. 9. 13, 77도1672.

의미하는 것이 아니라 유치권 등에 기한 점유도 포함된다.[1]

② 권리의 목적

「권리의 목적」이 된 자기의 물건이란 자기의 물건이 타인의 제한물권 또는 채권의 목적이 된 경우를 말하며[2] 그 점유가 타인에게 속하든 자기에게 속하든 불문한다. 또한 채권의 목적은 반드시 점유를 수반하는 것이 아니므로 이 때의 타인에는 법인, 법인격 없는 단체가 포함된다.

가압류된 건조물에 있어서도 소유자가 채권자의 승낙 없이 그 건조물을 파괴·철거하는 행위는 권리행사방해죄를 구성하고[3]「권리」중에는 반드시 제한물권이나 물건에 대하여 점유를 수반하는 채권뿐만 아니라 정지조건이 있는 대물변제의 예약권을 가지는 경우도 포함된다고 보는 것이 판례의 태도이다.[4] 그러나 목적물에 대한 점유가 수반되지 않는 순수한 채권채무관계는 본조의 권리에 해당한다고 볼 수 없다.[5]

판례

무효인 경매절차에서 경매목적물을 경락받아 이를 점유하고 있는 낙찰자의 점유,[6] 임차인이 임대인의 동의를 얻어 임차물을 전대하였지만 임대인과 임차인 간의 계약이 해지 등으로 종료된 경우[7]는 적법한 점유로서 그 점유자는 권리행사방해죄에 있어서의 타인의 물건을 점유하고 있는 자에 해당한다.

③ 자기의 물건

자기의 물건이란 자기소유의 물건을 의미하며 동산·부동산을 불문한다. 여기에서 말하는 물건은 재산죄에 있어서「재물」과 그 내용을 같이하는 것이며 따라서 제356조 등에 규정된「관리할 수 있는 동력」도 포함되는 것으로 봄이 타당하다.[8]

---

1) 대판 2011. 5. 23, 2011도2368.
2) 대판 1991. 4. 26, 90도1958.
3) 대판 1960. 9. 14, 4292형상537.
4) 대판 1968. 6. 18, 68도616.
5) 대판 1971. 6. 28, 71도926.
6) 대판 2003. 11. 28, 2003도4257.
7) 대판 2001. 9. 14, 2001도3454.
8) 김일수/서보학, 533면; 김종원(상), 270면; 남흥우, 139면; 서일교, 120면; 오영근, 566면; 이건호, 492

자기의 소유가 아닌 물건은 권리행사방해죄의 객체가 될 수 없다. 법인의 대표기관이 아닌 대리인이나 지배인이 대표기관과 공모 없이 한 행위라도 그 직무권한 범위 내에서 직무에 관하여 타인이 점유하는 법인의 물건을 취거한 경우 대표기관이 한 행위와 법률적·사실적 효력이 동일하므로 이때 법인의 물건은 자기의 물건에 해당한다.[1] 반면 병이 갑이 유치권을 행사 중인 건물을 을 명의로 강제경매를 통하여 매수한 후 그 잠금잠치를 변경하였다면 병의 입장에서 해당 건물은 자기의 물건이 아니다.[2]

자기와 타인이 공유하는 물건은 타인의 물건으로 보아야 하며, 본죄의 객체가 아니다. 회사에 지입한 자동차도 타인의 소유에 속한다고 보아야 하므로 본죄의 객체에서 제외된다는 것이 판례의 입장이다.[3] 같은 의미에서 자동차는 실질적인 소유자인가 여부와 관계없이 등록주의에 따라 자동차등록원부에 자기 소유로 등록되어야만 소유권이 인정된다.[4]

④ 전자기록 등 특수매체기록

업무방해죄에서 설명한 것과 동일하다.

3) 행 위

취거·은닉 또는 손괴하여 타인의 권리행사를 방해하는 것이다.

① 취거·은닉·손괴의 의미

「취거」는 점유자의 의사에 반하여 목적물을 자기 또는 제3자의 사실상의 지배아래 두는 것을 말한다.[5] 「은닉」이란 물건이 있는 곳을 찾아낼 수 없게 하거나 현저히 어렵게 만드는 것을 말한다. 「손괴」란 물건을 물질적으로 훼손하거나 기타 방법으로 그 효용을 해하는 것을 말한다.

면: 이재상 외, 467면; 임웅, 506면; 정성근/정준섭, 523면; 진계호, 473면; 황산덕, 260면 등.

1) 대판 2020. 9. 24, 2020도9801.
2) 대판 2019. 12. 27, 2019도14623. 즉, 병이 을의 명의로 매수하였다면 해당 건물은 등기명의자인 을의 소유이므로, 병이 갑의 권리행사를 방해하기 위하여 잠금잠치를 변경하였더라도 '자기의 물건'은 아니므로 병은 권리행사방해죄의 주체가 될 수 없고, 해당 건물은 객체가 될 수 없다.
3) 대판 1974. 11. 12, 74도1632.
4) 대판 2005. 11. 10, 2005도6604. 따라서 타인 명의로 등록되어 있는 이상 피고인 소유는 아니기 때문에 피고인이 피해자의 승낙 없이 미리 소지하고 있던 위 차량의 보조키를 이용하여 이를 운전하여 간 행위는 권리행사방해죄를 구성하지 않는다.
5) 취거는 절도죄의 절취에 대응하는 개념으로서 거론되기도 하는데 전자는 불법영득의 의사를 요하지 않지만 후자는 그것을 필요로 한다는 점에서 구분된다(김종원, 270면; 남흥우, 139~140면 등 참조).

② 권리행사에 대한 방해

「타인의 권리행사를 방해한다」는 것은 취거·은닉·손괴 등의 방법으로 타인의 권리행사를 방해할 우려가 있는 상태가 발생함을 의미하고 현실적으로 권리행사가 방해되었음을 요하지 않는다.[1] 따라서 본죄는 추상적 위험범이다.

판 례

승용차 1대를 구입하면서 피해자로부터 차량 매수대금 2,000만원을 차용하고 그 담보로 위 차량에 피해자 명의의 저당권을 설정해 주었음에도, 2011. 12.경 대부업자로부터 400만원을 차용하면서 위 차량을 대부업자에게 담보로 제공하여 이른바 '대포차'로 유통되게 한 경우,[2] 렌트카회사의 공동대표이사 중 1인이 회사 보유 차량을 자신의 개인적인 채무담보 명목으로 피해자에게 넘겨 주었는데 다른 공동대표이사인 피고인이 위 차량을 몰래 회수하도록 한 경우[3] 등은 원칙적으로 권리행사방해죄가 성립한다.

---

(2) 주관적 구성요건

본죄의 고의는 미필적 고의로써 족하지만, 방해될 내용에까지 미칠 필요가 없다. 불법영득의 의사는 요하지 않는다.

취거의 경우에 권리자의 동의가 구성요건을 조각하지만 은닉·손괴의 경우에는 위법성이 조각된다는 견해[4]가 있으나 이때에도 구성요건을 조각한다.

3. 죄수 및 타죄와의 관계

여러 사람의 권리의 목적이 된 자기의 물건을 취거, 은닉 또는 손괴함으로써 그 여러 사람의 권리행사를 방해하였다면 권리자별로 각각 권리행사방해죄가 성립하고 각 죄는 서로 상상적 경합이 된다.[5] 동일한 객체를 취거하여 은닉하거

---

1) 대판 2017. 5. 17, 2017도2230; 대판 1994. 9. 27, 94도1439.
2) 대판 2016. 11. 10, 2016도13734.
3) 대판 2006. 3. 23, 2005도4455. 다만 동 판결의 대상 자동차는 등록주의에 의하여 등록을 하여야 그 효력이 생기지만, 동 사건 승용차는 피고인 명의로 신규등록 절차를 마치지 않은 미등록 상태였으므로 피고인의 소유물이라고 할 수 없어 권리행사방해죄는 인정되지 않았다.
4) 김종원/공저, 주각(하), 168면.
5) 대판 2022. 5. 12, 2021도17876.

나 손괴하여도 본죄의 단순일죄가 된다. 공무소의 보관명령으로 타인이 관리하는 자기의 물건을 은닉·손상하면 공무상 보관물무효죄(제142조)만 성립한다(법조경합 중 특별관계).

Ⅱ. 점유강취죄·준점유강취죄

> *폭행 또는 협박으로 타인의 점유에 속하는 자기의 물건을 강취한 자는 7년 이하의 징역 또는 10년 이하의 자격정지에 처한다(제325조 제1항).
> *타인의 점유에 속하는 자기의 물건을 취거하는 과정에서 그 물건의 탈환에 항거하거나 체포를 면탈하거나 범죄의 흔적을 인멸할 목적으로 폭행 또는 협박을 가한 때에도 전항의 형과 같다(제325조 제2항).
> *전2항의 미수범은 처벌한다(제325조 제3항).

1. 점유강취죄(제325조 제1항)

폭행 또는 협박으로 타인의 점유에 속하는 자기의 물건을 강취함으로써 성립되는 범죄이다.

여기에서 「강취」라 함은 폭행·협박에 의하여 점유자의 반항을 억압하고 그 점유를 탈취함을 의미한다. 폭행·협박의 정도는 강도죄의 그것처럼 상대방의 반항을 억압할 정도여야 한다. 점유를 탈취당하는 자와 폭행·협박의 상대방이 반드시 동일인일 필요는 없다.

본죄와 강도죄의 차이는 본죄의 객체가 타인의 점유에 속하는 자기의 물건이고 본죄의 성립에 불법영득 의사를 필요로 하지 않는 데 반하여 강도죄의 객체는 타인의 재물(또는 재산상의 이익)이며 그 성립에 불법영득(또는 불법이득)의 의사를 필요로 한다는 점에 있다. 공무소의 명에 의하여 타인이 관리하는 자기의 물건의 경우에도 이를 폭행·협박으로 강취하면 본죄가 성립된다.[1]

2. 준점유강취죄(제325조 제2항)

준강도죄에 비유되는 본죄는 행위의 성질상 취거에 착수하여 실행중에 있거

---

1) 김성돈, 542면; 김일수/서보학, 537면; 백형구, 269면; 유기천(상), 386면; 이재상 외, 482면; 정성근/정준섭, 342면 등.

나 실행직후에 있는 자만이 주체가 된다. 폭행·협박은 취거함에 당하여 행하여져야 하며 그 정도는 점유강취죄의 경우와 마찬가지이며 점유를 탈취당한 자와 폭행·협박의 상대방이 반드시 동일인일 필요도 없다. 본죄는 목적범이므로 일반적인 고의 이외에 탈환을 항거하거나 체포를 면탈하거나 범죄의 흔적을 인멸할 목적이 있어야 한다. 목적달성 여부는 불문한다.

본죄의 미수와 관련하여 ① 취거의 기수·미수에 따라 본죄의 기수, 미수가 결정된다는 견해[1]와 ② 일정한 목적 하에 행하는 폭행·협박을 기준으로 한다는 견해[2]가 있지만, 준강도죄의 경우와 동일하게 전자를 기준으로 하여야 할 것이다.

Ⅲ. 중권리행사방해죄

*제324조(강요죄) 또는 제325조(점유강취·준점유강취)의 죄를 범하여 사람의 생명에 대한 위험을 발생하게 한 자는 10년 이하의 징역에 처한다(제326조).

본죄는 결과적 가중범이다. 여기에서 말하는 위험의 발생은 구체적 위험의 발생을 의미한다. 본죄는 사상의 결과가 발생하는 경우를 규정하지 않았으므로 이러한 결과가 발생하면 강요죄, 점유강취죄 내지 준점유강취죄와 폭행치사상의 상상적 경합범으로 된다고 보아야 할 것이다.

Ⅳ. 강제집행면탈죄

*강제집행을 면할 목적으로 재산을 은닉·손괴·허위양도 또는 허위의 채무를 부담하여 채권자를 해한 자는 3년 이하의 징역 또는 1,000만원 이하의 벌금에 처한다(제327조).

---

1) 김성돈, 542면; 김일수/서보학, 538면; 배종대, 460면; 이재상 외, 483면, 정성근/정준섭, 342면; 정영일, 268면 등.
2) 강구진Ⅰ, 433면; 백형구, 271면 등.

1. 의 의

강제집행을 면할 목적으로 재산을 은닉·손괴·허위양도 또는 허위의 채권을 부담하여 채권자를 해함으로써 성립되는 범죄이다. 목적범이자 거동범이다. 채권자를 해하여야 범죄가 성립한다고 규정되어 있으나, 본질상 추상적 위험범이며, 판례[1]도 이와 같다. 따라서 반드시 채권자를 해치는 결과가 야기되거나 행위자가 어떤 이득을 얻어야 범죄가 성립하는 것은 아니다.[2]

2. 구성요건

(1) 객관적 구성요건

1) 주 체

본죄가 강제집행을 통하여 채권자의 채권보호를 목적으로 한다는 관점에서 본죄의 주체를 채무자로 국한한다는 견해[3]가 있으나 본죄의 주체를 채무자로 국한하고 있지 않은 우리 형법의 해석상 채무자는 물론 제3자라도 본죄의 주체가 될 수 있다고 보아야 할 것이다.[4] 예컨대 채무자의 법정대리인이나 대리인, 재산관리인이나 처, 가족, 채무자인 법인의 기관 등도 주체가 될 수 있다.

2) 객 체

본죄의 객체는 재산이다. 동산·부동산·채권 기타의 재산권도 포함될 수 있으나 강제집행의 대상이 될 수 있는 것이라야 한다. 채무자의 재산에 한정된다. 따라서 계약명의신탁의 방식으로 명의수탁자가 당사자가 되어서 매도인과 부동산매매계약을 체결하고 수탁자 명의로 소유권이전등기를 마친 경우, 그 부동산은 채무자 명의의 재산이 아니므로 본죄의 객체가 될 수 없다.[5] 채무자의 재산 중에서도 채권자가 민사집행법상 강제집행 또는 보전처분의 대상으로 삼을 수

---

1) 대판 1999. 2. 12, 98도2474. "강제집행면탈죄는 이른바 위태범으로서 강제집행을 당할 구체적인 위험이 있는 상태에서 재산을 은닉, 손괴, 허위양도 또는 허위의 채무를 부담하면 바로 성립하는 것이고, 반드시 채권자를 해하는 결과가 야기되거나 이로 인하여 행위자가 어떤 이득을 취하여야 범죄가 성립하는 것은 아니며." 또한 2007. 6. 1, 2006도1813.
2) 대판 2008. 6. 26, 2008도3184.
3) 김일수/서보학, 540면; 박상기/전지연, 718면 등.
4) 김성돈, 544면; 김종원(상), 273면; 김혜정 외, 452면; 배종대, 461면; 이재상 외, 485면; 정성근/정준섭, 343면; 정영석, 317면; 황산덕, 265면; 대판 1983. 5. 10, 82도1987 등.
5) 대판 2009. 5. 14, 2007도2168.

있는 것이어야 한다.[1]

3) 행 위

재산을 은닉·손괴·허위양도 또는 허위의 채무를 부담하여 채권자를 해하는 것이다.

① 재산의 은닉·손괴·허위양도 또는 허위의 채무부담

「은닉」이란 강제집행을 실시하는 자에 대하여 재산의 발견을 불가능하게 하거나 곤란하게 하는 것으로 재산의 소재를 불명하게 하는 경우뿐만 아니라 그 소유관계를 불명하게 만드는 경우, 예컨대 자기소유물을 타인의 것이라고 사칭하는 경우도 포함한다.[2] 또한 반드시 비밀리에 행하여질 필요도 없다. 그러나 채무자가 제3자 명의로 되어 있던 사업자등록을 또 다른 제3자 명의로 변경한 것만으로는 은닉이라고 할 수 없다.[3]

「손괴」는 물질적 훼손에 의하여 그 효용을 해하는 것 뿐만 아니라 기타의 방법으로 재산의 가치를 감소시키는 일체의 행위를 포함한다.

「허위양도」란 진실한 양도가 없음에도 불구하고 표면상 양도된 것처럼 가장하여 재산의 명의를 변경하는 것인데[4] 넓은 의미로는 은닉의 일종이라고 볼 수 있다. 판례에 의하면 가옥대장상의 소유자명의의 허위변경행위도 재산의 허위양도에 해당한다.[5] 허위양도에 있어서 유상·무상을 불문한다. 따라서 진실한 양도인 때에는 강제집행을 면할 목적이 있어도 본죄를 구성하지 않는다.[6]

「허위의 채무를 부담한다」는 것은 채무가 없음에도 불구하고 있는 것처럼 가장함을 말한다. 따라서 허위의 채무를 부담하는 내용의 채무변제계약 공정증서를 작성하고 이에 터 잡아 채권압류 및 추심명령을 받은 경우에는 본죄가 성립한다.[7] 그러나 진실한 채무부담인 때에는 본죄가 성립하지 않는다.

---

1) 대판 2017. 4. 26, 2016도19982; 대판 2011. 12. 8, 2010도4129; 대판 2003. 4. 25, 2003도187.
2) 강구진 I, 437면; 김종원/공저, 주각(하), 174면; 서일교, 127면; 황산덕, 166면; 대판 1992. 12. 8, 92도1653 등.
3) 대판 2014. 6. 12, 2012도2732.
4) 대판 1960. 10. 19, 4293형상685.
5) 대판 1968. 7. 31, 68도677.
6) 대판 1998. 9. 8, 98도1949.
7) 대판 2018. 6. 15, 2016도847; 대판 2009. 5. 28, 2009도875.

판례

////////////////////

강제집행면탈죄의 객체인 재산은 채무자의 재산 중에서 채권자가 민사집행법상 강제집행 또는 보전처분의 대상으로 삼을 수 있는 것을 의미하는데, 장래의 권리라도 채무자와 제3채무자 사이에 채무자의 장래청구권이 충분하게 표시되었거나 결정된 법률관계가 존재한다면 재산에 해당하는 것으로 보아야 한다.

피해자 갑은 을의 채권자로서 을이 병 소유 부동산 경매사건에서 지급받을 배당금 채권의 일부에 가압류를 해 두었는데, 을 사망 후 피고인과 병, 을의 상속인 등이 공모하여 병의 을에 대한 채무가 완제된 것처럼 허위의 채무완제확인서를 작성하여 법원에 제출하는 등의 방법으로 매각허가결정된 병 소유 부동산의 경매를 취소하였다는 내용으로 기소된 사안에서, 을의 상속인들이 병 소유 부동산의 경매절차에서 배당받을 배당금지급채권은 강제집행면탈죄의 객체인 '재산'에 해당하고, 피고인 등이 병의 을에 대한 채권이 완제된 것처럼 가장하여 을의 상속인 등을 상대로 청구이의의 소를 제기하고 그 판결에 기하여 강제집행정지 및 경매취소에 이르게 한 행위는 소유관계를 불명하게 하는 방법에 의한 '재산의 은닉'에 해당한다.[1]

② 채권자를 해한다는 의미

현실적으로 채권자를 해할 위험성이 있으면 족하고(추상적 위험범), 현실적으로 침해되었음을 요하지 않을 뿐만 아니라, 행위자가 어떤 이득을 얻을 필요도 없다. 이러한 상태가 발생하는가 여부는 행위 당시의 구체적인 정황을 고려하여 합리적으로 판단해야 할 것이다.

③ 강제집행을 받을 객관적 상태

본죄가 성립하려면 강제집행을 받을 우려가 있는 객관적인 상태, 즉 민사소송에 의한 강제집행 또는 가압류·가처분 등의 집행을 받게 될 구체적 우려가 있는 상태가 있어야 한다.[2] 이러한 우려가 있는 한 현실적인 민사소송이 제기되거나 강제집행이 개시되어야만 하는 것은 아니다.[3]

---

1) 대판 2011. 7. 28, 2011도6115.
2) 대판 1996. 1. 26, 95도2526; 대판 1981. 6. 23, 81도588; 대판 1979. 9. 11, 79도435; 대판 1974. 10. 8, 74도1798 등.
3) 대판 1970. 5. 12, 70도643은 채권자가 가압류·가처분을 신청하거나 민사소송을 제기할 것을 요한다고 하였으나 대판 1986. 10. 28, 86도1553; 대판 1984. 3. 13, 84도18; 대판 1982. 5. 25, 82도311; 대판 1973. 10. 31, 73도384 등은 소송을 제기할 기세를 보이면 강제집행을 받을 상태가 된다는 입장을 취하고 있다.

강제집행이란 민사집행법상의 강제집행 또는 민사소송이 준용되는 가압류, 가처분에 한정된다. 따라서 벌금이나 과료, 몰수 등 형사절차상의 강제집행이나 국세징수법상의 체납절차[1], 민사집행법 제3편의 적용대상인 담보권 실행 등을 위한 경매[2] 등은 여기에 해당하지 않는다. 민사집행법상 강제집행인 한, 금전채권의 강제집행뿐만 아니라 소유권이전등기의 강제집행도 포함된다.[3]

본죄는 채권자의 채권보호를 법익으로 하므로, 채권의 존재를 전제로 하고 만일 채권이 존재하지 않는다면 본죄는 성립할 수 없다.[4]

(2) 주관적 구성요건

고의가 있어야 할 뿐만 아니라 「강제집행을 면할 목적」이 있어야 한다. 따라서 본죄는 목적범이다. 이러한 목적은 행위당시에 존재하면 족하며 그 목적의 달성여부는 본죄의 성립에 영향이 없다.

3. 공   범

강제집행을 면할 목적으로 재산을 허위양도 또는 허위의 채무를 부담하려는 자로부터 그 정을 알고 그 재산의 허위양도를 받은 자 혹은 허위의 채권자가 된 자는 본죄의 공범이 된다.[5]

4. 죄   수

채권자들에 의한 복수의 강제집행이 예상되는 경우 재산을 은닉 또는 허위양도하였다면 채권자별로 각각 본죄가 성립하고, 채권자 수만큼 상상적 경합이 된다.[6] 타인의 재물을 보관하는 자가 보관하고 있는 재물을 영득할 의사로 은닉하였다면 이는 횡령죄가 성립하고, 그것이 채권자들의 강제집행을 면탈하는 결과를 가져온다 하여도 본죄가 별도로 성립하는 것은 아니다.[7]

---

1) 대판 2012. 4. 26, 2010도5693.
2) 대판 2015. 3. 26, 2014도14909.
3) 대판 1983. 10. 25, 82도808.
4) 대판 2012. 8. 30, 2011도2252; 대판 2008. 5. 8, 2008도158.
5) 강구진 Ⅰ, 439면; 김종원/공저, 주각(하), 178면 등.
6) 대판 2011. 12. 28, 2010도4129.
7) 대판 2000. 9. 8, 2000도1447.

제 2 부

보편적 법익에 대한 죄

사회적 법익에 대한 죄

개인적 법익에 대한 죄와 대칭을 이루는 영역에 대한 범죄를 보편적 법익에 대한 범죄라고 할 수 있는데 보편적 법익에 대한 죄는 다시 국가적 법익에 대한 죄와 사회적 법익에 대한 죄로 나누어 볼 수 있다. 개인적 법익에 대한 죄는 대체로 개별적 존재 즉 개체로서의 개인의 이익이나 가치를 보호하기 위한 것이고 국가적 법익에 대한 죄는 국가의 존립과 기능을 보호하기 위한 것이지만 사회적 법익에 대한 죄는 개개인이 사회공동체를 이루어 함께 사회생활을 영위해 나아감에 있어서 필요한 일반적 이익이나 가치를 보호하기 위한 것이다. 이와 같은 사회적 법익에 대한 죄에 어떠한 범죄가 포함되는가는 관점에 따라서 다소 달라질 수 있는 문제이지만 본서에서는 우리 형법학에서 일반화되어 있는 방법에 따라 공공의 안전과 평온에 대한 죄. 공공의 신용에 대한 죄. 공중의 건강에 관한 죄 및 사회의 도덕에 관한 죄로 나누어 그 내용을 살펴보고자 한다.

제 1 장

공공의 안전과 평온에 대한 죄

제 1 절 공안을 해하는 죄

§1. 서 설

공안을 해하는 죄는 공공의 법질서나 안전과 평온을 침해하거나 위태롭게 하는 범죄이다. 공안을 해하는 죄는 형법상 국가적 법익에 대한 죄 중에 규정되어 있다.[1]

이 때문에 공안을 해하는 죄의 성격을 국가적 법익을 침해하는 죄로 보는 견해[2]와 사회적 법익을 침해하는 죄로 보는 견해(통설)가 대립하고 있다. 공안을 해하는 죄의 본질은 사회생활의 평온과 안전을 침해하는 데 있고, 본죄에 의한 사회생활의 안전의 파괴도 한 지방에 국한되는 것이 일반적이라는 점에 비추어 본죄를 사회적 법익을 침해하는 죄로 이해하여야 할 것이다. 따라서 공안을 해하는 죄의 보호법익은 사회공공의 평온과 안전으로 볼 수 있다. 다만 입법론적 관점에서 보면 형법 각칙 제5장은 공안을 해하는 죄에 범죄단체조직죄(제114조), 소요죄(제115조), 다중불해산죄(제116조) 외에도 전시공수계약불이행죄(제117조)와 공무원자격사칭죄(제118조)까지 포함시키고 있으나 전시공수계약불이행죄와 공무원자격사칭죄는 국가적 법익에 대한 죄의 성격을 지니므로 공안을 해하는 죄에 함께 규정하는 것은 타당하지 않다.

---

1) 공안을 해하는 죄가 편제상 국가적 법익에 대한 죄의 일부로 규정된 이유는 형법 제정 당시 정부의 형법초안의 공안을 해하는 죄(제5장)에는 범죄선동선전죄(제119조), 인심혹환 등의 죄(제123조), 전시폭리죄(제124조) 등의 규정이 있었기 때문이라고 하며 이들 규정이 국회의 심의과정에서 삭제되었음에도 불구하고 공안을 해하는 죄에 대한 편별조정은 이루어지지 않았다(서일교, 276면 및 형사정책연구원, 형법제정자료집 I, 형법, 1990, 40~41면, 110~111면, 300면 이하 참조).
2) 유기천, 각론(하), 275면.

§2. 유형별 고찰

Ⅰ. 범죄단체조직죄

> *사형, 무기 또는 장기 4년 이상의 징역에 해당하는 범죄를 목적으로 하는 단체 또는 집단을 조직하거나 이에 가입 또는 그 구성원으로 활동한 사람은 그 목적한 죄에 정한 형으로 처벌한다. 단, 형을 감경할 수 있다(제114조).

1. 의   의

본죄는 조직범죄로서 단지 행위단계의 관점에서 보면 범죄단체의 조직이나 이에 가입하는 행위는 일종의 예비·음모행위에 불과하지만 단체의 조직적 구조로 인하여 범죄의 계획과 실현이 용이하게 되고 범행에 대한 행위자의 책임의식은 희석되어 사회공공의 안전을 크게 해친다는 특수한 위험성 때문에 형법에 특별히 이를 처벌하는 규정을 두었다는 것이 본죄를 설정한 형사정책적 근거라고 할 수 있다.[1] 본죄는 추상적 위험범이고 보호법익은 공공의 안전과 평온이다.

2. 구성요건

(1) 객관적 구성요건

1) 행   위

본죄의 행위는 범죄를 목적으로 하는 단체 또는 집단을 조직하거나 이에 가입 또는 구성원으로 활동하는 것이다.

① 범   죄

「범죄를 목적으로 하는 단체」에 있어서 범죄란 형벌법규상의 구성요건을 실현하는 모든 행위를 의미한다. 그러므로 형법전에 규정된 범죄는 물론 특별법상의 범죄도 포함된다. 또한 외국에서 범죄를 범할 목적이 있는 경우에도 그 범죄가 우리 형법에 의해서도 가벌적인 한 범죄에 해당할 수 있다. 여기서 말하는

---

1) 배종대, 466면; 이재상 외, 494면; 정성근/정준섭, 539면 등.

범죄는 단체의 조직이나 가입 그 자체가 아니라 그 이후에 행하여질 범행을 의미한다. 최소한 장기 4년 이상의 징역에 해당하는 범죄여야 하므로 경범죄처벌법위반행위는 당연히 포함되지 않는다.

② 단체 또는 집단

본죄에서 단체란 범죄를 행하려는 공동의 목적 아래 이루어진 특정다수인의 계속적인 결합체로서 단체를 주도하는 최소한의 통솔체제를 갖춘 경우를 의미한다.[1] 판례는 피고인 등 4명이 도박개장을 공모한 경우,[2] 어음사기를 목적으로 전자제품도매상 경영을 가장하고 업무를 분담한 경우,[3] 소매치기를 하기로 공모하고 그 실행행위를 분담한 경우[4]만으로는 단체에 해당하지 않는다고 본다. 또한 범죄단체의 구성원들과 공동정범의 관계에 있다고 할지라도 당해 행위자가 그 단체에 가입한 사실이 없는 한 범죄단체조직죄까지 성립하는 것은 아니다.[5]

다만, 통솔체제를 갖추지 못한 다수인의 단순한 집합이라든가 조직의 형태를 갖추었다고 할지라도 계속적 결합체가 아닌 형태는 집단에 해당한다.[6] 집단은 같은 법에서 규정하고 있는 폭력등 범죄의 실행을 공동목적으로 한 다수 자연인의 결합체를 의미하는 것으로서 위의 범죄단체와는 달라서 계속적일 필요는 없고 위의 목적하에 다수자가 동시에 동일장소에 집합되어 있고 그 조직의 형태가 위 법조에서 정하고 있는 수괴, 간부, 가입자를 구분할 수 있는 정도로 결합체를 이루고 있어야 한다.[7]

③ 조직, 가입, 활동

타인과 협력하여 범죄단체를 형성하는 것을 의미하며 그 방법은 불문한다.

---

1) 대판 2017. 10. 26, 2017도8600; 대판 1991. 12. 10, 92도2540; 대판 1987. 10. 13, 87도1240; 대판 1985. 10. 8, 85도1515; 대판 1981. 11. 24, 81도2608; 대판 1977. 5. 24, 77도1015; 대판 1976. 4. 13. 76도340.
2) 대판 1977. 12. 27, 77도3463.
3) 대판 1985. 10. 8, 88도1515.
4) 대판 1981. 11. 24, 81도2608.
5) 폭력행위등처벌에관한법률 제4조의 「단체 등의 조직죄」와 관련하여 판례는 폭력범죄단체의 구성원들의 살인 등 범죄모의에 가담하고 실행행위를 하였다는 사실만으로는 살인죄의 공동정범의 죄책을 지는 외에 폭력단체가입죄의 죄책을 지울 수 없다고 판시하였다(대판 1991. 5. 24, 91도551; 대판 1983. 12. 13, 83도2605).
6) 단체, 다중, 집단의 차이점에 관하여서는 이형국, 「상해·폭행의 죄와 폭력행위 등 처벌에 관한 법률」, 양승두 교수 화갑기념논문집(Ⅱ), 1994, 564~565면 참조.
7) 대판 1991. 1. 15, 90도2301.

범죄단체를 창설하는 경우뿐만 아니라 기존의 합법적인 단체를 범죄단체로 전환시키는 것도 조직에 해당한다. 범죄단체를 조직하였으면 이로써 본죄는 성립하여 조직에 참여한 자가 반드시 조직원으로 가입할 것을 요하지는 않는다.

가입이란 이미 조직된 단체의 구성원이 되는 것을 의미하며 가입방법과 맡은 역할이 무엇인가는 불문한다. 자진하여 가입하든 권유에 의하여 수동적으로 가입하든 무방하다.

활동이란 범죄단체 또는 집단의 내부 규율 및 통솔 체계에 따른 조직적, 집단적 의사 결정에 의하여 행하는 범죄단체 또는 집단의 존속·유지를 지향하는 적극적인 행위를 의미한다.[1)]

범죄를 목적으로 하는 단체 또는 집단의 조직, 가입, 활동은 병렬적인 행위이므로 어느 하나의 행위만으로도 본죄는 성립하고, 조직한 자가 반드시 활동까지 하여야 하는 것은 아니다.

판 례

폭력행위집단은 합법적인 단체와는 달라, 범죄단체의 특성상 단체로서의 계속적인 결집성이 다소 불안정하고 그 통솔체제가 대내외적으로 반드시 명확하지 않은 것처럼 보이더라도 구성원들 간의 관계가 선·후배 혹은 형·아우로 뭉쳐져 그들 특유의 규율에 따른 통솔이 이루어져 단체나 집단으로서의 위력을 발휘하는 경우가 많은 점에 비추어, 폭력행위 등 처벌에 관한 법률 제4조에 정하는 범죄를 목적으로 하는 단체는 위 법률에 정하는 범죄를 한다는 공동의 목적 아래 특정다수인에 의하여 이루어진 계속적인 결합체로서 그 단체를 주도하거나 내부의 질서를 유지하는 최소한의 통솔체계를 갖추면 되는 것이고, 그 범죄단체는 다양한 형태로 성립·존속할 수 있는 것으로서 정형을 요하는 것이 아니다.[2)]

특정한 행위가 범죄단체 또는 집단의 구성원으로서의 '활동'에 해당하는지 여부는 당해 행위가 행해진 일시, 장소 및 그 내용, 그 행위가 이루어지게 된 동기 및 경위, 목적, 의사 결정자와 실행 행위자 사이의 관계 및 그 의사의 전달 과정 등의 구체적인 사정을 종합하여 실질적으로 판단하여야 한다. 따라서 다수의 구성원이 관여되었다고 하더라도 범죄단체 또는 집단의 존속·유지를 목적으로 하는 조직적, 집단적 의사결정에 의한 것이 아니거나, 범죄단체 또는 집단의 수괴나 간부 등

---

1) 대판 2009. 9. 10, 2008도10177.
2) 대판 2008. 5. 29, 2008도1857; 대판 2007. 11. 29, 2007도7378; 대판 1997. 10. 10, 97도1829.

상위 구성원으로부터 모임에 참가하라는 등의 지시나 명령을 소극적으로 받고 이에 단순히 응하는데 그친 경우, 구성원 사이의 사적이고 의례적인 회식이나 경조사 모임 등을 개최하거나 참석하는 경우 등은 '활동'에 해당한다고 볼 수 없다.[1]

2) 기수 및 종료시점

본죄는 범죄를 목적으로 하는 단체를 조직하거나 이에 가입 또는 활동함으로써 성립하고 그 후 그러한 목적을 실현하였는가는 본죄의 성립에 영향이 없다.

따라서 본죄의 기수시기는 조직, 가입 또는 활동하는 시점이다. 다만, 종료시점과 관련하여서는 본죄를 즉시범으로 보는 견해[2]에 의하면 기수와 동시에 종료되고 공소시효도 기산되지만, 계속범으로 보는 견해[3]에 의하면 범죄단체가 해산되거나 그로부터 탈퇴한 때 종료되므로 이때부터 공소시효도 기산된다. 생각건대, 만일 즉시범으로 본다면 범죄단체를 조직하고 있는 동안 공소시효가 만료되거나 조직행위로 처벌받은 자가 여전히 조직원으로 남아있음에도 불구하고 일사부재리의 원칙에 따라 처벌할 수 없는 불합리한 결과가 초래될 수도 있다. 따라서 계속범으로 봄이 타당하다. 또한 행위의 성질상 기수 이후에도 행위자체가 계속된다고 보아야 할 것이다. 판례[4]는 즉시범으로 본다.

(2) 주관적 구성요건

범죄를 목적으로 하는 단체에 가입한다는 고의가 없는 한 우연히 범죄단체조직원인 친구를 따라가 그 조직원들의 범행모의에 가담하고 실행행위를 분담한 경우에도 범죄단체가입죄는 성립하지 않는다.[5]

3. 죄 수

범죄단체를 조직하거나 이에 가입하는 것이 특별법에 해당하는 경우에는 본죄와의 법조경합관계로서 특별법이 적용된다.

특히 범죄를 목적으로 하는 단체를 구성하거나 이에 가입한 후 목적한 범죄

---

1) 대판 2009. 9. 10, 2008도10177.
2) 김성천/김형준, 585면; 오영근, 450면.
3) 김성돈, 555면; 배종대, 468면; 임웅, 605면; 정성근/정준섭, 351면; 정영일, 279면.
4) 대판 1997. 10. 10, 97도1829. 따라서 조직과 동시에 공소시효가 진행된다고 본다.
5) 대판 1983. 12. 13, 83도2605.

까지 실행한 경우의 죄수가 문제된다. 양자의 관계를 법조경합의 보충관계로 보아 실행한 범죄만 성립하고 범죄단체조직죄는 이에 흡수된다는 견해는 범죄단체조직죄는 그 목적한 범죄의 실행단계상 예비·음모에 불과할 뿐만 아니라, 행위형법의 원칙에 위배되는 과잉처벌규정이므로 적용을 최소화하여야 한다고 본다.[1] 양죄의 실체적 경합을 인정하는 견해[2]는 양자는 보호법익을 달리하고 그 입법취지도 다름을 근거로 한다.

생각건대, 범죄단체조직죄는 그 목적한 범죄의 예비·음모를 처벌하려는 범죄가 아니고 조직범죄가 야기할 수 있는 위험성을 방지하고 이로부터 공공의 안전을 보호하기 위한 것이지, 목적한 범죄의 보호법익에 연계된 것이 아니다. 그러므로 범죄단체조직죄를 범한 후에 다시 목적한 범죄를 실행하면 양자는 실체적 경합에 해당한다고 보아야 할 것이다. 이렇게 해석함이 문서·통화 등 위조죄와 같은 여타의 목적범의 해석과도 합치된다. 판례도 이와 같다.

한편 범죄단체 소속 조직원이 저지른 폭처법위반죄 등의 개별 범죄행위와 폭처법상 단체등 활동죄는 범죄의 목적이나 행위 면에서 일부 중첩되는 부분이 있더라도 구성요건을 달리하는 별개의 범죄로서, 실체적 경합이 된다.[3]

> **판 례**
>
> 피고인들이 불특정 다수의 피해자들에게 전화하여 금융기관 등을 사칭하면서 신용등급을 올려 낮은 이자로 대출을 해주겠다고 속여 신용관리비용 명목의 돈을 송금받아 편취할 목적으로 보이스피싱 사기 조직을 구성하고 이에 가담하여 조직원으로 활동함으로써 범죄단체를 조직하거나 이에 가입·활동하였다는 내용으로 기소된 사안에서, 위 보이스피싱 조직은 형법상의 범죄단체에 해당하고, …범죄단체 가입행위 또는 범죄단체 구성원으로서 활동하는 행위와 사기행위는 각각 별개의 범죄구성요건을 충족하는 독립된 행위이고 서로 보호법익도 달라 법조경합 관계로 목적된 범죄인 사기죄만 성립한다고 볼 수 없다.[4]

---

[1] 오영근, 451면; 임웅, 606면.
[2] 김성돈, 556면; 김성천/김형준, 589면; 김혜정 외, 464면; 박상기/전지연, 726면; 백형구, 448면.
[3] 대판 2022. 9. 7, 2022도6993.
[4] 대판 2017. 10. 26, 2017도8600.

Ⅱ. 소 요 죄

> *다중이 집합하여 폭행, 협박 또는 손괴의 행위를 한 자는 1년 이상 10년 이하의 징역이나 금고 또는 1천500만원 이하의 벌금에 처한다(제115조).

1. 의 의

소요죄는 한 지방의 공공의 평온을 위태롭게 하는 것을 내용으로 하는 집단적 범죄로서, 필요적 공범(집합범)이다. 계속범이자 거동범이고, 추상적 위험범이다.[1]

2. 구성요건

(1) 객관적 구성요건

1) 주 체

본죄의 주체는 집합한 다중이다. 다중을 구성하는 개인이라고 보는 견해[2]가 있으나, 본죄가 필요적 공범이라는 점에서 다중으로 봄이 타당하지만, 양자의 구분이 큰 의미는 없다.

집합이란 다수인이 일정한 장소에 모여 집단을 이루는 것을 말하며 그 방법, 동기, 목적 등은 불문한다. 조직적일 필요도 없다. 다중이란 다수인의 집단을 의미하며 지휘체계를 갖춘 결합체일 필요는 없다. 본죄의 본질상 다중은 한 지방에 있어서의 공공의 평온을 해할 수 있는 정도의 다수인일 것을 요한다.[3] 본죄의 주체인 집합한 다중이란 폭행·협박을 통하여 공공의 안전과 평온을 해하는 정황을 인식·인용하면서 당해 무리에 가담한 개개인의 총화로 볼 수 있다.

2) 행 위

본죄의 행위는 폭행·협박·손괴이다.

---

1) 김성돈, 557면; 김성천/김형준, 590면; 김일수/서보학, 554면; 박상기/전지연, 728면; 오영근, 451면; 임웅, 608면; 정성근/정준섭, 352면. 반면 배종대, 469면; 서일교, 278면은 구체적 위험범으로 본다.
2) 김성돈, 557면; 김성천/김형준, 590면; 배종대, 469면; 임웅, 609면; 정성근/정준섭, 352면 등.
3) 김일수/서보학, 555면; 남흥우, 237면; 배종대, 469면; 백형구, 459면; 서일교, 277면; 오영근, 451면; 유기천(하), 280면; 이재상 외, 496면; 임웅, 609면; 정성근/정준섭, 353면 등 다수설.

폭행·협박의 개념은 최광의의 것으로서, 폭행은 사람 또는 물건에 대한 일체의 유형력의 행사를 의미하고 협박은 공포심을 일으키기 위한 일체의 해악을 의미하는 것으로서 그 내용은 문제되지 않으며 상대방이 특정인이든 불특정 다수인이든 불문한다. 손괴는 타인의 재물의 효용가치를 해하는 일체의 행위를 의미한다.

폭행·협박 또는 손괴는 공공의 안전과 평온을 해할 위험성이 있는 정도에 이르러야 하고 현실적인 침해를 요하지 않는다(추상적 위험범). 본죄의 폭행·협박 또는 손괴는 다중의 합동력을 이용한다는 점에 그 특징이 있다. 그러므로 다중의 구성원 사이의 폭행 등은 본죄를 구성하지 않는다.[1] 가담행위의 유형이나 정도는 불문하며, 행위가 다중의 전원에 의하여 이루어질 필요는 없고 그 일부에 의하여 이루어져도 무방하다.[2] 따라서 다중에 합류하였으나 폭행·협박 또는 손괴행위를 하지 않은 자에게도 다중의 일부가 그러한 행위를 한 경우에는 본죄가 성립한다.

(2) 주관적 구성요건

본죄의 고의는 집합의 처음부터 존재하든 집합 후에 발생하든 불문하며 집단의 성질이나 목적·행위로 인하여 초래될 결과에 대한 인식은 필요로 하지 않는다. 폭행·협박 또는 손괴행위를 스스로 실행할 의사는 물론 다른 구성원을 교사·방조하려는 의사도 본죄의 고의에 해당한다.[3] 다중 상호간에 의사의 연락이 있을 필요는 없다.[4]

3. 공범 및 타죄와의 관계

(1) 공 범

본죄는 필요적 공범이므로 집합한 다중의 구성원으로서 행위를 한 내부자에 대하여서는 총칙상의 공범규정이 적용될 여지가 없다. 그러나 집단의 외부에서 소요행위를 교사하거나 방조한 자에 대하여서는 형법총칙상의 교사범 또는 종범규정이 적용된다.[5]

---

1) 박상기/전지연, 728면.
2) 김성돈, 557면; 박상기/전지연, 728면; 이재상 외, 497면.
3) 이재상 외, 499면.
4) 김일수/서보학, 557면; 박상기/전지연, 458면.
5) 김성천/김형준, 699면; 김일수/서보학, 558면; 배종대, 614면; 백형구, 451면; 오영근, 591면; 유기천(하), 263면; 이영란, 501면; 이재상 외, 487면; 이정원, 485면; 임웅, 529면; 정성근/정준

(2) 타죄와의 관계

폭행죄, 협박죄, 손괴죄는 물론 특수폭행죄, 특수협박죄, 특수손괴죄가 본죄에 흡수된다는 점에는 견해가 일치한다. 또한 본죄보다 법정형이 더 무거운 살인죄나 방화죄는 본죄와 상상적 경합으로 된다는 점에도 이론이 없다. 그렇지만 본죄보다 법정형이 경한 공무집행방해죄나 주거침입죄와 본죄의 관계에 대하여서는 흡수관계설[1]과 상상적 경합설[2]의 대립이 있다. 전자는 이들 범죄가 본죄의 예상범위 내의 것이라는 것을 근거로 하는 반면 후자는 공무집행방해죄나 주거침입죄와 소요죄의 보호법익이 다르고 또한 공무집행방해죄나 주거침입죄는 소요죄가 당연히 예상하는 범죄라고 단정할 수 없다는 것을 논거로 한다. 상상적 경합설이 타당하다.

내란죄(제87조)가 성립할 경우 소요행위는 그에 흡수된다.

Ⅲ. 다중불해산죄

> *폭행·협박 또는 손괴의 행위를 할 목적으로 다중이 집합하여 그를 단속할 권한이 있는 공무원으로부터 3회 이상의 해산명령을 받고 해산하지 아니한 자는 2년 이하의 징역이나 금고 또는 300만원 이하의 벌금에 처한다(제116조).

1. 의   의

본죄는 소요죄의 예비단계를 독립된 범죄로서 처벌하려는 것이며 필요적 공범인 집합범이다. 거동범이자 추상적 위험범이면서 계속범이고, 진정부작위범이며 목적범이다.

2. 구성요건

(1) 객관적 구성요건

단속할 권한이 있는 공무원으로부터 3회 이상의 해산명령을 받고도 해산하

섭, 546면.
1) 김성돈, 539면; 김일수/서보학, 588면; 김혜정 외, 466면; 배종대, 471면; 오영근, 454면; 이정원, 526면; 임웅, 611면; 정성근/정준섭, 354면 등.
2) 김성천/김형준, 593면; 유기천(하), 281면; 이영란, 501면; 이재상 외, 500면 등.

지 않는 것이다.

단속할 권한이 있는 공무원이란 법령에 근거하여 해산을 명할 직무상의 권한이 있는 공무원을 말한다. 예컨대 경찰관이 이에 해당한다.[1]

해산명령은 그 방식여하를 불문하지만 적법한 명령이어야 하며 집합한 다중에게 인식될 것을 요한다. 해산명령은 3회 이상 있어야 하는데 여기에서 3회란 적어도 3회 이상이라는 의미이며 각 회마다 해산에 필요한 시간적 간격을 두어야 한다. 그러므로 이러한 간격 없이 해산명령을 연속하여도 1회의 명령에 불과하다고 보아야 한다.[2] 4회 이상의 해산명령에 순응하여 해산하는 경우에 본죄가 성립한다고 보는 견해[3]가 있으나, 본죄의 성립은 최종의 해산명령을 기준으로 3회 이상이면 족하다고 판단해야 하므로 부정설이 타당하다.[4]

해산이란 집합한 다중이 흩어져 같은 시간에 같은 장소에 모여있는 상태에서 벗어나는 것을 의미한다. 그러므로 집합한 채로 장소만 이동하는 것은 해산이 아니다. 일부만 이탈하고 다중이 대부분 남아 있는 경우에는 이탈한 자에게는 본죄의 성립이 부정된다. 한편 대부분이 해산하고 소수의 잔류자가 있는 경우에는 다중의 해산이 이루어진 것이므로 잔류자에게도 본죄가 성립하지 않는다고 보아야 할 것이다.[5] 해산은 임의의 이탈을 의미하며 범죄성립 후 체포를 면하기 위하여 도주하는 것은 해산에 해당하지 않는다.

(2) 주관적 구성요건

본죄는 목적범으로서 고의 이외에도 폭행·협박 또는 손괴행위를 할 목적이 있어야 한다. 이러한 목적은 집합할 때부터 있어야 할 필요는 없으나 해산명령을 받기 전까지는 존재해야 한다.

---

1) 경찰관직무집행법 제6조의 범죄예방을 위한 제지에는 해산명령이 포함되는 것으로 해석된다(김일수/서보학, 559면; 백형구, 462면; 서일교, 281면; 유기천(하), 283면; 이재상 외, 489면; 임웅, 530면; 정성근/정준섭, 549면 등).
2) 김성돈, 532면; 김일수/서보학, 559면; 배종대, 471면; 백형구, 462면; 오영근, 593면; 유기천(하), 283면; 이영란, 503면; 이재상 외, 501면; 이정원, 487면; 임웅, 613면; 정성근/정준섭, 355면; 정영일, 282면; 진계호, 638면.
3) 김성천/김형준, 594면.
4) 김성돈, 540면; 김일수/서보학, 560면; 김혜정 외, 468면; 배종대, 472면; 백형구, 463면; 오영근, 455면; 이재상 외, 501면; 이정원, 487면; 임웅, 613면; 정성근/정준섭, 355면; 진계호, 638면; 황산덕, 38면.
5) 이재상 외, 502면.

Ⅳ. 전시공수계약불이행죄

> *전쟁, 천재 기타 사변에 있어서 국가 또는 공공단체와 체결한 식량 기타 생활필수품의 공급계약을 정당한 이유 없이 이행하지 아니한 자는 3년 이하의 징역 또는 500만원 이하의 벌금에 처한다(제117조 제1항).
> *전항의 계약이행을 방해한 자도 전항의 형과 같다(제117조 제2항).
> *전2항의 경우에는 그 소정의 벌금을 병과할 수 있다(제117조 제3항).

1. 의 의

본죄는 국가비상사태하에서 생활필수품의 원활한 공급을 가능하게 함으로써 국민생활의 안정을 기하려는 데 그 입법취지가 있다. 본죄는 전시군수계약불이행죄(제103조)와 평행되는 규정으로 이해되기도 한다.[1] 공급계약 불이행은 진정신분범이자 진정부작위범에 해당하지만, 계약이행의 방해는 비신분범에 해당한다. 거동범이자 추상적 위험범이다.

2. 구성요건

주체는 전쟁, 천재 기타 사변에 있어 국가 또는 공공단체와 식량 기타 생활필수품의 공급계약을 체결한 자와 그러한 계약이행을 방해하는 자이다. 후자는 제한이 없다.

구성요건상 전쟁, 천재 기타 사변이란 본죄의 객관적 행위정황에 해당한다. 그러므로 이러한 행위정황이 없으면 행위가 존재해도 본죄의 구성요건성이 부정된다.

계약의 불이행에는 정당한 이유가 없어야 한다. 본죄는 「정당한 이유 없이」를 구성요건의 표지로 규정하고 있다. 이를 위법성의 표지로 보아 정당한 이유 있는 계약불이행은 위법성을 조각한다고 보는 입장[2]도 있으나 만일 위법성조각사유로 본다면 계약불이행이 모두 구성요건에 해당한다고 해석하게 되어 죄형법정주의에 반할 우려가 있으므로 구성요건을 조각한다고 봄이 타당하다. 정당

---

1) 유기천(하), 283면; 이재상 외, 502면; 임웅, 615면.
2) 임웅, 615면.

한 이유의 유무는 계약의 내용, 관련법규 기타 모든 구체적 사정을 고려하여 사회통념에 따라 판단하여야 한다.[1] 그 방법에는 제한이 없다.

V. 공무원자격사칭죄

*공무원의 자격을 사칭하여 그 직권을 행사한 자는 3년 이하의 징역 또는 700만원 이하의 벌금에 처한다(제118조).

1. 의   의

본죄는 공안을 해하는 죄에 포함되어 있으나, 그 성격상 국가의 기능을 해하는 죄라고 봄이 타당하다. 추상적 위험범이자 거동범이다.

2. 구성요건

본죄의 주체는 자연인이며 이에는 제한이 없다. 비공무원은 물론 공무원도 본죄의 주체가 될 수 있다.

본죄의 행위는 공무원의 자격을 사칭하여 그 직권을 행사하는 것이다. 공무원이란 법령에 의하여 공무에 종사하는 자를 말하며 국가공무원법과 지방공무원법에 의한 경우는 물론 다른 법령에 의하여 공무원의 지위가 인정된 경우도 포함한다. 임시직 공무원도 이에 포함된다.[2]

공무원의 자격을 사칭한다는 것은 자격이 없는 자가 공무원의 자격을 가진 것처럼 다른 사람을 오인하게 하는 일체의 행위를 말한다. 이에는 공무원 아닌 자가 공무원을 사칭하는 경우는 물론 공무원이 자기의 직권을 벗어나는 다른 공무원의 자격을 사칭하는 경우도 포함된다.

사칭의 수단·방법은 불문한다. 부작위에 의한 사칭도 가능하지만 이는 진실한 사실을 고지해야 할 의무가 있음에도 불구하고 이를 행하지 않은 경우에 국한된다. 행위자가 외적으로 공무원의 특성을 드러내는 모습을 갖추어야 할 필요도 없다. 그러므로 예컨대 경찰관을 사칭하는 자가 경찰관의 복장을 하고 있지

---

1) 이재상 외, 502면; 임웅, 615면; 정영석, 114면.
2) 대판 1973. 5. 22, 73도884.

않았던 경우에도 본죄는 성립할 수 있다.

　본죄가 성립하려면 공무원의 자격사칭뿐만 아니라 직권의 행사도 있어야 한다. 단지 자격의 사칭만 있는 경우는 경범죄처벌법(제3조 제1항 제7호)에 해당한다. 사칭하는 공무원의 자격과 그 직권이 실제의 그것과 반드시 일치할 필요는 없다. 그러나 최소한도 그러한 자격과 직권을 일반인이 실존하는 것으로 오인할 만한 정도에는 이르러야 할 것이다. 직권의 행사는 사칭한 공무원의 자격에 상응하는 행위일 것을 요한다. 예컨대 청와대 민원비서관을 사칭하고 고장난 시외전화 노선을 수리하게 한 경우[1]와 합동수사반원을 사칭하여 채권을 추심한 경우[2] 본죄가 성립하지 않는다.

3. 죄　　수

　공무원의 자격을 사칭하여 직권을 행사하는 행위가 사기죄, 공갈죄, 절도죄, 공문서위조죄 등을 구성할 때에는 보호법익과 행위태양을 달리하므로 본죄와 이들 죄의 상상적 경합관계가 인정된다.

제2절　폭발물에 관한 죄

§1. 서　　설

Ⅰ. 의　　의

　폭발물에 관한 죄는 폭발물을 사용하여 공중의 생명·신체 또는 재산을 침해하거나 위태롭게 함으로써 성립하는 공공위험죄로서 구체적 위험범에 해당한다.

---

1) 대판 1972. 12. 26, 72도2552.
2) 대판 1981. 9. 8, 81도1955.

Ⅱ. 보호법익

공공위험죄이므로 공공의 안전과 평온이 기본적인 보호법익이며, 불특정 다수인의 생명·신체 및 재산의 안전도 부수적인 보호법익이 된다. 일반적으로 사람의 생명, 신체의 완전성 또는 재산을 침해하는 범죄는 개인적 법익에 대한 죄로서 취급되나 본죄에 있어서는 사람의 생명·신체 또는 재산이 폭발물의 사용이라는 특별한 방법에 의하여 침해됨으로써 공공의 평온에 직결된다는 점을 중시하고 또한 기타 공안을 문란하게 하는 경우를 함께 포함하여 사회적 법익에 대한 죄로 본다. 그러므로 본죄의 주된 보호법익은 공공의 안전과 평온이며 부차적으로는 생명, 신체의 완전성, 재산 등도 보호법익에 해당된다고 볼 수 있다.

§2. 유형별 고찰

Ⅰ. 폭발물사용죄

*폭발물을 사용하여 사람의 생명, 신체 또는 재산을 해하거나 그 밖에 공공의 안전을 문란하게 한 자는 사형, 무기 또는 7년 이상의 징역에 처한다(제119조 제1항).
*본죄의 미수범은 처벌한다(제119조 제3항).

1. 의   의

본죄는 공안(공공의 안전)의 문란이라는 구체적인 위험이 발생할 것을 요한다는 점에서 구체적 위험범에 해당한다.

2. 구성요건

(1) 객관적 구성요건

1) 행   위

본죄의 폭발물이란 점화 기타 일정한 자극을 가하면 고체·액체 또는 가스 등에 의하여 급작스러운 팽창을 유발하고 이를 통해 폭발작용을 하는 물질(예컨대 다이너마이트, 니트로글리세린, 수류탄 등)의 총체로, 최소한도 사람의 생명·신체 또는 재산에 해를 가할 수 있는 파괴력이 있어야 한다.[1] 본죄에서 폭발물은 법률적 또는 규범적 개념이므로 반드시 자연과학적 개념에 한정되지 않는다.

핵에너지에 의한 폭발은 여타의 폭발물에 의한 폭발과 동일시하기 어려운 특수성이 있어 입법론적으로 특별규정을 두어 규제하는 것이 바람직하다. 그러나 관련 규정이 마련될 때까지는 원자폭탄, 핵탄두 등 핵 폭발물도 본죄의 폭발물에 해당한다고 보아야 할 것이다.[2]

총포·도검·화약류단속법의 적용을 받는 실탄·폭약 등과 화염병사용 등의 처벌에 관한 법률의 적용대상인 화염병은 그 위력이나 폭발성에 있어서 본죄의 폭발물에는 해당한다고 볼 수 없다. 또한 본죄의 폭발물은 제172조의 「폭발성 있는 물건」과도 구별된다. 제172조 소정의 보일러·고압가스 기타 폭발성 있는 물건은 비록 폭발의 위험성은 있지만 폭발성을 이용하기 위하여 제조한 물건이 아니다.[3] 이러한 물건을 파열시켜 생명·신체 또는 재산에 대하여 위험을 발생시키거나 사람을 상해나 사망에 이르게 하면 본죄가 아니라 제172조의 폭발성물건파열죄를 구성한다. 폭발물이 누구의 것이며 누가 제조했는가는 불문한다. 폭발물을 사용한다는 것은 폭발물을 그 용법에 따라 폭발시키는 것을 의미한다.

공안(공공의 안전)의 문란이란 폭발물을 사용하여 한 지방의 법질서를 교란하는 것을 의미한다. 본죄에서 사람의 생명·신체 또는 재산을 해한다는 것은 공안을 문란하는 행위의 예시이다.[4] 그러므로 이론적으로는 폭발물을 사용하여 사람의 생명·신체 또는 재산을 해하는 경우 이외에도 한 지방의 법질서를 교란할 정도의 구체적 위험을 발생시키면 본죄가 성립한다고 보아야 할 것이나 실제로 생명·신체 또는 재산을 손상함이 없이 공안문란에 해당한다고 볼 수 있는 경우를 찾아보기 어려울 것이다.

2) 미 수

폭발물의 폭발에 착수하였으나 폭발이 이루어지지 않은 경우나 비록 폭발이 이루어졌으나 사람의 생명·신체 또는 재산을 침해하지 못하였거나 기타 공안

---

1) 유기천(하), 287~288면 참조.
2) 임웅, 537면.
3) 위의 책, 같은 면 참조. 한편 박상기/전지연, 464면은 보일러, 가스탱크 등에는 자체 내에 폭발장치가 없다는 점에서 이들을 폭발물과 구분한다.
4) 이재상 외, 494면: 임웅, 538면.

문란의 구체적 위험이 발생하지 않은 경우에는 본죄의 미수로 된다.

(2) 주관적 구성요건

본죄의 고의는 폭발물을 사용한다는 인식뿐만 아니라 구체적 위험에 해당하는 사람의 생명·신체 또는 재산을 해하거나 기타 공안을 문란하게 한다는 점에 대한 인식과 인용도 요구된다.[1]

3. 죄 수

살해, 상해 또는 손괴의 의사로 폭발물을 사용하여 사람을 살해하거나 상해하거나 타인의 재산을 손괴한 경우에는 본죄만 성립하고 살인죄, 상해죄, 손괴죄는 본죄에 흡수된다. 그러나 폭발물 사용에 대하여서는 고의가 있었으나 과실로 생명, 신체 또는 손괴의 침해를 초래한 경우에는 폭발성물건파열치사상죄(제172조 제2항)만 성립한다.[2]

Ⅱ. 전시폭발물사용죄

> *전쟁, 천재 기타 사변에 있어서 전항의 죄를 지은 자는 사형이나 무기징역에 처한다(제119조 제2항).
> *본죄의 미수범은 처벌한다(제119조 제3항).

본죄는 전쟁, 천재 기타 사변 등 행위정황의 중대성에 비추어 형을 무겁게 한 불법가중적 구성요건이다.

Ⅲ. 폭발물사용예비·음모·선동죄

> *전조(제119조) 제1항, 제2항의 죄를 범할 목적으로 예비 또는 음모한 자는 2년 이상의 유기징역에 처한다. 단, 그 목적한 죄의 실행에 이르기 전에 자수한 때에는 그 형을 감경 또는 면제한다(제120조 제1항).
> *전조 제1항, 제2항의 죄를 범할 것을 선동한 자도 전항의 형과 같다(제120조 제2항).

---

1) 대판 1969. 6. 8, 69도832.
2) 임웅, 622면. 반면 김성돈, 566면은 과실치사상죄나 실화죄가 성립할 뿐이라고 본다.

본죄는 폭발물사용죄를 범할 목적으로 예비·음모 또는 선동함으로써 성립한다. 폭발물사용죄는 폭발물이라는 위험한 수단을 통하여 생명·신체·재산 등을 침해하고 공안을 문란하게 하는 중대한 공공위험성이 있으므로 그 준비행위인 예비·음모 뿐만 아니라 선동까지 처벌한다. 여기에서 선동이란 감정을 부추겨 불특정 또는 특정 다수인에게 정상적인 판단을 어렵게 함으로써 범행의 결의를 발생시키거나 기존의 결의를 조장하도록 자극하는 행위를 말한다.

본죄에는 목적한 죄의 실행에 이르기 전에 자수한 때에는 그 형을 감경 또는 면제한다는 형사정책적인 규정을 두고 있다. 일반적으로 자수는 임의적 감면사유이지만 본죄에 있어서는 필요적 감면사유이다.

Ⅳ. 전시폭발물제조등 죄

> *전쟁 또는 사변에 있어서 정당한 이유 없이 폭발물을 제조, 수입, 수출, 수수 또는 소지한 자는 10년 이하의 징역에 처한다(제121조).

1. 의   의

본죄는 외형상 전시폭발물사용죄의 예비단계로 보이지만 폭발물사용죄를 범할 목적이 없는 경우라는 점에서 폭발물사용 예비·음모·선동죄(제120조 제1항)와 구분된다. 그러므로 만일 폭발물사용죄를 범할 목적으로 폭발물을 제조, 수입, 수출, 수수 또는 소지한 경우에는 본죄가 아니라 폭발물 사용 예비·음모·선동죄를 구성한다(법조경합 중 특별관계).[1]

2. 구성요건

본죄의 행위는 전쟁 또는 사변에 있어서 정당한 이유 없이 폭발물을 제조, 수입, 수출, 수수 또는 소지하는 것이다.

「전쟁 또는 사변에 있어서」란 행위의 외적 정황인 구성요건표지에 해당한다. 그러므로 전쟁 또는 사변이라는 행위정황이 없으면 본죄의 구성요건이 조각된다. 「정당한 이유 없이」란 법률의 규정에 의하지 않거나 국가기관의 허가가 없

---

1) 임웅, 624면.

음을 의미한다. 이밖에도 위법성조각사유가 있으면 본죄는 성립하지 않는다. 본죄에서 「제조」란 폭발물을 만드는 것이고 「수입」은 국외에서 국내로 반입하는 것이며 「수출」은 국내에서 국외로 반출하는 행위이고 「수수」란 폭발물을 주고받는 것이며 「소지」는 폭발물을 자기의 사실상의 지배에 두는 행위이다.

제 3 절 방화와 실화의 죄

§1. 서   설

Ⅰ. 의의 및 보호법익

방화죄와 실화죄는 고의 또는 과실로 화재를 일으켜 현주건조물, 공용건조물, 일반건조물 또는 일반물건을 소훼함으로써 사람의 생명, 신체, 재산 등에 위험을 초래하는 공공위험범이다. 형법은 진화방해죄와 더불어 화력과 밀접한 관계가 있는 폭발물파열죄와 가스 등 공작물손괴죄를 방화죄에 포함시키고 있는데 이들을 준방화죄라고 부른다.

방화 및 실화의 죄는 전형적인 공공위험죄이다. 여기에서 공공의 위험이란 공중의 생명, 신체 또는 재산을 침해할 위험을 의미하며 공중이란 불특정 또는 다수인을 의미한다.[1] 이러한 위험이 있는가는 구체적 사정을 고려하여 일반적 경험법칙에 따라 객관적으로 판단해야 할 것이다.[2]

공공위험죄도 추상적 공공위험죄와 구체적 공공위험죄로 구분되는데 형법 제164조, 165조 및 166조 1항은 전자에, 제166조 2항과 제167조는 후자에 각각 해당한다.

공공의 안전이 방화와 실화의 죄의 보호법익이 된다는 점에는 견해의 대립이 없다. 다만 개인의 재산도 함께 보호법익으로 되는가에 관하여, 부정설은 형법이 방화죄를 재산죄인 손괴죄와 분리하여 사회적 법익에 대한 죄로 규정하고 있고,

---

1) 배종대, 478면; 백형구, 419면; 서일교, 290면; 유기천(하), 20면; 이재상 외, 512면; 정영석, 128면; 황산덕, 103면.
2) 이재상 외, 513면.

공공위험죄에 침해범인 손괴죄를 전제로 한다든지 이에 의하여 소유권을 보호한다는 것은 논리적 모순이며, 형법이 제166조(일반건조물 등에의 방화)와 제167조(일반물건에의 방화)에서 타인의 소유물과 자기소유물에 대하여 처벌에 차이를 두는 것도 소유권을 보호법익으로 하기 때문이 아니라 그 불법에 차이를 두고 있다는 관점에서 이해해야 한다는 것 등을 근거로 한다.[1] 한편 판례[2]와 다수설[3]은 기본적 성격은 공공위험죄이지만 그 행위에 재산적 침해가 수반되기 때문에 재산도 부차적으로 보호법익이 된다고 주장하는데 이러한 입장이 타당하다.

참고 **연혁**

방화의 죄는 오랜 전통을 가진 범죄의 일종으로서 이미 로마의 12표법에도 그 규정이 있었으나 살인 및 중한 기물손괴와의 한계가 명확하지 못하였다. 로마의 술라(Sulla)는 최초로 방화범에 살인죄를 적용하였고 폼페이우스(Pompeius)는 방화죄를 폭력죄로 처벌하였으며 시저(J. Caesar)도 폭도에 의한 방화에 폭력죄를 적용하였다. 그러나 원수정기(元首政期)에 이르러 방화죄가 새로 구성되고 죄질에 따라 형벌도 다양화되었으며 실화의 경우에는 형사처벌 없이 소실된 재물의 배액을 배상하도록 하였으나 중과실의 경우에는 방화죄로 처벌하였다고 한다. 살인적 방화는 로마제정시대에도 살인죄로 취급되었다. 게르만법에 있어서도 방화죄는 생명과 재산을 침해하는 범죄로 취급되었다. 작센슈피겔(Sachsenspiegel)은 모살(謀殺) 목적의 방화범인을 거열형(車裂刑)에 처하고 그 이외의 방화범인은 참수형(斬首刑)에 처하였고 당시의 남 도이치에서는 방화범인을 화형(火刑)에 처하는 예가 많았다. 카롤리나(Carolina)형법전에도 악질적인 방화범을 화형에 처하는 규정이 있었고 독일의 보통법은 모살(謀殺) 목적의 방화와 단순한 방화를 구별했다고 한다. 1794년의 프로이센 일반국법은 방화죄를 체계적이고 통일적으로 규정하였고, 1871년의 독일제국 형법상의 방화죄규정은 1851년의 프로이센형법전과 1838년 및 1855년의 작센형법을 기초로 하여 이루어졌다.

조선시대(朝鮮時代)에 의용되었던 대명률(大明律)의 형률(刑律)에는 비교적 상세한 방화죄(放火罪)와 실화죄(失火罪)의 규정을 두고 있었다. 이에 의하면 불을 놓아 고의로 관용건물, 민간인의 건물, 공용건물창고, 관(官)에서 쌓아 놓은 물건을 소훼하거나 화재를 기화로 절도한 자는 참형(斬刑)에 처하고 인명을 살상한 자는 고의적 살상의 죄를 논죄하며 자기의 가옥을 소훼한 자는 장(杖) 1백에 처하나 만일 관용건물, 민간건물 및 모

---

1) 이재상 외, 513면.
2) 대판 1983. 1. 18, 82도2341.
3) 김성돈, 540면; 김성천/김형준, 603면; 김혜정 외, 475면; 박상기/전지연, 732면; 배종대, 478면; 백형구, 419면; 신동운, 265면; 오영근, 464면; 이영란, 516면; 이정원, 532면; 유기천(하), 19면; 정성근/정준섭, 362면.

아서 쌓아 놓은 물건을 연소시킨 경우에는 장 1백·도(徒) 3년에 처한다. 실화의 경우에는 형을 훨씬 경하게 하였으나 종묘, 궁궐의 연소를 초래한 경우에는 교형(絞刑)에 처하게 하였다. 1905년의 형법대전(刑法大全)도 대체로 이와 유사한 규정들을 두었다.[1] 일본형법이 의용되던 구법시대를 지나 1953년에 제정된 현행형법에서는 제13장(제164조~176조)에 방화와 실화의 죄를 규정하고 있는데 대체로 일본형법가안 제16장의 영향을 많이 받은 것으로 볼 수 있다.

Ⅱ. 현행법상의 체계

			가중적	일반건조물방화죄(제166조제 1항) 공용건조물방화죄(제165조) 현주건조물방화죄(제164조 제1항)		
방화의 죄 기본적 구성요건: 일반물건방화죄 (제167조 제1항)	수정적 구성요건	불법	결과적 가중범	현주건조물방화치사상죄(제164조 제2항)		
			감경적	자기소유일반물건 방화죄 (제167조 제2항) 자기소유일반건조 물방화죄 (제166조 제2항)	동 죄의 결과적 가중범	연소죄 (제168조)
실화의 죄 기본적 구성요건: 실화죄(제170조)	수정적 구성요건	불법	가중적	업무상실화·중실화죄(제171조)		
준방화의 죄 기본적 구성요건: 진화방해죄(제169조) 폭발성물건파열죄 (제172조 제1항) 가스·전기등 방류죄 (제172조의2) 및 공급방해죄(제173조)	수정적 구성요건	불법	가중적	공공용 가스·전기등공급방해죄 (제173조 제2항)		
			결과적 가중범	폭발성물건파열치사상죄(제172조 제2항) 가스·전기등 방류치사상죄 (제172조의2 제2항) 가스·전기등 공급방해치사상죄 (제173조 제3항)		
준실화의 죄 기본적 구성요건: 과실폭발성물건파열 등의 죄 (제173조의2 제1항)	수정적 구성요건	불법	가중적	업무상과실·중과실폭발성물건파열 등의 죄 (제173조의2 제2항)		

---

1) 刑法大全, 第665條 내지 第669條 참조.

방화와 실화의 죄는 기본적 구성요건으로 방화죄, 실화죄, 준방화죄 및 준실화죄 등 네 가지 유형을 들 수 있다.

방화죄에는 기본유형인 일반물건방화죄(제167조)와 가중적 유형인 현주건조물방화죄(제164조)와 공용건조물방화죄(제165조)등이 있다. 현주건조물방화치사상죄(제164조 제2항)는 현주건조물방화죄의 결과적 가중범이고 연소죄(제168조)는 감경적 구성요건인 자기소유 일반건조물방화죄에 대한 결과적 가중범이다.

일반적으로 기본적 구성요건은 동일 구성요건체계 내에서 가장 먼저 규정되지만, 방화죄의 경우 기본적 구성요건인 일반물건방화죄와 가중적 구성요건간에는 보충법과 일반법의 관계에 있게 된다. 따라서 법조경합 중 보충관계에 해당하므로 일반법은 보충법에 우선한다는 원칙에 따라 일반법이 우선 적용되는 관계에 있다.

현주건조물방화, 공용건조물방화, 일반건조물방화, 폭발성물건파열, 가스·전기등방류 및 공급방해죄에 대하여는 미수범 및 예비·음모죄를 처벌하며, 예비·음모죄의 자수는 형의 필요적 감면사유이다.

그리고 자기소유와 타인소유의 구분에 있어서, 타인의 동의가 있는 경우 자기소유와 동일하게 간주하고, 자기소유라도 압류 기타 강제처분을 받거나 타인의 권리 또는 보험의 목적물이 된 때에는 타인 소유로 간주한다. 이는 본 장의 죄에 있어서 부차적 법익인 재산죄적 성격을 반영한 것이다.

§2. 유형별 고찰

I. 현주건조물 등 방화죄

*불을 놓아 사람이 주거로 사용하거나 사람이 현존하는 건조물, 기차, 전차, 자동차, 선박, 항공기 또는 지하채굴시설을 불태운 자는 무기 또는 3년 이상의 징역에 처한다(제164조 제1항).
*본죄의 미수범은 처벌한다(제174조).

1. 의   의

본죄는 사람의 생명, 신체 또는 재산에 대한 위험이 크다는 점을 고려한 가중적 구성요건이며, 추상적 위험범이지만 미수범처벌규정이 있다. 본죄는 공공의 안전을 주된 보호법익으로 하고 재산을 부차적 보호법익으로 하고 있다.

2. 구성요건

(1) 객관적 구성요건

1) 객   체

① 사람의 주거에 사용한다는 것

사람이란 행위자 이외의 모든 자연인을 의미한다. 따라서 주거로 사용하는 건물 등이 누구의 소유물인가는 불문하나 이는 행위 당시에 행위자 이외의 자연인이 일상생활의 장소로서 사용함을 말한다. 행위자만이 주거로 사용하는 행위자 소유의 건물은 제166조 제2항(자기소유일반건조물방화죄)의 객체로 된다. 행위자 이외의 자연인에는 범인의 가족, 동거자 기타의 친족도 포함된다.

주거로서의 사용은 사실상의 의미이므로 반드시 적법할 것을 요하지 않으며[1] 그 사용이 일시적이든 계속적이든 불문한다. 주거로 사용하는 한 방화 당시에 그 목적물 안에 사람이 현존할 것을 요하지 않으며, 건조물의 일부가 주거로 사용되어도 그 건조물 전체가 주거로 된다.[2]

② 사람의 현존

사람이 현존한다는 것은 주거로 사용하거나 또는 사용하지 않는 건조물 등의 내부에 행위 당시에 행위자 이외의 자연인이 있는 것을 의미한다. 사람이 현존하는 이유는 불문한다. 주거에 현존하는 자를 모두 살해한 후에 방화한 때에는 인과성 여부를 따져 현주건조물방화살인죄가 되는 경우를 제외하고는 일반건조물방화죄가 성립한다고 봄이 타당할 것이다.

③ 건조물, 기차, 전차, 자동차, 선박, 항공기, 지하채굴시설

건조물이란 가옥 기타 이에 유사한 공작물로서 토지에 정착하여 사람이 출입하고 체류하기에 적합한 구조를 갖는 물체를 말하며 그 규모의 크기와 재료의

---

1) 김성돈, 571면; 김성천/김형준, 606면; 오영근, 466면; 이재상 외, 506면; 이정원, 537면; 임웅, 629면; 정성근/정준섭, 364면.
2) 대판 1967. 8. 29, 67도925.

종류 여하를 불문한다. 반드시 사람의 주거용이어야 하는 것은 아니라도 사람이 사실상 기거, 취침에 사용할 수 있는 정도에는 이르러야 한다.[1] 건조물의 일부로 인정되려면 건조물을 훼손하지 않고는 철거할 수 없는 상태에 있어야 한다. 이러한 관계에 있는 한 건조물의 부속물도 건조물에 해당한다. 그러나 가옥과 접속되어 있지 않은 축사, 천막 등은 건조물이 아니며[2] 제167조의 일반물건에 해당될 뿐이다. 그밖에 기차, 전차, 자동차, 선박, 항공기 또는 지하채굴시설은 일반적인 의미외에 본 규정상의 특별한 의미는 없다.

2) 행 위

본죄의 행위는 불을 놓아 목적물을 소훼하는 것이다.

① 불을 놓는 것(방화)

불을 놓는 행위, 즉 방화는 불이 나게 하여 목적물을 태워 훼손하는 일체의 행위를 의미한다. 그 수단, 방법에는 아무런 제한이 없으며 작위의무가 있는 한 부작위에 의한 방화도 가능하다. 단순한 소화의무 또는 소화협력의무의 위반의 경우는 소방기본법(제50조, 제53조)에 해당할 뿐이다. 목적물에 직접 점화하는 시점에 실행의 착수가 인정됨은 물론이지만 그 매개물에 불이 붙게 됨으로써 연소작용이 계속될 수 있는 상태에 이르렀으면 그것이 곧바로 진화되는 등의 사정으로 목적물 자체에는 아직 불이 옮겨 붙지 못하였어도 실행의 착수가 인정된다.[3]

② 기수시기(소훼)

구성요건상 '불태운'이란 소훼로서, 화력에 의하여 목적물이 타서 훼손됨을 의미하며 이러한 상태에 이르렀을 때 본죄는 기수가 된다. 본죄의 기수시점에 관하여서는 학설상의 대립이 있다.

(가) 독립연소설   이 설은 불이 매개물을 떠나 목적물에 옮겨져 독립적으로 연소를 계속할 수 있을 때 기수가 된다고 본다.[4] 방화죄의 본질이 공공위험범이라는 점을 중시하여 기수시기를 정하는 표준도 행위가 공공의 위험을 구체화시

---

1) 대판 2013. 12. 12. 2013도3950.
2) 배종대, 480면: 이재상 외, 519면: 황산덕, 106면은 천막은 건조물에 해당하나 축사는 건조물이 아니라고 본다.
3) 대판 2002. 3. 26. 2001도6641.
4) 김성천/김형준, 608면: 박보무, 주석(상), 257면: 신동운, 270면: 이재상 외, 517면: 이정원, 497면: 조준현, 383면.

키는 상태를 야기한 때로 보게 된다. 이러한 시점에 이른 한 목적물의 손괴의 대소는 문제되지 않는다. 판례[1]의 입장이다. 동 학설을 취하면서 목적물 그 자체 또는 그 중요부분에 연소가 개시된 때에 기수를 인정한다고 보는 견해가 있다.[2]

(나) 효용상실설   이 설은 화력에 의하여 목적물의 중요부분이 손괴되어 본래의 효용가치가 상실된 때에 기수가 된다고 본다.[3] 이 설은 방화죄가 재산죄의 성격도 함께 지니고 있다는 점을 중시하고 우리 형법이 불을 놓는 것뿐만 아니라 소훼를 요구하고 있으며 같은 공공위험죄인 일수죄(제117조 이하)와 폭발물파열죄(제172조)가 목적물의 효용상실을 그 기수의 요건으로 삼고 있는 점과 균형 있는 해석을 해야 한다는 점을 근거로 한다.

(다) 절충설   독립연소설은 너무 이른 시점에서 기수를 인정하고 있지만 그렇다고 기수시점이 효용상실설의 주장처럼 목적물의 중요부분의 손괴까지 이를 필요는 없다고 보아 그 절충점을 찾으려는 견해로 다음의 세 가지가 포함된다.

ⓐ **중요부분 연소개시설:**   이 설은 단순히 독립연소의 가능성이 있는 것만으로는 부족하고 목적물의 중요부분에 연소가 개시되었을 때 방화죄는 기수가 된다고 본다.[4]

ⓑ **일부손괴설:**   이 설은 효용상실설의 내용을 완화하여 목적물의 중요부분이 손괴될 필요는 없고 손괴죄의 성립에 필요할 정도로 목적물의 일부 손괴가 있으면 방화죄는 기수가 된다고 본다.[5] 이 설은 공공의 위험발생과 연소시기를 일치시킬 필요가 없고 방화죄가 갖는 재산죄로서의 성격을 도외시해서는 안된다는 것을 전제로 하면서 방화죄가 위험범이지만 결과범이고 문언상 소훼에는 물리적 훼손 즉 손괴가 포함된다고 보는 것이 타당한 해석이라는 점을 근거로 한다.[6]

---

1) 대판 1970. 3. 24, 70도330; 대판 1961. 5. 15, 61형상89.
2) 이재상 외, 517면.독일에 있어서는 독립연소설을 취하면서도 건조물방화에 있어서는 그 용법상 본질적으로 사용되는 부분, 예컨대 출입문, 마루 등에 점화되어 독립적으로 타오를 때에 기수가 되고 단순한 가구나 물품 등에 불이 붙는 것만으로는 충분하지 못하다는 견해가 대두하고 있는데 (Lackner/Kühl, §306 Rn. 3; BGHSt 16. 109.) 이와 유사한 주장으로 이해된다.
3) 백형구, 424면; 서일교, 290면; 유기천(하), 25면; 정영석, 122면.
4) 정영일, 291면; 진계호, 657면.
5) 김성돈, 573면; 김혜정 외, 480면; 오영근, 468면; 원혜욱, 371면; 임웅, 634면; 정성근/정준섭, 366면.
6) 임웅, 633면.

ⓒ **추상적 위험범, 구체적 위험범 구별설(2분설):** 이 설은 방화죄에 있어서도 추상적 위험범에 해당하는 죄(예컨대 현주건조물방화죄)의 기수시기는 독립연소설에 따르고 구체적 위험범에 해당하는 죄(예컨대 자기소유일반건조물방화죄)의 경우에는 중요부분 연소개시설에 의하여 기수시기를 결정해야 한다고 본다.[1]

생각건대 효용상실설과 일부손괴설은 방화죄의 본질이 공공위험적인 것을 간과하였고, 독립연소가능성만으로 기수를 인정하는 것은 기수시기를 지나치게 앞당길 염려가 있다. 이러한 문제점은 이분설에도 부분적으로 해당된다. 결과적으로 절충설 중에서도 중요부분 연소개시설이 가장 타당하다고 본다. 다만 독립연소설을 취하면서도 목적물 그 자체나 그 중요부분에 연소가 개시된 때에 성립한다고 보는 입장[2]은 사실상 중요부분 연소개시설과 다른 것이 없다고 판단된다.

판례

1. 미수의 경우

방화의 의사로 뿌린 휘발유가 인화성이 강한 상태로 주택주변과 피해자의 몸에 적지 않게 살포되어 있는 사정을 알면서도 라이터를 켜 불꽃을 일으킴으로써 피해자의 몸에 불이 붙은 경우, 비록 외부적 사정에 의하여 불이 방화 목적물인 주택 자체에 옮겨 붙지는 않았다 하더라도 현존건조물방화죄의 실행의 착수는 인정된다.[3]

2. 기수의 경우

피해자의 사체 위에 옷가지 등을 올려놓고 불을 붙인 천조각을 던져서 그 불길이 방안을 태우면서 천정에까지 옮겨 붙었다면 도중에 진화되었다고 하더라도 일단 천정에 옮겨 붙은 때에 이미 현주건조물방화죄의 기수에 이른 것이다.[4]

---

(2) 주관적 구성요건

미필적 고의로도 족하나, 본죄는 추상적 위험범이므로 고의의 성립에 공공의

---

1) 김일수/서보학, 561면; 배종대, 482면; 정웅석, 1339면.
2) 이재상 외, 517면.
3) 대판 2002. 3. 26, 2001도6641.
4) 대판 2007. 3. 16, 2006도9164.

위험성에 대한 인식은 필요하지 않다. 방화의 목적물이 본죄의 객체가 아닌 경우에 본죄의 고의가 부정된다. 그러나 다른 물건에 방화하는 것을 수단으로 하여 본죄의 객체에 연소되도록 시도한 경우에는 본죄의 고의가 인정된다.

목적물이 주거에 사용되지 않는다고 판단했거나 사람이 현존하지 않는 것으로 잘못 알았던 경우는 구성요건적 착오로서 고의를 조각한다. 그러나 소유자가 누구인가를 착오한 경우는 고의성립에 영향을 미치지 않는다.

3. 피해자의 승낙

현주건조물 등에 방화한 경우에도 주거자나 현존자의 승낙이 있으면 일반건조물방화죄(제166조)로 되고 타인소유 일반물건에 방화한 경우에도 소유자의 승낙이 있으면 자기소유 일반물건에 대한 방화죄(제167조 제2항)로 된다는 견해가 있다.[1] 일반물건방화죄에 있어서는 소유권 유무에 따라 처벌에 차등을 두고 있으므로 이러한 견해가 타당하지만 현주건조물 등 방화죄에 있어서는 주거자나 현존자의 승낙이 있다고 하여 이를 일반건조물 등 방화죄와 동일시하는 것은 타당하다고 볼 수 없다.[2] 공공의 위험과 사람의 생명은 승낙에 의하여 처분할 수 있는 법익이 아니고 아무리 승낙이 있었다고 하더라도 주거자나 현존자가 있는 것을 알면서 방화하는 경우를 비현존의 객체에 대한 방화와 동일시하는 것은 타당하다고 보기 어렵다.

4. 죄수 및 타죄와의 관계

1개의 방화행위에 의하여 수개의 객체를 소훼하거나 동일한 목적물의 수개처에 방화한 경우에는 1개의 방화죄만 성립한다. 1개의 방화행위로 현주건조물과 일반건조물을 소훼한 때에는 현주건조물방화죄만 성립한다.[3]

내란죄의 실행행위로서 본죄를 범한 경우에 본죄는 내란죄에 흡수된다고 보는 견해[4]도 있으나, 내란행위에 반드시 방화가 수반되는 것은 아니므로 상상적 경합이 된다. 소요죄의 실행 중에 본죄를 범한 경우에는 양죄의 상상적 경합이

---

1) 김성돈, 546면; 서일교, 291면; 유기천(하), 19면; 정영석, 125면.
2) 김일수/서보학, 582면; 백형구, 425면.
3) 임웅, 634면.
4) 배종대, 482면; 진계호, 658면.

된다. 화재보험금을 노려 본죄를 범하고 보험금을 편취한 경우에는 본죄와 사기죄의 실체적 경합이 된다. 그렇지만 화재보험금사취를 목적으로 하였으나 현주건조물 방화에만 그친 경우에는 현주건조물방화죄만 성립한다.[1)]

Ⅱ. 현주건조물 등 방화치사상죄

> *제1항의 죄를 지어 사람을 상해에 이르게 한 때에는 무기 또는 5년 이상의 징역에처한다. 사망에 이르게 한 때에는 사형, 무기 또는 7년 이상의 징역에 처한다(제164조 제2항).

1. 의 의

본죄는 현주건조물 등 방화죄를 범하여 사람을 사상에 이르게 함으로써 성립하는 결과적 가중범이다. 본죄의 보호법익은 공공의 안전과 사람의 생명·건강이다. 본죄를 고의적 방화와 이에 기인하는 과실에 의한 결과로서의 치사상의 결합인 진정결과적 가중범으로만 이해할 때에는 상해와 사망에 고의가 있었던 방화를 오히려 더 경하게 취급하게 되어 형의 불균형의 문제가 발생한다. 그러므로 부진정결과적 가중범으로 보아 사상에 고의가 있었던 경우도 본죄를 적용하여야 한다. 판례[2)]도 이와 같다.

2. 구성요건

(1) 기본범죄

본죄의 성립에 있어서 기본범죄는 현주건조물 등 방화죄이며 그 내용은 앞에서 설명한 것과 같다.

(2) 중한 결과(사망 또는 상해)의 발생

현주건조물 등 방화죄를 범하여 사람을 사망 또는 상해에 이르게 해야 한다. 여기에서 사람이란 자연인인 타인을 의미한다. 방화와 사상의 결과 사이에는 인

---

1) 사기죄의 실행의 착수시점은 기망행위이므로 사취의 목적으로 방화하였더라도 실제로 보험회사에 청구해야 실행의 착수가 인정되기 때문이다.
2) 대판 1996. 4. 26, 96도485. 그러나 판례도 존속살해죄나 강도살인죄와 본죄는 상상적 경합으로 된다고 본다(대판 1983. 12. 8, 98도3416).

과관계가 있어야 하고 객관적 귀속이 인정되어야 한다. 이러한 관계는 사상이 직접 불에 의한 것이 아닌 경우, 예컨대 연기나 가스, 건조물의 붕괴 등에 의하여 발생한 경우에도 긍정될 수 있다.[1] 또한 행위자에게는 사망 또는 상해의 결과발생을 예견할 수 있었음에도 불구하고 그러한 중한 결과를 발생시킨 사실, 즉 과실이 있었을 것을 요한다. 부진정결과적 가중범이므로 사망 또는 상해의 고의가 있었던 경우에도 본죄가 성립한다. 다만, 고의가 있는 때에는 고의범인 살인죄 또는 상해죄와 본죄와의 상상적 경합이 성립된다고 보아야 할 것이다. 그러나 판례는 이 경우에도 현주건조물방화치사상죄만 인정한다.[2]

심 화 존속에 대한 결과적 가중범의 예외

부진정결과적 가중범은 형의 불균형을 시정하기 위하여 성립시키는 것이므로, 양자의 법정형이 동일할 때에는 원칙에 따라 고의의 기본범죄와 고의의 중한 결과의 상상적 경합을 인정하여야 한다. 예컨대, 제164조 제2항에서 일반인에 대한 고의의 현주건조물방화치사죄와 존속에 대한 고의의 현주건조물방화치사를 비교하면 다음과 같다. 우선 전자의 경우 현주건조물에 방화하여 거주하는 일반인을 살해한 경우에는 제164조 제1항 현주건조물방화죄와 제250조 제1항의 보통살인죄의 상상적 경합이 되어, 사형, 무기, 5년 이상의 징역에 해당한다. 그러나 이는 현주건조물방화에 방화하여 과실로 치사에 이른 자에 대한 현주건조물방화치사죄의 법정형인 사형, 무기, 7년 이상보다 경하게 되므로, 현주건조물방화치사죄는 중한 결과에 대하여 고의가 있는 경우도 포함하여야 하므로 부진정 결과적 가중범이 된다. 반면 그 대상이 존속인 경우에는 제164조 제1항 현주건조물방화죄와 제250조 제2항의 존속살해죄의 상상적 경합이 되어, 사형, 무기, 7년 이상의 징역에 해당한다. 이는 현주건조물방화치사죄의 법정형과 동일하다. 이처럼 최소한 중한 결과에 대한 과실범과 고의범의 법정형이 동일해 진다면 중한 결과에 대한 고의범을 결과적 가중범에 포함시킬 수 없으므로 진정 결과적 가중범이 된다. 그 결과 존속에 대하여 고의로 현주건조물방화를 하여 살해하면, 현주건조물방화치사죄가 아니라 제164조 제1항의 현주건조물방화죄와 제250조 제2항의 존속살해죄의 상상적 경합이 성립한다고 보아야 한다.

---

1) 이재상 외, 508면.
2) 대판 1996. 4. 26, 96도485.

3. 죄   수

하나의 현주건조물방화행위로 다수의 사람을 치상 또는 치사에 이르게 한 경우 피해자의 수만큼 현주건조물방화치사상죄가 성립하고 모두 상상적 경합이 된다. 현주건조물방화후 탈출하려는 피해자를 막아 사망에 이르게 하였다면 사망의 직접적 원인은 탈출을 방해한 추가적인 행위에 의한 것이므로 결과적 가중범으로서의 객관적 귀속(직접성의 원칙)이 부정되어, 현주건조물방화죄와 살인죄의 실체적 경합이 된다. 또한 현주건조물방화로 살해를 하고자 하였으나 피해자가 도주하여 생명침해에 이르지 못한 경우에는 비록 부진정결과적 가중범이라 하더라도 중한 결과의 미수는 결과적 가중범이 될 수 없으므로, 현주건조물방화죄와 살인미수죄의 상상적 경합이 된다.

하나의 현주건조물방화행위로 갑과 을을 살해하고자 하였으나 갑은 사망하였지만 을은 미수에 그친 경우, 갑에 대하여는 현주건조물방화치사죄가 성립하고 을은 현주건조물방화죄와 살인미수죄의 실체적 경합이 될 것으로 보이나 현주건조물방화는 이미 현주건조물방화치사죄에서 법적 평가가 이루어졌으므로 결과적으로 갑에 대한 현주건조물방화치사죄와 을에 대한 살인미수죄의 상상적 경합이 된다.

Ⅲ. 공용건조물 등 방화죄

> *불을 놓아 공용 또는 공익에 공하는 건조물, 기차, 전차, 자동차, 선박, 항공기 또는 지하채굴시설을 불태운 자는 무기 또는 3년 이상의 징역에 처한다(제165조).
> *본죄의의 미수범은 처벌한다(제174조).

1. 의   의

형법은 본죄의 객체가 공용 또는 공익에 사용되는 것이라는 점에서 비공용건조물 등에 방화한 경우보다 그 형을 무겁게 하고 있으며 주거도 아니고 사람이 현존하는 건조물 등도 아님에도 불구하고 현주건조물방화죄와 같은 법정형으로 본죄를 처벌하고 있다. 추상적 위험범이지만, 미수범 처벌규정이 있는 것도 현주건조물방화죄와 같다.

2. 구성요건

(1) 객관적 구성요건

본죄의 객체는 공용 또는 공익에 사용되는 주거가 아니고 또한 사람이 현존하지도 않는 건조물, 기차, 전차, 자동차, 선박, 항공기 또는 지하채굴시설이다. 공용에 공한다는 것은 국가나 공공단체를 위하여 사용한다는 의미이고 공익에 공한다는 것은 일반인(공중)의 이익을 위하여 사용한다는 의미이다.[1] 이들 객체가 누구의 소유물인가는 불문한다. 공용건조물이라 할지라도 사람이 현존하는 것을 인식하고 방화한 경우에는 현주건조물 등 방화죄가 성립한다. 본죄의 행위는 불을 놓아 목적물을 소훼하는 것이며 그 의미는 현주건조물 등 방화죄에서 설명한 것과 같다.

(2) 주관적 구성요건

미필적 고의로써 족하다. 공익건조물을 일반건조물로 잘못 알았던 경우에는 행위자의 인식에 따라 일반건조물 방화죄만 성립한다.

Ⅳ. 일반건조물 등 방화죄

> *불을 놓아 전2조에 기재한 이외의 건조물, 기차, 전차, 자동차, 선박, 항공기 또는 지하채굴시설을 불태운 자는 2년 이상의 유기징역에 처한다(제166조 제1항).
> *자기소유인 제1항의 물건을 불태워 공공의 위험을 발생하게 한 자는 7년 이하의 징역 또는 1천만원 이하의 벌금에 처한다(제166조 제2항).
> *본죄의 미수범은 처벌한다(제174조).
> *자기의 소유에 속하는 물건이라도 압류 기타 강제처분을 받거나 타인의 권리 또는 보험의 목적물이 된 때에는 본장의 규정의 적용에 있어서 타인의 물건으로 간주한다(제176조).

1. 의   의

본죄는 불을 놓아 제164조(현주건조물방화죄)와 제165조(공용건조물 등 방화죄)에 기재한 객체에 소훼함으로써 성립한다. 형법은 본죄의 객체의 소유가 타인에

---

1) 임웅, 638면; 정영석, 127면.

게 속하는 경우와 자기에게 속하는 경우를 나누어 그 취급을 달리하고 있다.

2. 구성요건

(1) 객체가 타인의 소유에 속하는 경우(제166조 제1항)

이 경우를 타인소유 일반건조물 등 방화죄라고 부른다. 행위객체는 주거에 사용하지 않거나 사람이 현존하지 않고 공용 또는 공익에도 공하지 않는 객체로서 그 소유가 타인(행위자 이외의 자)에게 속하는 것에 한정된다. 한편 자기에게 속하는 물건이라도 압류 기타 강제처분을 받거나 타인의 권리 또는 보험의 목적물이 된 때에는 타인의 물건으로 간주된다(제176조).

본죄의 행위는 불을 놓아 목적물을 것이고(추상적 위험범) 구체적으로 공공의 위험이 발생할 것을 요하지 않는다.

(2) 객체가 자기의 소유에 속하는 경우(제166조 제2항)

자기소유 일반건조물 등 방화죄라고도 불리워지며 그 행위객체는 자기소유의 비주거, 비현존, 비공용의 건조물, 기차, 자동차, 선박, 항공기 또는 지하채굴시설이다. 소유자가 방화에 동의했거나 무주물인 비주거, 비현존, 비공용의 건조물 등에 방화할 경우도 행위자의 소유에 속하는 물건에 대한 방화에 준한다고 보아야 할 것이다.[1]

본죄의 행위는 불을 놓아 목적물을 소훼하여 공공의 위험을 발생하게 하는 것이다(구체적 위험범). 여기에서 공공의 위험이란 불특정 다수인의 생명, 신체, 재산에 대한 위험을 말한다. 구체적 위험범에 있어서 위험은 구성요건의 객관적 표지이므로 본죄의 고의의 성립에는 공공의 위험에 대한 인식도 있어야 한다. 자기소유 일반건조물 등 방화죄는 타인소유 일반건조물 등 방화죄에 비하여 법정형도 경하고 미수와 예비·음모의 처벌도 없다.

---

1) 김성천/김형준, 611면; 박상기/전지연, 737면; 서일교, 291면; 오영근, 473면; 유기천(하), 35면; 이재상 외, 523면; 임웅, 639면; 정성근/정준섭, 370면 등.

V. 일반물건방화죄

> *불을 놓아 전3조에 기재한 이외의 물건을 불태워 공공의 위험을 발생하게 한 자는 1년 이상 10년 이하의 징역에 처한다(제167조 제1항).
> *제1항의 물건이 자기의 소유에 속한 때에는 3년 이하의 징역 또는 700만원 이하의 벌금에 처한다(제167조 제2항).

1. 의   의

본죄는 불을 놓아 현주건조물 등 방화죄(제164조), 공용건조물 등 방화죄(제165조), 일반건조물 등 방화죄(제166조)에 기재한 행위객체 이외의 물건을 소훼하여 공공의 위험을 발생하게 함으로써 성립한다. 형법은 타인소유 일반물건방화와 자기소유 일반물건방화를 구분하여 후자를 전자보다 감경적 구성요건으로 하고 있으나 일반건조물 등 방화의 경우와 달리 자기소유뿐만 아니라 타인소유 일반물건 등 방화까지도 공공의 위험을 발생하게 할 것을 요건으로 하여 모두 구체적 위험범의 성격을 부여하고 있다.

2. 구성요건

본죄에 있어서도 소유자가 방화에 동의했거나 그 물건이 무주물인 경우는 자기소유의 일반물건방화죄에 준한다고 본다. 그러나 자기소유에 속하는 일반물건이라 할지라도 압류 기타 강제처분을 받거나 타인의 권리 또는 보험의 목적물이 된 때에는 타인소유 일반물건방화죄의 객체에 해당한다(제176조).

본죄의 고의의 성립에는 그 물건의 소유가 누구에게 속하느냐에 관계없이 공공의 위험에 대한 인식을 필요로 한다. 본죄는 구체적 위험범이므로 타인소유의 일반물건에 방화하여 소훼의 결과가 발생한 때에도 공공의 위험이 발생하지 않은 경우에는 단지 재물손괴죄를 구성할 뿐이다.

VI. 연 소 죄

> *제166조 제2항 또는 전조 제2항의 죄를 범하여 제164조, 제165조 또는 제166조 제1
> 항에 기재한 물건에 연소한 때에는 1년 이상 10년 이하의 징역에 처한다(제168조 제
> 1항).
> *전조 제2항의 죄를 범하여 전조 제1항에 기재한 물건에 연소한 때에는 5년 이하의 징
> 역에 처한다(제168조 제2항).

1. 의   의

본죄는 자기소유 일반건조물 또는 자기소유 일반물건에 대한 방화죄를 범하
고 이로 인하여 현주건조물, 공용건조물, 타인소유 일반건조물 또는 타인소유 일
반물건 등에 불이 옮겨 붙어 소훼됨으로써 성립한다. 따라서 본죄는 자기소유
일반건조물방화죄나 자기소유 일반물건방화죄의 진정결과적 가중범에 해당한
다. 만일 중한 결과에 고의가 있는 경우 법조경합 중 보충관계에 의하여 해당
제164조, 제165조 또는 제166조 제1항의 범죄만 성립한다.

2. 구성요건

(1) 기본범죄

연소죄의 기본범죄는 자기소유 일반건조물방화죄와 자기소유 일반물건방화
죄이다. 고의범인 이들 범죄는 다른 물건에 불이 옮겨 붙기 이전에 공공의 위험
이 발생되었을 것을 전제로 한다. 또한 이들 범죄는 미수범 처벌규정이 없으므
로 연소 이전에 기수에 이르렀을 것을 요한다.[1]

(2) 연소의 결과발생

본죄에서 연소란 행위자가 예상치 못했던 물건에 불이 옮겨 붙어 소훼의 결
과가 발생하는 것을 의미한다. 기본범죄와 연소의 결과 사이에는 인과관계가 있
어야 하고 그 결과가 행위자에게 객관적으로 귀속되어야 한다. 더 나아가 행위

---

[1] 배종대, 635면: 백형구, 431면: 오영근, 618면: 이영란, 531면: 이재상 외, 512면: 임웅, 559면: 정성근/정준섭, 577면: 진계호, 664면 등.

자에게 연소에 대한 과실이 있어야 한다. 처음부터 연소시킬 고의를 가지고 있었던 경우에는 연소된 물건에 대한 방화죄가 성립한다.

Ⅶ. 방화예비·음모죄

> *제164조 제1항, 제165조, 제166조 제1항, 제172조 제1항, 제172조의 2 제1항, 제173조 제1항과 제2항의 죄를 범할 목적으로 예비 또는 음모한 자는 5년 이하의 징역에 처한다. 단, 그 목적한 죄의 실행에 이르기 전에 자수한 때에는 형을 감경 또는 면제한다(제175조).

방화예비·음모죄가 성립하려면 기본범죄를 범할 의도적 고의가 있어야 한다. 본죄의 경우 목적한 죄의 실행에 이르기 전에 자수한 때를 형의 필요적 감면사유로 한 것은 그 실행의 중지나 포기를 유도하기 위한 형사정책적 규정으로 볼 수 있다.

Ⅷ. 진화방해죄

> *화재에 있어서 진화용의 시설 또는 물건을 은닉 또는 손괴하거나 기타 방법으로 방해한 자는 10년 이하의 징역에 처한다(제169조).

1. 의   의

본죄는 화재에 있어서 진화용의 시설 또는 물건을 은닉 또는 손괴하거나 기타 방법으로 진화를 방해함으로써 성립한다. 본죄는 그 실행행위가 불을 놓는 것이 아니고 이미 발생한 화재의 진화를 방해하는 것이므로 방화죄로 볼 수는 없고 준방화죄의 성격을 갖는다.

2. 구성요건

(1) 객관적 구성요건

1) 행위정황

본죄의 행위는 「화재에 있어서」라는 행위정황 하에서 이루어져야 한다. 「화재에 있어서」란 화재가 이미 발생되어 있는 경우는 물론 화재의 발생이 분명하고 급박하여 진화방해에 이어 화재라는 사태가 발생한 경우도 이에 포함된다. 화재의 원인은 방화, 실화, 천재 기타 우연한 사정에 의한 것이든 불문한다.

2) 행 위

본죄의 행위는 진화용의 시설 또는 물건을 은닉 또는 손괴하거나 기타 방법으로 진화를 방해하는 것이다.

진화용의 시설 또는 물건이란 예컨대 화재경보기, 소화전, 소방자동차 등과 같이 소방용으로 만든 시설이나 물건을 말한다. 이러한 시설이나 물건이 누구의 소유에 속하는가는 불문한다. 진화용 시설이나 물건은 은닉 또는 손괴의 객체로서 본죄의 행위객체의 일부에 해당한다.[1]

은닉은 진화용 시설이나 물건의 발견을 불가능하게 하거나 곤란하게 하는 행위를 말하고 손괴는 물질적 훼손을 통하여 그 효용을 해하는 행위를 말한다. 진화용 시설이나 물건을 은닉 또는 손괴하는 것은 진화를 방해하는 방법의 한 예시라고 볼 수 있다. 은닉 또는 손괴 이외의 방법으로 진화를 방해하는 경우도 포함된다. 예컨대 화재현장에 가는 소방차의 통행을 막거나 소방관이 진화활동을 할 수 없도록 폭행, 협박을 하는 경우 등이 이에 해당한다.

본죄는 부작위에 의해서도 성립될 수 있다. 예컨대 화재시에 화재보고나 진화를 해야 할 법률상의 작위의무를 갖는 자가 그 의무를 태만히 하여 진화를 방해한 경우가 이에 해당한다. 여기에서 작위의무란 화재시에 진화활동에 종사해야 할 의무를 말하므로 부작위에 의한 방화에 있어서의 작위의무와는 구분된다. 부작위에 의한 방화죄가 성립하면 본죄는 성립할 여지가 없다.[2] 화재의 현장에 있는 자가 정당한 이유 없이 공무원 또는 이를 원조하는 자의 지시에 따르지 않

---

1) 소방관에게 폭행을 하여 진화를 방해하는 경우의 행위객체는 시설이나 물건이 아닌 사람이다. 그러므로 진화용 시설이나 물건은 본죄의 행위객체의 일부일 뿐 전부는 아니다.
2) 大塚(下), 764면은 진화방해죄가 부작위에 의한 방화죄에 대한 보충적 규정으로서의 역할을 한다고 본다.

거나 공무원의 원조요구에 응하지 않은 경우는 본죄가 아니라 단지 경범죄처벌법에 해당될 뿐이다(경범죄처벌법 제3조 제1항 제29호).

본죄는 진화에 방해가 될 만한 행위를 함으로써 기수가 되며 현실적이고 진화방해의 결과가 발생할 것을 요하지 않는다(추상적 위험범).

(2) 주관적 구성요건

본죄의 고의가 성립하려면 진화를 방해한다는 인식·인용뿐만 아니라 화재시라는 행위정황에 대한 인식도 있어야 한다.

3. 죄수 및 타죄와의 관계

방화와 진화방해에 모두 해당하는 경우에는 방화죄만 성립한다. 소방관을 폭행·협박하여 진화를 방해한 경우에는 진화방해죄와 공무집행방해죄의 상상적 경합이 된다.

IX. 폭발성물건파열죄 및 폭발성물건파열치사상죄

> *보일러, 고압가스 기타 폭발성 있는 물건을 파열시켜 사람의 생명, 신체 또는 재산에 대하여 위험을 발생시킨 자는 1년 이상의 유기징역에 처한다(제172조 제1항).
> *제1항의 죄를 범하여 사람을 상해에 이르게 한 때에는 무기 또는 3년 이상의 징역에 처한다. 사망에 이르게 한 때에는 무기 또는 5년 이상의 징역에 처한다(제172조 제2항).
> *제172조 제1항의 미수범은 처벌한다(제174조).

1. 폭발성물건파열죄

(1) 의 의

본죄는 구체적 위험범으로서, 폭발성물건의 파열 그 자체는 방화와 다르지만 폭발성물건의 파열이 사람의 생명, 신체, 재산 및 공공의 안전에 미치는 영향력은 화력에 의한 것에 준한다고 보아 방화의 죄에 이를 함께 규정하고 있는 것으로 보인다.[1]

---

1) 이재상 외, 527면; 정영석, 131면 등 참조.

(2) 구성요건

본죄의 행위는 보일러, 고압가스 기타 폭발성 있는 물건을 파열시켜 사람의 생명, 신체 또는 재산에 대하여 위험을 발생시키는 것이다. 보일러는 일반적으로 증기에너지를 이용하기 위하여 물을 끓여 증기를 발생시키도록 하는 장치를 말하고 고압가스는 고도로 압축 또는 액화된 고압상태에 있는 가스를 의미하는 것으로 모두 폭발성 있는 물건의 예시에 해당한다. 폭발성 있는 물건이란 급격하게 파열하여 물건을 파괴하는 성질을 가진 물질을 의미한다. 파열이란 물질의 급격한 팽창력을 이용하여 그 물질을 폭파시키는 일체의 행위를 말한다. 본죄의 행위는 사람의 생명, 신체 또는 재산에 대하여 구체적 위험이 발생하면 기수가 된다.

2. 폭발성물건파열치사상죄

본죄는 보일러, 고압가스 기타 폭발성 있는 물건을 파열하여 사람을 상해 또는 사망에 이르게 함으로써 성립하는 결과적 가중범이다. 폭발성물건파열치상죄는 부진정결과적 가중범이고 폭발성물건파열치사죄는 진정결과적 가중범이다.[1]

X. 가스·전기 등 방류죄 및 가스·전기 등 방류치사상죄

*가스, 전기, 증기 또는 방사선이나 방사성물질을 방출, 유출 또는 살포시켜 사람의 생명·신체 또는 재산에 대하여 위험을 발생시킨 자는 1년 이상 10년 이하의 징역에 처한다(제172조의2 제1항).
*제1항의 죄를 범하여 사람을 상해에 이르게 한 때에는 무기 또는 3년 이상의 징역에 처한다. 사망에 이르게 한 때에는 무기 또는 5년 이상의 징역에 처한다(제172조의2 제2항).
*본죄의 미수범은 처벌한다(제174조).

1. 가스·전기 등 방류죄

(1) 의 의

본죄는 가스·전기·증기·방사선 또는 방사성 물질을 방출·유출 또는 살

---

1) 김성돈, 555면; 이재상 외, 530면; 임웅, 649면.

포시켜 사람의 생명·신체 또는 재산에 대하여 위험을 발생시킴으로써 성립하는 구체적 위험범이다. 준방화죄의 성격을 가지고 있으며 미수범 처벌규정이 있다.

(2) 구성요건

본죄의 행위는 가스·전기·증기·방사선 또는 방사성 물질을 방출·유출 또는 살포시켜 사람의 생명·신체 또는 재산에 대하여 위험을 발생시키는 것이다. 여기에서 방사선이란 전자파 또는 입자선 중 직접 또는 간접으로 공기를 전리하는 능력을 가진 것을 의미하고(원자력안전법 제2조 제7호) 방사성물질은 핵연료물질, 사용 후의 핵연료, 방사성동위원소 및 원자핵분열생성물을 말한다(원자력안전법 제2조 제5호). 방출이란 가스·전기·증기 등을 한꺼번에 큰 규모로 노출시키는 것이고 유출이란 가스·전기·증기 등을 흘러(새어) 나아가게 하는 것이다. 살포는 분말상태나 미립자상태의 방사성물질을 흩어지게 하는 것인데 이에는 방사성물질을 방치하여 분말 또는 미립자가 자연히 날아 흩어지게 하는 것도 포함된다.[1]

본죄는 사람의 생명·신체 또는 재산에 대하여 구체적 위험을 발생시킨 때에 기수에 이른다.

2. 가스·전기 등 방류치사상죄

본죄는 가스·전기 등 방류죄의 결과적 가중범이다. 다만 가스·전기 등 방류치상죄에 있어서는 형의 균형상 가스·전기 등을 방류하여 고의로 사람을 상해한 경우까지 포함된다(부진정결과적 가중범). 그러나 가스·전기 등 방류치사죄는 진정결과적 가중범의 성격을 지니므로 살해의 고의가 있었던 경우에는 가스·전기 등 방류죄와 살인죄의 상상적 경합이 된다.

---

1) 법무부, 형법개정법률안 제안이유서, 1992, 202면.

XI. 가스 · 전기 등 공급방해죄 및 공급방해치사상죄

*가스, 전기 또는 증기의 공작물을 손괴 또는 제거하거나 기타 방법으로 가스 · 전기 또는 증기의 공급이나 사용을 방해하여 공공의 위험을 발생하게 한 자는 1년 이상 10년 이하의 징역에 처한다(제173조 제1항).

*공공용의 가스 · 전기 또는 증기의 공작물을 손괴 또는 제거하거나 기타 방법으로 가스 · 전기 또는 증기의 공급이나 사용을 방해한 자도 전항의 형과 같다(제173조 제2항).

*제1항 또는 제2항의 죄를 범하여 사람을 상해에 이르게 한 때에는 2년 이상의 유기징역에 처한다. 사망에 이르게 한 때에는 무기 또는 3년 이상의 징역에 처한다(제173조 제3항).

*본조(제173조 제1항과 제2항)의 미수범은 처벌한다(제174조).

1. 가스 · 전기 등 공급방해죄

본죄는 가스 · 전기 또는 증기의 공작물을 손괴 또는 제거하거나 기타 방법으로 가스 · 전기 또는 증기의 공급이나 사용을 방해하여 공공의 위험을 발생하게 함으로써 성립하는 구체적 위험범이며 준방화죄에 해당한다.

손괴란 가스 · 전기 · 증기의 공급이나 사용을 방해할 정도로 물질적 효용을 해하는 일체의 행위를 말하고 제거란 목적물을 없애버리는 행위를 말한다. 손괴나 제거는 가스 등의 공급이나 사용을 방해하는 행위의 예시에 불과하며 방해행위의 수단과 방법을 불문한다. 본죄는 공공의 위험이 발생해야 기수로 된다.

2. 공공용 가스 등 공급방해죄

본죄의 객체가 공공용이라는 점과 공공의 위험발생을 요건으로 하지 않는 추상적 위험범이라는 점이 전술한 가스 · 전기 등 공급방해죄와 다른 점이다.

3. 가스 · 전기 등 공급방해치사상죄

형의 균형상 치상의 경우는 부진정결과적 가중범, 치사의 경우는 진정결과적 가중범의 성격을 갖는다.

XII. 실 화 죄

1. 단순실화죄

> *과실로 인하여 제164조 또는 제165조에 기재한 물건 또는 타인의 소유에 속하는 제166조에 기재한 물건을 소훼한 자는 1천500만원 이하의 벌금에 처한다(제170조 제1항).
> *과실로 인하여 자기의 소유에 속하는 제166조 또는 제167조에 기재한 물건을 소훼하여 공공의 위험을 발생하게 한 자도 전항의 형과 같다(제170조 제2항).

(1) 의 의

본죄는 ① 과실로 인하여 제164조(현주건조물 등 방화죄), 제165조(공용건조물 등 방화죄) 또는 타인의 소유에 속하는 제166조(일반건조물 방화죄)에 객체로서 기재된 물건을 소훼하거나(제170조 제1항) ② 과실로 인하여 자기의 소유에 속하는 제166조(일반건조물 등 방화죄) 또는 제167조(일반물건방화죄)의 객체로서 기재된 물건을 소훼하여 공공의 위험을 발생하게 함으로써 성립한다. ①의 경우는 추상적 위험범이고 ②의 경우는 구체적 위험범이다. 「자기의 소유에 속하는 제166조 또는 제167조에 기재한 물건」의 해석과 관련하여 판례는 제166조에 기재한 물건은 자기의 소유물로 국한하지만 제167조에 기재한 물건은 자기의 소유에 속하든 타인의 소유에 속하든 불문한다고 보면서 이것이 관련조문을 전체적·종합적으로 해석하는 방법이라고 강조하였다.[1] 이에 대하여서는 유추해석에 의하여 법흠결을 보충하는 것으로서 죄형법정주의원칙에 반한다는 비판[2]도 있으나 타인소유의 일반물건에 대한 형법의 태도에 비추어 실화의 경우에는 자기소유의 일반물건 화재에 국한하고 있다고 보기는 어렵다. 그러므로 판례의 결론을 부당하다고 볼 수는 없다. 다만 제170조 제2항 법문의 표현에는 「자기의 소유에 속하는」이라는 수식어가 어법상 제166조뿐만 아니라 제167조까지 제한한다고 볼 수 있기 때문에 표현을 개선할 필요가 있다.

---

1) 대판 1994. 12. 20. 94모32.
2) 김영환, 「형법해석의 한계」, 형사판례연구4, 1면 이하.

(2) 구성요건

본죄의 행위는 과실로 목적물을 소훼한다는 사실에 그 공통점이 있다. 여기에서 과실이란 화재발생의 객관적 예견가능성과 회피가능성이 있었음에도 불구하고 행위자가 화기의 취급 내지 관리에 필요한 주의를 태만히 하여 결과의 발생을 인식하지 못한 것을 의미한다. 제2항의 경우에는 구체적 공공위험의 발생에 대하여서도 예견가능성이 있을 것을 필요로 한다. 공동의 과실이 경합하여 화재가 발생한 경우에는 각 과실이 화재발생에 대하여 하나의 조건이 된 이상은 그 공동원인을 제공한 각자가 실화의 죄책을 진다.[1]

과실행위와 소훼의 결과 사이에는 인과관계가 있어야 하고 결과가 행위자에게 객관적으로 귀속될 수 있어야 한다. 제2항의 경우에는 구체적 공공위험도 발생할 것을 요한다. 본죄는 작위는 물론 부작위에 의해서도 가능하다.

(3) 죄수 및 타죄와의 관계

1개의 실화행위에 의하여 제1항에 기재한 물건과 제2항에 기재한 물건을 함께 소훼한 경우에는 포괄하여 제1항의 실화죄만 성립한다. 또한 제1항에 기재한 수개 또는 수종의 물건을 1개의 실화행위에 의하여 소훼한 경우에는 포괄하여 제1항의 실화죄가 성립하고 1개의 실화행위로 제2항에 기재한 수개의 물건을 소훼한 경우에는 포괄하여 제2항의 실화죄가 성립한다.

실화로 인하여 사상의 결과가 발생한 경우에는 본죄와 과실치사죄 또는 본죄와 과실치상죄의 상상적 경합이 된다.

2. 업무상 실화·중실화죄

*업무상 과실 또는 중대한 과실로 인하여 제170조의 죄를 범한 자는 3년 이하의 금고 또는 2천만원 이하의 벌금에 처한다(제171조).

(1) 의 의

본죄는 업무자라는 신분 또는 과실의 중대성 때문에 책임이 가중되어 형이 무거워지는 가중적 유형이다. 형법은 실화에 있어서 업무상의 과실과 중과실을 동일한 비중으로 취급하여 하나의 구성요건에 함께 규정하고 있다.

---

1) 임웅, 645면; 대판 1983. 5. 10, 82도2279.

(2) 구성요건

1) 업무상 실화죄

본죄의 주체는 업무자이고 따라서 본죄는 부진정신분범이다. 본죄의 업무는 직무로서 화기의 안전을 배려해야 할 사회생활상의 지위,[1] 예컨대 보일러 관리, 주유소, 호텔, 극장, 백화점, 지하철역 등에서 화기를 취급하거나 화재예방에 종사하는 업무 등을 의미한다.[2]

본죄의 행위는 업무상으로 필요한 주의를 태만히 하여 실화죄(제170조)의 결과를 초래하는 것이다. 업무상의 과실행위와 결과 사이에는 인과관계가 있어야 하고 결과가 행위자에게 객관적으로 귀속되어야 한다.

업무상 실화가 사상의 결과를 초래한 경우에는 본죄와 괴실치상죄 또는 본죄와 과실치사죄의 상상적 경합이 된다.

2) 중실화죄

중실화죄에 있어서 중대한 과실이란 행위자가 조금만 주의를 했더라도 결과의 발생을 예견할 수 있었음에도 불구하고 현저한 부주의로 인하여 이를 인식하지 못한 경우를 말한다. 중과실 여부는 사회통념에 의하여 판단한다.[3]

3. 과실폭발성물건파열 등의 죄, 업무상 과실·중과실폭발성물건파열 등의 죄

> *과실로 제172조 제1항, 제172조의2 제1항, 제173조 제1항과 제2항의 죄를 범한 자는 5년 이하의 금고 또는 1천500만원 이하의 벌금에 처한다(제173조의2 제1항).
> *업무상 과실 또는 중대한 과실로 제1항의 죄를 범한 자는 7년 이하의 금고 또는 2천만원 이하의 벌금에 처한다(제173조의2 제2항).

폭발성물건 등을 다룸에 있어서 안전조치 소홀이나 그 밖의 과실로 인한 결과가 실화에 준한다는 점에서 준실화죄라고 볼 수 있다.

제2항은 업무자라는 신분 또는 과실의 중대성 때문에 단순한 과실폭발성물

---

1) 대판 1988. 10. 11, 88도1273.
2) 대판 1983. 5. 10, 82도2279은 본죄의 업무에는 화재의 원인이 된 화기를 직접 취급하는 것 이외에도 화재의 발견, 방지 등의 업무까지 포함된다고 판시하였다.
3) 대판 1960. 3. 9, 4292형상761; 1980. 10. 14, 79도305.

건파열 등의 죄에 비하여 형이 무거워지는 가중적 유형이다.

제4절 일수와 수리에 관한 죄

§1. 서 설

Ⅰ. 의의 및 보호법익

일수죄는 물의 자연력을 이용하여 수해를 일으켜 공공의 안전을 해하는 범죄로서 방화죄와 마찬가지로 공공위험범이며 공공의 평온을 그 보호법익으로 한다. 수리방해죄는 수리권을 보호법익으로 하는 범죄로서 공공위험범이 아니지만 수리방해행위에 일수의 위험이 따를 수도 있으므로 이를 일수죄와 함께 규정하고 있다.

일수에 관한 죄는 일반건조물 등 일수죄(제179조)를 기본적 구성요건으로 하고 현주건조물 등 일수죄(제177조)와 공용건조물 등 일수죄(제178조)를 가중적 구성요건으로 하는 이외에 방수방해죄와 과실일수죄를 두고 있다. 자기소유 일반건조물일수죄와 과실일수죄는 구체적 위험범이고 여타의 유형은 추상적 위험범이다.

Ⅱ. 현행법상의 체계

기본적 구성요건: 일반건조물일수죄 (제179조)	수정적 구성요건	불법	가중적	현주건조물일수죄(제177조 제1항) 공용건조물일수죄(제178조)
			결과적 가중범	현주건조물일수치사상죄(제177조 제2항)
	독립적 구성요건	방수방해죄(제180조) 수리방해죄(제184조) 과실범: 과실일수죄(제181조)		

일수와 수리의 죄는 기본적인 구성이 방화와 실화의 죄와 유사하다. 따라서 일반건조물일수죄가 기본적 구성요건이라면 현주건조물일수죄와 공용건조물일수죄와는 보충법과 일반법의 관계에 있으므로, 법조경합에 의하여 일반법에 해당하는 후자만이 성립한다. 공용건조물일수죄와 현주건조물일수죄도 보충법과 일반법의 관계이다. 방수방해죄와 수리방해죄 및 과실일수죄는 독립적 구성요건으로 보아도 무방할 것이다.

§2. 유형별 고찰

Ⅰ. 현주건조물 등 일수죄 및 현주건조물 등 일수치사상죄

*물을 넘겨 사람의 주거에 사용하거나 사람의 현존하는 건조물, 기차, 전차, 자동차, 선박, 항공기 또는 지하채굴시설을 침해한 자는 무기 또는 3년 이상의 징역에 처한다(제177조).
*제1항의 죄를 범하여 사람을 상해에 이르게 한 때에는 무기 또는 5년 이상의 징역에 처한다. 사망에 이르게 한때에는 무기 또는 7년 이상의 징역에 처한다.
*미수범은 처벌한다(제182조).

1. 현주건조물 등 일수죄

(1) 의   의

현주건조물 등 방화죄에 대응하는 범죄로서 공공의 안전을 주된 법익으로 하며 추상적 위험범이다.

(2) 구성요건

본죄의 행위객체와 의미는 현주건조물 등 방화죄의 그것과 같다.

본죄의 행위는 물을 넘겨 목적물을 침해하는 것이다. 물을 넘긴다는 것(일수)은 제한되어 있는 물의 자연력을 해방시켜 통제되어 있는 구역 밖으로 넘치게 하는 것을 의미하는데 그 물이 유수이건 저수이건 불문하며 물을 넘기는 수단, 방법에도 제한이 없다. 제방을 헐거나 수문을 파괴하거나 열거나 물의 흐름을 막거나 물의 양을 증가시키는 것 등은 모두 그 방법에 해당한다. 침해란 물의 힘(수력)에 의하여 물건의 효용을 감소, 멸실시키는 것으로 침해가 목적물의 전부에 미치든 일부에 미치든 불문한다. 또한 효용의 상실이나 감소가 영구적일 필요도 없다.

2. 현주건조물 등 일수치사상죄

현주건조물 등 일수치상의 경우는 형의 균형상 일수에 의한 고의적 상해의 경우까지 포함하는 부진정결과적 가중범으로 이해되고 치사의 경우는 진정결과적 가중범으로 볼 수 있다. 다만 결과적 가중범인 제2항에도 미수범처벌규정이 적용되므로 해석상 논란이 있을 수 있으나, 부진정결과적 가중범인 치상의 경우에만 미수범 처벌규정이 적용될 수 있고, 진정결과적 가중범인 치사의 경우에는 적용할 수 없다.

II. 공용건조물 등 일수죄

*물을 넘겨 공용 또는 공익에 공하는 건조물, 기차, 전차, 자동차, 선박, 항공기 또는 지하채굴시설을 침해한 자는 무기 또는 2년 이상의 징역에 처한다(제178조).
*미수범은 처벌한다(제182조).

본죄는 추상적 위험범이다. 공익에 공하는 객체라 하더라도 주거에 사용하거나 사람이 현존하고 있으면 현주건조물 등 일수죄가 성립한다.

III. 일반건조물 등 일수죄

*물을 넘겨 전2조에 기재한 이외의 건조물, 기차, 전차, 자동차, 선박, 항공기 또는 지하채굴시설 기타 타인의 재산을 침해한 자는 1년 이상 10년 이하의 징역에 처한다(제179조 제1항).
*자기의 소유에 속하는 전항의 물건을 침해하여 공공의 위험을 발생하게 한 때에는 3년 이하의 징역 또는 700만원 이하의 벌금에 처한다(제179조 제2항).
*제176조의 규정은 본조의 경우에 준용한다(제179조 제3항).
*미수범은 처벌한다(제182조).

본죄는 제1항은 추상적 위험범이고 제2항의 자기 소유 건조물 등의 경우는 구체적 위험범이다. 본죄의 객체가 자기의 소유에 속하는 물건이라 할지라도 압류 기타, 강제처분을 받거나 타인의 권리 또는 보험의 목적물이 된 때에는 타인의 물건으로 간주한다(제179조 제3항 및 제176조).

Ⅳ. 일수예비·음모죄

*제177조 내지 제179조 제1항의 죄를 범할 목적으로 예비 또는 음모한 자는 3년 이하의 징역에 처한다(제183조).

방화예비·음모죄에 상응하는 규정이나 방화예비·음모의 경우와 달리 자수에 대한 형의 필요적 감면규정이 없다.

Ⅴ. 방수방해죄

*수재에 있어서 방수용의 시설 또는 물건을 손괴 또는 은닉하거나 기타 방법으로 방수를 방해하는 자는 10년 이하의 징역에 처한다(제180조).

1. 의　　의

본죄는 방화죄의 진화방해죄(제169조)에 상응하는 범죄로 준일수죄라고도 한다. 추상적 위험범이자 거동범이다.

2. 구성요건

본죄는 수재라는 행위정황 하에서만 성립할 수 있다. 「수재에 있어서」란 침해가 발생되어 계속되고 있는 상태는 물론 수재발생의 위험성이 있는 상태를 포함하며[1] 수재발생의 원인은 불문한다. 본죄의 행위는 방수용의 시설 또는 물건을 손괴 또는 은닉하거나 기타 방법을 통하여 방수를 방해하는 것이다. 방수용

---

1) 김일수/서보학, 597면; 박보무, 주석(상), 289면; 배종대, 494면; 신동운, 303면; 이영란, 553면; 이재상 외, 535면; 진계호, 683면.

의 시설 또는 물건이란 방수용으로 만든 일체의 시설과 물건을 말하며 그 소유관계 여하를 불문한다. 방수용 시설 또는 물건을 손괴하거나 은닉하는 것은 방수를 방해하는 방법의 예시로 볼 수 있으며 이밖에도 방수방해의 방법 여하를 불문한다. 방수란 수재를 막기 위한 일체의 활동으로서 이에는 수재예방활동뿐만 아니라 이미 발생한 수재의 피해를 줄이기 위한 활동도 포함된다.[1] 본죄는 부작위에 의해서도 성립될 수 있다. 그러나 수재현장에 있는 자가 정당한 이유 없이 공무원 또는 이를 원조하는 자의 지시에 따르지 않거나 공무원의 원조요구에 응하지 않는 경우처럼 단순한 협력의무위반은 경범죄처벌법에 해당할 뿐(경범죄처벌법 제3조 제1항 제29호) 본죄를 구성하지 않는다.

Ⅵ. 과실일수죄

> *과실로 인하여 제177조 또는 제178조에 기재한 물건을 침해한 자 또는 제179조에 기재한 물건을 침해하여 공공의 위험을 발생하게 한 자는 1천만원 이하의 벌금에 처한다(제181조).

과실로 인하여 현주건조물 등 일수죄 또는 공용건조물 등 일수죄에 기재된 물건을 침해하는 경우는 추상적 위험범이고, 과실로 인하여 일반건조물 등 일수죄에 기재한 물건을 침해하여 공공의 위험을 발생하게 한 경우는 구체적 위험범이다.

Ⅶ. 수리방해죄

> *둑을 무너뜨리거나 수문을 파괴하거나 기타 방법으로 수리를 방해한 자는 5년 이하의 징역 또는 700만원 이하의 벌금에 처한다(제184조).

---

1) 김일수/서보학, 597면; 배종대, 494면; 신동운, 303면; 이재상 외, 535면; 임웅, 660면; 진계호, 683면.

1. 의   의

본죄는 수리권의 침해를 내용으로 하는 범죄이므로 수리권이 없는 자에 대하여서는 물의 사용을 방해하여도 본죄가 성립하지 않는다.[1]

2. 구성요건

본죄의 행위는 둑을 무너뜨리거나 수문을 파괴하거나 기타 방법으로 수리를 방해하는 것이다. 둑은 물이 넘쳐흐르는 것을 막기 위하여 만든 건조물이고 물이 밀려 둑이 터지게 하는 것을 말한다. 수문이란 저수지, 유수지, 댐 또는 수로에 설치하여 수량을 조절하는 문을 의미하고 수문의 파괴란 물질적 훼손을 통하여 수문으로서의 기능에 장애를 초래하는 것을 말한다. 제방의 결궤나 수문의 파괴는 수리방해행위의 예시이며 기타 방법, 예컨대 수로를 폐쇄, 변경하는 행위에 의해서도 수리의 방해는 가능하다. 그러나 단순히 삽으로 흙을 떠서 물줄기를 막은 정도로는 본죄에 해당한다고 보기 어렵고[2] 개천이나 도랑에 그 밖의 물질의 흐름을 방해한 정도에 그친 경우는 경범죄처벌법 제3조 제1항 제17호에 해당될 뿐이다.

본죄에서 수리란 관개, 목축, 수차, 발전 등 물의 모든 이용을 의미하며[3] 그 이용방법이나 종류 여하를 불문한다. 이용하는 물이 자연수이든지 인공수이든지 불문한다. 다만 음용수의 이용은 형법 제16장 음용수에 관한 죄(제192조 이하)에 의하여 보호되고 교통을 위한 물의 이용은 교통방해죄(특히 제185조)에 의하여 보호되므로 본죄의 수리에서 제외된다. 수리권은 법령, 계약뿐만 아니라 관습에 의해서도 인정된다.[4] 수리권자인 타인은 특정한 1인이거나 불특정·다수인이거나 불문하고, 범인이 수리권공유자의 1인이라 할지라도 본죄는 성립된다.

본죄의 행위는 궁극적으로 수리를 방해하는 것이다. 그러므로 비록 제방을 결궤하거나 수문을 파괴했어도 수리방해의 우려가 전혀 없었던 경우는 본죄에 해당하지 않고, 경우에 따라 손괴죄가 성립한다고 볼 수 있을 것이다.

---

1) 신동운, 304면.
2) 대판 1976. 6. 24, 73도2594; 이재상 외, 536면.
3) 대판 2001. 6. 26, 2001도404(따라서 원천 내지 자원으로서의 물의 이용이 아니라 하수나 폐수 등 이용이 끝난 물을 배수로를 통해 내려 보내는 것은 본조의 수리에 해당하지 않는다).
4) 대판 1968. 2. 20, 67도1677.

제 5 절 교통방해의 죄

§1. 서   설

Ⅰ. 의의 및 보호법익

교통방해의 죄는 공공의 교통로, 교통기관, 교통표지 등에 해를 가하여 교통을 방해할 것을 내용으로 하는 범죄로서 방화죄, 일수죄와 더불어 공공위험죄의 성격을 갖는다. 본죄의 규정은 공중의 교통안전을 보호법익으로 함과 동시에 이를 통하여 공중의 생명, 신체 또는 재산을 위험으로부터 보호한다.

Ⅱ. 현행법상의 체계

기본적 구성요건: 일반교통방해죄 (제185조)	수정적 구성요건	불법	가중적	기차·선박등 교통방해죄(제186조) 기차등 전복죄(제187조)
			결과적 가중범	교통방해치사상죄(제188조)
과실범: 과실교통방해죄 (제189조 제1항)		불법 및 책임	업무상과실·중과실 교통방해죄(제189조 제2항)	

일반교통방해죄를 기본적 구성요건으로 하고, 가중적 구성요건 및 결과적 가중범규정을 두고 있다. 과실범 규정으로 과실교통방해죄 및 이에 대한 가중규정으로 업무상과실·중과실 교통방해죄가 있다. 불법가중적 구성요건(제186조 또는 제187조)은 예비·음모도 처벌한다.

§2. 유형별 고찰

Ⅰ. 일반교통방해죄

> *육로, 수로 또는 교량을 손괴 또는 불통하게 하거나 기타 방법으로 교통을 방해한 자는 10년 이하의 징역 또는 1천500만원 이하의 벌금에 처한다(제185조).
> *미수범은 처벌한다(제190조).

1. 의   의

교통방해의 죄의 기본유형이고 추상적 위험범이다. 방해하는 행위는 계속범적 성격을 가지고, 미수범을 처벌한다.

2. 구성요건

행위태양으로써 육로·수로 또는 교량을 손괴 또는 불통하게 한다는 것은 교통을 방해하는 행위의 예시이고 육로·수로 또는 교량은 예시된 행위인 손괴 또는 불통의 행위객체이다.

육로는 공중의 왕래에 사용되는 육상의 도로를 말한다. 불특정·다수인 또는 차량이 자유롭게 통행할 수 있는 공공성을 가진 도로이면 충분하고[1] 노면의 광협, 부지의 소유관계, 통행인의 다과, 관리자가 누구인가 등은 불문한다.[2] 또한 반드시 도로법이나 도로교통법이 적용되는 도로일 필요도 없다.[3] 철로나 궤도는 다른 죄(제186조)의 적용을 받으므로 본죄의 육로에는 포함되지 아니한다.

수로란 선박의 항해에 사용되는 바다, 호수, 하천, 운하, 해협의 뱃길을 말한다. 교량은 공중의 교통에 제공된 다리를 말하는데 이에는 육교가 포함된다.[4]

---

1) 대판 1988. 5. 10, 88도262.
2) 대판 2007. 2. 22, 2006도8750(본 판례는 사실상 2가구 이외는 이용하는 사람이 없더라도 본죄의 육로에 해당한다고 본다) : 대판 2002. 4. 26, 2001도6903 : 대판 1999. 7. 27, 99도1651 : 대판 1991. 12. 10, 91도2550 : 대판 1989. 6. 27, 88도2264 : 대판 1979. 9. 11, 79도1761 : 대판 1971. 3. 9, 71도152 등.
3) 배종대, 495면 : 신동운, 307면 : 오영근, 196면 : 이재상 외, 539면 : 임웅, 665면.
4) 김일수/서보학, 601면 : 배종대, 496면 : 오영근, 497면 : 이재상 외, 540면 : 정성근/정준섭, 385면 등.

또한 산골짜기 등에 양쪽을 높이 매달아 연결한 다리인 잔교도 이에 포함될 수 있다고 보아야 할 것이다. 철교는 궤도의 일부이기 때문에 교량에 포함되지 아니한다. 교량의 구조, 형태, 재질, 소유관계 등은 불문한다.

　본죄의 행위태양은 손괴 또는 불통하게 하거나 기타 방법으로 교통을 방해하는 것이다. 여기에서 손괴란 교통을 방해할 수 있을 정도의 물질적 훼손을 말하고 불통하게 한다는 것은 장애물을 사용하여 왕래를 방해하는 일체의 행위를 의미한다. 손괴와 불통은 교통방해의 예시이므로 기타의 방법에 의해서도 교통의 방해는 얼마든지 가능하다. 예컨대 폭력으로 통행을 차단하거나 허위의 교통표지판을 세워 공중의 교통을 방해한 경우가 이에 해당한다.[1]

　교통을 방해한다는 것은 교통을 불가능하게 하는 경우뿐만 아니라 교통을 현저히 곤란하게 하는 경우를 포함하며, 이러한 상태가 발생하면 본죄는 바로 기수가 되고 현실적으로 교통방해의 결과가 발생할 것을 필요로 하지 않으며, 판례의 입장도 이와 같다.[2] 그런데 본죄는 미수범을 처벌한다. 이 경우 미수란 교량 등의 손괴 또는 불통행위에 착수는 하였으나 그 행위 자체를 완성하지 못하였거나 방해 또는 방해상태에 이르지 못한 경우를 의미한다.

판례

　집회 또는 시위가 신고된 범위 내에서 행해졌거나 신고된 내용과 다소 다르게 행해졌어도 신고된 범위를 현저히 일탈하지 않는 경우에는, 그로 인하여 도로의 교통이 방해를 받았다고 하더라도 특별한 사정이 없는 한 형법 제185조의 일반교통방해죄가 성립하지 않는다(대판 2008. 11. 13, 2006도755). 그러나 그 집회 또는 시위가 당초 신고된 범위를 현저히 일탈하거나 집시법 제12조에 의한 조건을 중대하게 위반하여 통행을 불가능하게 하거나 현저히 곤란하게 하면 동죄가 성립한다. 다만 모든 참가자에게 범죄가 성립하는 것은 아니고, 교통방해를 유발하는 직접적인 행위를 하였거나, 그렇지 않은 경우에는 그 참가자의 참가경위나 정도 등에 비추어 그 참가자에게 공모공동정범으로서의 죄책을 물을 수 있는 경우라야 한다(대판 2021. 7. 15, 2018도11349).

---

1) 김일수/서보학, 602면; 배종대, 496면; 백형구, 471면; 오영근, 498면; 이재상 외, 540면; 이정원, 515면; 임웅, 665면; 정성근/정준섭, 385면; 진계호, 690면 등.
2) 대판 2005. 10. 28, 2005도7545.

II. 기차, 선박 등 교통방해죄

> *궤도, 등대 또는 표지를 손괴하거나 기타 방법으로 기차, 전차, 자동차, 선박 또는 항공기의 교통을 방해한 자는 1년 이상의 유기징역에 처한다(제186조).
> *미수범은 처벌한다(제190조).

1. 의   의

교통을 방해받는 객체인 기차 등의 중요성에 비추어 일반교통방해죄보다 불법이 가중되어 형이 무거워지는 불법가중적 구성요건이며, 추상적 위험범이다.[1]

2. 구성요건

교통방해의 대상인 행위객체는 기차, 전차, 자동차, 선박, 항공기이다. 가솔린차, 디젤차 등과 같이 비록 법문상 열거되어 있지 않을지라도 기차, 전차, 자동차 등의 대용기관이 되는 것은 본죄의 객체에 포함되는 것으로 보아야 할 것이다. 이들 교통기관의 소유관계, 용도 등은 불문한다.

궤도, 등대 또는 표지는 교통방해행위의 한 수단인 손괴의 객체이다. 궤도란 일반교통에 제공하기 위하여 지상에 부설한 궤조를 의미한다(궤도운송법 제2조). 여기에서 궤도는 철도산업발전기본법 제3조 제1호나 도시철도법 제2조 상에서 규정하고 있는 철의 궤도에 한정되지 않고, 궤조와 구조상 불가분의 관계에 있는 모든 구조물을 포함한다. 등대란 등화를 통하여 항로의 원근, 방향, 위험한 지점 등을 알려줌으로써 항해의 안전을 도모하기 위한 시설을 말한다. 표지는 교통신호관계를 명백히 하기 위한 표지를 의미한다. 본죄에서 손괴는 목적물에 대한 교통을 방해할 수 있을 정도의 물질적 훼손을 의미한다. 기타 방법의 예로서는 허위의 표지를 게시하거나 표지를 제거하거나 등대의 등화나 교통신호등을 끄는 행위, 기차, 전차의 선로위에 장애물을 놓아두는 행위 등을 들 수 있다.[2]

교통을 방해한다는 것은 기차, 전차, 자동차, 선박, 항공기의 교통이 불가능하

---

1) 반면 오영근, 499면은 침해범으로 본다.
2) 김일수/서보학, 604면; 배종대, 497면; 백형구, 471면; 서일교, 304면; 신동운, 312면; 오영근, 500면; 이재상 외, 543면; 이정원, 517면; 임웅, 667면; 진계호, 691면.

거나 현저히 곤란하게 하는 것을 말하며 이러한 상태가 발생하면 족하고 현실적
으로 교통방해의 결과가 발생할 것을 요하지 않는다.

Ⅲ. 기차 등의 전복·매몰·추락·파괴죄

> *사람이 현존하는 기차, 전차, 자동차, 선박 또는 항공기를 전복, 매몰, 추락 또는 파괴한
> 자는 무기 또는 3년 이상의 징역에 처한다(제187조).
> *미수범은 처벌한다(제190조).

1. 의   의

본죄는 사람이 현존하는 기차, 전차, 자동차, 선박 또는 항공기를 전복, 매몰,
추락 또는 파괴함으로 성립한다. 본죄는 공중교통의 안전을 침해하는 정도나 사
람의 생명, 신체에 대한 침해가능성이 기차, 선박 등의 교통방해죄보다 크기 때
문에 불법이 가중되어 무겁게 처벌된다. 추상적 위험범이다.

2. 구성요건

본죄의 행위객체는 사람이 현존하는 기차·전차·자동차·선박 또는 항공기
이다. 「사람이 현존」한다는 것은 행위 시에 행위자 이외의 자연인이 목적물에
있는 것을 말하며 그 수의 다소라든가 존재이유 등은 불문한다. 실행행위를 개
시할 때 사람이 현존했으면 결과 발생 시에 사람이 현존하지 않은 경우에도 본
죄는 성립할 수 있다. 본죄의 객체인 교통기관이 행위 시에 반드시 운행 중일
필요는 없다. 교통기관으로서의 기능이 유지되고 있는 한 정차, 정박, 계류 중이
라도 무방하다.[1]

본죄의 행위는 전복, 매몰, 추락, 또는 파괴이다. 「전복」은 넘어뜨리거나 뒤집어
엎는 행위로써 예컨대 자동차를 넘어뜨리거나 뒤집히게 한다든가 기차를 탈선
시켜 넘어지게 하는 경우가 이에 해당한다. 정박중인 선박을 뒤집는 행위나 계
류중인 항공기를 뒤집어 엎는 행위도 전복으로 볼 수 있다. 「매몰」은 파묻는 것
을 의미하는 말이지만 본죄와 관련하여서는 선박을 침몰시키는 것이 중요한 의

---

1) 배종대, 497면: 백형구, 463면: 유기천(하), 62면: 이영란, 563면: 이재상 외, 544면: 임웅, 668
면: 정성근/정준섭, 387면: 진계호, 693면 등.

미를 갖는다. 자동차 등 목적물을 파묻거나 토사 등을 덮어 묻히게 하는 경우도 매몰에 해당한다고 볼 수 있다. 「추락」이란 높은 곳에서 아래로 떨어지는 것으로서 주로 항공기의 경우에 중요한 의미를 갖지만 경우에 따라 자동차, 전차, 기차 등의 경우에도 추락이 가능하다. 「파괴」는 교통기관으로서의 기능의 전부 또는 일부를 불가능하게 할 정도의 손괴를 의미하며(통설, 판례[1]), 그 정도에 이르지 않은 단순한 손괴는 본죄에 해당하지 않고 경우에 따라서 미수범이 성립할 수 있다.

판례

　형법 제187조에서 정한 '파괴'란 다른 구성요건 행위인 전복, 매몰, 추락 등과 같은 수준으로 인정할 수 있을 만큼 교통기관으로서의 기능·용법의 전부나 일부를 불가능하게 할 정도의 파손을 의미하고, 그 정도에 이르지 않는 단순한 손괴는 포함되지 않는다. 총 길이 338m, 갑판 높이 28.9m, 총 톤수 146,848톤, 유류탱크 13개, 평형수탱크 4개인 대형 유조선의 유류탱크 일부에 구멍이 생기고 선수마스트, 위성통신 안테나, 항해등 등이 파손된 정도에 불과한 것은 선박의 '파괴'에 해당하지 않는다.[2]

Ⅳ. 교통방해 등 치사상죄

*제185조 내지 제187조의 죄를 범하여 사람을 상해에 이르게 한 때에는 무기 또는 3년 이상의 징역에 처한다. 사망에 이르게 한 때에는 무기 또는 5년 이상의 징역에 처한다 (제188조).

본죄는 일반교통방해죄(제185조), 기차·선박 등 교통방해죄(제186조) 또는 기차 등 전복죄(제187조)를 범하여 사람을 상해 또는 사망에 이르게 함으로써 성립하는 결과적 가중범이다. 교통방해치상의 경우는 형의 균형상 부진정결과적 가중범으로 중한 결과에 대한 상해의 고의가 있는 경우도 적용된다. 반면 교통방해치사의 경우는 진정결과적 가중범에 해당한다.[3]

---

1) 대판 1970. 10. 23. 70도1611.
2) 대판 2009. 4. 23. 2008도11921.
3) 따라서 살인의 고의가 있는 경우에는 살인죄와 제185조 내지 제187조의 죄와의 상상적 경합이 된다.

V. 교통방해 등 예비·음모죄

*제186조 또는 제187조의 죄를 범할 목적으로 예비 또는 음모한 자는 3년 이하의 징역에 처한다(제191조).

　　본죄는 기차·선박 등 교통방해죄(제186조) 또는 기차 등 전복죄(제187조)를 범할 목적으로 예비·음모함으로써 성립한다. 여기에서 목적이란 목적범이 아닌, 기본범죄를 범할 의도적 고의를 의미한다. 제186조의 죄는 공공의 안전과 공중의 생명·신체 또는 재산을 침해할 위험이 큰 점을 고려하여 형법은 미수는 물론 예비·음모까지 처벌하는 규정을 둔 것이다.

VI. 과실교통방해의 죄

*과실로 인하여 제185조 내지 제187조의 죄를 범한자는 1천만원 이하의 벌금에 처한다(제189조 제1항).
*업무상과실 또는 중대한 과실로 인하여 제185조 내지 제187조의 죄를 범한 자는 3년 이하의 금고 또는 2천만원 이하의 벌금에 처한다(제189조 제2항).

1. 과실교통방해죄

　　본죄는 과실로 인하여 일반교통방해죄, 기차·선박 등 교통방해죄 또는 기차 등 전복죄를 범함으로써 성립한다. 과실의 의미는 실화죄에서 설명한 것과 같다.

2. 업무상과실·중과실교통방해죄

　　업무상 또는 중대한 과실로 인하여 제1항의 죄를 범한 경우로, 업무란 직접, 간접으로 기차 등의 교통에 관련된 업무를 말하며 본무인가 겸무인가는 불문한다.[1]

---

1) 김일수/서보학, 607면; 배종대, 653면; 이재상 외, 534면; 임웅, 587면; 정성근/정준섭, 605면; 정영석, 142면; 진계호, 696면.

제 2 장

공공의 신용에 대한 죄

제 1 절 통화에 관한 죄

§1. 서   설

Ⅰ. 의의 및 보호법익

통화위조의 죄는 행사할 목적으로 통화를 위조·변조하거나 위조·변조된 통화를 행사, 취득, 수입, 수출, 판매할 것을 내용으로 하는 범죄이다.

오늘날 경제활동은 통화를 중심으로 이루어지고 있으므로 통화에 대한 공공의 신용과 거래의 안전은 경제적 질서를 유지하는 데 있어서 매우 중요한 의미를 갖는다. 형법은 이러한 점을 중시하여 제18장(제207조 이하)에 통화에 관한 죄를 규정하고 있다.

본죄의 보호법익에 관하여 다수설은 통화거래의 안전과 신용으로 본다.[1] 한편 다른 견해는 보호법익에 국가의 화폐주권과 통화의 진정에 대한 공공의 신용이 함께 포함된다[2]고 해석하는가 하면 여기에 재산상태에 대한 위험까지도 함께 포함된다고 보는 견해[3]도 있다. 형법이 내국통화뿐만 아니라 외국통화의 위조까지 함께 처벌하고 있는 점에 비추어 형법이 본죄의 보호법익에 통화고권(화폐주권)까지 포함시켰다고 보기 어렵고 또한 재산상태의 위험까지 포함시키고 있다고 하는 것은 사회적 법익개념에 부합하지 않으므로 다수설이 타당하다.

---

1) 김성천/김형준, 750면; 김일수/서보학, 678면; 박상기/전지연, 493면; 배종대, 656면; 백형구, 486면; 오도기/7인공저, 497면; 유기천(하), 219면; 이재상 외, 537면; 이정원, 519면; 임웅, 588면; 정성근/정준섭, 671면; 정영석, 143면; 진계호, 547면 등 다수설. 독일에 있어서도 Herdegen, LK, §146 Rn. 1; Lackner/Kühl, §146 Rn. 1; Schönke/Schröder/Stree, §146 Rn. 1 등 다수설로 되어 있다.

2) 서일교, 231면.

3) 황산덕, 120면.

참고 **연혁**

　일찍이 로마법에서는 금은화의 위조를 처벌하는 규정을 두고 있었다. 처음에 로마에서는 통화의 위조가 단순한 위조죄로서 취급되었으나 후에는 황제의 통화발행권을 침해한다는 면을 고려하였는데 이러한 태도는 12세기 이후의 카논법에서도 마찬가지였다고 한다. 중세 독일법에서는 통화위조범인을 화형(火刑)에 처하는 예가 많았다고 하며 작센 슈피겔(Sachsenspiegel)이나 1532년의 카롤리나 형사법전(CCC. Art.111)에도 통화위조범을 사형에 처하는 규정을 두고 있었고, 보통법시대에는 통화에 관한 규정이 늘어남과 동시에 사형을 과하는 경우가 제한되었다. 프로이센 일반국법(Preuß. ALR)에서는 통화범죄를 국가가 보유하고 있는 권리를 침해하는 범죄로 분류하였다. 근년에 이르러 통화의 개념은 지폐라든가 유가증권의 등장을 통하여 본질적으로 확대되었고 문서위조죄에 유사한 성격도 강조되기에 이르렀다.

　조선시대에 의용했던 대명률(大明律)에는 위조보초죄(僞造宝鈔罪)를 두어 지폐를 위조한 자와 그 공범, 정을 알면서 사용한 자 등을 사형(참수형)에 처함과 동시에 재산을 몰수하고 변조한 자, 정을 알면서 고발하지 않은 이장(里長), 간수하는 관군 등을 처벌하는 규정도 두었다. 또한 사주동전죄(私鑄銅錢罪)의 규정을 두어 동전을 사적으로 주조한 자(동전위조자)와 그 방조자,[1] 동전을 변조한 자,[2] 정을 알면서 위조된 동전을 사용한 자,[3] 위조하는 것을 알고도 신고하지 않은 자[4]를 처벌하였다. 1905년의 형법대전(刑法大全)에도 지폐나 금은동화를 위조한 자와 이에 종사한 공장(工匠)을 교수형에 처하는 것을 비롯하여 정을 알고 위조지폐나 금은동화를 수입한 경우, 취득 후에 위조사실을 알고 행사한 경우, 금은동화를 갈아 엷고 작게 만들거나 녹여서 변형시킨 경우 등을 처벌하는 규정을 두고 있었다.[5] 일제시대와 1953년의 형법제정이 있기 전까지는 일본형법(제148조 내지 제153조)이 의용되었다. 현행 형법상의 통화에 관한 죄는 상당 부분 일본형법가안(제294조 내지 제298조)의 영향을 받은 것으로 보인다.

---

1) 大明律直解, 刑律, 券 第 二十四 私鑄銅錢條에 의하면 동전을 사적으로 주조한 자와 이에 종사한 대장장이는 교수형에 처한다.
2) 통용중인 동전을 갈아 엷고 작게 만들어 동의 가루나 부스러기를 취하여 부당한 이익을 취한 자는 杖 一百의 형에 처한다.
3) 사적으로 주조된 동전임을 알면서 이를 사서 사용한 자는 교수형에서 1등을 감하여 처벌한다.
4) 里長이 사적으로 동전을 주조하는 것을 알고도 신고하지 않은 자는 杖 一百에 처한다.
5) 刑法大全, 第393條 내지 第397條 참조.

Ⅱ. 현행법상의 체계

기본적 구성요건: 내국통화위조·변조죄 (제207조 제1항) 위조·변조통화행사죄 (제207조 제4항)	수정적 구성요건	불법	감경적	내국유통위국통화위조·변조죄 (제207조 제2항) 외국통용외국통화위조·변조죄 (제207조 제3항)
	독립적 구성요건	위조통화취득죄(제208조) 위조통화취득후 지정행사죄(제210조) 통화유사물 제조죄(제211조)		

기본적 구성요건으로 내국통화위조·변조죄 및 위조·변조통화행사죄를 두고, 통화의 유형에 따라 감경적 구성요건을 두고 있다. 한편 위조통화취득죄, 위조통화취득후 지정행사죄 및 통화유사물제조죄는 독립적 구성요건에 해당한다. 통화의 위조 및 변조, 취득 및 통화유사물제조죄에 대하여는 미수범을 처벌하고, 통화의 위조 및 변조죄는 예비·음모까지 처벌하되 그 목적한 죄의 실행의 착수에 이르기 전에 자수한 때에는 형을 필요적 감경 또는 면제한다.

§2. 유형별 고찰

Ⅰ. 통화위조·변조죄

*행사할 목적으로 통용하는 대한민국의 화폐·지폐 또는 은행권을 위조 또는 변조한 자는 무기 또는 2년 이상의 징역에 처한다(제207조 제1항).
*행사할 목적으로 내국에서 유통하는 외국의 화폐·지폐 또는 은행권을 위조 또는 변조한 자는 1년 이상의 유기징역에 처한다(제207조 제2항).
*행사할 목적으로 외국에서 통용하는 외국의 화폐, 지폐 또는 은행권을 위조 또는 변조한 자는 10년 이하의 징역에 처한다(제207조 제3항).
*미수범은 처벌한다(제212조).

1. 내국통화위조·변조죄

(1) 의 의

본죄는 행사할 목적으로 통용하는 대한민국의 통화를 위조 또는 변조함으로써 성립한다. 목적범이고 추상적 위험범이다.

(2) 구성요건

1) 객관적 구성요건

① 행위객체

본죄의 행위객체는 통용하는 대한민국의 통화이다. 통화란 국가 또는 국가에 의하여 권한이 부여된 발행권자에 의하여 발행된 지불수단으로서 금액이 표시되어 거래에 강제통용력을 갖는 것을 말한다. 형법은 통화를 화폐, 지폐 또는 은행권이라고 나누어 표현하고 있다. 화폐란 전통적으로 금속화폐인 경화를 의미하는 것으로, 재료에 따라 여러 종류가 있지만 현재 대한민국에서 통용되는 화폐는 주화이다.[1] 화폐란 일반적으로 강제통용력이 인정되는 지불수단, 즉 통화와 사실상 동일한 의미로 쓰이고 있지만 지폐·은행권에 대응하는 관점에서 경화(금속화폐)를 뜻한다고 보게 된 것 같다. 지폐는 정부 기타 발행권자에 의하여 발행된 화폐대용의 증권이고 은행권이란 정부의 인허를 받은 특정한 은행이 발행하는 화폐의 대용물인 증권을 의미하는 것으로 이해되고 있다.[2]

우리나라의 화폐발행권은 한국은행만이 가지고 있으며(한국은행법 제47조) 이에 근거하여 한국은행은 지폐인 한국은행권을 발행하고 있다. 또한 화폐발행권을 갖는 한국은행은 정부의 승인을 얻어 대한민국 내에서 금속화폐인 주화를 발행할 수 있으며(한국은행법 제53조 제1항) 이에 근거하여 주화를 발행하고 있다.

---

[1] 김성돈, 621면; 김성천/김형준, 640면; 김일수/서보학, 679면; 배종대, 500면; 백형구, 497면; 오도기/7인공저, 499면; 이영란, 591면; 이재상 외, 549면; 임웅, 673면; 진계호, 548면.

[2] 생각건대 일반적으로 화폐의 의미는 앞에서 언급한 통화의 의미와 동일하게 사용되고 있고 그 발행형식이나 재료는 종이로 만든 지폐와 금속으로 만든 경화인 금속화폐로 나타나는 것이 일반적이겠지만, 반드시 이에 국한되는 것은 아니고 여타의 다른 형태로 발행될 수도 있다(Schönke/Schröder/Stree, §146 Rn. 2 참조. 독일 구형법 제146조는 통화위조·변조죄의 객체를 내외국의 금속화폐(Metallgeld)와 지폐(Papiergeld)라고 명기하였으나 개정을 통하여 객체의 명칭을 단지 화폐(Geld)라고 표현하고 있다). 그러므로 본죄의 객체를 「화폐, 지폐 또는 은행권」으로 표현하는 것보다 포괄적 개념인 「통화」 또는 「화폐」라고 표현하는 것이 바람직할 것으로 본다. 1992년의 형법개정법률안 제288조는 「대한민국 또는 외국의 통화」라고 표현하였으나 개정에 반영되지는 않았다.

그러므로 실제로 본죄의 객체가 되는 통화는 한국은행이 발행한 한국은행권인 지폐와 한국은행발행의 금속화폐인 주화라고 볼 수 있다.

「통용하는」이라는 의미는 법률에 의하여 강제통용력이 인정된다는 뜻이며 유통한다는 말(제207조 제2항 및 제3항)과는 구별된다. 강제통용력이 인정되고 있는 한 발행이 정지되어 있어도 통화에 해당한다.

특정한 행사를 기념하여 발행된 기념주화(기념화폐, 한국은행법 제53조의3)도 통화로 보아야 한다.[1] 그러나 이미 강제통용력이 상실된 구화나 폐화는 통화가 아니다. 통용기간 경과 후 교환 중인 구화가 통화인가에 관하여는 긍정설[2]도 있으나 강제통용력을 상실하여 통용기간이 경과한 이상 통화로 볼 수 없다는 부정설[3]이 타당하다.

② 행 위

본죄의 행위는 위조 또는 변조이다.

(가) 위 조   본죄에서 위조란 통화발행권이 없는 자가 일반인에게 진화로 오인시킬 만한 외관을 가진 물건을 만드는 것을 의미한다.[4] 위조의 방법은 불문한다. 고화나 폐화에 가공한 것이든 복사, 필사, 인쇄, 사진에 의한 것이든 모두 위조에 해당할 수 있다.

진화의 존재가 위조의 전제조건인가에 관하여서는 이를 긍정하는 견해[5]도 있으나 통화의 발행이 예정되어 있는 경우처럼 위화를 진화로 오인할 위험이 있는 경우도 예견할 수 있으므로 진화가 반드시 있어야 하는 것은 아니라고 보는 부정설[6]의 입장이 타당하다. 통화위조는 통화발행권의 침해에 그 중점이 있고 실질적 가치가 문제되는 것이 아니므로 위화가 진화와 동등 이상의 실질적 가치를 가진 경우도 위조로 될 수 있다.

---

1) 김성천/김형준, 640면; 오영근, 526면; 이재상, 550면; 이정원, 564면. 반대로 강제통용력을 부정하는 견해로는 임웅, 674면.
2) 정영석, 145면.
3) 배종대, 500면; 이재상 외, 550면; 정성근/정준섭, 433면; 정영일, 317면; 진계호, 548면.
4) 대판 2012. 3. 29, 2011도7704. 따라서 10원짜리 주화의 표면에 백색의 약칠을 하여 100원짜리 주화와 색채를 같도록 하거나(대판 1979. 8. 28, 79도639), 만원권 지폐의 앞뒷면을 흑백색으로 복사하여 비슷한 크기로 자른 경우(대판 1986. 3. 25, 86도255) 정도만으로는 위조행위에 해당하지 않는다.
5) 김성천/김형준, 639면; 이건호, 157면.
6) 김일수/서보학, 681면; 김혜정 외, 512면; 배종대, 501면; 백형구, 498면; 서일교, 233면; 이영란, 593면; 이재상 외, 550면; 임웅, 674면; 정성근/정준섭, 434면;진계호, 549면 등.

위조는 일반인이 진화로 오인할 우려가 있는 정도에 이를 것을 요한다.[1] 그러나 반드시 진화와의 식별이 불가능할 정도일 것을 요하지는 않는다. 진화로 오인할 우려가 있는 한 크기, 지질, 색채, 문자, 인장, 기호 등이 진화와 동일하거나 유사할 필요는 없다.[2] 유사성이 진화로 오인할 위험이 있는 정도에 이르지 않은 때에는 경우에 따라 본죄의 미수범 또는 통화유사물제조죄(제211조)로 될 수 있다.

(나) 변 조 본죄에서 변조란 통화발행권이 없는 자가 진화에 가공하여 명목상의 금액이나 가치를 변경하는 행위를 말한다. 예컨대 5,000원권을 가공하여 10,000원권으로 변경한다든가 주화를 감량하여 그 실질적 가치를 감소시키는 경우가 이에 해당한다.[3]

변조는 진정한 통화에 가공하는 행위이므로 강제통용력을 상실한 구화나 위조된 통화에 가공한 경우는 변조가 아니라 위조로 될 수 있을 뿐이다. 또한 진화에 가공한 경우에도 진화와의 동일성이 상실된 경우는 변조가 아니고 위조에 해당한다. 변조의 정도도 위조의 경우와 같은 수준일 것을 요한다.

2) 주관적 구성요건

본죄가 성립하려면 고의뿐만 아니라 행사의 목적이 있어야 한다. 행사의 목적에는 행위자 자신이 위조·변조된 통화를 진정한 통화로 사용하려는 목적뿐만 아니라 타인에게 사용하게 할 목적도 포함된다. 행사의 목적이 있어야 하므로, 단지 자신의 신용력을 증명하기 위하여 타인에게 보일 목적으로 통화를 위조한 경우에는 행사할 목적이 있다고 할 수 없다.[4]

(3) 죄수 및 타죄와의 관계

한 번의 기회에 수개의 통화를 위조한 때에는 한 개의 통화위조죄가 성립한다. 통화를 위조한 자가 위조통화를 사용한 경우에 관하여서는 본죄와 위조통화

---

1) 대판 1986. 3. 25, 86도255; 대판 1985. 4. 23, 85도570.
2) 김성돈, 594면; 김성천/김형준, 640면; 김일수/서보학, 681면; 배종대, 501면; 백형구, 488면; 유기천(하), 204면; 이재상 외, 550면; 임웅, 674면; 정성근/정준섭, 434면; 진계호, 549면 등.
3) 판례는 일본의 자동판매기 등에 투입하여 일본의 500엔짜리 주화처럼 사용하기 위해 한국은행발행 500원짜리 주화의 일부를 깎아내어 손상을 가했다 하더라도, 그 크기와 모양 및 대부분의 문양이 그대로 남아있어, 객관적으로 보아 일반인으로 하여금 일본의 500엔짜리 주화로 오신케 할 정도의 새로운 화폐를 만들어 냈다고 볼 수 없으면 통화변조에 해당하지 않는다고 보았다(대판 2002. 1. 11, 2000도3950).
4) 대판 2012. 3. 29, 2011도7704.

행사죄의 실체적 경합을 인정하는 견해,1) 양죄의 상상적 경합을 인정하는 견해2) 및 법조경합을 인정하는 견해3)가 대립하고 있다. 양죄의 실질적 관계를 살펴보자면 통화위조는 그 사용을 위한 수단으로 볼 수 있어 구형법(의용된 일본형법 제54조) 소정의 견련범에 해당한다고 할 수 있겠으나 현행형법은 견련범규정을 두고 있지 않고 위조·변조죄와 행사죄를 각각 독립적으로 규정하고 있다. 그러므로 비록 위조통화의 행사가 목적의 성취라고 할지라도 위조와 행사를 하나의 행위로 보기 어렵다. 그러므로 입법론적 문제점은 별론으로 하고4) 해석론상 양죄의 실체적 경합을 인정할 수밖에 없다.

2. 내국유통외국통화위조·변조죄

(1) 의 의

본죄는 행사할 목적으로 내국에서 유통하는 외국의 통화(외국의 화폐·지폐·은행권)를 위조 또는 변조함으로써 성립한다. 목적범이고 추상적 위험범이다.

(2) 구성요건

1) 객관적 구성요건

본죄의 행위객체는 내국에서 유통하는 외국의 통화이다. 내국이란 대한민국 영역 내를 의미하고, 유통이란 사실상 사용되고 있는 것을 의미한다. 사실상 유통되면 족하므로 국내에서 그 사용이 금지되어 있는가는 불문한다. 내국에서의 유통범위는 전국에 거칠 것을 요하지 않고 일부 지역에서 유통하는 것으로도 족하다.

또한 외국통화가 그 본국에서 강제통용력을 가질 필요도 없다.5) 또한 외국은

---

1) 김성돈, 624면; 김혜정 외, 513면; 백형구, 500면; 이정원, 525면; 정성근/정준섭, 436면; 진계호, 550면 등.
2) 이재상 외, 552면은 목적범에 있어서 목적을 달성할 때까지의 행위는 하나의 행위가 될 수 있다는 관점에서 양죄의 상상적 경합을 인정한다.
3) 임웅, 676면은 양죄의 관계를 법조경합의 보충관계로 보아 위조통화행사죄의 성립만 인정한다. 한편 김일수/서보학, 689면은 행위자의 범행의도에 따라 법조경합으로서 불가벌적 사후행위로 될 수도 있고 경합범이 될 수도 있다고 본다.
4) 독일형법 제146조 제1항 제3호는 통화를 위조·변조한 자가 행사까지 하는 경우를 하나의 구성요건으로 규정하고 있다. 총칙에 견련범 규정을 두는 것도 입법론상 진지하게 검토해볼 필요가 있다.
5) 김성천/김형준, 642면; 김일수/서보학, 685면; 배종대, 502면; 이재상 외, 553면; 임웅, 677면; 정성근/정준섭, 436면; 진계호, 746면; 황산덕, 124면 등.

국제법상 승인된 국가인가 아닌가를 불문한다.[1]

2) 주관적 구성요건

고의 이외에 목적이 요구된다. 내국에서 유통된다는 사실에 대한 인식이 없는 때에는 경우에 따라 제3항의 외국통용외국통화위조·변조죄가 성립될 수 있을 뿐이다.

판례

　피고인들이 행사하거나 취득하였다는 스위스 화폐의 진폐는 스위스 국내에서 1998년까지 일반 상거래를 할 수 있었고 현재 통용되지 않고 있으며 다만 스위스 은행에서 2020. 4. 30.까지 신권과의 교환이 가능하고, 한편 국내은행에서도 신권과 마찬가지로 환전이 되고 따라서 이태원 등 일부 지역에서 외국인 특히 관광객이 이를 상품에 대한 지급수단으로 사용할 여지가 있는 사실을 인정한 다음, 이 사건 스위스 화폐의 진폐가 국내은행에서 환전할 수 있다 하더라도 이는 지급수단이 아니라 은행이 매도가격과 매수가격의 차액 상당의 이득을 얻기 위하여 하는 외국환매매거래의 대상으로서 상품과 유사한 것에 불과하다 할 것이므로 이를 가리켜 국내에서 유통되고 있다고 보기는 어렵고, …이 사건 스위스 화폐의 진폐는 내국에서 '유통하는' 화폐라고 볼 수 없다.[2]

---

3. 외국통용외국통화위조·변조죄

(1) 의 의

객체가 내국에서 유통되지 않는 점을 고려하여 형을 경하게 한 불법 감경적 구성요건이다. 목적범이고 추상적 위험범이다.

(2) 구성요건

본죄의 행위객체는 외국에서 통용하는 외국의 통화이며 외국에서 통용한다는 의미는 외국에서 강제통용력을 갖는다는 뜻으로 해석된다. 그러므로 외국의 통화가 외국에서 강제통용력을 상실한 경우에는 본죄의 객체로 될 수 없다. 한편 외국에서 강제통용력을 갖고 있다고 할지라도 내국에서 유통하는 통화를 위

---

1) 신동운, 342면; 임웅, 677면.
2) 대판 2003. 1. 10, 2002도3340.

조·변조한 때에는 본조가 아니라 내국유통외국통화위조·변조죄가 성립한다 (법조경합).[1]

행사할 목적으로 외국에서 통용하는 외국의 통화를 내국에서도 유통하는 것으로 오인하고 위조 또는 변조한 경우는 내국유통외국통화위조·변조죄의 불능미수와 외국유통외국통화위조·변조 기수의 상상적 경합이 성립된다.

판 례 ///////////////////

　　미국에서 발행된 적이 없이 단지 여러 종류의 관광용 기념상품으로 제조, 판매되고 있는 미합중국 100만 달러 지폐와 과거에 발행되어 은행 사이에서 유통되다가 현재는 발행되지 않고 있으나 화폐수집가나 재벌들이 이를 보유하여 오고 있는 미합중국 10만 달러 지폐가 막연히 일반인의 관점에서 미합중국에서 강제통용력을 가졌다고 오인할 수 있더라도, 형법 제207조 제3항에서 정한 외국에서 통용하는 외국의 지폐에 해당하지 않는다.[2]

Ⅱ. 위조·변조통화행사·수입·수출죄

*위조 또는 변조한 전3항 기재의 통화를 행사하거나 행사할 목적으로 수입 또는 수출한 자는 그 위조 또는 변조의 각 죄에 정한 형에 처한다(제207조 제4항).
*미수범은 처벌한다(제212조).

1. 의　　의

본죄는 통화위조·변조와는 별도로 그 사용, 수입 또는 수출을 범죄로 규정하고 있는 추상적 위험범이다. 이 중 수입 또는 수출의 경우는 목적범이다.

2. 구성요건

(1) 객관적 구성요건

본죄의 행위객체는 위조·변조된 내국의 통화, 내국에 유통하는 위조·변조

---

1) 임웅, 595면.
2) 대판 2004. 5. 14, 2003도3487.

된 외국의 통화 및 외국에서 통용되는 위조·변조된 외국의 통화이다.

행사란 위조·변조된 통화를 진정한 통화처럼 유통에 내어 놓는 것을 말한다. 예컨대 물건 값으로 지불하거나 채무변제나 보증금으로 사용하는 경우, 도박자금으로 사용하는 경우, 위조된 통화를 진화로 교환하는 경우, 공중전화나 자동판매기에 넣는 경우 등이 모두 이에 해당한다. 위화를 진화로 수집상에게 판매하는 행위도 행사로 볼 수 있다.[1] 그러나 자기의 신용능력을 보이려고 위조통화를 제시하거나 단지 진열장에 넣어 두는 것은 유통시키는 것이 아니므로 행사에 해당한다고 볼 수 없다. 위조의 공범자들이 위조통화를 나누어 갖는 것이라든가 정을 아는 자에게 명목가액보다 싼 값으로 위화를 판매하는 행위도 사용으로 볼 수 없다.

행사방법에 있어서는 적법, 부적법, 유상, 무상을 불문한다. 따라서 위조통화를 타인에게 증여하여도 행사에 해당한다. 행사의 상대방은 반드시 사람이어야 할 필요는 없으므로, 자동판매기에 투입하여 이용하는 경우에도 행사에 해당한다.[2] 위조통화를 직접 사용하는 경우는 물론 정을 아는 타인에게 위조통화를 주어 물건을 사오도록 시키는 경우도 행사에 해당한다. 위조통화인 정을 모르는 제3자를 이용하여 위조통화를 사용한 경우에는 본죄의 간접정범이 성립한다. 상대방이 이상하게 여겨 반환한 경우에도 본죄의 성립에는 지장이 없다.[3]

본죄에 있어서의 행사는 위조통화취득 후 지정행사죄와의 관계에서 볼 때 행위자가 위조 또는 변조에 관여한 자로서 행사까지 한 경우라든가 위조·변조된 정을 알면서 취득했거나 교부받은 것을 행사하는 경우로 국한된다.

수입은 위조 또는 변조된 내외국의 통화를 국내로 반입하는 행위이며 양륙시에 기수가 된다.[4] 양륙된 이상 일시 내국영토를 통과함에 지나지 않는 경우에도 수입죄는 성립한다.[5] 수출이란 위조 또는 변조된 내외국통화를 국외로 반출하는 행위로서 이륙시에 기수로 된다.

---

1) 이재상 외, 554면; 임웅, 679면.
2) 박상기/전지연, 755면.
3) 다만 본죄는 미수범 처벌규정이 있으므로, 상대방이 위화임을 눈치채고 이를 지급받기를 거절하였다면 본죄의 미수범이 성립한다고 본다. 임웅, 679면.
4) 김일수/서보학, 688면; 배종대, 503면; 백형구, 503면; 임웅, 680면; 정성근/정준섭, 438면; 정영석, 149면 등 반면, 김성돈, 627면은 국내선박이나 항공기를 통해 수출하는 경우에는 영공이탈시점 또는 외국상륙시점이 기수가 된다고 본다.
5) 임웅, 680면; 정성근/정준섭, 438면.

(2) 주관적 표지

위조·변조통화행사죄에 있어서는 객체를 행사한다는 사실에 대한 고의만 있으면 충분하나 수입·수출죄에 있어서는 고의 이외에도 행사의 목적이 있어야 한다.

3. 죄수 및 타죄와의 관계

한 번의 기회에 다액의 위조통화를 사용하여도 1개의 위조통화행사죄가 성립하지만 수회에 걸쳐 사용하면 수개의 위조통화행사죄가 성립하여 실체적 경합관계로 된다. 위조통화를 수입하여 사용한 경우에는 1개의 위조통화행사죄만 성립한다. 위조통화를 제조하여 행사한 경우에는 당연히 양자의 실체적 경합이된다.

위조통화행사죄와 사기죄의 관계에 대하여서는 위조통화의 행사는 그 자체속에 언제나 기망적인 요소를 포함하고 있고 그 법정형도 가중되어 있으므로 사기죄가 위조통화행사 속에 포함되어 위조통화행사죄만 성립한다는 견해[1]와, 양죄는 보호법익을 서로 달리하고 있으므로 상상적 경합관계에 있다고 보는 견해[2], 행위내용이 일치하지 않으므로 양죄의 실체적 경합이 된다는 견해[3] 등이 대립되어 있다. 양죄는 기망적 요소가 공통되나, 서로 보호법익이 다르고 행사와 기망이 하나의 행위에 의하여 이루어지는 것이므로 양죄의 상상적 경합을 인정하는 것이 타당하다.

Ⅲ. 위조·변조통화취득죄

*행사할 목적으로 위조 또는 변조한 제207조 기재의 통화를 취득한 자는 5년 이하의 징역 또는 1천500만원 이하의 벌금에 처한다(제208조).
*미수범은 처벌한다(제212조).

---

1) 오영근, 530면; 유기천(하), 230면; 이정원, 570면 등.
2) 김성돈, 600면; 김일수/서보학, 689면; 배종대, 503면; 백형구, 492면; 오도기/7인공저, 505면; 이영란, 597면; 이재상 외, 544면; 임웅, 680면; 정성근/정준섭, 439면 등.
3) 김성천/김형준, 647면.

1. 의 의

본죄는 위조·변조된 통화가 사용되지 못하도록 행사 이전 단계에서 이를 규제하기 위한 것으로, 목적범이며 추상적 위험범이다.

2. 구성요건

(1) 객관적 구성요건

본죄의 행위객체는 위조·변조된 내외국의 통화(제207조 기재의 통화)이며 본죄의 행위는 이러한 통화를 취득하는 것이다. 취득이란 자기의 점유로 옮기는 것을 의미하며 그 방법, 유상·무상을 불문한다. 매입, 교환, 습득, 수증의 경우는 물론 절취, 편취, 갈취 등과 같이 위법한 행위에 의한 취득도 가능하다. 그러나 점유의 이전이 수반되지 않는 횡령의 경우에는 취득이 있다고 볼 수 없다.[1] 공범자들 사이에서 위조통화를 주고받는 행위도 취득에 해당한다고 볼 수 없다.[2]

(2) 주관적 표지

고의 이외에 행사할 목적이 요구된다. 또한 단순한 보관이나 운반의 의사로는 족하지 않으며, 위조·변조된 통화라는 인식은 이를 취득하기 전에 있어야 하며 취득 후에 비로소 알게 된 때에는 위조통화취득후지정행사죄의 성립 여부만 문제된다.

3. 죄수 및 타죄와의 관계

위조통화라는 사실을 알면서 행사할 목적으로 절취한 경우에 대하여서는 위조통화는 금제품으로서 재산죄의 객체가 될 수 없다는 관점에서 본죄만 성립한다는 견해[3]와 위조통화도 국가의 소유임을 인정하여 본죄와 절도죄의 상상적 경합을 인정하는 견해[4]의 대립이 있다. 생각건대 위조통화는 소유와 소지가 모두 금지되는 금제품으로서 재산죄의 객체가 될 수 없고, 적발하여 폐기해야 할

---

1) 김성돈, 629면: 배종대, 503면: 백형구, 505면: 이재상 외, 556면: 임웅, 681: 정성근/정준섭, 439면: 진계호, 555면 등. 한편 김일수/서보학, 690면: 서일교, 235면: 유기천(하), 227면: 이정원, 528면 등은 행사의 목적이 있는 횡령의 경우에도 본죄가 성립된다고 본다.
2) 이재상 외, 556면: 임웅, 681면: 정성근/정준섭, 439면.
3) 백형구, 505면: 진계호, 751면.
4) 김일수/서보학, 692면: 임웅, 681면: 정성근/정준섭, 440면.

대상인 금제품을 국가의 소유물이라고 보는 것도 적절하지 않다. 구성요건흠결론을 취하지 않는 한 구성요건적으로 요구되는 요소가 결여되었다고 미수의 논의에서조차 배제하는 것도 타당하다고 보기 어렵다. 행사의 목적이 있는 한 비록 위조통화라는 사실을 알았다고 할지라도 그것을 경제적 이용가치가 있는 물건으로 인식한 것으로 볼 수도 있으므로 이를 절취한 행위는 재물 아닌 것(금제품)을 재물로 오인하고 절취한 경우로서 절도죄의 불능미수범에 해당한다고 볼 수 있다. 그리고 이러한 절취행위에 의하여 취득도 동시에 이루어지는 것이므로 절도의 불능미수와 위조통화취득은 상상적 경합범의 관계에 있다고 보아야 한다.

본죄와 위조통화행사죄의 관계를 보면 본죄는 위조통화행사를 위한 수단 내지 한 과정에 해당하고 행사죄는 본죄의 목적을 성취하는 행위로서 긴밀하게 연결되어 있다. 그러므로 양죄의 관계를 법조경합의 보충관계로 보아 행사죄만 성립하는 것으로 인정하는 견해[1]나 양죄의 상상적 경합으로 보는 것보다는 양죄의 실체적 경합으로 보는 입장[2]이 타당하다고 판단된다.

Ⅳ. 위조통화취득후 지정행사죄

> *제207조 기재의 통화를 취득한 후 그 정을 알고 행사한 자는 2년 이하의 징역 또는 500만원 이하의 벌금에 처한다(제210조).

1. 의   의

본죄는 위조·변조된 통화임을 모르고 위조 또는 변조된 내외국의 통화를 취득한 후에 비로소 그 정을 알고 행사함으로써 성립한다. 위폐임을 모르고 취득한 자가 손해를 면하기 위하여 이를 사용하는 것은 자연스러운 인간의 심리에 반한다고 보기 어렵고 범행에의 반대 동기도 약한 점을 고려하여 형법은 본죄를 위조·변조행사죄의 감경유형으로서 별도로 규정하고 있다. 본죄는 목적범이 아니다.

---

1) 임웅, 682면.
2) 김성돈, 629면; 백형구, 505면; 이재상 외, 556면; 정성근/정준섭, 440면 등.

2. 구성요건

본죄의 행위객체는 위조·변조된 내외국의 통화(제207조 기재의 통화)이다. 본죄의 행위는 위조 또는 변조된 통화를 취득한 후 정을 알고 행사하는 것이다. 취득의 의미는 위조·변조통화취득죄에서 설명한 것과 같다. 다만 본죄의 취득은 위조·변조된 통화라는 정을 모르고 행사의 목적도 없이 취득한다는 점에서 위조·변조통화취득죄의 취득과 다르다.

3. 타죄와의 관계

위조통화임을 모르고 절취한 자가 후에 그 정을 알고 이를 사용한 경우에는 본죄와 절도불능미수죄의 상상적 경합이 된다. 본죄는 사기죄와 상상적 경합관계에 있다.[1]

V. 통화유사물제조·수입·수출·판매죄

*판매할 목적으로 내국 또는 외국에서 통용하거나 유통하는 화폐·지폐 또는 은행권에 유사한 물건을 제조·수입 또는 수출한 자는 3년 이하의 징역 또는 700만원 이하의 벌금에 처한다(제211조 제1항).
*제1항의 물건을 판매한 자도 전항의 형과 같다(제211조 제2항).
*미수범은 처벌한다(제212조).

1. 의   의

본죄는 객체가 위조 또는 변조된 통화가 아니고 통화유사물이기 때문에 통화거래에 대한 안전과 신용을 침해할 위험이 상대적으로 적다는 점을 고려하여 비교적 경하게 처벌하고 있다.[2]

---

1) 김성돈, 630면; 김일수/서보학, 694면; 배종대, 504면; 백형구, 503면; 이재상 외, 557면; 이정원, 574면; 임웅, 683면.
2) 이재상 외, 557면.

2. 구성요건

(1) 객관적 구성요건

본죄의 행위객체는 내·외국에서 통용 또는 유통하는 통화와 유사한 물건(통화유사물)이다. 통화유사물이란 진화와 유사한 외관을 갖추었지만 일반인이 진화로 오인할 정도에는 이르지 않아서 위조통화로는 볼 수 없는 모조품을 의미한다.

본죄의 행위는 통화유사물을 제조, 수입, 수출 또는 판매하는 것이다. 제조는 통화발행권이 없는 자가 통화유사물을 만드는 행위이고 수입은 국외에서 국내로 반입하는 행위이며 수출은 국내에서 국외로 반출하는 것이다. 판매는 통화유사물을 불특정·다수인에게 유상으로 양도하는 것을 의미하며 불특정 다수인에게 판매할 의사로 행하는 한 1인에 대한 1회의 유상양도도 판매로 볼 수 있다.[1]

판매 이외의 제조, 수입 또는 수출의 경우에는 판매의 목적도 있어야 한다.

Ⅵ. 통화위조·변조 예비·음모죄

> *제207조 제1항 내지 제3항의 죄를 범할 목적으로 예비 또는 음모한 자는 5년 이하의 징역에 처한다. 단 그 목적한 죄의 실행에 이르기 전에 자수한 때에는 그 형을 감경 또는 면제한다(제213조).

1. 의   의

본죄는 내국통화, 내국유통외국통화 및 외국통용외국통화의 위조·변조죄를 범할 목적으로 예비 또는 음모함으로써 성립한다. 본죄는 기본범죄인 통화위조·변조죄의 발현형태에 해당한다. 형법은 통화위조·변조죄의 중대성을 고려하여 그 실행착수 이전의 준비행위인 예비·음모까지 처벌하는 규정을 두고 있다.

2. 성립요건

본죄가 성립하려면 기본범죄인 통화위조·변조죄를 범하려는 목표지향적 고의(의도적 고의)가 있어야 한다. 행사할 목적이 없으면 통화위조·변조죄가 성립

---

1) 오도기/7인공저, 509면; 이재상 외, 558면.

하지 않으므로 통화위조·변조죄를 범하려는 고의에는 행사할 목적이 당연히 그 전제조건으로 되어 있다. 따라서 본죄에 있어서도 행사의 목적은 초과주관적 구성요건으로서 필요하다고 보아야 한다. 이러한 관점에서 본죄도 기본범죄와 마찬가지로 목적범이라고 볼 수 있다. 즉, 기본범죄를 범할 목적으로 인하여 목적범이 되는 것이 아니라, 기본범죄가 목적을 요구하기 때문에 예비·음모자도 그와 같은 목적이 요구되는 것이다.

이 밖에도 행위자에게는 예비, 음모에 대한 인식, 인용이 있어야 한다.

본죄에서 예비·음모는 통화위조·변조죄를 범하기 위한 준비행위이다. 예비는 외적(비심리적) 준비행위로서 예컨대 위폐제조용 인쇄기나 용지를 준비하는 것이 이에 해당한다. 음모는 2인 이상이 통화위조·변조를 실현하기 위하여 모의하는 것을 말한다.

3. 관련문제

본죄의 공범(교사범, 종범)이 가능한가에 관하여 논의가 있으나 본죄는 기본범죄인 통화위조·변조죄의 발현형태로 보아야 하므로 기본범죄의 실행착수 이전단계인 본죄의 공범은 성립할 수 없다고 보는 것이 타당하다.

본죄를 범한 자가 실행의 착수에 이르기 전에 자수하면 형의 필요적 감면사유로 되는데 이는 통화의 위조·변조행위를 사전에 막기 위한 형사정책적 규정으로 볼 수 있다.

제 2 절   유가증권·우표와 인지에 관한 죄

§1. 서   설

I. 의의 및 보호법익

형법은 제19장에 유가증권에 관한 죄와 더불어 유가증권의 일종으로 볼 수 있는 우표와 인지에 관한 죄를 함께 규정하고 있다. 유가증권에 관한 죄는 행사할 목적으로 유가증권을 위조, 변조, 허위로 작성하거나 허위작성한 유가증권을 행사, 수입 또는 수출함으로써 성립하는 범죄이고 우표와 인지에 관한 죄는 행사할 목적으로 대한민국 또는 외국의 인지, 우표 기타 우편요금을 표시하는 증표를 위조·변조하거나 위조·변조된 인지 등을 행사, 수입, 수출, 취득하거나 인지 등의 소인을 말소하거나 판매할 목적으로 인지, 우표유사물을 수입, 수출하거나 판매함으로써 성립하는 범죄이다. 이들 범죄의 보호법익은 유가증권, 우표 및 인지에 대한 공공의 신용 및 거래의 안전이다.

참고 연혁

유가증권, 우표 및 인지에 관한 죄가 형법상의 독자적 범죄로 등장한 것은 비교적 근년의 일이다. 독일제국형법전에도 이들에 관한 규정이 없었으나 형법개정을 통하여 현행법에 도입하고 있다. 조선시대에 의용했던 대명률에도 관련규정을 찾아볼 수 없다. 1950년의 형법대전(刑法大全)에는 선표(船票), 차표(車票), 우표 등을 위조한 자를 징역 3년에 처하고(제388조) 자기나 타인소유의 재산을 증빙할 문서나 표권(票卷)을 위조·변조한 자를 징역 2년에 처한다는 규정을 두었다(제389조). 구형법(의용된 일본형법)에는 관련규정이 없었으나 1953년의 형법제정을 통하여 유가증권, 우표와 인지에 관한 독자적 범죄규정을 두게 되었다. 이들 중 유가증권에 관한 죄는 일본형법가안 제300조 내지 제305조의 영향을 받은 것으로 보이며 우표와 인지에 관한 죄는 구법시대의 단행법이었던 인지범죄처벌법(印紙犯罪處罰法)의 일부내용을 수정하여 도입한 것으로 보인다.[1]

II. 현행법상의 체계

기본적 구성요건: 유가증권 위조·변조죄 (제214조 제1항)	수정적 구성요건	불법	감경적	허위유가증권작성죄(제216조)
	독립적 구성요건	유가증권기재위조·변조죄(제214조 제2항) 자격모용 유가증권작성죄(제215조) 위조유가증권 등 행사죄(제217조)		
기본적 구성요건: 인지·우표 위조·변조죄 (제218조 제1항)	독립적 구성요건	위조인지·우표 행사죄(제218조 제2항) 위조인지·우표 취득죄(제219조) 인지·우표 소인말소죄(제221조) 인지·우표 유사물 제조죄(제222조)		

---

1) 유기천(하), 195면.

유가증권과 인지 및 우표 모두 위조 및 변조죄가 기본적 구성요건에 해당하고, 허위유가증권작성죄를 제외하고는 모두 독립적 구성요건에 해당한다. 소인말소죄를 제외한 모든 범죄는 미수범을 처벌하고 있으며, 유가증권 위조·변조죄, 유가증권기재위조·변조죄, 자격모용유가증권작성죄 및 인지·우표 위조·변조죄는 예비·음모도 처벌한다.

§2. 유형별 고찰

Ⅰ. 유가증권위조 등의 죄

> *행사할 목적으로 대한민국 또는 외국의 공채증서 기타 유가증권을 위조 또는 변조한 자는 10년 이하의 징역에 처한다(제214조 제1항).
> *행사할 목적으로 유가증권의 권리의무에 관한 기재를 위조 또는 변조한 자도 전항의 형과 같다(제214조 제2항).
> *미수범은 처벌한다(제223조).

1. 유가증권위조·변조죄

(1) 의 의
본죄는 유가증권에 관한 죄의 기본적 구성요건이고, 목적범이며 추상적 위험범이다.

(2) 구성요건
1) 객관적 구성요건
① 객 체
본죄의 행위객체는 대한민국 또는 외국의 공채증서 등 유가증권이다.

(가) 공채증서   공채증서란 국가 또는 지방자치단체가 발행하는 증권으로서 국가 또는 지방자치단체의 채무를 증명하기 위한 것을 말하며 유가증권의 한 예시로 볼 수 있다.

(나) 유가증권   유가증권이란 ① 재산권이 화체된 증권으로서 ② 권리행사와 처분에 그 증권의 점유를 필요로 한다는 두 가지 요건을 갖춘 것을 의미한

다.[1] 이처럼 재산권이 그 증권에 화체되고 그 재산권의 행사와 처분에 증권의 점유를 필요로 하는 한 그 화체된 재산권이 채권이든 물권이든 기타의 권리이든 불문한다. 그러므로 예컨대 어음, 수표, 회사채, 주식, 화물상환증, 선하증권 등은 물론 공중전화카드[2], 복권, 상품권, 할부구매전표,[3] 리프트탑승권,[4] 철도탑승권 등도 유가증권에 해당한다. 유가증권은 그 방식이 기명식, 무기명식, 지시식인가 여부 및 사법상 반드시 유효할 것을 요하지도 않는다.

위의 두 요건을 갖추어야 하므로 반드시 원본이어야 하고, 복사본은 본죄의 객체에 해당하지 않는다.[5]

한편 재산권이 화체되어 있다고 볼 수 없는 증서, 예컨대 단지 법률관계의 존부나 그 내용만을 증명할 수 있는 증서인 차용증, 영수증, 매매계약서, 물품구입증[6]이라든가 증서의 점유가 권리행사의 요건이 될 수 없는 정기예탁금증서는 유가증권에 해당하지 않는다.[7] 이 외에도 재산권이 아닌 공법상의 지위나 권한을 표시한 증서인 경로우대증, 영업허가증, 자격증, 임명장 등도 유가증권이 아니다. 이밖에도 물품보관증, 철도수하물 상환증과 같은 면책증권도 유가증권으로 볼 수 없다.

신용카드를 유가증권으로 볼 것인가에 관하여서는 긍정설[8]과 부정설의 대립이 있으나 신용카드업자로부터 현금서비스를 받을 수 있는 증표로서의 가치를 재산권이 화체된 것과 동일시하기는 어려우므로 부정설이 타당하다.[9] 판례도 부정설을 취한다.[10]

또한 유통성이 있는가 여부를 불문한다.[11] 유가증권은 사적 발행도 가능하며

---

1) 대판 1984. 11. 27, 84도1862; 대판 1972. 11. 26, 72도1688.
2) 대판 1998. 2. 27, 97도2483.
3) 대판 1995. 3. 14, 95도20.
4) 대판 1998. 11. 24, 98도2967.
5) 대판 2010. 5. 13, 2008도10678. "피고인이 위조한 선하증권은 "COPY NON NEGOTIABLE" 이라고 찍힌 선하증권의 사본임을 알 수 있어 유가증권위조죄에서의 유가증권에 해당하는 것으로 볼 수 없다."
6) 대판 1972. 12. 26, 72도1688.
7) 대판 1984. 11. 27, 84도2147.
8) 백형구, 501면.
9) 김성돈, 634면; 김일수/서보학, 702면; 배종대, 507면; 신동운, 356면 ; 이재상 외, 561면; 이정원, 535면; 임웅, 689면; 정성근/정준섭, 444면.
10) 대판 1999. 7. 9, 99도857.
11) 대판 2001. 8. 24, 2001도2832; 대판 1995. 3. 14, 95도20.

증권의 진실성이 보호대상이므로 반드시 거래계에 유통할 필요도 없다. 따라서 사용이 제한된 영화입장권이나 지하철 승차권 등도 유가증권에 해당한다.

(다) 발행자　유가증권의 발행자는 국가 또는 공공단체이든 사인이든 관계 없다. 사인의 경우 자연인이든 법인이든 상관없으며, 유가증권의 요건만 갖추면 누구든지 개인의 명의로 발행할 수 있다. 또한 명의인이 실재할 것을 요하지 않는다.[1] 그러므로 일반인이 진정한 것으로 오인할 정도이면 명의인이 허무인이라도 본죄가 성립한다. 발행자 본인으로부터 본인명의로의 발행을 위임받은 자가 본인의 이름으로 발행한 경우에는 위조가 아니다.

② 행 위

본죄의 행위는 제214조 제2항과의 관계에 비추어 기본적 증권행위에 대한 위조 또는 변조라고 볼 수 있다.

(가) 위 조　위조란 작성권한이 없는 자가 타인의 명의를 사용하여 유가증권을 작성하는 행위를 말한다.

ⓐ 대리권, 대표권을 갖는 자:　대리권 또는 대표권과 관련하여서는 권한 내의 범위인가, 권한 내의 범위에서 권한의 정도를 남용한 것인가 아니면 권한의 초월인가를 구분하여야 한다. 대리권 또는 대표권에 의한 유가증권발행이란, 예컨대 본인 A를 대리하는 B가 유가증권을 발행하는 경우, 'A의 대리인 B'라고 기재하는 경우를 의미하고, B가 A의 이름으로 직접 유가증권을 발행하는 것은 A의 발행행위의 위임이 있는 때이므로 이를 구분하여야 한다. 대리권 또는 대표권의 권한 범위 내에서의 정상적인 권한의 행사인 경우이다. 위조행위자는 작성권한이 없는 자라야 하므로 법률상 대리권, 대표권을 갖는 자가 그 권한 내에서 유가증권을 작성하는 행위는 위조로 볼 수 없다.

ⓑ 대리권(대표권)의 남용:　대리권 또는 대표권의 권한의 범위 내에서 권한을 남용한 경우이다. 권한의 범위 내라는 것은 발행권은 정상적으로 가지고 있되, 예컨대 발행부수를 본인의 의사에 반하여 과도하게 발행하는 경우 등을 의미한다. 이 때에는 대리권 또는 대표권 그 자체는 인정되므로 본죄가 성립할 수 없고 사안에 따라서 배임죄가 되거나 허위유가증권작성죄의 성립이 문제될 뿐이다.

ⓒ 대리권(대표권)의 초월:　본인의 대리권자 또는 대표권자이지만 유가

---

1) 김일수/서보학, 703면; 배종대, 507면; 백형구, 512면; 오영근, 538면; 이영란, 609면; 이재상 외, 562면; 이정원, 539면; 임웅, 690면; 정성근/정준섭, 445면 등.

증권 발행의 대리권 또는 대표권은 없어서 권리범위 내의 행위가 아닌 경우이다. 이 때에는 위조죄가 성립한다는 견해와 자격모용에 의한 유가증권작성죄가 성립한다는 견해가 있을 수 있다. 대리권이나 대표권을 초월한 때에는 당해 유가증권 발행행위에 대하여는 대리권 또는 대표권이 없는 경우에 해당하므로 자격모용에 의한 유가증권작성죄(제215조)가 성립할 뿐 본죄로는 되지 않는다.[1] 위조로 되려면 모용하는 명의 자체가 타인이라야 한다.

ⓓ **위조의 정도와 방법:** 위조의 정도는 일반인으로 하여금 외형상 진정하게 성립된 유가증권으로 오신케 할 정도일 것을 요한다. 위조의 방법은 불문한다. 반드시 타인의 인장이나 서명을 모용할 필요도 없다. 찢어버려 폐지가 된 약속어음을 조합한 경우,[2] 약속어음 액면란에 보충권의 범위를 초월한 금액을 기입한 경우,[3] 타인이 위조한 백지어음임을 알면서도 이를 구입하여 액면란에 금액을 적어 넣어 위조어음을 완성한 경우,[4] 문방구 약속어음 용지를 이용하여 작성한 경우,[5] 타인을 기망하여 약속어음용지에 발행인으로서 서명·날인하게 한 후 마음대로 용지에 여타의 요건을 기재한 경우[6] 등은 모두 위조에 해당한다. 본죄는 간접정범의 형태로도 가능하다.

(나) **변 조** 변조란 권한 없는 자가 진정하게 성립된 타인명의의 유가증권에 동일성을 해하지 않는 범위 내에서 임의로 내용상의 변경을 가하는 행위를 말한다. 따라서 권한 없는 자에 의하여 이미 변조된 부분을 다시 권한 없이 변경한 경우에는 본죄가 성립하지 않는다.[7]

예컨대 타인이 발행한 어음의 발행일자, 액면금액 등을 변경하는 것이 이에 해당한다. 변경된 내용이 진실인가 아닌가는 불문하며 변경 전 유가증권의 기재가 법률상 유효한가는 문제되지 않는다. 변조는 진정하게 성립된 유가증권을 객체로 하므로 스스로 새로운 유가증권을 만들거나 이미 실효된 유가증권에 가공하여 새로운 유가증권을 만드는 경우라든가 유가증권의 본질적 부분에 변경을

---

1) 대판 1980. 4. 22, 79도3034도 회사의 대표자가 대표권을 남용하여 주권의 기재사항을 변경한 경우에도 위조죄로 볼 수 없다고 판시하였다.
2) 대판 1976. 1. 27, 74도3442.
3) 대판 1989. 12. 12, 89도1264; 대판 1972. 6. 13, 72도897.
4) 대판 1982. 6. 22, 82도677.
5) 대판 2001. 8. 24, 2001도2832.
6) 유기천(하), 204면; 이재상 외, 553면; 정성근/정준섭, 693면; 진계호, 632면 등.
7) 대판 2012. 9. 27, 2010도15206.

가한 경우는 위조로 될 수 있을 뿐 변조로 볼 수는 없다.[1] 그러므로 예컨대 무효가 된 승차권에 변경을 가하여 유효한 것으로 만든 경우라든가 복권번호를 당첨번호로 고친 경우 등은 변조가 아니고 위조에 해당한다. 반면 이미 타인에 의하여 위조된 약속어음의 기재사항을 권한없이 변경하였다고 하더라도 유가증권변조죄는 성립하지 않는다.[2] 변조는 간접정범의 방법으로도 가능하다.

변조의 객체는 타인명의의 유가증권이라야 하므로 비록 타인의 소유물이라 할지라도 자기명의의 유가증권에 소유자의 동의 없이 내용상의 변경을 가한 행위는 본죄의 변조에 해당하지 않는다.[3] 경우에 따라 문서손괴죄나 허위유가증권작성죄로 될 수 있을 것이다.

2) 주관적 구성요건

본죄의 성립에는 고의 이외에도 행사의 목적이 있어야 한다. 여기에서 행사의 목적이란 위조 또는 변조된 유가증권을 진정한 유가증권으로서 사용하려는 목적을 의미한다. 목적의 달성 여부는 불문한다.

(3) 죄수 및 타죄와의 관계

본죄의 죄수는 유가증권의 수를 기준으로 하며 유가증권 1통에 1개의 범죄가 성립한다. 따라서 둘 이상의 유가증권을 위조 또는 변조하면 그 수에 해당하는 유가증권위조·변조죄가 성립하여 경합관계에 있게 된다.[4] 그러나 하나의 유가증권에 2회 이상의 위조·변조를 행하여도 포괄하여 1개의 죄가 성립한다. 하나의 유가증권에 기본적 증권행위에 대한 위조·변조와 부수적 증권행위에 대한 위조·변조가 모두 행하여진 경우에는 기재의 위조·변조죄(제214조 제2항)는 별도로 성립하지 않고 본죄만 성립한다.

유가증권을 위조함에 있어서 타인의 인장을 위조하는 것은 본죄의 구성요건상 당연히 예상되는 것이므로 인장위조죄는 별도로 성립하지 않고 본죄에 흡수된다.[5] 타인의 유가증권을 절취하여 위조 또는 변조한 경우에는 절도죄와 본죄

---

1) 김일수/서보학, 704면; 박상기/전지연, 507면; 배종대, 669면; 서일교, 242면; 오영근, 695면; 유기천(하), 205면; 이재상 외, 553면; 임웅, 608면; 정성근/정준섭, 693면; 정영석, 155면.
2) 대판 2006. 1. 26, 2005도4764.
3) 이재상 외, 553면; 임웅, 608면; 대판 1978. 11. 14, 78도1904.
4) 대판 1983. 4. 12, 82도2938. "유가증권위조죄의 죄수는 원칙적으로 위조된 유가증권의 매수를 기준으로 정할 것이므로, 약속어음 2매의 위조행위는 포괄일죄가 아니라 경합범이다."
5) 배종대, 509면; 이재상 외, 566면; 임웅, 692면 등.

의 실체적 경합이 된다. 행사할 목적으로 유가증권을 위조한 후 이를 사용한 경우에는 본죄와 위조 등 유가증권행사죄의 실체적 경합이 된다.

2. 기재의 위조 · 변조죄

(1) 의 의

본죄는 행사할 목적으로 유가증권의 권리의무에 관한 기재를 위조 또는 변조함으로써 성립한다. 목적범이고 추상적 위험범이다. 본죄는 부수적 증권행위에 속하는 사항을 위조, 변조하는 행위를 처벌하기 위한 것이다.

(2) 구성요건

본죄의 행위객체는 유가증권이며 유가증권에 있어서도 특히 유가증권의 권리, 의무에 관한 기재, 즉 배서, 인수, 보증 등과 같은 부수적 증권행위의 대상인 기재사항이다. 본죄의 행위는 위조 또는 변조하는 것이다. 여기에서 위조 또는 변조란 이미 권한 있는 자에 의하여 진정하게 기본적 증권행위가 이루어진 이후에, 권한 없이 작성명의를 모용하여 배서, 인수 등 부수적 증권행위에 관한 내용을 기입하거나 변경하는 것을 의미한다.[1] 위조 · 변조의 일반적 의미와 요구되는 정도는 유가증권위조 · 변조죄에서 설명한 것과 같다.

II. 자격모용에 의한 유가증권작성죄

*행사할 목적으로 타인의 자격을 모용하여 유가증권을 작성하거나 유가증권의 권리 또는 의무에 관한 사항을 기재한 자는 10년 이하의 징역에 처한다(제215조).
*미수범은 처벌한다(제223조).

1. 의 의

본죄는 목적범이고 추상적 위험범이다. 타인의 명의를 모용하는 것과 달리 대리권이나 대표권 등 본인의 특정 권리를 대리할 수 있는 자격 자체에 대한 모용이며, 대리인 또는 대표권자의 성명은 모용자의 명의를 사용하는 경우이다.

---

1) 이재상 외, 566면; 임웅, 693면.

2. 구성요건

본죄의 행위객체는 유가증권이다. 본죄의 행위는 타인의 자격을 모용하여 유가증권을 작성하거나 유가증권의 권리 또는 의무에 관한 사항을 기재하는 것이다. 여기에서 타인의 자격을 모용한다는 것은 자격이 없는 자가 있는 것으로 가장하는 행위로서 예컨대 대리권이나 대표권이 없는 자가 자격이 있는 것으로 가장하는 것이 이에 해당한다. 자격을 모용하는 행위에는 자격을 상실한 자가 상실 전의 자격을 모용하는 경우[1]와 자격이 있어도 권한의 범위를 명백히 초월하거나 권한 범위 외의 행위를 하는 경우[2]도 포함된다. 그러나 단순히 권한을 남용하여 유가증권을 발행하는 행위는 본죄에 해당하지 않는다.[3] 경우에 따라 허위유가증권작성죄로 될 수 있을 것이다.

본죄에서 「작성」은 기본적 증권행위(예컨대 유가증권의 발행)를 의미하고 기재는 부수적 증권행위(배서, 보증, 인수 등)를 말한다.

III. 허위유가증권작성죄

> *행사할 목적으로 허위의 유가증권을 작성하거나 유가증권에 허위의 사항을 기재한 자는 7년 이하의 징역 또는 3천만원 이하의 벌금에 처한다(제216조).
> *미수범은 처벌한다(제223조).

1. 의   의

본죄의 규정은 작성권한이 있는 자가 자기 명의로 허위내용의 유가증권을 작성하거나 기재하는 행위를 처벌하려는 것으로 유가증권의 무형위조를 처벌하기 위한 규정에 해당한다. 작성권한자만이 주체이므로 진정신분범에 해당하며, 목적범이고 추상적 위험범이다.

---

1) 대판 1991. 2. 26, 90도577.
2) 김성천/김형준, 657면; 배종대, 510면; 백형구, 515면; 이영란, 614면; 이재상 외, 567면; 이정원, 539면; 임웅, 694면; 정성근/정준섭, 448면 등.
3) 김일수/서보학, 707면; 배종대, 510면; 백형구, 504면; 오영근, 543면; 이재상 외, 567면; 이정원, 539면; 임웅, 694면; 정성근/정준섭, 448면.

2. 구성요건

본죄의 행위객체는 유가증권이며 그 의미는 유가증권위조·변조죄에서 설명한 것과 같다. 따라서 원본이 아닌 전자복사기 등을 사용하여 기계적으로 복사한 사본은 본죄의 객체에 해당하지 않는다.[1] 본죄의 행위는 허위의 유가증권을 작성하거나 유가증권에 허위의 사항을 기재하는 것이다. 허위의 유가증권을 작성한다는 것은 자격과 명의의 모용은 없으나 내용이 허위인 유가증권을 작성하는 것을 의미한다. 예컨대 실재하지 않은 회사명의의 약속어음을 발행하는 경우,[2] 실제로 선적한 일이 없는 화물을 선적하였다는 내용의 선하증권을 발행한 경우[3] 등이 이에 해당한다. 그러나 수표발행인이 당좌거래은행에 자금이 없는 것을 알면서 공수표를 발행한 경우는 자금은행과 당좌거래가 계속되고 있는 한 본죄에 해당한다고 볼 수 없다.[4] 유가증권에 허위의 사항을 기재한다는 것은 기존의 유가증권에 기재권한이 있는 자가 허위의 사항을 기재하는 경우뿐만 아니라 자기 명의로 유가증권을 작성하면서 허위의 기재를 하는 경우를 포함한다.[5] 발행인의 위임을 받아 약속어음을 발행함에 있어서 발행인의 이름 아래 진실에 반하는 피고인의 인장을 날인하여 약속어음을 발행한 경우에는 본죄가 성립하지만[6] 배서인이 약속어음에 주소를 허위로 기재한 경우라도 배서인이 누구인가를 알 수 없는 경우가 아닌 한 본죄에 해당하지 않는다는 것이 판례의 입장이다.[7]

본죄의 주체는 진정신분범이므로 작성명의자가 비신분자를 이용하여 본죄를 범할 수는 있으나, 비신분자가 작성명의자를 이용하여 본죄를 범할 수는 없다고 보아야 한다.[8]

---

1) 대판 2007. 2. 8, 2006도8480.
2) 대판 1970. 12. 29, 70도2389.
3) 대판 1995. 9. 29, 95도803; 대판 1985. 8. 20, 83도2575.
4) 대판 1960. 11. 30, 4293형상787.
5) 이재상 외, 567면.
6) 대판 1975. 6. 10, 74도2594.
7) 대판 1986. 6. 24, 84도547.
8) 김성돈, 613면.

3. 죄수 및 타죄와의 관계

유가증권을 위조하고 허위의 사항을 기재까지 한 경우에는 유가증권위조죄의 포괄일죄가 된다. 대리인 또는 대표권자가 권한의 범위 내에서 위임의 취지에 반하여 허위의 유가증권을 작성하여 본인에게 손해를 입힌 경우에는 본죄와 업무상 배임죄의 상상적 경합이 된다.

Ⅳ. 위조 등 유가증권행사 · 수입 · 수출죄

*위조, 변조, 작성 또는 허위기재한 전3조 기재의 유가증권을 행사하거나 행사할 목적으로 수입 또는 수출한 자는 10년 이하의 징역에 처한다(제217조).
*미수범은 처벌한다(제223조).

1. 의   의

앞선 범죄로 인하여 생성된 유가증권을 행사하거나 행사할 목적으로 수입 · 수출하는 범죄로, 추상적 위험범이고 수입 또는 수출죄는 목적범이다.

2. 구성요건

본죄의 객체는 위조 · 변조된 유가증권, 자격모용의 유가증권, 자격모용의 방법으로 권리 또는 의무에 관한 사항이 기재된 유가증권, 허위의 유가증권 및 허위의 사항이 기재된 유가증권이다. 전자복사기에 의하여 기계적으로 복사된 사본은 이에 해당한다고 볼 수 없다. 판례도 복사본은 여기에 해당하지 않는다고 본다.[1]

본죄의 행위는 위와 같은 객체를 행사 · 수입 · 수출하는 것이다. 행사란 위조 등의 유가증권을 진정한 또는 내용이 진실한 유가증권으로 사용하는 것을 말한다. 위조 등의 유가증권을 통화의 경우처럼 반드시 유통에 놓을 필요는 없다.[2] 위조 등의 유가증권을 타인에게 교부하거나 제시하거나 사무실 등에 비치하여

---

1) 대판 1998. 2. 13, 97도2922. "위조유가증권행사죄에 있어서의 유가증권이라 함은 위조된 유가증권의 원본을 말하는 것이지 전자복사기 등을 사용하여 기계적으로 복사한 사본은 이에 해당하지 않는다."
2) 김성돈, 643면; 이재상 외, 569면; 임웅, 697면.

이해관계인이 열람할 수 있게 하는 것도 모두 행사에 해당한다.[1] 위조의 정을 알고 있는 자에게 교부하는 행위도 행사에 해당한다. 본죄는 위조 등의 유가증권을 진정한 유가증권으로 인식할 수 있는 상태에 둔 때에 기수로 된다.[2]

본죄에서 수입은 위조 등의 유가증권을 국내로 반입하는 행위로서 양륙시에 기수로 되며 수출은 국외로 반출하는 행위로서 이륙시에 기수로 된다.

3. 죄수 및 타죄와의 관계

수개의 위조된 유가증권을 행사의 목적으로 일괄하여 교부한 경우는 상상적 경합관계로 되고 하나의 위조어음의 할인을 받으려고 수인에게 이를 제시하여 열람하게 하는 경우는 포괄일죄로 된다. 위조 등의 유가증권을 행사하여 사기를 한 경우는 본죄와 사기죄의 상상적 경합이 된다. 유가증권을 위조한 자가 행사까지 한 경우에는 양죄의 실체적 경합범에 해당한다.[3]

비교	복사본(객체)	거래계 유통	위조의 정을 아는 자에게 교부
통화 범죄	객체 안됨	필요	행사죄 성립
문서 범죄	포함	불요	행사죄 불성립
유가증권 범죄	객체 안됨	불요	행사죄 성립

V. 인지·우표에 관한 죄

1. 인지·우표 등의 위조·변조죄

*행사할 목적으로 대한민국 또는 외국의 인지, 우표 기타 우편요금을 표시하는 증표를 위조 또는 변조한 자는 10년 이하의 징역에 처한다(제218조 제1항).
*미수범은 처벌한다(제223조).

---

1) 김성돈, 643면; 이재상 외, 569면; 임웅, 697면.
2) 임웅, 697면.
3) 김성돈, 643면; 정성근/정준섭, 451면; 진계호, 570면 등. 반면 임웅, 697면은 위조한 자가 행사까지 하면 위조유가증권행사죄 1죄만 성립한다고 보고, 배종대, 512면은 양죄의 상상적 경합이 된다고 본다.

본죄는 목적범이고 추상적 위험범이다. 인지나 우표는 유가증권의 일종이지만 형법은 그 특수성을 인정하여 유가증권과는 별도로 규정하고 있다.[1]

본죄의 객체는 대한민국 또는 외국의 인지·우표 기타 우편요금을 표시하는 증표이다. 인지란 인지법이나 인세법에 따라 일정한 수수료 또는 인지세를 납부하는 방법으로 정부 기타 발행권자가 일정한 금액을 표시하여 발행한 증표를 말하고, 우표란 정부가 우편요금의 납부용으로 사용하도록 일정한 금액을 표시하여 발행한 증표를 말하며, 기타 우편요금을 표시하는 증표란 우표는 아니지만 우표에 대신하는 기능을 하는 증표를 의미한다. 행위는 위조 또는 변조이며 그 의미는 통화위조·변조죄에서 설명한 것과 같다.

2. 위조·변조 인지·우표 등 행사·수입·수출죄

> *위조 또는 변조된 대한민국 또는 외국의 인지·우표 기타 우편요금을 표시하는 증표를 행사하거나 행사할 목적으로 수입 또는 수출한 자도 제1항의 형(10년 이하의 징역)과 같다(제218조 제2항).
> *미수범은 처벌한다(제223조).

본죄는 추상적 위험범이고 수입 또는 수출죄의 경우는 목적범이다.

본죄의 객체는 위조·변조된 내외국의 인지·우표 기타 우편요금표시증표이다. 본죄의 행위인 행사는 위조인지 등을 진정한 것으로 사용하는 것을 말하는데 이에는 본래의 용도에 따라 사용하는 경우뿐만 아니라 수집의 대상으로 거래하는 경우도 포함된다.[2]

행사죄의 경우에는 고의만 있으면 되지만 수입·수출죄의 경우에는 고의 이외에도 행사의 목적이 있어야 한다.

---

1) 유기천(하), 212면. 우표에 관하여서는 종래 우편법에 규정되어 있던 것을 형법제정시 인지와 같이 형법에 규정하였다.
2) 대판 1989. 4. 11, 88도1105.

3. 위조 · 변조인지 등 취득죄

> *행사할 목적으로 위조 또는 변조한 대한민국 또는 외국의 인지, 우표 기타 우편요금을 표시하는 증표를 취득한 자는 3년 이하의 징역 또는 1천만원 이하의 벌금에 처한다(제219조).
> *미수범은 처벌한다(제223조).

본죄는 목적범이고 추상적 위험범이다. 위조 · 변조통화취득죄에 상응하는 범죄이기도 하다.

본죄의 객체는 위조 · 변조된 내외국의 인지, 우표 기타 우편요금표시증표이다. 본죄의 행위인 취득의 의미는 위조 · 변조통화취득죄에서 설명한 것과 같다. 본죄의 고의는 위조 · 변조된 내외국의 인지 · 우표 기타 우편요금표시증표를 취득한다는 사실에 대한 인식, 인용이므로 취득시에 위조 또는 변조된 사실을 알지 못한 경우에는 본죄는 성립하지 않는다. 본죄의 성립에는 고의 이외에도 행사할 목적이 있어야 한다.

4. 인지 · 우표 등 소인말소죄

> *행사할 목적으로 대한민국 또는 외국의 인지, 우표 기타 우편요금을 표시하는 증표의 소인 기타 사용의 표지를 말소한 자는 1년 이하의 징역 또는 300만원 이하의 벌금에 처한다(제221조).

본죄는 목적범이고 추상적 위험범이다.

본죄의 객체는 인지, 우표 기타 우편요금표시증표의 소인 또는 사용의 표지이다. 본죄의 행위는 말소인데 이는 인지나 우표 기타 우편요금표시증표에 찍혀 있는 소인 기타 사용의 표지를 소멸시켜 다시 사용할 수 있도록 하는 행위로서 그 수단방법을 불문한다. 고의 이외에도 소인을 말소한 후 인지 등을 다시 사용할 목적이 있어야 한다.

5. 인지 · 우표유사물제조 · 수입 · 수출 · 판매죄

> *판매할 목적으로 대한민국 또는 외국의 공채증서, 인지, 우표 기타 우편요금을 표시하
> 는 증표와 유사한 물건을 제조, 수입 또는 수출한 자는 2년 이하의 징역 또는 500만원
> 이하의 벌금에 처한다(제222조 제1항).
> *전항의 물건을 판매한 자도 전항의 형과 같다(제222조 제2항).

추상적 위험범이며 제조 · 수입 · 수출죄는 목적범이다. 본죄는 통화유사물제
조 등의 죄(제211조)에 상응하는 규정으로 볼 수 있다.[1]

본죄의 객체는 공채증서, 인지, 우표 기타 우편요금표시증표와 유사한 물건
이다. 유사한 물건이란 진정한 물건과 유사한 외관을 갖추었으나 일반인이 진품
으로 오인할 정도에는 이르지 않은 모조품을 의미한다. 본죄의 행위는 제조 · 수
입 · 수출하거나 판매하는 것이며 그 의미는 통화유사물제조 등의 죄(제211조)
에서 설명한 것과 같다.

VI. 예비 · 음모죄

> *제214조, 제215조와 제218조 제1항의 죄를 범할 목적으로 예비 또는 음모한 자는 2
> 년 이하의 징역에 처한다(제224조).

형법은 유가증권에 관한 죄 중에서 유형위조를 처벌하는 범죄인 유가증권위
조 등의 죄(제214조)와 자격모용에 의한 유가증권작성죄(제215조)의 예비 · 음모
를 처벌하는 한편, 인지 · 우표에 관한 죄에 있어서는 인지 · 우표 등의 위조 · 변
조죄(제218조 제1항)의 예비 · 음모를 처벌하고 있다. 통화에 관한 죄의 경우와
달리 자수를 형의 필요적 감면사유로 하는 특별규정이 없어 균형이 맞지 않는다
는 입법론적 비판이 있다.[2]

---

[1] 오영근, 550면은 본죄는 입법론적으로 폐지되어야 한다고 본다.
[2] 배종대, 513면; 이재상 외, 572면.

제 3 절 문서에 관한 죄

§1. 서 설

Ⅰ. 의의 및 보호법익

1. 의 의

문서에 관한 죄란 행사할 목적으로 문서를 위조 또는 변조하거나 허위의 문서를 작성하거나 위조·변조·허위작성된 문서를 행사하거나 진정한 문서를 부정하게 사용하거나 전자기록을 위작·변작하거나 공정증서원본에 부실한 사실을 기재하게 함으로써 성립하는 범죄를 총칭하는 말이다.

문서는 일정한 내용을 확실하게 표현하고 입증해주는 기능을 갖기 때문에 법률상의 권리의무관계뿐만 아니라 경제적 거래 기타 사회생활상의 중요한 사실관계는 문서를 사용하는 것이 일반화될 정도로 사회생활상 불가결한 수단이 되고 있다. 문서의 중요성과 더불어 최근에는 컴퓨터 등 정보처리장치의 보급이 크게 확대되고 전자기록이 사무처리에 정보기록수단으로 활용되는 현실에 비추어 형법은 문서에 관한 죄에 전자기록위작 또는 변작의 죄를 포함시켜 새로운 변화에 대처하고 있다.

2. 보호법익과 보호대상

문서에 관한 죄의 보호법익은 문서에 대한 공공의 신용이고, 추상적 위험범에 해당한다. 문서의 공공적 신용을 보호함에 있어서 그 구체적 보호의 대상이 무엇인가에 관하여서는 형식주의와 실질주의의 대립이 있다. 형식주의는 문서에 관한 죄의 보호대상을 문서의 성립의 진정, 즉 형식적 진실이라고 보며 성립의 진정이 인정되는 한 내용이 진실과 일치되는가는 문제로 되지 않고 성립의 진정이 인정되지 않으면 내용이 진실해도 본죄는 성립한다고 본다. 반면에 실질주의는 문서의 공공의 신용을 유지하려면 공공의 진실이 보호되어야 한다는 관점에서 문서의 내용이 객관적 진실에 합치되면 문서가 형식적 진실에 맞지 않아도 본죄는 성립하지 않는다고 주장한다. 형식적 진실에 합치하지 않는 문서위조, 즉 작성명의인이 허위인 문서위조를 유형위조, 내용이 허위인 문서위조를 무형위조라고 부른다. 형법은 원칙적으로 형식주의를 취하면서 예외적으로 실질주의를 가미하고 있다.[1]

참고 **연혁**

대륙법에 있어서 문서의 죄의 연원은 공화정시대의 로마법에서 찾아볼 수 있다. 공화정 말기에 집정관이었던 술라(Sulla)는 유언증서를 위조하여 상속재산을 사취하는 범행에 대처하기 위하여 위조에 관한 코멜리아 법률(Lex Comelia de falsis)을 제정하였는데 이에 의하면 유언증서위조죄는 타인의 유언증서에 새로운 내용의 첨가, 삭제, 수정, 고의적 은폐, 훼손, 상속개시 전 유언장의 개봉이나 공개까지도 처벌의 대상으로 하였다. 코멜리아법의 유언증서위조죄가 다른 공문서의 위조나 변조에도 적용되었는가는 불분명하지만 키케로(Cicero)에 의하면 속주와 자치시에 있어서도 공문서위조범이 재산몰수형으로 처벌되었다고 한다. 제정(帝政)시대에는 칙법규정에 의하면 문서위조죄는 참사원이 유언증서, 유산처분증서, 공문서 기타 사문서 작성시에 문서를 위조·변조하여 그 진정성과 공신력을 훼손시키는 범죄로서 경중에 따라 추방형 또는 사형이 적용되었다. 문서위조죄의 기원을 로마의 코르네리아법(Lex Cornelia)이 성서위조를 범죄로 규정하여 국가에 대한 반역행위로 처벌했던 사실에서 찾고 이것이 유럽 여러 나라에 영향을 주었다고 보는 견해도 있다. 로마법상의 문서위조죄가 독일을 비롯한 유럽 여러 나라에 영향을 미쳤음은 물론이다. 1794년의 프로이센 일반국법은 위조를 중대한 사기(詐欺)로 보았는데 이러한 관점은 다른 형법전에 광범위한 영향을 미쳤고 1851년의 프로이센 형법 제247조 이하도 탐욕적이거나 가해적인 내용의 문서위조가 그 핵심을 이루고 있었다. 그러나 1871년의 독일제국형법에 이르러서는 문서위조 그 자체를 독자적으로 처벌하는 규정을 두고 여기에 재산적 이익의 추구나 가해의 고의가 있는 경우를 가중의 근거로 하였고 (제267조 이하) 1943년에는 가중근거규정을 삭제하였다. 이러한 독일제국형법은 우리나라 형법과 일본형법에도 영향을 미쳤다. 독일형법은 최근 문서위조의 죄에 기술매체기록위조죄, 증거수집데이터기망죄 등을 도입하고 있다.

동양에 있어서도 문서위조의 죄는 오랜 전통을 지니고 있다. 고려시대에 의용된 당률(唐律)에서는 관(官)의 문서와 인장을 위조하여 만드는 범죄인 위사관문서인죄(僞寫官文書印罪)와 거짓으로 관문서의 내용을 더하거나 빼는 범죄인 사위관문서증감죄(詐僞官文書增減罪) 등을 사위(詐僞)의 죄의 일종으로 규정하였다.[2] 조선시대에 의용되었던 대명

---

1) 김일수/서보학, 720면; 박상기/전지연, 765면; 배종대, 514면; 백형구, 525면; 오영근, 552면; 유기천(하), 137면; 이영란, 625면; 정성근/정준섭, 392면; 진계호, 575면 등.
2) 官版 唐律疏議, 卷 第二十五 참조.

률(大明律)에는 사위(詐僞)의 죄 속에 조서(詔書) 등 특수한 공문서에 해당하는 제서(制書)를 위조하거나 그 내용을 증·감한 자 등을 처벌하는 규정인 사위제서죄(詐僞制書罪)를 두었다.[1] 1905년의 대한제국의 형법대전(刑法大全)은 제4장 사위소간률(詐僞所干律)에 제서 및 관문서의 내용을 증감하는 행위를 처벌하는 규정(제350, 351조)을 비롯하여 제서위조(제381조), 역서(歷書)위조(제383조), 각 관청의 공문이나 기록의 위조(제387조), 신분증서, 재산의 증빙 등의 위조(제389조), 관원의 서찰위조(제390조) 등을 처벌하는 규정을 두었다.

II. 현행법상의 체계

문서에 관한 죄는 사문서 관련 범죄가 기본적 구성요건이라면 공문서가 가지는 공공의 신용정도로 인하여 공문서와 관련한 범죄는 모두 가중적 구성요건에 해당한다. 또한 각 행위별로 사문서를 객체로 하는 범죄에 대응하여 공문서를 객체로 하는 범죄를 규정하고 있다. 다만, 허위문서의 경우 사문서는 허위진단서작성죄만을 처벌하는 반면, 공문서는 모든 허위공문서작성죄를 처벌한다. 이를 간략히 요약하면 다음과 같다.

		사문서			공문서
기본적 구성요건	유형 위조	사문서위조·변조죄 (제231조) 자격모용에의한사문서작 성죄(제232조) 사전자기록위작·변작죄 (제232조의2)	가중적 구성요건	유형 위조	공문서위조·변조죄 (제225조) 자격모용에의한공문서작 성죄(제226조) 공전자기록위작·변작죄 (제227조의2)
	무형 위조	허위진단서작성죄 (제233조)		무형 위조	허위공문서작성죄 (제227조) 공정증서원본부실기재죄 (제228조)
	행사	위조사문서행사죄 (제234조) 사문서부정행사죄 (제236조)		행사	위조공문서행사죄 (제229조) 공문서부정행사죄 (제230조)

---

1) 大明律直解, 刑律, 卷 第二十四 詐僞(詐僞制書條).

도 인장의 경우처럼 특정인이 자신의 동일성을 표시하는 수단이라는 관점에서 통설인 부정설이 타당하다고 본다.

문서는 문자 기타 이에 대신할 가시적・가독적 부호에 의하여 의사표시가 이루어져야 하므로 구술이나 축음기판, 녹음테이프에 청각에 의하여 확인가능하도록 의사를 녹음한 것은 문서로 볼 수 없다. 기계적 기록도 문서에 해당하지 않는다. 그러나 컴퓨터디스켓, 마이크로필름 등 특수매체기록은 문서에 관한 죄 중 전자기록위작・변작 등의 죄의 객체가 될 수 있다.

문서는 문자나 이에 대신할 가시적, 가독적 부호에 의하여 의사표시가 이루어져야 하므로 그 의사표시는 물체에 표현되어야 한다. 여기에서 물체는 반드시 종이일 필요가 없고 옷감, 피혁, 목판, 자기, 금속 등 어떠한 것이라도 무방하며 표기방법도 타자, 인쇄, 육필, 자수 등 제한이 없고 잉크, 먹물, 흑연 등 어떤 재료로 표기했는가도 불문한다.[1]

판 례

컴퓨터 모니터 화면에 나타나는 이미지는 이미지 파일을 보기 위한 프로그램을 실행할 경우에 그때마다 전자적 반응을 일으켜 화면에 나타나는 것에 지나지 않아 형법상 문서에 관한 죄에 있어서의 '문서'에 해당하지 않는다.[2]

---

(3) 의사표시의 계속성

의사표시는 물체 위에 어느 정도 지속(계속)될 수 있는 상태에 있어야 한다. 문서가 법률상 또는 사회생활상 중요한 사항에 관하여 증거로 될 수 있기 위하여서는 그 의사표시가 지속성을 지닐 것이 당연히 요청된다. 이처럼 의사표시가 지속적으로 유지될 수 있을 때 문서로서의 기능이 인정되는 것을 문서의 계속적 기능이라고 부른다. 의사표시가 반드시 영구적일 필요는 없지만, 어느 정도 지속적이어야 한다. 그러므로 모래 위나 눈 위에 쓴 글이라든가 판 위에 물로 쓴 글은 문서로 볼 수 없다. 칠판 위에 분필로 쓴 의사표시도 문서가 아니라는 견

서일교, 256면; 손해목, 주석(상), 383면; 신동운, 379면; 이영란, 627면; 정성근/정준섭, 394면; 진계호, 578면; 황산덕, 134면 등.
[1] 이재상 외, 577면; 임웅, 706면.
[2] 대판 2011. 11. 10, 2011도10468; 대판 2007. 11. 29, 2007도7480.

해[1]도 있으나 일률적으로 그렇게 단정하는 것은 적절하지 않고 칠판 위의 글씨라고 방치하지 않고 어느 정도 계속적으로 존치될 수 있도록 보존하고 있는 한 문서로 될 수 있다고 보아야 할 것이다.

문서의 요건인 지속성이 인정되기 위해서 어느 정도의 시간이 필요할 것인가는 일률적으로 판단할 수 없고, 구체적인 모든 정황을 고려하여 법률적·사회적으로 중요한 사실의 증거로서 삼는데 장애가 없을 정도여야 할 것이다.

3. 증명적 기능

어떤 의사나 관념이 표시된 물체가 문서로 되려면 그 의사표시나 관념의 내용이 법률상 또는 사회생활상 중요한 사실에 대하여 증거로 될 수 있는 것이어야 한다. 이를 증명적 기능(증거자료로서의 기능)이라 하고, 증명능력과 증명의사를 내용으로 한다.

(1) 증명능력

증명능력이란 객관적으로 증명에 적합한 것, 즉 문서의 의사표현 그 자체 또는 그 표현이 다른 정황과 결합하여 법률관계 또는 사회생활상의 중요사항에 관하여 확신형성에 기여할 수 있음을 의미한다.[2] 따라서 이러한 증명능력은 법률, 거래관행, 당사자간의 합의 등 객관적 척도에 따라 판단될 수 있어야 한다.

법률관계상 중요한 사항이라 함은, 공법·사법관계에 있어서 법률상 권리의무의 발생·변경·소멸 등에 관하여 기재된 문서를 의미한다. 예컨대, 매매계약서나 영수증, 신청서, 위임장, 유언장, 고발장 등이 해당한다. 그러나 법적 거래에 관련되는 문서의 증명력이 반드시 법률행위가 유효할 것을 전제로 하는 것은 아니다.

사회생활상 중요한 사항이라 함은 권리의무 이외에도 거래계에서 당사자 또는 이해관계인들에게 중요한 사실을 증명함에 사용될 수 있는 문서를 의미한다. 예컨대 추천서, 이력서, 가족관계등록부, 운전면허증, 주민등록표 등이 이에 해당한다. 이러한 의미에서 단순한 관념이나 사상의 표현에 불과한 소설, 시, 학술

---

1) 이재상 외, 577면.
2) 사문서위조죄가 객체를 권리의무 또는 사실증명에 관한 문서로 제한하고 있는 것도 이러한 관점에서 이해할 수 있고 공문서도 동일하게 이해할 수 있다(이재상 외, 578면).

논문 등은 문서로 볼 수 없다.

문서의 증명능력이 진정문서만을 대상으로 하는가 부진정문서도 이에 포함시키는가에 관하여서는 견해의 대립이 있다. 진정문서란 명의인과 작성자가 일치하는 문서를 말하고 부진정문서란 명의인과 작성자가 일치하지 않는 문서를 의미하며 위조문서라고도 부른다. 진정문서만이 문서위조죄의 객체라는 견해[1]는 부진정문서를 작성하는 것은 본죄를 구성하지만 부진정문서 자체는 문서위조죄의 객체가 될 수 없다고 본다. 판례[2]도 허위로 작성된 공문서는 공문서변조죄의 객체가 될 수 없다는 입장을 취한다.

한편 문서위조의 객체는 부진정문서라는 견해[3]는 외관상 진정문서처럼 보이는 부진정문서를 권한 없이 작성하는 행위가 문서위조로서, 문서위조죄의 행위객체는 부진정문서로 보는 것이 타당하다고 주장한다.

이상과 같은 논쟁은 문서위조가 부진정문서를 만들어내는 행위라는 점에서 실질적인 차이점이 없으므로 논쟁의 실익도 없다. 단지 부진정문서 작성행위를 진정문서를 만들어야 할 것을 권한 없이 부진정문서로 만들었다는 의미에서 진정문서위조로 이해할 것인가 아니면 물리적으로 지각 가능한 객체는 부진정문서라는 사실에 중점을 둘 것인가에 관한 관념적 차이라고 할 수 있다. 문서변조죄의 객체는 진정문서라는 사실과 위조·변조문서행사죄의 객체에는 진정문서와 부진정문서가 모두 포함될 수 있다는 점에는 이의가 없다.[4]

(2) 증명의사

문서가 법률상 또는 사회생활상의 중요사항에 관한 증거자료로서 활용되려면 증명의사가 있을 것을 요한다. 문서가 작성당시부터 증명의사로 이루어진 것인가 사후에 발생한 것인가에 따라 목적문서(의도적 문서)와 우연문서로 구분된다.[5] 목적문서란 처음부터 증명의사를 가지고 작성된 계약서, 합의서 등을 의미하고, 우연문서란 예컨대 비망록이나 일기장처럼 처음 작성할 때에는 증명의사가 없었지만 재판에서 증거로서 제출된 이후부터는 증명의사가 발생하여 비로

---

1) 배종대, 515면; 진계호, 583면.
2) 대판 1986. 1. 11, 86도1984.
3) 임웅, 710면.
4) 오영근, 556면; 임웅, 710면.
5) 배종대, 517면; 이재상 외, 578면; 임웅, 711면

소 문서가 되는 경우이다. 일반적으로 공문서는 항상 목적문서의 성격을 지니지만 사문서는 경우에 따라 목적문서 또는 우연문서일 수 있다.[1] 증명의사는 확정적 의사일 것을 요하므로 이러한 의사가 결여된 초안은 문서가 아니지만 확정적 증명의사가 있는 한 가계약, 가영수증도 문서에 해당한다.[2]

4. 보장적 기능

(1) 의 의

문서에 표시된 의사 또는 관념의 주체를 문서의 명의인이라고 부른다. 명의인은 현실적으로 문서의 내용을 표시한 자를 지칭하는 작성자 또는 작성인과는 구별되는 개념이다. 명의인과 작성자는 동일할 수도 있고(진정문서), 다른 경우(부진정문서)도 있다.[3] 예컨대 대리에 의한 문서의 경우 명의인은 대리권수여자이고 작성자는 대리인이 된다. 따라서 문서범죄 중 위조는 명의인의 진위여부를 의미하고, 자격모용에 의한 문서작성범죄는 대리인 또는 대표인의 자격의 진위여부를 의미한다.

문서는 의사 또는 관념의 표시이므로 문서가 증명기능을 하려면 표시된 의사와 관념의 내용에 관한 책임의 주체인 명의인이 있어야 한다. 이처럼 명의인이 있어야만 문서로서의 기능을 할 수 있는 것을 문서의 보장적 기능이라고 부른다. 명의인의 표시가 없거나 명의인을 특정할 수 없는 문서는 본죄의 객체로서의 문서에는 해당하지 않는다. 그렇지만 일정한 외관을 갖춘 서명이나 날인이 반드시 필요한 것은 아니다.[4] 명의인이 명시되어 있지 않은 경우라고 할지라도 문서의 내용, 형식, 필적 등에 의하여 명의인을 특정할 수 있는 경우에는 문서성을 인정할 수 있다.[5]

(2) 명의인이 될 수 있는 자

명의인은 자연인은 물론 법인, 법인격 없는 단체라 할지라도 무방하다. 명의인이 실재해야 하는가에 관하여서는 통설은 일반인에게 진정한 문서로 오인하

---

1) 김성돈, 652면; 이재상 외, 578면; 임웅, 711면.
2) 이재상 외, 567면; 임웅, 627면.
3) 작성자의 의미에 관하여서도 학설의 대립이 있다. 관념설은 문서의 내용의 기재를 시킨 의사의 주체를 작성자로 보는 반면 사실설은 실제로 문서를 기재한 자를 작성자로 본다.
4) 대판 2000. 2. 11, 99도4819; 대판 1989. 8. 8, 88도2209; 대판 1975. 6. 24, 73도3432.
5) 대판 1973. 9. 29, 73도1765.

게 할 염려가 있는 한 공문서와 사문서를 불문하고 사자나 허무인, 가공인 명의의 문서도 문서에 관한 죄의 객체인 문서에 해당한다고 본다.[1] 판례 역시 명의인이 허무인이거나 문서작성일자 전에 이미 사망한 경우에도 공문서·사문서 모두 문서위조죄가 성립한다고 본다.[2] 본죄의 보호법익은 문서에 대한 공공의 신용이므로 문서가 일반인에게 진정한 문서로 오인될 우려가 있는 한 명의인이 실재하지 않아도 본죄가 성립된다고 보아야 하고 공문서와 사문서를 구별해야 할 필요도 없기 때문에 통설이 타당하다.

5. 문서의 원본성과 복본, 등본, 사본

전통적으로 명의인의 의사를 직접적으로 표현한 물체 즉 원본인 문서라야 문서에 관한 죄의 객체인 문서가 된다고 보아 왔으며 명의인이 처음부터 일정한 증명을 위하여 수통의 문서를 작성한 경우에 해당하는 복본도 당연히 문서로 인정되어 왔다. 그러나 문서의 등본, 초본, 사본은 인증이 없는 한 문서로 볼 수 없다는 것이 통설과 판례[3]의 입장이기도 하였다. 그러나 전자복사기, 모사전송기 등의 이용이 보편화되고 복사한 서류의 사용이 증대되고 있으며 복사문서가 원본을 그대로 재현하는 특성도 지니고 있어서 원본을 대신하는 증명수단으로서의 기능이 증대되고 있는 점 등에 비추어 판례는 종래의 태도를 바꾸어 복사문서의 문서성을 인정하게 되었다.[4] 이 후 형법은 1995년의 개정을 통하여 "전자복사기, 모사전송기 기타 이와 유사한 기기를 사용하여 복사한 문서 또는 도화의 사본도 문서로 본다"는 규정(제237조의2)을 신설하여 복사문서의 문서성을 명문으로 인정하고 있다.

6. 문서의 종류

문서의 종류는 다양하게 구분되나, 그것이 법적 효력이 있는 경우도 있고 없

---

1) 김성돈, 653면; 김성천/김형준, 674면; 김일수/서보학, 728면; 배종대, 518면; 백형구, 528면; 오영근, 557면; 이영란, 631면; 이재상 외, 579면; 임웅, 712면; 정성근/정준섭, 396면; 정영일, 339면; 진계호, 581면.
2) 대판 2005. 2. 24, 2002도18; 대판 1976. 9. 14, 76도1707.
3) 대판 1984. 4. 24, 83도3355; 대판 1982. 3. 9, 81도2107; 대판 1978. 5. 9, 78도709.
4) 대판 1995. 12. 26, 95도2389; 대판 1994. 3. 22, 94도4; 대판 1992. 11. 27, 92도2226; 대판 1989. 9. 12, 87도506.

는 경우도 있다.

(1) 공·사문서

문서는 명의인이 누구이고 무엇에 관한 문서인가에 따라 공문서와 사문서로 나누어진다. 공문서는 우리나라의 공무소 또는 공무원이 직무에 관하여 작성한 문서를 말한다. 그러므로 외국의 공무원 또는 공무소가 명의인 문서는 제외된다. 또한 직무권한 내에서 작성된 문서가 아닌 것도 공문서에서 제외된다.

(2) 개별·전체·결합문서

문서는 개별적인 것인가 또는 어떤 형태로 결합된 것인가에 따라 개별문서, 전체문서, 결합문서(복합문서)로 구분된다. 개별문서는 개별적으로 의사나 관념을 표시한 독립된 문서를 말하고 전체문서란 개개의 문서를 계속적으로 다수 포함해 가면서 그 전체가 하나의 문서로 되는 경우(예컨대 상업장부, 예금통장 등)를 의미하며 결합문서(또는 복합문서)는 둘 이상의 다른 문서가 밀접하게 결합하여 통일된 증명내용을 갖는 것으로 예컨대 민원서류에 공무소가 인증한 경우가 이에 해당한다. 그리고 복합된 범위 내에서는 하나의 문서로 취급된다.

(3) 진정·부진정문서

문서는 명의인과 작성자가 일치하는가 여하에 따라 진정문서와 부진정문서로 구분된다. 문서의 명의인과 작성자가 일치하는 문서를 진정문서라고 하며 진정문서의 내용이 진실에 반하는 경우를 허위문서라고 말한다. 문서의 명의인과 작성자가 다른 경우를 부진정문서 또는 위조문서라고 부른다.

부진정문서가 문서죄의 객체가 되는지 여부에 관하여는 부진정문서 자체는 보호대상이 아니라고 보는 부정설,[1] 위조죄는 부진정문서가 변조죄는 진정문서가 객체라고 보는 견해,[2] 진정문서의 외관을 가지면서 기존 문서에 대한 변경이 있으면 족하다는 긍정설[3] 등이 있다. 판례는 부진정문서는 문서변조죄의 객체가 아니라고 본다.[4] 생각건대 이는 보호법익과 문언의 해석을 고려하여 판단해

---

1) 정성근/박광민, 616면; 정웅석, 1391면.
2) 임웅, 710면.
3) 김성돈, 656면; 오영근, 712면.
4) 대판 2017. 12. 5, 2014도14924. 사문서변조죄는 권한 없는 자가 이미 진정하게 성립된 타인 명의의 문서 내용에 대하여 동일성을 해하지 않을 정도로 변경을 가하여 새로운 증명력을 작출케 함으로써 공공적 신용을 해할 위험성이 있을 때 성립한다. 따라서 이미 진정하게 성립된 타인 명의

야 할 것이며, 위조란 부진정문서를 창출해내는 행위이므로 당연히 부진정문서가 객체가 되지만, 변조란 이미 "진정하게 성립"된 타인명의 문서에 대한 변경을 의미하므로 진정문서만이 객체가 된다고 보아야 할 것이다.

(4) 목적 · 우연문서

문서는 작성시에 문서를 법률상 또는 사회생활상 중요한 사항의 증명용으로 사용할 의사가 있었는가에 따라 그러했던 경우를 목적문서라고 부르는 반면 사후에 이러한 용도로 사용하게 된 경우를 우연문서라고 칭한다.

(5) 생략 · 완전문서

문서는 내용의 표시가 생략 또는 약식으로 된 경우를 생략문서 또는 약식문서라고 하고 내용의 표시에 빠진 부분이 없이 완전한 것을 완전문서라고 한다.

§2. 유형별 고찰

Ⅰ. 문서위조 · 변조죄

1. 사문서위조 · 변조죄

> *행사할 목적으로 권리 · 의무 또는 사실증명에 관한 타인의 문서 또는 도화를 위조 또는 변조한 자는 5년 이하의 징역 또는 1천만원 이하의 벌금에 처한다(제231조).
> *미수범은 처벌한다(제235조).

(1) 의 의
본죄는 목적범이고 추상적 위험범이며 문서에 관한 죄의 기본적 유형이다.

(2) 구성요건
1) 객관적 구성요건
① 행위객체
본죄의 행위객체는 사문서 중에서도 권리 · 의무 또는 사실증명에 관한 타인

의 문서가 존재하지 않는다면 사문서변조죄가 성립할 수 없다.

의 문서 또는 도화에 한정된다. 여기에서 타인은 자연인, 법인, 법인격 없는 단체를 불문하며 공무원 또는 공무소라 할지라도 직무에 관하여 문서를 작성하는 경우가 아니면 이에 포함된다.

권리 · 의무에 관한 문서란 공법상 또는 사법상의 권리 · 의무의 발생, 존속, 변경, 소멸의 의사표시를 내용으로 하는 문서를 말한다. 예컨대 매매계약서, 채권양도증서, 차용증, 영수증, 예금청구서, 위임장, 혼인신고서, 주민등록증 발급신청서 등이 이에 해당한다. 권리 · 의무에 관한 문서에는 권리 · 의무의 성립요건으로 되는 문서는 물론 단지 권리 · 의무의 존부를 증명하는 문서도 포함된다.

사실증명에 관한 문서란 권리 · 의무에 관한 문서 이외의 문서로서 법률관계 또는 사회생활상 중요한 사실에 있어서 증거로 될 수 있는 문서를 의미한다. 예컨대 민간단체의 신분증, 이력서, 추천서 등이 이에 해당한다. 그러나 단지 사물의 동일성을 표시할 뿐 의사나 관념의 표시가 아닌 명찰, 명함, 신발표 등은 여기에 포함되지 않는다. 다만 판례는 담배갑은 이를 제조한 특정회사의 것이라는 사실을 증명하는 기능을 하므로 본죄의 도화에 해당한다고 본다.[1]

복사문서뿐만 아니라 복사본을 다시 복사한 재사본도 이에 포함된다.[2]

판례

문서위조 및 동행사죄의 보호법익은 문서에 대한 공공의 신용이므로 '문서가 원본인지 여부'가 중요한 거래에서 문서의 사본을 진정한 원본인 것처럼 행사할 목적으로 다른 조작을 가함이 없이 문서의 원본을 그대로 컬러복사기로 복사한 후 복사한 문서의 사본을 원본인 것처럼 행사한 행위는 사문서위조죄 및 동행사죄에 해당한다. 변호사인 피고인이 대량의 저작권법 위반 형사고소 사건을 수임하여 피고소인 30명을 각 형사고소하기 위하여 20건 또는 10건의 고소장을 개별적으로 수사관서에 제출하면서 각 하나의 고소위임장에만 소속 변호사회에서 발급받은 진정한 경유증표 원본을 첨부한 후 이를 일체로 하여 컬러복사기로 20장 또는 10장의 고소위임장을 각 복사한 다음 고소위임장과 일체로 복사한 경유증표를 고소장에 첨부하여 접수한 경우, 이를 주의깊게 관찰하지 않으면 그것이 원본이 아닌 복사본임을 알아차리기 어려울 정도이므로 사문서위조죄 및 동행사죄가 성립한다.[3]

---

1) 대판 2010. 7. 29, 2010도2705.
2) 대판 2004. 10. 28, 2004도5183; 대판 2000. 9. 5, 2000도2855.
3) 대판 2016. 7. 14, 2016도2081.

② 행 위

본죄의 행위는 위조 또는 변조이다.

(가) 위 조   본죄의 위조는 작성권한이 없는 자가 타인명의를 모용하여 문서를 작성하는 행위를 말한다.[1] 여기에서 위조는 부진정문서를 작성하는 행위로서 유형위조를 의미한다. 형법은 무형위조를 작성이라고 표현하여 위조와 그 용어를 구별하고 있다.

ⓐ 작성권한이 없는 자: 본죄에 있어서 위조는 작성권한이 없는 자가 문서를 작성하는 행위이므로 행위자에게 작성권한이 있는가 여부를 판단하는 것이 중요하다. 작성권한의 유무의 판단에 있어서는 법규, 계약, 관례 기타 모든 정황을 구체적으로 고려해야 한다.

ⅰ) 문서작성 위탁   작성권한이 있는 자가 권한의 범위 내에서 문서를 작성하거나 타인의 위탁에 의하여 그 범위 내에서 문서를 작성하는 것은 위조가 아니다. 그러나 위탁된 범위를 초월하여 위탁자명의의 문서를 작성하는 것은 위조에 해당한다.[2] 명의인의 승낙이 사전에 있는 경우에는 명시적 승낙인가 묵시적 승낙인가를 불문하고 그 행위가 위조로 되지 않는다.[3] 그러나 사후승낙은 유효한 승낙이 아니다.[4] 포괄적 위임을 받아 문서를 작성하는 경우에도 그 위임된 취지에 따른 경우에는 위조로 되지 않는다.[5]

ⅱ) 무권대리   대리권이나 대표권이 없는 자가 대리인 또는 대표자격으로 본인명의의 문서를 작성하는 행위는 문서위조가 아니라 자격모용에 의한 문

---

1) 문서에 관한 죄에 있어서 위조는 여러 가지 의미로 사용된다. 최광의의 위조는 문서의 위조·변조·허위문서의 작성, 위조 등 문서의 행사, 문서의 부정행사 등 문서에 관한 죄의 모든 행위를 포함한다. 광의의 위조는 최광의의 위조에서 행사를 제외한 것으로 유형위조와 무형위조를 포함하는 개념이다. 협의의 위조는 유형위조, 즉 부진정문서 또는 위조문서를 작성하는 경우만을 의미하며 최협의의 위조는 협의의 위조에서 변조를 제외한 개념을 말한다(이재상 외, 583면 참조).

2) 대판 1997. 3. 28, 96도3191; 대판 1992. 12. 22, 92도2047.

3) 행위 당시의 모든 객관적 사정을 종합하여 명의자가 행위 당시 그 사실을 알았다면 당연히 승낙했을 것이라고 추정되는 경우에는 사문서위조·변조죄가 성립하지 않지만(대판 2003. 5. 30, 2002도235), 그러나 명의자가 문서작성 사실을 알았다면 승낙하였을 것이라고 기대하거나 예측한 것만으로는 그 승낙이 추정된다고 단정할 수 없다(대판 2008. 4. 10, 2007도9987).

4) 대판 1999. 5. 14, 99도202.

5) 판례는 대금수령을 위임받아 예금청구서를 작성한 경우(대판 1984. 3. 27, 84도115), 가등기담보권을 양수한 자가 양도인명의의 가등기말소신청서를 임의로 작성한 경우(대판 1984. 2. 14, 83도2650), 보관시켜둔 인장을 사용하여 회의록을 작성한 경우(대판 1984. 3. 27, 82도1915) 등은 위조로 되지 않는다고 판시하였다.

서작성에 해당한다.[1] 대리권이나 대표권이 소멸한 후에 그 자격을 내세워 본인 명의의 사문서를 작성하는 경우도 무자격자의 사문서작성행위로서 자격모용에 의한 사문서작성죄에 해당한다.[2] 그러나 대리권이나 대표권 없는 자가 본인 명의까지 도용하였다면 사문서위조죄가 성립한다.

iii) 월권대리   대리권이나 대표권이 있는 자가 권한 외의 사항(권한의 초월)에 대하여 사문서를 작성한 경우에 사문서위조죄가 성립한다는 견해[3]와 자격모용에 의한 사문서작성죄가 성립한다는 견해[4]의 대립이 있으나 이 경우도 권한 외의 부분에 관한 한 대리권이나 대표권이 없음에도 불구하고 대리인 또는 대표자격으로 본인 명의의 문서를 작성하는 것과 다를 것이 없으므로 자격모용에 의한 사문서작성죄가 성립한다고 볼 수 있다. 다만 판례는 문서위조죄가 된다고 본다.[5]

iv) 대리권 남용   대리권이나 대표권이 있는 자가 그 권한의 범위 내에서 대리권이나 대표권을 남용한 경우에는 자격모용에 의한 사문서작성죄와 사문서위조죄는 모두 성립하지 않는다.[6]

문서작성권한을 위임받지 않은 문서기안자가 문서작성권자의 결재를 받지 않고 권한을 초과한 사문서를 작성한 경우에는 사문서위조죄가 성립한다.[7]

ⓑ **타인명의 모용:**   타인의 명의를 모용한다는 것은 행위자가 자기이외의 타인 명의를 사칭하여 문서를 작성하는 것을 말한다. 이는 명의인과 작성자가 다른 부진정문서를 만들어 내는 행위이며 작성한 내용이 진실한가, 문서에 실제로 작성한 자가 표시되었는가, 명의인이 실재인인가 등은 불문한다.[8] 타인의 서명 또는 날인이 되어 있는 백지를 남용하여 명의인의 의사에 반하는 사실

---

1) 김성돈, 661면은 권한 없는 자가 본인 명의를 모용한 것이므로 사문서위조죄가 성립한다고 본다.
2) 대판 1993. 4. 27, 92도2688.
3) 김성돈, 660면; 김일수/서보학, 734면; 서일교, 253면; 이정원, 563면; 정성근/정준섭, 401면.
4) 배종대, 522면; 유기천(하), 155면; 이재상 외, 585면; 임웅, 717면 등.
5) 대판 1997. 3. 28, 96도3191. 또한 대판 2005. 10. 28, 2005도6088(피고인이 회사를 인수하면서 회사 대표이사의 명의를 계속 사용하기로 승낙을 받았다고 하더라도, 사기범행을 목적으로 실제로는 위 회사에 근무한 바 없는 제3자의 재직증명서 및 근로소득원천징수영수증 등 허위의 문서를 작성한 행위는 위임된 권한의 범위를 벗어나는 것으로서 사문서위조죄를 구성한다).
6) 김일수/서보학, 712면; 박상기/전지연, 525면; 배종대, 687면; 손동권, 659면; 오도기/7인공저, 529면; 유기천(하), 155면; 이재상 외, 573면; 임웅, 634면; 정성근/정준섭, 626면; 정영석, 167면; 진계호, 586면; 황산덕, 137면; 대판 1984. 7. 10, 84도1146 등 통설, 판례의 입장.
7) 박상기/전지연, 525면; 이재상 외, 574면; 대판 1997. 2. 14, 96도2234의 입장도 이와 같다.
8) 대판 2005. 9. 24, 2002도18. 사자나 허무인명의도 본죄에 해당함은 앞서 언급한 바와 같다.

을 기재하는 경우는 문서위조죄로 된다.[1] 그러나 타인이 작성한 문서에 단지 작
성일자만을 기재하는 것은 위조로 볼 수 없다.[2]

> **판 례** ///////////////////
>
>   세금계산서는 부가가치세 과세사업자가 재화나 용역을 공급하는 때에 이를 공
> 급받은 자에게 작성·교부하여야 하는 계산서이므로, 그 작성권자는 재화나 용역을
> 공급하는 공급자이고,… 공급자가 세금계산서를 작성함에 있어 공급받은 자의 동의
> 나 협조가 요구되지도 않는 점 등에 비추어 세금계산서상의 공급받는 자는 그 문서
> 내용의 일부에 불과할 뿐 세금계산서의 작성명의인은 아니라 할 것이니, 공급받는
> 자 란에 임의로 다른 사람을 기재하였다 하여 그 사람에 대한 사문서위조죄가 성립
> 된다고 할 수 없다.[3] 그 외에도 작성명의자의 승낙이나 위임없이 그 명의를 모용
> 하여 토지사용에 관한 책임각서 등을 작성하면서 작성명의자의 서명이나 날인은
> 하지 않고 피고인이 자신의 이름으로 보증인란에 서명 날인한 경우[4]도 타인명의
> 모용이 없는 것이다.
>   그러나 졸업증명서나 수료증에 성명기재가 없는 경우,[5] 예금청구서에 작성명의
> 자의 기명만 있고 날인이 빠졌다 하더라도[6] 일반인이 그 작성명의자에 의하여 작
> 성된 것이라고 오신할만한 형식과 외관을 갖추고 있는 이상 날인이 없다 하여 이를
> 미완성문서로 볼 수는 없고 사문서위조죄가 성립한다.

ⓒ **문서의 작성**:   문서의 작성방법은 불문한다. 문서의 작성에는 새로운
문서를 만들어 내는 것은 물론 기존의 문서를 이용하여 별개의 독립된 새로운
문서를 만드는 방법도 포함된다. 예컨대 증명서의 성명을 고쳐 써서 별개의 문
서를 만든 경우,[7] 유효기간이 경과한 문서의 발행일자를 고쳐 유효한 문서처럼
만든 경우,[8] 백지문서에 위임의 취지를 벗어난 보충기재를 하는 경우[9] 등은 모

---

1) 오도기/7인공저, 529면.
2) 대판 1983. 4. 26, 83도520.
3) 대판 2007. 3. 15, 2007도169.
4) 대판 1997. 12. 26, 95도2221.
5) 대판 1962. 9. 27, 62도113.
6) 대판 1984. 10. 23, 84도1729.
7) 대판 1962. 12. 20, 62도183.
8) 대판 1980. 11. 11, 80도2126.
9) 대판 1984. 9. 11, 84도368.

두 문서위조에 해당한다.

　문서는 반드시 작성자가 자필로 작성할 필요가 없고 간접정범의 방법, 예컨대 명의인의 착오를 이용하여 명의인이 자신의 의사와 다른 내용의 문서를 작성하게 하는 방법도 가능하다.[1] 작성된 문서는 일반인이 진정한 문서로 오인할 정도의 형식과 외관을 갖추고 있으면 충분하며 이러한 문서가 작성되면 기수가 된다.

판 례

　백지위조란 이미 작성되었지만, 그 내용이 미완성인 문서에 가공하여 그 문서를 완성시키는 경우를 의미한다. 판례는 이미 상대방의 날인이 되어 있는 혼인신고서 용지에 임의로 혼인사실을 기재한 경우,[2] 골재채취장과 멀리 떨어져 있는 곳에서 채취한다고 백지 동의서에 날인을 받은 다음, 그 장소와 다른 곳으로 기재한 경우,[3] 갑이 을과 동업계약에 따라 갑 명의로 변경하기 위하여 을의 인장이 날인된 백지 건출주명의변경신청서를 받아서 병 앞으로 건축주명의변경신청서를 작성한 경우[4] 등은 문서위조에 해당한다.

　(나) 변 조　　변조란 이미 진정하게 성립된 타인명의의 문서의 내용을 권한 없이 동일성이 상실되지 않을 정도로 변경하는 행위이다. 권한이 있는 자가 문서의 내용을 변경하는 것은 변조가 아니다. 권한 없이 자기명의의 문서의 내용을 변경하는 행위는 문서손괴에 해당한다.[5]

　변조의 대상은 진정하게 성립된 타인 명의의 문서(진정문서)에 한정된다. 그러므로 위조되었거나 허위작성된 문서는 그 대상에서 제외된다. 또한 아직 문서로서 완성되지 않은 서면에 손을 대어 문서를 만든 경우는 변조가 아닌 위조가 된다.

　변조는 문서의 내용을 동일성을 상실하지 않을 정도로 변경하는 것이다. 그러므로 단순한 자구수정이라든가 문서의 내용에 영향을 미치지 않는 사항을 기

---

1) 대판 2000. 6. 13, 2000도778; 대판 1970. 9. 29, 70도1759.
2) 대판 1987. 4. 11, 87도399.
3) 대판 1992. 3. 31, 91도2815.
4) 대판 1984. 6. 12, 83도2408.
5) 통설 및 판례(대판 1987. 4. 14, 87도177).

재한 정도로는 변조로 볼 수 없다.[1] 그러나 보관중인 영수증에 작성명의인의 승낙 없이 금액을 변경하여 새로운 증명력을 갖게 한 경우는 변조에 해당한다. 한편 유효기간이 지난 문서의 일자를 변경하여 새로운 문서를 만들거나 문서의 작성명의인을 변경하거나 신분증의 사진을 바꾸어 부치는 경우 등은 문서의 동일성을 상실할 정도에 이른 것으로서 변조가 아니라 위조에 해당한다고 보아야 한다. 변조된 문서의 내용이 진실에 합치하는가는 불문한다.[2] 또한 그 내용이 유효인가 무효인가도 본죄의 성립에 영향을 미치지 않는다. 변조된 문서는 일반인이 본래 그러한 내용으로 작성된 문서라고 오인할 정도의 형식과 외관을 갖추고 있으면 충분하며 이 정도의 변경이 이루어진 때에 본죄는 기수로 된다.

2) 주관적 구성요건

본죄의 고의에서 인식은 문외한으로서의 소박한 인식이면 충분하다. 고의 이외에 초과주관적 구성요건으로서 행사할 목적을 요하며, 이는 위조 또는 변조된 문서를 진정한 문서 또는 진실한 내용의 문서로서 사용할 목적을 의미한다.

(3) 죄수 및 타죄와의 관계

1) 죄수의 결정기준

문서에 관한 죄의 죄수를 결정하는 기준이 무엇인가에 관하여서는 ① 모용된 명의인의 수를 기준으로 삼는 견해,[3] ② 문서의 수를 기준으로 하는 견해,[4] ③ 범죄의사를 기준으로 하는 견해,[5] ④ 보호법익을 기준으로 한다는 견해,[6] ⑤ 법익을 기준으로 하면서 행위와 범죄의사도 함께 고려해야 한다는 견해,[7] ⑥ 보호법익을 기준으로 하되 명의인, 문서 및 문서작성의사의 수를 함께 고려해야 한다는 견해,[8] ⑦ 행위와 문서의 수를 기준으로 하면서 법익, 범죄의사, 구성요건의 충족횟수를 함께 고려해야 한다는 견해[9] 등 학설대립이 다양하게 나타나고 있다. 문서위조의 죄가 형식주의를 기초로 하고 있는 점에 비추어 죄수

---

1) 이재상 외, 576면; 임웅, 636면; 대판 1981. 10. 27, 81도2055.
2) 대판 1985. 1. 22, 84도2422.
3) 대판 1987. 7. 21, 87도564; 대판 1956. 3. 2, 4288형상343.
4) 정영석, 181면.
5) 이건호, 137면; 황산덕, 139면.
6) 서일교, 260면; 유기천(하), 188면.
7) 이재상 외, 589면.
8) 정성근/정준섭, 404면; 진계호, 589면.
9) 김성돈, 666면; 김일수/서보학, 742면.

의 판단에 있어서는 모용된 명의의 수를 기준으로 하고 행위, 법익, 문서의 수와 범죄의사를 함께 고려하는 것이 적절할 것이다.

하나의 행위로 수인의 명의를 모용한 경우에는 상상적 경합관계로 되고 수회의 행위를 통하여 1통의 문서를 위조한 경우에는 1죄만 성립한다. 수개의 행위를 통하여 명의가 다른 수통의 문서를 위조한 때에는 실체적 경합이 된다.

2) 타죄와의 관계

① 행사죄와의 관계

본죄와 위조사문서행사죄의 관계에 대하여서는 법조경합으로 보는 견해,[1] 상상적 경합관계라는 견해[2] 및 실체적 경합범이라는 견해[3]가 대립되어 있으나 실체적 경합범으로 봄이 타당하다. 판례도 이와 같다.[4]

② 인장위조죄와의 관계

명의인의 인장을 위조하여 문서위조에 사용한 경우에는 사인위조·부정사용죄(제239조)는 문서위조죄에 흡수된다.[5]

③ 사기죄와의 관계

문서를 위조하고 위조된 문서로 타인을 기망하여 재산상의 이익을 취득한 경우에는 문서위조죄와 사기죄는 실체적 경합관계로 되는 한편 위조문서 등 행사죄와 사기죄는 상상적 경합관계가 된다.

④ 신용카드부정사용죄와의 관계

도난·분실되거나 위조된 신용카드를 사용하여 물품을 구입하는 경우 거래명세서에 서명하여 교부하는 사문서위조죄 및 동행사죄는 여신전문금융업법상 신용카드부정사용죄의 성립에 불가벌적으로 수반되는 행위이므로 별도로 성립하지 않고 신용카드부정사용죄에 흡수된다.

⑤ 무고죄와의 관계

타인명의의 문서나 성명을 모용하여 수사기관에 무고를 한 경우 사문서위조죄 및 위조사문서행사죄와 무고죄는 상상적 경합이 된다.[6]

---

1) 임웅, 723면은 양죄의 관계를 법조경합 중 보충관계로 본다.
2) 이재상 외, 589면: 배종대, 527면.
3) 김성돈, 638면; 백형구, 517면: 이정원, 572면: 정성근/정준섭, 405면: 진계호, 589면.
4) 대판 1991. 9. 10, 91도1722.
5) 대판 1978. 9. 26, 78도223.
6) 김성돈, 667면; 이재상 외, 589면: 정성근/정준섭, 405면.

2. 공문서위조 · 변조죄

> *행사할 목적으로 공무원 또는 공무소의 문서 또는 도화를 위조 또는 변조한 자는 10년
> 이하의 징역에 처한다(제225조).
> *미수범은 처벌한다(제235조).

(1) 의 의

본죄는 공문서의 공신력 내지 영향력을 고려한 사문서위조 · 변조죄에 대한
가중적 구성요건에 해당한다고 볼 수 있다. 목적범이고 추상적 위험범이다.

(2) 구성요건

1) 객관적 구성요건

① 행위주체

본죄의 행위주체에는 제한이 없다. 공무원도 작성권한을 벗어나는 공문서를
작성하면 본죄에 해당한다. 그러므로 공문서작성을 보조하는 공무원 또는 보충
기재권한만 위임받은 공무원이 함부로 작성권자 명의의 허위내용의 공문서를
작성한 경우에 본죄가 성립한다.[1] 반면 어느 문서의 작성권한을 갖는 공무원이
그 문서의 기재사항을 인식하고 그 문서를 작성할 의사로써 서명날인하였다면,
서명날인이 타인의 기망으로 인한 착오에 빠진 결과라 하더라도 문서의 성립은
진정하며 작성명의를 모용한 사실이 있다고 할 수 없다. 따라서 그 타인도 공문
서위조죄의 간접정범이 되지 않는다.[2]

판 례

보조 직무에 종사하는 공무원이 허위공문서를 기안하여 허위임을 모르는 작성
권자의 결재를 받아 공문서를 완성한 때에는 허위공문서작성죄의 간접정범이 될
것이지만, 이러한 결재를 거치지 않고 임의로 작성권자의 직인 등을 부정 사용함으
로써 공문서를 완성한 때에는 공문서위조죄가 성립한다. 이는 공문서의 작성권한
없는 사람이 허위공문서를 기안하여 작성권자의 결재를 받지 않고 공문서를 완성
한 경우에도 마찬가지이다.

---

1) 이영란, 634면; 임웅, 725면; 대판 1991. 9. 10, 91도1610.
2) 대판 2001. 3. 9, 2000도938.

나아가 작성권자의 직인 등을 보관하는 담당자는 일반적으로 작성권자의 결재가 있는 때에 한하여 보관 중인 직인 등을 날인할 수 있을 뿐이다. 이러한 경우 다른 공무원 등이 작성권자의 결재를 받지 않고 직인 등을 보관하는 담당자를 기망하여 작성권자의 직인을 날인하도록 하여 공문서를 완성한 때에도 공문서위조죄가 성립한다.[1] 그러나 그 행위주체가 공무원과 공무소가 아닌 경우에는 형법 또는 특별법에 의하여 공무원 등으로 의제되는 경우를 제외하고는 계약 등에 의하여 공무와 관련되는 업무를 일부 대행하는 경우가 있더라도 공무원 또는 공무소가 될 수 없다. 따라서 선박안전기술공단이 선박안전법 제82조에 따라 해양수산부장관의 선박검사업무를 대행하더라도 공단의 임직원을 공문서작성주체인 공무원으로 볼 수 없다.[2] 또한 계약 등에 의하여 공무와 관련되는 업무를 일부대행하는 자가 작성한 문서는 공문서가 아니다.[3]

② 행위객체

본죄의 행위객체는 공문서 또는 공도화이다. 공문서 또는 공도화란 공무원 또는 공무소가 직무상으로 작성한 문서 또는 도화를 말한다. 그리고 공무원 또는 공무소는 우리나라의 공무원 또는 공무소에 한정된다. 따라서 외국의 공무소 또는 공무원이 발행한 것은 이에 해당되지 않으므로, 예컨대 홍콩 교통국장에 의하여 발행되어 유효기간이 경과한 국제운전면허증에 첨부된 사진을 바꾸어 붙인 행위는 사문서위조죄에 해당한다.[4] 그러나 국제협약(조약)에 의하여 국내에서도 동일한 효력을 갖는 외국 공문서는 본죄의 객체에 해당한다.[5]

공무원이란 법령에 근거하여 국가, 지방자치단체 또는 이에 준하는 공법인의 사무에 종사하는 자이다. 공문서의 명의인은 공무원 또는 공무소이다.[6] 그러나 명의인이 반드시 실재할 필요는 없고 당해 문서의 형식, 외관 등에 비추어 일반

---

1) 대판 2017. 5. 17, 2016도13912.
2) 대판 2016. 1. 14, 2015도9133.
3) 대판 2008. 1. 17, 2007도6987.
4) 대판 1998. 4. 10, 98도164.
5) 정성근/정준섭, 412면.
6) 임웅, 726면은 공문서의 예로 주민등록증, 운전면허증, 부동산등기부, 지방자치단체장의 명의로 발급된 영수증·허가서, 국공립학교의 졸업·성적증명서 등을 든다. 그밖에도 김성돈, 640면은 인감증명서, 주권표, 한국은행 국고 잔액증명서, 토지대장, 증인신문조서, 교도소 의무과장 명의의 진단서, 경찰서 명의로 전문을 기입한 전보의뢰서, 우체국의 금전출납부, 철도청 역직원 발행의 화물토지서, 납세증명서, 지방의회의사록, 전과 회답서, 외국인등록증명서, 투표통지서, 국공립병원장 발행의 진단서 등도 이에 해당한다고 본다.

인에게 명의인이 실재한다고 오신시킬 정도면 충분하다. 공문서는 공무원 또는 공무소가 작성권한에 근거하여 직무상으로 작성한 문서일 것을 요한다. 따라서 공무원이 작성한 문서라 할지라도 직무상으로 작성된 것이 아니면 공문서로 볼 수 없다. 그러나 문서의 형식, 외관 등에 비추어 일반인에게 직무상으로 작성한 문서로 오신시킬 만한 경우에는 본죄가 성립한다. 직무상으로 작성된 것인 한 공법관계에서 작성된 것인가 사법관계에서 작성된 것인가는 불문한다.[1]

그러나 그 행위주체가 공무원과 공무소가 아닌 경우에는 형법 또는 특별법에 의하여 공무원 등으로 의제되는 경우를 제외하고는 계약 등에 의하여 공무와 관련되는 업무를 일부 대행하는 경우가 있더라도 공무원 또는 공무소가 될 수 없다. 예컨대, 한국환경공단 임직원이나 공단은 공무원이나 공무소가 아니다.[2]

공문서의 작성에 있어서 법령상 일정한 방식을 요하는 경우에 있어서는 그 중요한 방식을 결여한 때에는 공문서로 볼 수 없으나 단지 경미한 하자가 있는 정도일 때에는 공문서로서의 성격을 잃지 않는다고 보아야 할 것이다. 하나의 문서 속에 공문서와 사문서가 포함될 수도 있다.[3] 이 경우 판례는 공문서의 증명문구에 의하여 증명되는 사문서의 부분도 공문서에 해당한다고 본다.[4]

③ 행 위

본죄의 행위는 위조 또는 변조이다. 본죄에서 위조란 작성권한이 없는 자가 공무원 또는 공무소의 명의로 문서를 작성하는 것을 의미한다. 변조란 권한 없이 이미 진정하게 성립된 공문서의 내용에 동일성을 해하지 않을 정도로 변경을 가하는 행위를 말한다. 그러나 그 변형의 정도가 사회일반인을 오신시킬 정도가 아닌 경우, 예컨대 주민등록증 비닐커버 위에 볼펜으로 다른 주민등록번호를 기재한 후 투명테이프를 덧붙인 경우는 변조에 해당한다고 볼 수 없다.[5] 한편 외

---

1) 이재상 외, 591면; 임웅, 726면.
2) 대판 2020. 3. 12, 2016도19170.
3) 대판 2005. 3. 24, 2003도2144. "공증인이 공증인법 제57조 제1항의 규정에 의하여 사서증서에 대하여 하는 인증은 당해 사서증서에 나타난 서명 또는 날인이 작성명의인에 의하여 정당하게 성립하였음을 인증하는 것일 뿐 그 사서증서의 기재 내용을 인증하는 것은 아닌바, 사서증서 인증서 중 인증기재 부분은 공문서에 해당한다고 하겠으나, 위와 같은 내용의 인증이 있었다고 하여 사서증서의 기재 내용이 공문서인 인증기재 부분의 내용을 구성하는 것은 아니라고 할 것이므로, 사서증서의 기재 내용을 일부 변조한 행위는 공문서변조죄가 아니라 사문서변조죄에 해당한다."
4) 대판 1985. 9. 24, 85도1490.
5) 대판 1997. 3. 28, 97도30.

형상 변형을 가한 경우라 할지라도 문서의 본질적인 부분에 변형을 가하여 동일성이 상실되고 별개의 공문서를 작성한 것으로 볼 수 있는 경우에, 예컨대 타인의 주민등록증에 붙어 있는 사진을 떼어내고 자기의 사진을 붙인 경우,[1] 유효기간이 경과하여 무효가 된 공문서의 유효기간과 발행일자를 정정하고 작성권자의 직인을 찍은 경우[2]에는 공문서변조가 아니라 공문서위조에 해당한다.

판 례

1. 위조에 해당하지 않는 경우(무죄)

중국인인 피고인이 콘도미니엄 입주민들의 모임인 갑 시설운영위원회의 대표로 선출된 후 갑 위원회가 대한민국 정부 기관에서 실체를 인정받아 직인이 등록되고 자신은 단체 대표로 인증을 받았다는 등 갑 위원회가 대표성을 갖춘 단체라는 외양을 작출할 목적으로, 주민센터에서 가져온 행정용 봉투의 좌측 상단에 미리 제작해 둔 갑 위원회 한자 직인과 한글 직인을 날인한 다음 주민센터에서 발급받은 피고인의 인감증명서 중앙에 있는 '용도'란 부분에 이를 오려 붙이는 방법으로 인감증명서 1매를 작성한 경우(대판 2020. 12. 24. 2019도8443)

2. 변조에 해당하는 경우

최종결재권자를 보조하여 문서의 기안업무를 담당한 공무원이 이미 결재를 받아 완성된 공문서에 대하여 적법한 절차를 밟지 않고 그 내용을 변경한 경우(대판 2017. 6. 8. 2016도5218), 건축허가서에 첨부된 설계도면을 바꿔치기한 경우(대판 1982. 12. 14. 81도81), 자동차등록증 '비고'란을 임의로 변경한 경우(대판 2016. 3. 24. 2014도6287), 진정하게 성립된 근무성적평정서를 작성권자의 사전동의없이 수정한 경우(대판 2012. 1. 27. 2010도11884: 사후동의는 범죄성립에 영향이 없음) 등.

3. 변조에 해당하지 않는 경우(무죄)

인터넷을 통하여 열람·출력한 등기사항전부증명서 하단의 열람 일시 부분을 수정 테이프로 지우고 복사한 경우(대판 2021. 2. 25. 2018도19043: 일반인의 관점에서 보더라도 공문서 형식과 외관을 갖추지 못함), 법원이 이혼의사확인서등본 뒤에 이혼신고서를 첨부하고 간인하여 교부하였는데 당사자가 이를 떼어내고 다른 내용의 이

---

1) 대판 2000. 9. 5. 2000도2855. 타인의 주민등록증에 붙어 있는 사진을 떼어내고 자기의 자신을 붙였다면 이는 기존 공문서의 본질적 또는 중요 부분에 변경을 가하여 새로운 증명력을 가지는 별개의 공문서를 작성한 경우에 해당하므로 공문서위조죄를 구성한다.
2) 대판 1980. 11. 11. 80도2126.

혼신고서를 붙여 호적관서에 제출한 경우(대판 2009. 1. 30, 2006도7777: 그와 같은 사정만으로는 이혼신고서가 공문서인 이혼의사확인서등본의 일부가 되었다고 볼 수 없음), 내사결과보고서를 복사하면서 표지를 제외하고 '건의'부분을 가린채 복사, 즉 공문서의 일부만을 복사한 경우(대판 2003. 12. 26, 2002도7339), 권한 없는 자가 임의로 인감증명서의 사용용도란의 기재를 고쳐 쓴 경우(대판 2004. 8. 20, 2004도2767: 새로운 증명력을 작출한 것으로 볼 수 없음) 등.

2) 주관적 구성요건

본죄의 성립에는 고의 이외에도 행사의 목적이 있어야 한다.

3. 자격모용에 의한 사문서작성죄

*행사할 목적으로 타인의 자격을 모용하여 권리·의무 또는 사실증명에 관한 문서 또는 도화를 작성한 자는 5년 이하의 징역 또는 1천만원 이하의 벌금에 처한다(제232조).
*본죄의 미수범은 처벌한다(제235조).

(1) 의 의

본죄는 유형위조에 해당하는 경우이지만 사문서위조죄가 타인의 명의를 모용하는 것과는 달리 명의도용이 아니라 즉, 자신의 명의로 권한이 없는 자가 대리권, 대표권 등 타인의 자격을 모용한다는 점에 그 특징이 있다.

(2) 구성요건

본죄의 객체는 사문서 중에서도 권리, 의무 또는 사실증명에 관한 문서 또는 도화이며 그 의미는 사문서위조·변조죄에서 설명한 것과 같다.

본죄의 행위에 있어서 타인의 자격을 모용한다는 것은 대리권 또는 대표권이 없는 자가 타인의 대리인 또는 대표자로서 사문서를 작성하거나 대리권 또는 대표권이 있는 경우에도 권한 이외의 사항에 관하여 대리권자 또는 대표권자로서 사문서를 작성하는 것을 의미한다. 이름을 모용하는 것이 아니라 자격만을 모용하는 것이므로 '갑의 대리인 을'이라는 표시에 있어서 갑의 대리인이 아닌 자가 을 란에 자신의 이름을 표기하는 경우에는 본죄에 해당하나, 을 란에 타인의 이름을 표기하는 경우에는 문서위조에 해당한다.

대리권 또는 대표권이 있다고 오신한 경우는 구성요건적 착오로서 고의를 조각한다.[1] 본죄의 성립에는 고의 이외에도 행사할 목적이 있어야 한다.

4. 자격모용에 의한 공문서작성죄

> *행사할 목적으로 공무원 또는 공무소의 자격을 모용하여 문서 또는 도화를 작성한 자는 10년 이하의 징역에 처한다(제226조).
> *미수범은 처벌한다(제235조).

(1) 의 의
자격모용에 의한 사문서작성죄의 가중적 구성요건에 해당한다.

(2) 구성요건
본죄에서 자격을 모용하여 공문서를 작성한다는 것은 공무원 아닌자 또는 당해 공문서를 작성할 권한을 갖고 있지 않은 자[2]가 공무원의 직위나 공무소의 자격을 사칭하여 자기명의로 공문서를 작성하는 것을 의미한다. 공무원의 자격과 명의를 모두 모용한 경우는 공문서위조죄로 된다.[3]

II. 허위문서작성죄

1. 허위진단서 등 작성죄

> *의사・한의사・치과의사 또는 조산사가 진단서, 검안서 또는 생사에 관한 증명서를 허위로 작성한 때에는 3년 이하의 징역이나 금고, 7년 이하의 자격정지 또는 3천만원 이하의 벌금에 처한다(제233조).
> *미수범은 처벌한다(제235조).

---

1) 백형구, 545면.
2) 판례는 갑구청장이 을구청장으로 전보된 후 갑구청장의 권한에 속하는 건축허가 기안용지의 결재란에 서명한 행위가 본죄에 해당한다고 본다(대판 1993. 4. 27, 92도2688).
3) 김성돈, 671면; 김일수/서보학, 757면; 배종대, 530면; 유기천(하), 147면; 오영근, 570면; 이재상 외, 593면; 임웅, 728면; 정성근/정준섭, 414면; 진계호, 597면.

(1) 의 의

형법은 사문서의 공신력이 공문서에 비하여 낮은 점을 고려하여 원칙적으로 사문서의 무형위조를 처벌하지 않는다. 그러나 의사 등이 작성하는 진단서 등은 비록 사문서인 경우라도 특정한 전문직에 종사하는 사람들이 전문지식과 경험에 따라 작성하는 문서이므로 상대적으로 신빙성이 높고 다른 법률관계와의 연관성도 중시되므로 사문서의 무형위조를 예외적으로 처벌한다. 본죄는 진정신분범이지만, 문서위조죄와 달리 목적범은 아니다.

(2) 구성요건
1) 객관적 구성요건
① 행위주체

본죄의 행위주체는 의사, 한의사, 치과의사 또는 조산사에 국한된다(진정신분범). 본죄는 신분 없는 자가 신분 있는 자를 이용하여 간접정범의 형태로 범할 수는 없으나 신분 있는 자가 신분 없는 자를 이용한 간접정범의 형태로는 범할 수 있다는 관점에서 부진정자수범으로 이해되기도 한다.[1] 그러나 이는 제33조의 규정에 의한 것이므로 진정신분범의 법적 효과로 볼 것이지, 속성상 자수범은 아니다. 반대로 비신분자인 의사가 아닌 자가 의사의 명의를 모용하여 허위의 진단서를 작성한 때에는 사문서위조죄가 성립한다.

공무원신분인 의사가 허위진단서를 작성한 행위에 관하여는 허위진단서작성죄만 성립한다는 견해,[2] 허위공문서작성죄만 성립한다는 견해,[3] 허위진단서작성죄와 허위공문서작성죄의 상상적 경합으로 된다는 견해[4]가 있다. 생각건대, 양 범죄는 보호법익과 행위태양이 같고 공문서는 사문서에 대한 가중적 구성요건에 해당한다는 점에서 허위공문서작성죄만 성립한다고 봄이 타당하다(법조경합 중 특별관계). 판례도 공무원인 의사가 허위진단서를 작성한 경우 허위공문서작성죄의 성립만 인정한다.[5]

---

1) 백형구, 546면; 임웅, 734면; 진계호, 598면.
2) 김일수/서보학, 759면.
3) 김성돈, 678면; 김성천/김형준, 709면; 오영근, 568면; 이정원, 627면; 정성근/정준섭, 410면.
4) 백형구, 547면; 임웅, 734면.
5) 대판 2004. 4. 9, 2003도7762.

② 행위객체

본죄의 행위객체는 진단서, 검안서 또는 생사에 관한 증명서이다. 진단서는 의사가 진찰의 결과에 대한 판단을 표시하여 사람의 건강상태를 증명하기 위하여 작성하는 문서를 의미한다. 일반적으로 진단서에는 진찰하여 알게 된 질환의 병명, 상처의 부위, 전도 또는 치료기간 등 건강상태의 정도 등에 관한 판단을 표시한다. 진단서인지 여부는 서류의 제목, 내용, 작성목적 등을 종합적으로 고려하여 판단하며, 그 명칭 여하를 불문한다. 그러나 의사의 진찰이 없더라도 확인가능한 사실의 기재는 진단서가 아니다.[1]

검안서란 사람의 사체를 검사한 의사가 사망의 원인, 사망의 시기, 사망의 장소 등 사망에 관한 제반 사실을 의학적으로 확인한 결과를 기재한 문서를 말한다. 예컨대 변사체를 검시한 의사의 사체 검안서, 사체를 해부한 의사의 사인에 관한 감정서 등이 이에 해당한다. 생존한 사람의 상해의 상태를 검사하여 그 결과를 기재한 문서도 검안서에 포함시키는 견해[2]가 있으나 진단서로 보는 것이 타당할 것이다.[3] 생사에 관한 증명서란 사람의 출생 또는 사망사실을 증명하는 문서를 말하는데 출생증명서, 사망진단서 등이 이에 해당한다.

판 례

비록 그 문서의 명칭이 소견서로 되어 있더라도 그 내용이 의사가 진찰한 결과 알게된 병명이나 상처의 부위, 정도 또는 치료기간 등 건강상태를 증명하기 위하여 작성된 것이면 진단서에 해당되나,[4] 환자의 인적사항, 병명, 입원기간 및 입원사실을 확인하는 내용의 '입퇴원확인서'는 진단서에 해당하지 않는다.[5]

---

③ 행 위

본죄의 행위는 진단서, 검안서 또는 생사에 관한 증명서의 내용을 허위로 작성하는 것으로 무형위조에 해당한다. 여기에서 허위의 기재는 사실에 관한 것과

---

1) 대판 2013. 12. 12, 2012도3173.
2) 진계호, 598면.
3) 김성돈, 649면; 백형구, 547면.
4) 대판 1990. 3. 27, 89도2083.
5) 대판 2013. 12. 12, 2012도3173.

판단에 관한 것을 모두 포함하므로, 현재의 진단명과 증상에 관한 기재뿐만 아니라 현재까지의 진찰 결과로서 발생 가능한 합병증과 향후 치료에 대한 소견을 기재한 경우에도 그로써 환자의 건강상태를 나타내고 있는 이상 허위진단서 작성의 대상이 될 수 있다.[1] 따라서 병명을 허위로 기재한 진단서를 작성하거나 사인과 사망시기를 허위로 기재한 검안서를 작성한 경우, 단기치료로 충분한 것을 장기치료를 요한다고 진단서를 작성한 경우, 진단도 하지 않고 진단서를 작성한 경우 등이 모두 허위작성에 해당한다.

2) 주관적 구성요건

진단서의 내용이 실질상 진실에 반하는 기재여야 할 뿐 아니라 그 내용이 허위라는 의사의 주관적 인식이 필요하고, 의사가 주관적으로 진찰을 소홀히 한다던가 착오를 일으켜 오진한 결과로 객관적으로 진실에 반한 진단서를 작성하였다면 허위진단서작성에 대한 인식이 있다고 할 수 없다.[2] 환자의 허위주장에 속아 진실에 반하는 경우에도[3]는 고의를 조각한다.

한편 행위자가 고의적으로 허위의 진단서를 작성한다는 것이 결과에 있어서 우연히 객관적 진실에 합치한 경우는 본죄의 불능미수범에 해당할 수 있다.

2. 허위공문서작성죄

> *공무원이 행사할 목적으로 그 직무에 관하여 문서 또는 도화를 허위로 작성하거나 변개한 때에는 7년 이하의 징역 또는 2천만원 이하의 벌금에 처한다(제227조).
> *미수범은 처벌한다(제235조).

(1) 의 의

본죄는 공문서의 무형위조를 처벌함으로써 그 내용의 진실에 대한 공공의 신용을 보호하려는 것이다. 본죄는 진정신분범이고 목적범이며 추상적 위험범이지만 자수범은 아니다.

---

1) 대판 2017. 11. 9, 2014도15129.
2) 대판 2006. 3. 23, 2004도3360; 대판 1990. 3. 27, 89도2083.
3) 대판 1978. 12. 13, 78도2343; 대판 1976. 2. 10, 75도1888.

(2) 구성요건

1) 객관적 구성요건

① 행위주체

본죄의 행위주체는 직무에 관한 문서 또는 도화를 작성할 권한이 있는 공무원이다. 비록 공무원이라 할지라도 당해 공문서를 작성할 직무상의 권한이 없는 자는 본죄의 주체로 될 수 없다. 여기에서 작성할 권한이 있는 공무원이란 직무상의 권한의 범위 내에서 자기의 명의로 문서 또는 도화를 작성할 수 있는 공무원은 물론 명의인은 아니라 할지라도 전결권이 위임되어 있는 공무원도 포함한다.[1] 그러나 사실상 공문서를 기안한 자라고 할지라도 작성권자의 보조자에 불과한 공무원은 본죄의 주체가 아니다.[2] 이러한 보조자가 작성권자의 결재 없이 마음대로 결재권자 명의의 문서를 작성하면 공문서위조죄가 성립한다고 보아야 할 것이다.[3] 또한 문서를 보충기재할 권한만 위임받은 자가 허위의 문서를 작성한 경우에도 본죄는 성립하지 않고 공문서위조죄가 성립한다.[4] 문서의 작성권한은 법령은 물론 내규 또는 관례에 근거할 수 있다.[5]

판 례

일반행정서기보가 피의자신문조서를 작성한 경우에는 경찰관으로서의 작성권한 없는 공무원이므로,[6] 영상물등급위원회 임직원이 영상물등급위원회장 명의의 접수일부인을 허위로 작성한 경우에는 관련특별법은 뇌물죄의 적용에 있어서만 공무원으로 의제되므로[7] 본죄의 주체가 될 수 없다. 보조직무에 종사하는 공무원이 허위공문서를 기안하여 허위임을 모르는 작성권자의 결재를 받아 공문서를 완성하면 허위공문서작성죄의 간접정범[8]이 되지만, 결재를 거치지 않고 임의로 작성권자의 직인 등을 부정사용한 때에는 공문서위조죄가 성립하고 마찬가지로 공문서 작성권

---

1) 박상기/전지연, 537면; 이영란, 650면; 이재상 외, 583면; 임웅, 652면; 진계호, 599면; 대판 1977. 1. 11, 76도3884.
2) 박상기/전지연, 538면; 임웅, 652면.
3) 정성근, 「허위공문서 작성죄」, 고시연구 1990. 4, 118면; 대판 1965. 10. 5, 65도704.
4) 박상기/전지연, 538면; 이영란, 650면; 정성근/정준섭, 647면; 대판 1996. 4. 23, 96도424.
5) 이재상 외, 584면; 임웅, 652면; 정성근, 앞의 논문, 119면; 진계호, 806면; 대판 1978. 12. 13, 76도3467; 대판 1975. 3. 25, 74도2855.
6) 대판 1974. 1. 27, 73도1854.
7) 대판 2009. 3. 26, 2008도93.
8) 대판 1981. 7. 28, 81도898.

한이 없는 사람이 작성권자의 결재를 받지 않는 때에도 공문서위조가 성립한다.[1]

② 행위객체

본죄의 행위객체는 공무소 또는 공무원이 직무에 관하여 작성한 문서 또는 도화이다. 직무에 관한 공문서인 한 대외적인 문서인가 대내적인 문서인가를 불문하며 합동법률사무소 명의의 공정증서,[2] 건축사무기술검사원으로 위촉된 건축사 작성의 준공검사조서[3] 등도 본죄의 객체에 해당한다.

> **판 례**
>
> 허위공문서작성죄의 객체가 되는 문서는 문서상 작성명의인이 명시된 경우뿐 아니라 작성명의인이 명시되어 있지 않더라도 문서의 형식, 내용 등 문서 자체에 의하여 누가 작성하였는지를 추지할 수 있을 정도의 것이면 된다.[4] 따라서 피고인이 작성한 보도자료는 그 내용이 국가정보원의 의견뿐 아니라 국가정보원 심리전단 소속 직원들이 조직적으로 정치현안에 관한 댓글 등을 게시하였는지 여부에 관한 사실 확인을 포함하고 있어 사실관계에 관한 증명적 기능을 수행하고, 문서의 형식과 내용, 체제에 비추어 국가정보원 대변인 명의인 점이 명백히 드러나므로, 허위공문서작성죄의 객체가 된다.

③ 행 위

본죄의 행위는 공문서 또는 공도화를 허위로 작성하거나 변개하는 것이다.

(가) 허위작성　　공문서를 허위로 작성한다는 것은 공무원이 작성권한이 있는 문서에 허위내용, 즉 진실에 합치하지 않는 내용을 기재하는 것을 의미한다. 판례는 허위란 표시된 내용과 진실이 부합하지 않아서 그 문서에 대한 공공의 신용을 위태롭게 하는 것이라고 본다.[5] 판례에 의하면 가옥대장의 기재와 다른 내용의 가옥증명서를 발행한 경우,[6] 가옥대장에 무허가 건물을 허가받은 건물

---

1) 대판 2017. 5. 17, 2016도13912.
2) 대판 1977. 8. 23, 74도2715.
3) 대판 1980. 5. 13, 80도177.
4) 대판 2019. 3. 14, 2018도18646.
5) 대판 2015. 10. 29, 2015도9010.
6) 대판 1973. 10. 23, 73도395.

로 기재한 경우,[1] 원본과 대조하지 않고 원본대조필 날인을 한 경우,[2] 공사가 미완성인 것을 알면서도 준공검사조서를 작성한 경우,[3] 세대주가 아닌 것을 세대주로 하여 주민등록표를 작성한 경우,[4] 대리인이 인감증명서 발급신청을 한 것을 본인의 신청으로 기재한 경우[5] 본인임을 확인하지도 않고 공증인이 서명 또는 날인이 본인의 것임을 확인한 양 인증서에 기재한 경우[6] 등이 이에 해당한다.

검사나 사법경찰관이 피의자 신문조서를 작성함에 있어서 피의자의 진술이 허위임을 알면서도 그 허위의 사실을 조서에 그대로 기재한 경우는 수사기관이 피의자의 진술내용을 그대로 조서에 기재할 의무가 있다는 관점에서 본죄를 구성하지 않는다고 보아야 할 것이다.[7] 그러나 피의자를 교사하여 허위진술을 하게 하고 이를 그대로 기재한 경우에는 본죄가 성립한다.

판 례

허위공문서작성죄란 공문서에 진실에 반하는 기재를 하는 때에 성립하는 범죄이므로, 고의로 법령을 잘못 적용하여 공문서를 작성하였다고 하더라도 그 법령적용의 전제가 된 사실관계에 대한 내용에 거짓이 없다면 허위공문서작성죄가 성립될 수 없다.

따라서 ① 건축 담당 공무원이 건축허가신청서를 접수·처리함에 있어 건축법상의 요건을 갖추지 못하고 설계된 사실을 알면서도 기안서인 건축허가통보서를 작성하여 건축허가서의 작성명의인인 군수의 결재를 받아 건축허가서를 작성한 경우, 건축허가서는 그 작성명의인인 군수가 건축허가신청에 대하여 이를 관계 법령에 따라 허가한다는 내용에 불과하고 위 건축허가신청서와 그 첨부서류에 기재된 내용(건축물의 건축계획)이 건축법의 규정에 적합하다는 사실을 확인하거나 증명하는 것은 아니라 할 것이므로 군수가 위 건축허가통보서에 결재하여 위 건축허가신청을 허가하였다면 위 건축허가서에 표현된 허가의 의사표시 내용 자체에 어떠한 허위가 있다고 볼 수는 없다 할 것이어서, 이러한 건축허가에 그 요건을 구비하지

---

1) 대판 1983. 12. 13, 83도1458.
2) 대판 1981. 9. 22, 80도3180.
3) 대판 1995. 6. 13, 95도491.
4) 대판 1990. 10. 16, 90도1199.
5) 대판 1997. 7. 11, 97도1082; 대판 1985. 6. 25, 85도758.
6) 대판 2007. 1. 25, 2006도3844.
7) 김일수/서보학, 766면; 백형구, 532면; 정성근, 앞의 논문, 122면.

못한 잘못이 있고 이에 담당 공무원의 위법행위가 개입되었다 하더라도 그 위법행위에 대한 책임을 추궁하는 것은 별론으로 하고 위 건축허가서를 작성한 행위를 허위공문서작성죄로 처벌할 수는 없다.[1] 같은 이유로 ② 당사자로부터 뇌물을 받고 고의로 적용하여서는 안될 조항을 적용하여 과세표준을 결정하고 그 과세표준에 기하여 세액을 산출하였다고 하더라도, 그 세액계산서에 허위내용의 기재가 없다면 동죄가 성립하지 않는다.[2] 그러나 ③ 폐기물관리법 제26조 제2항에 의한 폐기물처리사업계획 적합 통보서는 단순히 폐기물처리사업을 관계 법령에 따라 허가한다는 내용이 아니라, 폐기물처리업을 하려는 자가 폐기물관리법 제26조 제1항에 따라 제출한 폐기물처리사업계획이 폐기물관리법 및 관계 법령의 규정에 적합하다는 사실을 확인하거나 증명하는 것이라 할 것이므로, 그 폐기물처리사업계획이 관계 법령의 규정에 적합하지 않음을 알면서 적합하다는 내용으로 통보서를 작성한 것이라면 그 통보서는 허위의 공문서에 해당하므로 허위공문서작성죄가 성립한다.[3]

(나) 부작위에 의한 작성　　허위작성은 부작위에 의한 방법으로도 가능하다. 일정한 사실을 공문서에 기재해야 할 작성의무를 지는 공무원이 고의적으로 기재하지 않는 경우, 예컨대 출납을 담당하는 공무원이 수입사실을 고의적으로 출납부에 기재하지 않는 것이 이에 해당한다. 판례는 소유권이전등기와 근저당권설정등기 모두에 관하여 등기부기입을 하고 교부하여야 함에도 불구하고 등기공무원이 소유권이전등기만 기입하고 근저당권설정등기는 기입하지 않은 경우 동 죄가 성립한다고 본다.[4]

(다) 심사권자의 경우　　당사자(비공무원 또는 작성권한 없는 공무원)의 신고에 의하여 공문서의 내용을 기재함에 있어서 작성권자인 공무원이 신고내용에 대하여 실질적 심사권을 가지고 있는 경우에 신고내용이 허위임을 알면서도 이를 기재하면 본죄가 성립함은 물론이다. 그러나 등기부, 호적부, 가옥대장 등의 경우처럼 공무원에게 형식적 심사권만 있는 경우 본죄가 성립하는가에 관하여서는 학설의 대립이 있다. 긍정설은 진실에 반하는 것을 알면서도 문서를 작성한 경우에도 공공의 신용을 침해한 것이고 또한 공무원은 허위사실의 기재를 거부

1) 대판 2000. 6. 27, 2000도1858.
2) 대판 1996. 5. 14, 96도554.
3) 대판 2003. 2. 11, 2002도4293.
4) 대판 1996. 10. 15, 96도1669.

할 수 있는 것이므로 본죄가 성립한다고 본다.[1] 반면에 부정설은 이 경우 일정한 형식과 요건을 구비한 신고만 있으면 공무원에게 그 문서를 작성해야 할 직무상의 의무가 있으므로 신고한 허위내용을 그대로 기재하여도 본죄가 성립하지 않는다고 본다.[2] 한편 부분적 긍정설(중간설 또는 구별설)은 공무원이 신고인과 공모하여 자기의 직무상의 의무를 불법하게 이용한 경우에는 본죄가 성립할 수 있지만 우연히 신고사항이 허위임을 알고 이를 기재한 경우에는 본죄가 성립하지 않는다고 본다.[3] 공무원의 공적 지위 및 공공의 신용이라는 보호법익을 고려할 때 이 경우에도 허위공문서작성죄의 성립을 인정함이 타당하다. 판례도 또한 같다.[4]

(라) 간접정범의 성립여부

ⓐ **작성권한 공무원이 제3자를 이용:**   작성권한이 있는 공무원이 권한 없는 자를 이용하거나 권한이 있는 다른 공무원을 이용하여 범행을 한 경우에는 본죄의 간접정범이 성립할 수 있다.[5]

ⓑ **비공무권이 작성권한 공무원을 이용:**   공무원 아닌 자가 작성권한이 있는 공무원을 이용한 경우, 예컨대 비공무원이 관공서에 허위사실의 증명원을 제출하여 그 정을 모르는 담당 공무원으로부터 증명서를 발급받은 경우에는 본죄의 간접정범이 성립하지 않는다는 것이 통설, 판례[6]의 입장이며 타당하다. 본죄는 진정신분범으로서 비신분자가 신분자를 이용한 간접정범이 성립할 수 없고, 또한 형법이 비신분자에 의한 간접정범 형태의 공정증서원본 등 부실기재죄를 본죄보다 법정형이 경한 형태의 독립적인 규정으로 두고 있다는 점 등에 근거한다.[7]

ⓒ **보조공무권이 작성권한 공무원을 이용:**   공문서작성권한은 없지만 공

1) 김성돈, 682면; 김일수/서보학, 765면; 배종대, 534면; 백형구, 532면; 오영근, 576면; 유기천(하), 166면; 이재상 외, 597면; 이정원, 631면; 임웅, 739면.
2) 서일교, 262면; 손해목, 주석(상), 397면; 오도기/7인공저, 534면; 정영석, 174면.
3) 정성근, 앞의 논문, 122면.
4) 대판 1977. 12. 27, 77도2155.
5) 이재상 외, 599면; 임웅, 741면; 정성근, 앞의 논문, 124면; 진계호, 603면.
6) 대판 1955. 2. 25, 4286형상39는 간접정범의 성립을 인정하였으나 그 이후의 판례는 간접정범의 성립을 부정하고 있다(대판 2001. 3. 9, 2000도938; 대판 1976. 8. 24, 76도151; 대판 1970. 7. 28, 70도1044; 대판 1961. 1. 31, 4294형상595 등). 다만 공무원과 공동하여 본죄의 공동정범이 됨은 인정한다(대판 2006. 5. 11, 2006도1663).
7) 배종대, 536면; 이재상 외, 599면; 임웅, 741면.

무원 신분이 있는 자(예컨대 기안을 담당하는 보조 공무원)가 허위내용의 공문서를 기안하여 정을 모르는 상사의 서명날인을 받아 공문서를 완성한 경우에 본죄의 간접정범이 성립하는가에 관하여서는 긍정설[1]과 부정설[2]의 대립이 있다. 긍정설은 본죄의 본질이 공무원이라는 신분자의 권한남용을 방지하려는 것이고 본죄의 주체인 공무원은 공무원 일반이 아닌 직무상 문서를 작성할 권한 있는 공무원을 의미한다는 점,[3] 기안을 담당하는 보조공무원은 비록 명의인은 아니지만 사실상 또는 실질적으로 문서의 작성에 관여하므로 보조자가 기안, 작성한 문서도 공무원의 직무에 관한 문서에 해당한다고 볼 수 있으며 따라서 기안담당 보조공무원이 정을 모르는 상사를 이용한 경우에는 간접정범이 성립한다는 점[4] 등을 논거로 한다. 그러나 본죄의 주체는 작성권한이 있는 공무원에 국한되는 진정신분범이고 비록 기안을 담당하는 보조공무원이라 할지라도 작성권한이 없는 한 본죄의 주체가 될 수 없다고 보아야 하므로 부정설이 타당하다. 따라서 이 경우에는 보조공무원에게 위계에 의한 공무집행방해죄를 적용함이 타당할 것이다.

ⓓ 그 밖의 경우:　　보조공무원이 작성권자의 결재를 받지 않고 명의를 도용하면 당연히 공문서위조죄가 성립되나, 공문서의 위조나 허위작성 없이 적극적인 사술로 결재를 받는 경우에는 문서범죄가 아닌 위계에 의한 공무집행방해죄만 성립할 뿐이다.

판 례

군청 산림과 소속 공무원인 피고인 갑과 을이 공모하여 을이 기안하고 갑이 전결한 해당 임야에 대한 허위의 '산지이용구분 내역 통보'를 군청 민원봉사과에 보내거나, 또는 피고인 을이 일부 임야에 대하여는 단독으로, 일부 임야에 대하여는 공무원 아닌 피고인 병과 공모하여 허위의 각 '산지이용구분 내역 통보' 공문을 기안하고 그 정을 모르는 피고인 갑의 전결로 위 각 공문을 군청 민원봉사과로 보내

---

1) 배종대, 536면: 백형구, 533면: 손해목, 주석(상), 397면: 오도기/7인공저, 535면: 유기천(하), 171면: 정성근/정준섭, 420면: 진계호, 603면: 황산덕, 140면. 판례도 긍정설의 입장을 취하고 있다(대판 1990. 10. 30, 90도1912: 대판 1986. 8. 19, 85도2728 등).
2) 김성돈, 684면: 김일수/서보학, 769면: 이재상 외, 601면: 이정원, 635면: 임웅, 743면.
3) 유기천(하), 171면.
4) 배종대, 536면: 정성근/정준섭, 420면: 진계호, 603면.

어, 그 정을 모르는 민원봉사과 소속 공무원으로 하여금 군수 명의의 위 각 임야에 대한 토지이용계획확인서를 작성·발급하게 한 사안에서, 피고인들에게는 허위공문서작성죄 및 허위작성공문서행사죄의 간접정범 내지 간접정범의 공동정범의 성립하지 않는다.[1] 비록 판례가 보조공무원의 허위공문서작성죄 간접정범 성립을 인정한다고 하더라도, 동 사건에서 갑과 을은 해당 공문서의 발급을 담당하는 민원봉사과 소속 공무원의 업무를 보조하는 직무에 종사하거나 기안하는 업무에 종사하는 자가 아니므로 간접정범도 될 수 없다.

(마) 변 개   작성권한이 있는 공무원이 기존의 문서의 내용을 허위로 고치는 행위를 말한다. 변개의 방법은 불문한다. 변개는 기존의 문서를 전제로 한다는 점에서 변조와 유사하나 변개는 변조와 달리 작성권한이 있는 자의 행위라는 점에서 구분된다.

(바) 기수시기   본죄는 허위의 내용을 기재하거나 내용을 변개한 객체가 일반인에 의하여 공문서로 오인될 정도에 이르렀을 때에 기수로 된다. 문서의 형식, 내용 등 문서 그 자체에 의하여 작성명의인을 추측하여 알 수 있는 한 반드시 명의인이 명시될 것을 요하지 않는다.[2]

2) 주관적 구성요건

고의로서 인식, 인용이 있는 한 상사나 상급관청의 양해 또는 지시가 있었던 경우에도 고의는 인정된다.[3] 그러나 단순한 오기나 부주의에 의한 기재누락,[4] 통상 발생할 수 있는 정도의 사소한 차이의 기재[5] 등의 경우에는 고의가 조각된다. 그 내용이 허위라는 사실에 대한 인식이 있어야 하므로, 공무원이 증인선서 후에 증언한 것과 문서의 내용에 차이가 없고 기존 증언내용 그대로 이루어졌다면 허위가 있다거나 공무원이 그 내용에 대한 허위의 인식이 있다고 보기 어렵다.[6] 판례는 선례나 업무상의 관행에 따라 기재한 경우에도 고의의 성립을 인정하지 않는다.[7] 그러나 이 경우에는 행위자가 허위내용을 기재하거나 허위

---

1) 대판 2010. 1. 14, 2009도9963.
2) 대판 1973. 9. 29, 73도1765.
3) 대판 1971. 11. 9, 71도177; 대판 1970. 6. 30, 70도1122.
4) 대판 1978. 4. 11, 77도3781.
5) 대판 1985. 5. 28, 85도327.
6) 대판 2022. 8. 19, 2020도9714.
7) 대판 1982. 7. 27, 82도1026.

로 변개한다는 사실을 인식, 인용하고 있는 한 고의가 성립된다고 보아야 하며 경우에 따라 법률의 착오(금지착오)의 문제가 된다.

본죄의 성립에는 고의 이외에도 행사할 목적이 있어야 한다.

(3) 죄수 및 타죄와의 관계

허위작성과 변개가 함께 이루어진 경우에도 하나의 본죄만 성립된다. 공무원인 의사가 허위진단서를 발행하면 법조경합에 의하여 본죄만 성립한다. 직무유기죄와 본죄는 법조경합의 관계로서 직무유기죄는 본죄에 흡수된다.[1)]

3. 공정증서원본등 부실기재죄

*공무원에 대하여 허위신고를 하여 공정증서원본 또는 이와 동일한 전자기록 등 특수매체기록에 부실의 사실을 기재 또는 기록하게 한 자는 5년 이하의 징역 또는 1천만원 이하의 벌금에 처한다(제228조 제1항).
*공무원에 대하여 허위신고를 하여 면허증, 허가증, 등록증 또는 여권에 부실의 사실을 기재하게 한 자는 3년 이하의 징역 또는 700만원 이하의 벌금에 처한다(제228조 제2항).
*미수범은 처벌한다(제235조).

(1) 의   의

본죄는 작성권한이 있는 공무원이라는 신분을 갖지 않은 자가 신분 있는 공무원을 이용하여 간접정범의 형태로 허위공문서작성죄를 범하는 일정한 경우(공정증서를 기재하는 공무원에게 그 기재의 신청서 등에 허위사실을 제출하는 등)를 독립적인 범죄로서 규정한 것이다. 그러므로 본죄는 일정한 객체에 대한 간접적인 무형위조를 처벌하는 범죄라고 할 수 있다. 만일 공무원이 허위신고임을 알면서도 공정증서원본 등에 이를 기재한 경우에는 공무원은 허위공문서작성죄의 정범, 허위신고자는 경우에 따라 허위공문서작성죄의 공동정범, 교사범 또는 방조범이 된다.[2)]

---

1) 김일수/서보학, 770면; 배종대, 538면; 이영란, 656면; 이재상 외, 601면; 임웅, 744면; 이정원, 586면; 정성근/정준섭, 420면; 진계호, 604면; 대판 1993. 12. 24, 92도3334; 대판 1982. 12. 28, 82도2210; 대판 1971. 8. 31, 71도1176.
2) 백형구, 535면; 오도기/7인공저, 536면; 이재상 외, 602면; 임웅, 745면; 진계호, 608면.

(2) 구성요건

1) 객관적 구성요건

① 행위주체

본죄의 주체에는 제한이 없다. 공무원이라 할지라도 당해 직무와 무관하면 주체가 될 수 있다. 그러나 신고를 받아 처리해야 할 당해 공무원은 본죄의 주체가 아니다.

② 행위객체

본죄의 행위객체는 공정증서원본 또는 이와 동일한 전자기록 등 특수매체기록, 면허증, 허가증, 등록증 또는 여권이다.

(가) 공정증서원본   공정증서의 의미에 관하여서는 공무원이 직무상으로 작성하는 문서로서 권리·의무에 관한 사실을 공적으로 증명하는 효력을 갖는 것으로 제한하는 견해[1]와 권리·의무뿐만 아니라 널리 사실을 증명하는 효력을 가진 공문서로 보는 견해[2]의 대립이 있으나, 본죄가 일정한 객체에 국한하여 간접적 무형위조를 처벌하려는 독립적 범죄인 점에 비추어 제한적으로 이해하는 것이 타당하다. 여기에서 권리·의무는 사법상의 권리·의무이든 공법상의 권리·의무이든 불문하며 사법상의 권리·의무에 있어서도 재산상의 것이든 신분상의 것이든 불문한다. 부동산등기부, 상업등기부, 호적부, 선박등기부, 자동차등록부, 화해조서 등은 권리·의무에 관한 사실을 증명하는 효력을 갖는 공문서로서 본죄의 공정증서원본에 해당한다.

그러나 주민등록부,[3] 인감대장,[4] 토지대장,[5] 가옥대장,[6] 임야대장[7] 채권양도의 사실을 증명하는 공정증서[8] 등과 같이 단지 사실증명의 효력을 갖는 공문서는 본죄의 객체인 공정증서원본에 해당하지 않는다. 법원의 판결원본이나 지

---

1) 김성돈, 687면; 김성천/김형준, 693면; 김일수/서보학, 772면; 배종대, 539면; 서일교, 246면; 오영근, 581면; 이영란, 658면; 이재상 외, 603면; 임웅, 746면; 정성근/정준섭, 422면; 정영석, 176면; 진계호, 606면; 황산덕, 145; 대판 1988. 5. 24, 87도2696; 대판 1970. 12. 29, 69도2059 등 통설, 판례의 입장.
2) 오도기/7인공저, 536면; 유기천(하), 177면 등 소수설. 소수설은 형법 제228조 제1항이 일본형법 제157조 제1항과 달리 「권리·의무에 관한」이라는 제한규정을 두고 있지 않은 것을 그 논거로 한다.
3) 대판 1969. 3. 25, 69도163; 대판 1968. 11. 19, 68도1231.
4) 대판 1968. 11. 19, 68도1231.
5) 대판 1988. 5. 24, 87도2696; 대판 1970. 12. 29, 69도2059.
6) 대판 1971. 4. 20, 71도359.
7) 대판 1971. 3. 9, 69도2345.
8) 대판 2004. 1. 27, 2001도5414.

급명령원본은 권리·의무에 관한 사실증명을 목적으로 하는 것이 아니고 처분문서의 성격을 갖는 공정증서이므로 본조의 객체에 해당하지 않는다.[1] 피의자진술조서, 공판조서, 감정인의 감정서, 공증인의 사서증서 등도 본죄의 객체가아니다.

본죄의 객체는 공정증서의 원본이라야 하므로 사본이나 등본, 복사본, 정본[2]은 객체로 될 수 없다. 예컨대 호적부는 본죄의 객체이지만 호적초본이나 등본은 본죄의 객체가 아니다.

(나) 전자기록 등 특수매체기록   전자기록은 전기에 의한 기록 및 자기에 의한 기록으로서 특수매체기록의 예시이다. 따라서 광기술에 의한 기록도 이에 해당하며 기술의 진보에 따라 특수매체기록의 폭은 확대될 수 있다. 본죄의 전자기록 등 특수매체기록은 공정증서원본과 동일한 효력을 갖는 것으로 국한된다. 예컨대 공무소에서 전산자료화 한 부동산등기파일, 자동차등록파일, 특허파일, 호적파일 등이 이에 해당한다.[3]

(다) 면허증   면허증이란 일정한 사람에게 일정한 행위를 할 권리를 부여하는 공무원 또는 공무소의 증명서를 의미한다. 예컨대 자동차운전면허증, 의사면허증, 약제사면허증, 수렵면허증 등이 이에 해당한다. 그러나 단지 일정한 자격을 표시한 것에 불과한 각종 시험합격증, 교사자격증이라든가 일정한 사실관계만을 표시해주는 증서는 면허증에 해당하지 않는다.

(라) 허가증   허가증이란 공무소가 특정인에게 일정한 영업이나 업무를 허가하였다는 것을 증명하는 문서를 말한다. 예컨대 자동차의 영업허가증, 주류판매업의 영업허가증 등이 이에 해당한다.

(마) 등록증   등록증이란 일정한 자격을 취득한 자로서 소정의 등록절차를 마친 자에게 그 자격에 상응하는 업무수행의 권능을 부여하는 공무원 또는 공무소의 증서를 의미한다. 예컨대 변호사, 변리사, 법무사, 공인회계사, 세무사, 노무사 등의 등록증이 이에 해당한다.

(바) 여 권   여권이란 일반적으로 외국으로 여행하려는 자에게 공무소가 발

---

1) 김일수/서보학, 772면; 배종대, 539면; 임웅, 747면; 진계호, 607면.
2) 대판 2002. 3. 26, 2001도6503은 부실의 사실이 기재된 공정증서정본은 원본이 아니므로 본죄가 성립하지 않는다고 본다.
3) 김일수/서보학, 773면; 이재상 외, 603면; 임웅, 748면.

행하는 여행허가증서로 가석방자에게 발행·교부하는 여행허가증도 포함한다.

③ 행 위

본죄의 행위는 공무원에 대하여 허위의 신고를 하여 공정증서원본 등에 부실의 사실을 기재하게 하는 것이다.

(가) 공무원   행위의 상대방인 공무원은 공정증서원본, 이와 동일한 전자기록 등 특수매체기록, 면허증, 허가증, 등록증, 여권 등에 신고사실을 기재할 권한을 가진 공무원이라야 한다. 신고사실에 대하여 실질적 심사권을 가진 공무원은 물론 형식적 심사권을 가진 공무원도 포함한다.[1] 권한 있는 공무원을 보조하는 공무원, 예컨대 창구의 접수계원에게 허위의 신고를 한 경우에도 그것이 담당공무원에게 전달되는 것인 한 본죄가 성립한다고 보아야 할 것이다. 본죄의 공무원이 우리나라의 공무원이라야 함은 물론이다.

공무원은 신고를 받은 사실이 허위임을 몰라야 한다. 정을 알고 부실의 기재를 한 경우에는 공무원은 허위공문서작성죄, 신고인은 경우에 따라 허위공문서작성죄의 공동정범, 교사범 또는 방조범의 책임을 지게 된다.

(나) 허위의 신고   허위의 신고에는 신고사항의 내용이 진실에 반하는 경우뿐만 아니라 신고인이 자격을 사칭하는 경우도 포함된다. 타인의 대리인임을 사칭하여 당해 공무원에게 일정한 사실을 신고한 경우, 사자명의로 소유권보존등기를 신청한 경우,[2] 법원을 기망하여 얻어 낸 승소확정판결에 기하여 소유권이전등기를 신청한 경우,[3] 타인의 부동산을 자기소유라고 신고하여 소유권이전등기를 경료한 경우,[4] 주금을 가장납입하면서 이를 숨기고 주식인수인에 의한 납입이 완료된 것처럼 상업등기부원본에 기재하게 한 경우[5] 등이 이에 해당한다.

신고방법에는 제한이 없다. 구두나 서면에 의하든, 자기명의이든 타인명의이든 행위자가 직접 행하든 대리인에 의하든 불문한다. 허위신고는 정을 모르는 타인을 이용하는 방법으로도 가능하며, 이 경우 본죄의 간접정범이 된다.

(다) 부실의 사실의 기재   「부실의 사실을 기재 또는 기록」하게 한다는 의미는 담당공무원으로 하여금 허위신고에 기인하여 공정증서원본 등에 진실에 반

---

1) 김일수/서보학, 774면; 임웅, 749면.
2) 대판 1968. 12. 8, 68도1596.
3) 대판 1983. 4. 26, 83도188; 대판 1968. 5. 30, 67도512.
4) 대판 1997. 7. 25, 97도605.
5) 대판 1987. 11. 10, 87도2072.

하는 사실을 기재 또는 기록하게 하는 것이다. 여기에서 부실은 중요한 점(본질적인 점)에 있어서 객관적 진실에 반하는 것을 말한다.[1] 따라서 객관적으로 존재하는 사실이라면 그것이 취소사유에 해당하는 하자가 있더라도 그 취소 전에 그 사실의 내용이 공정증서원본에 기재된 이상 부실기재가 아니다. 또한 권리·의무에 관계가 없는 부실이거나 실체적 권리관계에는 일치하지만 기재절차에 하자가 있는 때에는 부실기재가 있다고 볼 수 없다.[2]

부실의 사실의 기재 또는 기록은 새롭게 권리·의무에 관한 부실한 공정증서원본을 작성하는 경우는 물론 기존의 공정증서원본의 내용을 부실하게 변경하는 경우도 포함한다. 허위의 신고와 부실의 기재 또는 기록 사이에는 인과관계가 있어야 한다.

판 례

1. 부실의 사실 기재에 해당하지 않는 경우

가장매매계약에 기하여 소유권이전등기를 한 경우(대판 1991. 9. 24. 91도1164), 의제자백으로 승소판결을 받고 이에 기하여 소유권 이전등기를 한 경우(대판 1987. 3. 10. 86도864), 실체법률관계는 일치하나 원인관계가 사실에 합치하지 않는 경우 (대판 1998. 4. 14. 98도16), 1인 주식회사의 주주가 소정의 절차를 거치지 않고 이사 해임등기를 한 경우(대판 1996. 6. 11. 95도2817), 기망에 의한 협의상 이혼표시에 기하여 이혼신고가 이루어진 경우(대판 1997. 1. 24. 95도448), 재건축조합 임시총회의 소집절차나 결의방법이 법령이나 정관에 위반되어 임원개임결의가 사법상 무효라고 하더라도, 실제로 재건축조합의 조합총회에서 그와 같은 내용의 임원개임결의가 이루어졌고 그 결의에 따라 임원변경등기를 마친 경우(대판 2004. 10. 15. 2004도3584), 주주총회의 소집절차 등에 관한 하자가 주주총회결의의 취소사유에 불과하여 그 취소 전에 주주총회의 결의에 따른 감사변경등기를 한 경우(대판 2009. 2. 12. 2008도10248), 거래가액을 시장 등에게 거짓으로 신고하여 받은 신고필증을 기초로 사실과 다른 거래가액이 부동산등기부에 등재되도록 한 경우(대판 2013. 1. 24. 2012도12363) 등과 같이 그것이 객관적 사실이고 취소사유에 해당하는 하자가 있을 뿐인 경우에는 그 취소 전에 그 사실의 내용이 공정증서원본에 기재된 이상, 취소하기 전에는 부실기재에 해당하지 않는다.

---

1) 김일수/서보학, 776면; 배종대, 706면; 이재상 외, 561면.
2) 이재상 외, 605면; 임웅, 750면; 진계호, 609면.

2. 부실의 사실기재에 해당하는 경우

대한민국 국적을 취득하지 않았는데도 대한민국 국적을 취득한 것처럼 인적 사항을 기재하여 대한민국 여권을 발급받은 경우(대판 2022. 4. 28, 2020도12239: 동 여권을 출입국심사 담당공무원에게 제출하면 위계공무집행방해죄와 부실기재여권행사죄가 성립), 국내취업목적(대판 1996. 11. 22, 96도2049) 또는 해위이주목적(대판 1985. 9. 10, 85도1481)으로 위장 혼인을 한 경우, 종중재산과 관련하여서는 종중대표가 종중총회 결의없이 종중부동산에 근저당 설정등기를 하거나(대판 2005. 8. 25, 2005도4910), 부동산에 관한 종중명의 등기를 함에 있어 허위의 종중대표를 기재한 경우(대판 2006. 1. 13, 2005도4790), 실제로는 채권채무관계가 부존재함에도 공증인에게 허위신고하여 가장된 금전채권에 대하여 집행력있는 공정증서원본을 작성한 경우(대판 2008. 12. 24, 2008도7836) 등과 같이 공무원에 대하여 진실에 반하는 허위의 신고를 한 경우에는 부실기재에 해당한다.

(라) 중간생략등기의 문제　　현실적으로 여러 차례에 걸쳐 부동산의 매매가 이루어진 경우에 있어서 등기명의인이었던 최초의 소유권자로부터 최후의 소유권취득자에게 직접 소유권이 이전된 것처럼 신청하여 담당공무원으로 하여금 등기부에 기재하게 하는 행위, 즉 중간생략등기를 하는 행위가 본죄에 해당되는가에 관하여서는 학설의 대립이 있다. 긍정설[1](적극설)은 중간생략등기가 권리이전과정의 실체관계를 정확하게 반영하고 있는 것이 아니므로 본죄의 구성요건에 해당하는 점을 부정할 수 없고 그 탈법수단으로서의 폐해에 주목할 필요가 있으며 부동산등기특별조치법상 중간생략등기를 처벌하는 점 등을 근거로 한다. 그러나 중간생략등기에 있어서도 등기부의 기재내용이 당사자의 의사 또는 실체법률관계와 일치되므로 그 기재가 중요한 점에 있어서 객관적 진실에 반하지 않는다고 보아야 하고 또한 부동산등기특별조치법 위반은 별론으로 하고 본죄와 관련하여서는 부정설[2](소극설)이 타당하다. 판례도 이를 부정한다.[3]

(마) 착수시기와 기수시기　　본죄의 착수시기는 공무원에게 허위신고를 한 때이고 이에 의하여 공정증서원본 등에 기재 또는 기록이 이루어진 때 기수로

---

1) 박상기/전지연, 785면: 오영근, 585면: 임웅, 751면: 황산덕, 153면.
2) 김성천/김형준, 697면: 김일수/서보학, 777면: 배종대, 541면: 이재상 외, 606면: 이정원, 591면: 정성근/정준섭, 425면: 진계호, 610면.
3) 대판 1967. 11. 28, 67도1682.

된다. 부실의 기재 또는 기록에 의하여 실해가 발생할 것을 요하지 않으며(추상적 위험범) 부실의 기재 또는 기록 후에 그 내용이 객관적 권리관계와 일치하게 되었거나[1] 당사자간의 권리·의무에 영향을 미치는 일이 소멸되거나, 피해자의 동의 또는 추인 등으로 문서에 기재된 대로 효과의 승인을 받거나 등기가 실체 권리관계에 부합된다 하더라도 이미 성립한 범죄에는 영향이 없다.[2]

2) 주관적 구성요건

본죄는 미필적 고의로써 족하다. 공정증서원본 등에 대한 인식은 소박한 일반인의 인식을 기준으로 한다. 행위자가 허위사실을 인식하지 못한 경우에는 고의가 조각된다.

(3) 타죄와의 관계

법원을 기망하여 승소판결을 받은 자가 그 확정판결에 기하여 소유권이전등기를 한 경우에는 본죄와 사기죄의 실체적 경합이 된다.[3] 위조문서를 공무원에게 제출하여 허위의 사실을 기재 또는 기록하게 한 경우에는 본죄와 위조문서행사죄의 상상적 경합이 된다.

III. 위조 등 문서행사죄

1. 위조 등 사문서행사죄

> *제231조 내지 제233조의 죄에 의하여 만들어진 문서, 도화 또는 전자기록 등 특수매체기록을 행사한 자는 그 각죄에 정한 형에 처한다(제234조).
> *미수범은 처벌한다(제235조).

(1) 의 의

본죄는 사문서위조·변조죄, 자격모용에 의한 사문서작성죄에 의하여 만들어진 사문서, 사도화, 위작·변작된 사전자기록 또는 의사 등에 의하여 작성된 허위진단서를 행사함으로써 성립한다. 거동범이며 추상적 위험범이다.

---

1) 대판 1976. 1. 13, 74도1959.
2) 대판 2007. 6. 28, 2007도2714; 대판 2001. 11. 9, 2001도3959.
3) 대판 1983. 4. 26, 83도188.

(2) 구성요건

본죄의 주체에는 제한이 없다. 또한 본죄의 객체인 문서, 도화 등이 반드시 행사의 목적으로 만들어질 필요는 없다.[1] 행사의 목적 없이 사문서를 위조·변조하여 비록 사문서위조·변조죄에는 해당하지 않는 경우라 할지라도 사문서위조·변조죄와는 별개의 범죄인 본죄를 통하여 이처럼 작성된 위조·변조사문서의 행사로 인한 문서에 대한 공공의 신용의 침해는 행사의 목적이 있었던 경우와 다를 것이 없기 때문이다. 또한 원본뿐만 아니라 사본도 객체가 될 수 있다. 그러나 필사본과 같이 원본과 동일한 외형이 아닌 경우에는 객체가 될 수 없다.

본죄의 행위인 행사는 위조·변조된 사문서 등을 진정한 문서 또는 진실한 내용의 문서로 사용하는 것을 말한다. 따라서 위조문서를 문서위조죄의 증거물로 사용하는 것은 본죄의 행사로 볼 수 없다.[2] 행사는 위조사문서 등을 인식할 수 있는 상태에 두면 충분하고 실제로 인식할 것을 요하지 않는다. 그러므로 위조된 문서를 우송한 경우에는 그 문서가 상대방에게 도달한 때에 기수가 되고 상대방이 실제로 그 문서를 보아야 하는 것은 아니다.[3] 행사의 상대방에는 제한이 없으나 상대방이 위조·변조된 사실을 몰라야 하므로 이를 알고 있는 공범에게 제시, 교부하는 것은 행사로 볼 수 없다.[4] 행사의 방법은 위조사문서등의 제시, 제출, 교부, 우송, 비치, 모사전송[5] 등 상대방이 인식할 수 있는 상태에 두는 것인 한 제한이 없다. 그러나 행사의 상대방에 대한 행위로 볼 수 없는 단순한 소지 또는 휴대라든가[6] 친구에게 잠시 맡겨둔 경우는 행사에 해당하지 않는다. 행사는 위조 등으로 만들어진 문서 자체를 사용하는 것이므로 단지 그 사본을 제시하는 것은 행사로 볼 수 없다.[7] 한편 기계적 방법으로 복사한 사본을 사용하는 것도 본죄의 행사인가에 관하여 판례는 종래 이를 부정해오다가[8] 태도를 바꾸어 긍정설의 입장을 취하였고[9] 1995년에는 형법이 전자복사기, 모사전송기

---

1) 박상기/전지연, 545면; 이재상 외, 595면.
2) 임웅, 670면.
3) 대판 2005. 1. 28, 2004도4663.
4) 대판 1986. 2. 25, 85도2798.
5) 대판 1956. 11. 2, 4289형상240.
6) 정성근/정준섭, 663면.
7) 이재상 외, 596면; 임웅, 670면; 대판 1981. 12. 22, 81도2715.
8) 대판 1985. 11. 26, 85도2138; 대판 1982. 5. 25, 82도715 등.
9) 대판 1994. 9. 30, 94도1787; 대판 1988. 1. 19, 87도1217.

기타 이와 유사한 기기를 사용한 복사문서나 도화의 사본도 문서 또는 도화로 본다는 규정(제237조의2)을 신설함으로써 이 문제는 입법론적으로 해결되기에 이르렀다. 복사본을 제시하는 경우뿐만 아니라 모사전송의 방법이나 컴퓨터에 연결된 스캐너(scanner)로 읽어 들여 이미지화한 다음 이를 전송하여 컴퓨터 화면상에서 보게 하는 경우도 행사에 해당한다.[1)

판 례

　휴대전화 신규 가입신청서를 위조한 후 이를 스캔한 이미지 파일을 제3자에게 이메일로 전송한 사안에서, 이미지 파일 자체는 문서에 관한 죄의 '문서'에 해당하지 않으므로 사문서위조죄는 성립하지 않으나, 이를 전송하여 컴퓨터 화면상으로 보게 한 행위는 이미 위조한 가입신청서를 행사한 것에 해당하므로 위조사문서행사죄가 성립한다.[2)

(3) 죄수 및 타죄와의 관계

　수인의 명의를 모용하여 만들어진 사문서를 행사한 경우에도 하나의 행사죄만 성립한다. 사기의 수단으로 위조된 사문서를 행사한 경우에는 본죄와 사기죄의 상상적 경합이 된다.[3) 사문서를 위조하여 행사한 경우에 관하여서는 실체적 경합관계로 보는 것이 타당하다.

2. 위조 등 공문서행사죄

*제225조 내지 제228조의 죄에 의하여 만들어진 문서, 도화, 전자기록 등 특수매체기록, 공정증서원본, 면허증, 허가증, 등록증 또는 여권을 행사한 자는 그 각 죄에 정한 형에 처한다(제229조).
*미수범은 처벌한다(제235조).

　위조등 사문서행사죄에 대한 가중적 구성요건이다. 본죄의 주체는 제한이 없으므로 공무원이나 일반인 모두 행할 수 있으며, 행사의 의의나 방법은 위조등 사문서행사죄와 같다.

---

1) 대판 2008. 10. 23, 2008도5200.
2) 대판 2008. 10. 23, 2008도5200.
3) 임웅, 756면.

판 례

　　자신의 이름과 나이를 속이는 용도로 사용할 목적으로 주민등록증의 이름·주민등록번호란에 글자를 오려붙인 후 이를 컴퓨터 스캔 장치를 이용하여 이미지 파일로 만들어 컴퓨터 모니터로 출력하는 한편 타인에게 이메일로 전송한 사안에서, 컴퓨터 모니터 화면에 나타나는 이미지는 형법상 문서에 관한 죄의 문서에 해당하지 않으므로 공문서위조 및 위조공문서행사죄를 구성하지 않는다.[1]

Ⅳ. 문서부정행사죄

1. 사문서부정행사죄

*권리·의무 또는 사실증명에 관한 타인의 문서 또는 도화를 부정행사한 자는 1년 이하의 징역이나 금고 또는 300만원 이하의 벌금에 처한다(제236조).

(1) 의 의

　　본죄는 문서부정행사죄의 기본유형에 해당한다. 진정한 사문서를 부정하게 사용하는 행위를 처벌하기 위한 것으로, 거동범이자 추상적 위험범이다.

(2) 구성요건

　　본죄의 주체에는 제한이 없다. 본죄의 객체인 사문서 등은 권리·의무 또는 사실증명에 관한 타인의 문서 또는 도화로서 진정하게 성립된 것이어야 한다. 이처럼 객체가 진정한 사문서라는 점에서 본죄는 위조 등 사문서행사죄와 구분된다. 본죄의 행위인 부정행사는 본죄의 객체인 사문서 또는 사도화를 사용할 권한이 없는 자가 그 명의자로 가장하여 사용하는 것을 말한다. 사용할 권한이 있는 자가 사문서를 본래의 사용목적 이외의 용도로 사용하는 행위도 부정행사에 해당하는가에 관하여서는 긍정설[2]과 부정설[3]의 대립이 있으나 권한있는 자

---

1) 대판 2007. 11. 29, 2007도7480.

2) 백형구, 549면: 진계호, 616면. 판례는 긍정설의 입장을 취하였으나(대판 1978. 2. 14, 77도2645), 보관중인 문서를 증거로서 법원에 제출하는 경우는 부정행사에 해당하지 않는다고 본다(대판 1985. 5. 28, 84도2999).

3) 김성천/김형준, 835면: 김일수/서보학, 780면: 박상기/전지연, 547면: 손동권, 671면: 오영근, 761면: 이영란, 671면: 임웅, 673면.

의 사용까지 문서의 용도에 합치하지 않는다는 이유로 본죄의 부정행사로 보는 것은 본죄의 적용범위를 너무 확대하므로 적절하다고 보기 어렵다. 따라서 부정설이 타당하다고 본다.

판례

피고인이 사무실전세계약서 원본을 스캐너로 복사하여 컴퓨터 화면에 띄운 후 그 보증금액란을 공란으로 만든 다음 이를 프린터로 출력하여 검정색 볼펜으로 보증금액을 '삼천만원(30,000,000원)'으로 변조하고, 이와 같이 변조된 사무실전세계약서를 팩스로 송부하여 행사하였다."는 것이므로, 적시된 범죄사실은 '컴퓨터 모니터 화면상의 이미지'를 변조하고 이를 행사한 행위가 아니라 '프린터로 출력된 문서'인 사무실전세계약서를 변조하고 이를 행사한 행위가 문서행사죄에 해당한다.[1]

또한 판례는 절취한 후불식 공중전화카드의 사용과 관련하여 사용자 정보가 내장된 "자기띠 부분은 카드의 나머지 부분과 불가분적으로 결합되어 전체가 하나의 문서를 구성하므로, 전화카드를 공중전화기에 넣어 사용하는 경우 비록 전화기가 전화카드로부터 판독할 수 있는 부분은 자기띠 부분에 수록된 전자기록에 한정된다고 할지라도, 전화카드 전체가 하나의 문서로서 사용된 것으로 보아야 하고 그 자기띠 부분만 사용된 것으로 볼 수는 없으므로 절취한 전화카드를 공중전화기에 넣어 사용한 것은 권리의무에 관한" 사문서부정행사죄에 해당한다고 본다.[2]

2. 공문서 등 부정행사죄

*공무원 또는 공무소의 문서 또는 도화를 부정행사한 자는 2년 이하의 징역이나 금고 또는 500만원 이하의 벌금에 처한다(제230조).
*미수범은 처벌한다(제235조).

(1) 의 의
본죄는 공무원 또는 공무소의 문서 또는 도화를 부정행사함으로써 성립하며 사문서부정행사죄에 대한 가중유형이다.

---

1) 대판 2011. 11. 10, 2011도10468.
2) 대판 2002. 6. 25, 2002도461.

(2) 구성요건

본죄의 주체에는 제한이 없다. 본죄의 객체인 공문서 또는 공도화도 진정하게 성립된 것이라야 한다는 점에서 본죄는 위조 등 공문서행사죄와 구분된다. 본죄의 행위인 부정행사는 본죄의 객체인 공문서 또는 공도화를 사용할 권한이 없는 자가 사용권한이 있는 것처럼 가장하여 사용하는 것을 말한다. 행위를 공문서 사용권한 및 사용용도에 따라 구분하면 다음과 같다.

① 사용권한 없는 자의 용도 내 사용

부정행사란 사용권한 없는 자의 사용을 의미하므로 당연히 본죄가 성립한다. 예컨대 운전중 교통경찰관의 면허증제시요구에 타인의 운전면허증을 제시하거나 신분증제시요구에 타인의 주민등록증을 제시한 경우가 이에 해당한다. 주민등록증의 제시요구에 타인의 운전면허증을 제시한 경우 판례는 이를 부정하다가[1] 운전면허증도 주민등록증과 대등한 신분증명서로 널리 사용된다는 점을 들어 본죄의 성립을 인정하였다.[2]

② 사용권한 있는 자의 용도 외 사용

사용권한 있는 자가 공문서를 본래의 용도와 달리 사용한 경우로, 사용용도에 관한 공공의 신용을 보호할 필요가 있다는 긍정설 및 판례[3]와 본죄가 성립하지 않는 사용권한 없는 자보다 불법성이 덜 한 사용권한 있는 자의 행위를 처벌하는 것은 불법성 평가에 불균형이 발생한다는 부정설[4]의 대립이 있다. 부정사용이란 권한이 있는 것처럼 그 기능을 이용하는 것이므로 용도 외 사용은 문언의 해석에 부합하지 않는다는 점에서 부정설이 타당하다.

③ 사용권한 없는 자의 용도 외 사용

사용권한이 없는 자가 공문서의 본래 용도 외에 사용한 경우로, 용도 내 사용보다 불법성이 중하다는 점에서 처벌해야 한다는 긍정설과 사용권한 유무와 관계없이 용도외 사용은 본죄에 해당하지 않는다는 부정설[5]이 대립한다. 본죄

---

1) 대판 1996. 10. 11, 96도1733.
2) 대판 2001. 4. 19, 2000도1985.
3) 판례도 같은 입장을 취하고 있다(대판 1998. 8. 21, 98도1701; 대판 1999. 5. 14, 99도206 등). 그러나 판례는 인감필증명서, 등기필증처럼 사용권한자가 특정되지 않고 용도가 다양한 공문서를 본래의 취지에 따라 사용하거나(대판 1981. 12. 8, 81도1130), 타인의 주민등록표 등본을 자신의 것처럼 행사한 경우는 본죄에 해당하지 않는다고 본다(대판 1999. 5. 14, 99도206).
4) 김성돈, 699면; 김성천/김형준, 702면; 박상기/전지연, 790면; 이정원, 595면.
5) 김성돈, 699면.

의 부정사용이란 부정하게 문서를 그 기능대로 이용함에 있다는 점에서 문언해석상 부정설이 타당하다.

④ 사용권한 없는 자의 위조공문서 사용

예컨대 자기의 사진을 붙여 타인명의로 주민등록증을 발급받아 소지하고 있던 자가 검문경찰관에게 이를 제시한 행위에 관하여서는 소지한 주민등록증 자체가 부정한 방법으로 발급받은 허위내용의 공문서이므로 허위공문서행사죄(제229조)가 성립한다는 견해[1]도 있으나 비신분자에 의한 허위공문서작성죄의 간접정범을 인정할 수 없고 발급받은 주민등록증이 공정증서원본부실기재죄에 의한 것도 아니고 또한 제229조는 행위자를 그 각죄(제225조 내지 228조)에 정한 형으로 처벌하게 되어 있어 이들 어느 죄에도 해당하지 않는 행위자를 어떻게 처벌할 것인지도 문제로 된다. 그러므로 허위공문서행사죄보다는 공문서부정행사죄가 성립한다고 보는 입장[2]이 타당하다. 판례도 공문서부정행사죄의 성립을 인정한다.[3]

⑤ 사용권한 없는 자의 용도가 특정되지 않은 문서 사용

본죄는 사용권한과 용도가 특정될 것을 전제로 하므로 인감증명서,[4] 등기필증,[5] 화해조서 갱정결정신청 기각결정문,[6] 주민등록표등본,[7] 신원증명서[8] 등은 사용권한자가 특정되어 있지도 않고 그 용도도 다양한 공문서는 그 명의자 아닌 자가 그 명의자의 의사에 반하여 함부로 행사하더라도 문서 본래의 취지에 따른 용도에 합치된다면 본죄가 성립하지 않는다.

---

1) 백형구, 539면.
2) 배종대, 544면; 이재상 외, 611면; 임웅, 761면; 진계호, 618면.
3) 대판 1982. 9. 28, 82도1297.
4) 대판 1983. 6. 28, 82도1985.
5) 대판 1981. 12. 8, 81도1130.
6) 대판 1984. 2. 28, 82도2851.
7) 대판 1999. 5. 14, 99도206. 주민등록표등본은 시장·군수 또는 구청장이 주민의 성명, 주소, 성별, 생년월일, 세대주와의 관계 등 주민등록법 소정의 주민등록사항이 기재된 개인별·세대별 주민등록표의 기재 내용 그대로를 인증하여 사본·교부하는 문서로서 그 사용권한자가 특정되어 있다고 할 수 없고, 또 용도도 다양하며, 반드시 본인이나 세대원만이 사용할 수 있는 것이 아니므로, 타인의 주민등록표등본을 그와 아무런 관련 없는 사람이 마치 자신의 것인 것처럼 행사하였다고 하더라도 공문서부정행사죄가 성립되지 아니한다.
8) 대판 1993. 5. 11, 93도127.

판 례

1. 공문서부정행사죄가 성립하는 경우: 자동차를 임차하려는 자가 자동차 대여업체의 담당직원들로부터 임차할 자동차의 운전에 필요한 운전면허를 소지하고 있는지를 확인하기 위한 운전면허증의 제시 요구를 받자 타인의 자동차운전면허를 받은 사람들인 것처럼 행세하면서 자동차 대여업체의 직원들에게 타인의 운전면허증을 제시한 경우(대판 1998. 8. 21. 98도1701)

2. 공문서부정행사죄가 성립하지 않는 경우: 장애인사용자동차표지를 사용할 권한이 없는 사람이 장애인전용주차구역에 주차하는 등 장애인사용자동차에 대한 지원을 받을 것으로 합리적으로 기대되는 상황이 아닌 경우, 단순히 이를 자동차에 비치한 경우(대판 2022. 9. 29. 2021도14514: 사용권한자와 용도가 특정되어 있는 공문서를 사용권한 없는 자가 사용한 경우에도 그 공문서 본래의 용도에 따른 사용이 아닌 경우), 자동차 등의 운전자가 경찰공무원에게 다른 사람의 운전면허증 자체가 아니라 이를 촬영한 이미지파일을 휴대전화 화면 등을 통하여 보여주는 행위(대판 2019. 12. 12. 2018도2560: 운전면허증의 특정된 용법에 따른 행사가 아니므로 공공의 신용을 해할 위험조차 없음)

Ⅴ. 전자기록위작·변작 등의 죄

1. 사전자기록위작·변작죄

*사무처리를 그르치게 할 목적으로 권리·의무 또는 사실증명에 관한 타인의 전자기록 등 특수매체기록을 위작 또는 변작한 자는 5년 이하의 징역 또는 1천만원 이하의 벌금에 처한다(제232조의2).
*미수범은 처벌한다(제235조).

(1) 의 의

본죄의 보호법익은 공공의 신용이며, 목적범이자 추상적 위험범이다. 전자기록등은 문서와 달리 문자나 부호에 의하여 의사표시가 기재되는 것도 아니고 그 자체로는 물적 실체를 가지는 것이 아니어서 가시성과 가독성이 없어서 문서 개념에는 포함될 수 없다. 또한 그것이 만들어지는 과정에서 명의인이 불분명하거나 그 생성과정에서 여러 사람의 의사나 행위가 게재됨은 물론 추가 입력한 정보가 프로그램에 의하여 자동으로 기존의 정보와 결합하여 새로운 전자기록을 작출하는 경우도 많으므로[1] 이를 처벌하기 위하여 규정된 독립적 구성요건에 해당한다.

(2) 구성요건

1) 객관적 구성요건

① 행위객체

본죄의 행위객체는 권리·의무 또는 사실증명에 관한 전자기록 등 특수매체기록이다. 전자기록이란 전기에 의한 기록 및 자기에 의한 기록을 포함하는 것으로서 특수매체기록의 예시로 볼 수 있다. 예컨대 컴퓨터 디스켓, CD-Rom, 녹음테이프, 녹화필름 등이 이에 해당한다. 또한 컴퓨터의 기억장치 중 하나인 램(RAM) 역시 여기에 해당한다.[2] 특수매체기록에는 전자적 방식에 의한 기록뿐만 아니라 광기술이나 레이저기술에 의한 기록도 포함되며 과학의 발달에 따라 그 범위가 확대될 수 있을 것이다. 문자의 축소나 기계적 확대에 의한 재생에 불과한 마이크로필름은 본죄의 객체에 해당하지 않는다.[3]

본죄의 객체인 특수매체기록은 의사표시적 내용으로 이루어져 있어야 한다. 이에는 문자는 물론 의사표시로 볼 수 있는 한 기술적 부호도 포함된다. 특수매체기록은 계속성을 가져야 한다. 따라서 단지 모니터에 화상의 형태로만 존재하는 기록은 본죄의 객체로 볼 수 없다.[4]

본죄의 객체는 권리·의무 또는 사실증명에 관한 것이라야 한다. 「권리·의무 또는 사실증명」의 의미는 사문서위조죄에서 설명한 것과 같다. 권리·의무나 사실증명에 관계없는 전자기록, 예컨대 단지 컴퓨터에 대한 작업명령을 내용을 하는 것은 본죄의 객체가 아니다.[5]

본죄의 객체는 타인의 전자기록 등 특수매체기록이다. 여기에서 타인이란 작성명의인인 타인만을 의미한다는 견해[6]와 이밖에도 널리 특수매체기록의 소유

---

1) 대판 2010. 7. 8, 2010도3545.
2) 대판 2003. 10. 9, 2000도4993은 램에 올려진 전자기록은 원본파일과 불가분적인 것으로 원본파일의 개념적 연장선상에 있는 것이므로, 비록 원본파일의 변경까지 초래하지는 않았더라도 이러한 전자기록에 대해 권한없이 수정입력하는 것은 본죄에 해당한다고 판시하였다.
3) 법무부, 형법개정법률안 제안이유서, 1992, 229~230면.
4) 이재상 외, 613면.
5) 이재상 외, 613면.
6) 정영일, 367면.

자・소지인까지 포함하는 개념이라는 견해[1]의 대립이 있다. 전자에 의하면 작성명의인의 손을 떠나 이해관계 없는 제3자의 점유물이 된 특수매체기록을 임의로 변경한 경우는 전자기록 등 특수매체기록 손괴죄(제366조)가 성립하나 후자에 의하면 본죄가 성립한다. 타인을 작성명의인인 타인으로 국한하는 견해는 사문서위조죄와의 관계에서 본조를 이해하는 입장인 반면 여타의 타인까지 포함하는 견해는 본죄의 위작・변작행위를 유형위조뿐만 아니라 무형위조까지 포함하여 이해한다는 점에 그 특징이 있다. 본죄의 객체는 그 특수성으로 인하여 명의인이 불분명하거나 기존의 전자기록에 추가입력되는 경우가 적지 않으므로 후자의 의미로 이해함이 타당할 것이다. 법인이 정보처리장치를 이용한 시스템을 운영하는 경우 주체는 법인이고, 법인의 임직원은 법인으로부터 정보의 생성・처리・저장・출력권한을 위임받아 그 업무를 실행하는 자에 불과하므로, 임직원의 입장에서 법인의 전자기록은 타인의 전자기록에 해당한다.[2]

② 행 위

본죄의 행위는 위작 또는 변작이다. 위작 또는 변작과 관련하여 유형위조에 국한된다고 보는 견해[3]와 문서위조・변조죄와는 달리 유형위조 외에 권한있는 자의 허위작성에 해당하는 무형위조도 포함된다고 보는 견해[4]가 있다. 판례는 전자기록의 생성에 관여할 권한이 없는 사람이 전자기록을 작출하거나 전자기록의 생성에 필요한 단위 정보의 입력을 하는 경우뿐만 아니라, 시스템의 설치・운영주체로부터 각자의 직무 범위에서 개개의 단위 정보의 입력권한을 부여받은 사람이 그 권한을 남용하여 허위의 정보를 입력함으로써 시스템 설치・운영 주체의 의사에 반하는 전자기록을 생성하는 경우도 포함한다고 보아,[5] 유형위조와 무형위조를 모두 포함하는 것으로 본다. 판례의 태도가 타당하다.

위작이란 권한 없이 기록을 작성하여 입력하는 경우(유형위조) 및 권한있는 자가 허위정보를 입력하는 경우(무형위조)를 의미하고, 변작이란 기존의 기록을 동일성을 해하지 않는 범위내에서 부분적으로 변경하거나 삭제하는 경우를 의미한다. 위작・변작의 방법에는 제한이 없다. 본죄는 타인의 전산망에 침입하여

---

1) 김성돈, 673면; 김일수/서보학, 746면; 임웅, 730면; 정성근/정준섭, 407면.
2) 대판 2020. 8. 27, 2019도11294 전원합의체 판결.
3) 김일수/서보학, 747면.
4) 김성돈, 673면; 김성천/김형준, 691면; 배종대, 530면; 오영근, 574면; 임웅, 731면.
5) 대판 2013. 11. 28, 2013도9003; 대판 2005. 6. 9, 2004도6132.

기록을 조작하는 컴퓨터해킹의 방법으로도 가능하다.[1]

판 례

　위작의 객체로 규정한 전자기록은 그 자체로는 물적 실체를 가진 것이 아니어서 별도의 표시·출력장치를 통하지 아니하고는 보거나 읽을 수 없고, 그 생성 과정에 여러 사람의 의사나 행위가 개재됨은 물론 추가 입력한 정보가 프로그램에 의하여 자동으로 기존의 정보와 결합하여 새로운 전자기록을 작출하는 경우도 적지 않으며, 그 이용 과정을 보아도 그 자체로서 객관적·고정적 의미를 가지면서 독립적으로 쓰이는 것이 아니라 개인 또는 법인이 전자적 방식에 의한 정보의 생성·처리·저장·출력을 목적으로 구축하여 설치·운영하는 시스템에서 쓰임으로써 예정된 증명적 기능을 수행하는 것이므로, 위와 같은 시스템을 설치·운영하는 주체와의 관계에서 전자기록의 생성에 관여할 권한이 없는 사람이 전자기록을 작출하거나 전자기록의 생성에 필요한 단위정보의 입력을 하는 경우는 물론 시스템의 설치·운영 주체로부터 각자의 직무 범위에서 개개의 단위정보의 입력 권한을 부여받은 사람이 그 권한을 남용하여 허위의 정보를 입력함으로써 시스템 설치·운영 주체의 의사에 반하는 전자기록을 생성하는 경우도 형법 제227조의2에서 말하는 전자기록의 '위작'에 포함된다고 판시(대판 2005. 6. 9, 2004도6132) 하였다. 위 법리는 형법 제232조의2의 사전자기록등위작죄에서 행위의 태양으로 규정한 '위작'에 대해서도 마찬가지로 적용된다(대판 2020. 8. 27, 2019도11294 전원합의체 판결).

2) 주관적 구성요건

　미필적 고의로써 충분하며, 고의 이외에도 사무처리를 그르치게 할 목적이 있어야 한다. 사무처리를 그르치게 할 목적이란 위작 또는 변작된 전자기록이 사용됨으로써 시스템을 설치·운영하는 주체의 사무처리를 잘못되게 하는 것을 의미한다.[2]

(3) 타죄와의 관계

　전자기록을 위작·변작하여 출력하여 문서의 형태로 작출한 경우, 그 현출방식과 객체를 달리하므로 본죄와 사문서위조·변조죄는 실체적 경합이 된다. 기

---

1) 임웅, 731면.
2) 대판 2008. 6. 12, 2008도938; 대판 2005. 6. 9, 2004도6132.

망의 수단으로 위작 또는 변작을 하여 사기죄까지 범한 경우에는 본죄와 사기죄의 상상적 경합이 된다. 전자기록 등에 대한 위작·변작행위가 동시에 전자기록 등의 효용을 해한 경우에는 본죄와 전자기록 등 특수매체손괴죄(제366조)의 상상적 경합이 된다.[1]

2. 공전자기록 위작·변작죄

*사무처리를 그르치게 할 목적으로 공무원 또는 공무소의 전자기록 등 특수매체기록을 위작 또는 변작한 자는 10년 이하의 징역에 처한다(제227조의2).
*미수범은 처벌한다(제235조).

(1) 의 의

본죄는 사전자기록위작·변작죄에 대한 가중유형이며 보호법익은 공전자기록 등 특수매체기록에 대한 공공의 신용이다.

(2) 구성요건

본죄의 객체는 공무원 또는 공무소가 직무상으로 만들었거나 만들어질 전자기록 등 특수매체기록이다.[2] 본죄의 행위인 위작·변작의 의미는 사전자기록위작·변작죄의 경우와 같다. 따라서 유형위작과 무형위작을 모두 포함한다.

본죄의 성립에는 고의 이외에도 사무처리를 그르치게 할 목적이 있어야 한다.

3. 위작·변작된 전자기록 등 행사죄

사전자기록위작·변작죄(제232조의2)에 의하여 만들어진 전자기록 등 특수매체기록을 행사한 자는 제234조에 의하여 그 죄에 정한 형으로 처벌된다. 공전자기록위작·변작죄(제227조의2)에 의하여 만들어진 전자기록 등 특수매체기록과 공정증서원본 등 부실기재죄에 의하여 만들어진 전자기록 등 특수매체기록을 행사한 자는 제229조에 의하여 그 각죄에 정한 형으로 처벌된다.

위조 등 사문서행사죄(제234조)와 위조 등 공문서행사죄(제229조) 참조.

---

1) 임웅, 731면.
2) 법무부, 형법개정법률안 제안이유서, 1992, 229면.

제 4 절 인장에 관한 죄

§1. 서 설

Ⅰ. 의의 및 보호법익

인장에 관한 죄는 행사할 목적으로 인장, 서명, 기명 또는 기호를 위조 또는 부정사용하거나 위조 또는 부정사용한 인장 등을 행사하는 행위를 내용으로 하는 범죄이다.

인장, 서명 등은 문서나 유가증권의 일부분을 구성하는 경우가 많고 이들의 형식적 신뢰성도 대체로 그 곳에 표시된 명의인의 인장, 서명 등의 신용성에 의존되는 등 사회생활상 인장, 서명 등의 중요성은 결코 간과할 수 없다.

본조의 보호법익은 인장·서명 등의 진정에 대한 공공의 신용이다.

참고 **연혁**

고려시대에 의용했던 당률(唐律)에는 관(官)의 문서와 인장의 위조를 처벌하는 위사관문서인죄(爲寫官文書印罪)를 두었고, 조선시대에 의용했던 대명률(大明律)은 사위(詐僞)의 죄의 하나로서 관청의 인신(印信), 역일(曆日) 등의 위조를 처벌하는 규정을 두었다.[1] 1905년의 형법대전(刑法大全)에는 각 관사(官司)의 인장을 위조하면 종신징역에 처하고(제385조) 임금님의 도장, 즉 새보(璽寶)를 위조하면 교수형에 처한다는 규정을 두었다(제384조). 현행 형법상의 인장에 관한 죄(제21장)는 구법(의용된 일본형법)의 인장위조죄를 논리적으로 정리하면서 형기를 조절하였고 부분적으로 일본형법가안의 영향을 받은 것으로 보인다.[2]

---

1) 大明律直解, 刑律, 券 第 二十四 詐僞, 僞造印信曆日等條.
2) 유기천(하), 231~232면.

Ⅱ. 현행법상의 체계

기본적 구성요건	사인장		가중적 구성요건	공인장	
	유형 위조	사인위조죄 (제239조 제1항)		유형 위조	공인위조죄 (제238조 제1항)
	행사	사인부정행사죄 (제239조 제1항) 위조사인행사죄 (제239조 제2항)		행사	공인부정행사죄 (제238조 제1항) 위조공인행사죄 (제238조 제2항)

문서에 관한 죄와 동일하게 공인과 사인을 구분하여 사인위조죄를 기본적 구성요건으로 하고 공인위조죄를 가중적 구성요건으로 한다. 인장에 관한 죄는 그 객체의 특성상 성립의 진정만을 보호하고 내용의 진실성은 보호하지 않는다.[1] 따라서 유형위조만이 범죄이고, 허위작성과 같은 무형위조는 처벌되지 않는다.

§2. 유형별 고찰

Ⅰ. 사인 등 위조·부정사용죄

*행사할 목적으로 타인의 인장, 서명, 기명 또는 기호를 위조 또는 부정사용한 자는 3년 이하의 징역에 처한다(제239조).
*미수범은 처벌한다(제240조).

1. 의   의

인장 등 위조·부정사용죄의 기본적 구성요건이고 목적범이며 추상적 위험범이다. 문서에 관한 죄에서 위조죄가 부정사용죄보다 높은 불법성이 인정되어 중하게 처벌되는 반면, 인장에 관하여는 위조와 부정사용의 불법성을 동일하게 본다.

---

1) 김일수/서보학, 787면; 박상기/전지연, 553면; 손동권, 672면; 이재상 외, 604면; 임웅, 679면.

2. 구성요건

(1) 객관적 구성요건

1) 행위객체

① 타 인

본조의 행위객체는 타인의 것이라야 하며 여기에서 타인은 행위자를 제외하고 사인 등의 명의인이 될 수 있는 모든 사람을 말하며 자연인, 법인, 법인격 없는 단체를 불문한다.

명의인인 타인이 실제로 존재해야 하는가에 관하여 판례는 사망자 명의의 인장을 위조한 행위는 본죄에 해당하지 않는다고 보아[1] 명의인이 실재해야 한다는 입장이다. 그러나 비록 허무인이나 사망자 명의의 인장을 위조한 경우라고 할지라도 일반인으로 하여금 진정한 인장으로 오신케 하여 인장에 대한 공공의 신용을 침해할 정도에 이르렀다면 본죄가 성립한다고 보아야 할 것이다.[2]

② 인 장

(가) 의 의　　인장이란 사람의 동일성 기타 일정한 사항을 증명하기 위하여 사용하는 상형을 말한다. 상형에 일반적으로 성명을 사용하지만 별명이나 아호를 사용하거나 문자 아닌 부호나 도형을 사용할 수도 있다. 지장이나 무인도 용도에 따라 인장으로 볼 수 있다.

본죄의 인장은 반드시 권리·의무의 증명에 관한 것일 필요는 없으나 적어도 사실증명을 위하여 사용된 것이라야 한다.[3] 그러므로 명승지의 기념스탬프는 인장이 아니지만 서화에 사용된 낙관은 인장이다.[4]

(나) 인과와 인영　　인장의 의의와 관련하여 인장은 인영만을 의미한다는 견해[5]와 인영뿐만 아니라 인과도 포함한다는 견해[6]의 대립이 있다. 여기에서 인

1) 대판 1984. 2. 28. 82도2064. 또한 학설로는 이영란, 676면.
2) 김성돈, 700면; 김성천/김형준, 718면; 김일수/서보학, 788면; 김혜정 외, 575면; 박상기/전지연, 797면; 배종대, 546면; 오영근 601면; 이재상 외, 620면; 이정원, 597면; 임웅, 765면; 정성근/정준섭, 456면; 진계호, 620면 등.
3) 김일수/서보학, 790면; 배종대, 546면; 이재상 외, 618면; 임웅, 766면.
4) 김일수/서보학, 790면; 배종대, 546면; 이재상 외, 618면; 임웅, 767면; 정성근/정준섭, 457면; 진계호, 621면.
5) 유기천(하), 235면. 인장은 인영에 국한된다는 학설은 현행범이 위조의 미수도 처벌하고 있고 인장의 위조와 서명의 위조를 동일하게 취급하고 있으며 인장의 부정사용도 인과의 날인을 포함하지 않고 인영을 현출하게 하는 것을 말한다는 점, 인장의 신용침해는 위조된 인과 그 자체에 의한

영이란 사람의 동일성 기타 일정한 사항을 증명하기 위하여 물체상에 현출시킨 문자 기타 부호의 영적을 의미하고, 인과란 인영의 현출에 필요한 문자 기타 부호를 새긴 물체(예컨대 도장) 그 자체를 말한다. 인과에 의하지 않는 인영의 현출도 가능하지만 인과에 의한 인영의 현출이 일반적이므로 인과를 인장의 개념에서 제외하는 것은 타당하지 않다. 형법은 본죄의 객체를 인영으로 국한하고 있지 않고 인장의 부정사용은 인과의 부정사용(제239조 제1항)을, 부정사용한 인장의 행사는 현출된 인영의 행사(제239조 제2항)를 의미한다고 볼 수 있으며 인과의 위조 그 자체에도 이미 인영의 진정에 대한 공공의 신용을 해할 위험이 있다고 보아야 하므로[1] 인장에는 인영과 인과가 모두 포함된다고 보는 통설이 타당하다.

(다) 생략문서와의 구별　　인장인가 극도로 생략된 문서인가를 구별하기 어려운 경우가 있다. 예컨대 우체국일부인과 같이 인장 또는 서명만에 의하여 일정한 관념을 표현하는 경우에 이것이 인장인가 문서인가가 문제된다. 이 때에는 모든 정황을 종합적으로 고려할 때 인장을 벗어나는 증명적 기능까지 하는 경우에는 문서에 해당한다고 볼 수 있으나 그렇지 않은 경우라든가 한계를 지우기 어려운 경우에는 인장에 해당하는 것으로 보는 것이 적절할 것이다.[2]

③ 서명, 기명, 기호

(가) 서 명　　자기를 표시하는 문자로 성명 기타 호칭을 표기한 것을 말한다. 성명, 성 또는 명의 어느 하나, 아호, 상호, 옥호 등 어느 것이라도 무방하다. 표시하는 문자가 어느 나라의 어떤 문자이건 불문한다. 서명에 자서, 즉 자필서명 이외에도 기명이 포함되는지 문제될 수 있으나 형법은 기명을 별도로 규정하고 있으므로 자서만 포함된다고 보아야 한다.[3]

(나) 기 명　　자기를 표시하는 문자로 성명 기타 호칭을 표기한 것 중에서 자서가 아닌 경우(예컨대 대필, 인쇄 등)를 말한다.

것이 아니고 위조된 인영에 관하여 존재하므로 인영의 진정을 보호하면 족하고 인영은 인과에 의한 것에 한정되지 않고 지장, 무인도 포함한다는 것 등을 논거로 한다.
6) 김성돈, 701면; 김일수/서보학, 789면; 배종대, 547면; 백형구, 553면; 이영란, 674면; 이재상 외, 617면; 이정원, 650면; 임웅, 766면; 정성근/정준섭, 456면; 진계호, 621면.
1) 이재상 외, 617면; 임웅, 766면; 진계호, 621면 등.
2) 정성근/정준섭, 457면은 수화물인환증, 우편물수령시각증명서, 은행의 출금표, 임대차 확정일자인, 등기필증 등은 그와 같은 의미에서 문서에 해당하는 예라고 설명한다.
3) 김일수/서보학, 790면; 이재상 외, 618면; 이정원, 639면; 임웅, 767면.

(다) 기 호   물건에 압날(눌러 찍는 방법)하여 그 동일성 등 일정한 사항을 증명하는 문자 또는 부호로서 광의의 인장에 포함된다. 예컨대 산지확인 표시, 검사필 표시 등이 이에 해당한다. 기호와 협의의 인장을 어떻게 구별할 것인가에 관하여서는 문서에 날인하여 증명에 사용하는 것은 인장이고 상품, 산물, 서적 등에 날인하는 것은 기호라는 견해[1]와 인장은 인격의 동일성을 증명하는 것이고 기호는 그 이외의 사항의 증명을 목적으로 하는 부호라는 견해[2]가 대립되어 있는데 후자의 견해가 타당하다고 본다. 다만 형법은 인장과 기호의 위조 등을 함께 처벌하고 있으므로 양자를 구별할 실익은 없다.[3]

2) 행 위

① 위 조

위조란 권한 없이 타인의 인장, 서명, 기명, 기호를 만들어 내는 것을 말한다. 이에는 대리권 혹은 대표권을 가진 자가 그 권한을 벗어나는 무권대리행위로서 서명, 날인하는 경우도 포함된다.[4] 위조의 방법은 불문한다. 타인의 인과를 임의로 제조하거나 직접 묘사하여 인영을 만들어 내거나 기존의 인영을 변형하여 새로운 인영을 만들어 내는 것 등이 모두 위조에 해당한다. 서명, 기명, 기호 등의 기재 내지 표시방법에도 제한이 없다. 위조의 정도는 일반인에게 실존하는 사람의 진정한 인장, 서명 등으로 오신시킬 수 있는 정도의 외관과 형식을 갖추고 있으면 충분하고 반드시 진정한 인장, 서명 등과 꼭 닮아야 할 필요는 없으며 명의인이 실재할 것을 요하지도 않는다.

② 부정사용

부정사용이란 권한 없는 자가 타인의 진정한 인장, 서명 등을 사용하거나 권한있는 자가 권한을 남용하여 인장, 서명 등을 사용하는 것을 의미한다. 본죄는 부정하게 현출한 인장, 서명 등을 타인이 열람할 수 있는 상태에 두었을 때 기수로 되며 타인이 실제로 열람했거나 타인에게 손해가 발생할 것을 요하지 않는다.

(2) 주관적 구성요건

인장, 서명, 기명 또는 기호에 대한 인식은 일반인의 소박한 인식 정도로 충

---

1) 서일교, 273면; 오도기/7인공저, 545면; 정영석, 183면.
2) 김일수/서보학, 791면; 이재상 외, 619면; 임웅, 767면.
3) 서일교, 273면; 이재상 외, 619면; 임웅, 767면; 정성근/정준섭, 709면; 황산덕, 147면.
4) 이재상 외, 619면; 임웅, 768면; 진계호, 622면.

분하다. 고의 이외에도 행사의 목적이 있어야 한다. 행사의 목적이란 위조한 인장 등을 진정한 것으로 자신이 행사하거나 제3자로 하여금 행사하게 할 목적을 말한다. 행사의 목적이 없는 경우, 예컨대 명의인의 승낙을 얻으면 사용할 의도로 인장을 조각하였으나 승낙을 얻지 못하자 사용하지 않고 이를 명의인에게 돌려준 경우[1]에는 본죄가 성립하지 않는다.

3. 타죄와의 관계

인장 등의 위조가 유가증권위조나 문서위조의 수단으로 행하여진 경우에는 본죄와 법조경합이 되어 본죄는 유가증권위조죄 또는 문서위조죄에 흡수된다. 기망의 수단으로 인장 등을 위조하여 사기죄를 범한 경우에는 본죄와 사기죄의 상상적 경합이 된다. 행사할 목적으로 인장 등을 위조하여 이를 행사한 때에는 인장 등 위조죄와 위조인장 등 행사죄의 실체적 경합이 된다.[2]

Ⅱ. 위조 등 사인행사죄

> *제2항 위조 또는 부정사용한 타인의 인장, 서명, 기명 또는 기호를 행사한 때에도 전항의 형(3년 이하의 징역)과 같다(제239조).
> *미수범은 처벌한다(제240조).

부정사용죄의 객체가 진정한 타인의 인장, 서명 등인 것과 달리 본죄의 객체는 위조 또는 부정사용한 타인의 인장, 서명, 기명 또는 기호이다. 이들 객체가 행사의 목적으로 위조되었는가 여부는 불문한다. 행사는 위조 또는 부정사용된 인장, 서명, 기명 또는 기호를 진정한 것처럼 용도에 따라 사용하는 것을 말하며 타인이 열람할 수 있는 상태에 둠으로써 본죄는 기수가 된다(추상적 위험범). 그러나 단지 위조된 인과 그 자체를 타인에게 교부한 것만으로는 본죄를 구성한다고 볼 수 없다.[3]

---

1) 대판 1992. 10. 27. 92도1578.
2) 이에 관하여서는 법조경합설, 상상적 경합설, 실체적 경합설의 대립이 있다.
3) 대판 1984. 2. 25. 84도90.

Ⅲ. 공인 등 위조·부정행사죄

*행사할 목적으로 공무원 또는 공무소의 인장, 서명, 기명 또는 기호를 위조 또는 부정
사용한 자는 5년 이하의 징역에 처한다(제238조 제1항).
*미수범은 처벌한다(제240조).

공인 등이 지니는 공공의 신용이 높은 점을 감안하여 사인 등의 위조의 경우
보다 형을 무겁게 한 가중적 구성요건이다.

행위객체는 공무원 또는 공무소의 인장, 서명, 기명 또는 기호이다. 공무원
또는 공무소의 개념은 공문서위조·변조죄에서 설명한 것과 같다. 공무원의 인
장이란 공무원이 공무상으로 사용하는 모든 인장을 말하며 반드시 공적 명의가
표시될 것을 요하지 않는다. 또한 공무상으로 사용된 인장인 한 직인, 사인을 불
문한다. 공무원의 서명이란 해당 공무원의 신분임을 명시하기 위하여 행하는 공
무원의 서명을 말한다. 직명을 함께 기록하는 것이 일반적이다. 공무소의 인장이
란 공무소가 그 사무에 관하여 사용하는 인장을 말한다. 서명을 자서(자신의 서
명)에 국한하는 입장에서는 공무원의 서명은 가능하나 공무소의 서명은 불가능
하다고 보아야 할 것이다. 차량등록번호판,[1] 택시미터기에 부착된 검정납봉[2]
등은 공기호에 해당한다.

Ⅳ. 위조공인 등 행사죄

*위조 또는 부정사용한 공무원 또는 공무소의 인장, 서명, 기명 또는 기호를 행사한 자
도 전항의 형(5년 이하의 징역)과 같다(제238조 제2항).
* 미수범은 처벌한다(제240조).

위조사인 등 행사죄에 대한 가중적 구성요건이다. 본죄의 행위객체는 이미
위조 또는 부정사용한 공무원 또는 공무소의 인장, 서명, 기명 또는 기호이다.

---

1) 대판 1983. 10. 25, 83도2078.
2) 대판 1982. 6. 8, 82도138.

본죄의 행위는 행사이며 그 의미는 위조 등 사인행사죄에서 설명한 것과 같다. 자동차를 절취한 후 자동차등록번호판을 떼어내어 다른 차에 번호판을 부착하여 자동차를 운행하는 행위는 새로운 법익침해로 보아야 하므로 불가벌적 사후행위로 되는 것이 아니라, 다른 차에 번호판을 부착하는 행위는 공기호부정사용죄, 운행하는 행위는 부정사용공기호행사죄가 성립되고 양죄는 실체적 경합이 된다.[1]

---

1) 대판 2007. 9. 6, 2007도4739; 대판 1997. 7. 8, 96도3319.

제 3 장

공중의 건강에 대한 죄

제1절 음용수에 관한 죄

§1. 서 설

I. 의의 및 보호법익

공중의 음료를 제공하는 물이나 그 수원(水原)에 오물, 독물 기타 건강을 해할 물건을 혼입하거나 공중의 음용수를 공급하는 수도 기타 시설을 손괴, 기타 방법으로 불통하게 하여 공중의 건강과 음용수의 이용을 위태롭게 하는 범죄이다.[1] 음용수 이외의 지하수, 하천수 등 수자원은 수질환경보전법의 보호대상이다.

본죄는 불특정다수인인 공중의 생명, 신체의 안전을 위태롭게 하는 공공위험범이고 추상적 위험범이며 그 보호법익은 공중의 건강이다.[2]

II. 현행법상의 체계

기본적 구성요건: 먹는 물의 사용방해죄(제192조 제1항)	수정적 구성요건	불법	가중적	수돗물의 먹는 물의 유해물혼입죄(제192조 제2항) 수돗물의 먹는 물의 사용방해죄(제193조 제1항) 수돗물의 먹는 물의 유해물혼입죄(제193조 제2항)
			결과적 가중범	먹는 물 혼독치사상죄(제194조)
	독립적 구성요건	수도불통죄(제195조)		

---

1) 현행형법은 구형법(의용된 일본 형법)에 바탕을 두면서도 구형법에 없던 미수범 및 예비를 처벌하는 규정을 신설하고 용어를 정리하여 합리화 하는 등 독자적 입장을 취하는 노력을 하였고 한편으로는 일본형법가안(제280조 내지 제287조)의 영향도 받은 것으로 보인다(유기천(하), 69~70면.).

2) 김성돈, 606면; 김성천/김형준, 722면; 이재상 외, 622면; 임웅, 776면; 정성근/정준섭, 462면.

§2. 유형별 고찰

Ⅰ. 음용수사용방해죄

> *일상에서 먹는 물로 사용되는 물 오물을 넣어 먹는 물로 쓰지 못하게 한 자는 1년 이하의 징역 또는 500만원 이하의 벌금에 처한다(제192조 제1항).

1. 의   의

본죄는 본장의 기본적 구성요건으로, 추상적 위험범이자 거동범이다. 미수범을 처벌하지 않는다.

2. 구성요건

(1) 객관적 구성요건

1) 행위객체

본죄의 행위객체는 일상에서 먹는 물로 사용되는 물로서, 본죄의 성격이나 보호법익에 비추어 불특정 또는 다수인의 일상적 음료로 반복·계속하여 사용한다는 의미이다.[1] 그러므로 특정인이 마시려고 찻잔이나 식기에 따라 놓은 정수는 본죄의 객체로 볼 수 없다. 그러나 여기에서 다수인은 어느 정도의 다수인을 말하므로 수인 또는 한 가족의 음용을 위한 정수도 이에 해당한다.[2]

먹는 물이란 음용에 적합할 정도의 깨끗한 물을 의미하며 반드시 화학적으로 완전무결할 것을 요하지는 않는다.[3] 먹는 물로 사용되는 한 다른 용도에 함께 쓰이고 있어도 정수에 해당한다. 정수는 자연수인가 인공수인가 또는 소유자나 관리자가 누구인가를 불문한다.[4] 계곡에 흐르는 물처럼 일시적으로 사용되는

---

1) 조문에 표현되어 있지는 않지만 제192조 제1항의 일상음용은 불특정 또는 다수인의 일상음용이라는 것이 통설이다(김성돈, 579면; 김성천/김형준, 723면; 김일수/서보학, 610면; 김혜정 외, 583면; 배종대, 550면; 백형구, 480면; 신동운, 319면; 이영란, 572면; 이재상 외, 624면; 이정원, 605면; 임웅, 777면; 정성근/정준섭, 463면; 정영석, 189면; 진계호, 531면 등).
2) 배종대, 551면; 백형구, 480면; 서일교, 325면; 이재상 외, 624면; 이정원, 605면; 임웅, 778면; 정성근/정준섭, 463면; 진계호, 531면.
3) 이재상 외, 624면.
4) 이영란, 572면; 이재상 외, 624면; 임웅, 778면; 진계호, 531면.

것은 본죄에 해당하지 않는다.[1)]

2) 행 위

본죄의 행위는 오물을 넣어 먹는 물로 쓰지 못하게 하는 것이다. 오물은 독물 기타 건강을 해할 물건 이외의 것으로 정수를 더럽혀 불결감을 갖게 하여 음용에 지장을 주는 물질을 말한다. 예컨대 쓰레기, 대소변, 혐오스러운 물감 등이 이에 해당한다. 혼입이란 정수에 오물을 섞어 혼탁하게 만드는 것을 의미한다. 오물을 넣은 경우뿐만 아니라 정수의 바닥에 있는 흙을 휘저어 물을 흐리게 하는 행위도 포함된다. 혼탁해진 상태가 얼마나 지속되었는가는 불문한다. 음용하지 못하게 한다는 것은 음용수로 사용할 수 없게 하는 것을 의미하며 이 정도에 이르지 않은 경우에는 경범죄처벌법(제3조 제1항 제10호)이 적용된다. 음용하지 못하게 된 원인이 물리적, 생리적 이유이건 감정적, 심리적 이유이건 불문한다.[2)]

본죄는 오물을 넣어 먹는 물로 쓸 수 없는 상태가 발생하면 기수가 되고 건강이 침해될 것을 요하지 않는다(추상적 위험범).

(2) 주관적 구성요건

본죄의 인식, 인용이 요구되며,[3)] 미필적 고의로써 충분하다.

Ⅱ. 먹는 물의 유해물혼입죄

*제1항의 먹는 물에 독물 기타 건강을 해하는 물질을 넣은 사람은 10년 이하의 징역에 처한다(제192조 제2항).
*미수범은 처벌한다(제196조).

1. 의 의

본죄는 행위수단의 위험성이 크기 때문에 형이 가중되는 불법가중적 구성요건이다. 추상적 위험범이고 거동범이다.

---

1) 이재상 외, 624면; 임웅, 778면; 정성근/정준섭, 463면. 반면 오영근, 508면은 본죄의 객체에 해당한다고 본다.
2) 배종대, 551면; 백형구, 480면; 이재상 외, 625면; 이정원, 658면; 임웅, 778면; 정성근/정준섭, 463면; 진계호, 531면 등.
3) 백형구, 480면; 오영근, 509면; 이재상 외, 625면; 임웅, 778면.

2. 구성요건

본죄의 행위객체는 먹는 물이다. 본죄의 행위는 독물 기타 건강을 해할 물건을 혼입하는 것이다. 독물이란 화학적 작용에 의하여 소량으로도 사람의 건강을 해할 물질을 말한다.[1] 예컨대 청산가리, 염산 등이 이에 해당한다. 본죄에서 독물은 건강을 해할 물건의 예시로 볼 수 있다. 기타 건강을 해할 물건이란 독물 이외의 물질로서 이를 음용하면 건강상태를 불량하게 만드는 물질을 의미한다. 예컨대 세균, 기생충 등이 이에 해당하며 유기물이든 무기물이든 불문한다. 본죄는 독물 등의 혼입에 의하여 음용수가 사람의 건강을 해할 정도에 이르면 기수가 되고 현실적으로 건강을 해하는 결과가 발생할 것을 요하지 않는다(추상적 위험범).

살인 또는 상해의 고의로써 독물 기타 건강을 해하는 물건을 혼입한 경우에는 본죄와 살인죄 또는 상해죄의 상상적 경합이 된다.

Ⅲ. 수돗물의 사용방해죄

*수도를 통해 공중이 먹는 물로 사용하는 물 또는 그 수원에 오물을 넣어 먹는 물로 쓰지 못하게 한 자는 1년 이상 10년 이하의 징역에 처한다(제193조 제1항).

1. 의   의

본죄는 공공에 대한 위험성이 더욱 커짐으로써 형이 중해지는 불법가중적 구성요건이다.

2. 구성요건

본죄의 행위객체는 수도에 의하여 공중에게 먹는 물로 공급되는 물 또는 그 수원이다. 본죄에서 수도란 음용수를 공급하기 위한 인공적 설비를 말한다. 수도의 크기나 양식, 소유관계 등은 불문한다. 본죄의 수도는 관로, 그밖의 공작물을 사용하여 원수나 정수를 공급하는 시설이라고 정의하는 수도법상의 수도(제3조

---

[1] 오영근, 660면; 정영석, 190면; 진계호, 532면.

제5호)와 반드시 이와 동일한 것으로 볼 수는 없다.[1] 본죄의 수도에는 일시적인 목적으로 시설된 것도 포함된다고 보아야 하며 천연적 수로를 이용하여 여기에 인공적 설비를 갖춘 것도 수도에 해당한다. 그러나 자연적 수로를 이용한 것에 불과한 것은 수도로 볼 수 없다. 「공중의 음용에 공하는 정수」란 불특정 다수인의 음용용수로 공급하고 있는 정수를 의미한다. 여기에서 다수인은 음용수사용방해죄의 경우와 달리 상당한 다수인을 말한다.[2] 그러므로 한 가족만의 전용수도에 의하여 그 가족에게 공급되는 정수는 본죄의 객체에 해당하지 않는다.[3] 또한 이미 공급되어 개인집의 물통에 담겨진 정수도 본죄의 객체로 볼 수 없다. 수원이란 수도에 들어오기 이전 단계에 있는 물을 의미한다. 예컨대 저수지나 정수지의 물이 이에 해당한다. 저수지나 정수지에 이르는 수로라든가[4] 수류도 수원에 포함된다.

본죄의 행위는 먹는 물의 사용방해죄에서 설명한 것과 같다. 본죄는 먹지 못하게 된 상태가 발생하면 기수가 되고 현실적으로 공중의 건강이 침해될 것을 요하지 않는다(추상적 위험범).

Ⅳ. 수도음용수유해물혼입죄

> *전항의 먹는 물 또는 수원에 독물 그 밖에 건강을 해하는 물질을 넣는 자는 2년 이상의 유기징역에 처한다(제193조 제2항).
> *미수범은 처벌한다(제196조).

본죄는 수돗물의 사용방해죄에 대하여서는 그 행위수단의 위험성에 기인하는 불법가중적 구성요건이며 먹는 물의 유해물혼입죄에 대하여서는 행위객체의 중대성으로 인한 불법가중유형의 성격을 갖는다.

---

1) 이재상 외, 626면.
2) 김일수/서보학, 613면; 배종대, 552면; 오영근, 511면; 이재상 외, 626면; 이정원, 606면; 임웅, 780면; 정성근/정준섭, 465면; 진계호, 533면.
3) 김일수/서보학, 613면; 명형식/7인공저, 485면; 백형구, 481면; 이영란, 574면; 이재상 외, 626면; 임웅, 780면; 정성근/정준섭, 465면; 진계호, 533면 등.
4) 김일수/서보학, 613면; 이재상 외, 627면; 임웅, 780면; 정성근/정준섭, 465면; 진계호, 533면.

V. 먹는 물 혼독치사상죄

*제192조 제2항 또는 제193조 제2항의 죄를 지어 사람을 상해에 이르게 한 때에는 무기 또는 3년 이상의 징역에 처한다. 사망에 이르게 한 때에는 무기 또는 5년 이상의 징역에 처한다(제194조).

본죄는 사망의 결과가 발생한 경우는 진정결과적 가중범이고 상해의 결과가 발생한 경우는 형의 균형에 비추어 상해의 고의가 있는 경우까지 포함하는 부진정결과적 가중범에 해당한다. 기본범죄가 미수에 그친 경우에도 이로 인하여 사상의 결과가 발생하면 본죄가 성립한다.[1] 예컨대 상수원에 독물을 살포하는 순간 독물이 바람에 날려 인근에 있는 사람의 호흡기에 들어가 치사상의 결과를 발생시킨 경우가 이에 해당될 수 있다.

VI. 수도불통죄

*공중이 먹는 물을 공급하는 수도 기타 시설을 손괴 기타 방법으로 불통하게 한 자는 1년 이상 10년 이하의 징역에 처한다(제195조).
*미수범은 처벌한다(제196조).

1. 의   의

본죄는 수도 등 먹는 물 공급시설에 장애를 초래하여 먹는 물의 공급을 방해하는 것이 그 특징이며 먹는 물 공급시설의 장애를 수반하지 않는 먹는 물 사용방해죄에 대하여서는 가중적 구성요건의 성격을 갖는다.[2]

2. 구성요건

본죄의 행위객체는 공중이 먹는 물을 공급하는 수도 기타 시설이다. 본죄에서 수

---

1) 배종대, 726면: 유기천(하), 77면: 이재상 외, 616면: 정성근/정준섭, 720면. 한편 김일수/서보학, 615면: 백형구, 483면은 음용수독물등혼입죄가 기수로 되어야만 본죄가 성립한다고 본다.
2) 이재상 외, 628면: 임웅, 781면.

도는 먹는 물 공급시설의 한 예시이며, 기타 시설이란 수도 이외의 것으로 공중의 먹는 물을 공급하는 시설(예컨대 양수용 펌프)을 말한다. 시설의 크기, 형태, 소유관계 등은 불문한다.[1] 본죄의 행위는 손괴 기타 방법으로 불통하게 하는 것이다. 여기에서 손괴는 먹는 물의 공급이 불가능할 정도로 물리적인 손상을 입히는 것을 말한다. 기타 방법이란 시설에 먹는 물을 불통하게 하는 손괴이외의 모든 방법을 말한다. 예컨대 유형의 장애물을 수도관에 넣어 먹는 물의 흐름을 차단하는 행위가 이에 해당한다. 행위가 불통의 정도에 이르지 않는 때에는 경우에 따라 본죄의 미수범 또는 경범죄 처벌법에 해당될 수 있을 뿐이다.

제 2 절 아편에 관한 죄

§1. 서   설

Ⅰ. 의의 및 보호법익

아편에 관한 죄는 아편, 몰핀 또는 그 화합물을 흡식, 주사하거나 제조, 수입, 판매, 소지하거나 흡식기구를 제조, 수입, 판매, 소지하거나 흡식 또는 주사의 장소를 제공하여 이익을 취하는 등의 행위를 함으로써 성립하는 범죄이다. 본죄도 공중의 건강을 보호법익으로 한다. 아편 등이 가지는 중독성으로 인한 신체적·정신적 해악으로 인하여 개인의 건강에 국가가 개입하는 온정적 간섭주의[2]의 예이다. 이러한 행위는 행위자에 있어서는 자신의 건강을 해하는 자상행위를 하는 것이지만 환각상태 등 그 영향으로 인하여 다른 범죄를 범할 위험성이 높아지고 사회에 마약사용을 만연시킬 우려도 있으며 마약구입에 따르는 범죄행위

---

1) 대판 2022. 6. 9. 2022도2817. 여기에서 수도 기타 시설이란 공중의 음용수 공급을 주된 목적으로 설치된 것에 한정되지 않고, 다른 목적으로 설치된 것이더라도 불특정 또는 다수인에게 현실적으로 음용수를 공급하고 있는 것이면 충분하며 소유관계도 불문한다.

2) 본질적으로는 개인의 자율성에 우선하는 국가의 적극적 개입 또는 국가의 선의적 개입을 통한 개인의 보다 나은 상태로의 향상을 지칭한다. 온정적 간섭주의(Paternalism)는 1970년대 독일이나 영국 등에서 법리적 차원에서 왜 국가가 개인의 판단이나 선택에 개입하거나 간섭해야 하는가 및 그것이 법적으로 타당하고 정당한가라는 법적 온정주의를 중심으로 전개되었다. 자세한 내용은 김혜경, 처벌의 원리, 마인드탭, 2018, 318면 이하 참조.

도 발생할 가능성이 크기 때문이다.

참고 **연혁**

　　아편 내지 마약에 관한 범죄를 형법에 규정하는 예는 우리나라, 중국, 일본 등에서 찾아 볼 수 있으며 연혁적으로는 18~19세기의 중국식민지화 과정에서 아편이 수단으로 사용되었고, 특히 아편전쟁이래 아편의 해독이 큰 문제로 등장한 것이 그 계기가 되었다. 일본에서는 명치시대 초부터 중국의 예를 거울삼아 아편에 대한 엄중한 규제를 하였는데 형법의 규정도 그 전통을 이어간 것이라고 한다. 우리나라는 구법(의용된 일본형법)을 토대로 현행 형법을 제정하면서 종래 아편연(阿片煙)에 국한하였던 아편의 개념을 일반화하였고 일본형법가안(제288조~293조)의 영향도 많이 받았으나 상습범규정(제203조), 자격정지 또는 벌금병과규정(제204조), 몰수규정(제206조) 등을 신설하여 그 내용을 정비하였다.[1]

Ⅱ. 현행법상의 체계

기본적 구성요건: 아편흡식죄 (제201조 제1항)	수정적 구성요건	불법	감경적	아편소지죄(제205조)
			가중적	아편제조등 죄(제198조) 아편흡식기제조등 죄(제199조)
		책임	가중적	세관공무원의 아편등 수입·수입허용죄 (제200조) 상습아편흡식등 죄(제203조)
	독립적 구성요건	아편흡식등 장소제공죄(제201조 제2항)		

　　아편에 관한 죄는 아편흡식죄를 기본적 구성요건으로 하여 불법 및 책임가중적 행위유형을 두고 있다. 동 죄에 제공한 아편, 몰핀이나 그 화학물 또는 아편흡식기는 모두 필요적 몰수의 대상이다. 특히 아편에 관한 죄에 관하여는 마약류관리에 관한 법률이 특별법으로 규정되어 보다 상세하게 처벌규정들을 두고 있고, 나아가 마약류불법거래방지에 관한 특례법은 마약류범죄로 인한 불법수익 및 이로부터 유래한 재산까지도 모두 필요적으로 몰수하고 있다.

---

1) 유기천(하), 78~79면.

§2. 유형별 고찰

I. 아편흡식 등의 죄

*아편을 흡식하거나 몰핀을 주사한 자는 5년 이하의 징역에 처한다(제201조 제1항).
*미수범은 처벌한다(제202조).

1. 의   의

본죄는 아편에 관한 죄의 기본적 유형이며, 추상적 위험범이자 거동범이다.

2. 구성요건

본죄의 행위객체는 아편 또는 몰핀이다. 아편은 앵속(양귀비)의 액즙이 응결된 것과 이를 가공한 것(의약품으로 가공된 것은 제외)을 의미하고, 몰핀은 앵속, 아편 또는 코카인에서 추출되는 알카로이드 계통의 마약을 의미한다.

행위태양으로서, 흡식이란 아편을 호흡기 또는 소화기에 의하여 소비하는 행위를 말하고 주사란 몰핀을 주사기에 의하여 신체에 주입하는 행위를 말한다. 흡식 또는 주사의 목적이나, 공연히 행하는가 여부는 불문한다. 치료목적의 흡식, 주사인 경우도 의사의 적법한 처방이 없는 경우에는 본죄가 성립한다.[1]

3. 죄수 및 타죄와의 관계

동일인이 수회에 걸쳐 아편을 흡식하거나 몰핀을 주사한 경우에는 포괄일죄가 된다. 아편을 흡식하려고 일시 소지했던 자가 이를 흡식한 경우에는 소지행위는 본죄에 흡수되어 본죄만 성립한다. 그러나 이러한 일시적 소지가 아니었던 경우에는 아편 등 소지죄(제205조)와 본죄의 실체적 경합범이 된다.[2] 판매할 목적으로 아편을 소지하던 자가 이를 흡식한 경우에는 판매목적아편소지죄(제198조)와 본죄의 실체적 경합범이 된다.[3]

---

1) 이재상 외, 631면; 임웅, 786면; 진계호, 539면.
2) 김일수/서보학, 624면; 백형구, 490면; 오영근, 517면; 유기천(하), 89면; 이재상 외, 631면; 정성근/정준섭, 468면; 진계호, 539면.
3) 임웅, 786면.

II. 아편흡식등 장소제공죄

*아편흡식 또는 몰핀주사의 장소를 제공하여 이익을 취한 자도 전항의 형(5년 이하의
징역)과 같다(제201조 제2항).
*미수범은 처벌한다(제202조).

본죄는 아편흡식 등의 죄의 방조에 해당하는 행위를 독립적인 범죄로 규정한
것이며 이욕범의 성격을 갖는 범죄로 볼 수 있다.

장소의 제공에는 방, 실 등 건물의 일부뿐만 아니라 정원 기타 특정한 노천
의 장소를 제공하는 것도 포함될 수 있다. 이익을 취한다는 것은 장소제공의 대
가를 취득하는 것을 의미하며 재산적 이익에 국한하지 않고 장소제공에 관한 일
체의 적극적, 소극적 이익을 포함한다.[1] 이익을 취할 의사로 장소를 제공하였
으나 이익을 취하지 못한 때에는 본죄의 미수범이 된다. 아편을 판매한 자가 흡
식장소까지 제공한 경우에는 아편 등 판매죄(제198조)와 본죄의 실체적 경합이
된다.

III. 아편 등 제조 · 수입 · 판매목적소지죄

*아편, 몰핀 또는 그 화합물을 제조, 수입 또는 판매하거나 판매할 목적으로 소지한 자
는 10년 이하의 징역에 처한다(제198조).
*미수범은 처벌한다(제202조).

1. 의   의

본죄의 규정은 아편 등의 공급과 확산을 막으려는 데 그 취지가 있다. 아편
등 흡식보다 그 위험성이 더 큰 행위로서, 불법가중적 구성요건이다.

---

1) 김일수/서보학, 624면; 배종대, 554면; 백형구, 490면; 이재상 외, 632면; 이정원, 663면; 임웅,
786면; 진계호, 540면; 대판 1960. 4. 26, 4292형상844.

2. 구성요건

제조란 아편, 몰핀 또는 화합물을 만드는 행위를 말한다. 수입이란 국외에서 국내로 반입하는 것을 의미하며 그 기수시기는 육상운송의 경우에는 국경선을 넘은 때, 선박에 의한 경우에는 육지에 양륙된 때, 항공기에 의한 경우에는 지상으로 운반된 때이다.[1] 양륙되었거나 지상으로 운반된 이상 일시 우리나라 영토를 통과하는 데 지나지 않는 경우라도 수입에 해당한다고 보아야 할 것이다. 판매란 불특정다수인을 상대로 하여 계속·반복의 의사로 아편 등을 유상양도하는 행위를 말한다. 1회의 판매도 본죄에 해당할 수 있으며 이익을 취득하였는가는 불문한다. 소지란 아편 등을 사실상의 지배하에 두는 것을 말한다. 손에 쥐고 있는 경우는 물론 저장, 은닉, 진열해 두거나 수행원, 심부름꾼 등 타인에게 휴대하게 하는 경우든 어떤 형태로든지 자기의 사실상의 지배하에 두면 무방하다.[2] 누구를 위한 소지인가 또한 소지하게 된 원인이 무엇인가는 불문한다. 본죄에서 소지는 판매의 목적으로 이루어질 것을 요한다. 판매할 목적이 없는 소지는 아편 등 소지죄(제205조)에 해당한다. 본죄의 소지는 아편 등의 단순 소지에 비하여 판매할 목적 때문에 형이 무거운 범죄로 되는 경우로서, 목적범이다.

본죄의 각 행위가 공통된 고의 속에 동일한 기회에 행하여진 경우, 예컨대 수입한 아편을 판매할 목적으로 소지하다가 판매한 경우에는 본죄의 포괄일죄가 된다.[3]

Ⅳ. 아편흡식기 제조·수입·판매목적소지죄

*아편을 흡식하는 기구를 제조, 수입 또는 판매하거나 판매할 목적으로 소지한 자는 5년 이하의 징역에 처한다(제192조).
*미수범은 처벌한다(제202조).

---

1) 배종대, 555면; 이재상 외, 633면; 임웅, 787면; 정성근/정준섭, 470면; 진계호, 541면 등. 반면 유기천, 83면은 선박이나 항공기에 의한 운반 모두 세관의 절차가 끝난 때에 기수가 된다고 본다.
2) 이재상 외, 633면.
3) 김성돈, 614면; 임웅, 788면.

1. 의　의

본죄는 직접적으로 아편을 객체로 하는 것도 아니고 아편흡식이전의 행위이지만, 아편흡식을 조장하고 확산시킬 위험성이 크기 때문에 형법은 이를 별개의 구성요건으로 두고 있다.

2. 구성요건

본죄의 행위객체인 아편을 흡식하는 기구란 아편흡식을 위하여 특별히 만든 기구를 말한다. 그러므로 실제로 아편흡식에 사용되었다고 할지라도 아편흡식용으로 제작된 것이 아니면 이에 해당하지 않는다. 본죄의 행위는 제조, 수입, 판매, 판매할 목적의 소지이며 앞서 설명한 바와 같다.

Ⅴ. 세관공무원의 아편 등 수입 및 수입허용죄

*세관의 공무원이 아편, 몰핀이나 그 화합물 또는 아편흡식기를 수입하거나 그 수입을 허용한 때에는 1년 이상의 유기징역에 처한다(제200조).
*미수범은 처벌한다(제202조).

1. 의　의

본죄는 세관공무원이라는 행위자의 신분으로 인하여 형이 무거워지는 책임가중유형이고 부진정신분범에 해당한다.[1]

2. 구성요건

본죄의 주체인 세관공무원은 세관에 근무하는 공무원 중에서도 수입사무에 종사하는 공무원에 한정된다. 본죄의 행위객체는 아편, 몰핀이나 그 화합물 또는 아편흡식기이다. 본죄의 행위는 수입하거나 수입을 허용하는 것이다. 수입을 허용하는 것은 수입을 방조하는 행위에 해당하나 본죄에서는 이를 수입과 더불어

---

1) 김성돈, 617면; 김일수/서보학, 622면; 배종대, 555면; 백형구, 489면; 이재상 외, 635면; 임웅, 789면. 반면 오영근, 520면; 이영란, 585면은 수입죄는 부진정신분범이지만 수입허용죄는 진정신분범으로 본다.

독립된 가중적 구성요건으로 규정하고 있다. 수입의 허용은 명시적 방법이든 묵시적 방법이든 불문한다. 본죄는 고의범이므로 부주의 또는 착오로 수입을 허용한 경우는 본죄에 해당하지 않는다.

3. 공범관계

신분자인 세관공무원과 비신분자가 공동으로 아편 등을 수입한 경우에는 양자는 본죄의 공동정범으로 되고 신분자는 본죄에 의하여, 비신분자는 제198조 또는 199조에 의하여 처벌된다. 한편 수입허용죄는 공범을 독립범죄로 규정한 것이므로 총칙상의 공범규정이 적용되지 않는다.[1] 그러므로 세관공무원이 허용하여 수입한 자는 수입죄로만 처벌받고 본죄의 공범이 성립하지 않는다.

Ⅵ. 상 습 범

> *상습으로 전 5조의 죄를 범한 때에는 각죄에 정한 형의 2분의 1까지 가중한다(제203조).

본죄는 앞에서 살펴본 아편에 관한 모든 죄(제198조 내지 제202조)의 경우에 이를 상습적으로 범하면 성립되는 책임가중적 구성요건이다.

Ⅶ. 아편 등 소지죄

> *아편, 몰핀이나 그 화합물 또는 아편흡식기를 소지한 자는 1년 이하의 징역 또는 500만원 이하의 벌금에 처한다(제205조).

1. 의   의

본죄는 아편흡식이나 몰핀주사에 대한 예비행위의 성격을 가지고 있으므로 형법은 이를 감경적 구성요건으로 하고 있다.[2]

---

1) 김성돈, 617면; 김석휘, 주석(상), 322면; 김혜정 외, 593면; 김일수/서보학, 623면; 배종대, 555면; 이재상 외, 635면; 임웅, 790면; 진계호, 543면.
2) 반면 오영근, 522면; 이재상 외, 636면; 임웅, 790면은 독립적 구성요건으로 본다.

2. 구성요건

본죄의 행위객체는 아편, 몰핀이나 그 화합물 또는 아편흡식기이고 행위는 소지이다. 누구를 위한 소지인가, 소지하게 된 이유가 무엇인가는 불문한다. 다만 판매의 목적으로 소지한 때에는 판매목적의 아편, 몰핀이나 그 화합물 소지죄(제198조)나 판매목적의 아편흡식기 소지죄(제199조)에 해당한다. 흡식을 위한 일시적 소지는 아편 등 흡식죄에 흡수되고 본죄는 성립하지 않는다.

본죄는 고의범이므로 그 객체와 행위에 대한 인식, 인용이 없거나 착오가 있었던 경우에는 성립하지 않는다. 예컨대 습득하여 소지하고 있는 물건이 아편흡식기인 것을 몰랐던 경우, 타인이 자기 방에 은밀히 아편 등을 갖다 놓은 사실을 모르고 지냈던 경우에는 본죄가 성립한다고 볼 수 없다.

제 **4** 장

사회의 도덕에 대한 죄

제 1 절 성풍속에 관한 죄

§1. 서 설

I. 의의 및 보호법익

성풍속에 관한 죄는 성에 관련되는 범죄 중에서도 성도덕 또는 건전한 성적 풍속을 침해하는 것을 내용으로 하는 범죄를 말한다. 보호법익은 넓게 보면 성도덕 내지 건전한 성적 풍속이며 보호정도는 추상적 위험범에 해당한다.

특히 성풍속과 관련하여서는 간통죄가 수차례 헌법재판소에 위헌 여부의 다툼이 있어 왔으나, 2015년 2월 26일 비로소 위헌결정[1]을 내림으로써, 2016년 1월 6일 형법개정을 통해 영구히 삭제되었다.

II. 현행법상의 체계

독립적 구성요건	음행매개죄(제242조) 음화반포등 죄(제243조) 음화제조등 죄(제244조) 공연음란죄(제245조)

본 장의 범죄들은 각각 독립된 구성요건들이다. 특히 본 장과 관련하여서는 아동복지법, 성매매알선법, 아청법 등 특별법들에 의하여 보다 중하게 처벌된다.

---

1) 헌재결 2015. 2. 26. 2009헌바17.

§2. 유형별 고찰

Ⅰ. 음행매개죄

> *영리의 목적으로 사람을 매개하여 간음하게 한 자는 3년 이하의 징역 또는 1천500만 원 이하의 벌금에 처한다(제242조).

1. 의   의

본죄는 영리를 목적으로 하는 목적범이고, 이욕범의 성격을 갖는다. 추상적 위험범이며, 대향범으로써 필요적 공범이다.

2. 구성요건

(1) 객관적 구성요건

1) 주   체

본죄의 행위주체에는 제한이 없다. 부모나 남편 또는 감독자도 본죄의 주체 가 될 수 있다. 그러나 간음행위를 직접 행한 자와 그 상대방은 본죄의 주체가 아니다. 음행을 매개하여 간음하게 한 자와 간음행위를 한 부녀는 필요적 공범 관계에 있지만 본죄는 음행매개자만을 처벌하므로 간음행위를 한 부녀와 그 상 대방에게 공범규정은 적용될 여지가 없다.

2) 객   체

본죄의 행위객체는 사람이다. 13세 미만인 경우에는 미성년자의제강간죄가 성립하기 때문에 본죄의 객체에서 제외해야 한다는 견해[1]가 있으나 음행매개죄 와 미성년자의제강간죄는 그 내용과 성격이 다르기 때문에 본죄와 미성년자의 제강간교사 또는 방조의 상상적 경합이 된다고 보아야 한다.[2] 미성년자가 음행 에 동의하였더라도 본죄가 성립한다.

---

1) 김일수/서보학, 636면; 배종대, 558면; 이재상 외, 639면; 진계호, 495면.
2) 김성돈, 709면; 임웅, 800면.

3) 행 위

본죄의 행위는 사람을 매개하여 간음하게 하는 것이다. 매개란 간음하도록 알선하는 행위를 말하며 그 방법은 불문한다. 간음에 관계없이 단지 만남을 주선한 행위는 매개로 볼 수 없다. 객체에게 이미 간음의 의사가 있었는가는 불문한다.[1] 그러므로 매개행위가 교사행위일 것을 요하지는 않는다. 간음이란 부부간의 성교 이외의 성교를 의미한다. 간음이 반드시 성매매행위일 것을 요하지 않는다.[2] 간음이 아닌 유사성행위나 추행을 매개하는 것은 본죄에 해당하지 않는다. 본죄는 매개를 받은 사람의 간음이 이루어진 때 기수가 되며 미수범은 처벌하지 않는다.

(2) 주관적 구성요건

본죄의 성립에는 행위자에게 고의 이외에도 영리의 목적이 있어야 한다. 영리의 목적은 재산적 이익을 취득할 목적을 말하며 일시적 이익인가 계속적 이익인가, 누구를 위한 이익인가, 이익을 현실적으로 취득했는가 여부는 불문한다.

3. 죄수 및 타죄와의 관계

본죄의 수는 매개에 의한 간음행위의 수를 기준으로 한다. 동일한 사람에게 수차 음행을 매개하여 간음하게 한 것이 연속범의 요건에 해당하면 포괄일죄가 된다.[3] 매개에 폭행 또는 협박을 수단으로 한 때에는 경우에 따라 본죄와 폭행 또는 협박죄의 상상적 경합이나 본죄와 강요죄의 상상적 경합이 된다.

Ⅱ. 음화반포등 죄

*음란한 문서, 도화, 필름 기타 물건을 반포, 판매 또는 임대하거나 공연히 전시 또는 상영한 자는 1년 이하의 징역 또는 500만원 이하의 벌금에 처한다(제243조).

---

1) 백형구, 566면; 이재상 외, 639면; 임웅, 800면; 진계호, 495면.
2) 김성돈, 709면; 임웅, 800면; 진계호, 495면.
3) 배종대, 558면; 이재상 외, 639면; 임웅, 801면. 반면 백형구, 566면은 이를 경합범으로 본다.

1. 의   의

본죄의 규정은 음란물의 확산, 범람으로부터 선량한 성풍속을 보호하기 위한 것이며 추상적 위험범이다.

본죄에는 헌법과 관련하여 언론, 출판 등 표현의 자유, 사생활의 자유, 학문의 자유 등을 침해하는 것이 아닌가 하는 문제가 제기될 수 있으나 이러한 헌법상의 자유가 무제한인 것은 아니므로 신중하게 판단하여야 할 것이다.

2. 구성요건

(1) 객관적 구성요건

1) 객   체

① 음란성

(가) 의의 및 판단기준   음란성이란 성욕을 자극 또는 흥분시키고 일반인의 정상적인 성적 수치심을 해하며 선량한 성적 도의관념에도 반하는 것을 의미한다.[1] 그러나 이러한 음란성은 표현의 객관적 성향이 문제되는 것이므로 행위자에게 반드시 성욕을 자극시키거나 흥분시키려는 의도가 있어야 하는 것은 아니다.[2] 음란성은 규범적 구성요건요소이다. 그러므로 그 의미와 한계를 파악하는 데 있어서는 규범적 가치판단을 필요로 한다. 음란성은 일반인의 정서를 기준으로 하여 사회통념에 따라 객관적으로 판단하여야 하며[3] 대상물의 어느 부분만으로 국한하지 않고 전체의 흐름을 고찰하여 판단해야 한다(전체적 판단방법 또는 전체적 고찰설).[4] 그러므로 통상의 성인에 비하여 성적 수치심이 지나치게 결여된 자를 기준으로 해서는 안 되며 사회통념이 아닌 주관적 소신이나 종교적 편견에 따라 판단하는 것도 타당하지 않다. 전체적 흐름을 종합적으로 고려함이 없이 어느 부분만으로 전체가 음란한 것으로 단정하는 것도 올바른 판단으로 볼

---

1) 통설·판례의 입장이다. 대판 2002. 8. 23, 2002도2889; 대판 2000. 12. 22, 2000도4372; 대판 1997. 8. 22, 97도937; 대판 1982. 2. 9, 81도2281 등.

2) 이재상 외, 641면.

3) 김일수/서보학, 639면; 김종원/7인공저, 555면; 배종대, 561면; 백형구, 570면; 이재상 외, 641면; 임웅, 806면; 정성근/정준섭, 475면; 진계호, 498면; 대판 2000. 10. 27, 98도679; 대판 1995. 6. 16, 94도2413; 대판 1995. 2. 10, 94도2266 등. 통설·판례의 입장이다.

4) 김일수/서보학, 640면; 김종원/7인공저, 555면; 배종대, 562면; 백형구, 571면; 이재상 외, 641면; 임웅, 806면; 정성근/정준섭, 475면; 진계호, 498면. 판례도 또한 같다. 대판 2002. 8. 23, 2002도2889 등.

수 없다. 또한 전체적 판단에 의하여 음란성이 인정되지 않더라도, 그것을 다른 용도로 사용하거나 제작한 때에는 음란성이 인정될 수 있다는 점에서 상대적으로 판단하여야 한다(상대적 판단방법). 예컨대 판례는 명화집에 실린 고야의 작품 '나체의 마야'를 성냥갑에 복사하여 판매하면 본죄가 성립한다고 본다.[1]

(나) 과학서적, 예술작품과 음란성   과학서적, 문예작품 등과 관련하여 과학성(또는 학술성)과 예술성이 음란성과 양립할 수 있는가에 관하여서는 견해의 대립이 있다. 부정설(소극설)은 성에 대한 정확한 이해를 가능하게 하는 과학서라든가 고도의 예술성이 인정되는 예술작품은 음란물이 아니라고 본다.[2] 긍정설(적극설)은 과학성, 예술성과 음란성은 차원을 달리하는 개념이므로 과학서적, 예술작품이라고 하여 당연히 음란성이 부정되는 것은 아니라고 주장한다.[3]

생각건대 비록 과학서적이나 예술작품의 외형을 갖추고 있다고 할지라도 전체적 흐름을 종합적으로 고찰할 때 성적 흥분과 자극을 야기하고 건전한 성적 풍속이나 성도덕을 침해하는 것이 명백할 때에는 음란성을 부정하기 어려울 것이다. 그러므로 긍정설(적극설)의 설득력이 더 크다고 판단된다.

(다) 상대적 음란개념론   상대적 음란개념론이란 음란성을 판단함에 있어서는 내용 이외에도 작가나 출판자의 의도, 광고, 선전, 판매의 방법, 독자의 상황 등 제반 정황에 따라 상대적으로 판단해야 한다는 이론이다.[4]

음란성은 작품의 전체를 통하여 종합적으로 판단되어야 한다는 관점에서 어느 정도 상대성을 갖는다는 것은 부정할 수 없다. 그러나 음란개념을 본질적으로 상대적이라고 이해하는 것은 음란개념의 판단을 불명확하게 할 뿐만 아니라 그 판단이 자의적으로 이루어질 우려도 있기 때문에 상대적 음란개념은 부정하

---

1) 대판 1970. 10. 30. 70도1879.
2) 배종대, 562면; 이재상 외, 641면; 임웅, 809면.
3) 김일수/서보학, 641면; 김종원/7인공저, 556면; 백형구, 571면; 정성근/정준섭, 476면; 진계호, 500면.
4) 상대적 음란 개념은 독일의 빈딩(Binding)이 제창한 것이다. 빈딩은 "개별적인 음란부분이 문서 혹은 전시(Darstellung)를 음란한 것으로 만들지는 않는다. 그러나 그러한 작품이 그 전체에 대하여서는 하등의 이해를 하지 못하고 자극적인 부분에만 흥분하는 부류의 사람들에게 방치된다면, 그리고 대체로 그 자극적인 부분이 이러한 범위의 사람을 위하여 현출된다면 그 작품은 음란한 것이다. 나는 그러한 작품을 상대적 음란물로 명명한다"라고 주장하였다(Binding, BT. Ⅱ, 1902, S. 216). 독일의 판례중에도 성교에 관한 논문을 일간신문에 게재한 행위를 처벌하고 (RGSt. 27. 114) 미술관에 전시한 예술작품이라도 이를 복제하여 반포하는 행위를 처벌한 예(RGSt. 37. 314)가 있다.

는 것이 타당하다.[1]

판 례

　'음란'이란 사회통념상 일반 보통인의 성욕을 자극하여 성적 흥분을 유발하고 정
상적인 성적 수치심을 해하여 성적 도의관념에 반하는 것을 말한다. 이는 표현물을
전체적으로 관찰·평가해 볼 때 단순히 저속하다거나 문란한 느낌을 준다는 정도
를 넘어서 존중·보호되어야 할 인격을 갖춘 존재인 사람의 존엄성과 가치를 심각
하게 훼손·왜곡하였다고 평가할 수 있을 정도로 노골적인 방법에 의하여 성적 부
위나 행위를 적나라하게 표현 또는 묘사한 것으로서, 사회통념에 비추어 전적으로
또는 지배적으로 성적 흥미에만 호소하고 하등의 문학적·예술적·사상적·과학
적·의학적·교육적 가치를 지니지 않는 것을 뜻한다. 표현물의 음란 여부를 판단
함에 있어서는 표현물 제작자의 주관적 의도가 아니라 그 사회의 평균인의 입장에
서 그 시대의 건전한 사회통념에 따라 객관적이고 규범적으로 평가하여야 한다.[2]
음란성에 관한 논의는 자연스럽게 형성·발전되어 온 사회 일반의 성적 도덕관념
이나 윤리의식 및 문화적 사조와 직결되고, 아울러 개인의 사생활이나 행복추구권
및 다양성과도 깊이 연관되는 문제로서, 국가 형벌권이 지나치게 적극적으로 개입
하기에 적절한 분야가 아니다. 이러한 점을 고려할 때, 특정 표현물을 형사처벌의
대상이 될 음란 표현물이라고 하기 위하여는 표현물이 단순히 성적인 흥미에 관련
되어 저속하다거나 문란한 느낌을 준다는 정도만으로는 부족하다. 그러나 음란물이
그 자체로는 하등의 문학적·예술적·사상적·과학적·의학적·교육적 가치를 지
니지 않더라도, 음란성에 관한 논의의 특수한 성격 때문에, 그에 관한 논의의 형
성·발전을 위해 문학적·예술적·사상적·과학적·의학적·교육적 표현 등과 결
합되는 경우가 있다. 이러한 경우 음란 표현의 해악이 이와 결합된 위와 같은 표현
등을 통해 상당한 방법으로 해소되거나 다양한 의견과 사상의 경쟁메커니즘에 의
해 해소될 수 있는 정도라는 등의 특별한 사정이 있다면, 이러한 결합 표현물에 의
한 표현행위는 공중도덕이나 사회윤리를 훼손하는 것이 아니어서, 법질서 전체의
정신이나 그 배후에 놓여 있는 사회윤리 내지 사회통념에 비추어 용인될 수 있는
행위로서 형법 제20조에 정하여진 '사회상규에 위배되지 아니하는 행위'에 해당된
다.[3]

---

1) 김성돈, 712면; 김일수/서보학, 642면; 김종원/7인공저, 557면; 배종대, 563면; 백형구, 572면;
   이재상 외, 643면; 임웅, 808면; 정성근/정준섭, 475면.
2) 대판 2019. 1. 10, 2016도8783.
3) 대판 2017. 10. 26, 2012도13352. 피고인이 자신의 인터넷 블로그에 게재한 남성의 발기된 성기사
   진에 대하여, 피고인의 의견을 덧붙이고 음란물에 관한 논의의 형성·발전을 위한 학술적, 사상적
   표현을 결합하는 등 비판과 논증에 의하여 이를 해소하고 있으므로 전체적 맥락에서 음란물로 단
   정할 수 없다고 본 사안이다.

② 문서, 도화, 필름 기타의 물건

음란한 문서, 도화, 필름은 음란한 물건의 예시에 해당한다. 문서와 도화의 개념은 비밀침해죄와 문서위조죄에서 설명한 것과 같다. 필름은 영화, 비디오, 사진 등으로 재생할 수 있도록 만든 물체로서 일반적으로 셀룰로이드에 감광막을 붙인 건판형태로 되어 있다. 기타 물건의 예로는 녹음테이프, 음반, 조각, CD-Rom 등을 들 수 있다. 컴퓨터프로그램파일이 기타 물건에 해당하는가에 관하여 판례는 음란한 내용을 수록한 컴퓨터 프로그램파일을 컴퓨터 통신망을 통하여 전송하는 방법으로 판매한 행위는 전기통신기본법 제48조의2(현행법상으로는 삭제됨) 규정의 적용은 별론으로 하고 본죄에는 해당하지 않는다고 본다.[1] 사람의 신체는 물건이 아니므로 사람의 음란한 행위는 공연음란죄(제245조)의 대상이 될 뿐 본죄에는 해당하지 않는다.

2) 행　위

반포란 불특정 또는 다수인에게 무상으로 교부하는 것을 말한다. 특정인에게 교부한 경우에도 불특정 또는 다수인에게 그 특정인을 거쳐 교부될 것으로 예견한 때에는 반포에 해당한다. 반포는 현실적으로 교부될 것을 요하므로 단지 우송한 것만으로는 아직 상대방에 도착하지 않은 한 반포했다고 볼 수 없다.

판매는 불특정 또는 다수인에게 유상으로 양도하는 것을 말한다. 하나의 음란물을 특정인에게 반복의 의사 없이 판매한 경우라든가 특정인의 부탁으로 음란사진을 복제하여 한 번 판매한 데 지나지 않는 경우는 본죄의 판매로 볼 수 없다. 그러나 단 1회의 행위라도 반복의 의사로 행한 경우는 판매에 해당한다.[2] 판매는 매매 또는 교환에 국한되지 않고 대가관계가 있는 한 인정되며 반드시 영업적으로 행하여질 것을 요하지도 않는다. 판매계약만으로 부족하며 물건의 현실적 인도가 있을 때 본 행위는 기수로 된다.

임대란 유상으로 대여하는 것을 의미하며 반드시 영업적으로 행할 것을 요하지 않는다. 물건이 현실적으로 교부될 것을 요한다.

공연히 전시한다는 것은 불특정 또는 다수인이 관람하거나 들을 수 있는 상태에 두는 것을 의미하며 유상, 무상을 불문한다. 동시에 다수인이 보거나 듣게 할 필요는 없고 순차적으로 행하여도 무방하다. 특정된 소수인만이 보거나 들을

---

1) 대판 1999. 2. 24. 98도3140.
2) 김종원/7인공저, 558면; 이재상 외, 638면.

수 있는 상태에 두는 것은 공연전시로 볼 수 없다. 공연히 상영한다는 것은 불특정 또는 다수인에게 필름 기타 영상자료를 화면에 비추어 보이는 방법으로 그 내용을 공개하는 것을 의미한다. 특정의 소수인 앞에서 도색영화를 상영하는 것은 공연히 상영하는 것에 해당하지 않는다.[1) 유상인가 무상인가 상영수단이 무엇인가는 불문한다. P2P방식의 파일공유 프로그램을 이용하여 음란물 영상을 해당 웹사이트 등에 게시하여 불특정 또는 다수인에게 무상으로 다운로드 받게 하는 행위 또는 별다른 제한 없이 해당 음란물 영상에 바로 접할 수 있는 상태를 실제로 조성한 행위도 공연히 전시한 것에 해당한다.[2)

(2) 주관적 구성요건

규범적 요소인 음란, 문서, 도화 등에 대하여서는 문외한으로서의 소박한 인식이 있으면 족하고 공연성에 대한 인식도 필요하다.

(3) 공범관계 및 죄수

본죄는 필요적 공범의 성격을 갖지만 반포, 판매 등의 상대방은 처벌되지 않으며 판매의 상대방이 되려고 음란물을 주문하는 행위는 일견 본죄의 교사범처럼 보이지만 특정인에 대한 판매는 그 자체가 본죄의 판매에는 해당되지 않으므로 교사범이 성립할 여지도 없다. 그러나 음란물을 불특정 또는 다수인에게 판매하도록 교사하거나 방조한 때에는 본죄의 교사범 또는 방조범이 될 수 있다. 또한 공동실행의 의사로 외국의 음란서적을 번역하여 출판한 경우에는 번역자와 출판자는 본죄의 공동정범이 될 수 있다.[3)

본죄는 성질상 불특정 또는 다수인에 대한 반복적인 행위가 이루어질 것이 예상되는 범죄이므로 동일한 의사로 수회의 행위를 해도 포괄일치가 된다.[4)

---

1) 대판 1973. 8. 21. 73도409는 친구 두 사람이 보는 앞에서 도색영화를 상영하는 것은 본죄에 해당하지 않는다고 보았다.
2) 대판 2019. 7. 25. 2019도5283.
3) 진계호, 679면.
4) 임웅, 812면; 진계호, 502면.

Ⅲ. 음화 등의 제조·소지·수입·수출죄

> *제243조의 행위에 공할 목적으로 음란한 물건을 제조·소지·수입 또는 수출한 자는 1년 이하의 징역 또는 500만원 이하의 벌금에 처한다(제244조).

본죄는 음란한 물건의 확산과 현시를 방지하기 위하여 그 예비에 해당하는 행위를 독립된 구성요건으로 규정한 것이다. 목적범이고 추상적 위험범이다.

본죄의 행위는 제조, 소지, 수입, 수출이다. 「제조」는 음란한 물건을 만들어 내는 것으로 창작이든 모방이든 불문한다.[1] 또한 제조한 물건이 음란한 정도에 이를 것을 요한다. 「소지」는 자기의 사실상의 지배하에 두는 것을 의미하며 반드시 몸에 지니고 있을 필요가 없고 소지하게 된 원인이 무엇인가도 불문한다. 「수입」은 국외로부터 국내로 반입하는 것이고 「수출」은 국내에서 국외로 반출하는 것을 말한다.

음란한 물건을 제조하거나 수입하여 판매한 경우에는 본죄와 음란물판매죄의 실체적 경합이 된다.

Ⅳ. 공연음란죄

> *공연히 음란한 행위를 한 자는 1년 이하의 징역, 500만원 이하의 벌금, 구류 또는 과료에 처한다(제245조).

1. 의   의

본죄는 거동범이고 추상적 위험범이다. 내적 성향을 요구하는 경향범이다.

2. 구성요건

본죄의 행위는 공연히 음란한 행위를 하는 것이다. 「공연히」란 불특정 또는 다수인이 인식할 수 있는 상태를 말하고 반드시 공중의 면전일 것을 요하지는

---

1) 임웅, 813면.

않는다.[1] 「음란한 행위」란 성욕을 자극하거나 흥분하게 하여 일반인의 성적 수치심과 선량한 성도덕에 반하는 행위를 의미한다. 음란한 행위의 판단에 있어서는 시대적 가치관과 문화적 환경에 따라 상당한 차이가 있을 수 있다. 음란한 행위의 한계를 분명히 하기 위하여 이를 성행위나 자위행위로 제한하려는 견해도 있다.[2] 성행위나 자위행위가 음란한 행위의 전형적인 출현형태임에 틀림없으나 이 밖에도 성적 흥분과 자극을 유발하는 추행이 가능하므로 반드시 그렇게 제한할 필요는 없을 것이다.[3] 키스장면이나 유방을 노출한 정도로는 음란행위에 해당한다고 볼 수 없다. 단순한 성기의 노출, 예컨대 목욕을 하거나 소변을 보다가 성기가 노출된 경우는 음란행위로 볼 수 없으나 공중 앞에서 성기를 노출하고 음란한 동작을 취한 경우는 본죄의 행위이다. 고속도로에서 자동차운전자가 행패를 제지하는 경찰관에게 항의의 표시로 성기를 노출한 행위에 대하여 판례는 본죄의 성립을 인정하고 있으나[4] 음란의 인식이 없는 단순한 노출행위로 보아 본죄의 성립을 부정하는 것이 타당할 것이다.[5] 음란한 말은 음란한 행위에 해당하지 않는다.

3. 죄수 및 타죄와의 관계

동일한 의사로 수회의 음란행위를 한 경우는 포괄일죄가 된다. 강제추행을 공연히 행한 경우는 본죄와 강제추행죄의 상상적 경합에 해당한다.[6]

---

1) 김종원/7인공저, 559면.
2) 김일수/서보학, 649면; 배종대, 566면; 이재상 외, 646면.
3) 임웅, 732면.
4) 대판 2000. 12. 22, 2000도4372.
5) 백형구, 568면도 공연음란죄가 성립하지 않는다고 본다.
6) 김일수/서보학, 651면; 백형구, 569면; 유기천(하), 104면; 이재상 외, 646면; 임웅, 815면.

제 2 절   도박과 복표에 관한 죄

§1. 서   설

I. 의의 및 보호법익

도박과 복표에 관한 죄는 재물로써 도박하거나 영리의 목적으로 도박을 개장하거나 법령에 의하지 않고 복표를 발매, 중개·취득함으로써 성립하는 범죄이며 이욕범의 성격을 지니고 있다. 도박과 복표는 그 방식만 다를 뿐 우연에 의하여 승패가 결정된다는 면에서 공통된다. 도박과 복표는 사행심을 조장하여 건전한 근로정신을 저해하고 가정파탄을 초래하며 다른 범죄를 유발할 위험성도 크다는 점에서 온정적 간섭주의를 취하는 규정으로, 입법론적으로는 비범죄함이 타당하다. 보호법익은 국민일반의 건전한 근로의식과 경제도덕이다.[1]

> **참고** **연혁**
>
> 유럽에 있어서 도박과 복표에 관한 죄를 처벌하기 시작한 것은 16세기 이후의 일이다. 16세기 이래 복표의 발매를 국가의 중요한 수입원으로 보게 되어 이를 침해하는 행위를 처벌대상으로 하게 되었고 도박에 관한 행위를 처벌하는 규정은 프로이센 일반국법에 채택되어 오늘의 독일형법(제284조~286조)에까지 이어지고 있다. 동양에 있어서는 대명률(大明律)에 도박에 관한 행위를 처벌하는 규정이 있었다. 이에 의하면 재물을 걸고 도박한 자와 도박을 개장한 자는 모두 장(杖) 80의 형에 처하고 노름판의 돈과 물품은 관에 몰수하는데 도박현장을 발견한 경우에만 처벌할 수 있고 음식내기를 한 경우는 불문에 부친다.[2] 형법대전(刑法大全)은 도기율(賭技律)이라는 표제 아래 도박의 기교로 재물을 편취한 자(제627조)와 도방(賭房)을 개장한 자를 절도죄에 준하여 무겁게 처벌하는데 도방개장자는 1등을 감한다는 규정을 두었고 음식내기를 한 자는 불문한다는 규정도

---

1) 김일수/서보학, 653면; 김종원/7인공저, 561면; 박상기/전지연, 806면; 배종대, 567면; 백형구, 575면; 유기천(하), 105면; 이재상 외, 647면; 이정원, 734면; 임웅, 816면; 정성근/정준섭, 480면; 진계호, 506면. 대판 1983. 3. 22. 82도2151.

2) 大明律直解, 刑律, 卷 第 二十六 雜犯, 賭博條.

두었다(제673조). 그리고 도박현장에 있었던 재물만이 처벌의 기준이 되었다(제672조). 현행 형법상의 도박과 복표에 관한 죄의 규정은 형법제정시에 일본형법가안의 영향을 받아 구형법의 관련 규정을 대부분 그대로 존치시키면서 용어를 정리하였다.

II. 현행법상의 체계

기본적 구성요건: 복포발매죄 (제248조 제1항)	수정적 구성요건	불법	감경적	복표발매중개죄(제248조 제2항) 복표취득죄(제248조 제3항)
기본적 구성요건: 단순도박죄 (제246조 제1항)	수정적 구성요건	책임	가중적	상습도박죄(제246조 제2항)
	독립적 구성요건	도박장소등 개설죄(제247조)		

§2. 유형별 고찰

I. 도박에 관한 죄

1. 단순도박죄

> * 도박을 한 사람은 1천만원 이하의 벌금에 처한다. 단, 일시 오락정도에 불과한 때에는 예외로 한다(제246조 제1항).

(1) 의   의
본죄는 기본적 구성요건으로, 대향범에 해당하는 필요적 공범이다.

(2) 구성요건
1) 객관적 구성요건
① 재   물
도박을 한다는 것은 재물 또는 재산상의 이익을 걸고 그것을 승자에게 주기로 약속하고 승부를 겨루는 것을 의미한다. 가액의 다과나 교환가치의 유무를

불문하고 재물이 현장에 있을 것을 요하지 않는다. 승자에게 줄 재물의 액수는 승패가 결정된 후에 확정할 수 있는 한 미리 확정되어 있을 필요가 없고 패자가 승자에게 재물을 직접 교부할 필요도 없다.

② 도 박

도박이란 우연적 승패에 의하여 재물 또는 재산상의 이익의 득실을 결정하는 것을 의미한다. 우연적 승패란 당사자가 임의로 좌우할 수 없는 사정에 의하여 승패가 결정되는 것을 말한다. 이러한 우연성은 당사자에게 주관적으로 볼 때 승패가 불확정적이면 충분하고 반드시 객관적으로 불확정적일 것을 요하지는 않는다.[1] 우연한 사정은 과거, 현재, 미래의 어느 것에 속한 사실이라도 무방하며[2] 그러한 사정이 당사자의 행위에 있든 다른 사실에 있든 불문한다. 개인의 기능이나 기량이 승패의 결정에 상당한 영향을 미치는 경우라고 할지라도 우연성이 함께 작용하고 있는 한 승패에 재물을 걸었다면 도박으로 볼 수 있다.[3] 예 컨대 내기골프, 금전을 건 바둑, 장기, 마작 등은 도박에 해당할 수 있다.

승패의 우연성이 당사자의 어느 일방에만 있는 이른바 편면적 도박에 있어서도 당사자들 중 도박죄의 요건을 갖춘 자에게는 본죄의 성립을 인정할 수 있다는 견해[4]가 있으나 이른바 편면적 도박은 도박죄에 해당한다고 볼 수 없다. 이와 관련하여 거론되는 것이 사기도박의 문제이다. 사기행위자에게 사기죄가 성립하는 것은 물론이다. 그러나 우연성이 없으므로 도박죄는 성립하지 않는다. 사기를 당한 상대방에게도 도박죄가 성립하지 않는다. 이것이 통설,[5] 판례[6]의 입장이기도 하다. 이론상 사기당한 상대방의 행위는 도박의 불능미수로 볼 수 있는 경우이지만 도박죄는 미수범 처벌 규정이 없으므로 불능미수의 문제도 성립하지 않는다.

③ 기수시기

본죄는 도박행위에 착수하면 기수로 되고(거동범) 승패가 결정되거나 현실적

---

1) 대판 2008. 10. 23, 2006도736.
2) 정영일, 383면; 진계호, 509면.
3) 대판 2014. 6. 12, 2013도13231.
4) 정창운, 283면.
5) 김성돈, 720면; 김종원/7인공저, 562면; 김혜정 외, 614면; 박상기/전지연, 807면; 배종대, 569 면; 신동운, 494면; 유기천(하), 109면; 이재상 외, 651면; 임웅, 821면; 정성근/정준섭, 482면; 진계호, 509면.
6) 대판 1960. 11. 16, 4293형상748.

으로 재물의 득실이 있었을 것을 요하지 않는다(추상적 위험범).[1]

2) 주관적 구성요건

도박이 허용되는 것으로 잘못 안 경우는 법률의 착오로, 일시오락의 정도에 불과하다고 잘못 안 경우는 위법성조각사유의 전제조건에 대한 착오의 문제로 된다.

(3) 위법성

도박이 일시 오락의 정도에 불과한 때에는 처벌하지 않는다는 제246조 제1항 단서는 위법성조각사유로 이해하는 것이 통설,[2] 판례[3]의 입장이며 타당하다. 일시 오락의 정도에 불과한 경우는 법령에 의하여 허용된 행위로서 사회상규에 위반하지 않아 정당행위에 해당한다고 보아야 할 것이다.

일시 오락의 정도에 불과하다는 것은 도박에 내건 재물의 경제적 가치를 비롯하여 가담자의 사회적 지위나 재산정도, 도박의 시간과 장소 등 제반정황을 참작하여 구체적으로 판단해야 한다.[4]

(4) 죄 수

동일인이 같은 장소에서 동일한 도박을 계속함에 있어서 때때로 도박참가자에 변동이 있었다고 할지라도 1개의 도박죄만 성립한다.[5] 도박장소등 개설한 자가 도박에도 가담한 때에는 도박장소등 개설죄만 성립한다고 보는 견해,[6] 상상적 경합이 된다고 보는 견해[7] 등이 있으나, 양자의 실체적 경합이 된다.[8]

---

1) 김일수/서보학, 655면; 김종원/7인공저, 563면; 배종대, 569면; 백형구, 577면; 이재상 외, 651면; 이정원, 633면; 임웅, 821면; 정성근/정준섭, 483면; 진계호, 509면.
2) 김성돈, 721면; 김성천/김형준, 749면; 김종원/7인공저, 563면; 박상기/전지연, 807면; 배종대, 569면; 백형구, 578면; 오영근, 619면; 이재상 외, 651면; 이정원, 634면; 임웅, 822면; 정성근/정준섭, 483면; 진계호, 510면. 한편 김일수/서보학, 655면은 이를 구성요건배제사유로 보고 있다.
3) 대판 2004. 4. 9, 2003도6351; 대판 1985. 11. 12, 85도2096.
4) 김일수/서보학, 635면; 김종원/7인공저, 563면; 배종대, 569면; 백형구, 578면; 오영근, 619면; 이재상 외, 651면; 이정원, 635면; 임웅, 822면; 정성근/정준섭, 483면; 진계호, 510면; 대판 1985. 11. 12, 85도2096; 대판 1983. 6. 28, 83도1044. 한편 박상기/전지연, 807면; 유기천(하), 114면; 정영석, 204면 등은 재물의 가액을 기준으로 본다.
5) 김종원/7인공저, 564면.
6) 황산덕, 155면.
7) 오영근, 620면.
8) 김성돈, 722면; 이재상, 655면; 정성근/정준섭, 483면.

2. 상습도박죄

*상습으로 제1항의 죄를 범한 사람은 3년 이하의 징역 또는 2천만원 이하의 벌금에 처한다(제246조 제2항).

(1) 의 의

상습성으로 인하여 책임이 무거워지는 책임 가중적 구성요건이자 부진정신분범에 해당한다.

(2) 구성요건

본죄의 행위는 상습적으로 도박하는 것이다. 여기에서 상습성이란 반복하여 도박행위를 하는 습벽을 말한다. 습벽의 유무를 판단하는 데 있어서는 도박의 전과, 횟수 등이 중요한 판단자료가 되지만[1] 제반 정황에 비추어 상습성이 인정되는 한 1회의 행위에 대하여서도 상습성을 인정할 수 있다. 도박이 일시오락의 정도에 불과한 때에는 이를 상습적으로 행하여도 본죄가 아니며 그 행위를 본죄의 상습성판단의 자료로 사용할 수도 없다고 보아야 한다.

(3) 공 범

상습자와 비상습자가 함께 도박을 한 경우에는 상습자에게는 본죄가 성립하고 비상습자에게는 단순도박죄가 성립한다. 상습자가 비상습자에게 도박을 교사·방조한 때에는 상습도박죄의 교사 또는 방조범으로 되지만 비상습자가 상습자의 도박을 교사·방조한 때에는 단순도박죄의 교사범 또는 방조범으로 된다.

(4) 죄 수

본죄는 집합범의 성격을 가지므로 수회에 걸쳐 도박행위를 한 경우에도 포괄일죄로 된다는 것이 통설[2], 판례[3]의 입장이며 타당하다. 이에 대하여서는 상습성만을 이유로 수죄를 1죄로 취급하는 것은 부당하다는 입장도 있다.[4]

---

1) 대판 1990. 12. 11. 90도2250.
2) 김일수/서보학, 659면; 김종원/7인공저, 565면; 배종대, 571면; 백형구, 579면; 유기천(하), 120면; 임웅, 824면; 정성근/정준섭, 484면; 진계호, 514면.
3) 대판 1982. 9. 28. 82도1669.
4) 이재상 외, 653면.

3. 도박장소등 개설죄

*영리의 목적으로 도박을 하는 장소나 공간을 개설한 사람은 5년 이하의 징역 또는 3천 만원 이하의 벌금에 처한다(제247조).

(1) 의 의

본죄는 도박을 교사하거나 방조하는 행위의 성격을 지니고 있으나 도박을 조장하고 이를 통하여 이익을 취하는 등 그 죄질이 도박행위보다 더 무겁기 때문에 형법은 이를 가중유형의 독립된 범죄로서 규정하고 있다. 본죄는 계속범이고 목적범이며 이욕범에 해당한다.

(2) 구성요건

1) 객관적 구성요건

도박장소나 도박공간을 개설한다는 것은 행위자 자신이 주재자가 되어 그 지배하에 도박의 장소나 공간을 개설하는 것을 의미한다. 도박공간을 개설한다는 것은 인터넷상의 사이버공간에서 이루어지는 온라인도박의 개설 등을 지칭한다.[1]

단순히 도박장소를 제공하였을 뿐인 경우에는 도박죄의 방조범이 될 뿐이라는 견해와[2] 주재자의 의미가 불분명하고 본죄가 목적범인 점에 비추어 도박장소의 단순한 제공도 영리의 목적이 있는 한 본죄에 해당한다고 보는 견해[3]가 있다. 본죄가 비록 목적범이라 할지라도 도박죄의 예비행위 내지 교사나 방조에 불과한 것임에도 불구하고 도박죄보다도 그 법정형이 훨씬 더 무거운 가중적 구성요건으로 되어 있는 점에 비추어 구성요건의 해석도 제한적으로 이루어지는 것이 바람직할 것으로 본다. 따라서 단순한 도박장소의 제공에 불과한 경우는 비록 영리의 목적이 있어도 본죄가 아니라 도박죄의 방조범이 된다고 봄이 타당하다.

---

1) 대판 2008. 10. 23. 2008도3970. 성인피시방 운영자가 손님들로 하여금 컴퓨터에 접속하여 인터넷 도박게임을 하고 게임머니의 충전과 환전을 하도록 하면서 게임머니의 일정 금액을 수수료 명목으로 받은 행위를 도박개장죄로 인정한 사례.
2) 김일수/서보학, 659면; 김종원/7인공저, 565면; 배종대, 571면; 오영근, 802면; 유기천(하), 121면; 이재상 외, 654면; 정성근/정준섭, 485면; 진계호, 515면.
3) 임웅, 825면.

도박을 개장함에 있어서 일시적인 것인가 영속적인 것인가, 개장자가 직접 도박자를 유인했는가, 개장자가 현장에 있었는가, 개장자도 도박을 하였는가 등은 불문한다. 본죄는 영리의 목적으로 도박을 개장하면 기수로 되며 현실적으로 도박자가 도박장에 유인되었거나 도박이 행하여졌을 것을 요하지 않는다.

2) 주관적 구성요건

본죄의 성립에는 고의 이외에도 영리의 목적이 있어야 한다. 영리의 목적이란 도박을 개장한 대가(예컨대 수수료 등)로서 불법한 재산상의 이익을 얻으려는 목적을 말하며 현실적으로 이익을 얻을 것을 요하지 않는다. 직접적 대가가 아닌 간접적으로 얻게 될 이익을 위한 경우도 포함된다.[1] 영리의 목적 없이 도박을 개장하는 행위는 본죄가 아니라 도박죄의 방조범에 해당한다.

(3) 죄수 및 타죄와의 관계

도박장을 개설하여 동일한 도박장에서 여러 차례에 걸쳐 다수의 참가자로부터 수수료나 입장료를 받은 경우는 포괄일죄가 된다. 그러나 별개의 의사로써 장소와 시간을 달리하여 수개의 도박을 개장한 때에는 본죄의 실체적 경합범에 해당한다.[2] 도박개장을 방조하는 행위가 동시에 도박의 방조에도 해당하는 경우는 도박개장 등 방조죄만 성립하고 도박방조는 불가벌적 수반행위가 된다고 봄이 타당하다.[3]

Ⅱ. 복표발매·중개·취득죄

*법령에 의하지 아니한 복표를 발매한 사람은 5년 이하의 징역 또는 3천만원 이하의 벌금에 처한다(제248조 제1항).
*전항의 복표발매를 중개한 사람은 3년 이하의 징역 또는 2천만원 이하의 벌금에 처한다(제248조 제2항).
*제1항의 복표를 취득한 사람은 1천만원 이하의 벌금에 처한다(제248조 제3항).

---

1) 대판 2002. 4. 12, 2001도5802.
2) 임웅, 826면; 진계호, 698면.
3) 김성돈, 725면; 이재상 외, 655면. 반면 김종원/7인공저, 566면은 상상적 경합을 인정한다.

1. 의   의

복표는 그 추첨이 우연에 의하여 승패가 결정되는 특징을 가지고 있어 넓은 의미에 있어서 도박의 일종으로 볼 수 있고 본죄의 보호법익도 도박죄와 동일하지만 형법은 본죄를 도박과는 별도로 규정하고 있다. 복표의 발매죄와 취득죄는 필요적 공범으로서 대향범의 성격을 갖는다.[1] 형법은 각 행위유형별로 형벌의 차등을 두어 발매죄를 가장 무겁게, 취득죄는 이보다 가볍게, 그리고 중개죄는 가장 가볍게 처벌하고 있다.

2. 구성요건

(1) 객관적 구성요건

1) 객   체

본죄의 행위객체는 법령에 의하지 아니한 복표이다. 복표란 발매자가 구매자로부터 금전 기타의 재물을 받고 교부하는 표찰로서 추첨 기타의 우연적 방법으로 당첨자에게는 이익을 얻게 하고 다른 참가자에게는 손실을 받게 하는 것을 의미한다.

도박과 복표는 우연에 의하여 재물의 득실이 결정되는 점에서 공통되지만 다음과 같은 차이점이 있다. ① 도박에 있어서는 재물의 상실에 관한 위험성을 당사자 전원이 부담하지만 복표에 있어서는 구매자가 위험을 부담할 뿐 발매자에게는 부담이 없고, ② 복표는 추첨에 의하여 득실을 결정하나 도박은 추첨 이외의 우연한 방법에 의하여 결정하며, ③ 승패에 걸린 재물의 소유권이 도박에 있어서는 승패결정 전까지는 승자에게 이전되지 않으나 복표에 있어서는 발매자에게 이전된다.[2]

본죄의 객체인 복표는 법령에 의하지 아니한 것에 국한된다. 법령에 의한 행위는 본래 위법성조각사유인 정당행위의 예시적인 경우에 해당하지만 본죄에 있어서는 「법령에 의하지 아니한」이라는 표현을 행위객체를 제한하는 구성요건의 표지로 규정하고 있다. 따라서 법령에 의한 복표의 발매, 중개, 취득은 본죄의 구성요건에 해당하지 않는다.[3]

---

1) 임웅, 743면.
2) 김일수/서보학, 640면; 배종대, 572면; 백형구, 582면; 이재상 외, 656면; 임웅, 828면.
3) 김성천/김형준, 754면; 김일수/서보학, 661면; 오영근, 625면; 이재상 외, 656면. 한편 김성돈,

상품구매에 첨부한 경품권도 재물이나 재산상의 이익의 당첨이 추첨의 방법으로 결정되지만 경제적 거래에 따른 특수한 이익의 급여이므로 복표에 해당한다고 볼 수 없다.[1] 그러나 경품의 경우에도 허가 없이 영리의 목적으로 사행심을 유발할 우려가 있는 방법에 의하여 행하여진 때에는「사행행위등규제및처벌특례법」에 의해 처벌된다(제2조 제1항 제1호 및 제30조 제1항).

2) 행 위

본죄의 행위는 복표를 발매하거나 복표의 발매를 중개하거나 복표를 취득하는 것이다. 여기에서 발매란 복표를 발행하여 구매자에게 판매하는 행위이다. 중개란 복표의 발매자와 구매자의 사이에서 복표의 매매를 알선하는 일체의 행위를 말하며 그 방법과 보수의 유무는 불문한다. 취득은 복표를 이전받는 행위로서 점유 또는 소유의 취득을 포함하는 개념이다.[2] 취득이 반드시 유상으로 이루어질 필요는 없다. 그러므로 취득은 구입에 의한 경우는 물론 증여받는 방법에 의하여 이루어질 수도 있다.

(2) 주관적 구성요건

법령에 의하지 아니한 복표를 법령에 의한 것으로 오인한 경우에는 구성요건적 착오로서 고의를 조각한다.

제 3 절 신앙에 관한 죄

§1. 서   설

I. 의의 및 보호법익

형법은 종교와 관련하여서는 특정한 종교 또는 전체로서의 종교 그 자체를 보호하는 것이 아니라「모든 국민은 종교의 자유를 가진다」는 헌법(제20조 제1항)에 기초하여 국민의 정상적인 종교활동으로서의 예배, 설교 등을 보호하는

698면; 배종대, 759면; 임웅, 828면은 이를 위법성조각사유로 본다.
1) 김일수/서보학, 662면; 임웅, 828면; 진계호, 516면.
2) 임웅, 828면.

것이다.

형법은 사자와 관련하여서는 사자에 대한 경건감정과 사자의 평온한 안식을 중시하여 장례식과 제사가 방해받지 않도록 보호하고 사체 등이 오욕, 손괴, 유기, 은닉 또는 영득당하지 않도록 보호하고 아울러 분묘를 불법한 발굴로부터 보호한다. 형법은 신앙에 관한 죄에 변사체검시방해죄도 포함시키고 있다. 사자에 대한 행위라는 관점에서 형법이 본장에 이를 편재한 것으로 이해할 수 있지만, 신앙에 관한 죄라기보다는 오히려 공무방해의 죄로서의 성격을 갖는다고 보아야 한다.[1]

신앙에 관한 죄의 보호법익은 범죄유형에 따라 다소 차이점이 있다고 보아야 한다. 장례식 등 방해죄의 보호법익은 종교활동의 평온과 사자에 대한 경건감정이고 사체 등 오욕죄, 분묘발굴죄와 사체 등 영득죄의 보호법익은 사자의 안식과 사자에 대한 경건감정이며 변사체검시방해죄의 보호법익은 검시에 관한 국가기관(수사기관)의 공무라고 할 수 있다.

참고 연혁

신에 대한 모욕을 범죄로 보는 사상은 일찍이 유대교에서 유래하였고 초기로마의 왕정기에 있어서는 모든 범죄가 동시에 신(神)을 능멸하는 신성모독죄였다. 공화정시대의 로마에서는 국교(國敎)의 침해가 국법질서를 위태롭게 할 경우에만 국가가 개입하였고 고의로 타인의 묘지와 그 부속물 및 시체를 훼손하는 행위를 묘지침해죄(Crimen violati sepulcri)로서 처벌하였다. 콘스탄티누스(Constantinus)황제가 기독교를 공인한 후에는 이단자, 이교도를 국사범(國事犯)으로 처벌하는 한편 기독교인의 개종과 배교를 엄벌하였다. 신성모독을 엄벌하는 태도는 그 뒤에도 이어졌다. 1532년의 카롤리나 형법전(제106조)은 신을 모독하는 죄(瀆神罪)에 대하여 신체형, 생명형 심지어 사지절단형까지 규정하였으나 계몽사상과 더불어 이에 대한 불가벌을 주장하는 움직임도 나타나게 되었다. 1794년의 프로이센 일반국법(제214조 이하)은 종교적 감정의 보호 및 종교활동의 자유를 전면에 내세웠고 독일제국형법(제166조 이하)은 독신죄, 예배방해죄, 사자(死者)의 안식방해죄 등을 규정하기에 이르렀다.

동양에 있어서는 독신죄(瀆神罪)를 찾아보기 어렵고 제사, 장례, 분묘에 관련되는 범죄를 찾아볼 수 있을 뿐이다. 대명률(大明律)에는 祀律에 제사에 관한 규정과 이에 위반

---

1) 김성돈, 726면; 배종대, 573면; 백형구, 585면; 오영근, 626면; 유기천(하), 4면; 이재상 외, 658면; 이정원, 637면; 임웅, 831면; 정성근/정준섭, 488면.

하는 자에 대한 벌칙을 두었다.[1) 형법대전(刑法大全)은 제사기일을 예견하지 못한 자, 제사를 행함에 착오를 일으킨 자 등을 태형(笞刑)에 처하는 규정(제206조 이하)과 상(喪)을 당하여 礼에 어긋나는 행위를 한 자, 매장금지구역에 묘를 쓴 자 등을 처벌하는 규정(제443조 이하, 喪葬及墳墓所干律)을 두었다.

현행 형법은 구형법에 기초를 두면서 일본형법가안(제233조~238조)의 영향을 받았으나 가안에 있는 신사(神祠)에 대한 죄 및 예배소에 대한 죄는 채택하지 아니하고 신앙에 관한 죄의 법정형을 일반적으로 가안보다 인상한 점 등은 독자성을 드러낸 것으로 볼 수 있다.[2)

Ⅱ. 현행법상의 체계

기본적 구성요건: 장례식등 방해죄 (제158조)	독립적 구성요건	사체오욕죄(제159조) 분묘발굴죄(제160조) 사체등 손괴죄(제161조 제1항) 분묘발굴사체등 손괴죄(제161조 제2항) 변사체검시방해죄(제163조)

본 장의 범죄들은 행위태양을 달리하여 각가 독립된 구성요건으로 규정되어 있다. 또한 분묘발굴, 사체등손괴죄 및 분묘발굴사체등 손괴죄만 미수범을 처벌한다.

§2. 유형별 고찰

Ⅰ. 장례식 등 방해죄

*장례식, 제사, 예배 또는 설교를 방해한 자는 3년 이하의 징역 또는 500만원 이하의 벌금에 처한다(제158조).

---

1) 大明律直解, 礼律, 券 第 十一.
2) 유기천(하), 2~3면 참조.

1. 의   의

본죄는 자유로운 종교적 행사를 방해하는 행위를 처벌하며, 추상적 위험범이다.

2. 구성요건

본죄의 행위객체는 장례식, 제사, 예배 또는 설교이다. 본죄의 행위객체는 이에 한정되는 것이므로 이 이외의 의식이나 행사는 객체에서 제외된다. 그러므로 예컨대 교회나 사찰에서 행하는 학술강연회, 결혼식 등은 본죄의 객체에 해당하지 않는다.

장례식이란 사자를 장사지내는 의식을 말하며 장례식을 거행하는 장소와 규모,[1] 의식의 방법이 종교적인가 여부 등을 불문하며 반드시 사체가 존재할 것도 요하지 않는다.[2] 제사는 사자 또는 신령에게 추모와 공경을 표하여 정성을 드리는 의식을 말한다.[3] 그 형식과 절차 등은 불문하며 반드시 종교적 행사로 행하여질 것을 요하지도 않는다. 예배란 신을 경배하는 종교의식을 말한다. 예배의 장소, 방법, 규모 등을 불문한다. 다만 혼자서 보고 있는 예배는 본죄의 객체인 예배에는 해당하지 않는다.[4] 예배여부가 문제되는 경우에 있어서는 그 행사의 취지, 당해 종교단체의 교의와 규칙, 관례 등을 종합적으로 고려하여 판단해야 할 것이다. 설교란 종교상의 교의를 해설하는 것을 말한다. 교의해설로 볼 수 없는 종교정책 설명이나 학술강연은 설교에 해당하지 않는다. 설교장소와 청중의 규모는 불문한다. 그러나 혼자 설교연습을 하고 있는 것은 본죄의 설교로 볼 수 없다.

본죄의 행위는 방해하는 것이다. 본죄에서 방해는 장례식 등이 평온하게 이루어질 수 없도록 지장을 초래하는 일체의 행위를 의미한다. 방해는 언어에 의하건 거동에 의하건, 폭행, 협박, 기망, 소란에 의하건 그 수단방법을 불문한다. 방해는 반드시 장례식, 제사, 예배나 설교가 진행중에 행하여질 것을 요하지는 않으며 진행과 밀접불가분의 관계에 있는 준비단계에서도 가능하다.[5] 본죄는

---

1) 백형구, 586면.
2) 김일수/서보학, 664면; 오영근, 626면; 이재상 외, 659면; 임웅, 832면.
3) 임웅, 832면.
4) 김일수/서보학, 664면; 백형구, 586면; 이재상 외, 659면; 임웅, 832면.
5) 오영근, 627면; 이재상 외, 660면; 임웅, 832면; 진계호, 520면; 대판 1982. 2. 23. 81도2691.

방해가 있으면 기수로 되며 현실적으로 방해의 결과가 발생할 것을 요하지 않는다(추상적 위험범).

3. 죄수 및 타죄와의 관계

동일한 고의로 동일한 기회에 예배와 설교를 모두 방해한 경우에도 1개의 본죄만 성립한다. 허위사실을 유포, 위계 또는 위력으로 본죄를 범한 경우는 본죄와 업무방해죄(제314조)의 상상적 경합에 해당한다. 목사를 감금하여 예배가 진행되지 못한 경우는 본죄와 감금죄(제276조)의 상상적 경합이 된다.

Ⅱ. 사체등 오욕죄

> *사체, 유골 또는 유발을 오욕한 자는 2년 이하의 징역 또는 500만원 이하의 벌금에 처한다(제159조).

본죄의 행위객체는 사체, 유골 또는 유발이다.

사체란 사망한 사람의 신체, 즉 시신을 말한다. 머리, 몸통, 사지 등을 모두 갖춘 것에 국한하지 않으며 시신의 일부만 있는 경우도 이에 해당한다. 사망한 태아도 사람의 형체를 갖추고 있는 한 사체로 보는 것이 타당할 것이다. 유골이란 사자의 제사나 추모를 위하여 보존하는 유해를 말한다. 그러므로 학술용 표본인 유골은 본죄의 객체에 해당하지 않는다.[1] 유발이란 사자의 제사나 추모를 위하여 보존하는 사자의 모발을 의미한다.

본죄의 행위는 오욕하는 것이다. 오욕이란 유형력을 행사하여 모욕적인 행위를 하는 것이다. 예컨대 사체 등에 침을 뱉거나 방뇨하거나 추행을 하는 것이 이에 해당한다. 단지 언어에 의한 모욕은 본죄의 오욕에 해당하지 않는다.[2]

---

1) 김일수/서보학, 667면; 김종원/7인공저, 569면; 이재상 외, 661면; 임웅, 833면; 정성근/정준섭, 491면; 진계호, 521면.
2) 김종원/7인공저, 569면; 백형구, 587면; 오영근, 629면; 이재상 외, 661면; 임웅, 833면 등.

Ⅲ. 분묘발굴죄

*분묘를 발굴한 자는 5년 이하의 징역에 처한다(제160조).
*미수범은 처벌한다(제162조).

본죄의 주체에는 제한이 없다. 매장된 자의 자손이나 분묘가 있는 토지의 소유자도 본죄의 주체가 될 수 있다.

본죄의 행위객체는 분묘이다. 분묘란 사람의 사체, 유골 또는 유발을 매장한 시설물로 제사 또는 추모와 기념의 대상이 되는 것을 말한다. 유택이라고도 부른다. 인체의 형태를 갖춘 태아의 사체를 매장한 분묘도 이에 해당한다.[1] 분묘의 규모, 형태, 봉분이나 묘표의 유무를 불문하며 분묘의 관리자 또는 소유자가 있을 것을 요하지도 않는다. 적법하게 매장된 분묘가 아니라도 무방하다. 사체나 유골이 분해된 이후에도 후손의 제사나 추모의 대상인 한 본죄의 분묘에 해당한다.[2] 사체, 유골 등이 매장되어 있지 않은 가매장은 본죄의 분묘가 아니다. 또한 제사나 추념의 대상이 아닌 고분도 본조의 분묘로 볼 수 없다.

본죄의 행위는 발굴하는 것이다. 발굴이란 분묘를 덮은 흙, 즉 복토의 전부 또는 일부를 제거하거나 묘석 등 시설물을 파괴하거나 해체하여 분묘를 손괴하는 것을 말한다. 본죄의 기수시기와 관련하여 판례[3]는 외부에서 인식할 수 있는 상태까지 현출될 필요는 없다고 보는 복토제거설을 취하고 있으나 미수범을 처벌하는 본죄의 해석상 사체 등이 외부에서 인식할 수 있을 정도로 표출된 때를 기수로 보는 외부인지설이 타당하다.[4]

분묘의 발굴이 형사소송법상의 검증(제140조)이나 감정(제173조)으로 행하여지는 경우처럼 법령에 근거한 경우에는 정당행위(형법 제20조)로서 위법성을 조

---

1) 김석휘, 주석(상), 242면; 김일수/서보학, 668면; 백형구, 588면; 오영근, 629면; 이재상 외, 662면; 임웅, 834면; 정성근/정준섭, 491면; 진계호, 523면.
2) 김일수/서보학, 668면; 배종대, 574면; 백형구, 588면; 유기천(하), 9면; 이재상 외, 662면; 임웅, 834면; 정성근/정준섭, 491면; 대판 1990. 2. 13, 89도2061.
3) 대판 1962. 3. 29, 4294형상539.
4) 김일수/서보학, 669면; 김종원/7인공저, 570면; 배종대, 574면; 백형구, 589면; 유기천(하), 9면; 이재상 외, 662면; 임웅, 835면; 정성근/정준섭, 492면; 진계호, 523면.

각한다. 또한 자손이 필요한 허가를 얻어 선조의 분묘의 개장 등을 위하여 분묘를 발굴하는 것도 정당행위에 해당한다. 이 밖에도 분묘의 발굴이 사회상규에 위배되지 않는 경우에는 위법성이 조각될 수 있다.

Ⅳ. 사체등 영득죄

*사체, 유골, 유발 또는 관내에 장치한 물건을 손괴, 유기, 은닉 또는 영득한 자는 7년 이하의 징역에 처한다(제161조 제1항).
*분묘를 발굴하여 전항의 죄를 범한 자는 10년 이하의 징역에 처한다(제161조 제2항).
*미수범은 처벌한다(제162조).

1. 사체등 손괴죄(제1항)

본죄의 행위주체에는 제한이 없다. 사자의 자손도 본죄의 주체로 될 수 있다.

본죄의 행위객체는 사체, 유골, 유발 또는 관내에 장치한 물건이다. 사체, 유골, 유발의 개념은 이미 설명한 것과 같고 관내에 장치한 물건이란 관 안에 넣어둔 부장물을 말한다. 그러나 관 자체는 이에 포함되지 않는다.[1]

본죄의 행위는 손괴, 유기, 은닉 또는 영득이다. 손괴는 물리적 파괴를 의미한다. 그러므로 사체의 사지를 절단하는 것은 손괴에 해당하지만 시간(屍姦)은 사체오욕에 해당할 뿐이다. 유기란 사체를 종교적으로나 사회관례에 비추어 매장으로 인정되는 방법에 의하지 않고 방치하는 것을 의미한다. 유기는 사체 등을 장소적으로 이전하여 방치하는 작위적 방법뿐만 아니라 매장할 의무가 있는 자가 사체를 방치하는 부작위적 방법으로도 가능하다. 그러나 매장의무가 없는 경우, 예컨대 살인범이 사체를 단지 현장에 방치한 때에는 살인죄만 성립하고 본죄는 성립하지 않는다.[2] 은닉이란 사체 등의 발견을 불가능 또는 현저히 곤란하게 하는 행위를 말한다. 예컨대 사체 등을 몰래 은밀한 장소에 매장하거나 깊은 물속에 가라앉히는 행위가 이에 해당한다. 살인범이 죄적을 은폐하려고 시체를 은밀한 곳에 숨기면 살인죄 이외에도 사체유기죄가 성립되어 양죄의 실체적 경합

---

1) 김석휘, 주석(상), 244면: 배종대, 762면: 백형구, 590면: 이재상 외, 658면: 임웅, 752면: 정성근/정준섭, 768면: 진계호, 524면.
2) 대판 1997. 7. 25, 97도1142: 대판 1948. 6. 8, 4281형상894.

이 된다.[1] 영득이란 사체 등의 점유를 불법하게 취득하는 것을 말한다. 취득의 방법이 직접적인가 간접적인가, 유상인가 무상인가를 불문한다.

2. 분묘발굴사체등 손괴등 죄(제2항)

불법하게 분묘를 발굴하여 사체 등을 손괴, 유기, 은닉 또는 영득하는 행위는 분묘발굴죄와 제161조 제1항 소정의 사체 등 영득죄의 결합범 형식으로 규정된 제161조 제2항에 해당하여 가중처벌된다. 적법하게 분묘를 발굴한 자가 사체 등을 영득한 경우에는 제161조 제1항의 사체 등 영득죄만 성립한다. 사체를 영득하려고 불법하게 분묘를 발굴하였으나 영득하지 못한 경우는 제161조 제2항의 분묘발굴사체 등 영득죄의 미수범에 해당한다.[2]

본죄에 규정된 행위들을 동일한 기회에 계속하여 행한 경우, 예컨대 사체를 손괴한 후 은닉한 경우에는 포괄하여 1개의 본죄만 성립한다. 사람을 살해한 후 사체를 손괴하거나 은닉하면 본죄와 살인죄의 실체적 경합범에 해당한다.

V. 변사체검시방해죄

*변사자의 사체 또는 변사의 의심 있는 사체를 은닉 또는 변경하거나 기타 방법으로 검시를 방해한 자는 700만원 이하의 벌금에 처한다(제163조).

본죄는 신앙에 관한 죄가 아닌, 수사기관의 공무를 방해하는 죄의 성격을 지니고 있다. 그러므로 입법론적으로 본죄를 공무방해의 죄 중에 포함시키는 것이 타당하다.

본죄의 행위객체는 변사자의 사체 또는 변사의 의심이 있는 사체이다. 변사자 또는 변사의 의심이 있는 자란 자연사하지 아니한 사망자로서 그 사인이 불분명한 자와 그 사망이 범죄에 의한 것이라는 의문이 있는 자를 말한다.[3] 자연사가 아니라고 할지라도 범죄와 무관한 것이 명백한 사망자는 본죄의 변사자로

---

1) 대판 1984. 11. 27, 84도2263.
2) 임웅, 837면.
3) 김석휘, 주석(상), 250면, 김일수/서보학, 673면; 배종대, 575면; 백형구, 592면; 유기천(하), 14면; 이재상 외, 665면; 진계호, 527면. 한편 박상기/전지연, 811면은 범죄로 인한 것이 명백한 사망의 경우도 변사체로 본다.

볼 수 없다. 또한 범행에 의한 사망이 명백한 경우도 검시의 대상이 아니라 검증의 대상이 된다(형사소송법 제215조).

본죄의 행위는 변사체를 은닉 또는 변경하거나 기타 방법으로 검시를 방해하는 것이다. 검시를 방해한다는 것은 검시를 불가능 또는 곤란하게 하는 일체의 행위를 의미한다. 검시란 사람의 사망이 범죄로 인한 것인가를 판단하기 위하여 수사기관이 변사체를 조사하는 것을 의미한다. 변사체를 은닉 또는 변경하는 것은 검시를 방해하는 방법의 예시이다. 은닉은 변사체의 발견을 불가능 또는 현저히 곤란하게 하는 일체의 행위를 말하고 변경이란 변사체의 원상을 바꾸는 행위를 말하며 사체 내부의 변경이든 외부의 변경이든 불문한다.[1] 이밖에도 검시를 방해하는 방법에는 제한이 없다. 이미 검시가 끝난 변사체를 은닉한 경우는 본죄에는 해당하지 않는다. 본죄는 방해행위를 함으로써 기수가 되며 현실적으로 방해의 결과가 발생할 것을 요하지 않는다(추상적 위험범).

검시관을 폭행, 협박하여 검시를 방해한 경우에는 공무집행방해죄만 성립한다는 견해[2]와 본죄와 공무집행방해죄의 상상적 경합으로 된다는 견해[3]가 대립되어 있다. 생각건대 본죄는 공무방해죄의 성격을 갖는 것이므로 본죄보다 더 무거운 공무집행방해죄가 성립하는 경우에는 본죄는 이에 흡수되고 공무집행방해죄만 성립한다고 보는 것이 타당할 것이다.

---

1) 이재상 외, 666면: 임웅, 838면: 진계호, 528면.
2) 백형구, 593면: 이재상 외, 666면.
3) 임웅, 838면.

제 2 편

국가적 법익에 대한 죄

―――――― •∘서 언∘• ――――――

　국가적 법익에 대한 죄는 국가의 존립, 권위 또는 기능을 위태롭게 하는 범죄를 말한다. 형법은 국가의 존립에 관한 죄로서는 내란의 죄와 외환의 죄를, 국가의 권위·대내외적 지위와 외국의 이익의 보호에 관련하여서는 국기에 관한 죄와 국교에 관한 죄를, 국가의 기능에 관한 죄로서는 공무원의 직무에 관한 죄, 공무방해의 죄, 도주와 범인은닉의 죄, 위증과 증거인멸의 죄 및 무고의 죄를 각각 규정하고 있다.

제 1 장

국가의 존립에 대한 죄

제1절 내란의 죄

§1. 서 설

I. 의의 및 보호법익

내란의 죄란 폭동의 수단으로 국가의 존립이나 헌법질서를 위태롭게 하는 범죄이다. 형법은 내란의 죄의 유형으로서 내란죄(제87조), 내란목적살인죄(제88조)를 목적범의 형태로서 규정하고 미수범(제89조), 예비, 음모, 선동, 선전(제90조)을 처벌하는 규정도 두고 있다. 이들 규정은 외환의 죄와 더불어 국가의 존립을 보호하기 위한 것이라는 의미에서 국가보호형법이라고도 불리워진다. 내란의 죄는 국가의 내부로부터 그 존립을 위태롭게 하는 범죄라는 점에서 국가의 외부로부터 국가의 존립을 위태롭게 하는 외환의 죄와 구별된다. 내란죄의 보호법익은 국가의 존립 또는 헌법질서로서 폭넓게는 국가의 내적 안전으로 볼 수 있다. 내란목적의 살인죄에는 이 밖에도 사람의 생명이 포함된다. 본죄에는 내란이 성공하여 행위자가 국가의 권력을 장악하고 있는 한 처벌할 수 없다는 적용상의 현실적 한계도 있으나 이 때문에 본죄의 존재가치가 부정되거나 과소평가되어서는 안 된다.

> **참고** **연혁**
>
> 로마법에서는 전통적으로 반역을 외부의 적과 결탁이 없는 대내적 반역(perduellio)과 외부의 적과 내통한 반역인 대외적 반역(proditio)으로 구분하였다. 거대한 로마제국의 형성과 더불어 반역죄를 이처럼 구분할 실익은 없어졌으나 의연히 전통적으로 이러한 구분방법은 지속되었다.
>
> 게르만법에는 전통적으로 신의성실의무의 배신을 의미하는 배반(Verrat)이라는 관념이 있었고 출전(出戰)에 임한 병사가 영주를 배신하는 전쟁반역(Kriegsverrat)과 부대로부터의 탈주를 포함하는 주(州)에 대한 반역(Landesverrat)이 인정되었으며 프랑크왕국시대에는 영주에 대한 성실위반이 일반인의 신의성실위반보다 가중처벌되었다. 그 후

반역죄는 황제의 통일적 지배권에 대한 모든 침해행위를 의미하게 되어 카논법에 계승되고 신성로마제국 황제 카알(Karl) 4세의 황금문서(1356년)에도 도입되었다.

반역죄가 근대적 의미에 있어서의 국가의 존립에 대한 죄로 이해된 것은 18세기 후반 이후의 일이다. 1787년의 요셉 2세의 오스트리아형법에선 반역죄를 내부적 적대행위에 대한 반역과 외부적 적대행위에 대한 반역으로 구분하였고 1794년의 프로이센보통법도 헌법 및 국가원수에 대한 공격(Hochverrat)과 국가에 대한 외부적 위험을 초래하는 행위(Landesverrat)를 구분하였으며 1810년의 프랑스형법전도 국가의 존립에 대한 침해를 내외의 양면에서 고려하였다. 이러한 전통은 1851년의 프로이센형법과 1871년의 독일제국형법에도 영향을 미쳤다.

대명률(大明律)에는 도적(盜賊)의 죄에 모반대역죄(謀反大逆罪)와 모반죄(謀叛罪)를 두었다. 모반대역죄는 사직(국가)을 위태롭게 하려고 모의하거나(모반) 종묘, 산릉 및 궁궐을 훼손하려고 음모하는 것을 내용으로 하는 중대한 범죄로서 범죄와 관계없는 범인의 부자, 형제, 백숙부, 형제의 자 등에게도 緣坐律이 적용되었고 범인은 主從의 구분 없이 모두 능지처사형(陵遲處死刑)에 처하였다.[1] 모반죄는 본국을 배반하고 외국과 잠통(潛通)하여 반역을 도모하는 죄로서 범인은 주종의 구분 없이 참형(斬刑)에 처하고 범인의 부자, 형제 등에게는 연좌율이 적용되었다.[2]

1905년의 형법대전(刑法大全)은 반란소간률(反亂所干律)에 반역률(제190조 이하)과 내란률(제191조)을 두었는데 반역률은 대역(大逆)을 도모하는 행위(제190조)와 반역을 위하여 계책마련, 모병, 군수물 보급, 기밀누설 등의 행위를 하는 것(제192조) 등을 내용으로 하였고, 내란률은 정부를 전복하거나 정사(政事)를 변경하기 위하여 난을 일으키거나(제195조) 외국에 은밀히 추종하여(潛從) 본국을 배반하거나 간첩을 하여 전란을 일으키거나(제196조) 기타 이적행위를 하는 것을 그 내용으로 하였다(제197조~199조). 현행법상의 내란의 죄는 구형법(의용된 일본형법)상의 규정과 거의 같으나 부분적으로 일본형법가안(제92조~104조)의 영향을 받은 것으로 보이며 제91조(국헌문란의 정의)는 현행법이 신설한 규정이다.[3]

II. 현행법상의 체계

기본적 구성요건: 내란죄(제87조)	독립적 구성요건	내란목적살인죄(제88조)

---

1) 大明律直解, 刑律, 券 第 十八 盜賊, 謀反大逆條.
2) 大明律直解, 刑律, 券 第 十八 盜賊, 謀叛條.
3) 유기천(하), 242면.

§2. 유형별 고찰

I. 내 란 죄

*대한민국 영토의 전부 또는 일부에서 국가권력을 배제하거나 국헌을 문란하게 할 목적으로 폭동을 일으킨 자는 다음 각 호의 구분에 따라 처벌한다(제87조).

1. 우두머리는 사형, 무기징역 또는 무기금고에 처한다.
2. 모의에 참여하거나 지휘하거나 기타 중요한 임무에 종사한 자는 사형, 무기 또는 5년 이상의 징역이나 금고에 처한다. 살상, 파괴 또는 약탈 행위를 실행한 자도 같다.
3. 부화수행하거나 단순히 폭동에만 관여한 자는 5년 이하의 징역 또는 금고에 처한다.

*미수범은 처벌한다(제89조).

*본장에서 국헌을 문란할 목적이라 함은 다음 각호의 1에 해당함을 말한다(제91조).

1. 헌법 또는 법률에 정한 절차에 의하지 아니하고 헌법 또는 법률의 기능을 소멸시키는 것
2. 헌법에 의하여 설치된 국가기관을 강압에 의하여 전복 또는 그 기능행사를 불가능하게 하는 것

1. 의   의

본죄는 목적범이고 다수인의 조직적 결합에 의하여 행하여지는 필요적 공범으로서 집합범의 성격을 지닌다.

2. 구성요건

(1) 객관적 구성요건

1) 주 체

본죄의 행위주체에는 제한이 없으며 내·외국인을 불문한다. 다만 본죄가 필요적 공범으로서 다수인의 조직적 결합을 필요로 하는 집합범이므로 조직화된 다수인이 본죄의 주체로 된다. 본죄의 주체는 조직 내부에서의 지위와 관여의 정도에 따라 다음과 같이 구분된다.

① 우두머리는 폭동을 조직, 지휘, 통솔하는 자를 의미하며 반드시 1인일 것

을 요하지 않고 폭동의 현장에서 폭동을 지휘, 통솔할 것을 요하지도 않는다. 또한 내란을 자신이 발의하거나 처음부터 지휘, 통솔하는 자일 필요도 없다.

② 모의참여자란 수괴의 참모로서 폭동계획에 참여하는 자를 말하고 지휘자란 폭동에 참가하는 군중의 다수 또는 일부인을 지휘하는 자를 의미하며 그 행위가 폭동개시 전에 이루어졌는가 후에 이루어졌는가는 불문한다.[1] 중요임무종사자란 수괴, 모의참여자 또는 지휘자는 아니지만 폭동에 있어 중요한 역할을 맡은 자를 말한다. 예컨대 폭동에 필요한 탄약 기타 물자의 보급을 담당하거나 서무, 회계 등 중요한 사무를 담당한 자가 이에 해당한다.

③ 부화수행자와 단순관여자란 군중심리와 분위기에 휩쓸려 부화뇌동하거나 막연하게 폭행에만 가담한 자를 말한다.

2) 행 위

본죄의 행위는 폭동이다. 폭동이란 다수인이 결합하여 폭행·협박을 함으로써 적어도 한 지방의 평온을 해할 정도에 이르는 것을 의미한다. 폭행과 협박은 가장 넓은 의미의 것으로 폭행은 사람과 물건에 대한 모든 유형력의 행사를 의미하고 협박은 해악의 고지로서 해악의 내용과 피협박자가 공포심을 일으켰는가를 불문한다.

본죄는 폭행·협박을 통하여 한 지방의 평온이 침해될 정도에 이르면 기수가 되고 이에 이르지 못한 때에는 미수가 된다. 본죄의 성립에는 국가의 내적 안전을 침해할 추상적 위험이 있으면 족하다(추상적 위험범).[2] 판례는 본죄를 상태범으로 보지만,[3] 기수에 달한 이후에도 아직 성취하지 못한 목적달성을 위한 폭동은 계속될 수 있으므로 계속범의 성격을 갖는다.

폭동에 수반하는 살상, 파괴 또는 약탈 등의 행위는 제87조 제2호의 규정에 비추어 내란죄에 흡수된다고 보아야 한다.[4] 그러나 이들 행위가 폭동과 단절된 상태에서 행하여진 경우에는 별개의 범죄가 성립한다고 볼 수 있다.

(2) 주관적 구성요건

본죄의 성립에는 고의 이외에도 대한민국 영토의 전부 또는 일부에서 국가권

---

1) 배종대, 584면; 오영근, 641면; 이재상 외, 673면; 임웅, 845면; 정성근/정준섭, 587면.
2) 김성천/김형준, 769면; 오영근, 644면; 이정원, 703면; 임웅, 846면.
3) 대판 1997. 4. 17, 96도3376.
4) 배종대, 585면; 백형구, 708면; 임웅, 846면; 정성근/정준섭, 588면 등.

력을 배제하거나 국헌을 문란하게 할 목적이 있어야 한다. 전자는 대한민국 영
토의 전부 또는 일부에 대하여 영토주권을 배제함으로써 대한민국의 존립을 침
해할 목적을 말한다. 국헌을 문란할 목적은 헌법질서를 교란시킬 목적으로서 ①
헌법 또는 법률에 정한 절차에 의하지 않고 헌법 또는 법률의 기능을 소멸시키
는 것, ② 헌법에 의하여 설치된 국가기관을 전복 또는 그 권능행사를 불가능하
게 하는 것을 말한다(제89조 제1, 2호). 예컨대 권력분립주의, 국민주권주의, 자유
민주주의 등을 파괴, 변혁하려는 행위는 ①에 해당하고 국회, 사법부, 대통령 등 헌
법에 의하여 설치된 국가기관을 강압적으로 전복 또는 폐지하는 행위는 ②에 해
당한다. 그러나 국가기관의 위치에 있는 자연인만을 살해하는 것은 이에 해당한
다고 볼 수 없다.[1]

목적을 달성하였는가 여부는 본죄의 성립에 영향을 미치지 않는다. 그러나
이러한 목적이 없는 폭동은 소요죄로 될 뿐 내란죄에는 해당하지 않는다.

3. 공범규정의 적용문제

내란죄는 다수인의 조직적 결합에 의하여 행하여지는 필요적 공범이므로 내
부자 사이에 형법총칙상의 공범규정은 적용될 여지가 없다. 또한 본죄의 특성에
비추어 외부자라 할지라도 본죄의 공동정범이 될 수는 없다고 보아야 한다.[2] 그
러나 외부에서 본죄를 교사, 방조하는 자에게는 총칙상의 교사, 방조의 규정은
적용된다고 보는 것이 타당할 것이다.[3]

Ⅱ. 내란목적살인죄

> *대한민국 영토의 전부 또는 일부에서 국가권력을 배제하거나 국헌을 문란하게 할 목적
> 으로 사람을 살해한 자는 사형, 무기징역 또는 무기금고에 처한다(제88조).
> *미수범은 처벌한다(제89조).

---

1) 대판 1980. 5. 20, 80도306.
2) 임웅, 848면.
3) 김성돈, 713면; 김성천/김형준, 771면; 오영근, 644면; 유기천(하), 245면; 이영란, 731면; 임웅,
848면; 정성근/정준섭, 589면.

1. 의   의

본죄가 제87조에 포함되어 있는 내란살상과 관련하여 어떤 성격을 지니는가에 대하여서는 ① 본죄는 요인암살을 내용으로 하는 내란의 죄의 독립된 유형의 범죄라는 견해,[1] ② 살인죄의 가중적 구성요건이라는 견해,[2] ③ 폭동에 수반된 살상은 제87조의 내란살상에 해당하나 폭동과 별개로 행하여진 경우는 본죄에 해당한다는 견해[3]의 대립이 있다. ①은 법문상 그 객체를 요인으로 한정할 근거가 없고 요인의 개념과 기준이 모호하며 ②는 내란살상을 제87조 제2호에 규정한 의미가 무색해진다는 비판이 있다.[4] 따라서 ③의 견해가 가장 타당하다.

2. 구성요건

본죄의 주체에는 제한이 없다. 본죄의 행위객체는 사람이며 요인에 한정되지 않는다. 본죄의 행위는 살해이다. 살해행위는 내란의 목적을 가지고 행하는 한 폭동의 전후를 불문한다. 본죄는 사람이 사망한 때에 기수로 된다(침해범). 폭동의 준비단계에서 내란목적으로 일반인을 살해한 경우에는 내란예비죄와 내란목적살인죄의 상상적 경합이 된다.[5]

고의 이외에도 구성요건에서 요구하는 목적이 있어야 한다. 그 의미는 내란죄에서 설명한 것과 같다. 목적의 달성 여부는 불문한다.

Ⅲ. 내란예비 · 음모 · 선동 · 선전죄

*제87조 또는 제88조의 죄를 범할 목적으로 예비 또는 음모한 자는 3년 이상의 유기징역이나 유기금고에 처한다. 단 그 목적한 죄의 실행에 이르기 전에 자수한 때에는 그 형을 감경 또는 면제한다(제90조 제1항).
*제87조 또는 제88조의 죄를 범할 것을 선동 또는 선전한 자도 전항의 형과 같다(제90조 제2항).

---

1) 김성천/김형준, 773면; 김일수/서보학, 953면; 이정원, 706면.
2) 유기천(하), 252면; 이재상 외, 677면; 진계호, 836면.
3) 대판 1997. 4. 17, 96도3376 및 오영근, 646면; 임웅, 850면.
4) 오영근, 646면.
5) 이재상 외, 678면; 임웅, 851면.

본죄는 내란죄 또는 내란목적살인죄를 범할 목적으로 예비, 음모, 선동, 선전함으로써 성립한다.

① 예비는 내란을 목적으로 자금의 조달, 무기의 구입 등과 같은 비심리적 준비행위를 하는 것을 의미한다. 음모는 내란을 목적으로 2인 이상의 자 사이에 의견의 교환과 합의 등 모의를 행하는 심리적 준비행위를 말한다. 내란예비·음모는 독자적 구성요건이 아니고 내란죄나 내란목적살인죄의 발현형태이므로 이에 대한 교사, 방조는 성립하지 않는다.[1]

② 선동이란 불특정다수인에게 감정에 호소하여 내란선동자의 의도에 동조하게 하는 행위이고 선전이란 불특정다수인에게 내란의 취지를 홍보하고 이해시키는 행위를 말한다. 내란선동·선전도 내란예비·음모와 동일하게 취급된다.

제 2 절 외환의 죄

§1. 서 설

Ⅰ. 의의 및 보호법익

외환의 죄란 외국과 통모하여 대한민국에 외환을 유치하거나 항적하거나 적국을 위하여 인적, 물적 이익 등을 제공하거나 간첩행위를 하는 범죄를 말한다. 내란의 죄가 국가의 내부적 안전을 위태롭게 하는 범죄인 것과 대조적으로 외환의 죄는 외부로부터 국가의 존립을 위태롭게 하는 범죄로 볼 수 있다. 외환의 죄는 국민의 국가에 대한 충성의무위반행위를 내용으로 하는 범죄이며[2] 보호법익은 국가의 외적 안전이다. 본죄의 규정은 보호주의의 관점에서 외국인의 국외범에 대하여서도 적용된다.

---

1) 김성천/김형준, 774면: 이재상 외, 678면: 임웅, 852면. 한편 김일수/서보학, 957면: 이정원, 707면 등은 교사, 방조죄의 성립을 인정한다.
2) 서일교, 375면: 유기천(하), 256면: 이재상 외, 679면: 진계호, 839면.

Ⅱ. 현행법상의 체계

기본적 구성요건: 일반이적죄(제99조)	수정적 구성요건	불법	가중적	모병이적죄(제94조) 시설제공이적죄(제95조) 시설파괴이적죄(제96조0 물건제공이적죄(제97조)
독립적 구성요건	외환유치죄(제92조) 여적죄(제93조) 간첩죄(제98조) 전시군수계약불이행죄(제103조)			

본장의 외환유치죄, 여적죄, 간첩죄, 일반이적죄, 전시군수계약불이행죄는 각각 독립적 구성요건이고, 일반이적죄의 불법가중적인 구성요건인 모병이적죄, 시설제공이적죄, 시설파괴이적죄, 물건제공이적죄는 일반이적죄와의 관계에서 법조경합 중 일반법과 보충법의 관계에 있으므로 일반법우선의 원칙에 따라 범죄가 성립한다.

§2. 유형별 고찰

Ⅰ. 외환유치죄

*외국과 통모하여 대한민국에 대하여 전단을 열게 하거나 외국인과 통모하여 대한민국에 항적한 자는 사형 또는 무기징역에 처한다(제92조).
*미수범은 처벌한다(제100조).
*제92조 내지 제99조의 죄를 범할 목적으로 예비 또는 음모한 자는 2년 이상의 유기징역에 처한다. 단 그 목적한 죄의 실행에 이르기 전에 자수한 때에는 그 형을 감경 또는 면제한다(제101조 제1항).
*제92조 내지 제99조의 죄를 선동 또는 선전한 자도 전항의 형과 같다(제101조 제2항).
*본장의 규정은 동맹국에 대한 행위에 적용한다(제104조).

본죄의 주체에는 제한이 없다. 외국인도 본죄의 주체로 될 수 있고 적국인도 적국 아닌 외국 또는 외국인과 통모하여 본죄를 범할 수 있다.

본죄의 행위는 외국과 통모하여 대한민국에 대하여 전단을 열거나 외국인과 통모하여 대한민국에 항적하는 것이다. 여기에서 외국이란 대한민국 이외의 국가를 의미하나 여적죄(제93조)와의 관계에 비추어 적국을 제외한 외국으로 제한된다.[1] 외국인이 자국과 통모하여 대한민국에 대한 전단을 연 때에도 본죄가 성립한다.[2] 외국은 외국의 사적단체가 아닌 정부기관을 뜻하며 반드시 국제법상 승인된 국가일 것을 요하지는 않는다. 외국인이란 외국을 대표하는 정부기관 이외의 사적인 단체나 개인을 의미한다. 통모란 의사의 연락이나 교환을 통하여 합의를 이룬 것을 말하며 의사연락의 방법이라든가 누가 통모의 발의자였는가는 불문한다. 전단을 열게 한다는 것은 전투행위를 개시하게 하는 일체의 행위를 의미하는데 반드시 국제법상의 전쟁으로 볼 수 있는 것에 국한하지 않고 사실상의 전투를 포함한다.[3] 항적이란 적국의 군사적 업무에 종사하면서 대한민국에 적대행위를 하는 것을 말하며 전투원인가 비전투원인가를 불문한다. 통모와 전단의 개시나 항적 사이에는 인과관계가 있어야 한다. 통모를 통하여 전단의 개시 또는 항적을 하기로 하였으나 이러한 행위의 개시가 없으면 본죄는 미수로 되며 전단이나 항적이 개시되면 본죄는 기수가 된다.

II. 여 적 죄

> *적국과 합세하여 대한민국에 항적한 자는 사형에 처한다(제93조).
> *미수범은 처벌한다(제100조).
> *제93조 내지 전조의 죄(여적예비, 음모 등)에 있어서는 대한민국에 적대하는 외국 또는 외국인의 단체는 적국으로 간주한다(제102조).

---

1) 이재상 외, 681면; 임웅, 857면; 정성근/정준섭, 594면; 진계호, 841면. 반면 오영근, 650면은 적국도 포함시킨다.
2) 백형구, 699면; 이재상 외, 681면; 정성근/정준섭, 594면 등. 한편 김일수/서보학, 960면; 유기천(하), 257면 등은 부정설을 취한다.
3) 김일수/서보학, 961면; 배종대, 589면; 백형구, 699면; 오영근, 650면; 유기천(하), 257면; 이영란, 737면; 이재상 외, 682면; 임웅, 857면; 정성근/정준섭, 594면; 진계호, 841면; 황산덕, 22면.

본죄의 행위는 적국과 합세하여 대한민국에 항적하는 것이다. 적국이란 국제법상 선전포고를 하고 대한민국과 전쟁중인 국가는 물론 대한민국과 사실상 전쟁관계에 있는 국가도 포함하는 개념으로 볼 수 있다.[1] 대한민국에 적대하는 외국 또는 외국인의 단체도 적국으로 간주된다(제102조). 적국과 합세한다는 것은 적국에 세력을 합하는 것을 말하고 항적이란 적국의 군사적 업무에 종사하면서 대한민국에 적대행위를 하는 것으로 그 신분이 전투원인가 비전투원인가는 불문한다. 본죄는 적국과 합세하여 항적하면 그 결과에 관계없이 기수로 된다. 본죄의 고의로 적국과 합세하였으나 항적행위에 이르지 못한 경우는 본죄의 미수범에 해당한다.

Ⅲ. 이 적 죄

1. 모병이적죄

*적국을 위하여 모병한 자는 사형 또는 무기징역에 처한다(제94조 제1항).
*전항의 모병에 응한 자는 무기 또는 5년 이상의 징역에 처한다(제94조 제2항).
*미수범은 처벌한다(제100조).
*제102조(준적국) 및 제104조(동맹국)의 규정은 본죄에도 적용된다.

본죄는 적국을 위하여 모병을 하거나 모병에 응함으로써 성립한다. 본죄의 주체는 내외국인을 불문한다. 본죄의 행위는 적국을 위하여 모병하거나 이에 응하는 것이다. 적국의 의미는 여적죄에서 설명한 것과 같다. 모병이란 전투에 종사할 사람을 모집하는 것을 말하고 모병에 응한다는 것은 자발적으로 지원하는 것을 의미한다. 본죄의 고의에는 모병 또는 자발적 응모에 대한 인식, 인용뿐만 아니라 적국을 위한다는 인식, 인용도 포함된다.

---

1) 김성돈, 748면; 김성천/김형준, 776면; 김일수/서보학, 962면; 배종대, 590면; 백형구, 700면; 이영란, 738면; 이재상 외, 682면; 이정원, 712면; 임웅, 858면; 정성근/정준섭, 595면; 진계호, 843면 등.

2. 시설제공이적죄

*군대, 요새, 진영 또는 군용에 공하는 선박이나 항공기 기타 장소, 설비 또는 건조물을 적국에 제공한 자는 사형 또는 무기징역에 처한다(제95조 제1항).
*병기 또는 탄약 기타 군용에 공하는 물건을 적국에 제공한 자도 전항의 항과 같다(제95조 제2항).
*미수범은 처벌한다(제100조).
*제102조(준적국) 및 제104조(동맹국)의 규정은 본죄에도 적용된다.

본죄는 군용의 시설이나 물건 등을 제공함으로써 성립한다.

군대는 일정한 규율하에 조직, 편제된 장병의 집단을 의미하고 요새는 작전상 중요한 장소에 구축해놓은 견고한 군사적 방어시설을 말하며 진영은 군사가 머물러 진을 치고 있는 곳을 의미한다. 병기 또는 탄약은 군용으로 쓰이는 물건의 예시로 볼 수 있다. 적국에 제공하는 방법은 불문하며 유상이라 할지라도 본죄의 제공에 해당한다고 보아야 할 것이다. 본죄(제95조)의 제2항은 행위객체가 군용물이라는 점에서 후술할 물건제공이적죄(제97조)와 구분된다.

3. 시설파괴이적죄

*적국을 위하여 전조에 기재한 군용시설 기타 물건을 파괴하거나 사용할 수 없게 한 자는 사형 또는 무기징역에 처한다(제96조).
*미수범은 처벌한다(제100조).
*제102조(준적국) 및 제104조(동맹국)의 규정은 본죄에도 적용된다.

본죄는 적국을 위하여 시설제공이적죄(제95조) 소정의 군용시설 기타 물건을 파괴하거나 사용할 수 없게 함으로써 성립한다. 예컨대 적국을 위하여 우리나라의 군함을 파괴하거나 군수품 창고를 파괴하는 행위가 이에 해당한다. 본죄에서 파괴란 목적물의 중요부분을 손괴하는 행위로 보아야 하므로 손괴가 이 정도에 이르지 않은 때에는 본죄의 미수범에 해당한다고 보아야 할 것이다.

4. 물건제공이적죄

> *군용에 공하지 아니하는 병기, 탄약 또는 전투용에 공할 수 있는 물건을 적국에 제공한
> 자는 무기 또는 5년 이상의 징역에 처한다(제97조).
> *미수범은 처벌한다(제100조).
> *제102조(준적국) 및 제104조(동맹국)의 규정은 본죄에도 적용된다.

본죄는 군용으로 제공하지 않는 병기, 탄약이나 군용으로 제공하지는 않으나
전투용으로 제공될 수 있는 기타의 물건을 적국에 제공함으로써 성립한다.

5. 일반이적죄

> *전7조에 기재한 이외에 대한민국의 군사상 이익을 해하거나 적국에 군사상 이익을 제
> 공한 자는 무기 또는 3년 이상의 징역에 처한다(제99조).
> *미수범은 처벌한다(제100조).
> *제102조(준적국) 및 제104조(동맹국)의 규정은 본죄에도 적용된다.

본죄는 외환유치죄, 여적죄, 모병이적죄, 시설제공이적죄, 시설파괴이적죄, 물
건제공이적죄, 간첩죄 이외의 행위로써 대한민국의 군사상 이익을 해하거나 적
국에 군사상 이익을 제공함으로써 성립한다. 판례에 의하면 표지관리소 소속의
선박을 적국에 제공한 경우,[1] 이중첩자가 대한민국의 군사상의 이익을 해하는
행위를 한 경우,[2] 직무와 관계없이 지득한 비밀을 누설한 경우[3] 등이 이에 해
당한다.

본죄의 규정은 외환유치죄 등 전7조의 보충규정이므로 행위가 이들 규정에
해당할 때에는 본죄가 성립하지 않는다(법조경합 중 보충관계).

---

1) 대판 1954. 2. 13. 4286형상202.
2) 대판 1959. 7. 10. 4292형상197.
3) 대판 1971. 8. 10. 71도1143; 대판 1971. 2. 25. 70도2417.

Ⅳ. 간 첩 죄

> *적국을 위하여 간첩하거나 적국의 간첩을 방조한 자는 사형, 무기 또는 7년 이상의 징
> 역에 처한다(제98조 제1항).
> *군사상의 기밀을 적국에 누설한 자도 전항의 형과 같다(제98조 제2항).
> *미수범은 처벌한다(제100조).
> *제102조(준적국) 및 제104조(동맹국)의 규정은 본죄에도 적용된다.

1. 의   의

본죄는 적국을 위하여 간첩하거나 적국의 간첩을 방조하거나 군사상의 비밀
을 적국에 누설함으로써 성립한다.

2. 구성요건

(1) 적국을 위한 간첩행위

1) 간첩의 의미

본죄에서 간첩이란 적국을 위하여 국가의 기밀을 탐지·수집하는 것을 말한
다. 적국의 개념은 여적죄(제93조)에서 설명한 것과 동일하다. 판례는 간첩죄의
적용에 있어서 북한을 적국에 준하는 것으로 본다.[1] 간첩죄의 성립에는 적국과
행위자의 사이에 의사의 연락이 있어야 한다는 것이 통설이며 타당하다. 따라서
편면적 간첩은 있을 수 없다.[2] 일방적인 기밀의 탐지, 수집은 간첩예비죄로 될
수 있다. 국가의 존립을 폭넓고 실효성 있게 보호해야 한다는 관점에서 본죄를
비롯한 외환의 죄에서 적국이라는 용어를 외국이라는 용어로 대치할 필요가 있
다는 입법론적 비판이 제기되고 있다.[3]

2) 간첩행위의 객체(국가기밀)

① 국가기밀이란 대한민국의 외적 안전에 대한 중대한 불이익을 초래할 위
험을 방지하기 위하여 적국에 비밀로 해야 할 사실, 대상 또는 지식으로서 제한

---

1) 대판 1983. 3. 22, 82도3036; 대판 1971. 9. 28, 71도1498.
2) 김일수/서보학, 864면; 배종대, 591면; 백형구, 702면; 진계호, 848면; 황산덕, 25면.
3) 임웅, 862면.

된 사람만 취급할 수 있는 것을 말한다. 이러한 국가기밀은 군사기밀에 국한되
지 않고[1] 정치, 경제, 사회, 문화 등 제 분야의 사실도 포함될 수 있다(실질적 기
밀개념).

② 국내에서의 공지사실이 국가기밀로 될 수 있는가에 관하여 판례는 종래
이를 긍정하여 왔으나[2] 최근에 공지된 사실은 국가기밀이 될 수 없다고 판시하
여 그 태도를 바꾸었다.[3] 공지의 사실이라 할지라도 이를 종합하면 전체로서 중
요한 사실을 판단할 수 있는 정보가 되어 국가기밀이 될 수 있다는 모자이크
(Mosaik)이론이 있다. 공지의 사실은 기밀로 볼 수 없고 이를 결합시켜도 국가
기밀로 될 수 없다고 보아야 한다.[4]

3) 간첩행위의 착수 · 기수시기

간첩행위는 국가의 기밀을 탐지, 수집하는 것이다. 따라서 본죄의 실행착수
시기는 국가기밀을 탐지, 수집하기 시작한 때로 보아야 한다. 판례는 간첩하기
위하여 국내에 잠입, 입국한 때에 실행의 착수가 있다고 인정하나[5] 잠입, 입국
한 것만으로는 국가보안법상 잠입죄를 구성하는 것은 별론으로 하고 본죄의 실
행의 착수가 있다고 보기는 어렵다.[6]

국가기밀을 탐지하기 위하여 거점을 구축하거나 사람을 포섭한 정도로는 아
직 기수로 볼 수 없다.[7] 본죄는 국가기밀을 탐지, 수집함으로써 기수가 되며 그
기밀을 적국에 제보할 것을 요하지 않는다.[8] 국가기밀을 탐지, 수집한 후 이를
적에게 전달한 경우에도 하나의 간첩죄만 성립한다.

(2) 간첩방조행위

본죄에서 적국의 간첩을 방조한다는 것은 적국의 간첩임을 알면서 간첩행위
를 용이하게 또는 가능하도록 도와주는 일체의 행위를 말한다. 본죄의 간첩방조
행위는 간첩행위와 동일하게 간첩죄에 포함시켜 독립적 범죄로 규정한 것이므

---

1) 대판 1988. 11. 8, 88도1630; 대판 1985. 11. 12, 85도1939.
2) 대판 1991. 3. 12, 91도3; 대판 1986. 7. 22, 86도808; 대판 1982. 11. 9, 82도2239 등.
3) 대판 1997. 7. 16, 97도985.
4) 박상기/전지연, 824면; 배종대, 592면; 오영근, 655면; 이재상 외, 687면; 임웅, 864면.
5) 대판 1984. 9. 11, 84도1381; 대판 1964. 9. 22, 64도290; 대판 1958. 10. 10, 4291형상294.
6) 김성천/김형준, 784면; 백형구, 703면; 이영란, 746면; 이재상 외, 688면; 이정원, 715면.
7) 대판 1959. 10. 23, 4292형상596; 대판 1958. 9. 26, 4291형상351.
8) 대판 1982. 2. 23, 81도3063; 대판 1963. 12. 12, 63도312 등.

로 총칙상의 종범규정(제32조)은 적용되지 않는다.

　방조의 수단, 방법은 불문하나 간첩행위, 즉 국가기밀을 탐지, 수집하는 행위를 방조하는 것이어야 한다. 그러므로 단지 간첩에게 숙식을 제공하거나[1] 안부편지를 전달해주거나[2] 무전기를 매몰하는 행위의 망을 보아준 것[3]만으로는 간첩방조에 해당한다고 볼 수 없다. 본죄의 미수는 방조행위 그 자체가 미수인 때에 성립한다.

(3) 군사상의 기밀누설(제98조 제2항)

　이는 간첩죄의 한 행위유형으로서 군사기밀임을 알면서 적국에 그 기밀을 알리는 것을 말하며 그 방법은 불문한다. 여기에서 말하는 군사상의 기밀도 앞에서 언급한 국가기밀에 속함은 물론이다. 제98조 제2항의 군사상 기밀누설은 제1항 및 제99조(일반이적죄)와의 관계상 직무상으로 지득한 군사상의 비밀을 적에게 누설한 경우에만 성립한다고 해석하는 것이 타당하다(신분범).[4] 적국을 위하여 스스로 군사기밀을 탐지, 수집하여 알리는 경우는 제98조 제1항의 간첩에 해당하고, 직무와 관계없이 지득한 기밀을 누설한 경우는 제99조(일반이적죄)에 해당하기 때문이다.[5]

V. 전시군수계약불이행죄

> *전시 또는 사변에 있어서 정당한 이유 없이 정부에 대한 군수품 또는 군용공작물에 관한 계약을 이행하지 아니한 자는 10년 이하의 징역에 처한다(제103조 제1항).
> *전항의 계약이행을 방해한 자도 전항의 형과 같다(제103조 제2항).

　본죄의 제1항은 진정부작위범이고 제2항은 작위범이다.

　본죄의 행위객체는 정부에 대한 군수품 또는 군용공작물에 관한 계약이다. 군수품 또는 군용공작물이란 군의 전력유지와 작전에 필요한 모든 물자 또는 시

---

1) 대판 1986. 2. 25, 85도2533; 대판 1965. 8. 17, 65도388.
2) 대판 1966. 7. 12, 66도470.
3) 대판 1983. 4. 26, 83도416.
4) 김성돈, 724면; 김일수/서보학, 966면; 김혜정 외, 640면; 배종대, 595면; 백형구, 704면; 이재상 외, 689면.
5) 대판 1982. 11. 23, 82도2201; 대판 1971. 8. 10, 71도1143.

설을 의미한다. 본죄에서 계약은 사법상의 계약의 성격을 지닌다.[1] 정부는 행정부를 말하며 정부를 대표한 계약의 당사자가 중앙관서인가 지방관서인가는 불문한다.

  본죄의 행위는 정당한 이유 없이 계약을 이행하지 않거나(제1항) 계약의 이행을 방해하는 것이다.

  본죄는 「전쟁 또는 사변에 있어서」라는 행위정황 하에서만 성립하며, 고의에 있어서는 그와 같은 행위정황에 대한 인식도 있어야 한다.

---

1) 정성근/정준섭, 950면.

제 **2** 장

국가의 권위와 국교에 대한 죄

제 1 절 국기에 관한 죄

§1. 서   설

국기에 관한 죄는 대한민국을 모욕할 목적으로 국기 또는 국장을 손상, 제거, 오욕 또는 비방함으로써 성립하는 범죄이다. 본죄의 보호법익은 국가의 권위이다.[1]

§2. 유형별 고찰

I. 국기·국장모독죄

> *대한민국을 모욕할 목적으로 국기 또는 국장을 손상, 제거 또는 오욕한 자는 5년 이하의 징역이나 금고, 10년 이하의 자격정지 또는 700만원 이하의 벌금에 처한다(제105조).

본죄의 규정은 대한민국 영역 외에서 죄를 범한 외국인에게도 적용된다(제5조 제3호). 본죄의 행위객체는 대한민국의 국기 또는 국장이다. 국기란 국가를 상징하는 일정한 형상을 갖춘 기를 말하는데 우리나라의 국기는 통상 태극기로 불리어진다. 국장은 국가를 상징하는 휘장으로서 국기 이외의 것을 말한다.[2] 국기나 국장이 공용인가 사용인가,[3] 그 소유자가 누구인가는 불문한다.

본죄의 행위는 국기 또는 국장을 손상, 제거 또는 오욕하는 것이다. 손상이란 물질적 훼손을 말하며 그 방법은 불문한다. 제거는 국기, 국장을 손상하지 않고

---

1) 오영근, 850면; 정성근/정준섭, 951면.
2) 국장에는 나라문장규정에 의한 문장뿐만 아니라 군기, 대사관, 공관 등의 휘장도 포함된다고 볼 수 있다(배종대, 745면; 이재상 외, 685면 등).
3) 김일수/서보학, 971면; 배종대, 793면; 백형구, 684면; 손동권, 729면; 유기천(하), 266면; 이영란, 752면; 이재상 외, 685면; 임웅, 785면; 정성근/정준섭, 952면; 정영석, 36면; 진계호, 829면; 황산덕, 28면 등.

사용 중인 장소에서 철거하거나 은폐하는 것을 말한다. 오욕은 국기, 국장을 불결하게 하는 일체의 행위를 의미한다. 본죄의 행위는 대한민국의 권위를 손상시킬 정도에 이르렀을 때에 기수가 된다(구체적 위험범).[1]

주관적 구성요건으로서 고의는 미필적 고의로써 족하며, 고의 이외에도 대한민국을 모욕할 목적이 요구된다. 모욕의 목적이란 국기, 국장에 대하여 경멸의 태도를 보임으로써 이를 욕되게 하려는 목적을 말하며 목적의 달성 여부는 불문한다. 모욕의 목적 없이 타인 소유의 국기를 손상하는 것은 본죄가 아닌 손괴죄에 해당한다.

행위자가 국기 또는 국장을 손상한 후 제거한 경우에도 일죄만 성립한다. 국기 또는 국장을 손상하여 본죄가 성립하는 경우 이로 인한 손괴죄는 본죄에 흡수된다.

Ⅱ. 국기·국장비방죄

*전조의 목적으로 국기 또는 국장을 비방한 자는 1년 이하의 징역이나 금고, 5년 이하의 자격정지 또는 200만원 이하의 벌금에 처한다(제106조).

본죄는 대한민국을 모욕할 목적으로 국기 또는 국장을 비방함으로써 성립한다. 본죄의 행위인 비방이란 언어, 거동, 문장이나 그림 등을 통하여 모욕의 의사를 표현하는 것을 말한다. 본죄의 비방에 해당하려면 그 행위가 공연히 이루어져야 한다고 해석하는 것이 타당할 것이다.[2]

---

1) 김일수/서보학, 971면; 배종대, 596면; 백형구, 685면; 이재상 외, 691면; 진계호, 830면 등. 한편 임웅, 871면은 이를 추상적 위험범으로 본다.
2) 배종대, 597면; 백형구, 686면; 이재상 외, 691면; 임웅, 872면; 진계호, 830면.

제 2 절 국교에 관한 죄

§1. 서   설

I. 의의 및 보호법익

국교에 관한 죄는 외국과의 국제관계를 해하는 범죄라는 것을 공통점으로 하고 있으며 각 유형에 따라 그 구체적인 의미는 다양하게 표현될 수 있다.

국교에 관한 죄의 보호법익에 관하여서는 ① 국가주의적 견지에서 우리나라의 대외적 안전과 지위를 법익으로 보는 입장,[1] ② 국제주의적 관점에서 국제법상의 의무에 기한 외국의 이익을 보호법익으로 보는 입장,[2] ③ 국제법상 존중되어야 할 외국의 이익을 보호함과 동시에 이를 통하여 우리나라의 대외적 안전과 지위도 보호한다는 입장[3]이 대립되어 있는데 ③의 견해가 타당하다.

II. 현행법상의 체계

외국원수 등에 관한 죄	외국원수폭행등 죄(제107조) 외국사절폭행등 죄(제108조) 외국국기·국장모독죄(제109조)
국제적 평화에 관한 죄	외국에 대한 사전죄(제111조) 중립명령위반죄(제112조)
외교에 관한 죄	외교상기밀누설죄(제113조)

---

1) 배종대, 598면은 그 논거로서 우리나라의 대외적 안전에 전혀 해가 되지 않는 외국법익을 보호할 필요가 없고 그러한 법익을 보호하는 것은 형법의 역할이 아니라 국제법, 국제조약이 할 일이라는 것을 제시하고 있다.
2) 서일교, 379면; 정영석, 30면. 이 견해는 그 논거로서 국교에 관한 죄의 내용이 반드시 국가의 대외적 지위를 위태롭게 하는 것은 아니고 오늘날의 국제질서에 있어서 국가는 외국의 이익을 부당하게 침해하지 않을 의무를 진다는 점을 근거로 한다.
3) 김성천/김형준, 790면; 김일수/서보학, 974면; 이재상 외, 692면; 이정원, 722면; 정성근/정준섭, 604면; 정영일, 414면; 진계호, 851면.

§2. 유형별 고찰

Ⅰ. 외국원수·사절에 대한 죄

1. 외국원수에 대한 폭행 등 죄

> *대한민국에 체재하는 외국의 원수에 대하여 폭행 또는 협박을 가한 자는 7년 이하의 징역이나 금고에 처한다(제107조 제1항).
> *전항의 외국원수에 대하여 모욕을 가하거나 명예를 훼손한 자는 5년 이하의 징역이나 금고에 처한다(제107조 제2항).
> *제107조 내지 제109조의 죄는 그 외국정부의 명시한 의사에 반하여 공소를 제기할 수 없다(제110조).

폭행죄, 협박죄, 모욕죄, 명예훼손죄에 비하여 행위객체가 외국의 원수이기 때문에 형이 가중되는 범죄유형이며 반의사불벌죄이다.

본죄의 행위객체는 대한민국에 체재하는 외국의 원수이다. 외국이란 국가로서의 요건을 갖춘 대한민국 이외의 국가를 의미하며 그 나라가 우리나라와 정식 외교관계를 맺고 있는가는 불문한다. 원수란 당해 국가의 헌법에 의하여 그 국가를 대표할 권한이 있는 자로써[1] 대통령 또는 군주가 이에 해당한다. 내각책임제하의 수상은 행정부의 수반이기는 하나 국가원수로 볼 수 없다.[2]

본죄의 행위는 폭행, 협박, 모욕 또는 명예훼손이다. 모욕과 명예훼손에 있어서는 공연성을 요건으로 하지 않는 점에서 모욕죄, 명예훼손죄와 다르고 또한 모욕죄는 친고죄이나 본죄의 경우는 반의사불벌죄라는 점에서도 차이가 있다.

---

1) 배종대, 795면; 이재상 외, 689면; 임웅, 789면; 정영일, 585면.
2) 김일수/서보학, 975면; 박상기/전지연, 622면; 배종대, 795면; 백형구, 689면; 손동권, 732면; 이재상 외, 689면; 이정원, 724면; 임웅, 789면; 정성근/정준섭, 956면; 진계호, 853면; 황산덕, 29면.

2. 외국사절 대한 폭행등의 죄

> *대한민국에 파견된 외국사절에 대하여 폭행 또는 협박을 가한 자는 5년 이하의 징역이
> 나 금고에 처한다(제108조 제1항).
> *전항의 외국사절에 대하여 모욕을 가하거나 명예를 훼손한 자는 3년 이하의 징역이나
> 금고에 처한다(제108조 제2항).
> *제107조 내지 제109조의 죄는 그 외국정부의 명시한 의사에 반하여 공소를 제기할 수
> 없다(제110조).

본죄는 행위객체가 대한민국에 파견된 외국사절이라는 점에서 비록 외국원
수인 경우보다는 형이 경하지만 폭행죄, 협박죄, 모욕죄, 명예훼손죄에 비하여서
는 형이 가중되는 범죄유형이며 반의사불벌죄이다.

본죄의 행위객체는 대한민국에 파견된 외국사절이다. 대한민국에서 근무중인
외국의 대사, 공사는 물론 일시적으로 파견되어 체재중인 외국의 특사도 이에
해당한다. 그러나 파견받지 않고 여행 중 일시적으로 우리나라에 체류중인 자는
객체에 포함되지 않는다.

II. 외국국기·국장모독죄

> *외국을 모욕할 목적으로 그 나라의 공용에 공하는 국기 또는 국장을 손상, 제거 또는 오욕한
> 자는 2년 이하의 징역이나 금고 또는 300만원 이하의 벌금에 처한다(제109조).
> *제107조 내지 제109조의 죄는 그 외국정부의 명시한 의사에 반하여 공소를 제기할 수
> 없다(제119조).

본죄는 목적범이고 반의사불벌죄이다.

본죄의 행위객체는 공용에 공하는 외국의 국기 또는 국장이다. 공용에 공한
다는 것은 자국의 권위를 나타내기 위하여 공적기관이나 공무소에서 사용하는
것을 의미한다. 사적으로 휴대, 소장 또는 게양한 국기, 국장은 본죄의 객체가
아니다.[1] 또한 국가로 볼 수 없는 국제기구의 기나 휘장도 본죄의 객체로 될 수

---

1) 김일수/서보학, 976면; 배종대, 599면; 백형구, 692면; 이재상 외, 695면; 임웅, 876면; 정성근/정준
섭, 606면.

없다.

외국의 국기를 손상하여 제거하거나 오욕한 경우에도 일죄이다.

외국을 모욕할 목적으로 외국의 국기 또는 국장에 불을 지른 것이 공공의 위험을 수반한 경우에는 본죄와 방화죄의 상상적 경합이고 외국을 모욕할 목적으로 외국의 국기나 국장을 절취한 때에는 본죄와 절도죄의 상상적 경합이 된다.

Ⅲ. 외국에 대한 사전죄 · 중립명령위반죄

1. 외국에 대한 사전죄

> *외국에 대하여 사전한 자는 1년 이상의 유기징역에 처한다(제111조 제1항).
> *미수범은 처벌한다(제111조 제2항).

본죄는 외국에 대하여 사전을 함으로써 성립한다. 외국에 대하여 국민의 일부가 사적으로 전투행위를 한다면 그 국가와의 국교를 해하고 더 나아가 대외관계를 악화시켜 국가의 안위에 큰 영향을 미치기 때문에 이러한 행위를 범죄로서 처벌하려는 것이 본죄의 입법취지라고 할 수 있다.[1]

본죄의 행위객체는 외국이다. 여기에서 외국은 우리나라가 국가로 승인한 나라일 것을 요하지 않는다.[2] 외국의 국가권력과 무관한 외국인 또는 외국인집단을 상대로 한 전투는 본죄에 해당하지 않는다.

본죄의 행위는 사전이다. 사전이란 국가의 의사와 관계없이 사적으로 외국에 대하여 전투행위를 하는 것을 의미한다. 전투행위로 인정되려면 무력에 의한 조직적인 공격이 있어야 한다. 본죄는 이러한 공격이 이루어지면 기수가 된다.

본죄는 미수범을 처벌하고 예비 · 음모도 처벌한다. 다만 예비 · 음모죄에 있어서는 그 목적한 죄의 실행에 이르기 전에 자수한 때에는 그 자수가 형의 필요적 감면사유로 된다(제111조 제3항).

---

1) 김일수/서보학, 977면은 사인이 외국을 상대로 조직적인 공격행위를 하는 것이 현실적으로 가능한 것인지 의문이고 군의 일부가 통수체계를 위반하여 외국에 전단을 개시하는 경우에는 군형법 제18조(불법전투개시죄)가 적용되기 때문에 입법론적으로 문제가 있다고 비판한다.
2) 이영란, 759면; 이재상 외, 666면; 임웅, 877면; 정성근/정준섭, 607면; 진계호, 855면.

2. 중립명령위반죄

> *외국간의 교전에 있어서 중립에 관한 명령을 위반한 자는 3년 이하의 금고 또는 500만원 이하의 벌금에 처한다(제112조).

외국간의 교전시에 국가의 중립명령에 위반하여 교전국 일방에 가담하는 행위는 그 상대방 국가와의 국교를 위태롭게 할 뿐만 아니라 국가의 안위에도 영향을 미칠 우려가 있어 이를 처벌하려는 것이 본죄의 입법취지라고 볼 수 있다.

본죄는 구성요건의 중요한 내용이 외국간에 교전이 발생하여 국가가 중립을 지키고자 할 때 발하게 되는 중립명령에 위임되어 있으므로 백지형법에 속한다.

본죄의 규정이 한시법에 해당하는가에 관하여서는 중립명령이 한시적인 것이고 본죄는 중립명령이 내려져 있는 동안만 성립할 수 있으므로 한시법에 속한다는 긍정설[1]과 중립명령위반죄(제112조)는 유효기간이 정해진 것이 아니므로 한시법이 아니고 따라서 외국간의 교전이 끝난 후에도 중립명령위반자의 처벌이 가능하다고 보는 부정설[2]의 대립이 있다. 중립명령위반죄에 있어서 중요한 것은 구성요건의 내용을 형성하는 중립명령이다. 중립명령이 선언되어 있지 않는 한 중립명령죄는 성립할 여지가 없다. 본죄의 공백을 충전할 규범인 중립명령은 외국간의 교전상태라는 정황이 존속하는 동안에만 유효하게 존속할 수 있다. 이러한 관점에서 중립명령위반죄는 실질적으로 한시법적 성격을 갖는다.

본죄의 행위는 중립명령에 위반하는 것이다. 중립명령이란 외국간에 교전상태가 발생한 경우에 교전국의 어느 편에도 가담하지 않는 입장을 지키기 위하여 정부가 선언하는 명령을 말한다. 명령은 반드시 법의 형식으로서의 좁은 의미의 명령에 국한하지 않는다.[3] 명령은 부작위를 명하는 것일 수도 있고 작위를 명하는 것일 수도 있다. 어느 경우에도 중립명령의 내용에 따라 행위의 구체적 내용이 정하여진다.

---

1) 배종대, 600면; 이재상 외, 697면; 정성근/정준섭, 607면.
2) 백형구, 695면.
3) 배종대, 600면; 임웅, 878면.

Ⅳ. 외교상기밀누설죄

> *외교상의 기밀을 누설한 자는 5년 이하의 징역 또는 1천만원 이하의 벌금에 처한다(제 113조 제1항).
> *누설할 목적으로 외교상의 기밀을 탐지 또는 수집한 자도 전항의 형과 같다(제113조 제2항).

본죄는 외교상으로 지켜야 할 기밀을 누설함으로써 국교 내지 국제관계를 해하는 범죄이고 동시에 외환의 죄의 성격도 지닐 수 있는 범죄이다.

본죄의 행위주체에는 제한이 없다. 행위객체는 외교상의 기밀이다. 외교상의 기밀이란 외국과의 관계에서 국가가 지켜야 할 기밀을 의미한다. 국내에서 공지된 사실은 본죄의 기밀에 해당한다고 볼 수 없고[1] 외국에서 공지된 사실도 외교상의 기밀로 볼 수 없다.[2]

본죄의 행위는 누설하거나(제113조 제1항) 누설할 목적으로 탐지, 수집하는 것이다(제113조 제2항). 본죄에서 누설은 외교상의 기밀을 외국에 알리는 행위를 말한다. 외교상의 기밀을 적국에 누설하여 간첩죄가 성립하는 경우에는 본죄는 성립하지 않는다. 외교상의 기밀을 탐지 또는 수집하는 행위는 기밀누설의 예비단계에 해당하는 행위를 독립된 구성요건으로 규정한 것인데 이 경우에는 고의 이외에도 기밀을 누설할 목적이 있을 것을 요한다.

---

1) 김성돈, 762면; 배종대, 600면; 오영근, 669면; 이재상 외, 698면; 이정원, 726면; 임웅, 879면. 한편 김일수/서보학, 979면은 외국에 알려지지 않는 한 기밀로 될 수 있다고 본다.
2) 대판 1995. 12. 5, 94도2379.

제 3 장

국가의 기능에 대한 죄

제 1 절 공무원의 직무에 관한 죄

§1. 서   설

Ⅰ. 의의 및 보호법익

공무원의 직무상 범죄는 공무원이 직무에 위배하여 직무를 유기하거나 직권을 남용하거나 뇌물을 수수함으로써 공정하게 이루어져야 할 국가의 기능을 침해하는 범죄이며 진정신분범이다.

주권자인 국민의 수임자이자 봉사자인 공무원은 직책수행에 있어서 마땅히 준수해야 할 의무를 진다. 그럼에도 불구하고 공무원이 이에 위배하여 국가의 기능을 침해하고 아울러 직무의 상대방인 국민의 이익도 위태롭게 하는 행위를 한 경우에 이를 특별히 처벌하려는 것이 본죄의 입법취지라고 볼 수 있다.

Ⅱ. 직무범죄의 분류

본죄는 직무범죄이다. 직무범죄는 관점에 따라 다음과 같이 분류된다.

1. 진정직무범죄와 부진정직무범죄

진정직무범죄(또는 진정공무원범죄)는 공무원의 신분을 가진 자만이 범죄의 주체로 될 수 있는 범죄이고(예컨대 직무유기죄) 부진정직무범죄는 공무원 아닌 자도 범할 수 있지만 공무원이 범한 경우에 형이 가중되는 범죄(예컨대 불법체포감금죄)를 말한다. 즉, 진정직무범죄는 구성적 신분범으로서 진정신분범에 해당하고, 부진정직무범죄는 형의 가감이 생기므로, 총칙상의 공범규정에 관한 제33조의 적용문제가 발생한다.

2. 일반직무범죄와 특수직무범죄

직무범죄는 그 성격이 모든 공무원이 범할 수 있는 범죄인가 특수한 지위에 있는 공무원만 범할 수 있는 범죄인가에 따라 일반직무범죄와 특수직무범죄로 분류할 수 있다.[1] 예컨대 직무유기죄, 수뢰죄 등은 전자에 해당하고 불법체포 · 감금죄, 피의사실공표죄 등은 후자에 해당한다.

Ⅲ. 공무원개념과 형의 가중

형법은 공무원의 직무에 관한 죄를 다양하게 규정하고 있지만 공무원의 개념에 관한 규정은 두고 있지 않다. 그러므로 공법상의 공무원 개념이 본죄에도 적용된다고 볼 수 있다. 공무원이란 일반적으로 법령에 의하여 공무에 종사하는 자라고 정의할 수 있으나 형법상 개개의 구성요건이 예정하고 있는 공무원의 개념은 서로 다를 수 있기 때문에 획일적으로 공무원 개념을 확정짓는 것은 타당하지 않다.

공무원의 범위는 원칙적으로 국가공무원법(제2조)나 지방공무원법(제2조)에 의하여 정하여진다. 그러나 다른 법률에 의하여 그 범위가 확장되는 경우도 있다. 예컨대 특정범죄가중처벌 등에 관한 법률은 뇌물죄에 있어서 공무원의 범위를 확대하고 있으며(제4조) 한국은행법은 한국은행의 임직원을 형법 기타 법률에 의한 벌칙 적용시 공무원으로 간주한다(제106조).

공무원이 직권을 이용하여 공무원의 직무에 관한 죄(각칙 제7장 소정의 직무유기의 죄, 직권남용의 죄, 뇌물죄) 이외의 죄를 범한 때에는 그 죄에 정한 형의 2분의 1까지 가중한다(제135조 본문). 다만 공무원의 신분에 따른 특별한 규정이 있는 때에는 예외로 위의 규정이 적용되지 않는다(제135조 단서).

---

1) 배종대, 602면; 이재상 외, 701면.

Ⅳ. 현행법상의 체계

직무유기의 죄	직무유기죄(제122조) 피의사실공표죄(제126조) 공무상비밀누설죄(제127조)				
직권남용의 죄	직권남용죄(제123조) 불법체포감금죄(제124조) 폭행·가혹행위죄(제125조) 선거방해죄(제128조)				
뇌물의 죄	수뢰죄	기본적 구성요건: 단순수뢰죄 (제129조 제1항)	수정적 구성요건	감경적	사전수뢰죄 (제129조 제2항)
				가중적	수뢰후부정처사죄, 사후수뢰죄(제131조)
		독립적 구성요건	제3자뇌물제공죄(제130조) 알선수뢰죄(제132조)		
	증뢰죄	증뢰죄(제133조 제1항) 제3자증뢰물전달죄(제133조 제2항)			

§2. 공무원의 직무상 범죄의 분류

Ⅰ. 직무유기의 죄

1. 서　설

　　직무유기의 죄는 공무원의 직무수행의 거부나 유기를 내용으로 하는 직무유기죄를 비롯하여 특수직무범죄인 피의사실공표죄 및 공무원이나 공무원이었던 자가 직무상의 비밀을 누설할 것을 내용으로 하는 공무상비밀누설죄로 구성된다고 볼 수 있다.[1] 피의사실공표죄의 도입취지는 필요불가결한 경우 이외에는 피의자가 범죄혐의로 인한 불이익을 받지 않도록 함으로써 피의자의 인권보호

---

1) 직무유기죄에 관하여서는 그 도입시부터 법전편찬위원회의 논란의 대상이 되어 삭제주장도 있었으나 「정당한 이유 없이」라는 요건과 법정형을 경하게 하여 도입하게 된 것으로 보인다. 형사정책연구원, 형사법령제정자료집(Ⅰ), 형법, 340면 참조.

와 아울러 무죄추정의 법리를 구현하고자 함이다.[1]

2. 유형별 고찰

(1) 직무유기죄

> *공무원이 정당한 이유 없이 그 직무수행을 거부하거나 그 직무를 유기한 때에는 1년 이하의 징역이나 금고 또는 3년 이하의 자격정지에 처한다(제122조).

1) 의 의

본죄의 보호법익은 국가의 기능이다. 공무원이 행정법상의 의무에 위반하거나 직무를 태만히 한 경우에는 특별권력관계에 의하여 징계처분을 받게 된다. 그러나 그 모든 직무상의 의무위반이 본죄에 해당한다고 볼 수 없고 본죄는 직무의 위반이 국가의 기능을 저해하여 국민에게 피해를 야기시킬 가능성이 있는 정도에 이르렀을 때에 성립하는 것으로[2] 제한하여 이해하는 것이 타당하다. 그러므로 본죄는 구체적 위험범이다.[3] 판례의 태도이기도 하다.[4] 또한 본죄는 직무수행의 거부나 유기가 계속되는 한 그 범행도 계속되므로 계속범의 성격을 갖는다.[5]

2) 구성요건

① 객관적 구성요건

(가) 본죄의 행위주체는 공무원이다(진정신분범). 공무원의 개념은 앞에서 설명한 바와 같다.

---

1) 위의 책, 343~344면 참조.
2) 대판 1983. 3. 22, 82도3065: 대판 1970. 9. 29, 70도1790: 대판 1966. 3. 15, 65도984 등.
3) 김일수/서보학, 801면: 배종대, 602면: 백형구, 671면: 이재상 외, 703면: 정성근/정준섭, 501면: 진계호, 705면 등. 한편 김성돈, 738: 김성천/김형준, 797면: 오영근, 673면: 이정원, 734면: 임웅, 885면 등은 추상적 위험범으로 본다.
4) 대판 2011. 7. 28, 2011도1739: 대판 2010. 1. 14, 2009도9963: 대판 2009. 3. 26, 2007도7725. "직무유기죄에서 '직무를 유기한 때'란 공무원이 법령, 내규 등에 의한 추상적 충근의무를 태만히 하는 일체의 경우를 이르는 것이 아니고 직장의 무단이탈, 직무의 의식적인 포기 등과 같이 그것이 국가의 기능을 저해하며 국민에게 피해를 야기시킬 가능성이 있는 경우를 말하는 것"이다. 특히 대판 1997. 4. 22, 95도748 등은 "휴가 중인 자의 경우 구체적인 작위의무 내지 국가기능의 저해에 대한 구체적인 위험성이 있다고 할 수 없어 직무유기죄의 주체가 될 수 없다'고 판시하고 있다.
5) 김성천/김형준, 796면: 배종대, 603면: 유기천(하), 303면: 이영란, 771면: 임웅, 885면: 정성근/정준섭, 501면 등. 한편 김일수/서보학, 801면은 직무수행거부는 즉시범, 직무유기는 계속범으로 본다. 또한 이정원, 734면은 상태범이라고 본다.

(나) 본죄의 행위는 직무수행을 거부하거나 직무를 유기하는 것이다. 직무란 공무원이 공무원법에 따라 수행해야 하는 본래의 직무를 말하고 공무원이라는 신분으로 인하여 부수적, 파생적으로 발생하는 직무는 이에 해당하지 않는다.[1] 또한 본죄의 직무는 법령에 근거가 있거나 특별한 지시 또는 명령이 있어 시의 적절하게 수행해야 하는 구체적인 직무일 것을 요한다.[2] 그러므로 단순히 지각, 조퇴, 근무시간중의 수면 등과 같은 직무태만이나 착각, 분망(매우 분주함) 등으로 직무를 성실히 수행하지 못한 경우는 본죄에 해당하지 않는다.[3]

직무수행을 거부한다는 것은 직무를 수행해야 할 공무원이 이를 행하지 않을 의사나 태도를 그 명령자, 지시자 또는 기타 관계자에게 표현하는 것을 의미하고 직무를 유기한다는 것은 고의적으로 직무를 수행하지 않고 방치하거나 포기하는 일체의 행위를 의미한다. 직무수행의 거부나 직무유기는 작위, 부작위 어느 방법에 의해서도 가능하며[4] 그 수단, 방법을 불문한다. 다만 거부나 유기는 앞에서 지적했듯이 무단이탈, 직무의 의식적 포기 등과 같이 국가의 기능을 저해하여 국민에게 피해를 야기시킬 가능성이 있는 정도에 이르러야 한다.

판 례 ////////////////////////

1. 직무유기에 해당하는 경우

경찰관이 불법체류자의 신병을 출입국관리사무소에 인계하지 않고 훈방하면서 인적사항조차 기재해 두지 않은 경우(대판 2008. 2. 14. 2005도4202), 물건적치기간 연장신청이 허가대상토지를 골재생산영업을 위한 부대시설로 편법적으로 사용하기

---

1) 김일수/서보학, 802면: 배종대, 603면: 이재상 외, 703면: 이정원, 735면: 임웅, 886면: 진계호, 706면. 대판 1962. 5. 2. 4294형상127은 형사소송법에 의한 공무원의 고발의무는 본죄의 직무에 해당하지 않는 것으로 보았고 대판 1976. 10. 12. 75도1895는 세관소속 감시선의 운전자가 관세포탈사범을 검거하지 않은 경우는 본죄에 해당하지 않는다고 판시하였다.
2) 권문택/7인공저, 682면: 김일수/서보학, 802면: 배종대, 802면: 백형구, 672면: 유기천(하), 303면: 이재상 외, 699면: 이정원, 735면: 임웅, 799면: 진계호, 706면 등.
3) 김일수/서보학, 803면: 박상기/전지연, 628면: 백형구, 672면: 오영근, 868면: 유기천(하), 303면: 이재상 외, 699면: 임웅, 800면: 진계호, 707면 등. 판례도 비록 부실하더라도 형식적이나마 직무를 수행한 경우라든가(대판 1982. 9. 14. 81도2538), 태만, 착오 등으로 직무수행을 성실히 수행하지 못한 것에 불과한 경우에는 본죄가 성립하지 않는다고 본다(대판 2022. 6. 30. 2021도8361: 대판 1994. 2. 8. 93도3568).
4) 수행해야 할 직무를 방임하는 것은 부작위에 의한 직무유기이고 해서는 안될 직무상의 의무를 행하면 작위에 의한 직무유기로 볼 수 있다(임웅, 800면).

위한 것이라는 점을 잘 알면서도, 그 허가업무를 담당하던 공무원이 자세히 검토하지도 않고 연장허가를 내준 경우(대판 2009. 3. 26, 2007도7725), 농지사무를 담당하는 군청직원이 농지전용불법사실을 알면서도 군수에게 보고하는 등 적절한 조치를 취하지 않은 경우(대판 1993. 12. 14, 92도3334), 경찰관이 교통사고에 대하여 의법조치를 취하지 않은 경우(대판 1956. 10. 19, 4289형상244), 세관공무원이 밀수선박에 대한 감시임무를 중도에서 포기한 경우(대판 1970. 9. 29, 70도1790), 세무서직원이 양도소득세 과세자료가 은닉된 것을 알면서 이를 방치한 경우(대판 1984. 4. 10, 83도1653), 담당직원이 교통사고로 운행정지처분중에 있는 자에게 자동차 번호판을 교부한 경우(대판 1972. 6. 27, 72도969), 당직사관이 근무중 화투놀이를 한 후 교대할 다음 근무자에게 근무인계를 하지 않고 퇴근한 경우(대판 1990. 12. 21, 90도2425), 군부대 유류수령 및 반출업무를 담당하는 자가 신병을 이유로 출납관 도장을 3종 계원에게 맡겨놓고 일체 확인, 감독을 안 한 경우(대판 1986. 2. 11, 85도2471), 경찰관이 투표용지 유출사실에 대하여 상사에게 보고하지 않고 수사도 하지 않은 경우(대판 1961. 2. 28, 4298형상35)

2. 직무유기에 해당하지 않는 경우

지방자치단체장이 전국공무원노조 주도파업에 참가한 공무원에 대하여 관할 인사위원회에 징계의결요구를 하지 않고 가담 정도의 경중을 가려 자체 인사위원회 징계의결요구를 하거나 훈계처분을 하도록 지시한 경우(대판 2007. 7. 12, 2006도1390), 일직사관이 몸이 불편하여 근무시간중 당직실 근처에서 잠을 잔 경우(대판 1984. 3. 2, 83도3260), 교도소 보안과 출정계장이 호송교도관들을 믿고 호송죄수들의 신체검사를 철저히 감독하지 않아 호송중 죄수들이 집단 탈주한 경우(대판 1991. 6. 11, 91도96), 예비군 교관이 교육과목을 다른 과목으로 대체한 경우(대판 1979. 3. 27, 79도291), 사법경찰관리가 경미한 범죄사실을 검사에게 보고하지 않고 위법사실을 조사하여 훈방한 경우(대판 1982. 6. 8, 82도117), 관할 검사장으로부터 범칙사건을 조사할 수 있는 자로 지명받지 않아 통고처분이나 고발을 할 권한이 없는 세무공무원이 범칙사건조사결과에 따른 통고처분이나 고발조치를 건의하는 등의 조치를 하지 않은 경우(대판 1997. 4. 11, 96도2753), 세관의 검사담당직원이 위험물을 위험창고에 옮기지 않은 것이 보세화물장치요강에 따른 행위였던 경우(대판 1970. 11. 24, 70도2113)

② 주관적 구성요건

망각, 착오 등으로 인하여 직무를 수행하지 못한 경우에는 고의가 조각된다.

3) 위법성

직무수행의 거부나 유기에 정당한 이유가 있는 때에는 위법성이 조각된다.[1] 정당한 이유가 있는가는 행위당시의 모든 정황을 고려하여 사회상규에 따라 판단해야 할 것이다.

4) 죄수 및 타죄와의 관계

공무원이 직무에 위배하여 담당사건에 관한 허위내용의 전말서나 진술조서를 작성하여 행사한 경우에는 허위공문서작성, 동행사죄만 성립하고 직무유기죄는 이에 흡수된다.[2]

담당공무원이 출원인의 출원사유가 허위임을 알면서도 직무상의 조치를 취하지 않고 부하직원을 시켜 기안문을 작성하게 하여 스스로 중간결재를 한 후 정을 모르는 결재권자의 최종결재를 받은 경우에는 위계에 의한 공무집행방해죄만 성립하고 직무유기죄는 이에 흡수된다.[3] 다만 허위공문서의 작성이 허위사실의 은폐에 그치지 않고 적극적으로 새로운 직무위배상태를 창출하는 경우, 예컨대 출원사유가 허위임을 알면서도 직무상 조치를 취하지 않을 뿐만 아니라 오히려 이를 허가함이 타당하다고 의견서를 작성한 경우에는 허위공문서작성, 동행사죄와 직무유기죄는 실체적 경합이 된다.[4]

검사로부터 범인을 검거하라는 지시를 받은 경찰관이 잠적중인 범인에게 전화를 걸어 도주한 경우에는 직무유기죄는 범인도피죄에 흡수된다.[5] 또한 경찰관이 범죄행위에 사용된 증거물을 돌려주었을 경우에도 작위범인 증거인멸죄만 성립하고 부작위범인 직무유기죄는 별도로 성립하지 않는다.[6]

공무원이 뇌물을 받은 대가로 취한 행위가 본죄에 해당할 때에는 수뢰후부정처사죄와 본죄의 상상적 경합이 된다. 다만 직무유기 후 그 결과로서 혜택을 받은 자로부터 대가를 지급받은 경우에는 직무유기죄와 수뢰죄는 실체적 경합이 된다.[7]

---

1) 김일수/서보학, 804면; 이정원, 737면; 임웅, 890면.
2) 대판 1999. 12. 24, 99도2240; 대판 1982. 12. 28, 82도2210; 대판 1971. 8. 31, 71도1176.
3) 대판 1997. 2. 28, 96도2825.
4) 대판 1993. 12. 24, 92도3334.
5) 대판 1996. 5. 10, 96도51.
6) 대판 2006. 10. 19, 2005도3909.
7) 대판 2002. 5. 17, 2001도6170.

(2) 피의사실공표죄

*검찰, 경찰 기타 범죄수사에 관한 직무를 행하는 자 또는 이를 감독하거나 보조하는 자가 그 직무를 수행하면서 알게된 피의사실을 공소제기 전에 공표한 경우에는 3년 이하의 징역 또는 5년 이하의 자격정지에 처한다(제126조).

1) 의 의

본죄의 보호법익은 국가의 범죄수사권과 피의자의 인권이며 그 중점은 피해자의 인권보호에 있다.[1] 본죄는 특수직무범죄로서 진정신분범이며 추상적 위험범이다.

2) 구성요건

① 주 체

본죄의 행위주체는 검찰, 경찰 기타 범죄수사에 관한 직무를 행하는 자 또는 이를 감독·보조하는 자이다. 그러므로 검사, 사법경찰관은 물론 특별사법경찰관도 본죄의 주체로 되며 검찰수사를 감독할 권한이 있는 지방검찰청검사장, 고등검찰청검사장, 검찰총장 및 경찰수사를 감독할 권한이 있는 경찰서장, 지방경찰청장, 경찰청장 등도 본죄의 주체에 해당한다. 또한 범죄수사에 관한 직무를 보조하는 자, 예컨대 사법경찰관의 보조자인 사법경찰리도 본죄의 주체이다. 법관도 구속영장을 발부하고 피의사실을 공표한 경우에는 본죄에 해당한다.[2]

② 행 위

본죄의 행위는 공판청구 전에 피의사실을 공표하는 것이다. 공판청구전이란 검사가 공소를 제기하기 전을 의미한다. 그러므로 공소제기 후에는 피의사실(공소사실)을 공표하여도 본죄를 구성하지 않는다.

공표란 불특정 또는 다수인에게 알리는 것을 말한다. 공표는 공연히 이루어질 것을 요하지 않는다. 특정한 1인에게 알리는 경우에도 이로 인하여 불특정·다수인에게 알려질 가능성이 있는 경우는 공표로 볼 수 있다.[3] 예컨대 신문사나 방송국의 취재기자에게 피의사실을 알리는 경우가 이에 해당한다. 공표는 신문

---

1) 배종대, 604면; 백형구, 673면. 본죄의 입법취지에 관하여서는 형사정책연구원, 앞의 책, 343~ 344면 참조.
2) 김일수/서보학, 808면; 백형구, 674면; 임웅, 893면; 진계호, 711면.
3) 김성돈, 772면; 김혜정 외, 656면; 배종대, 605면; 이재상 외, 707면; 임웅, 893면. 반면, 오영근, 678면은 1인에게 알리는 경우는 공표라고 할 수 없으므로 본죄에 해당하지 않는다고 본다.

기자의 수사기록 열람을 묵인하는 경우처럼 부작위에 의해서도 가능하며[1] 그 수단·방법을 불문한다. 그러나 피의자의 가족이나 변호인에게 피의사실을 알려 주는 것은 공표로 볼 수 없다. 본죄는 피의사실을 공표함으로써 기수가 된다.

3) 위 법 성

본죄에 있어서는 피의사실의 공표가 단지 관행이라는 이유로 정당화될 수 없다. 또한 막연히 공익을 내세우는 것만으로도 위법성이 조각된다고 보기 어렵다. 이와 관련하여 특강법 제8조의2는 범행수단이 잔인하고 중대한 피해가 발생한 사건이고 피의자가 그 죄를 범하였다고 믿을 만한 충분한 증거가 있으며, 국민의 알권리 보장, 피의자의 재범방지 및 범죄예방 등 오로지 공공의 이익을 위하여 필요한 때에는 특정강력범죄사건의 피의자의 얼굴, 성명 및 나이 등 신상에 관한 정보를 검사와 사법경찰관이 공개할 수 있도록 규정하고 있다. 동법에 따른 피의사실의 공표는 법령에 의한 행위로서 제20조 정당행위에 해당되어 위법성이 조각된다.

본죄의 법익은 개인이 자유롭게 처분할 수 있는 것이 아니므로 비록 피해자의 승낙이 있었더라도 이 사실만으로는 본죄의 위법성이 조각되지 않는다.

(3) 공무상 비밀누설죄

> *공무원 또는 공무원이었던 자가 법령에 의한 직무상 비밀을 누설한 때에는 2년 이하의 징역이나 금고 또는 5년 이하의 자격정지에 처한다(제127조).

1) 의 의

공무원에게는 재직중뿐만 아니라 퇴직한 후에도 직무상으로 알게 된 비밀을 엄수해야 할 의무가 있는데 본죄의 규정은 이러한 의무를 위반하는 행위를 범죄로서 처벌하고 있다. 본죄의 보호법익은 공무원의 비밀누설로 위협받게 되는 국가의 기능이다.

2) 구성요건

본죄의 행위주체는 공무원 또는 공무원이었던 자이다(진정신분범).

본죄의 행위객체는 법령에 의한 직무상의 비밀이다. 비밀이란 일반적으로 알

---

[1] 김일수/서보학, 809면; 박상기/전지연, 631면; 백형구, 675면; 임웅, 806면; 정성근/정준섭, 758면; 진계호, 712면.

려져 있지 않은 사실로서 누설함이 없이 보존하는 것이 국가의 이익이 되는 것을 말한다. 여기에서 비밀은 직무상의 비밀에 국한된다. 그러므로 직무와 관계없이 알게 된 비밀은 객체에서 제외된다. 또한 직무상의 비밀은 법령에 의한 것, 즉 법령에 의하여 비밀로 분류된 것을 의미한다.[1] 판례는 법령에 의하여 비밀로 분류된 것뿐만 아니라 객관적, 일반적인 입장에서 외부에 알려지지 않는 것이 상당한 이익이 있는 사항도 포함된다고 판시하지만,[2] 이처럼 확대해석하는 것은 타당하지 않다.

본죄의 행위는 누설이다. 누설은 비밀을 제3자에게 알리는 것을 말하며 이미 비밀을 알고 있는 사람에게 알리는 행위는 누설로 볼 수 없다.[3] 누설은 작위는 물론 부작위에 의해서도 가능하며 그 수단, 방법을 불문한다.

본죄는 비밀을 누설함으로써 기수가 된다(추상적 위험범).

3) 죄수 및 타죄와의 관계

동일한 기회에 동일한 대상자에게 수개의 비밀을 누설한 경우에도 1개의 공무상비밀누설죄만 성립한다. 공무원의 비밀누설이 간첩죄, 외교상기밀누설죄 등 특별규정에 해당할 때에는 본죄는 이에 흡수된다.[4]

공무원이 금품을 받고 그 대가로 비밀을 누설한 경우에는 수뢰후부정처사죄(제13조 제1항)와 본죄의 상상적 경합이 된다.[5]

Ⅱ. 직권남용의 죄

1. 서   설

직권남용의 죄는 공무원이 그 직무를 행함에 있어서 직권을 남용하거나 위법한 행위를 통하여 사람의 권리 내지 인격을 침해하는 것을 내용으로 하는 범죄이다. 이에 해당하는 형법상의 범죄로서는 직권남용죄(제123조), 불법체포·감

---

1) 김성돈, 773면; 김일수/서보학, 811면; 백형구, 676면; 오영근, 680면; 유기천(하), 324면; 정성근/정준섭, 506면; 진계호, 713면 등.
2) 대판 1996. 5. 10, 95도780; 대판 1982. 6. 22, 80도2822; 대판 1981. 7. 28, 81도1172.
3) 김일수/서보학, 787면; 배종대, 606면; 백형구, 677면; 오영근, 681면; 이재상 외, 709면; 이정원, 741면; 임웅, 897면; 정성근/정준섭, 506면.
4) 백형구, 677면.
5) 대판 1970. 6. 30, 70도562.

금죄(제124조), 폭행·가혹행위죄(제125조) 및 선거방해죄(제128조)를 들 수 있다.

이들 범죄는 그 수단에 있어서 폭행, 협박 등 폭력적인 요소가 많으나 그 주체가 국민 전체의 봉사자인 공무원이고 공무수행과 관련하여 범행을 함으로써 적정하게 이루어져야 할 국가의 기능과 이에 대한 국민의 신뢰까지 침해한다는 점에서 단순한 폭력범과는 구분된다.

참고 **연혁**

로마시대에는 관리의 직권남용이나 부정부패를 행정적으로 규제하였으나 그 범죄가 증가하여 만연되자 형벌로써 대처하게 되었고 특히 콘스탄티누스(Constantinus) 황제는 범행한 관리의 고소·고발을 주민에게 촉구했다. 형벌은 대체로 벌금형이었으나 죄질에 따라 추방, 재산몰수 등의 제재가 가하여졌다. 전통적으로 이어져 내려온 직무범죄는 독일의 경우 프로이센일반국법(Preuß. ALR 1794)에 상세히 규정되었다(제323조 이하). 이들 규정은 프로이센형법에 영향을 미쳤고(제309조 이하) 오늘날의 독일형법에도 이어지고 있다.

한편 대명률(大明律)에서는 관리가 사사로운 원한으로 무죄한 사람을 옥에 가두거나 고문하거나 상해한 경우[1]와 옥졸(獄卒)이 갇혀 있는 죄인을 학대, 구타하는 행위를 처벌하는 규정을 두고 있었다.[2] 현행 형법상의 직권남용의 죄 중 일반공무원직권남용죄(제123조), 불법체포·감금죄(제124조) 및 폭행가혹행위죄(제125) 공무원직권남용죄(제123조), 불법체포·감금죄(제124조) 및 폭행가혹행위죄(제125조)는 구형법의 조문을 토대로 하면서 일본형법가안 192조 내지 194조의 영향도 받은 것으로 보이며 선거방해죄(제128조)는 일본형법가안 203조와 204조의 영향을 받아 신설된 것이라고 한다.

2. 유형별 고찰

(1) 직권남용죄

*공무원이 직권을 남용하여 사람으로 하여금 의무 없는 일을 하게 하거나 사람의 권리 행사를 방해한 때에는 5년 이하의 징역, 10년 이하의 자격정지 또는 1천만원 이하의 벌금에 처한다(제123조).

---

1) 大明律直解, 刑律, 卷 第 二十八 斷獄, 故禁故勘平人條.
2) 大明律直解, 刑律, 卷 第 二十八 陵虐罪數條.

1) 의 의

본죄는 공무원이 직권을 남용하여 사람에게 의무없는 일을 하게 하거나 권리행사를 방해함으로써 성립한다. 본죄의 보호법익은 국가기능의 공정한 행사라는 것이라고 본다.[1] 본죄의 주된 법익은 국가기능의 공정한 행사이지만 국민의 권리보호도 부차적 법익으로 보아야 할 것이다.

2) 구성요건

본죄의 행위주체는 공무원이다(진정신분범). 본죄의 성격에 비추어 반드시 특수직 공무원일 필요는 없지만 그 직책상 일정한 사실을 명령하고 강제할 수 있는 권한을 갖는 공무원일 것을 요한다. 행위객체는 사람이며 그 범위에는 제한이 없다. 행위자 이외의 공무원도 본죄의 객체로 될 수 있다.

본죄의 행위는 직권을 남용하여 사람으로 하여금 의무 없는 일을 하게 하거나 사람의 권리행사를 방해하는 것으로서, 공무원이 일반적 직무권한에 속하는 사항에 관하여 직권행사에 가탁하여 실질적·구체적으로 위법 부당한 행위를 한 경우에 성립한다. 직권을 남용한다는 것은 비록 형식상으로는 공무원의 일반적 직무권한에 속하는 사항이지만 행위자의 목적, 직권수행의 방법 등이 위법, 부당하여 직무의 본래 취지에 반하는 것을 의미한다.[2] 어떠한 직무가 공무원의 일반적 직무권한에 속하는 사항이라고 하기 위해서는 그에 관한 법령상 근거가 필요하다.[3] 그러므로 공무원이 자기의 직무권한과 관련 없이 행위한 경우에는 본죄가 성립하지 않는다.[4] 판례도 외관상 직무권한과 아무런 관련이 없는 행위에 대하여는 본죄가 성립하지 않는다고 본다.[5]

직권을 전제로 한다는 점에 비추어 볼때 퇴임한 이후에는 직권이 존재하지 않으므로, 퇴임 후에도 실질적 영향력을 행사하는 등으로 퇴임 전 공모한 범행에 관한 기능적 행위지배가 계속되었다고 인정할 만한 특별한 사정이 없는 한,

---

1) 김일수/서보학, 813면; 백형구, 670면; 이영란, 778면; 이재상 외, 710면; 이정원, 741면; 임웅, 898면; 정성근/정준섭, 507면; 진계호, 716면 등.
2) 김일수/서보학, 814면; 배종대, 607면; 백형구, 670면; 이재상 외, 711면; 임웅, 899면; 정성근/정준섭, 507면; 진계호, 717면.
3) 대판 2021. 3. 11, 2020도12583.
4) 판례(대판 1954. 9. 23, 4287형상72)는 철도경찰대 소속 경찰관이 여객이나 운송물에 대한 운임징수의 직권이 없음에도 불구하고 수하물운임 명목으로 금원을 징수한 행위가 본죄를 구성한다고 보고 있다.
5) 대판 2014. 12. 24, 2012도4531; 대판 2013. 11. 28, 2011도5329.

퇴임 후의 범행은 공범이 성립하지 않는다.[1)]

의무 없는 일을 하게 한다는 것은 법률상 전혀 의무가 아닌 일을 행하게 하는 경우뿐만 아니라 의무가 있다고 할지라도 그 의무의 태양을 부당하게 변경하여 행하게 하는 경우, 예컨대 수수료를 과다징수하거나 의무이행기를 앞당기거나 다른 조건을 붙이는 경우 등이 이에 해당한다.

공무원이 한 행위가 직권남용에 해당한다고 하여 그러한 이유만으로 상대방이 한 일이 '의무 없는 일'에 해당한다고 인정할 수는 없다. '의무 없는 일'에 해당하는지는 직권을 남용하였는지와 별도로 상대방이 그러한 일을 할 법령상 의무가 있는지를 살펴 개별적으로 판단하여야 한다.[2)]

권리행사를 방해한다는 것은 법률상 행사할 수 있는 권리의 정당한 행사를 방해하는 것을 말하므로, 구체화된 권리의 현실적인 행사가 방해된 경우여야 한다.[3)] 예컨대 인가, 허가를 해줄 권한이 있는 공무원이 부당하게 이를 거부하여 권리의 발생을 방해하는 경우가 이에 해당한다.

본죄는 의무 없는 일을 하게 되거나 권리행사방해의 결과가 발생한 때에 기수가 된다(결과범). 그러나 국가기능의 공정한 행사라는 법익이 현실적으로 침해될 필요는 없으므로 본죄는 추상적 위험범으로 볼 수 있다.[4)]

직권남용이 아니라고 오신한 경우는 구성요건적 착오로서 고의를 조각한다.

---

1) 대판 2020. 2. 13. 2019도5186.
2) 대판 2020. 1. 30. 2018도2236 전원합의체 판결. 상대방이 공무원이거나 법령에 따라 일정한 공적 임무를 부여받고 있는 공공기관 등의 임직원인 경우에는 법령에 따라 임무를 수행하는 지위에 있으므로 그가 직권에 대응하여 어떠한 일을 한 것이 의무 없는 일인지 여부는 관계 법령 등의 내용에 따라 개별적으로 판단하여야 한다. … 공무원이 직권을 남용하여 사람으로 하여금 어떠한 일을 하게 한 때에 상대방이 공무원 또는 유관기관의 임직원인 경우에는 그가 한 일이 형식과 내용 등에 있어 직무범위 내에 속하는 사항으로서 법령 그 밖의 관련 규정에 따라 직무수행 과정에서 준수하여야 할 원칙이나 기준, 절차 등을 위반하지 않는다면 특별한 사정이 없는 한 법령상 의무 없는 일을 하게 한 때에 해당한다고 보기 어렵다.
3) 대판 2020. 10. 27. 2020도15105.
4) 권문택/7인공저, 686면; 김성천/김형준, 806면; 이재상 외, 711면; 임웅, 809면; 정성근/정준섭, 791면; 정영일, 605면. 한편 김일수/서보학, 816면; 이정원, 741면; 최호진, 907면 등은 침해범으로 본다.

판 례

///////////////////////

　직권남용죄는 공무원이 그 일반적 직무권한에 속하는 사항에 관하여 직권의 행사에 가탁하여 실질적, 구체적으로 위법·부당한 행위를 한 경우에 성립한다. 여기에서 말하는 '직권의 남용'이란 공무원이 일반적 직무권한에 속하는 사항을 불법하게 행사하는 것, 즉 형식적, 외형적으로는 직무집행으로 보이나 실질적으로는 정당한 권한 이외의 행위를 하는 경우를 의미하고, 공무원이 그의 일반적 직무권한에 속하지 않는 행위를 하는 경우인 지위를 이용한 불법행위와는 구별된다. 그리고 어떠한 직무가 공무원의 일반적 권한에 속하는 사항이라고 하기 위해서는 그에 관한 법령상의 근거가 필요하다. 다만 법령상의 근거는 반드시 명문의 근거만을 의미하는 것은 아니고, 명문이 없는 경우라도 법·제도를 종합적, 실질적으로 관찰해서 그것이 해당 공무원의 직무권한에 속한다고 해석되고 그것이 남용된 경우 상대방으로 하여금 의무 없는 일을 행하게 하거나 상대방의 권리를 방해하기에 충분한 것이라고 인정되는 경우에는 직권남용죄에서 말하는 일반적 권한에 포함된다.[1] 따라서 실무담당자로 하여금 법령에 명시된 기준과 절차에 위반하여 직무집행을 보조하게 한 경우(대판 2021. 3. 11, 2020도12583; 대판 2017. 10. 31, 2017도12534; 대판 2011. 2. 10, 2010도13766) 경험칙상 자신의 재량범위를 벗어난다는 사실을 인식하고 그와 같은 결과를 용인한 채 사람을 체포한 경우(대판 2017. 3. 9, 2013도16162. 이 경우 판례는 직권남용체포죄와 직권남용죄가 성립한다고 본다) 검찰의 고위간부가 내사담당 검사로 하여금 내사를 중도에 그만두고 종결처리하도록 한 경우(대판 2007. 6. 14, 2004도5561) 상급경찰관이 부하 경찰관들의 수사를 중단시키거나 사건을 다른 경찰관서로 이첩하게 한 경우(대판 2010. 1. 28, 2008도7312) 대통령비서실장 및 정무수석비서관실 소속 공무원들인 피고인들이, 2014~2016년도의 3년 동안 각 연도별로 전국경제인연합회에 특정 정치성향 시민단체들에 대한 자금지원을 요구하고 그로 인하여 전국경제인연합회 부회장 갑으로 하여금 해당 단체들에 자금지원을 하도록 한 경우(대판 2020. 2. 13, 2019도5186) 등은 직권남용죄가 성립한다.

　반면 지방자치단체의 장이 미리 승진후보자명부상 후보자들 중에서 승진대상자를 실질적으로 결정한 다음 그 내용을 인사위원회 간사, 서기 등을 통해 인사위원회 위원들에게 '승진대상자 추천'이라는 명목으로 제시하여 인사위원회로 하여금 자신이 특정한 후보자들을 승진대상자로 의결하도록 유도하는 행위(대판 2020. 12. 10, 2019도17879), 법무부 검찰국장이 검찰국이 마련하는 인사안 결정과 관련하여 검사인사담당 검사로 하여금 하반기 검사인사에서 부치지청에 근무하고 있던 경력검사 을을 다른 부치지청으로 다시 전보시키는 내용의 인사안을 작성하게 한 경우

---

1) 대판 2019. 3. 14, 2018도18646.

(대판 2020. 1. 9. 2019도11698) 등은 직권남용죄가 성립하지 않는다.[1]

3) 위법성

공무원이 정당한 목적을 위하여 피해자의 승낙을 얻어서 의무 없는 일을 시킨 경우에는 정당행위로서 위법성이 조각된다. 그러나 단순한 피해자의 승낙만으로는 위법성이 조각되지 않는다.

4) 죄수 및 타죄와의 관계

공무원이 폭행 또는 협박의 수단으로 본죄를 범한 경우에는 본죄와 강요죄(제324조)는 상상적 경합이 된다. 공무원이 남용하여 위력으로 사람의 업무를 방해한 경우에도 본죄와 업무방해죄(제314조 제1항)는 상상적 경합이 된다.

(2) 불법체포 · 감금죄

> *재판, 검찰, 경찰 기타 인신구속에 관한 직무를 행하는 자 또는 이를 보조하는 자가 그 직권을 남용하여 사람을 체포 또는 감금한 때에는 7년 이하의 징역과 10년 이하의 자격정지에 처한다(제124조 제1항).
> *전항의 미수범은 처벌한다(제124조 제2항).

1) 의 의

본죄는 재판, 검찰, 경찰 기타 인신구속에 관한 직무를 행하는 자 또는 이를 보조하는 자가 그 직권을 남용하여 사람을 체포 또는 감금함으로써 성립한다. 본죄의 보호법익은 인신구속에 관한 국가기능의 공정한 행사와 개인의 신체적 활동의 자유이다. 체포·감금죄(제276조)와의 관계에 있어서 본죄는 특수공무원이라는 행위자의 신분으로 인하여 책임이 가중되는 부진정신분범이다.[2]

2) 구성요건

본죄의 행위주체는 재판, 검찰, 경찰 기타 인신구속에 관한 직무를 행하는 자 또는 이를 보조하는 자이다. 이에 해당하는 자로서는 법관, 검사, 법원 및 검찰청의 일반직원, 일반사법경찰관리와 특별사법경찰관리, 교정공무원 등을 들 수

---

1) 대판 2020. 12. 10. 2019도17879.
2) 김성돈, 749면; 김성천/김형준, 137면; 김일수/서보학, 818면; 김혜정 외, 663면; 배종대, 608면; 백형구, 666면; 유기천(하), 299면; 임웅, 902면; 진계호, 720면. 한편 이영란, 781면; 이재상 외, 712면; 이정원, 746면; 정성근/정준섭, 509면은 진정신분범으로 본다.

있다.

본죄의 행위객체는 사람(자연인인 타인)이며 그 범위에 제한이 없다.

본죄의 행위는 직권을 남용하여 체포 또는 감금하는 것이다. 직권남용의 의미는 직권남용죄(제123조)에서 설명한 것과 같고 체포·감금의 의미는 체포·감금죄(제276조)에서 설명한 것과 같다.

본죄는 직권남용을 요건으로 하므로 본죄의 주체에 해당하는 자의 체포·감금 행위라 할지라도 직권과 관계없는 경우에는 단순 체포·감금죄(제276조)를 구성할 뿐이다. 본죄에 해당하는 예로서는 경찰관이 법정절차 없이 피의자를 경찰서 보호실에 구금한 경우,[1] 체포영장 없이 피의자를 체포한 경우, 사적 감정으로 현행범인 아닌 자를 현행범으로 체포한 경우, 구속이유를 조작하여 구속영장을 발부받아 이에 의하여 사람을 구속한 경우 등을 들 수 있다. 본죄는 부작위에 의해서도 가능하다. 예컨대 교도관이 형기가 만료된 수형자를 고의로 석방하지 않거나 수사기관 담당자가 구속기간이 만료된 피의자를 석방하지 않는 경우가 이에 해당한다.[2] 본죄의 수단·방법은 불문한다. 본죄는 피해자의 신체적 활동의 자유가 침해된 때 기수가 된다.

(3) 폭행·가혹행위죄

> *재판, 검찰, 경찰 기타 인신구속에 관한 직무를 수행하는 자 또는 이를 보조하는 자가 그 직무를 수행하면서 형사피의자 또는 그 밖의 사람에 대하여 폭행 또는 가혹한 행위를 한 경우에는 5년 이하의 징역과 10년 이하의 자격정지에 처한다(제125조).

1) 의 의

본죄는 재판, 검찰, 경찰 기타 인신구속에 관한 직무를 행하는 자 또는 이를 보조하는 자가 직무를 행함에 있어서 형사피의자 또는 기타 사람에 대하여 폭행 또는 가혹한 행위를 함으로써 성립한다. 인신구속에 관한 직무를 행하는 특수공무원의 인권침해행위를 처벌함으로써 고문을 금지하고 있는 헌법규정(제12조 제2항)을 구현하려는 것이 본죄의 입법취지라고 볼 수 있다.[3]

---

1) 대판 1971. 3. 9, 70도2406.
2) 백형구, 667면; 임웅, 903면.
3) 이재상 외, 713면; 임웅, 904면.

본죄의 보호법익은 수사에 관한 국가기능의 공정한 행사와 인권보장이다.[1]

2) 구성요건

본죄의 행위주체는 재판, 검찰, 경찰 기타 인신구속에 관한 직무를 행하는 자 또는 이를 보조하는 자이다(불법체포·감금죄의 경우와 동일).

본죄의 행위객체는 형사피의자 또는 기타 사람이다. 기타 사람에는 피고인, 참고인, 증인 등 수사와 재판에 있어서 신문·조사의 대상이 되는 모든 사람을 포함한다.[2]

본죄의 행위는 직무를 수행하면서 폭행 또는 가혹한 행위를 하는 것이다. 「직무를 수행하면서」라는 것은 직무를 행하는 기회에 있어서라는 뜻이며 직권남용보다도 넓은 개념이다. 그러므로 예컨대 피의자의 자백을 얻기 위하여 폭행을 하는 경우는 물론 피의자에 대한 사사로운 감정이나 욕망 때문에 신문과정에서 폭행, 가혹행위를 하는 경우도 본죄에 해당한다.

「직무를 수행하면서」라는 규정은 본죄에 있어서 성립요건의 하나로 볼 수 있다. 그러므로 본죄의 주체에 해당하는 자의 행위라고 할지라도 이러한 정황이 없으면 본죄를 구성하지 않는다. 예컨대 경찰관이 채무자를 자기의 집무실로 불러 폭행을 한 경우는 단순폭행죄를 구성할 뿐 본죄에는 해당하지 않는다. 한편 직무집행시에 찾아 온 제3자를 폭행한 경우에는 피해자가 본죄의 행위객체는 아니기 때문에 본죄가 성립하지 않는다고 보아야 할 것이다.

본죄에서 폭행은 사람의 신체에 대한 유형력의 행사를 말한다. 가혹한 행위란 폭행 이외의 방법으로 정신적으로나 육체적으로 고통을 주는 행위를 의미한다. 예컨대 잠을 재우지 않거나 음식을 제공하지 않거나 추행을 하는 행위 등이 이에 해당한다.

3) 위법성

피해자의 승낙이 있어도 본죄의 위법성은 조각되지 않는다. 본죄의 법익은 개인의 승낙에 의하여 처분될 수 있는 것이 아니기 때문이다.

4) 상관의 명령에 따른 경우

상관의 명령에 의하여 본죄를 범한 경우에도 위법한 명령에 따른 행위로서

---

1) 백형구, 668면.
2) 권문택/7인공저, 688면; 박상기/전지연, 638면; 이재상 외, 708면; 임웅, 815면; 정영석, 41면; 황산덕, 46~47면.

그 책임이 조각되지 않는다.

5) 죄수 및 타죄와의 관계

동일한 기회에 같은 고의로 폭행 후 가혹행위까지 한 경우에도 하나의 본죄만 성립한다. 폭행죄는 별도로 성립하지 않고 본죄에 흡수된다. 수사공무원이 직무를 행함에 있어서 피의자를 강간 또는 강제추행한 경우에는 본죄와 강간죄 또는 강제추행죄의 상상적 경합이 된다.[1) 수갑을 찬 여성피의자를 추행한 경우에는 본죄와 준강간추행죄의 상상적 경합이 된다.[2)

(4) 선거방해죄

> *검찰, 경찰 또는 군의 직에 있는 공무원이 법령에 의한 선거에 관하여 선거인, 입후보자 또는 입후보자가 되려는 자에게 협박을 가하거나 기타 방법으로 선거의 자유를 방해한 때에는 10년 이하의 징역과 5년 이상의 자격정지에 처한다(제128조).

1) 의 의

본죄는 검찰, 경찰 또는 군의 직에 있는 공무원이 법령에 의한 선거에 관하여 선거인, 입후보자 또는 입후보자가 되려는 자에게 협박을 가하거나 기타 방법으로 선거의 자유를 방해함으로써 성립한다. 본죄는 특수직무범죄이고 진정신분범이다.

본죄는 직권남용죄(제123조)의 특별유형이며[3) 보호법익은 선거의 자유이다.

2) 구성요건

본죄의 행위주체는 검찰, 경찰 또는 군의 직에 있는 공무원이며 그 계급이나 직급, 직책을 불문한다. 군의 직에 있는 공무원에는 현역 군인은 물론 군무원(군속)도 포함된다.

본죄의 행위객체는 법령에 의한 선거에 관하여 선거인 입후보자 또는 입후보자가 되려는 자이다. 법령에 의한 선거란 법령에 근거를 둔 선거를 말하며 예컨

---

1) 권문택/7인공저, 689면; 김일수/서보학, 823면; 박상기/전지연, 638면; 백형구, 669면; 손동권, 647면; 이정원, 749면; 이재상 외, 708면; 임웅, 816면; 정성근/정준섭, 795면; 정영석, 42면; 진계호, 724면. 반면 오영근, 883면은 중한 죄인 강간죄나 강제추행죄만 성립한다고 본다.
2) 대판 1989. 3. 14, 88도2428.
3) 권문택/7인공저, 693면; 김일수/서보학, 824면; 배종대, 610면; 이재상 외, 715면; 이정원, 750면. 한편 백형구, 678면; 유기천(하), 324면 등은 본죄를 직무위배죄의 일종으로 보고 있다.

대 대통령선거, 국회의원선거, 지방의회선거 등이 이에 해당한다. 따라서 행위 객체가 법령에 근거하지 않은 선거의 입후보자인 경우에는 본죄가 성립하지 않 는다.

선거인은 선거권을 가진 자를 말하고 입후보자는 입후보등록을 마친 선거출 마자를 의미하며 입후보자가 되려는 자는 본인의 의사나 제반 정황에 비추어 당 해 선거에 입후보자가 될 것으로 예견되는 자를 말한다.

본죄의 행위는 협박을 하거나 기타 방법으로 선거의 자유를 방해하는 것이 다. 협박은 방해행위의 예시이며 방해의 수단, 방법은 불문한다. 본죄는 작위는 물론 부작위에 의해서도 가능하다.

본죄는 선거의 자유를 방해할 위험이 있는 행위를 하면 기수로 되고 선거의 자유가 현실적으로 방해될 것을 요하지 않는다(추상적 위험범).

Ⅲ. 뇌 물 죄

1. 서   설

(1) 의   의

뇌물죄는 공무원 또는 중재인이 직무행위의 대가로 부당한 이익을 취득하거 나 이들에게 부당한 이익을 제공하는 범죄를 총칭하는 개념이다.

국가의 기능이 공정하게 이루어지기 위하여서는 무엇보다도 공직을 수행하 는 공무원의 청렴성과 이를 바탕으로 하는 공정한 직무수행이 필요하다. 이를 위하여 형법은 뇌물죄를 여러 가지 유형으로 나누어 규정하고 있다. 뇌물죄는 구조적으로 크게 뇌물을 받는 범죄(수뢰죄)와 뇌물을 주는 범죄(증뢰죄)로 나눌 수 있다.

뇌물죄의 보호법익이 무엇인가에 관하여서는 로마법에 연원을 둔 직무행위 의 불가매수성이라는 견해[1]와 게르만법적 전통에 기반을 둔 직무행위의 불가침 성 내지 순수성이라는 견해, 및 직무행위의 불가매수성과 공정성 및 일반인의 신뢰까지 법익에 포함시키는 종합설[2]이 있다. 불가매수성설은 직무행위에 수수

---

1) 권문택/7인공저, 210면; 배종대, 611면; 서일교, 307면; 정영일, 434면.
2) 김성돈, 784면; 김성천/김형준, 813면; 김용세, 뇌물죄의 보호법익과 구성요건 체계, 형사법연구 제8호, 1995, 85면; 김일수/서보학, 827면; 김종원, 앞의 논문, 15면; 김혜정 외, 668면; 박상기/

료가 따르는 경우와 알선수뢰죄를 합리적으로 설명하기 어렵고 직무행위의 순수성(공정성)만을 내세울 경우에는 의무위반적 직무행위가 없는 경우의 수뢰를 설명하기 어렵다. 직무행위의 정·부정을 불문하고 뇌물죄를 인정하는 현행법의 관점에서 종합설의 입장이 가장 타당하다고 본다. 최근의 판례도 「뇌물죄가 직무집행의 공정과 이에 대한 사회적 신뢰를 그 보호법익으로 하고 있다」라고 본다.[1)]

참고 **연혁**

서양에 있어서 뇌물죄의 연원은 로마적인 것과 게르만적인 것으로 나누어 살펴볼 수 있다. 로마의 공화정기에는 수뢰죄가 원로계급에만 적용되었으나 원수정기(元首政期)에는 직무수행과 관련하여 뇌물취득의 사례가 증가하여 수뢰죄가 모든 공직자에게 적용되었고 모든 관리에게 직무에 관한 금품을 수뢰한 경우 반환의무를 지도록 하였다. 그러나 음식·음료 기타 작은 금액의 선물 등은 재산증가를 가져오지 않는다는 관점에서 뇌물로 인정되지 않았고 각종 축의금에도 수뢰죄가 적용되지 않았다. 로마법은 일정한 직무행위의 대가로서 뇌물을 수수(授受)하면 그 직무행위가 의무위반인가에 관계없이 수뢰죄가 인정되었다. 또한 로마법에서는 적극적 수뢰와 소극적 수뢰를 외형상 예리하게 구분하였다고 한다. 한편 게르만법에 있어서는 부정한 직무행위 즉 의무위반적 직무행위의 대가로서 뇌물을 수수한 경우에 수뢰죄가 성립된다는 것이 전통적 사상이었으나 점차 로마법의 영향을 받게 되었다. 1532년의 카롤리나 형법전은 로마법적 관점을 기초로 하여 뇌물을 받고 침묵한 경우에도 수뢰죄를 인정하였고 독일 보통법시대의 형법은 로마법을 자기의 것으로 만들었다. 역사적으로 고찰해 볼 때 독일에 있어서 수뢰죄의 주체는 관리에게만 국한되지 않고 법관, 그리고 브라운슈바이크, 함부르크 등 소수이기는 하지만, 증인과 전문가도 수뢰죄의 주체로 인정한 지역도 있었지만 오늘날의 입법에는 연결되지 않았다. 1871년도의 독일형법은 의무위반이 아닌 직무행위에 관한 수뢰(제331조), 의무위반적 직무행위에 관한 수뢰(제332조), 공무원·군인 등의 의무위반적 행위에 관한 증뢰(제333조), 판사·중재인·노동재판소 배석자·배심원 등의 수뢰 및 이들에 대한 증뢰(제334조)를 규정하였다. 이러한 독일 구형법의 태도는 대체로 현행 독일법에도 이어져 내려오고 있다.

조선시대에 의용되었던 대명률(大明律)에는 관리가 뇌물을 받은 경우에는 그 양을 계산하여 단죄하며 관직도 추탈(追奪)하여 관원명부에서도 제명하였는데 급료가 없는 관리인 무록인(無錄人)의 경우에는 그 죄에서 一等을 감한다는 규정을 두었다.[2)] 또한 대명

전지연, 842면; 이재상 외, 716면; 이정원, 752면; 임웅, 909면 등.

1) 대판 2000. 10. 24, 99도3115; 대판 2000. 6. 15, 98도3697.

2) 大明律直解, 刑律, 卷 第 二十三 受贓 官吏受財條.

률(大明律)은 왕법(枉法: 법을 굽혀 부당하게 적용하는 것) 여부에 관계없이 수뢰를 처벌하였으나 왕법하지 않은 경우에는 그 형을 경하게 하였다. 1905년의 刑法大全은 관원(官員)이나 이전(吏典)으로서 직무로 인하여 財를 받고 부당하게 처리한 자는 枉法律로 무겁게 처벌하고 곡법(曲法)하지 않은 자는 이보다 가볍게 처벌하는 규정(제631조)을 두었고 사후수뢰(事後受賂)를 처벌하는 규정(제632조)도 두고 있었다. 日帝時代와 해방 후 형법제정시(1953. 10. 3)까지 의용되었던 형법(日本刑法)은 제25장 독직의 죄에 뇌물죄를 受賂 · 事前收賂罪(제197조), 第3者 賂物提供罪(제197조의2), 受賂後不正行爲 · 事後收賂罪(제197조의3), 贈賂罪(제198조) 등으로 나누어 비교적 자세히 규정하였고, 이러한 구 형법 전통이 현행 형법상의 뇌물죄의 규정에도 이어지고 있다고 판단된다. 현행 형법은 직무행위의 正 · 不正을 불문하고 뇌물을 수수, 요구 또는 약속을 하면 수뢰죄를 인정한다는 점에서 로마법 사상을 기본으로 한다고 볼 수 있고 부정한 직무행위가 있으면 형을 가중한다는 점에서 게르만적 법사상을 가미하고 있다고 판단된다.

(2) 뇌물의 개념

뇌물은 직무에 관한 부정한 보수로서의 모든 이익을 말하며 뇌물의 죄에 공통되는 행위객체이다. 뇌물의 개념적 특성을 나누어 살펴보면 다음과 같다.

1) 직 무

본죄에 있어서 직무란 공무원 또는 중재인이 그 지위에 따라 담당하는 일체의 사무를 말한다.[1] 직무의 범위에는 법령뿐만 아니라 지령, 훈령, 내규 또는 행정처분에 의한 경우를 포함하며[2] 법령에 직접적인 규정이 없어도 법령상 관장하는 직무와 관련 있는 직무,[3] 상사의 명령에 의해 소관이외의 사무를 일시 대리할 경우의 직무,[4] 관례상이나 사실상 소관하는 직무행위,[5] 결정권자를 보좌하거나 영향을 줄 수 있는 직무행위[6] 등이 포함된다. 직무는 법령상 공무원의 일반적(추상적) 직무권한에 속하면 족하고 현재 구체적으로 담당하고 있는 직무일 것을 요하지 않는다.[7] 따라서 공무소의 내부적 사무분장과 관계가 없고 과거에 담당했거나 장래에 담당할 직무도 본죄의 직무에 포함된다.[8] 직무행위의 정

---

1) 대판 1982. 11. 23, 82도1549 등.
2) 대판 1959. 9. 4, 4291형상294.
3) 대판 1999. 11. 9, 99도2530; 대판 1999. 6. 11, 99도275.
4) 대판 1953. 6. 11, 4286형상11.
5) 대판 2000. 1. 28, 99도4022; 대판 1999. 11. 9, 99도2530.
6) 대판 2001. 1. 19, 99도5753; 대판 1999. 6. 11, 99도275.
7) 김일수/서보학, 806면; 이재상 외, 719면; 이정원, 753면; 정성근/정준섭, 515면.
8) 대판 2000. 1. 28, 99도4022; 대판 1984. 9. 25, 84도1568.

당성 여부나 위법성 여부는 문제되지 않으며 작위, 부작위를 불문한다.[1]

2) 직무에 관하여(직무관련성)

본죄의 직무행위의 범위에는 본래의 직무행위는 물론 엄격한 의미로는 직무행위에 속하지 않아도 직무와 밀접한 관계가 있는 행위가 포함되는데 이러한 행위를 일반적으로 직무상의 지위를 이용하거나 그 직무에 기한 세력을 기초로 공무의 공정에 영향을 줄 수 있는 행위이다.[2] 뇌물은 직무행위와 관련이 있을 때에만 인정되므로 단순히 사적 행위에 대한 이익은 뇌물이 아니다. 그러므로 뇌물 여부를 판단함에 있어서는 당해 이익의 직무관련성 여부가 중요한 판단의 척도가 된다.[3]

전직 후 전직 전의 직무와 관련하여 이익을 수수한 경우에 뇌물성이 인정되어 본죄가 성립하는가에 관하여는, 전직한 자가 공무원인한 전직 전에 행한 직무행위에 관한 수뢰도 그 직무행위에 대한 공정과 이에 대한 사회일반의 신뢰가 침해될 위험성이 있을 뿐만 아니라 사후수뢰죄와의 균형이라는 관점에 비추어 볼 때에도 본죄의 성립을 긍정하는 것이 타당하다.[4]

---

1) 배종대, 613면; 백형구, 655면; 이재상 외, 719면; 정성근/정준섭, 515면.
2) 김일수/서보학, 831면; 배종대, 613면; 오영근, 690면; 이재상 외, 719면; 정성근/정준섭, 515면; 진계호, 729면 등. 판례의 입장도 이와 같다(대판 2001. 1. 19, 99도5753; 대판 1996. 6. 14, 96도865).
3) 대판 2001. 9. 18, 2000도5438; 대판 2000. 10. 24, 99도3115; 대판 2000. 6. 15, 98도3697 등은 뇌물의 해당여부를 당해 공무원의 직무내용, 직무와 이익제공자와의 관계, 쌍방간의 특수한 사적 친분관계의 존재여부, 이익의 다과, 이익을 수수한 경위와 시기 등 제반사정을 참작하여 결정해야 하고 더 나아가 이익의 수수가 사회일반으로부터 직무집행의 공정성을 의심받게 되는지 여부도 판단기준이 된다고 판시하고 있다.
4) 권문택/7인공저, 702면; 김성돈, 787면; 김신규, 「뇌물죄에 관한 연구」, 형사정책, 1998년 제10호, 294면; 김일수/서보학, 832면; 배종대, 614면; 이재상 외, 721면; 임웅, 27면; 정성근/정준섭, 515면; 진계호, 731면. 한편 부정설(서일교, 325면)은 전직으로 인하여 추상적 직무권한이 달라진 경우에는 일정한 요건을 갖추었을 경우 사후수뢰죄가 성립하는 것은 별론으로 하고 수뢰죄는 성립할 수 없다고 본다. 또한 긍정설처럼 사회일반의 신뢰를 논거로 내세운다면 전직뿐만 아니라 퇴직 후에도 본죄를 인정해야 하는 문제점이 있다고 비판한다.

판례

1. 직무관련성이 인정되는 경우

육군의 1차 진급 평정권자로서 진급을 앞둔 부하장교에게 은행채무연대보증을 서게 한 경우(대판 2000. 1. 5, 2000도4714), 재무부 보험과장이 주식회사의 주식을 인수하게 한 경우(대판 1968. 12. 24, 66도1575), 경락허가결정문의 문안작성에 관여한 주사보가 허가결정에 대하여 청탁을 받은 경우(대판 1985. 2. 8, 84도2625), 대통령이 국책사업의 사업자 선정과 관련하여 금품을 수수한 경우(대판 1997. 4. 17, 96도3377), 재건축추진위원장이 재건축조합의 조속한 설립인가를 위해 담당공무원에게 두 차례 걸쳐 점심식사를 제공한 경우(대판 2008. 11. 27, 2007도8779), 국회의원이 특정협회로부터 요청받은 자료를 제공하고 그 대가로서 후원금 명목으로 금원을 교부받은 경우(대판 2009. 5. 14, 2008도8852), 경찰관이 자신이 조사하는 피의자들이 특정변호사를 변호인으로 선임하도록 알선하고 수임료의 일부를 받은 경우(대판 2000. 6. 15, 98도3697)

2. 직무관련성이 부정되는 경우

문교부 편수국 교육담당관이 업자로부터 수정·개편을 의뢰받은 경우(대판 1979. 5. 22, 78도296), 공판참여주사가 양형에 있어서 형을 감경해달라는 청탁을 받은 경우(대판 1980. 10. 14, 80도1373), 서울대학교 의과대학 교수 겸 서울대학교병원 의사가 구치소로 왕진을 나가 진료하고 진단서를 작성해 주거나 법원의 사실조회에 대하여 회신을 해 준 경우(대판 2006. 6. 15, 2005도1420: 의사로서의 진료업무이지 교육공무원인 서울대학교 의과대학 교수의 직무와 밀접한 관련 있는 행위라고 할 수 없음), 구 해양수산부 해운정책과 소속 공무원이 갑 해운회사의 대표이사 등에게서 중국의 선박운항허가 담당부서가 관장하는 중국 국적선사의 선박에 대한 운항허가를 받을 수 있도록 노력해 달라는 부탁을 받고 돈을 받은 경우(대판 2011. 5. 26, 2009도2453: 해당 해운정책과 업무에는 외국 국적선사 선박에 대한 행정처분에 관한 것은 포함되어 있지 않음), 한국전기연구원의 책임연구원이 차세대초전도응용기술사업의 사업단장으로서 연구비 지원에 대한 사례명목으로 금품을 수수한 경우(대판 2009. 11. 26, 2009도8670: 책임연구원으로서의 지위만 관련법으로 공무원이 의제되지만 사업단장의 지위로 금품을 수수하였음)

3) 부당한 이익

뇌물은 직무행위에 대한 대가관계로서의 부당한 이익이다.

① 직무행위와의 대가관계

(가) 의 의   뇌물과 직무행위 사이에는 급부와 반대급부의 대가관계가 있어야 한다.[1] 반면 '직무에 관하여'라는 문언해석상 대가관계는 필요 없고 직무행위에 대하여 불법한 이익을 주는 것으로 족하다는 견해[2]도 있다.

대가관계는 특별한 청탁이 있어야 하는 것이 아니고 금품, 기타 이익이 직무에 관하여 수수한 것이면 족하고 개개의 직무행위에 대하여 구체적, 개별적으로 존재할 필요가 없다.[3] 직무행위와 대가관계에 있는 보수와 직무행위에 무관한 보수가 불가분적으로 결합되어 있는 경우에는 전체로서 뇌물성이 인정된다.[4]

(나) 포괄적 대가관계   공무원의 직무에 관한 것인 한 어느 직무행위와 대가관계에 있는지 특정될 필요가 없고 전체적, 포괄적으로 대가관계가 있어도 본죄가 성립한다.[5] 포괄적 대가관계를 근거로 뇌물죄를 인정하는 판결은 '직무와의 관련성이 없는 것인지는 공무원의 직무 내용, 직무와 이익 제공자의 관계, 이익의 수수 경위와 시기 등의 사정과 아울러 제공된 이익의 종류와 가액도 함께 참작하여 판단하여야 한다'[6]고 본다.[7]

② 부당한 이익

(가) 부당한 이익이란 불법한 보수를 포함하여 정당하지 않은 보수 일체를 의

---

1) 김성돈, 789면; 김성천/김형준, 819면; 김신규, 앞의 논문, 300면; 김일수/서보학, 833면; 배종대, 615면; 이재상 외, 721면; 이정원, 756면; 정성근/정준섭, 516면; 진계호, 732면.
2) 김혜경, "형법상 뇌물죄와 청탁금지법의 관계- 대가성 요건을 배제한 해석가능성 -", 형사법의 신동향 통권 제63호, 대검찰청, 2019/6, 78면 이하; 오영근, 692면.
3) 대판 2000. 1. 21, 99도4940.
4) 김일수/서보학, 833면; 정성근/정준섭, 804면.
5) 대판 2013. 9. 12, 2013도6570; 대판 2012. 1. 12, 2010도13354; 대판 2000. 1. 28, 99도4022 등. 대판 1997. 4. 17, 96도3378은 정치자금, 선거자금, 성금 등의 명목으로 이루어진 금품수수라고 할지라도 정치인인 공무원의 직무행위에 대한 대가로서의 실체를 갖는 한 뇌물죄로서의 성격을 갖는다고 판시하였고 대판 1997. 12. 26, 97도2609는 국회의원의 의정활동과 전체적, 포괄적으로 대가관계에 있는 금원을 교부 받았으면 어느 직무행위와 대가관계가 있는지 특정할 수 없어도 직무관련성이 인정된다고 보았다.
6) 대판 2017. 1. 12, 2016도15470; 대판 2006. 2. 24, 2005도4737 등.
7) 한편 포괄적 뇌물죄를 인정하는 판례들은 직무행위와 대가관계가 있는지 여부를 특정할 수 없는 때에도 직무관련성을 인정하는 취지로 판시하고 있을 뿐만 아니라, 직무관련성의 인정여부에 대한 판단기준을 직무행위의 대가인가 아니면 순수한 사적행위의 대가인가 여부로 판단한다. 예컨대, '공무원이 얻는 어떤 이익이 직무와 대가관계에 있는 부당한 이익으로서 뇌물에 해당하는지 또는 사회상규에 따른 의례상의 대가 혹은 개인적 친분관계에 따른 교분상의 필요에 의한 것으로서 직무와의 관련성이 없는 것인지는…(대판 2017. 1. 12, 2016도15470; 대판 2006. 2. 24, 2005도4737 등)' 이라고 판시하는 바, 대가성과 직무관련성을 분리하지 않는 경우도 있다.

미한다. 직무행위와 대가관계가 있는 재산적 이익을 고아원 기타 사회복지 시설에 기부하게 하여도 본죄로 될 수 있다.[1] 법령에 의하여 인정되는 봉급, 수당, 여비, 일당, 수수료 등이 뇌물이 아님은 물론이다.

(나) 뇌물의 내용인 이익이 무엇인가에 관하여서는 받는 자의 경제적, 법적, 인격적 지위를 유리하게 해주는 것으로서의 사람의 수요, 욕망을 충족시킬 수 있는 일체의 것이라는 견해,[2] 금전적으로 평가될 수 있는 금품 기타의 생활이익[3]이라는 견해, 사람의 수요, 욕망을 충족시킬 수 있는 일체의 가치 있는 생활이익이라는 견해[4] 등 그 표현이 다양하지만, 실질적인 차이는 거의 없다. 받는 자에게 어떤 면으로든 이로움을 주는 물질적 또는 비물질적 급부라고 보아도 무방할 것이다.

이익은 유형, 무형을 불문하고 재산적 이익은 물론 비재산적 이익도 객관적으로 측정할 수 있으면 뇌물이 될 수 있다.[5] 그러므로 이성간의 정교, 향응제공, 취직알선 등도 뇌물이 될 수 있다. 그러나 단지 명예욕이나 허영심을 만족시켜주는 것은 객관적 측정이나 몰수, 추징도 불가능하므로 뇌물이 될 수 없다.[6]

판례는 금전소비대차계약에 의한 금융이익,[7] 사례금 명목의 금원[8] 및 차용금 명목의 금원,[9] 시가 앙등이 예상되는 주식을 액면가로 매수하게 하는 것,[10] 조합아파트 가입권에 붙은 프리미엄,[11] 은행채무에 연대보증을 서게 하는 것[12] 등의 뇌물성을 인정하였다.

이익은 약속이나 제공 당시에 현존해야 할 필요성이 없고 확정적 또는 영속적일 필요도 없으며, 장차 예견할 수 있거나 조건부인 이익이라도 무방하다. 직접적인 이익은 물론 간접적으로 실현되는 이익도 포함된다.

---

1) 김일수/서보학, 834면.
2) 이재상 외, 722면; 이정원, 756면; 대판 1995. 6. 30, 94도993.
3) 유기천(하), 308면.
4) 김신규, 앞의 논문, 302면; 김일수/서보학, 835면.
5) 이재상 외, 722면.
6) 김일수/서보학, 836면; 이재상 외, 722면. 반면 김성천/김형준, 821면은 이 경우도 뇌물로 본다.
7) 대판 1977. 9. 28, 76도2607.
8) 대판 1987. 12. 8, 87도2088.
9) 대판 1977. 6. 7, 76도3662.
10) 대판 1979. 10. 10, 78도1793.
11) 대판 1992. 12. 22, 92도1762.
12) 대판 2001. 1. 5, 2000도4714.

③ 사교적 의례에 속하는 선물과 뇌물의 구별

단순히 사교적인 의례로서 행하는 증여를 뇌물로 볼 수 없다는 사실에는 이의가 없다. 그러나 사교적 의례로서의 선물이 직무행위와 대가관계에 있으면 이를 어떻게 취급할 것인가에 관하여서는, 이를 뇌물로 보는 입장[1]은 사회상규에 벗어나지 않는 경우 형법 제20조 정당행위에 해당되어 위법성이 조각될 뿐이라고 본다. 반면 직무행위와 대가관계가 인정되어도 사회통념상 또는 관습적으로 승인되는 선물, 예컨대 경조 부조금, 전별금, 송별연, 계절의 문안인사용 선물 등은 뇌물이 아니라고 보는 견해도 있다.[2]

판례는 직무와 관계없이 단순히 사교적인 예의로서 하는 증여는 뇌물이 아니지만 직무행위나 대가관계가 인정되는 경우에는 비록 사교적 예의의 명목을 빌더라도 뇌물성을 부정할 수 없다고 보며[3] 관습상 승인되는 정도를 초과한 금품이나 향응은 그 규모가 적다고 하더라도 사교적 의례에 속한다고 볼 수 없다고 하여[4] 사교적 의례로서 허용되는 범위를 엄격히 제한하고 있다.

생각건대 대가관계가 없는 선물은 뇌물이 아니고 대가관계가 있는 경우라 할지라도 제공된 이익이 제반 정황을 고려할 때 사회통념상 또는 관습상 승인되는 정도를 벗어나지 않았을 때에는 뇌물이 아니라고 보아, 제공된 이익이 사회적 의례로서 허용되는 범위 내에 있는 경우에는 구성요건해당성이 배제된다고 보아야 할 것이다.

(3) 수뢰죄와 뇌물죄의 관계

1) 필요적 공범여부

수뢰죄와 증뢰죄가 필요적 공범인지에 관하여 필요적 공범설[5]은 공무원이라는 신분자가 형이 가중되는, 양자의 협동이 범죄성립에 필요한 대향범이라고 본다. 판례[6]의 태도이기도 하다. 그러나 양죄에 있어서 수수, 공여, 약속의 경우는 필요적 공범이지만 뇌물의 요구와 뇌물공여의 의사표시는 일방적으로 성립하므

---

1) 김성천/김형준, 819면; 김종원, 앞의 논문, 18면; 오영근, 693면; 임웅, 926면
2) 권문택/7인공저, 700면; 김성천/김형준, 964면; 김일수/서보학, 834면; 유기천(하), 309면; 이영란, 792면; 이재상 외, 715면; 정성근/정준섭, 805면.
3) 대판 1999. 7. 23, 99도390.
4) 대판 1979. 5. 22, 79도303; 대판 1955. 3. 4, 4288형상114.
5) 김성돈, 755면; 이정원, 757면.
6) 대판 2015. 2. 12, 2012도4842; 대판 2008. 3. 13, 2007도10804.

로 독립된 범죄이지 필요적 공범으로 볼 수 없다는 비판이 있다. 독립범죄설(개별범죄설)[1]은 수뢰죄는 신분범이지만 증뢰죄는 신분범이 아니고 일종의 공무집행을 방해하는 죄로 볼 수 있고, 그 처벌도 다르다는 점을 근거로 하지만 수수, 약속, 공여의 경우에 수뢰자와 증뢰자가 공범관계에 있다는 것을 간과하고 있다. 그리고 수수와 공여, 약속의 경우는 필요적 공범이지만 요구와 공여의 의사표시는 독립된 범죄로 보는 병합설(또는 이원설)[2]이 있다. 범죄성립의 전체적인 관점에서 요구와 공여의 의사표시도 상대방이 존재하지 않으면 불가능하다는 점에서는 필요적 공범설이 타당하다.

2) 총칙상 공범규정의 적용여부

수뢰죄와 증뢰죄를 필요적 공범으로 보는 이상, 양자간에는 총칙상의 공범규정이 적용되지 않는다. 예컨대, 어떠한 사유로든 증뢰죄로 처벌받지 않게 된 증뢰자가 수뢰자에게 수뢰할 것을 교사하거나 적극적으로 가담하였다고 하더라도 수뢰죄의 교사범이나 공동정범이 성립할 수 없다. 그러나 이 때에도 필요적 공범의 외부관여자에게는 총칙상의 공범규정이 적용된다. 따라서 비신분자인 외부관여자는 제33조의 본문에 따라 진정신분범인 수뢰죄의 공범 또는 공동정범이 성립할 수 있고, 신분범이 아닌 증뢰죄에 대하여는 제33조와 관계없이 언제든지 총칙상 공범이 성립할 수 있다.

2. 유형별 고찰

(1) 단순수뢰죄

*공무원 또는 중재인이 그 직무에 관하여 뇌물을 수수, 요구 또는 약속한 때에는 5년 이하의 징역 또는 10년 이하의 자격정지에 처한다(제129조 제1항).
*범인 또는 사정을 아는 제3자가 받은 뇌물 또는 뇌물로 제공하려고 한 금품은 몰수한다. 이를 몰수할 수 없을 경우에는 그 가액을 추징한다(제134조).

1) 의 의

본죄는 수뢰의 죄의 기본유형으로 볼 수 있다. 본죄는 일반직무범죄이고 진정신분범이다. 따라서 비신분자에게는 총칙상 공범규정이 적용되지만, 비신분자

---

1) 권문택/7인공저, 698면; 서일교, 316면; 정영석, 46면; 황산덕, 50면.
2) 김일수/서보학, 829면; 배종대, 812면; 오영근, 695면; 이재상 외, 718면; 정성근/정준섭, 514면.

가 공무원을 이용한 간접정범은 성립할 수 없다.

2) 구성요건

① 주 체

본죄의 행위주체는 공무원 또는 중재인이다.

(가) 공무원 본죄에서 공무원이란 국가 또는 지방자치단체 및 이에 준하는 공법인의 사무에 종사하는 자로서 그 직무의 내용이 단순한 기계적·육체적인 것에 한정되어 있지 않은 자를 의미한다.[1] 기한부로 채용된 공무원도 이에 포함되며[2] 특가법이 적용될 때에는 정부관리기업체의 간부직원, 일정한 경우의 금융기관임직원 및 지방공사나 공단의 임·직원도 본죄의 주체가 된다. 전직하는 공무원도 전직 전의 직무행위와 관련하여 본죄의 주체로 될 수 있다. 장차 공무원이 될 자는 사전수뢰죄(제129조 제2항)의 주체로 될 수 있으나 본죄의 주체는 아니고 공무원의 지위가 상실된 자는 사후수뢰죄(제131조 제2항, 제3항)의 주체로 될 수 있을 뿐이다.

(나) 비신분자인 공동정범 금품을 받은 비신분자가 본죄의 공동정범인지 제130조 제3자뇌물수수죄의 제3자에 해당하는지의 문제이다. 공무원이 뇌물공여자로 하여금 공무원과 뇌물수수죄의 공동정범 관계에 있는 비공무원에게 뇌물을 공여하게 한 경우에는 공동정범의 성질상 공무원 자신에게 뇌물을 공여하게 한 것으로 볼 수 있다. 공무원과 공동정범 관계에 있는 비공무원은 제3자뇌물수수죄에서 말하는 제3자가 될 수 없고, 공무원과 공동정범 관계에 있는 비공무원이 뇌물을 받은 경우에는 공무원과 함께 뇌물수수죄의 공동정범이 성립하고 제3자뇌물수수죄는 성립하지 않는다.

또한 뇌물수수죄의 공범들 사이에 직무와 관련하여 금품이나 이익을 수수하기로 하는 명시적 또는 암묵적 공모관계가 성립하고 공모 내용에 따라 공범 중 1인이 금품이나 이익을 주고받았다면, 특별한 사정이 없는 한 이를 주고받은 때 그 금품이나 이익 전부에 관하여 뇌물수수죄의 공동정범이 성립하고, 금품이나 이익의 규모나 정도 등에 대하여 사전에 서로 의사의 연락이 있거나 금품 등의 구체적 금액을 공범이 알아야 공동정범이 성립하는 것은 아니다.[3]

---

[1] 대판 1978. 4. 25, 77도3709.
[2] 대판 1971. 10. 19, 71도1113.
[3] 대판 2019. 8. 29, 2018도2738 전원합의체 판결.

금품이나 이익 전부에 관하여 뇌물수수죄의 공동정범이 성립한 이후에 뇌물이 실제로 공동정범인 공무원 또는 비공무원 중 누구에게 귀속되었는지는 이미 성립한 뇌물수수죄에 영향을 미치지 않는다. 공무원과 비공무원이 사전에 뇌물을 비공무원에게 귀속시키기로 모의하였거나 뇌물의 성질상 비공무원이 사용하거나 소비할 것이라고 하더라도 이러한 사정은 뇌물수수죄의 공동정범이 성립한 이후 뇌물의 처리에 관한 것에 불과하므로 뇌물수수죄가 성립하는 데 영향이 없다.[1]

(다) 중재인   본죄에서 중재인이란 법령에 의하여 중재의 직무를 담당하는 자를 말한다. 예컨대 노동조합 및 노동관계조정법에 의한 중재위원(제64조), 중재법에 의한 중재인(제11조) 등이 이에 해당한다. 법령에 의하지 않은 사적인 중재를 행하는 자는 본죄의 주체가 아니다. 장차 중재인이 될 자는 사전수뢰죄의 주체로 될 수 있고 중재인이었다가 그 지위가 상실된 경우는 사후수뢰죄의 주체로 될 수 있을 뿐 본죄의 주체로는 될 수 없다.

② 객 체

뇌물은 직무에 관한 부정한 보수로서의 모든 이익을 의미한다.

③ 행 위

본죄의 행위는 뇌물을 수수, 요구 또는 약속하는 것이다. 이는 증뢰죄의 공여, 공여의 의사표시, 약속에 각각 대립되는 개념이기도 하다.

(가) 수 수   뇌물을 취득하는 것을 말하며 그 용도[2]라든가 동기[3]여하를 불문하며 수수장소가 공개된 장소인가 비밀장소인가도 문제되지 않는다. 또한 수수의 시기가 직무집행 전인가 후인가, 직무집행중인가도 불문한다. 반환할 의사로 일시 받아 둔 경우에는 수수했다고 볼 수 없으나[4] 영득의 의사로 수수한 경우에는 후일 반환한 경우에도 수뢰죄가 성립한다.[5] 판례는 이처럼 수수에 있어서는 영득의 의사가 있어야 한다고 보고 있는데[6] 이는 본죄의 고의해석과 관

---

1) 대판 2019. 8. 29, 2018도13792 전원합의체 판결.
2) 대판 1984. 2. 14, 83도3218.
3) 대판 1955. 10. 18, 4288형상235.
4) 대판 1979. 7. 10, 79도1314.
5) 대판 1982. 11. 23, 82도1431.
6) 대판 2012. 8. 23, 2010도6504; 대판 2007. 3. 29, 2006도9182. "뇌물을 수수한다는 것은 영득의 의사로 금품을 수수하는 것을 말하므로, 뇌물인지 모르고 이를 수수하였다가 뇌물임을 알고 즉시 반환하거나, 증뢰자가 일방적으로 뇌물을 두고 가므로 후일 기회를 보아 반환할 의사로 어쩔 수

련하여 논란의 대상이 되고 있다. 수수하는 뇌물이 유형의 재물인 경우에는 점유를 취득함으로써 본죄는 기수가 되고 무형의 이익인 경우에는 현실적으로 향수함으로써 기수가 된다.[1]

반드시 공여자와 수뢰자 사이에 직접 금품이 수수될 필요도 없다. 판례는 뇌물공여자가 택배를 이용하여 뇌물수수자 명의로 공무원의 지인에게 선물발송을 한 행위도 본죄에 해당한다고 본다.[2]

(나) 요 구   요구는 취득의 의사로 상대방에게 일방적으로 뇌물의 공여를 청구하는 것을 의미한다. 요구는 일방적 행위로써 족하고 상대방이 여기에 응하였는지는 문제되지 않으며, 현실로 뇌물의 교부가 있을 필요도 없다.

(다) 약 속   약속은 양 당사자 사이에 뇌물을 수수하기로 합의하는 것을 말한다. 뇌물을 장래에 주고받기로 약속하면 충분하고 약속 당시에 당해 이익이 현존할 필요는 없다. 후일의 이익수수를 예기할 수 있으면 되고 그 이익의 가액이 미리 확정되어 있을 필요도 없으며[3] 이행기가 확정되어 있지 않아도 무방하다.[4]

④ 고 의

본죄의 고의는 부당한 이익을 수수·요구·약속한다는 사실에 대한 인식, 인용이며 미필적 고의로 족하다. 자기가 모르는 사이에 놓고 간 돈 뭉치를 발견하고 반환한 경우[5]라든가 택시를 타고 떠나려는데 돈 뭉치를 택시 안으로 던져 넣고 가버린 경우[6]에는 그 재물을 일시 소지했더라도 본죄의 고의를 인정할 수 없을 것이다.

판례는 수수에 영득의 의사가 필요하다는 입장을 취한다.[7] 그러나 직무에 관

없이 일시 보관하다가 반환하는 등 그 영득의 의사가 없었다고 인정되는 경우라면 뇌물을 수수하였다고 할 수 없겠지만, 일단 피고인이 영득의 의사로 뇌물을 수령한 이상 후에 이를 반환하였다고 하더라도 뇌물죄의 성립에는 영향이 없다."

1) 김일수/서보학, 841면; 임웅, 928면; 정성근/정준섭, 520면.
2) 대판 2020. 9. 24, 2017도12389. 공무원 갑이 을로부터 "선물을 할 사람이 있으면 새우젓을 보내주겠다."라는 말을 듣고 이를 승낙한 뒤 새우젓을 보내고자 하는 사람들의 명단을 을에게 보내 주고 을로 하여금 위 사람들에게 갑의 이름을 적어 마치 피고인 갑이 선물을 하는 것처럼 새우젓을 택배로 발송하게 하고 그 대금을 지급하지 않았다면, 공여자와 수뢰자 사이에 직접 금품이 수수되지 않았더라도 본죄가 성립한다.
3) 대판 1981. 8. 20, 81도698.
4) 이재상 외, 718면; 임웅, 833면; 정성근/정준섭, 813면.
5) 대판 1978. 1. 31, 77도3755.
6) 대판 1979. 7. 10, 79도1124.
7) 이에 대하여 김일수/서보학, 844면은 뇌물죄와 재산범죄인 영득죄를 혼동한 것으로 그 개념이 불

한 부당한 이익을 수수한다는 인식과 인용 속에 그 이익을 얻는다는 의사가 이미 내포된 것이므로 본죄의 고의 이외에 영득의 의사를 별도로 필요로 하는 것은 아니다.

본죄를 경향범으로 보는 입장도 있다.[1] 그러나 뇌물의 유혹은 물질 기타 이익을 향한 인간의 보편적 욕망을 자극하는 것이므로 어떤 특수한 성향을 가진 자에게만 작용하는 요소로 보기는 어렵다는 점에서 경향범이 아니다.

부당한 이익을 정당한 보수로 오인한 경우는 구성요건적 착오로서 고의를 조각한다. 그 반대로 정당한 보수를 뇌물로 오인한 경우는 이론상 본죄의 불능미수에 해당할 것이나 본죄의 미수처벌규정이 없으므로 범죄가 성립하지 않는다.

3) 죄수 및 타죄와의 관계

뇌물을 요구하여 받기로 약속한 후 수수한 경우에는 포괄일죄가 된다. 또한 동일인으로부터 같은 이유로 계속하여 수차 뇌물을 받은 경우에도 포괄일죄로 봄이 판례의 태도이다.[2] 그러나 수개의 수뢰가 각각 다른 직무행위의 대가인 경우에는 수죄의 실체적 경합이 된다.[3]

공무원이나 중재인이 공여자를 기망하여 뇌물을 수수하면 사기죄와 수뢰죄의 상상적 경합으로 되고 공갈하여 수뢰한 경우에는 공갈죄와 수뢰죄의 상상적 경합이 된다. 공무원이 장물인 정을 알면서 뇌물로서 이를 받은 경우에는 수뢰죄와 장물취득죄의 상상적 경합으로 된다.

4) 뇌물의 몰수와 추징

① 필요적 몰수·추징의 취지

범인 또는 정을 아는 제3자가 받은 뇌물 또는 뇌물에 공할 금품은 몰수하고 몰수가 불가능할 때에는 그 가액을 추징한다(제134조). 몰수, 추징은 재량이 인정되지 않는 필요적 몰수이다. 제134조는 임의적 몰수를 규정하고 있는 총칙규정(제48조)에 대한 특칙이다. 형법이 뇌물을 필요적 몰수의 대상으로 하고 있는 것은 무엇보다도 공적 지위를 이용하여 부당한 이익을 추구하는 한 부패를 철저히 차단하여 공직수행의 공정성과 이에 대한 사회의 신뢰를 보호하려는 취지로

분명하고 체계상의 혼란과 실무상 자의적 판단의 문을 열어주는 위험한 발상이라는 비판을 한다.

1) 김일수/서보학, 844면에 따르면 본죄는 주관적 직무관련성향이라는 행위경향이 있어야 하고, 이러한 직무관련성향이 부패성이라고 한다.
2) 대판 1985. 9. 24, 85도1502.
3) 대판 1985. 7. 8, 85도720.

볼 수 있다.

② 몰수·추징의 대상

단지 뇌물을 요구한 것에 지나지 않는 경우에도 그 요구된 이익을 몰수, 추징할 수 있는가에 관하여서는 불가능하다는 견해,[1] 이익의 일정 액수 내지 적어도 그 내용을 특정할 수 있을 정도의 금품을 요구했을 때에 한하여 가능하다는 견해[2] 및 제134조는 몰수와 추징의 대상이 수수한 뇌물에 한하지 않고 요구 또는 약속한 뇌물을 포함한다는 것을 명백히 한 규정이라는 이유로 몰수, 추징이 가능하다는 견해가 있다.[3] 제134조는 '범인 또는 정을 아는 제3자가 받은 뇌물 또는 뇌물에 공할 금품'이라고 되어 있으므로, 행위자가 일방적으로 뇌물을 요구한 때에는 아직 뇌물에 공할 금품이나 이익이 없는 경우이므로 몰수나 추징은 불가능하다.

③ 몰수·추징의 상대방

몰수, 추징의 상대방은 뇌물을 현재 보유하고 있는 자이다. 뇌물을 보관했다가 증뢰자에게 반환했을 때에는 증뢰자로부터 몰수 또는 추징한다.[4] 수뢰자가 수뢰한 뇌물을 다시 타인에게 뇌물로 공여한 경우에는 제1수뢰자로부터 추징한다는 견해,[5] 제2수뢰자로부터 몰수하고 제1수뢰자로부터는 잔액만 추징해야 한다는 견해[6] 등이 있으나, 제1수뢰자로부터는 뇌물가액의 전액을 추징하고 제2수뢰자로부터는 뇌물을 몰수 또는 추징함이 타당할 것이다.[7] 뇌물로 얻은 이익을 몰수, 추징함에 있어서는 그 받은 뇌물 자체를 몰수해야 하고 그 뇌물의 가액에서 뇌물취득을 위하여 상대방에게 지출한 부수적 비용을 공제하는 것이 아니다.[8]

④ 몰수·추징의 방법과 기준

수인이 공동하여 뇌물을 수수한 경우에는 각자가 분배받은 금품을 몰수하거나 그 가액을 추징해야 하고 분배액이 불명확하거나 공동으로 소비한 경우에는

---

1) 김성돈, 764면: 정성근/정준섭, 518면: 진계호, 740면 등.
2) 김일수/서보학, 837면.
3) 이재상 외, 726면.
4) 대판 1984. 2. 28, 83도2783.
5) 서일교, 322면: 이재상 외, 720면: 정성근/정준섭, 808면: 대판 1986. 11. 25, 86도2783 등.
6) 남흥우, 356면: 황산덕, 52면.
7) 김일수/서보학, 838면.
8) 대판 1999. 10. 8, 99도1638.

평등하게 추징해야 한다.[1] 추징은 뇌물의 전부나 일부를 몰수할 수 없을 때에 행하는데 처음부터 몰수가 불가능하였는가 수수후 불가능하게 되었는가는 불문한다. 가액을 금전으로 환산할 수 없는 경우(예컨대 정교)에는 추징할 수 없다. 추징가액 산정기준에 관하여서는 뇌물수수시의 가액을 기준으로 해야 한다는 설[2]과 몰수할 수 없는 사유가 발생한 때를 기준으로 해야 한다는 설[3] 및 판결 선고시의 가액을 기준으로 해야 한다는 설[4]이 대립하고 있는데 수뢰죄 및 추징 제도의 취지에 비추어 몰수할 수 없는 사유가 발생한 때를 기준으로 하는 것이 타당하다.

(2) 사전수뢰죄

> *공무원 또는 중재인이 될 자가 그 담당할 직무에 관하여 청탁을 받고 뇌물을 수수, 요구 또는 약속한 후 공무원 또는 중재인이 된 때에는 3년 이하의 징역 또는 7년 이하의 자격정지에 처한다(제129조 제2항).

1) 의 의

본죄는 공무원 또는 중재인으로 취임하기 전의 수뢰행위를 처벌하기 위한 것이며 신분취득 전의 수뢰라는 점에서 수뢰죄보다 형을 경하게 한 불법감경유형으로 볼 수 있다.[5]

2) 구성요건

① 주 체

본죄의 행위주체는 공무원 또는 중재인이 될 자이다. 공무원 또는 중재인이 될 자란 공무원 또는 중재인이 될 것으로 예정되어 있는 자를 말한다. 공무원이나 중재인이 될 것이 확실할 것을 요하지는 않는다.[6] 그러므로 예컨대 일정한 공직선거에 당선되어 임기시작 전에 있는 자는 물론 입후보중인 자도 본죄의 주체로 볼 수 있다.

---

1) 대판 1970. 1. 27, 69도2225.
2) 권문택/7인공저, 710면; 이건호, 각론, 60면; 황산덕, 53면.
3) 김성천/김형준, 827면; 백형구, 656면; 오영근, 702면; 이영란, 798면; 이재상 외, 728면; 임웅, 933면; 정성근/정준섭, 519면; 진계호, 742면.
4) 김성돈, 796면; 김일수/서보학, 839면; 김혜정 외, 680면; 이정원, 768면 등.
5) 임웅, 934면.
6) 권문택/7인공저, 701면; 이재상 외, 728면.

② 행　위

본죄의 행위는 그 담당할 직무에 관하여 청탁을 받고 뇌물을 수수, 요구 또는 약속하는 것이다. 그 담당할 직무란 장차 공무원 또는 중재인이 되면 맡게 될 것으로 예상되는 직무를 의미한다. 청탁이란 일정한 직무를 행하도록 부탁하는 것이며 그 직무행위가 부정할 것을 요하지 않는다. 수수, 요구 또는 약속의 의미는 단순수뢰죄에서 설명한 것과 같다. 다만 이들 행위는 청탁을 받고 행하여질 것을 요한다. 청탁의 수단, 방법은 불문한다.

3) 객관적 처벌조건

본죄는 공무원 또는 중재인이 될 자가 그 담당할 직무에 관한 청탁을 받고 뇌물을 수수, 요구 또는 약속함으로써 성립한다. 그러나 그 처벌은 공무원 또는 중재인이 되는 것을 요건으로 한다. 본죄의 「공무원 또는 중재인이 된 때」의 성격이 무엇인가에 관하여서는 이를 구성요건요소로 보는 입장이 있으나[1] 객관적 처벌조건으로 보는 것이 타당하다.[2]

(3) 제3자 뇌물공여죄

> *공무원 또는 중재인이 그 직무에 관하여 부정한 청탁을 받고 제3자에게 뇌물을 공여하게 하거나 공여를 요구 또는 약속한 때에는 5년 이하의 징역 또는 10년 이하의 자격정지에 처한다(제130조).

1) 의　의

본죄는 본인이 직접 수뢰하지 않고 제3자로 하여금 뇌물을 받게 하는 직무관련 탈법행위를 처벌한다. 본죄는 간접수뢰죄로 보는 견해도 있지만,[3] 공무원이나 중재인과 제3자 사이에 이해관계가 없어도 본죄는 성립된다고 보아야 하므로 본죄는 독자적 수뢰죄라고 보아야 할 것이다.[4]

---

1) 유기천(하), 312면은 「공무원 또는 중재인이 된 때」라는 요건은 본죄의 성립조건이고 이에 대한 주관적 요건이 요구된다는 것을 이유로 이를 객관적 구성요건요소로 본다.
2) 권문택/7인공저, 702면; 김성천/김형준, 829면; 김일수/서보학, 848면; 배종대, 619면; 백형구, 660면; 이영란, 805면; 이재상 외, 729면; 이정원, 760면; 임웅, 934면; 정성근/정준섭, 522면; 진계호, 743면.
3) 권문택/7인공저, 703면; 김일수/서보학, 849면; 임웅, 935면; 정성근/정준섭, 523면; 진계호, 745면.
4) 김성돈, 768면; 배종대, 620면; 오영근, 704면; 이재상 외, 730면; 이정원, 761면.

2) 구성요건

본죄의 행위주체와 행위객체는 단순수뢰죄의 경우와 동일하다.

본죄의 행위는 그 직무에 관하여 부정한 청탁을 받고 제3자에게 뇌물을 공여하게 하거나 공여를 요구 또는 약속하는 것이다. 「직무에 관하여」란 "행위자가 직접 담당하는 직무뿐만 아니라 이와 밀접한 관계를 가진 사항에 관련하여"라는 의미로 볼 수 있다. 「부정한 청탁」이란 위법 또는 부당한 직무행위를 부탁하는 것으로, 직무집행 자체가 위법하거나 부당한 경우 또는 그 자체는 위법하거나 부당하지 않지만 당해 직무집행을 어떤 대가관계와 연결시켜 그 직무집행에 관한 대가의 교부를 내용으로 하는 경우 등을 의미한다.

본죄가 부정한 청탁을 받는 것을 그 성립요건으로 하고 있는 취지는 본죄에서 뇌물을 받는 자가 제3자라는 점을 고려하여 본죄의 성립범위를 엄격하게 제한하려는 데 있다.[1] 이처럼 '그 직무에 관하여 부정한 청탁을 받을 것'을 요건으로 하는 취지는 처벌의 범위가 불명확해지지 않도록 하기 위한 것으로서, 이러한 부정한 청탁은 명시적 의사표시에 의해서뿐만 아니라 묵시적 의사표시에 의해서도 가능하지만, 묵시적 의사표시에 의한 부정한 청탁이 있다고 하려면 청탁의 대상이 되는 직무집행의 내용과 제3자에게 제공되는 이익이 그 직무집행에 대한 대가라는 점에 대하여 공무원과 이익 제공자 사이에 공통의 인식이나 양해가 있어야 한다. 따라서 그러한 인식이나 양해 없이 막연히 선처하여 줄 것이라는 기대나 직무집행과는 무관한 다른 동기에 의하여 제3자에게 금품을 공여한 경우에는 묵시적 의사표시에 의한 부정한 청탁이 있다고 볼 수 없다.[2]

본죄에서 제3자란 행위자, 공동정범자, 처자 등 생활이익을 같이 하는 자를 제외한 자를 의미한다. 판례는 사회통념상 다른 사람이 뇌물을 받는 것을 공무원이 직접 받는 것과 같이 평가할 수 있는 관계가 있는 경우에는 본죄가 아닌 단순수뢰죄를 인정함으로써 이러한 경우를 제3자의 범위에서 제외하고 있다.[3] 즉, 그 다른 사람이 공무원의 사자 또는 대리인으로서 뇌물을 받은 경우나 그 밖에 예컨대 평소 공무원이 그 다른 사람의 생활비 등을 부담하고 있었다거나

---

1) 그러나 부정한 청탁을 구성요건으로 규정하는 것은 단순수뢰죄와의 균형상 적절하지 않다는 비판도 있다. 이재상 외, 730면.
2) 대판 2014. 9. 4, 2011도14482; 대판 2011. 4. 14, 2010도12313; 대판 2009. 1. 30, 2008도6950.
3) 대판 1998. 9. 22, 98도1234.

혹은 그 다른 사람에 대하여 채무를 부담하고 있었다는 등의 사정이 있어서 그 다른 사람이 뇌물을 받음으로써 공무원은 그만큼 지출을 면하게 되는 경우가 이에 해당한다. 제3자는 자연인, 법인, 법인격 없는 단체이든 불문하며 교사범이나 공범도 제3자가 될 수 있다. 또한 제3자가 받은 이익이 뇌물이라는 것을 알고 있을 필요도 없다. 뇌물을 수수하는 제3자가 공무원과 이해관계가 있는가는 불문한다.

본죄는 제3자에게 뇌물을 공여하게 하거나 공여를 요구, 약속함으로써 성립하고 제3자가 뇌물을 수수할 것을 요하지 않는다.[1] 따라서 제3자가 뇌물수수를 거부하여도 본죄는 성립한다.

(4) 수뢰후부정처사죄

> *공무원 또는 중재인이 전2조의 죄를 범하여 부정한 행위를 한 때에는 1년 이상의 유기징역에 처한다(제131조 제1항).

1) 의 의

본죄는 수뢰뿐만 아니라 부정한 행위까지 행한 점에 비추어 제129조 및 제130조의 죄보다 불법이 가중되어 그 형을 무겁게 하고 있다.

2) 구성요건

'전2조의 죄를 범하여'란 반드시 뇌물수수 등의 행위가 완료된 이후에 부정한 행위가 이루어져야 함을 의미하는 것은 아니고, 결합범 또는 결과적 가중범 등에서의 기본행위와 마찬가지로 뇌물수수 등의 행위를 하는 중에 부정한 행위를 한 경우도 포함한다.[2]

본죄에서 부정한 행위란 공무원 또는 중재인이 직무에 위배하여 행하는 모든 위법 또는 부당한 행위를 의미한다. 이에는 직무행위뿐만 아니라 그것과 객관적으로 관련이 있는 행위도 포함된다.[3] 부정한 행위는 작위는 물론 부작위에 의해서도 가능하다. 예컨대 수뢰한 공무원이 위법한 인·허가 처분을 해주거나 문서를 파기하는 행위는 전자에 해당하고 사법경찰관리가 수뢰 후 증거품의 압수를

---

1) 이재상 외, 730면; 임웅, 936면.
2) 대판 2021. 2. 4, 2020도12103.
3) 대판 2003. 6. 13, 2003도1060.

중지하거나 구속된 피의자의 도주를 묵인하는 것은 후자에 해당한다.

3) 죄수 및 타죄와의 관계

단일하고도 계속된 범의 아래 일정 기간 반복하여 일련의 뇌물수수 행위와 부정한 행위가 행하여졌고 그 뇌물수수 행위와 부정한 행위 사이에 인과관계가 인정되며 피해법익도 동일하다면, 최후의 부정한 행위 이후에 저질러진 뇌물수수 행위도 최후의 부정한 행위 이전의 뇌물수수 행위 및 부정한 행위와 함께 수뢰후부정처사죄의 포괄일죄가 된다.[1]

부정한 행위가 공문서위조죄, 횡령죄, 배임죄, 공무상비밀누설죄, 간수자도주원조죄, 공용서류무효죄 등에 해당하는 때에는 본죄는 이들 범죄와 상상적 경합이 된다. 판례는 허위공문서작성 및 동행사죄로 인하여 본죄가 성립할 경우 연결효과에 의한 상상적 경합을 인정한다.[2]

(5) 사후수뢰죄

> *공무원 또는 중재인이 그 직무상 부정한 행위를 한 후 뇌물을 수수, 요구 또는 약속하거나 제3자에게 이를 공여하게 하거나 공여를 요구 또는 약속한 때에도 전항의 형(1년 이상의 유기징역)과 같다(제131조 제2항).
> *공무원 또는 중재인이었던 자가 그 재직중에 청탁을 받고 부정한 행위를 한 후 뇌물을 수수, 요구 또는 약속한 때에는 5년 이하의 징역 또는 10년 이하의 자격정지에 처한다(제131조 제2항).

1) 의 의

본죄는 직무에 관련한 부정행위가 선행하고 그 후, 또는 퇴직 후에 수뢰하는 것을 처벌하기 위한 범죄이다.

---

1) 대판 2021. 2. 4, 2020도12103.
2) 대판 1983. 7. 26, 83도1378. "형법 제131조 제1항의 수뢰후부정처사죄에 있어서 공무원이 수뢰후 행한 부정행위가 공도화변조 및 동행사죄와 같이 보호법익을 달리하는 별개 범죄의 구성요건을 충족하는 경우에는 수뢰후부정처사죄 외에 별도로 공도화변조 및 동행사죄가 성립하고 이들 죄와 수뢰후부정처사죄는 각각 상상적 경합 관계에 있다고 할 것인바, 이와 같이 공도화변조죄와 동행사죄가 수뢰후부정처사죄와 각각 상상적 경합범 관계에 있을 때에는 공도화변조죄와 동행사죄 상호간은 실체적 경합범 관계에 있다고 할지라도 상상적 경합범 관계에 있는 수뢰후부정처사죄와 대비하여 가장 중한 죄에 정한 형으로 처단하면 족한 것이고 따로이 경합범 가중을 할 필요가 없다." 대판 2001. 2. 9, 2000도1216은 공도화변조죄 및 동행사죄와 본죄와의 연결효과에 의한 상상적 경합을 인정한다.

2) 구성요건

사후수뢰죄의 구성요건은 다음과 같은 두 가지 태양으로 규정되어 있다.

① 공무원 또는 중재인이 그 직무상 부정한 행위를 한 후 뇌물을 수수, 요구 또는 약속하거나 제3자에게 이를 공여하게 하거나 공여를 요구 또는 약속하는 경우(제2항).

이 경우는 직무상의 부정행위와 수뢰행위가 결합되어 있다는 점에서 수뢰후 부정처사죄와 다를 것이 없으나 그 결합된 행위의 순서는 역으로 되어 있다. 따라서 양자는 본질적으로 죄질이 같다고 볼 수 있으므로 형법은 양자를 동일하게 가중처벌하고 있다.

② 공무원 또는 중재인이었던 자가 그 재직 중에 청탁을 받고 직무상 부정한 행위를 한 후 뇌물을 수수, 요구 또는 약속한 경우(제3항).

이 경우는 재직 중에는 부정행위는 있으나 수뢰행위가 없고 퇴직 후에는 공무원 또는 중재인의 신분이 없지만 형법은 재직 중의 부정행위와 퇴직 후의 수뢰행위의 불가분적 결합에 근거한 가벌성을 인정하여 이 경우를 결합형태로서 처벌한다. 다만 그 특수성에 비추어 형벌을 ①의 경우보다 경하게 하고 있다.

재직 중에 부정한 행위를 하고 전직한 후에 수뢰한 때에는 제131조 제2항이 적용된다.[1] 재직 중 정당한 행위를 하고 퇴직 후 수뢰하는 경우라든가 재직중 청탁을 받지 않은 경우는 본죄에 해당하지 않는다.

(6) 알선수뢰죄

> *공무원이 그 지위를 이용하여 다른 공무원의 직무에 속한 사항의 알선에 관하여 뇌물을 수수, 요구 또는 약속한 때에는 3년 이하의 징역 또는 7년 이하의 자격정지에 처한다(제132조).

1) 의 의

본죄는 공무원이 직접 자기의 직무에 관하여 수뢰하는 것은 아니지만 자기의 지위나 영향력을 이용하여 다른 공무원의 직무에 관한 사항을 알선하여 수뢰함으로써 간접적인 방법으로 직무의 공정성을 해한다는 점에 그 특징이 있다.

---

1) 권문택/7인공저, 705면:이재상 외, 732면; 임웅, 938면.

2) 구성요건

① 주 체

본죄의 행위주체는 공무원이며 중재인이 포함되지 않는다. 공무원인 한 그 지위에 관계없이 본죄의 주체로 된다는 견해[1]가 있으나 본죄의 구성요건이 「공무원이 그 지위를 이용하여」라고 규정한 점에 비추어 본죄의 공무원은 직무를 처리하는 다른 공무원과 직무상 직접·간접의 연관을 가지고 법률상 또는 사실상 영향을 미칠 수 있는 공무원일 것을 요한다는 것이 다수설[2]과 판례[3]의 입장이며 타당하다고 판단된다. 공무원이 단지 다른 공무원과의 동창관계, 친척관계 기타 어떤 개인적인 정실관계를 이용하여 알선한 경우에는 특가법상의 알선수재죄로는 될 수 있으나 본죄에는 해당한다고 볼 수 없다.

② 행 위

본죄의 행위는 그 지위를 이용하여 다른 공무원의 직무에 속한 사항의 알선에 관하여 뇌물을 수수, 요구 또는 약속하는 것이다.

지위를 이용한다는 것은 자기의 지위에 기인하는 영향력을 알선수뢰에 이용한다는 의미이다. 알선이란 다른 공무원이 일정한 사항에 관하여 직무행위를 하도록 매개, 주선, 권유하거나 기타 교섭이 성립되도록 편의를 도모하는 일체의 행위를 말하며 그 수단·방법은 불문한다. 직접 다른 공무원을 만나서 부탁하는 경우는 물론 전화나 서신을 이용하거나, 다른 사람을 통하여서도 할 수 있으며 소개장이나 명함에 선처를 바라는 취지를 적어 증뢰자를 통하여 전달하는 것도 알선에 해당한다. 알선하는 직무행위가 정당한가 부당한가는 불문하며, 장래의 것이라도 무방하다.[4] 본죄의 성립에 현실적으로 알선행위가 존재해야 할 필요는 없으며 알선 후 수뢰하는 경우는 물론 장차 알선해 주기로 약속하고 수뢰하

---

1) 김일수/서보학, 854면; 임웅, 939면; 진계호, 750면.
2) 김성천/김형준, 981면; 배종대, 825면; 백형구, 663면; 손동권, 774면; 오영근, 913면; 이재상 외, 726면; 이정원, 764면; 정성근/정준섭, 823면; 황산덕, 58면.
3) 대판 2001. 10. 12, 99도5294; 대판 1999. 6. 25, 99도1990; 대판 1993. 7. 13, 93도1056; 대판 1982. 6. 8, 82도404.
4) 대판 2009. 7. 23, 2009도3924. 알선행위는 장래의 것이라도 무방하므로, 알선뇌물요구죄가 성립하기 위하여는 뇌물을 요구할 당시 반드시 상대방에게 알선에 의하여 해결을 도모하여야 할 현안이 존재하여야 할 필요는 없다. 구청 공무원이 유흥주점의 업주에게 '유흥주점 영업과 관련하여 세금이나 영업허가 등에 관하여 문제가 생기면 다른 담당 공무원에게 부탁하여 도움을 주겠다'면서 그 대가로 1,000만원을 요구한 사안.

는 경우에도 본죄가 성립한다.[1] 뇌물의 수수, 요구 또는 약속의 의미는 단순수뢰죄에서 설명한 것과 같다.

3) 특별법상 알선수재죄

특가법 제3조의 알선수재죄는 행위주체에 제한이 없으므로 공무원 아닌 자도 본죄를 범할 수 있고 지위를 이용할 것을 요건으로 하지 않는다는 점에서 형법상의 알선수뢰죄와 구분된다. 일반인이라 할지라도 공무원의 직무에 속한 사항의 알선에 관하여 수뢰하면 특가법상의 알선수재죄에 해당한다. 공무원의 경우는 그 지위를 이용하지 않고 다른 공무원의 직무에 속한 사항의 알선에 관하여 수뢰하면 알선수뢰죄는 성립하지 않지만 특가법상의 알선수재죄에는 해당한다. 또한 스스로 알선행위를 하는 경우뿐만 아니라 알선행위를 할 사람을 소개시켜준 경우에도 본죄가 성립한다.[2]

특경법 제7조에는 금융기관의 임직원의 직무에 속하는 사항의 알선에 관여한 자에 대한 처벌규정이 있다. 이 때에도 알선을 의뢰하는 자와 금융기관 임직원 사이를 중개하는 알선자는 처벌된다.

(7) 증뢰죄 · 증뢰물전달죄

> *제129조 내지 제132조에 기재한 뇌물을 약속, 공여 또는 공여의 의사를 표시한 자는 5년 이하의 징역 또는 2천만원 이하의 벌금에 처한다(제133조 제1항).
> *전항의 행위에 공할 목적으로 제3자에게 금품을 교부하거나 그 정을 알면서 교부를 받은 자도 전항의 형과 같다(제133조 제2항).

1) 의 의

뇌물공여죄 또는 증뢰물전달죄에 해당하는 본죄는 대체로 비공무원이 공무원의 수뢰행위를 교사 또는 방조하는 공범적 성격의 행위를 독립된 범죄로서 유형화 한 것으로 볼 수 있다.[3]

---

1) 유기천(하), 298면; 임웅, 845면; 정성근/정준섭, 825면.
2) 대판 2002. 10. 8, 2001도3931.
3) 김성돈, 807면; 김일수/서보학, 832면; 배종대, 625면; 오영근, 711면; 이영란, 813면; 이재상 외, 734면; 임웅, 942면; 정성근/정준섭, 530면; 진계호, 753면.

2) 구성요건

① 주 체

본죄의 행위주체에는 제한이 없다. 비공무원인 경우가 일반적이지만 공무원도 다른 공무원과의 관계에서 본죄의 주체로 될 수 있다.[1]

② 행 위

본죄의 행위는 뇌물을 약속·공여 또는 공여할 의사를 표시하거나 이에 공할 목적으로 제3자에게 금품을 교부하거나 그 정을 알면서 교부를 받는 것이다.

(가) 뇌물의 약속·공여 또는 공여의 의사표시 뇌물의 약속이란 증뢰자와 수뢰자 사이에 뇌물을 수수하기로 합의한 것을 말하며 어느 쪽이 먼저 능동적으로 의사표시를 했는가는 불문한다. 공여란 뇌물을 수수하게 하는 것을 말하며 수수할 수 있는 상태에 두는 것으로 족하고 상대방이 현실적으로 수수할 것을 요하지는 않는다. 그러므로 공무원의 처나 자녀에게 교부한 때에도 본죄가 성립한다.[2] 공여의 의사표시란 상대방에게 뇌물을 제공하겠다는 일방적 의사표시를 말한다. 그 의사표시가 명시적이든 묵시적이든, 서면에 의한 것이든 구두에 의한 것이든 불문하며 의사표시의 상대방도 반드시 공무원 또는 중재인일 것을 요하지 않는다.[3] 또한 공여할 금액을 표시할 필요도 없다.[4] 증뢰죄에 있어서도 비록 조문에 표현되어 있지는 않으나 뇌물이 직무에 대한 대가임을 요한다고 해석하는 것이 타당하다.[5]

(나) 증뢰에 공할 목적으로 제3자에게 금품을 교부하거나 제3자가 그 정을 알면서 교부받는 행위 제3자에게 금품을 교부하는 경우는 목적범의 형태로 되어 있으며 그 정을 알면서 교부받는 자와는 필요적 공범관계에 있다.[6] 본죄는 제3자에게 금품을 교부하거나 그 정을 알면서 교부받음으로써 성립하고 제3자가 금품을 수뢰할 사람에게 전달했는가는 불문한다.[7]

3) 죄수 및 타죄와의 관계

뇌물을 약속하거나 공여의 의사표시를 한 후에 이를 공여한 경우에는 이들은

---

1) 대판 2002. 6. 14, 2002도1283.
2) 대판 1968. 10. 8, 68도1066.
3) 권문택/7인공저, 709면; 배종대, 625면; 이재상 외, 735면.
4) 대판 1959. 9. 4, 4291형상284.
5) 김일수/서보학, 858면; 백형구, 665면; 이재상 외, 736면; 임웅, 943면.
6) 임웅, 944면.
7) 대판 1985. 1. 22, 84도1033.

공여죄에 흡수되어 하나의 죄만 성립한다. 하나의 행위로 수인의 공무원에게 증뢰한 때에도 일죄가 성립한다는 견해[1]와 공무원의 수에 따른 증뢰죄가 성립하여 상상적 경합이 된다는 견해가 있다.[2] 본죄의 보호법익이 국가적 법익임을 고려할 때에는 포괄일죄가 된다고 봄이 타당할 것이다. 동일한 기회에 같은 고의로 한 사람의 공무원에게 수차 증뢰한 경우에는 포괄하여 하나의 증뢰죄만 성립한다. 공무원이 알선수뢰한 금원의 일부를 다른 공무원에게 증뢰한 때에는 알선수뢰죄와 증뢰죄의 경합범이 된다.[3]

제 2 절 공무방해에 관한 죄

§1. 서   설

I. 의의 및 보호법익

공무방해의 죄는 국가 또는 공공기관이 행사하는 기능을 방해하는 죄이다. 일반적으로 공무원이 국가의 기능을 행사하게 되므로 공무원이 방해행위의 객체로 되지만 본죄의 규정은 공무원을 보호하기 위한 것이 아니라 국가기능의 행사로서의 공무를 그 보호법익으로 하고 있다. 공무원의 지위가 보호되는 것은 공무수행에 따른 반사적 효과로 볼 수 있다.[4] 공무원을 행위객체로 한다는 점에서 공무원을 행위주체로 하는 공무원의 직무에 관한 죄와 대조된다.

참고 연혁

일찍이 전제군주국가 내지 절대군주의 국가에 있어서는 전통적으로 관헌(官憲)의 직무집행에 무조건 복종할 것을 요구하였고 관헌을 객체로 하는 인격침해적 범죄를 무겁게

1) 김성돈, 777면; 오영근, 712면..
2) 배종대, 626면; 이재상 외, 736면; 정성근/정준섭, 531면.
3) 대판 1967. 1. 31, 66도1581.
4) 김일수/서보학, 862면; 박상기/전지연, 657면; 손동권, 779면; 이재상 외, 729면; 이정원, 768면; 임웅, 849면.

처벌하였다. 로마시대에는 정무관에 대한 인신침해를 대역죄로 처벌하였고 공무에 종사하는 관리는 물론 사인(私人)도 특별히 보호했다고 한다. 독일의 프로이센일반국법도 관헌의 직무수행에 대한 저항에는 외견상 무제한의 가벌성이 인정되었다. 그러나 민주적 법제가 정착되어 감에 따라 국가권력의 합법적인 행사에 대해서만 복종의무가 있다고 보게 되었고 불법한 직무수행에 대하여서는 저항이 허용된다는 주장도 나타나게 되었다. 형법학자 야게만(Jagemann)은 공무의 남용에 대해서는 정당방위가 허용된다고 보았다.

고려시대에 의용되었던 당률(唐律)에는 왕명을 받들고 출사하는 관헌과 현령 등의 관헌을 구타하는 자를 무겁게 처벌하는 규정을 두었고[1] 이러한 규정은 대명률(大明律)에도 전승되었다.[2] 대명률에는 이 밖에도 관청에서 파견하여 금전, 양곡 등을 추징하고 공사를 처리하는 사람(추섭인)의 처분에 복종하지 않고 그 사람을 구타한 경우에는 피해의 정도와 범정(犯情)에 따라 처벌하는 규정을 두고 있었다.[3] 형법대전(刑法大全)에도 관리가 왕명을 받드는 사신이나 상급관리를, 민간인이 그 지방의 관리를 살해, 상해, 폭행한 경우 무겁게 처벌하는 규정이 있었다(제522~52조).

현행 형법상의 공무방해에 관한 죄(제8장)는 구법의 불비점을 시정하고 그 형기를 인상하면서 새로운 규정을 신설하였고 일본형법가안의 영향도 많이 받은 것으로 보인다.[4]

II. 현행법상의 체계

기본적 구성요건	위계에 의한 공무집행방해죄(제137조)	가중요건 없음	
	공무집행방해죄(제136조 제1항) 직무강요죄(제136조 제2항)	가중적 구성요건	불법가중적 구성요건: 특수공무방해죄 (제144조 제1항)
독립적 구성요건	법정·국회회의장모욕죄(제138조) 공무상비밀표시무효죄(제140조 제1항) 공무상비밀침해죄(제140조 제2·3항) 부동산강제집행효용침해죄(제140조의2) 공용서류등무효죄(제141조 제1항) 공용물파괴죄(제141조 제2항) 공무상보관물무효죄(제142조)		결과적 가중범: 특수공무방해치사상죄 (제144조 제2항)
	인권옹호직무방해죄(제139조)	가중요건 없음	

---

1) 官版 唐律疏議, 卷 第 二十一 鬪訟條.
2) 大明律直解, 刑律, 卷 第 二十 鬪毆, 毆制使及本管官長條.
3) 大明律直解, 刑律, 卷 第 二十 鬪毆, 拒毆追攝人條.
4) 유기천(하), 324~325면.

§2. 유형별 고찰

Ⅰ. 공무집행방해죄

> *직무를 집행하는 공무원에 대하여 폭행 또는 협박한 자는 5년 이하의 징역 또는 1천만 원 이하의 벌금에 처한다(제136조).

1. 의   의

공무방해에 관한 죄 중 기본적 유형이고, 거동범이며 추상적 위험범[1]이다. 본죄는 미수범처벌규정이 없다.

2. 구성요건

(1) 주   체

본죄의 행위주체에는 제한이 없다. 직무집행의 상대방은 물론 직무집행과 무관한 자도 포함되며, 공무원이 다른 공무원의 직무집행을 방해하는 경우에도 본죄가 성립할 수 있다.

(2) 객   체

1) 공무원

객체는 직무를 집행하는 공무원이다. 공무원은 법령에 의하여 국가나 공공단체의 공무에 종사하는 자를 말하며 공무원 신분이 없는 자라 할지라도 법령에 의하여 공무수행자로 간주되는 자는 이에 포함된다. 파출소에서 근무하는 방범대원도 지방고용직 공무원이므로 본죄의 공무원에 포함되고[2] 청원경찰[3]도 이에 해당하지만, 주민의 자치적 활동으로 위촉되어 보수를 받는 방범대원[4]은 해당되지 않는다. 본죄의 공무원은 우리나라의 공무원에 국한되므로, 외국의 공무

---

1) 대판 2018. 3. 29, 2017도21537. 따라서 구체적으로 집무집행의 방해라는 결과발생을 요하지 않는다.
2) 대판 1991. 3. 27, 90도2930.
3) 대판 1986. 1. 28, 85도2448.
4) 대판 1983. 2. 22, 82도794.

원은 제외된다.

2) 직무집행

「직무를 집행하는」이라는 규정은 본죄의 구성요건의 객관적 표지의 하나인 행위정황에 해당한다. 따라서 이러한 정황이 없으면 본죄의 구성요건이 조각된다. 이러한 직무의 집행과 관련하여서는 직무집행의 범위와 적법성이 문제된다.

직무란 널리 공무원이 직무상 취급할 수 있는 사무를 의미한다. 이에는 국가 및 지방공공단체의 입법, 사법, 행정의 모든 작용이 포함된다. 직무범위를 법령에 따라 국가의사를 강제력으로 실행하는 집행행위로 국한하는 견해[1]는 본죄의 성립범위를 가능한 한 좁게 해석함으로써 국민의 자유가 제한받지 않도록 해야 한다는 점에서 의미 있으나, 직무를 이처럼 권력적 작용의 경우로 제한할 필요는 없다.[2]

직무집행의 범위에는 구체적인 직무의 집행을 개시하여 이를 종료할 때까지의 시간적 범위와 당해 직무집행과 시간적, 내용적으로 밀접불가분의 관계에 있는 직무집행착수 직전의 준비행위가 포함된다. 직무집행은 반드시 적극적인 거동만을 의미하는 것이 아니기 때문에 정석에 착석하고 있어도 감독사무를 집행하고 있는 것으로 볼 수 있는 한 직무집행에 해당된다.[3] 직무집행을 하다가 일시 휴식중인 경우라고 할지라도 직무의 성질 기타 제반 정황을 고려하여 직무집행과 밀접불가분의 관계에서 일체성 또는 계속성을 갖는다고 볼 수 있으면 직무집행에 포함된다. 직무집행을 중지하거나 종료직후의 경우도 이에 해당한다.[4] 반면 직무집행을 위하여 출근하는 공무원을 폭행하는 것은 본죄에 해당하지 않으며,[5] 단순히 직무집행이 예상된다는 것만으로는 직무집행에 해당한다고 볼 수 없다.[6]

---

1) 김일수/서보학, 865면.
2) 김성돈, 812면; 박상기/전지연, 857면; 배종대, 630면; 이재상 외, 739면; 이정원, 771면; 임웅, 947면; 정성근/정준섭, 533면; 정영일, 455면; 진계호, 759면.
3) 대판 1957. 3. 29, 4290형상48.
4) 배종대, 631면; 이재상 외, 740면; 임웅, 948면. 판례(대판 1999. 9. 21, 99도383)도 이 경우를 직무집행 중으로 보아 주차단속 공무원에게 폭행을 가한 행위자에게 공무집행방해죄를 인정하였다.
5) 대판 1979. 7. 24, 79도1201.
6) 배종대, 630면; 이재상 외, 740면; 임웅, 948면.

판례

공무집행방해죄에서 '직무를 집행하는'이란 공무원이 직무수행에 직접 필요한 행위를 현실적으로 행하고 있는 때만을 가리키는 것이 아니라 공무원이 직무수행을 위하여 근무 중인 상태에 있는 때를 포괄하고, 직무의 성질에 따라서는 직무수행의 과정을 개별적으로 분리하여 부분적으로 각각의 개시와 종료를 논하는 것이 부적절하고 여러 종류의 행위를 포괄하여 일련의 직무수행으로 파악하여야 한다.[1]

3) 직무집행의 적법성
① 적법성의 요부

민주주의적 법치국가의 이념에 따라 국민의 기본적 인권이 존중되고 국가권력의 행사도 합법적으로 이루어져야 한다. 그리고 적법한 공무집행만이 형법적 보호의 대상으로 되고 직무집행이 위법한 경우에는 이에 대한 정당방위가 가능하다. 우리 형법은 독일형법이나 오스트리아형법과 달리 적법성에 관한 명문규정을 두고 있지 않지만, 통설과 판례[2]는 당연히 직무집행의 적법성을 요구한다.

② 적법성의 체계적 지위

(가) 구성요건요소설   이 설은 직무집행의 적법성을 공무집행방해죄의 구성요건요소로 이해한다.[3] 이 설은 민주주의적 법치국가에 있어서는 적법한 직무집행만이 형벌법규를 통하여 보호받을 가치가 있다는 것을 강조한다.[4] 그러나 행위자가 직무행위를 위법하다고 오신한 경우에 고의가 조각되어 처벌할 수 없게 된다는 형사정책적 흠결이 지적되고 있으며, 적법과 위법의 문제는 체계상 위법성의 문제라는 비판을 받는다.

(나) 위법성조각사유설   이 설은 직무집행의 불법은 불법한 침해가 되어 이에 대한 정당방위를 가능케 한다는 것을 논거로 하며 직무집행이 위법할 때에는

---

1) 대판 2018. 3. 29, 2017도21537.
2) 대판 1994. 3. 11, 93도958; 대판 1992. 5. 22, 92도506; 대판 1991. 5. 10, 91도453; 대판 1976. 7. 19, 76도2703 등.
3) 김성돈, 813면; 김성천/김형준, 841면; 김일수, 공무집행방해죄에서 직무집행의 적법성, 이명구박사화갑기념논문집 Ⅲ, 1996, 385면; 배종대, 635면; 백형구, 602면; 서일교, 347면 등.
4) 김일수, 앞의 논문, 579면. 위법성이 조문에 명시되지 않은 형법 제136조를 이러한 견해에 따라 해석한다면, 위법성은 구성요건의 불문적 표지가 된다. 따라서 직무집행이 적법하지 않은 경우에 그 방해행위는 본죄의 구성요건해당성이 없는 것으로 평가될 것이고, 적법한 직무집행을 위법한 것으로 오인하고 방해한 경우에는 구성요건 착오로서 고의를 조각하게 될 것이다.

이에 대한 반항행위가 위법성을 조각한다고 보게 된다.[1] 이 설에 대하여서는 명백하고 중대한 위법이나 하자가 있어 당연히 무효로 될 직무행위도 합법성을 추정받게 되어 본죄의 구성요건의 핵심적 가치와 충돌한다든가,[2] 위법한 직무집행에 대한 저항이 공무집행방해죄의 구성요건에 해당한다고 보는 것은 부당하다는 비판이 있다.[3]

(다) 객관적 처벌조건설   적법성을 객관적 처벌조건으로 보는 견해로,[4] 직무집행의 위법성을 단지 당벌성을 위해서뿐만 아니라, 직무행위의 불법과 관련하여서도 위법한 직무집행행위에 대한 정당방위가 의미를 갖기 때문에 이 설을 받아들일 수 없다는 비판이 제기된다.[5]

생각건대 적법성은 본죄의 구성요건인 공무집행의 한 요소라고 봄이 타당하며, 직무집행의 위법성을 공무집행방해죄의 구성요건의 불문적 표지로 이해할 수 있다.

③ 적법성의 요건

직무행위가 적법성의 요건을 갖추었는가를 판단함에 있어서는 형법적 위법개념이 기준이 되어야 하므로 내용의 실질적 정당성에 의할 것이 아니라 형식적 적법성을 그 기준으로 삼아야 할 것이다.[6] 직무집행이 적법하기 위한 요건은 세 가지이다.

(가) 직무집행이 당해 공무원의 추상적(일반적) 직무권한에 속할 것   공무원의 직무권한은 법률에 의하여 사물적, 장소적으로 그 범위가 한정되어 있으므로 그 범위를 벗어나는 행위는 직무집행으로 볼 수 없다. 그러므로 이러한 범위를 벗어나는 행위는 적법한 직무집행이 아니다. 판례에 의하면 면사무소에 근무하는 공무원이 설계도면의 제출을 요구한 경우[7]는 직무집행이 아니다. 또한 법관이

---

1) 유기천(하), 333면: 임웅, 953면: 진계호, 760면 등. 궁극적으로 이 설은 적법, 위법의 문제는 위법성 차원의 문제로 이해하는 것이 타당하다고 보는 것이다. 이 설은 적법성에 대한 착오를 위법성조각사유에 대한 착오로 보게 된다.
2) 김일수, 앞의 논문, 579면.
3) 이재상 외, 745면.
4) 서일교, 333면.
5) 김일수, 앞의 논문, 578면. 객관적 처벌조건설에 의하면 위법한 직무집행에 대하여서도 정당방위를 할 수 없고 따라서 직무집행에 대한 보호는 강화되는 반면 시민의 자유는 상대적으로 제한되어 적법성을 요구하는 취지에 반하게 된다.
6) 김일수/서보학, 866면: 배종대, 631면: 이재상 외, 740면: 진계호, 761면 등.
7) 대판 1981. 11. 23, 81도1872.

수사상의 강제처분을 집행한다든가 경찰관이 조세를 징수하는 것도 적법한 직무집행이 될 수 없다. 또한 세무공무원이 조세범칙 사건이 아닌 일반범죄 사건을 조사할 권한은 없다. 그러나 단지 직무의 편의상 시행한 내부적 사무분담은 직무 권한의 범위에 영향을 미치지 않는다. 따라서 교통경찰관이 불심검문을 하는 경우도 적법한 직무집행에 해당된다.[1]

(나) 직무집행이 당해 공무원의 구체적 권한에 속할 것 비록 직무집행이 공무원의 추상적 직무권한에 속한다고 할지라도 당해 공무원이 위임, 지시 등에 의하여 그 직무를 행할 구체적 권한을 가지고 있어야 한다. 이 요건은 구체적인 직무행위가 법률상의 요건을 구비해야 한다는 것을 의미한다.[2] 예컨대 집달관에게 강제집행의 추상적 권한은 있으나 적법한 강제집행은 구체적으로 위임을 받은 경우로 한정된다. 경찰관이 임의동행요구에 불응하는 범죄혐의자를 체포하거나 강제로 연행하려 한 경우는 현행범인의 체포, 기타 강제연행을 정당화시키는 사유가 없는 한 적법한 직무집행으로 볼 수 없다.[3] 직무집행이 당해 공무원의 재량의 범위 내에 속할 때에는 적법하다고 보아야 한다.

(다) 직무집행은 법령이 정한 방식과 절차에 따른 것일 것 이 요건은 공무원의 직무집행이 법령에 정하고 있는 절차와 방식을 갖출 것을 요구하는 것이지만, 궁극적인 문제는 법령이 정한 방식과 절차에 관한 요건을 완전히 구비하지는 못하여 하자가 있는 경우에 어느 정도까지를 적법으로 볼 것인가 하는 점이다. 이에 관하여서는 훈시규정에 위반한 경우라든가 기타 직무행위의 효력에 영향을 미치지 않을 정도의 사소한 하자는 형법적으로 보호되어야 한다는 것이 다수의 견해이다.[4] 최근에는 공무의 보호와 국민의 권리보호의 합리적 조화라는 관점을 전제로 하되, 무엇보다도 직무집행의 상대방의 권리(특히 인권)나 이익의 보호와 관련하여 방식이나 절차의 위반이 본질적인(중요한) 형식의 위반인가 여부에 따라 결정해야 한다는 것이 강조되고 있다.[5]

---

1) 김일수/서보학, 867면; 배종대, 838면; 손동권, 783면; 이재상 외, 734면; 정영석, 61면; 진계호, 760면.
2) 배종대, 838면; 이재상 외, 734면.
3) 대판 1991. 9. 24, 91도1314; 대판 1990. 6. 22, 90도767; 대판 1989. 12. 12, 89도1934; 대판 1977. 8. 23, 77도2111; 대판 1972. 10. 31, 72도2006.
4) 김일수/서보학, 868면; 박상기/전지연, 659면; 배종대, 838면; 유기천(하), 330면; 임웅, 854면; 정성근/정준섭, 836면; 정영석, 61면; 진계호, 762면.
5) 박상기/전지연, 659면; 배종대, 838면; 이재상 외, 735면.

국민의 권리 보호에 중점을 둔 이 견해에 의하면 피의자의 구속처럼 국민의 기본적 인권에 직접적으로 관련되는 경우에 있어서는 방식과 절차의 요건을 엄격하게 해석하여야 한다. 피의자에 대한 구속영장을 집행할 때에는 영장을 제시하고 범죄사실의 요지와 변호인 선임권을 고지하고 변명의 기회를 주어야 한다. 이를 행하지 않으면 그 직무행위는 위법하다고 보아야 한다.[1]

판 례 ////////////////

1. 위법한 직무집행에 해당하는 경우

확정된 벌금형의 집행을 위하여 형집행장이 이미 발부되어 있었으나, 경찰이 피고인을 구인하는 과정에서 형집행장 발부사실을 고지하지 않은 경우(대판 2017. 9. 26, 2017도9458), 출입국관리공무원이 관리자의 사전동의 없이 사업장에 진입하여 불법체류자 단속업무를 개시한 경우(대판 2009. 3. 12, 2008도7156), 특정지역에서의 불법집회에 참가하려는 것을 막기 위하여 시간적·장소적으로 근접하지 않는 지역에서의 집회예정장소로의 이동을 제지한 경우(대판 2008. 11. 13, 2007도9794), 음주운전 종료 후 40분 이상 경과한 시점에서 길가에 앉아 있던 운전자가 술냄새가 난다는 점만을 근거로 음주운전 현행범으로 체포한 경우(대판 2007. 4. 13, 2007도1249), 자진출석한 사람이 긴급체포의 요건이 갖추어지지 않았음에도 실력으로 체포하려한 경우(대판 2006. 9. 8, 2006도148), 경찰관이 마약투약혐의자를 체포하려는 과정에서 애초부터 미란다 원칙을 체포 후에 고지할 생각으로 먼저 체포행위에 나선 경우(대판 2017. 9. 21, 2017도10866), 경찰관들이 노래연습장에서의 주류 판매여부를 확인하기 위하여 법관이 발부한 영장 없이 노래연습장을 검색한 행위(대판 2005. 10. 28, 2004도4731) 등.

2. 적법한 직무집행에 해당하는 경우

행정안전부장관이 전국공무원노동조합의 총투표와 관련하여 공무원 복무관리지침을 각 지방자치단체에 통보한 후 갑 등 소속 공무원들을 파견하여 복무규정 위반사례 등을 점검하도록 지시하여 이에 따라 구청에 파견되어 점검중이던 경우(대판 2013. 2. 15, 2010도11281), 법외 단체인 전국공무원노동조합 지부가 당초 공무원 직장협의회 운영에 이용되던 구 청사시설을 지부 사무실로 임의 사용하자 구청장이 자진폐쇄 요청 후 행정대집행법에 따라 행정대집행을 한 경우(대판 2011. 4. 28, 2008도4721), 재개발지역내 주민들의 철거반대에 대하여, 농성을 진압하는 경찰관의

---

1) 대판 1996. 12. 23, 96도2673; 대판 1994. 3. 11, 93도958.

직무집행행위(대판 2010. 11. 11. 2010도7621)

④ 적법성의 판단기준

(가) 판단기준   주관설은 당해 공무원이 직무의 집행을 적법한 것으로 믿고 행위하였을 때에는 적법하다고 보는 입장이다.[1] 이 설은 직무집행의 적법성 판단을 공무원의 자의에 맡기는 결과로 되므로 타당하다고 볼 수 없다.

절충설은 직무행위의 적법성 여부를 주관적인 면과 객관적인 면을 모두 판단하여 결정해야 한다는 주장이다.[2] 여기에서 주관적인 면이란 공무원이 직무집행을 적법한 것으로 생각하였는가 여부를 고려한다는 의미이겠지만, 객관적인 면이 객관설의 주장처럼 법원이 법령을 해석하여 적법성 여부를 객관적으로 판단한다는 것인지 객관적 정황을 일반적 관점에서 판단한다는 것인지는 분명하지 않다.

일반인표준설은 직무행위를 일반인의 입장에서 공무원의 직무행위로 인정할수 있을 때에는 적법하고 그렇지 않을 때에는 위법한 것으로 본다. 그러나 법령을 알지 못하는 일반인이 직무집행의 외관만을 기준으로 직무행위의 적법성 여부를 판단하는 것은 타당하지 않다.[3]

결론적으로 직무집행의 적법성의 여부를 법원이 법령을 해석하여 객관적으로 판단하는 객관설이 타당하다.[4] 이 경우 적법성의 판단시점을 행위시로 할 것인가 재판시로 할 것인가 여부는, 직무의 집행이 행위시에 적법하였다면 이를 보호할 가치가 있기 때문에 행위시기준설이 타당하다.

(나) 공무원이 상관의 명령을 집행한 경우   상관의 적법한 명령을 집행한 경우에 부하의 직무집행이 적법함은 물론이다. 그러나 위법한 명령을 집행한 경우에 관하여서는 공무원의 복종의무에 비추어 볼 때 상관의 명령이 현저히 사회상규에 반하지 않으면 적법한 직무행위로 볼 수 있다는 견해[5]도 있으나, 상관의

---

1) 이 설은 독일의 일부학자(Dreher/Tröndle, §113 Rn. 13 등)와 일본의 판례(日最判 昭7. 3. 24. 刑集 11・296)가 취했던 견해이다.
2) 유기천(하), 331면.
3) 이재상 외, 743면.
4) 김봉태/7인공저, 622면; 김성돈, 815면; 김성천/김형준, 841면; 김일수/서보학, 869면; 배종대, 634면; 백형구, 602면; 오영근, 718면; 이영란, 821면; 이재상 외, 743면; 임웅, 951면; 정성근/정준섭, 534면; 진계호, 763면.
5) 황산덕, 65면.

명령이 적법성의 요건을 구비하지 못한 경우에는 이에 따른 부하의 행위도 당연히 위법하다고 봄이 타당하다.[1] 부하가 상관의 위법한 명령을 적법한 것으로 잘못 알고 집행한 경우에도 그 집행에 있어 상대방이 이를 방해하는 행위는 정당방위로 될 수 있다. 착오를 일으킨 부하에게는 금지착오(법률의 착오) 여부가 문제된다.

(3) 행 위

본죄의 행위는 폭행 또는 협박을 하는 것이다. 본죄에서 폭행이란 공무원에 대한 유형력의 행사를 의미하는 광의의 폭행에 해당한다. 그러므로 직접 공무원의 신체에 가해질 필요가 없고, 간접적으로 공무원에 대한 것인 한 물건이나 보조원에 대한 유형력의 행사도 폭행에 해당한다. 판례는 파출소사무실의 바닥에 인분이 들어 있는 통을 던지고 재떨이에 인분을 퍼 담아 던지는 행위를 경찰관에 대한 폭행으로 보았고[2] 강제집행시에 집행관 대리가 아닌 인부에 대하여 폭행을 한 경우에도 본죄의 성립을 인정하였다.[3]

본죄에서 협박이란 공무원에게 공포심을 갖게 할 의사로 해악을 고지하는 것을 말하며 광의의 협박개념에 해당한다. 고지하는 해악의 내용은 제반 정황에 비추어 상대방이 공포심을 느낄 정도면 충분하다. 그러나 공무원이 현실적으로 공포심을 갖게 될 것을 요하지는 않는다. 해악의 고지방법은 명시적이든 묵시적이든, 문서에 의하든 언어에 의하든, 직접적이든 간접적이든 불문한다.

폭행이나 협박의 정도는 이로 인하여 공무의 집행이 방해될 수 있는 정도에 이르러야 한다.[4] 이런 정도가 아닌 소극적인 거동이나 불복종은 본죄의 폭행이나 협박에 해당하지 않는다.

본죄는 직무를 집행하는 공무원에게 폭행, 협박을 하면 기수로 되고 현실적으로 직무의 집행이 방해될 것을 요하지 않는다(추상적 위험범).[5]

---

1) 김성돈, 815면: 김일수/서보학, 869면: 배종대, 635면: 백형구, 603면: 이재상 외, 744면.
2) 대판 1981. 3. 24, 81도329.
3) 대판 1970. 5. 12, 70도561.
4) 김봉태/7인공저, 623면: 김일수/서보학, 870면: 박상기/전지연, 660면: 배종대, 842면: 백형구, 603면: 이재상 외, 738면: 이정원, 777면: 임웅, 857면: 정성근/정준섭, 841면: 정영석, 60면: 진계호, 764면.
5) 대판 2018. 3. 29, 2017도21537.

(4) 고   의

본죄는 미필적 고의로도 족하다. 직무집행의 적법성을 구성요건요소로 보는 한 이에 대한 인식도 고의의 내용이 되며 이에 대한 착오는 고의를 조각한다.

3. 죄수 및 타죄와의 관계

본죄의 죄수는 공무원의 수가 아니라 공무의 수에 따라 결정해야 한다.[1] 공무방해의 수단인 폭행, 협박은 별도로 본죄에 흡수된다. 그러나 폭행, 협박의 정도를 초과한 상해, 살인, 강도행위를 한 경우에는 본죄와 이들 범죄의 상상적 경합이 된다. 절도범인이 체포를 면탈할 목적으로 경찰관에게 폭행, 협박을 가한 경우에는 준강도죄와 본죄의 상상적 경합이 되지만 강도범인이 체포를 면탈할 목적으로 경찰관에게 폭행, 협박을 가한 경우에는 강도죄와 본죄의 실체적 경합이 된다.[2]

공무가 업무방해죄(제314조 제1항)에 포함되는가에 관하여서는 본죄와 업무방해죄가 특별법과 일반법의 관계라고 보는 긍정설,[3] 부정설,[4] 비공무원에 의한 공무수행이나 비권력적 공무수행에 있어서는 공무가 업무에 포함된다는 견해[5] 등이 있다. 그러나 본죄와 업무방해죄는 그 보호법익과 행위태양을 달리하므로 공무와 업무는 구분하여야 하고, 공무원에 대한 실력의 행사정도가 폭행·협박에 이르지 않고 위력의 정도에 해당하는 경우 공무집행방해죄가 성립하지 않는다고 해서 업무방해죄로 처벌할 수 없다. 판례의 태도이기도 하다.[6]

---

1) 김봉태/7인공저, 629면; 김일수/서보학, 872면; 박상기/전지연, 661면; 배종대, 844면; 백형구, 604면; 서일교, 331면; 유기천(하), 327면; 이영란, 824면; 이재상 외, 740면; 이정원, 777면; 임웅, 858면; 정성근/정준섭, 843면; 진계호, 765면. 한편 판례는 1개의 행위로 동시에 수인의 공무집행을 방해한 경우에 수개의 죄가 상상적 경합이 된다고 본다(대판 1961. 9. 28, 61도415).

2) 대판 1992. 7. 28, 92도917.

3) 배종대, 637면; 임웅, 955면; 이정원, 777면.

4) 김성돈, 786면; 김종원, 각론(상), 168면; 이재상 외, 748면.

5) 진계호, 766면; 황산덕, 241면.

6) 대판 2009. 11. 19, 2009도4166 전원합의체 판결. "업무방해죄와 공무집행방해죄는 그 보호법익과 보호대상이 상이할 뿐만 아니라 업무방해죄의 행위유형에 비하여 공무집행방해죄의 행위유형은 보다 제한되어 있다. 즉 공무집행방해죄는 폭행, 협박에 이른 경우를 구성요건으로 삼고 있을 뿐 이에 이르지 않는 위력 등에 의한 경우는 그 구성요건의 대상으로 삼고 있지 않다. 또한, 형법은 공무집행방해죄 외에도 여러 가지 유형의 공무방해행위를 처벌하는 규정을 개별적·구체적으로 마련하여 두고 있으므로, 이러한 처벌조항 이외에 공무의 집행을 업무방해죄에 의하여 보호받도록 하여야 할 현실적 필요가 적다는 측면도 있다. 그러므로 형법이 업무방해죄와는 별도로 공무집

Ⅱ. 직무·사직강요죄

> *공무원에 대하여 그 직무상의 행위를 강요 또는 저지하거나 그 직을 사퇴하게 할 목적으로 폭행 또는 협박한 자도 전항의 형과 같다(제136조 제2항).

1. 의   의

공무집행방해죄가 공무원이 현재 공무를 집행하고 있다는 행위정황을 전제로 하고 있는 것과는 달리 본죄는 현재의 공무가 아닌 장래를 향한 공무의 집행이 공정하게 이루어지도록 보호하고 있으며 그 직을 사퇴하게 할 목적의 폭행 또는 협박까지 본죄에 포함시킴으로써 공무뿐만 아니라 공무원의 지위의 안전까지 보호법익으로 하고 있다.[1] 본죄는 공무집행방해죄를 보충하는 의미를 갖는다고 볼 수 있으며 공무집행방해죄와 달리 목적범의 형태로 되어 있다.

2. 구성요건

(1) 구성요건해당성

본죄의 행위주체에는 제한이 없으며 행위객체는 공무원이지만 직무를 집행하고 있는 공무원은 그에 대한 폭행, 협박이 공무집행방해죄를 구성하므로 본죄의 객체에서는 제외된다. 행위는 폭행 또는 협박이며 공무집행방해죄와 같다. 본죄의 성립에는 고의 이외에도 직무상의 행위를 강요 또는 저지하거나 그 직을 사퇴하게 할 목적이 있어야 한다.

(2) 직무상의 행위

「직무상의 행위」란 공무원이 담당하는 직무에 관하여 할 수 있는 일체의 행

행방해죄를 규정하고 있는 것은 사적 업무와 공무를 구별하여 공무에 관해서는 공무원에 대한 폭행, 협박 또는 위계의 방법으로 그 집행을 방해하는 경우에 한하여 처벌하겠다는 취지라고 보아야 한다. 따라서 공무원이 직무상 수행하는 공무를 방해하는 행위에 대해서는 업무방해죄로 의율할 수는 없다.”

1) 박상기/전지연, 662면; 배종대, 844면; 백형구, 605면; 이재상 외, 742면; 임웅, 859면; 정성근/정준섭, 844면; 정영석, 64면; 진계호, 766면; 황산덕, 67면. 한편 김성천/김형준, 994면; 김일수/서보학, 873면; 오영근, 933면; 이정원, 778면 등은 공무만이 보호법익이고 지위의 안전은 공무보호에서 오는 반사적 효과에 불과한 것으로 본다.

위를 말하는데 직무권한 내의 행위에 국한되는가에 관하여서는 ① 공무원의 구체적인 직무권한 내에 속해야 한다는 견해,[1] ② 당해 공무원의 추상적 권한에는 속해야 하나 구체적 권한에 속할 것은 요하지 않는다는 견해,[2] ③ 당해 공무원의 직무에 관계가 있는 한 직무권한 내의 행위이든 아니든 불문한다는 견해[3]의 대립이 있다. 본죄가 공무를 주된 보호법익으로 하고 있고 동시에 공무원의 지위의 안전도 부차적 법익으로 보호하고 있는 점에 비추어 ②설이 타당하다.

(3) 직무행위의 적법성

강요 또는 저지의 대상인 직무상의 행위는 적법해야 하는가에 관하여서는 강요의 경우에는 강요 그 자체가 위법한 것이므로 강요의 대상인 직무상의 행위의 적법여부가 문제될 것이 없지만 저지의 경우에는 직무상의 행위가 적법해야 한다는 봄이 타당하다.[4] 직무상의 행위가 위법할 때에는 이를 저지하는 행위가 본죄를 구성하지 않기 때문이다.

(4) 강요의 의미

본죄에서 강요란 공무원의 의사에 반하여 그 직무상의 행위를 적극적으로 행하도록 강제하는 것이고 저지는 행하지 못하도록 하는 것을 의미한다. 「그 직을 사퇴하게 할 목적」에는 직무의 집행을 방해하기 위한 수단으로 사퇴하게 할 목적뿐만 아니라 개인적 사정으로 사퇴하게 할 목적도 포함된다.[5] 이처럼 직무의 집행과 관계없는 사퇴까지 포함시키는 것은 공무원의 지위와 안전을 보호함과 아울러 이를 통한 공무의 보호를 기한다는 의미를 갖는 것으로 볼 수 있을 것이다.

본죄는 직무상의 행위를 강요 또는 저지하거나 그 직을 사퇴하게 할 목적으로 폭행 또는 협박을 하면 기수로 되며(추상적 위험범) 목적의 달성 여부는 불문한다.

---

1) 김성돈, 819면; 김일수/서보학, 873면; 황산덕, 68면.
2) 배종대, 638면; 백형구, 606면; 이영란, 827면; 이재상 외, 750면; 이정원, 779면; 임웅, 957면; 정성근/정준섭, 538면; 진계호, 767면.
3) 박상기/전지연, 860면.
4) 김성돈, 819면; 김일수/서보학, 874면; 배종대, 638면; 백형구, 606면; 이재상 외, 750면; 정성근/정준섭, 538면; 진계호, 768면.
5) 김성돈, 820면; 배종대, 638면; 이재상 외, 750면; 임웅, 860면; 정성근/정준섭, 538면; 진계호, 767면 등.

3. 죄수 및 타죄와의 관계

동일한 기회에 동일한 공무원에게 폭행·협박으로 직무상의 행위를 강요하고 저지도 한 경우에는 하나의 본죄만 성립한다. 폭행죄, 협박죄는 본죄에 흡수된다. 본죄와 강요죄는 상상적 경합관계이다.[1]

Ⅲ. 위계에 의한 공무집행방해죄

> *위계로써 공무원의 직무집행을 방해한 자는 5년 이하의 징역 또는 1천만원 이하의 벌금에 처한다(제137조).

1. 의   의

본죄는 대상자인 공무원이 직무를 집행하는 정황에 있을 것을 요하지 않고 행위수단이 폭행 또는 협박이 아닌 위계이며 장차 공무를 집행하게 될 자도 본죄의 공무원에 포함된다는 점에서 공무집행방해죄와 구분된다.

2. 구성요건

본죄의 행위는 위계로써 공무원의 직무집행을 방해하는 것이다. 위계란 타인의 부지 또는 착오를 이용하여 정상적인 판단을 그르치게 하는 일체의 행위를 말한다. 이에는 기망은 물론 유혹도 포함되며[2] 공연히 행하여지든 은밀하게 행하여지든 불문한다.

수사기관이나 공무원에게 허위진술 또는 허위신고를 한 경우 해당 허위가 본죄의 위계에 해당하는지 문제된다. 우선 수사기관은 실체적 진실발견 의무를 지고 있기 때문에 단순한 허위진술이나 허위증거제출은 본죄가 성립하지 않지만 적극적인 사술을 사용하면 본죄가 성립한다. 따라서 피의자 등이 수사과정에서 허위의 증거를 제출하였더라도, 수사기관이 충분한 수사를 하지 않은 채 이와

---

1) 김성돈, 820면; 배종대, 638면; 백형구, 607면; 이재상 외, 750면; 이정원, 779면; 임웅, 957면; 정성근/정준섭, 538면; 진계호, 768면. 한편 김봉태/7인공저, 630면; 김석휘, 주석(상), 159면 등은 본죄를 강요죄의 특수한 경우로 보고 있다.
2) 배종대, 846면; 백형구, 607면; 이재상 외, 744면; 정성근/정준섭, 848면; 정영석, 64면; 진계호, 769면.

같은 허위의 진술과 증거만으로 증거의 수집·조사를 마쳤다면, 이는 수사기관의 불충분한 수사에 의한 것으로서 본죄가 아니다. 그러나 이를 넘어서서 적극적으로 허위의 증거를 조작하여 제출하고 그 증거 조작의 결과 수사기관이 그 진위에 관하여 나름대로 충실한 수사를 하더라도 제출된 증거가 허위임을 발견하지 못할 정도에 이르렀다면, 적극적 방해행위로서 본죄가 성립된다.[1]

공무원에 대한 허위신고의 경우에는 공무원에게 그 신고내용에 대한 심사권한이 있는지 여부에 따라 구분하여야 한다. 행정청에 대한 일방적 통고로 효과가 완성되는 '신고'의 경우에는 신고인이 신고서에 허위사실을 기재하거나 허위의 소명자료를 제출하였더라도, 특별한 사정이 없는 한 본죄의 위계가 아니다. 그러나 행정관청이 출원에 의한 인허가처분 여부를 심사하거나 신청을 받아 일정한 자격요건 등을 갖춘 때에 한하여 그에 대한 수용 여부를 결정하는 등의 업무를 하는 경우에는, 신청인이 제출한 허위의 소명자료 등에 대하여 담당 공무원이 나름대로 충분히 심사를 하였으나 이를 발견하지 못하여 인허가처분을 하게 되거나 신청을 수리하게 되었다면, 신청인의 위계행위가 원인이 되어 행정관청이 그릇된 행위나 처분에 이르게 된 것이어서 위계에 의한 공무집행방해죄가 성립한다.[2]

본죄는 위계로써 직무집행을 방해할 위험이 있는 행위를 하면 기수가 되고 직무집행이 현실적으로 방해될 것을 요하지 않는다(추상적 위험범).[3] 위계의 정도가 제반정황을 객관적으로 판단할 때 당해공무원이 직무집행의 방해를 받을 위험이 없는 경우에는 본죄가 성립하지 않는다.

판 례 ///////////////

1. 위계에 해당하는 경우

시험문제를 사전에 알고 응시한 경우(대판 1966. 4. 26, 66도30), 시험장에서 몰래 답안쪽지를 전달한 경우(대판 1967. 5. 28, 67도650), 운전면허시험에 대리 응시한 경

---

1) 대판 2019. 3. 14, 2018도18646.
2) 대판 2016. 1. 28, 2015도17297.
3) 김봉태/7인공저, 631면; 김석휘, 주석(상), 160면; 김일수/서보학, 877면; 박상기/전지연, 662면; 손동권, 795면; 이재상 외, 745면; 이정원, 780면; 임웅, 863면; 정성근/정준섭, 847면; 정영석, 65면; 진계호, 769면 등. 한편 백형구, 608면; 오영근, 1073면; 황산덕, 69면 등은 방해의 결과가 발생해야 한다고 보며 대판 1977. 9. 13, 77도284 등도 이러한 입장을 취하고 있다.

우(대판 1986. 9. 9, 86도1245), 시험응시자격을 증명하는 수료증명서를 허위로 작성하여 제출한 경우(대판 1982. 7. 27, 82도1301), 담당공무원이 민원인의 허가출원사유가 허위임을 알면서 결재권자의 결재를 받아낸 경우(대판 1997. 2. 28, 96도2824), 친구와 짜고 고사실에 배정된 감독관의 양해를 얻어 자신이 감독관으로 들어가 친구의 부정행위를 눈 감아 준 경우(대판 1996. 1. 26, 95도2461), 수사기관의 착오를 이용하여 적극적으로 피의사실에 관한 증거를 조작하여 나름대로 충실한 수사를 하더라도 제출된 증거가 허위임을 발견하지 못할 정도에 이른 경우(대판 2019. 3. 14, 2018도18646: 대판 2007. 10. 11, 2007도6010: 대판 2003. 7. 25, 2003도1609), 변호사가 접견을 핑계로 수용자를 위하여 휴대전화와 증권거래용 단말기를 구치소 내로 몰래 반입하여 이용하게 한 경우(대판 2005. 8. 25, 2005도1731)

2. 위계에 해당하지 않는 경우

법령에서 일정한 행위를 금지하면서 이를 위반하는 행위에 대한 벌칙을 정하고 공무원으로 하여금 금지규정의 위반 여부를 감시·단속하도록 한 경우, 공무원의 감시·단속을 피하여 금지규정을 위반한 행위(대판 2022. 3. 31, 2018도15213), 수사기관에 대하여 피의자 또는 참고인으로서 허위진술을 한 경우(대판 1971. 3. 9, 71도186) 및 수용자 아닌자가 교도관의 감시를 피하여 금지물품을 교도소내로 반입되도록 한 경우(대판 2003. 11. 13, 2001도7045) 및 가처분신청 시 당사자가 법원에 허위의 주장을 하거나 허위의 증거를 제출한 경우(대판 2012. 4. 26, 2011도17125: 각각 해당 기관에 발견 또는 탐지의무가 있음), 소장에 피고인의 주소를 허위로 기재하여 변론기일소환장 등을 허위주소에 송달하게 한 경우(대판 1996. 10. 11, 96도312), 허위의 허가출원사유를 기재한 허가신청서를 행정기관에 제출한 경우(대판 1997. 2. 28, 96도2828)

Ⅳ. 법정·국회회의장모욕죄

*법원의 재판 또는 국회의 심의를 방해 또는 위협할 목적으로 법정이나 국회회의장 또는 그 부근에서 모욕 또는 소동한 자는 3년 이하의 징역 또는 700만원 이하의 벌금에 처한다(제138조).

본죄는 국가의 기능 중에서도 특히 법원과 국회의 기능이 원활하게 수행되도록 보호하려는 데 그 입법취지가 있다고 본다.

본죄의 행위주체에는 제한이 없다. 피고인, 방청인은 물론 검사, 국회의원도 본죄의 주체가 될 수 있다. 그 부근에서 모욕 또는 소동하는 것이다. 행위의 장소는 법정, 국회회의장 또는 그 부근이어야 한다. 법정은 법원에서 개정되는 법정은 물론 필요에 따라 법원 외의 장소에서 개정하는 법정(법원조직법 제56조 제2항)도 포함한다. 국회회의장은 본회의의 회의장은 물론 상임위원회 기타 특별위원회의 회의장도 포함한다. 그 부근이란 심리나 심의에 영향을 미칠 수 있을 정도로 법정이나 국회회의장에 근접한 장소를 의미한다.

시간적으로는 심리나 심의가 진행 중인 경우는 물론 그 개시 직전과 직후 그리고 휴식 중에 모욕 또는 소동이 이루어지면 본죄가 성립한다. 모욕이란 경멸의 의사를 표현하는 것으로 그 대상은 법관, 검사, 국회의원, 기타 특정한 사람에 한정되지 않고 특정한 대상 없이 재판 진행자체나 국회의 심의 자체를 방해할 목적으로 모욕적 언행을 하는 것도 본죄에 해당한다고 볼 수 있다. 증인이 선서 또는 증언을 거부하는 행위는 모욕적 언동으로 볼 수 없으므로 본죄의 모욕에 해당하지 않는다. 소동이란 소음을 내거나 야단법석을 떠는 문란한 행위를 말한다. 모욕과 소동은 심리나 심의를 방해할 정도에 이르러야 하며 이러한 모욕이나 소동이 있으면 본죄는 기수가 되고 심리나 심의가 현실적으로 방해될 것을 요하지는 않는다.

본죄의 성립에는 고의 이외에도 법원의 재판 또는 국회의 심의를 방해하거나 위협할 목적이 있어야 한다. 목적의 달성 여부는 불문한다.

V. 인권옹호직무방해죄

*경찰의 직무를 행하는 자 또는 이를 보조하는 자가 인권옹호에 관한 검사의 직무집행을 방해하거나 그 명령을 준수하지 아니한 때에는 5년 이하의 징역 또는 10년 이하의 자격정지에 처한다(제139조).

1. 의   의

본죄는 인권옹호에 관한 검사의 직무집행기능을 보호법익으로 한다.

2. 구성요건

본죄의 행위주체는 경찰의 직무를 행하는 자 또는 이를 보조하는 자이다(진정신분범). 이에는 일반사법경찰관리뿐만 아니라 특별사법경찰관리도 포함되며 의무경찰도 본죄의 주체가 될 수 있다.

본죄의 행위는 인권옹호에 관한 검사의 직무집행을 방해하거나 그 명령을 준수하지 않는 것이다. 인권옹호에 관한 검사의 직무에는 형사소송법상의 각종 강제처분에 대한 집행지휘(형사소송법 제81조, 제115조, 제209조), 수사지휘(동법 제196조), 구속장소감찰(동법 제198조의2) 등이 있다.

검사의 직무집행과 명령은 적법해야 한다.[1] 위법한 명령에 복종할 의무는 없기 때문이다. 직무집행을 방해하는 방법에는 제한이 없다. 폭행 또는 협박을 사용하는 경우에도 본죄만 성립한다.[2] 본죄는 공무원의 신분에 따른 특별한 규정(제135조 단서)으로서 공무집행방해죄(제136조)에 대한 특별법의 관계에 있기 때문이다. 따라서 폭행 또는 협박을 수단으로 방해한 행위가 본죄와 공무집행방해죄에 모두 해당할 때에는 특별법인 본죄만 성립하고 공무집행방해죄는 이에 흡수된다. 명령을 준수하지 않는다는 것은 검사의 명령을 그대로 좇아 지키지 않는 것을 의미한다. 이에는 명령에 반하는 적극적인 행위를 하는 경우뿐만 아니라 명령을 묵살하고 방치하는 소극적 행위도 포함된다. 전체적으로 보아 명령을 준수했다고 볼 수 있는 한 지엽적인 차질은 문제되지 않는다.

---

1) 김성돈, 825면; 김성천/김형준, 855면; 배종대, 642면; 백형구, 611면; 오영근, 731면; 이재상 외, 756면; 임웅, 963면; 정성근/정준섭, 543면; 진계호, 774면 등. 한편 김봉태/7인공저, 634면; 정영석, 67면 등은 사법경찰관리가 검사의 명령의 적법여부를 비판, 판단하는 것이 허용되지 않는다고 보면서 직무집행 또는 명령이 검사의 일반적 권한에 속하지 않고 법률상 요구되는 형식적 요건을 갖추지 않은 경우에는 방해 또는 준수하지 않아도 본죄가 성립하지 않는다고 본다. 유기천(하), 335면은 검사의 명령을 위법한 것으로 판단할 현저한 사유가 없는 한 위법여부에 관계없이 본죄가 성립한다고 본다.

2) 백형구, 611면; 이재상 외, 756면; 임웅, 963면; 정성근/정준섭, 543면. 반면 유기천(상), 336면은 폭행 또는 협박을 방해의 수단에서 제외해야 한다고 보면서, 폭행 또는 협박으로 검사의 직무집행을 방해한 경우에는 공무집행방해죄(제136조)와 공무원의 직무상 범죄에 대한 형의 가중규정(제135조)이 적용되고 본죄의 해당성은 없다고 주장한다.

Ⅵ. 공무상 비밀표시무효죄

1. 공무상 봉인 등 표시무효죄

> *공무원이 그 직무에 관하여 실시한 봉인 또는 압류 기타 강제처분의 표시를 손상 또는 은닉하거나 기타의 방법으로 그 효용을 해한 자는 5년 이하의 징역 또는 700만원 이하의 벌금에 처한다(제140조 제1항).
> *본죄의 미수범은 처벌한다(제143조).

(1) 의 의

본죄는 강제처분의 표시기능을 보호함으로써 강제처분에 관한 공무가 집행 후에도 그 효력이 침해받지 않도록 하려는 데 그 입법취지가 있다. 침해범이다.[1]

(2) 구성요건

1) 주 체

행위주체에는 제한이 없다. 봉인 또는 압류 기타 강제처분을 받은 자에 한정 되지도 않으며, 공무원도 포함된다.

2) 객 체

본죄의 행위객체는 공무원이 그 직무에 관하여 실시한 봉인 또는 압류 기타 강제처분의 표시이다.

봉인이란 물건에 대한 임의적 처분을 금지하기 위하여 개봉을 금지하는 의사 를 표시하여 그 물건에 시행한 봉함 기타의 물적 설비를 의미한다. 「봉인」에는 인영을 사용하는 경우가 많으나 이렇게 한정할 필요는 없다. 담당공무원이 인장 을 사용하지 않은 경우에도 압류물건, 압류연월일, 압류취지, 관직 성명 등을 기 재한 종이쪽지를 첨부하는 것은 봉인에 해당한다.[2] 그러나 단순히 자물쇠를 채 워둔 것만으로는 봉인으로 볼 수 없다.

---

1) 김성돈, 828면; 오영근, 732면; 임웅, 964면.
2) 김일수/서보학, 883면; 배종대, 643면; 이영란, 836면; 이재상 외, 757면; 이정원, 783면; 임웅, 965면; 정성근/정준섭, 545면; 정영석, 68면. 판례의 입장도 이와 같다(대판 1972. 9. 12. 72도 1441).

「압류」란 공무원이 직무상 보관해야 할 물건을 자기의 점유로 이전하는 강제처분을 말하는데 이에는 민사소송법에 의한 유체동산의 압류는 물론 가압류, 가처분, 국세징수법에 의한 압류 등이 모두 포함된다. 기타 강제처분이란 압류 이외에 타인에게 일정한 작위 또는 부작위를 명하는 강제처분을 말하는데 예를 들면 민사소송법상의 부동산압류, 금전채권 압류 등이 이에 해당한다.[1]

봉인, 압류 기타 강제처분의 표시는 공무원이 직무상으로 행한 것이라야 하고 사인이나 공무원이라 할지라도 직무 외로 행한 표시인 경우에는 본죄의 객체가 될 수 없다. 공무원의 직무집행은 적법하고 유효하여야 한다.[2] 그러나 봉인 등에 절차상 또는 실체상의 하자가 있는 경우라도 객관적, 일반적으로 공무원의 직무상의 봉인 등으로 인정할 수 있는 상태에 있으면 적법하게 취소되지 않는 한 본조의 객체가 된다.[3] 봉인 등의 표시는 행위시에 존재해야 한다.[4]

3) 행 위

본죄의 행위는 봉인, 압류 기타 강제처분의 표시를 손상 또는 은닉하거나 기타 방법으로 그 효용을 해하는 것이다. 「손상」이란 물리적 방법으로 봉인 등의 표시를 훼손하여 그 효용을 해하는 것이다. 예컨대 봉인의 표시를 뜯어내거나 파손하는 행위가 이에 해당한다. 「은닉」이란 물건의 소재를 불분명하게 하여 찾아내기 어렵게 함으로써 그 물건의 효용을 해하는 것이다. 「기타 방법」에는 손상 또는 은닉 이외의 모든 방법이 포함된다. 예컨대 봉인된 밀주통에서 봉인표시는 그대로 두고 술을 빼어 내거나 출입금지표지를 그대로 두고 그 토지 내에 들어가 경작을 하는 경우, 영업금지가처분을 받고 고시내용에 저촉되는 판매업무를 계속한 경우[5] 등이 이에 해당한다. 표시된 강제처분의 내용에 저촉하는 행위가 기타 방법에 의한 효용침해로 되는 것은 행위자가 강제처분의 대상이 된 채무자인 경우에 한한다.[6] 그러므로 갑회사에 대한 공사중지가처분을 을회사가 무시하고 건축공사를 한 경우[7]라든가 남편을 채무자로 한 출입금지가처분을 처

---

1) 김봉태/7인공저, 635면; 배종대, 850면; 이재상 외, 749면; 임웅, 867면; 정영석, 68면.
2) 대판 1965. 9. 21, 65도495.
3) 대판 2001. 1. 16, 2000도1757.
4) 대판 1997. 3. 11, 96도2801.
5) 대판 1971. 3. 23, 70도2688.
6) 대판 1971. 3. 23, 70도1688.
7) 대판 1979. 2. 13, 77도1445.

가 무시하고 출입한 경우[1])에는 본죄가 성립하지 않는다.

4) 고 의

미필적 고의로도 성립하며, 봉인 등 표시가 있는 것을 없는 것으로 오인한 경우는 구성요건적 착오로써 고의를 조각한다. 그러나 표시가 있는 것을 인식했음에도 불구하고 이를 손상하는 것은 죄가 되지 않는다고 오인한 경우는 금지착오(법률의 착오)에 해당된다고 보아야 할 것이다.

(3) 타죄와의 관계

봉인 등 표시를 한 물건을 절취하거나 횡령하면 본죄와 절도죄 또는 횡령죄는 상상적 경합이 되지만 본죄를 범한 후에 내용물을 절취하거나 횡령한 경우에는 본죄와 절도죄 또는 횡령죄는 실체적 경합이 된다.[2]) 봉인 등 표시의 손상이 동시에 재물손괴에도 해당하는 때에는 본죄와 손괴죄의 상상적 경합이 된다.

2. 공무상 비밀침해죄

> *공무원이 그 직무에 관하여 봉함 기타 비밀장치한 문서 또는 도화를 개봉한 자도 제1항의 형(5년 이하의 징역 또는 700만원 이하의 벌금)과 같다(제140조 제2항).
> *공무원이 그 직무에 관하여 봉함 기타 비밀장치한 문서, 도화 또는 전자기록 등 특수매체기록을 기술적 수단을 이용하여 그 내용을 알아낸 자도 제1항의 형과 같다(제140조 제3항).
> *미수범은 처벌한다(제143조).

본죄는 비밀침해죄에 대한 불법가중유형이고 보호법익은 공무상의 비밀이다. 구성요건의 내용은 비밀침해죄와 같다.

---

1) 대판 1984. 3. 13. 83도3291.
2) 배종대, 644면; 이재상 외, 759면; 임웅, 966면.

Ⅶ. 부동산강제집행효용침해죄

> *강제집행으로 명도 또는 인도된 부동산에 침입하거나 기타 방법으로 강제집행의 효용
> 을 해한 자는 5년 이하의 징역 또는 700만원 이하의 벌금에 처한다(제140조의 2).
> *미수범은 처벌한다(제143조).

1. 의   의

본죄는 판결의 집행력과 강제집행의 효력을 보호하기 위한 규정으로, 보호법
익은 국가의 강제집행기능이고 보호정도는 침해범이다.

2. 구성요건

(1) 주   체

본죄의 행위주체에는 제한이 없다. 강제집행을 받은 자뿐만 아니라 그 친족
등 제3자도 본죄의 주체가 될 수 있다.

(2) 객   체

본죄의 행위객체는 강제집행으로 명도 또는 인도된 부동산이다. 명도란 건물
이나 토지 이외의 부동산에 대한 점유이전행위를 말하고 인도는 토지에 대한 점
유의 이전을 의미한다. 강제집행은 적법하게 이루어진 것이라야 한다. 본죄의 부
동산에는 강제집행으로 퇴거집행된 부동산[1]도 포함된다.

(3) 행   위

본죄의 행위는 침입하거나 기타 방법으로 강제집행의 효용을 해하는 것이다.
침입이란 권리자 또는 점유자의(추정적) 의사에 반하여 부동산에 들어가는 것으
로, 강제집행의 효용을 해하는 행위의 예시로 볼 수 있다. '기타 방법'이란 강제
집행의 효용을 해할 수 있는 수단이나 방법에 해당하는 일체의 방해행위를 말하
고, '강제집행의 효용을 해하는 것'이란 강제집행으로 명도 또는 인도된 부동산
을 권리자가 그 용도에 따라 사용·수익하거나 권리행사를 하는 데 지장을 초래

---

1) 대판 2003. 5. 13, 2001도3212.

하는 일체의 침해행위를 말한다.[1]

형법은 강제집행의 효용을 해하는 시간적 범위에 대해서는 규정하지 않고 있으나 본죄의 본질에 비추어 강제집행과 그 효용을 해하는 행위 사이에는 밀접한 시간적 관련성이 있어야 할 것이다. 강제집행의 효용이 침해된 때에 기수가 된다.

3. 타죄와의 관계

침입의 방법으로 본죄를 범한 때에는 본죄만 성립하고 주거침입죄는 성립하지 않으며 손괴의 방법으로 본죄를 범한 경우에도 본죄만 성립하고 손괴죄는 별도로 성립하지 않는다.

Ⅷ. 공용서류등 무효죄

*공무소에서 사용하는 서류 기타 물건 또는 전자기록 등 특수매체기록을 손상 또는 은닉하거나 기타 방법으로 그 효용을 해한 자는 7년 이하의 징역 또는 1천만원 이하의 벌금에 처한다(제141조 제1항).
*미수범은 처벌한다(제143조).

1. 의   의

본죄는 손괴죄(제366조)에 대한 불법가중유형이다. 본죄의 행위객체가 공무소에서 사용하는 서류, 물건 등이므로 그 효용을 침해하는 행위는 공무방해의 성격을 갖는다는 관점에서 형법은 본죄를 공무방해의 죄의 일종으로 규정하고 있다.

2. 구성요건

(1) 객   체

본죄의 행위객체는 공무소에서 사용하는 서류 기타 물건 또는 전자기록 등 특수매체기록으로, 공문서나 사문서를 묻지 않고 공무소에서 사용 중이거나 사

---

[1] 대판 2014. 1. 23, 2013도38; 대판 2002. 11. 8, 20021도4801.

용할 목적으로 보관하는 것을 의미한다.[1] 여기에서 공무소란 공무원이 직무를 집행하는 관공서 기타 조직체를 말하고 직무를 집행하는 장소나 건물을 의미하지 않는다. 행정관청은 물론 법원, 국회도 공무소에 해당하고, 한국은행도 국고금 예수관계에 있어서 공무소에 해당한다.[2] 국공립학교는 공무소에 속하나 사립학교는 공무소에 해당하지 않는다. 공무소에서 사용하는 서류 기타 물건 또는 전자기록 등 특수매체기록은 공무소에 보관하고 있는 것을 의미하며, 서류인 경우에는 그 작성자가 공무원인가 사인인가 또한 정식절차를 밟아 접수되고 완성되었는가를 불문한다.[3] 사인 소유의 문서라도 증거서류로서 검찰청에 제출된 이상 본죄의 객체인 문서이며[4] 사인이 작성한 허위내용의 문서라도 공무소에서 공용문서로서 비치, 보관하고 있으면 본죄의 객체로 될 수 있다.[5]

서류 기타 물건 또는 전자기록 등 특수매체기록의 소유권이 누구에게 속하는가 또한 누구를 위하여 작성, 제작 또는 기록된 것인가는 불문한다.

(2) 행 위

본죄의 행위는 손상·은닉 기타 방법으로 그 효용을 해하는 것이다. 그 의미는 공무상 봉인 등 표시무효죄(제140조 제1항)에서 설명한 것과 같다. 공무소에서 보관중인 문서를 손상하여 그 효용을 해한 경우 문서의 재작성이 가능한가 여부는 본죄의 성립에 영향을 미치지 않는다.[6] 피고인이 판결원본의 일부기재 사항을 잉크로 그어 말소한 경우,[7] 피고인이 군에서 보관중인 피고인 명의의 건축허가신청서에 첨부된 설계도면을 떼내고 별개의 설계도면으로 바꿔 놓은 경우[8] 등은 기타 방법으로 효용을 해한 행위로 볼 수 있다.

권한 있는 공무원의 정당한 처분에 의한 파기는 본죄에 해당하지 않는다.[9] 본죄는 공무소에서 사용하는 서류 등의 효용이 침해됨으로써 기수가 된다.

---

1) 대판 1999. 2. 24, 98도4350.
2) 대판 1969. 7. 29, 69도1012.
3) 대판 1981. 8. 25, 81도1830.
4) 대판 1948. 9. 14, 4281형상81.
5) 대판 1972. 9. 26, 72도1132; 대판 1965. 2. 10, 65도826.
6) 대판 1961. 8. 26, 4294형상262.
7) 대판 1960. 5. 18, 4292형상652.
8) 대판 1982. 12. 14, 81도81.
9) 대판 1995. 11. 10, 95도1395.

3. 타죄와의 관계

공무소에서 사용하는 물건을 절취한 경우에는 본죄와 절도죄의 상상적 경합이 된다. 절도의 의사 없이 그 효용을 해할 생각으로 공무소에서 사용하는 물건을 탈취한 경우에는 본죄만 성립한다.

Ⅸ. 공용물파괴죄

*공무소에서 사용하는 건조물, 선박, 기차 또는 항공기를 파괴한 자는 1년 이상 10년 이하의 징역에 처한다(제141조 제2항).
*미수범은 처벌한다(제143조).

본죄는 손괴죄(제366조)에 대하여 형이 무거워지는 불법가중유형으로, 소유관계와 관계없이 공무를 보호하기 위한 공무방해죄의 일종으로 규정된 것이다.

구성요건과 관련하여 「공무소에서 사용」한다는 의미는 공용서류 등 무효죄(제141조 제1항)에서 설명한 것과 같다. 공무소에서 사용하는 자동차는 공용서류 등 무효죄(제141조 제1항)의 객체인 물건에 해당할 뿐 본죄의 객체가 아니다. 공무소에서 사용하는 건조물이 아닌 한 공익건조물도 공익건조물파괴죄(제367조)의 객체이고 본죄의 객체로 될 수 없다.

파괴는 건조물 등의 중요부분을 손괴하여 그 용도에 따라 사용할 수 없게 하는 것을 말한다. 본죄는 건조물 등이 파괴된 때 기수가 된다. 파괴행위에 착수하였으나 파괴에 이르지 않은 때에는 본죄의 미수범이 된다. 처음부터 건조물, 선박 등을 파괴가 아닌 손상, 은닉 기타의 방법으로 효용을 해한 때에는 공용서류 등 무효죄(제141조 제1항)가 성립한다.

공무소에서 사용하는 건조물에 방화하여 파괴한 경우에는 본죄와 공용건조물 등 방화죄(제165조)의 상상적 경합이 된다. 본죄를 범하여 사람을 사상에 이르게 한 경우에는 본죄와 과실치사상죄의 상상적 경합이 된다.

X. 공무상 보관물무효죄

> *공무소로부터 보관명령을 받거나 공무소의 명령으로 타인이 관리하는 자기의 물건을 손상 또는 은닉하거나 기타 방법으로 그 효용을 해한 자는 5년 이하의 징역 또는 700만원 이하의 벌금에 처한다(제142조).
> *미수범은 처벌한다(제143조).

1. 의   의

본죄는 권리행사방해죄(제323조)에 상응하는 특별규정으로 볼 수 있으나 그 객체가 권리행사방해죄의 경우와 달리 공무소의 명령으로 보관 또는 관리하는 물건이어서 그 효용의 보호가 공무의 보호에도 직결된다는 점에 차이가 있다.

2. 구성요건

(1) 주   체

본죄의 행위주체는 공무소로부터 보관명령을 받거나 공무소의 명령으로 타인이 관리하는 물건의 소유자이다(진정신분범).

(2) 객   체

본죄의 행위객체는 공무소로부터 보관명령을 받거나 공무소의 명령으로 타인이 관리하는 자기의 물건이다. 공무소로부터 보관명령을 받는 예로서는 법원의 압류 또는 가압류결정을 집행한 집행관이 그 물건의 보관을 채무자에 명한 경우,[1] 수사기관이 압수물의 소유자에게 그 물건을 위탁보관시킨 경우[2] 등을 들 수 있다. 그러나 단순히 채권압류결정의 정본을 송달받은 것만으로는 보관명령을 받은 것이라고 할 수 없다.[3] 공무소의 명령으로 타인이 관리한다는 것은 공무소의 처분에 의하여 물건에 대한 소유자의 지배를 배제한 후 이를 제3자의 지배하에 두는 것을 말한다.

---

1) 대판 1960. 2. 29. 4292형상838.
2) 백형구, 615면.
3) 대판 1983. 7. 12. 83도1405.

(3) 행 위

본죄의 행위는 손상 또는 은닉하거나 기타 방법으로 그 효용을 해하는 것이다. 그 의미는 공용서류 등 무효죄(제141조 제1항)에서 설명한 것과 같다.

XI. 특수공무방해죄·특수공무방해치사상죄

> *단체 또는 다중의 위력을 보이거나 위험한 물건을 휴대하여 제136조, 제138조와 제140조 내지 전조의 죄를 범한 때에는 각조에 정한 형의 2분의 1까지 가중한다(제144조 제1항).
> *제1항의 죄를 범하여 공무원을 상해에 이르게 한 때에는 3년 이상의 유기징역에 처한다. 사망에 이르게 한 때에는 무기 또는 5년 이상의 징역에 처한다(제144조 제2항).

1. 특수공무방해죄(제1항)

본죄의 행위는 특수상해죄의 그것과 같다. 판례는 자동차도 위험한 물건에 포함시키고, 휴대란 소지 뿐만 아니라 널리 이용한다는 뜻도 포함하는 것으로 본다.[1]

2. 특수공무방해치사상죄(제2항)

본죄는 특수공무방해죄를 범하여 공무원을 사상에 이르게 함으로써 성립하는 결과적 가중범이다. 치사의 경우는 진정결과적 가중범이고 치상의 경우는 부진정결과적 가중범이다. 판례도 상해의 고의가 있는 경우까지 특수공무집행방해치상죄죄에 포함되는 것으로 본다.[2]

---

1) 대판 1984. 10. 23, 84도2001.
2) 대판 1995. 1. 20, 94도2842; 대판 1990. 6. 26, 90도765.

제 3 절 도주와 범인은닉의 죄

§1. 서 설

I. 의의 및 보호법익

도주의 죄는 법률에 의하여 체포 또는 구금된 자가 도주하거나 법률에 의하여 구금된 자를 탈취하거나 도주하게 함으로써 성립하며 보호법익은 국가의 형사사법 중에서도 특히 국가의 구금권이다.[1] 보호정도는 침해범이다. 범인은닉의 죄는 벌금 이상의 형에 해당하는 죄를 범한 자를 은닉 또는 도피하게 하는 방법으로 비호함으로써 국가의 형사사법기능을 위태롭게 하는 범죄이다. 보호정도는 추상적 위험범이다.

참고 **연혁**

1. **도주죄**: 로마법에 있어서는 제정시대(帝政時代) 이래 피구금자 자신이 도주하는 경우와 다른 사람이 피구금자를 도주시키는 경우를 모두 처벌하였는데 도주시킨 간수자에게는 도주자가 받아야 할 형이 부과되었으며 이러한 사상은 카롤리나 형법전에도 계수되었다고 한다. 그러나 독일 보통법에서는 도주시킨 간수자에 대한 탈리오적 형벌 대신 적절한 형을 가하게 되었고 피구금자 자신의 도주는 불가벌로 하게 되었다.

당률(唐律)에는 도형(徒刑)이나 유형(流刑)의 수형자가 도주하면 도망한 일수에 따라 차등 있게 처벌하는 규정[2]과 간수책임자가 잘못하여 범인을 도망하게 한 경우[3] 등을 처벌하는 규정을 두었다. 대명률(大明律)에도 이와 유사한 규정을 두었고,[4] 특히 옥(獄)에 죄수로서 갇혀 있는 자(囚禁者)가 형구를 풀고 탈옥하거나 옥을 파괴하고 도망한 경

---

1) 김성돈, 839면; 배종대, 650면; 백형구, 618면; 신동운, 200면; 오영근, 744면; 유기천(하), 343면; 이영란, 846면; 이재상 외, 765면; 이정원, 787면; 임웅, 975면; 정성근/정준섭, 554면; 진계호, 788면.
2) 官版 唐律疏議, 卷 第 二十八 捕亡, 流徒囚役限內亡條.
3) 官版 唐律疏議, 卷 第 二十八 捕亡, 主守不覺失囚條.
4) 大明律直解, 刑律, 卷 第 二十七 捕亡, 徒流人逃條 및 主守不覺失囚條.

우에는 형을 가중하였다.[1] 또한 간수가 고의적으로 죄수를 방임하면 죄수와 같은 죄로 처벌하고 담당 간수와 압송인이 실수로 죄수를 놓친 경우에는 놓친 자의 수에 따라 처벌을 달리하였으나 일정기간 내에 체포하거나 죄수가 자수하거나 사망하면 면죄하도록 하였다.[2] 형법대전(刑法大全)도 죄수를 몰래 놓아주거나(제296조) 겁탈한 자(제295조, 제297조)를 처벌함과 아울러 죄수가 도망하거나(제304조) 추포(追捕)하는 자에게 항거하면 형을 가중하는 규정을 두었다. 이처럼 전통적인 형법에 있어서도 본인이 도주하는 경우와 도주를 시키는 타인을 모두 처벌하는 입장을 취하였다.

2. 범인은닉죄: 공화정 후기의 로마법에 있어서 범인은닉에는 범인뿐만 아니라 도품은닉도 포함하는 개념이었다. 그리하여 범인은닉죄(Crimen receptatorum)는 범인임을 알면서 형사처벌을 면하게 할 목적으로 그 범인에게 숙식을 제공하거나 숨겨주거나 도와주는 행위와 도품임을 알면서 보관 또는 은닉하는 행위로 정의되었다. 중세 독일법은 범인은닉을 정범에 가담하는 행위로 인정하여 정범과 동일한 형을 과하였고 카롤리나 형법전과 독일 보통법도 이를 공범의 일종으로 취급하였으며 19세기에 있어서도 범인은닉을 사후종범으로 보는 견해가 적지 않았으나 최근의 입법에 있어서는 이를 공범과 구별하여 독립된 범죄로 보는 경향이 일반화되었다.

조선조에서 의용했던 대명률도 범인은닉죄를 두고 있었다. 이에 의하면 범죄사건이 발각되어 관사(官司)에서 사람을 내어 찾고 있는 것을 알면서 범인을 은닉해 두거나 포획하고도 신고하지 않거나, 도로 안내, 옷과 양식의 공급 등 은밀하게 피하도록 한 자는 그 죄인의 죄에서 1등을 감한 형으로 처벌한다.[3] 수배사실을 누설하여 도피할 수 있게 한 자의 처벌도 이와 같다.

Ⅱ. 현행법상의 체계

도주죄	기본적 구성요건	도주죄(제145조 제1항)	불법가중적 구성요건	특수도주죄(제146조)
		도주원조죄(제147조)		간수자도주원조죄(제148조)
		집합명령위반죄(제145조 제2항)		
범인은닉죄		범인은닉·도피죄(제151조)		

---

1) 大明律直解, 刑律, 卷 第 二十七 捕亡, 獄囚脫監及反獄在逃條.
2) 大明律直解, 刑律, 卷 第 二十七 捕亡, 徒流人逃條.
3) 大明律直解, 刑律, 卷 第 二十七 捕亡, 知情藏匿罪人條.

§2. 유형별 고찰

I. 도 주 죄

1. 단순도주죄

*법률에 의하여 체포 또는 구금된 자가 도주한 때에는 1년 이하의 징역에 처한다(제145조 제1항).
*미수범은 처벌한다(제149조).

(1) 의 의

본죄는 체포 또는 구금된 자 자신이 도주하는 것, 즉 자기도주를 처벌하는 규정으로서 도주죄의 기본유형이다. 진정신분범이며 침해범이다.

(2) 구성요건

1) 주 체

본죄의 행위주체는 법률에 의하여 체포 또는 구금된 자로서(진정신분범), 널리 법률에 근거하여 적법하게 체포 또는 구금된 자를 말한다. 체포영장에 의하여 체포된 자, 긴급체포된 자, 구속되어 있는 피의자 또는 피고인, 유죄확정판결을 받고 교도소에 구금되어 있는 수형자, 환형처분으로 노역장에 유치되어 있는 자, 감정유치중인 자, 수사기관에 의하여 현행범으로 체포되었거나 현행범으로 체포되어 수사기관에 인도된 자, 소년법에 의한 보호처분을 받아 소년원에 수용되어 있는 자 등이 해당된다. 사인에 의하여 현행범인으로 체포된 자가 도주하는 것만으로는 국가의 구금권이 침해된다고 볼 수 없다는 점에서 본죄의 체포된 자에 해당하지 않는다.[1] 또한 위법한 긴급체포에 의하여 불법체포된 자는 여기에 해당하지 않는다.[2]

구인된 피의자 또는 피고인이 본죄의 주체로 되는가에 관하여서는, 구인도

---

1) 반면 김석휘, 주석(상), 193면; 김성천/김형준, 867면; 진계호, 678면 등은 본죄의 성립을 인정한다.
2) 대판 2006. 7. 6, 2005도6810.

실질적으로 체포와 동일하기 때문에 구인된 피의자나 피고인도 본죄의 주체로 된다는 견해[1]가 있으나 본죄의 주체인 「체포 또는 구금된 자」의 의미를 엄격하게 해석하는 것이 죄형법정주의에도 합치된다고 볼 수 있다. 그러므로 구인된 피의자나 피고인은 본죄의 주체에서 제외된다고 봄이 타당하다.[2] 구인된 증인도 본죄의 주체로 해석하는 견해[3]도 있으나 본죄의 주체에서 제외하는 것이 타당하다.

치료감호와 같은 보안처분의 집행으로 수용된 자가 도주한 경우에는 특별법에 해당하는 치료감호법 등이 적용되고 본죄는 성립하지 않는다. 가석방 중에 있는 자, 형집행이 정지중인 자, 보석중인 자 등은 현실적으로 구금상태가 아니므로 본죄의 주체가 될 수 없고 경찰관직무집행법에 의하여 보호 중에 있는 자, 아동복지시설에 수용된 자 등 역시 구금된 자가 아니므로 본죄의 주체가 아니다.

2) 행 위

본죄의 행위인 도주는 체포당한 상태나 구금상태로부터 이탈하는 것을 의미한다. 도주의 수단, 방법은 불문하며 일시적 이탈도 도주에 해당한다. 본죄는 간수자의 실력적 지배를 벗어나면 즉시 기수가 된다(즉시범).[4] 수형자가 교도소의 외벽을 넘은 경우에도 추적을 받고 있으면 아직 기수가 아니다.

2. 집합명령위반죄

> *전항의 구금된 자가 천재, 사변 기타 법령에 의하여 잠시 해금된 경우에 정당한 이유 없이 그 집합명령에 위반한 때에도 전항의 형과 같다(제145조 제2항).
> *미수범은 처벌한다(제149조).

(1) 의 의

본죄는 비록 적극적으로 도주한 것은 아니라 할지라도 집합명령에 응하지 않는 방법으로 국가의 구금권을 침해하는 진정부작위범이자, 진정신분범이다.

---

1) 백형구, 619면; 이정원, 790면; 임웅, 978면; 정성근/정준섭, 555면; 진계호, 790면.
2) 박상기/전지연, 673면; 배종대, 860면; 손동권, 813면; 이재상 외, 759면.
3) 김석휘, 주석(상), 194면; 백형구, 619면; 정영석, 73면.
4) 김일수/서보학, 902면; 배종대, 651면; 오영근, 747면; 이재상 외, 769면 등과 대판 1991. 10. 11, 91도1656은 본죄를 즉시범으로 본다. 한편 김성돈, 809면; 김성천/김형준, 868면; 이정원, 791면; 정성근/정준섭, 556면 등은 본죄를 상태범으로 보고, 임웅, 979면은 계속범으로 본다.

(2) 구성요건

본죄의 행위주체는 법령에 의하여 구금된 자이다(진정신분범).

본죄의 행위는 천재, 사변 기타 법령에 의하여 잠시 해금되었다는 행위정황 하에서 이루어져야 한다. 그러므로 비록 천재 등의 상태라 할지라도 법령에 의한 해금이 아니라 불법하게 출소한 경우에는 도주죄가 성립하고 본죄는 적용되지 않는다.

본죄의 행위는 정당한 이유 없이 집합명령에 위반하는 것이다. 정당한 이유가 있는 경우에는 위법성이 조각된다. 집합명령에 위반함으로써 기수가 된다.

3. 특수도주죄

> *수용설비 또는 기구를 손괴하거나 사람에게 폭행 또는 협박을 가하거나 2인 이상이 합동하여 전조 제1항의 죄를 범한 자는 7년 이하의 징역에 처한다(제146조).
> *미수범은 처벌한다(제149조).

본죄는 단순도주죄에 비하여 행위불법이 중해지는 불법가중적 구성요건이다.

본죄의 행위주체는 법률에 의하여 체포 또는 구금된 자이다(진정신분범).

본죄의 행위는 수용설비 또는 기구를 손괴하거나 사람에게 폭행 또는 협박을 가하거나 2인 이상이 합동하여 도주하는 것이다.

수용설비란 신체의 자유를 계속적으로 구속하기 위하여 설치한 시설로서 예컨대 교도소, 소년교도소, 구치소, 경찰서의 유치장 등이 이에 해당한다. 기구란 사람의 신체를 속박하는 데 사용하는 장비를 말하며 포승, 수갑 등의 계구가 이에 해당한다. 여기에서 손괴란 수용설비 또는 기구를 물리적으로 훼손하는 것을 말한다. 단지 수갑을 풀고 도주한 경우에는 단순도주죄만 성립한다.[1] 손괴는 도주의 수단으로 행하여져야 하므로 도주 후 수갑을 풀기 위하여 손괴한 경우에는 본죄가 성립하지 않고 단순도주죄와 손괴죄의 문제로 될 수 있을 뿐이다.[2]

폭행 또는 협박은 도주의 수단으로 간수자 또는 간수자에 협력하는 자를 대상으로 하며, 폭행은 사람의 신체에 대한 직·간접적 유형력의 행사로서 광의의 폭행을, 협박은 협의의 협박을 의미한다. 2인 이상의 합동은 합동범의 그것과 같다.

---

1) 김성돈, 844면; 김일수/서보학, 905면; 배종대, 862면; 이재상 외, 761면; 임웅, 883면; 정성근/정준섭, 879면; 황산덕, 79면.
2) 임웅, 883면.

II. 도주원조죄

1. 단순도주원조죄

> *법률에 의하여 구금된 자를 탈취하거나 도주하게 한 자는 10년 이하의 징역에 처한다 (제147조).
> *미수범은 처벌한다(제149조).

(1) 의 의

본죄는 도주죄에 대한 교사 또는 방조를 독립된 범죄유형으로 규정한 것이다.[1] 따라서 본죄에는 총칙상의 공범규정이 적용되지 않는다. 본죄가 단순도주죄보다 무겁게 처벌되는 이유는 적법행위에의 기대가능성이 상대적으로 높다는 점에 있다.[2]

(2) 구성요건

법률에 의하여 구금된 자를 제외하고 누구든지 본죄의 주체가 될 수 있다. 다만 피구금자라도 다른 피구금자를 도주하게 한 때에는 본죄에 해당한다.[3]

본죄의 행위객체는 법률에 의하여 구금된 자이다. 체포되어 연행중인 자는 본죄의 객체로 볼 수 없다.[4]

본죄의 행위는 탈취하거나 도주하게 하는 것이다. 탈취는 피구금자를 간수자의 실력적 지배로부터 자기 또는 제3자의 실력적 지배로 옮기는 것을 말하며 폭행, 협박, 기망, 유혹 등 그 수단, 방법은 불문한다. 피구금자의 승낙여부도 본죄의 성립에 영향이 없다. 피구금자가 자기 또는 제3자의 실력적 지배하에 들어가면 탈취는 기수가 된다. 도주하게 한다는 것은 도주의사를 갖게 하여 도주를 유

---

1) 김성돈, 845면; 배종대, 652면; 백형구, 622면; 이영란, 851면; 이재상 외, 771면; 이정원, 794면; 임웅, 982면; 정성근/정준섭, 559면; 정영일, 479면; 진계호, 795면. 반면 김일수/서보학, 907면은 탈취부분은 단순도주죄와는 상관없이 성립하거나 공동정범형식으로 가능하다고 본다.
2) 김봉태/7인공저, 646면; 이재상 외, 771면; 임웅, 983면.
3) 정영일, 479면.
4) 김일수/서보학, 908면; 배종대, 653면; 유기천(하), 346면; 이재상 외, 771면; 이정원, 794면; 임웅, 983면; 정성근/정준섭, 560면.

발하게 하거나 도주를 용이하도록 도와주는 일체의 행위를 말하며 그 수단, 방법은 불문한다.

2. 간수자도주원조죄

> *법률에 의하여 구금된 자를 간수 또는 호송하는 자가 이를 도주하게 한 때에는 1년 이상 10년 이하의 징역에 처한다(제148조).
> *미수범은 처벌한다(제149조).

(1) 의 의

본죄는 행위주체가 간수자 또는 호송하는 자라는 신분으로 인하여 책임이 가중되는 부진정신분범이다.

(2) 구성요건

본죄의 행위주체는 법률에 의하여 구금된 자를 간수 또는 호송하는 자이다. 간수 또는 호송의 임무는 반드시 법령의 근거가 있어야 할 것을 요하지는 않으며 현실적으로 그 임무에 종사하고 있으면 족하다.[1] 따라서 반드시 공무원일 필요도 없다. 간수 또는 호송의 임무는 행위시에 있으면 충분하고 도주의 결과가 임무해제 후에 발생하여도 본죄는 성립될 수 있다.

본죄의 행위객체는 법률에 의하여 구금된 자이다. 그러므로 사인이 체포한 현행범인을 수사기관에 인도하지 않고 풀어주는 행위는 본죄에 해당하지 않는다.[2]

행위는 도주하게 하는 것으로, 그 수단, 방법은 불문한다. 작위는 물론 부작위에 의해서도 가능하다. 예컨대 간수자인 교도관이 수감중인 기결수의 도주를 방임하는 경우가 이에 해당한다. 본죄는 피구금자가 도주함으로써 기수가 된다.

---

1) 김일수/서보학, 910면; 배종대, 653면; 오영근, 753면; 이재상 외, 772면; 이정원, 795면; 임웅, 985면; 정성근/정준섭, 561면; 정영일, 480면; 진계호, 796면.
2) 배종대, 653면; 임웅, 985면.

Ⅲ. 범인은닉죄

> *벌금 이상의 형에 해당하는 죄를 범한 자를 은닉 또는 도피하게 한 자는 3년 이하의 징역 또는 500만원 이하의 벌금에 처한다(제151조 제1항).
> *친족 또는 동거의 가족이 본인을 위하여 전항의 죄를 범한 때에는 처벌하지 아니한다(제151조 제2항).

1. 의   의

본죄는 범인을 은닉 또는 도피시키는 방법으로 비호함으로써 수사, 재판 및 형의 집행을 곤란 또는 불가능하게 하여 국가의 형사사법기능을 해하는 범죄이다.

2. 구성요건

(1) 주 체

범인은 자신의 범죄에 관한 은닉 또는 도피행위의 주체가 아니다. 따라서 본범의 자신을 위한 은닉, 도피는 본죄의 구성요건해당성이 없다.[1] 이 밖에는 행위주체에 제한이 없다. 공동정범 중의 1인이 다른 공동정범자를 은닉 또는 도피하게 한 경우에는 본죄가 성립한다.[2]

범인이 제3자를 교사하여 자신을 은닉, 도피하게 한 경우에 본죄의 교사범이 성립하는가에 관하여서는 견해의 대립이 있다. 긍정설[3]은 자기비호권의 한계를 벗어나고 기대가능성도 부정할 수 없다는 것을 논거로 제시하고 있다. 그러나 자기를 위한 교사행위도 자기비호의 연장으로 보아야 하고 본죄의 주체로 될 수 없는 자가 교사범으로는 처벌받는다는 것도 타당하지 않다고 보는 부정설[4]이 보다 타당한 해석이다. 판례는 방어권의 남용에 해당할 때에는 교사범의 성립을

---

1) 대판 2018. 8. 1, 2015도20396.
2) 김성돈, 847면; 배종대, 654면; 이재상 외, 773면; 이정원, 796면; 임웅, 986면; 정성근/정준섭, 562면; 정영일, 481면; 대판 1958. 1. 14, 4290형상393.
3) 김봉태/7인공저, 653면; 백형구, 627면; 유기천(하), 353면; 정영석, 80면; 황산덕, 85면. 제한적 긍정설로는 김성돈, 816면 참조.
4) 김일수/서보학, 911면; 박상기/전지연, 874면; 배종대, 655면; 오영근, 760면; 이영란, 855면; 이재상 외, 773면; 이정원, 796면; 임웅, 988면; 정성근/정준섭, 562면; 진계호, 797면.

긍정한다.[1)

> **판 례**
>
> 공범 중 1인이 그 범행에 관한 수사절차에서 참고인 또는 피의자로 조사받으면서 자기의 범행을 구성하는 사실관계에 관하여 허위로 진술하고 허위 자료를 제출하는 것은 자신의 범행에 대한 방어권 행사의 범위를 벗어난 것으로 볼 수 없다. 이러한 행위가 다른 공범을 도피하게 하는 결과가 된다고 하더라도 범인도피죄로 처벌할 수 없다. 이때 공범이 이러한 행위를 교사하였더라도 범죄가 될 수 없는 행위를 교사한 것에 불과하여 범인도피교사죄가 성립하지 않는다.[2)

(2) 객 체

본죄의 행위객체는 벌금 이상의 형에 해당하는 죄를 범한 자이다.

벌금 이상의 형에 해당하는 죄는 법정형에 벌금 이상의 형이 포함되어 있는 범죄를 말하고 여기에 선택적으로 구류 또는 과료가 포함되어도 무방하다.

「죄를 범한 자」에는 정범은 물론 교사범과 방조범도 포함되며 기수범뿐만 아니라 미수범, 예비·음모죄를 범한 자도 포함된다. 또한 유죄판결이 확정된 자뿐만 아니라 피고인, 피의자도 이에 해당한다. 그러나 무죄판결 또는 면소판결이 확정된 자, 형의 폐지, 공소시효의 완성, 사면, 소송조건의 결여, 처벌조건의 불비 등으로 인하여 소추나 처벌이 불가능한 자는 제외된다. 친고죄의 경우에는 고소기간이 경과하지 않아서 피해자가 고소할 가능성이 있는 한 그 범인은 본죄의 객체가 될 수 있다.[3) 그러나 고소기간이 경과했거나 고소가 취소된 때에는 친고죄를 범한 자를 본죄의 객체로 볼 수 없다. 검사에 의하여 불기소처분을 받은 자가 본죄의 객체인지 여부에는 불기소처분에는 확정력이 없다는 것을 근거로 긍정하는 견해[4)가 있으나 불기소처분이 있으면 형사절차가 사실상 종결되어 피의자의 지위로 소멸하므로 부정설[5)이 타당하다.

---

1) 대판 2000. 3. 24, 2000도20. "범인이 자신을 위하여 타인으로 하여금 허위의 자백을 하게 하여 범인도피죄를 범하게 하는 행위는 방어권의 남용으로 범인도피교사죄에 해당한다."
2) 대판 2018. 8. 1, 2015도20396.
3) 김일수/서보학, 912면; 백형구, 625면; 오영근, 755면; 유기천(하), 349면; 이재상 외, 774면; 이정원, 797면; 임웅, 988면; 정성근/정준섭, 563면.
4) 김봉태/7인공저, 650면; 김석휘, 주석(상), 205면; 유기천(하), 349면.
5) 배종대, 656면; 이재상 외, 775면; 임웅, 988면.

죄를 범한 자가 실제 죄를 범한 진범이어야 하는가에 대하여는 ① 진범인일 것을 요한다는 설,[1] ② 범죄의 혐의를 받아 수사의 대상이 되었으면 충분하다는 설,[2] ③ 객관적으로 보아 진범인이라고 강력하게 의심되는 자라야 한다는 설,[3] ④ 수사개시 전단계에서는 진범인, 수사단계에서는 진범인으로 강하게 의심되는 자, 소추·재판 및 형집행의 단계에서는 진범여부를 불문한다고 하여 단계별로 구분하는 학설[4] 등이 대립한다. ①설은 진범인이 아닌 자를 죄를 범한 자에 포함시킬 수 없고 진범인이 아닌 범죄혐의자를 은닉한 경우에는 국가의 정당한 형벌권이 방해된다고 볼 수 없고 특히 수사기관의 중대한 과오로 진범인 아닌 자가 피의자 또는 피고인이 된 경우에도 본죄를 인정하게 되어 국가의 사법작용을 지나치게 보호한다는 점 등에서 타당하지 않다. ③설은 절충적 입장이지만 그 기준이 명확하지 못하다는 문제점이 있고 ④설에도 ①설과 유사한 문제점이 있다.

진범의 여부는 법원의 확정판결이 있기 전까지는 알 수 없으므로 죄를 범한 자가 진범인임을 요한다면 아직 진범 여부가 불확실한 피의자 또는 피고인을 은닉한 경우에는 본죄의 성립을 부정하게 되어 입법취지에 합치한다고 보기 어렵고 피의자·피고인의 은닉이나 도피에 성공하면 그 진범인성의 입증이 곤란해지며 현실적으로 대부분의 범인은닉죄는 수사, 소추중인 자의 은닉이 문제되고 있다는 점에서, 범죄혐의자로서 수사의 대상이 된 자를 본죄의 객체로 보는 ②설이 타당하다.

(3) 행 위

본죄의 행위는 은닉 또는 도피하게 하는 것이다. 은닉이란 장소를 제공하여 숨겨주는 행위를 말하고 도피는 은닉 이외의 방법으로 발견·체포를 불가능 또는 곤란하게 하는 일체의 행위를 의미한다.[5] 예컨대 범인에게 은신처를 제공한 경우는 은닉에, 도피자금을 주어 도주하게 한 경우는 도피에 각각 해당한다. 수사기관의 정보를 알려주어 범인을 도망가게 한 경우, 피의자 아닌 자가 수사기

---

1) 서일교, 349면: 오영근, 755면: 유기천(하), 348면: 이재상 외, 775면: 정성근/정준섭, 886면.
2) 김성돈, 850면: 김성천/김형준, 875면: 배종대, 655면: 백형구, 624면: 이정원, 798면: 임웅, 989면. 판례의 입장도 이와 같다(대판 1982. 1. 26, 81도1931).
3) 김봉태/7인공저, 649면: 김석휘, 주석(상), 204면.
4) 김일수/서보학, 914면.
5) 대판 2000. 11. 24, 2000도4078: 대판 1990. 12. 26, 90도2439.

관에서 피의자를 자처하고 허위진술을 한 경우,[1] 범인 아닌 자를 범인으로 가장하게 하여 수사를 받게 한 경우,[2] 범인에게 다른 공범이 있는 것을 실토하지 못하게 하여 범인의 체포·발견에 지장을 초래한 경우[3] 등은 모두 도피에 해당한다. 다만 수사기관에서의 허위진술이 본죄를 구성하려면 단순한 묵비나 허위진술로는 부족하고 그것이 적극적으로 수사기관을 기망하여 착오에 빠지게 함으로써 범인의 발견 또는 체포를 곤란 내지 불가능하게 할 정도에 이르러야 한다.[4] 변호사가 피의자 또는 피고인으로 하여금 진술거부권을 남용하게 한 경우,[5] 도피중인 범인임을 알면서 통상적인 인사말을 한 경우,[6] 수사과정에서 피고인이 공범의 이름을 묵비한 경우[7] 등은 도피에 해당한다고 볼 수 없다.

본죄의 행위는 작위뿐만 아니라 부작위에 의해서도 가능하다. 부작위의 경우에는 범인을 체포해야 할 보증인적 지위가 행위자에게 있어야 한다. 그러므로 예컨대 경찰관이 범인임을 알면서 방임한 경우에는 본죄가 성립하지만[8] 일반인이 범인을 신고하지 않거나 체포한 범인을 수사기관에 인도하지 아니한 것으로는 본죄를 구성하지 않는다.[9]

본죄는 은닉하거나 도피하게 함으로써 기수가 된다. 도망을 권유하였으나 범인이 처음부터 이에 응하지 않은 경우에는 본죄가 성립한다고 볼 수 없다.

> ### 판례
>
> #### 1. 범인도피죄가 성립하지 않는 경우
> 신원보증서를 작성하여 수사기관에 제출하는 보증인이 피의자의 인적사항을 허위로 기재하는 경우(대판 2003. 2. 14, 2002도5374), 참고인이 수사기관에서 범인으로 체포된 자와 자신이 목격한 자가 동일함에도 그렇지 않다고 허위진술하여 범인이

---

1) 대판 1996. 6. 14, 96도1016.
2) 대판 1967. 5. 23, 67도366.
3) 대판 1995. 12. 26, 93도904.
4) 대판 1991. 8. 27, 91도1441.
5) 백형구, 626면: 이재상 외, 777면: 임웅, 990면: 정성근/정준섭, 564면.
6) 대판 1992. 6. 12, 92도736.
7) 대판 1984. 4. 10, 83도3288.
8) 김일수/서보학, 916면: 배종대, 656면: 백형구, 626면: 유기천(하), 350면: 이재상 외, 777면: 임웅, 990면: 정성근/정준섭, 564면.
9) 대판 1984. 2. 14, 83도2209.

석방된 경우(대판 1987. 2. 10, 85도897), 절도사건과 관련하여 경찰관에게 조사받는 과정에서 공범의 이름을 단순히 묵비한 경우(대판 1984. 4. 10, 83도3288), 폭행용의자의 인적사항을 묻는 경찰관의 질문에 허무인의 이름을 진술하고 구체적인 인적사항은 모른다고 진술한 경우(대판 2008. 6. 26, 2008도1059), 주점개업식에 찾아온 범인에게 안부인사를 건넨 경우(대판 1992. 6. 12, 92도736) 등.

2. 범인도피죄가 성립하는 경우

범인 아닌 자가 수사기관에 범인임을 자처하고 허위진술을 하여 진범의 체포와 발견에 장애를 준 경우(대판 1996. 6. 14, 96도1016), 기소중지자임을 알고도 범인의 부탁을 받아 다른 사람의 명의로 대신 임대차계약을 체결해 준 경우(대판 2004. 3. 26, 2003도8226), 타인의 교통사고사실을 숨기고 자신이 사고를 일으켰다고 경찰에 신고한 경우(대판 1996. 6. 14, 96도1016)

(4) 고 의

인식과 관련하여 그 법정형이 벌금 이상이라는 것까지 알 필요도 없고,[1] 범행의 동기나 목적은 불문하며 구체적으로 본범의 범죄내용, 성명 등 인적사항을 알 필요도 없다. 본범에게 죄가 없거나 그 죄가 벌금 이상의 형에 해당하는 죄가 아니라고 오인한 경우는 구성요건적 착오로서 고의를 조각한다.

3. 죄 수

동일한 범인을 은닉하고 도피까지 시킨 경우에는 본죄의 포괄일죄가 된다. 그러나 1개의 행위로 수인의 범인을 은닉 또는 도피시킨 때에는 수죄의 상상적 경합이 된다. 범인에 대하여 조치를 취하여야 할 자가 범인의 도피하게 하거나 이를 묵인한 경우에는 범인도피죄만 성립하고 직무유기죄는 별도로 성립하지 않는다.

---

1) 대판 1995. 12. 26, 93도904.

4. 친족간의 특례

(1) 의 의

친족 또는 동거의 가족이 본인을 위하여 범인은닉죄를 범한 경우에는 처벌하지 않는 바, 그 성격에 관하여서는 인적처벌조각사유라는 견해[1]가 있으나 기대불가능성에 근거한 책임조각사유로 이해하는 다수설[2]이 타당하다.

(2) 적용요건

제151조 제2항의 특례규정은 친족 또는 동거의 가족이 본인을 위하여 본죄를 범한 경우에 적용되며 친족 또는 동거의 가족의 개념은 원칙적으로 민법에 의한다. 사실혼 관계에 있는 자와 그 자녀를 배제하는 것이 판례[3]와 부정설[4]의 견해이나 행위자에게 유리한 유추해석이 될 뿐만 아니라 본 규정은 기대불가능성에 근거한 것이므로 포함된다고 보아야 할 것이다.[5] 「본인」이란 벌금 이상의 형에 해당하는 죄를 범한 본범을 의미하고 「본인을 위하여」란 본인이 형사소추, 유죄판결 또는 형의 집행을 면하게 하는 등 본인의 형사책임상의 이익을 위하여라는 의미로 해석된다.[6]

(3) 특례와 공범관계

친족과 친족 아닌 자가 공동으로 본죄를 범한 경우에 특례는 친족에게만 적용된다. 공범성립에 관한 제한적 종속형식에 따르면 정범에게 위법성만 인정되면 책임이 조각되어도 공범이 성립할 수 있으므로, 친족 아닌 자가 친족을 교사 또는 방조하여 본죄를 범하게 한 경우에는 본죄의 교사범 또는 방조범이 되지만, 교사나 방조를 받은 친족은 특례가 적용되어 처벌받지 않는다.

친족이 친족 아닌 자를 교사하여 본죄를 범하게 한 경우에 교사한 친족에게

---

1) 김석휘, 주석(상), 208면; 유기천(하), 352면; 이정원, 802면.

2) 김성돈, 854면; 김일수/서보학, 916면; 김혜정 외, 731면; 배종대, 657면; 백형구, 627면; 오영근, 760면; 이영란, 858면; 이재상 외, 778면; 임웅, 992면; 정성근/정준섭, 565면; 정영일, 486면.

3) 대판 2003. 12. 12, 2003도4533. 사실혼관계에 있는 자는 민법 소정의 친족이라 할 수 없어 위 조항에서 말하는 친족에 해당하지 않는다.

4) 김혜정 외, 731면.

5) 김성돈, 854면; 김성천/김형준, 878면; 김일수/서보학, 917면; 배종대, 657면; 백형구, 628면; 오영근, 761면; 이영란, 858면; 이재상 외, 779면; 이정원, 802면; 임웅, 992면; 정성근/정준섭, 565면; 진계호, 800면.

6) 배종대, 658면; 이재상 외, 779면; 임웅, 993면.

본 특례가 적용되는가에 관하여서는 비호권의 남용이라는 이유로 교사범의 성립을 인정하는 견해[1]가 있으나 본 특례의 본질을 기대불가능성에 근거한 면책사유로 보는 한 이 경우에도 책임조각을 인정하는 것이 타당할 것이다.[2]

앞서 언급한 바와 같이 범인 스스로 자신에 대하여 은닉·교사하는 행위는 본죄의 공범이 성립하지 않는다고 봄이 타당하나, 판례는 범인 스스로의 교사 또는 방조에 관하여는, 무면허운전으로 사고를 낸 자가 동생을 경찰서에 출두시켜 피의자로 조사받게 한 경우에는 범인도피교사죄를 인정하고,[3] 범인의 처가 행하는 범인도피행위를 방조한 범인에 대하여 범인도피방조죄를 인정한다.[4]

제 4 절   위증과 증거인멸의 죄

§1. 서   설

Ⅰ. 의의 및 보호법익

위증의 죄는 법률에 의하여 선서한 증인이 허위의 진술을 하거나 법률에 의하여 선서한 감정인, 통역인, 번역인이 허위의 감정, 통역 또는 번역을 함으로써 성립한다. 본죄의 보호법익은 국가의 사법작용이며 이에는 징계작용까지도 포함된다.[5]

증거인멸의 죄는 타인의 형사사건이나 징계사건에 관한 증거를 인멸·은닉·위조 또는 변조하거나 위조 또는 변조한 증거를 사용하거나 타인의 형사사건 또는 징계사건에 관한 증인을 은닉 또는 도피하는 것을 내용으로 하는 범죄이며 보호법익은 국가의 사법작용(사법기능)이다. 본죄는 위증의 죄와 더불어 증

---

1) 김석휘, 주석(상), 209면; 백형구, 628면; 서일교, 352면; 유기천(하), 353면; 정영석, 79면.
2) 김일수/서보학, 918면; 배종대, 658면; 오영근, 762면; 이재상 외, 779면; 이정원, 803면; 임웅, 993면; 정성근/정준섭, 565면; 진계호, 801면.
3) 대판 2006. 12. 7, 2005도3707.
4) 대판 2008. 11. 13, 2008도7467.
5) 대판 1987. 7. 7, 86도1724. 한편 백형구, 630면은 본죄의 보호법익을 국가의 사법기능이라고 표현하는 것보다 재판과 징계처분의 공정이라고 표현하는 것이 타당하다고 본다.

거의 증명력을 해하는 범죄라는 점에서 공통된다. 그러나 위증의 죄가 허위의 진술, 통역 등 무형적 방법을 사용하는 반면 증거인멸의 죄는 증거의 인멸, 은닉, 위조 등 유형적 방법에 의한 범죄라는 점에서 그 차이가 있다.

참고 **연혁**

　　일찍이 로마법에 있어서는 위증의 죄의 선서의 면과 진술의 면을 구분하여 선서의 거짓은 벌하지 않는 반면 허위의 진술은 처벌하였는데, 이를 위조죄의 하나로 취급하였다. 카논법에 있어서는 선서위반행위도 신을 모독하는 중한 범죄로 처벌하였다. 카롤리나 형법전은 위증(제68조)과 선서침해(제107조)를 모두 처벌하였고, 거짓 선서에 사용한 손가락은 절단하고 위증으로 타인이 받은 죄책과 동일한 형을 과했다. 독일 보통법시대에는 위증의 죄를 신의 존엄을 해하는 죄로 보는 견해도 있었고 위조죄의 일종으로 보는 견해도 있었다. 18세기 이후의 독일에 있어서는 클라인(Klein), 포이엘바하(Feuerbach) 등에 의하여 위증을 사기죄로 보는 견해가 주장되었고 19세기 후반부터는 위증의 죄를 공공의 신용을 해하는 죄 중 위조죄의 일종 내지 이에 가까운 범죄로 이해하게 되었다. 오늘날은 위증의 죄의 본질을 신성모독이 아니라 국가의 사법작용의 보호를 위한 규정으로 이해하기에 이르렀다.

　　조선조에서 의용했던 대명률(大明律)에는 죄수를 신문(訊問)함에 있어서 증인이 실정대로 말하지 않고 고의로 위증을 행한 죄인의 죄에서 2등을 감경한 죄로 처벌하고 외국인의 범죄에 있어서 통역하는 자가 사실대로 하지 않아 죄에 가감이 있도록 영향을 미친 경우에는 범인과 동일한 죄로 처벌한다는 규정을 두었다. 1905년의 형법대전(刑法大全)은 제4편 제3장 단옥 및 소송소간률(斷獄 及 訴訟所干律) 속에 위증률(僞證律)을 두었는데 이에 의하면 죄수의 증좌인(證左人)이 사법관에게 실정을 말하지 않고 무고한 증언을 고의적으로 한 자는 죄인의 형에서 2등을 감한 형으로 처벌하고 외국인 재판에 있어서 부실한 통역으로 당해 외국인의 죄에 가감이 있도록 한 자는 그 죄인과 동일한 형으로 처벌하였다(제300조). 현행법상의 위증의 죄는 구형법(의용된 일본형법)에 없던 모해위증죄(제152조 제2항)를 신설하였고 종래의 허위감정·통역죄에 허위번역죄를 추가하였다. 현행형법 제10장이 그 표제어를 「위증 및 증거인멸의 죄」라고 한 점이라든가 구법의 미비점을 정리한 점 등은 일본형법가안의 영향을 받은 것이라고 한다.[1]

---

1) 유기천(하), 354면.

Ⅱ. 현행법상의 체계

위증의 죄	기본적 구성요건	단순위증죄 (제152조 제1항)	불법 가중적 구성요건	모해위증죄 (제152조 제2항)
		허위감정 · 통역 · 번역죄 (제154조)		모해허위감정 · 통역 · 번역죄 (제154조)
증거인멸의 죄		단순증거인멸죄 (제155조 제1항)		모해증거인멸죄 (제155조 제3항)
		증인은닉도피죄 (제155조 제2항)		모해증인은닉도피죄 (제155조 제3항)

§2. 유형별 고찰

Ⅰ. 위증의 죄

1. 단순위증죄

> *법률에 의하여 선서한 증인이 허위의 진술을 한 때에는 5년 이하의 징역 또는 1천만원
> 이하의 벌금에 처한다(제152조 제1항).

(1) 의 의

본죄는 진정신분범, 추상적 위험범, 거동범이다. 특히 본인 스스로의 행위가
아닌 한 범죄가 될 수 없다는 점에서 자수범에 해당하므로 본인 이외의 자는 공
동정범이나 간접정범이 성립될 수 없다.

(2) 구성요건
1) 객관적 구성요건
① 행위주체

본죄의 주체는 법률에 의하여 선서한 증인이다. 이는 법률에 근거하여 그 정
한 형식에 따라 선서한 증인을 의미하며 법률에 직접 규정되어 있는 일정한 선

서절차를 거친 증인뿐만 아니라 법률의 위임에 따라 법령 기타 하위법규에 규정된 절차에 의한 경우까지도 포함한다.[1]

(가) 법률에 의한 선서　　법률에 의한 선서는 민사소송(제290조 이하), 형사소송(제156조 이하) 사건의 경우뿐만 아니라 비송사건(비송사건절차법 제10조), 징계사건(법관징계법 제27조, 검사징계법 제26조), 행정소송(행정소송법 제10조), 특허사건(특허법 제266조) 등에서도 행하여진다. 형사소송에 있어서는 피고사건인가 피의사건인가를 불문한다. 또한 선서가 증언 전에 이루어졌는가 후에 이루어졌는가도 불문한다(통설).

선서는 유효해야 하고 법정절차에 따라 행하여져야 한다. 법령에 근거가 없으면 선서를 했어도 무효이다. 예컨대 검사나 사법경찰관에게 선서한 경우, 선서무능력자가 한 선서 등은 무효로 보아야 한다.[2] 그렇지만 선서의 절차상 하자가 있더라도 선서 그 자체를 무효로 하게 할 정도가 아니면 법률에 의한 선서로 볼 수 있다. 예컨대 재판장이 선서한 증인에게 위증의 처벌을 경고하지 않은 경우라든가 선서한 법원에 관할위반이 있다든가 기소절차가 적법하지 않은 것만으로는 선서를 무효로 볼 수 없다.

(나) 증　인　　증인이란 법원 또는 법관에 대하여 자기가 과거에 경험한 사실을 진술하는 제3자를 말한다.

ⓐ **증인적격:**　　형사피고인은 자기의 사건에 관하여 소송당사자의 지위에 있으므로 소송의 제3자인 증인으로 될 수 없고 따라서 위증죄의 주체로 되지 않는다. 공범자 또는 공동피고인이 증인의 자격으로 선서한 후 허위의 진술을 한 경우에도 본죄의 성립을 인정할 것인가에 관하여서는 본죄가 성립한다는 견해[3]가 있으나, 공범자인 공동피고인은 증인자격이 없고 단지 공범자 아닌 공동피고인만이 증인자격을 갖는다고 보아야 할 것이다.

ⓑ **증언거부권자:**　　증언거부권을 갖는 자(형사소송법 제148조 이하, 민사소송법 제285조 이하)가 선서한 후 증언거부권을 행사하지 않고 허위의 진술을 한 경우에도 본죄가 성립한다. 증언거부권을 갖는 자가 증언거부권을 행사하지 않

---

1) 김성돈, 858면; 이영란, 861면; 이재상 외, 784면; 임웅, 998면; 진계호, 804면 등.
2) 김성돈, 858면; 김성천/김형준, 880면; 김일수/서보학, 928면; 배종대, 659면; 유기천(하), 357면; 이재상 외, 784면; 임웅, 998면; 정성근/정준섭, 567면.
3) 김봉태/7인공저, 657면; 김석휘, 주석(상), 212면; 서일교, 354면; 정영석, 83면.

고 증언을 함에 있어서 자기가 형사소추를 받을 우려 때문에 허위진술을 한 경우에는 기대가능성이 없어 위증죄가 성립하지 않는다는 견해[1]가 있으나 통설[2]과 판례[3]는 본죄의 성립을 인정한다.

증인이 증언거부권을 고지 받지 않는 상황에서 허위진술을 한 경우와 같이 증인신문절차에서 법률에 규정된 증인보호절차가 지켜지지 않은 경우는 법률에 의하여 선서한 증인에 해당하지 않으므로 위증죄로 처벌할 수 없다고 본다.[4] 결론적으로 증언거부권의 고지 여부가 아닌 그 증언거부권을 행사하는 데 사실상의 장애가 초래되었는가 여부를 기준으로 한다.

판 례 ////////////////////

판례는 공동피고인인 갑과 을의 뇌물사건의 변론이 분리되어 갑이 을의 재판에서 증언거부권을 고지받지 못한 상태에서 종전의 허위진술을 반복한 경우 갑이 증언거부권을 행사하는데 사실상 장애가 초래되었다고 보기 충분하므로 위증죄가 성립하지 않는다고 보면서도,[5] 전남편의 음주운전사건에 증인이 된 전처가 증언거부권을 고지받지 않았다고 하더라도 그로 인하여 증언거부권이 사실상 침해당한 것은 아니므로 위증죄가 성립한다고 본다.[6] 또한 증언거부권이 있는 자에게 재판장이 증언거부권을 고지하지 않은 경우 그 자체가 절차위반의 위법이 있다고 할 수 없고 적법한 선서절차를 마쳤음에도 허위진술을 한 경우 위증죄가 성립한다고 본다.[7]

---

② **행 위**

본죄의 행위는 허위의 진술(위증)을 하는 것이다.

(가) 허위성 판단의 기준   무엇을 기준으로 하여 진술의 허위성을 판단할 것

---

1) 황산덕, 89면.
2) 김성천/김형준, 881면; 김일수/서보학, 929면; 박상기/전지연, 877면; 배종대, 660면; 백형구, 631면; 오영근, 766면; 유기천(하), 357면; 이재상 외, 785면; 임웅, 1000면; 정성근/정준섭, 568면; 진계호, 806면 등.
3) 대판 1987. 7. 7, 86도1724.
4) 대판 2010. 1. 21, 2008도942 전원합의체 판결.
5) 대판 2010. 2. 25, 2009도13257.
6) 대판 2010. 2. 25, 2007도6273.
7) 대판 2011. 7. 28, 2009도14928.

인가에 관하여서는 학설의 대립이 있다.

ⓐ **객관설:**   객관설은 진술이 객관적 진실에 합치되는가 여부를 허위성의 판단기준으로 삼는다. 그러므로 증인이 비록 기억에 반하는 진술을 한 경우에도 그 내용이 진실에 합치되는 한 증언을 허위라고 볼 수 없게 된다.[1]

객관설에 의할 경우 증인이 기억에 반하는 진술을 하고 그것이 실제로 객관적 진실에 반할 때에만 허위성이 인정된다. 진실이라고 오인하여 진실에 반하는 진술을 한 경우에는 고의가 없으므로 위증으로 되지 않는다고 본다. 또한 기억에 반하는 진술을 한 경우에도 그 내용이 객관적 진실에 합치되는 이상 국가 사법작용을 위태롭게 할 객관적 위험은 없으므로 처벌할 필요가 없다고 이해한다. 이처럼 객관설은 국가의 사법작용이 오직 진실에 반하는 진술을 통해서만 위태롭게 된다는 것을 근거로 한다.

객관설에 대하여서는 증인에게 스스로 체험한 사실을 자기의 기억에 따라 진술할 의무가 있고 위증죄가 추상적 위험범이므로 증인이 기억에 반하는 진술을 하는 때 이미 국가의 사법작용을 그르칠 위험이 있다고 보아야 한다는 비판이 있다.[2] 이 밖에도 과실위증죄를 처벌하고 있는 독일 형법에 있어서는 허위의 개념을 통일적으로 파악할 필요가 있어 객관설이 지배적이지만 과실위증죄 처벌규정이 없는 우리 형법에서는 주관설이 더 타당하다는 주장도 있다.[3]

ⓑ **주관설:**   우리나라의 통설,[4] 판례[5]의 입장인 주관설은 증인이 기억하고 있는 사실을 기준으로 하여 이에 반하는 진술을 위증의 진술로 본다. 따라서 기억에 반하는 진술을 한 경우에는 그 진술이 객관적 사실과 합치되어도 위증죄가 성립되고 기억하고 있는 사실을 진술한 이상 비록 객관적 사실에 합치되지 않더라도 허위의 진술로 되지 않는다. 주관설은 증인은 자기가 경험한 것을 그대로 진술하는 것이 소송상의 의무라는 관점에서 출발하고 있으며, 위증죄가 추상적 위험범이라는 사실에도 잘 부합한다.

---

1) 이재상 외, 787면. 이 설은 우리나라의 소수설이나 독일에 있어서는 통설, 판례의 입장이기도 하다(Blei, S. 412; Maurach/Schröder/Maiwald Bd. 2, S. 167; Schönke/Schröder/Lenckner, Vor §153 Rn. 6; RGSt. 37, 398; 68, 227; 76, 96; BGHSt. 7, 147 등).
2) 진계호, 807면.
3) 임웅, 1001면; 진계호, 807면.
4) 김성돈, 861면; 배종대, 662면; 유기천(하), 357면; 임웅, 1001면; 정성근/정준섭, 570면; 진계호, 807면.
5) 대판 1990. 5. 8, 90도448; 대판 1988. 12. 13, 88도80; 대판 1982. 9. 14, 81도105 등.

판례는 주관설을 취하면서 모르는 사실을 잘 아는 것으로 진술하거나,[1] 제대로 기억하지 못하는 사실을 확실히 기억한다고 진술한 경우,[2] 타인으로부터 전해들은 사실을 자기가 직접 행한 것처럼 진술한 경우[3] 전해 들은 사실을 직접 목격하였다고 진술한 경우[4] 등은 허위의 진술에 해당한다고 본다.

주관설에 대하여는 기억에 반하는 진술이 객관적 진실에 합치되는 경우에도 위증죄의 성립을 인정하는 것과 관련하여, 객관설의 입장에서 범죄의 성부는 보호법익과의 관계에서 판단되어야 한다는 것을 전제로 하면서 진실과 일치하는 증언에 의하여 국가의 사법기능에 위험을 초래할 수 없으므로 부당하다는 비판이 있다.[5]

ⓒ 비 판: 객관설은 행위자가 어떠한 의사와 태도로 증언을 하는가는 전혀 고려하지 않고 그 증언의 내용이 객관적 진실에 합치하는지 여부에 따라 진술의 허위성 여부를 판단한다. 그러므로 행위자가 기억에 반하는 증언을 한 경우에도 우연히 그 내용이 객관적 진실에 합치되면 위증죄가 성립하지 않는다. 이처럼 객관설에는 우연성에 따라 위증죄의 성부를 판단한다는 문제점이 있다. 그러나 이는 위증죄의 행위반가치, 특히 구성요건적 행위의 설명에 합치되지 않는다.

위증죄에 있어서 행위자가 자기의 기억에 반하는 것을 인식하면서도 이를 진실인 것처럼 증언을 한다는 사실에서 법적대적 의지의 실현인 행위반가치는 드러난다고 보아야 하며, 위법성조각사유가 없는 한 위증죄의 행위불법을 부정할 수 없을 것이다. 그러므로 행위불법 없이 객관적 진실을 진술한 경우와 행위불법은 있으나 우연히 객관적 진실을 진술한 경우가 위증죄를 구성하지 않는다고 주장하려면, 행위불법에도 불구하고 범죄를 조각하는 설득력있는 근거를 제시해야 할 것이다.

주관설의 문제점은 진술이 객관적 진실에 합치하느냐 여부에 관계없이 단지 기억에 반하는가 여부로 진술의 허위성 여부를 판단하는 데 있다. 객관적 진실에 합치되는 경우와 반하는 두 경우에 있어서 행위자가 모두 기억에 반하는 진

---

1) 대판 1986. 9. 9. 86도57.
2) 대판 1968. 2. 6. 67도1455.
3) 대판 1990. 5. 8. 90도448.
4) 대판 1984. 3. 27. 84도48.
5) 이재상 외, 787면.

술을 했다면 행위반가치 내지 행위불법에 있어서는 동일하지만, 국가의 사법작용이라는 법익을 침해할 위험이라는 결과적 측면과 관련하여서는 그 가치 평가가 동일할 수 없다.

궁극적으로 진술의 허위성 문제는 구성요건해석의 한 문제로서 위증죄의 성립여부는 허위성뿐만 아니라 다른 구성요건과의 관계에서 형법의 일반이론에 따라 종합적으로 검토되어야 할 것이다.

위증죄는 고의범이다. 위증죄에 있어서의 고의는 증인이 자기의 진술이 기억에 반하는 것을 인식하면서도 이를 인용하는 것을 의미한다. 이러한 행위자의 심리적 요소는 위증죄 구성요건의 주관적 표지로서 위증죄의 행위불법을 드러내는 핵심요소이다. 주관설은 바로 이러한 요소를 객관적이어야 할 허위성 판단의 척도로 끌어 들이고 있다. 그러나 이러한 태도는 타당하다고 볼 수 없다.[1]

증인이 진술한 내용이 허위인가 여부는 철저히 객관적으로 판단해야 할 문제이다. 증언의 내용이 객관적 진실에 합치되면 허위의 증언이 아니라고 보아야 한다. 객관적 진실은 행위자의 의사에 따라 달라지는 가변적 존재라고 볼 수 없기 때문이다. 그러나 증언의 내용이 객관적 진실에 합치하는 경우에 있어서도 증인의 행태에 따라 행위불법은 인정될 수도 있다. 전통적인 객관설은 논리의 해석에 있어서 이러한 측면을 도외시한 문제점이 있었다.

그 결과 다음과 같이 허위의 개념을 정리할 수 있다. ① 증인이 자기의 기억에 반하는 진술을 한 것이 객관적 진실에 합치하지 않을 때에는, 행위불법과 동시에 법익(국가의 사법작용)을 위태롭게 한 결과 결과불법이 인정되며 위증죄가 성립한다. ② 증인이 자기의 기억에 반하는 진술을 했으나 그 내용이 우연히 객관적 진실에 합치한 경우에는 법적대적 의지의 실현이라는 관점에서 행위불법은 인정되나 국가의 사법작용을 위태롭게 했다고 볼 수는 없고, 다만 일반인의 법적 안정감에 대한 동요를 가져올 수 있다는 결과적 측면이 존재한다. 그러므로 법적 평가상 위증죄의 불능미수로서의 책임을 인정할 수 있을 것이다. 그러나 미수범 처벌규정이 없으므로 처벌의 문제는 발생하지 않는다.[2]

---

1) 예컨대 증인 갑이 병을 을로 잘못 알고 자기의 기억에 따라 을이 정을 살해한 것을 직접 보았다고 증언했다면, 정의 살해에 전혀 무관한 을이 정을 살해했다는 증언의 허위성이 과연 배제될 수 있겠는가? 갑의 잘못된 증언이 갑의 고의에 의한 것이라고 볼 수는 없지만 증언 자체가 진실에 합치되지 않는 잘못된 증언이라는 사실은 결코 변할 수 없다.

2) 이러한 논거에 관하여서는 위증죄가 거동범인데 미수가 성립할 수 있는가라는 이의가 제기될 수

(나) 진술의 대상과 방법   본죄에서 진술의 대상은 증인이 경험한 내적·외적 사실로 제한되고 가치판단이나 증인의 주관적 의견은 제외된다. 경험한 사실을 기초로 한 주관적 평가에 잘못이 있는 경우에는 위증죄가 성립하지 않는다.[1) 진술은 직접신문뿐만 아니라 반대신문에 대한 것도 포함하며[2] 요증사실에 대한 진술에 국한하지 않고 증인신문의 대상이 되어 있는 한 지엽적인 사실에 대한 진술[3]이나 동기에 대한 진술,[4] 인정신문에 대한 진술[5] 등도 포함한다.

진술의 방법에는 구두, 거동, 표정 등 어떠한 방법에 의하든 무방하다. 단순한 진술거부는 소송법상 제재의 대상이 될 수 있으나(형소법 제161조, 민소법 제318조) 본죄의 위증은 아니다. 그러나 증인이 진술 중에 자기가 기억하는 사실의 전부 또는 일부에 대한 진술을 거부하여 전체적인 진술 내용을 허위로 만든 경우에는 부작위에 의한 위증죄가 성립한다.[6]

(다) 기수시기   본죄는 증인에 대한 신문절차가 종료한 때에 기수가 된다. 1회의 증인신문절차에서 행한 진술은 포괄적으로 하나의 행위로 보아야 하므로 허위의 진술을 한 증인이 신문이 끝나기 전에 이를 시정하면 본죄는 성립하지 않는다.[7] 증인이 진술을 한 후에 선서를 한 경우에는 선서가 끝난 때에 본죄는 기수가 된다.

2) 주관적 구성요건

미필적 고의로써 족하다. 허위진술을 하는 동기가 무엇인가는 불문한다. 다만 타인을 모해할 목적이 있으면 모해위증죄가 적용된다. 허위의 사실을 진실이라고 오인한 경우는 구성요건적 착오로서 고의를 조각한다.[8] 이 밖에도 기억이

있다. 거동범의 경우 그 성격상 행위단계로서의 미수는 성립할 수 없다는 것이 다수설이지만 법적 평가로서의 미수는 가능하다고 보아야 할 것이다. 증인이 자기의 기억에 합치하는 증언을 하였으나 그 내용이 객관적 진실에 합치하지 않았던 경우는, 증인에게 고의가 없기 때문에 과실에 의한 위증의 문제로 될 것이나 위증죄에는 과실범 처벌규정이 없으므로 범죄가 성립하지 않는다.

1) 대판 1996. 2. 9, 95도2864; 대판 1984. 2. 14, 83도37.
2) 대판 1967. 4. 18, 67도254.
3) 대판 1982. 6. 8, 81도3069.
4) 대판 1969. 6. 24, 68도1503.
5) 한편 백형구, 633면은 인정신문에 대한 허위진술은 사실에 관한 허위진술이 아니므로 본죄가 성립하지 않는다고 본다.
6) 김봉태/7인공저, 659면; 김일수/서보학, 932면; 배종대, 662면; 이재상 외, 788면; 임웅, 1003면; 정성근/정준섭, 570면; 진계호, 808면. 한편 백형구, 633면은 부작위에 의한 위증죄를 부정한다.
7) 대판 1993. 12. 7, 93도2510.
8) 이재상 외, 792면.

분명하지 않아 진술을 잘못하였거나[1] 착오에 빠져 기억에 반한다는 인식이 없이 진술한 경우[2]에도 고의가 성립된다고 볼 수 없다. 진실을 증언해야 할 의무가 없다고 오신한 경우는 금지착오(법률의 착오)에 해당한다.[3]

(3) 공범관계

1) 비신분자의 교사, 방조

본죄는 자수범이므로 법률에 의하여 선서한 증인 이외의 사람은 본죄의 간접정범이나 공동정범이 될 수 없다. 그러나 신분 없는 자가 선서한 증인을 교사하거나 방조하여 본죄를 범하게 한 경우에는 본죄의 교사범 또는 종범이 된다.

2) 피고인의 위증교사

피고인은 자기의 형사사건에 있어서 증인적격이 없으므로 위증죄의 정범, 공동정범이 될 수 없고 위증죄가 자수범이기 때문에 간접정범도 될 수 없다. 그러나 형사피고인이 자기의 형사사건에 관하여 타인을 교사하여 위증을 하게 한 경우에는 위증교사죄를 인정할 것인가의 문제가 제기된다.

긍정설[4]은 본인이 직접 진실을 말할 의무는 없다고 할지라도 타인을 교사하여 국가의 사법기능을 해치는 것까지 허용할 수는 없고, 정범에게 위증죄가 성립하므로 공범종속성의 원칙상 교사자에게도 위증교사죄가 성립한다고 보아야 하며, 타인에게 위증을 교사하는 경우까지 기대가능성이 없기 때문에 위증죄의 성립이 조각된다고 볼 수도 없다고 본다. 부정설[5]은 정범으로 처벌되지 않는 자를 교사범으로 처벌할 수 있다고 하는 것은 부당하고, 피고인이 타인을 교사하여 위증하게 하는 것은 자신이 위증을 하는 것과 사실상 다를 것이 없다는 것을 논거로 하여, 형사피고인은 정범은 물론 교사범도 될 수 없다고 본다. 생각건대 정범적격이 없는 자는 공범도 될 수 없다고 보아야 하며, 자기부죄거부의 특칙상 부정설이 타당하다.

---

1) 대판 1983. 11. 22. 83도2492.
2) 대판 1991. 5. 10. 89도1748.
3) 배종대, 664면: 이재상 외, 792면.
4) 김성돈, 864면: 김성천/김형준, 885면: 김혜정 외, 740면: 백형구, 634면: 대판 2004. 1. 27. 2003 도 5114.
5) 김일수/서보학, 934면: 배종대, 665면: 서일교, 354면: 오영근, 769면: 이재상 외, 799면: 임웅, 1005면: 정성근/정준섭, 571면: 정영일, 490면: 진계호, 810면.

(4) 죄수 및 타죄와의 관계

동일한 사건에 관하여 한 번 선서한 증인이 같은 기일에 수개의 사실에 대하여 허위진술을 한 경우에는 포괄하여 1개의 위증죄를 구성한다.[1] 타인을 무고한 후 증인으로서 위증까지 한 경우는 무고죄와 위증죄의 경합범이 된다.

(5) 자백·자수의 특례

본죄를 범한 자가 재판 또는 징계처분이 확정되기 전에 자백, 자수하면 그 형을 감경 또는 면제한다(제153조, 형의 필요적 감면). 위증으로 인한 오판을 막기 위하여 설정한 정책적 규정이다. 여기에서 자백은 허위진술을 행한 사실을 고백하는 것이고 자수는 증인이 스스로 자기의 범죄사실을 수사기관에 신고하여 그 소추를 구하는 의사표시를 의미한다. 신문절차가 종결되기 전에 허위진술을 취소, 정정하면 이미 본죄의 성립이 조각되므로 자백, 자수는 신문절차가 종결된 후 재판 또는 징계처분이 확정되기 전까지 행하여야 된다. 자백, 자수의 특례는 본죄의 정범뿐만 아니라 공범이 자백, 자수한 때에도 적용됨은 물론이다. 공범관계에 있어서 자백, 자수의 특례는 자백, 자수를 한 자에게만 적용된다.

2. 모해위증죄

> *형사사건 또는 징계사건에 관하여 피고인, 피의자 또는 징계혐의자를 모해할 목적으로 전항의 죄를 범한 때에는 10년 이하의 징역에 처한다(제152조 제2항).

(1) 의 의

본죄는 목적범이며, 모해할 목적으로 인하여 불법이 가중되는 유형이다.

(2) 구성요건

본죄의 행위주체는 법률에 의하여 선서한 증인이며 본죄의 행위는 형사사건 또는 징계사건에 관하여 피고인·피의자 또는 징계혐의자를 모해할 목적으로 위증하는 것이다. 본죄의 형사사건에는 형사피고사건과 형사피의사건이 모두 포함된다. 피의사건을 포함시킨 취지는 형사소송법상 증거보전절차(제184조)와 증인신문의 청구(제221조의 2)에 의하여 공소제기 전에도 피의사건에 대한 증인신

---

1) 대판 1998. 4. 14, 97도3340; 대판 1992. 11. 27, 92도498; 대판 1990. 2. 23, 89도1212.

문이 가능하다는 사실에 있다.[1]

본죄의 성립에는 위증의 고의 이외에도 모해할 목적이 있어야 한다. 모해할 목적이란 형사사건 또는 징계사건에서 피고인 · 피의자 또는 징계혐의자가 불이익을 받게 하려는 목적을 의미하며 목적을 달성했는가는 불문한다.

(3) 모해목적 있는 자의 위증교사

판례는 모해할 목적을 형법 제33조 단서규정에 의한 신분으로 보고 모해할 목적을 가진 자가 목적 없는 자를 교사하여 위증죄를 범하게 한 경우에 교사자는 모해위증교사죄로 처벌되나 피교사자는 단순위증죄로 처벌된다고 본다.[2] 그러나 목적범에 있어서의 목적은 행위관계적인 것이고 행위자관계적인 것이 아니기 때문에 신분에 해당한다고 볼 수 없다. 따라서 목적 없는 자의 위증을 교사한 모해목적 있는 자의 죄책은 단순위증교사죄로 보는 것이 타당하다.[3] 이 경우 목적 없는 고의 있는 도구를 이용한 간접정범도 될 수 없다. 위증죄는 자수범이므로 간접정범의 성립이 불가능하기 때문이다.

3. 허위감정 · 통역 · 번역죄

> *법률에 의하여 선서한 감정인, 통역인 또는 번역인이 허위의 감정, 통역 또는 번역을 한 때에는 전2조의 예에 의한다(제154조).

(1) 의 의

본죄의 보호법익과 성격은 위증죄와 공통된다. 전2조의 예에 의한다고 되어 있으므로 모해목적이 있을 경우에는 가중적 구성요건을 적용하여 처벌한다.

(2) 구성요건

1) 주 체

법률에 의하여 선서한 감정인, 통역인 또는 번역인이다. 법률에 의한 선서의 의미는 위증죄의 경우와 같다. 감정인은 특수한 지식, 경험에 의하여 알 수 있는 법칙 또는 이를 적용하여 얻은 의견, 판단을 법원이나 법관에게 보고하는 자이

---

1) 이재상 외, 794면; 임웅, 1007면.
2) 대판 1994. 12. 23, 93도1002.
3) 김성돈, 866면; 김일수/서보학, 936면; 배종대, 669면; 이재상 외, 794면.

다. 특별한 지식에 의하여 알게 된 과거의 사실을 진술하는 자인 감정증인은 감정인이 아니라 증인이다. 민사소송법상의 감정서의 설명자(제341조 제2항), 수사기관으로부터 감정, 통역 또는 번역의 위촉을 받은 감정수탁자(형소법 제221조)는 본죄의 주체가 아니다.

2) 행 위

본죄의 행위는 허위의 감정, 통역 또는 번역을 하는 것이다. 허위의 의미와 판단기준은 위증죄의 경우와 같다. 본죄의 기수시기는 허위감정의 진술을 하거나 법원에 허위감정서를 제출한 시점이다.[1]

(3) 처 벌

본죄의 처벌은 위증죄와 모해위증죄의 예에 의한다. 따라서 피고인, 피의자 또는 징계혐의자를 모해할 목적이 없었던 경우에는 위증죄에 정한 형으로 처벌되고 모해할 목적이 있었던 경우에는 모해위증죄에 정한 형으로 처벌된다. 자백, 자수의 특례가 적용되어 본죄를 범한 자가 재판 또는 징계처분이 확정되기 전에 자백, 자수하면 그 형을 감경 또는 면제한다(제153조).

Ⅱ. 증거인멸의 죄

1. 증거인멸죄

> *타인의 형사사건 또는 징계사건에 관한 증거를 인멸, 은닉, 위조 또는 변조하거나 위조 또는 변조한 증거를 사용한 자는 5년 이하의 징역 또는 700만원 이하의 벌금에 처한다(제155조 제1항).
> *친족 또는 동거의 가족이 본인을 위하여 본조의 죄를 범한 때에는 처벌하지 아니한다(제155조 제4항).

(1) 의 의

유형적 방법으로 증거를 해하여 국가의 사법작용을 해하는 범죄이며 추상적 위험범이다.

---

1) 대판 2000. 11. 28, 2000도1089.

(2) 구성요건

1) 객　체

본죄의 행위객체는 타인의 형사사건 또는 징계사건에 관한 증거이다.

행위자 자신의 형사사건 또는 징계사건의 증거를 객체에서 제외하는 것은 행위자가 자신의 범죄증거를 인멸하지 않을 것을 기대하기 어렵다는 기대불가능과 자기부죄거부특칙성에 근거한다.

① 타　인

본죄에서 타인이란 행위자 이외의 자를 의미한다. 행위자 자신의 형사사건이나 징계사건에 대한 증거는 본죄의 객체로 되지 않는다. 자기의 형사사건에 관한 증거를 인멸하기 위하여 타인을 교사한 경우에 본죄가 성립하는가에 관하여서는 견해의 대립이 있다. 긍정설[1]은 피교사자의 행위가 증거인멸죄를 구성하고 교사자의 행위는 방어권의 남용으로 보아야 하며 적법행위에의 기대가능성도 인정된다는 것을 논거로 한다. 판례도 긍정설을 취한다.[2] 한편 부정설[3]은 자기의 형사사건에 관한 증거인멸교사도 자기비호의 연장이고 정범으로 처벌할 수 없는 자를 교사범으로 처벌하는 것은 부당하다는 점을 근거로 하며 부정설이 타당하다.

공범자의 형사사건에 관한 증거가 타인의 형사사건에 관한 증거에 해당되는가에 관하여, 긍정설과[4] 부정설[5]이 있다. 또한 절충설[6]은 공범자만을 위한 증거는 타인의 형사사건에 관한 증거이지만 자기만을 위한 것이거나 자기와 동시에 공범자의 형사사건에 관한 증거는 타인의 형사사건에 관한 증거에 해당하지 않는다고 본다. 공범자에게만 관련되는 증거는 타인의 증거로 보아야 하고 공범자 상호간에는 이해가 상반될 수도 있으므로 절충설이 타당하다. 판례는 피고인이 자기를 위하여 증거가 될 자료를 인멸한 것이 다른 공범자의 형사사건이나 징

1) 김석휘, 주석(상), 227면; 백형구, 640면; 유기천(하), 362면; 황산덕, 94면.
2) 대판 2000. 3. 24, 99도5275; 대판 1965. 12. 10, 65도826.
3) 김일수/서보학, 893면; 박상기/전지연, 884면; 배종대, 671면; 이재상 외, 796면; 이정원, 814면; 임웅, 1010면; 정성근/정준섭, 575면; 진계호, 815면.
4) 일본에 있어서는 吉田常, 260면 등 일부문헌과 日大判 大7. 5. 7 錄 24·555; 昭3. 7. 21 集 7·591 등 일부판례가 긍정설을 취하지만, 우리나라에는 이를 지지하는 견해가 거의 없다.
5) 배종대, 672면; 이재상 외, 796면.
6) 김성돈, 869면; 김일수/서보학, 919면; 박상기/전지연, 884면; 백형구, 640면; 임웅, 1010면; 정성근/정준섭, 576면; 진계호, 815면.

계사건에 관한 증거를 인멸한 결과가 된 경우에 본죄의 성립을 부정하고 있다.[1]

② 형사사건 또는 징계사건

본죄의 객체는 형사사건 또는 징계사건에 관한 증거라야 하므로 기타의 사건, 예컨대 민사, 행정, 선거사건 등에만 관련되는 증거는 제외된다. 형사사건에 관한 증거에는 형사피고사건에 관한 증거 이외에도 형사피의사건에 관한 증거도 포함된다.[2] 형사피의사건에 관하여 수사개시 전의 사건에 관한 증거는 객체에서 제외해야 한다는 견해가 있으나[3] 형사사건인 한 이를 포함시키는 것이 타당할 것이다.[4] 형사피고사건에 있어서는 범죄의 경중을 불문하며 종국적으로 유죄가 되었는가도 불문하고 판결확정 후에 진행되는 재심 또는 비상상고사건도 이에 포함된다.

③ 증　거

본죄에서 증거란 형벌 또는 징계에 관한 법규의 적용의 전제로 될 사실관계를 인정하는 데 사용되는 자료를 말한다. 피고인, 피의자 또는 징계혐의자에게 유리한 것인가 불리한 것인가는 불문한다. 증거에는 범죄의 성부, 형의 가중감면, 정상참작 등을 인정할 수 있는 모든 자료가 포함되나 증인에 대하여서는 별도로 증인은닉죄를 두고 있으므로 증인은 본죄의 증거에서 제외된다.

2) 행　위

본죄의 행위는 증거를 인멸, 은닉, 위조, 변조하거나 위조·변조한 증거를 사용하는 것이다. 인멸이란 증거를 물리적으로 멸실하게 하는 것뿐만 아니라 증거를 사용할 수 없도록 방해하거나 증거의 가치나 효력을 소멸 또는 감소시키는 일체의 행위를 의미한다. 은닉이란 증거의 소재를 불분명하게 하여 그 발견을 불가능 또는 곤란하게 함으로써 증거로서의 현출을 방해하는 것이다. 위조란 부진정한 증거를 새로 만들어 내는 것을 의미한다.[5] 예컨대 진실한 증거처럼 허위

---

1) 대판 1995. 9. 29, 94도2608; 대판 1976. 7. 22, 75도1446.
2) 김봉태/7인공저, 667면; 김석휘, 주석(상), 225면; 김일수/서보학, 920면; 배종대, 672면; 백형구, 641면; 오영근, 775면; 이재상 외, 796면; 이정원, 815면; 임웅, 1011면; 정성근/정준섭, 576면; 정영석, 92면; 진계호, 815면. 한편 유기천(하), 363면; 이영란, 868면은 형사피고사건으로 국한한다.
3) 배종대, 672면; 서일교, 360면; 이재상 외, 797면.
4) 김성돈, 870면; 김일수/서보학, 920면; 백형구, 641면; 이정원, 815면; 임웅, 1011면; 정성근/정준섭, 576면; 진계호, 815면; 대판 1982. 4. 27, 82도274.
5) 김성돈, 870면; 배종대, 673면; 백형구, 642면; 임웅, 1011면.

의 증거물을 만들어 내거나 범죄사실에 관계없는 기존의 물건을 이용하여 범죄사실과 관련이 있는 것처럼 허구의 증거를 만드는 것이 이에 해당한다. 변조는 기존의 증거에 가공하여 증거로서의 효과에 변경을 초래하는 것이다.

위조 또는 변조한 증거를 사용한다는 것은 위조 또는 변조된 증거를 진정한 증거로서 법원, 수사기관 또는 징계기관에 제출하는 것을 말하며 그 제출이 요구에 의한 것이든 자발적인 것이든 불문한다. 변호인이 정을 알면서 위조된 증거를 사용한 경우에도 본죄가 성립한다.[1]

(3) 죄수 및 타죄와의 관계

증거를 위조하고 위조한 증거를 사용한 경우에는 위조죄는 사용죄에 흡수된다.[2] 또한 증거가 문서인 경우 증거인멸을 위한 위조는 문서위조죄와 상상적 경합이 된다. 증거를 인멸하기 위하여 장물을 은닉한 때에는 본죄와 장물보관죄의 상상적 경합이 된다. 증거를 인멸하기 위하여 타인의 형사사건에 관한 증거물을 절취한 경우는 본죄와 절도죄의 상상적 경합에 해당한다.[3]

(4) 친족간의 특례

친족 또는 동거의 가족이 본인을 위하여 본죄를 범한 때에는 처벌하지 않는다. 친족간의 정의를 고려한 것으로 기대불가능성에 기한 책임조각사유에 해당한다. 그 적용요건은 범인은닉죄의 경우와 같다.

2. 증인은닉·도피죄

*타인의 형사사건 또는 징계사건에 관한 증인을 은닉 또는 도피하게 한 자도 제1항의 형과 같다(제155조 제2항).

본죄의 행위객체는 타인의 형사사건 또는 징계사건에 관한 증인이다. 타인의 의미는 증거인멸죄에서 설명한 것과 같다. 형사피고인이 자기의 이익을 위하여 증인이 될 사람을 도피하게 한 행위가 동시에 다른 공범자의 형사사건이나 징계사건의 증인을 도피시킨 결과가 되어도 본죄에 해당하지 않는다.[4] 본죄의 증인

---

1) 백형구, 642면; 정영석, 93면.
2) 김일수/서보학, 923면; 임웅, 1012면.
3) 오영근, 776면은 이 경우 증거인멸죄는 절도죄의 불가벌적 사후행위라고 본다.
4) 대판 2003. 3. 14, 2002도6134.

에는 형사소송법상의 증인 외에도 수사기관에서 조사하는 참고인도 포함된다.[1] 본죄의 행위는 증인을 은닉하거나 도피하게 하는 것이다. 은닉과 도피의 의미는 범인은닉죄에서 설명한 것과 동일하며 그 수단, 방법을 불문한다. 단순히 타인의 형사피의사건에 관하여 수사기관에서 허위의 진술을 하거나 허위의 진술을 하도록 교사하는 것은 은닉 또는 도피에 해당한다고 볼 수 없다.[2]

타인의 형사사건에 관한 증인을 은닉한 후 도피하게 한 경우에도 포괄하여 1개의 본죄만 성립한다.

친족간의 특례는 본죄에도 적용된다.

3. 모해증거인멸죄

*피고인, 피의자 또는 징계혐의자를 모해할 목적으로 전2항의 죄를 범한 자는 10년 이하의 징역에 처한다(제155조 제3항).

목적범으로, 모해할 목적이란 피고인·피의자 또는 징계혐의자에게 형사처분 또는 징계처분을 받게 할 목적을 말하며 목적의 달성여부는 불문한다.

타인으로 하여금 형사처분을 받게 할 목적으로 국가보안법상의 죄에 대하여 증거를 날조, 인멸, 은닉한 경우에는 행위자를 그 각 조에 정한 형으로 처벌한다.

제 5 절 무고의 죄

§1. 서   설

무고의 죄란 타인에게 형사처분 또는 징계처분을 받게 할 목적으로 허위의 신고를 하는 것을 내용으로 하는 범죄를 말한다.

본죄의 본질 내지 보호법익이 무엇인가에 관하여는 국가의 사법기능으로 보는 설, 피무고자의 개인적 이익을 보호한다고 보는 개인적 법익설이 있으나, 국

---

1) 김일수/서보학, 924면; 배종대, 674면; 백형구, 634면; 오영근, 777면; 이재상 외, 799면; 이정원, 816면; 임웅, 1013면; 정성근/정준섭, 578면; 진계호, 817면.
2) 대판 1977. 9. 13, 77도997.

가의 사법기능을 보호하면서 부차적으로 부당하게 처벌이나 징계처분을 받지 않을 개인의 이익도 보호한다는 이중적 성격을 인정하는 절충설이 타당하다.[1]

참고 연혁

무고죄는 일찍이 로마법에도 규정되어 있었다. 기원전 80년경에 제정된 레미아 (Remmia)법에는 무고사실을 알면서 형사처벌을 받게 할 목적으로 고소한 자를 처벌하는 규정을 두었고 모든 고소인은 법정에서 자신의 고소가 무고가 아니라고 선서해야 하는 의무를 부담해야 했고 피고소자를 무죄로 방면하는 때에는 그 재판소가 무고여부를 심리하여 무고가 인정되면 원고를 처벌하였는데 형벌은 시대에 따라 추방·재산몰수·사형 등 그 내용에 차이가 있었다고 한다. 프로이센 일반국법에 있어서는 무고죄를 가벌적 사적행위 및 사기에 의한 재산침해의 죄 속에 위증죄와 함께 두었고 1871의 독일제국형법전에 이르러 무고죄는 독립된 범죄로서 국가의 심판기능에 대한 죄의 성격을 갖게 되었다고 한다.

고려시대에 의용된 唐律에는 존속과 존장 등에 대한 무고, 모반 대역죄로 무고하는 행위 등을 처벌하는 규정을 두었다.[2] 조선시대 의용된 大明律은 무고죄를 중시하여 타인을 태형에 해당하는 죄로 무고한 자는 그 죄보다 2등을 가중하여 처벌하고 유형, 도형, 장형에 해당하는 죄로 무고한 자는 무고한 죄보다 3등을 가중하되 그 상한은 笞一百 流三千里를 넘지 않도록 하였으나 무고로 인하여 피무고인의 친속을 致死하게 하거나 피무고인이 사형집행을 받은 경우에는 무고인을 사형에 처하도록 하였다.[3] 1850년의 刑法大全도 이러한 전통을 이어받아 禁獄 이하의 죄로 무고한 자는 그 죄에 2등을, 流·役 刑의 罪로 무고한 자는 3등을 가중하되 종신징역에 그치고 死罪로 무고하여 피무고인이 死刑을 당한 경우에는 絞刑에 處하는 규정을 두었다.[4] 일제시대와 해방 후 1953년의 형법이 제정될 때까지 시행되었던 구형법은 무고죄를 문서위조, 유가증권위조, 인장위조, 위증 등과 더불어 사회적 법익을 침해하는 죄의 영역에 두면서 「사람으로 하여금 형사 또는 징계의 처분을 받게 할 목적으로 허위의 신고를 한 者는 제199조(위증)의 예(3월 이상 10년 이하의 징역)에 처한다」라고 규정하였다(제172조). 현행형법상 무고죄의 규정은 일본형법가안의 영향을 받았다고 한다.

---

1) 김성돈, 873면; 김일수/서보학, 938면; 박상기/전지연, 699면; 배종대, 888면; 백형구, 644면; 오영근, 1003면; 유기천(하), 368면; 이재상 외, 790면; 이정원, 817면; 임웅, 913면; 정성근/정준섭, 917면; 진계호, 820면.
2) 官版 唐律疏議, 卷 第 二十三 鬪訴, 卷 第 二十四 鬪訴 및 宋斗用, 한국법제사(고려율의 연구), 1985, 159~160면.
3) 大明律直解, 刑律, 卷 第 二十二 訴訟條.
4) 刑法大全, 第三章 斷獄 及 訴訟訴干律, 第三節 誣告律, 第284條 乃至 第289條.

§2. 유형별 고찰

I. 무 고 죄

> *타인으로 하여금 형사처분 또는 징계처분을 받게 할 목적으로 공무소 또는 공무원에 대하여 허위의 사실을 신고한 자는 10년 이하의 징역 또는 1천500만원 이하의 벌금에 처한다(제156조).
> *제153조(자백, 자수시의 필요적 감면)는 전조에 준용한다(제157조).

1. 의   의

무고는 국가의 형사사법권 내지 징계권의 행사를 그르치게 할 위험이 있을 뿐만 아니라 피무고자 개인에게도 부당한 고통과 불이익을 주는 행위이므로 형법은 본죄를 중하게 처벌하고 있다. 목적범이고 추상적 위험범이며 거동범이다.

2. 구성요건

(1) 객관적 구성요건

1) 주 체

누구든지 본죄의 주체로 될 수 있다. 공무원도 본죄의 주체로 될 수 있고 공무원이 행하는 직무상의 고발도 그 고발의 내용이 허위임을 알면서도 형사처분이나 징계처분을 받게 할 목적으로 행하는 경우에는 무고죄로 될 수 있다.[1]

2) 객 체

본죄의 행위객체는 타인이다. 여기에서 타인은 자연인인 타인은 물론 법인도 포함한다. 타인은 실제로 존재하고 있는 자를 의미하므로 사자나 허무인은 이에 해당하지 않는다.[2]

자기 자신을 무고하는 것은 본죄에 해당하지 않는다. 판례도 또한 같다.[3] 그

[1) 이재상 외, 802면.
2) 통설의 입장. 판례는 월북하여 소식이 끊어진 자가 남하하였다고 허위신고한 경우에도 무고죄의 성립을 부정하고 있다(대판 1964. 4. 7, 64도678).
3) 대판 2017. 4. 26, 2013도12592. 판례도 자기자신을 무고하기로 하고 제3자와 공모하여 무고행위에 가담하였더라고 무고죄의 공동정범으로 처벌할 수 없다고 본다.

러나 자기무고가 범인은닉죄의 요건을 갖추고 있으면 범인은닉죄로 될 수 있다. 자기가 타인과 공범관계에 있다고 허위로 신고한 경우에는 타인에 대한 부분만 이 본죄를 구성한다.[1] 자기무고를 교사하는 것이 본죄의 교사범으로 되는가에 관하여서는 긍정설[2]과 부정설[3]의 대립이 있다. 판례는 타인을 교사하여 자기를 무고하도록 한 경우 무고죄의 교사범을 인정한다.[4] 긍정설은 피교사자에게 무고죄가 성립되므로 교사자도 교사책임을 면할 수 없다고 이해하나 정범적격이 없는 자이므로 공범도 될 수 없으므로 부정함이 타당하다.

3) 행 위

① 신고의 상대방으로서의 공무소 또는 공무원

본죄의 공무소 또는 공무원은 허위신고와 관련하여 직권을 행사할 수 있는 관서 또는 소속공무원을 의미한다.[5] 형사처분에 있어서는 수사기관인 검사와 사법경찰관 및 그 보조자, 징계처분에 있어서는 징계처분권이 있는 소속장과 징계처분을 촉구할 수 있는 기관 등이 이에 해당하며, 수사기관을 통합하는 대통령이나[6] 관내경찰서장을 지휘·감독하는 도지사에게[7] 처벌을 요구하는 진정서를 제출하는 것도 무고에 해당된다는 것이 판례의 입장이며 타당하다.

② 허위의 사실

(가) 의 의 　허위의 사실이란 객관적 진실에 반하는 사실을 의미한다(통설). 이는 위증죄에 있어서의 진술의 허위성 판단기준을 통설·판례가 증인이 기억하고 있는 주관적 사실을 기준으로 판단하는 것과 대조된다. 통설은 무고죄에 있어서는 비록 행위자가 허위라고 생각하고 신고하였지만 그 내용이 객관적 진실에 부합하면 허위신고에 해당하지 않으므로 무고죄가 성립하지 않는다고

---

1) 김성돈, 875면: 김일수/서보학, 943면: 백형구, 645면: 임웅, 1022면: 정성근/정준섭, 583면: 진계호, 825면.
2) 김성돈, 879면: 김봉태/7인공저, 675면: 백형구, 646면.
3) 김일수/서보학, 943면: 배종대, 676면: 오영근, 785면: 이재상 외, 806면: 임웅, 1022면: 정성근/정준섭, 583면: 진계호, 825면.
4) 대판 2008. 10. 23, 2008도4852.
5) 김성돈, 875면: 김일수/서보학, 939면: 배종대, 676면: 오영근, 779면: 이재상 외, 802면: 임웅, 1021면: 정성근/정준섭, 581면: 진계호, 821면. 한편 본죄의 공무소 또는 공무원의 의미를 모든 공무소 또는 모든 공무원을 뜻하는 것으로 넓게 이해하는 견해(유기천(하), 371면)도 있으나 본죄의 성립범위를 지나치게 확대하므로 타당하지 않다.
6) 대판 1977. 6. 28, 77도1445: 대판 1954. 9. 21, 4287형상60.
7) 대판 1982. 11. 22, 81도2380.

본다.[1] 국가의 심판기능의 적정한 행사의 방해가 없기 때문이다. 허위사실여부를 객관적 진실인가 여부에 따라서 판단하는 것은 당연하다. 생각건대 허위사실여부의 측면은 무고죄 불법구성요건의 결과반가치적 측면을 드러내는 것이고, 비록 진실한 사실이라도 허위라고 생각하고 신고하는 행위는 무고죄 불법구성요건의 행위반가치적 측면을 드러내는 것이다. 그러므로 허위사실로 믿고 신고한 내용이 행위자의 표상과 달리 진실한 사실이었던 경우는 이론적으로 무고죄의 불능미수에 해당한다. 그러나 무고죄에는 미수범처벌 규정이 없으므로 무고죄가 성립하지 않는다고 봄이 타당하다.

(나) 허위의 판단방법   행위자가 신고한 내용이 허위의 사실인가 여부는 핵심적인 내용 또는 중요부분이 객관적 진실에 합치하는가에 따라 판단해야 한다.[2] 그러므로 행위자가 신고한 사실의 핵심 내지 중요부분이 객관적 진실에 부합하는 한 사실을 다소 과장하였거나[3] 일부 진실과 다른 내용이 범죄사실 또는 징계사유의 성부에 직접 영향을 줄 정도가 아닌 경우에는[4] 허위의 사실을 신고했다고 볼 수 없다. 또한 신고한 내용의 사실관계가 객관적 사실관계와 부합하는 한 행위자가 신고시에 법적 평가를 잘못하였거나 죄명을 잘못 기재한 경우에도 허위사실의 신고로 볼 수 없다.[5] 그러므로 예컨대 편취를 횡령으로,[6] 횡령을 절도로,[7] 권리행사방해를 절도로[8] 잘못 기재한 경우에도 허위의 신고가 아니다. 또한 신고한 사실이 진실인 한 신고에 의하여 형사처분이나 징계처분을 당할 자를 잘못 기재한 경우에도 무고죄가 성립하지 않는다.[9] 또한 객관적 진실에 반하는 허위사실이라도 행위자가 객관적 진실이라고 오신하고 신고한 때에도 무고의 고의가 없으므로 본죄가 성립하지 않는다.[10]

---

1) 김성돈, 875면: 김일수/서보학, 912면: 박상기/전지연, 887면: 배종대, 676면: 백형구, 646면: 신동운, 241면: 이재상 외, 802면: 임웅, 1017면: 정성근/정준섭, 581면 등.
2) 김성돈, 875면: 김일수/서보학, 939면: 배종대, 677면: 백형구, 647면: 이재상 외, 803면: 이정원, 818면: 임웅, 1017면.
3) 대판 1996. 5. 31, 96도771: 대판 1994. 1. 11, 93도2995: 대판 1986. 7. 22, 86도582: 대판 1985. 4. 9, 85도283.
4) 대판 1986. 9. 23, 86도556: 대판 1973. 12. 11, 73도1658.
5) 대판 1987. 6. 9, 87도1029: 대판 1985. 6. 25, 83도3245.
6) 대판 1980. 5. 27, 80도819.
7) 대판 1985. 9. 24, 84도1737.
8) 대판 1982. 5. 25, 81도3243: 대판 1981. 6. 23, 80도1049.
9) 대판 1982. 4. 27, 81도2341.
10) 대판 2003. 1. 24, 2002도5939.

(다) 허위의 정도   허위의 사실은 그 내용이 형사처분 또는 징계처분의 원인이 될 수 있는 것임을 요한다. 범죄성립요건인 사실이나 징계요건인 사실을 구체적으로 명시할 필요는 없으며 수사기관이나 감독관서에 대하여 수사권 또는 징계권의 발동을 촉구할 수 있는 정도이면 족하다.[1] 판례는 허위사실의 적시가 당해 관청의 직권을 발동할 수 있는 정도인 한 추상적 사실로 충분하다고 보고 있으나[2] 신고된 사실은 구체성을 가져야 한다.[3] 형벌법규의 구성요건에 해당하지 않거나 사면 또는 공소시효의 완성으로 공소권이 소멸된 것이 명백한 경우에는 비록 신고한 사실이 객관적 진실에 합치되지 않아도 형사처분이나 징계처분의 원인이 될 수 없으므로 본죄의 허위사실에 해당하지 않는다.

③ 신 고

신고란 자진하여 사실을 수사기관, 징계기관 등에 알리는 행위를 말한다. 자발성을 그 요건으로 하므로 정보원이나 조사관의 요청에 따라 지득한 정보를 제공하는 경우라든가 검사, 사법경찰관 등 수사기관의 신문에 대하여 허위의 진술을 하는 것은 본죄의 신고에 해당한다고 볼 수 없다.[4] 그러나 고소장에 기재하지 않은 사실을 고소보충조서를 받으면서 자진하여 진술한 때에는 자발적으로 신고한 것에 해당한다. 범인이 수사기관의 신문에 범죄사실을 부인함으로 인하여 다른 사람에 대한 수사가 개시되는 경우는 허위사실의 신고에 해당한다고 볼 수 없다.[5]

신고의 방법에는 제한이 없다. 구두에 의하건 서면에 의하건 불문하며 서면의 경우 고소장이건 진정서이건 그 명칭과 형식이 문제되지 않는다. 자기의 이름은 물론 익명이나 타인의 이름으로 신고해도 무방하다. 피무고자의 성명을 밝힐 필요는 없으나 객관적으로 누구인지 알 수 있을 정도로는 특정되어 있어야 한다. 부작위에 의한 신고가 가능한가에 대하여 긍정설[6]도 있으나 부정함이 타당하다. 본죄는 적극적 신고를 통해 국가기능을 해하는 점에 행위불법이 있기

---

1) 이재상 외, 792면.
2) 대판 1960. 10. 26, 4293형상259.
3) 오영근, 781면; 이재상 외, 804면.
4) 대판 1990. 8. 14, 90도595; 대판 1985. 7. 26, 85도14.
5) 대판 1988. 2. 23, 87도245; 대판 1984. 12. 11, 84도1593.
6) 오영근, 783면. 예컨대 허위사실이 기재된 고소장을 실수로 공무소에 발송한 자가 사후 회수해야 할 작위의무를 이행하지 않는 경우 본죄가 성립할 수 있다고 본다.

때문이다.[1]

판 례

///////////////////////////

1. 허위사실의 신고에 해당하지 않는 경우

신고한 허위사실 자체가 형사범죄를 구성하지 않는 경우(대판 2013. 9. 26, 2013도 6862), 친고죄에 대하여 고소기간이 경과하여 공소제기할 수 없음이 신고내용에 명백한 경우(대판 2018. 7. 11, 2018도1818), 신고사실에 대한 벌칙조항이 없는 경우(대판 2002. 6. 28, 2002도2707) 등.

2. 허위사실의 신고에 해당하는 경우

객관적으로는 공소시효가 완성되었다 하더라도 공소시효가 완성되지 않은 것처럼 고소한 경우(대판 1995. 12. 5, 95도1908), 경찰관이 갑을 현행범체포하려는 상황에서 경찰관을 폭행하여 현행범으로 체포된 을이 경찰관의 현행범체포를 방해한 사실이 없다고 하면서 경찰관을 불법체포로 고소한 경우(대판 2009. 1. 30, 2008도 8573), 무고행위 당시에는 형사처분의 대상이 될 수 있었으나 이후 형사범죄가 되지 않는 것으로 판례가 변경된 경우(대판 2017. 5. 30, 2015도15398; 무고죄는 행위와 동시에 기수가 됨) 등.

---

④ 기수시기

본죄는 허위사실의 신고가 공무소 또는 공무원에게 도달한 때에 기수로 된다. 구두신고는 진술과 동시에 기수로 되고 문서는 공무소 또는 공무원에게 도달하여 수사관 등 관계자가 열람할 수 있는 상태에 이르면 기수가 된다(추상적 위험범). 문서가 열람되거나 수사가 개시될 필요는 없다. 문서를 우송하였으나 도달하지 않은 경우는 미수에 해당하나 본죄는 미수범처벌규정이 없으므로 본죄가 성립하지 않는다. 그러나 문서가 일단 공무소 또는 공무원에게 도달한 이상 그 문서를 되돌려 받은 경우에도 본죄는 성립한다고 보아야 할 것이다.[2]

---

1) 김성돈, 877면; 배종대, 678면; 백형구, 648면; 이재상 외, 805면; 이정원, 819면; 임웅, 1020면; 진계호, 823면.
2) 대판 1985. 2. 8, 84도2215.

(2) 주관적 구성요건

1) 고   의

본죄의 고의는 미필적 고의로써 족하고 허위임을 확신하면서 신고할 필요는 없다고 보는 미필적 고의설이 있다.[1] 판례[2]의 태도이기도 하다. 판례는 신고자가 진실하다는 확신 없는 사실을 신고하는 경우에도 고의를 인정한다.[3] 반면 확정적 고의설[4]은 원래 고소, 고발이 범죄의 혐의를 근거로 하여 행하는 것이어서 고소인, 고발인은 신고의 내용이 혹시 허위일지도 모른다는 미필적 인식을 가지고 있는 것이 일반적이므로 허위사실에 대한 미필적 인식만으로 충분하다고 하면 대부분의 고소, 고발이 본죄에 해당하게 되어 본죄의 성립범위가 부당하게 확대되고 고소권, 고발권의 행사는 부당하게 제한된다고 비판하면서 미필적 고의로는 부족하고 허위사실에 대한 확실한 인식을 내용으로 하는 고의가 필요하다고 본다.[5] 본죄의 성립에 신중을 기하는 확정적 고의설이 타당하다.

허위사실을 진실한 사실로 잘못 알고 신고한 경우는 구성요건적 착오로서 고의를 조각한다. 과실에 의한 무고를 처벌하는 규정이 없으므로 불가벌이다. 반면에 진실한 사실을 허위의 사실로 잘못 알고 신고한 경우에는 고의는 성립하나 불능미수로서 불가벌이다. 피무고자를 오인한 경우는 구성요건적 착오 중 구체적 사실의 착오로서 어떠한 학설에 의할 경우에도 고의가 조각되지 않는다.

2) 목   적

본죄의 성립에는 고의 이외에도 주관적 표지로서 「타인으로 하여금 형사처분 또는 징계처분을 받게 할 목적」이 있어야 한다. 비록 고의가 있다고 할지라도 이러한 목적이 없으면 본죄의 구성요건해당성이 부정된다. 판례[6]는 단지 혐의사실에 대한 진정한 수사를 하여 사실의 진위를 가려달라고 신고하는 것은 무

---

1) 김성돈, 878면; 김성천/김형준, 901면; 박상기/전지연, 889면; 백형구, 650면; 신동운, 249면; 오영근, 784면; 이정원, 820면; 정성근/정준섭, 583면; 진계호, 824면 등.
2) 대판 2003. 1. 24, 2002도5939; 대판 2000. 7. 4, 2000도1908; 대판 1991. 12. 13, 91도2127; 대판 1983. 3. 22, 82도560.
3) 대판 2022. 6. 30, 2022도3413.
4) 배종대, 679면; 이재상 외, 805면; 임웅, 1022면.
5) 이러한 주장에 대하여 미필적 고의설은 독일형법 제164조가 고의를 「숙지(besseres Wissen)에 반하여」라고 규정한 것과 달리 우리 형법 제156조에는 이처럼 고의를 제한하는 규정을 두고 있지 않으며 따라서 본죄의 고의에 허위사실에 대한 확정적 인식까지 요구하면 본죄의 성립을 부당하게 제한하게 된다고 반박한다.
6) 대판 1978. 8. 22, 78도1357.

고죄를 구성하지 않는 것으로 보고 있다.

목적의 내용으로서 「형사처분」에는 모든 형벌법규에 의한 형벌은 물론 범죄에 대한 법적 제재인 보안처분, 예컨대 보안관찰법상의 보안처분, 소년법상의 보호처분도 포함된다. 보호처분의 의미에 관하여서는 이를 공법상의 특별관계에 의한 제재로 보는 입장[1]과 모든 종류의 징계나 징벌을 의미한다고 보는 입장[2]이 있다. 전자에 의하면 공법상의 특별권력관계에 의한 제재인 한 징계의 명칭을 사용했는가는 문제되지 않으며 공무원뿐만 아니라 비공무원에 대한 제재(예컨대 교도소의 재소자에 대한 징벌)도 본죄의 징계처분에 포함된다. 그러나 공법상의 특별권력관계에 의한 제재로 볼 수 없는 과태료처분이나 변호사, 공증인, 법무사, 공인회계사 등에 대한 징계는 본죄의 징계처분에 포함시키지 않는다. 반면에 후자는 과태료처분이나 변호사, 공증인 등에 대한 제재를 징계처분에 포함시킨다. 전자의 견해가 타당하다.

행위자에게는 목적성취에 대한 인식을 넘어서 의도 내지 의욕이 있어야 한다. 그러나 본죄의 성립에 목적이 달성될 것을 요하지는 않는다.

3. 위 법 성

무고는 자진하여 법규범과 법질서에 반하는 행위를 하는 것이고 행위자나 타인의 법익을 보전해야 할 긴급상태라든가 불가피한 정황하에서 행하는 행위가 아니기 때문에 사실상 위법성조각사유로 되기 어렵다.

피무고자가 무고를 승낙한 경우(이른바 승낙무고), 무고죄의 본질을 순수하게 개인적 법익을 침해하는 죄로 이해한다면 피해자의 승낙은 구성요건 내지 위법성조각사유로 이해될 것이다. 그러나 단지 국가의 사법작용을 침해하는 범죄라는 국가법익침해설의 입장이나 절충설의 입장을 취할 경우에는 승낙이 양형시에 참작할 만한 조건이 될 수 있는 것은 별론으로 하고 구성요건이나 위법성을 조각할 사유가 될 수 없다. 절충설을 취하므로 피무고자의 승낙은 위법성조각사유로 될 수 없다.

---

1) 김봉태/7인공저, 676면; 김석휘, 주석(상), 231면; 배종대, 679면; 이재상 외, 807면; 임웅, 1023면; 정성근/정준섭, 584면; 진계호, 825면.
2) 정영석, 99면; 황산덕, 98면.

4. 죄수 및 타죄와의 관계

죄수는 피무고자의 수를 기준으로 해야 하므로 1개의 행위로 수인을 무고한 경우에는 수죄로서 상상적 경합으로 되지만 1개의 행위로 동일인에 대한 수개의 허위사실을 신고한 때에는 단순 일죄이다. 그러나 동일인에 대한 동일한 무고사실이라 할지라도 이를 기재한 수개의 서면을 시기와 작성명의를 달리하여 각각 별개의 수사기관에 제출한 때에는 수개의 무고죄가 경합범이 된다.

무고행위 후 피고인이 된 피무고자의 재판에서 무고와 동일한 내용의 위증을 한 경우에는 무고죄와 위증죄의 실체적 경합이 된다. 타인이 위조한 문서를 우송하여 무고하면 위조문서행사죄와 무고죄의 상상적 경합이 되지만 자기가 위조한 문서로써 무고한 경우에는 위조문서행사와 무고는 상상적 경합, 이들과 문서위조죄는 실체적 경합이 된다. 타인을 무고하여 사형판결을 받고 집행까지 받게 되면 무고죄와 살인죄의 상상적 경합이라는 견해[1]도 있으나 무고행위를 살해행위로 볼 수 없고 살인죄를 인정하여 사형선고를 내리는 것은 무고자가 아닌 법원이기 때문에 인과관계와 결과의 객관적 귀속도 부정된다.[2]

5. 자백·자수의 특례

본죄를 범한 자가 그 신고한 사건의 재판 또는 징계처분이 확정되기 전에 자백 또는 자수한 때에는 그 형을 감경 또는 면제한다. 국가의 심판기능의 침해를 방지하기 위한 정책적 규정으로 형의 임의적 감면사유인 자수·자백을 예외적으로 형의 필요적 감면사유로 한 것이 그 특징이다. 여기에서 자수란 무고죄를 범한 자가 스스로 수사기관에 대하여 자기의 범죄사실, 즉 타인으로 하여금 형사처분 또는 징계처분을 받게 할 목적으로 허위의 사실을 공무소 또는 공무원에게 신고하였다는 사실을 신고하고 수사 및 소추를 구하는 의사표시이다. 자백은 이러한 범죄사실의 전부 또는 일부를 자인하는 진술을 말하는데 판례에 의하면 단순히 그 신고한 내용이 객관적 진실에 반한다고 인정한 것만으로는 자백한 것으로 볼 수 없다.[3] 자백의 절차에 관해서는 아무런 법령상의 제한이 없으므로 그가 신고한 사건을 다루는 기관에 대한 고백이나 그 사건을 다루는 재판부에

---

1) 김석휘, 주석(상), 237면.
2) 백형구, 651면.
3) 대판 1995. 9. 5, 94도755.

증인으로 다시 출석하여 전에 신고가 허위의 사실이었음을 고백하는 것은 물론 무고 사건의 피고인 또는 피의자로서 법원이나 수사기관에서의 신문에 의한 고백 또한 자백의 개념에 포함된다.[1]

 '재판이 확정되기 전'에는 피고인의 고소사건 수사 결과 피고인의 무고 혐의가 밝혀져 피고인에 대한 공소가 제기되고 피고소인에 대해서는 불기소결정이 내려져 재판절차가 개시되지 않은 경우도 포함된다.[2]

---

1) 대판 2012. 6. 14, 2012도2783.
2) 대판 2018. 8. 1, 2018도7293.

판례색인

사항색인

ㅊ

저자약력

■ 이형국

성균관대학교 법정대학 법률학과 졸업
동대학원 법학과 수료(법학석사)
독일 하이델베르크(Heidelberg)대학교에서 법학박사(Dr. iur.) 학위 취득
경희대 부교수, 연세대 교수
사법시험·군법무관시험·변리사시험·행정고등고시위원·형사법개정특별심의소위원회위원·
　　중앙교육평가원 독학학위운영위원회 법학과 분과위원
한국형사정책학회·한국형사법학회·한국교정학회 회장
연세대학교 법과대학장·법무대학원장
한림대학교 석좌교수 등 역임
전, 대한민국 학술원 회원

[저서 및 논문]
형법총론연구 Ⅰ, Ⅱ
형법각론연구 Ⅰ, Ⅱ
형법총론(공저)
주석형법총론[상](공저)
형사소송법(공저) 외 다수 저서
Interessenabwägung und Angemessenheitsprüfung im rechtfertigenden Notstand des §34
　　StGB(하이델베르크대학교 박사학위논문)
형법과 인명, 예비죄에 관한 고찰, 칼빈의 법률관 외 다수 논문

■ 김혜경

연세대학교 법과대학 졸업, 동대학원 법학과 석사·박사학위 취득
한국형사정책연구원 부연구위원 역임
미국 버클리 로스쿨(U.C. Berkeley, Law School) 방문교수
사법시험·경찰시험·중등교사임용시험·행정시험 출제위원
대법원 양형위원회 전문위원
법무부 범죄피해자보호기금운용심의회 민간위원
현재, 계명대학교 경찰행정학과 교수

[저서 및 논문]
처벌의 원리: 공동체 가치로서 연대성과 처벌의 인간화
법과 진화론(공저)
범죄학 이론(공역)
법학에서 위험한 생각들(공저)
형법총론(공저)
법정형체계의 정비방안
양형 관련 형사법 개정방안 연구 외 다수 저서
범죄의 죄수판단 기준과 구조, 사회안전과 실체형법의 변화, 사회생물학적 인간본성에 기원한
　　도덕과 형법의 무게 외 다수 논문

형법각론 [제3판]

2007년 9월 5일 초판 발행
2019년 9월 5일 제2판 1쇄 발행
2023년 2월 28일 제3판 1쇄 발행

저 자 이 형 국 · 김 혜 경
발행인 배 효 선

발행처 도서
출판 法 文 社

주 소 10881 경기도 파주시 회동길 37-29
등 록 1957년 12월 12일 제2-76호(윤)
전 화 031-955-6500~6 팩 스 031-955-6525
e-mail (영업) bms@bobmunsa.co.kr
(편집) edit66@bobmunsa.co.kr
홈페이지 http://www.bobmunsa.co.kr

조 판 광 진 사

정가 42,000원 ISBN 978-89-18-91401-5